DICIONÁRIO DE CIÊNCIA POLÍTICA E RELAÇÕES INTERNACIONAIS

DICIONÁRIO DE CIÊNCIA POLÍTICA E RELAÇÕES INTERNACIONAIS

ALMEDINA

CEPESE

Apoio

UNIVERSIDADE FERNANDO PESSOA

FUNDAÇÃO ENG. ANTÓNIO DE ALMEIDA

DICIONÁRIO DE CIÊNCIA POLÍTICA E RELAÇÕES INTERNACIONAIS

COORDENAÇÃO
Fernando de Sousa, Pedro Emanuel Mendes, Judite Gonçalves de Freitas, Diogo Ferreira, Ricardo Rocha, António Tavares

EDITOR
EDIÇÕES ALMEDINA, S.A.
Rua Fernandes Tomás, n.os 76, 78 e 79 – 3000-167 Coimbra
Tel.: 239 851 904 • Fax: 239 851 901
www.almedina.net • editora@almedina.net

REVISÃO
CEPESE

CAPA
Edições Almedina

PAGINAÇÃO
Patrícia Boleto

IMPRESSÃO E ACABAMENTO
???????

Abril 2022

DEPÓSITO LEGAL
000000/22

Biblioteca Nacional de Portugal – Catalogação na Publicação

DICIONÁRIO DE CIÊNCIA POLÍTICA E RELAÇÕES INTERNACIONAIS
Dicionário de ciência política e relações internacionais / coord. Fernando de Sousa... [et al.]
ISBN 978-989-40-0289-5

I - SOUSA, Fernando de, 1942-

CDU 32

Autores

Alexandra Abranches [A.A.] (U. Minho)
Alexandre de Sousa Carvalho [A.S.C.] (U. Coimbra)
Alice Cunha [A.C.] (IPRI-NOVA)
Álvaro Campelo [A.Ca.] (U. Fernando Pessoa/CRIA-UM/CEPESE)
Ana Almas [A.Al.] (U. Lusófona do Porto/CICANT)
Ana Paiva [A.P.] (U. Aberta/CEPESE)
Anabela Fernandes Guedes [A.F.G.] (IP Viseu)
André Pereira Matos [A.P.M.] (IJP, U. Portucalense)
António Portugal Duarte [A.P.D.] (CeBER/U. Coimbra)
António Queiroz e Menezes [A.Q.M.] (CEPESE)
António Tavares [A.T.] (U. Lusófona do Porto/CEPESE)
Artur Villares [A.V.] (ISLA Gaia/CEPESE]
Bruno Carriço Reis [B.C.R.] (U. Beira Interior)
Bruno Ferreira Costa [B.F.C.] (Praxis, U. Beira Interior)
Bruno Rodrigues [B.R.] (CEPESE)
Carlos Coelho [C.C.] (ex-eurodeputado)
Carmen Amado Mendes [C.A.M.] (U. Coimbra)
Célia Belim [C.B.] (U. Lisboa, ISCSP, CAPP)
Cíntia Martins [C.M.] (NOVA-FCSH, IPRI)
Cláudia Toriz Ramos [C.T.R.] (U. Fernando Pessoa/CEPESE)
Conceição Meireles Pereira [C.M.P.] (CITCEM/FLUP, U. Porto)
Cristina Aragão Seia [C.A.S.] (U. Lusíada Porto)
Cristina Góis [C.G.] (CBS|ISCAC/CEPESE)
Daniela Nascimento [D.N.] (U. Coimbra/CES)
Diogo Ferreira [D.F.] (CEPESE)
Diogo Lourenço [D.L.] (CEF/U. Porto, U. Portucalense)
Fátima Castro Moreira [F.C.M.] (IJP, U. Portucalense)
Fátima Conde [F.Co.] (CBS|ISCAC/CEPESE)
Fernando Campos [F.Ca.] (U. Lusófona)
Fernando de Sousa [F.S.] (CEPESE)
Francisco Assis [F.A.] (U. Lusíada Porto)
Francisco Castelo Branco [F.C.B.] (U. Lusíada Porto)
Francisco Cuogo [F.C.] (U. Minho)
Heloise Vieira [H.V.] (U. Coimbra)
Inês Fernandes Godinho [I.F.G.] (U. Lusófona/CEAD Francisco Suárez)
Isabel Babo [I.B.] (U. Lusófona do Porto)
Isabel Camisão [I.C.] (U. Coimbra)
Isabel Costa Leite [I.C.L.] (U. Fernando Pessoa/CEPESE)
Jerónimo Molina [J.M.] (Universidad de Murcia)
João Amorim Esteves [J.A.E.] (U. Lusíada Porto)

João Carlos Loureiro [J.C.L.] (U. Coimbra)
João Casqueira Cardoso [J.C.C.] (U. Fernando Pessoa/CEPESE)
João Relvão Caetano [J.R.C.] (U. Aberta, Cátedra de Estudos Globais/CEPESE)
João Tavares [J.T.] (CEPESE)
Joaquim José Jacinto Escola [J.J.J.E.](UTAD)
Jorge Cerdeira e Sousa [J.C.S.] (IP Porto)
José Caramelo Gomes [J.C.G.] (U. Portucalense)
José Carlos Marques [J.C.M.] (IP Leiria/CICS.NOVA.IPLeiria)
José da Cruz Lopes [J.C.Lo.] (IP Viana do Castelo/CEPESE)
José Luís Carneiro [J.L.C.] (U. Lusíada do Porto)
José Marques Guimarães [J.M.G.] (CEPESE)
José Palmeira [J.P.] (CICP/U. Minho)
José Pedro Teixeira Fernandes [J.P.T.F.] (ISCET)
Jovana Jezdimirovic Ranito [J.J.R.] (University of Twente)
Judite Gonçalves de Freitas [J.G.F.] (U. Fernando Pessoa/CEPESE)
Lorenzo López Trigal [L.L.T.] (Universidad de León)
Luís da Vinha [L.V.] (Flinders University, Austrália)
Luís Filipe Madeira [L.F.M.] (U. Beira Interior)
Luís Pacheco [L.P.] (REMIT, IJP, U. Portucalense)
Luís Santos [L.S.] (investigador/empresário)
Manuel Monteiro [M.M.] (U. Lusíada Porto)
Manuel Silvestre Conde [M.S.C.] (IP Viseu)
Maria da Luz Ramos [M.L.R.] (ISCSP)
Maria Esther Quinteiro [M.E.Q.] (U. Salamanca/U. Portucalense/CEPESE)
Maria João Barata [M.J.B.] (ISMT/CEPESE)
Maria Luísa Vasconcelos [M.L.V.] (U. Fernando Pessoa)
Maria Ortelinda Barros Gonçalves [M.O.B.G.] (CEPESE)
Maria Raquel Freire [M.R.F.] (U. Coimbra)
Mário Nuno Neves [M.N.N.] (C. M. Maia)
Mário Rui Pinto da Silva [M.R.P.S.] (ISCAD)
Miguel de Oliveira Rocha [M.O.R.] (U. Açores)
Natália Bueno [N.B.] (CES – U. Coimbra)
Nuno Amaral Jerónimo [N.A.J.] (LabCom, U. Beira Interior/Vilnius Tech)
Patrícia Fernandes [P.F.] (U. Beira Interior/U. Minho)
Paula Duarte Lopes [P.D.L.] (U. Coimbra)
Paula Marques dos Santos [P.M.S.] (IP Viseu/CEPESE)
Paulo Amorim [P.A.] (U. Lusíada Porto/CEPESE)
Paulo J. A. da Cunha [P.C.] (CEPESE)
Paulo Duarte [P.D.] (U. Lusófona do Porto/U. Minho)
Paulo Vila Maior [P.V.M.] (U. Fernando Pessoa/CEPESE)
Pedro Emanuel Mendes [P.E.M.] (U. Nova de Lisboa)
Pedro Ponte e Sousa [P.P.S.] (U. Portucalense, NOVA-FCSH, IPRI)
Pedro Silveira [P.S.] (U. Beira Interior)
Ricardo Rocha [R.R.] (CEPESE)
Rui Albuquerque [R.A.] (U. Lusófona do Porto)
Rui Leandro Maia [R.L.M.] (U. Fernando Pessoa/CITCEM)
Rui Marrana [R.M.] (CEJEA, U. Lusíada)
Samuel de Paiva Pires [S.P.P.] (U. Beira Interior)
Sandrina Antunes [S.A.] (CICP/U. Minho)

Sérgio Neiva Ribeiro [S.N.R.] (U. Minho)
Silvia Rodriguez Maeso [S.R.M.] (CES – U. Coimbra)
Sílvia Roque [S.R.] (CES – U. Coimbra)
Sofia José Santos [S.J.S.] (CES – U. Coimbra)
Tatiana Moura [T.M.] (CES – U. Coimbra)
Teresa Almeida Cravo [T.A.C.] (U. Coimbra/CES)
Teresa Ruel [T.R.] (ISCSP – U. Lisboa)
Tiago André Lopes [T.A.L.] (IJP, U. Portucalense)
Tiago Pires Marques [T.P.M.] (CES – U. Coimbra)
Vanda Amaro Dias [V.A.D.] (CES – U. Coimbra)
Williams Gonçalves [W.G.] (U. Federal Fluminense)

Lista de entradas

Introdução

1. O Dicionário que agora se dá à estampa constitui o produto final da conjugação de três fatores que importa sublinhar.

O primeiro tem a ver com a necessidade de atualizar e ampliar o *Dicionário de Relações Internacionais*, que registou três edições (2005, 2009 e 2014), sob a coordenação de Fernando de Sousa (e Pedro Mendes, na última edição), sucessivamente esgotadas, a demonstrar assim a sua utilidade e atualidade. Passados sete anos, exigia-se o aprofundamento, atualização e ampliação da obra produzida, num domínio disciplinar que, incidindo especialmente sobre a contemporaneidade, viu surgir recentes vetores de desenvolvimento político-social e novas dinâmicas de interação na política global, incluindo as profundas mudanças e ruturas ocorridas na transição do século XX para o século XXI. Surgiu assim a ideia de se produzir uma obra que englobasse não só as *Relações Internacionais*, mas também a *Ciência Política* e a *Economia Política*.

Em segundo lugar, a inexistência no panorama editorial português de um manual que reúna o vasto conjunto de ideias, doutrinas, técnicas e conceitos fundamentais de duas áreas disciplinares com afinidades teóricas reconhecidas há mais de um século – a Ciência Política e as Relações Internacionais –, que sirva de instrumento de base para os alunos destas duas disciplinas, satisfaça as necessidades de informação científica de discentes e docentes, mas também de todos aqueles que se preocupam com estas áreas, de forma a compreender melhor as profundas transformações que se fazem sentir no mundo de hoje.

Finalmente, a constatação do crescimento assinalável, em especial nas últimas décadas, da oferta formativa de cursos de Relações Internacionais e de Ciência Política nas universidades portuguesas. Numa análise retrospetiva, em Portugal, entre 1975-1998, foram criados 14 cursos em 12 universidades portuguesas, públicas e privadas, quando ainda se procurava desenvolver uma plataforma de estudo estruturado das duas disciplinas. Este número rapidamente aumentou, de tal modo que, em 2018, estavam registados na Direção Geral de Estatísticas de Educação e Ciência 70 cursos de Ciência Política e/ou Relações Internacionais, abrangendo os três ciclos de ensino (licenciatura, mestrado e doutoramento), o que mostra o crescimento expressivo que estas áreas científicas tiveram no século XXI.

Com um caminho relativamente longo já percorrido desde a sua inicial e tímida inserção formal na universidade portuguesa – a Ciência Política começa na Faculdade de Direito de Coimbra, com Cabral de Moncada, e as Relações Internacionais no Instituto Superior de Ciências Sociais e Política Ultramarina, ainda de forma incipiente, assumindo finalmente a sua institucionalização em Braga, primeiro como bacharelato (1975) e pouco depois como licenciatura (1977) –, a Ciência Política e as Relações Internacionais constituem hoje, inegavelmente, campos de estudo académico reconhecidos, com os respetivos âmbitos epistemológicos definidos quanto aos fundamentos, à consistência lógica, à validade das respetivas teorias e à construção de discursos científicos próprios, creditados por um amplo acervo de conhecimento produzido. Nos nossos dias, é inegável que o estudo, quer da Ciência Política, quer das Relações Internacionais, não se enquadra em nenhuma subárea de qualquer disciplina das Ciências Sociais – ainda que mantenham diálogo com todas elas –, acabando ambas por ganhar autonomia, apresentando objetos próprios. Todavia, por razões práticas e pedagógicas, faz sentido, em Portugal, integrar as duas disciplinas num único Dicionário, até porque existem vários ciclos de graduação que tomaram precisamente essa opção. Apesar das suas diferenças e especificidades, também foi essa a nossa opção neste trabalho; isto é, apesar do respeito pelas suas diferenças, é mais valioso ter uma visão integradora e comunicativa das duas disciplinas

Um dicionário temático especializado constitui uma fonte de informação científica qualificada. O presente dicionário tem como objetivo fomentar e estimular a compreensão dos conteúdos científicos reportados às áreas de ensino e pesquisa em Ciência Política e Relações Internacionais, atendendo à identificação e conceptualização de temáticas mais ou menos complexas, transversais às duas disciplinas. Por outro lado, num sistema político como o português, fundado em antigas instituições, leis e costumes com séculos de existência, mantiveram-se em curso inúmeras mudanças de maior ou menor complexidade que é importante explicar de forma consistente, sistemática e de acesso imediato. Como sabemos, o conhecimento só pode alcançar-se por uma combinação do estudo do passado com o do presente. As entradas que compõem este dicionário combinam as duas perspetivas de análise: os temas, correntes, doutrinas e conceitos são tratados historicamente, sempre que tal tratamento se justifique e seja absolutamente necessário, mas também são apresentados e desenvolvidos nas suas condições académico-científicas atuais.

Disponibilizando mais de um milhar de entradas, e contando com a colaboração de uma centena de especialistas (professores universitários, investigadores e políticos) oriundos de várias universidades e unidades de investigação portuguesas e estrangeiras, incluindo politólogos, sociólogos, filósofos, juristas, historiadores, geógrafos, psicólogos e antropólogos, procura abarcar todo o espectro multidisciplinar da Ciência Política e das Relações Internacionais, nomeadamente da Filosofia, Sociologia, Política Comparada, Administração Pública, Economia, da organização do Estado e dos seus sistemas, dos Direitos Humanos e da prática política, contendo entradas sobre correntes, doutrinas, instituições e processos políticos, organizações internacionais, conceitos, teorias, metodologias de investigação, etc.

No amplo e sistemático conjunto de textos reunidos, ainda que, na tradição do género, a tendência seja para a síntese convergente, visando proporcionar a compreensão propedêutica de temas e problemas, estes constituem-se também como um convite à leitura aprofundada de trabalhos relevantes e de referência.

Outros dos aspetos importantes que se colocam presentemente à elaboração dos dicionários temáticos e que, naturalmente, tivemos em consideração na elaboração e conceção deste dicionário, reportam à escolha do suporte e do conteúdo. Quanto ao primeiro destes aspetos, a difusão dos meios digitais e, em particular, do sistema de buscas *Google* ou da *Wikipedia*, aparentemente, permitem um acesso instantâneo e absoluto a conteúdos sobre as mais diversas temáticas e matérias, fazendo crer ao leitor ou investigador mais incauto que a conquista e o acesso ao conhecimento crucial e seguro são, hoje em dia, simples. Porém, como sabemos, subsistem problemas relativos à confiabilidade das fontes, para além de questões relacionadas com a solidez dos conteúdos e também a efemeridade de alguns documentos digitais. A publicação em suporte papel continua a garantir maior rigor científico e superior confiança aos leitores. No que se refere a matéria científica, uma edição impressa com editor e autores credenciados assegura a necessária e indispensável credibilidade e rigor quanto à diversidade de informação e conhecimento compilados.

Um dos desafios mais relevantes com que os coordenadores do volume se debateram correspondeu ao conteúdo autoral das entradas. Tratando-se de um dicionário temático que contou com a colaboração de dezenas de especialistas de diferentes áreas do conhecimento, as questões relativas ao equilíbrio dos textos tiveram que ser convenientemente prevenidas. Os autores prioritários de cada um dos verbetes são especialistas na área do conhecimento, dispondo de capital teórico aprovado pela comunidade académica, sendo igualmente responsáveis por explicar o conteúdo necessário à compreensão das entradas. Como dicionário técnico e especializado em dois ramos do conhecimento que têm partilhado ao longo do tempo técnicas e metodologias de ensino, conteúdos programáticos, bem assim como meios de divulgação das pesquisas, seja em revistas científicas especializadas e sítios na Internet, procurou-se que as entradas fossem elaboradas com recurso a uma linguagem o mais objetiva possível, acessível a qualquer leitor.

2. No mundo ocidental, a Política, como objeto de reflexão intelectual, recua à Antiguidade Clássica, desencadeando uma extensa tradição de estudos do facto político que remonta a Platão e a Aristóteles, trilhando caminho na Idade Média, com Santo Agostinho, São Tomás de Aquino ou Marsílio de Pádua, alcançando a Modernidade com Maquiavel, Thomas Hobbes, Montesquieu e tantos outros. A Ciência Política contemporânea principiou por desbravar os seus próprios caminhos no século XIX, estimulada pela criação da nova ciência social, que emerge no seio da corrente positivista e otimista de Auguste Comte (1754-1836), fundador da Sociologia, para quem a "ideologia" correspondia à "ciência das ideias", e pouco mais tarde com Henri de Saint-Simon (1760-1825), que, na esteira empirista, sugere que a moral e a política podem ser consideradas ciências positivas, ou seja, disciplinas cuja autoridade científica não resulta de perceções subjetivas, mas de evidências objetiváveis. Comte considerava que a política constituía a física social, competindo-lhe a descoberta das leis do progresso social.

Até ao terceiro quartel do século XIX, em sentido amplo, o desenvolvimento científico da disciplina assentou em duas abordagens distintas: a primeira protagonizada por Alexis de Tocqueville (1805-1859), que analisou a implantação da democracia na América a partir de uma análise dos valores e da cultura norte-americanos; e a segunda, defendida por Karl Marx (1818-1883) e Friedrich Engels (1820-1895), apoiada numa visão materialista e económica do Estado como instrumento de dominação da classe que detém os meios de produção. Posteriormente, o conhecido sociólogo alemão Max Weber (1864-1920), ao rejeitar a posição marxista, evidencia que as Ciências Sociais não são como as Ciências Naturais, dado que toda a ação humana expressa diferentes dimensões de lealdade (subjetivas) para com os líderes e as instituições. Weber foi o primeiro estudioso da burocracia e competiu-lhe a definição semântica da palavra.

A primeira escola de Ciência Política surgiu em França, a *École Libre des Sciences Politiques* (hoje, Instituto de Estudos Políticos), em 1872, na sequência da crise política e moral devida à humilhação pela derrota na Guerra Franco-Prussiana (1870-1872). Em 1895, nasceu a *London School of Economic and Political Science*, e em 1902 é criada a primeira cátedra de Ciência Política na Universidade de Oxford.

Nos EUA, os desenvolvimentos da Ciência Política como disciplina académica estiveram primeiramente associados aos *curricula* de Direito Constitucional, Filosofia Moral e Economia Política, de acordo com a tradição anglo-saxónica. Com efeito, a emergência como ramo disciplinar distinto, nos EUA, deve-se a John W. Burgess (1844-1931), que fundou a primeira faculdade de Ciência Política na Universidade de Columbia, em Nova Iorque (1882). Esta escola esteve, desde o início, inclinada para o estudo das instituições estatais (conceito, definição, comparação e inferências) e dos factos sociais, por influência do darwinismo e do positivismo de Oitocentos. Desde então, as escolas de Ciência Política prosperaram nos EUA, sobretudo a partir da Primeira Guerra Mundial. As missões de manutenção da paz e a preservação ou construção da democracia, em nome da qual o país participara na guerra, para além da hegemonia norte-americana nos recém-criados organismos internacionais, foram elementos que contribuíram para aumentar as necessidades de intervenção de especialistas no desenvolvimento do estudo da política e das análises políticas nacional e internacional.

A designação abrangente de "Ciência Política", referindo-se a uma área disciplinar eclética, veio a institucionalizar-se, primeiramente nos Estados Unidos, com desdobramentos nos países desenvolvidos da Europa Ocidental, denominações que refletem a natureza multidisciplinar e interdisciplinar no uso plural em francês "Sciences politiques" e no espanhol "Ciencias políticas".

Atualmente, são numerosas as conceções que norteiam os investigadores, dependendo da orientação teórica e do quadro nacional de origem dos estudiosos. No mundo ocidental, esta disciplina veio lentamente a escalpelizar novos rumos e a autonomizar-se relativamente à História, à Filosofia ou à Economia Política, mas também em relação à Sociologia e ao Direito. Porém, é preciso dizê-lo, o processo de edificação teórica e a definição do objeto de estudo nem sempre foi linear. Inicialmente, o objeto de estudo era o poder político institucionalizado, nos seus aspetos formais, recorrendo ao método histórico-descritivo e ao estudo de caso, como demonstram as obras de Lawrence Lowell, *Essays on Government* ou *Governments and parties in continental Europe* (1896); posteriormente, surgiu a fase behaviourista, sobretudo após a Primeira Guerra Mundial (1921-1969), com raízes nos trabalhos pioneiros de John Watson, *Behaviorism* ([1913] 1997), e de Arthur F. Bentley, *The process of Government* (1908), pela qual são valorizados os factos observáveis resultantes da interação de grupos como reflexo da vida política. Este autor terá sido pioneiro na abordagem *behaviourista*, sustentando uma visão política como um sistema com modos de atuação próprios e atores em constante interação, onde o Estado surge como mais um componente a considerar, perdendo o tradicional protagonismo.

A interdisciplinaridade entre a Ciência Política e a Sociologia Política trouxe novos temas e problemas a serem explorados: a cultura política, os partidos e organizações de interesse, o comportamento eleitoral, os sistemas políticos, ao mesmo tempo em que ocorre a formação de departamentos e outros aparatos disciplinares que complementam a mudança de paradigma do conhecimento produzido. Na década de 1930, muitos sociólogos europeus e norte-americanos, influenciados sobretudo pelas teorias de Max Weber (Teoria da Burocracia e da Dominação), Émile Durkheim (Teoria Funcionalista) e Vilfredo Pareto (Teoria das Elites) prospetam as vantagens da Ciência Política na utilização de métodos oriundos da Antropologia, Sociologia, Economia e Psicologia Política. Simetricamente, aumentam as preocupações com o rigor científico e a definição dos principais métodos de abordagem, valorizando a quantificação dos fenómenos políticos e o estabelecimento de relações entre eles (método estatístico), assim como o estudo comparado de determinado fenómeno em diferentes espaços e tempos (método comparativo).

O período correspondente à fase afirmativa e de maturidade da Ciência Política (de 1969 aos nossos dias) encontra-se marcado pela abordagem neo-institucional, tendo como pivô de observação e análise o Estado, sustentado contudo numa aproximação multifatorial e sobreponível à visão tradicional formalista. A perspetiva neo-institucional tem como característica teórica central a síntese epistemológica e metodológica entre o *behaviourismo* e parte do tradicional *institucionalismo*, daí que, entre os seus principais campos de análise, possamos encontrar os comportamentos políticos, a constituição da autoridade democrática e participação política, a sociedade civil e movimentos políticos, os estudos sobre o poder, as elites, Estado, nação e soberania, representação política, burocracia, governo, políticas públicas, cidadania, género, minoria, questão ambiental, entre muitos outros. Pela aproximação às Ciências Sociais, a metodologia é bastante eclética, muito embora com superiores preocupações de rigor e sofisticação, emergindo as análises qualitativas.

Também as Relações Internacionais se afirmaram como disciplina autónoma, tendo como *locus* a sociedade internacional. Na sua origem liberal, o objeto de estudo das RI foi *a paz e a guerra*, nomeadamente as formas de superar a guerra e construir uma estabilidade pacífica internacional através das instituições e regimes internacionais. Assim, foi emergindo uma disciplina da Ciência Política do meio internacional, com um *corpus* teórico autónomo da Ciência Política do meio nacional. Neste contexto, as primeiras instituições de investigação de RI, na tradição anglo-saxónica, surgem no período imediatamente posterior à Primeira Guerra Mundial, o *Royal Institute of International Affairs* (1920) em Londres e o *Council of Foreign Relations* (1921) em Nova Iorque. Contudo, as RI como ciência social autónoma institucionalizam-se, verdadeiramente, no sistema universitário norte-americano. Nos EUA, as RI afirmaram-se devido à necessidade de produzir conhecimento útil para a nova potência líder global, bem como à dupla circunstância política e científica da ascensão do Realismo e da Guerra Fria (Mendes, 2019a). Com efeito, embora a disciplina das RI nasça sobre o signo do idealismo internacionalista liberal de entre guerras, foi a emergente escola realista, sobretudo com a nova ordem mundial do pós-Segunda Guerra Mundial e início da Guerra Fria, que solidificou a disciplina nos EUA com obras fundacionais de grande difusão, nomeadamente de Hans Morgenthau (1948) e de Kenneth Waltz (1959). Foi neste período que os estudos internacionais se focaram na dinâmica competitiva e estratégica de *power politics* dos Estados relacionada com a disputa da Guerra Fria.

Contudo, a visão realista sempre foi contestada por visões alternativas, quer ligadas às abordagens fenomenológicas da análise da política externa (Mendes, 2020b), quer a visões liberais e institucionalistas, como as teorias da integração, quer ainda a visões mais sociológicas, reflexivas e críticas, ligadas ao neo-marxismo, aos estudos da Paz, às teorias emancipatórias ou às perspetivas feministas. Com o desenvolvimento crescente das interdependências da sociedade internacional e consequente globalização, o aumento dos movimentos de integração regional e os estudos críticos do capitalismo e da visão tradicional de segurança ancorada nos Estados, emergem várias teorias das RI que contestam a validade das conceções realistas como forma de explicar as relações internacionais, até porque os Estados deixaram de ser os únicos atores importantes. Para estes teóricos dissidentes do Realismo, desde os liberais, institucionalistas, críticos, construtivistas e outros, é possível existir cooperação entre os Estados, ou até mesmo pensar uma ordem internacional alternativa, onde os Estados já não funcionam na lógica de *power politics*. Isto significa que, mesmo com a existência de conflitos políticos, as relações internacionais podem ser compreendidas não apenas como uma luta constante entre Estados, mas igualmente como uma sociedade internacional em que são possíveis relações de cooperação que superem a guerra e construam uma ordem internacional relativamente estável.

Em síntese, a disciplina das Relações Internacionais continuará a afirmar-se como a ciência social contemporânea mais apta a compreender e explicar *a governança sem governo*, as sucessivas (re)construções *da ordem internacional*, as dinâmicas *de continuidade e mudança* da política internacional, bem como a crescente *interdependência complexa* que caracteriza o mundo cada vez mais global. Para essa afirmação, a disciplina das RI não pode ficar fechada na sua *torre de babel*, mas antes deve realizar três passos interligados:

- construção de mais e melhores teorias (ecléticas, plurais e inclusivas);
- consolidação da sua autonomia disciplinar, sem prejuízo de um maior diálogo com as outras Ciências Sociais;
- desenvolvimento de uma maior relevância pública e ligação com a prática e o mundo político (Mendes, 2019b).

3. Para além das divisões e clivagens que possam existir, no domínio especulativo, nos métodos de pesquisa e análise entre a Ciência Política e as Relações Internacionais, hoje são reconhecidos centros de interesse comuns a ambas as disciplinas, sobressaindo a questão da guerra, construção da paz e desenvolvimento, terrorismo, segurança, nacionalismo, pobreza, modelos políticos de desenvolvimento, direitos humanos, desigualdade, género, estudos pós-coloniais e etnicidade, numa dimensão de política global.

Duas ideias resultam do que dissemos. Por um lado, é relevante o aprofundamento do diálogo entre as duas disciplinas científicas. Expressão importante deste facto é o crescimento das publicações nacionais e internacionais que comprovam esse diálogo. Ao mesmo tempo, importa realçar a gradual consolidação disciplinar das Relações Internacionais e da Ciência Política em Portugal, em especial a partir de meados dos anos 1990, ganhando densidade nas últimas três décadas. Marco fundamental deste processo foi o aumento significativo do número de cursos de graduação nas Universidades portuguesas, bem como de cursos de pós-graduação, estes sobretudo já no século XXI.

Nesta perspetiva, preocupou-nos menos a erudição, o caráter exaustivo ou demasiado especializado da informação, a discussão teórica aprofundada, os debates "interparadigmáticos" e inacabados, e pelo contrário, mais a definição breve mas rigorosa das teorias, doutrinas e conceitos de base – mesmo sabendo nós que o vocabulário das Ciências Sociais varia de autor para autor e não para de evoluir –, e a pluridisciplinaridade que favorece a comparação e ajuda a descobrir a própria natureza e estrutura das Relações Internacionais e da Ciência Política, no contexto mais amplo das Ciências Sociais e Humanas. Não se trata, portanto, de um dicionário de História das Relações Internacionais ou de um dicionário de Geopolítica e, muito menos, de um dicionário de Política ou de políticos. Trata-se, isso sim, de uma obra didática, generalista, atual, que constitui – assim esperamos – uma iniciação útil, servindo de referência e orientação para os alunos e leitores que pretendam introduzir-se na Ciência Política e nas Relações Internacionais.

No final, apresenta-se uma lista de bibliografia de referência para o estudo da Ciência Política e das Relações Internacionais – ressalve-se que não se trata da lista exaustiva dos milhares de obras e fontes consultadas pelos autores na elaboração das suas entradas, a qual ocuparia centenas de páginas, não fazendo sentido numa obra com as características atrás enunciadas.

Não temos dúvidas quanto à existência de algumas imprecisões, omissões e lacunas que este trabalho apresenta. Sabemos que existem e que sempre existirão em estudos desta natureza. Deles nos penitenciamos, agradecendo, desde já, a disponibilidade de todos aqueles que tiverem a bondade de nos fazer chegar as suas críticas e sugestões, de forma a podermos corrigir e ampliar esta obra em próxima edição.

Absolutismo

Nos séculos XVII e XVIII, o termo "absoluto" não era comum. As noções correntes eram "poder supremo" ou "autoridade régia". O conceito "absolutismo" é de origem francófona e remete para formas de governo dos Estados monárquicos do ↗Antigo Regime e respetivas doutrinas de legitimação. Em sentido lato, corresponde a um sistema político em que o dirigente, geralmente um detentor único do poder, assume poderes ilimitados, exercendo de facto e de direito os atributos da soberania (poder supremo). Por extensão, pode ser entendida qualquer forma de despotismo ou tirania, independente da geografia. Em sentido estrito, corresponde ao regime político que predominou na Europa Ocidental dos séculos XVII-XVIII, especialmente na França, Áustria e Espanha, mas também em Portugal com D. João II, D. Pedro II ou D. João V, na Inglaterra dos Stuart, assim como na Prússia e na Rússia. O absolutismo, tendo caracterizado as monarquias nacionais, centralizadoras e burocratizadas europeias, veio assim a transformar-se numa forma de classificação dos regimes políticos, tal como o feudalismo que o precedeu ou o despotismo iluminado que o sucedeu.

A teoria do absolutismo é composta de elementos que despontaram gradualmente ao longo dos séculos desde finais da Idade Média, por confronto com a feudalidade e a divisão do poder régio (suserania). Os principais teóricos do regime absoluto foram, respetivamente, o jurisconsulto francês Jean Bodin (1530-1596) e o filósofo inglês Thomas Hobbes (1588-1679), autor do *Leviatã*, que consideravam a soberania absoluta como indivisível, competindo a uma só pessoa, regra geral o monarca, perpétua (constante e sem contestação) e independente de qualquer outro órgão. Por isso se diz que, do ponto de vista teórico, o absolutismo corresponde ao exercício ilimitado de dominação por um soberano com poder de fazer lei, aplicar a justiça e governar. Porém, o absolutismo, mais do que um sistema político, é essencialmente uma prática de governação, e no que a este aspeto diz respeito, as correntes historiográficas e jushistoriográficas hesitam quanto à real prática absolutista, obstaculizada por contradições e forças centrífugas persistentes. Por tais motivos, atualmente, muitos autores consideram que mesmo a monarquia régia francesa do século XVII não era absoluta. Em todo o caso, não podemos negligenciar a importância da doutrina do absolutismo na construção do ↗Estado no Ocidente Europeu. *[J.G.F.]*

Abstenção construtiva

A abstenção construtiva é um mecanismo que facilita a obtenção da unanimidade nas deliberações tomadas no âmbito da ↗Política Externa e de Segurança Comum (PESC). O Tratado de Roma já previa expressamente – antes mesmo da criação da PESC – que a abstenção dos Estados-membros não impedisse a adoção de um ato por unanimidade, regime esse que se mantém até hoje – artigo 238.º/4 do Tratado sobre o Funcionamento da União Europeia (TFUE).

A abstenção construtiva – figura introduzida pelo Tratado de Amesterdão (1997) – segue esse princípio, mas impõe uma declaração formal e permite ainda que o Estado-membro não aplique a decisão, muito embora reconheça o seu caráter obrigatório e deva abster-se de adotar qualquer atitude suscetível de colidir com a ação da União baseada na referida decisão (artigo 31.º TUE – Tratado da União Europeia). *[R.M.]*

Abstencionismo

Comportamento de quem não participa, intencionalmente ou não, em atos eleitorais. Consiste na recusa em escolher uma das propostas a concurso no ato eleitoral, ou em traduzir essa opção num voto em branco ou nulo, ou no desinteresse em concorrer para a eleição. O abstencionismo pode corresponder a um ato isolado, não configurando uma atitude sistemática de desvalorização do ato eleitoral, como pode ter tradução num comportamento reiterado. No primeiro caso, não é possível extrair ilações significativas do comportamento abstencionista, pois ele corporiza uma exceção. O segundo caso tem significado político e sociológico, na medida em que a não escolha pode ser entendida como uma manifestação hostil ao sistema político e, no mínimo, como o desinteresse de quem deixou de atribuir crédito às eleições como esteio da democracia representativa.

Atores diretamente envolvidos no processo político interpretam o abstencionismo como um ato falhado de cidadania, mesmo quando comporta uma mensagem subliminar de protesto. Argumentam que os abstencionistas não fornecem um contributo ativo para a regeneração do sistema político, demitindo-se da sua condição cidadã. De fora do sistema político, estudos com consistência científica recusam interpretações categóricas do abstencionismo, sublinhando a natureza complexa do fenómeno e atuando junto à origem, através de trabalhos de campo, para perceber as múltiplas causas na origem do abstencionismo. Para além de ser importante apurar as causas subjacentes, as consequências do abstencionismo não podem ser ignoradas. Elas são visíveis na alteração da paisagem político-partidária, sobretudo se o abstencionismo estiver concentrado entre cidadãos outrora eleitores de partidos centrípetos do sistema político-partidário, hipótese em que se verifica um deslizamento das preferências para partidos situados à margem. *[P. V.M.]*

Ação comum

Ato típico de direito comunitário introduzido pelo Tratado de Maastricht de 1992, relativamente àquilo que então se designou como os dois pilares não comunitários da União Europeia (UE) – a ↗Política Externa e de Segurança Comum (PESC) e a cooperação nos domínios da Justiça e Assuntos Internos (JAI) –, envolvendo uma ação coordenada dos Estados-membros mediante a mobilização de meios para realizar os objetivos concretos definidos pelo Conselho, com base em orientações gerais do ↗Conselho Europeu.

Nos anos de 1970, os Estados-membros iniciaram um processo com vista a aproximarem as respetivas posições em domínios nos quais a Comunidade não tinha competências – *maxime* em matéria de política externa –, o que veio a dar origem à Cooperação Política Europeia (CPE), a qual foi acolhida no direito originário com o Ato Único Europeu, e que assentava na adoção progressiva de posições comuns. As ações comuns marcaram uma nova etapa nessa aproximação, incidindo sobre matérias que não estavam comunitarizadas, ou seja, em que o regime aplicável mantinha o pleno respeito pelas prerrogativas soberanas, nomeadamente funcionando em termos puramente intergovernamentais e exigindo a unanimidade das decisões.

A figura da ação comum da JAI foi suprimida pelo Tratado de Amesterdão, que alterou a designação do próprio pilar (passando este para Cooperação Policial e Judiciária em Matéria Penal) e substituiu a dita figura por decisões ou decisões-quadro. O regime vigente, introduzido pelo Tratado de Lisboa, aligeira a distinção entre posições comuns e ações comuns (integrando os atos na terminologia genérica), referindo agora o Tratado da União Europeia que a UE conduz a Política Externa e de Segurança Comum, definindo as orientações gerais e adotando decisões que definem ações, posições e regras de execução (artigo 25.º). *[R.M.]*

Ação humanitária

Qualificada às vezes de forma mais restritiva como ajuda ou assistência, a ação humanitária engloba os contributos em material, pessoas, bens, equipamentos e recursos financeiros, que prestam auxílio às populações vítimas de crise humanitária (em caso de conflito armado, de catástrofe natural ou de crise sanitária), quando as estruturas estaduais no terreno não conseguem prestar este auxílio. Distinguem-se as ações de emergência, por natureza pontual, e os projetos de desenvolvimento, que visam responder às necessidades de reconstrução, de proteção e de apoio às vítimas numa vertente médica, social ou jurídica. Na prática, esta distinção é relativa, devido aos efeitos duradouros no tempo das crises humanitárias, mas as formas de organização e de financiamento das emergências e das ações de desenvolvimento continuam diferenciadas.

A ação humanitária provém de quatro fontes. Primeiro, das organizações não governamentais ou associações, onde se destaca o papel central reconhecido pelas Convenções de Genebra de 1949 ao Comité Internacional da Cruz Vermelha, no caso dos conflitos armados; segundo, das autoridades estaduais ou outras coletividades públicas; terceiro, das organizações internacionais públicas, mais especificamente daquelas que dependem da ↗Organização das Nações Unidas, sendo coordenadas pelo *Office for the Coordination of Humanitarian Affairs* (OCHA); finalmente, das empresas e dos fundos privados, no financiamento ou fornecimento de tecnologias de apoio.

A ajuda humanitária deve obedecer aos princípios costumeiros que são os princípios de humanidade e de imparcialidade (ou não-discriminação). Os provedores da ajuda humanitária devem igualmente garantir a sua independência, em particular em relação às questões políticas ou ideológicas, assim como a neutralidade das suas posições em relação às partes, no caso de um conflito armado. *[J.C.C]*

Ação pública

Ação Pública (AP) pode ser definida como uma dinâmica político-legal de caráter coletivo que opera de forma tácita ou expressa para alterar ou perenizar uma situação, de facto ou de direito, relevante para uma comunidade. Numa perspetiva eminentemente aberta, a comunidade política poderá não ser formal no sentido moderno do termo, tornando-se necessário conceder que os tempos, as geografias e a natureza do que poderá ser considerado uma AP podem ser extensos e variados. Por exemplo, se recuarmos na história, é possível compreender o caráter público das ações levadas a cabo pelos antigos agorânomos gregos na sua função de gestão pública dos mercados (Capdetrey; Hasenohr, 2012).

No contexto histórico-político da atualidade, o significado conceptual da AP acaba, sobretudo, por se definir em torno de uma perspetiva estato-cêntrica. A AP emergirá, pois, da noção de ação de Estado que, na sua constituição jurídico-material, alberga uma prerrogativa de autoridade sobre o conjunto da sociedade de onde emana. Não obstante a multiplicidade de dimensões materiais que pode assumir a AP, a heurística adotada neste breve enunciado privilegia a sua conceção na perspetiva das políticas públicas. Ficam, pois, de fora as ações públicas de caráter judicial ou de caráter administrativo correspondentes à natureza constitucional da separação dos poderes.

A integração da AP no amplo domínio das políticas públicas é hoje significativamente complexa, na medida em que as ações de índole governamental verticalizadas não restituem toda a sua dimensão político-material. Desde logo, existe, em boa parte dos casos, a convergência de uma multiplicidade de atores e espaços a interagir na definição política de uma AP (Thoenig, 2005; Dubois, 2014), com os exemplos mais simples de compreender, como a influência clássica de organizações sindicais ou, de um modo mais contemporâneo, a participação de associações de natureza diversa que concorrem para definir e, muitas vezes, também implementar o conteúdo das AP's. Num enfoque ainda mais estruturante, é possível citar novos atores institucionais como as agências reguladoras. Finalmente, no caso da Europa Ocidental, também se torna necessário integrar a ordem transnacional da configuração de poderes. Atendendo a esta complexidade, a AP poderá ser objeto de uma dupla descodificação: enquanto ação política em sentido estrito, que procura solucionar problemas; e, em sentido lato, enquanto sucessão de ações apontando um pretenso efeito de transformação política das sociedades (Cerna, 2013). Em ambos os casos, implica um procedimento e um resultado jurídico-material.

O procedimento das AP's pode ser resumido pela excelente síntese de James Anderson (2015), que organiza o trabalho político em cinco etapas elementares: primeiro, a identificação do problema, de modo a integrá-lo na agenda política; segundo, a racionalização política do problema com vista à sua possível solução, identificando uma ou várias possibilidades em função das circunstâncias políticas e das disponibilidades financeiras; terceiro, a formulação de uma decisão sobre a estratégia política a adotar para solucionar o problema, ou até nem o solucionar se isso for mais conveniente; quarto, a implementação da solução com dispositivos legais adequados; quinto, a avaliação da solução adotada depois de implementada, verificando a validade política dos resultados.

A dimensão político-material da AP é verificável nos institutos e dispositivos jurídico-políticos que cria, altera ou abroga. O seu reconhecimento verifica-se através do processo de publicação que, na maioria dos casos, ocorre através dos documentos oficiais das autoridades públicas. Em Portugal, existe o *Diário da República*, cuja origem se situa no início do século XVIII, ainda que sob outra designação e forma, e que dá a conhecer de modo organizado todos os atos de todos os institutos públicos ou com atribuições de caráter público. *[S.N.R.]*

Accountability

O modelo de democracia representativa é exigente do ponto de vista da representatividade e legitimidade dos órgãos de soberania e de outros organismos ou agências criadas por um ato de delegação de competências. Um requisito fundamental de representatividade, em que assenta o núcleo da democracia, garante uma ligação entre representados e representantes via eleições. Todavia, a legitimidade democrática não se esgota neste nexo. Não é suficiente a legitimidade *input*, que remete para a lógica dos procedimentos e se entroniza, como sua máxima tradução, na escolha dos representantes dos eleitores, da chefia do Estado (em sistemas republicanos), de assembleias legislativas e dos órgãos de governo regional e/ou local. Há uma outra dimensão que completa a legitimidade democrática adquirida pela via dos procedimentos constitucionalmente estabelecidos: a atenção vira-se para outra dimensão do processo, a legitimidade *output*. O mandato dos representantes escolhidos por ato eleitoral não é suficiente. Estes devem responder perante os eleitores para se manter o vínculo entre representados e representantes, de forma a que o sinalagma não se esgote nas eleições.

São diversos os mecanismos de *accountability*: a prestação de contas, numa base periódica ou extraordinária, através de múltiplas formas; a interação entre representados e representantes, com vários canais de acesso abertos em favor dos primeiros (petições, reuniões, manifestações, pressão exercida através da comunicação social, etc.); a sensibilidade dos representantes ao clamor popular; e, no caso de agências criadas por órgãos de soberania, a imperatividade de as agências reportarem a quem lhes delegou competências (o "principal"), de acordo com os mecanismos e a periodicidade estabelecidos. *[P. V.M.]*

Aceitação das convenções internacionais

Ato pelo qual um Estado ou outro sujeito de Direito Internacional estabelece, no plano internacional, o seu consentimento a ficar vinculado por uma convenção. Na prática, é frequente a utilização desta designação (a par de aprovação) para o ato que, sendo equivalente à ratificação (no sentido em que exprime o consentimento do Estado a ficar vinculado), é, no entanto, praticado por outro órgão que não o Chefe de Estado. *[R.M.]*

Acervo comunitário (ou europeu)

O acervo comunitário – inicialmente designado pela expressão original francesa *aquis communautaire* e também por "adquirido comunitário" (tradução direta da mesma expressão) – inclui os tratados europeus, a legislação, as declarações, as resoluções e os acordos internacionais que incidem sobre as matérias nas quais a União Europeia tem competência, bem como a jurisprudência do Tribunal de Justiça. Inclui ainda as disposições adotadas pelos governos dos Estados-membros no âmbito daquilo que com o Tratado da União Europeia se designava pelos pilares não comunitarizados (Política Externa e de Segurança Comum e Cooperação nos Domínios da Justiça e Assuntos Internos, que mais tarde veio a designar-se por Cooperação Policial e Judiciária em Matéria Penal).

A relevância prática do conceito resulta da exigência que é feita a todos os Estados que pretendam aderir à União Europeia no sentido de aceitarem o acervo, ou seja, assumirem integralmente os atos comunitários entretanto adotados, não podendo após a adesão invocar a sua não participação na adoção dos mesmos para os não cumprirem ou questionarem. Significa, afinal, que a adesão implica aceitar a União Europeia tal como ela existe. *[R.M.]*

Acontecimento

O acontecimento é uma ocorrência empírica particular, sendo da sua própria natureza, como adverte Jean Ladrière (1984), que ele surja no mundo como contingente, imprevisível e irrepetível. Único e singular, é o advento de qualquer coisa de novo e, nesse sentido, introduz a descontinuidade. Seja um atentado terrorista, um terramoto, um acidente numa central nuclear, uma greve geral ou uma guerra, são as consequências do acontecimento que determinam o seu significado e o seu valor simbólico. De acordo com este ponto de vista, o acontecimento social e histórico pode ser entendido como "uma realidade simbólica" (J. Molino, 1986), na medida em que lhe é atribuído um valor que depende de uma cultura.

Dada a importância das consequências e dos antecedentes do acontecimento humano para a sua compreensão, a linguagem causal é correntemente utilizada para explicar o que aconteceu. Considera-se, por exemplo, que o assassinato do arquiduque Fernando da Áustria em Sarajevo, em julho de 1914, foi a causa da Primeira Grande Guerra. Inscrito numa textura causal, o acontecimento vê a sua contingência reduzida na medida em que uma ou várias causas o explicam.

Do ponto de vista da narratologia, o acontecimento único que irrompe no mundo e que introduz a descontinuidade ganha em inteligibilidade desde o momento em que é contado em função das suas consequências, porque é o futuro do acontecimento que lhe confere sentido. Como o historiador alemão Reinhart Koselleck (1990) observa, é preciso um mínimo de distância temporal para fixar a identidade de um acontecimento. Com efeito, na medida em que os acontecimentos são eruptivos e disruptivos e não se repetem (R. Chartier, 1999), a singularidade do acontecimento é um objeto de estudo preferencial da História, e o trabalho historiográfico, de acordo com a ideia de processo e continuidade, efetua uma doação de sentido por meio da interligação de sequencialidades temporais e conexões causais entre factos ou acontecimentos.

O acontecimento está presente nas Ciências Sociais e, particularmente, na Sociologia da Comunicação. O "acontecimento jornalístico" está subordinado ao critério da atualidade e a critérios de noticiabilidade, e a informação jornalística, televisiva em particular, institui um *continuum* presente. Os "acontecimentos mediáticos" (D. Dayan; E. Katz, 1999), por sua vez, dizem respeito às grandes cerimónias televisivas, características das sociedades contemporâneas (acontecimentos programados, telecerimónias em direto). Como o historiador Pierre Nora (1974) observa, nas sociedades modernas há uma proliferação de acontecimentos que irrompem imediatamente na cena pública graças aos meios de comunicação social. Segundo o autor, os *media* e, sobretudo, o direto projetaram o acontecimento no vivido das massas, retirando-lhe o seu caráter histórico. A emergência pública dos acontecimentos realiza-se nos meios de comunicação, ao mesmo tempo que estes criam uma perceção acontecimental do mundo. *[I.B.]*

Acórdão

Na aceção jurídica corrente, o acórdão corresponde a uma decisão de um tribunal coletivo (o termo advém do acordo do coletivo de juízes em relação à deliberação). Embora também existam nos tribunais de primeira instância tribunais coletivos, estes últimos assumem sempre maior importância do que aqueles que são compostos por apenas um juiz. Daí que, na linguagem corrente, a designação de acórdão tenda a ser entendida como de um tribunal superior (por oposição à sentença individual), incidindo sobre o fundo da questão em apreciação. A expressão é também utilizada para referir decisões de tribunais internacionais, ainda que estes não se integrem em estruturas judiciais hierarquizadas (muito embora tendam a ser coletivos e, nessa medida, a designação possa ter-se como própria). *[R.M.]*

Acordo Comercial de Aproximação Económica Austrália-Nova Zelândia (Anzcerta)

Australia – New Zealand Closer Economic Relations Trade Agreement (ANZCERTA)

O ANZCERTA é um acordo de livre comércio assinado em março de 1983 entre a Austrália e a Nova Zelândia, com o objetivo de fortalecer as relações comerciais entre os dois Estados, promovendo o livre comércio e a eliminação de barreiras (restrições quantitativas e tarifas) para o comércio de bens e serviços na região. O ANZCERTA tem a finalidade de ser um dos acordos bilaterais de livre comércio mais abrangentes, e o primeiro a incluir serviços. Em 2013, foi assinado um protocolo sobre investimentos que beneficia os investidores de ambos os países em termos de custos e de maior certeza legal. *[P.A.]*

Acordo de Comércio Livre da Europa Central (Acordo de Visegrado)

Central European Free Trade Agreement (CEFTA)

A 15 de fevereiro de 1991, Lech Walesa, Vaclav Havel e Joseph Antal, chefes de Estado da Polónia, Checoslováquia e Hungria, respetivamente, reuniram-se em Visegrado com o objetivo de contribuírem para a paz, segurança e prosperidade dos seus países, em conformidade com os seus valores tradicionais e a evolução europeia. Em outubro de 1991, os três países afirmaram "a necessidade de acelerar os trabalhos sobre a supressão das barreiras nas trocas comerciais mútuas, e a sua vontade de concluir rapidamente os acordos sobre a liberalização recíproca do comércio". Esta decisão levou à assinatura do Acordo de Comércio Livre da Europa Central (CEFTA), concluído a 21 de dezembro de 1992, na cimeira de Cracóvia. Os parceiros da *troika* de Visegrado tornaram-se quatro após a divisão da Checoslováquia em dezembro de 1992, isto apesar das Repúblicas Checa e Eslovaca serem um só parceiro no acordo, devido à união aduaneira que regula as suas transações comerciais.

O CEFTA entrou em vigor a 1 de março de 1993, com a Hungria, Polónia, República Checa e Eslováquia como Estados-membros. Se, originalmente, este acordo tinha em vista o estabelecimento de uma área de livre comércio, com a supressão das barreiras comerciais e aduaneiras existentes entre os países participantes, a recuperação económica e transição para o capitalismo, a harmonização das relações económicas e o desenvolvimento da atividade económica entre os Estados-membros, mais tarde, passou a ter como objetivo primordial proporcionar aos seus membros as condições socioeconómicas necessárias à sua entrada na União Europeia. Assim, após verem o seu processo de adesão na União Europeia finalizado, todos os Estados fundadores deixaram o CEFTA, o mesmo acontecendo com os restantes Estados que aderiram mais tarde ao acordo e, entretanto, ingressaram na União Europeia – Eslovénia, Roménia e Bulgária.

Também em função desta nova realidade, em 2006, o CEFTA foi profundamente revisto, modernizando-se e ganhando uma maior ambição no que concerne ao livre comércio e à preparação da adesão à UE, de tal forma que se passou a falar num CEFTA 2006, a ele aderindo a Albânia, Bósnia e Herzegovina, Croácia (que saiu após a adesão à UE), Kosovo, Macedónia do Norte, Moldávia, Montenegro e Sérvia. *[P.A.]*

Acordo de Comércio Livre Norte-Americano

North American Free Trade Agreement (NAFTA)

Assinado a 17 de dezembro de 1992 pelo presidente americano George Bush, o presidente mexicano Carlos Salinas e o primeiro-ministro canadiano Brian Mulroney, este acordo visava a supressão progressiva, em 15 anos, de todos os obstáculos tarifários e não tarifários às trocas entre os três Estados-membros. O acordo de comércio livre entre os EUA e o Canadá de 1988 e a Iniciativa Bush para as Américas de 1990 estão na sua origem. O NAFTA entrou em vigor em janeiro de 1994, após a conclusão de dois acordos complementares sobre o ambiente e o trabalho, assinados em agosto de 1993.

Constituindo-se uma zona de comércio livre abrangendo aqueles três países da América do Norte, este tratado tinha como objetivos eliminar barreiras ao comércio e facilitar a circulação de bens e serviços entre os territórios das partes; promover as condições para uma competição justa na área do comércio livre; aumentar substancialmente as oportunidades de investimento na região; criar procedimentos tendo em vista a implementação e aplicação do Acordo, nomeadamente para a administração conjunta e resolução de conflitos; estabelecer uma estrutura para uma maior cooperação trilateral, regional e multilateral, bem como expandir e aumentar os benefícios deste acordo.

Este acordo veio a ser ultrapassado e substituído, em 2020, pelo ↗Acordo EUA-México-Canadá, noticiando então a CNN que o NAFTA "*is officially gone*". *[P.A.]*

Acordo em forma simplificada

A expressão designa normalmente as convenções internacionais que são sujeitas a um procedimento de vinculação menos solenizado (contrariamente aos tratados solenes). A progressiva internacionalização das matérias fez com que a celebração de convenções se tornasse num mecanismo cada vez mais comum de regulação das mesmas, pelo que, na medida em que essas matérias pudessem ser objeto de atos normativos (internos) do poder executivo, não parecia haver justificação para que, tratando-se de atos internacionais, o governo não estivesse autorizado a vincular autonomamente o Estado. Assim, surgiu a expressão *executive agreement* para designar estas convenções que, integrando o elenco dos poderes do executivo, não impunham a obediência a procedimentos complexos em que intervêm os diferentes órgãos de soberania.

O acordo em forma simplificada refere-se, atualmente, em termos gerais, a convenções em que a vinculação decorre da mera assinatura, distinguindo-se dos tratados solenes, que exigem (para além de outros atos eventuais) a ratificação ou ato equivalente. Registe-se, no entanto, que, no caso português, a mera assinatura nunca vincula o Estado, sendo necessária (pelo menos) a aprovação do Governo ou da Assembleia da República (artigo 8.º, n.º 2 da Constituição da República Portuguesa).

A utilização da designação "acordo" pode ainda ser relevante para efeitos hierárquicos. Por exemplo, em caso de conflito com o direito interno norte-americano, o regime constitucional determina (numa interpretação pacífica da doutrina) que só o tratado se sobrepõe às leis federais, prerrogativa de que não goza o acordo (que, no entanto, prevalece em relação às leis dos Estados federados). *[R.M.]*

Acordo EUA-México-Canadá (USMCA)

United States-Mexico-Canada Agreement

Assinado em 30 de novembro de 2018 pelo primeiro-ministro do Canadá, Justin Trudeau, e pelos presidentes dos Estados Unidos e do México, Donald Trump e Enrique Peña Nieto, respetivamente, este novo acordo comercial veio substituir o ↗NAFTA, concretizando-se dessa forma um dos objetivos eleitorais de Donald Trump, que considerava o NAFTA prejudicial aos interesses norte-americanos. Ainda que semelhante em diversos pontos com o seu antecedente, o USMCA introduz algumas novidades, especialmente no que respeita à propriedade intelectual, economia digital, produção automóvel, regulamentações ambientais e de trabalho, combate à corrupção e boas práticas de regulação.

Aprovado pelo Senado do México e pela Câmara dos Representantes dos EUA em finais de 2019, apenas em 2020 foi aprovado pelo Senado norte-americano e pelo Parlamento do Canadá, entrando em vigor a 1 de julho desse ano. Porém, diversas instâncias nacionais e internacionais, incluindo o Fundo Monetário Internacional, apontam para os efeitos negligenciáveis ou mesmo nulos do acordo no que concerne ao crescimento das respetivas economias, aumento de salários ou criação de emprego. *[D.F./R.R.]*

Acordo geral sobre pautas aduaneiras e comércio (GATT)

General Agreement on Tariffs and Trade (GATT)

Assinado por 23 países em outubro de 1947, constitui um regime que disciplina desde então as relações comerciais internacionais, assentando nos seguintes princípios: diminuição gradual dos direitos aduaneiros e eliminação das preferências pautais de caráter bilateral; aplicação da cláusula de nação mais favorecida com vista a promover as trocas num plano livre e não discriminatório; edificação de um sistema multilateral que garanta segurança nas relações económicas internacionais, assegurando o acesso de novos países aos mercados externos; afastamento de obstáculos não pautais; condenação das medidas públicas diferentes dos direitos aduaneiros que têm por efeito criar uma distorção nas trocas comerciais.

Ao longo de quase meio século, o GATT representou a estrutura essencial do sistema comercial internacional, conseguindo o desarmamento pautal para a circulação de mercadorias, malgrado a exceção às regras gerais de conduta que tornaram enviesado o esquema de atuação. O GATT está na origem da ↗Organização Mundial de Comércio (OMC). *[R.M.]*

Acordos de Helsínquia

Assinados em 1975, ao abrigo da ↗Conferência sobre Segurança e Cooperação na Europa (CSCE), marcaram em plena Guerra Fria um importante passo relativamente ao desanuviamento Leste-Oeste. Resultante de uma proposta da União Soviética, a Conferência decorreu entre 1972 e 1975 e envolveu representantes de 33 Estados europeus, sendo geralmente referida como estendendo-se de Vancouver a Vladivostok.

A Conferência permitiu a discussão de assuntos delicados, tocando diferentes temas, como a segurança e consolidação de confiança, economia, ciência, tecnologia e ambiente, bem como aspetos humanitários. Estes tópicos centrais foram organizados em três *baskets* distintos, mas inter-relacionados e complementares. Dividido em duas partes, o primeiro *basket* incluía o "Decálogo", que definia os dez princípios básicos reguladores das relações entre os Estados participantes na Conferência, e o Documento relativo a medidas de consolidação de confiança e determinados aspetos de segurança e desarmamento. O segundo *basket* referia-se à cooperação em termos económicos, de ciência e tecnologia e ambiental, e o terceiro prendia-se com cooperação em termos humanitários. Um quarto *basket* foi acordado, contendo o princípio de continuidade do processo da CSCE.

A Ata Final de Helsínquia não é um tratado legalmente vinculativo, mas um documento acordado politicamente, não prevendo meios de coação. Desta forma, a Conferência era uma estrutura institucional simples, na qual as decisões assumiam caráter político. Prosseguindo uma estratégia diplomática discreta, baseada numa atitude abrangente face aos problemas, a CSCE conseguiu manter as discussões em aberto, apesar da frequente instabilidade política característica do período da Guerra Fria. A Ata Final de Helsínquia constituiu-se como uma plataforma política que serviu de inspiração para a mudança democrática na Europa de Leste, uma vez que disponibilizou canais efetivos de comunicação e partilha de ideias. Enquanto o Ocidente procurava o reconhecimento e aplicação dos direitos e liberdades fundamentais no espaço da CSCE, a Leste pretendia-se o reconhecimento do *status quo* territorial do pós-guerra e a afirmação da inviolabilidade de fronteiras. Paradoxalmente, a CSCE foi concebida em Moscovo para legitimar o *status quo*, mas acabou por se transformar no vetor de mudança deste. *[M.R.F.]*

Acordo internacional

Os termos tratado e acordo (internacionais) surgem mencionados em conjunto no artigo 102.º da Carta das Nações Unidas, o qual impõe aos Estados o seu registo junto do Secretariado-Geral e posterior publicação. Ambos se aplicam a instrumentos convencionais, que podem variar consideravelmente em termos formais e materiais, nunca tendo surgido no plano internacional uma noção ou distinção precisa. No entanto, no regulamento de execução do referido artigo 102.º, refere-se que a obrigação de registo se aplica a todo o tratado ou acordo internacional, qualquer que seja a sua forma ou a designação utilizada. Esta perspetiva lata levou o Secretariado-Geral a considerar para o efeito uma diversidade de atos, incluindo mesmo compromissos ou atos unilaterais, como sejam as declarações de aceitação da competência do Tribunal Internacional de Justiça pelos Estados e outras declarações unilaterais. Donde se deve insistir no facto de a designação de um instrumento internacional não ser determinante para efeitos da determinação da sua natureza. Refira-se, todavia, que a designação utilizada sempre tenderá a indicar o objetivo ou limites do enquadramento dentro do qual as partes pretendem agir e, em determinados casos, pode mesmo fornecer indicações importantes quanto às relações que existam entre atos (por exemplo entre um dado acordo e um tratado celebrado anteriormente ou que venha posteriormente a ser concluído).

O termo *acordo* pode surgir numa aceção genérica ou específica. A designação genérica pode encontrar-se, por exemplo, na Convenção de Viena de 1969, em que aparece como definidora do próprio conceito de tratado. Em termos específicos, é frequente que a utilização do termo se refira a instrumentos menos formais e incidindo sobre matérias particulares. É esta, aliás, a designação mais utilizada na atualidade para designar os instrumentos convencionais internacionais. Na prática, esta designação é muito utilizada em convenções em matéria económica. A expressão é ainda utilizada no quadro dos processos de integração regional, nos quais os tratados institutivos assumem um caráter constitucional (sendo designados por *tratados*, designação a que igualmente se recorre nas convenções modificativas, como acontece no caso europeu), adotando a designação de *acordos* as convenções que visam desenvolver esses regimes originários. Existe, ainda, a denominação *acordo político*, que se refere a um dos atos concertados não convencionais, exorbitando, portanto, já do âmbito dos tratados. *[R.M.]*

Acordo de Paris

O Acordo de Paris é um acordo internacional celebrado no contexto da Convenção-Quadro das Nações Unidas sobre as Alterações Climáticas (*United Nations Framework Convention on Climate Change* – UNFCCC). Compreende metas vinculativas para um plano de ação mundial focado na limitação do aumento da temperatura média global a menos de 2.º C (idealmente, a menos de 1,5° C) em relação ao período pré-industrial. Para que este objetivo seja alcançado é imprescindível reduzir as emissões globais de gases com efeito de estufa em 70% até 2050, face a 2010, e garantir a neutralidade das emissões na segunda metade do século XXI.

Este acordo, assinado a 12 de dezembro de 2015 no âmbito da 21.ª Conferência das Partes (COP21) da UNFCCC, tem um caráter histórico, uma vez que, por comparação com o Protocolo de Quioto, é mais ambicioso (nas metas e nos prazos), e é significativamente mais abrangente. Pela primeira vez, estabelece metas vinculativas de controlo das emissões tanto para países industrializados como para países em vias de desenvolvimento, sendo que estas metas atendem, naturalmente, à maior vulnerabilidade dos países em vias de desenvolvimento e seguem, por isso, o princípio das responsabilidades comuns, mas diferenciadas de acordo com as respetivas capacidades.

O objetivo concreto de limitação do aquecimento até 2.º C já tinha sido definido em Copenhaga, na Conferência de 2009, que ficou marcada pelo fracasso de um reforço das disposições do Protocolo de Quioto, também ele assinado numa COP (COP3). Apenas com Paris estas metas se tornaram vinculativas, depois de 186 dos 195 países da Conferência terem apresentado, antes e durante a COP21, os seus planos nacionais de redução de gases com efeito de estufa até 2025-2030.

Uma das principais inovações do Acordo de Paris é o caráter vinculativo das metas nacionais propostas nos Contributos Previstos Determinados a Nível Nacional (CPDN). Contudo, a sua violação não acarreta um mecanismo punitivo de qualquer espécie. Em lugar de uma intervenção coerciva, existem relatórios técnicos especializados e independentes sobre a aplicação dos planos nacionais, um mecanismo multilateral de *peer review* pelas partes e um comité permanente para a implementação e conformidade dos planos com os objetivos globais. A violação das disposições do Acordo e dos CPDN não tem consequências jurídicas imediatas, mas um incumprimento que não seja apenas ocasional acarretará naturais consequências políticas e económicas no quadro das relações internacionais.

A União Europeia é parte do Acordo de Paris, bem como todos os seus Estados-membros. No final de 2019, o Parlamento Europeu aprovou uma resolução a declarar um estado de emergência climática. A União tem como objetivo reduzir em 55% a emissão de gases com efeito estufa até 2030 e atingir a neutralidade das emissões de dióxido de carbono até 2050.

Numa decisão que foi severamente criticada pela União Europeia e diversos responsáveis internacionais, o presidente norte-americano Donald Trump anunciou a retirada dos EUA do Acordo, mas o seu sucessor, Joe Biden, em janeiro de 2021, anunciou como uma das primeiras medidas do seu mandato a readesão do país. *[C.C.]*

Acordos de Limitação de Armas Estratégicas (SALT)

Strategic Arms Limitation Talks (SALT)

Estes acordos traduzem as conversações sobre a limitação de armas estratégicas entre os Estados Unidos da América e a União Soviética entre 1967 e 1979. Um período de ↗*détente* nas relações entre as duas superpotências permitiu o início de negociações bilaterais relativas ao controlo de armamento. Os EUA pretendiam evitar uma corrida ao armamento contra a União Soviética, que se revelaria dispendiosa, em parte devido ao seu envolvimento na Guerra do Vietname. Por seu turno, a União Soviética procurava, desde a crise dos mísseis de Cuba de 1962, paridade nuclear com os EUA. Das negociações resultaram duas convenções. Assinado em 1972, o Tratado SALT I (tecnicamente designado por Acordo Interino sobre Armas Ofensivas Estratégicas) procurava substituir o constrangimento mútuo pela autolimitação, permitindo um certo grau de estabilidade ao definir o limite superior relativo ao número total de mísseis que cada país poderia possuir. As suas limitações principais traduziram-se nos problemas de verificação, pois nenhuma das partes estava preparada para permitir inspeções *in loco*, e no facto de não abordar a questão das ogivas múltiplas, omissão que o acordo SALT II procurou colmatar. O ↗Tratado ABM (Mísseis Antibalísticos) foi negociado e assinado como parte do mesmo processo.

O SALT II lidava, de modo mais específico, com o número total e o poder das ogivas, incluindo a nova tecnologia MIRV (*multiple independently-targeted re-entry vehicle*), que permitia que os mísseis incluíssem então uma dúzia ou mais de ogivas independentes. Contudo, nunca veio a ser ratificado, pois a intervenção soviética no Afeganistão levou o Senado norte-americano a não proceder à votação do novo acordo. O processo SALT acabou por ser substituído pelo ↗Tratado de Redução de Armas Estratégicas (*Strategic Arms Reduction Treaty)* START I e II, assinados em 1991. Não se pode, deste modo, isolar os acordos SALT do contexto de Guerra Fria, os quais acabaram por constituir uma etapa importante da estratégia de *détente* liderada pela ↗Doutrina Nixon em relação à União Soviética. *[J.A.E.]*

Acreditação

Ato de nomeação (pelo Estado acreditante) de um chefe de missão ou de qualquer membro do pessoal diplomático ou consular perante um Estado. Quando feita perante dois ou mais Estados, designa-se por dupla ou múltipla acreditação, a qual tem de ser notificada e apenas se consuma não havendo oposição.

A acreditação (ou nomeação, no caso das relações consulares) de uma mesma pessoa como chefe de missão (diplomática ou consular) por dois ou mais Estados designa-se por representação comum, que apenas se consuma não havendo oposição do ↗Estado acreditador/recetor. *[R.M.]*

Adesão

Ato pelo qual um Estado ou outro sujeito de Direito Internacional estabelece, no plano internacional, o seu consentimento a ficar vinculado a uma convenção que não tenha assinado. Trata-se, assim, de uma particularidade das convenções multilaterais, que permite que o regime se possa vir a aplicar também a sujeitos que não participaram na negociação e/ou não assinaram. Desta forma, a adesão surge como alternativa à ratificação (nos tratados solenes, a qual é normalmente reservada aos sujeitos que tenham previamente assinado a convenção), ou à própria assinatura (ou outro ato equivalente, nos acordos em forma simplificada). A adesão constitui o principal instrumento de extensão de regimes convencionais, dando origem às convenções abertas ou semiabertas. A sua admissibilidade depende dos termos da própria convenção ou de acordo posterior das partes sobre a matéria. *[R.M.]*

Administração pública

Pode ser entendida num duplo sentido, como um campo da ↗Ciência Política que planifica, organiza, dirige, coordena e controla intervenções no governo, setor público e organizações sem fins lucrativos, tais como a organização de políticas e programas governamentais; e como ramo de conhecimento ou disciplina académica que estuda e prepara os funcionários públicos (geralmente não eleitos) para trabalhar no setor público. Cada Estado emprega alguma forma de administração pública dentro dos seus sistemas de governo. Ao longo do tempo, o conceito foi remetendo para um conjunto vasto de significados, incluindo o estudo da tomada de decisões pelo governo, a análise da gestão das políticas públicas e os vários mecanismos para as produzir. De finais do século XIX até meados do século XX, a administração pública era entendida como uma subárea da política. Após a teoria da burocracia de Max Weber, foram Woodrow Wilson e Frederick W. Taylor os principais mentores do desenvolvimento deste ramo multidisciplinar, quer como campo específico de atuação, quer como área de conhecimento com identidade própria, envolvendo os recursos humanos, a teoria da organização, a análise de políticas, o orçamento e a ética.

Por vezes, tende a confundir-se "administração pública" com "gestão pública". Muito embora haja alguma sobreposição, as duas áreas fazem uso de diferentes deveres profissionais. A administração pública ocupa-se, no essencial, da produção de políticas públicas e da coordenação de programas públicos. A gestão pública é uma subdisciplina da administração pública que envolve a realização de atividades de gestão em organizações públicas, destinando-se a melhorar a qualidade e a eficiência dos serviços prestados por estas.

Após a Segunda Guerra Mundial, surgiu o ramo da administração pública comparada, com o objetivo de identificar e difundir estratégias internacionais de desenvolvimento que impedissem a expansão do ↗comunismo durante a ↗Guerra Fria. Houve várias questões que dificultaram o desenvolvimento da administração pública comparada, mormente as principais diferenças entre os países ocidentais e os países em desenvolvimento, assim como a falta de sucesso no desenvolvimento de modelos teóricos que fossem cientificamente testados. *[J.G.F.]*

Adoção dos textos convencionais

Ato de fixação do texto de uma convenção internacional. A regra geral é a da adoção resultar do consentimento dos Estados que participaram na negociação (ou elaboração), mas pode ser outro o regime acordado para o efeito, sendo ainda que para as convenções negociadas em convenções internacionais se exige apenas uma maioria de dois terços para a adoção do texto. A adoção das convenções negociadas sob a égide de uma organização internacional faz-se, por vezes, pelo órgão representativo das partes. *[R.M.]*

Agência Europeia de Defesa (AED)

European Defence Agency (EDA)

A Agência Europeia de Defesa (AED) foi criada a 12 de julho de 2004, pelo Conselho da União Europeia, tendo como missão, por um lado, "apoiar o Conselho e os Estados-membros nos seus esforços para aperfeiçoar as capacidades de defesa da União Europeia na área da gestão de crises" e, por outro, "apoiar a PESD [Política Europeia de Segurança e Defesa] na sua atual configuração e na sua evolução futura". Tem sede em Bruxelas e comporta 26 Estados-membros – todos os países da União Europeia com exceção da Dinamarca. A AED tem ainda acordos com países que não fazem parte da União Europeia, como a Noruega, Sérvia, Suíça e Ucrânia.

Com vista ao cumprimento desta missão, a AED trabalha nas áreas do desenvolvimento das capacidades de defesa, do investimento em investigação e tecnologia (com vista à afirmação europeia em áreas estratégicas), da promoção da cooperação em matéria de armamento (contribuindo assim para o reforço da base tecnológica e industrial de defesa europeia) e da criação e consolidação de um Mercado Europeu de Equipamentos de Defesa competitivo.

Para a concretização dos eixos de ação da Agência, destacam-se como instrumentos de trabalho o *Plano de Desenvolvimento de Capacidades (CDP)*, visando operacionalizar a *Long Term Vision*, tornando-a útil e mais objetiva, identificar prioridades na melhoria das capacidades de defesa e suscitar oportunidades de cooperação e de partilha de objetivos/meios; a *Estratégia Europeia para Base Tecnológica e Industrial de Defesa*, visando o reforço da autonomia e capacidade da Europa através de uma consolidação das suas indústrias e centros de investigação, capaz de responder aos desafios da procura europeia e internacional; e a Estratégia Europeia de Investigação e Desenvolvimento de Defesa, visando a definição das linhas gerais que orientem o esforço europeu de investimento em I&D, com vista a satisfazer objetivos de capacidades conjuntas, materializando o objetivo de investir mais em comum e de forma mais eficiente.

Portugal apoiou, desde o início, a criação e consolidação da AED como motor de desenvolvimento das capacidades militares da UE, com base no reforço do processo cooperativo de armamentos, da Base Tecnológica e Industrial de Defesa, da I&D e do Mercado de Equipamentos de Defesa a nível europeu, por forma a assim obter os benefícios de uma colaboração em armamentos do lado da procura e por essa via potenciar o posicionamento nacional (lado da oferta) nos mercados de defesa num espaço alargado (europeu e internacional). *[P.A.]*

Agência Internacional da Energia Atómica (AIEA)

International Atomic Energy Agency

Organização intergovernamental autónoma constituída no âmbito das Nações Unidas. O seu estatuto foi adotado em 23 de outubro de 1956, no seio das Nações Unidas, e entrou em vigor em 29 de julho de 1957. Tem como objetivo encorajar e facilitar o desenvolvimento e a utilização da energia nuclear no mundo para fins pacíficos. A Agência está principalmente encarregada, no quadro do Tratado de Não Proliferação Nuclear (TNP), do controlo da utilização pacífica das matérias nucleares nos países que não têm armas nucleares, tendo-se ocupado, nos últimos anos, sobretudo com os casos bem conhecidos e preocupantes da Coreia do Norte e do Irão. Tem 137 Estados-membros e sede em Viena. Os representantes dos Estados encontram-se anualmente para uma Conferência Geral, onde se elegem 35 membros para o Conselho de Governadores, que reúne cinco vezes por ano e prepara as decisões a serem ratificadas posteriormente pela Conferência Geral. *[F.S.]*

Agência Multilateral para a Garantia dos Investimentos (AMGI)

↗Banco Mundial (Grupo)

Agenda política

A ideia de agenda política surge com maior impacto nos dias de hoje, muito por força da mediatização, não só através dos *media* tradicionais, mas também das redes sociais, da atividade política. Refere-se ao conjunto de assuntos colocados na ordem do dia com vista a condicionar ou desenvolver determinadas matérias no sistema político. Utilizadas por governos e oposição, promovidas por partidos políticos, sindicatos ou associações patronais, além de corporações específicas no sentido de marcar o debate político.

A ideia de agenda política tem origem na necessidade de condicionar o debate político naquilo que, na década de 1970, Maxwell McCombs e Donald Shaw denominaram como a *Teoria do Agendamento* ou *Agenda Setting*, os assuntos com maior cobertura mediática que podem e vão ser valorizados pela opinião pública, no que chamaram uma "necessidade de orientação", que seria reclamada. Ambos procuraram nas suas pesquisas evidenciar que a audiência, quer a de televisão, rádio ou a imprensa escrita, dá como mais importante a que tem maior relevância concedida pelos *media*.

Esta teoria do agendamento tem em Walter Lippmann e no seu livro *Opinião Pública* (1922) o seu precursor, nomeadamente no capítulo "O mundo exterior e as imagens da nossa mente", onde afirma que a imprensa é a responsável pela criação da força mística denominada opinião pública. Procura-se entender o papel dos públicos e da opinião pública através do que se costuma chamar a opinião publicada dos colunistas ou comentadores políticos.

Após uma avaliação baseada nos meios tradicionais de comunicação social, a existência das redes sociais como *Facebook* ou *Twitter* veio trazer ainda mais premência à ideia de agenda política. O presidente dos Estados Unidos, Donald Trump, utilizava regularmente o *Twitter* para comunicar as suas posições políticas nos mais variados contextos, sendo um dos políticos que mais condicionou as agendas fora de qualquer alinhamento previsível. O estudo permanente de tipos de audiências e a realização de sondagens permitem fornecer ou, pelo menos, sugerir quais as preocupações a que as pessoas estão sujeitas, ajudando, assim, a formular as políticas que os eleitores parecem preferir e a definir os assuntos da agenda política. *[A.T.]*

Agente diplomático

É tanto o chefe da missão como qualquer membro do pessoal diplomático da missão. Todo o agente diplomático beneficia de um conjunto de privilégios e imunidades inerentes às suas funções, de onde se destacam a inviolabilidade pessoal (que implica a obrigação de proteção pelas autoridades nacionais do Estado acreditador e impede a sua detenção ou prisão em qualquer circunstância), liberdade de circulação, diversas isenções fiscais e imunidades jurisdicionais. Simultaneamente, o agente diplomático não pode exercer qualquer atividade profissional ou comercial no Estado acreditador em proveito próprio. O agente diplomático com funções especializadas (militares, culturais, etc.) é designado por adido. A nomeação de adidos militares (entre outros) pode estar sujeita a prévia aprovação pelo ↗Estado acreditador.

O ato pelo qual o Estado acreditador dá o seu acordo em relação à pessoa que o Estado acreditante pretende nomear como chefe da missão diplomática designa-se por *agrément*. Trata-se de um ato livre, na medida em que a sua recusa não tem de ser justificada. *[R.M.]*

Agressão

Ataque ou intervenção ilegal, injustificada ou imoral, de um Estado ou aliança de Estados contra outro. De acordo com a definição da ↗ONU, "emprego da força armada contra a soberania, integridade territorial ou independência política de um outro Estado". A definição de agressão estabeleceu-se a partir da Primeira Guerra Mundial, no âmbito da segurança coletiva, com o objetivo de determinar o agressor e designá-lo à comunidade internacional (Maurice Vaisse).

É um conceito subjetivo, de tal modo que o que um Estado pode entender como agressão, outro poderá considerar, por exemplo, como uma guerra legítima de libertação. Além do mais, pode não só envolver conflito externo, mas incluir, também, subversão interna, ajuda a insurgentes ou sabotagem económica, entre outros. Assim, a agressão pode também assumir um caráter económico, através da imposição de bloqueios ou boicotes. Também poderá acontecer que o Estado que dispara o primeiro tiro, tecnicamente o agressor, o faça em resultado de fortes provocações. Distingue-se a agressão direta, como o ataque japonês a Pearl Harbour em 1941, da agressão indireta, dirigida não contra o território do Estado, mas contra o regime existente ou o governo em funções, como a espionagem aeronáutica norte-americana em relação à União Soviética, praticada entre 1955 e 1960. *[J.A.E.]*

Água

Historicamente, o acesso à água tem tido um impacto localizado, afetando as relações dos países ribeirinhos, ou seja, dos países que partilham o corpo de água em questão (rio, lago ou aquífero). Como meio de transporte fluvial, fronteira política, fator de desenvolvimento, capital cultural ou ambiental, a água tem contribuído de forma direta e indireta para moldar as relações entre Estados ribeirinhos desde o início da construção do sistema interestatal (e ainda antes, entre diferentes comunidades). Atualmente, a água tem ganho um relevo mais global, levantando questões estruturais internacionais associadas a temáticas de desenvolvimento, de comércio, de Direitos Humanos e de violência e paz.

O papel da água nas relações internacionais tem sido estudado de diferentes perspetivas, mas o potencial para desencadear (ou não) conflitos violentos tem sido a questão mais debatida. Por um lado, a partilha internacional de água tem historicamente resultado em interações de cooperação internacional com centenas de tratados internacionais entre Estados ribeirinhos em vigor, bem como centenas de organizações internacionais criadas para a coordenação e/ou governação conjunta desse bem. Por outro lado, a água tem também sido alvo de disputas acesas entre países ribeirinhos devido a questões associadas à definição de fronteiras políticas, ao controlo do caudal dos corpos de água, principalmente em épocas de cheias e secas, e ao direito de acesso à água para produção de energia, irrigação ou abastecimento urbano e industrial.

Perante esta dualidade, a questão fundamental centra-se em como promover e consolidar o potencial de cooperação associado à partilha transnacional da água e, ao mesmo tempo, limitar e diluir o potencial de conflitos violentos associado a esta mesma realidade. Acresce que a natureza física da água apresenta características fortes para esta facilmente constituir uma causa de conflitos violentos. Na era da substituibilidade em que vivemos, a água é um bem insubstituível; não respeita fronteiras políticas; e facilmente muda de estado líquido para sólido para gasoso. Cerca de 60% da água doce mundialmente acessível encontra-se nas bacias de 286 rios e lagos e 592 aquíferos internacionais, partilhadas por 153 Estados soberanos, onde está localizada 40% da população mundial. Ainda assim, não há registo histórico de um conflito internacional violento ter ocorrido devido diretamente a uma questão de partilha de água (UNESCO, 2021). Pelo contrário, Yoffe, Wolf e Giordano (2003) concluíram no seu estudo que, historicamente, tem havido mais colaboração do que disputas. Este estudo revela que, nos casos em que conflitos hídricos não resultaram em conflitos hostis ou violentos, existiam ou foram criadas instituições para regular, gerir, diluir e/ou mitigar esses conflitos. Mais importante ainda, não foi apenas o fator institucional que estaticamente se revelou significativo, mas, mais especificamente, as instituições que tiveram capacidade de absorver e gerir alterações bruscas e drásticas.

Apesar de esta realidade ser global, o facto de a água estar intrinsecamente associada ao território tem impedido a aprovação de um tratado internacional global que enquadre as interações de governação da água internacionalmente partilhada. É possível, no entanto, aplicando a definição de Krasner (1983), identificar um regime internacional constituído por "conjuntos de princípios, normas, regras e processos de tomada de decisão nos quais as expectativas dos atores envolvidos numa determinada área temática convergem, quer sejam implícitos ou explícitos". Assim, e começando pelo quarto elemento identificado por Krasner – processos de tomada de decisão –, analisando os tratados de água assinados entre países ribeirinhos, conclui-se que, em muitos casos, estes processos são casuísticos, mas cada vez mais os próprios tratados incluem provisões específicas para definir os processos de tomada de decisão em caso de conflito e para futuras atualizações do próprio acordo.

A análise dos tratados sobre água assinados entre países ribeirinhos permite também identificar, atualmente, em termos gerais, a existência de um princípio de solidariedade e igualdade ribeirinhas, caracterizado por uma soberania e integridade territorial limitadas. Este princípio significa que todos os países ribeirinhos têm iguais direitos e obrigações no âmbito dos corpos de água que compartilham, nomeadamente no que diz respeito à qualidade e quantidade das águas que passam pelo seu território nacional. De referir, no entanto, que nem todos os países aplicam na prática este princípio, bastando lembrar a posição da Turquia, que continua a desenvolver um projeto de 22 barragens e 19 centrais hidroelétricas a montante das bacias dos Rios Tigre e Eufrates sem a aprovação da Síria e do Iraque, ou, mais recentemente, a disputa que opõe a Etiópia ao Egito e ao Sudão quanto ao controlo da água do Rio Nilo, a qual permanece em aberto.

As práticas de interação (normas) entre os países ribeirinhos identificadas indicam que apenas Estados ribeirinhos têm tido direitos (e obrigações) sobre os corpos de água compartilhados e que existe uma espécie de "direito natural" dos Estados a jusante a uma quantidade de água que lhes permita a sua sobrevivência. Quanto à existência de uma espécie de "direito natural", a análise dos tratados internacionais sobre água sugere que os países ribeirinhos normalmente concordam em partilhar uma quantidade mínima de água que permita a sobrevivência humana das populações a jusante, sem haver lugar ao pagamento de uma contrapartida dos Estados a jusante aos Estados a montante (Dinar, 2007).

No que diz respeito às regras, a *Convenção sobre o Direito Relativo à Utilização dos Cursos de Água Internacionais para Fins Diversos dos de Navegação,* aprovada no seio da Organização das Nações Unidas (ONU) em 1997, e que entrou em vigor em 2014, define regras básicas de governação para águas internacionalmente partilhadas, assumindo como atores centrais nessa governação os Estados ribeirinhos. A Convenção inclui os conceitos avançados pelas *Regras de Helsínquia* (Associação de Direito Internacional, 1966), como a integridade da bacia hidrográfica, a utilização equitativa da água entre Estados ribeirinhos e a proibição dos Estados a montante causarem prejuízos substanciais aos Estados a jusante devido à implementação das suas políticas de aproveitamento hídrico. Acrescenta ainda, entre outros conceitos, a necessidade de razoabilidade na utilização da água, de participação nas tomadas de decisão relativas ao acesso e utilização do bem, e de integração das águas superficiais e subterrâneas. É importante referir, no entanto, que existem outros instrumentos de Direito Internacional que também incluem estes conceitos e que precederam a aprovação da Convenção da ONU, como, por exemplo, a *Convenção sobre a Proteção e a Utilização dos Cursos de Água Transfronteiriços e dos Lagos Internacionais* da Comissão Económica das Nações Unidas para a Europa (aprovada em 1992 e que entrou em vigor em 1996). Esta Convenção tem uma particularidade interessante, pois sendo uma Convenção regional, desde 2013 que permite a adesão à Convenção de Estados não europeus (por pressão dos mesmos).

O estudo do papel da água nas relações internacionais tem também incluído a discussão sobre as consequências da denominada "privatização" do setor da água ao nível internacional. O alargamento do modelo neoliberal de mercado ao setor da água a partir da década de 1980 tem tido implicações profundas nos modelos de governação nacionais deste bem, nomeadamente a participação do setor privado e, normalmente, a definição e/ou aumento do custo do acesso à água, especialmente, para consumo humano. A *Declaração de Dublin*, de 1992, tem contribuído para a crescente adoção de princípios neoliberais na governação da água, alterando a aplicação de um princípio de equidade social e de abastecimento universal para a utilização do preço como mecanismo de afetação da água, com a possibilidade de cortar o acesso ao "consumidor" por falta de pagamento. Várias iniciativas intergovernamentais também surgiram, promovendo princípios de governação que, apesar de internalizarem os princípios de Dublin, propõem um enfoque estrutural na criação de instituições participativas, transparentes, eficientes e eficazes para melhor gerir os impactos negativos de alguns princípios neoliberais, como a Iniciativa da Água da União Europeia (2002), que promove diálogos nacionais sobre governação da água um pouco por todo o planeta, e os Princípios de Governação da Água da ↗Organização de Cooperação e Desenvolvimento Económico (OCDE), de 2015.

Embora esta dinâmica tenha impactos essencialmente internos, esta situação criou uma janela de oportunidade para se ensaiar a possibilidade de criação de um mercado internacional de água bruta. Durante a década de 1990, diferentes empresas privadas requereram licenças de captação de água em diversos países para abastecer municípios e outras empresas privadas noutros países, criando assim direitos comerciais sobre água proveniente de uma bacia hidrográfica onde estes consumidores não estão localizados e, consequentemente, ameaçando o princípio da equidade e solidariedade ribeirinhas e a norma de que apenas Estados ribeirinhos têm direitos e obrigações nas bacias respetivas.

Apesar de estes projetos terem todos sido bloqueados pelos próprios Estados envolvidos, esta questão desencadeou um debate internacional feroz sobre direitos de propriedade da água, ↗Direitos Humanos e a necessidade de se clarificarem as regras de acesso e as possibilidades de proteção da água pelas comunidades que vivem nas respetivas bacias hidrográficas. Nesse sentido, a nível global, é possível identificar diferentes dinâmicas que têm abordado esta questão, onde diferentes atores têm ganho visibilidade. No seio da ONU, desde 2010, após grande pressão de organizações da sociedade civil e com base no trabalho desenvolvido pelas diferentes agências da Organização, a Assembleia Geral reconheceu explicitamente o direito humano à água e ao saneamento básico (Resolução 64/292). Esta decisão tem consequências essencialmente internas (nacionais), mas cria a possibilidade de uma discussão internacional, temida desde sempre por países como o Canadá, sobre a aplicação de um direito humano internacional à água. Este direito implicaria a transferência de água dos países mais ricos em água para os países mais pobres em água, numa lógica de solidariedade mundial. A par destes esforços, várias redes e movimentos de contestação da denominada "privatização" do setor da água têm ganho importância internacionalmente.

Os esforços envidados por Vandana Shiva (Índia) ou por Maude Barlow (Canadá) são notoriamente reconhecidos, bem como as iniciativas desenvolvidas pela Associação por um Contrato Mundial da Água ou por académicos como Peter H. Gleick ou Pedro Arrojo-Agudo (atual Relator Especial da ONU para o Direito Humano à Água e ao Saneamento Básico). Prevê-se que as ↗alterações climáticas possam vir a agudizar a situação hídrica nalguns pontos do planeta, testando a capacidade de adaptação das instituições existentes e a resiliência humana para subsistir a situações extremas sem adotar comportamentos unilaterais e egoístas. No entanto, toda a discussão atual sugere que a necessidade de definir direitos de propriedade da água doce se tornou uma questão de sobrevivência e que existem vários modelos possíveis, não excludentes, que atribuem direitos às pessoas, às comunidades, aos Estados, às regiões, à humanidade ou mesmo ao planeta. Sem definir este primeiro ponto de partida, todos os regimes e modelos de governação que surjam encontram-se intrinsecamente permeáveis aos interesses de cada Estado em dado momento. De qualquer forma, atualmente, apesar dos progressos no âmbito do Objetivo de Desenvolvimento Sustentável 6 a ser atingido até 2030, estima-se que 785 milhões de pessoas continuem sem acesso a água potável e que, em 2050, devido ao crescimento demográfico e ao aumento da procura por água, mais de metade da população mundial viva em regiões com *stress* hídrico. Esta situação, associada ao facto de a água ser insubstituível e vital, contribui para o seu papel como instrumento potenciador de conflitos internacionais. *[P.D.L.]*

Ajuda pública ao desenvolvimento

A Ajuda Pública ao Desenvolvimento (APD) consiste na assistência cedida por organismos públicos a países em desenvolvimento, tendo como objetivo a melhoria dos indicadores de desenvolvimento económico e social e a promoção dos Direitos Humanos no país de destino da ajuda, apoiando a dinâmica do esforço ao desenvolvimento. Estes organismos podem ser governos nacionais, instituições internacionais, intergovernamentais ou ↗organizações não governamentais (ONG's). A Ajuda Pública ao Desenvolvimento pode ser canalizada para os países de destino de forma bilateral – quando se trata de ajuda direta a um programa ou a um país –, ou de forma multilateral – quando se trata de contribuições para orçamentos de organizações internacionais –, como a ↗Organização das Nações Unidas (ONU) ou a ↗União Europeia (UE). Tem-se verificado uma alteração da estratégia na ajuda, passando-se da ajuda alimentar e da ajuda monetária para uma nova forma de auxílio, a ajuda direta aos planos de desenvolvimento. *[M.O.B.G.]*

Aliança

Acordo formal entre dois (bilateral) ou mais atores (multilateral), geralmente Estados, com o propósito de coordenar o seu comportamento perante a ocorrência de contingências políticas e militares específicas. Prevê a colaboração conjunta e coordenada relativamente a questões de interesse mútuo, em particular no que diz respeito a questões de segurança.

Através da criação de uma aliança, os seus membros melhoram as condições de segurança coletiva, através de várias dimensões, nomeadamente: um sistema de dissuasão será estabelecido ou consolidado; um pacto de defesa será operacionalizado em caso de guerra; parte ou todos os atores comprometer-se-ão no não envolvimento noutras alianças. Os aliados estipulam sob a forma de tratado as condições segundo as quais a resposta militar se aplica. No mínimo, a colaboração incluirá obrigações mútuas aquando do início das hostilidades, mas geralmente a colaboração estende-se para além disso. Exercícios militares conjuntos, treino de pessoal e aquisição de armamentos são atividades possíveis sob a denominação de "aliados". Estes poderão necessitar de se apoiar diplomaticamente na condução das suas políticas externas. As alianças podem ser secretas ou públicas, bilaterais ou multilaterais.

A aliança era uma variável fulcral no sistema de balança de poder. Os Estados assumiam-se como contrapesos contra um Estado ou coligação revisionista, de forma a manter a estabilidade. Neste contexto, as alianças eram contingentes, orientadas para um problema. Num sistema bipolar, as superpotências procuram aliados para enfrentar ameaças percetíveis na periferia. Uma vez que as capacidades militares estão distribuídas de forma desigual nas alianças bipolares, conflitos sérios poderão ocorrer no seio dos blocos relativamente ao âmbito e domínio da liderança e apoios. Esta tendência é geralmente denominada de policentrismo. Num sistema multipolar, as dinâmicas de aliança são intrinsecamente mais fluidas e pode haver maior incerteza e menor previsibilidade quanto a alterações de política externa e de alianças. Os Estados poderão envolver-se em hostilidades no apoio dos seus aliados ou manter-se afastados na expectativa de que os outros não o façam.

O século XX testemunhou a construção de alianças como um comportamento típico dos Estados. Os exemplos de 1914 e 1939 (as duas Guerras Mundiais) foram estudados no sentido de validar as teorias de alianças e a ocorrência de guerra. Os resultados são ambivalentes quanto ao facto de as alianças impedirem ou promoverem a entrada em guerra. *[P.E.M.]*

Aliança eleitoral

Alianças eleitorais significam acordos políticos prévios com vista a participar em qualquer ato eleitoral, seja ele de dimensão nacional, regional ou local. Com a criação de uma aliança eleitoral pretende-se gerar condições para a coligação de um conjunto de partidos políticos com vista à governabilidade na formação de governo. A ideia de aliança eleitoral está muito identificada com a necessidade de estabilidade do sistema político. Maurice Duverger considera que existe uma ligação direta entre o sistema eleitoral e o sistema partidário.

No caso de Portugal, o sistema eleitoral é de representação proporcional, ou seja, cada partido obtém em cada círculo eleitoral o número de deputados proporcional aos votos, o que evidencia a importância, na conjuntura política, de serem realizadas alianças eleitorais. Sistemas eleitorais assentes no ↗método D'Hondt permitem, quase sempre, a formação de maiorias parlamentares resultantes de alianças de dois ou mais partidos. A constituição de uma aliança eleitoral implica a existência de um programa eleitoral comum e a formação de uma estrutura própria, como exige a lei dos partidos políticos em Portugal.

No nosso País, um exemplo de sucesso de alianças eleitorais foi a constituição da Aliança Democrática, que se apresentou nas eleições legislativas de 1979, com 42,5% dos votos, e em 1980, com 44,9% dos votos, juntando o Partido Social Democrata (PSD), o Centro Democrático Social (CDS) e o Partido Popular Monárquico (PPM). Esta aliança eleitoral permitiu criar a primeira maioria parlamentar estável no Parlamento português, levando à constituição de um governo liderado pelo primeiro-ministro e líder do PSD, Francisco Sá Carneiro. No mesmo período de tempo, também o Partido Socialista (PS) liderou uma aliança eleitoral, envolvendo a União de Esquerda Democrática Socialista (UEDS) e a Associação Social Democrata Independente (ASDI), denominada Frente Republicana e Socialista (FRS).

Contudo, não existe uma prática constante de alianças eleitorais na política portuguesa. Só 36 anos depois, em 2015, o PSD e o CDS constituíram a "PAF – Portugal À Frente", que concorreu às eleições legislativas. Apesar de vitoriosos, com 36,86% dos votos, só atingiram 102 lugares na Assembleia da República, ficando distantes da maioria absoluta de 116 deputados, não conseguindo a aprovação do programa de Governo, por oposição de toda a esquerda parlamentar, o que determinou a queda do Executivo. Acabaria por ser o PS a constituir um governo estável, com base em dois acordos (com Bloco de Esquerda e CDU), a chamada "geringonça". *[A.T.]*

Alteração fundamental das circunstâncias

A questão da alteração fundamental das circunstâncias surge no âmbito da teoria geral do negócio jurídico, consistindo em saber se, ou até que ponto, uma alteração das circunstâncias existentes à data da conclusão de um negócio justifica uma alteração das obrigações assumidas pelas partes. O regime, desenvolvido no âmbito do Direito Civil ao longo dos séculos, procura um equilíbrio entre, por um lado, a necessidade do cumprimento pontual das obrigações (que aconselha a não relevância de eventuais alterações das circunstâncias na vida dos negócios jurídicos) e o reconhecimento de que sempre poderão surgir alterações que, embora não tornando impossível o cumprimento, o agravam de forma a que não deva continuar a ser exigível.

No plano internacional (e especificamente no caso das convenções internacionais), o regime acolhido no artigo 62.º da Convenção de Viena de 1969 procura esse mesmo equilíbrio, consolidando uma prática que não era, todavia, clara (pelo menos a ponto de formar um costume geral), principalmente por falta de uniformidade. Assim, fazendo jus à designação latina da cláusula *rebus sic stantibus*, mantém-se o princípio da obrigação pontual do cumprimento, prevendo-se a possibilidade da cessação da vigência apenas a título excecional, nomeadamente pela verificação de um conjunto de requisitos (em especial, a demonstração de que as circunstâncias que sofreram a alteração eram elementos essenciais do acordo e, por outro lado, que a exigência da continuação do seu cumprimento seria excessiva, já que a extensão das obrigações havia sido alterada substancialmente).

Os tribunais internacionais têm mantido uma atitude de desconfiança em relação à possibilidade de cessação da vigência das convenções em razão da alteração das circunstâncias, não tendo ainda admitido a sua aplicação em qualquer caso. *[R.M.]*

Alterações climáticas

Esta expressão está cientificamente ligada ao sistema climático da Terra, comumente relacionável à dita "mudança global" e com um sentido dinâmico e universal, porque também nos confrontamos com a evidência de crise dos ecossistemas ambientais, de génese antrópica e com impacto nos serviços prestados pelos meios/habitats naturais que suportam a vida humana, tal qual a conhecemos e a sentimos nas paisagens herdadas e fruídas pela cultura humana. Temos, hoje, problemas ambientais de enorme magnitude, mas não garantimos respostas e soluções capazes a tal ordem global da crise e respetivas ameaças.

Estamos a caminho de um colapso ontológico? Segundo David King, as alterações climáticas são um dos oito desafios do século XXI, em que a população humana (cerca de 7,8 mil milhões em 2021) é a variável central e condutora das necessidades e das ambições a cumprir para melhorar o futuro da humanidade. Há, portanto, um ciclo "fechado" que está em marcha, com o seguinte fluxo: incremento do efeito de estufa; aumento da temperatura média da Terra; degelo das calotes polares (*inlandsis*); subida do nível médio das águas do oceano; libertação de GEE (dióxido de carbono-CO2, metano-CH4...) para a atmosfera; e o aquecimento térmico terrestre, que registou já uma subida entre 0,7 a 1.º C, comparativamente com a média estimada para o período da Revolução Industrial (1750-1850).

Em 1988, W. Fyee divulga o seu texto "Um Planeta Convectivo em Mudança, a influência do Homem" e também nesse ano é criado o Painel Intergovernamental sobre Alterações Climáticas, o IPCC, um organismo técnico-científico de apoio às Nações Unidas, um reconhecido grupo de trabalho que integra a Organização Meteorológica

Mundial/WMO e o PNUA/UNEP, com cientistas de 130 países. Em 1992, é aprovada a primeira Convenção Internacional para este caso-problema, visando esforços de cooperação mundial para o controlo e mitigação dos Gases com Efeito de Estufa (GEE), em especial a emissão de CO2, na medida em que o seu valor normal na atmosfera era, no período pré-industrial, inferior a 300 partes por milhão (ppp), sendo hoje de 415 ppp e com tendência de crescimento acelerado. Na sua sequência e para o cumprimento de metas de contenção e gestão multilateral das emissões, surge, em 1997, o Protocolo de Quioto, que em 2005 entrou em vigor mas com vicissitudes de implementação em vários países altamente industrializados e poluentes (EUA, Canadá, China, Índia, Rússia, etc.), sendo a ele anexos o Acordo de Copenhaga (2009) e o ↗Acordo de Paris (2015, a designada Conferência do Clima), os dois instrumentos jurídicos internacionais que agora vigoram e vinculam a regulação das emissões de GEE e a convencionada meta de 2.º C como limite máximo de subida e de controlo da temperatura global.

O ativismo pelo combate às alterações climáticas está hoje mediatizado e centrado na jovem sueca Greta Thunberg, a qual publicamente protesta e alerta para o impasse e os obstáculos políticos dos governos ou dos poderes político-económicos vigentes na aplicação de medidas ambientais e de estratégias pragmáticas de controlo e redução de emissões poluentes e causadoras do aquecimento global do planeta – a "casa comum". O simbolismo da sua luta é contagiante e de valor para dar sentido à mensagem da última década do século passado: "pensar global, agir local" (com origem nas ideias de P. Geddes, 1854-1932, e R. Dubos, 1901-1982). *[J.C.Lo.]*

Alternância política

"Alternation in government is not in itself a blessing. Let us admit that is desirable in general and in the abstract that, where a country is divided between two blocs, each of them should someday come to power, one of them should not be condemned to the ungrateful role of perpetual opposition" (Aron, 1982).

Nas democracias representativas, a alternância política é apresentada como o resultado intrínseco da competição partidária. Os titulares de cargos políticos são eleitos através de eleições competitivas, a fim de ocupar as instituições representativas do Estado. Quem está no poder hoje, amanhã poderá estar na oposição, sublinhando a natureza *pro tempore* da titularidade e exercício do poder político. De forma implícita, o exercício do poder político encerra a existência de alternância política. É expectável, enquanto *output* do sistema político, a derrota dos incumbentes e a substituição da elite governante em resultado da escolha dos eleitores.

A alternância política concretiza a substituição de um governo por outro, completamente diferente na sua composição, em termos de partidos políticos e de membros, daquele que está a ser substituído. Isto é, os partidos políticos e membros do governo que exerceram o poder político no período *t-1* não farão parte da constituição do executivo no período *t*. A alternância no poder e a existência de alternativas políticas são atributos necessários e inerentes ao próprio conceito de democracia. Concretiza o postulado aristotélico de "governar e ser governado". *[T.R.]*

Alternativa Bolivariana para os Povos de Nossa América – Tratado de Comércio dos Povos (ALBA)

A Alternativa Bolivariana para os Povos de Nossa América – Tratado de Comércio dos Povos (ALBA) foi constituída em Havana, em 14 de dezembro de 2004. A ALBA apresenta-se como um acordo de cooperação internacional que visa promover a integração social, política e económica de países da América Latina e Caribe. A ideia de criar a Alternativa Bolivariana para as Américas foi revelada, inicialmente, pelo Presidente da República Bolivariana da Venezuela, Hugo Chávez, em 12 de dezembro de 2001, por ocasião da III Cúpula de Chefes de Estado e de Governo da Associação de Estados do Caribe. Em 14 de dezembro de 2004, Hugo Chávez e Fidel Castro assinaram a Declaração Conjunta para a criação da ALBA. Como primeira iniciativa de cooperação mútua, estatuiu-se que a Venezuela forneceria petróleo a Cuba, em troca do envio de médicos cubanos a Venezuela.

O projeto de criação da ALBA teve por motivação ideológica contrapor ao projeto norte-americano de criação da Área de Livre Comércio das Américas (ALCA) uma integração regional inspirada nas ideias de Simon Bolivar, cujo objetivo fosse a contribuição mútua para o desenvolvimento económico-social, e não apenas para o fomento do comércio. Os países-membros concebem a ALBA como uma ferramenta política anticapitalista para a promoção da revolução no mundo. A partir da adesão da Bolívia, em 2006, a seguir à eleição de Evo Morales para a presidência da República, outros países ingressaram no bloco compartilhando essas ideias: Nicarágua (2007), Dominica (2008), Equador (2009), Antígua e Barbuda (2009), e São Vicente e Granadinas (2009). Em 2018, o Equador retirou-se da ALBA e, no ano seguinte, foi a vez da Bolívia. *[W.G.]*

Alto Comissariado das Nações Unidas para os Direitos Humanos

Ligado diretamente ao secretário-geral, o mandato de Alto Comissariado das Nações Unidas para os Direitos Humanos procede da Carta das Nações Unidas, da Declaração e Programa de ação de Viena, assim como da Resolução 48/141 da Assembleia Geral, de 20 de dezembro de 1993. O Alto-Comissário é nomeado por quatro anos, sendo o mandato renovável. Cabe-lhe coordenar todas as atividades levadas a cabo em favor dos Direitos Humanos sob a égide das Nações Unidas; acompanhar a aplicação prática das normas internacionalmente reconhecidas em matéria de Direitos Humanos; intervir em casos de violação grave dos Direitos Humanos; assegurar a prestação de serviços consultivos; e prestar assistência técnica em matéria de educação e de informação no domínio dos Direitos Humanos. Através dos seus gabinetes locais e regionais e da colocação de conselheiros de Direitos Humanos nas equipas da ONU e nas suas operações de paz, promove a implementação efetiva dos Direitos Humanos no terreno. Tem sede em Genebra. *[P.A.]*

Alto Comissariado das Nações Unidas para os Refugiados (ACNUR)

Na sua Resolução 319A (IV), de 3 de dezembro de 1949, a Assembleia Geral decidiu criar o Alto Comissariado das Nações Unidas para os Refugiados (ACNUR). O Alto Comissariado foi instituído em 1 de janeiro de 1951, como órgão subsidiário da Assembleia Geral, com um mandato inicial de três anos. Por força das resoluções da Assembleia Geral 727 (VIII) de 1953, 1165 (XII) de 1957, 1783 (XVII) de 1962, 2294 (XXII) de 1967, 2957 (XXII) de 1972, e 32/68 de 1977, o mandato do Alto Comissariado foi sendo renovado por períodos sucessivos de cinco anos.

Nos termos do artigo 1.º do Estatuto do Alto Comissariado, a função principal do Alto-Comissário é assegurar proteção internacional aos refugiados e procurar soluções duradouras para esta questão, auxiliando os governos a facilitar o repatriamento voluntário dos refugiados ou a sua integração em novas comunidades nacionais. O cargo de Alto-Comissário é considerado "inteiramente apolítico" e de caráter "humanitário e social". No exercício da sua função de proteção, em conformidade com o seu Estatuto, constituem atribuições do Alto Comissariado promover a conclusão e ratificação de convenções internacionais no domínio da proteção dos refugiados, supervisionando a sua aplicação e propondo emendas; promover medidas destinadas a melhorar a situação dos refugiados e a reduzir o número daqueles que necessitam de proteção; auxiliar as ações tendentes a promover a repatriação voluntária dos refugiados ou a sua integração em novas comunidades nacionais; promover a admissão de refugiados nos territórios dos Estados; facilitar a transferência de bens dos refugiados; obter dos governos informações acerca do número e da situação dos refugiados que se encontram nos seus territórios e sobre a legislação pertinente; manter-se em contacto permanente com os governos e organizações intergovernamentais; estabelecer contactos com as organizações privadas envolvidas na questão dos refugiados; e facilitar a coordenação de ações empreendidas por entidades privadas. Na área da proteção, as tarefas diversificaram-se ao longo dos anos, desde a redação do Estatuto.

Pelo seu trabalho humanitário, o ACNUR já recebeu por duas vezes o Prémio Nobel da Paz (1954 e 1981). Com sede em Genebra, Suíça, a organização, segundo o *Global Report 2020*, estava presente em 132 países e territórios, com escritórios em 520 localidades e uma equipa de trabalho global de aproximadamente 18 mil funcionários, prestando apoio a quase 92 milhões de pessoas. *[P.A.]*

Alto Representante da União Europeia para os Negócios Estrangeiros

O ↗Tratado de Lisboa (2007) criou a função de Alto Representante da União para os Negócios Estrangeiros e a Política de Segurança, cujo papel consiste em conduzir a política externa da União Europeia (UE). As atribuições do Alto Representante eram, anteriormente, asseguradas por duas personalidades distintas da UE: o Alto Representante para a ↗Política Externa e de Segurança Comum (PESC) e o comissário responsável pelas relações externas. O Tratado de Lisboa reúne, desta forma, nas mãos de uma mesma pessoa as competências ligadas à Política Externa e de Segurança Comum.

A ação externa da UE fica a ganhar em coerência, eficácia e visibilidade. Contudo, o Alto Representante da União não detém o monopólio da representação externa da UE. Na realidade, o Tratado de Lisboa atribui igualmente ao Presidente do Conselho Europeu a tarefa de assegurar, ao seu nível, a representação externa da UE, sem prejuízo das atribuições do Alto Representante. O texto não é, no entanto, preciso quanto à forma como o trabalho deve ser dividido entre as duas personalidades, deixando à prática a responsabilidade de decidir quais os seus respetivos papéis.

O Alto Representante é responsável pela coordenação e condução da política externa e de segurança comum e da política de segurança e defesa da UE, preside ao Conselho dos Negócios Estrangeiros e é um dos vice-presidentes da Comissão Europeia. É nomeado pelo Conselho Europeu, deliberando por maioria qualificada, após acordo do Presidente da Comissão Europeia, para um mandato de cinco anos. A sua nomeação está também sujeita ao voto de aprovação do ↗Parlamento Europeu. O Alto Representante da União detém ainda uma função de representação. Conduz o diálogo político com países terceiros e exprime a posição da UE nas organizações internacionais. É apoiado nas suas funções pelo ↗Serviço Europeu para a Ação Externa. *[B.R.]*

Ambiente

O termo é contemporâneo e uma simplificação evolutiva de "meio ambiente". Provém do latim *ambi*, indicativo de "o que rodeia", gerando polissemia de contexto, de uso e de significados, já que encerra em si duas abordagens e ordens de interesse: de visão antropocêntrica, quando o ser humano e a sua intervenção no ambiente constitui a centralidade do seu conhecimento; e de visão ecocêntrica, quando a paisagem natural é a centralidade e o contexto-objeto de estudo. Consequentemente, associamos estas duas abordagens e metodologias de análise do ambiente da Terra à escala macro e aos domínios gerais da *noosfera* (V. Vernandesky, 1926) e da *ecosfera* (E. Suess, 1875, definiu-a por biosfera), que a ecologia moderna, desde 1942, qualifica por este novo termo, ao aplicar o método *macroscópico* sugerido pelos irmãos Odum (1971). Estas duas dimensões da Terra são sempre interrelacionadas – em escalas meso e micro – no complexo real da nossa vida, de valores de *per si* ou *in toto*, o que fornece aos estudos ambientais, hoje de saber assumidamente multidimensional, de interface, de transversalidade e de valor dinâmico para o quadro diacrónico da definição de estratégias organizacionais privadas e, acima de tudo, das políticas públicas, quer (inter)setoriais, quer de cooperação integrada ou mesmo de projeção nas relações internacionais.

As principais questões ambientais ge(ra)ram-se pelo confronto evolutivo dos interesses humanos sobre os recursos naturais do sistema Terra, que Ian Simmons, em 1993, classificou em cinco períodos ambientais: caçadores-coletores e agricultura primitiva; civilizações fluviais; impérios suportados em agro-sistemas; era Atlântico-industrial; e era Pacífico-global. A escala de apropriação humana face aos recursos do ambiente é crescente e os grandes problemas ambientais emergem em três áreas de governação, no caso, o controlo/uso da energia nuclear e seus resíduos, os produtos químicos organicamente persistentes (os POPs) e a explosão demográfica (*bomba P* de Erflich).

O *ambiente* exige princípios de boa gestão pública e de meios de precaução por parte dos sistemas (geo)políticos e também dos próprios modelos económicos escolhidos pela sociedade, em especial, os implementados depois da II Guerra Mundial, em que as estratégias de desenvolvimento económico-social praticadas pelas potências vencedoras geraram, por consequência, disfunções ambientais e casos de poluição grave (industrial, urbana e radioativa), em geral, associadas à degradação dos recursos da biodiversidade continental e mundial, com perdas de habitats e espécies bióticas (ex: florestas tropicais e grandes vertebrados), a qual não tem fronteiras políticas nem nacionalidade, nem tampouco soluções isoladas ou parciais de proteção ou resolução ou mesmo de tendências de reversão – a extinção de uma espécie viva é para sempre.

É este assumir de consciência plena de problemas comuns (*self-conscious environment*) e de busca de boa governação de recursos naturais (água, ar, solo, paisagem e sua biodiversidade), mas também dos próprios povos que dela dependem em diferentes estádios culturais (UNESCO 1971, *MAB Programme*, gerador da classificação de sítios protegidos em *Reservas da Biosfera*), que determinaram iniciativas por parte das organizações especializadas, quer globais, quer transnacionais, como por exemplo a realização da Conferência de Estocolmo (Ambiente e Desenvolvimento Humano, 1972), a Conferência de Helsínquia (Segurança e Cooperação na Europa, 1975), conjugando-se depois com a própria Convenção de Gotemburgo (Poluição Atmosférica Transfronteiriça a Longa Distância, 1979), sendo o primeiro evento (1972) o quadro público referencial para o hoje consolidado Dia do Ambiente (5 de junho), e a criação do Programa das Nações Unidas para o Ambiente (PNUA/UNEP), como organização especializada da ONU para as questões do ambiente universal, relevando a sua importância e progresso como entidade de pensamento holístico do ambiente e governança para a proteção da natureza viva da Terra. Três datas posteriores são marcantes na consolidação e no reforço do ambiente na agenda mundial, no caso, a ECO-92 (o *cluster* jurídico do Rio de Janeiro), em 2002 e 2012, a Declaração de Joanesburgo e a Cimeira da Terra – Rio+20, respetivamente.

No final do século XX, assistiu-se à reformulação das práticas e realidades de governação do ambiente regional e global, através da consolidação de um quadro de novos domínios jurídicos e realidades de normas e sanções legais – o direito ao/do ambiente –, através da formulação de leis e regulamentos que fundamentam ou enquadram as questões ambientais negociadas e contempladas nos grandes acordos internacionais ou da própria legislação setorial e comunitária concretizada entre países ou blocos políticos. Entre 1946 e 2012, contabilizam-se 26 principais tratados internacionais de ambiente, os quais têm presentemente aplicação, quer por ratificação dos Estados-membros, quer por aplicação de programas ou compromissos assumidos entre grupos de membros – as conferências das partes (COPs). *[J.C.Lo.]*

Ameaça

Em termos gerais, a ameaça pode definir-se pelo conjunto de atividades que contribuem para pôr em causa a segurança. A ameaça em Relações Internacionais é uma ação política que traduz um objetivo central: criar condições (ativas ou potenciais) para contrariar a prossecução de uma determinada ação que se quer condicionar.

Em 1991, Barry Buzan tipificou a ameaça em cinco categorias principais: militar, política, societal, económica e ecológica. A ameaça é, assim, sempre um ato ofensivo, uma antecâmara da agressão, portanto uma realidade estratégica sem ser ainda guerra, que não desaparece quando a agressão é efetivada. Pelo contrário, enquanto não cessa a agressão, o ameaçado está sempre sujeito a novas pressões ameaçadoras. A ameaça é, como tal, estruturalmente identificável enquanto produto de uma capacidade por uma intenção e levanta menos problemas que o risco, porque não é possível, de modo nenhum, identificar o risco como uma ameaça difusa ou latente.

Noutro sentido da expressão, mais lato, associado ao risco, o ambiente de segurança global confronta-se com ameaças reconhecidas no enquadramento internacional, compreendendo: *o terrorismo transnacional*, extremamente violento e altamente desestabilizador; *a pirataria* apoiada por Estados em colapso, afetando rotas vitais do comércio internacional; *a criminalidade transnacional*, incluindo tráfico de pessoas, armas e estupefacientes; *a proliferação de armas de destruição massiva*, com a agravante de poderem cair nas mãos de grupos terroristas; *a multiplicação de Estados frágeis e de guerras civis* em áreas estratégicas vitais, potenciando o terrorismo e vagas crescentes de refugiados; *os conflitos regionais*, em zonas estratégicas de elevada conflitualidade ou de separatismos, com impacto nos equilíbrios dessas regiões; *o ciberterrorismo e a cibercriminalidade*, tendo por alvo o funcionamento de redes da economia e da sociedade da informação globalizada; *a disputa por recursos naturais escassos*, como os hidrocarbonetos, minerais e água, através de meios violentos; e *os desastres naturais e a mudança climatérica*, a que podemos acrescentar as *pandemias*, afetando, com efeitos mais gravosos, os Estados, as sociedades e populações mais frágeis.

Com esta ou outra designação, com mais ou menos peso, aplicam-se também a Portugal e são reconhecidas por organizações e agrupamentos políticos como a ↗ONU, a ↗OTAN e a ↗UE (↗Conceito Estratégico de Defesa Nacional, de 5 de abril de 2013). *[J.A.E.]*

Amnistia Internacional

A Amnistia Internacional surgiu em 28 de maio de 1961. A sua criação teve origem numa notícia publicada no jornal inglês *The Observer*, em que era referida a prisão de dois estudantes portugueses por terem gritado "Viva a liberdade!" em público. O advogado britânico Peter Benenson lançou então um apelo no sentido de se organizar uma ajuda concreta às pessoas presas devido às suas convicções políticas ou religiosas, ou em virtude de preconceitos raciais ou linguísticos. Dez meses passados, representantes de cinco países estabeleciam as bases de um movimento internacional. O primeiro presidente do Comité Executivo Internacional da organização (1963 a 1974) foi Sean MacBride, laureado com o Prémio Nobel da Paz em 1974.

A Amnistia Internacional conta com mais de 10 milhões de membros, assinantes e simpatizantes espalhados por todo o mundo e secções nacionais organizadas em cerca de 70 países. A organização está aberta a todos aqueles que apoiam os seus objetivos e os seus membros provêm de todas as camadas sociais, representam um leque variado de pontos de vista e são encorajados a participar plenamente nas várias atividades do movimento. Estas englobam a prevenção de violações de direitos fundamentais dos indivíduos por parte dos governos; a libertação de pessoas detidas devido à sua origem étnica, sexo, cor, língua ou opiniões políticas; a garantia de julgamentos justos para os prisioneiros políticos; a abolição da pena de morte, tortura e outros tratamentos cruéis. *[P.A.]*

Análise da política externa (APE)

A análise da política externa deriva de duas questões fundamentais: Como é que os Estados agem? Como é que podemos explicar os vários aspetos das suas políticas externas? Neste quadro, Mendes (2017) apresenta quatro ideias-chave para compreendermos e explicarmos a política externa dos Estados.

A primeira ideia que temos de ter presente é a de que os fenómenos de política externa, independentemente da sua importância política e ética, podem e devem ser estudados como comportamentos adaptativos. Se assumirmos que a política externa diz respeito às decisões e ações que os governos tomam – ou são obrigados a tomar – em ordem a preservar os aspetos positivos do ambiente internacional e alterar os seus aspetos negativos, não restam dúvidas que, em última análise, a política externa de um Estado é um constante reflexo da sua capacidade de adaptação ao ambiente onde se insere. Efetivamente, a política externa de um Estado é o resultado de um constante esforço de adaptação da *polis* aos desafios colocados pelo seu ambiente internacional. Isto implica que um dos mais interessantes desafios colocados ao investigador de política externa é o de tentar demonstrar a capacidade ou incapacidade dos Estados se adaptarem aos desafios constantes da ordem internacional. Consequentemente, é comum os investigadores de política externa avaliarem a capacidade e o alcance de adaptação dos Estados relativamente aos desafios e transformações do ambiente internacional. Na verdade, uma das mais interessantes perspetivas de investigação da APE é a que diz respeito à tentativa de analisar quando, e de que forma, um determinado padrão de política externa se torna rígido e inadaptado aos constrangimentos e desafios colocados aos Estados. Ou ainda, muitas vezes de forma cumulativa, o investigador pode tentar desenvolver abordagens que identifiquem compreensivamente os fenómenos de reequilíbrio adaptativo das políticas externas dos Estados.

A segunda ideia-chave é que a política externa, conquanto por definição se dirija ao exterior, tem uma origem interna que se torna essencial analisar. Nesta ótica, é fulcral reconhecer a importância da problemática teórica da *Linkage Theory* (Rosenau, 1969b; 1980) e da sua assunção de que toda a ação em política externa resulta do relacionamento dialético entre fatores externos e fatores internos. Os fatores internos, nomeadamente a cultura política e os elementos ideológico-identitários dos *padrões históricos* das políticas externas dos Estados, são instrumentos-chave para a explicação da política externa dos Estados. Por outro lado, a identificação dos constrangimentos do ambiente político interno e o modo como se interligam com os problemas externos é crucial para a compreensão dos jogos políticos multinível (governamental, nacional e internacional) que se estabelecem ao longo do processo de decisão e formulação da política externa (Putman, 1998).

A terceira ideia-chave a sublinhar é que, do ponto de vista de um investigador de política externa, o primeiro problema a analisar prende-se, invariavelmente, com a dialética *continuidade/mudança* das coordenadas que instituem os *padrões históricos* das políticas externas dos Estados. Basicamente, podemos dizer que estas coordenadas compreendem a existência de um conjunto de objetivos estratégicos a atingir, bem como dos mecanismos e práticas através dos quais estes objetivos poderão ser realizados. Estas coordenadas, embora sujeitas a constantes processos adaptativos, desenvolvem-se dentro de um quadro ideacional, cultural e identitário que está na origem da construção dos padrões históricos caracterizadores das políticas externas dos Estados.

A quarta e última ideia-chave que importa compreender diz respeito à importância dos fatores ideacionais e percetivos. Embora o objetivo central do analista de política externa tenha por base a tentativa de identificação dos contextos internos e externos que condicionam determinada situação, estes contextos são sempre apreendidos em função das perceções e visões do mundo dos decisores. Ou seja, são os fatores ideacionais (ideias, perceções, ideologias, cultura política, identidade) que vão condicionar a interpretação dos fatores internos e externos da situação. Isto significa que toda a análise explicativa em política externa deve ter em conta os fatores internos, os fatores externos e os fatores ideacionais e percetivos (Mendes, 2004, 2012, 2016a, 2016b, 2017). *[P.E.M.]*

Análise sistémica

A análise sistémica está ligada ao aparecimento da noção de sistema social e sistema político. Esta noção, inicialmente formulada no domínio das Ciências da Natureza com o intuito de demonstrar a existência de relações entre elementos particulares dentro de um conjunto complexo, só a partir de finais do século XIX começou a ser transportada, ainda que de forma incipiente e pouco rigorosa, para o estudo da Ciências Sociais. Na realidade, só na segunda metade do século XX, com os trabalhos de Talcott Parsons, vemos emergir uma perspetiva clara e coerente da noção de sistema social.

Segundo Parsons, existem quatro características fundamentais em todo o sistema social, a saber: a capacidade de manutenção (*pattern maintenance*) – todo o sistema deve ter a capacidade de preservar os seus padrões essenciais, reproduzindo-os e assegurando a sua sucessão ao longo do tempo: a capacidade de adaptação – qualquer organização e sociedade deve adaptar-se aos constrangimentos e mudanças inerentes ao meio ambiente onde se insere; a capacidade de alcançar determinados objetivos (*goal attainment*) – toda a organização e sociedade tem um ou vários objetivos que procura atingir; e a capacidade de alcançar uma integração social – que consiste na capacidade de fazer com que as três primeiras funções se realizem de forma compatível e consensual no seio da sociedade.

Partindo desta primeira abordagem global de sistema social, David Easton elaborou um modelo específico para analisar os sistemas políticos. Assim, Easton, na sua análise sobre o sistema político, põe em relevo dois aspetos: a importância das relações entre o sistema e o seu ambiente; e a importância da regulação do sistema por uma autoridade capaz de gerar uma resposta adequada aos desafios provenientes do ambiente. A análise do sistema (ou sistémica) consiste em estudar o conjunto de interações que se produzem entre o sistema e o seu ambiente através de um esquema cibernético. O sistema, constituído por um conjunto determinado de relações, está em comunicação com o seu ambiente através de mecanismos de *inputs* e *outputs*. Os *inputs* são constituídos pelo conjunto de pedidos e apoios que são dirigidos ao sistema. No seu interior, estes pedidos e apoios são "convertidos" pelas reações combinadas de todos os elementos do sistema, provocando, finalmente, por parte da autoridade reguladora, uma reação global que exprime a forma como o sistema tentou adaptar-se aos incitamentos e pressões emanados do ambiente. Esta reação global (*output*) constitui a resposta do sistema. No entanto, esta resposta vai produzir um novo circuito de reação (*feedback*) que, por sua vez, vai contribuir para alterar o ambiente de onde, seguidamente, partirão novos pedidos e apoios e assim sucessivamente, numa lógica de circulação cibernética.

A análise sistémica apresenta uma dupla vantagem. Por um lado, permite elaborar leis de dinâmica social, pois esforça-se por ultrapassar a particularidade das decisões ou acontecimentos, elaborando, portanto, um quadro de análise de aplicabilidade geral. Por outro lado, permite uma avaliação bastante precisa entre as interações que se manifestam, ao longo de todo o circuito, entre as variáveis internas (aquelas que incluem o sistema) e as variáveis externas (aquelas que incluem o ambiente). A análise sistémica sublinha que o sistema estudado não existe senão em função do seu ambiente e que, portanto, ele só pode ser definido e analisado em face da sua relação com o ambiente.

Em síntese, a análise sistémica é uma abordagem teórico-metodológica que procura explicações com base no conceito de sistema, ou seja, no pressuposto da existência de um conjunto de relações entre um certo número de atores, compreendidas dentro de um determinado tipo de ambiente sistémico, sujeito a um modo de regulação e a processos que resultam da sua integração num sistema (↗Sistema Internacional). *[P.E.M.]*

Anarquia internacional

Característica definidora da política internacional e do sistema vestefaliano de relações internacionais, onde não existe um poder soberano superior que regule as entidades do sistema. Anarquia, então, é a inexistência de um centro regulador de poder hierárquico, com capacidade de definir e impor normas e condutas que obriguem as unidades do ↗sistema internacional. Da mesma forma que monarquia – *mono arquia* – significa o governo de um governante, anarquia – *an arquia* – significa a ausência de um governo.

Assim, as relações internacionais são anárquicas no sentido em que não existe um governo internacional que governe hierarquicamente o sistema internacional da mesma forma que acontece nos sistemas nacionais. Deste modo, o sistema internacional contemporâneo caracteriza-se por ter uma organização anárquica, onde as unidades principais do sistema são Estados territoriais relativamente coesos e soberanos, sem um poder superior acima deles que imponha hierarquicamente regras e políticas. Assim, fala-se de anarquia internacional para referir a ausência de um governo mundial comum a todos os atores do sistema internacional e à consequente dificuldade/impossibilidade de existir um poder hierárquico centralizado, legítimo e consentido que governe as relações internacionais.

Ao contrário dos sistemas políticos internos, no sistema internacional não existe um governo que detenha o monopólio do uso legítimo da força (Max Webber), uma polícia e um tribunal internacionais que o administrem, nem mesmo um consenso universal e inequívoco sobre quais os valores e normas fundamentais que devem regular o sistema internacional através do Direito Internacional. Deste modo, a anarquia internacional, mesmo a "madura" (Barry Buzan) do final do século XX e início do século XXI, baseia-se num sistema de autoajuda e de alianças, onde uns Estados são mais fortes do que outros e onde esta desigualdade de poder pode levar à tentação de os Estados mais poderosos subjugarem os mais fracos à sua força superior. Todavia, convém sublinhar que a anarquia internacional não é uma característica natural e a-histórica da ↗política internacional. As suas caraterísticas são dinâmicas e refletem as normas e hierarquias da ordem internacional de forma contingente e histórica.

Se, até ao momento, não foi possível ultrapassar essa ausência de governo internacional, a crescente globalização e interdependência transnacional exigem e ampliam um multilateralismo também maior e a novas e mais sofisticadas formas de governança global, que tendem a mitigar a anarquia internacional e nos levam a considerar a possibilidade da sua superação. Neste quadro, o ↗construtivismo argumenta que podem existir várias visões sobre o sistema anárquico e que o grau de anarquia no sistema é aquilo que os atores quiserem construir politicamente (Wendt, 1999). Isto significa que, embora no atual sistema de Estados a anarquia seja um dado estrutural, ela não é exatamente um dado natural, mas sim uma estrutura histórica e socialmente construída. *[P.E.M.]*

Anarquismo

Doutrina política que preconiza o desaparecimento da autoridade do Estado, e mais geralmente de todo o tipo de coação sobre o indivíduo. O Estado, ou as estruturas semelhantes (*e.g.* a Igreja) devem ser, segundo essa doutrina, substituídas pela livre associação de pessoas. Para o anarquismo, o objetivo supremo da dignidade humana é a liberdade e, como consequência, nenhum homem pode mandar noutro homem. Cada indivíduo deve orientar os seus atos em função das suas convicções profundas e não de imposições externas, e isso serve de base para recusar qualquer forma de delegação de poder (*e.g.* Parlamento).

O anarquismo tornou-se uma doutrina política, muito diversificada nas suas formulações, na segunda metade do século XIX, na Europa, enquanto substituto das doutrinas revolucionárias que defendiam o papel do Estado nas mudanças sociais e económicas. A inspiração teórica do anarquismo encontra-se no autor inglês William Godwin, no final do século XVIII. Mas é sobretudo em Pierre Joseph Proudhon que, na primeira metade do século XIX, se encontra a teorização do anarquismo e, em menor medida, no legado do russo Mikhail Bakounine, na segunda metade do século XIX. *[J.C.C.]*

Anexação

Do ponto de vista do ↗Direito Internacional, o conceito remete para a aquisição forçada do território de um Estado por outro, considerado, regra geral, um ato ilegal. Distingue-se de conquista, que se refere à obtenção do controlo de um território, implicando mudança de soberania, e de concessão, entendida quando o território é outorgado ou vendido por meio de um tratado. A anexação é, geralmente, um ato unilateral, muito embora seja presumida a concordância do seu anterior detentor. Envolve a extensão de total soberania ao novo Estado, nomeadamente o exercício de jurisdição e o controlo exclusivo da área. Diferencia-se de ocupação militar, embora a anexação possa ser o resultado desta. A anexação pode ser legitimada por meio do reconhecimento geral por outros países e organizações intergovernamentais.

A *Anschluss* (união) de 1938, quando a Áustria se tornou parte do Reich alemão, violando o estipulado nos Tratados de Paz após a Primeira Guerra Mundial, é um exemplo de anexação. Como consequência, entre 1938 e 1945, a Áustria tornou-se uma província do Terceiro Reich alemão. Mais recentemente, a Federação Rússia anexou como duas subdivisões federais a República da Crimeia e a cidade federal de Sevastopol (2014), apreciada pela ↗Organização do Tratado do Atlântico Norte (OTAN) como uma incorporação ilegal. *[J.G.F.]*

Anomia internacional

A palavra anomia deriva do grego *anomia*, que significa sem lei, e relaciona-se com outras caraterísticas como a iniquidade, a impiedade, a injustiça e a desordem. O conceito tornou-se importante para as Ciências Sociais com os trabalhos do sociólogo Émile Durkheim. Na tese de Durkheim, *A Divisão do Trabalho Social* (1893), a anomia é considerada como um estado anormal da divisão do trabalho que não gera solidariedade social. Neste contexto, segundo Durkheim, a coesão social fragmenta-se e as regras tornam-se inadaptadas ou insuficientes. Com *O Suicídio* (1895), o conceito tornou-se mais operativo e extensivo. Por um lado, Durkheim distingue duas formas de anomia: forma aguda (de crise) e forma crónica (durável). Por outro, alarga o seu âmbito. Assim, temos anomia económica e anomia familiar.

Quaisquer que sejam as suas modalidades, o importante é que para Durkheim a anomia designa sempre uma forma de rutura ou de enfraquecimento das relações sociais. A partir de uma leitura de Durkheim, Reynaud, em *As Regras do Jogo* (1989), propõe-se redefinir a anomia como uma "carência de regulação". Esta perspetiva permite ao autor melhorar a apresentação de Durkheim de duas maneiras. Por um lado, a anomia é desdramatizada, porque pode ser compreendida como um fenómeno corrente da vida social. Por outro lado, a palavra deve ser utilizada no plural, porque certos défices de regulação podem ser, apesar de tudo, importantes. Convirá então procurar compreender porque se opera (ou não se opera) a passagem da anomia corrente (dita "de ajustamento") à anomia aguda (anomia de crise).

Ao nível da Sociologia Política e das Relações Internacionais, importa sublinhar que no seio das sociedades nacionais existem "espaços sociais vazios", anómicos, sem penetração estatal nem fidelidade política, ao mesmo tempo que na cena internacional se multiplicaram os fenómenos transnacionais e sua correspondente ausência ou défice de regulação. Neste quadro, vários autores, com destaque para Bertrand Badie, adotaram a ideia clássica de Durkheim de anomia – o défice de regras – para sublinhar a sua utilidade analítica ao estudo e explicação das relações internacionais. Todo o sistema social conhece zonas de fraca regulação. A sociedade mundial, deste ponto de vista, não é exceção. Todavia, ao nível internacional, onde não existe um centro regulador hierárquico, isso torna-se mais visível. A anomia internacional pode manifestar-se de maneira provisória na sequência de uma crise, de uma mudança brusca (anomia aguda), ou de maneira crónica. Bertrand Badie (1996) sublinha as anomias da sociedade global. Na sua ótica, em virtude das debilidades da regulação global (económica, política, ambiental, demográfica etc.), é necessário assumir os perigos da anomia internacional, nomeadamente as "crises de dominação", e as dificuldades que existem para reconhecer, de forma equitativa, a legitimidade de identidades plurais (não apenas do Norte rico e ocidental) dos vários atores da sociedade internacional. *[P.E.M.]*

Anticolonialismo

Fenómeno que releva de múltiplos fatores e que se traduz por um conjunto de ideias e formas de reivindicação de natureza nacionalista, tendentes a extinguir os impérios coloniais. Nascido na sequência da Primeira Guerra Mundial, alimentado pelo *wilsonismo*, impulsionado pelo ↗comunismo e apadrinhado pelos EUA, o anticolonialismo, a partir da Segunda Guerra Mundial, acabou por se identificar com a luta pela ↗independência. A partir da década de 1960, com a independência de muitas das colónias europeias, passou a exprimir a denúncia do predomínio económico do Ocidente sobre todos os países do Terceiro Mundo ou dos países em vias de desenvolvimento, aceção que veio até aos nossos dias.

No quadro das Nações Unidas, o recurso à força por parte dos povos coloniais foi reconhecido como legítimo, inscrevendo-se na categoria de conflitos armados internacionais, ultrapassando os argumentos das metrópoles de que se tratavam de rebeliões internas da exclusiva competência da potência colonial. O Protocolo Adicional de Genebra, de junho de 1977, reforçou esta ideia, conferindo o estatuto de conflito armado internacional aos conflitos contra o domínio colonial, a ocupação estrangeira e regimes racistas, no âmbito do direito dos povos a disporem de si próprios. *[F.S.]*

Anti-imperialismo

Atitude política caracterizada pela oposição ao imperialismo, mediante a recusa da dependência económica, financeira, militar e/ou colonial de um país face a outro(s). No caso das colónias, o anti-imperialismo manifesta-se através da luta de libertação nacional. Desenvolvido desde finais do século XIX, através da revolta dos povos de Cuba e das Filipinas contra o domínio colonial espanhol – rapidamente transformada numa guerra entre a Espanha e os EUA pela disputa daqueles territórios – e da guerra de resistência bóer contra a conquista da África do Sul pela Grã-Bretanha, o anti-imperialismo dominou a resistência dos povos da América Latina contra as intervenções dos EUA de apoio à repressão de revoltas populares que ameaçavam os interesses norte-americanos naquele continente.

Presente na resistência anticolonial dos povos da Ásia e de África ao longo do século XX, dominaria a vaga revolucionária que, desde o final da Segunda Guerra Mundial, conduziu a maioria das colónias de ambos os continentes à independência. No entanto, esta não se traduziu numa verdadeira emancipação das antigas colónias, uma vez que, apesar da propaganda ideológica e da radicalização da luta de libertação sob pressão da mobilização dos colonizados, a maioria dos Estados que dela resultou nunca rompeu os seus laços de dependência neocolonial face aos grandes centros do capital financeiro internacional (incluindo ex-metrópoles), base da dominação imperialista. *[J.M.G.]*

Antigo Regime
Ancien Régime

A expressão "Antigo Regime" tem hoje entendimentos diversos. Inicialmente, reportava ao período conotado com o sistema político do ↗absolutismo régio francês, numa sociedade cujos fundamentos assentavam legalmente nos privilégios, na desigualdade natural e na distinção social. A designação, que surgiu inicialmente nos escritos de jurisconsultos dos séculos XVII e XVIII, acabará por ser popularizada pelo famoso livro de Alexis de Tocqueville (1805-1859), *L'Ancien Régime et la Révolution* (1856), tendo vindo a assumir um caráter essencialmente depreciativo quando usada pelos ideólogos e historiadores revolucionários.

Do ponto de vista social, há que salientar a existência de perceções diferenciadas a seu respeito. Para o campesinato maioritário, o *Ancien Régime* identifica-se com o domínio senhorial, os direitos feudais e a opressão fiscal. Já para a aristocracia e a burguesia "iluminadas", corresponde à época da arbitrariedade, do peso fiscal, da desigualdade social, do direito consuetudinário e do obscurantismo, caraterísticas que têm origens medievas, que havia que erradicar do quadro legal, do governo e da moral.

Politicamente, o Antigo Regime identifica-se com a monarquia burocrática edificada pelos Bourbon, onde não havia constituição escrita e o rei personificava o Estado. O apogeu deste regime foi, durante muito tempo, consignado ao reinado pessoal de Luís XIV (1661-1715). Neste quadro, o Antigo Regime, cronologicamente, situa-se entre a Renascença e a Revolução Francesa, correspondendo a um período marcado pela estabilidade nas esferas política, administrativa e social da dinastia bourbónica. Por conseguinte, a duração temporal do Antigo Regime coincide com a Idade Moderna (séculos XVI-XVIII).

Mais recentemente, o desenvolvimento do conhecimento histórico proporcionou o aparecimento de hodiernas análises do Antigo Regime que evidenciam outras dimensões do fenómeno e que salientam a existência de vários *Ancien Régimes*. Estas perspetivas de modo algum se pautam pela imobilidade política, social, económica, cultural e administrativa, como não se compadecem com a visão da existência de um corte pós-revolucionário que inaugura os novos tempos, abrindo uma era de progresso e aperfeiçoamento contínuo. As conceções atuais salientam as linhas de continuidade e a subsistência de traços próprios do Antigo Regime até à Primeira Guerra Mundial, no Ocidente Europeu, dando conta que, por vezes, são longos os tempos de adaptação à mudança. *[J.G.F.]*

Antropologia

A pergunta que coloca a Antropologia é a seguinte: o que faz do homem, homem? Enquanto ciência do homem, a Antropologia abarca diferentes campos, desde a Antropologia Física (ou Antropologia Biológica), que diz respeito aos aspetos biológicos e evolucionários do *homo sapiens*, à Antropologia Linguística, que trata da origem, desenvolvimento e relações comparativas das línguas entre grupos etnolinguísticos, e Social, que estuda a organização e papel das instituições (as instituições familiares, políticas, económicas, religiosas, etc.), passando pela Antropologia Cultural, focada na produção e reprodução dos objetos materiais, artefactos e artes, como distintivos das sociedades humanas. A Antropologia Social foi definida pela escola inglesa, enquanto a Antropologia Material está ligada à tradição americana, a partir dos estudos de F. Boas. Temos ainda a tradição francesa, sob a designação de Etnologia, e a escola alemã, focada no conceito de "cultura" – origem, manifestação e divulgação. Tanto a influência dos métodos da Sociologia como os da Arqueologia contribuíram para a discussão do novo campo disciplinar. Com o tempo, as designações de Antropologia Teológica e Filosófica deixaram de ter qualquer relação com o campo da Antropologia, dado esta afastar-se cada vez mais do campo especulativo e abstrato, para trabalhar com metodologias de terreno e análise da variedade das expressões sociais e culturais.

As diferentes contribuições das distintas escolas concretizam-se atualmente numa síntese dentro da designação de Antropologia Social e Cultural ou, simplesmente, Antropologia Social (ou Etnologia). Para além dos objetos de estudo, o que mais diferencia este campo disciplinar – e que mais contributos vai dar ao conjunto das Ciências Sociais – é a metodologia dos seus praticantes. A partir dos trabalhos de B. Malinowski junto dos trobriandeses (1922), a permanência do investigador junto das sociedades estudadas transformou-se num elemento identitário do antropólogo. O trabalho de campo (*field work*), com observação participante ou não participante, permitiu o acesso à visão do mundo das sociedades estudadas, confrontando a visão do antropólogo investigador (visão *etic*), com a da comunidade estudada (visão *emic*). A partir deste momento, o "outro" ou o "estranho" passou a ser observado e interpretado.

A metodologia antropológica de aproximação ao diferente (ao outro/estranho) trouxe para o debate científico sociedades e expressões culturais e sociais que estavam sujeitas à tipificação e controlo do olhar ocidental, mais preocupado com a classificação hierárquica do mundo dentro desse olhar. Se no início da ciência antropológica os praticantes de Antropologia ainda serviram os projetos racistas (no caso da Antropologia Física) ou colonialistas (na Antropologia Social e Cultural), com o tempo, a Antropologia e a sua metodologia de investigação fundaram as reflexões sobre a diversidade cultural, a igual dignidade entre as culturas, assim como contribuíram para a liberdade política e religiosa, a igualdade de género e a presença e afirmação nos espaços centrais da cultura ocidental da arte e expressões culturais de comunidades humanas situadas à margem do poder estabelecido.

Os resultados das investigações antropológicas influenciaram as políticas globais e as relações internacionais. A aceitação da diversidade cultural obrigou a novas centralidades de reflexão fora do espaço colonial e ocidental; o estudo dos processos identitários contribuiu para o entendimento dos nacionalismos, das reivindicações políticas e culturais; o ter dado voz a comunidades marginalizadas – entre continentes, entre nações e dentro das próprias nações – obrigou os poderes políticos a tê-las em conta e deu origem aos movimentos sociais, a novas instituições nacionais e globais. Os próprios conceitos de etnicidade, de "raça" e ↗racismo entraram no debate cultural e político, forçando alterações no trabalho dos organismos internacionais, como é caso exemplar a ↗UNESCO. A exigência e impacto do projeto antropológico e sua metodologia nas Ciências Sociais, pela aproximação ao terreno e pelo olhar holista sobre a complexidade das expressões humanas, foi de tal ordem que, na atualidade, ele é replicado em outros âmbitos e em espaços cada vez mais próximos do mundo urbano e contemporâneo. *[A.Ca.]*

Aparelho político

Conjunto de pessoas profissionalizadas que asseguram a permanência de uma determinada organização política e que o fazem quer garantindo a transmissão, a execução e o cumprimento das diretivas emanadas da cúpula, quer funcionando como captadores de informação sobre o ambiente vivido nas bases dessa organização. Dentro desse conjunto de pessoas, podem assim existir aqueles que de forma diligente apenas desempenham funções de natureza puramente administrativa, como aqueles a quem incumbe zelar pela normalidade institucional superiormente definida. Este grupo de profissionais insere-se, no plano partidário, na lógica sustentada por Max Weber do "partido-empresa", identificadora das novas exigências transportadas pelo alargamento do direito de voto e pela progressiva necessidade de constante ligação entre os partidos e o eleitorado.

Na perspetiva weberiana do "partido-empresa", o *político* deixa maioritariamente de ser a figura que concilia esta atividade com outra qualquer atividade profissional, para se transformar num profissional da política, alguém que não só vive a política, como dela depende para viver. E é precisamente neste quadro que a necessidade de um "aparelho político" se revela não só relevante, como indispensável à manutenção e continuidade, quer da organização (o partido), quer do *político profissional*.

Esta perspetiva de Max Weber, tendo recolhido influência do trabalho de Moisei Ostrogorski, *La Démocratie et les Partis Politiques*, é acompanhada nos estudos dedicados à organização e burocratização dos partidos, mais em concreto dos "partidos de massas", feita por Robert Michels, no seu *Zur Soziologie des Parteiwesens in der Modernen Demokratie* (*Les partis politiques*, na tradução francesa) e mesmo, mais tarde, por Maurice Duverger, no trabalho que intitulou *Les partis politiques*. A análise por eles feita, ainda que distinta em muitos aspetos, tendo em comum a importância do elemento "aparelho-organização", bem como das específicas características que o distinguem e identificam, não se confunde nem com a ideia de "partido-aparelho" defendida por Lenine, nem com a tese de Gramsci que adapta as teses leninistas à realidade partidária ocidental, em que o "aparelho político-partidário" surge como o conjunto de profissionais-funcionários que garantem a assídua ligação das bases à direção partidária.

Tendencialmente burocráticos e burocratizantes, os aparelhos políticos funcionam habitualmente como uma espécie de "guarda-pretoriana" do grupo dirigente, independentemente de quem o compõe, procurando a cada momento demonstrar como são imprescindíveis à organização que servem. Há, assim, entre quem dirige e o "aparelho", nesta lógica gramsciana, um movimento de interdependência. Os dirigentes dependem do "aparelho" para que a manutenção do poder seja assegurada; o "aparelho" está dependente dos dirigentes para que a organização se mantenha e com ela a sua função fique salvaguardada. Mas a realidade do presente implica ainda que se compreenda que em muitas circunstâncias o funcionário do "aparelho" é, ele próprio, o político-profissional e que nesta qualidade atinge lugares de representação política, seja ao nível parlamentar, seja mesmo ao nível governamental. E nesta dupla condição, em que muitas vezes não se percebe quem é o *homem do aparelho* e quem é *o homem político*, manifesta-se uma *leninização* de partidos que no plano ideológico se apresentam como distantes das teses leninistas. Algo, afinal, que vem demonstrar a relevância do conhecimento e do estudo dos "aparelhos políticos" para sustentadamente se compreender a natureza da maioria dos partidos modernos. *[M.M.]*

Apartheid

Palavra de origem *africânder*, derivada do holandês, que significa separação. Corolário de um longo percurso de legislação e práticas racistas, segregacionistas e altamente discriminatórias na África do Sul, consolidou-se doutrinária e juridicamente a partir de 1948, passando a designar oficialmente a política de discriminação e segregação racial e de organização territorial assumida pelo governo daquele país, com o objetivo de separar as raças e estabelecer uma hierarquia em que a minoria branca dominava as outras "raças", sobretudo os negros, com um amplo corpo legislativo que seria reforçado nos anos seguintes.

Objeto de dura resistência, sobretudo por parte da população negra, organizada em torno do Congresso Nacional Africano (African National Congress – ANC), tendo como figura de proa Nelson Mandela, e severamente condenado no plano internacional, sendo inclusive objeto de uma *Convenção Internacional da Punição e Supressão ao Crime do Apartheid*, aprovado pela Assembleia Geral das Nações Unidas em 1973, o *apartheid* foi abolido oficialmente na África do Sul em 1992, na sequência de um referendo que, embora limitado a eleitores brancos, confirmou as reformas nesse sentido iniciadas pelo presidente Frederik le Klerk dois anos antes. *[B.R.]*

Aplicabilidade direta

Designação utilizada para identificar um dos regimes de regulação das relações entre duas ou mais ordens jurídicas concorrentes. A consagração do regime de aplicabilidade direta implica algo mais do que uma cláusula de receção (ainda que automática). É que, nesta (na receção), a ordem interna arroga-se o direito de fazer depender a vigência das regras de uma outra ordem jurídica, do recebimento por si dessas mesmas regras (mesmo que eventualmente dispensando a prática de qualquer ato, como acontece na receção automática), ou, pelo menos, preserva a possibilidade de se pronunciar sobre os termos dessa vigência. Contrariamente, no regime da aplicabilidade direta, o que se verifica é a vigência simultânea (a sobreposição) de duas ou mais ordens jurídicas, sem que qualquer uma delas se presuma exclusiva (impondo ou exigindo a receção das regras da outra). Trata-se de uma perspetiva do chamado federalismo jurídico, na medida em que se ultrapassa o princípio da exclusividade soberana (*maxime* legislativa) e se articulam autonomamente diferentes níveis de competências. O regime da aplicabilidade direta é aquele que regula a vigência do direito europeu derivado nas ordens jurídicas dos Estados-membros da União Europeia. *[R.M.]*

Aplicabilidade imediata

A aplicabilidade imediata é uma característica de alguns atos normativos, a qual se traduz na aptidão destes produzirem de *per se* todos os efeitos visados. Assim, enquanto o efeito direto se refere à suscetibilidade de criar direitos ou obrigações aos seus destinatários (sem que a ordem jurídica nacional destes tenha qualquer intervenção), a aplicabilidade imediata prende-se com a imediatidade (ou não) dos efeitos, ou seja, com o saber se o ato tem em si todos os elementos necessários para a produção de todos os efeitos visados, ou se, pelo contrário, a obtenção desses efeitos pressupõe uma intervenção normativa ou regulamentar mediadora de uma outra autoridade.

O caso mais flagrante de ausência de aplicabilidade imediata são as diretivas europeias, atos que, muito embora diretamente aplicáveis – no sentido em que constituem instruções dadas às autoridades nacionais, as quais ficam imediatamente obrigadas a cumprirem-nas dentro do prazo que lhes é fixado (sem que surja qualquer intervenção mediadora ou de receção prévia, por parte das autoridades nacionais) –, não têm aplicabilidade imediata, uma vez que os efeitos pretendidos apenas são obtidos através da sua transposição (a qual implica a adoção pelas autoridades nacionais de atos que garantam em termos internos os objetivos nelas fixados). *[R.M.]*

Apolitismo

O apolitismo assenta numa visão do mundo que recusa a centralidade, quer simbólica quer real, da dimensão política na organização das sociedades humanas. Não corresponde propriamente a uma doutrina específica, antes decorre de múltiplas teorias de orientação bem diversa que convergem unicamente nessa posição. Paradoxalmente, doutrinas filosóficas tão antagónicas como o liberalismo radical e o ↗marxismo acabam por conduzir à desvalorização da esfera política, na medida em que ambas apontam para uma autorregulação das sociedades. No caso do ↗liberalismo, essa autorregulação opera-se através do mercado; no caso do marxismo, alcança-se pela via da eliminação da propriedade privada e pela coletivização geral da economia. A desvalorização do político decorre da utopia da anulação dos conflitos sociais e da crença na possibilidade da total transparência das relações intersubjetivas. Também as teorias tecnocráticas, ao preconizarem a supremacia de uma certa pureza científico-tecnológica na resolução dos problemas coletivos, conduzem a uma inevitável subestimação da componente política.

Nas sociedades democráticas contemporâneas tem-se assistido a uma progressiva tendência para uma privatização da vida individual em prejuízo da participação cívica do sujeito investido na condição de cidadão. Esta situação corrói a legitimidade das instituições públicas e favorece o crescimento do apolitismo, com a consequente crise dos mecanismos de representação democrática. *[F.A.]*

Aprovação

Ato pelo qual um Estado ou outro sujeito de Direito Internacional estabelece, no plano internacional, o seu consentimento a ficar vinculado por uma convenção. Na prática, é frequente a utilização deste vocábulo (ou ↗aceitação) para o ato que, sendo equivalente à ↗ratificação, é, no entanto, praticado por outro órgão que não o Chefe de Estado. Deve distinguir-se a aprovação, enquanto ato internacional (que visa a produção de efeitos jurídicos internacionais, *maxime* a vinculação a uma convenção), da eventual aprovação de convenções internacionais que surja como mero ato interno. No processo de vinculação do Estado português podem, aliás, verificar-se ambas as situações (a aprovação enquanto ato interno – quando incide sobre tratados solenes – e enquanto ato internacional – quando incide sobre acordos em forma simplificada). *[R.M.]*

Aquecimento global

Aumento da temperatura média dos oceanos e do ar junto à superfície da terra. Segundo cientistas do Painel Intergovernamental em Mudança do Clima (IPCC) da ONU, o século XX foi o mais quente dos últimos cinco séculos, registando-se um aumento da temperatura média entre 0,3.° C e 0,6.° C. Tal aumento decorreu do efeito-estufa, provocado pelo aumento da queima de combustíveis fósseis como o dióxido de carbono (CO2), o metano (CH4) e o óxido nitroso (N2O). Além desses fatores, apontam-se também como responsáveis os desmatamentos e a constante impermeabilização do solo. Esta teoria, embora apoiada pela esmagadora maioria da comunidade científica, é, contudo, contestada por alguns cientistas, que consideram o aquecimento do planeta um processo cíclico natural, que ocorre independentemente da intervenção humana (↗Alterações Climáticas). *[W.G.]*

Arbitragem

Mecanismo (jurisdicional) de regulação pacífica de conflitos através da intervenção de juízes escolhidos pelas partes, na base do respeito pelo direito e comprometendo-se estas a aceitar de boa-fé a submissão à decisão produzida.

A utilização da arbitragem remonta à Grécia clássica, subsistindo ao longo da Idade Média, mas vindo a perder alguma importância com o advento do Estado soberano, na Idade Moderna. Foram os Estados anglo-saxónicos que revitalizaram a arbitragem, nomeadamente com a instituição, em 1794, do mecanismo que apreciou as questões resultantes da secessão americana. O sucesso inspirou iniciativas semelhantes, no século XIX, a partir do final do qual foram levados a cabo importantes esforços de codificação das regras de funcionamento arbitral (Tratado de Arbitragem de Washington, 1871; Convenção de Haia de 1899, relativa à regulação pacífica de conflitos; Ato Geral de Arbitragem de 1928, etc.). Já no pós-guerra, a Comissão de Direito Internacional (CDI) veio a aprovar um conjunto de regras modelo para procedimentos arbitrais, em 1958.

Como acontece em relação a todos os mecanismos de regulação pacífica de conflitos, a sua implementação carece do prévio acordo ou aceitação dos Estados interessados (o que, no caso, se designa por compromisso arbitral). Este consentimento pode surgir tendo em vista um litígio específico – caso em que ocorre a chamada arbitragem facultativa – ou pode ser estabelecido *a priori*, normalmente no âmbito de uma convenção, para todos ou alguns dos litígios que surjam na sua aplicação. Neste caso designa-se, então, por arbitragem obrigatória.

O órgão arbitral distingue-se dos chamados mecanismos políticos de resolução pacífica de conflitos na medida em que nestes não se visa uma solução que vincule ou se imponha às partes, enquanto na arbitragem (e, em geral, nos mecanismos judiciais ou jurisdicionais), a decisão é obrigatória para as partes. Além disso (no que é também idêntica aos tribunais permanentes), essas decisões são fundadas em considerações jurídicas, pronunciadas por órgãos independentes e no âmbito de procedimentos contraditórios, com todas as garantias dos direitos de defesa e de igualdade das partes.

O que distingue a arbitragem dos mecanismos judiciais é que estes são permanentes, ao passo que os órgãos arbitrais são, em princípio, constituídos apenas quando a sua intervenção é suscitada. Além disso, os mecanismos judiciais são criados através de um ato normativo geral, enquanto os órgãos arbitrais se constituem por decisões individuais. A arbitragem tem, portanto, um menor grau de institucionalização por comparação com os tribunais permanentes, sendo que essa flexibilidade constitui uma vantagem prática, já que se mostra mais adaptável às particularidades dos diferentes conflitos (e às dificuldades de enquadrar entes que se reclamam soberanos). É, aliás, de sublinhar que os mecanismos arbitrais antecederam e informaram os tribunais internacionais permanentes, os quais apenas no século XX começaram a surgir. *[R.M.]*

Área de Livre Comércio

A Área de Livre Comércio é uma modalidade de integração económica pela qual dois ou mais países, imediata ou progressivamente, eliminam as barreiras aduaneiras e comerciais entre si, conservando, porém, a sua estrutura tarifária em face de terceiros países. Para que a Área de Livre Comércio cumpra a sua finalidade de proporcionar benefícios mútuos às economias integradas, torna-se necessária a adoção de duas medidas fundamentais: o estabelecimento de regras de origem para os produtos em circulação, definindo a nacionalidade da mercadoria pela proporção dos seus componentes – medida que visa impedir que economias de fora da área entrem "à boleia" das mercadorias produzidas pelos países da área, beneficiando indevidamente das facilidades tarifárias –; e a existência de acordo cambial entre os países da área, para evitar que eventuais desalinhamentos cambiais resultem em *superavits* comerciais decorrentes de estímulos exclusivamente financeiros. A ↗Organização Mundial do Comércio aceita a existência dos diversos acordos deste tipo, que existem em todas as partes do mundo, mantendo-os sob estrita vigilância, sem ainda ter concluído se esses acordos prejudicam o objetivo da organização de promover o livre comércio. *[W.G.]*

Área Protegida/Classificada Internacional

A conservação em parque nacional ou reserva natural protegida é um desígnio e prática multidimensional, constituindo-se em caso pragmático de gestão pública e conservação de bens naturais "especiais", como por exemplo do antigo "bosque sagrado" e depois do moderno conceito biológico de "estação de refúgio", mas que no presente testemunham casos importantes de *hotspots* da conservação da biodiversidade mundial. A expressão tem por referência inicial o ano de 1872, aquando da criação do primeiro *Parque Nacional* (PN), de Yellowstone, estado de Wyoming (EUA), em que um importante e extenso ecossistema de montanha/caldeira vulcânica, de conteúdo natural rico e diversificado, com elevada biodiversidade, mas também com paisagens de qualidade estética e vários geomonumentos únicos. Esse conjunto de valores naturais justificaram, então, a obtenção de classificação oficial pela autoridade pública competente, visando a proteção e conservação legal dos bens e recursos naturais de Yellowstone e, simultaneamente, o seu uso/fruição humana, de recreio público autorizado, mas sem conter no seu interior comunidades residentes em conflito com esses valores biofísicos.

A União Internacional para a Conservação da Natureza (UICN) foi fundada em 1948, como ONG e instituição especializada para as questões internacionais da "conservação da natureza e seus recursos", e dedicou-se até 1956 às abordagens e regulamentações internacionais sobre o estado das espécies biológicas ameaçadas ou em risco, trabalho esse que gerou mais tarde a conhecida *RED LIST IUCN*, uma lista vermelha de espécies em perigo, segundo categorias de proteção à biodiversidade e de situação de ameaças aos seus habitats. Em 1967, divulgou a primeira lista de Áreas Protegidas do Mundo – Parques Nacionais e equivalentes Reservas Naturais –, com mais de 300 hectares, depois de ter organizado o 1.º Congresso de Parques Nacionais (Seattle, EUA, 1962) e uma década depois o seu 2.º Congresso (Gran Teton, EUA, 1972), onde se debateu e propôs a mudança do então modelo americano de criação e gestão das Áreas Protegidas e de Conservação (APs) sem habitantes e "imaculadas", bem como o próprio método de PN adotado (UICN 1969), substituindo essa inicial orientação de (regul)ação, ao aceitar, nos anos 1970, novos quadros de realidades e de princípios, em especial, casos de APs e análogas Reservas Naturais já constituídas pelos próprios Estados e agências governamentais, por reunirem condições mesológicas singulares em ecossistemas qualificados e importantes, conciliando aí populações residentes e sustentadas nos seus próprios ambientes e recursos de biodiversidade.

Em Tóquio, em 1975, promoveu-se a Conferência sobre Parques e Reservas Marinhas e, em 1982, em Bali, Indonésia, a 3.ª Conferência Mundial de Parques Nacionais, onde se aprovou o *Plano de Ação de Bali* e se definiu que as APs eram um instrumento-chave de desenvolvimento económico e social das regiões influenciadas e classificadas. O 4.º Congresso foi em Caracas, em 1992, com importantes contributos sobre o estado das APs e as tendências de sustentabilidade das experiências internacionais e dos programas até aí implementados nas mesmas.

Desde 1990, registou-se uma duplicação das áreas protegidas no mundo (de 6,6% e 1,3% de área terrestre e de zona marinha, respetivamente, para, em 2019, corresponder a 13,1% e 17,3%), estando elencadas presentemente mais de 200 000 unidades-caso, e segundo as categorias institucionalizadas pela UICN, em vários momentos/contextos e quadro de objetivos de gestão: dez categorias UICN 1978; oito categorias IUCN 1984);

e os vigentes seis UICN 1993, de I a VI, a que acrescem duas não-categorias UICN, correspondentes a dois níveis de gestão da conservação da natureza – regional (ex: sítios da rede NATURA 2000) e internacional (ex: casos das Reservas da Biosfera UNESCO).

Numa perspetiva diacrónica, três momentos podem ser assinalados neste domínio-quadro de tutela e regulação das APs mundiais. Em 1960, com a criação da Comissão dos Parques Nacionais e hoje mais alargada e denominada por Comissão Mundial de Parques e Áreas Protegidas; em 1981, a criação de um sistema informatizado das APs e de apoio à UICN, o *Protected Area Data Unit* (PADU), convertido, agora, no *World Database on Protected Areas* (WDPA); e o Congresso Mundial da Conservação, Barcelona (2008), onde se aprofundou o conceito de AP como "espaço geográfico claramente definido, reconhecido, destinado e gerido mediante disposições legais ou outro tipo de meios eficazes para alcançar a conservação, a longo prazo, da natureza e de seus serviços ecossistémicos e seus valores culturais", e também a aprovação de diretrizes de orientação estratégica, ao encorajar os Estados e seus organismos públicos para visões transfronteiriças da conservação da biodiversidade e o desenvolvimento de "redes ecológicas e conectividade das áreas de conservação da natureza para uma proteção reforçada da sua biodiversidade".

Ainda nesta perspetiva, deve-se assinalar uma recente ação programática, em 2014, a primeira divulgação da *Green List* para as APs. Essa Lista Verde está vinculada à UICN e à Comissão Mundial de APs (WCPA) e contrapõe-se, hoje, à *Red List/Book IUCN*, na medida em que constitui um sistema de avaliação do estado de qualidade da conservação e um instrumento de boas práticas da gestão nas APs, com um conjunto de requisitos-chave e de indicadores gerais de funcionamento e de resultados da ecologia dos habitats e das suas espécies biológicas mais relevantes e sob proteção. Presentemente, essa Lista Verde abrange 46 casos em 14 países. *[J.C.Lo.]*

Área de Tarifas Preferenciais

A Área de Tarifas Preferenciais é a forma mais incipiente de integração económica entre dois ou mais países. Constitui-se mediante a troca de listas de produtos que deverão beneficiar-se de concessões tarifárias nos outros mercados que compõem a área. Em virtude de sua limitação, estes acordos prescindem de proximidade geográfica dos países-membros, podendo ser firmados por países que guardam grande distância entre si. *[W.G.]*

Aristocracia

Conceito que surgiu na Antiguidade Clássica, com Platão e Aristóteles, correspondendo a uma espécie de governo político administrado por um pequeno número de nobres e sábios – o governo dos melhores, dos mais habilitados para o exercício da governação. Regime intermédio entre a ↗monarquia (governo de um só) e a ↗democracia (governo de todos ou da maioria). Esta é a tipificação clássica das três formas básicas de governo, que, posteriormente, deu origem a subdivisões, a combinações e a formas corruptas. Aristóteles considerava que nenhuma das formas era melhor do que a outra, sendo todas passíveis de ser corrompidas e assumir formas injustas: a monarquia na tirania (quando as conveniências do monarca se tornam absolutas; a aristocracia na ↗oligarquia (quando o grupo escolhido para governar serve unicamente o interesse próprio); e a democracia na demagogia (a arte de enganar o povo). Uma boa parte dos autores que escreveram sobre política preferia a aristocracia a todas as outras formas de governo.

As Repúblicas de Veneza e Génova eram governadas por uma aristocracia, excluindo o povo. Aparentemente, a aristocracia e a oligarquia, como forma de governo, têm muito em comum uma com a outra, muito embora a oligarquia seja um governo aristocrático degenerado, já que nela a administração, confiada a um pequeno número de pessoas, encontra-se concentrada em uma ou duas delas, que dominam sobre todas as outras.

Na Idade Média, e boa parte da Idade Moderna, o termo aristocracia assume o significado que geralmente lhe atribuímos hoje, correspondendo a um grupo com estatuto privilegiado que ocupa um lugar proeminente na sociedade. Neste sentido, confunde-se com nobreza, ordem superior no modelo de sociedades hierárquicas de ↗Antigo Regime. Nos nossos dias, o termo reporta às classes ou grupos de pessoas mais abastadas. *[J.G.F.]*

Armas Convencionais e Armas de Destruição Maciça

O termo Armas Convencionais refere-se às armas usadas tradicionalmente em conflitos, como contraposição às armas de destruição maciça, de caráter mais recente. O advento das armas nucleares não reduziu, contudo, a importância das armas convencionais. Na realidade, o inverso poderá ser verdade, uma vez que as dificuldades em usar armas nucleares sublinham a importância das armas convencionais. Geralmente, o termo refere-se às armas não-nucleares, podendo incluir-se também como não-convencionais as armas biológicas e químicas.

Já o termo Armas de Destruição Maciça é usado para três classes de sistemas de armas, nomeadamente armas nucleares, biológicas e químicas, também designadas ABC (*atomic, biological and chemical*). Em contraposição às armas convencionais, as armas de destruição maciça são potencialmente mais destruidoras, gozam de uma maior capacidade de dissuasão e são mais agressivas em termos ambientais. A denominação "armas de destruição maciça" foi popularizada na altura da Guerra do Golfo, em 1991, e nas tentativas que se seguiram para forçar o desarmamento do Iraque. *[J.A.E.]*

Armistício

É um acordo formal, segundo o qual as partes envolvidas em conflito concordam em suspender ou cessar as hostilidades por um tempo considerável, aguardando a celebração de um acordo ou um tratado. É considerado geral se se refere a toda a área da guerra, e parcial se se refere apenas a uma parte dessa área. Não é um tratado de paz, logo, não termina legalmente a guerra, mas consente a possibilidade de o fazer. Regra geral é bilateral, nunca unilateral, e quando a assinatura de um tratado de paz se revela demasiado longínqua, devido às características particulares de um conflito, o armistício poderá definir o *status quo*. Tal foi o caso dos Acordos de Armistício de 1949, celebrados entre Israel e os países vizinhos – Egito, Síria, Líbano e Jordânia –, pondo formalmente fim aos conflitos da Guerra Israelo-Árabe de 1948, ou os dois Acordos de Paz de Camp David, negociados e assinados entre os chefes de Estado do Egito e Israel, em 1978, pelo qual se comprometiam de boa-fé a assinar um tratado de paz.

O Dia do Armistício surgiu como um dia reservado pelos Estados Unidos, Grã-Bretanha e França para comemorar a assinatura da paz a 11 de novembro de 1918, que pôs fim à Primeira Guerra Mundial. *[J.G.F.]*

Arquitetura europeia

A arquitetura europeia resulta da articulação dos diversos enquadramentos – formais e informais – nos quais são tratadas as questões de interesse comum ao continente. Na sua origem, esses enquadramentos são consideravelmente díspares a diversos níveis. Assim, a mera comparação, por exemplo, entre a então ↗Comunidade Económica Europeia (CEE) e a ↗Associação Europeia de Comércio Livre (EFTA) permite-nos visualizar duas organizações internacionais que, surgindo no mesmo momento histórico, apontam modelos distintos (a criação de um Mercado Comum, no primeiro caso, e a criação de uma Zona de Comércio Livre, no segundo), e pressupõe relações entre os Estados-membros de natureza também ela distinta (no primeiro caso, a admissão de decisões tomadas por maioria torna evidente o caráter de integração, ao passo que no segundo se mantém um pleno respeito pelos mecanismos tradicionais). Uma comparação idêntica pode ser feita no plano estritamente político entre a União Europeia (ou as Comunidades Europeias que lhe são anteriores) e o ↗Conselho da Europa, ou no plano militar, entre a ↗União da Europa Ocidental (UEO) e a ↗Organização do Tratado do Atlântico Norte (OTAN). No caminho, ficam muitos outros quadros de relações: Organização para a Segurança e Cooperação na Europa (OSCE), Acordos de Associação (entre a UE e Estados europeus), mecanismos de parceria estratégica, etc.

O conceito de arquitetura europeia surge quando se pretende articular, de forma coerente, todos estes quadros, evitando sobreposições, aumentando a respetiva eficiência e, principalmente, tornando evidentes as consequências da participação em cada uma das componentes. A questão surge a partir dos anos 1990, quando, terminada a divisão Leste-Oeste, se tornou urgente clarificar os diferentes níveis de aproximação entre os Estados europeus, desde logo por forma a que os Estados do Leste se pudessem posicionar num quadro claro e estável. Acresce que, nessa mesma altura, se desenvolvia já, na Europa Ocidental, um processo que pretendia articular a EFTA com a Comunidade Europeia (nomeadamente, por via da construção do Espaço Económico Europeu – EEE). Pareceu natural, por isso, que se pensassem as questões em simultâneo, num quadro continental.

Houve ainda um outro elemento – interno às Comunidades – que veio a ser articulado também. Tratou-se da questão dos ritmos a que os diversos Estados-membros pretendiam sujeitar o processo de construção europeia. Assim, era patente, nessa altura, como hoje, aliás, uma oposição entre os Estados que pretendiam acelerar o processo (facilitando a tomada de decisões, alargando o âmbito de competências, etc.) e os que se opunham mais ou menos claramente a essa tendência. Essa oposição daria origem ao conceito de "Europa a duas velocidades", que seria uma solução para permitir o avanço do processo aos Estados empenhados nesse sentido, admitindo-se que esses avanços não fossem para todos. Esse conceito acabaria por ser parcialmente acolhido no mecanismo de cooperação reforçada introduzido com o Tratado de Amesterdão. Daqui adviria aquele que parece ter sido o quadro arquitetónico europeu mais coerente, entretanto desenhado e geralmente designado por "Europa de círculos concêntricos".

Neste quadro, o núcleo central da construção europeia seria composto pelos Estados-membros das Comunidades (e mais tarde, da União Europeia), mais empenhados, seguido por um segundo círculo composto pelos Estados-membros da UE não participantes; um terceiro círculo formado pelos Estados da EFTA; e um quarto círculo onde estariam os Estados associados (note-se que os acordos de associação podem ter ou não em vista a futura adesão). Este conceito, embora nunca tenha sido assumido formalmente, foi central durante os anos 1990. Padecia, todavia, de uma limitação importante, na medida em que, centrado na UE, não articulava devidamente os outros quadros de relações intraeuropeias, alguns dos quais muito sensíveis, como é o caso da UEO/OTAN. Por outro lado – e talvez mais importante ainda –, a evolução histórica retirou-lhe algum sentido. Isto porque a EFTA e o quadro do EEE se veriam quase esvaziados com a adesão à UE da Suécia, Áustria e Finlândia, ao mesmo tempo que a aproximação dos países de Leste seria consideravelmente mais marcada pelo quadro militar.

Os últimos alargamentos da União – de 2004, 2007 e 2013 – aprofundaram o hiato entre os Estados-membros e diversificaram as vontades e os interesses representados na UE. Posicionamentos distintos quanto às dinâmicas de aprofundamento e alargamento mantêm a questão da arquitetura europeia válida e não menos necessária, já que os diversos quadros de relações intraeuropeias continuam alheios a uma conceção coerente e estável, cuja necessidade é inquestionável, já que o continente europeu continua a atravessar clivagens importantes. *[J.C.G. / A.P.M.]*

Asilo

O termo asilo é de origem grega e provém da partícula "a" mais a palavra "sulão", que significa textualmente "sem captura, sem violência, sem devastação". A doutrina que estuda o direito de asilo no âmbito do Direito Internacional Público aponta várias modalidades de asilo, distinguindo o asilo interno do asilo externo, consoante este se desenvolva dentro ou fora dos limites de um Estado soberano. Cada Estado tem a faculdade de conceder, ou não, asilo político, mas nenhuma regra de Direito Internacional geral lhe impõe esse procedimento.

A nível nacional, o direito de asilo foi incorporado nas várias constituições e legislações internas. As disposições internas são, por vezes, mais generosas do que o Direito Internacional no que se refere ao direito de asilo, porque este direito pertence unicamente ao Estado, que não se quer sentir obrigado a prestá-lo com base numa qualquer regulamentação internacional.

Apesar do conceito de asilo estar associado ao conceito de ↗refugiado e respetivo estatuto, nos termos da Convenção de Genebra, é fundamental separá-los para os compreender melhor. O asilo é um espaço de competência, o refugiado é uma qualidade característica de uma pessoa. O asilo responde a uma prática antiga; a noção jurídica de refugiado é recente e reflete uma preocupação concreta sobre a situação jurídica da pessoa que foge do seu país. Asilo é o que o refugiado procura.

O asilo implica uma proteção que é dada no território de um Estado contra o exercício da jurisdição de outro Estado – prática internacionalmente aceite devido ao princípio da soberania. Pode dizer-se que esta proteção constitui o núcleo duro da instituição do asilo, afirmando a segurança da pessoa como um dos direitos fundamentais do indivíduo reconhecido na Declaração Universal dos Direitos do Homem de 1948, juntamente com o direito à vida e à liberdade. Porém, o asilo, como instituição, continua mal definido pelo Direito Internacional e as fontes existentes dão poucas respostas universais. Na tentativa de encontrar um conceito, o Instituto de Direito Internacional adotou, na sua sessão em Bath (1950), a seguinte definição: "Nas presentes Resoluções, o termo asilo designa a proteção que um Estado concede no seu território, ou noutro local dependente de alguns dos seus órgãos, a um indivíduo que veio procurar aquela proteção". *[B.R.]*

Assimilação

Processo de adaptação de um indivíduo ou grupo ao contexto social envolvente através da adoção de comportamentos, atitudes e valores do grupo dominante. Diferentes políticas e práticas assimilacionistas ocorreram nos séculos XIV e XV, com a conversão de judeus e muçulmanos à religião católica; nos séculos XVI a XX, com as tentativas de submeter os povos autóctones à cultura e religião das potências coloniais; ou nos séculos XVII a XIX, no decurso dos processos de construção dos Estados-nação e de criação de uma identidade nacional. O objetivo comum a estas práticas e políticas foi o de substituir a diversidade cultural existente pela cultura do grupo dominante.

A partir do início do século XX, o conceito constitui-se numa das teorias centrais para compreender (e orientar normativamente) o processo de integração dos migrantes nas sociedades de destino. Neste modelo de assimilação individual, desenvolvido no âmbito das investigações sobre os imigrantes europeus nas cidades norte-americanas no início do século XX, a adaptação do imigrante era entendida como um processo progressivo, geracional e sequencial pelo qual passariam os imigrantes, seguindo-se a uma fase inicial de contacto, a competição (entre a cultura de origem e a da sociedade de destino), a acomodação e a assimilação.

O modelo de assimilação linear proposto inicialmente tem vindo a ser criticado e sujeito a propostas de alteração, em que a assimilação é considerada um processo a longo prazo, produtor de mudanças no imigrante e na sociedade de acolhimento. Nos modelos mais recentes, a assimilação é entendida como um caso especial da integração social dos migrantes nos sistemas sociais existentes, podendo ser distinguidas quatro dimensões: a assimilação cultural, por exemplo com a aquisição da linguagem; a assimilação estrutural, nomeadamente com a obtenção de qualificações educativas e o posicionamento no mercado de trabalho; a assimilação social, com o desenvolvimento de contactos com a população local; e a assimilação emocional com o país de acolhimento. Não obstante as críticas e limitações que lhe têm sido apontadas, a assimilação continua a ser um modelo importante para compreender as experiências de integração dos imigrantes nas sociedades de acolhimento. *[J.C.M.]*

Assinatura de convenções internacionais

Ato internacional próprio do processo de conclusão das convenções internacionais, que ocorre após a negociação ou adoção do texto e que pode ter como efeito a vinculação do Estado que o pratica, se assim for estabelecido ou se for essa a intenção do Estado e resultar dos poderes do representante. Esta situação é, aliás, a que caracteriza os acordos em forma simplificada. Nos tratados solenes – aqueles em que a vinculação decorre da ratificação ou de ato similar –, o ato da assinatura mantém-se, produzindo, não obstante, efeitos importantes (exprime o acordo das partes quanto ao texto, tornando-o definitivo e autenticando-o; produz o direito de ratificar; marca a data e o local pelos quais a convenção passa a ser conhecida; obriga as partes a absterem-se dos atos que o possam privar do objeto ou fim; implica o reconhecimento da existência de regras jurídicas sobre a matéria; torna imediatamente aplicáveis as cláusulas finais; e têm-se como provados os factos assumidos em convenções assinadas mesmo que não venham a ser ratificadas).

Para além desses efeitos (de natureza estritamente jurídica), há ainda que ter presente o facto de a adoção por um número importante de Estados ter frequentemente um efeito político superior à vinculação singular, já que a existência de diplomas em relação aos quais se produziu um consenso inicial em termos de assinatura por um importante número de Estados torna politicamente muito difícil a adoção de atos que contrariem esses regimes.

O ato de assinatura em representação do Estado português compete ao governo, nos termos constitucionais (artigo 197.°, alínea 1b) da Constituição da República Portuguesa). Não deve, no entanto, confundir-se a assinatura da convenção – que é um ato tipicamente internacional, na medida em que visa primariamente a produção de efeitos internacionais – com a assinatura do Presidente da República do ato de aprovação das convenções (artigo 134.°, alínea b) da Constituição da República Portuguesa). Esta assinatura (do Presidente da República) distingue-se desde logo por não incidir sobre a convenção, mas antes sobre o ato de aprovação – decreto do governo ou resolução da Assembleia da República; por ser um ato interno, que não visa a produção de efeitos internacionais); e, ainda, por ser um ato vinculado – o Presidente da República apenas pode recusá-la no caso de haver inconstitucionalidade, tratando-se, pois, de um mero controlo da legalidade.

Assinatura ad referendum

Designação dada à assinatura de uma convenção internacional pelo plenipotenciário, quando este faz depender todos ou alguns dos efeitos jurídicos próprios do ato de uma confirmação posterior pela autoridade nacional competente. Tem como figura próxima a assinatura sob reserva de ratificação, aceitação ou aprovação. A diferença entre as figuras reside no facto de a assinatura *ad referendum* exigir mera confirmação, ao passo que nestes casos a assinatura serve apenas para autenticação do texto, não indicando ou criando quaisquer expectativas quanto à decisão final da autoridade competente.

Assinatura definitiva

Designação dada à assinatura sempre que esta produza a vinculação do Estado (dispensando a futura ratificação, aprovação ou outro ato). Trata-se, portanto, de uma particularidade dos acordos em forma simplificada.

Assinatura diferida

Constitui uma particularidade das convenções multilaterais, nos termos da qual é permitido que determinados Estados possam praticar o ato de assinatura, após o momento – normalmente conjunto – em que esta é efetuada. Em rigor, a adesão deveria substituir esta solução, permitindo a vinculação aos Estados que não negociaram ou que, tendo negociado, não assinaram. No entanto, para casos de tratados solenes em que o processo de entrada em vigor pode prolongar-se no tempo, justifica-se a abertura desta possibilidade, que permite a entrada ou reentrada de um Estado no processo. O ato integra assim uma das manifestações de abertura das convenções internacionais.

Assinatura sob reserva de ratificação, aceitação ou aprovação

Figura próxima da assinatura *ad referendum*, distinguindo-se apenas na medida em que naquela se espera uma confirmação do ato entretanto praticado, ao passo que nesta se pretende apenas manter o efeito de autenticação do texto, deixando à autoridade competente a apreciação do ato. *[R.M.]*

Associação dos Estados das Caraíbas (AEC)

Association of Caribbean States (ACS)

Criada em 1994, em Cartagena, Colômbia, esta associação tem por objetivo promover a integração económica regional e a cooperação comercial entre os países banhados pelo Mar do Caribe. É constituída por 25 Estados-membros (Antígua e Barbuda, Bahamas, Barbados, Belize, Colômbia, Costa Rica, Cuba, Dominica, El Salvador, Granada, Guatemala, Guiana, Haiti, Honduras, Jamaica, México, Nicarágua, Panamá, República Dominicana, Santa Lúcia, São Cristóvão e Neves, São Vicente e Granadinas, Suriname, Trindade e Tobago e Venezuela). Conta ainda com vários membros associados, com direito a intervenção e voto no Conselho de Ministros e Comités Especiais da AEC em todas as matérias que os afetem diretamente: Aruba, Curaçau, França (em representação da Guiana Francesa e São Bartolomeu), Guadalupe, Ilhas Virgens Britânicas, Martinica, Países Baixos (em representação de Bonaire, Saba e Santo Eustáquio), São Martinho [francês] e São Martinho [holandês]. Tem sede em Port of Spain, Trindade e Tobago.

Tem como principais desideratos a preservação e conservação do Mar do Caribe; a promoção do turismo sustentável; o desenvolvimento de relações externas comerciais e económicas intrarregionais, melhorando a competitividade do Grande Caribe; a cooperação no âmbito de desastres naturais, numa região particularmente vulnerável; e o desenvolvimento da rede de transportes, nomeadamente de rotas aéreas e marítimas intrarregionais eficientes, fundamentais não só para o estreitamento das relações intrarregionais, mas também para a concretização da cooperação nas restantes áreas de atuação da AEC. *[R.R.]*

Associação Europeia de Comércio Livre (EFTA)

European Free Trade Association (EFTA)

Trata-se de uma organização intergovernamental criada para promover o comércio livre e a integração económica em benefício dos seus membros e dos seus parceiros comerciais. Foi criada pela Convenção de Estocolmo, assinada a 4 de janeiro de 1960, e tem sede em Genebra. Os seus Estados fundadores foram a Áustria, Dinamarca, Noruega, Portugal, Reino Unido, Suécia e Suíça. É o resultado, por um lado, da determinação do Reino Unido em rejeitar a realidade inovadora da então Comunidade Económica Europeia (CEE), atualmente União Europeia (UE), que, nos termos e com as intenções políticas que haviam presidido à sua criação, era inconciliável com as conceções britânicas sobre a cooperação económica e política no quadro europeu; por outro, da recusa continental de criação de uma vasta zona de comércio livre, abarcando todos os Estados-membros da então Organização Europeia de Cooperação Económica (OECE).

Foi uma forma de o Reino Unido e os seus parceiros evitarem o isolamento comercial, consequência da criação de um mercado comum europeu em que não participavam. Permitiu ainda ao Reino Unido negociar com a CEE numa posição de força, não isolado, mas enquanto representante de um grupo de Estados coeso e disciplinado. A EFTA propôs-se eliminar os obstáculos às trocas comerciais mediante a progressiva abolição dos direitos aduaneiros e das restrições quantitativas nas relações entre os seus membros.

Atualmente, está reduzida a quatro países (Islândia, Liechtenstein, Noruega e Suíça) e tem por missão regular as relações comerciais entre eles e a União Europeia, no âmbito do Espaço Económico Europeu (EEE). Dos membros da EFTA, apenas três pertencem ao EEE, uma vez que a Suíça não ratificou o acordo devido ao resultado negativo do referendo realizado em dezembro de 1992. *[C.A.S.]*

Associação Internacional para o Desenvolvimento (AID)

↗Banco Mundial (Grupo).

Associação Latino-Americana de Integração (ALADI)

A Associação Latino-Americana de Integração (ALADI) foi criada pelo Tratado de Montevideu, assinado em 12 de agosto de 1980. Mediante a instauração de um sistema de preferências económicas na região, a ALADI tem por objetivo formar um mercado comum latino-americano. São três os mecanismos instituídos nesse sentido: preferência tarifária regional em benefício da produção dos países-membros; acordos de alcance regional; e, por fim, acordos de alcance parcial. Os segundo e terceiro mecanismos dizem respeito a várias possibilidades de arranjo entre as partes signatárias, entre elas: desagravamento tarifário; cooperação financeira, tributária, aduaneira, sanitária, científica e tecnológica; preservação do meio ambiente; e promoção do turismo.

Também conhecido como Segundo Tratado de Montevideu, este tratado está aberto à adesão de todos os países da área. Integram a ALADI os seguintes países: Argentina, Bolívia, Brasil, Chile, Colômbia, Cuba, Equador, México, Panamá, Paraguai, Peru, Uruguai e Venezuela. A ALADI conta também com numerosos países e organismos observadores.

Diferentemente do Primeiro Tratado de Montevideu, que criou a ↗Associação Latino-Americana de Livre Comércio (ALALC) em 1960, este funciona como um "tratado quadro", que busca estimular a cooperação económica entre os países-membros, bem como entre grupos de países da área. Nos marcos da ALADI têm surgido acordos como o ↗Mercosul e a ↗Comunidade Andina das Nações. *[W.G.]*

Associação Latino-Americana de Livre Comércio (ALALC)

A Associação Latino-Americana de Livre Comércio (ALALC) foi criada pelo Tratado de Montevideu, assinado em 18 de fevereiro de 1960. Além de Argentina, Brasil, Chile e Uruguai, que iniciaram o processo negociador com vista a firmar um acordo multilateral para a formação de uma zona de livre comércio, assinaram também o tratado a Bolívia, Colômbia, Equador, México, Paraguai, Peru e Venezuela. Com a adesão desses sete países, o objetivo do tratado foi ampliado para a instauração de um mercado comum. Constituída a partir das recomendações feitas pelos economistas da Comissão Económica para a América Latina-CEPAL desde o início dos anos 1950, a ALALC não foi capaz de cumprir os seus objetivos. Em virtude de problemas, tanto de natureza económica como política, a ALALC foi formalmente extinta em 1980, dando lugar à ↗Associação Latino-Americana de Integração (ALADI). *[W.G.]*

Associação de Nações do Sudeste Asiático (ASEAN)

Association of Southeast Asian Nations (ASEAN)

Criada em agosto de 1967 pela Declaração de Banguecoque, esta organização internacional nasceu num contexto de identidade anticomunista partilhado por cinco países da região – Malásia, Singapura, Tailândia, Filipinas e Indonésia –, com objetivos de desenvolvimento económico, social e cultural, assim como a paz e segurança regionais, através do reforço da cooperação política. Com o desaparecimento da ameaça comunista, vieram a aderir à ASEAN o Brunei (1984), Vietname (1995), o Laos (1997), a Birmânia ou Myanmar (1997) e o Camboja (1999). Em 1992, a ASEAN concluiu um acordo sobre a abertura de uma zona de comércio livre, a ASEAN Free Trade Area (AFTA), que entrou em vigor em janeiro de 2002.

Começando com um grau de cooperação limitado a algumas atividades económicas, a cooperação económica da ASEAN aprofundou-se e alargou-se de forma significativa nos últimos anos. A cooperação económica na ASEAN não só inclui medidas de liberalização do comércio como também prevê a abolição das fronteiras e atividades de promoção de investimento. Foi igualmente criada legislação em novos campos de cooperação, tais como serviços e propriedade intelectual. Importantes decisões foram também tomadas para elevar e estreitar a cooperação industrial, e outras medidas foram adotadas no sentido do desenvolvimento do setor privado e das infraestruturas e do investimento regional.

Em 1995, em Banguecoque, os Estados-membros procuraram intensificar uma maior cooperação económica, decidindo a aceleração e o aprofundamento dos compromissos assumidos na AFTA, a expansão da cooperação económica para novos setores (tais como os serviços e outros setores ainda não "regionalizados"), a criação de um projeto de cooperação industrial, a AICO (ASEAN Cooperation), e propondo-se, ainda, a criar uma área de investimento, a AIA (ASEAN Investment Area), para atrair mais investimento para a região.

Em 1996, foi criado o Fórum Regional da ASEAN (ARF) para as questões de segurança na zona Ásia-Pacífico, que reúne ao presente, além dos Estados-membros da organização, a Austrália, o Canadá, a China, a Coreia do Norte, a Coreia do Sul, os EUA, a Índia, o Japão, a Mongólia, a Nova Zelândia, a Papuásia-Nova Guiné e ainda a Rússia e a União Europeia. O seu secretariado localiza-se em Jacarta, Indonésia. *[P.A.]*

Associação dos Países da Orla do Oceano Índico (IORA)

Indian Ocean Rim Association (IORA)

Originalmente designada por Iniciativa da Orla do Oceano Índico (*Indian Ocean Rim Initiative* – IOR) e Associação dos Países da Orla do Oceano Índico para a Cooperação Regional (*Indian Ocean Rim Association for Regional Cooperation* – IOR-ARC), esta organização internacional foi criada por iniciativa das Ilhas Maurícias, em 1997, reunindo na atualidade 23 países banhados pelo Índico, situados no triângulo Austrália-Índia-África, a saber: África do Sul, Austrália, Bangladesh, Comores, Emirados Árabes Unidos, França (em representação da Ilha da Reunião), Iémen, Ilhas Maurícias, Índia, Indonésia, Irão, Madagáscar, Malásia, Maldivas, Moçambique, Omã, Quénia, Seychelles, Singapura, Somália, Sri Lanka, Tanzânia e Tailândia. Conta ainda com nove parceiros de diálogo (Alemanha, China, Coreia do Sul, Reino Unido, Egito, EUA, Itália, Japão e Turquia). Tem sede em Ebène, nas Ilhas Maurícias.

A IORA reúne representantes dos governos dos Estados-membros, mas também do mundo académico e dos negócios, baseando-se nos princípios do Regionalismo Aberto para fomentar as trocas comerciais, bem como o desenvolvimento social da região. Tem como áreas prioritárias a segurança marítima, a facilitação de negócios e investimentos, a gestão das pescas, a redução de riscos resultantes de desastres naturais, a cooperação académica e científica, a promoção turística e o intercâmbio cultural. Em 2014, introduziu o Programa de Desenvolvimento Sustentável da IORA, visando aproximar os Estados-membros mais pobres dos mais desenvolvidos, baseado sobretudo na difusão e partilha de conhecimento no âmbito da chamada Economia Azul, assim designada pela sua ligação aos recursos marinhos. *[R.R.]*

Associação Sul-Asiática para a Cooperação Regional (ASACR)

South Asian Association for Regional Cooperation (SAARC)

O Tratado da ASACR foi assinado em Daca, Bangladesh, em 8 de dezembro de 1985, com o objetivo de promover o bem-estar das populações da Ásia do Sul e acelerar o crescimento económico-social através da coordenação das políticas económicas e da redução das tensões internas na região. São Estados fundadores o Bangladesh, Butão, Índia, Maldivas, Nepal, Paquistão e Sri Lanka. Em 2007, por ocasião da 14.ª Cimeira da Associação, o Afeganistão tornou-se no seu oitavo membro. Têm estatuto de observadores da ASACR a China, Coreia do Sul, EUA, Irão, Japão e União Europeia. Tem sede em Catmandu, Nepal.

A cooperação económica e social está orientada pelos vetores de negociação produto a produto, acréscimo da redução dos direitos aduaneiros e medidas diretas a favor do comércio. No setor agrícola, foi constituída uma Reserva Alimentar de Segurança, a fim de acudir a qualquer emergência de um dos Estados-membros. Na área social, foi estabelecida uma agenda para combater a pobreza, fomentar a aplicação de trabalho intensivo nos processos de produção e uma política de desenvolvimento humano. *[P.A.]*

Ativismo em rede

As tecnologias digitais em rede favoreceram novas lógicas de ação e sociabilidade em linha que, por sua vez, ocasionaram novas formas de participação e de mobilização. Este uso dos média digitais e, especificamente, das redes digitais sociais como um meio para disseminar opiniões, ideias, causas e protestos, proporcionou o surgimento de espaços públicos alternativos, nos quais a forma de um ativismo em rede participativo se pode manifestar. Como diferentes autores já observaram, nas redes digitais sociais desenvolveram-se formas comunicativas que vieram gerar novas formas de ação e de ativismo em rede (ativismo digital, ciberativismo, mediativismo ou netativismo).

A partir do Movimento Zapatista (México, 1994), que utilizou a Internet para a ação política e para dar a conhecer as suas causa e lutas, e do movimento de ativismo digital antiglobalização (Seattle, EUA, 1999), aquando das manifestações contra a Organização Mundial do Comércio em Seattle, que criou um portal autónomo de comunicação e esteve na origem do movimento pela altermundialização, até à criação da rede independente *Indymedia* (1999) que se abriu a movimentos sociais e meios de comunicação alternativos na Internet, possibilitando o acesso a utilizadores independentes, netativistas têm vindo a propagar novas práticas políticas de participação e de mobilização em circulação global. Mobilizações, manifestações e movimentos, tais como as revoluções árabes (de 2010 em diante), *Geração à Rasca* (Portugal, 2011), *Occupy Wall Street* a partir de Nova Iorque para outras cidades no mundo (2011), *Movimiento 15-M* ou *Indignados* (Espanha, 2011), *Que se Lixe a Troika* (2012, em cidades portuguesas e outras), *Movimento Passe Livre* (2013) e *Não vai ter copa* (Brasil, 2014) e muitos outros usaram as ligações tecnológicas para protestar, mobilizar, convocar adesões e desencadear ações coletivas no espaço público.

A utilização dos novos utensílios tecnológicos introduziu mutações nas práticas de mobilização e, em função disso, as ligações de ativismo digital, em casos como as comunidades *online* ou as redes de ativistas, estiveram na origem de causas comuns. Neste âmbito, os *link studies* "podem ser definidos como o conjunto dos trabalhos que se interessam pelas ligações hipertexto como indicadores ou reveladores de dinâmicas sociais e políticas na *web*".

Os novos movimentos de protesto utilizam as redes sociais digitais como meios de mobilização, de visibilidade e de publicidade, emergindo novas formas de mobilização, manifestação e ativismo. A ação conectada (*connective action*; Bennett e Segerberg, 2012) ou a ação digital em rede (*digital networks action*/DNA) detém modalidades mais individualizadas de adesão, expressão e interesse, assim como também se formam comunidades *online*. O modelo alternativo emergente da lógica de ação conectada aplica-se cada vez mais às sociedades atuais em que as organizações formais (sindicato, partido político, organizações governamentais e não governamentais, etc.) e as lideranças estão a perder o controlo sobre os indivíduos e os laços grupais estão a ser substituídos pelas redes ou pelas ligações digitais reticulares. No limite, a rede de comunicação torna-se a forma organizacional da ação política.

Pode considerar-se que a conectividade (dispositivos de conexão, fluxos de informações, bancos de dados, etc.) é responsável por um processo de transformação da condição habitativa, como bem observou Massimo Di Felice, com ecologias de ação cada vez mais complexas e múltiplas formas organizacionais híbridas, com protestos a ocorrerem tanto *online* como *offline*. *[I.B.]*

Ato/Ata

Os termos ato e ata são utilizados frequentemente para designar convenções resultantes de conferências internacionais que versam sobre matérias específicas. Assim, temos, por exemplo, a Ata Geral da Conferência de Berlim, de 1885, a Ata Final de Helsínquia de 1975 e o Ato Geral de Arbitragem. O termo foi também utilizado para designar o primeiro grande tratado europeu de revisão, o Ato Único Europeu de 1985, cuja designação se deve aparentemente ao facto de constituir um ato singular, através do qual se reviram os principais tratados institutivos (Tratado de Paris de 1951, que criou a Comunidade Europeia do Carvão e do Aço, e Tratados de Roma de 1957, que criaram a Comunidade Económica Europeia e a Comunidade Europeia da Energia Atómica). *[R.M.]*

Ato formal de confirmação

Designação frequentemente utilizada para referir o ato de uma organização internacional equivalente à ratificação (reservando, portanto, esta designação aos Estados, até por ser normalmente praticado pelo chefe de Estado). É prática corrente também a confirmação de alguns atos jurídicos unilaterais, tais como a reserva e as declarações interpretativas condicionais. *[R.M.]*

Atores das Relações Internacionais

Por atores das Relações Internacionais entendemos todas as entidades – Estados, autoridades, organizações, grupos ou indivíduos – que tomam parte ativa nas relações transfronteiriças, desempenhando um papel destacado na vida internacional; pessoas físicas ou morais, públicas ou privadas, individuais ou coletivas, que dão o seu contributo aos diferentes aspetos da atividade internacional. São os protagonistas com capacidade para decidir as relações de força no ↗sistema internacional, isto é, com poder para intervir e decidir as relações internacionais aos seus mais variados níveis, de forma a poderem atingir os seus objetivos. A ↗Política Internacional depende, em grande parte, do jogo dos atores. Dentro dos atores podemos distinguir o ator principal (o Estado), os atores públicos (organizações internacionais) ou privados (indivíduos, empresas, organizações não governamentais, etc.) ou, de outro prisma, atores principais, derivados e secundários.

Vários fatores renovaram as perceções e os modos de análise dos atores da cena internacional a partir dos anos 1970. Em primeiro lugar, a guerra do Vietname, a demonstrar que uma grande potência podia ser posta em xeque por razões políticas que não se limitavam apenas às relações do sistema interestadual. Em segundo lugar, o desenvolvimento da própria investigação científica alargou a noção de ator na cena internacional, através de estudos que vieram demonstrar o aparecimento de novos intervenientes, do indivíduo às organizações internacionais. Em terceiro lugar, o alargamento da categoria de ator apoiou-se na tomada em consideração de fenómenos internacionais praticamente novos, como as empresas multinacionais, as ONGs e os movimentos transfronteiriços – migrações, comércio, turismo, terrorismo internacional, etc. John Herz, em 1957, já tinha, aliás, enunciado o declínio do Estado territorial, sob o duplo movimento de interações verticais – a aviação – e de interações horizontais, com o crescimento das trocas.

O Estado, ator principal

O Estado define-se pela reunião de quatro elementos ou características: um território, uma população (um povo), um governo (poder político soberano) e independência face ao exterior, reconhecida pela comunidade internacional. Juridicamente, a unidade estatal distingue-se de quaisquer outras entidades ou coletividades territoriais pelo facto de gozar de um atributo único designado por soberania. Os Estados diferem uns dos outros em razão do seu território, população, poderio, força militar e da forma do seu governo (regime político). Detentores da legitimidade do poder, são os Estados que negoceiam a criação e as competências das autoridades internacionais e que concorrem para a elaboração das suas políticas, apesar de já não deterem o monopólio da autoridade internacional.

As organizações internacionais, atores derivados

Depois do século XIX, os Estados deixaram de ter o monopólio das relações internacionais, uma vez que passaram a sofrer a concorrência das organizações internacionais. A partir de então, o Estado, embora permanecendo como ator privilegiado da cena internacional, deixou de ser o único. Daí que, paralelamente aos atores principais, seja necessário colocar os chamados atores derivados ou secundários.

Relativamente aos atores derivados, isto é, às ↗organizações internacionais governamentais, importa precisar a sua definição, estudar as suas formas, bem como o papel que assumem na sociedade internacional. Uma organização internacional é uma estrutura de cooperação interestatal, uma associação de Estados soberanos perseguindo objetivos de interesse comum, através de organismos autónomos. Pode-se dizer que a organização internacional se distingue da conferência diplomática pelo seu caráter permanente, bem como pela existência de órgãos próprios, dotados de poderes específicos. O número e a estrutura destes órgãos variam consoante a importância da organização, o seu objetivo e também segundo a complexidade das suas tarefas. Apesar de composta pelos Estados, a organização tem uma existência independente daqueles, uma vez que possui uma personalidade jurídica que lhe confere uma existência objetiva e uma vontade autónoma em relação aos seus membros.

A partir da composição, podemos distinguir dois tipos de organizações: as de vocação universal e as de vocação regional ou inter-regional. Como o nome indica, as primeiras podem englobar teoricamente todos os Estados sem exceção (grandes ou pequenos), desde que correspondam à definição jurídica de Estado dada anteriormente. Todavia, isto não implica que toda a entidade estatal tenha organização internacional. Normalmente, só poderá vir a tornar-se membro desde que se submeta ao procedimento de admissão previsto pela Carta constitutiva, quando não participe diretamente na fundação da organização. Por outro lado, existem organizações intergovernamentais com uma vocação mais restrita, ou seja, regional. Aqui, os Estados agrupam-se de acordo com afinidades geográficas, económicas, políticas, militares e mesmo étnicas. Por vezes, uma organização reagrupa um número limitado de Estados, pertencendo a várias zonas geográficas diferentes – são as organizações inter-regionais.

Certas organizações internacionais têm uma vocação ou uma competência geral, o que lhes permite ocuparem-se de todas as questões, enquanto outras têm uma competência especializada. Daí a diferenciação entre as organizações políticas e as organizações técnicas.

Por outro lado, tendo em atenção a natureza das funções, podemos distinguir as organizações de cooperação e as organizações de gestão. As primeiras, na sua grande maioria, procuram coordenar a atividade política ou jurídica dos Estados-membros, enquanto as segundas desempenham uma tarefa específica ou fornecem certos serviços materiais. Muitas vezes, as organizações exercem simultaneamente funções jurídicas e materiais.

Quanto aos poderes, podemos distinguir as organizações intergovernamentais de cooperação e as organizações supranacionais (ou de integração). As organizações internacionais de cooperação pertencem ao tipo clássico de organização internacional. Não possuindo poder de decisão sobre os Estados-membros (exceto no plano interno da organização, em questões administrativas e financeiras), apenas possuem poder de recomendação. Pelo contrário, as organizações internacionais supranacionais dispõem de um poder de decisão que se sobrepõe ao dos Estados-membros (e mesmo dos indivíduos). Existe, ainda, uma transferência de competências do nível nacional (até aí, dos órgãos políticos dos Estados) para os órgãos da organização internacional, o que corresponde a uma erosão da soberania dos Estados-membros. A integração é precisamente o processo segundo o qual se delega progressivamente poderes numa organização internacional até se chegar à fase da fusão das políticas nacionais numa política comum.

A opinião pública

Podemos definir a opinião pública como a posição expressa publicamente (pela imprensa, sondagens, etc.), por um grande número de pessoas, sobre uma questão, nacional ou internacional, de interesse geral (que diz respeito a uma opção política, económica, social, etc.). A opinião pública é assim, quanto à composição, plural, na medida em que constitui um conjunto de opiniões individuais mais ou menos convergentes. E é, geralmente, efémera, porque se constitui em torno de assuntos de preocupação imediata.

Nos países democráticos, a evolução da opinião pública é observada pelos agentes políticos (daí a importância das sondagens), procurando tirar partido de um certo apoio popular e dele retirar, assim, uma legitimidade maior. A análise do papel da opinião pública só tem, efetivamente, sentido real, num regime democrático, em que a legitimidade das decisões políticas provém da vontade popular expressa nas urnas. Neste sentido, podemos considerar a opinião pública internacional como uma vasta convergência de opiniões públicas nacionais dominantes, da qual se pode extrair uma linha de conduta a seguir ou um objetivo a atingir: a promoção do desarmamento mundial, a defesa da paz, a independência do povo timorense, etc.

Firmas multinacionais

Segundo Max Gounelle, as firmas ↗multinacionais são empresas cuja sede social se encontra num determinado país e que exercem as suas atividades num ou mais países, por intermédio de sucursais ou filiais e em que a estratégia e a gestão são concebidas ao nível de um centro de decisão único que coordena e dirige o conjunto, com vista a maximizar o lucro do grupo económico. Assegurando as funções de produção em mais do que um Estado, elas são o vetor principal dos investimentos internacionais, transformando-se, assim, num dos principais atores das relações económicas internacionais, sendo, por vezes, potências económicas e financeiras superiores aos Estados onde localizam os seus investimentos e atividades, o que lhes permite uma situação de quase monopólio ou mesmo monopólio de um certo setor económico mundial. Este processo de concentração económica põe em risco a livre concorrência, bem como as bases do sistema económico neoliberal criado em 1945 e reforçado após 1991.

A primeira geração de multinacionais é proveniente da Europa, destacando-se a Nestlé (Suíça), Philips e Unilever (Holanda). A partir da Segunda Guerra Mundial, este fenómeno universaliza-se, passando a existir uma segunda geração de multinacionais, agora norte-americanas e japonesas (General Motors, Ford, Exxon, General Electric, Sony, Honda, etc.). Finalmente, assistimos ao aparecimento de uma terceira geração de multinacionais nos países em desenvolvimento (América Latina, Europa de Leste, Sudeste Asiático).

A implantação das multinacionais em vários países tem por objetivo diminuir os custos de produção, beneficiando de condições favoráveis a nível fiscal, geográfico (proximidade dos mercados e/ou das matérias-primas) e social (mão-de-obra barata e semiespecializada), e também diversificar as atividades, maximizando os lucros e repartindo os riscos.

Santa Sé

A Santa Sé (personificação internacional da Igreja Católica) pode ser considerada como ator secundário pela sua influência na evolução das relações internacionais. Devido às suas características, tem sido confundida quer com um Estado (Vaticano), quer com uma organização internacional (caráter internacional, permanência, etc.). Apesar de não ser um Estado, detém algumas características semelhantes: território (cidade do Vaticano), embora não gozando das características do território de um Estado, uma vez que é apenas um espaço concedido para "fins especiais" da Igreja (sede da Santa Sé); população, mas sem vínculo de nacionalidade, pois trata-se de cidadãos ligados a uma função (cardeal, guarda-suíço, etc.); poder público (Cúria romana), que é constituído, simultaneamente, pelos órgãos mais importantes da Igreja Católica.

Não sendo um Estado, a sua origem é estatal – os Estados Pontifícios perduraram desde o século IX até ao século XIX (1870, ano da unificação italiana), concedendo ao Papa o papel de um autêntico soberano. Com a unificação italiana e a perda dos Estados Pontifícios, colocou-se o problema da definição do estatuto internacional da Santa Sé. Com o intuito de o resolver, surgiu em 1871 a Lei das Garantias, que atribuía ao Papa as prerrogativas de um soberano, mas aquela não foi aceite pela Santa Sé. O estatuto da Santa Sé só seria definitivamente estabelecido em 1929, pelos Acordos de Latrão, concluídos pelo Papa Pio XI e por Benito Mussolini, onde se definia o estatuto da Santa Sé, ligado à sua missão – a Itália reconhece "a soberania da Santa Sé no domínio internacional como um atributo inerente à sua natureza, em conformidade com a sua tradição e exigências da sua missão no Mundo". Os Acordos de Latrão viriam a confirmar o que já fora determinado pela Lei das Garantias, ou seja, a Santa Sé passou a gozar de personalidade jurídica internacional limitada, detendo nomeadamente o poder de legação ativa (núncios) e passiva, de celebração de tratados e de participação nas organizações internacionais (geralmente como observador).

Organizações não governamentais

Podemos definir como ↗organização não governamental (ONG) "todo o agrupamento, associação ou movimento constituído com caráter duradouro, por particulares de diferentes países, com vista à prossecução de objetivos não lucrativos" (Marcel Merle). A sua génese (finais do século XIX) só poderia estar ligada ao mundo ocidental (Europa e Estados Unidos da América), democrático, pluralista, que permite um papel internacional à iniciativa privada.

As ONG são caracterizadas pela diversidade quanto à sua dimensão, implantação, estrutura e objetivos. Assim, temos as ONGs corporativas, de menor impacto internacional, cuja finalidade se restringe à defesa dos interesses dos seus membros (Conselho Internacional dos Arquivos, etc.). Podemos encontrar, ainda, ONGs de caráter confessional (Conselho Ecuménico das Igrejas), desportivo (Comité Internacional Olímpico), humanitário (Comité Internacional da Cruz Vermelha), político (as Internacionais), sindical (Federação Sindical Mundial, Confederação Internacional dos Sindicatos Livres, Confederação Mundial de Trabalho) e as de caráter militante (*Greenpeace*, Amnistia Internacional).

As ONGs procuram influenciar o comportamento dos Estados, tirando partido do peso da opinião pública, estando o seu desenvolvimento ligado à emergência de uma opinião pública internacional e à maior tomada de consciência relativamente à sua importância pelos governos. O aumento do número de ONGs (existem, hoje, mais de 40 000) resulta de vários fenómenos: a globalização, a afirmação do papel dos indivíduos nas relações internacionais e a importância crescente dos *media* na vida internacional.

Minorias

De acordo com Max Gounelle, por minoria entendemos um "grupo social incorporado num Estado, onde a população é de raça, língua ou de religião diferentes". Apesar da sua importância como ator das relações internacionais ser discutível, as minorias têm vindo a constituir-se como um elemento de erosão dos Estados. Por outro lado, tem-se assistido (sobretudo a partir da Segunda Guerra Mundial) a um esforço por parte da comunidade internacional na defesa dos direitos das minorias. O fracasso do sistema de proteção das minorias posto em prática pela Sociedade das Nações levou a que se relançasse a questão no pós-guerra.

Inicialmente, a questão da defesa das minorias foi englobada na defesa dos direitos individuais do Homem. Em 1946, foi criada pela ONU uma comissão para a luta contra medidas discriminatórias e proteção das minorias. Atualmente, a defesa dos direitos das minorias tem sido feita no seio das organizações internacionais (por exemplo, para a questão curda), nomeadamente na ONU. Às minorias é reconhecido o direito de conservarem as suas características próprias: utilização e ensino das suas línguas ou dialetos, liberdade de prática religiosa, respeito pelo seu património histórico-cultural, etc. Ao mesmo tempo, defende-se a sua não discriminação relativamente à maioria.

A exigência de uma maior autonomia por parte de algumas minorias tem dado lugar ao desenvolvimento de movimentos separatistas dentro dos Estados, constituindo, desse modo, um importante fator de desestabilização/desagregação dos Estados. A par dos mecanismos internacionais de proteção, o federalismo aparece como uma das soluções para o problema das minorias.

Movimentos de libertação nacional

Os movimentos de libertação nacional, segundo Pascal Boniface, são organizações políticas que lutam em nome da sua população para a libertar de uma tutela ou ocupação ilegítima. Este conflito com o poder central inscreve-se, a maior parte das vezes, no jogo de potências exteriores. Segundo Max Gounelle, a Segunda Guerra Mundial favoreceu a criação de movimentos de resistência contra o ocupante. Outros movimentos nasceram nos territórios coloniais dos Estados europeus, com o objetivo de aceder à independência. Daí que existam vários tipos de movimentos de libertação nacional que podem ser integrados em dois grandes grupos: movimentos de libertação nacional representantes de povos sob dominação colonial, estrangeira ou racial; e movimentos de libertação nacional representantes de outros povos.

No que respeita ao primeiro grupo, poder-se-á dizer que o princípio do direito à autodeterminação dos povos é o fundamento para a legitimação internacional dos movimentos de libertação nacional, na lógica de que os povos oprimidos têm direito à sua autodeterminação política. Neste caso, o movimento de libertação nacional tem uma função de unificação nacional e contribui para fazer emergir uma consciência nacional contra o Estado opressor. Relativamente ao segundo grupo, encontramos outras situações: um povo oprimido no seio de um Estado soberano por um governo tirânico; um povo exprimindo a sua recusa de viver na qualidade de minoria no mesmo conjunto estatal que um outro povo; um povo oprimido no seio de um Estado soberano por uma elite despótica, com o apoio económico, diplomático e militar de um outro Estado; movimentos separatistas europeus. Como se vê, os movimentos de libertação nacional são entidades que não exercem autoridade legal sobre um território específico. O seu objetivo é precisamente a aquisição de um território e a consequente formação de um Estado.

Grupos terroristas

Quanto aos grupos terroristas, importa referir que existe uma grande diversidade de atores suscetíveis de recorrer ao ↗terrorismo, desde um pequeno grupo de indivíduos ou mesmo um indivíduo isolado, até aos poderosos serviços especiais de um Estado. Podemos distinguir três tipos principais de atores terroristas: os movimentos de libertação, os Estados e as seitas políticas.

Os movimentos de libertação estiveram na base dos combates pela autodeterminação durante toda a era da descolonização. Estes movimentos eram, na maior parte dos casos, organizações populares implantadas no seio da população, em nome da qual pegavam em armas, como por exemplo a Frente de Libertação Nacional (FLN) na Argélia, a Organização para a Libertação da Palestina (OLP), a Frente Nacional de Libertação do Vietname do Sul, o Partido Africano para a Independência da Guiné e Cabo Verde (PAIGC), a Frente Popular da Libertação da Eritreia (FPLE), etc. Estes movimentos recorrem sobretudo à guerrilha, isto é, ações de exaustão/esgotamento contra objetivos militares e económicos do inimigo, evitando operações frontais, nas quais não teriam qualquer hipótese. Mesmo sendo estas ações quase sempre qualificadas de terroristas pelo adversário, elas têm a ver com uma vontade global de combater uma ocupação ou uma repressão sentida por toda a população ou, pelo menos, por uma grande maioria desta população. Mas, ao mesmo tempo, é claro que, em certos momentos deste combate, estes movimentos podem recorrer a ações de tipo terrorista, nomeadamente quando visam pessoas inocentes que não estão diretamente implicadas no conflito.

A noção de *Estado terrorista* foi muitas vezes utilizada para designar muitos países do Médio Oriente, que se supunha estarem por trás de muitos dos atentados contra bens e pessoas no Ocidente: são os casos da Síria, do Irão, da Líbia e do Iraque. Se, por um lado, não existem dúvidas de que estes Estados, em algum momento, já recorreram ou ainda recorrem a este tipo de práticas, por outro, a decisão de os designar como Estados terroristas tem na base múltiplas motivações que, no essencial, se encontram relacionadas com os interesses dos Estados que assim os designam. Esta designação implica uma condenação que não é de ordem ética – mesmo que se tente que esta prevaleça –, mas sim política. A atitude em relação à Síria é um exemplo desta visão: durante anos colocada na lista dos Estados terroristas, foi objeto de sanções internacionais, mas desde que escolheu o "lado certo" na Guerra do Golfo e na intervenção americana no Afeganistão, passou a ser vista de outra forma – o que não impediu, após a Guerra do Iraque, que as antigas suspeitas regressassem.

Alguns autores defendem que um Estado terrorista não é somente aquele que comanda as ações de terrorismo internacional, mas sobretudo aquele que utiliza maciçamente a violência no interior do seu próprio território. Esta utilização sistemática da violência tem como objetivo fazer reinar o terror, não só no seio de todos os seus opositores, mas também em todos aqueles que o regime em causa considere como perigosos.

As *seitas políticas* são organizações completamente dominadas por uma retórica dogmática, cujo conteúdo ideológico, impregnado de referências revolucionárias confusas, encontra o seu prolongamento numa ação violenta levada a cabo com toda a determinação de que o fanatismo é capaz. Mesmo que possam seduzir alguns fragmentos marginais da sociedade onde se encontram, não conseguem ter uma grande representação, como foram os casos da Fração do Exército Vermelho, na República Federal Alemã (RFA); das Brigadas Vermelhas, na Itália; ou da Ação Direta, em França. Estas seitas, prisioneiras da sua visão deformada do mundo, desapareceram, mas outros grupos surgiram, ainda mais brutais, a fomentar atentados mortíferos um pouco por todo o mundo: por exemplo os GIA (Grupos Islâmicos Armados) que aterrorizam e massacram a população argelina e organizam atentados em França, ou a Al-Qaeda, com os atentados de 11 de setembro de 2001, nos EUA. Estes grupos, com caraterísticas diferentes, têm em comum o fanatismo e o ódio que os conduz ao assassinato indiscriminado.

São particularmente perigosos, uma vez que se revelam capazes de congregar um grande número de militantes prontos a tudo, mesmo a morrer, bem como são totalmente independentes de qualquer estrutura estatal, ainda que possam estar infiltrados ou a ser manipulados por outros atores políticos. Se as guerrilhas clássicas quase desapareceram e se o terrorismo de Estado não tem mais a importância que teve, estas seitas, pelo contrário, têm proliferado ao ponto de aparecerem atualmente como uma ameaça extremamente preocupante, porventura a ameaça mais terrível do século XXI. Atualmente, a ameaça terrorista é planetária, tendo-se diversificado significativamente quanto à sua origem e modos de expressão.

O indivíduo

Finalmente, o indivíduo, embora possa atuar por si próprio, regra geral é mais efetivo quando opera a partir de uma base organizacional – o Estado ou uma organização não governamental. Estão, neste caso, personalidades de relevo internacional que, pelo seu prestígio e carisma, influenciam a política mundial, como Gandhi na Índia, Luther King nos EUA, Nelson Mandela na África do Sul, Bush e Obama nos EUA, etc. A personalidade internacional do indivíduo é ainda marginal, embora se tenha assistido nas últimas décadas à emergência da personalidade internacional do indivíduo, salientando-se, por um lado, o mecanismo de proteção dos Direitos Humanos e, por outro lado, a responsabilização do indivíduo pela prática de atos ilícitos graves – pirataria marítima, tráfico de droga, crimes de guerra, crimes contra a humanidade e genocídio. *[F.S. / R.R.]*

Atos concertados não convencionais

São instrumentos que, não sendo convenções internacionais, pretendem, todavia, regular as relações entre os sujeitos de Direito Internacional, orientando as suas condutas, mas sem assumir um caráter juridicamente vinculativo (não constituindo, portanto, acordos de vontade sob a forma convencional). Alguma doutrina designa-os por acordos políticos ou não normativos. São inúmeros os instrumentos atualmente utilizados a este nível: comunicados, declarações, cartas, códigos de conduta, memorandos, protocolos, etc.

Os termos são em todo o caso equívocos, já que, por exemplo, o termo carta e o termo protocolo são também utilizados para referir convenções internacionais propriamente ditas. A questão central deste tipo de atos é, aliás, exatamente a da distinção, na prática, entre estes atos concertados não convencionais e os atos convencionais. A resposta a dar deve remeter primariamente para a vontade das partes, podendo ainda recorrer-se aos próprios termos utilizados e às circunstâncias em que foram elaborados, conforme doutrina do Tribunal Internacional de Justiça no caso da *Plataforma Continental do Mar Egeu* (ac. de 19.12.1978).

O facto de não produzirem efeitos vinculativos não significa, no entanto, que não produzam efeitos jurídicos. Assim, as expectativas criadas autorizam determinadas condutas. Por outro lado, a solicitação do seu cumprimento nunca configura uma ingerência ou ato inamistoso e, com frequência, estes atos neutralizam a aplicação de eventuais regras anteriores nas relações mútuas. Refira-se, finalmente, que contribuem para a formação de convenções, já que, em muitos casos, se trata de esboços experimentais de regime que, depois de verificados e corrigidos segundo os ensinamentos decorrentes da sua aplicação não obrigatória, vêm a informar convenções internacionais.

Não constituindo vínculos convencionais, o seu incumprimento não origina responsabilidade internacional (na medida em que esse incumprimento não constitui um ilícito internacional), e no plano formal é ainda de assinalar que não são registáveis nem suscetíveis de serem introduzidos na ordem jurídica interna. *[R.M.]*

Atos jurídicos unilaterais

São atos imputáveis a um único sujeito jurídico internacional (e nessa medida não têm caráter convencional), mas que são suscetíveis de modificar a ordem jurídica internacional, uma vez que deles podem decorrer obrigações para os sujeitos que os adotam, o que implica reconhecê-los como fonte de Direito Internacional. A não inclusão destes no elenco do artigo 38.º do Estatuto do Tribunal Internacional de Justiça (que refere exatamente quais as fontes que o dito tribunal deve aplicar na apreciação das causas que lhe são submetidas), alimentou durante algum tempo uma discussão doutrinal sobre a sua aceitação. A jurisprudência internacional teve, por isso, uma intervenção determinante na afirmação e clarificação do conceito. A querela parece hoje ultrapassada, com a sua consagração praticamente unânime no elenco das fontes, sendo considerados manifestações do exercício de liberdade internacional que dispensam aceitação, contrapartida ou reação, já que não limitam outros sujeitos.

A matéria foi objeto, em dois períodos sucessivos, de um esforço de codificação no âmbito da Comissão de Direito Internacional, dando origem em 2006 a um conjunto de *princípios orientadores aplicáveis às declarações unilaterais dos Estados suscetíveis de criar obrigações jurídicas*. Neste plano, vem-se defendendo como requisitos da produção de efeitos obrigatórios a tipicidade (que consiste em ser seguido um dos modelos reconhecidos de atos unilaterais, requisito que, diga-se, vem perdendo importância), a imputabilidade (a um sujeito de Direito Internacional), a vinculatividade (a assunção do seu caráter obrigatório), a clareza e precisão e finalmente a publicidade dos mesmos.

É pacífica na doutrina a distinção entre atos unilaterais autónomos e atos não autónomos, no sentido em que apenas aqueles subsistem independentemente de outra fonte, ao passo que os não autónomos surgem dependentes de costumes ou convenções. Apenas são verdadeiramente relevantes os atos autónomos, já que o regime dos restantes decorre do regime aplicável à fonte de que estes são subsidiários.

Nos atos autónomos – cujo elenco, apesar da exigência de tipicidade, nem sempre é unânime – são normalmente identificados a declaração ou notificação, o reconhecimento, o protesto, a renúncia e a promessa. Nos atos unilaterais não autónomos, distinguem-se normalmente a adesão, a denúncia e o recesso, as reservas e as declarações de aceitação, sendo certo que, face à não autonomia, aqui se podem integrar todos os atos adotados pelos Estados no âmbito dos processos de vinculação às convenções internacionais.

É também pacífica na doutrina a distinção entre os atos unilaterais dos Estados (cujo elenco geral se apresentou no parágrafo anterior) e os atos jurídicos unilaterais das organizações internacionais, onde vamos encontrar as resoluções, recomendações, decisões, pareceres e sentenças ou acórdãos. *[R.M.]*

Aukus (aliança militar)

Anunciada em setembro de 2021, é uma aliança militar anglo-saxónica, constituída pela Austrália, Reino Unido e EUA para a região do Índico e Pacífico. Estabelece um conjunto de objetivos de cooperação tecnológica e militar, que passa por garantir a paz e a segurança no Indo-Pacífico a longo prazo, possibilitando aos três países partilhar tecnologias avançadas, sobretudo tecnologia de propulsão nuclear nos submarinos. Visa proteger os interesses económicos e geopolíticos dos três países na Ásia-Pacífico, ameaçados pelas manobras militares chinesas na região, nomeadamente no mar do sul da China. A Nova Zelândia foi excluída do acordo, manifestando a sua insatisfação. *[D.F.]*

Autarcia

Conceito que provém do grego αὐτάρκεια, que significa autossuficiente. Termo muitas vezes confundido com ↗autocracia, sistema de governo em que o poder do Estado está concentrado nas mãos de um chefe. Autarcia remete para condição independente, autossuficiente, sem dependência de outros atores. Foi condição e ideal adotados por uma pluralidade de ideologias e fações políticas de esquerda (socialismo africano), nos anos de 1950 e 1960, no sentido de reduzir a influência económica, política e cultural, mormente europeia. Simetricamente, movimentos conservadores e nacionalistas também adotaram a autarcia na tentativa de preservar parte de uma ordem social existente ou desenvolver uma indústria particular. Alguns movimentos fascistas e de extrema-direita ocasionalmente adotaram a autarcia como objetivo. *[J.G.F.]*

Autarquia

Nos termos do artigo 235.º da Constituição da República Portuguesa, as autarquias locais são "pessoas coletivas territoriais dotadas de órgãos representativos, que visam a prossecução de interesses próprios das populações respetivas". Estas correspondem, no continente, às freguesias, municípios e regiões administrativas. Nos Açores e Madeira, compreendem freguesias e municípios. As autarquias locais ganharam um lugar próprio na sociedade portuguesa a partir do 25 de Abril de 1974, quando ficaram plasmadas na Constituição de 1976. O Povo passou a ter um papel importante na escolha dos seus representes nos órgãos autárquicos. A democracia participativa e representativa passaram a ser uma realidade. Uma grande novidade prende-se com o facto de o Poder Local poder ser designado como poder de proximidade, ou seja, os eleitores e os eleitos estreitam uma importante proximidade, a qual permite que os autarcas sejam constantemente escrutinados face aos compromissos assumidos perante os eleitores, durante o processo de campanha eleitoral.

O Poder Local em Portugal tem vindo a consolidar-se ao longo dos anos e, independentemente de alguns constrangimentos, a sua relevância para a salvaguarda dos interesses locais das populações tem sido preponderante. Esta salvaguarda é garantida através do exercício dos órgãos das Autarquias Locais: Assembleia de Freguesia e Junta de Freguesia; Assembleia Municipal e Câmara Municipal. As autarquias locais têm recebido novas competências do Poder Central, com base num processo de descentralização, tendo em conta as possibilidades estabelecidas na Constituição da República Portuguesa.

Nas circunstâncias já descritas de as autarquias locais serem o espelho de um poder de proximidade, esta assumiu maior relevo durante a pandemia de COVID-19, desempenhando um papel fundamental na ajuda às populações, conforme nos diz Carlos José Batalhão (2021), no artigo *O papel dos municípios na resposta à crise sanitária, social e económica*, quando afirma que "um conjunto de atuações céleres e imediatas em muito contribuiu e contribui para o desígnio nacional e defesa das respetivas populações, sendo, desde logo, de destacar que todas as autarquias locais, independentemente da sua localização mais urbana ou rural, mais litoral ou interior, acorreram em primeira mão ao combate à pandemia". *[F.Ca.]*

Autocracia

Governo despótico, que não reconhece qualquer tipo de limite à sua ação. De acordo com Loewenstein, o sistema autocrático caracteriza-se pela existência de um detentor único do poder, cuja competência abarca as decisões políticas fundamentais e também a sua execução. Como refere Giovanni Sartori, a autocracia, ao contrário da democracia, é a "autoinvestidura", a "autoproclamação do poder", o que imediatamente nos indica quer a ilegitimidade da investidura, quer a ilegitimidade do poder e do seu exercício. Traduz-se, deste modo, num governo ditatorial em que, como assinalou Montesquieu, impera o princípio do "temor", pelo que "a vontade do príncipe, uma vez conhecida, deve produzir seu efeito tão infalivelmente quanto uma bola contra outra deve produzir o seu". Como nota saliente, importa ainda referir que a autocracia pode vigorar, normalmente, em dois tipos de regime: o autoritário e o totalitário. A diferença reside tão só na ideologia em nome da qual a sua concretização se processa. *[M.M.]*

Autodeterminação

A ideia de autodeterminação designa uma aspiração humana à liberdade e à independência face a qualquer forma de dominação. Em Relações Internacionais, designa um direito, reconhecido a todos os povos, de liberdade na determinação do seu estatuto político e desenvolvimento. O regime de autodeterminação pode ser a independência política ou variados graus de autonomia política, cultural e/ou económica, no interior de Estados ou em regiões transestatais. Os sujeitos de autodeterminação podem ser povos coloniais, povos indígenas ou minorias nacionais, étnicas e linguísticas.

Para além das dificuldades práticas em identificar e delimitar os sujeitos do direito de autodeterminação (os "povos"), o sistema internacional tende a sobrepor os princípios da integridade territorial e da não ingerência ao direito de autodeterminação. Deste modo, muitas reivindicações de autodeterminação têm gerado conflitos que podem tornar-se longos e por vezes muito mortíferos. Por esta razão, nas últimas décadas, as abordagens, da parte do sistema internacional, a reivindicações de autodeterminação tentam desvalorizar a dimensão territorial e os cenários de independência política, e tendem a valorizar questões de democracia e Direitos Humanos, apoiando principalmente soluções de reconhecimento de comunidades e de partilha e devolução de poder, no quadro dos Estados existentes e reconhecidos. *[M.J.B.]*

Autogestão

Trata-se de um conceito multidimensional e polissémico. O seu conteúdo político remete para uma tomada de decisão com base em construções coletivas assentes na partilha de opinião e coparticipação na decisão, pelo que surge associado a movimentos de anarquismo social e comunismo libertário, na busca de supressão de qualquer autoridade, designadamente estatal; a sua natureza social revela-se na busca de uma autonomia do indivíduo, mas em estrita interdependência com os seus iguais; enquanto princípio de organização económica, é colocado enfoque nas relações sociais de produção, reportando-se a um processo de organização, produção e decisão com a participação direta do trabalhador, na base da igualdade do voto, mas através de um eficiente sistema de delegação de autoridade; na sua vertente técnica, destaca-se uma forma distinta de organização de atividades caracterizada por uma divisão interna horizontal de trabalho. Repare-se que a autogestão corresponde a um modelo que não é exclusivo de estratégias de trabalhadores em países socialistas, aplicando-se igualmente a processos de gestão capitalistas.

O movimento de autogestão radica na crítica da ala esquerda do bolchevismo, recusando um socialismo sustentado por uma burocracia estatal e elite partidária governante, e expressa-se idealmente na Comuna de Paris (1871) e nos sovietes emergentes da Revolução Russa (1905). A partir da década de 1960, a ideia de autogestão difunde-se para designar o titoísmo na Jugoslávia e propaga-se na qualificação das experiências análogas da Argélia e Tanzânia, mas sempre com a específica descaracterização que resulta do controlo e ingerência do ↗Estado. O apogeu da autogestão encontra-se no movimento estudantil de 1968, a partir de cuja experiência se originam três correntes políticas: a do marxismo crítico, que reivindica para o homem a possibilidade de poder gerir a própria existência; a do movimento libertário, que procura a saída pacífica do capitalismo a partir da autogestão; e o movimento dos cristãos de esquerda, que procuram na autogestão os valores da comunidade e a superação da materialidade pelos valores humanos. O marxismo crítico e o movimento dos cristãos de esquerda originam a economia solidária.

Entre os precursores e defensores da ideia de autogestão encontram-se Philippe Buchez (1796-1865), John Malcolm Ludlow (1821-1911), Pierre-Joseph Proudhon (1809-1865), Karl Marx (1818-1883), Ferdinand Lassalle (1825-1864), Peter Kropotkin (1842-1921), Henri Lefebvre (1901-1991) e Cornelius Castoriadis (1922-1997), tendo dado origem a diferentes e distintas propostas de sistemas participados de gestão. *[M.L.V.]*

Autonomia

A autonomia é muitas vezes confundida com autogoverno ou até ↗independência. Neste último caso, o conceito surge associado à ideia de ↗soberania, algo que identifica os Estados não sujeitos a qualquer tipo de autoridade externa e que teve a sua grande evidência a partir dos Tratados de Vestefália (1648). No entanto, quando falamos de autonomia na perspetiva de autogoverno, do *self-government* na aceção inglesa, o conceito já se direciona para a caracterização do quadro de relações entre o governo central e os governos regionais ou locais. É assim que, no quadro dos Estados, o termo autonomia surge associado quer aos órgãos de governo regional, quer às autarquias locais, quer a especiais entidades da Administração Pública (Institutos Públicos), pretendendo demonstrar sob o ponto de vista político, mas também sob o ponto de vista jurídico, realidades políticas e político-administrativas com poderes e competências próprias num determinado espaço territorial. Nestes termos, autonomia não significa separação ou independência, mas tão só a existência de realidades políticas infraestaduais com maior ou menor grau de intervenção no âmbito do Estado. *[M.M.]*

Autoridade

A autoridade revela a existência de um poder que não se impõe por si próprio, traduzindo deste modo, como afirma Adriano Moreira, a existência da "obediência pelo consentimento, decorrente do reconhecimento da legitimidade de quem manda". Aqueles a quem ela se dirige aceitam e consentem as consequências da sua manifestação, precisamente por reconhecerem que o seu exercício corresponde a um poder não só legítimo como legitimado pelas razões que lhe deram origem. Esta legitimidade, como assinalou Max Weber, pode ter fundamento na lei (o *poder legal*), na tradição (o *poder tradicional*) ou no carisma (o *poder carismático*), mas apesar dos seus fundamentos serem distintos, há em comum a ideia de que o poder exercido encontra sempre uma razão que o justifica e por isso é comummente aceite.

Todavia, se nos referirmos em particular ao poder político, devemos ter presente que a sua compreensão, como refere José Adelino Maltez, só é possível quando integramos o poder na autoridade. E se a nossa análise se concentrar no poder político democrático e representativo, ou seja, naquele que traduz a vontade eleitoral, melhor entenderemos que a autoridade que em seu nome se irá manifestar é uma autoridade legítima e legitimada por esse mesmo poder. Quer isto dizer que a autoridade política do representante se baseia, fundamenta e explica no poder que lhe foi delegado pelo representado. Seguimos, assim, a perspetiva de Hannah Arendt, segundo a qual "o princípio da *potestas in populo* só pode inspirar uma forma de governo se se acrescentar, como fizeram os romanos, *auctoritas in senatu*". Esta, a *auctoritas* (autoridade), tornando-se legítima pela incorporação da *potestas* (poder), vai implicar, como também referiu Hannah Arendt, uma obediência na qual os homens conservam a sua liberdade. Ora, é esta obediência em liberdade (a obediência é, neste específico sentido, tradução da nossa condição de seres livres) que também explica o reconhecimento e o consentimento da autoridade exercida. No entanto, esse reconhecimento e esse consentimento não significam a aceitação de tudo o que a autoridade determina, uma vez que o exercício do seu poder terá sempre de fazer-se de acordo com a lei instituída, e uma vez ainda que esta, mesmo que resulte da vontade maioritariamente expressa, não pode ser alheia a valores e princípios que lhe são superiores.

No fundo, a *legitimidade legal* de que nos falou Max Weber, a tal que fundamenta o poder e que por seu turno justifica a autoridade, não é um valor absoluto. Se o fosse, estaríamos a aceitar que tudo o que é legal é legítimo ou, dito de outro modo, estaríamos a admitir que a legitimidade é apenas a tradução do que a lei define. E, neste caso, não só o poder do povo como a autoridade dele decorrente se poderiam transformar em poder sem limite. Nestes termos, a autoridade será legítima preenchendo as seguintes três condições: se respeitar valores e princípios de defesa da dignidade humana, que não podem ser ultrapassados por qualquer maioria; se a sua existência traduzir a integração do poder do povo; e se a sua ação for desenvolvida no quadro da lei. *[M.M.]*

Autoritarismo

O autoritarismo pode ser entendido como um dos tipos de regime político ditatorial ou, nas palavras de Gianfranco Pasquino, de um regime não democrático. Caracteriza-se, de acordo com Juan Linz, como um regime "com um pluralismo político limitado, sem uma ideologia elaborada, sem uma mobilização política intensa, e onde um chefe, ou um pequeno grupo, exerce o poder dentro de limites formalmente mal ou pouco definidos, apesar de previsíveis". Há quem, como Gabriel Almond e Bingham Powell, distinga entre "regimes autoritários conservadores" e "regimes autoritários em vias de modernização", identificando os primeiros em sociedades de pouco desenvolvimento económico e social, apostadas na manutenção da ordem social existente, e indique os segundos nas sociedades em que, não obstante a presença da ditadura política, se aposta na modernização económica. Poderíamos, assim, dar como exemplos de "regimes autoritários conservadores" os regimes de Portugal e de Espanha no tempo de Salazar e de Franco, reservando os "regimes autoritários em vias de modernização" para o Chile governado por Augusto Pinochet. E há ainda quem, como Huntington, promova a distinção entre os regimes sem partidos, que seriam classificados de "conservadores", e os regimes antipartidários, que receberiam o nome de regimes "reacionários".

Parece-nos, no entanto, que no domínio da Ciência Política as classificações têm sempre algo de relativo que impedem uma conclusão absoluta. É quanto a nós discutível que o padrão de manutenção da ordem social existente *versus* pouca modernização económica possa ser cabalmente aplicado à Espanha de Franco, nomeadamente durante a década de 1960, o que ajuda a demonstrar que uma coisa são as características comuns dos regimes, outra são as imensas particularidades que os separam. Devemos, pois, sem determinismos conclusivos, e tendo presente o que ensinou Raymond Aron, perceber não só os traços idênticos entre os regimes, como aquilo que os distingue, para a partir daí podermos tentar encontrar a noção mais adequada. Foi isso que fez o já mencionado Juan Linz, ao encontrar um quadro identificador dos regimes autoritários, de que destacamos as seguintes características: "poder político concentrado num chefe ou num reduzido grupo", "pluralismo político limitado ou até inexistente", "ausência e proibição de participação política plural dos cidadãos", "exercício do poder condicionador das regras constitucionais".

Destas características, podemos dar realce às três últimas, seguindo aliás o entendimento de autores que sobre este tema refletiram. É o caso de José Matos Correia e de Ricardo Leite Pinto, quando destacam o facto de nos regimes autoritários serem "poucas as organizações autorizadas a exercer o poder político, que têm, apesar de tudo, de ser legitimadas pelo líder"; foi o caso de Gabriel Almond e Bingham Powell, ao enfatizarem a circunstância de que, quando os cidadãos se limitam a votar nos candidatos do partido existente, lhes é difícil desenvolverem qualquer confiança na sua capacidade de influência nos assuntos nacionais; e foi também o caso de Raymond Aron, quando considerou que o critério decisivo de identificação de um regime não pluralista (autoritário ou totalitário) reside no facto de ser o exercício do poder a determinar as regras que o vão validar, em vez de serem as regras constitucionais a delimitarem os poderes dos governantes.

Como nota característica dos regimes autoritários, e que os ajuda a distinguir dos regimes totalitários, devemos ainda sublinhar a especificidade de tratamento que concedem à atividade privada. Se nos regimes totalitários o Estado tudo ocupa e tudo inclui, não deixando qualquer espaço para a atuação individual, seja no plano social ou económico, o mesmo já não sucede nos regimes autoritários. Neste caso, o Estado, mesmo sem deixar de definir linhas orientadoras, não tem em vista substituir o papel que é desempenhado pelos privados, na exata medida em que a sua ação não interfira no domínio político. *[M.M.]*

Balança comercial

A balança comercial – parte da ↗balança de pagamentos – regista a diferença entre as exportações e as importações de um país, ou seja, entre o que é vendido e o que é comprado ao estrangeiro, incluindo mercadorias e serviços (como o turismo). A balança de comércio tem valor negativo quando o valor "importação de bens e serviços" excede o valor das exportações; e é positiva quando o valor das exportações é superior ao valor das importações. A balança de comércio é uma componente da balança corrente, que inclui, ainda, as balanças de rendimentos e de transferências correntes. Esta balança de comércio, em termos de contabilidade nacional, está dividida em balança de bens e balança de serviços. *[A.Q.M.]*

Balança de pagamentos

A balança de pagamentos regista de forma sistemática as transações de todos os tipos feitas por um país com o resto do mundo pelos residentes no seu território. Inclui três tipos de registo: a balança corrente (bens e serviços, rendimentos e transferências unilaterais), a de capitais e a financeira. O apuramento dos diferentes saldos das componentes da balança de pagamentos permite acompanhar a evolução do endividamento externo de um país, inferindo da sua necessidade ou capacidade de financiamento, e o seu saldo é igual à variação da reserva de divisas do país. A balança de rendimentos regista os valores recebidos e pagos pelos residentes, resultantes seja do trabalho, seja de capital (nomeadamente investimentos), e a balança de transferências unilaterais correntes os valores pagos e recebidos que não têm qualquer contrapartida (como por exemplo, as remessas dos emigrantes ou os subsídios recebidos, nomeadamente da União Europeia no caso dos seus países membros). É um retrato da posição financeira de um país relativamente ao exterior. *[A.Q.M.]*

Balança de poder/Equilíbrio de poder

Este é um dos conceitos principais do ↗Realismo e diz respeito à condição/necessidade de equilíbrio entre os Estados no ↗sistema internacional. Uma vez que para os realistas o sistema internacional é anárquico, a maximização de poder só pode ser contrariada com o poder. Deste modo, o contínuo jogo de busca pelo poder dos Estados só pode (e deve) ser controlado pelo sistema de balança de poder. Para os realistas, as relações internacionais são relações entre Estados que devem atender ao princípio do equilíbrio de poder entre os principais atores.

Para os realistas clássicos, o equilíbrio de poder é, sobretudo, uma criação que parte da vontade e ação dos estadistas, enquanto para os neorrealistas o equilíbrio de poder entre os principais atores é uma característica inerente das relações internacionais e tende a acontecer, independentemente da vontade dos líderes políticos. Deste modo, sempre que existe uma concentração de poder que desequilibra a balança de poder, a estrutura do sistema tende a formar uma coligação de poder para contrabalançar os pratos da balança e, assim, assegurar o equilíbrio e a estabilidade do sistema.

Na verdade, a teoria realista da balança de poder é uma das assunções teóricas mais apelativas e historicamente mais comprovadas sobre a construção da ordem internacional. A sua elegância parcimoniosa torna-a uma das mais eficazes teorias sobre a ordem e política internacional. Ou seja, a ordem é o resultado do equilíbrio de poderes entre os Estados no ambiente anárquico, uma vez que só assim é possível contrabalançar a concentração excessiva de poder. Neste quadro, a ↗política internacional é o jogo constante de encontrar sistemas de equilíbrio de poder entre os Estados, e quando esse equilíbrio é posto em causa surge a desordem e a destabilização. Isto significa que, sempre que surge um polo superior e desequilibrador de poder, é natural que, mais tarde ou mais cedo, surja um poder que desafie e contrabalance esse poder. *[P.E.M.]*

Balanceamento de poder (*balancing* e *bandwagoning*)

Os Estados estão constantemente em alerta para a possibilidade de poderem ser confrontados com avanços de poder de outros Estados que os possam prejudicar ou até eliminar. Os Estados irão aumentar as suas capacidades de poder material para fazerem face a concentrações de poder (balanceamento interno) ou reunir as suas capacidades com outros Estados através de alianças (balanceamento externo). Walt (1987) explica que o racional da balança de poder é mais rigoroso quando existe uma ameaça. A teoria prevê que os Estados irão balancear quanto existe, ou é percecionada, uma ameaça. Outra inovação de Walt é a sua interpretação sobre a distinção entre *balancing* (aliar-se a outros Estados contra ameaças) e *bandwagoning*, que significa o movimento relativo à opção oportunista de um Estado se aliar com a fonte da ameaça, nomeadamente se percecionar que este é o Estado mais forte. *[P.E.M.]*

Balcanização

Termo utilizado para descrever a fragmentação de uma unidade política multinacional num conjunto de entidades mais homogéneas etnicamente. O termo balcanização foi cunhado no final da Primeira Guerra Mundial para descrever a fragmentação política e étnica que se seguiu à derrocada do Império Otomano, em particular nos Balcãs. Após a desagregação da Jugoslávia entre 1992 e 1996, o termo balcanização assumiu conotações mais negativas, sendo muitas vezes associado a genocídio e limpeza étnica, e refletindo uma política deliberada de divisão para dominar. *[M.R.F.]*

Ballotage

Ballotage, a segunda volta de um escrutínio maioritário uninominal, introduzida em eleições políticas em 1852, em França, sob Napoleão III, é etimologicamente originário do vocábulo *ballottes*, as pequenas bolas brancas e pretas que antecederam o boletim de voto e que possibilitavam o exercício do voto secreto, em círculos restritos, mesmo a eleitores que não soubessem escrever. Num escrutínio a duas voltas, para ser eleito à primeira volta e escapar ao *ballotage*, os candidatos devem obter 50% + 1 dos votos expressos. Caso isso não se verifique, realizar-se-á uma segunda volta, o *ballotage*, à qual concorrerão os dois candidatos mais votados na primeira volta ou todos os candidatos que obtenham uma percentagem de votos fixada por lei. Nas legislativas francesas, por exemplo, a votação mínima requerida para aceder à segunda volta é 12,5% dos votos expressos.

Utilizada em eleições presidenciais, legislativas, regionais ou locais, o *ballotage* tem impacto no sistema de partidos, provoca uma sub-representação dos pequenos partidos e dá lugar a um multipartidarismo polarizado em torno de dois ou três partidos de maior dimensão. Os partidos, mesmo os mais pequenos, tenderão a participar na primeira volta de modo independente e, para efeitos do *ballotage*, a negociar o seu apoio aos partidos que disputam a segunda volta. O *ballotage* adequa-se bem a eleições presidenciais, ao admitir, na segunda volta, os dois candidatos mais votados, garantindo que o Presidente da República seja eleito por maioria absoluta dos votantes. *[L.F.M.]*

Banco

Entidade que recebe fundos sob a forma de depósitos, desenvolvendo as mais diversas operações financeiras, nomeadamente empréstimos, desempenhando um papel de intermediação financeira. A sua atividade é regulada pelo Banco Central de cada país. Originalmente, a principal função de um banco era a captação de poupanças através dos depósitos e a sua redistribuição, especialmente para o investimento. Após a Segunda Guerra Mundial, a atividade bancária começou a deixar de ser apenas a intermediação entre poupadores e tomadores de fundos, operando num ambiente altamente regulamentado para, gradualmente, se ver livre das limitações legais e começar a explorar novos mercados e produtos. As mudanças levaram à reinvenção do negócio bancário em nome da sobrevivência das instituições colocando como focos a criação de novos mercados, a segmentação de clientes, a exploração de novos produtos e serviços e o potencial das inovações financeiras.

Não obstante a referida evolução do setor, na Europa e noutras regiões, a estrutura bancária baseada em bancos universais (bancos que englobam a tradicional atividade comercial, a banca de investimento e a atividade de intermediação de seguros) não foi abandonada e facilitou a transformação em conglomerados financeiros ao longo do tempo, à medida que a liberalização avançava. Os bancos universais foram bem vistos devido às vantagens competitivas derivadas da diversificação; ao facto de pequenos bancos múltiplos tenderem a ter melhor capacidade de sobrevivência; e por permitirem uma maior flexibilidade.

Os bancos internacionais ou multinacionais desenvolvem um papel crucial na política económica global, dado que as transformações ocorridas no setor seguiram o processo atual de globalização, adaptando-se de diversas formas no sentido de servirem a economia globalizada e as suas necessidades e exigências. O crescimento verificado no comércio internacional criou uma procura por serviços financeiros internacionais. Uma instituição financeira pode fazer uso de um leque de canais para fornecer serviços financeiros a um cliente num outro país, fornecendo esses serviços a parir da sua sede central; participar num sindicato bancário que financia avultados créditos ou a emissão de instrumentos financeiros por outras instituições associadas localizadas num país diferente do seu país sede; e abrir balcões ou bancos subsidiários, passando a estar presente noutro país, seja através da aquisição de bancos locais ou pela abertura de balcões ou bancos subsidiários.

Sobre a operacionalização da internacionalização bancária, são distinguidas três esferas: a primeira, baseada na supervisão, que consiste no apoio a clientes nos mercados estrangeiros; a segunda, na esfera financeira, com a operação de crédito e suporte às instituições, às empresas e aos governos locais; a terceira, no deslocamento das atividades bancárias, levando as instituições estrangeiras a atuarem e competirem nos mercados locais. Antes da mudança estrutural dos anos 1970, a primeira e a segunda formas eram dominantes e lideradas pelos bancos norte-americanos e japoneses. Posteriormente, ganhou força a terceira forma, devido à abertura dos mercados nacionais, tomando a liderança as instituições europeias.

O processo de globalização contribuiu para o desenvolvimento do setor financeiro mundial. Nesse contexto, o negócio bancário deixou de focar apenas na intermediação entre poupadores e tomadores de recursos financeiros, e passou também a explorar novos produtos e serviços. A evoluções nas tecnologias de comunicação também contribuíram para o desenvolvimento do setor bancário, a partir da criação de novos canais de atendimento aos clientes, como o *internet banking*, o *mobile banking* e os terminais de auto-atendimento (ATM's), dentre outros.

Exemplos deste movimento de concentração e globalização das instituições financeiras em Portugal são a tentativa falhada da fusão do BCP e do BPI, com a posterior aquisição deste último pelo grupo espanhol La Caixa, e a aquisição do Banco Internacional do Funchal (BANIF) e Banco Totta pelo também espanhol Santander. Esta aquisições determinam uma perda da influência nacional no setor bancário, mas acabam por se inserir no processo de globalização do setor, com vantagens de serviço a nível internacional.

O BCP (ele próprio com aquisições a nível nacional, com a compra do Banco Pinto e Sotto Mayor e do Banco Português do Atlântico), cujo principal acionista (sem controlo) é o grupo chinês Fossun, procurou a entrada em mercados internacionais, nomeadamente na Grécia (vendido em 2021 ao Banco do Pireu), em parceria, no início, com uma grande seguradora belga, e depois na Polónia, enquanto o Banco Espírito Santo procurou expandir e internacionalizar as suas operações com a abertura de balcões em Espanha. *[A.Q.M.]*

Banco Africano de Desenvolvimento (BAFD)

African Development Bank (AfDB)

Fundado em Cartum (Sudão), em 1964, este Banco tem como principal objetivo contribuir para o desenvolvimento económico e o progresso social dos seus membros, individualmente e em conjunto. No desempenho das suas funções, o Banco procura cooperar com instituições de desenvolvimento nacionais, regionais e sub-regionais de África. Com o mesmo propósito, coopera com organizações internacionais que visem uma finalidade semelhante e com outras instituições associadas ao desenvolvimento em África.

Qualquer país africano que tenha o estatuto de Estado independente poder tornar-se membro regional do Banco. A área geográfica à qual os membros regionais e as atividades de desenvolvimento do Banco se podem alargar compreende o continente africano. Os países não regionais que sejam ou se tornem membros do Fundo Africano de Desenvolvimento ou que tenham dado, ou estejam a dar, uma contribuição financeira para o Fundo Africano de Desenvolvimento em termos e condições semelhantes aos termos e condições do Acordo de Constituição do Fundo Africano de Desenvolvimento podem também ser admitidos no Banco.

O Fundo Africano de Desenvolvimento completa a ação do Banco através da concessão de empréstimos com condições preferenciais. Portugal é membro não regional desde 15 de dezembro de 1983, data em que depositou o instrumento de adesão ao Acordo de Constituição do BAD, tendo então subscrito, ao abrigo do Decreto-Lei n.º 387/83, de 17 de outubro, 1 008 ações, com um valor nominal de 10 000 unidades de conta do Banco (BUA) cada ação.

Tem como órgãos um Conselho de Governadores, que reúne os representantes de todos os Estados; um Conselho de Administração, composto por nove membros, eleitos pelos governadores; e um presidente, eleito pelo Conselho de Administração.

Atualmente, reúne 80 Estados-membros: 54 países africanos e 26 países dos continentes americano, asiático e europeu. A sua sede encontra-se em Abidjan (Costa do Marfim). *[P.A.]*

Banco Asiático de Desenvolvimento (BAD)

Asian Development Bank (ADB)

Criado a 4 de dezembro de 1965 por iniciativa da Comissão Económica e Social das Nações Unidas para a Ásia e o Pacífico, este banco tem por objetivo fomentar o crescimento económico e a cooperação na Ásia e contribuir para a aceleração do processo de desenvolvimento económico dos Estados-membros. Ao nível da estrutura, tem um Conselho de Governadores (cada Estado-membro designa um governador); um Conselho de Administração (de doze membros eleitos por dois anos); um presidente do Conselho de Administração (eleito pelo Conselho de Governadores); e três vice-presidentes (nomeados pelo Conselho de Administração).

Podem ser membros do Banco os associados da Comissão Económica das Nações Unidas para a Ásia e o Pacífico e os outros países regionais e não regionais desenvolvidos que sejam membros das Nações Unidas ou de qualquer das suas agências especializadas. Atualmente, o Banco tem 68 Estados-membros, dos quais 49 são Estados da Ásia e do Pacífico e 19 europeus e da América do Norte. Portugal é membro não regional desde 2002. Tem sede em Manila, Filipinas. *[P.A.]*

Banco Central Europeu

O Banco Central Europeu (BCE) foi criado em 1 de junho de 1998, meses antes da entrada em vigor da ↗União Económica e Monetária (UEM) (1 de janeiro de 1999). Ao BCE foi atribuída a política monetária da zona euro como sua competência exclusiva. O BCE toma decisões sobre a emissão de moeda e a massa monetária, a taxa de juro diretora, a taxa de câmbio do euro e as reservas cambiais.

Segundo o mandato definido pelo Tratado de Maastricht, a autoridade monetária tem de conduzir a política monetária de forma a garantir a estabilidade de preços, sendo esta a prioridade macroeconómica da UEM. O Tratado não definiu o alcance de estabilidade de preços, tendo deixado liberdade ao BCE. De acordo com o BCE, existe estabilidade de preços quando a taxa de inflação média na zona euro, num horizonte temporal de três anos, é inferior a 2%. Para poder corresponder àquele mandato, o Tratado outorgou ao BCE um estatuto de independência política que não tem comparação com outros bancos centrais. Por um lado, este estatuto está constitucionalmente alicerçado, enquanto noutros bancos centrais resulta de uma garantia legal. Por outro lado, ao BCE foi atribuída independência de resultados (latitude para definir os objetivos macroeconómicos da UEM) e independência operacional (autonomia para conceber e executar a política monetária adequada àqueles objetivos). O corolário da independência política é a garantia de que o BCE é imune a pressões ou influências exercidas por outras instituições da ↗União Europeia ou por governos nacionais.

Ao longo da história da UEM, o BCE assumiu um protagonismo discreto. Com a crise da zona euro, em 2010-2012, chamou a si importantes poderes, o que em muito contribuiu para aliviar e depois superar a mesma: a compra de dívida pública dos Estados-membros da zona euro no mercado secundário e as funções de regulador no contexto da União Bancária. *[P.V.M.]*

Banco Europeu de Investimentos

O Banco Europeu de Investimentos (BEI) é um órgão auxiliar no sistema institucional da União Europeia (UE), tendo sido criado ao mesmo tempo que a ↗Comunidade Económica Europeia (CEE) e a ↗Comunidade Europeia da Energia Atómica (CEEA), em 1958. Garante empréstimos relevantes para os objetivos gerais da política económica da UE, nomeadamente o crescimento económico e o desenvolvimento regional.

A atividade do BEI distingue-se dos demais bancos comerciais por não obedecer a fins lucrativos e por conceder empréstimos com taxas de juro bonificadas e amortização com prazos dilatados, o que facilita o financiamento dos projetos. Funciona como a entidade análoga a um banco de fomento. Quer os juros, quer os prazos de amortização, são mais favoráveis do que os concedidos pela banca comercial. Os projetos elegíveis complementam o financiamento do BEI com outros instrumentos financeiros da UE, tais como os fundos estruturais.

No caso de projetos financiados no âmbito da cooperação internacional com os países de África, Caraíbas e Pacífico, o BEI reforça as dotações financeiras outorgadas pelo Fundo Europeu de Desenvolvimento. Os projetos elegíveis para o financiamento do BEI devem corresponder a uma das seguintes características: promoção do desenvolvimento de regiões carenciadas; modernização ou reconversão de empresas, ou apoio à criação de novas atividades económicas que resultem de desafios do mercado interno; projetos transeuropeus (redes de comunicação, infraestruturas básicas). Quando se trate de projetos que correspondam à segunda e à terceira modalidade, e nos casos em que o investimento seja avultado, ou quando a sua natureza envolva um acentuado risco, a intervenção do BEI só é possível se for demonstrada a incapacidade dos Estados-membros envolvidos para o respetivo financiamento. *[P. V.M.]*

Banco Europeu para a Reconstrução e o Desenvolvimento

O Banco Europeu para a Reconstrução e o Desenvolvimento (BERD) foi criado em 1991, no contexto da implosão do comunismo na ex-União Soviética e nos países satélites do Leste europeu. O BERD tinha como finalidade apoiar a transição de países da Europa Central e da Ásia Central para a economia de mercado, financiando projetos relevantes. Para o efeito, o BERD interage, preferencialmente, com organizações da sociedade civil e com empresas privadas. As áreas privilegiadas pelo BERD são o reforço do setor privado, com ênfase na criação e no reforço das empresas privadas. O financiamento obedece ao princípio da adicionalidade, sendo complementado com fundos próprios dos países que recebem financiamentos do BERD.

Muito embora esteja imanente a natureza geográfica do BERD (o banco é "europeu"), não só o seu âmbito de atuação pode ser extraeuropeu (também concede financiamentos a países da Ásia Central), como para os seus recursos financeiros concorrem 67 países europeus e não europeus (Estados Unidos, Japão, Federação Russa, China, Austrália, Canadá, Egito, Índia, México, Marrocos, Nova Zelândia e Coreia do Sul), assim como a Comissão Europeia e o Banco Europeu de Investimentos.

Com a passagem do tempo, o BERD tem adaptado a sua atividade a objetivos socioeconómicos que passaram a ser prioritários na agenda mundial. Os financiamentos correspondem às necessidades específicas acima mencionadas, mas devem estar articulados com parâmetros de proteção ambiental, respeito pela igualdade de género e denúncia de casos de assédio sexual, e com um princípio de transparência e de integridade que opera tanto na concessão de financiamentos como na fiscalização dos projetos financiados. *[P. V.M.]*

Banco Interamericano de Desenvolvimento (BID)

Inter-American Development Bank (IDB)

Em atividade desde 1959, o BID tem por objetivo contribuir para o processo de desenvolvimento económico e social, individual e coletivo, dos países-membros da América Latina e Caraíbas em vias de desenvolvimento. Financia projetos de desenvolvimento que têm pouco capital privado e fornece assistência técnica à execução de projetos. Tem como clientes governos centrais e provinciais, municípios e organizações não governamentais. Só em 2020, foi responsável pelo empréstimo de mais de 20 mil milhões de dólares.

Ao nível da estrutura, o Banco é composto por uma Assembleia de Governadores, órgão plenário e instância suprema; e um Diretório Executivo, órgão restrito e permanente, composto por 14 membros, responsável pela execução das operações bancárias. A Assembleia elege o presidente para um período de cinco anos e os membros do diretório para um mandato de três anos.

O BID é composto por 48 Estados-membros, sendo que 22 deles são membros não mutuários, ou seja, não recebem qualquer financiamento, mas beneficiam das regras de aquisição do Banco, onde se integra Portugal, que é um membro extrarregional do Banco desde 9 de maio de 1996. Tem sede em Washington, Estados Unidos. *[P.A.]*

Banco Internacional para a Reconstrução e Desenvolvimento (BIRD)

↗Banco Mundial (Grupo)

Banco Islâmico de Desenvolvimento (BID)

Islamic Development Bank (IsDB)

Criado pelos ministros das finanças da Conferência Islâmica, em Jiddah (Arábia Saudita), com o fim de promover um sistema de financiamento baseado na lei islâmica (↗Xariá) e de assegurar a solidariedade financeira entre os Estados-membros da ↗Organização da Conferência Islâmica e as minorias muçulmanas dos Estados-membros, o Banco Islâmico de Desenvolvimento iniciou formalmente a sua atividade em outubro de 1975. Atua através de participação no capital próprio, concessão de empréstimos a projetos e empresas e assistência financeira a países membros.

Tem como principais objetivos: fomentar a parceria entre governos, setor privado e sociedade civil, através de parcerias público-privadas; acrescentar valor às economias e sociedades dos países em desenvolvimento por via do aumento de competências e da partilha de conhecimento; financiar iniciativas centradas na ciência e tecnologia que promovam o desenvolvimento sustentável; apoiar o desenvolvimento global com base em estruturas de financiamento éticas e nas prescrições da Xariá; e promover a colaboração entre os Estados-membros num ambiente exclusivamente apolítico.

Tem 57 Estados-membros e a sua sede localiza-se em Jiddah (Arábia Saudita), tendo ainda estruturas de representação no Cazaquistão, Marrocos, Malásia e Senegal e escritórios no Bangladesh, Egito, Indonésia, Nigéria e Turquia. *[R.R. / D.F.]*

Banco Mundial (grupo)

World Bank

O Banco Mundial, originalmente Banco Internacional para a Reconstrução e Desenvolvimento (BIRD), foi criado na mesma altura do ↗FMI, no encontro de Bretton

Woods em 1944, e iniciou a sua atividade em maio de 1946, com 27 membros. Efetivamente, o Banco Mundial está intimamente ligado ao FMI, e só podem ser membros países que sejam membros do FMI. Tem neste momento 188 membros e a sua sede é em Washington.

A sua missão primitiva foi a de financiar o esforço de reconstrução da Europa após a Segunda Guerra Mundial. Com o encerramento desse ciclo, a sua missão estendeu-se ao resto do mundo, nomeadamente visando o desenvolvimento económico e o combate à pobreza. Com a criação, no seu seio, da Sociedade Financeira Internacional, em 1956, e da Associação Internacional de Desenvolvimento, em 1960, o Banco Mundial converteu-se num grupo, mantendo-se o BIRD como a sua estrutura principal.

Segundo os seus estatutos, o BIRD tem por objetivos: ajudar à reconstrução e ao desenvolvimento dos territórios dos seus membros, facilitando o investimento de capitais para fins produtivos; promover os investimentos privados no estrangeiro, através de garantias ou participações em empréstimos e outros investimentos realizados por investidores privados e, na falta destes, suprir o investimento privado, fornecendo, em condições apropriadas, meios de financiamento para fins produtivos provenientes do seu próprio capital, dos fundos que reunir e dos seus outros recursos; promover o desenvolvimento equilibrado a longo prazo do comércio internacional e a manutenção do equilíbrio das balanças de pagamentos, encorajando os investimentos internacionais, com vista ao desenvolvimento dos recursos produtivos dos membros, auxiliando, assim, o aumento da produtividade, a elevação do nível de vida e a melhoria das condições de trabalho nos seus territórios; ordenar os empréstimos que conceda ou as garantias aos empréstimos internacionais provenientes de outras origens, de forma a dar prioridade aos projetos úteis e urgentes, qualquer que seja a sua dimensão; e, por fim, conduzir as suas operações tendo em conta os efeitos dos investimentos internacionais sobre a situação económica dos Estados-membros.

O Banco Mundial também está envolvido numa iniciativa do ↗Programa das Nações Unidas para o Desenvolvimento, aprovada em setembro de 2000, no âmbito da qual 184 países adotaram um grupo de objetivos considerados essenciais para o desenvolvimento, os Objetivos de Desenvolvimento para o Milénio (ODMs), que deveriam ser atingidos até 2015. Eram eles: erradicar a pobreza e a fome extremas; alcançar a universalidade da educação primária; promover a igualdade de género e dar maior capacidade às mulheres; reduzir a mortalidade infantil; melhorar a saúde materna; combater a SIDA/HIV, a malária e outras doenças; assegurar a sustentabilidade ambiental; e desenvolver um partenariado para o desenvolvimento global (em 2015, seriam fixadas novas metas, os chamados ↗Objetivos de Desenvolvimento Sustentável, a atingir até 2030).

O Banco Mundial tem a seguinte organização: o Conselho de Governadores, com um representante de cada membro, geralmente o ministro das Finanças ou do Planeamento, e um membro suplente, reunindo uma vez por ano, em conjunto com a Assembleia do FMI (sendo o presidente das duas Assembleias o mesmo), competindo-lhe tomar decisões de fundo, como alterações dos estatutos e a adesão de novos membros ou o aumento do capital, bem como aprovar as contas de cada exercício e a aplicação dos resultados; e o Conselho de Administradores, constituído por 24 diretores executivos, sob a alçada de um presidente, eleito por aqueles sob proposta de um deles, apoiado por três gestores executivos, e que define as grandes linhas de atuação do Banco, além de assegurar a sua gestão interna.

Em termos de realização do capital do Banco, esta foi dividida em dois blocos: 20% de imediato e 80% exigíveis quando o Banco é chamado a exercer compromissos de financiamento no mercado de capitais ou a prestação de garantias.

Durante algum tempo, o BIRD descurou a aplicação de medidas adaptadas aos casos concretos dos países, apostando em projetos de capital intensivos, que agravaram desigualdades e prejudicaram recursos naturais. As críticas apontadas ao FMI são aplicáveis aqui. Nos tempos mais recentes, alterou as suas políticas, adaptando-as a casos concretos e mostrando maiores preocupações com a melhoria das condições socais, a proteção da produção agrícola, a saúde e a ecologia.

Como referimos, ligadas ao Banco Mundial e com ele formando um grupo existem mais quatro organizações:

Sociedade Financeira Internacional (SFI)

Foi criada por proposta dos EUA. Os seus estatutos entraram em vigor em julho de 1956. Subsidiária do BIRD, a SFI é uma organização autónoma, com personalidade jurídica, recursos e objetivos próprios, embora a sua estrutura orgânica seja idêntica à do BIRD. Por acordo de fevereiro de 1957, converteu-se numa agência especializada da ONU. Só podem ser membros da SFI países membros do BIRD que manifestem a sua vontade de a ela aderirem. As suas funções são complementares das do BIRD, tendo por fim promover o desenvolvimento económico, estimulando a expansão das empresas privadas produtivas nos Estados-membros, particularmente nas regiões menos desenvolvidas. Pode conceder empréstimos a empresas privadas (o BIRD só pode apoiar Estados ou projetos com garantias dos Estados) estabelecidas em países em vias de desenvolvimento, sem garantia do Estado e a título supletivo, isto é, se existir insuficiência de capitais privados obtidos em condições razoáveis e se não existir oposição do Estado onde estão instaladas.

A concessão de empréstimos pela SFI está limitada pela noção de rentabilidade financeira, mais estrita do que a noção que limita os empréstimos do BIRD, que é a da utilidade económica. A SIF pode adquirir participações nas empresas privadas através da concessão de empréstimos a longo prazo, garantir a emissão de ações das sociedades em vias de criação ou de expansão e participar como acionista nos bancos locais ou regionais de investimento.

Associação Internacional de Desenvolvimento (AID)

Também de inspiração norte-americana, viu os seus estatutos aprovados em janeiro de 1960 e iniciou o seu funcionamento em setembro do mesmo ano. Desde março de 1961 que é uma agência da ONU, mantendo-se como subsidiária do BIRD e com uma estrutura organizacional semelhante. A ela só podem aderir Estados-membros do BIRD. Está dividida em dois grupos: o primeiro constituído pelos países mais desenvolvidos e o segundo pelos restantes.

À AID compete promover o desenvolvimento económico, elevando o nível de vida nas regiões menos desenvolvidas do mundo dentro dos territórios dos seus membros, através do aumento da produtividade. Cumpre este objetivo especialmente através da concessão dos recursos financeiros necessários para atender às suas mais importantes necessidades de desenvolvimento, em condições mais flexíveis e com menor gravidade para as balanças de pagamentos do que as aplicadas nos empréstimos comuns. Procura, assim, impulsionar, os objetivos de expansão económica do BIRD e complementar as suas atividades: dirige a sua atividade aos países menos desenvolvidos, os prazos são mais longos e os juros dos empréstimos são extremamente baixos. Estes empréstimos da AID são predominantemente dirigidos a investimentos de base: portos, estradas, empreendimentos hidroelétricos e projetos de educação pública.

Agência Multilateral para a Garantia dos Investimentos (AMGI)

Criada em 1985, na Convenção de Seul, entrando em vigor a partir de 1988, esta Agência tem hoje mais de 150 membros. Foi determinada pela necessidade de se dar cobertura ao chamado "risco político" (de guerras, perturbações sociais, expropriações, etc.), em especial nos países mais sensíveis a perturbações sociopolíticas. Tem também um papel de promoção e acolhimento do investimento estrangeiro. Os investidores requerem os seguros junto da Agência, que, antes de os conceder, faz uma avaliação tendo em conta a qualidade dos investimentos e a sua adequação ao desenvolvimento dos países a que se destinam. A sua estrutura inclui um Conselho de Governadores, um Conselho de Administradores e um presidente. *[A.Q.M.]*

Centro Internacional para a Resolução de Diferendos Relativos a Investimentos (CIRDI)

Criado em 1966, com o objetivo de promover a arbitragem e a conciliação entre os investidores estrangeiros e os países de acolhimento. Embora o recurso ao CIRDI seja facultativo, as suas decisões são vinculativas. Recentemente, o CIRDI tem vindo a desenvolver também uma importante tarefa de investigação e informação na área do Direito Internacional dos investimentos diretos. *[R.M.]*

Banco de Pagamentos Internacionais (BIS)

Bank for International Settlements (BIS)

Criado em 20 de janeiro de 1930, em Basileia, para gerir as indemnizações pagas pela Alemanha às potências aliadas, de modo a que as transferências não causassem perturbações no mercado de capitais. Com o desenrolar dos anos, e sendo uma organização internacional responsável pela supervisão bancária, passou a ter como principais objetivos promover a cooperação entre bancos centrais; providenciar facilidades adicionais para operações financeiras internacionais; e agir como garantia ou agente em relação a acordos financeiros internacionais com risco através de acordos entre as partes. Tem como órgãos um Conselho de Diretores e um presidente. Reunindo mais de cinco dezenas de bancos centrais de todo o mundo, tem sede em Basileia, Suíça. *[P.A.]*

Behaviorismo

Movimento científico dos anos 1950 que procurou adotar técnicas e métodos científicos nas Ciências Sociais semelhantes aos utilizados nas Ciências Naturais, e que influenciou a construção dos paradigmas dominantes e positivistas das Ciências Sociais emergentes, como a Ciência Política e as Relações Internacionais. Esta abordagem ao estudo da Ciência Política e de outras Ciências Sociais centra-se no uso de métodos científicos de observação que incluem, sempre que possível, a quantificação de variáveis. Esta abordagem behaviorista, também conhecida por escola científica – por oposição à escola tradicional –, considera que apenas o comportamento observado e observável é relevante para o trabalho científico. Desta forma, os behavioristas têm uma profunda preocupação em utilizar a metodologia científica geral e aplicá-la nas Ciências Sociais. Por outro lado, tendem a rejeitar as abordagens historicistas que analisam conceitos ou problemas que não são passíveis de observação comportamental mensurável e verificável através de inferências empíricas.

Os adeptos desta corrente metodológica empregam rigorosos métodos das Ciências Sociais, nomeadamente de natureza estatística, para desenvolver e pôr à prova teorias que expliquem o comportamento dos ↗atores das Relações Internacionais. Atualmente, existe uma tendência de formalizar modelos abstratos com dados agregados ou com modelos matemáticos, que não deixa de ser herdeira desta visão que originalmente foi decisiva no desenvolvimento e solidificação da Análise da Política Externa, na sua vertente comparativa, e deu origem ao segundo dos ↗grandes debates da disciplina das Relações Internacionais. *[P.E.M.]*

Belicismo

Doutrina ou tendência que advoga a guerra ou o armamentismo. Em termos político-diplomáticos, é usado para justificar a necessidade e/ou a utilidade do uso da força e da beligerância. Na prática, o belicismo tem sido entendido pelos atores/decisores políticos como um instrumento, um "mal necessário" ou até um "mal menor" para se poder atingir determinado objetivo dito superior. O exacerbamento ideológico do conceito de "guerra justa" é particularmente visível no *belicismo religioso*, ou seja, no fundamentalismo religioso, através do qual se legitima o ato de matar outrem em nome de uma determinada divindade. Em bom rigor, sempre assim foi ao longo da história da humanidade, justificando quer a expansão territorial, quer a subjugação de outros povos e credos, ou ainda desculpando todo o tipo de barbáries e até genocídios cometidos em nome da fé e/ou de uma divindade. Assim, o belicismo religioso terá tanto de contemporaneidade como de antiguidade. Em todo o caso, hoje associamo-lo sobretudo ao ↗terrorismo, que se tem multiplicado um pouco por todo o mundo, adquirindo novas formas e complexidades, sendo especialmente acolhido e utilizado por fações extremistas/radicalizadas. *[P.C.]*

Beligerante

O beligerante surge em situações em que a unidade e integridade do Estado são questionadas através do uso de meios militares. O beligerante apresenta um grau de organização superior ao insurreto ou insurgente, na medida em que tem um comando organizado e, controlando parte do território, desenvolve dentro deste outras atividades que não exclusivamente militares (administrativas, sanitárias, educacionais, etc.). É também um sujeito de Direito Internacional, cujo reconhecimento tem caráter constitutivo e que é, frequentemente, realizado pelo próprio Estado cuja integridade é ameaçada, por forma a irresponsabilizar-se pelos atos cometidos por este. *[R.M.]*

Bem(s) comum(s)

Conceito originalmente introduzido por São Tomás de Aquino, segundo o qual o bem comum significava uma síntese entre a ordem e a justiça, o ponto mais acabado do desenvolvimento pessoal e, ao mesmo tempo, comunitário. Na conceção liberal norte-americana, o bem comum refere-se ao "bem público" e ao progresso e melhoria das condições de vida da humanidade, pela virtude, criatividade e espírito empreendedor dos cidadãos livres. A sua essência reside na procura de garantia na vida social dos benefícios da cooperação voluntária. Com raízes nestas duas tradições universalistas, católico-romana e liberal-americana, atualmente o tema dos *global commons* tem dominado os debates nas organizações internacionais, em particular na tentativa de definição de uma agenda para a ↗governação global.

Aqui, o conceito vai muito além da conceção tradicional limitada à prática e organização dos bens comuns da Europa feudal, ou dos bens comunais, e assume a visão planetária globalista onde todos os seres humanos partilham os mesmos bens. Os bens comuns pertencem ao conjunto da Humanidade e devem ser considerados como elementos de responsabilização de uma relação interdependente entre o individual e o global, ou seja, onde cada um é responsável pela sobrevivência de todos. Deste modo, o conceito é atualmente utilizado como princípio legitimador de uma autoridade, e consequente regulamentação jurídica, com o objetivo de uma melhor distribuição e gestão de recursos e políticas ao nível global. Assim, os bens que não podem ser reclamados por nenhum Estado em particular e pertencentes de facto à Humanidade, como a água da chuva, o ar, a atmosfera, a estratosfera, são tradicionalmente considerados bens comuns.

As discussões sobre a proteção do meio ambiente resumem por si só todo o interesse e todas as dificuldades da nova noção de governação global dos bens comuns. A governação global seria um meio de gerir os bens comuns da humanidade pela criação de regimes internacionais e pactos globais de regulação, que implicam a possibilidade de atores locais, nacionais, regionais, internacionais e globais, públicos e privados, conseguirem pensar e praticar políticas de regulação global. O primeiro e decisivo passo para se desenvolver uma melhor governação global passa por assumir a necessidade de pensar o planeta numa lógica global, em particular a implementação de uma nova ética de responsabilidade comum que potencie uma progressista agenda de governação global das ↗alterações climáticas que se interliga com novos paradigmas de governação global do ↗desenvolvimento sustentável, dos conflitos políticos, das ↗migrações, da regulação financeira global, etc. *[P.E.M.]*

Benelux

União aduaneira entre a Bélgica, Países Baixos e Luxemburgo, instituída por tratado assinado entre os governos dos três países em 1944, e que entrou em vigor em 1 de janeiro de 1948, constituindo-se como um importante passo para a reconstrução económica da Europa, após a Segunda Guerra Mundial. Em 1958, foi assinado o tratado que deu corpo à união económica dos países do Benelux, seguido de diversas medidas como a livre circulação de bens e capitais, que representaram uma experiência pioneira em matéria de cooperação económica entre países vizinhos. A importância do Benelux foi atenuada pelo aparecimento da ↗Comunidade Económica Europeia em 1957, da qual todos os países do Benelux são membros, tendo servido de modelo e projeto-piloto para a sua criação. *[D.F.]*

Bicameralismo

Os sistemas políticos obedecem a diferentes classificações, que lançam âncora na organização política, nas prioridades políticas e no modelo institucional vigente. As democracias têm um dos seus esteios no sistema parlamentar, no qual os cidadãos encontram representatividade por excelência, por os representantes do órgão parlamentar serem diretamente eleitos. Ao nível da organização parlamentar, o bicameralismo é uma das modalidades existentes. Em regra, corresponde aos sistemas políticos federais, com múltiplos pontos de contacto quanto à representação dos cidadãos (federal e estadual, pelo menos). Todavia, o bicameralismo não se esgota em sistemas políticos federais, porquanto também se deteta a sua presença em Estados não organizados de acordo com o modelo federalista.

Num sistema parlamentar bicameralista em Estados federais, existem duas câmaras parlamentares: uma câmara alta, que organiza a representatividade nacional; e uma câmara baixa, onde estão representados os Estados federados. A dicotomia corresponde a imperativos de representatividade alargada, nomeadamente quando são múltiplos os vínculos de pertença entre os representados e os órgãos parlamentares que os representam. A câmara alta corporiza a pertença ao nível superior (federal, em caso de Estados federados; ou nacional, noutros casos), assumindo competências legislativas que quadram com funções ou competências centralizadas. A câmara baixa possibilita a representação da constelação de interesses estaduais, concedendo voz aos representantes de interesses heterógeneos que, todavia, na sua diversidade não hipotecam o cimento da unidade nacional. *[P. V.M.]*

Bilateralismo

Refere-se a assuntos que afetem duas partes, por oposição ao ↗unilateralismo (uma parte) e ao multilateralismo (muitas partes). Nas relações internacionais, é geralmente usado para indicar políticas conjuntas adotadas por dois atores, Estados ou organizações internacionais, em particular relativamente a relações comerciais, de defesa e diplomáticas. Os Estados desenvolvem políticas externas de cariz bilateral (por exemplo, Portugal-Espanha) e multilateral (por exemplo, a política externa de Portugal no quadro da ↗ONU ou da ↗União Europeia). Podem ainda existir políticas externas com cariz unilateral, onde o Estado não tem em consideração as opções e opiniões de outros Estados e age tendo em consideração única e exclusivamente a sua própria lógica de decisão. *[P.E.M.]*

Bill of rights

Também conhecida por *Carta de Direitos*, datada de fevereiro de 1689, é um texto elaborado pelo parlamento inglês após a Gloriosa Revolução (1688) que estabelece o respeito pelos direitos individuais, a liberdade dos súbditos e define a sucessão da coroa britânica. Considerada pelos especialistas como o primeiro texto constitucional britânico a limitar o poder soberano e a impor o respeito pelas deliberações parlamentares, constituindo um passo fundamental no estabelecimento do sistema parlamentar, é o primeiro documento oficial que assegura a participação popular, por meio de representantes parlamentares, na imposição e cobrança de impostos, sob pena de ilegalidade. Do mesmo modo, as leis têm que ser votadas pelas câmaras e sancionadas pelo rei, dispondo os súbditos do direito de apresentar petições e exigir o tratamento justo pelos tribunais. Tal como a ↗Magna Carta (1215) ou a Petição de Direitos de 1628, a Declaração de Direitos é um texto decisivo na história política e jurídica britânica, mas igualmente uma referência na história constitucional europeia e americana, servindo de modelo para a elaboração da Carta de Direitos dos Estados Unidos da América de 1789, assim como para a ↗Declaração dos Direitos Humanos das Nações Unidas. *[J.G.F.]*

Bipartidismo

O bipartidismo é uma tipologia do sistema de partidos em que dois partidos políticos competem de forma consistente pela maioria absoluta de lugares no parlamento, revezando-se no governo consoante o vencedor eleitoral. O Reino Unido e os Estados Unidos são dois casos de bipartidismo perfeito, com Trabalhistas e Conservadores, no primeiro caso, e Democratas e Republicanos, no segundo, a alternarem no poder. O bipartidismo é facilitado pelo sistema eleitoral maioritário a uma volta, baseado em círculos uninominais, que tende a gerar o "voto estratégico" num dos tradicionais partidos de governo, em prejuízo do terceiro e restantes partidos. O bipartidismo, ainda que imperfeito, também pode acontecer com sistemas eleitorais proporcionais, sobretudo quando o eleitorado privilegia a governabilidade e tende a concentrar o seu voto nos partidos com maior probabilidade de vitória, à esquerda ou à direita.

A estabilidade governativa é uma das vantagens apontadas a este sistema de partidos e o preconceito de que a maioria dos eleitores se situa no centro do espectro político-partidário faz com que os dois partidos que disputam a maioria de votos/lugares tendam a adotar uma postura moderada, tornando-se a eleição uma disputa entre um partido de centro-direita e outro de centro-esquerda. A alternância entre dois partidos no poder permite um julgamento inequívoco quanto às responsabilidades de cada um na governação e o voto nas eleições legislativas corresponde, ainda que indiretamente, a uma escolha entre candidatos ao executivo e a chefe do Governo. *[J.P.]*

Bipolaridade

Termo associado ao período da ↗Guerra Fria, marcado pela existência no sistema internacional de duas potências ou polos dominantes – os Estados Unidos da América (EUA) e a União Soviética (URSS). Contrasta com o conceito de multipolaridade ou policentrismo, que traduz a existência no sistema internacional de vários centros de poder dominantes. Durante o período da ↗Guerra Fria, as duas superpotências tentaram controlar todo o sistema internacional aos mais diversos níveis, bem como todos os seus atores (sistema bipolar rígido), procurando que todos os Estados estivessem alinhados, ou seja, que apoiassem uma das superpotências e orientassem a sua postura e decisões políticas pelo bloco onde estivessem inseridos. Todavia, este sistema nunca foi conseguido, existindo apenas um sistema bipolar flexível, dada a existência de Estados que não apoiaram explícita e diretamente uma das superpotências. Foi o que aconteceu durante a Guerra Fria, a partir da década de 1960, com o surgimento do ↗Movimento dos Não Alinhados (após a ↗Conferência de Bandung, de 1955), países que não queriam estar sob a influência nem dos EUA nem da URSS. *[P.M.S.]*

Blitzkrieg

Termo estratégico alemão que designa "guerra relâmpago". Estratégia adotada por Hitler na Segunda Guerra Mundial, implicando uma série de ataques rápidos e curtos contra alvos isolados, e que representou uma nova era na arte da guerra. Previa uma vitória esmagadora antes de qualquer reação ou resposta organizada e coordenada, ou seja, preconizava uma penetração rápida das forças nazis, com veículos blindados e artilharia mecanizada, apoiada pelo ar. Taticamente, a *blitzkrieg* é uma fórmula concentrada de surpresa, velocidade e poder de fogo esmagador, destinada a deixar um inimigo psicologicamente confuso e desorganizado. O exemplo mais ilustrativo prende-se com a invasão da Polónia, a 1 de setembro de 1939, quando tanques e infantaria de 52 divisões do exército alemão entraram de rompante pela sua fronteira ocidental e em apenas três semanas derrotaram o inimigo.

Para além da dimensão militar, a *Blitzkrieg* envolveu também aspetos diplomáticos e económicos, tendo-se procurado evitar a formação de alianças militares na Europa que pudessem pôr em risco a estratégia e a mobilização de toda a economia doméstica alemã para o esforço de guerra, como acontece em conflitos prolongados, além de permitir o acesso e controlo de novas fontes de matérias-primas. *[P.M.S.]*

Bloco

Termo utilizado em Relações Internacionais para designar um conjunto de Estados reunidos em torno de uma causa ou interesse específico, seja militar, económico, ideológico, geoestratégico ou político, como, por exemplo, o *bloco ocidental* e o *bloco de leste* no período da Guerra Fria, entre 1947 (adoção da ↗doutrina Truman) e 1991 (colapso da União Soviética). Diferentemente de uma aliança, um bloco não requer a adoção ou a adesão a um tratado formal, embora possa existir um tratado a sinalizar a razão e os termos da união entre os Estados.

Fala-se indistintamente de bloco e de bloco de poder. O conceito de bloco radica numa ideia de proximidade entre Estados, segundo uma ideia de polaridade. A teoria da polaridade visa explicar as relações internacionais segundo a existência de centros de poder, assumindo que existem tipicamente três formas de polaridade, consoante o número de blocos existentes: unipolaridade, bipolaridade e multipolaridade. Embora possa existir um único bloco de poder à escala mundial, no exemplo que demos existiam dois blocos, que se opunham, o que é a situação historicamente mais frequente.

Na definição dos blocos têm-se em conta características comuns de natureza política, militar e cultural variáveis, mais do que de natureza geográfica. Se a distinção entre o bloco ocidental e o bloco de leste radicava numa diferença geográfica, não radicava apenas nem principalmente nessa diferença, dado que tinha várias exceções. Por exemplo, o Japão ou a Turquia fazem tradicionalmente parte do bloco ocidental, embora estejam situados a oriente. Em ambos os casos, a razão dessa pertença deve-se a questões políticas, nomeadamente por serem democracias e, no caso da Turquia, também e fundamentalmente por pertencer à ↗OTAN. Aliás, o mesmo se passou com Portugal durante o Estado Novo, o qual, embora fosse um regime autocrático, se autoconsiderava e era considerado internacionalmente como fazendo parte do bloco ocidental, por ser membro da OTAN e se opor ao bloco comunista. Dada a multiplicidade de razões que podem justificar ou que concretamente justificam a pertença de um Estado a um determinado bloco, a pertença ao mesmo não é definitiva. Por exemplo, com a chegada de Erdogan à chefia do governo e à presidência da Turquia, respetivamente em 2003 e em 2014, assistiu-se a um progressivo afastamento deste país em relação ao modelo de democracia liberal e à OTAN e, por consequência, à sua progressiva desconsideração como membro do bloco ocidental.

Por vezes, o mesmo bloco tem designações diferentes decorrentes das especificidades da sua composição, segundo razões de influência. Assim, o bloco de leste era muitas vezes apresentado como o bloco comunista ou o bloco soviético, embora nem todos os Estados estivessem na órbita da União Soviética. Do mesmo modo, os países democráticos não são necessariamente parte integrante do bloco ocidental (por exemplo, o Brasil, relativamente ao qual existe ampla discussão), por não ser óbvia a sua pertença ao denominado Ocidente, o qual, mais do que conceito geográfico, é um conceito de natureza política e cultural. Mais facilmente se considerará que a Austrália pertence ao bloco ocidental, por ser um país anglo-saxónico e porque o conceito de Ocidente, enquanto realidade política e cultural, foi forjado principalmente por autores anglo-saxónicos. Sobre esta matéria, pode ler-se o interessante artigo de William H. McNeill "What We mean by West", publicado em 1997 na revista *Orbis*.

Podemos concluir que a criação de blocos depende de razões históricas, políticas, militares, económicas e culturais variáveis ao longo do tempo, mas que a ideia de bloco é muito útil para a compreensão e gestão dos interesses das entidades políticas de base territorial, em particular dos Estados. *[J.R.C.]*

Bloqueio

No memorando organizado para a *Conferência Naval de Londres* de 1908-1909, o governo britânico definiu bloqueio como "um ato de guerra realizado por navios de guerra de um beligerante, concebido para impedir o acesso ou a saída de uma parte definida do inimigo da costa". Isso difere do chamado bloqueio pacífico, na medida em que este não é estritamente uma operação de guerra e não pode ser corretamente aplicado contra os Estados neutros. Deste modo, o bloqueio tanto pode ser uma modalidade operacional de guerra pela qual uma das partes cerca a entrada ou saída de uma parte definida do território inimigo, na maioria das vezes as suas costas marítimas, ou uma forma coerciva, mas pacífica, de tentativa de resolução de conflitos internacionais. Em qualquer caso, consiste em impedir as comunicações, por terra ou mar, de um Estado ou região. Pode ser total ou abranger apenas o comércio de certos bens. Destaca-se o caso do Bloqueio Continental decretado por Napoleão Bonaparte, em 1806, que visava impedir o acesso a portos dos países dominados pelo Império Francês a navios do Reino Unido. *[J.G.F.]*

Boa-fé

A exigência da boa-fé surge referida no regime relativo ao direito dos tratados em dois momentos: na fase pré-convencional (sendo impostas às partes obrigações decorrentes da boa-fé, tal como a de não privar o tratado do seu objeto ou fim após a assinatura e enquanto se aguarda a ratificação) e na fase convencional, relativamente à execução (já que é regra geral deverem ser os tratados executados de boa-fé). O sentido a atribuir parece ser o de agir sem fraude à lei, com fidelidade e lealdade aos compromissos assumidos. A regra convencional que melhor especifica essa noção de execução de boa-fé (da convenção) parece ser a que atualmente consta do artigo 4.º/3 do TUE quando impõe às partes (no caso, aos Estados-membros) uma dupla obrigação positiva – de adoção das medidas necessárias ao cumprimento e de facilitação da ação das outras partes e das instituições – e uma obrigação de abstenção dos atos que possam perturbar a boa execução do tratado, ou seja, a realização dos objetivos fixados para a UE. *[R.M.]*

Boicote

A palavra nasce em 1880, a partir do nome de um proprietário rural irlandês, Charles Cunningham Boycott, que exigia rendas demasiado elevadas pela terra, a quem os camponeses fizeram resistência, obrigando-o a abandonar essa região. Designa uma força de pressão – forma coerciva de expressão – que consiste em provocar o isolamento de uma pessoa, grupo, empresa, instituição ou mesmo de um país através do corte de relações sociais, económicas ou políticas, por forma a levá-lo a ceder naquilo que se pretende.

O boicote foi usado com mais regularidade por organizações trabalhistas como um meio para obter melhores salários e melhores condições de trabalho junto da administração. A lei dos EUA distingue entre boicotes trabalhistas primários e secundários: um boicote primário é a recusa dos funcionários em comprar bens ou serviços dos empregadores, e um boicote secundário envolve uma tentativa de induzir terceiros a recusarem a patrocinar o empregador. Ou seja, o boicote primário ou direto implica um corte de relações entre atacante e atacado, funcionários e empregadores; e o boicote secundário ou indireto visa induzir terceiros a aderir à política de bloqueio em relação ao objeto atacado. No caso de transcender o âmbito nacional, o boicote levanta problemas de ↗Direito Internacional, e pode ser exercido de diversas maneiras: diplomático (retirada de embaixadores), bélico (bloqueio marítimo), etc. O boicote corresponde sempre a uma atitude de ostracismo coletivo e organizado, aplicado nas relações políticas, militares, económicas ou sociais para protestar contra práticas consideradas injustas.

Os boicotes também foram usados durante o movimento americano pelos direitos civis dos anos 1950 e 1960 como uma ferramenta social e política. Lojas que discriminavam os negros foram boicotadas na expectativa de que a queda nas receitas influenciasse a empresa a mudar de política. *[J.G.F.]*

Bonapartismo

Conceito com um duplo sentido. Em sentido estrito, corresponde ao movimento político que intenta a restauração do Império Francês sob a dinastia Bonaparte, na pessoa de Charles-Louis Napoléon Bonaparte (1808-1873), que veio a ser Napoleão III (1852-1873). Em sentido amplo, remete para a corrente política que defende formas de governo autoritárias e plebiscitárias, ratificadas por ↗sufrágio universal. O bonapartismo foi-se edificando como doutrina desde a queda de Napoleão I (1815), consolidando-se de forma precisa com o Segundo Império Francês implantado após o golpe de Estado de Napoleão III (1851). Karl Marx, na obra *18 de Brumário,* concebe o bonapartismo como a vontade de conciliação da hereditariedade monárquica com a ↗revolução (soberania popular). Por seu turno, nos escritos de Napoleão III fixa-se um *corpus* ideológico sustentado num grande pragmatismo político alimentado ao longo de várias gerações. Nas ideias de Napoleão III reveladas na sua obra *L' Extinction du Paupérisme* (1848) encontramos o princípio da soberania nacional, a democracia direta, o apelo à participação popular, mas também a defesa da ordem e estabilidade políticas. No século XIX, em França, um bonapartista é alguém que politicamente defende uma forma de governo conservadora, monárquica e imperial (poder forte). Por extensão, o conceito veio a identificar-se com todas as ditaduras pós-revolucionárias. *[J.G.F.]*

Bons ofícios

↗Resolução pacífica de conflitos.

Bretton Woods (sistema)

Os acordos de Bretton Woods, de 1944, não só estabeleceram um sistema de câmbio fixo, mas também as bases de uma ordem de comércio multilateral, inaugurando uma nova ordem mundial financeira. O primeiro artigo do Acordo do ↗Fundo Monetário Internacional (FMI), o cerne do sistema de Bretton Woods, assumia o compromisso da "promoção e manutenção de níveis elevados de emprego e rendimentos reais, e o desenvolvimento dos recursos produtivos de todos os membros como objetivos primários da política económica". O sistema Bretton Woods requeria que todas as moedas tivessem uma taxa de câmbio indexada ao dólar, tornando-se um "sistema dólar", uma vez que os Estados Unidos da América emergiram após a Segunda Guerra Mundial como a economia líder e a única grande nação credora. As transações internacionais passaram a fazer-se na sua esmagadora maioria em dólares. Mas o sistema tinha extensão limitada, na medida em que excluía todos os países comunistas, que constituíam uma parte significativa dos Estados e população mundiais.

O sistema Bretton Woods estava altamente institucionalizado, pois o FMI atuava na gestão do sistema financeiro internacional, à altura restringido a fluxos de capital a nível oficial (de governo para governo) e de investimento direto estrangeiro limitado. Neste contexto, os países podiam implementar políticas macroeconómicas de expansão e detinham autonomia significativa quanto à estratégia económica nacional. Com o crescimento da finança internacional privada a partir dos anos 1960, as condições subjacentes ao sistema Bretton Woods tornaram-se insustentáveis. A 15 de agosto de 1971, o presidente norte-americano Nixon chocou os mercados financeiros mundiais ao anunciar que o dólar deixaria de ser livremente convertido em relação ao ouro, assinalando efetivamente o fim das taxas de câmbio fixas e o fim do sistema Bretton Woods. De facto, os Estados Unidos da América desvalorizaram o dólar para melhorar a sua posição comercial em declínio, mas, como detentores da moeda internacional principal, foram incapazes de o fazer sem provocar o colapso do sistema Bretton Woods. Isto anunciou uma era de taxas de câmbio flutuantes, na qual o valor das moedas é determinado pelas forças do mercado global, isto é, a procura e a oferta mundial de uma moeda particular. *[F.S. / R.R.]*

Brexit

O termo *brexit* refere-se à conjugação das palavras "*Britain*" (Grã-Bretanha) e "*Exit*" (Saída) ou à abreviação da expressão "*British Exit*" (saída britânica). Refere-se à saída do Reino Unido da União Europeia. No dia 23 de junho de 2016 realizou-se o referendo (convocado pelo então Primeiro-Ministro David Cameron) que determinou a vitória do "*brexit*" e a saída do Reino Unido da União Europeia, num ato participado por 72,2% dos eleitores britânicos. O "*leave*" ("sair") venceu o "*remain*" ("permanecer") por 51,9% (17.410.742 votos) contra 48,1% (16.141.241 votos). O resultado teve acentuadas diferenças geográficas: o "*leave*" venceu em Inglaterra (53,4% contra 46,6%) e no País de Gales (52,5% contra 47,5%), enquanto o "*remain*" saiu vitorioso na Escócia (62% contra 38%) e na Irlanda do Norte (55,8% contra 44,2%). Por outro lado, os dados indicam que o "*leave*" alcançou melhores resultados nas faixas etárias mais avançadas, tendo perdido nas mais jovens.

A saída de um Estado-membro da União Europeia é uma situação inédita. Foi prevista no ↗Tratado de Lisboa (artigo 50.º do Tratado da União Europeia), de forma a dar resposta às críticas dos eurocéticos que afirmavam que a entrada na UE se traduzia num compromisso irreversível. Além de reconhecer o direito de saída (n.º 1), dispõe um prazo máximo de dois anos após a notificação da intenção de saída do Estado-membro para a conclusão do acordo de saída e a cessação de vigência dos tratados (n.os 2 e 3). Durante o prazo de dois anos (que pode ser prorrogado por decisão unânime do Conselho – o que aconteceu nas negociações do *Brexit*), deve ser concluído o Acordo de Saída (que tem a natureza de uma convenção internacional, pelo que tem de obedecer ao procedimento previsto no artigo 218.º do Tratado de Funcionamento da União Europeia para a sua celebração e está sujeito à apreciação do Tribunal de Justiça da União Europeia). Se, findo o prazo, não houver acordo, o direito comunitário deixa de vigorar na ordem interna do Estado e ele deixará de ser Estado-membro para todos os efeitos.

O Governo do Reino Unido acionou formalmente o artigo 50.º do Tratado da União Europeia em 29 de março de 2017. Depois de três adiamentos pedidos pelo governo britânico, o *Brexit* acabou por acontecer em 31 de janeiro de 2020. Entre o momento da saída e 31 de dezembro vigorou um regime transitório para permitir uma cessação gradual das regras europeias no Reino Unido e a negociação de um acordo global e comercial entre a União e o Reino Unido. A saída do Reino Unido alterou a sede das agências que aí estavam sedeadas. A EBA (*European Banking Authority*) foi transferida para Paris (França) e a EMA (*European Medicines Agency*) para Amesterdão (Países Baixos).

Embora a saída do Reino Unido represente uma perda para a UE, muitos encaram-na como uma oportunidade. Enquanto membro da UE, o Reino Unido foi, por diversas vezes, o mais vocal dos opositores a maiores estádios de integração e usou, frequentemente, o seu direito de veto, opondo-se a decisões que requeriam a unanimidade no Conselho. Isso ocorreu amiúde com o orçamento da União e constitui a razão pela qual o Tratado Orçamental tem natureza intergovernamental e não integra o ordenamento jurídico da UE. Sem este "travão", a União pode agora protagonizar reformas que não tinham qualquer viabilidade, face ao veto britânico. *[C.C.]*

BRIC/BRICS

Em 2003, surgiu o acrónimo BRIC, referindo-se ao Brasil, Rússia, Índia e China, juntando-se, em 2011, a África do Sul, constituindo um grupo de Estados cujas economias se começaram a destacar pelo seu rápido crescimento económico nas décadas de 1990-2000. Estas economias emergentes contribuíram para uma alteração na estrutura da economia mundial, substituindo em alguns casos aquelas que tradicionalmente ocupavam lugares de destaque no sistema e cuja nova configuração permitiu, durante a crise económica e financeira de 2008, a expansão de novos mercados e o potencial investimento externo por parte dos BRICS nas economias em recessão. Os BRICS têm vindo a reunir-se ao nível de Chefes de Estado e de Governo desde 2009, a que se acrescentaram outras representações ministeriais, no sentido de defenderem uma reforma das organizações internacionais, nomeadamente da ↗ONU, do ↗FMI e do ↗Banco Mundial, e garantirem um sistema multipolar das relações internacionais.

Em 2015, foi criado o Novo Banco de Desenvolvimento, também referido como Banco dos BRICS, instituição financeira com sede em Xangai, com a missão de financiar projetos de investimento em infraestruturas e desenvolvimento sustentável (transportes, comunicações, energia, mobilidade urbana e rural, gestão da água, etc.). *[I.C.L.]*

Burguesia

Originalmente, o termo designava o conjunto dos habitantes do burgo ou cidade. A burguesia desenvolvia uma atividade artesanal ou comercial, encontrando-se independente do domínio senhorial. Nos séculos XI e XII, na sequência do *boom* económico do Ocidente medievo cristão, a burguesia firma-se como uma nova categoria social, opondo-se ao senhorio. Em França, o movimento comunal representa o conjunto das aspirações dos burgueses das cidades quanto à liberdade, isenções de impostos feudais e exercício de justiça própria e independente da justiça régia ou senhorial. Estes burgueses possuíam direito de cidadania, privilégios sociais, políticos e económicos concedidos pelas cartas de comuna. Estas distinguem-se das cartas de foral portuguesas que, o mais das vezes, se circunscreviam a uma lista de encargos a satisfazer à coroa pelos concelhos. Nas cidades e concelhos onde a burguesia mercantil predominava, o grau de autonomia era superior, mas em nada comparável à autonomia política comunal francófona ou da burguesia das cidades da região Flandres. O campanário e o palácio comunal constituíam os símbolos da independência dessas cidades livres.

Com o passar do tempo, na Época Moderna, a burguesia, enquanto estrato social, tomou conta do poder nas cidades, afastando a nobreza e aristocracia feudais de todas as funções públicas. No final do século XVIII, o conceito de burguesia foi redefinido por economistas e historiadores coevos, reportando-se a uma categoria social com uma mundividência própria, tendencialmente materialista e detentora de meios económicos. Um pouco mais tarde, com Karl Marx (1818-1883), o termo passou a descrever a classe social detentora dos meios de produção e da riqueza, garantindo assim a supremacia económica em detrimento do proletariado. Com o desenvolvimento da teoria social, o termo passou a reportar à classe dominante das sociedades capitalistas.

Na atualidade, não obstante o reconhecimento do caráter polissémico da palavra, que assumiu significados e atributos muito diversos ao longo do tempo, atestando a dificuldade em defini-la, muitos autores reconhecem a associação do desenvolvimento do capitalismo e do processo de industrialização com a consolidação da burguesia identificada, desde o século XVIII, como a classe intermédia entre a nobreza e o campesinato. Sociologicamente, o conceito é hoje atribuído a vários grupos sociais que defendem ideologias e interesses muito diversos e com origens distintas. *[J.G.F.]*

Burocracia

A palavra "burocracia" é um conceito híbrido com origem no termo de origem francesa *bureau* (escritório) e no vocábulo grego *krátos* (poder ou regra), exprimindo uma forma de dominação exercida por oficiais de escrivaninha ou servidores da administração estatal. No uso tradicional, o conceito corresponde ao governo por "gabinetes", isto é, por um aparato estatal constituído por funcionários nomeados, hierarquicamente organizados e dependentes de uma autoridade soberana. Atualmente é um dos termos--chave no vocabulário da ciência social contemporânea.

Max Weber (1864-1920) desenvolveu uma teoria racionalista/estruturalista da burocracia na administração do Estado, em contexto social e histórico. Inspirando-se na organização do Estado prussiano, Weber concebeu um modelo ideal de organização estatal que designou de burocrático, um Estado cuja autoridade radica na imposição da ordem e da autoridade por via legal e racional, por oposição ao tipo carismático e ao tipo patrimonial das sociedades tradicionais. O poder burocrático implica uma autoridade soberana que tutela o aparelho da administração constituído por funcionários e servidores públicos escolhidos, ou seja, um governo sem a participação dos cidadãos. Deste modo, chega ao conceito-chave de "burocratização", entendida como a racionalização de todas as atividades públicas, caraterizadas pela impessoalidade (ausência de transmissão patrimonial de funções), especialização e controlo hierárquico. O Estado burocrático moderno, para Weber, implica uma ordem racional e jurídica que, pela norma, as regras, os procedimentos e a hierarquia, submete os agentes da administração estatal.

Nos finais da década de 1950, uma nova perspetiva de abordagem veio humanizar as organizações, ao considerar que todo o funcionário é um elemento livre e ativo dentro da organização. Deste modo, foi desenvolvida uma nova teoria da ação burocrática e uma nova teoria do poder. *[J.G.F.]*

Caciquismo

Tem origem no termo "cacique", utilizado pelos povos peninsulares nos primórdios da colonização do continente americano para designar os chefes autóctones que intermediavam o poder colonial e os interesses locais, mas no século XIX assumiu o significado de político com forte poder local que o usava para arregimentar votos na sua região, esperando das esferas mais elevadas favorecimentos de diversa índole. A relação entre ↗oligarquias e caciquismo constituiu uma característica do exercício do poder nos séculos XIX e XX, condicionando os regimes liberais, sobretudo da Europa do Sul (desde logo, Portugal e Espanha) e da América Latina (onde surgiram outras designações com significado equivalente; no Brasil popularizaram-se termos como mandonismo e coronelismo), pese embora se mantenha nos dias de hoje sob diferentes configurações e em diversas latitudes.

O clientelismo angariava maior poder e controlo político aos caciques locais, que recebiam força de trabalho e serviços permutados por benesses pessoais (emprego, escape ao recrutamento militar, etc.), mas também coletivos (infraestruturas como estradas, pontes, escolas, etc.) e, nos momentos eleitorais, providenciava apoio das periferias ao poder central, o que manipulava a máquina eleitoral, pervertia o sistema representativo, propiciava o alargamento da corrupção política, oficializava a cunha e o compadrio. Este sistema de proliferação das práticas clientelares colocava notáveis como clientes de patronos a eles superiores, formando uma cadeia de redes caciquistas a nível nacional, situação que, segundo alguns, contribuiu para obstaculizar a transição para regimes democráticos. *[C.M.P.]*

Cameralismo

Do alemão *Kameralismus*, refere-se ao modelo de administração com origens na Prússia do século XVIII, encontrando-se notadamente relacionado com o crescente desenvolvimento da ↗burocracia e dos especialistas da administração do Estado (*Kammer)*. Segundo David F. Lindenfeld, modernamente, o termo assume três dimensões de atividade distintas: finanças públicas, *Oeconomie* e *Polizei*. O *Oeconomie* remete para a administração das finanças, tanto públicas quanto privadas, e por extensão as do próprio Estado, o *Polizei* para ação política e práticas de governação. *[J.G.F.]*

Capital económico

Na linguagem corrente, capital é, muitas vezes, usado como sinónimo de dinheiro. Contudo, estes termos têm significados distintos. Enquanto o dinheiro tem um propósito mais imediato, sendo aplicado nas trocas realizadas na economia, o conceito de capital está associado aos recursos fornecidos pelos acionistas de uma entidade, que envolve uma perspetiva de longo prazo, que pressupõe a sua utilização com o objetivo de obter rendimentos futuros. Em economia, capital é qualquer ativo capaz de gerar um fluxo de rendimentos ao longo do tempo por meio da sua aplicação na produção. Esse conceito inclui não apenas o dinheiro propriamente dito, mas também todos os bens (máquinas, utensílios, equipamentos, edifícios) utilizados no processo produtivo, cujo objetivo é a produção de outros bens, ou seja, são aplicados para gerar riqueza.

Numa perspetiva macroeconómica, o capital designa os detentores da riqueza de uma economia, que o usam para o controlo da sociedade. O conceito de capital pode ainda ter distintas aceções, como capital natural, capital social, capital humano ou capital intelectual. *[C.G. / F.Co.]*

Capital político

Capital que o político acumula dentro do campo político e que se reflete na sua capacidade de avançar progressivamente dentro do sistema político e se afirmar como líder, ou pelo menos como candidato a líder. De acordo com Mendes (2021c), exprime-se pela capacidade de o político mobilizar recursos, nomeadamente *institucionais* – partidos, sindicatos, associações profissionais e de classe, departamentos do Estado e meios de comunicação de massa; *financeiros*, para pagar e financiar campanhas e formas de promoção de imagem; e *humanos*, quer ao nível do número de seguidores militantes – dentro dos aparelhos institucionais, em especial dos partidos políticos –, quer ao nível de seguidores simpatizantes, que, sobretudo em democracia, se exprime em número de votos.

Em regimes democráticos, este é o recurso mais valioso, quer dentro do aparelho político, quer, principalmente, em atos eleitorais. Os recursos humanos também são importantes nos regimes não democráticos, embora aqui, tão ou mais valiosos sejam os recursos institucionais, nomeadamente os instrumentos de hegemonia e controlo do aparelho do Estado. Nos regimes autoritários, não ideológicos, o capital político exprime-se especialmente na quantidade e qualidade de redes clientelares e de patronagem. Nos regimes autoritários ideológicos, para além das tradicionais redes de interesse material, também é necessário considerar as redes de lealdade ideológica (Mendes, 2021c). *[P.E.M.]*

Capital social

Capital que o líder vai acumulando ao longo da sua vida pessoal e que se reflete na sua capacidade de integração na sociedade civil, de desenvolver redes de conhecimento social e de se notabilizar e tornar (re)conhecido em diversas esferas da vida social e comunitária. Este reconhecimento social é tradicionalmente adquirido em profissões de carácter público e com algum grau de expressão de poder simbólico. Embora mais intangível, o capital social exprime-se pela capacidade de o líder demonstrar reconhecimento da sociedade civil e canalizá-lo para uma lógica de rede social de apoio.

O capital social do líder reflete-se na sua participação em movimentos e associações de grupo ou em rede e na sua capacidade de se tornar reconhecido para além da lógica local, profissional e o do estrito campo político. Aqui, ganha particular importância a capacidade de o líder publicar, ou ser publicado, nos meios de comunicação de massas, em particular nos jornais, que permanecem o principal meio de definição da agenda do campo político. Por outro lado, e cumulativamente, o líder acumula capital social quando é socialmente reconhecido como tendo uma excecional capacidade técnica ou intelectual, aquilo que aqui designamos de *carisma intelectual* (Mendes, 2021c). *[P.E.M.]*

Capitalismo

Sistema económico e político que tem a sua génese com o desenvolvimento económico das cidades italianas no século XIII, originando o surgimento de uma nova classe social: a ↗burguesia. Ao longo dos séculos seguintes, o crescimento da lógica comercial e de acumulação de capital leva a que o antigo modelo feudal de produção e organização social medieval fosse, progressivamente, substituído pelo modelo capitalista. Nos séculos XVI e XVII, e em resultado dos Descobrimentos, esse modelo assume uma dimensão mercantilista, mas é necessário chegarmos ao século XVIII e às revoluções industriais para que o capitalismo atinja a sua forma madura: a produção industrial permite uma acumulação de riqueza nunca antes registada e o capital torna-se o principal fator de produção.

Paralelamente a estes acontecimentos, vai amadurecendo um novo conjunto de valores e ideias que darão forma ao modelo político capitalista: a dimensão ética da propriedade e da acumulação de capital, o voluntarismo moderno e as ideias de contrato e troca voluntários, a desincrustação do mercado e a sua naturalidade, a alienação do trabalhado assalariado e identidade proletária, a ↗globalização e os valores burgueses da liberdade – todos elementos fundamentais do espírito liberal que resultará das revoluções liberais de Setecentos e Oitocentos.

Ao longo do século XX, e na oposição constante ao modelo comunista, capitalismo e democracia liberal confundiram-se politicamente. Contudo, após um primeiro momento em que pareceu ter-se chegado ao fim da História com a queda do regime comunista, assistiu-se a um período de crise e contestação dos próprios pilares capitalistas. A financeirização da economia e certos efeitos da globalização, como a dependência dos Estados face às grandes ↗empresas multinacionais, o crescimento das desigualdades económicas, as consequências severas da crise de 2007-2008 para a grande maioria das democracias liberais e os impactos ambientais deste modo de produção têm levado a que se fale hoje em pós-capitalismo. *[P.F.]*

Carisma

De acordo com Max Weber, carisma significa o *dom da graça* e é um conceito originalmente retirado do vocabulário do cristianismo primitivo. Deste modo, Weber sublinha que, na sua origem, a autoridade carismática está relacionada com as qualidades de liderança, comunicação e empatia emocional excecionais de uma personalidade ou líder político. Neste contexto, as personalidades carismáticas exibem qualidades extraordinárias que as distinguem das pessoas comuns. Estas personalidades passam a ser reconhecidas como extraordinárias e tratadas como sendo dotadas de poderes ou qualidades quase sobrenaturais, sobre-humanas ou, pelo menos, excecionais. O carisma pode ser considerado uma caraterística inata e especial que determinada personalidade exibe e, normalmente, não acessível à pessoa comum.

No mundo moderno do século XX, as lideranças fortes e carismáticas deram origem a líderes fascistas (Mussolini) e totalitários (Hitler, Estaline), bem como a líderes heroicos, como Churchill e De Gaulle, ou ainda a líderes revolucionários, como Che Guevara e Lenine. Com o fim da ↗Guerra Fria, a expansão da democracia e a profissionalização da política, o carisma tende a ser mais construído do que inato. Embora se discuta muito a crise das lideranças políticas nas democracias contemporâneas, o carisma continua a ser uma categoria analítica para caracterizar os líderes políticos. Apesar da normalização carismática que as democracias consolidadas exibem, em regra, os líderes políticos tendem a ser reconhecidos, ou não, pelas suas qualidades carismáticas ou excecionais de liderarem e inspirarem os eleitores. Deste modo, os líderes carismáticos tendem a conseguir mais seguidores fiéis e, em última análise, mais votos.

Para compreendermos o carisma do líder não podemos apenas considerar a tipologia ideal pensada por Weber. Uma visão sofisticada, diríamos construtivista, do carisma explica-nos que embora comporte características objetivas, a qualificação da ↗liderança carismática é sempre uma interpretação intersubjetiva assente na relação entre o líder e os seus seguidores. Deste modo, um líder pode ser considerado mais ou menos carismático face à expressão do nível de reconhecimento político do seu carisma. Isto significa que o líder carismático tem de ser reconhecido como tal por uma ampla maioria da sociedade política e não apenas pelos seus militantes. Em síntese, apesar da tipologia ideal de Weber, é necessário pensar o carisma como caraterística intersubjetiva e relacional. Isto é, o carisma do líder é atribuído, construído, percecionado e qualificado intersubjetivamente e está fortemente relacionado com os contextos políticos onde o líder se afirma (Mendes, 2019c, 2021c). *[P.E.M.]*

Carta

↗Convenções Internacionais.

Carta dos Direitos Fundamentais da União Europeia

Durante grande parte da sua existência, a União Europeia (UE) viveu num paradoxo. Se, por um lado, era exigente com os países candidatos quanto ao respeito dos valores axiais do Estado de direito e da democracia (entre os quais, o respeito escrupuloso dos direitos fundamentais do ser humano), por outro lado, a União não continha normas constitucionais que garantissem estes direitos. O que causava estranheza não era a exigência, e o escrutínio associado, que pesava sobre os Estados candidatos à UE, antes a inexistência de regras, no acervo jurídico da União, que a obrigassem a tutelar os direitos fundamentais. A incongruência tinha uma justificação: a UE, como organização supranacional, não se podia associar à Convenção Europeia dos Direitos do Homem (no âmbito do Conselho da Europa), porquanto apenas Estados a podiam subscrever.

A incongruência, contudo, era relevante apenas no domínio teórico e da coerência dos valores sufragados pela UE: sendo particularmente exigente com os Estados candidatos (e com os Estados-membros, por maioria de razão), não se antevia que a União atropelasse os direitos fundamentais. Em todo o caso, a contradição contribuía para diminuir as credenciais democráticas da UE. O problema foi resolvido quando, no contexto das negociações da quarta revisão dos tratados europeus (Tratado de Nice), se avançou com a possibilidade de a União incluir uma Carta dos Direitos Fundamentais (CDF). A partir da entrada em vigor do Tratado de Nice (1 de fevereiro de 2003), a UE comprometeu-se a respeitar os direitos fundamentais do ser humano, com a celebração, em protocolo anexo àquele tratado, da CDF. Este foi um gesto meramente simbólico. O fator mais relevante, no domínio da proteção dos direitos fundamentais, é a sua tutela constitucional pelos Estados-membros. *[P.V.M.]*

Carta Europeia sobre o Governo a Vários Níveis

No debate produzido a nível europeu, há uma noção clara de que a última crise financeira mundial provocou efeitos inibidores da ação dos Estados durante vários anos. A globalização da economia, da cultura, da ciência, do ambiente físico carece de mecanismos de regulação. Será possível integrar as economias e as sociedades, e as suas culturas locais e regionais, numa esfera global e, ao mesmo tempo, garantir mecanismos de regulação baseados numa cultura de prestação de contas e de legitimidade democrática? Porque é com base nestes dois pressupostos que a confiança nas instituições se constrói e consolida (Schmitter, 2000). Aliás, no conjunto das intervenções produzidas do colóquio "EU: Rethinking our Common Priorities", a ideia da necessidade de reforçar os mecanismos de participação democrática no processo de decisão europeu e a promoção de uma cultura de "prestação de contas", no sentido anglo-saxónico do termo (↗*accountability*), está patente em praticamente todas. Os intervenientes referiram a necessidade de adotar uma abordagem que restabeleça uma base de confiança entre os cidadãos e as instituições comunitárias e, ao mesmo tempo, é também claro que essa legitimidade terá de alicerçar-se na democracia, na transparência e na participação e no conjunto dos valores inscritos na Carta dos Direitos Humanos e no ↗Tratado de Lisboa.

Ora, o lançamento da iniciativa do *Governo a Vários Níveis* por parte do Comité das Regiões, envolvendo mais de 300 entidades governamentais e não-governamentais em toda a União Europeia, visa corresponder a esse objetivo de religar os cidadãos com a Europa, concretizando o princípio da subsidiariedade que está na génese do seu processo político e que faz parte do património da construção europeia desde o decénio de 1970 e dos tratados a partir de 1992. A responsabilização democrática está associada à participação dos cidadãos nas atividades cívicas, sendo a participação ou recusa, em si mesmas, respostas dos eleitores. A melhor forma de incentivar a atitude política é aproximar o processo de tomada de decisão dos cidadãos, envolvendo-os na resolução dos problemas. O Tratado de Lisboa já havia incluído processos de auscultação dos cidadãos, de forma direta ou por via dos parlamentos dos Estados-membros.

Esta conceção multinível pressupõe a existência de instrumentos de auscultação dos cidadãos, acompanhados de meios auxiliares de carácter técnico e/ou científico e dentro de uma malha de atuação de cariz local, regional, nacional e europeu. Depois da aprovação desta Carta, houve um apelo para que todos os poderes locais da europa o subscrevessem. É um processo que está em curso e depende muito da vontade dos eleitos em integrarem a vontade dos cidadãos nos processos de tomada de decisão e no acompanhamento e escrutínio da execução de políticas. *[J.L.C.]*

Carta Mundial para a Natureza

É um documento declarativo da ↗Organização das Nações Unidas (ONU, Resolução 37/7, de 28 outubro de 1982), emanado da vontade comum e partilhada dos Estados e seus governantes aí representados, na 48.ª Assembleia Geral da ONU, de reconhecido valor de defesa e interesse de todos em proteger os recursos naturais e biológicos da Terra, como bens de herança da humanidade a gerir e cuidar, sendo um instrumento jurídico solene e convencionado, de figura constituinte das convenções internacionais, no domínio do direito público e das relações internacionais. Esta Carta da Natureza é uma "ponte" de intencionalidade da governação mundial do ambiente, surgindo entre dois qualificados eventos internacionais, um antecedente – a Conferência de Estocolmo, 1972 – e um outro posterior e conducente às convenções mundiais aprovadas na Cimeira do Rio, 1992 – as Convenções-quadro sobre Biodiversidade e das Alterações Climáticas.

Numa perspetiva de análise diacrónica, vários autores vinculam certas disposições da Carta supracitada ao quadro processual de trabalho encetado pelas organizações especializadas da ONU e que culminaram no entrosamento e consolidação do princípio estratégico da "sustentabilidade ambiental" do planeta e do qualificado conceito de "desenvolvimento sustentável", relevando-se ainda e anteriormente o surgimento da importante *Declaração Nosso Futuro Comum*, em 1987.

Pode-se afirmar que a Carta da Natureza é a sinalização formal do "interesse ambiental comum" e também de mudança do paradigma civilizacional, na sociedade e cultura ocidentais, da célebre e discutível expressão de R. Dubos, "conquistar a Natureza", porque foi até aí uma ilusão, na medida em que "exprime o criminoso conceito de que a Natureza deve ser considerada acima de tudo como uma fonte de matérias-primas e de energias para os desígnios humanos". Essa Natureza deverá ser sempre o jogo harmonioso entre conteúdos diversos, o contingente de seres humanos (predadores vorazes de recursos naturais) e a biodiversidade da Terra (em perda acelerada). A Natureza é um capital coletivo e um serviço ambiental hodierno (em)prestado à humanidade; resume-se, assim, ao ambiente vital e finito que propicia a sustentabilidade das condições de sobrevivência humana.

Passado uma geração e meia, temos hoje os Objetivos de Aichi (Japão, 2010), decorrentes da implementação da Convenção da Diversidade Biológica (CDB) para 2010-2020, através das resoluções das Conferências das Partes e do vigente Plano Estratégico para a Biodiversidade do Programa das Nações Unidade para o Ambiente/ UNEP. *[J.C.Lo.]*

Carta das Nações Unidas (ou de São Francisco)

A ↗Sociedade das Nações, criada após o término da Primeira Guerra Mundial, mostrou-se incapaz de garantir a paz no mundo, pelo que deu lugar a uma nova organização de caráter global preparada ao longo da Segunda Guerra Mundial. Nos seus antecedentes, encontram-se a Carta do Atlântico, assinada em agosto de 1941, entre o Presidente Roosevelt e o Primeiro-Ministro Winston Churchill, estabelecendo diversos princípios de ordem internacional, a que se associou um novo grupo de Estados na Declaração das Nações Unidas, a 1 de janeiro de 1942. A Declaração de Moscovo, assinada em 30 de outubro de 1943, por representantes da China, Estados Unidos da América, União Soviética e Reino Unido determinou, ainda, a vontade conjunta em estabelecer uma organização, assente na igualdade soberana, com o fim de garantir a paz e a segurança internacionais.

A carta fundadora da ↗Organização das Nações Unidas foi assinada em 26 de junho de 1945, na cidade de São Francisco, e estabeleceu como seus objetivos a manutenção da paz e da segurança internacionais, o respeito pelo princípio da igualdade de direitos e da autodeterminação dos povos, a cooperação internacional na resolução de problemas de caráter económico, social, cultural ou humanitário, assim como a promoção dos Direitos Humanos e das liberdades fundamentais. Para tal, a ONU foi dotada de uma estrutura orgânica constituída pelos seguintes órgãos permanentes: a Assembleia Geral, o Conselho de Segurança, o Conselho Económico e Social, o Tribunal Internacional de Justiça e o Secretariado. O Conselho de Tutela, igualmente criado pela Carta das Nações Unidas, suspendeu as suas atividades em 1994, sendo apenas retomadas quando necessário. *[I.C.L.]*

Casta

Palavra de origem portuguesa, de étimo latino *castus* (casto), é identificada com um grupo social rigidamente circunscrito, com funções rituais, jurídicas e económicas próprias, cujos membros são recrutados no meio a que pertencem os seus progenitores (regra da filiação), estribando-se na proibição do matrimónio com membros de castas consideradas inferiores (regra da pureza), a fim de preservar a sua identidade e o seu estatuto. O sistema de castas da Índia (jati), legitimado pela religião hindu, continua a ser a sua expressão mais evidente.

Do ponto de vista político, as castas também têm sido identificadas com as oligarquias que se elevam e permanecem por períodos mais ou menos longos acima e fora do controlo das sociedades de classes, independentemente da natureza socioeconómica do respetivo regime. Nesse sentido, para além das restrições à mobilidade social de diversas elites governantes dos países de economia de mercado, também a oligarquia estalinista dirigente da antiga União Soviética viria a ser considerada, por alguns dos seus opositores (Trotsky), uma casta burocrática privilegiada, desprovida de qualquer lugar necessário nas relações de produção socialistas, que parasitava a economia estatizada, caracterização que se distinguiria da defendida pelos que a consideravam uma nova classe capitalista de Estado. *[J.M.G.]*

Caudilhismo

A palavra espanhola *caudillo*, do latim *capitellum* ("cabeça pequena"), corresponde a *líder*, identificando o chefe de forças informais que governam um território politicamente distinto. Sistema social e político de dominação com origem nos movimentos independentistas da América Espanhola, no século XIX, provenientes da elite colonial crioula. O caudilho, homem forte, fazia uso do poder económico para dominar as instituições políticas e, consequentemente, defender os seus interesses pessoais. Pressupõe a existência de um governo assente num poder informal de obediência, baseado numa relação paternalista entre o líder carismático que não reconhece os limites impostos pela lei e se vale da opressão para conquistar o poder, e os seus subordinados. Tipo de experiência histórica e política observável em toda a América Latina, vivenciado em países como a Argentina, Brasil, Chile, Haiti e Peru. Ao longo do século XX, a industrialização, urbanização e imigração europeias fragilizaram o poder de atuação dos caudilhos por toda a América Latina. *[J.G.F.]*

Centralização

A repartição de competências por cada nível de decisão é um dos ingredientes da organização política de um Estado (ou, noutra escala, da ↗União Europeia). Para a análise da centralização, considere-se a simplificação intencional do sistema político em dois níveis de decisão: o nacional (ou federal, em sistemas federalistas) e o local (ou regional, ou infranacional; ou federado, nos sistemas federalistas). A centralização corresponde ao nível nacional. Ao nível local corresponde a ↗descentralização. O tabuleiro em que se movem estes níveis de decisão e suas competências é dinâmico. Uma atribuição de competências num determinado momento não é imorredoira. Com a mudança de circunstâncias alteram-se as justificações que, num determinado momento, legitimam a repartição de competências entre o nível nacional e o nível infranacional. A distribuição de competências é variável no tempo e no espaço. É possível que uma determinada função esteja centralizada num país e descentralizada noutro país. Para esta variabilidade concorrem diversos fatores: históricos, sistémicos, funcionais, ideológicos, de oportunidade política, e os que são idiossincráticos e sobressaem da especificidade do sistema político do país.

Há um conjunto de funções que estão centralizadas, independentemente do tempo e do espaço. São as funções de soberania (defesa, saúde, segurança social, por exemplo). A racionalidade da afetação destas funções ao nível nacional é inquestionável, pois delas resulta, em grande medida, a conservação do cimento da identidade nacional. A centralização dessas funções justifica-se, por outro lado, pela sua larga escala, o que impossibilita a sua atribuição ao nível local devido à heterogeneidade de preferências, à indisponibilidade de recursos financeiros e à reduzida dimensão que impede uma resposta cabal aos desafios colocados. De acordo com o princípio de Tiebout, a provisão de bens e serviços enquadrados por essas funções geram externalidades negativas, o que também cauciona a inviabilidade da sua provisão pelo nível local. *[P.V.M.]*

Centro político-partidário

Se a nomenclatura direita/esquerda é já de si controversa no seio da ↗Ciência Política, o centro, como quadrante político-partidário, ainda o é mais, mesmo quando matizado com a dicotomia centro-direita/centro-esquerda. O centrismo é por vezes encarado como uma retórica política, utilizada por partidos de eleitores, do tipo *catch all*, de reduzida base ideológica, mais preocupados em captar o voto do eleitorado moderado que constituirá a maioria da sociedade. Ideologicamente, o centro é o ponto de encontro de partidos de raiz social-democrata (centro-esquerda) e do liberalismo social e da democracia cristã (centro-direita). Entre os primeiros, alguns chegaram a rever-se nas ideias expandidas por Anthony Giddens, na sua obra *A Terceira Via: A Renovação da Social-Democracia* (1998), enquanto na economia o keynesianismo é a sua principal referência.

No plano político-partidário, destaca-se a Internacional Democrática do Centro, que adotou esta designação em 1999 – foi criada em 1961, como democrata-cristã – e é sustentada pelo Partido Popular Europeu, pelo seu equivalente na América Latina, a Organização Democrata Cristã da América, e pelo Instituto Nacional Democrata de Negócios Internacionais, ligado ao Partido Democrata dos Estados Unidos. Em 2020, tinha filiados 94 partidos políticos, de 73 países, entre os quais o Partido Social Democrata português e o Partido da Social Democracia Brasileira. Os partidos ditos do centro ocupam posições de relevo, tanto no governo como na oposição, sendo forças políticas que, pela sua moderação, estão abertas ao compromisso e a integrar coligações que garantam a governabilidade nos respetivos Estados. *[J.P.]*

Centro-periferia

A teoria da clivagens sociais originalmente proposta por Lipset e Rokkan em 1967, na obra *Party Systems and Voter Alignments: Cross-National Perspectives*, concebe a construção dos sistemas partidários como expressão dos conflitos existentes na estrutura social. Dois eventos históricos motivaram a estruturação das clivagens sociais: a revolução nacional promoveu o conflito entre o Estado (centro) e as comunidades periféricas, e entre a religiosidade e a secularização da sociedade; e a revolução industrial motivou o surgimento das clivagens urbano/rural e entre trabalhadores/patrões. A clivagem centro-periferia reflete a resistência das populações étnica, linguística ou religiosamente distintas das periferias às pressões de ↗centralização, padronização cultural dos Estados e à homogeneização do *demos*. Sublinha o conflito existente entre o centro político, cultural e económico e as periferias. A essência da clivagem centro-periferia denota um antagonismo de natureza cultural, evidenciando a transmissão de valores do centro para a periferia; económica, baseada na dependência da periferia dos recursos provenientes do centro, e política, dependente da construção de aparelhos burocráticos e de decisão política a partir do centro.

O centro é definido como área privilegiada do território onde os detentores dos principais recursos políticos, económicos e culturais se reúnem em instituições para exercer o poder decisório, enquanto a periferia representa um território distante da decisão, culturalmente diferente e economicamente dependente. A clivagem centro-periferia tem estruturado os sistemas partidários (partidos regionais/regionalistas distintos dos nacionais); forneceu a abordagem teórica à análise da competição política, ação política e representação política em territórios periféricos (regionais e/ou locais); bem como concretizou diferentes arranjos institucionais (federalização, regionalização, descentralização ou devolução) em resposta às exigências das periferias, do poder de autoridade política adentro da organização territorial do Estado. *[T.R.]*

Centro Internacional para a Resolução de Diferendos Relativos a Investimentos (CIRDI)

↗Banco Mundial.

Cesarismo

Mais do que um sistema ou mesmo uma forma de governo, o cesarismo é um modo concreto, casuístico e irrepetível, de exercer o poder, que evoca a ditadura popular e carismática de Júlio César (100-44 a.C.), estabelecida em Roma após a vitória obtida na batalha de Farsalos, a 9 de agosto de 48 a.C., com a qual se pôs termo à guerra civil travada contra Cneu Pompeu Magno.

Nas várias materializações históricas desta *imagem* política, o cesarismo está sempre conectado com a excecionalidade de circunstâncias que originam a entrega popular do poder a um chefe carismático, para que ele o exerça autoritariamente, na expectativa de que seja capaz de superar a gravidade do momento e trazer a paz e a concórdia para a *civitas*. É, por conseguinte, um regime de supressão da constituição política ordinária, motivado por crises emergentes ou declaradas, em regra, por um conflito civil ou pela ameaça de que tal venha a suceder.

Júlio César, que pôs fim à guerra civil e preparava um extenso programa de reformas políticas que perpetuassem o seu poder, foi, contudo, assassinado à saída do Senado (44 a.C.) pelos defensores do partido constitucional que se opunham à sua ↗ditadura e queriam o regresso das instituições da República. Os vários cesarismos históricos costumam ter, em conformidade com essa tradição, finais abruptos e frequentemente trágicos, o que reforça a lenda e o messianismo dos protagonistas que se perpetuam no imaginário popular.

Para além do ditador romano que inspirou o conceito, é costume evocar Oliver Cromwell (1599-1658), lorde protetor vitalício, que morreu vitimado por uma doença súbita (malária) em pleno exercício de um poder que pretendia pôr termo à ancestral monarquia britânica; Napoleão Bonaparte (1769-1821), imperador de França, derrotado e exilado, mas que se manteve sempre no espírito de muitos franceses; ou D. Pedro IV (1798-1834), vencedor da guerra civil e inevitável caudilho de sua filha Maria da Glória, que faleceu a 24 de setembro de 1834, escassos quatro meses depois da assinatura da Convenção de Évora Monte (26 de maio), com a qual se pôs fim à guerra travada contra as forças conservadoras e ultramontanas do seu irmão Miguel. Independentemente das diferenças existentes entre todas estas ocasiões históricas, em que cada caso é um caso diferente e cada protagonista um sujeito histórico único e singular, a dramatização, a autoridade e o alegado carisma excecional do "césar" são circunstâncias e características comuns a todas elas. Os vários cesarismos detetáveis ao longo da história devem, assim, distinguir-se das ditaduras convencionais, porquanto a estas falta a legitimidade popular que aqueles reclamam e efetivamente têm.

Os ↗populismos contemporâneos buscam inspiração histórica nos cesarismos do passado, fazendo sempre apelo a razões excecionais e a perigos quase sempre imaginários ou empolados, que carecem de um líder com um perfil também ele invulgar para os enfrentar e vencer. *[R.A.]*

Cessação da vigência das convenções internacionais

A cessação da vigência das convenções internacionais consiste, como decorre aliás dos termos, no facto de as convenções deixarem de vigorar, quaisquer que sejam as razões ou justificações.

A questão levanta-se no ↗Direito Internacional em termos de se identificarem as situações que justificam – e segundo que critérios – essa cessação, por forma a que (tal como no Direito Interno acontece em relação aos contratos) se garanta o princípio do cumprimento das obrigações ↗*pacta sunt servanda* – evitando os abusos ou interpretações abusivas que conduziriam à fragilização dos regimes convencionais.

A cessação da vigência distingue-se, todavia, da nulidade, que também põe fim às convenções, mas que as afeta *ab initio*, já que surge sempre em momento anterior ou contemporâneo com a entrada em vigor da convenção. Assim, a eventual vigência de uma convenção que padeça de uma nulidade é indevida e, por isso, declarada ou verificada essa mesma nulidade, devem os efeitos produzidos ser também eles anulados, reconstituindo-se a situação que existiria sem a dita vigência (a declaração de nulidade tem, portanto, efeitos retroativos). Diversamente, o regime da cessação da vigência assenta na validade da dita vigência que, no entanto, vai cessar, em razão de qualquer uma das causas previstas, deixando, portanto, a convenção de produzir efeitos (mas apenas para o futuro).

São muitas as causas de cessação da vigência das convenções internacionais. A maioria delas vem expressamente referida na Convenção de Viena de 1969, nomeadamente, desde logo, a cessação decorrente de previsão no próprio tratado ou de acordo posterior das partes nesse sentido, e ainda a denúncia e o recesso, a conclusão posterior de uma convenção, a violação substancial, a impossibilidade superveniente, a alteração fundamental das circunstâncias e a superveniência de uma regra de ↗*ius cogens*.

Subsistem, segundo doutrina pacífica, outras causas, tais como o desuso (um costume negativo, portanto) ou a eclosão de um conflito armado (que fará cessar a vigência das convenções bilaterais que vinculem as partes envolvidas no conflito, suspendendo apenas as convenções multilaterais). *[R.M.]*

Checks and Balances

Sistema de "Freios e Contrapesos" que põe em ação, em diversas constituições, um conjunto de interdependências entre os diferentes poderes – executivo, legislativo e judicial. Os escritos de Montesquieu e de outros teóricos liberais influenciaram a elaboração da Constituição norte-americana, em cujo sistema constitucional as competências são exercidas autonomamente, mas limitados por uma série de interligações. Eis algumas dessas conexões que garantem a estabilidade do sistema constitucional: o presidente, vice-presidente e funcionários públicos federais podem ser acusados e destituídos pelo Senado, por uma maioria qualificada de dois terços; o presidente não pode dissolver o poder legislativo; o presidente é também o chefe do executivo, responsável pela política externa e de defesa, mas compete ao poder legislativo a declaração de guerra; a Casa Branca tem de submeter ao Senado a aprovação dos tratados internacionais (maioria de dois terços), dos embaixadores e dos cônsules; o poder legislativo aprova a legislação (concordância das duas Câmaras); o presidente pode vetar, mas é necessária uma maioria de dois terços do Congresso para ultrapassar o veto presidencial; os nomeados pela presidência para os cargos executivos têm que ser aprovados pelo Senado; a Casa Branca propõe os juízes para o Supremo Tribunal, mas compete ao Senado a aprovação dessas nomeações; o poder judicial vela pela constitucionalidade da legislação aprovada; a Constituição estabelece que as "emendas constitucionais" necessitam, para integrarem o corpo constitucional, do voto favorável de dois terços das duas Câmaras do Congresso e da ratificação por três quartos dos Estados da União. *[M.O.R.]*

Chefe de Estado

Denominação que surge com a consolidação do ↗Estado enquanto entidade política socialmente reconhecida, na sequência da concretização da distinção entre a ideia abstrata de Estado e a pessoa que fisicamente o representa. Como a própria designação indica, o chefe de Estado é a pessoa que representa um Estado: o garante da independência nacional, da integridade territorial e do funcionamento das instituições. Trata-se da autoridade superior de um país e seu principal representante público, interna e externamente. O chefe de Estado personifica a continuidade do Estado. Numa ↗República, o chefe de Estado tem, atualmente, a designação de presidente, sendo eleito por sufrágio direto com um mandato que varia entre os quatro e os cinco anos. Geralmente, compete ao ↗Presidente da República a chefia das Forças Armadas. Numa monarquia, o monarca é geralmente entendido como sendo o chefe de Estado, mas pode dar-se o caso, como na Suíça, em que o chefe de Estado é um organismo colegial. Num regime presidencial, ele é eleito por um mandato de sufrágio direto (França e Portugal, por exemplo) ou indireto (Estados Unidos). *[J.G.F.]*

Chefe de Governo

Pessoa que preside ao ↗Governo num ↗Estado. No regime parlamentar, o Chefe de Governo tem amplos poderes, competindo-lhe o exercício de funções executivas e/ou a função de chefiar o poder executivo em vez do ↗Chefe de Estado (seja ele monarca ou ↗Presidente da República). Ele é geralmente nomeado por este último, protagonizando a Administração e o Governo. Compete-lhe a nomeação de um gabinete e a definição das políticas públicas. Deste modo, compete ao Presidente da República a nomeação dos ministros de Estado sob proposta do Chefe de Governo. Ele não cumpre um mandato predeterminado, podendo ser destituído a qualquer momento pelo parlamento. Na maioria dos casos, falamos de primeiro-ministro, este é o caso da Bélgica, Canadá ou Portugal. Existem, no entanto, outros termos para os Chefes de Governo de certos Estados, mormente chanceler, nos casos da Alemanha e da Áustria; presidente do Governo na Croácia, em Espanha e na Rússia; ministro de Estado na Dinamarca, Noruega e Suécia; presidente do Conselho de Ministros na Itália e na Polónia. Em sistemas presidencialistas, o ↗Chefe de Estado (normalmente chamado de presidente) ocupa também a chefia do Governo. Isto não implica que o parlamento não tenha poder para derrubar o governo. Em regimes semipresidenciais (híbridos), a extensão efetiva dos poderes do Chefe de Governo pode variar, detendo maior ou menor autonomia política. Normalmente, o poder executivo é partilhado entre o Chefe de Estado e o Chefe de Governo. *[J.G.F.]*

Chefe de missão diplomática

É a pessoa encarregada pelo Estado acreditante de agir nessa qualidade. O papel central que assume o chefe da missão no quadro do funcionamento das relações diplomáticas levou a que a figura fosse sujeita a um regime relativamente desenvolvido. Assim, desde logo, esta apenas inicia funções depois de obtido o *agrément* e após a entrega das credenciais ou a comunicação da sua chegada, conforme a prática do Estado acreditador. A sua receção é normalmente sujeita a um cerimonial protocolar que deve ser uniforme em relação a cada classe (no sentido do princípio geral de não discriminação). São reconhecidas as seguintes classes: embaixadores ou núncios, enviados, ministros ou internúncios e encarregados de negócios.

A classe dos representantes é determinada por acordo entre os Estados (acreditante e acreditador) e não justifica a distinção dos chefes de missão, exceto em questões de precedência e etiqueta. Dentro de cada classe estabelece-se a precedência de acordo com a data e hora em que assumiram as suas funções, sem prejuízo de eventual prática com respeito à precedência do representante da Santa Sé. Em caso de vacatura ou impedimento, as funções podem ser desempenhadas provisoriamente por um encarregado de negócios *ad interim*, e não havendo membro do pessoal diplomático presente, os assuntos administrativos correntes da missão podem ser desempenhados por um membro do pessoal administrativo. *[R.M.]*

Chefe de posto consular

É a pessoa encarregada de agir nessa qualidade pelo Estado que envia. Os chefes de posto consular podem assumir categorias distintas: cônsules-gerais, cônsules, vice-cônsules e agentes consulares. O chefe do posto consular deve obter o *exequatur* antes de iniciar funções e é munido, pelo Estado que envia, de um documento, sob a forma de carta-patente ou instrumento similar, feito para cada nomeação, que ateste a sua qualidade e indique o nome e apelidos, a classe e a categoria, a área de jurisdição consular e a sede do posto consular. A carta-patente é normalmente transmitida por via diplomática, podendo ser substituída por notificação, se o Estado recetor o aceitar. *[R.M.]*

Choque das civilizações

Num artigo publicado em 1993, na revista *Foreign Affairs*, e desenvolvido três anos mais tarde na sua obra *The Clash of Civilizations and the Remaking of World Order*, Samuel P. Huntington coloca a hipótese de que, no mundo pós-Guerra Fria, os conflitos não terão origem ideológica ou económica. As grandes causas da divisão da Humanidade e as principais fontes de conflito serão culturais. O choque de civilizações dominará a política mundial.

Huntington perspetiva um reavivar da História, já que prevê um renascer dos nacionalismos históricos e culturais dos povos do mundo, na busca das suas identidades mais profundas. As culturas dos povos, que nas suas manifestações mais amplas constituem civilizações, moldarão as relações internacionais. Isto significa que os Estados irão realinhar-se na ↗política internacional com base em fatores culturais. O conflito entre ideologias é substituído pelo conflito entre civilizações e a História encontra um novo motor. Desta forma, o autor refuta o paradigma neo-hegeliano de Fukuyama do fim da história e a harmonização do mundo com base na universalização do regime demoliberal.

O mundo pós-Guerra Fria será um mundo de sete ou oito civilizações, em que as semelhanças e diferenças culturais configuram os interesses, antagonismos e associações dos Estados. Essas civilizações são: a Sínica (Chinesa ou Confucionista), a Japonesa, a Hindu, a Islâmica, a Ortodoxa, a Ocidental, a Latino-Americana (embora seja um rebento da civilização ocidental, tem elementos muito próprios) e, possivelmente, a Africana. Como é óbvio, esta divisão é muito subjetiva e reflete um viés norte-americano.

A ideia principal de Hungtinton é a de que os atores principais deste mundo dominado pelas diferenças e alinhamentos civilizacionais serão os Estados centrais de cada civilização, ou seja, aqueles Estados que formam o núcleo dessa civilização ou aqueles que, não sendo o seu núcleo, lhe pertencem e têm condições para exercer essa liderança. A civilização ocidental conta com dois centros de poder (EUA e Europa); as civilizações hindu, ortodoxa, sínica e japonesa, que só têm um Estado central, respetivamente, a Índia, Rússia, China e Japão, enquanto a latino-americana, a africana e a islâmica carecem de Estados centrais categóricos.

Segundo Huntington, teremos um mundo multipolar e multicivilizacional dominado por uma política de identidade cultural, em que, ao contrário do que acontecia na ↗Guerra Fria, um Estado não pode permanecer neutral, tendo de definir a sua identidade civilizacional para poder escolher os seus alinhamentos internacionais. Neste quadro, os países relacionar-se-ão com as civilizações como Estados-membros e os conflitos de maior alcance não serão entre nações da mesma civilização, mas sim entre Estados de diferentes civilizações. A região com maiores potencialidades para este tipo de conflito é a Ásia, já que aí coexistem várias civilizações diferentes.

Os confrontos serão dominados pela diferença de identidade civilizacional que exponenciam conflitos coletivos. Aqui, Huntington destaca as guerras que se situam no que designa por *linhas de fratura*, isto é, onde duas ou mais civilizações se encontram. Estas guerras são as que se dão nas linhas que dividem populações de diferentes civilizações, onde estão quase sempre presentes os fatores culturais e religiosos e onde os conflitos políticos e militares são potenciados e instrumentalizados em função destas diferenças civilizacionais. Adotando duas formas, estes conflitos podem ser a nível micro – aqueles que se dão dentro de um único Estado ou entre Estados (de segunda ordem) de civilizações diferentes –, ou a nível macro – aqueles que se dão entre Estados centrais de civilizações. Na ótica de Huntington, no plano micro, o choque fundamental dá-se entre o Islão e as restantes civilizações; no plano macro, entre a civilização ocidental e as restantes. Os choques mais perigosos no futuro poderão surgir entre a arrogância ocidental, a intolerância islâmica e a autoafirmação sínica.

A tese de Huntington foi influenciada pelo contexto de fim da Guerra Fria e pela eclosão dos conflitos políticos e guerras da ex-Jugoslávia. Foi também utilizada para explicar o radicalismo islâmico contra o Ocidente. A tese tem claros vieses culturais (norte-americanos), eles próprios reveladores da importância de perceber as diferenças identitárias e civilizacionais. Neste contexto, a tese é interessante, pois chama a atenção para a importância de assumirmos um mundo multicultural. A grande crítica que se pode colocar à tese é a sua visão pessimista e excessivamente determinista sobre a consequência conflitual das diferenças civilizacionais. Não negando que as diferenças civilizacionais podem complexificar os processos políticos de cooperação, importa denunciar a visão simplista, segundo a qual, a diferença civilizacional ou cultural é promotora de conflitos. Os estudos mais recentes não comprovam essa tese. O que está comprovado é a existência de uma profunda instrumentalização das diferenças identitárias por parte de lideranças radicais e autoritárias para justificar e alimentar conflitos. *[P.E.M.]*

Choques percecionais

Conceito introduzido por Mendes (2021a) para demonstrar que num processo de negociação internacional, não raras vezes, o que faz descarrilar a negociação e conduz a resultados negociais falhados são as diferentes perceções dos atores negociais. Ao longo de uma negociação internacional, é necessário ter-se em conta a relação entre os choques percecionais e o dinamismo e a imprevisibilidade dos jogos e crises políticas envolvidos na situação. Para além dos interesses divergentes das partes, o que dá complexidade a um processo negocial – minando a sua racionalidade e a sua eficiência negocial – são os *choques percecionais* entre os atores. Os choques percecionais resultam das diferentes perceções sobre o mesmo problema, ou ainda, da convicção de uma perceção errada sobre quais são os interesses em jogo numa determinada situação. *[P.E.M.]*

Choques petrolíferos

Conceito que traduz os aumentos sucessivos e maciços do preço do petróleo em 1973-1974 (primeiro choque) e em 1979-1982 (segundo choque), o que provocou perdas comerciais e industriais, o aumento do desemprego e da inflação, travando o crescimento económico da maioria dos países ocidentais. A guerra israelo-árabe dos seis dias e o conflito Irão-Iraque, respetivamente, estão na origem destas subidas desordenadas e drásticas do preço do petróleo, que vieram expor as fragilidades do Ocidente em relação às fontes de energia. Estes choques têm sido sucedidos por diversas crises similares, o que tem levado os países do sistema internacional a procurar diversificar as fontes de energia, reduzindo a sua dependência da extração petrolífera.

A desvalorização do dólar (e consequente perda da sua paridade ao ouro), em 1971, e a queda do comércio internacional tornaram o sistema internacional mais permeável às decisões da ↗Organização dos Países Exportadores de Petróleo (OPEP) de reduzir a produção de petróleo e aumentar os preços, não só pela guerra israelo-árabe, mas também devido à diminuição da procura internacional (já que os países industrializados enfrentavam também problemas internos). A decisão da OPEP de aumentar o preço (o qual quadruplicou num período de poucos meses, em 1973) dessa matéria-prima servia também como resposta para reforçar os seus ganhos com a sua exportação, dado que, até então, a riqueza produzida estava essencialmente concentrada nos países industrializados, pois era nesses territórios onde era feita a transformação do petróleo.

Entre 1979 e 1982, assistimos ao segundo choque petrolífero (com novo aumento drástico dos preços do barril de petróleo), provocado pela crise política iraniana e subsequente guerra entre o Irão e o Iraque, com repercussões graves na indústria siderúrgica, naval, química, automóvel e têxtil, agravando o desemprego, a inflação, o preço dos bens de consumo e conduzindo a maioria das economias europeias a um período de estagnação.

Já na década de 1990, assistimos a um novo choque petrolífero, após a intervenção das forças militares dos EUA e países aliados no Iraque (como resposta à invasão do Kuwait por parte do regime de Saddam Hussein), traduzindo-se numa nova crise económica à qual se associou também uma crise ecológica (devido ao incêndio de um grande número de poços de petróleo nesse território). *[P.M.S.]*

Cidadania

A cidadania traduz a existência de um vínculo de natureza jurídica estabelecido entre um indivíduo e um Estado e manifesta uma opção política quanto à indicação daqueles a quem o estatuto de cidadão é conferido. A dimensão jurídica do conceito não pode assim ser desligada da sua dimensão política, o que significa que o "direito de cidade", mesmo sendo hoje considerado um direito fundamental, não deixa de evidenciar uma decisão política quer sobre aqueles a quem esse direito é ou pode vir a ser atribuído, quer sobre os deveres que lhe estão associados.

A cidadania revela, deste modo, a condição de cidadão, aquele de quem Aristóteles falou para identificar os indivíduos admitidos na jurisdição e na deliberação do país em que viviam. Hoje, tantos séculos passados, são inquestionáveis as mudanças quanto ao âmbito do estatuto de cidadania ocorridas ao nível dos Estados, mudanças essas provocadas quer pela evolução do constitucionalismo liberal, quer pela própria relevância do ↗Direito Internacional nos ordenamentos jurídicos estaduais. Mas se essas mudanças vieram consagrar o princípio de que todas as pessoas têm direito a uma cidadania (a Constituição Portuguesa de 1976 é aliás nisso muito clara, ao estipular no n.º 1 do seu artigo 26.º que a todos são reconhecidos os direitos à cidadania), verifica-se que o conceito aparece na atualidade cada vez mais associado a realidades políticas supraestaduais.

É disso exemplo a noção de cidadania europeia prevista no Tratado da União Europeia (artigo 8.º, n.º 1), cidadania cujo conteúdo surge regulado e contemplado no Tratado Sobre o Funcionamento da União Europeia (artigo 20.º, n.º 1). Esta ampliação territorial do estatuto de cidadania, tributária da ideia amplamente defendida por Francisco Lucas Pires, pretende no fundo corresponder à perspetiva de que a atribuição do direito de cidadania apenas em função da nacionalidade se afigurava como limitadora dos direitos das pessoas cuja vida se desenvolve para lá das fronteiras nacionais. Tal facto vem evidenciar a circunstância da atribuição deste particular estatuto de cidadania não estar dependente do nexo de nacionalidade, não se reportando, pois, como realça Simões Dias, "apenas à pertença a uma comunidade estato-nacional".

Todavia, sem embargo desta nova realidade, não podemos deixar de ter presente que o Estado, seja qual for a forma como se apresente, continua a ser, para o bem e para o mal, o grande centro de manifestação de direitos dos cidadãos, nomeadamente aqueles que se compaginam com a designação do governo representativo. Nestes termos, e atendendo aos modelos de organização política existentes, será sempre de perguntar se mais do que falarmos em "nova cidadania", ou até em "cidadania complementar", não seria preferível falarmos de extensão dos direitos de cidadania nacional para os cidadãos cujos Estados fazem parte das organizações internacionais de cariz mais integrador. *[M.M.]*

Cidadania da União Europeia

Conceito instituído pelo ↗Tratado da União Europeia, articulado em torno de direitos e deveres específicos, que se juntam àqueles que derivam da qualidade de cidadãos dos diferentes Estados-membros. Para ser cidadão da União é condição fundamental ter a nacionalidade de um Estado-membro. O estatuto de cidadania europeia baseia-se no princípio da inclusão e assenta no laço indissolúvel entre cidadania da União e cidadania nacional. Logo, as regras de aplicação da cidadania nacional condicionam as regras de aplicação da cidadania europeia, não sendo esta mais do que um acréscimo daquela, na justa medida em que os Estados conservam a prerrogativa soberana de definirem unilateralmente as regras de aquisição da nacionalidade.

Ser cidadão europeu significa gozar dos direitos e estar sujeito aos deveres previstos no Tratado. A liberdade de circulação de pessoas é o seu suporte principal. Dela decorrem uma série de benefícios para os nacionais dos Estados-membros: direito de viver, trabalhar ou estudar no país da sua escolha e ser tratado como os nacionais desse país; de circular, adquirir os bens que quiser e de os trazer consigo para o país de origem; de ser reconhecido e protegido em todo o mundo como cidadão da Europa.

No Tratado de Maastricht inseriram-se disposições relativas ao reconhecimento e proteção dos direitos fundamentais do cidadão, que constituíram verdadeiras inovações nesta matéria. A primeira consiste na adoção do direito de proteção diplomática e consular, num qualquer país terceiro, por parte de outro Estado-membro e nas mesmas condições dos nacionais desse Estado. A segunda inovação diz respeito ao direito de petição ao Parlamento Europeu, para defender os direitos decorrentes do Tratado e recurso ao Provedor de Justiça, nos casos de má administração por parte das instituições comunitárias. A terceira inovação consiste no direito de eleger e ser eleito nas eleições municipais e europeias do Estado de residência. *[R.M.]*

Cidade antiga

Representa, na ↗Ciência Política, a primeira forma de Estado organizado, tendo uma base territorial, com órgãos de governo definidos e especializados, constituindo a expressão da unidade coletiva dos cidadãos. O exemplo clássico surge ligado à Grécia Antiga, no século VII a.C., e transfere-se posteriormente para a cidade de Roma e margens do Mediterrâneo. A república urbana com origem grega constituiu-se, originalmente, com um regime aristocrático, tendo evoluído em fase posterior para a ↗democracia, manifestando amplas diferenças entre os dois regimes, quer no plano jurídico, quer no plano social. No plano institucional, no nível superior, encontravam-se os magistrados (arcontes) que exerciam as funções executivas de governo da cidade a título coletivo, sendo designados de forma vitalícia ou hereditária por um conselho composto por 500 cidadãos organizados em dez grupos. Este conselho composto por juízes e membros da aristocracia constituía o órgão legislativo que tomava decisões importantes.

De seguida, surge a Assembleia do povo, composta por todos os cidadãos maiores de 20 anos e de posse de todos os direitos políticos, excluindo os escravos, os estrangeiros e as mulheres. De entre os 40 mil cidadãos de Atenas, de uma população que chegou a atingir os 400 mil, apenas seis mil mantinham uma participação ativa na vida da *polis*. Os cidadãos ativos, na antiga Atenas, que segue mais de perto o modelo democrático, continuaram a ser em número suficiente para evitar a instauração de uma ↗oligarquia. A Assembleia do povo veio a constituir o organismo de maior autoridade, detendo atribuições legislativas, executivas e judiciárias. Em tempos de democracia, competia-lhe a fiscalização da atividade dos magistrados. As prerrogativas da Assembleia eram vastas na Grécia e reduzidas em Roma, onde o Senado ocupou, mormente durante a República (509-27 a.C.), sempre o papel principal.

Desta feita, a cidade antiga grega foi-se desenvolvendo como um regime de democracia direta, assente, designadamente, no sorteio dos titulares de determinadas funções. De qualquer modo, a cidadania foi-se estendendo aos mais simples e humildes, excluindo os estrangeiros e os escravos, quer em Atenas quer em Roma, onde o voto por centúrias (cada estrato social dividia-se em várias centúrias) manteve o domínio dos ricos sem excluir os pobres. *[J.G.F.]*

Cidade-Estado

Significa urbe independente com governo autónomo e independente, sendo comum na Grécia Antiga, mormente em Atenas, Esparta ou Tebas. Ao modelo de ↗cidade antiga, após longa interrupção da tradição das repúblicas urbanas, sucede a cidade-Estado na Idade Média, no século XII, primeiramente na Península Itálica, difundindo-se depois para os Países Baixos e a Alemanha renana. As mais importantes repúblicas urbanas medievais e da Renascença italianas foram Veneza, Génova, Florença, Amalfi e Pisa; simetricamente, a Alemanha conheceu um fenómeno idêntico com a formação da Liga Hanseática, tal como as cidades livres do Sacro-Império Romano-Germânico.

Estas cidades-Estado diferem muito das cidades antigas, assentes em diferentes valores e conceções políticas. Nas cidades-Estado medievais dominava uma ↗burguesia, membros de corporações de ofícios, guildas ou mesteirais que constituíam unidades de produção artesanais marcadas por uma hierarquia social específica e distinta da organização tradicional feudal. As corporações constituíam uma força política de oposição às instituições feudais. Algumas tinham grande peso nestas cidades que se transformaram em repúblicas urbanas autónomas, impermeáveis à interferência do poder senhorial; outras, porém, acabaram por ser governadas por uma aristocracia laica ou eclesiástica. Contudo, o que carateriza a cidade-Estado é o grau de autonomia e independência sobre uma determinada área territorial.

Modernamente, do ponto de vista sociológico, identifica-se a cidade-Estado com um Estado soberano, igualmente caracterizado como um pequeno país independente, com uma única cidade e territórios subordinados. Assim, atualmente existem algumas cidades-Estado soberanas, com certas discrepâncias relativamente às cidades-Estado da Antiguidade. Existe um grande consenso quanto à aplicação do termo ao Mónaco, Singapura e à Cidade do ↗Vaticano. As cidades-Estado também são designadas de ↗microestados, e neste sentido modernamente são também denominadas de cidades-Estado um conjunto de cidades que têm um centro urbano com elevada densidade populacional, detendo um elevado grau de autonomia, como por exemplo Hong Kong e Macau. *[J.G.F.]*

Cidade global

Designação atribuída a S. Sassen, na sua obra *The Global City* (1991), às megacidades constituintes de grandes metrópoles ou conurbações mundiais, inseridas em redes internacionais de serviços especializados e da economia de negócios gerados pelas novas tecnologias de informação e comunicação (ex: internet e sua conectividade urbana presencial e virtual) e pela inovação em várias áreas científicas (ex: saúde/cirurgia 4.0, biotecnologia/nanotecnologia, *design* industrial e de novos materiais). Desde 2008 que metade da população mundial vive em cidades e em 2050, segundo a ONU, será de 66% a população urbana. *Cidade global* é o (macro)organismo do funcionamento superior da globalização da economia e da sociedade deste século e no contexto qualificado de milénio urbano.

Neste novo paradigma mundial são cidades em rede (hierárquica e assimétrica), em sistema tentacular onde cada uma delas é o "lugar central" onde se desenvolve a logística dessa "cidade-máquina", da dinâmica empresarial e organizacional entre a produção do trabalho e o consumo de bens e serviços gerados por essa economia globalizada. Esta categoria maior é uma amostra do universo das grandes cidades mundiais, através do "magnetismo" e poder de atração de capital humano e financeiro muito especializado e também de empresas transnacionais de comércio e serviços eletrónicos e que um restrito grupo de megalópoles corporiza, detém e gera, por nelas se sediarem grandes corporações empresariais (ex: 100 maiores multinacionais), se dotarem de plataformas infraestruturais de grande mobilidade e volume de tráfego (ex: grandes aeroportos) e incorporarem entidades supranacionais (ex: instituições jurídicas ou políticas) associadas às relações geoestratégicas internacionais, indicando-se os cinco maiores casos neste *ranking*: Londres, Nova Iorque, Tóquio, Paris e Singapura.

Hoje a *cidade global* é um *player* qualificado da competição de poder entre Estados e as suas próprias organizações de relações externas, de interesses nos negócios transnacionais e de supremacia comunicacional no jogo político-económico das trocas internacionais, sendo elencada e monitorizada por indicadores específicos e integrados em seis áreas ou categorias de função – economia urbana, investigação e desenvolvimento tecnológico, interação cultural, *habitat* e condições de vida, e qualidade ambiental –, determinando uma classificação multidimensional, baseada em critérios de interdependência, de ambientes de competitividade geoeconómica e em serviços estratégicos emergentes ligados ao *cluster* cibernético, mas também ao nicho proporcional de empresas *startup* entre países e blocos geopolíticos. *[J.C.Lo.]*

Ciência

A palavra ciência deriva etimologicamente, nas línguas modernas, do vocábulo latino *scientia*. Em latim, ciência tem um sentido muito amplo e significa conhecimento, prática, doutrina, erudição. Representação intelectualmente construída da realidade, pela qual se procura explicar os fenómenos, tornando-os inteligíveis; todo o corpo de conhecimento científico metodicamente organizado (sentido lato); conjunto de conhecimentos estabelecido de forma sistemática, de referência universal e suscetível de ser verificado (sentido restrito, segundo o modelo das Ciências Físicas e Naturais).

O conhecimento científico distingue-se do conhecimento popular (superficial, acrítico, baseado nos dados imediatos), do conhecimento filosófico (baseado em hipóteses que não são verificáveis por processos idênticos aos das outras áreas científicas) e do conhecimento teológico (assente em verdades infalíveis e indiscutíveis, implícitas numa atitude de fé). A mentalidade científica opõe-se ao dogmatismo e à mitologia, nada considerando sagrado ou absoluto.

A ciência pode definir-se, assim, como um conjunto de conhecimentos sobre a realidade observada, obtida através de um método científico. Segundo esta definição, são três os elementos essenciais da ciência que constituem a sua natureza: um conteúdo, um campo de atuação e um procedimento ou forma de atuação. É preciso ter em conta que, embora a ciência se reporte à realidade empírica, não está formada por factos, mas sim por ideias. Conclui-se que o homem só pode captar a realidade conceptualmente. O campo de atuação da ciência é a realidade observada, a realidade deste mundo em que vivemos. O que não é empírico, ou seja, o transcendente, sai fora do campo da ciência no sentido estrito.

A ciência utiliza como procedimento ou forma de atuação, na formação do conjunto de conhecimentos que a integram o método científico, que é o que a tipifica. O mais característico e específico da ciência, aquilo que a constitui como tal e a distingue dos demais tipos de conhecimentos é, com efeito, o método. Considera-se como cientista não aquele que possui muitos conhecimentos sobre uma matéria determinada, mas sim aquele que sabe utilizar de forma correta e eficaz o método científico no seu campo de atuação.

Devido ao seu objeto, as Ciências podem-se dividir em Ciências Físico-Naturais e Ciências Sociais e Humanas. Nas primeiras, a realidade observada a que se refere está constituída por toda a natureza, pelo mundo, exceto o homem e a sua sociedade, que são respetivamente o objeto, a realidade observável e peculiar das Ciências Humanas e Sociais. Atualmente, as Ciências estão agrupadas em quatro áreas – Ciências Exatas e Engenharias; Ciências da Vida e da Saúde; Ciências Naturais e do Ambiente; e Ciências Sociais e Humanidades.

Em ordem a saber como é a realidade, que elementos a compõem e quais as suas características, estabelecendo como se relacionam as suas partes distintas, e a explicar como é que é a realidade, a ciência implica a ordenação disciplinada de dados empíricos e a construção de abordagens teóricas que interpretam ou explicam os dados. A atividade científica reúne a criação de novos modos de pensamento e o teste cuidadoso de hipóteses e ideias. Uma das características principais que permite distinguir as Ciências de outros tipos de sistemas de ideias (como o que a religião implica) é o princípio geral de que as ideias científicas estão sempre abertas à discussão e revisão crítica por parte dos membros de comunidades científicas. *[F.S. / D.F.]*

Ciência Política

1. Aristóteles e as origens do estudo *científico* da política

Foi na antiguidade grega que Platão definiu a *Ciência Política* como a arte de pastorear os homens, e os *políticos* como os pastores das atividades humanas. E foi também nessa época que Aristóteles se referiu à política como a ciência à qual cabia a definição do melhor regime político para uma determinada Cidade, devendo por isso ocupar-se quer dos princípios que determinam a sua formação, quer dos meios que podem conduzir à sua manutenção. Mas se para o primeiro essa *ciência* tinha como missão criar um mundo ideal, um mundo bem distinto daquele que existia, já para Aristóteles a política era uma ciência prática que, partindo do que era naturalmente racional a cada homem, saberia indicar o caminho mais adequado para a defesa de um bom governo. Para Platão, a ação política deveria estar totalmente condicionada pelo pensamento e pela reflexão filosófica; para Aristóteles, essa ação deveria saber conciliar as ideias com a realidade existente, pelo que a reflexão política não podia dispensar a observação e a análise dessa mesma realidade. Quer isto dizer que eles não se distinguiam apenas nos fins, distinguiam-se igualmente nos pressupostos que conduziam aos fins. Por isso, identificamos o primeiro unicamente como filósofo e colocamos o segundo quer no quadro dos filósofos, quer, a par de Tucídides, no quadro dos primeiros cientistas políticos.

É certo que a sua "política como ciência" ou "ciência da política" era uma *ciência* abrangente, integradora, não limitada pela especialização, nem alheada de juízos valorativos, mas era também uma *ciência* que, ao privilegiar a observação dos factos, não estava reduzida à simples especulação. Com efeito, ao lembrarmos o seu insubstituível contributo, percebemos que nem a sua ideia de Cidade era alheia à realidade humana que a integrava, nem a ideia que apresentou sobre o melhor regime político e o melhor governo desconhecia os efeitos concretos do exercício do poder. A sua Ciência Política, como bem salientou Carnes Lord, era uma ciência ao serviço da ação e por isso preocupada com a conduta dos homens políticos. Ora, esse serviço e essa preocupação implicavam uma análise prévia aos factos e aos efeitos por eles provocados no cidadão comum.

Antes de muitos, Aristóteles conheceu, analisou e compreendeu a natureza humana para, em função desse conhecimento, dessa análise e dessa compreensão, definir o que considerava ser a sociedade mais equilibrada, mais harmoniosa e mais justa. Antes de outros, estabeleceu uma relação direta entre as características de cada povo e o regime político mais apropriado a esse mesmo povo, em função dessas características e do meio natural em que vivia. Também antes de muitos, fez um estudo comparativo entre regimes e governos, analisando a sua evolução e as consequências dessa mesma evolução nas Cidades. E igualmente antes de outros, indo até mais longe do que já tinha sido dito pelo seu mestre Platão, explicou como o exercício do poder sem subordinação à ética, aos bons costumes e à lei conduz a formas de governo contrárias ao bem comum e à justiça. No fundo, sendo a política uma ciência prática, não poderia ignorar as circunstâncias daqueles a quem se destinava, implicando desse modo que o cientista político não só as conhecesse como as soubesse interpretar, para a partir de aí apresentar as suas conclusões.

Era então esta Ciência Política totalmente distinta da atual? Sim, se considerarmos que a Ciência Política clássica não tinha por *objeto* essencialmente a análise do que agora identificamos como factos políticos e a análise sobre o poder político, seja qual for a fonte de onde ele provenha, seja qual for o palco em que ele se desenvolva. E isto, pela simples razão de que a Ciência Política clássica não era "neutra", não tinha a pretensão de o ser, nem simulava sê-lo. O "analista" político clássico não se limitava a estudar e interpretar os dados recolhidos e observados, fosse qual fosse o seu ângulo de visão, já que tinha a preocupação de fazer juízos de valor e de apresentar e sustentadamente defender soluções alternativas de sociedade e soluções alternativas de regime político e de governo para essa mesma sociedade.

Mas a resposta deixará de ser tão perentória, se tivermos a ousadia de não identificar a Ciência Política clássica como uma não-ciência e não a quisermos julgar como quem julga o passado apenas pelos olhos do presente. Mesmo quando a "despimos", mesmo quando a desligamos, mesmo quando a autonomizamos da ideia ou ideias do que deve ser a Política e do modo como ela se pode concretizar, deveremos reconhecer, principalmente quando conhecemos o trabalho de Aristóteles, que o mesmo se baseava no conhecimento prévio e fundamentado de factos políticos e das suas implicações na sociedade, bem como de factos ocorridos na Cidade e das mudanças que provocavam ou podiam provocar na atividade política. No fundo, ainda que se queira persistir numa linha distintiva, convirá lembrar Bobbio, que não deixou de considerar a obra de Aristóteles, pelo menos na parte relativa à análise histórica dos factos, como uma obra de Ciência Política. Uma obra que foi indiscutivelmente pioneira no estudo científico da política e que abriu caminho para todos os desenvolvimentos que esse estudo ao longo dos tempos foi conhecendo e tem vindo continuamente a conhecer.

2. Maquiavel e a "nova" Ciência Política

Apesar de Maquiavel não ter sido, como salientou Hannah Arendt, o pai da Ciência Política, ele foi sem dúvida o que mais contribuiu para lhe introduzir uma nova *roupagem* e para lhe dar um novo ângulo de visão. Com ele, a Política prescinde largamente da perspetiva valorativa e a ação dos homens políticos passa a ter no poder e só no poder o seu grande desígnio. Se com Aristóteles, a *polis* (a Cidade), a própria *politeia* (a Constituição, o regime político) e, num certo sentido, a *politika* (as coisas políticas e cívicas) não estavam desligadas e até se sobrepunham à *politikè* (a arte política), com Maquiavel tudo se altera. Assistimos ao domínio do "político" sobre a "política" e esse domínio vai ditar que a conquista do poder, o exercício do poder e a manutenção a qualquer custo do poder sejam as questões determinantes para o estudo e para a compreensão do fenómeno político. Revelando o que vê nos homens e transmitindo o que eles são a partir do que observa, Maquiavel vai ensinar os príncipes a agirem em função da realidade que existe e não da realidade que poderia ou deveria existir, criando assim uma identidade própria para a ação política. Era uma identidade objetiva, logo liberta de pressupostos éticos ou morais, uma identidade que, traduzindo uma autonomia do "político" face à "política", iria constituir a matriz fundacional de uma nova Ciência Política, que séculos mais tarde passará a estudar o que vê, a analisar o que existe, a basear-se em verdades positivas e a deixar de ter preocupações com a boa Cidade, com o bom regime político, com o governo que garanta a harmonia e a justiça. É uma Ciência Política que se justifica a si própria baseada num poder político que se sustenta na pura vontade de quem o conquista e de quem o exerce.

O positivismo científico que amplamente passará a ser reivindicado por essa Ciência Política filia-se no positivismo político em que radica esta perspetiva sobre o poder, logo, filia-se em Maquiavel mesmo quando não o admite ou quer somente encontrar a sua origem noutras fontes. A relevância de Maquiavel na fundação desta nova Ciência Política é assim também decisiva no que concerne ao método de análise e de estudo que ela virá mais tarde a reivindicar. Este método, tendo na objetividade a sua grande marca de afirmação, precisamente para poder ser considerado um método científico ao serviço de uma verdadeira ciência, encontra em Maquiavel as suas mais profundas raízes. Com efeito, quando ele apresenta a sua tese sobre o que deve ser a ação política, fundamentando-a na sua direta experiência do que é a sociedade, Maquiavel dá início ao trabalho hoje considerado essencial pelos cientistas políticos que, na senda de Maurice Duverger, se consideram *politicólogos*. Cientistas, tal como Maquiavel, empenhados em conhecer as causas que conduzem à luta pelo poder e as formas como essa luta se desenvolve, para só a partir de aí revelarem os efeitos provocados.

É certo que um longo caminho seria percorrido desde o trabalho de Maquiavel até à afirmação destes cientistas, que conheceu avanços e recuos, nomeadamente em relação à definição do objeto específico desta ciência. Mas não é menos certo que, quando pensamos no método de análise iniciado por Aristóteles, aprofundado pelo autor do *Príncipe* e reforçado posteriormente por Montesquieu, no seu *O Espírito das Leis*, dificilmente poderemos ignorar, ou até desvalorizar, o legado destes três grandes precursores da Ciência Política.

3. A Ciência Política contemporânea

É comum atribuir o início da autonomia da Ciência Política em relação à Filosofia, ao estudo desenvolvido por Augusto Comte e em particular ao seu *Plano das Ações Científicas Necessárias para a Reorganização da Sociedade* (1822) e ao seu *Système de Politique Positive* (1854). Pretende-se deste modo, e de acordo com esta conceção, não só temporalizar o corte com a perspetiva idealista da Cidade corporizada pela Ciência Política clássica, como evidenciar a via inspiradora, ou pelo menos uma das vias, de John W. Burgess, que, em 1880, na Columbia University, patrocinaria a fundação dos estudos autónomos de *Political Science*.

Mas essa autonomia da Ciência Política face à Filosofia, que na nossa opinião não pode deixar de ser vista em função do que dissemos no ponto anterior, não pressupunha ainda uma verdadeira autonomia desta ciência. E não o pressupunha uma vez que este estudo *autónomo* da política surgia ligado, orientado e em largo sentido condicionado a uma clara matriz de natureza sociológica. Eram fundamentalmente os fenómenos sociais e não os fenómenos políticos a determinar as análises então promovidas.

Só gradualmente se avançaria para um estudo mais concentrado nos fenómenos políticos, facto a que não seria alheia a já mencionada criação dos estudos autónomos de *Political Science* na Columbia University, e de que resultaria, em 1890, a primeira publicação da *Political Science and Comparative Constitutional Law*.

Todavia, este avanço para um estudo progressivamente autónomo da "política" e do "político" tinha nos Estados Unidos o seu principal palco, uma vez que na Europa, muito por influência da Alemanha, a Ciência Política era predominantemente a "ciência do Estado", surgindo nesse contexto fortemente marcada pela perspetiva normativista. E isto era assim, sem embargo quer do surgimento em França, logo em 1872, da *École Libre des Sciences Politiques*, e em Inglaterra, em 1895, da *London Scholl of Economics and Political Science*, quer da publicação de marcantes obras de autores europeus como Vilfredo Pareto (*The Parliamentary Régime in Italy*, 1893), Gaetano Mosca (*Elementi di Scienza Politica* e *The Ruling Class*, 1895 e 1896), Robert Michels (*Zur Soziologie des Parteiwesens in der modernen Demokratie*, 1911) e Moisey Ostrogorsky (*La Democratie et les partis politiques*, 1912).

Apesar de estas obras testemunharem um quadro político e social em mudança e refletirem a existência de um crescente leque de novos elementos de análise, como por exemplo os partidos políticos, o reconhecimento pedagógico e científico da Ciência Política enquanto disciplina foi feito em primeiro lugar nos Estados Unidos e só em finais do século XIX. Acresce que, enquanto nos EUA o poder começava a ser estudado numa dimensão não limitada ao Estado, na Europa, apesar dos passos que já tinham começado a ser dados, só depois da Segunda Guerra Mundial se avançou ao encontro do que as escolas americanas tinham iniciado. Até esse momento, o estudo desenvolvido pela Ciência Política nas escolas europeias continuou a ser predominantemente feito a partir da visão dos cultores do direito constitucional.

Seria, assim, no pós-Segunda Guerra Mundial e nas várias décadas que se lhe seguiram que muito mudaria. E particularmente no continente europeu. Compreende-se que assim fosse atendendo à nova realidade política, económica e social. O Estado, esse *ser* poderoso, supremo no seu território e igual no plano internacional, enfrentava circunstâncias novas e com elas assistia, impotente em muitos casos, ao surgimento de novas realidades políticas infra e supra-estatais. E a "política", se num primeiro momento assistiu ao alargamento dos colégios eleitorais através da atribuição do direito de voto a cidadãos que não o possuíam, passou logo de seguida a ser confrontada com o facto do seu "território" ter novos *habitantes*. Deixava de ser o domínio de certas Instituições e o espaço de exclusividade relacional entre governantes e governados, entre representantes e representados. Existiam agora novos atores que não só tinham a capacidade de influenciar os próprios processos de decisão, como o poder de também decidir. Já não era apenas o Estado e as suas Instituições, já não era apenas a relação entre eleitores e eleitos e já não eram apenas os partidos a determinar a existência dos fenómenos políticos. Estes iriam ter agora novas fontes, como as organizações internacionais, novas correspondências e novos interlocutores, como as multinacionais, os *lobbies* e os grupos de pressão, pelo que a análise e o estudo sobre as relações de poder não poderiam limitar-se aos objetivos mais tradicionais. Assim, e tal como sucede com a afirmação de qualquer ciência, um ambiente novo iria contribuir para a expansão da Ciência Política. Um ambiente que ao potenciar a existência de mais elementos de observação, permitia a obtenção de mais dados para tratamento e posterior conclusão comparativa.

Mas nem esta nova circunstância, provocada pelo referido novo ambiente, anulou a continuidade de duas perguntas: *qual o lugar da Ciência Política na mesa das Ciências Humanas e Sociais e qual o seu verdadeiro objeto de estudo?* No primeiro caso pretendemos afinal saber se ela é, ou continua a ser, tão-só uma ciência auxiliar ou complementar de outra ou outras ciências ou se, pelo contrário, tem vida própria, se goza de verdadeira autonomia. Já no segundo caso, quer-se perceber se há alguma matéria, conjunto ou complexo de matérias que constituam o seu campo privilegiado de intervenção. É certo que as respostas nunca serão alheias a quem as dá, o que significa que a perspetiva desta ou daquela Escola, deste ou daquele "cientista político", não pode ser desvalorizada. Neste, como noutros casos similares, a objetividade nem sempre consegue anular uma certa "subjetividade", o que implica saber qual a perspetiva que se quer valorizar e qual o ponto de vista de que se parte para uma análise ou investigação.

Se quem investiga considerar, por exemplo, o Direito Constitucional como a *alma mater* da Ciência Política e a reduzir ao estudo dos factos políticos, tenderá de um modo geral a considerá-la como "complementar" e "subsidiária" daquele Direito. É a posição que foi sustentada por Marcello Caetano e que, de forma mais ou menos mitigada, ainda é seguida entre nós em várias Faculdades de Direito. Se a perspetiva for a de demonstrar, por hipótese, que um conjunto de factos políticos se verificaram ou que um sistema político existe fundamentalmente em função das condições sociais e económicas da população, o que estamos a valorizar são os factos sociais e não os factos políticos. Estes existem apenas como consequência daqueles. Neste caso, o estudo científico do "fenómeno político" é colocado ao serviço do estudo dos chamados "fenómenos sociais", funcionando a Ciência Política como uma espécie de ciência auxiliar da Sociologia. Karl Marx e Max Weber, ainda que com pressupostos e objetivos bem distintos, deram-nos um elucidativo testemunho desta perspetiva. Se entendermos, porém, que certos factos políticos resultam de comportamentos dos cidadãos motivados pelo seu perfil psicológico, a análise estará à partida condicionada por esta premissa. Temos nesta situação uma investigação motivada e determinada por objetivos definidos no quadro da Psicologia, se preferirmos da Psicologia Política, uma área científica recente e cuja fundação é habitualmente atribuída a Harold Lasswell.

Ora, estas três perspetivas revelam uma Ciência Política secundarizada a outras áreas de estudo, não permitindo apresentá-la como ciência autónoma. Só com a identificação da sua natureza, a caracterização dos seus objetivos e a indicação de um objeto central de estudo a poderemos considerar como tal. Estas são premissas necessárias para a existência de um bilhete de identidade próprio e que possibilitam o seu reconhecimento autónomo. Um bilhete de identidade que afirma a natureza interdisciplinar da Ciência Política, a mesma que foi sublinhada pela ↗UNESCO, no seu relatório de 27 de dezembro de 1950, ao incluir no seu âmbito de estudo a *Teoria Política*, as *Instituições Políticas*, os *Partidos*, os *Grupos de Pressão*, a *Opinião Pública* e as *Relações Internacionais*. Nesta linha também se inscreveu, em Portugal, Francisco Lucas Pires, quando falou da Ciência Política como uma ciência multidisciplinar e como uma plataforma intercientífica no domínio das Ciências Sociais, afastando assim a ideia da sua limitação a uma área política demasiado específica e, bem mais importante, de uma ciência exclusivamente vocacionada para a recolha e tratamento de informação sobre factos políticos.

Esse bilhete de identidade deve também indicar a Ciência Política como a ciência que tem por objetivo principal a explicação fundamentada dos regimes políticos, dos sistemas políticos e das instituições políticas nacionais e internacionais e que o faz tendo o Poder como seu objeto de estudo, que não se limita a conhecer o Poder sob o ponto de vista formal, mas que contempla e realça quer a sua *sede* real, quer a *ideologia* em nome da qual ele se apresenta e justifica. É afinal a posição, entre nós, de uma Escola que tem em Adriano Moreira o seu fundador. Mas este entendimento, segundo

José Adelino Maltez, não pode desvalorizar todo o procedimento que envolve a conquista, a utilização e a manutenção do poder, não bastando assim o conhecimento da sua natureza, da sua localização e da sua utilização. Importa de igual modo ter presente que o Poder não é um exclusivo do Estado, pelo que o objeto da Ciência Política, como têm salientado Marcelo Rebelo de Sousa, Matos Correia e Ricardo Leite Pinto, não pode ignorar o poder dos órgãos políticos intraestaduais e supraestaduais.

É assim, neste contexto, que só uma conceção ampla e abrangente pode plenamente identificar a Ciência Política. Uma conceção capaz de conciliar a objetividade da investigação, com a sustentada interpretação dos factos sociais que geram os factos políticos cuja análise contribui para uma melhor compreensão do estudo do Poder. *[M.M.]*

Ciências Sociais e Humanas

Ciências que tratam dos fenómenos sociais resultantes da ação dos homens na sua relação com a sociedade. As Ciências Sociais estudam o homem em sociedade. Definindo Ciências Sociais e Humanas como "as disciplinas que têm como objeto de investigação as diversas atividades humanas, enquanto elas implicam relações dos homens entre si e dos homens com as coisas, bem como as obras, instituições e relações que daí resultam", Freund enumera entre elas a Economia, a Sociologia, a Antropologia, a Geografia, a Etnologia, a Linguística, a História (Política, das Instituições, da Arte, etc.), a Pedagogia, a Politologia, a Arqueologia, etc.

Diferentemente das Ciências da Natureza, as Ciências Sociais não utilizam o método determinista (nas mesmas condições, as mesmas causas produzem os mesmos efeitos), mas sim o método "compreensivo", que consiste em compreender os factos sociais e em colocarmo-nos no lugar dos atores e dos protagonistas destes factos. O método compreensivo utilizado por Max Weber (1864-1920) tem o mérito de procurar a especificidade dos factos sociais, a sua originalidade, comparativamente aos factos da natureza: "a Natureza explica-se, o Homem compreende-se" (Dilthey). Não podemos compreender uma revolução da mesma forma que um tremor de terra.

Durante muito tempo, as Ciências da Natureza, ditas exatas, opuseram-se às Ciências Sociais e humanas, ditas inexatas. Esta oposição, contudo, não faz sentido. Em primeiro lugar, porque as Ciências da Natureza e as Ciências Humanas não diferem quanto à sua validade científica, mas sim quanto ao objeto e quanto aos métodos. A distinção estabelecida por Droysen e retomada por Dilthey, entre explicar (*erklaren*) e compreender (*verstehen*) aparece a alguns como o critério metodológico mais adequado para estabelecer uma distinção lógica e sistemática entre as duas sortes de ciências (Freund). Em segundo lugar, porque não podemos dizer que existe ciência exata: nem as Ciências da Natureza, nem as Matemáticas o são; a ciência é um conhecimento em constante retificação, como lembrava Bachelard, é um "conhecimento aproximado".

As Ciências Sociais tornam-se cada vez mais exatas, por consequência do aperfeiçoamento das técnicas de observação e pesquisa, pela utilização dos métodos quantitativos e pela construção de teorias próprias. As Ciências Sociais fazem, cada vez mais, uso da chamada pesquisa de campo, o equivalente sociológico à experimentação e à observação, na medida em que este tipo de pesquisa permite recolher dados passíveis de demonstração explicativa de um determinado setor do social. Fazem cada vez mais apelo aos métodos quantitativos: estatísticas que permitem o tratamento dos dados recolhidos pela pesquisa (Sociometria, Econometria); desenvolvem novas tipologias matemáticas, a constituição de uma matemática nova e original (o cálculo das probabilidades, a investigação operacional, teoria dos jogos, etc.); determinadas teorias, como a da informação, são utilizadas tanto pelas Ciências Sociais como pelas Ciências da Natureza. O mesmo acontece com a noção de "modelo", que é um esquema simplificado, mas operatório dos fenómenos estudados. De qualquer modo, não iludamos a dificuldade em medir os fenómenos sociais em geral. Estes são inquantificáveis a maioria das vezes, e quando o são, somente se podem fazer em termos pouco precisos e generalistas. Esta dificuldade fere as Ciências Sociais em matéria de exatidão, a qual constitui o ideal da ciência e é a causa de os coeficientes de erro serem mais elevados do que nas Ciências Físicas.

Segue-se a multiplicidade de fatores dos fenómenos sociais. Isto implica que em todos eles intervém um grande número de variáveis, geralmente em interação mútua e não simplesmente causas ou efeitos. Entre elas, há que considerar o processo de investigação, o que constitui também uma variável influente na situação que se investiga. Na investigação social regista-se um grau de variabilidade dos fenómenos sociais no espaço e no tempo. Daqui que o estabelecimento de regularidades e generalizações, tarefas fundamentais da ciência, obrigue a uma atitude mais prudente e limitada do que nas outras ciências.

Destaque-se, por outro lado, a limitação nas Ciências Sociais da utilização de instrumentos de observação tão precisos como os que se verificam em Ciências Físico-Naturais. Por exemplo, não existe ainda nestas ciências um instrumento de observação que se possa comparar, nem de longe nem de perto com o microscópio nas Ciências Biológicas, Físicas e Químicas, o telescópio na Astronomia, e a TAC na Medicina. Nas Ciências Sociais só se pode utilizar de forma muito imperfeita e com muitas limitações a experimentação, que é a técnica científica de observação mais segura.

Outra particularidade da investigação social, que aumenta a dificuldade do estudo científico dos fenómenos sociais, diz respeito à inegável influência que tem no objeto de investigação a sociedade e a difusão que dentro dela os resultados da investigação produzem. Seja como for, o campo das Ciências Sociais e Humanas, apesar da sua aparente heterogeneidade e da diversidade das disciplinas que o compõem, tem uma forte unidade que repousa na coerência de um mesmo objeto que é a unidade do humano, das suas ações, das coisas que cria ou imagina.

Por último, não deve ser omitido o facto de o investigador ser parte da sociedade que investiga e, por conseguinte, participar dos seus valores, ideologias e crenças. Tal faz com que este nunca possa ser totalmente independente e neutral no que respeita à sociedade que investiga. Esta última peculiaridade identifica-se com os problemas dos juízos de valor na investigação social. Max Weber defendia a "neutralidade axiológica" do cientista social, de modo a não intervir com os seus valores e os valores do seu tempo no objeto em estudo. *[F.S. / B.R.]*

Civilização

A palavra "civilização" é utilizada em sentidos diversos e imprecisos, muitas vezes associada a julgamentos de valor, relativamente a certos aspetos da vida social. Sinónimo, para muitos autores, de ↗cultura, entendida por outros como etapa avançada de progresso cultural, implicando um conjunto de várias aquisições e critérios de natureza material (por exemplo, a presença ou ausência de cidades), técnica, social, moral e intelectual, a sua definição revela-se extremamente complexa. Contudo, pode-se distinguir "civilização" de "cultura", reservando para esta as atividades do espírito, o aspeto criador da civilização, e para a "civilização" os aspetos técnicos e materiais da cultura. Neste sentido, a cultura seria mais substantiva ao homem, do domínio do "ser", e a civilização mais adjetiva ao homem, do domínio do "ter" (Clifford Geertz).

Em História e Relações Internacionais, é utilizada sobretudo no plural, de inícios do século XIX em diante, a propósito das diferentes civilizações existentes no mundo, dotadas de certas características e de uma personalidade própria, delimitadas no tempo e no espaço, o que lhes confere uma certa identidade e autenticidade. Civilização seria, pois, o conjunto das características que apresenta a vida coletiva de um povo ou de uma época.

Segundo Fernand Braudel, o conceito de civilização pode ser definido tendo em consideração a geografia, a sociologia, a economia e a psicologia coletivas. Nessa perspetiva, as civilizações são espaços – território próprio; sociedades – não há civilizações sem as sociedades que as encarnam; economias – as condições materiais e biológicas pesam sobre o destino das civilizações; e mentalidades coletivas – no âmbito das quais a religião se assume como o elemento mais forte das civilizações, "a um tempo o seu passado e o seu presente".

Foi também Braudel (no qual Huntington se inspirou) quem falou, em primeiro lugar, do "choque das civilizações", bem mais frequente no passado do que as relações pacíficas. De acordo com Huntington, existem atualmente "sete ou oito civilizações maiores": ocidental, confucionista, japonesa islâmica, hindu, eslavo-ortodoxa, latino-americana e, possivelmente, africana. *[F.S. / R.R.]*

Civilização (princípios de)

Conceito de Vidal La Blache que defende que em toda a fluidez dos sucessivos fatores registados pela história, os princípios de civilização são os elementos mais estáveis, porque são fundamentadores e identificadores das grandes civilizações, mais ou menos comuns às diversas culturas nelas incluídas, os quais seriam os orientadores das escolhas realizadas por cada povo dentro da gama de possibilidades oferecidas pelo respetivo território. *[F.S. / D.F.]*

Civilização (zonas de)

Conceito de Vidal de La Blache que designa as grandes regiões definidas em função da civilização em que se inclui culturalmente a maioria dos povos em cada uma delas sediada. Este conceito de zonas de civilização seria o principal elemento da análise político-geográfica do mundo, defendendo La Blache que as diferenciações culturais seriam mais importantes do que as divisões inscritas pelos acidentes da geografia física. Esta valorização dos aspetos culturais leva este geógrafo a dar grande realce à importância das relações, das trocas e das comunicações na vivência das regiões e dos países. *[F.S. / D.F.]*

Classe

Grupo humano que, pelo seu papel, composição e dimensão, ocupa um lugar na hierarquia social. Para Max Weber, uma situação de classe identifica-se com a oportunidade, a medida e as modalidades através das quais uma pessoa pode, ou não, fruir de bens ou serviços que lhe permitem dispor de rendimentos, em função da sua capacidade em obtê-los, das suas condições exteriores de vida ou do seu destino pessoal, de onde conclui que uma classe corresponde a qualquer grupo de indivíduos que se encontrem na mesma situação de classe. Esta pode ser de posse, se determinada por diferenças de apropriação, ou de produção, se decorre da possibilidade de exploração do mercado de bens e serviços, correspondendo a classe social ao conjunto das situações de classe em que qualquer pessoa pode beneficiar de mudanças ao longo das sucessivas gerações.

Por sua vez, Marx define uma classe a partir do lugar que ela ocupa nas relações de produção de uma sociedade, como é o caso dos trabalhadores assalariados, que, pela sua situação e interesses comuns gerados pelo capitalismo, formam uma *classe em si*, transformando-se em *classe para si* através da consciência que adquirem da sua condição na organização da sua luta contra os exploradores. Considerando a luta de classes como o motor da história, Marx conclui que a emancipação das classes oprimidas implica a criação de uma sociedade nova, que liberte as forças produtivas desenvolvidas na antiga sociedade da asfixia das respetivas relações de produção. *[J.M.G.]*

Classe política

De acordo com Gaetano Mosca, a classe política é identificada como o conjunto hierarquizado de pessoas que dirigem politicamente uma determinada sociedade. A expressão é por vezes associada a classe dirigente ou até a elite política, pretendendo-se por um lado promover a distinção entre os que governam e os que são por eles governados e, por outro, evidenciar a ideia de diferenciação entre os mais aptos (os que dirigem) e os menos aptos (os que são dirigidos). Dando continuidade às teses defendidas na *República* de Platão, quando os membros da classe política eram identificados como "guardiões", a perspetiva de existência de um grupo que se distinguia pelas suas aptidões, e que por esse facto era merecedor de governar e de dirigir, foi sempre acarinhada e defendida. Nuns casos, esse grupo provinha de um determinado estrato social e apresentava-se como pertencendo à aristocracia; noutros, a sua presença era sustentada pelas aptidões literárias ou pela propriedade; noutros ainda, pela pertença a um partido cujos dirigentes estariam predestinados a liderar e a decidir o que melhor convinha ao povo em nome do qual governavam; e mesmo hoje, nos regimes democráticos representativos, a eleição procura a seleção dos que possam ser considerados melhores para conduzir os destinos da comunidade.

A fonte do *recrutamento* e os requisitos para a escolha podem ser distintos, mas a ideia manteve-se indiferente a épocas e imune a regimes ou a formas de governo. De tal modo assim é que a "classe política" continua a ser identificada, positiva ou negativamente consoante as circunstâncias, como um grupo próprio e distinto em relação ao conjunto dos cidadãos cuja participação política se limita ao exercício do direito de voto ou, de forma amplamente reduzida, a uma militância partidária mais ou menos ativa. *[M.M.]*

Cláusula colonial

Técnica convencional através da qual se exclui do âmbito de aplicação de uma convenção os territórios de colónias ou províncias ultramarinas das partes. O entendimento corrente é o de que esta cláusula se presume, ou seja, salvo demonstração de que seja outra a vontade das partes, os tratados aplicam-se apenas naquilo que pode designar-se o território metropolitano dos Estados. *[R.M.]*

Cláusula de defesa mútua

O ↗Tratado de Lisboa introduziu pela primeira vez uma cláusula de defesa mútua que vincula especificamente os Estados-membros da ↗União Europeia. Desta forma, um Estado-membro que seja objeto de um ataque armado no seu território poderá contar com a ajuda e assistência dos outros Estados-membros, obrigados a prestar-lhe socorro. Duas restrições vêm moderar esta cláusula: não afeta a política de segurança e de defesa de determinados Estados-membros, nomeadamente dos que são tradicionalmente neutros; e não afeta os compromissos assumidos no âmbito da ↗Organização do Tratado do Atlântico Norte. Esta cláusula é complementada pela cláusula de solidariedade que prevê a obrigação dos países da União Europeia atuarem em conjunto se um Estado-membro for alvo de atentado terrorista ou vítima de uma catástrofe natural ou de origem humana. A cláusula de Defesa Mútua foi ativada pela primeira vez pela França após os atentados terroristas de 2015. *[B.R.]*

Cláusula federal

Disposição convencional relativa à aplicação da obrigação de execução de um tratado concluído por um Estado federal, nos termos da qual se excluem os Estados federados ou nível federado e cuja aplicação caberá assim apenas às instituições federais. Visa, portanto, a salvaguarda das competências federadas, já que nos Estados federais não existe hierarquia entre os níveis (a repartição de competências faz-se, segundo a teoria federalista, por acordo e não por imposição). *[R.M.]*

Cláusula da nação mais favorecida

Estipulação convencional através da qual um Estado se obriga perante outro Estado a conceder-lhe o tratamento de maior favor numa dada esfera de relações, ou seja, o Estado que conceda esse regime a um outro Estado tem de alargar automaticamente a este eventuais vantagens que venha a conceder (convencionalmente) a outros Estados, se esse novo regime for mais favorável do que aquele que se encontra em vigor. A cláusula da nação mais favorecida tem um âmbito estritamente comercial e a sua aplicação em termos genéricos depois da Segunda Guerra Mundial tem constituído um mecanismo central para garantir o contínuo abaixamento dos obstáculos tarifários ao comércio internacional. A matéria foi objeto de análise no âmbito da Comissão de Direito Internacional, dando origem a dois documentos finais: um projeto de artigos (1978) e um relatório final (2015), que constituem as referências centrais do seu regime. *[R.M.]*

Cláusula de receção

É assim designada a regra constitucional que, ao regular as relações entre as ordens interna e internacional, admite a vigência das normas de ↗Direito Internacional na ordem interna, sujeitando-as apenas (*maxime* no caso das regras convencionais) a eventuais exigências formais, como seja a da publicação. Há, portanto, da parte da ordem interna, uma receção do Direito Internacional, no sentido em que a vigência das suas regras é admitida na qualidade de regras internacionais (e já não apenas na medida em que sejam transformadas em normas internas, como exigem as posições dualistas). Dentro das cláusulas de receção, a doutrina distingue normalmente as cláusulas de receção plena (quando todo o Direito Internacional é recebido nessa qualidade) das cláusulas de receção semiplena (quando apenas parte é recebido, mantendo-se a obrigação de transformação para determinadas regras ou conjuntos de regras).

Hoje em dia é ainda frequente distinguir-se a receção automática (quando a ordem interna não exige a prática de qualquer ato de receção para que a vigência se produza). Pode ainda distinguir-se um outro mecanismo, o da aplicabilidade direta (que alguns autores afastam mesmo dos mecanismos de receção), que surge quando a vigência das regras dispensa qualquer receção por ocorrer em simultâneo com as regras internas. *[R.M.]*

Cláusula de sujeição

O mesmo que declaração de compatibilidade. Designa uma disposição convencional nos termos da qual um tratado deve ser interpretado e aplicado de acordo – em termos compatíveis – com uma outra convenção, de onde decorre que esta prevalece sobre aquele, em caso de conflito. *[R.M.]*

Cláusula de transformação

É assim designada a regra constitucional que, ao regular as relações entre as ordens interna e internacional, recusa a vigência desta enquanto tal, impondo em consequência que as respetivas regras sejam transformadas em atos internos como condição da vigência do respetivo conteúdo. A cláusula de transformação corresponde a uma manifestação do dualismo. *[R.M.]*

Cláusula *rebus sic stantibus*

↗Alteração fundamental das circunstâncias.

Cláusulas finais

São um dos elementos típicos da estrutura das convenções internacionais. Surgem após o dispositivo (ou seja, o conjunto de regras materiais que constituem o essencial do regime acordado), aparecendo normalmente também sob a forma de articulado. As cláusulas finais dispõem apenas em matéria adjetiva (regulando matérias como as versões oficiais, a eventual nomeação de depositário, a entrada em vigor, etc.), podendo ainda incluir regras especiais para efeitos de sucessão convencional e outras matérias. As cláusulas finais entram em vigor com a adoção do texto, ou seja, em regra, com a assinatura da convenção. *[R.M.]*

Cleptocracia

Expressão de origem grega que significa "governo de ladrões" e que se traduz no exercício do poder com o objetivo de exploração das pessoas e dos recursos para enriquecimento pessoal. Ocorre quando o governo é exercido pelo poder discricionário, estando o sistema público capturado por agentes, eleitos ou nomeados, que praticam de forma sistemática a corrupção política. São exemplos recentes de líderes cleptocratas os antigos presidentes da Indonésia, Suharto; das Filipinas, Ferdinand Marcos; do Zaire, Mobutu Sese Seko; do Haiti, Jean-Claude Duvalier; do Perú, Alberto Fujimori; e do Zimbabué, Robert Mugabe. *[M.N.N.]*

Clivagens políticas

Clivagens políticas são linhas divisórias entre cidadãos, com consistência temporal e normalmente por razões socioeconómicas ou étnico-religiosas. A expressão é particularmente utilizada no contexto do estudo da formação de partidos políticos, a partir do trabalho fundador de Lipset e Rokkan, publicado em 1967 e intitulado *Party Systems and Voter Alignments: Cross-national Perspectives*. Na sequência desta obra, uma ampla bibliografia retomou o tema, articulando clivagens sociais com comportamento eleitoral. Progressivamente, surgiu a evidência de novas clivagens sociais com consequências eleitorais, mas também de alterações funcionais que reduziram a importância dos partidos e que aumentaram a volatilidade eleitoral. *[C.T.R.]*

Clube de Paris

Criado em 1956, é um grupo informal (sem estatuto nem existência legal) de países industrializados credores, junto do qual os países em desenvolvimento podem obter um reescalonamento da sua dívida pública. Os credores do Clube encontram-se dez vezes por ano, sob presidência do diretor do Tesouro Francês. Tem 22 Estados-membros permanentes, onde se incluem a maioria das potências económicas do mundo, constituindo exceções notáveis a China e a Índia, que têm o estatuto de participantes *ad hoc* (tal como Portugal), isto é, com direito a participar e intervir nas reuniões periódicas do Clube. O seu secretariado encontra-se em Paris.

O Clube de Paris rege-se pelo princípio de solidariedade, segundo o qual todos os seus membros concordam em agir como um grupo nas suas negociações com um determinado país devedor e ser sensíveis aos possíveis efeitos que a gestão das suas reivindicações específicas possam ter sobre as reivindicações de outros membros. Por outro lado, as decisões do Clube de Paris não podem ser tomadas sem um consenso entre os países credores participantes. Constituído como fórum de partilha de informações, os seus membros trocam regularmente opiniões e informações sobre a situação dos países devedores e partilham dados sobre as suas reivindicações numa base de reciprocidade, sendo as suas deliberações mantidas em sigilo.

O Clube de Paris tem uma abordagem casuística e não generalista, adequando a sua ação à situação particular de cada país devedor, só negociando reestruturações com países que necessitem de alívio da dívida, forneçam uma descrição precisa da sua situação económica e financeira, estejam comprometidos com a implementação de reformas para o seu restabelecimento e tenham um histórico comprovado de implementação de reformas no âmbito de um programa do FMI. Isto significa, na prática, que o país devedor deve ter em curso um programa apoiado por um acordo com o FMI, baseando-se o nível de tratamento da dívida pelo Clube de Paris na lacuna de financiamento identificada no programa do FMI.

Finalmente, naquilo que é designado por comparabilidade de tratamento, um país devedor que tenha assinado um acordo com credores do Clube de Paris não deve aceitar de outros credores (bilaterais) termos de tratamento da sua dívida menos favoráveis para si do que aqueles que acordou com os credores do Clube. *[R.R.]*

Coação económica e política

Apenas releva juridicamente a ameaça ou uso da força militar, discutindo-se atualmente na doutrina e principalmente no quadro das Nações Unidas a relevância da coação político-económica, que foi objeto de uma declaração de condenação pela Assembleia Geral das Nações Unidas e de uma resolução da Conferência das Nações Unidas sobre Direito dos Tratados. Havendo consenso sobre o facto de esta apenas poder ser invocada por países em desenvolvimento, mostra-se, todavia, difícil estabelecer o limite a partir do qual as pressões são ilícitas, já que não parece desejável retirar aos Estados (que não dispõem de mecanismos judiciais eficazes) a possibilidade de exercerem alguma pressão quando vejam os seus interesses ameaçados ou afetados. A clivagem prática é, neste ponto, muito clara entre os países em desenvolvimento – e no geral os Estados do Terceiro Mundo – e os Estados mais desenvolvidos, em especial os ocidentais, que recusam a equiparação entre coação por meios militares e as diferentes formas de pressão política e económica. *[R.M.]*

Coação do Estado e do representante

Vícios típicos (ou causa de nulidade) das convenções internacionais, referindo-se à ameaça ou uso da força na celebração das mesmas. A distinção entre a coação sobre o Estado e a coação sobre o representante deve fazer-se, não em razão do eventual destinatário da ameaça ou agressão (que poderá ser em ambos os casos um representante do Estado), mas antes em razão dos interesses ameaçados (do representante ou do Estado).

Só muito recentemente a coação sobre os Estados se tornou ilícita. Historicamente esse uso era legítimo, surgindo apenas o primeiro esforço global de enquadramento no Pacto da Sociedade das Nações (o qual sujeitava o recurso à força à verificação prévia de determinados requisitos, operando assim pela primeira vez uma distinção entre situações de recurso legítimo de situações de recurso ilegítimo). Atualmente, a sua ilicitude decorre da proibição do uso da força (artigo 2.º da Carta das Nações Unidas).

Já a coação sobre o representante é desde sempre reconhecida como causa de nulidade das convenções internacionais. Trata-se de uma situação corrente na História: Francisco I foi forçado por Carlos V a ceder a Borgonha em 1526; os japoneses, ocupando Seul, obrigaram à assinatura do protetorado em 1905; em 1939, os alemães forçaram o chefe de Estado e o Ministério dos Negócios Estrangeiros checos à assinatura do tratado que criava o protetorado da Boémia e da Morávia, etc. *[R.M.]*

Codificação do Direito Internacional

Formulação mais precisa e sistemática de regras de ↗Direito Internacional nos domínios em que existe já uma prática estadual consequente, precedentes judiciais e/ou opiniões doutrinais. Trata-se, portanto, da conversão de grupos de regras consuetudinárias sobre determinadas matérias em regras escritas (positivação), organizando-as de forma sistemática e coerente (essa coerência poderá mesmo justificar o seu desenvolvimento).

A codificação implica sempre um risco de cristalização dos conteúdos, perdendo-se assim a adaptabilidade característica da regra consuetudinária; no entanto, a diminuição da incerteza sobre a existência e conteúdo das normas parece sobrepesar no Direito Internacional contemporâneo. O processo de codificação tem sido levado a cabo pela Assembleia Geral das Nações Unidas (por força da própria ↗Carta das Nações Unidas) e inicia-se com a decisão desta sobre o âmbito em relação ao qual esse processo se dirigirá, podendo já aqui acolher sugestões da Comissão de Direito Internacional. Seguidamente, a mesma Assembleia confiará a preparação de um projeto a um órgão permanente ou a um comité temporariamente constituído para o efeito. A preferência vai normalmente para a referida Comissão de Direito Internacional, órgão composto por 34 juristas independentes, que garante não apenas a representação das principais formas de civilização e sistemas jurídicos mundiais, como ainda um grande rigor técnico e científico.

Elaborado o projeto (eventualmente mais do que um), a Assembleia Geral decide do destino a dar-lhe, o qual pode variar entre a mera chamada de atenção dos Estados para o seu conteúdo e importância e a sua adoção (com ou sem emendas), seguida do convite à vinculação dos Estados. A prática mais corrente é, no entanto, intermédia, consistindo em convocar uma conferência internacional que deverá negociar e adotar o texto em definitivo. Este processo conseguiu, ao longo de cerca de cinquenta anos, promover a codificação de importantíssimos textos, logrando ultrapassar as dificuldades resultantes da bipolarização que caracterizou as relações internacionais e o funcionamento da ↗ONU até aos anos 1990. *[R.M.]*

Coesão económica e social

A coesão económica e social constitui o objetivo das políticas de promoção do crescimento de regiões desfavorecidas de forma a dotá-las de capacidade de desenvolvimento endógeno e aproximando-as do nível de desenvolvimento de outras regiões. No contexto da política de desenvolvimento regional da União Europeia, institucionalizada pelo Ato Único Europeu (primeira revisão dos tratados fundadores da União Europeia), em 1987, este objetivo tem sido prosseguido pela aplicação de instrumentos financeiros e estruturais, tais como o Fundo Social Europeu (FSE), o Fundo Europeu de Desenvolvimento Regional (FEDER) e o Fundo Europeu de Orientação e Garantia Agrícola (FEOGA), passando este a ser substituído pelo Fundo Europeu Agrícola de Desenvolvimento Rural (FEADER) e pelo Fundo Europeu Agrícola de Garantia (FEAGA), em janeiro de 2007. A estes fundos estruturais, foi acrescentado o Fundo de Coesão pelo Tratado da União Europeia de 1992 (artigo 177.° do TFUE de 2009), com o objetivo de reforçar a coesão económica, social e territorial da União Europeia, tendo em vista a promoção de um desenvolvimento sustentável. *[I.C.L.]*

Coesão política UE-27

A coesão política da União Europeia (dos 27 Estados-membros) é a atual dimensão de governança desta comunidade de países, através da consequente ação das políticas e programas de coesão em curso. Este projeto edifica-se e tem detalhe pragmático nas dimensões económica e social – o objetivo da coesão económica e social está consagrado no Ato Único Europeu (1986) – e também na dimensão territorial – aprovada pelo Tratado de Lisboa (2007) –, e tem presentemente emergência uma opção de dimensão política, tanto no sistema/modalidade de governança europeia como pelo próprio contexto pós-Brexit (saída do Reino Unido) e do caso constitucional espanhol associado ao nacionalismo catalão (Catalunha).

Esta realidade tem sido dinâmica face ao processo de integração europeia progressivamente encetado, à estratégia comum de políticas setoriais consagradas no Esquema de Desenvolvimento do Espaço Comunitário (1999) e também na perspetiva realista de sistema prospetivo de governação em "permanente construção", por contraponto ao chamado efeito de "coesão estatística" evidenciado aquando da entrada dos dez novos países da Europa Central e Oriental, determinando então um outro quadro de diagnóstico do estado económico-social e níveis de desenvolvimento intrarregional do próprio espaço europeu e sua comunidade de povos.

A coberto dos artigos 174.° a 178.° do Tratado sobre o Funcionamento da União Europeia (TFUE; JO C202/47, de 7.6.2016) conjuga-se e é reforçada esta trilogia do conceito/governança para a Coesão e implementa-se uma política supranacional articulada, estruturante e de estratégia de desenvolvimento comum, suportada em fundos estruturais/apoios financeiros então recorrentes, aprovados no passado pelo Fundo

Social Europeu (FSE), e mais tarde outros fundos, um dos quais criado em 1975, o Fundo Europeu de Desenvolvimento Regional (FEDER), e em 1994, o Fundo de Coesão (FC).

Em 2010, processa-se a implementação da estratégia *Europa 2020: Estratégia para um crescimento inteligente, sustentável e inclusivo*, em que os Estados-membros e as regiões europeias com disparidades de níveis e de dinâmicas económico-sociais são classificadas em três grupos de áreas-quadro de desenvolvimento territorial, sendo, então, identificadas e candidatas aos fundos estruturais e de coesão uma grande parte dessas regiões europeias, no caso, as identificadas regiões menos desenvolvidas e cujo rendimento nacional bruto *per capita* fosse inferior a 90% da média da UE. Neste caso, são identificados territórios e regiões com problemas estruturais recorrentes, como zonas rurais, zonas industriais em declínio ou em transição tecno-económica, zonas regionais com limitações naturais ou demográficas graves e permanentes, como por exemplo os casos das regiões nórdicas com povoamento muito baixo, zonas insulares (ultra) periféricas, parte das zonas transfronteiriças e espaços da grande montanha europeia.

Após cinco períodos de programas (com duração de sete anos cada) dos Quadros Financeiros Plurianuais de Apoio/QCA, o quadro de apoio 2014-2020 foi a primeira geração de caso instituído a ato juridicamente vinculativo, não mais correspondendo a um mero formalismo de Acordo Interinstitucional da União Europeia. Essa política de apoio prescrito à coesão (2014-2020) tem quatro áreas prioritárias dos investimentos para esse desenvolvimento comum e de partilha de objetivos: investigação e inovação; tecnologias de informação e comunicação; aumento da competitividade das PME; e apoio à transição para uma economia assente em baixo nível de emissões de carbono.

Após 2020, esta estratégia de coesão está esboçada e tem definido cinco objetivos de ação política para os comuns fundos estruturais (FEDER, FSE+, FC e Fundo Europeu de Apoios Marítimos e as Pescas, FEAMP, com valor total estimado em cerca 25 736 milhões de euros), no caso: Europa mais inteligente; Europa mais verde e hipercarbónica; Europa mais conectada; Europa mais social; e Europa mais próxima dos cidadãos.

A dimensão reforçada de coesão política da UE-27 pressupõe sempre um grau de adequação e mudança da evolução progressiva do próprio projeto europeu, quer nos campos da cooperação política multilateral dos Estados, do modelo de governança estratégica e interinstitucional acordado para alcançar um desenvolvimento justo e equilibrado entre regiões e povos europeus, quer de partilha comum e solidária de recursos nacionais, quer do próprio entendimento "de perda de soberania" e do exercício do poder soberano de cada Estado-membro. O caminho já está em marcha, pois são os acontecimentos vividos por três gerações de povos da Europa, as suas experiências acumuladas e realizadas, os projetos executados e também avaliados e os novos contextos e riscos externos percecionados que dão horizontes de esperança para alcançar um último e possível desígnio geopolítico para o espaço europeu – os "Estados Unidos da UE-27".

A diversidade política e cultural europeia será sempre o substrato permanente da Europa dos Povos e também da Europa das Nações, mas esta não é contraditória nem é a soma última de uma realidade – a unidade europeia. Unidade e diversidade não se apagam nem são redutoras para a solução de unir a UE-27, de esta coexistir como interesse coletivo e projeto permanente a edificar. É através do pensamento político lúcido, respeitador da soberania dos povos e suas comunidades e dos seus periódicos veredictos democráticos, de gestão de forças contraditórias – do "jogo policêntrico de políticas e de causas comuns" – e da sua correspondente atuação *pro bono* que se estrutura o futuro dessa unidade com estratégia de coesão evidenciada e fundada em 4 C's: Convergência, Competitividade, Cooperação e Codecisão. É uma via experimentada e conducente ao almejado desígnio e ideia de "projeto europeu". Não há só uma via nem um *timing* para tal meta porque são várias as configurações para concretizar essa realidade e de unidade coesa de nações e povos da UE-27. Para Jean F. Billeter, esse projeto contempla a possibilidade de partilha de poderes, um dos quais é a esfera do cidadão se realizar como sujeito "livre" e "autónomo", em plena consciência e autoconhecimento. *[J.C.Lo.]*

Coligação (governo)

Se considerarmos a política como a arte da negociação, compreendemos a necessidade de governos de coligação. A existência de governos de coligação pretende permitir não só a tomada de poder como também garantir a governabilidade. Na Europa, é vulgar a existência de governos de coligação. Desde o sistema de cinco partidos, liderados pelo Partido da Democracia-Cristã, em Itália, até ao final dos anos 1980, passando pelo forte sistema alemão, que tem tido na grande coligação CDU-SPD um sinal muito importante para atingir a governabilidade. Atualmente existem vários governos de coligação em quase todos os países da ↗União Europeia. As coligações podem ser eleitorais, as quais, em caso de vitória, permitem governar, ou podem ser motivadas por exigências resultantes de crises económicas e sociais.

Portugal teve várias experiências de coligações. Desde logo, a direita parlamentar soube, por várias vezes, fazer coligações de governo. Com a Aliança Democrática, juntando o Partido Social Democrata (PSD), Centro Democrático Social (CDS) e Partido Popular Monárquico (PPM), foi possível uma coligação eleitoral que governou o País entre 1979 e 1983. Em 2002, foi possível ao PSD de Durão Barroso convidar o CDS de Paulo Portas para uma coligação de governo pós-eleitoral. Em 2011, na sequência de uma forte crise económica e social, que resultou num pedido de ajuda externa, o PSD de Pedro Passos Coelho voltou a formar um governo de coligação pós-eleitoral com o CDS de Paulo Portas. Confiantes num bom resultado, em 2015, formaram uma nova coligação eleitoral, "PAF – Portugal à Frente", a qual, apesar de vencer as eleições, não conseguiu formar governo. No quadro de uma outra ajuda externa, o Partido Socialista (PS) e o PSD, em 1983, constituíram uma grande coligação pós-eleitoral, conhecida como Bloco Central. Considerada como um corpo estranho no sistema político português, durou somente dois anos e permitiu concluir a entrada de Portugal na então ↗Comunidade Económica Europeia. À esquerda nunca foi possível fazer uma coligação eleitoral, e mesmo a convergência com Bloco de Esquerda e Partido Comunista Português, que permitiu ao PS governar a partir de 2015, que ficou conhecida como "geringonça", nunca foi assumida como tal. *[A.T.]*

Colonialismo

Teoria ou prática de estabelecer controlo sobre um território estrangeiro e transformá-lo numa colónia. O colonialismo é, então, uma forma particular de imperialismo. Na sua essência, envolve direitos desiguais, separação e exploração deliberada. É geralmente caracterizado pelo povoamento e domínio económico. Envolve a colonização de territórios estrangeiros, a manutenção de poder sobre uma população subordinada e a separação do grupo dominante da população. A relação entre o país-mãe e a colónia é, por norma, de exploração. O governo colonial é controlado por uma comunidade estabelecida no país colonizado, oriunda da metrópole, etnicamente distinta da população nativa. Marcas características incluem domínio político e legal por uma minoria estrangeira, exploração e dependência económica e desigualdade racial e cultural. Contrariamente ao ↗imperialismo, que pode envolver assimilação total, o colonialismo envolve uma separação mais ou menos estrita do centro metropolitano, pelo facto de as colónias servirem as necessidades do poder colonial e dessa forma ocuparem um lugar de subjugação.

A justificação para a aquisição de colónias radica na intenção de aumentar a riqueza e bem-estar do poder colonial, através da extração de recursos naturais e matérias-primas a melhor preço do que aquele a que seriam adquiridos no mercado tradicional, ou ainda através da manutenção de mercados para os seus produtos com tarifas vantajosas.

Historicamente, o fenómeno está associado à Europa. As maiores potências coloniais entre os séculos XV e XIX foram Portugal, Espanha, Holanda, Grã-Bretanha e França. A estes juntaram-se, já em finais do século XIX, inícios do século XX, a Bélgica, Alemanha, Itália, Estados Unidos da América, Japão e Rússia. Os alvos destes movimentos de competição e penetração foram as Américas, África, Ásia e Australásia.

O colonialismo e a sua antítese, o ↗anticolonialismo, têm sido forças maiores na formação do caráter político e económico do mundo moderno. Até ao século XIX, entendido como consequência inevitável da política das grandes potências, era prática comum, gerando pouca oposição. Com a ascensão do ↗liberalismo, ↗nacionalismo e, especialmente, com a crítica marxista/leninista aos procedimentos socioeconómicos e políticos convencionais, o conceito e as práticas associadas ao colonialismo começaram a ser entendidas como ilegítimas. De facto, o sucesso do movimento anticolonial esteve diretamente relacionado com as doutrinas e ideologias desenvolvidas nos próprios países colonizadores. A incorporação de ideias de ↗autodeterminação, ↗soberania, ↗independência e igualdade formal nas maiores instituições da comunidade internacional assegurou o fim do ideal colonial. As Nações Unidas têm liderado o movimento anticolonial, e a Assembleia Geral, em particular, tem sido o ator mais importante na efetivação da sua quase total rejeição.

Estes temas são ecoados no termo neocolonialismo, que se refere à continuidade de dominação dos Estados independentes pós-coloniais pelo mundo desenvolvido. A dependência em termos de investimento externo, capacidade técnica e formação de pessoal, bens manufaturados e mercados, é entendida por muitos países em desenvolvimento como produto deliberado do colonialismo. Deste modo, a ajuda não é humanitária ou altruísta. É um pagamento atrasado pela exploração passada ou uma tentativa por parte do dador em obter concessões políticas. Em qualquer dos casos, o desenvolvimento desigual persiste. *[F.S. / R.R.]*

Colonialismo interno

Termo usado em Relações Internacionais em sentido económico e político. Economicamente, o colonialismo interno refere-se ao subdesenvolvimento de um Estado ou região resultante de trocas desiguais entre a periferia e o centro. Empregue por Gramsci e Lenine, sublinhava as políticas económicas discriminatórias do Estado central (Itália e Rússia) e as suas consequências para as regiões. Basicamente, envolvia um contraste claro entre a riqueza das áreas centrais urbanas e a pobreza das áreas rurais periféricas. Está particularmente associado a teorias de desenvolvimento e era frequentemente empregue por analistas marxistas e neomarxistas do ↗*apartheid* na África do Sul para explicar as disparidades de riqueza e privilégios entre brancos e negros.

No segundo sentido, o termo é usado para descrever divisões culturais e políticas, mais do que divisões puramente económicas. Por exemplo, no Reino Unido, o colonialismo interno refere-se à relação entre Inglaterra (o centro) e a Escócia, Irlanda e País de Gales. Estes três Estados tenderam a desenvolver economias de exportação especializadas às necessidades do centro e, em vez de assimilação política, mantiveram tradições culturais e políticas separadas. Então, politicamente, o termo está próximo das teorias do ↗imperialismo, ↗nacionalismo e secessionismo. *[F.S. / R.R.]*

Comércio internacional

Compra e venda de bens e serviços, especialmente entre países, com a particularidade de o comércio internacional envolver, regra geral, a utilização de diversas moedas e estar sujeito a regulamentações adicionais tais como tarifas, quotas e controlos cambiais. O comércio internacional compreende quatro grandes categorias: as mercadorias, isto é, todos os bens materiais como géneros alimentícios, vestuário, matérias-primas e maquinaria; os serviços, que abrangem produtos como o turismo, os serviços bancários e as telecomunicações; a propriedade intelectual, que diz respeito ao comércio e ao investimento em ideias e criatividade (direitos de autor, *design* industrial, direitos dos artistas, etc.); e o ↗investimento direto estrangeiro (IDE), que ocorre quando uma empresa de um país adquire ou cria uma empresa noutro país – cerca de 48% dos fluxos de IDE dizem respeito aos serviços, 42% à indústria manufatureira e 4% ao setor mineiro (incluindo o petróleo).

O comércio, no sentido da troca de bens e serviços (respetivamente, 80% e 20% do comércio internacional) entre pessoas à distância tem uma longa história. Grandes impérios comerciais surgiram desde que viagens regulares de longo curso se tornaram possíveis. Mas o comércio internacional, a troca de bens e serviços entre nações, por definição, surgiu apenas com o estabelecimento do Estado-nação, uma vez que estes, necessitando de receitas, principalmente para financiar as suas campanhas militares, viam no comércio uma boa fonte de rendimento.

Hoje, todos os países negoceiam internacionalmente e, à exceção de casos como a Coreia do Norte, negoceiam proporções significativas do seu rendimento nacional. Cerca de 20% da produção mundial é negociada e uma proporção bastante maior é potencialmente objeto de competição internacional, levando a que o comércio alcance níveis sem precedentes. O comércio é um mecanismo central para o movimento de bens e, cada vez mais, de serviços, à volta do globo e é também central na transferência de tecnologia. Ligando mercados nacionais a mercados internacionais – a abertura de mercados nacionais ao comércio teve efeitos fundamentais no desenvolvimento de novas formas de competição e na transformação das economias domésticas –, o comércio, ao presente, constitui parte integral da estrutura de produção nacional dos Estados modernos.

São várias as razões pelas quais os países desenvolvem o comércio internacional. Em muitos casos, certos bens não existem a nível doméstico. Outras vezes, apesar do país ter recursos próprios, estes podem ser insuficientes para responder à procura da população. No caso de produtos como computadores e reatores nucleares, os países não dispõem de capacidade tecnológica para os produzir dentro das suas fronteiras. Noutros casos ainda, como acontece com os sapatos e os têxteis, os países podem ter capacidade para responder à procura através dos seus próprios meios, mas decidem obtê-los de produtores estrangeiros, visto serem mais baratos para os consumidores. Da mesma forma, os países exportam determinados bens por diversas razões, sendo uma delas simplesmente a de obter os recursos necessários para pagar as suas importações. Os países também procuram ampliar as suas exportações porque os mercados estrangeiros oferecem oportunidades adicionais para o crescimento das suas indústrias domésticas, incluindo um maior número de empregos dentro do país.

O comércio internacional está a evoluir rapidamente para um comércio global. A globalização do comércio envolve mais do que uma simples troca de bens e serviços entre diferentes economias, uma vez que sugere a emergência de mercados mundiais para os bens e serviços comercializados. Certamente, isto não obriga a que todos os países negoceiem com todos os outros; apenas revela a existência de um sistema de negócios no qual a atividade comercial entre dois países possa afetar as relações comerciais entre os outros. Mais especificamente, a globalização do comércio implica a existência de níveis significativos de comércio inter-regional, de tal modo que os mercados que negoceiam bens funcionem mais a nível global do que a nível intrarregional. Assim, para que um mercado global exista, tem de haver níveis significativos de troca de bens ou serviços a nível inter-regional. À medida que a competição transregional evolui, a procura e oferta de bens desenvolve-se progressivamente a nível global: as empresas disponibilizam os bens em todo o globo e têm que responder à competição de outros. Esta competição pode assumir diferentes formas, de tal modo que os mercados globais podem refletir condições de oligopólio, mais do que de competição perfeita, com alguns grandes produtores a dominar o setor comercial.

A ↗globalização do comércio implica a existência de mercados globais para produtos e serviços que transformam as economias nacionais, na medida em que a produção é crescentemente condicionada por forças competitivas globais. Dentro das economias, o comércio também tem impacto a nível distributivo, na medida em que torna alguns grupos mais ricos que outros. Os países ligados pelo comércio poderão igualmente ter diferentes níveis de rendimento, e a natureza e acesso aos mercados também varia. O desenvolvimento das infraestruturas de transporte facilitou grandemente o comércio. Além disso, as dificuldades relativas à garantia dos direitos de propriedade em mercados distantes culminaram na institucionalização de acordos de comércio. Redes e mercados de comércio global têm surgido ao longo dos tempos, assumindo diferentes formas históricas. As relações comerciais também têm sido institucionalizadas, uma vez que padrões legais globais emergiram para regular a condução e a política comercial das nações e empresas.

O livre comércio traz consigo numerosos benefícios, mas também possíveis custos. Se os países estão interessados em desenvolver no seu território "indústrias nascentes", que ainda não são competitivas com os produtores estrangeiros mais bem estabelecidos e mais eficientes, o livre comércio pode resultar num fluxo de importações baratas que superam as linhas domésticas e impedem que as novas empresas locais cresçam. Em muitos casos, a oposição interna ao livre comércio vem, não das indústrias nascentes, mas dos trabalhadores e gerentes de algumas indústrias antigas que não se adaptaram às condições de mudança e se tornaram ineficientes face aos seus concorrentes estrangeiros. Pelo menos no curto prazo, o mercado livre pode afetar desfavorável e severamente estas indústrias locais, levar ao encerramento de empresas e aumentar o desemprego.

Especializando-se em certas áreas económicas e dependendo das indústrias estrangeiras para a obtenção de outros bens necessários, os países arriscam-se a ficar excessivamente dependentes das fontes externas de bens e serviços que em certos momentos podem ser suspensas, nomeadamente em situações de guerra ou de crise. As pressões tendentes à restrição de importações podem também originar-se quando os países se encontram em situação de balança comercial negativa, isto é, quando o valor das suas importações excede o das suas exportações, o que significa que o país pode estar a viver para além das suas capacidades e meios. Mesmo as exportações, que se esperaria que os governos promovessem da melhor forma possível, podem ver-se reduzidas se o efeito de vender certos bens no mercado mundial produzir escassez e aumento dos seus preços a nível local. Por todas estas razões, os governos nacionais optam, por vezes, por restringir em vez de expandir o comércio.

Existem diversos sistemas mediante os quais os governos tentam proteger os produtores nacionais da concorrência estrangeira, todos com o objetivo de limitar o comércio internacional. O aspeto mais elementar consiste em proibir que entrem em território nacional certos produtos estrangeiros ou impor quotas respetivas ao volume máximo de importações permitidas. Instrumento mais comum são as tarifas ou impostos às importações, as quais têm por efeito incrementar o preço de venda de tais bens em relação aos produtos nacionais, tornando estes últimos mais atrativos para os consumidores.

Desde a sua criação, o Estado-nação tem usado a proteção comercial como forma de aumentar rendimentos, gerir dificuldades na balança de pagamentos e promover a indústria nacional. Em finais do século XX, constrangimentos institucionais, bem como custos económicos, limitaram severamente o âmbito do protecionismo nacional. Hoje, não só as tarifas e restrições de quotas, mas também políticas de apoio à indústria nacional e mesmo leis internas relativas à competição negocial e regras de segurança, são sujeitas ao crescente escrutínio e regulação nacional. A experiência histórica de alcançar desenvolvimento económico através do protecionismo, apesar de mista, é agora uma opção política diminuída, tal como a crise asiática de 1997 demonstrou. A ↗autarcia está também apagada da agenda política.

O entusiasmo recente por políticas de capital humano – educação e formação – reflete não só o interesse académico e político no potencial destas medidas para melhorar algumas das consequências adversas do comércio global livre, mas também a aparente exclusão de outras opções políticas. A este respeito, a globalização contemporânea do comércio transformou a autonomia do Estado e induziu mudanças nas políticas estatais. Além do mais, a regulação global do comércio, através da ↗Organização Mundial de Comércio (OMC), implica uma renegociação significativa da noção vestefaliana de ↗Estado soberano. *[F.S. / R.R.]*

Comissão do Oceano Índico (COI)

Commission de l'Océan Indien

Criada em 1982 por Madagáscar, Maurícia e Seicheles, e institucionalizada dois anos depois pelo Acordo de Vitória, tem por objetivo reforçar os laços entre os países do Sudoeste do Oceano Índico, principalmente nos domínios económico, social, cultural e técnico. Para o financiamento dos seus projetos, a COI recebe uma ajuda importante da União Europeia, através do Fundo Europeu para o Desenvolvimento. Organização internacional com uma identidade insular e francófona, com o objetivo de a tornar mais dinâmica, em 2020 foi revisto o Acordo de Vitória, procurando dotar a organização da capacidade de conduzir ações coletivas e conferir um caráter estatutário à Cúpula dos Chefes de Estado e de Governo. Atualmente, são membros os Estados fundadores, a União das Comores e a França (em representação da Ilha da Reunião), e membros observadores a China, Índia, Japão, Malta, União Europeia, ONU e a Organização Internacional da Francofonia. Tem sede em Quatre Bornes, na Maurícia. *[D.F./R.R.]*

Comissão Europeia

A Comissão Europeia é uma das instituições da ↗União Europeia previstas nos Tratados e composta por um comissário por Estado-membro, estando este vinculado aos interesses da União sem interferências na sua atuação por parte do Estado do qual provém. Com um mandato de cinco anos, esta instituição concretiza-se através de um conjunto de Direções-Gerais e de outros serviços e agências, às quais incumbe executar as competências da Comissão.

É da responsabilidade do ↗Conselho Europeu a propositura de um Presidente para a Comissão, cujas orientações políticas são posteriormente apresentadas ao ↗Parlamento Europeu, que vota por maioria absoluta; caso seja reprovada a proposta, o Conselho dispõe de um mês para a identificação de um novo candidato para a função. Os restantes comissários serão definidos pelo Presidente eleito, em articulação com os Governos dos Estados-membros, tendo também os comissários que apresentar as suas orientações nos domínios para os quais foram escolhidos ao Parlamento Europeu. Este último vota individualmente cada candidato e o colégio no seu conjunto. Após este trâmite, o Conselho nomeia os Comissários. Como ilustra a participação do Parlamento Europeu no processo decisório da constituição da Comissão, esta instituição é democraticamente responsável perante o Parlamento, ao qual também compete a destituição daquele órgão colegial.

A Comissão Europeia, ainda que dentro de um quadro de equilíbrio interinstitucional, é um dos agentes mais importantes nos processos de integração e de definição da estratégia global da UE, assim como das suas orientações políticas, transpostas para medidas concretas atualizadas e reportadas anualmente. À Comissão compete ainda a elaboração e execução de políticas, gozando do direito de iniciativa legislativa e encaminhando as suas propostas para o Parlamento Europeu e o ↗Conselho da União Europeia. É igualmente responsável pela gestão do orçamento da UE e considerada a "guardiã dos tratados", uma vez que monitoriza e garante, juntamente com o ↗Tribunal de Justiça da União Europeia, a implementação e o cumprimento do Direito da UE pelos Estados-membros.

A Comissão Europeia está formalmente representada pelas suas Delegações, geridas pelo ↗Serviço Europeu para a Ação Externa, com o objetivo de divulgar e promover os interesses da União Europeia no resto do mundo. *[J.C.G. / A.P.M.]*

Comissões parlamentares

Os trabalhos parlamentares estruturam-se normalmente em torno de comissões especializadas, subgrupos do universo dos membros eleitos do parlamento, com representação dos diferentes partidos políticos com assento parlamentar, proporcional à sua expressão eleitoral. As comissões são, regra geral, temáticas, por áreas de políticas e procedem ao acompanhamento da produção legislativa (inclui votação na especialidade) e da execução de políticas. Legislatura a legislatura, definem-se o leque, as temáticas e a composição das comissões permanentes, mas há também comissões eventuais *ad hoc* para o acompanhamento de temas prementes da atualidade política, mormente comissões de inquérito parlamentar, estas com estatuto especial para a investigação sobre o tema e/ou entidade(s) visados. As comissões constam do artigo 178.° da Constituição da República Portuguesa. *[C.T.R.]*

Comité das Regiões (União Europeia)

Apesar de a Assembleia Parlamentar Europeia ter proposto na década de 1960 a criação de um comité consultivo sobre as economias regionais, o antecedente direto do Comité das Regiões foi o Conselho Consultivo das Autoridades Locais e Regionais (CCALR), constituído a 24 de junho de 1988. A formação do CCALR está relacionada com as alterações efetuadas na política regional europeia. Desde o Ato Único Europeu, em 1986, que a política regional deixou de ser uma atribuição estrita dos Estados-membros para passar a ser concomitantemente uma responsabilidade da Comissão. Caminhar na direção do mercado único exigia uma maior participação dos poderes locais e regionais na formulação e na aplicação dos fundos comunitários. Razões de eficiência e de legitimidade democrática impunham um diálogo estruturado com os poderes locais e regionais. No entanto, o facto de os membros do CCALR serem nomeados pela Comissão e de os seus pareceres não serem vinculativos mostrou a sua insuficiência, em termos de independência, representatividade e compromisso. Havia, pois, que evoluir para um órgão com efetiva representatividade dos poderes locais e regionais.

Depois de o Conselho Europeu de Roma de 14 e 15 de dezembro de 1990 ter reconhecido a importância de países como a Alemanha, a Bélgica e a Espanha terem trazido as autoridades locais e regionais para o processo de decisão europeu, o Conselho Europeu de Maastricht, realizado a 9 e a 10 de dezembro de 1991, decidiu criar o Comité das Regiões, com um duplo objetivo: formatar a legislação europeia e atuar como um elo de ligação direta entre as instituições europeias e os cidadãos europeus. Neste quadro, tendo em conta os objetivos da coesão económica e social e o princípio da subsidiariedade, a criação do Comité das Regiões foi inscrita no ↗Tratado da União Europeia, assinado em Maastricht em 1992. No Tratado da União Europeia, Capítulo IV, artigo 198.º-A pode ler-se: "É instituído um comité de natureza consultiva composto por representantes das coletividades regionais e locais, adiante designado por 'Comité das Regiões'". A cada um dos doze países membros foi atribuído um determinado número de representantes efetivos e igual número de suplentes. Por altura da sua constituição ficou com 189 membros efetivos e outros tantos suplentes. Portugal tem atualmente 12 representantes. Dez presidentes de Câmara e os presidentes dos governos regionais dos Açores e da Madeira. Os seus membros são designados por resolução do Conselho de Ministros, após auscultação da Associação Nacional dos Municípios Portugueses, existindo uma preocupação de garantir uma representação equitativa face ao território nacional e à representatividade político-partidária.

O Comité das regiões designa de entre os seus membros um Presidente e a Mesa, por um período de dois anos. Por acordo entre os Grupos Políticos, a Presidência é rotativa. Como o mandato dos membros é de quatro anos, o presidente fica nas funções durante os primeiros dois anos e, na segunda fase do mandato, quem esteve com a vice-presidência assume a presidência. O Comité seria consultado pelo Conselho ou pela Comissão para emitir pareceres sobre as áreas da coesão económica e social; saúde pública; redes transeuropeias de transportes, energia e comunicações; educação e juventude e cultura. O Comité ficou também com o poder de emitir parecer por sua própria iniciativa sempre que considerar oportuno.

Com o Tratado de Amesterdão foi reforçado o seu grau de autonomia administrativa na medida em que passou a aprovar o seu regulamento interno, até aqui nas mãos do Conselho, e porque foi alargado o âmbito das áreas com consulta obrigatória. Por outro lado, também por este Tratado, o Comité passou a poder ser consultado pelo ↗Parlamento Europeu, razão que explica o facto de, à luz do artigo 263.º (ex-artigo 198.º-A), nenhum "membro do Comité poderá ser simultaneamente membro do

Parlamento Europeu". O Tratado de Nice reforçou a sua legitimidade democrática ao estipular que todos os membros do CdR devem ter um mandato eleitoral ou politicamente responsáveis perante uma Assembleia eleita, cessando o mandato no termo dos mandatos que deram origem a essa representação. Fixou a sua composição em número não superior a 350 e igual número de suplentes. O CdR organizou-se em torno dos cinco grupos políticos: o Partido dos Socialistas Europeus [PES]); o Partido Popular Europeu [PPE]; a Aliança dos Liberais e Democratas para a Europa [ALDE]; o Aliança Europeia [EA]; e o Grupo dos Europeus Conservadores e Reformistas [ECR Group], que entrou em 2013. Os Grupos Políticos desempenharam um papel essencial, quer na definição das suas prioridades políticas e estratégicas, quer no apontamento dos relatores, organização e coordenação das resoluções e declarações. O Tratado de Amesterdão duplicou o número de áreas em relação às quais o Conselho ou a Comissão tem o dever de consultar o Comité, nomeadamente na Política de Emprego; Política Social; Ambiente; Formação Profissional e Transportes. Assim, o Comité passou a ter uma palavra em matérias da coesão económica e social; saúde pública; transportes e redes transeuropeias; energia e comunicações; educação, juventude e cultura.

Imediatamente a seguir ao Tratado de Nice, o CdR teve um importante papel no debate lançado pela Comissão Europeia com o *Livro Branco sobre a Governação Europeia*. Passou a participar no processo legislativo a montante das propostas legislativas, emitindo pareceres e opiniões sobre o impacto territorial, podendo propor medidas muito antes do processo de decisão. Este novo método de trabalho foi assumido no primeiro Protocolo de Cooperação entre a Comissão Europeia e o CdR, assinado em 20 de setembro 2001. A partir de 6 de fevereiro de 2002, o CdR adotou uma nova estrutura para as suas comissões: Comissão para a Coesão Territorial (COTER); Comissão para a Político Económica e Social (ECOS); Comissão para o Desenvolvimento Sustentável (DEVE); Comissão para a Cultura e a Educação (EDUC); Comissão para os Assuntos Constitucionais e a Governação Europeia (CONST); e Comissão para as Relações Externas (RELEX). Em março de 2002, o Parlamento Europeu usou da prerrogativa de consulta ao CdR.

Com a aplicação do ↗Tratado de Lisboa, em dezembro de 2009, o CdR afirmou-se como uma Assembleia Política e passou a ter que dar parecer sobre um número mais alargado de matérias e, por vezes, antes da legislação ser adotada. O Tratado também passou a exigir o impacto financeiro das propostas de legislação nos níveis local e regional, bem como, em casos de uma diretiva, a avaliação das suas implicações nas regras que terão que ser postas em práticas nos Estados membros, incluindo, se necessário, a legislação regional. O Tratado de Lisboa deu o direito ao Comité para recorrer ao Tribunal de Justiça Europeu sempre que estejam em causa as suas prerrogativas ou tenha sido posto em causa o princípio da subsidiariedade. Isto significa que o CR tem um papel decisivo na defesa e garantia da subsidiariedade. Com o Tratado de Lisboa, introduziram-se novas mudanças e competências no Comité, das quais importa destacar: o direito de recurso ao Tribunal de Justiça para proteger os seus direitos ou para garantir o cumprimento do princípio da subsidiariedade no que respeita à legislação europeia; o CdR deve ser envolvido em todo o processo legislativo como consulta obrigatória, não apenas pela Comissão e pelo Conselho, mas também pelo Parlamento Europeu; para colocar os mandatos dos membros do CdR em linha com os do Parlamento Europeu, o Tratado estendeu o mandato dos seus membros de quatro para cinco anos; o Presidente e o Bureau, responsável pelo estabelecimento da ordem de trabalhos, assumiam o mandato por dois anos e meio.

A 17 de junho de 2009, o CdR lançou um processo de consulta pública – *Livro Branco sobre a Governação Multinível* –, tendo em vista elaborar um *draft* de Carta por uma visão comum e partilhada sobre a governação europeia no coração dos valores europeus. O CdR renovou mais tarde o seu compromisso com a construção de uma cultura europeia de governação multinível.

Em síntese, é possível dizer que o Comité das Regiões se tornou num órgão essencial ao diálogo entre as autoridades locais e regionais com o Parlamento, a Comissão e o Conselho e fator decisivo no cumprimento dos deveres de respeito pelos princípios de subsidiariedade e de proporcionalidade e prova de uma verdadeira abordagem de governação multinível. A voz dos cidadãos na União Europeia. *[J.L.C.]*

Commonwealth

Associação política de Estados cuja raiz está associada ao Império Britânico, embora os dois Estados mais recentes que se juntaram ao grupo, Moçambique e o Ruanda, não tivessem ligações a este Império. O termo surgiu pela primeira vez em 1921, no Tratado de Londres, que reconheceu a existência de um novo domínio, o Estado livre da Irlanda, que se juntou a outros domínios: Canadá, Austrália, Nova Zelândia e União Sul Africana. Em 1931, o estatuto de Westminster, preparado pelo relatório Balfour, substituiu o Império por uma comunidade de nações britânicas (*British Commonwealth of Nations*) ligadas à coroa britânica, por sua livre vontade de associação. Em 1932, os acordos de Otava estabeleceram o princípio de uma "preferência imperial". A descolonização obrigou a reconsiderar as definições anteriores, sendo que, em 1949, a *Commonwealth* foi estabelecida no formato em que hoje a conhecemos, definindo-se como um conjunto multiétnico e multilinguístico que trabalha com base num princípio de cooperação voluntária igualitária. A declaração de princípios da *Commonwealth*, redigida em Singapura em 1971, precisa a este respeito: "a *Commonwealth* associa os esforços dos seus membros para trabalhar na prossecução de um mundo governado pela cooperação internacional e o respeito das nações, porque estes são os fundamentos necessários à paz e ao desenvolvimento económico e social". A 11 de março de 2019, a *Commonwealth* celebrou 70 anos de existência.

A *Commonwealth* reúne Estados de todos os continentes, heterogéneos quer em termos económicos, quer em termos culturais e sociais. Os seus 53 membros refletem esta diversidade: África do Sul, Antígua e Barbuda, Austrália, Baamas, Bangladesh, Barbados, Belize, Botswana, Brunei, Camarões, Canadá, Chipre, Dominica, Fiji, Gâmbia, Gana, Granada, Guiana, Ilhas Maurícias, Ilhas Salomão, Índia, Jamaica, Kiribati, Lesoto, Malásia, Malawi, Malta, Moçambique, Namíbia, Nauru, Nigéria, Nova Zelândia, Papuásia-Nova Guiné, Paquistão, Quénia, Reino de Essuatíni, Reino Unido, Ruanda, São Cristóvão e Neves, Samoa Ocidental, Santa Lúcia, São Vicente e Granadinas, Seicheles, Serra Leoa, Singapura, Sri Lanka, Tanzânia, Tonga, Trindade e Tobago, Tuvalu, Uganda, Vanuatu, e Zâmbia.

Liderada pelo monarca do Reino Unido (*Head of the Commonwealth*) – a rainha Isabel II ocupa estas funções desde o início do seu reinado, há mais de 60 anos –, cujas funções são essencialmente simbólicas, a Associação está organizada em torno de quatro instituições principais. O Secretariado-Geral, sediado em Londres, promove o diálogo e colaboração entre os membros, sendo as suas funções prosseguidas a nível intergovernamental. O Secretário-Geral representa a *Commonwealth* publicamente. O Grupo de Ação Ministerial foca a sua atuação em situações de violação grave e persistente dos valores políticos da Associação, recomendando medidas para ação coletiva. Este Grupo tem autoridade para suspender ou mesmo recomendar aos líderes da *Commonwealth* a expulsão de um membro. É formado por um representante do

Líder-em-Exercício e por oito ministros dos Negócios Estrangeiros de países membros, que cumprem mandatos de dois anos. O Conselho de Governadores aprova o plano de ação e o orçamento, reunindo anualmente, e estando aqui representados todos os países membros. O Líder-em-Exercício é o chefe de Estado do país responsável pela organização da Cimeira de Chefes de Estado, que decorre a cada dois anos. É responsável por representar a *Commonwealth* em diferentes fóruns e reforçar o papel do Secretário-Geral e da Associação em geral.

Todos os membros subscrevem os princípios da Carta da *Commonwealth* e comprometem-se a respeitar as decisões comuns, uma vez que elas são a expressão do interesse coletivo que os órgãos têm por missão defender. Todos têm voz igualitária, independentemente do seu tamanho (31 dos Estados-membros são considerados pequenos Estados e muitos deles são pequenas ilhas).

É ainda de destacar a Fundação da *Commonwealth*, que se tornou uma organização internacional, quando o seu ato constitutivo foi modificado pelo acordo de 15 de julho de 1982. Tem por missão coordenar a ligação entre os governos e a sociedade civil, promovendo maior envolvimento das populações em atividades de governação e, deste modo, procurando encorajar maior transparência e responsabilização. A *Commonwealth* da Aprendizagem (*Commonwealth of Learning*) é a única organização intergovernamental exclusivamente dedicada ao desenvolvimento da educação à distância, visando promover o acesso a educação e formação de qualidade.

Com o aumento da cooperação política e funcional, o regionalismo e o universalismo dos seus objetivos e das suas realizações, a diplomacia da *Commonwealth* é dinâmica. Ponto de solidariedade entre o Norte e o Sul, intérprete do Terceiro Mundo junto de organizações internacionais, canal diplomático de microestados, a *Commonwealth* coopera com todas as organizações regionais às quais pertencem os seus membros. Trabalha especialmente com os órgãos subsidiários e as instituições especializadas das Nações Unidas. O inglês, língua oficial da *Commonwealth*, é um forte fator de unidade e de coesão. *[M.R.F.]*

Competitividade

Capacidade de cumprir com maior sucesso que os concorrentes objetivos predefinidos, exigindo a definição de estratégias e/ou de formas de trabalho que capacitem qualquer organização conseguir diferenciar-se no mercado, afirmando a sua marca em relação aos seus concorrentes diretos e indiretos. Nas relações internacionais, a competitividade avalia-se pela capacidade de um país produzir e vender nos mercados externos a um preço mais apelativo (ou através de estratégias de diferenciação) os demais parceiros comerciais. De acordo com o Fórum Económico Internacional, a competitividade consiste num conjunto de instituições, políticas e fatores que determinam o nível de produtividade e de um país, além de garantir o bem-estar e prosperidade da sua população.

A competitividade reflete-se na capacidade de dinamização das exportações de um país e depende de indicadores como o rácio entre os preços internos e externos e a taxa de câmbio nominal. De forma a conseguir monitorizar e comparar o diversos países do sistema internacional, o Fórum Económico Internacional definiu um conjunto de pilares mensuráveis, designadamente: a qualidade, eficiência e transparência das instituições; a qualidade e disponibilidade de infraestruturas de transporte, energia e comunicações; o ambiente macroeconómico (indicadores fiscais e monetários, taxas de poupança, entre outros); níveis de ensino, qualificação profissional e acesso à saúde; eficiência dos mercados (concorrência e perfil dos consumidores); eficiência do mercado de trabalho (flexibilidade, capacidade tecnológica); desenvolvimento do mercado financeiro (eficiência e fiabilidade do sistema bancário e financeiro); dimensão dos mercados (nacional e capacidade de exportação); e capacidade de inovação e sofisticação na definição dos negócios. Os países com uma pontuação alta nesses pilares tendem a ser economias avançadas com um elevado produto interno bruto *per capita*. *[P.M.S.]*

Comportamento eleitoral

O comportamento eleitoral, isto é, a forma como os eleitores votam (ou se abstêm de votar), é influenciado por um conjunto de fatores diversos. Os primeiros estudos de referência sobre comportamento eleitoral datam do século XX e baseavam-se em dados quantitativos agregados, por exemplo sobre resultados eleitorais. A partir da década de 1940, um refinamento das técnicas de sondagem permitiu encontrar evidências de uma relação entre aspetos como a idade, classe, rendimento, educação, religião, atitudes sociais, localização geográfica, género, entre outros, e o comportamento eleitoral.

Para efeitos de análise, as razões que levam alguém a votar de determinada maneira podem ser divididas em influências de curto e de longo prazo. As primeiras incluem variáveis como o estado da economia, o efeito das sondagens e da campanha eleitoral, o carisma e a postura pública do candidato, e explicam variações do comportamento eleitoral identificáveis numa eleição em particular, não implicando normalmente uma alteração permanente da lealdade a um partido, nem permitindo conclusões gerais sobre tendências de voto. As segundas explicam padrões de voto que podem estar relacionados, por exemplo, com a influência do contexto familiar do eleitor (modelo de identificação com um partido), do grupo ou classe social em que está inserido (modelo sociológico), ou da região onde vive. Os *media* podem constituir simultaneamente uma influência de curto prazo (por exemplo, através da cobertura tendenciosa de uma determinada campanha eleitoral) e de longo prazo (se esta cobertura noticiosa favorável ou desfavorável a um certo partido/candidato for propositada e reiterada). *[I.C.]*

Compromisso arbitral

Acordo entre dois ou mais sujeitos de direito, no sentido de aceitarem a submissão de um dado litígio (ou de um conjunto de litígios potenciais dentro de determinado âmbito) a uma instância arbitral. Existem fundamentalmente três formas de estabelecimento desse compromisso: através de uma decisão concreta no âmbito de um litígio existente; através de uma cláusula compromissória inserida numa convenção (para efeitos de alguns ou todos os litígios que possam surgir no âmbito da mesma); e através de um tratado de arbitragem, que estipula as regras de funcionamento e anexa os compromissos dos Estados ou outros sujeitos de submeterem a esse mecanismo (todos ou alguns dos) litígios que venham a ocorrer entre si. O compromisso arbitral determina ainda a composição do órgão arbitral, as principais regras de funcionamento e os seus poderes. Normalmente, incluiu também a definição concreta do objeto do litígio, ou seja, especifica as questões em relação às quais o órgão arbitral se deve pronunciar.

A prática tem demonstrado ser necessário reconhecer-se, em princípio, ao órgão arbitral uma competência genérica de interpretação do próprio compromisso arbitral (aquilo que se designa correntemente como a competência das competências), sem o que qualquer parte sempre poderia bloquear em concreto o recurso à arbitragem, questionando o facto de o litígio enquadrar o compromisso (principalmente quando este seja genérico). O órgão arbitral dispõe ainda de uma competência genérica para determinar em concreto o direito aplicável (sem prejuízo de limitações eventualmente estabelecidas pelas partes no compromisso arbitral), podendo ainda ver-lhe atribuídos poderes especiais (como sejam os de conciliação, recurso à equidade, etc.). *[R.M.]*

Comum (Filosofia do Comunitarismo)

Comum significa que pertence ou diz respeito a todos ou que todos têm direito de partilhar, assim como pode reportar-se a um interesse comum. O que é comum a vários pode formar uma comunidade (de maneiras de pensar, de pontos de vista, de bens, de interesses), tanto quanto a comunidade pode significar o conjunto de cidadãos de um Estado ou habitantes de uma vila. A comunidade é, pois, uma "comum unidade" ou "comum união", entre aqueles que partilham uma identidade comum ou que participam e comunicam entre si, assim como a noção de comum se refere àquilo que pertence ou que se predica de vários. A comum, ou melhor, a mundo comum e comunidade liga-se a comunicação e, como adverte John Dewey, "só a comunicação pode criar uma grande comunidade". O indivíduo constitui-se num mundo comum e individualiza-se nos termos do médium que é o seu meio social.

Tomado em sentido filosófico e político, o comum, de acordo com o filósofo canadiano Charles Taylor (*The Malaise of Modernity*, 1992; *Multiculturalism: Examining The Politics of Recognition*, 1994; *Modern Social Imaginaries*, 2004), expressa-se pela integração do indivíduo na comunidade moral e política, por meio da sua participação ativa na vida política. O comum relaciona-se, de acordo com o autor, com a cidadania e a liberdade pública, assim como com os sentidos, na medida em que quer o individualismo quer o liberalismo só podem ser entendidos num horizonte de significação (referência à noção hermenêutica de fusão de horizontes de H. G. Gadamer). Taylor contrapõe o comunitarismo ao liberalismo e a crítica comunitarista à conceção liberal de liberdade (negativa), denunciando que a ordem social não pode resultar de um encontro de egoísmos.

Na sua obra *Multiculturalisme. Différence et démocratie*, Charles Taylor inventaria três males da modernidade, que denuncia: o atomismo social que resulta do individualismo e que se concilia dificilmente com a vida em comum; o primado da racionalidade instrumental que eclipsou a existência de fins normativamente importantes e instrumentalizou a vida social, as relações com os outros, com as comunidades, com o passado, com as instituições e com a natureza; e, por último, a perda de liberdade que advém dos outros dois males, da defesa hegemónica dos direitos individuais e da dificuldade de condução de programas e políticas comuns. Neste sentido, o comum é o oposto do atomismo social, da retração na vida privada, da apatia cívica e de um modo fragmentado de participação política, procedendo da associação aos seus concidadãos em projetos e causas comuns abrangentes, ou da congregação em torno de projetos políticos globais. Nessa medida, o "reconhecimento" (e a política do reconhecimento) significa a noção de pertença e de forte aliança para com uma comunidade política, a perceção de que o igual reconhecimento (das identidades individuais e coletivas) se deve sustentar em características comuns e complementares que superam e transcendem a diferenciação.

O comunitarismo, em Taylor, reside, assim, na importância da construção de projetos comuns, em termos da participação como ideal político de uma sociedade livre, diferentemente de uma sociedade (liberal) fragmentada que, fundamentada incondicionalmente na supremacia dos direitos, acaba por desprezar isso mesmo. Em suma, o comum está em relação com a cidadania, com a liberdade pública, com os direitos, com a lógica dialógica da individualidade e com o viver em conjunto. *[I.B.]*

Comunicação política

O conceito de comunicação política pode ser entendido como todo o processo interativo entre os três agentes com legitimidade para se exprimirem publicamente acerca da política – os atores políticos, os meios de comunicação e o público (cidadãos, sociedade civil e opinião pública). Este processo opera, em sentido descendente, das instituições governativas em direção aos cidadãos, horizontalmente nas ligações entre os atores políticos, e ainda, em sentido ascendente, dos cidadãos e da opinião pública em direção às autoridades. Só podemos falar numa verdadeira comunicação política quando temos presente um sistema democrático, pois a democracia liberal e pluralista é o único regime que permite a difusão livre da comunicação entre os diversos atores políticos e agentes comunicativos (governo e governados/sociedade civil), bem como a possibilidade de vozes dissidentes e críticas dos poderes dominantes. Neste sentido, a comunicação política em Democracia cumpre a dupla função de legitimar e controlar os poderosos. Em regimes não democráticos, a comunicação política é um meio de controlo político. Assim, ela é usada para dar a conhecer as realizações e decisões das autoridades e, por essa razão, o processo comunicativo funciona apenas em sentido descendente, no qual os *mass media* são utilizados para transmitir as mensagens políticas e têm a sua liberdade de expressão limitada.

Este conceito tem sido alvo de diversas análises e estudos que procuram individualizar o objeto de estudo desta disciplina, bem como identificar os vários mecanismos, técnicas e instrumentos ao seu dispor. Realçamos o trabalho desenvolvido na década de 1970, a partir da qual a comunicação política passou a ser, de forma continuada, uma área de grande relevância para a investigação científica e académica, ainda que as primeiras investigações sobre o fenómeno da comunicação política tenham dado os primeiros passos no período entre guerras, com a expansão e difusão das comunicações de massas (revolução na área das tecnologias de informação). Porém, todas as teorias que surgem nesse período, bem como nos anos de 1940, refletem a conjuntura social e política da altura e identificam o fenómeno da comunicação política ao da propaganda política desenvolvida em diversos regimes, com fins manipuladores e de uniformização da opinião pública (regimes autoritários). Nessa altura, a comunicação política era vista apenas como um processo linear e unidirecional, onde os atores políticos detinham o papel de emissores da mensagem política, que se serviam dos meios de comunicação para fazer chegar essa mensagem à opinião pública, mensagem essa que se destinava à assimilação de um determinado valor e a um consequente comportamento generalizado.

Atualmente, tendo em atenção a complexificação crescente das nossas sociedades, o alargamento da esfera política, o lugar crescente dado à comunicação nas sociedades de massas e o aumento do peso dos *mass media* e da opinião pública nos regimes democráticos, a comunicação política tem ganho grande relevância para a explicação dos fenómenos da comunidade global. Engloba o estudo do papel da comunicação em sentido amplo, integrando os *mass media*, sondagens, *marketing* político e publicidade, não só durante os períodos de campanha eleitoral, mas durante todo o período de governação, desde o processo eleitoral até ao fim do mandato de cada ator político. A comunicação política constitui, portanto, uma condição imprescindível para o funcionamento da democracia, sendo o diálogo permanente entre os três agentes da comunicação política o elemento que melhor reflete o grau de evolução, coesão e engajamento cívico e social de determinada comunidade nacional. *[P.E.M.]*

Comunidade da África Oriental (CAO)

East African Community (EAC)

A Comunidade da África Oriental é uma organização intergovernamental regional de integração económica criada em 1967 e dissolvida em 1977, tendo sido restabelecida aquando da assinatura do Tratado para o Estabelecimento da Comunidade da África Oriental em 1999, que entrou em vigor em 2000. Comporta atualmente seis países: Quénia, Uganda, Tanzânia, Burundi, Ruanda e Sudão do Sul. Tem sede em Arusha, na Tanzânia. Abrangendo uma população de cerca de 172 milhões, a CAO visa aprofundar a cooperação entre os Estados-membros nos campos político, económico e social, e contribuir para o seu desenvolvimento.

O Quénia, a Tanzânia e o Uganda têm uma longa história de acordos de integração regional, que incluíram: a União Aduaneira entre o Quénia e o Uganda em 1917, à qual se juntou o Tanganica em 1927; a *Alta Comissão do Leste Africano* (*East African High Commission*) (1948-1961), uma unidade administrativa do Império Britânico; a Organização de Serviços Comuns do Leste Africano (*East African Common Services Organization*) (1961-1967); a primeira Comunidade da África Oriental (1967-1977); e a Comissão Tripartida Permanente para a Cooperação entre os Estados da África Oriental (1993-2000).

Em novembro de 2009, foi assinado o Protocolo para o Estabelecimento do Mercado Comum da África Oriental, que entrou em vigor em 2010, e em novembro de 2013, foi assinado o Protocolo para o Estabelecimento da União Monetária na África Oriental num prazo de dez anos. *[P.A.]*

Comunidade Andina

O Pacto Andino, estabelecido pelo Acordo de Cartagena em 26 de maio de 1969, instituiu o Grupo Andino que tem sede em Lima, no Peru. Na sua composição encontravam-se, inicialmente, países da Cordilheira dos Andes como a Colômbia, Equador, Peru, Bolívia e Chile. Face ao sucesso do processo de integração deste bloco regional, a este grupo juntou-se a Venezuela, em 1973. No seguimento do golpe militar de 1973, o Chile optou por sair da organização, em 1977.

Tendo como objetivo a liberalização das trocas intrarregionais e o estabelecimento de uma tarifa aduaneira comum, passou por diversos períodos de instabilidade devido às crises que assolaram as economias da América do Sul no início dos anos 1980, assim como conflitos de ordem política entre os seus próprios membros. Na década de 1990, com o fim da ↗Guerra Fria e a abertura a um mundo multilateral, o grupo introduziu mecanismos que permitiram a sua adaptação ao novo modelo de comércio livre, mas a que acresceram graves efeitos ao nível social e laboral.

A necessidade de introduzir reformas e o impulso no processo de integração levou à criação da Comunidade Andina, cujas funções tiveram início em agosto de 1997, e tem evoluído na sua estrutura institucional e objetivos. No decorrer de importantes conquistas de estabilidade política e regional, em 2006, a Venezuela, sob a presidência de Hugo Chávez, abandonou a sua participação no bloco. É a partir daí que importantes medidas passam a ser introduzidas, permitindo a concretização de uma certa unidade entre os quatro membros participantes. Tem como países associados o Brasil, o Chile, a Argentina, o Uruguai e o Paraguai. A Espanha é um dos países observadores, juntamente com o México, Panamá e Marrocos. No sistema andino de integração, encontramos uma estrutura complexa constituída por órgãos de caráter intergovernamental, órgãos comunitários e órgãos de participação da sociedade civil. *[I.C.L.]*

Comunidade das Caraíbas (CARICOM)

Caribean Community (CARICOM)

Criada em julho de 1973 pelo Tratado de Chaguaramas, e em vigor desde agosto desse ano, a Comunidade das Caraíbas (CARICOM) sucedeu a uma outra experiência de integração, denominada CARIFTA (1965), abarcando então 12 países da área das Caraíbas. Tratando-se de uma sub-região de fraco crescimento económico, baixo comércio intrarregional e dívidas externas muito elevadas, a CARICOM apoia-se em quatro pilares fundamentais: integração económica através de um mercado comum; coordenação da política externa dos países-membros; desenvolvimento humano e social; e segurança. Para o efeito, tem como principais objetivos melhorar os padrões de vida e trabalho dos cidadãos; assegurar o pleno emprego da mão-de-obra e outros fatores de produção; garantir o desenvolvimento e convergência económicos acelerados, coordenados e sustentados; e fomentar a expansão das relações comerciais e económicas com países terceiros, de forma a atingir maiores níveis de competitividade internacional.

A Conferência e o Conselho são os principais órgãos da CARICOM. Órgão supremo da organização regional, constituído pelos chefes de Estado e de Governo dos países-membros, a Conferência tem como principal função delinear a política do bloco económico, sendo responsável, por exemplo, por autorizar a assinatura de acordos entre a CARICOM e outras organizações de integração. Por sua vez, o Conselho é composto pelos ministros das relações exteriores, estando encarregado pelo desenvolvimento dos planos estratégicos da CARICOM, pela coordenação da integração em diferentes setores e pela promoção da cooperação entre os Estados-membros. Assinale-se ainda que o Banco de Desenvolvimento das Caraíbas é uma instituição associada da CARICOM.

Em 2002, o tratado de instituição da CARICOM foi revisto para permitir o estabelecimento de um mercado único e de uma economia única. Atualmente, tem 15 Estados-membros: Antígua e Barbuda; Bahamas; Barbados; Belize; Dominica; Granada; Guiana; Haiti; Jamaica; Monserrate; Santa Lúcia; São Cristóvão e Neves; São Vicente e Granadinas; Suriname e Trindade e Tobago. Tem ainda cinco membros associados: Anguila; Bermudas; Ilhas Caimão; Ilhas Virgens Britânicas; e Ilhas Turcas e Caicos. Tem sede em Georgetown, Guiana. *[D.F.]*

Comunidade para o Desenvolvimento da África Austral (SADC)

Southern African Development Community (SADC)

Criada em 1979 sob o nome de Conferência de Coordenação do Desenvolvimento da África Austral, adotou o nome de Comunidade de Desenvolvimento da África Austral, pelo Tratado de Windhoek (Namíbia), em agosto de 1992. A entrada da África do Sul, em 1994, veio reforçar o seu peso regional. Tem como objetivos o crescimento e desenvolvimento económico, o combate à pobreza e a maximização da produção e emprego. Visa a constituição de uma zona económica integrada e adotou, desde 2001, instituições baseadas no modelo da União Europeia, sendo esta um dos principais parceiros económicos externos à SADC. Possui igualmente um órgão de defesa e de segurança. São Estados-membros: África do Sul, Angola, Botswana, Essuatíni, Ilhas Maurícias, Lesoto, Madagáscar, Malawi, Moçambique, Namíbia, República Democrática do Congo, Seicheles, Tanzânia, Zâmbia e Zimbabué. Tem sede em Gaborone, Botswana. *[D.F.]*

Comunidade Económica dos Estados da África Central (CEEAC)

Economic Community of Central African States (ECCAS)

Foi criada por um tratado assinado em Libreville, Gabão, em outubro de 1983, tornando-se operacional dois anos depois. Os seus principais objetivos passam pela liberalização do comércio, adoção de uma pauta aduaneira comum e de uma política comercial comum para países terceiros, e ainda pela livre-circulação das pessoas, acompanhados de liberdade de residência e de estabelecimento. A CEEAC mobiliza todos os seus recursos para fazer da África Central uma região de paz, prosperidade e solidariedade, assente num espaço económico e político unificado em que cada cidadão circule livremente, a fim de garantir um desenvolvimento sustentável e equilibrado.

Adquiriu o estatuto de Comissão em dezembro de 2019, com vista a implementar as suas atividades com uma maior eficácia face aos desafios da região e dar, assim, resposta às expectativas de uma população muito jovem que reforce a integração regional. A CEEAC é financiada pelos países membros e leva a cabo em paralelo vários programas em colaboração com parceiros internacionais.

Os seus Estados-membros são: Angola, Burundi, Camarões, Chade, Gabão, Guiné Equatorial, República Centro-Africana, República Democrática do Congo, República do Congo, Ruanda e São Tomé e Príncipe. Tem sede em Libreville (Gabão). *[D.F.]*

Comunidade Económica dos Estados da África Ocidental (CEDEAO)

Economic Community of West African States (ECOWAS)

Assinado em maio de 1975, na cidade de Lagos, o tratado que instituiu a CEDEAO entrou em vigor em fevereiro de 1976. Tinha como objetivo inicial favorecer a integração económica na África Ocidental. Os seus objetivos consistem em promover a cooperação e a integração através do estabelecimento de uma união económica, com vista à melhoria do nível de vida das populações e à manutenção da estabilidade económica, por forma a contribuir para o desenvolvimento do continente africano. Mais tarde, estendeu as suas competências ao domínio militar e, face ao aumento dos conflitos regionais, formou em 1990 uma força de interposição africana, o ECOMOG, que interveio na Libéria, Guiné-Bissau, Serra Leoa e Gâmbia.

O tratado foi revisto em julho de 1993, o que veio dar um novo impulso à região em matéria de cooperação económica e opções de integração, pretendendo facilitar a livre circulação de mercadorias e possibilitar que as moedas nacionais tenham aceitação em certos tipos de pagamento, visando estabelecer uma união económica, com um período transitório de 15 anos, a contar de janeiro de 1990. Entre os projetos cuja preparação está mais avançada encontram-se a moeda única, uma zona de comércio livre e uma pauta aduaneira comum.

Tem 15 Estados-membros: Benim, Burkina-Faso, Cabo Verde, Costa do Marfim, Gâmbia, Gana, Guiné, Guiné-Bissau, Libéria, Mali, Níger, Nigéria, Senegal, Serra Leoa e Togo. A Mauritânia decidiu abandonar a organização em 2000. Tem sede em Abuja (Nigéria). *[D.F.]*

Comunidade Económica Europeia (CEE)

European Economic Community (EEC)

A Comunidade Económica Europeia (CEE) foi criada a 25 de março de 1957, através do Tratado de Roma, celebrado entre a República Federal da Alemanha, França, Itália, Bélgica, Luxemburgo e Países Baixos. O tratado constitutivo da CEE, organização internacional supranacional, tinha como objetivos, através da criação de um mercado comum e da aproximação progressiva das políticas económicas dos Estados-membros, promover o desenvolvimento harmonioso das atividades económicas no conjunto da Comunidade, uma expansão contínua e equilibrada, uma estabilidade acrescida, a melhoria do nível de vida e o estreitamento das relações entre os povos europeus. Para a consecução de tais objetivos, definiu políticas concretas que passavam pelo estabelecimento de uma ↗união aduaneira, através da abolição dos direitos alfandegários e das restrições quantitativas intracomunitários e da adoção de uma pauta aduaneira comum, pela eliminação dos entraves à liberdade de circulação de pessoas, serviços e capitais, por políticas agrícola, comercial e de transportes comuns e por regras de concorrência. Contava ainda com uma estrutura institucional composta por quatro instituições – a ↗Comissão Europeia, o ↗Parlamento Europeu, o ↗Conselho e o ↗Tribunal de Justiça da Comunidade Europeia –, a que veio juntar-se o ↗Tribunal de Contas Europeu, a partir de 1993.

Aos seis países fundadores juntar-se-iam, em 1972, a Dinamarca, a República da Irlanda e o Reino Unido. Em 1980, a Grécia e, em janeiro de 1986, a Espanha e Portugal. Em janeiro de 1995, a Áustria, a Finlândia e a Suécia integraram a Comunidade Europeia (designação que, a partir de 1993, substituiu a de Comunidade Económica Europeia), que passou, a partir de então, a ser constituída por 15 Estados-membros. Em maio de 2004, a Comunidade Europeia viu-se alargada a 25 Estados, com a adesão da Estónia, Letónia, Lituânia, Eslováquia, Hungria, Polónia, República Checa, Eslovénia, Chipre e Malta. A partir de 1 de janeiro de 2007, com a entrada da Bulgária e Roménia, a Comunidade Europeia passou a ser constituída por 27 Estados.

Desde julho de 2013, com a adesão da Croácia, a ↗União Europeia (que veio substituir a Comunidade Europeia, a partir de 1 de janeiro de 2009) passa a contar com 28 Estados-membros. Já em 23 de junho de 2016, 52% dos eleitores do Reino Unido votaram a favor da saída deste da UE e, em 29 de março de 2017, a decisão de retirada foi notificada ao Conselho Europeu. Com vista a regular a saída ordenada do Reino Unido da União Europeia, por forma a evitar perturbações e proporcionar segurança jurídica aos cidadãos e aos operadores económicos, bem como às autoridades judiciais e administrativas da União Europeia e do Reino Unido, foi negociado um período de transição que terminou no dia 31 de dezembro de 2020. *[C.A.S.]*

Comunidade Económica dos Países dos Grandes Lagos (CEPGL)

Economic Community of the Great Lakes Countries (ECGLC)

Organização sub-regional africana de desenvolvimento económico, criada em 1976 e cujo tratado constitutivo entrou em vigor a 6 de abril de 1977. Fazem parte desta Comunidade o Burundi, a República Democrática do Congo e o Ruanda. O seu objetivo é encorajar a criação e desenvolvimento de atividades comuns, intensificar o comércio de bens e estreitar a cooperação nos mais variados domínios. Após ter visto as suas atividades paralisadas entre 1997 e 2007, devido às crises e aos conflitos que perturbaram a região, em 2009 voltou a entrar em ação, ficando estipuladas, dois anos depois, as suas três prioridades: paz e segurança, democracia e o bom governo; energia e infraestruturas; e agricultura e segurança alimentar. É constituída por quatro organismos: Conferência de Chefes de Estado, Conselho de Ministros, Secretaria Executiva Permanente e Comissão Assessora (antiga Comissão de Arbitragem). Tem a sua sede em Gisenyi, Ruanda. *[D.F.]*

Comunidade de Estados Independentes (CEI)

Commonwealth of Independent States (CIS)

A Comunidade de Estados Independentes (CEI) foi estabelecida a 8 de dezembro de 1991, após a desagregação da União Soviética, como uma associação voluntária, através da assinatura do Acordo Belovezhskaia Pushcha, pelos chefes de Estado da Bielorrússia, Rússia e Ucrânia. Com a assinatura do Protocolo de Alma-Ata, a CEI foi alargada a 12 membros, incluindo também a Arménia, o Azerbaijão, o Cazaquistão, a Geórgia, a Moldova, o Quirguistão, o Tajiquistão, o Turquemenistão e o Uzbequistão. Das novas repúblicas independentes da ex-União Soviética, apenas os países do Báltico (Estónia, Letónia e Lituânia) optaram por não aderir. Contudo, face à tensão com a Rússia, em particular a guerra na Geórgia no verão de 2008 e a crise na Ucrânia e consequente anexação da Crimeia em março de 2014, a Geórgia e a Ucrânia retiraram-se da Organização.

Com sede em Minsk, Bielorrússia, a CEI visa o desenvolvimento de relações com base no reconhecimento e respeito mútuo da soberania dos Estados-membros, na promoção dos princípios de igualdade e não-interferência nos assuntos internos, a resolução de problemas por via negocial, repudiando o uso da força ou coerção económica, e compromete os Estados participantes a respeitarem os Direitos Humanos e a aderirem aos princípios da Carta das Nações Unidas e de Helsínquia. Os seus objetivos principais prendem-se com o aprofundamento de relações assentes nos princípios da economia de mercado, prevendo o desenvolvimento de um mercado euro-asiático comum, de democracia e respeito pelos direitos culturais e políticos de todos os cidadãos, e de estabilidade militar na era pós-soviética, com base na partilha de uma doutrina político-militar e económica. O desenvolvimento de novos organismos no espaço pós-soviético, como a ↗União Económica Eurasiática e a ↗Organização do Tratado de Segurança Coletiva, diminuíram a relevância da CEI em termos económicos e de segurança. *[M.R.F.]*

Comunidade dos Estados Latino-Americanos e Caribenhos (CELAC)

A Comunidade dos Estados Latino-Americanos e Caribenhos (CELAC) tem origem na Declaração da Cúpula da Unidade, adotada pelos Chefes de Estado e de Governo da América Latina e do Caribe durante uma reunião de Cúpula realizada na Riviera Maya, México, em fevereiro de 2010. Constitui um mecanismo de concertação política e de integração, que abrange os 33 países da América do Sul, América Central e Caribe. A CELAC assumiu o património histórico do Grupo do Rio (concertação política) e da Cúpula da Unidade da América Latina e do Caribe (desenvolvimento e integração).

A CELAC procura contribuir para projetar globalmente a região, em temas como o respeito pelo Direito Internacional, igualdade entre Estados, Direitos Humanos e cooperação, e promover a concertação política sobre temas como o desarmamento nuclear, as alterações climáticas, o problema mundial das drogas e o bloqueio norte-americano a Cuba. O diálogo e a concertação política têm incentivado intervenções conjuntas no âmbito da Assembleia Geral das Nações Unidas e das suas Comissões e permitido coordenar posições nas relações com outros blocos regionais, como a União Europeia, ou países emergentes, como a China ou a Índia. Em termos de tomada de decisão, a CELAC funciona com base no consenso, fator que dificulta uma maior integração e consolidação da organização. *[P.A.]*

Comunidade Europeia do Carvão e do Aço (CECA)

European Coal and Steel Community (ECSC)

Primeira forma de organização europeia supranacional, assente no eixo franco-alemão, com o objetivo de colocar o conjunto da produção e comercialização franco-alemã do carvão e do aço sob uma autoridade comum, a Alta Autoridade, a quem incumbiria supervisionar o mercado, controlar o respeito pelas regras da concorrência e assegurar a transparência dos preços.

O Tratado de Paris, de 18 de abril de 1951, instituiu a Comunidade Económica do Carvão e do Aço (CECA) pelo período de cinquenta anos. Foi ratificado por seis Estados: França, República Federal da Alemanha, Itália, Bélgica, Países Baixos e Luxemburgo. Entrou em vigor em 25 de julho de 1952 e cessou a sua vigência em 23 de julho de 2002.

O preâmbulo do Tratado proclamava o objetivo último de "criar, mediante a instauração de uma comunidade económica, os primeiros fundamentos de uma comunidade mais larga e mais profunda (...) e lançar assim as bases de instituições capazes de orientar um destino doravante partilhado". Efetivamente, a CECA serviu de modelo ao ↗Mercado Comum europeu e à ↗Comunidade Económica Europeia (atualmente ↗União Europeia). Teve o mérito, no plano político, de estimular a reconciliação e a cooperação franco-alemã. No plano económico, contribuiu para a recuperação da Europa, que passava, no pós-Segunda Guerra Mundial, por um período de colapso económico e de escassez de recursos, ao estabelecer entre os países membros a livre circulação e o livre acesso às fontes de produção do carvão e do aço, matérias fundamentais para a indústria siderúrgica.

Os seus inspiradores foram Robert Schuman, ministro francês dos Negócios Estrangeiros, e Jean Monnet, que veio a ser o seu primeiro presidente. A CECA dispunha de uma estrutura institucional composta por uma Alta Autoridade, uma Assembleia Comum, um Conselho Especial de Ministros e um Tribunal de Justiça. Com a criação da CEE, em 1957, o principal centro da construção europeia passa do Luxemburgo para Bruxelas e os órgãos da CECA fundem-se com os da CEE. *[C.A.S.]*

Comunidade Europeia de Energia Atómica (CEEA)

European Atomic Energy Community (EAEC)

Também conhecida por EURATOM, a CEEA foi criada pelo Tratado de Roma, assinado a 25 de março de 1957 pelos mesmos Estados-membros da CECA e da então CEE (Alemanha, Bélgica, França, Itália, Luxemburgo e Países Baixos). Entrou em vigor em 14 de janeiro de 1958. Tem sede em Bruxelas.

Os Estados fundadores da CEEA procuraram na energia nuclear um meio para alcançar a independência energética e combater a carência generalizada de energia dos anos de 1950. Nesse sentido, a CEEA pretendia contribuir para a criação e o crescimento da indústria nuclear europeia, a fim de que todos os Estados-membros pudessem beneficiar do desenvolvimento da energia atómica e garantir a segurança do aprovisionamento. Os seus principais objetivos são promover a investigação e assegurar a difusão dos conhecimentos técnicos, estabelecer normas de segurança uniformes com vista a proteger a saúde da população e dos trabalhadores da indústria, facilitar a investigação e garantir que os materiais nucleares não são desviados para fins diferentes daqueles a que se destinam, em particular militares.

Ao contrário da CEE, a CEEA não foi fundida com a União Europeia, mantendo uma personalidade jurídica distinta, embora partilhe as mesmas instituições. *[C.A.S.]*

Comunidade Internacional

O termo "comunidade" apareceu na Sociologia por influência do alemão Tönnies, que a contrapôs a "sociedade", reservando ao primeiro as relações de tipo pessoal e espontâneo existentes numa coletividade e ao segundo as relações de tipo funcional e reflexivo existentes na sociedade, dominadas pela eficácia e pela rendibilidade. Se as comunidades podem ser entendidas como "unidades estruturais de organização e de transmissão cultural e social" ou "coletividades cujos membros estão ligados por um forte sentimento de participação", torna-se difícil falar de "comunidade internacional", apesar do uso generalizado desta expressão pelos decisores e agentes políticos internacionais.

A tipologia binária, enquanto distinção social, entre comunidade e sociedade do sociólogo alemão deve ser entendida dentro do contexto da época do seu surgimento. A comunidade seria, então, uma unidade espontânea do domínio do "ser", na qual importam os valores convergentes e integrativos, enquanto a sociedade representa uma unidade mais artificial, do domínio do "estar", uma soma das partes em que predominam os valores divergentes. Assim sendo, compreende-se que em Relações Internacionais se fale mais de Sociedade Internacional do que de Comunidade Internacional, apesar de a atual sociedade mundial estar relativamente mais bem integrada quanto a regras e instituições, fruto da crescente globalização.

Deste modo, sobretudo no quadro da resolução de problemas globais e no quadro da resolução de conflitos ao nível da ↗ONU, é frequente a utilização do conceito de Comunidade Internacional no discurso político para demonstrar a importância dos problemas que afetam a Humanidade no seu conjunto, independentemente de fronteiras ou regimes políticos. Por outro lado, a Comunidade Internacional é uma ideia muito utilizada ao nível do discurso e prática diplomática na ONU. Neste quadro, a Comunidade Internacional é sinónimo do conjunto de Estados que compõem a ONU e que reconhecem um conjunto de normas legítimas como boas regras de comportamento dos atores internacionais. *[P.E.M.]*

Comunidade do Pacífico

Pacific Community

A Comissão do Pacífico do Sul foi fundada em 1947, na Convenção de Camberra, pelos seis governos que administram territórios do Pacífico (Austrália, Estados Unidos, França, Nova Zelândia, Países Baixos e Reino Unido). Em 1998, adotou o nome de Comunidade do Pacífico. O programa de trabalho manteve-se essencialmente baseado na educação, formação e ajuda técnica, procurando garantir aos habitantes daqueles territórios um desenvolvimento económico sustentável, respeitando os contextos e culturas locais. O seu foco de intervenção está centrado em grandes questões transversais que afetam particularmente a região, como as alterações climáticas, a gestão de risco de desastres naturais, segurança alimentar, igualdade de género, Direitos Humanos, doenças não transmissíveis e emprego jovem. Usando uma abordagem multissetorial para responder às prioridades de desenvolvimento dos seus membros, procura aproveitar as competências e capacidades da região, apoiando o empoderamento das comunidades do Pacífico e a partilha de experiências entre países e territórios.

Tem 26 Estados-membros: os Estados que assinaram a Convenção (exceto os Países Baixos e o Reino Unido, que se retiraram) e 22 ilhas e territórios do Pacífico. Tem sede em Noumea, Nova Caledónia. *[D.F./R.R.]*

Comunidade dos Países de Língua Portuguesa (CPLP)

A Comunidade dos Países de Língua Portuguesa (CPLP) é uma organização internacional intergovernamental que tem o português como língua oficial e cujos objetivos são, de acordo com os seus estatutos, "o aprofundamento da amizade mútua, da concertação político-diplomática e da cooperação entre os seus membros". Foi criada pela Declaração Constitutiva de 17 de julho de 1996, que reuniu os chefes de Estado e de Governo de Angola, Brasil, Cabo Verde, Guiné-Bissau, Moçambique, Portugal e São Tomé e Príncipe. Os estatutos da Organização entraram em vigor em 24 de maio de 1999. Em 2002, a CPLP admitiu Timor-Leste como Estado-membro, imediatamente após a independência deste Estado. Em 2014, a CPLP admitiu como Estado-membro a Guiné Equatorial, que já era observador associado na organização desde 2006. Formada atualmente por nove Estados espalhados por cinco continentes, a CPLP tem a sua sede em Lisboa.

A CPLP possui hoje uma ampla gama de competências e atividades, quer no domínio da concertação e da cooperação internacional, quer no domínio da língua, cultura e educação, quer ainda na área do incentivo à economia e aos negócios entre os cidadãos e empresas sediados nos seus Estados-membros.

A estrutura da organização é complexa, constituída por órgãos de cariz tipicamente intergovernamental (Conferência dos Chefes de Estado e de Governo e Conselho de Ministros, que reúne os ministros dos Negócios Estrangeiros ou Relações Exteriores dos Estados-membros); Comité de Concertação Permanente (que reúne os representantes dos Estados-membros); Reuniões Ministeriais Setoriais (que agrupa os ministros e secretários de Estado das diferentes áreas governamentais); e Reunião dos Pontos Focais de Cooperação (órgão composto pelos elementos mandatados pelos respetivos governos, em áreas especializadas). O Secretariado Executivo, ao qual cabe a implementação das decisões e a organização das reuniões dos vários órgãos, é uma peça-chave e o órgão executivo da organização. É chefiado por um secretário executivo, com um mandato curto (dois anos, renovável uma vez), assessorado por um diretor-geral (na prática, um secretário executivo adjunto), cujo cargo tem a duração de três anos, renovável uma vez. Para além desses órgãos, foi criado em 2005 o Instituto Internacional da Língua Portuguesa (IILP), localizado em Cabo Verde. Foi igualmente criada, em 2007, a Assembleia Parlamentar, representando os membros dos parlamentos dos Estados-membros (seis deputados por cada Estado-membro, agrupados em grupos nacionais). A Assembleia Parlamentar da CPLP desempenha um papel meramente consultivo. *[J.G.F. / J.C.C.]*

Comunidade de segurança

Security community

Conceito desenvolvido por Karl Deutsch na década de 1950, e que se traduz numa forma de cooperação internacional resultante da crescente interação e desenvolvimento das comunicações, reduzindo a instabilidade e podendo mesmo levar à integração. A ideia de uma "comunidade sem guerra" é sustentada em expectativas fiáveis de paz, ou na ausência de preparativos significativos para a guerra ou violência. Em caso de conflito entre os participantes de uma comunidade de segurança, a gestão e resolução de conflito seriam a via possível. O termo aplica-se de forma particular à Europa do pós-guerra, especialmente no processo de integração europeia. Outro importante exemplo de comunidade de segurança é a ↗ASEAN. *[P.E.M.]*

Comunidade Sul-Americana das Nações

↗União das Nações Sul-Americanas (UNASUL).

Comunismo

Corresponde a uma doutrina política e económica que visa substituir a propriedade privada e o capitalismo liberal burguês pela coletivização dos principais meios de produção (por exemplo, minas, fábricas e tecnologia). O comunismo é, de acordo com Karl Marx e Friedrich Engels, uma forma superior e mais avançada de ↗socialismo, tendo surgido como reação ao sistema liberal capitalista de Oitocentos, entendido pelos partidários daquela corrente como um sistema que promovia a desigualdade económica e a injustiça social. O comunismo defende o fim da luta de classes (burguesia capitalista *versus* proletariado), a criação de uma sociedade sem classes e a extinção gradual do Estado, depois de um período de organização e educação dos cidadãos, culminando na internacionalização das capacidades de produção. Como exemplos de países onde o sistema comunista vingou, temos a União Soviética que adotou o marxismo-leninismo, os países do Bloco de Leste, integrantes do Conselho de Assistência Económica Mútua (COMECON) e do ↗Pacto de Varsóvia, e Estados do ↗Movimento dos Não Alinhados, associação de países constituída depois da Segunda Guerra Mundial.

Saber como o comunismo difere exatamente do socialismo tem sido uma questão recorrente de debate, mas a distinção repousa, no essencial e em grande parte, na adesão dos comunistas ao socialismo revolucionário e científico de Karl Marx e de Friedrich Engels, patente no *Manifesto Comunista*, de 1848, que defendia a criação de uma sociedade igualitária com um governo forte. Com o tempo, o termo *socialismo* começou a opor-se a *comunismo*, que defendia uma radicalização das suas posições, a ponto de defender a supressão das classes sociais e a deposição do poder burguês por meio da revolução. Por seu turno, o socialismo remete para um sistema de governo compatível com a democracia e a liberdade individual, denominando-se de socialismo *reformista* pelo facto de defender a sua implantação gradual através de reformas legislativas sem ruturas abruptas: leis sobre a segurança social, a família, o pleno emprego e a habitação, entre outras. *[J.G.F.]*

Comunitarismo/Comunitarização

Num contexto de distribuição de competências, a comunitarização consiste num processo em que os poderes de um Estado passam do nível nacional para um nível em que o poder de decisão se torna comum a vários Estados. Trata-se de um procedimento que caracteriza os processos de integração e que assenta num sistema multinível, envolvendo uma estrutura com diferentes centros de decisão política. Tem-se verificado no caso específico da ↗integração europeia, traduzindo-se por uma nova divisão de poderes entre as regiões, os Estados e a ↗União Europeia. A gradual concentração de poderes no plano comunitário ou supranacional coexiste com um processo de descentralização do poder, assente no princípio da subsidiariedade, de forma a garantir, em ambos os casos, ações dotadas de maior eficácia e legitimidade. *[I.C.L.]*

Concerto Europeu

O Concerto Europeu surgiu das deliberações do Congresso de Viena de 1815, após as guerras napoleónicas, onde se estabeleceu um sistema de equilíbrio de poder na

Europa e regulou as crises diplomáticas ocorridas entre 1815 e 1856. Apesar de não ter nenhuma estrutura institucional formal, o seu propósito era claramente de gestão – controlar, através de consultas mútuas, o equilíbrio de poder na Europa pós-napoleónica. O Congresso de Viena e o conceito de diplomacia de conferências aí inaugurado permaneceram na base da tradição internacional ao longo do século XIX, apesar de o Concerto Europeu, como tal, terminar com a Guerra da Crimeia (1853-1856). Esta nova dinâmica obteve um significativo sucesso – consubstanciado em cerca de 40 anos sem guerras entre as grandes potências – graças a um conjunto alargado de fatores inovadores trazidos para as novas relações intraestatais, que de seguida se enumeram.

Em primeiro lugar, os membros deste clube de grandes potências (Grã-Bretanha, Rússia, Áustria, Prússia, França, e, mais tarde, Itália e Turquia) eram interpretados como praticamente iguais quanto à capacidade militar e importância diplomática. As reuniões eram restritas às grandes potências. Por vezes, Estados menores eram consultados, mas nunca na base da igualdade (esta prática de conferir estatuto especial às grandes potências reapareceu na ↗Sociedade das Nações e, mais tarde, nas ↗Nações Unidas). Em segundo lugar, não se questionava a soberania dos Estados e dava-se preferência à regra da unanimidade; não se procurava erradicar conflitos, apenas geri-los e controlá-los. Assim, apesar das grandes diferenças ideológicas entre as potências – as três potências da Europa Central e de Leste eram conservadoras e contrarrevolucionárias, enquanto os Estados ocidentais eram liberais –, todas partilhavam o desígnio de manutenção da paz e de estabelecimento de um código responsável de comportamento internacional.

Por todas estas razões, o Concerto Europeu foi uma inovação nas relações diplomáticas. O equilíbrio de poder estava agora controlado e era genericamente assumido que as grandes potências tinham o direito e a responsabilidade de impor a sua vontade coletiva no sistema de Estados europeus. *[A.P.M.]*

Conceito estratégico da defesa nacional

Um conceito estratégico pode assumir formas diversificadas na sua elaboração mas, no essencial, deve contemplar: a perceção da situação internacional e/ou nacional e do quadro de referência de conflitualidade que a carateriza, incluindo as ameaças mais perigosas e as mais prováveis, (sendo que na ↗Estratégia, o planeamento não se faz para a pior hipótese, mas para a ameaça mais provável, tomando-se medidas cautelares para as mais perigosas) – identificação clara e hierarquizada dos "interesses e objetivos nacionais" – enumeração dos recursos existentes ou a gerar – elaboração de um conceito global de ação e de orientações para as estratégias subordinadas.

A sua elaboração deverá respeitar três princípios fundamentais: ser adequado, exequível e aceitável, face às capacidades dos escalões subordinados. Cada um dos níveis estratégicos deve elaborar o seu conceito estratégico, de forma a que o conceito de cada escalão resulte do conceito do escalão imediatamente superior. Assim, deverá haver um conceito estratégico total ou global, da responsabilidade conjunta do poder executivo e do poder legislativo, "conceitos estratégicos gerais" da responsabilidade de cada área setorial do executivo, com incidência na defesa ou segurança, e "conceitos estratégicos particulares" ao nível dos diversos departamentos dependentes das áreas setoriais do executivo. Para concretização das "orientações estratégicas", constantes dos conceitos estratégicos, devem ser elaborados, a todos os níveis, planeamentos estratégicos que devem basear-se em "estudos de situação estratégica", com análise detalhada dos diversos "fatores estratégicos", "permanentes e variáveis", terminando com propostas de ação devidamente fundamentadas.

Em Portugal, o edifício conceptual e funcional, enquadrador da estratégia, denuncia algumas lacunas: falta de um "conceito estratégico global do Estado", do qual devia decorrer o "conceito estratégico de defesa nacional" (CEDN) que, atualmente, constitui a cúpula de todo o sistema. Este conceito é da responsabilidade do Executivo, através do Ministério da Defesa Nacional. A sua aprovação reveste a forma de "resolução" e respeita os trâmites previstos na Lei de Defesa Nacional e da Lei Orgânica de Bases da Organização das Forças Armadas, tendo como objetivo definir as prioridades do Estado em matéria de defesa, de acordo com o interesse nacional, constituindo-se parte integrante da "política de defesa nacional".

A Assembleia da República, por iniciativa do Governo, debate as "grandes opções do conceito estratégico de defesa nacional", que constitui o corolário de uma ampla consulta aos mais diversos setores da sociedade civil. Com base na proposta do Governo, é elaborado o "projeto de conceito estratégico de defesa nacional", que, num primeiro momento, é apreciado pelo Conselho de Chefes de Estado-Maior e, posteriormente, pelo Conselho Superior de Defesa Nacional. Após estes dois órgãos emitirem parecer favorável ao projeto, o primeiro-ministro e o ministro da Defesa Nacional propõem ao Conselho de Ministros, em conjunto, a sua aprovação.

O CEDN deve assumir-se como a "estratégia nacional do Estado", em ordem a dar cumprimento às suas tarefas fundamentais, para as quais concorrem as suas instâncias, organismos e a própria sociedade. O mais recente CEDN foi aprovado pela Resolução do Conselho de Ministros n.º 19/2013, de 5 de abril. *[J.A.E.]*

Conceito estratégico da OTAN

↗Organização do Tratado do Atlântico Norte (OTAN).

Conciliação

↗Resolução pacífica de conflitos.

Confederação

Associação de Estados soberanos que aceitam partilhar o seu poder na prossecução de interesses e objetivos comuns, mas sem perderem a sua capacidade de decisão autónoma. Numa Confederação, o governo federal é responsável perante os Estados-membros, que são a autoridade máxima. A autoridade central de uma confederação é geralmente um órgão nomeado pelos Estados-membros. O poder da autoridade central normalmente concentra-se em questões conjuntas de política externa e defesa, mas raramente terá o poder de fazer muito mais do que isso. Por norma, estas associações baseiam-se na igualdade jurídica e política das partes, assegurada pelos respetivos tratados de constituição, o que significa que os votos dos Estados têm o mesmo peso, independentemente da sua dimensão geográfica, populacional ou económica. Durante a Idade Média, muitas confederações foram estabelecidas na Europa, entre as quais se destacam a Confederação Renana (1254-1350) e a Liga Hanseática (1367-1669).

Por definição, a diferença entre uma confederação e uma ↗federação é que a adesão dos Estados-membros a uma confederação é voluntária, enquanto a adesão a uma federação não é. Às vezes, confederação é erroneamente usada no lugar da federação. Uma das maiores vantagens da confederação reside na proteção que oferece aos Estados fracos contra inimigos poderosos, garantindo-lhes uma diminuição de gastos com relações exteriores. Uma confederação cria o espírito de unidade. O seu principal demérito é a falta de soberania; todos os seus Estados-membros são soberanos, dependendo da sua vontade a opção por soluções comuns. A confederação não tem força militar própria e também não tem o poder de cobrar impostos. Algumas nações que começaram como confederações mantiveram a palavra nas suas designações mesmo depois de se tornarem oficialmente federações, como a Suíça. Os EUA eram uma confederação antes de se tornarem uma federação com a ratificação da atual constituição, em 1788. *[J.G.F.]*

Conferência de Bandung

A Conferência Afro-Asiática de Bandung teve lugar na cidade com o mesmo nome, Indonésia, em abril de 1955. A sua realização marca a primeira manifestação do Terceiro Mundo como ator coletivo das relações internacionais. Dela participaram representantes de 29 Estados, na sua maioria asiáticos: Afeganistão, Arábia Saudita, Camboja, China, Gana (Costa do Ouro), Egito, Etiópia, Filipinas, Iémen, Índia, Iraque, Irão, Indonésia, Japão, Jordânia, Laos, Líbano, Libéria, Líbia, Mali, Myanmar (Birmânia), Nepal, Paquistão, Síria, Sri Lanka (Ceilão), Tailândia (Sião), Turquia, Vietname do Norte e Vietname do Sul.

A Conferência de Bandung colocou a descolonização na ordem do dia e estimulou a criação do ↗Movimento dos Países Não Alinhados, que aconteceu na Conferência de Belgrado, em 1961. A ideia de realizar a Conferência nasceu da conciliação, por parte de China e Índia, do conflito entre os dois sobre o Tibete, em 1954. Sukarno (Indonésia), Zhou Enlai (China), Carnal Abdel Nasser (Egito) e Jawaharlal Nehru (Índia) destacaram-se como os principais articuladores políticos do Encontro. O comunicado final de dez pontos partiu do antigo princípio budista de Panch Shila, por sua vez baseado nas grandes linhas orientadoras da vida de todos os budistas: respeito pela integridade territorial; não-agressão; não-interferência nos assuntos internos dos outros países; igualdade e benefício mútuo; e coexistência pacífica. Apelou-se à ONU que cumprisse o seu compromisso de promover a descolonização. Além disso, os Estados reunidos em Bandung denunciaram o racismo e o bipolarismo como obstáculo ao desenvolvimento. *[P.A.]*

Conferência de Ialta

O caráter universal que havia caraterizado os acordos internacionais assinados no desenrolar da Segunda Guerra Mundial deu lugar a um princípio que estabelecia zonas de influência por parte das grandes potências. Essa perspetiva esteve presente na Conferência que reuniu Franklin Roosevelt, Winston Churchill e Joseph Estaline, em Ialta (Crimeia), entre 4 e 11 de fevereiro de 1945. Após a Conferência de Teerão, em 1943, tratou-se da segunda conferência entre os Três Grandes, a que se seguiu a Conferência de Potsdam, entre 17 de julho e 2 de agosto de 1945. A partilha dos territórios dos Estados envolvidos naquele conflito mundial, e agora vencidos, mostrou a predominância dos vencedores, sobretudo os Estados Unidos da América e a União Soviética. Entre os principais temas da Conferência de Ialta, encontramos a divisão da Alemanha em três zonas de ocupação, em que foi atribuída uma zona de ocupação à França (retirada das zonas britânica e americana), o compromisso na eliminação do nazismo, a decisão sobre as indemnizações que a Alemanha seria obrigada a pagar aos Aliados pelos custos da guerra, confiada a uma Comissão criada para o efeito, assim como o acordo sobre a nova fronteira da Polónia e a composição do seu governo. O entendimento sobre a nova ordem mundial e a criação do sistema das Nações Unidas manifestou-se na forma como os grandes passariam a exercer o seu poder, com recurso ao direito de veto. *[I.C.L.]*

Conferência das Nações Unidas para o Comércio e Desenvolvimento (CNUCED)

United Nations Conference on Trade and Development (UNCTAD)

Criada em 30 de dezembro de 1964, tem sede em Genebra. Pertence ao Sistema das Nações Unidas e tem como órgão principal o Conselho de Comércio e Desenvolvimento (órgão deliberativo). O secretariado da CNUCED, que faz parte do secretariado da ONU, é dirigido por um secretário-geral. A CNUCED define duas grandes orientações para a sua ação: recompor a cooperação internacional através da instauração de relações mais equilibradas entre o Norte e o Sul e da intensificação da cooperação Sul-Sul; e reestruturar e dinamizar o comércio internacional em prol do desenvolvimento e em condições de maior equidade e previsibilidade.

Pretendendo inserir estes objetivos numa ótica de interdependência das economias, a CNUCED privilegia o diálogo intergovernamental, reforçando os sistemas, as estruturas e os acordos internacionais nos domínios comercial, económico e financeiro, em ordem a conferir uma maior eficácia ao apoio aos esforços nacionais de desenvolvimento dos países do Terceiro Mundo. *[P.A.]*

Conferência sobre Segurança e Cooperação na Europa (CSCE)

↗Organização para a Segurança e Cooperação na Europa (OSCE).

Conflito

Rivalidade ou antagonismo entre indivíduos ou grupos de uma sociedade. O conflito pode ter duas formas: quando há um confronto de interesses entre dois ou mais indivíduos ou grupos; e quando há pessoas ou coletividades envolvidas em luta direta com outras. O conflito de interesses nem sempre leva à luta declarada, enquanto os conflitos diretos podem, por vezes, surgir entre grupos que, erradamente, acreditam que os seus interesses são opostos aos dos outros grupos. Quando a possibilidade de conciliação é relativamente elevada, os conflitos de interesses tendem a ser resolvidos por via diplomática. Se, porém, o diferendo for irreconciliável, então os conflitos tendem a ser resolvidos pela coação, que pode ser psicológica, diplomática, política, económica e militar (conflito político). Quando a ameaça do emprego da força militar estiver subjacente à resolução do conflito (conflito armado) pode ocorrer uma guerra, considerado um ato de violência organizada, visando um determinado fim político, procurando cada um dos opositores obrigar o adversário a aceitar a sua própria vontade.

O conflito político que, por vezes, acaba em violência, tem como causa a crença na incompatibilidade absoluta das identidades, que constitui a maior fonte de *conflitos armados* desde o final da Segunda Guerra Mundial e, principalmente, desde a queda do muro de Berlim, como certificam os estudos comprovativos da Universidade de Oslo. Envolvem direta ou indiretamente instituições do Estado e exigem uma "solução política", ou seja, uma solução alcançada preferencialmente por meio da discussão.

Para a resolução dos conflitos, assiste-se, em alguns casos, a uma total inibição perante situações injustas e humilhantes; noutros, a solução vai desde a negociação à violência. É por isso que as ações políticas devem ser explicadas a partir de discursos sociais que incluam interpretações compartilhadas da realidade, que não surgindo de modo espontâneo, implicam que tenham que ser construídas a partir de mecanismos de persuasão e de atribuição de responsabilidades, negociação, mediação e, em última instância, por órgãos judiciais e coação.

Na atual teoria do conflito existem quatro condições principais que são úteis para entender o conflito: competição, revolução, desigualdade estrutural e guerra. A competição existe como resultado da escassez ou falta de recursos, incluindo recursos materiais – dinheiro, propriedade, mercadorias entre outros. Para muitos teóricos do conflito, este ocorre, o mais das vezes, entre classes sociais, resultando num processo revolucionário. Neste caso, a mudança na dinâmica de poder entre os grupos surge de forma violenta. Do mesmo modo a teoria do conflito admite que todos os relacionamentos humanos e estruturas sociais experimentam desigualdades de poder. Alguns indivíduos e grupos alcançam mais poder comparativamente a outros. Por fim, a guerra é entendida como um vetor unificador ou como um conciliador das sociedades.

No âmbito das teorias do conflito, podemos distinguir duas grandes correntes. Assim, a *teoria realista do conflito* refere que a relação com os membros do próprio grupo tende a buscar a harmonia e a ordem, enquanto para os membros do exogrupo se caracteriza mais pelo ódio e pela guerra. O conflito é, nesta perspetiva, uma consequência da busca do máximo benefício, especialmente quando se combina com a tentativa de o conseguir em detrimento do "outro", sendo que as atitudes reciprocamente negativas surgem do facto de os interesses em jogo serem contrapostos. As principais teses ou ideias deste modelo defendem que o conflito é negativo e, por isso, deve ser evitado. Já a *teoria da caracterização e da identidade social*, na sua formulação mais básica, faz alusão à existência de desigualdades sociais entre grupos, mas sustenta que são uma realidade fundamental que não é possível ignorar, já que exerce uma grande influência sobre a relação entre eles. Podem ser referidas três fontes da desigualdade entre grupos: poder, estatuto e peso numérico. Por outro lado, a perceção de ilegitimidade e instabilidade nas relações entre grupos faz com que as comparações intergrupais sejam mais frequentes, mais intensas e mais salientes, já que "ilegitimidade" mais "instabilidade" equivale a insegurança. *[J.A.E.]*

Conflitos entre normas internacionais

Na análise da questão do eventual conflito entre normas internacionais deve distinguir-se a questão genérica dos conflitos de normas de diversas fontes da questão específica dos conflitos entre normas convencionais (sucessivas). Relativamente à primeira questão, a regra é que não havendo hierarquia entre as fontes de ↗Direito Internacional, a solução deve encontrar-se através da aplicação dos princípios gerais (a regra posterior derroga a anterior, regra especial derroga a regra geral, etc.).

No tocante aos conflitos entre normas convencionais sucessivas, o regime é consideravelmente mais desenvolvido. Assim, um eventual conflito dessa natureza deve solucionar-se por referência a disposições convencionais expressas (ou seja, as próprias convenções podem prever no seu dispositivo regras que visem solucionar eventuais conflitos, como seja uma declaração de compatibilidade ou um outro mecanismo preventivo que procure evitar o conflito por via de controlo prévio, da troca de informações, de consultas prévias à adoção de determinadas decisões, etc.). Na inexistência ou insuficiência de tais mecanismos, deverão aplicar-se algumas regras subsidiárias. Assim, havendo identidade das partes, prevalece o tratado posterior, por se presumir afinal que a vontade das partes era a de alterar o regime anterior incompatível (*lex posterior derrogat priori*). Não existindo identidade das partes, o princípio geral a seguir é o da relatividade (ou do efeito relativo), aplicando-se os tratados às partes envolvidas, recomendando-se, todavia, em caso de conflito, a prevalência da primeira convenção, por aplicação do princípio ↗*pacta sunt servanda*, na medida em que não podem as partes prejudicar compromissos anteriores por força de novos compromissos. A eventual incompatibilidade de regras convencionais conduzirá, no entanto, sempre a um incumprimento da parte do sujeito que haja assumido obrigações dessa natureza. Esse incumprimento permite à parte ou partes ofendidas proporem a modificação do tratado (se esta lhes interessar), deixarem de o cumprir ou pôr-lhe fim, e ainda exigirem a responsabilização do sujeito incumpridor pelos eventuais danos.

Existem ainda situações em que excecionalmente determinadas regras prevalecem ou se impõem. É o caso das regras de ↗*ius cogens* (cuja imperatividade é essencial, aliás), que prevalecem em todas as situações. É ainda o caso dos tratados criando situações objetivas, de entre as quais avulta o artigo 103.° da Carta das Nações Unidas, que faz prevalecer qualquer situação decorrente da dita Carta. *[R.M.]*

Conflitos entre normas nacionais e internacionais

Por força do princípio do ↗*pacta sunt servanda*, reconhece-se a primazia geral das regras internacionais sobre as regras internas. Há uma convergência das correntes doutrinais (mesmo para as correntes doutrinais próximas do voluntarismo) e jurisprudenciais no sentido de aceitar que os Estados têm obrigação de conformar o seu Direito Interno em termos de não prejudicarem o cumprimento das suas obrigações internacionais, do qual resulta essa primazia, ainda que relativizada pelas consequências de um eventual incumprimento dessa obrigação: a mera aplicação do regime da responsabilidade internacional. *[R.M.]*

Congresso de Viena

↗Concerto Europeu.

Conjuntura política

O termo pretende caracterizar o contexto político num dado momento da vida nacional ou internacional. Reflete factos políticos cuja interpretação e análise permitem ou determinar novas opções políticas ou simplesmente contribuir para um melhor esclarecimento da opinião pública. O seu conhecimento e compreensão, principalmente em épocas de grande volatilidade política, é um elemento de imprescindível presença nas agendas dos governos, dos partidos, das organizações políticas internacionais e das próprias empresas. Compreender a conjuntura política nacional e internacional é algo considerado fundamental para a definição ou redefinição de estratégias e consequentemente para a prossecução dos objetivos que os intervenientes políticos tenham em vista. *[M.M.]*

Conselho do Ártico

Arctic Council

É uma organização intergovernamental com sede em Tromso, constituída por oito países fundadores – Canadá, Dinamarca, Finlândia, Islândia, Noruega, Rússia, Suécia e os

Estados Unidos da América –, com interesses territoriais na zona ártica e que em 1991 assinaram a *Estratégia Ártica de Proteção do Meio*. A este grupo fundador associam-se, em 1996, seis comunidades indígenas aí residentes e interdependentes deste ecossistema polar, com o estatuto de "participantes permanentes", para viabilizar a concretização comum e aplicação mais responsável dessa estratégia regional. Em 2013, este Conselho aprovou a entrada de seis outros Estados como "membros observadores", existindo hoje outros pedidos de entrada pendentes, caso da União Europeia, demonstrando o interesse estratégico e geoeconómico que a região ártica detém para outros atores e potências na cena da cooperação multilateral e dos negócios internacionais.

Com a presente mudança ambiental que ocorre na zona do Ártico, através do aquecimento global e consequente degelo da calote continental e recuo dos glaciares marinhos, os 45 mil quilómetros de costa de gelo/degelo e em retração potenciam novas condições de acesso ao Norte e a oportunidades de exploração dos seus recursos naturais e uma nova projeção de interesses económicos, geoestratégicos e de soberania dos países vizinhos e das potências fundadoras deste Conselho. Foi devido a esta conjugação e acelerada mudança que, em 2001, a Federação Russa procedeu oficiosamente à reclamação de direitos sobre a zona da cadeia montanhosa submarina de *Lomonosov Ridge*, associando-a à sua plataforma continental e submarina siberiana, caso que determinou em 2007 novas respostas russas a declarar provas de que o fundo marinho do Ártico lhe pertence, por direito público internacional, ao abrigo da Convenção do Direito do Mar (Montego Bay, 1982). O caso e processo está em avaliação nas instâncias especializadas da ↗ONU e este ato deliberado e unilateral da Rússia é classificado pelos seus parceiros neste Conselho como provocatório e contrário ao próprio desígnio de cooperação intergovernamental.

Desde o verão de 2014 que a zona ártica marinha se tem tornado mais navegável e transitável, ao norte do Canadá e da Sibéria, incentivando a negociação de questões de interesse comum, em especial as matérias relacionadas com a proteção ambiental e o desenvolvimento sustentável e, ao mesmo tempo, o confronto de interesses nacionais e de conjuntura, em particular, de cinco países com projeção de interesses territoriais nesta zona gelada e de cenário oportunista, onde a geopolítica se pratica baseada na ideia de Sun Tzu: "para se ser vitorioso é preciso ver o que não está visível". Consequentemente, os países árticos de fronteira com o gelo permanente têm vindo a tomar iniciativas de soberania sobre os fundos marinhos e ribeirinhos do Ártico, na condição de obter direitos próprios de controlo e navegação dessas rotas, no caso, a "Passagem do Noroeste" entre o Alasca e a Gronelândia e a "Passagem Siberiana de Nordeste", entre a Noruega e o Mar de Bering, tendo já uma navegação aberta desde 2009, mas sob controlo russo.

A paisagem ártica está efetivamente a mudar, tanto que a sonda/bóia M2 – Peggy, ancorada no Mar de Bering pelos americanos, registou, em 2018, um sinal de alerta nesta região com a não ocorrência de gelo marinho, pela primeira vez, e uma temperatura máxima de 1,5 graus positivos numa zona até aí sempre presenteada com a congelação dessas águas marinhas. A região ártica é assim a nova frente de preocupação securitária, ambiental e de cooperação internacional, no âmbito da Organização Marítima Internacional e no disposto no Código Polar (2017) e, simultaneamente, de tensão entre as grandes potências do Ocidente e do Leste, com novos desafios geopolíticos e de complexa resolução de conflitos de interesses e de dilemas de solução jurídica comum, no seio das nações aí intervenientes e reclamantes de direitos sobre este território em mudança, com novas rotas de povoamento humano, de projeção de forças militares e novos quadros de exploração tecnológica e económica do seu capital natural no século XXI. *[J.C.Lo.]*

Conselho de Cooperação do Golfo

Gulf Cooperation Council (GCC)

Foi criado em 25 de maio de 1981 pela Carta de Abu-Dhabi. Tem como Estados-membros a Arábia Saudita, Bahrein, Emirados Árabes Unidos, Koweit, Omã e Qatar. No texto do acordo fixaram-se como objetivos uma maior coordenação, integração e unidade entre os Estados-membros; o reforço de todos os aspetos da cooperação entre os habitantes da região; a aproximação das legislações nos domínios da economia, finanças, comércio, fronteiras, transportes, educação, cultura, saúde, assuntos sociais, comunicação e informação, e o encorajamento da cooperação científica e técnica. Tem sede em Riade, Arábia Saudita. *[P.A.]*

Conselho de Estado

É o órgão consultivo do ↗chefe de Estado. As origens do Conselho de Estado remetem para o Conselho Régio medievo, um órgão político consultivo. Contudo, na sua forma, composição e atribuições modernas, o Conselho de Estado surgiu em Espanha, ao tempo dos Habsburgo, com Carlos V (1522), e em França no tempo dos Bourbon, no reinado de Henrique III (1578). Em Portugal foi institucionalizado pelo Cardeal D. Henrique (1562) e regimentado no reinado de D. Sebastião (1569).

O Conselho de Estado foi assumindo, ao longo dos tempos, diversas composições e distintas competências, cabendo-lhe, o mais das vezes, a função consultiva em assuntos de política interna e externa. Quanto à composição, tradicionalmente, o Conselho de Estado é um órgão de notáveis, nomeados pelo chefe de Estado, o rei na monarquia, o presidente na república. A época de afirmação e consolidação do Conselho de Estado como órgão constitucional remete para o período pós-revoluções liberais, tendo assumido estatuto diferente consoante a lei fundamental dos Estados. Na França pós-revolucionária, o Conselho de Estado adotou um modelo de jurisdição administrativa. Com efeito, a França apresenta um modelo único de jurisdição bipartida. O sistema judiciário francês é dividido em justiça administrativa (contenciosa) e justiça judicial (consultiva), competindo ambas ao Conselho de Estado. As raízes do modelo de Conselho de Estado francês nasceram com o legislador revolucionário que proibiu os juízes judiciais (tribunais comuns) de conhecer e julgar os atos da administração (Lei de 16 e 24 de agosto de 1790).

O pensamento jurídico francófono teve repercussão na formação jurídica ocidental, mormente nos países da Península Ibérica, e por tal motivo, ao longo do século XIX, em Portugal e em Espanha e respetivas colónias americanas, foram vários os períodos políticos em que o órgão manteve uma atuação bipartida, consultiva e contenciosa, conquanto órgão da administração pública, impedindo o julgamento pelos tribunais comuns dos litígios entre particulares e a administração pública. Posteriormente, com a criação dos tribunais administrativos, em Espanha e Portugal, a administração contenciosa passou para estes, ficando a atividade política consultiva destinada ao Conselho de Estado. *[J.G.F.]*

Conselho dos Estados do Mar Báltico (CEMB)

Council of the Baltic Sea States (CBSS)

Fórum político para a cooperação regional e intergovernamental entre 11 países da região do Mar Báltico (Dinamarca, Estónia, Finlândia, Alemanha, Islândia, Letónia, Lituânia, Noruega, Polónia, Rússia e Suécia) e a Comissão Europeia. Foi criado em

1992 pela Alemanha e Dinamarca. Visa promover a cooperação regional a nível político e apoia-se numa "perspetiva global para os problemas regionais". Em junho de 2014, foram definidas três prioridades a longo prazo: identidade regional, região segura e protegida, e região próspera e sustentável. Atualmente, tem como temas centrais a segurança societal, a sustentabilidade, a investigação e inovação e o combate ao tráfico humano. Tem sede em Estocolmo, Suécia. *[P.A.]*

Conselho da Europa

O Conselho da Europa é uma organização internacional, instituída a 5 de maio de 1949 pelo Tratado de Londres e, de acordo com o artigo 1.º desse Tratado, tem o objetivo de "realizar uma união mais estreita entre os seus membros, a fim de salvaguardar e de promover os ideais e os princípios que são o seu património comum e de favorecer o seu progresso económico e social". Os Estados-membros vinculam-se à obrigatoriedade do cumprimento de valores e princípios tradicionais da democracia liberal, como a liberdade individual, a liberdade política, o estado de direito e os Direitos Humanos. Este posicionamento da organização transforma-a numa das mais marcadamente ideológicas e normativas do sistema internacional contemporâneo.

A atuação do Conselho da Europa desenrola-se essencialmente a dois níveis: a defesa e promoção dos Direitos Humanos e a cooperação internacional. Sob a sua égide, celebraram-se mais de 150 convenções sobre variados e relevantes aspetos da vida quotidiana dos cidadãos residentes na Europa: pena de morte, não discriminação, igualdade de género, liberdade de expressão, educação e cultura, património, juventude e desporto, meio ambiente, proteção das minorias, democracia local e democracia partidária.

Por definição, o Conselho da Europa é uma organização reservada a países europeus e, dentro destes, apenas àqueles que satisfaçam o requisito basilar do respeito pelos princípios fundamentais da democracia liberal. Iniciada com dez Estados fundadores (Bélgica, Dinamarca, França, Países Baixos, Irlanda, Itália, Luxemburgo, Noruega, Reino Unido e Suécia), foram vários os alargamentos que decorreram nas décadas seguintes, até se alcançarem os atuais 47 membros, 27 dos quais são também membros da União Europeia. A estes, juntam-se cinco observadores (Canadá, Estados Unidos da América, Japão, México, Santa Sé) e Israel como observador da Assembleia Parlamentar. Os Estados-membros podem retirar-se da organização voluntariamente (artigo 7.º) ou serem convidados (eventualmente, forçados) a sair (artigo 8.º), no caso de persistirem na violação dos princípios fundamentais do Conselho.

A estrutura institucional do Conselho da Europa contempla as seguintes entidades: a) o Comité de Ministros (artigo 13.º e seguintes), intergovernamental, constituído pelos ministros dos Negócios Estrangeiros e com a missão de agir em nome do Conselho; b) a Assembleia Consultiva (artigo 22.º e seguintes), instituição competente para deliberar sobre as matérias previstas no Estatuto; e c) o Secretariado (artigo 36.º e seguintes), que constitui o aparelho administrativo que assiste aos restantes órgãos.

Desde a sua constituição que se verificou um profundo desequilíbrio entre os objetivos – amplos e politicamente ambiciosos – e a natureza dos órgãos e os seus respetivos poderes, definidos em função do princípio da intangibilidade da soberania dos Estados. O Conselho da Europa foi ultrapassado pela dinâmica da integração europeia das Comunidades, atualmente consolidadas na União Europeia. Contudo, foi-se destacando em áreas de relevo, como a proteção dos Direitos Humanos, através de um dos seus instrumentos jurídicos mais importantes – a Convenção Europeia dos Direitos Humanos, de 1950, que deu origem à Comissão Europeia dos Direitos Humanos e ao ↗Tribunal Europeu dos Direitos Humanos. Tem sede em Estrasburgo e as línguas inglesa e francesa como oficiais. *[A.P.M.]*

Conselho Europeu

O Conselho Europeu é uma instituição da União Europeia que tem a sua origem nas reuniões periódicas que os chefes dos executivos comunitários (designados chefes de Estado e de governo dos Estados-membros, designação essa imprópria, já que apenas um chefe de Estado assiste a estas reuniões, o francês, dado o caráter presidencialista do sistema). Estas reuniões eram designadas por *sommets* (termo que chegou a figurar em manuais portugueses) ou cimeiras, tendo a primeira delas ocorrido em Paris, em 1957, em vésperas da conclusão da negociação dos tratados de Roma que instituíram a ↗CEE e a ↗CEEA.

Em 1961, realizaram-se mais duas cimeiras – a primeira em Paris, em fevereiro, e a segunda em Bona, durante o mês de julho. Ambas foram iniciativa do general De Gaulle e tinham em vista discutir a questão da Cooperação Política Europeia (a qual deveria complementar os mecanismos de integração que começavam a dar os seus primeiros passos), consubstanciando ainda uma vontade clara de fazer intervir no quadro comunitário os chefes dos executivos, os quais não tinham assento nas instituições comunitárias. A iniciativa francesa não teve seguimento imediato na altura, mostrando-se impossível conciliar as diferentes visões sobre o problema que opunham no essencial os franceses aos restantes parceiros. Só aconteceu nova cimeira em 1967, em Roma, para comemorar os dez anos dos tratados aí assinados, altura em que a comunidade vivia um momento de relativa paralisia, após a crise da cadeira vazia e o consequente compromisso do Luxemburgo. Nessa altura, pairava ainda no ar o incómodo resultante de um outro facto que marcou a história da Europa: o segundo veto francês à candidatura britânica.

Estas primeiras cimeiras – normalmente referidas como as cimeiras de iniciativa gaullista – tiveram, portanto, um caráter marcadamente extraordinário. Só a partir da cimeira de Haia, de 1 e 2 de dezembro de 1969, os encontros dos chefes de Estado e de governo vão assumir um papel permanente na construção europeia. Esta cimeira marca o afastamento do general De Gaulle e a sua substituição por Georges Pompidou. Nela, o novo presidente francês, reconhecendo a necessidade de ultrapassar o marasmo decorrente da crise da cadeira vazia, vai tentar relançar a construção europeia através destes encontros. É assim que à cimeira de Haia vai suceder a de Paris de 1972, a de Copenhaga em 1973 e uma outra em Paris, em 1974. Nesta última – que vai juntar uma nova geração de líderes europeus, uma vez que, por coincidência, na França, Alemanha e Reino Unido são substituídos durante o ano de 1974 todos os chefes do executivo – o entendimento entre Giscard d'Estaing e Helmut Schmidt conduziu à consagração das cimeiras. Os chefes de Estado e de governo europeus decidem então "encontrar-se, acompanhados pelos respetivos ministros de negócios estrangeiros, três vezes por ano ou tantas vezes quantas as necessárias, no Conselho das Comunidades ou no contexto da Cooperação Política Europeia".

Nasceu, assim, o Conselho Europeu. Este vai servir, desde logo, para desbloquear as decisões que no Conselho não haviam obtido a unanimidade exigida pelos tratados ou por força da invocação do compromisso do Luxemburgo. Os chefes dos executivos dispõem para o efeito não só de um poder negocial muito superior, dada a sua qualidade de líderes políticos, como podem ainda, se necessário, efetuar negociações globais no âmbito dos *dossiers* bloqueados, ou seja, podem trocar cedências em determinados assuntos contra vantagem noutros, já que a discussão se faz sem as limitações técnicas do Conselho.

Por outro lado, o Conselho Europeu pretende conferir uma liderança efetiva ao processo de construção europeia, necessitado de impulsos que garantissem o seu desenvolvimento cabal e a capacidade de responder aos desafios externos que se iam colocando à Europa. Este órgão vai assumir-se, assim, como o local onde são decididos os novos passos a dar na construção europeia, bem como onde são debatidas questões que, por não estarem previstas nos tratados, não podiam – e não deviam – em rigor, ser objeto de discussão (e, principalmente, de decisão) no âmbito do Conselho. A estas funções gerais acresce a vantagem de uma aproximação e conhecimento pessoal dos chefes dos executivos, o que permite uma maior confiança, entendimento e previsibilidade mútuos, criando assim condições de convergência crescente. A presença do presidente da Comissão – assistido também ele por um vice-presidente – garantia que o caráter e a sensibilidade comunitários não se perdessem, apesar da natureza eminentemente intergovernamental do órgão. A importância deste órgão tornar-se-ia, por isso, crescente na dinâmica europeia, sendo o seu funcionamento objeto de progressiva regulação (em especial na Declaração de Londres de 1977 e na Declaração Solene de Estugarda de 1983). Com o Ato Único Europeu, o Conselho Europeu seria finalmente acolhido nos tratados, alargando-se ainda mais a sua importância com o Tratado de Maastricht.

Inicialmente, os chefes de Estado e de governo limitavam-se a subscrever os comunicados finais das reuniões, que constituíam as grandes linhas de orientação dos assuntos comunitários. Muito embora pudessem agir no quadro institucional – assumindo-se como Conselho da União Europeia – nunca o faziam, preferindo que, quando fosse necessário adotar qualquer ato, este fosse subscrito pelos ministros dos Negócios Estrangeiros, com a data da reunião, quando a urgência o justificasse. O Conselho Europeu veio, no entanto, a ser consagrado como instituição, sendo-lhe atualmente atribuídas funções e competências precisas pelo Tratado da União Europeia. *[R.M.]*

Conselho de Ministros (Portugal)

O Conselho de Ministros é, como refere Jorge Miranda, um dos órgãos que compõem o Governo. Estamos, ainda de acordo com o mesmo autor, perante um órgão colegial, distinto por isso mesmo dos órgãos singulares que também o integram e que são constituídos pelos seus próprios membros. Enquanto órgão colegial, como salientam Gomes Canotilho e Vital Moreira, cabe-lhe assegurar "o princípio da colegialidade", implicando isso a existência de decisões que não pertencem a nenhum membro do Conselho de Ministros em particular – aqui se incluindo o Primeiro-Ministro – mas ao próprio Conselho. Com efeito, e de acordo com Paulo Otero, se atendermos ao que prescreve a atual Constituição portuguesa, no seu artigo 200.º, n.º 1, alínea g), podemos perceber que o Conselho de Ministros se apresenta como um órgão que concentra poderes, afastando desse modo "a existência de uma reserva de competência decisória de exercício individual a cargo do Primeiro-Ministro e dos Ministros". É certo, como refere Carlos Blanco de Morais, que, em Portugal, "a prática do sistema político faz radicar no Primeiro-Ministro a força motriz da atividade do Governo", logo do Conselho de Ministros, mas isso, na nossa opinião, em nada diminui o que anteriormente dissemos sobre o Conselho de Ministros. *[M.M.]*

Conselho Nórdico

Nordic Council

Fundado em 1952 por quatro países do Norte da Europa – Dinamarca, Finlândia, Islândia, Noruega e Suécia –, o Conselho Nórdico é um fórum de cooperação governamental e parlamentar, sobretudo para as questões sociais e culturais (ambiente, droga e diversidade cultural). Três anos depois, a Finlândia aderiu a este Conselho. Paralelamente ao Conselho, existe um Conselho de Ministros Nórdicos, fundado em 1971. São Estados-membros a Dinamarca, Finlândia, Islândia, Noruega e Suécia, mais três regiões autónomas, Gronelândia (Dinamarca), Ilhas Aland (Finlândia) e Ilhas Faroé (Dinamarca). Tem sede em Copenhaga, Dinamarca. *[P.A.]*

Conselho da União Europeia

O Conselho da União Europeia, previsto no artigo 16.º do Tratado da União Europeia e nos artigos 237.º a 243.º do Tratado sobre o Funcionamento da União Europeia, é uma das instituições europeias, composto por um representante por Estado-membro ao nível ministerial e considerado como a entidade que representa os Estados na União. Sem uma composição fixa e única, uma vez que depende das matérias em consideração, a mais frequente é a que reúne os ministros dos Negócios Estrangeiros. Contudo, a reunião dos ministros das Finanças e da Agricultura é também comum.

Quanto às suas funções e competências, esta instituição é uma das responsáveis pela promoção do desenvolvimento da União Europeia e pela sua representação internacional, nomeadamente através da competência de celebração de acordos internacionais. É ainda um interveniente fundamental na aprovação do Orçamento da União Europeia, na negociação e adoção legislativa – em articulação com o ↗Parlamento Europeu – e no desenvolvimento da ↗Política Externa e de Segurança Comum. Incluem-se ainda nas suas funções a coordenação das políticas dos Estados-membros (em matérias económicas, fiscais, de emprego, entre outras) e da cooperação entre os tribunais e as forças policiais nacionais em matéria penal.

O Conselho da União Europeia funciona por convocação do seu Presidente e delibera por maioria simples, maioria qualificada (55% dos Estados-membros que representem, pelo menos, 65% da população da União Europeia) ou unanimidade, dependendo das matérias e de acordo com os Tratados. O sistema da "dupla maioria" da maioria qualificada é o mais frequente no processo decisório desta instituição. Existe também uma "minoria de bloqueio" a uma proposta que implica o voto desfavorável de pelo menos quatro Estados com uma representação superior a 35% da população da União. O objetivo deste mecanismo é o de evitar uma influência desproporcional dos países maiores ou mais poderosos, mas acaba por acautelar também interesses dos grandes Estados ao juntarem-se a outros menores para bloquear uma deliberação.

A Presidência do Conselho da União Europeia é rotativa, por cada um dos Estados-membros, e o mandato tem a duração de seis meses. Esta instituição conta ainda, no desempenho das suas funções, com o auxílio do Comité dos Representantes Permanentes (COREPER). *[J.C.G. / A.P.M.]*

Consenso

A palavra consenso sugere uma via média ou mínimo denominador comum entre dois ou mais polos antagónicos. O consenso não significa, portanto, unanimidade, mas uma unidade, que pode ser provisória ou definitiva. De igual modo, o consenso nem sempre é evidente, podendo, ao invés, estar implícito, ou seja, ser um consenso tácito. A chegada a um consenso está dependente da partilha de objetivos e valores entre interlocutores. Tal não invalida que as partes continuem a ter discordâncias entre si, pese embora considerem que os seus interesses e valores podem convergir em determinados pontos. É frequente o consenso necessitar de um diálogo e negociação prévios, fundamentais para que as várias partes cheguem a um entendimento comum. Todavia, por ser com frequência difícil chegar a um consenso, as partes sentem necessidade de recorrer, por vezes, a um mediador ou árbitro, o qual pode contribuir para desbloquear determinada situação, identificando pontos e interesses comuns entre os intervenientes. *[P.D.]*

Consenso de Pequim

Pese embora não seja alvo de uma definição consensual, o Consenso de Pequim tende a caraterizar um modelo oposto ao preconizado pelo ↗Consenso de Washington. Trata-se de uma terminologia atribuída a Joshua Cooper Ramo, autor do célebre artigo "The Beijing Consensus". Ao invés da ênfase na abertura económica, reformas financeiras, direitos de propriedade privada e liberalização política, como forma de estímulo ao crescimento económico, o Consenso de Pequim pauta-se pela flexibilidade e neutralidade ideológicas. Na prática, tem sido esta a base do chamado milagre económico chinês nas últimas décadas, bem como a essência do *modus operandi* chinês em vários países ditos do Terceiro Mundo. Com efeito, para muitos Estados pobres e, em geral autocráticos, o Consenso de Pequim é frequentemente visto como uma oportunidade mais interessante do que as propostas pelo Ocidente na ajuda ao desenvolvimento. De facto, a existência de uma autoridade forte e estável que tem sido capaz de implementar reformas económicas bem-sucedidas ao longo das últimas décadas na China, tem contribuído para que vários Estados se revejam no modelo chinês, como alternativa ao Consenso de Washington.

Na prática, não só os empréstimos concedidos por Pequim são mais vantajosos, quer ao nível das taxas de juro, quer dos prazos mais dilatados de pagamento, como também a política oficial chinesa, dita de não-interferência, não é incompatível do ponto de vista ideológico com a continuidade de regimes autocráticos. Em contrapartida face aos empréstimos proporcionados, a China obtém acesso a explorações energéticas e/ou de minérios, quase sempre numa ótica de médio/longo prazo. Tal facto tem permitido a empresas chinesas (estatais e não-estatais) operar numa situação de monopólio ou quase-monopólio em países geralmente catalogados de Estados-pária pelo Ocidente, com os quais este não dispõe de relações oficiais, e por extensão, económicas. *[P.D.]*

Consenso de Washington

O Consenso de Washington visa promover o desenvolvimento económico, assente no livre comércio e na liberdade de concorrência. A expressão refere-se a um conjunto de recomendações económicas destinadas aos países em desenvolvimento, formuladas no final dos anos 1980 pelo ↗Banco Mundial, pelo ↗Fundo Monetário Internacional (FMI) e pelo Departamento do Tesouro dos Estados Unidos. Na raiz das recomendações que ficariam conhecidas como neoliberais, estavam medidas de disciplina fiscal, redução dos gastos públicos, reforma tributária, juros e câmbio de mercado, abertura comercial, privatização das empresas estatais, eliminação das restrições sobre o ↗investimento direto estrangeiro, direito à propriedade intelectual e desregulamentação da economia.

Em oposição ao posteriormente conhecido por ↗Consenso de Pequim, o Consenso de Washington reduz o papel do Estado na política económica a um mínimo indispensável, deixando aos mercados a atividade reguladora, conforme estabelecem os pressupostos da mão invisível de Adam Smith. Pese embora as recomendações do FMI e do Banco Mundial tenham sido objeto de ampla adesão um pouco por todo o mundo em desenvolvimento, o Consenso de Washington não se conseguiria libertar posteriormente de uma certa visão pejorativa de que os empréstimos financeiros trazem condicionalidades políticas a si associadas. Por outro lado, o contexto do final da década de 1990 mostraria os limites de um modelo centrado exclusivamente no crescimento económico, sublinhando, ao invés, a necessidade de redução de pobreza e da intervenção estatal e civil no campo económico. *[P.D.]*

Conservadorismo

É uma das ideologias políticas contemporâneas que deu forma ao debate político e à oferta partidária das democracias ocidentais. Por oposição ao ↗liberalismo e ao ↗socialismo, o conservadorismo consagra o valor da tradição e rejeita a mudança radical e as utopias universalistas, opondo à ideia de revolução a ideia de reforma na continuidade. No plano formal, qualquer ideologia pode, pois, assumir uma vertente conservadora. Todavia, no plano substantivo e no contexto histórico supramencionado, o conservadorismo corresponde a uma visão do mundo, quando sob influência anglo-saxónica, baseada na defesa da *rule of law* enquanto quesito mínimo da relação entre a sociedade e o Estado, não devendo, no entanto, este último subverter estruturas tradicionais, familiares e corporativas, antes procurando moldar-se às mesmas.

O conservadorismo anda frequentemente de mãos dadas com o patriotismo, enquanto repositório de tradição e identidade nacional, e mesmo com o governo forte (a autoridade do Estado como instrumento da segurança nacional e da estabilidade política). No plano dos direitos, ocorrem por vezes discursos de defesa da ideia de "desigualdade", baseados em reminiscências de ↗Antigo Regime, ou num neoconservadorismo que rejeita quer o discurso cívica e politicamente nivelador do liberalismo, quer o discurso socioeconomicamente nivelador do socialismo. Nas sociedades contemporâneas, o neoconservadorismo pode tender à rejeição da diferença e da inclusão, associar-se a algum tradicionalismo religioso, e mesmo aproximar-se do ↗nativismo. As chamadas causas fraturantes (ex: direitos LGBT, interrupção voluntária da gravidez, etc.) são normalmente olhadas com desconfiança, quando não com total rejeição. No plano das políticas económicas, o conservadorismo tem tendido para o liberalismo económico, embora, em discursos neoconservadores recentes, neoprotecionismos nacionalistas possam ocorrer. *[C.T.R.]*

Consociativo (sistema)

O consociativismo surge nas democracias como forma de garantir a representação diversificada dos grupos que constituem o todo nacional e que não têm associada à sua identidade uma delimitação territorial (neste outro caso, os modelos clássicos de ↗descentralização podem garantir o objetivo). O termo foi introduzido na ↗Ciência Política sobretudo por Arend Lijphart (em 1968, partindo do caso holandês), na busca de uma solução para a estabilização de sociedades com ↗clivagens internas profundas, por diferenciação étnica, religiosa ou outra. O modelo toca também a questão da representação das ↗minorias. A solução do autor para a "partilha do poder" assentava na ampla colaboração das ↗elites dos diferentes grupos; prolonga-se, na sistematização de 2008, em soluções "consensuais" (de amplo acordo, por oposição a maioritárias) suportadas no multipartidarismo e nos sistemas eleitorais de representação proporcional, nas amplas ↗coligações de governo e no veto das minorias, entre outros. *[C.T.R.]*

Consolidação da paz (*peacebuilding*)

A consolidação da paz (*peacebuilding*) tornou-se num princípio norteador do intervencionismo internacional na periferia desde a sua inclusão na *Agenda para a Paz* da ↗Organização das Nações Unidas, em 1992. Definida como "ações para identificar e apoiar estruturas que fortaleçam e solidifiquem a paz, de forma a evitar um retorno ao conflito", a consolidação da paz associa a tarefa negativa de travar as hostilidades armadas com a tarefa positiva de enfrentar as causas profundas da violência – inspirando-se, aliás, na proposta teórica de Johan Galtung, que introduzira o termo no léxico académico ainda na década de 1970.

Tendo como objetivo a criação de condições para uma paz autossustentável, a consolidação da paz é necessariamente multifacetada, envolvendo instituições e práticas securitárias, políticas, legais, económicas, sociais e culturais, entendidas como complementares e que se reforçam mutuamente. Exige, por isso, um esforço colossal de articulação entre todas as partes, assim como um empenho de longo-prazo, de forma a assegurar a transferência de responsabilidade dos atores externos para os nacionais dos países a emergir de conflitos.

Este projeto ambicioso de ir muito além do mero congelamento da violência não tem, contudo, sido simples ou consensual. Com uma trajetória repleta de sucessos contestados e alguns fracassos flagrantes, o paradigma dominante da consolidação da paz, aplicado em inúmeros países em todos os continentes nas últimas três décadas, tem sido alvo de críticas contundentes. Não só a sua conceção enquanto *paz liberal* – modelo estandardizado de pacificação através da liberalização política e económica – se revelou cultural e ideologicamente limitada e mesmo contraproducente, como a realidade das sociedades devastadas pela guerra provou ser bastante mais complexa do que a antecipada pelos atores internacionais que assumem hoje atividades no âmbito da consolidação da paz em contextos de pós-conflito. *[T.A.C.]*

Constituição

A Constituição pode ser considerada como a trave-mestra do ordenamento jurídico de uma comunidade politicamente organizada, aquilo a que muitos chamam a lei das leis, a norma das normas ou, no dizer de Kelsen, a "lei fundamental" do Estado, base da sua ordem jurídica nacional. A sua consagração formal, como bem salientou Rogério Soares, está associada ao surgimento de um novo protagonista político, o Estado, o que iria, segundo este autor, determinar que na Europa continental a Constituição, enquanto lei positiva organizadora desse mesmo Estado, passasse a ser vista como "a ordenação jurídica fundamental de uma comunidade política". E é assim com este quadro de referência que Gomes Canotilho entende a Constituição como "a ordenação sistemática e racional da comunidade política através de um documento escrito no qual se declaram as liberdades e os direitos e se fixam os limites do poder político" e que Vital Moreira descreve como "o conjunto de normas jurídicas que definem, regulam e limitam o poder político e que eventualmente estabelecem os princípios fundamentais da ordem jurídica".

Podendo possuir características bem distintas, refletindo uma natureza mais flexível ou mais rígida, mais ou menos impositiva do ponto de vista programático, mais liberal ou mais estatizante, certo é que a posição cimeira que a Constituição possuía nas ordens jurídicas dos Estados tem hoje de ser vista à luz de outras realidades. Com efeito, a integração dos Estados em organizações internacionais, nomeadamente as que se apresentem com caráter mais integracionista, conduzindo ao que Paulo Otero designa de "europeização da soberania", traduz-se na prática na mudança de paradigma sobre o entendimento da chamada soberania constitucional. E isso, ao evidenciar o que Vital Moreira caracteriza por "constitucionalismo multinível", não pode deixar de implicar uma outra leitura sobre o conceito tradicional de Constituição. Algo aliás, também neste domínio, que nos deve levar a refletir sobre os ensinamentos de Adriano Moreira quando nos alerta para a necessidade de analisarmos o poder político não apenas sob o ponto de vista formal, mas também sob o ponto de vista real, ou seja, tendo em conta a real sede do poder.

Importa ainda ter presente que Constituição não é sinónimo exclusivo de um texto escrito e único ou aprovado em Assembleia Constituinte ou outorgado por um monarca. É disso exemplo a Constituição inglesa, uma Constituição não escrita, apesar, como refere Jorge Miranda, da existência de inúmeras leis constitucionais escritas, de que são exemplo a Magna Carta (1215), a Petição de Direito (1628), a Lei de *Habeas Corpus* (1679) e a Declaração de Direitos (1689). *[M.M.]*

Construtivismo (teorias das Relações Internacionais)

O Construtivismo é sobretudo uma teoria social que demonstra a importância decisiva das relações constitutivas que se estabelecem entre as ideias, o conhecimento e os factos. O grande argumento do Construtivismo consiste na demonstração de que todas as variáveis relevantes das teorias das Relações Internacionais – poder militar, transações económicas, instituições internacionais ou preferências domésticas – não são apenas importantes por serem factos materiais objetivos, mas, principalmente, por terem determinados significados sociais e singulares interpretações ideacionais intersubjetivas. Deste modo, por exemplo, a natureza da ↗anarquia internacional é sobretudo uma construção social e o seu significado resulta do entendimento intersubjetivo dos Estados, e não apenas da sua pura objetividade material.

Os construtivistas argumentam que os aspetos mais importantes das relações internacionais são sociais e ideacionais e não unicamente materiais. Para o Construtivismo, os factos e a realidade são sempre uma construção intersubjetiva e social. Deste modo, não é possível explicar a existência de factos totalmente objetivos e exteriores às observações humanas. Isto significa que o mundo político não é uma realidade física e material independente da interpretação humana. Neste sentido, para o Construtivismo, os principais focos de análise das Relações Internacionais devem ser a cultura política e social, a identidade e as normas que influenciam e condicionam o comportamento dos atores nas relações internacionais, nomeadamente a observação e explicitação do fenómeno do *entendimento partilhado* relativamente aos problemas, agendas e comportamentos adequados a desenvolver perante o jogo da política internacional.

O Construtivismo é uma teoria ideacional das relações internacionais que dá particular destaque à inter-relação entre as ideias, crenças, identidades e ideologias dos atores internacionais (agência) e o ambiente ideacional e normativo que formata e embebe historicamente determinada ordem internacional (estrutura). Deste modo, o Construtivismo é especialmente sensível ao estudo da mudança e à historicidade das ordens internacionais. Ao contrário do ↗Realismo, o Construtivismo sublinha que a mudança nas relações internacionais não resulta apenas da alteração de fatores materiais, mas antes, e sobretudo, de fatores ideacionais, sociais e normativos.

De um ponto de vista substantivo, o Construtivismo interessa-se pelos novos atores globais, nomeadamente os atores transnacionais ligados às ↗ONG ou às redes de advogados transnacionais e às suas capacidades de influenciarem os interesses dos Estados. Outra importante área de pesquisa do Construtivismo é o estudo do papel das normas, nomeadamente das suas funções regulatórias e constitutivas e da sua influência na construção dos interesses dos Estados, das organizações e dos empreendedores normativos (Mendes, 2019b). Neste contexto, o Construtivismo desenvolveu um particular interesse pela explicação compreensiva do impacto dos Direitos Humanos e de outras formas de institucionalização das normas na construção do comportamento adequado em relações internacionais. Estudos construtivistas importantes vieram demonstrar que, ao contrário do que defendem as teorias racionalistas, as instituições não são somente instrumentos dos interesses dos Estados. Em determinadas circunstâncias, é possível que os líderes e as burocracias das instituições internacionais desenvolvam interesses próprios que contrariam os interesses dos Estados. Pode até ser possível uma articulação singular entre interesses dos Estados, interesses das lideranças e burocracias internacionais, interesses de atores não estatais transnacionais e interesses de atores de resistência identitária que permitam uma coligação de vontades e a construção de um *interesse internacional*.

Em síntese, o Construtivismo introduziu progressos importantes na disciplina como, por exemplo, uma visão mais sociológica sobre as *regras* e o *Direito*, sobre o poder e as ideias na formação dos interesses em política externa, bem como a demonstração da importância do papel da cultura da identidade (Mendes, 2018), das normas e das práticas (Mendes, 2012c; 2017; 2019b; 2020a). *[P.E.M.]*

Contexto

O contexto de um comportamento ou de um acontecimento é formado por um conjunto de elementos do meio institucional e etnográfico, tais como instituições, normas sociais, convenções, usos e costumes, circunstâncias e relações exteriores ao comportamento ou ao acontecimento, mas das quais ele depende em parte. Ao mesmo tempo, as normas, as regras e as convenções sociais utilizadas pelas atividades humanas determinam o contexto e fornecem os recursos para o identificar. Neste sentido, não existe um contexto em si, prévio a uma ação ou acontecimento.

O contexto é produzido e é o resultado de um conjunto de aspetos que fazem sentido: as instituições, as normas, as convenções, os usos e costumes mobilizados; elementos do meio ambiente que participam na inteligibilidade daquilo que acontece; incluindo a sequencialidade das trocas interpessoais, as expectativas que regulam as atividades, os procedimentos utilizados, as relações estatutárias implícitas, etc. Existe, com efeito, uma elaboração mútua entre a ação e o contexto, determinando-se reciprocamente. Acontece, por isso, que tanto são ações estandardizadas ou ritualizadas, e fortemente orientadas, normativa e institucionalmente, que instituem os respetivos contextos, como também existem contextos estruturados convencionalmente (sessões do parlamento, paradas militares, missas, audiências nos tribunais, aulas, etc.), que orientam a organização social das ações. *[I.B.]*

Contramedidas

Reação de um Estado que é prejudicado por um comportamento ilícito de outro Estado, a qual consiste na suspensão do cumprimento de uma ou mais obrigações que são devidas a este Estado, com o objetivo de o induzir ao cumprimento das suas obrigações, nomeadamente, a cessação da prática ilícita, a reparação dos danos e a prestação de garantias de não repetição. Essa suspensão deve subsistir apenas enquanto o Estado que adotou o comportamento internacionalmente ilícito não cumprir as suas obrigações, pelo que deve assumir uma forma tal que permita a imediata cessação da suspensão logo que este cumpra as suas obrigações, devendo ainda ser proporcional ao dano causado.

As contramedidas constituem uma prática internacional corrente, com foros consuetudinários, que foi objeto de importantes debates no âmbito do esforço de codificação do regime da responsabilidade internacional, que decorreu no seio da Comissão de Direito Internacional entre 1949 e 2002. O seu regime traduz um equilíbrio difícil entre a necessidade de admitir, na falta de dispositivos internacionais que garantam o cumprimento da legalidade, a possibilidade de os Estados adotarem unilateralmente medidas de reação contra atos ilícitos levados a cabo por outros Estados e, por outro lado, o risco de generalização das reações unilaterais que ao (quase) consagrar a autotutela estaria necessariamente a implicar uma regressão na juridicização da prática internacional. *[R.M.]*

Contrarrevolução

A contrarrevolução só pode compreender-se por referência à ↗revolução, tendo o termo surgido no contexto da Revolução Francesa e das reações por esta geradas quer no terreno, com a resistência armada, quer no plano teórico. À conceção de revolução assente nos ideais progressistas e racionalistas dos filósofos do Iluminismo Francês, cujas repercussões se fizeram sentir noutras revoluções, opôs-se o pensamento conservador e contrarrevolucionário de autores como Edmund Burke, Joseph de Maistre, Louis Bonald e Donoso Cortés, cujas obras se alicerçam no pessimismo antropológico, no ceticismo político, no organicismo, no tradicionalismo e no providencialismo. Enquanto os revolucionários propunham redesenhar a sociedade por via de uma mudança abrupta, violenta e total, que implementaria princípios primeiros abstratos elaborados pela razão humana através da especulação filosófica, os contrarrevolucionários defendiam uma conceção prática, gradual e incremental do conhecimento e da mudança política assente na experiência da comunidade política, na tradição, ou seja, no conhecimento social incorporado nos costumes, nas convenções, nas normas e instituições existentes e transmitidas ao longo das gerações, de onde decorre a preferência pelo reformismo gradual.

O termo contrarrevolução tem sido utilizado para designar não só a oposição à ideia de revolução ou a uma sua determinada manifestação concreta, mas também à defesa de uma nova revolução que vise derrubar a ordem social e política produzida pela anterior revolução e, porventura, restaurar a ordem que a precedeu. *[S.P.P.]*

Contraterrorismo

O Direito e a prática internacionais distinguem o terrorismo de outras formas de violência e assim todos os Estados se reservam a autoridade política e legal de o definir. É também muito importante o papel de organizações e instituições internacionalmente aceites.

1. *A* ↗*Carta das Nações Unidas* prevê a proibição do recurso à força, assente no "princípio da necessidade da paz mundial" (art. 1.º, n.º 1). Prevê ainda a legítima defesa (art.º 51.º) e a autorização do Conselho de Segurança (CS) para o uso da força (art.º 42.º) e da "ação coercitiva" contra um "Estado inimigo" (art.º 53.º e 107.º). Foi nestes termos que, em 1999 e 2000, o CS impôs sanções contra o regime talibã. No dia seguinte aos atentados de 11 de Setembro de 2001, o CS condenou os atentados e reconheceu o direito à legítima defesa individual ou coletiva. Da Resolução 1373, desse mesmo mês, resultou a criação do *Counter Terrorism Committee* e a obrigação da adoção de medidas de combate ao terrorismo. Em 2002, a Resolução 1390 impôs e reforçou medidas contra Osama Bin Laden, os membros da Al-Qaeda, os Talibã e indivíduos, grupos, empresas e entidades associados à venda de armas e formação, assistência e consultoria técnica. Na sessão 59.ª da Comissão para os Direitos Humanos, em 2003, foi adotada a Resolução sobre a Proteção dos Direitos Humanos e Liberdades Fundamentais no Processo de Contraterrorismo.

Em 2004, foi criada a Direção Executiva do Comité contra o Terrorismo. A Resolução 1540, do mesmo ano, reconheceu a necessidade de serem adotadas medidas adicionais para prevenir a proliferação de armas nucleares, biológicas e químicas. Seguiram-se as Resoluções 1566, de outubro de 2004, de que resultou a criação de um "fundo de indemnização" a favor das vítimas de terrorismo; e 1624, de setembro de 2005, pela qual o CS condenou todo o ato terrorista, independentemente da sua motivação e incitação, denegando proteção aos culpados. Em março de 2005, o Secretário-Geral (SG) lançou o relatório *In larger Freedom: towards development, security, and human rights for all*, que incluía os pilares fundamentais de combate ao terrorismo: dissuadir e negar o apoio terrorista, reforçar a capacidade dos Estados e defender os Direitos Humanos nesse contexto. Durante a 60.ª sessão da AG, foi condenado o terrorismo e apoiados os pilares defendidos pelo SG. Auxiliado pelo *Counter Terrorism Implementation Task Force/2005*, o SG elaborou o relatório *Unindo contra o Terrorismo*, com recomendações para uma estratégia de combate ao terrorismo global.

Em 2006, a ONU adotou o *United Nations Global Counter Terrorism Strategy*, sendo a primeira vez que os Estados-membros (EM) chegaram a um consenso sobre a estratégia comum para combater o terrorismo, sob a forma de Resolução, com plano anexo. Resultou ainda uma definição de "atos, métodos e práticas de terrorismo", o que não solucionou a questão da definição legal universal de terrorismo, sendo de notar que o crime de terrorismo não está incluído na jurisdição do Tribunal Penal Internacional (TPI). Mais recentemente, em junho de 2017, foi criado o United Nations Office of Counter-Terrorism (UNOCT), no sentido de implementar e desenvolver uma estratégia global (United Nations Global Counter-Terrorism Strategy).

2. *A nível europeu*, em 1975, a ↗CEE criou o "Grupo TREVI" (Terrorismo, Radicalismo, Extremismo, Violência Internacional), iniciativa reforçada pela adoção da Convenção Europeia para a Supressão do Terrorismo, em vigor desde 1978. Após os atentados de 11 de Setembro, a Posição Comum 2001/931/PESC, de 27 de dezembro, estabeleceu a aplicação de medidas específicas de combate ao terrorismo, nomeadamente em relação ao seu financiamento. Mas foi em 2002 que surgiu o instrumento fundamental na luta contra o terrorismo, através da Decisão-Quadro 2002/475/JAI, do Conselho, que adotou uma definição unânime de terrorismo ("*todas as infrações suscetíveis de afetar gravemente um país ou uma organização internacional, com o propósito de intimidar gravemente a população, constranger indevidamente os poderes públicos ou uma organização internacional, a praticar ou a abster-se de praticar qualquer ato ou destabilizar gravemente ou destruir as estruturas fundamentais políticas,*

constitucionais, económicas ou sociais de um país ou de uma organização internacional"), elencando depois os comportamentos que configuram atos terroristas. A Decisão-Quadro 2002/584/JAI, do Conselho, aprovou a criação do Mandado de Detenção Europeu, que veio substituir o mecanismo da extradição.

O Conselho, por seu lado, criou a sua própria "Estratégia Europeia em Matéria de Segurança", aprovada em 2003. Pela primeira vez, foram definidos princípios e objetivos que incluem o combate ao terrorismo. Logo após os atentados de Madrid de 2004, a UE adotou a Declaração Europeia Sobre o Combate ao Terrorismo, que define objetivos estratégicos. Mas é perante os atentados de julho de 2005, em Londres, que se dá o mais significativo impulso no combate à ameaça terrorista, com a adoção da Estratégia Europeia de Contraterrorismo, de novembro seguinte, assente em quatro pilares – Prevenir, Proteger, Perseguir e Responder.

O ↗Tratado de Lisboa, em vigor desde 1 de dezembro 2009, trouxe significativas alterações em relação à luta contra o terrorismo, dele constando o dever da UE de "proporcionar aos seus cidadãos um espaço de liberdade, segurança e justiça sem fronteiras internas, sem esquecer a prevenção da criminalidade e o combate a este fenómeno" (art. 3.°, n.° 2); e a inclusão da Cláusula de Solidariedade (artigo 222.°, n.° 1), prevendo o dever assistência a um EM, a pedido das suas autoridades políticas em caso de ataque terrorista. Também em dezembro de 2009, era apresentado o *Programa de Estocolmo – Uma Europa aberta e segura que proteja os seus cidadãos, através de uma estratégia global*, e em 2013, foi iniciada a Estratégia Global da União Europeia (EGUE/EUGS), que está na base no documento *The European Union in a changing global environment. A more connected, contested and complex world.*

3. Com a desmilitarização do sistema internacional, a OTAN adotou um novo Conceito Estratégico, em 1991, que conduziu a organização de regional a uma aliança global, passando a atuar no âmbito das missões de paz e da segurança. Face aos atentados do 11 de Setembro, este processo de transformação foi acelerado, com a OTAN a evocar, em maio de 2002, pela primeira vez na história, o "Princípio da Defesa Coletiva" (artigo 5.°) como resposta imediata. Assim, foi desenvolvido o conceito militar para a "Defesa contra o Terrorismo", criando o *Partnership Action Plan against Terrorism* (2004), através da cooperação com outras organizações internacionais e de parcerias, no quadro da *Euro-Atlantic Partnership Council, NATO-Russia Council, The Alliance and Ukraine* e com os países do Norte de África e do Médio-Oriente, bem como da partilha de inteligência com diferentes estruturas da OTAN. E, em 2006, com a criação do *Theatre Missile Defence* e a *Comprehensive Political Guidance*, envolvendo ações contraterroristas como a *Eagle Assist*, com o emprego dos *Airborne Warning and Control Systems (AWACS)*, e a *Active Endeavour*, implicando forças navais para patrulhar o Mediterrâneo Oriental e, a partir de 2003, empregues na escolta de navios através do Estreito de Gibraltar. No Afeganistão, a luta foi levada a cabo através da *International Security Assistance Forces in Afghanistan (ISAF)*, que não sendo uma força de coligação constituída sob a autoridade do CS, envolveu-se vários EM na operação *Enduring Freedom* contra os talibãs e a Al-Qaeda. Desde agosto de 2003, que a *ISAF* passou a suportada e conduzida pela OTAN e financiada pelos países envolvidos. Em novembro 2010, o Conceito Estratégico da OTAN foi revisto, constatando-se uma notória confluência com a "grande estratégia" contraterrorista dos EUA.

4. O Congresso do EUA, após o 11 de Setembro, adotou uma nova perspetiva sobre o terrorismo, encarando-o não como um crime, mas uma forma de "estado de guerra", o que conferiu ao Presidente uma autoridade exclusiva. Mais problemática foi a "política de preempção" de George Bush, em 2002, reafirmada na Estratégia de Segurança

Nacional dos Estados Unidos *(NSS2002/20set)*, antes da invasão do Iraque, que permite aos EUA atuarem sozinhos, em caso de necessidade. Neste sentido, são dignos de nota dois documentos: o *USA Patriot Act (Uniting and Strengthening America by Providing Appropriate Tools Required to Intercept and Obstruct Terrorism Acts)*, ratificado em outubro de 2001, uma 'lei antiterrorista' controversa, pelo facto de o governo poder fazer e gravar escutas telefónicas sem mandato judicial; e a declaração de Bush, em novembro seguinte, de "um 'estado de emergência extraordinário, em nome da defesa nacional", permitindo ao Ministério da Defesa deter indivíduos suspeitos, nos EUA e no estrangeiro, e julgá-los em tribunal militar. Em março de 2006, uma adenda sob o título *The President's National Security Strategy*, mantendo os mesmos princípios, continuou a considerar o combate ao terrorismo uma estratégia prioritária, mas equiparando-o a outras ameaças.

5. *Em Portugal*, o regulamento europeu n.º 513/2014, do Parlamento e do Conselho, criou, no âmbito do Fundo para a Segurança Interna, um instrumento de apoio financeiro à cooperação policial, prevenção e luta contra a criminalidade e gestão de crises. Este contexto conferiu a Portugal a obrigação de fazer convergir recursos e legislação nacional na luta contra o terrorismo, em especial a Lei de Combate ao Terrorismo (Lei n.º 52/2003, de 22 de agosto); a Lei de Combate ao Branqueamento de Capitais e do Financiamento do Terrorismo (Lei n.º 83/2017, de 18 de agosto); a Lei de Segurança Interna (Lei n.º 53/2008, de 29 de agosto); e a Lei de Defesa Nacional (Lei Orgânica n.º 1-B/2009, de 7 de julho e Declaração de Retificação n.º 52/2009, de 20 de julho). Assume particular relevo a Estratégia Nacional de Combate ao Terrorismo, publicada em anexo à Resolução do Conselho de Ministros n.º 7-A/2015 de 20 de fevereiro. Finalmente, não pode deixar de se referir o Conceito Estratégico da Defesa Nacional, aprovado pela Resolução do Conselho de Ministros n.º 19/2013, de 5 de abril, que ao elencar as ameaças e os riscos no ambiente de segurança global e nacional, neles inclui a ameaça das redes terroristas e uma estratégia nacional integrada de combate. *[J.A.E.]*

Controlo de armamento

Termo que começou a ser usado na década de 1960 para descrever a política e os processos de controlo na aquisição, desenvolvimento, armazenamento, instalação e uso de meios militares, de modo a regular o nível de armamentos no mundo. Diferentemente do desarmamento, o controlo de armamento não pretende alcançar um mundo sem armas, presumindo que as armas são um elemento permanente nas relações internacionais. Os especialistas nesta área defendem que o controlo de armamento é a forma mais realista para se alcançar segurança, reduzindo ao mínimo necessário a existência de armas que garantam a dissuasão entre blocos de poder ou de influência ou a dissuasão em relação ao bloco ou potência dominante. Pode incluir a limitação ou redução da capacidade militar de um Estado (número de tropas e armas em geral), como, por exemplo, os ↗Acordos SALT de 1972. A procura do controlo do armamento é um objetivo permanente dos principais blocos militares e das principais potências, assim como das organizações internacionais, mas tem ocorrido tipicamente em contextos diferentes.

As chamadas *Conversações sobre os Limites para as Armas Estratégicas* (mais conhecidas em inglês como *Strategic Arms Limitation Talks* ou SALT) foram rondas de negociações bilaterais entre os Estados Unidos e a União Soviética, as potências liderantes dos dois blocos militares da Guerra Fria, e que culminaram na assinatura de dois tratados internacionais (SALT I e SALT-II) tendo como objetivo o controlo das armas nucleares.

Conforme a História tem mostrado, o controlo de armas estratégicas pode visar objetivos diferentes, disso sendo expressão vários dos acordos alcançados internacionalmente a partir da década de 1960. Pode procurar eliminar ou limitar o acesso a tipos específicos de armas, não intervindo relativamente a outros tipos de armas ou formas a que os Estados poderão recorrer para se defenderem, como foi o caso do Tratado sobre Forças Nucleares Intermédias, assinado pelos EUA e a União Soviética em 1987, ou pode ter como objetivo reduzir a ocorrência de guerras acidentais, quando as atividades militares de um Estado constituam ameaça a outro, nomeadamente através da informação antecipada sobre quaisquer movimentações militares e outras medidas do género, sendo este tipo de limitações geralmente designado por medidas de consolidação de confiança, exemplificadas pela Declaração de Estocolmo de 1986. O maior problema associado ao controlo de armamento tem sido a questão da verificação dos acordos estabelecidos.

Os acordos de controlo de armamento mais importantes do pós-guerra foram os acordos SALT, assinados em 1972 e 1979; o Tratado ABM, de 1972; o Tratado sobre Forças Nucleares Intermédias, estabelecido em 1987; o Tratado sobre Forças Convencionais na Europa, assinado em 1990, e o Tratado ↗START, de 1991.

Após o fim da Guerra Fria, com o colapso da União Soviética, em 1991, a realidade mudou, porque a Rússia não ocupou totalmente a posição da União Soviética. Disso são exemplo as negociações visando o controlo da produção de armas de destruição massiva pelo Irão e pela Coreia do Norte, que tiveram como protagonistas os EUA, única superpotência à escala global, e os próprios Estados visados. Outros Estados intervieram e procuraram também influenciar os referidos processos, com destaque para os membros permanentes do Conselho de Segurança das Nações Unidas, mas a um nível inferior aos EUA.

Contudo, é incontestável que as ameaças decorrentes da possibilidade de utilização de armas estratégicas permanecem atuais, pelo que a procura do controlo de armamentos é de interesse geral e deverá envolver vários Estados. É de esperar um aumento do protagonismo da China e da Rússia, tendo esta, em particular, durante a presidência de Vladimir Putin – iniciada em 2000 e continuada até ao momento, apenas interrompida no período de 2008 a 2012, quando Putin exerceu as funções de primeiro-ministro, embora tenha continuado como o líder político do país –, manifestado a vontade de ter um papel relevante na renegociação dos acordos de controlo de armamento celebrados entre os EUA e a União Soviética. *[J.R.C.]*

Convenção Europeia dos Direitos do Homem (CEDH)

A Convenção para a Proteção dos Direitos do Homem e das Liberdades Fundamentais, mais conhecida como Convenção Europeia dos Direitos do Homem, foi assinada em Roma a 4 de novembro de 1950, sob a égide do ↗Conselho da Europa, uma organização internacional pan-europeia sediada em Estrasburgo. A Convenção Europeia dos Direitos do Homem instituiu um sistema original de proteção internacional dos Direitos Humanos, proporcionando aos particulares o benefício de um controlo judicial do respeito dos mesmos direitos. O ↗Tribunal Europeu dos Direitos do Homem tem competência para fazer respeitar a Convenção Europeia dos Direitos do Homem, tendo a possibilidade de receber petições de qualquer pessoa que se considera vítima de violação dos direitos estabelecidos na Convenção por parte de um Estado-membro do ↗Conselho da Europa. O autor da petição já deve ter esgotado todas as vias de recurso jurisdicionais disponíveis no plano nacional. Se uma violação da Convenção vier a ser reconhecida pelo Tribunal Europeu dos Direitos do Homem, o Estado-membro pode ser condenado a indemnizar a vítima. Cabe ao Comité de Ministros do Conselho da Europa do controlo da execução das decisões do TEDH.

A Convenção, que protege um vasto leque de direitos e liberdades, foi modificada e enriquecida ao longo do tempo por protocolos adicionais. Entre os direitos garantidos, quatro direitos previstos na Convenção são inderrogáveis, mesmo em situações de conflito armado, de crise grave ou de estado de emergência: o direito à vida (não abrange os atos lícitos de guerra) (artigo 2.º); a proibição da tortura ou de tratamentos desumanos ou degradantes (artigo 3.º); a proibição da escravatura ou da servidão (artigo 4.º); e o princípio da legalidade das sanções penais aplicadas (artigo 7.º).

A quase totalidade dos Estados europeus são membros do Conselho da Europa, sendo *ipso facto* Estados partes na Convenção Europeia dos Direitos Humanos. É o caso de todos os Estados-membros da ↗União Europeia, organização internacional mais restrita que integra explicitamente nas suas normas, enquanto princípios gerais, os direitos previstos na Convenção Europeia dos Direitos do Homem. O ↗Tratado de Lisboa refere explicitamente a adesão da própria União Europeia, enquanto organização internacional, à Convenção Europeia dos Direitos do Homem. Esse processo de adesão foi adiado devido ao parecer negativo proferido pelo ↗Tribunal de Justiça da União Europeia em dezembro de 2014 (Parecer 2/13). *[J.C.C.]*

Convenção internacional

Fonte transmissora de Direito Internacional que consiste num acordo de vontades, entre sujeitos de Direito Internacional que, agindo nessa qualidade, visam a produção de efeitos jurídicos vinculativos. A utilização do termo não é totalmente convergente. Assim, mesmo que analisando apenas a prática das Nações Unidas, pode verificar-se que enquanto o Estatuto do Tribunal Internacional de Justiça utiliza o termo convenção, as convenções que codificam o regime aplicável referem-se ao direito dos tratados (Convenções de Viena de 1969 e 1986). No mesmo sentido, a base de dados da ONU onde são referenciadas todas as convenções internacionais designa-se *United Nations Treaty Collection/Collection des Traités des Nations Unies*.

Em geral, pode, assim, distinguir-se o sentido genérico do termo (que engloba tratados solenes e acordos em forma simplificada) e um sentido específico, quando a designação é usada para identificar um tipo específico convencional, nomeadamente aqueles que são celebrados sob a égide de uma organização internacional (por exemplo, as Convenções de Viena, sob a égide das Nações Unidas, ou a Convenção Europeia de Salvaguarda dos Direitos Humanos, sob a égide do Conselho da Europa, a Convenção de 1992 sobre a Diversidade Biológica, a Convenção das Nações Unidas de 1982 sobre o Direito do Mar, etc.).

As convenções internacionais particularmente solenes, como sejam os atos institutivos de organizações internacionais, designam-se por Carta, possivelmente por referência à ↗*Magna Carta* de 1215 (por exemplo, com a ↗Carta das Nações Unidas ou a Carta da Organização dos Estados Americanos).

As convenções internacionais são acordos de vontades, o que implica decorrerem da teoria geral do negócio jurídico, pelo que, apesar das especificidades que apresentam, são subsidiárias desse regime (que exige uma expressão de vontade livre de cada uma das partes). São acordos estabelecidos entre sujeitos de Direito Internacional – o mesmo é dizer que só os sujeitos de Direito Internacional têm capacidade para celebrar convenções. A falta de capacidade de uma das partes numa convenção não conduz necessariamente à sua invalidade, podendo o acordo permanecer válido a título de contrato (perdendo, no entanto, a qualidade convencional). Nesse plano, são particularmente relevantes os quase-tratados (que têm fundamentalmente a ver com investimentos internacionais), bem como os acordos celebrados com organizações não governamentais, aplicando-se-lhes, a maior parte das vezes, um regime internacional que, no entanto, não é entendido como suficiente para enformar verdadeiras convenções.

Os sujeitos, ao estabelecerem tais acordos, têm de agir na qualidade de sujeitos. Isto porque estes podem estabelecer entre si acordos na qualidade de particulares, nomeadamente quando submetem tais acordos ao direito interno de um Estado (como ocorrerá num contrato de compra e venda com natureza comercial). Ora, tais acordos devem entender-se como contratos e não como convenções internacionais. Exige-se, finalmente, que esses acordos de vontades entre sujeitos visem a produção de efeitos jurídicos vinculativos ou obrigatórios. A referência vem a propósito do facto de os sujeitos de Direito Internacional estabelecerem entre si, por vezes, acordos que, muito embora pretendam regular as suas relações, não têm caráter juridicamente vinculativo. É o caso genérico dos atos concertados não convencionais que, como a própria designação indica, exorbitam do regime convencional.

As diversas definições que podem encontrar-se na doutrina ou mesmo em convenções fazem frequentemente referência a outros elementos, de entre os quais avulta a forma escrita. Todavia, conforme pode verificar-se, essa referência tem normalmente um caráter pedagógico (por forma a salientar a importância da forma escrita, de cuja falta não decorre, todavia, a invalidade).

As convenções internacionais são obrigatoriamente objeto de registo e publicação nos termos da ↗Carta das Nações Unidas. O registo visa garantir a transparência relativamente aos vínculos convencionais. *[R.M.]*

Convenções abertas, semiabertas e fechadas

As *convenções abertas* são aquelas que contêm cláusulas que autorizam que outras partes se possam submeter ao regime, segundo procedimentos cuja complexidade pode variar, desde o ato unilateral ao tratado de adesão, podendo a abertura das convenções ser sujeita a determinados requisitos (geográficos, políticos, etc.) ou ser total (se não impõe qualquer condição à vinculação de terceiros Estados, como acontece, por exemplo, com as convenções de codificação, vulgo de Viena). Segundo a jurisprudência do Tribunal Internacional, a abertura das convenções internacionais não se presume.

As *convenções semiabertas* são aquelas que, muito embora prevejam a possibilidade de outras partes se submeterem ao seu regime, fazem depender esse alargamento de um convite ou da celebração de uma convenção de adesão.

Finalmente, as *convenções fechadas* são aquelas que não contêm cláusulas que autorizam que outras partes se possam submeter ao regime, cabendo, portanto, às partes, discricionária e consensualmente, determinarem as condições de adesão ou outra forma de vinculação diferida, como seja a assinatura diferida. *[R.M.]*

Convicção (ética da)

No ensaio *A política como vocação*, versão alargada de uma palestra com o mesmo título que se seguiu a uma outra denominada *A ciência como vocação*, Max Weber desenvolve a antinomia entre duas éticas que marcam e polarizam a ação política, a ética da convicção e a ética da responsabilidade. Segundo o académico alemão, os indivíduos impelidos pela primeira atuam de acordo com os seus respetivos valores, crenças e sentimentos independentemente das consequências das suas ações, como acontece com o pacifista absoluto e o sindicalista revolucionário. Já os que privilegiam a ação alicerçada na ética da responsabilidade, como os estadistas, têm por referência a avaliação das consequências dos seus atos, o que significa que interpretam a ação em termos de meios-fins, sendo os meios instrumentalmente valorados em função da sua eficácia na prossecução do fim supra-individual de salvação da cidade, não da alma, na esteira de Maquiavel. As duas éticas são tipos ideais, mas não antíteses absolutas, tratando-se, na prática política, de éticas complementares que em conjunto constituem o homem autêntico, ou seja, aquele que pode ter uma "vocação para a política". *[S.P.P.]*

Cooperação

Cooperar é agir conjuntamente com o outro, ou interagir em vista à realização de um fim comum. O sucesso na obtenção deste objetivo comum depende de determinadas condições que a cooperação implica, tais como um consenso em relação aos fins a atingir, a existência de interesses comuns, a confiança recíproca dos atores, a elaboração em comum de um conjunto de regras, um acordo sobre o modo de coordenação das ações, a participação ativa de todos os elementos, etc.

Durkheim entendia a cooperação como fundamento do elo social. Nas sociedades arcaicas, a solidariedade mecânica associava os indivíduos com competências e crenças semelhantes, enquanto nas sociedades modernas, com a divisão social do trabalho, a solidariedade orgânica faz com que cada indivíduo dependa do trabalho de outrem, encontrando-se organicamente ligado ao todo social. É por isso que a divisão social do trabalho supõe a complementaridade e a cooperação dos atores, das instituições e das organizações, contribuindo também, segundo Durkheim, para o aumento do individualismo. Ora, podemos considerar que numa sociedade marcada pelo individualismo a exigência de cooperação se faz sentir com maior premência, sendo um dos mecanismos sociais fundamentais para garantir o elo social, as ações concertadas e a atividade conjunta.

Para os interacionistas, como Mead, a atividade cooperativa e a partilha de um mesmo universo simbólico estão na base da constituição da sociedade. A interação social é um processo comunicativo que supõe a partilha de significações comuns, decorrendo de uma atividade cooperativa.

A cooperação exerce-se nas diversas atividades humanas, desde a vida familiar à esfera do trabalho social, à atividade política, à defesa dos grupos e das comunidades. A cooperação estrutura as relações sociais na família, exercendo-se também muito especialmente em domínios como o da produção de bens e de serviços. No domínio da produção, a divisão social do trabalho entre as profissões e entre as atividades económicas acarreta relações de cooperação. No campo económico, por exemplo, a organização de relações de cooperação com vista à realização de interesses e à obtenção de vantagens comuns originou a criação de associações cooperativas (cooperativas de produção, de construção, de crédito, de consumo, de habitação, de ensino, cooperativas agrícolas, etc.).

A cooperação económica diz respeito a um conjunto de ações destinadas a promover o crescimento dos países envolvidos. Esta distingue-se da integração económica, que implica um processo que conduz à supressão de barreiras comerciais com o objetivo de criar um mercado alargado e único. Daí que, enquanto a cooperação pode incluir acordos destinados a reduzir as barreiras comerciais, dando às transações uma maior flexibilidade, a integração procura a supressão e a harmonização, normalmente pela via institucional. *[I.B.]*

Cooperação Económica Ásia-Pacífico (APEC)

Asia-Pacific Economic Cooperation (APEC)

Fórum regional económico estabelecido em 1989 para consulta e cooperação económica entre os países da região Ásia-Pacífico, tendo como objetivo a promoção da liberalização do comércio e do investimento, a intensificação da cooperação económica e técnica e a promoção do crescimento e do desenvolvimento regional sustentáveis. A APEC tem 21 membros, designados como "economias-membro": Austrália, Brunei, Canadá, Chile, China, Coreia do Sul, EUA, Filipinas, Hong Kong, Indonésia, Japão, Malásia, México, Nova Zelândia, Papua Nova Guiné, Peru, Rússia, Singapura, Tailândia, Taiwan e Vietname. Tem sede em Queenstown, Singapura.

A APEC tem como objetivo promover e facilitar o crescimento económico e comercial dos Estados-membros, de forma a aumentar a prosperidade dos povos da região Ásia-Pacífico. Desde a sua criação, tem incentivado a redução dos direitos aduaneiros e de outras barreiras comerciais na região, promovendo um ambiente de estabilidade para as economias dos Estados e favorecendo desta forma as exportações.

Quanto à sua estrutura e funcionamento, depois da realização anual da Reunião Ministerial com a participação de diplomatas e ministros do comércio, ocorre a Reunião de Líderes das Economias, para deliberar as principais decisões tomadas pela Reunião Ministerial, bem como definir e estabelecer a direção do desenvolvimento da APEC. Na Reunião Ministerial, os ministros decidem os programas de trabalho ação-orientação e discutem as questões económicas e comerciais importantes da região. As Reuniões de Alto Nível preparam as recomendações para os ministros, executando as suas decisões, elaboram as agendas económicas, bem como supervisionam e coordenam o progresso do trabalho. Por seu turno, a implementação dos programas de trabalho é desenvolvida pelos comités, grupos de trabalho e grupos de tarefas especiais. *[P.A.]*

Cooperação estruturada permanente

A cooperação estruturada permanente designa uma forma de cooperação estreita entre os Estados-membros da ↗União Europeia no domínio da defesa. Esta forma de cooperação está prevista nos artigos 42.° e 46.° do Tratado da União Europeia. O artigo 42.° contém um conjunto de disposições de ordem política e programática sobre a política europeia comum de segurança e defesa, que faz parte da ↗Política Externa e de Segurança Comum. Segundo o n.° 1, "a política comum de segurança e defesa garante à União uma capacidade operacional apoiada em meios civis e militares", de que esta se pode servir "em missões no exterior, a fim de assegurar a manutenção da paz, a prevenção de conflitos e o reforço da segurança internacional, de acordo com os princípios da Carta das Nações Unidas". Especifica-se ainda que "a execução [das] tarefas assenta nas capacidades fornecidas pelos Estados-membros".

Por sua vez, o n.° 2 estabelece que "a política comum de segurança e defesa inclui a definição gradual de uma política de defesa comum da União". Mais acrescenta que "a política comum de segurança e defesa conduzirá a uma defesa comum logo que o Conselho Europeu, deliberando por unanimidade, assim o decida". Para que dúvidas não haja de que se trata de uma política comum a construir ao longo do tempo no respeito pelo princípio da soberania estadual, estabelece ainda este número que, ao aprovar a política comum de defesa, "o Conselho Europeu recomendará aos Estados-membros que adotem uma decisão nesse sentido, em conformidade com as respetivas normas constitucionais". Esta disposição consagra ainda que a política da União nesta matéria "não afetará o caráter específico da política de segurança e de defesa de determinados Estados-membros, respeitará as obrigações decorrentes do ↗Tratado do Atlântico Norte (OTAN) e será compatível com a política de segurança e defesa adotada nesse âmbito".

Em síntese, procura-se harmonizar o objetivo de criação de uma política comum de defesa com a preservação da soberania dos Estados-membros neste domínio, assim como se procura harmonizar a política com a intervenção dos Estados-membros da União Europeia na OTAN. Por outras palavras, a política comum de defesa deverá apoiar-se na intervenção diferenciada dos Estados, em articulação com a participação dos Estados-membros na OTAN.

Em termos técnicos, estamos num domínio de cooperação no âmbito de uma instituição predominantemente de integração. A diferença em relação ao passado é que se procuram níveis de cooperação reforçada entre os Estados-membros em matéria de defesa, no âmbito de uma política comum – a chamada cooperação estruturada permanente, que está prevista no n.º 6 do artigo 42.º. Aí pode ler-se que "os Estados-membros cujas capacidades militares preencham critérios mais elevados e que tenham assumido compromissos mais vinculativos na matéria tendo em vista a realização das missões mais exigentes estabelecem uma cooperação reforçada permanente no âmbito da União".

Esta cooperação é disciplinada pelo artigo 46.º do ↗Tratado da União Europeia e pelo Protocolo relativo à cooperação estruturada permanente anexo ao Tratado, que explicitam os elementos referidos no artigo 42.º: a participação voluntária dos Estados-membros e a exigência de que a sua intervenção seja qualificada. Assim, dispõe o n.º 1 do artigo 46.º que "os Estados-membros que desejem participar na cooperação estruturada permanente a que se refere o n.º 6 do artigo 42.º, e que preencham os critérios e subscrevam os compromissos em matéria de capacidades militares previstos no Protocolo relativo à cooperação estruturada permanente, notificam a sua intenção ao Conselho e ao Alto Representante da União para os Negócios Estrangeiros e a Política de Segurança".

A defesa é tradicionalmente vista como uma função de soberania dos Estados e, por essa razão, dificilmente transferível para uma organização supranacional. A participação dos Estados europeus na OTAN foi feita num contexto de cooperação, intervindo os Estados em estruturas e esforços comuns, mas mantendo a sua independência. É também o que se passa com a política de defesa comum da União Europeia, que, por isso, é vista como complementar à participação dos Estados-membros na OTAN (embora sem esquecer que nem todos os Estados-membros da União Europeia são membros da OTAN e que esta tem entre os seus membros Estados europeus que não integram a União Europeia). Os Estados-membros da União Europeia participantes na cooperação estruturada permanente comprometem-se a desenvolver de forma mais intensiva a sua capacidade de defesa e a fornecer unidades de combate para as missões programadas. As contribuições dos Estados-membros participantes são, além disso, objeto de avaliação regular por parte da ↗Agência Europeia de Defesa. A cooperação estruturada permanente deve ser autorizada pelo Conselho, que delibera por maioria qualificada a pedido dos Estados participantes. Não é necessário qualquer limite de Estados-membros para a sua execução. Cada Estado-membro é livre de abandonar ou integrar a cooperação permanente, desde que cumpra as condições de compromisso. *[J.R.C.]*

Cooperação Política Europeia (CPE)

O objetivo da articulação dos Estados-membros das (então) Comunidades Europeias (CE) nas políticas externa e de defesa encontra precedente na tentativa de criação de uma Comunidade Europeia de Defesa (CED), ainda antes dos Estados-membros fundadores da ↗Comunidade Europeia do Carvão e do Aço (CECA) terem chegado a acordo para a criação das outras duas CE (↗Comunidade Europeia da Energia Atómica e ↗Comunidade Económica Europeia). O projeto da CED fracassou em agosto de 1954, quando o tratado constitutivo foi rejeitado pela Assembleia Nacional Francesa. O objetivo ficou em banho-maria até que foi retomado pelo *Relatório Davignon*, apresentado na cimeira do Luxemburgo, em 27 de outubro de 1970. O relatório respondeu ao pedido dos líderes nacionais para reforçar a identidade externa dos Estados-membros das CE, o que seria possível através da coordenação das suas posições nas políticas externas e de defesa.

Do relatório surgiu a CPE, um processo informal de coordenação das políticas de defesa externa. Perante os desafios externos (Guerra Fria e ameaças à segurança da Europa Ocidental; emergência da primeira crise económica após a Segunda Guerra Mundial; turbulência geopolítica em várias zonas do planeta), os líderes nacionais sentiram a necessidade de os países se articularem nos domínios diplomático e militar, aceitando proceder a consultas recíprocas. A CPE foi institucionalizada com a primeira revisão dos tratados europeus (Ato Único Europeu, em vigor a partir de 1 de julho de 1987), tendo sido o embrião da ↗Política Externa e de Segurança Comum (PESC), uma das inovações do Tratado de Maastricht (segunda revisão dos tratados, em vigor a partir de 1 de novembro de 1993). Com a CPE (e depois com a PESC), a Europa dava os primeiros passos, ainda que tímidos, numa dimensão tangente à integração política. *[P.V.M.]*

Corporativismo

Termo com origem latina (*corpus*), que consagra um sistema de caráter político e económico baseado em corporações centralizadas de empregadores e trabalhadores, representantes dos seus interesses específicos, que, sob a tutela do Estado, procedem a negociações que conduzem a decisões políticas e económicas, visando o funcionamento pacífico e concordante da sociedade politicamente organizada. O corporativismo tem expressão desde a Antiguidade Clássica e possuiu várias matrizes ao longo da ↗História, nomeadamente a absolutista, a autoritarista, a fascista, a socialista e a liberal.

Em Portugal, o Estado Novo instaurou um corporativismo que poderemos considerar de Estado, que mais do que um verdadeiro corporativismo, instituiu uma ordem económica, dirigida centralmente, funcionando através de uma relação de domínio das instituições públicas e semipúblicas, como institutos de coordenação económica, grémios, sindicatos nacionais, casas do povo, etc., com o claro objetivo de desenvolver um modelo económico e social, distinto dos modelos económicos coletivistas-socialistas e dos modelos económicos demoliberais. Na prática, o corporativismo português, sob o argumento da constituição de um "corpo social" com um harmonioso convívio entre o capital e o trabalho, provocou a liquidação do sindicalismo livre e a consignação de uma economia dirigida. *[M.N.N.]*

Corrida ao armamento

Conceito usado para descrever a competição entre Estados e blocos militares pelo acesso às armas e pela modernização dos arsenais bélicos, com vista a aumentarem o seu poder e alcançarem vantagens comparativas com outros Estados e blocos em termos de força militar. Precedendo, algumas vezes, guerras e explosões de violência, nem sempre, contudo, a procura de novas e melhores armas tem como finalidade desencadear uma guerra. É preciso perceber o sentido da economia militar e as razões que levam um Estado ou bloco militar a procurar ter mais e melhor armamento. Em primeiro lugar está, pelo menos na retórica oficial, a procura de armas como forma de garantir a segurança de um Estado ou grupo. Em segundo lugar, está a prossecução de outros interesses, nomeadamente interesses tecnológicos e económicos, segundo o entendimento de que um orçamento elevado e a pesquisa avançada em matéria militar geram o desenvolvimento da economia.

Podemos ligar a corrida ao armamento à teoria da balança de poder, que defende que qualquer avanço tecnológico de uma das partes constitui uma ameaça à outra, que, por sua vez, tenta desenvolver ou ter acesso a armas melhores, desse modo forçando a primeira a mais investimentos para melhorar o seu armamento e assim sucessivamente. Desta forma, um desequilíbrio nesta matéria será o fator mais provável de um conflito armado.

A corrida ao armamento surgiu num contexto específico das Relações Internacionais que foi a ↗Guerra Fria, em que se digladiaram o bloco ocidental e o bloco de leste – sob as lideranças, respetivamente, dos EUA e da União Soviética – assim como os países na sua esfera de influência (por exemplo, os países que se tornaram independentes depois da Segunda Guerra Mundial). Muitas das tensões e guerras nesse período alimentaram-se da desenfreada procura de novas armas, normalmente fornecidas pelas grandes potências. Na História da humanidade houve sempre a procura pelos Estados, agindo isoladamente ou em articulação de esforços, das melhores armas disponíveis, assim como todos os conflitos armados se apoiam na procura de armas, mas o que aconteceu de novo no período que referimos é que se criaram grandes complexos técnico-científicos e militares nas grandes potências visando alimentar o esforço de guerra. Os EUA e a União Soviética beneficiaram muito da economia de guerra, que contou com novos mercados. Uma das características da humanidade é a guerra, no sentido de que existem conflitos. Por vezes, esses conflitos tornam-se insolúveis e só se resolvem pela força. Curiosamente, a palavra "guerra" pode ser utilizada com vários sentidos. Tanto se fala de "guerra de palavras" como de "guerra surda" ou de "guerra total". A Guerra Fria é um típico exemplo de uma guerra surda que se alimentou de palavras e da produção de armas. Foi esta realidade que motivou e que caracteriza ainda hoje a corrida aos armamentos, apoiada pelas grandes potências.

Estes factos são relevantes porque explicam a forma como a produção de armas se tornou não apenas um negócio, envolvendo muito dinheiro, mas também um fator de desenvolvimento económico. A indústria do armamento promoveu o desenvolvimento tecnológico com finalidades exteriores à guerra, envolvendo, por exemplo, as universidades. Por essa razão, quando se fala da defesa como conceito estratégico há que considerar necessariamente as instituições de investigação e de ensino. Os factos referidos são relevantes ainda por uma outra razão: porque explicam as dificuldades de se combater a corrida ao armamento. As grandes potências perceberam a certa altura que os malefícios de uma guerra nuclear suplantariam os benefícios das vendas de equipamentos militares ao exterior. Por essa razão, procuraram controlar a corrida aos armamentos, mesmo contra os interesses das indústrias militares.

No século XXI, continua a haver a procura de armamento no exterior, a que se junta a procura dos materiais e da tecnologia necessários para o fabrico de armas nucleares. Num tempo de unilateralismo americano, os EUA posicionaram-se como o principal protagonista no controlo da procura de armamento. Tendo este país ficado como a única superpotência, assistiu-se à emergência de novos países que não só têm a bomba atómica, como têm a pretensão de desempenhar um papel ativo nas relações internacionais. Referimo-nos à Rússia, China e União Indiana, que são produtores de armamento, mas que ao mesmo tempo têm interesse em controlar a procura descontrolada de armas. O acesso desregulado às armas é um obstáculo para que estes Estados possam exercer o poder que almejam na comunidade internacional, razão pela qual apostam em vencer a lógica da anarquia, contribuindo para a instauração de uma renovada ordem internacional tendo como centro as Nações Unidas e o Direito Internacional. Se os primeiros tratados que visaram o controlo da corrida ao armamento foram celebrados pelos Estados Unidos e pela União Soviética, previsivelmente no futuro os novos acordos deverão ser feitos com a participação também de outros atores. *[J.R.C.]*

Corrupção (Direito Internacional)

Causa de nulidade relativa das convenções, que corresponde a uma subespécie de uma outra causa tipificada: o ↗dolo (já que, para todos os efeitos, se trata de uma conduta fraudulenta que conduz à vinculação). A única referência especial que o regime merece é a relativa à distinção entre corrupção e meras cortesias ou favores mínimos. É que, sendo estes correntes na prática internacional, não deverão considerar-se como formas de corrupção. A distinção, apesar de tudo, pode mostrar-se difícil, sendo, todavia, certo que a corrupção pressupõe uma afetação grave/importante da vontade do representante. Não deve, portanto, assumir-se que toda a conduta do representante que possa ser considerada eticamente (ou até legalmente) reprovável conduz obrigatoriamente à nulidade; esta apenas surge em situações de afetação grave, sem prejuízo da eventual relevância jurídica do comportamento a outro título que não já para efeitos de invalidade da convenção. Deve ter-se também aqui presente que só releva a corrupção levada a cabo direta ou indiretamente por um Estado que tenha participado na negociação. *[R.M.]*

Corrupção política

A corrupção política é a utilização abusiva e fraudulenta do poder público em benefício privado. Traduz a ausência de princípios éticos quer da parte do corruptor, quer da parte do corrompido e consubstancia-se no desvio consciente e premeditado da verdade, da integridade, da lealdade e do bem-comum. Contrariando a essência do que deve ser o serviço à causa pública, corruptor e corrompido aproveitam as posições públicas, os conhecimentos adquiridos e muitas vezes a capacidade de influenciar as decisões políticas, para obterem privilégios e ganhos imediatos ou futuros. Não é o sentido de justiça que os move, mas somente o favorecimento ou o enriquecimento individual ou de um grupo pelo que em muitas circunstâncias procuram dissimuladamente manipular o processo legislativo para que as suas ações possam ter a cobertura da lei. Tendo como palco privilegiado a atividade política, a corrupção não é alheia ao ↗poder nem a quem o possui, desde logo porque, como Lord Acton explicou, "o poder tende a corromper, e o poder absoluto corrompe absolutamente". *[M.M.]*

Cortina de Ferro

A expressão "Cortina de Ferro" foi utilizada pelo primeiro-ministro britânico Winston Churchill, num discurso proferido nos Estados Unidos da América, no Missouri, em 5 de março de 1946. O seu sentido foi associado ao período pós-Segunda Guerra Mundial, em que começaram a surgir sinais de domínio por parte da União Soviética sobre os países do leste europeu e isolamento desse bloco relativamente ao Ocidente. A expressão simbolizou todo o período da ↗Guerra Fria em que as duas superpotências, EUA e União Soviética, viveram num ambiente de antagonismo político-ideológico e económico, tendo igualmente marcado uma corrida ao armamento militar, situação que se estendeu às suas zonas de influência. Este período passou por diversas fases na relação entre as duas potências e terminou quando se deu a queda do muro de Berlim, em 9 de novembro de 1989, e a desagregação da União Soviética, em 1991. *[I.C.L.]*

Cosmopolitismo

O cosmopolitismo designa tanto uma abordagem teórica como uma ideologia política, e assenta na ideia de construção de uma ordem jurídico-política mundial assente em princípios de democracia, Direitos Humanos e cooperação. O espectro de propostas com este fito é bastante amplo, variando quanto à maior ou menor centralização e concentração desse poder mundial, e quanto à importância dada ao papel das instituições políticas transnacionais ou, pelo contrário, da sociedade civil global no concretizar dessa construção. Assim, esta ordem pode assumir a forma de um governo mundial ou uma variedade configurações mais difusas e descentralizadas de mecanismos e instituições de governança global em coexistência com os Estados.

Uma base comum à pluralidade de propostas cosmopolitas é a observação de que os impactos da globalização acentuam a crise de legitimidade do Estado, nomeadamente a sua incapacidade de, isoladamente, resolver problemas de natureza cada vez mais global, como a proliferação de armas de destruição maciça, o aquecimento global, a poluição, a extinção de espécies e a criminalidade organizada. Mesmo problemas tradicionalmente da esfera de ação dos Estados-nação, como a pobreza e as desigualdades sociais, têm cada vez mais uma dimensão global nas suas causas, consequências e, necessariamente, abordagens de resolução. *[M.J.B.]*

Costume internacional

Fonte transmissora de Direito Internacional de grande importância. Na redação do artigo 38.º do Estatuto do Tribunal Internacional de Justiça, trata-se da prova de uma prática geralmente aceite como sendo de Direito, noção atualmente corrigida em termos de ser entendido como verdadeiro modo de formação de regras internacionais.

É corrente analisar-se o costume como assentando em dois elementos formativos: o uso ou prática e a convicção da obrigatoriedade. O uso ou prática, ou elemento material (ou *consuetudo*), consiste na repetição de uma conduta positiva (ação) ou negativa (omissão) evidenciada pela atividade dos órgãos estaduais, organizações internacionais ou outros sujeitos de Direito Internacional. A convicção da obrigatoriedade, ou elemento psicológico (também designado por *opinio iuris vel necessitatis*), refere-se ao *animus* jurídico que tem de animar essas condutas. As dificuldades da prova deste elemento terão levado alguma doutrina a dispensá-la, mas a verdade é que essa dispensa equivaleria a elevar à categoria consuetudinária todas as práticas.

Daí que, mais recentemente, alguma doutrina pareça tender a considerar a aceitação de princípio de uma presunção probatória em favor deste elemento psicológico. Isso conduziria a que para a invocação de um costume bastasse a demonstração da prática, presumindo-se a existência da convicção da obrigatoriedade. Essa presunção seria, no entanto, ilidível (*iuris tantum*), podendo, quem tiver direto interesse nisso, demonstrar a inexistência dessa convicção. A jurisprudência, em acórdãos importantes, não tem, no entanto, deixado de exigir indícios dessa convicção, no sentido de que, não podendo deduzir-se objetivamente, ela deve decorrer da natureza e da forma como a prática é levada a cabo, embora por vezes parecendo admitir que possa assumir-se face a práticas solidamente estabelecidas. A verificação de uma prática estadual consequente (evidenciável nomeadamente em notas diplomáticas, em declarações prestadas em conferências diplomáticas ou em resoluções de organizações internacionais), de precedentes jurisprudenciais e de opiniões doutrinais convergentes é em regra considerada indício bastante da existência de um costume.

A matéria da identificação das regras consuetudinárias foi objeto de análise pela Comissão de Direito Internacional, dando origem, em 2018, a um conjunto de conclusões que constituem uma referência central, até porque colige a prática estadual, a jurisprudência e a doutrina.

O costume internacional cujo reconhecimento e aplicação são universais é designado por costume internacional geral. Tradicionalmente, apenas se concebia a existência deste tipo de costumes, mas tal exigência apenas podia fazer sentido no século XIX, restringida ao convívio dos Estados europeus. Hoje em dia, reconhece-se que a oposição de um ou mais Estados não impede sequer a formação de um costume geral, tendo apenas como efeito a inoponibilidade do mesmo a tais Estados (o que implica, portanto, um entendimento cuidadoso do termo geral). Alguma doutrina defendia apenas o costume internacional geral como fonte consuetudinária de Direito Internacional. O acórdão de 1960 do Tribunal Internacional de Justiça no caso relativo aos *Direitos de passagem em território indiano* veio, no entanto, a reconhecer a obrigatoriedade de costumes, ainda que bilaterais, pondo fim ao debate na matéria.

Importa ainda abordar a noção de costume internacional "sábio" (do francês *sage*, uma vez que a noção terá sido introduzida por Dupuy), por contraposição com a noção de costume internacional "selvagem" (do francês *sauvage*). Assim, será sábio aquele em que a prática antecede a convicção da obrigatoriedade, da mesma maneira que a sabedoria resulta do conhecimento profundo das realidades, ao passo que será selvagem aquele em que, inversamente, a convicção da obrigatoriedade antecede a própria prática. Apesar de importantes reticências doutrinais, que estão patentes na designação, o Tribunal Internacional de Justiça parece inclinado a aceitar a validade deste último.

O modo de formação corrente da regra consuetudinária é naturalmente aquele em que a prática antecede a convicção da obrigatoriedade. De facto, a formação de uma norma costumeira pressupõe que, em relação a uma dada situação (normalmente não regulada por outra fonte de Direito), sejam adotados um ou mais comportamentos de entre os quais acaba por ser tacitamente eleito aquele que representa uma resposta que é sentida pela comunidade como justa. Assim, as práticas injustas nunca formam costume, por muito repetidas que sejam. Mas isso implica o decurso de períodos de tempo relativamente longos, desde logo porque essa escolha é necessariamente espontânea, não decorrendo de opções voluntárias, e ainda porque a ausência de acordo torna particularmente difícil a determinação dos conteúdos, mais ou menos precisos, das regras, o que exige períodos de sedimentação que permitam a revelação progressiva desses mesmos conteúdos.

Acontece que, na atualidade, o funcionamento das organizações internacionais (*maxime* das Nações Unidas) veio diminuir consideravelmente tais contingências. Ao instituir um fórum de debate permanente de representantes dos Estados, com competência para expressar posições finais, tornou-se possível acelerar enormemente o processo de determinação de regras de comportamento. E, assim, não apenas foi possível que determinados comportamentos se generalizassem e acolhessem rapidamente o assentimento global em volta da sua juridicidade (como foi, por exemplo, o caso da ↗Zona Económica Exclusiva), como ainda se tornou possível aos Estados reunidos nessas instâncias pretenderem conferir a determinadas posições, mais ou menos gerais, um caráter obrigatório (por via consuetudinária, já que formalmente isso lhes era negado), imediatamente com a sua adoção ou, logo de seguida, antes mesmo de essas posições serem acolhidas pela prática estadual. *[R.M.]*

Crescimento económico

O crescimento económico é um aumento na produção de bens e serviços económicos de um país, comparado no tempo, normalmente de um ano para o seguinte. Pode ser medido em termos nominais ou reais (ajustados pela inflação). Aumento sustentado, durante um ou mais longos períodos (cada um destes períodos compreende vários ciclos), de um indicador de dimensão para uma nação. Existem diversas razões para que exista crescimento económico: o aumento da população, a acumulação de meios de produção através do investimento, mas também o aumento do conhecimento e o reforço da sua afetação a fins económicos. Tradicionalmente, o crescimento económico agregado é medido em termos de produto interno bruto (PIB), seja em termos absolutos, seja em termos *per capita*. Não é sinónimo de desenvolvimento, mas não existe desenvolvimento económico sem crescimento económico. *[A.Q.M.]*

Crise

Estudiosos de Ciência Política, de Relações Internacionais ou de Estratégia como Glenn Snyder e Paul Diesing (*Conflict Among Nations*) e o general Lucien Poirier (*Eléments por une théorie de la crise*) estudaram as crises do ponto de vista da sua génese, gestão e resolução, sublinhando o seu caráter instrumental na obtenção de fins políticos. Em Portugal, o general Loureiro dos Santos começou por refletir sobre as crises na sua obra *Incursões no domínio da Estratégia*. Segundo o autor, assiste-se a uma crise internacional "quando se verifica uma rutura no fluir normal das relações entre dois ou mais atores da cena internacional com uma alta probabilidade de emprego da força". Assim, podemos definir crise como "uma sequência de interações entre os governos de dois ou mais Estados, em conflito intenso, porém, com a perceção do perigo que representa uma elevada probabilidade de Guerra". Para a ↗OTAN (*Generic Crisis Management Handbook*), a crise constitui "uma situação de âmbito nacional ou internacional que configura uma ameaça aos valores, interesses ou objetivos das partes envolvidas". A crise corresponde à rutura do equilíbrio existente entre uma situação de paz e a guerra, esta como uma possibilidade iminente. O limite entre as normais dissensões entre as entidades políticas e o estado de crise ou mesmo de guerra entre essas entidades, tem sido caracterizado como o "patamar da crise".

A "crise" possui um modelo de desenvolvimento próprio, que inclui normalmente três fases: desafio, confrontação e resolução. Parte sempre de um conflito de interesses que se mantém em estado brando, até que uma das partes produz uma situação considerada intolerável para a outra, denominada de "catalisador específico". Este pode, porém, não existir e a crise seguir o seu curso a partir, exclusivamente, do forte antagonismo resultante do denominado "catalisador geral". Para que a crise se desenvolva é necessário que uma das partes tente coagir a outra através de um desafio. A crise agrava-se quando se verifica uma resistência. Se não houver resistência, a crise termina com a vitória do desafiador. No caso de haver resistência, esta induz a "confrontação" ou a "radicalização" e a consequente transposição do "patamar da crise". Os atores colocam todos os meios ao seu dispor – meios militares e os mecanismos de gestão de crises – para persuadir o adversário a recuar. É uma pura ação de dissuasão, é o "coração da crise", para a qual existem duas saídas: a capitulação do desafiado – um compromisso aceitável por ambas as partes –, e a guerra, se nenhuma das partes recua.

O estado de guerra é o patamar superior da crise, correspondendo a uma crise mal gerida. É na tentativa de evitar a guerra que se encontra o delicado dilema a resolver durante uma crise estratégica. São normalmente aceites como regras para uma boa gestão de crises: constituir um gabinete de crise, controlar as informações estratégicas, necessidade de secretismo do Estado, boas comunicações entre as partes, controlo político, diplomacia, planos de contingência e nunca "encostar o adversário à parede", deixando-lhe sempre uma ou várias saídas, evitando a humilhação.

Para além das crises de natureza internacional, existem também crises de política interna, que podem degenerar em crises internacionais que coloquem em causa a paz e a segurança. Uma crise pode, assim, definir-se de forma "lata", como uma "situação nacional ou internacional, que poderá constituir-se numa ameaça a objetivos, valores e interesses", sendo que o fim da crise não significa necessariamente o fim das hostilidades. *[J.A.E.]*

Crise de autoridade

Perda de legitimidade por parte de uma instituição ou órgão de governo ou agente político, podendo resultar na sua substituição, por diversas formas, ou na recusa do povo em aceitar as ordens de quem exerce a autoridade. No plano político, o conceito de autoridade tem um sentido objetivo e um sentido subjetivo. Em termos objetivos, expressa o exercício do poder por uma entidade, órgão ou pessoa dotada de legitimidade político-jurídica ou de facto. Em termos subjetivos, expressa o reconhecimento por terceiros do poder exercido pela referida entidade, órgão ou pessoa, independentemente da razão para tal. Pode acatar-se a autoridade de um governante por se reconhecer as qualidades intrínsecas do exercício do poder, por hábito ou por medo de represálias.

Em todos os regimes políticos, sejam eles democráticos ou autocráticos, as autoridades procuram afirmar-se como legítimas. Enquanto os regimes democráticos ancoram a legitimidade das suas principais instituições e órgãos em eleições livres ou em formas constitucional ou legalmente previstas de designação ou cooptação, os regimes autocráticos baseiam a legitimidade das instituições tendencialmente em mais formas. Socorrem-se muitas vezes do voto popular, ainda que o mesmo não seja livre, mas também de outras formas de legitimação como, por exemplo, uma constituição política, uma proclamação revolucionária ou um livro sagrado.

O elemento subjetivo ou pessoal é importante na definição de autoridade, porque os próprios regimes democráticos não prescindem dele. Neste sentido subjetivo, a autoridade pode ser equiparada à *auctoritas*, expressão latina que designa não só a aceitação, mas também o reconhecimento do exercício do poder pelos destinatários da ação política. Ora, até os ditadores procuram ser populares, porque essa é a forma mais fácil de continuarem a exercer o poder. Claro que um ditador pode ordenar a repressão, quando sente que o seu poder está ameaçado, mas ainda assim procura normalmente justificá-la (recorrendo, frequentemente, à mentira e à manipulação através da propaganda), porque é vantajoso ter o apoio dos membros da comunidade política.

As crises de autoridade podem decorrer de falhas no plano objetivo, no plano subjetivo ou em ambos. Quase todos os regimes políticos se apoiam numa Constituição que estabelece as bases do exercício do poder, assim como mecanismos de solução de eventuais crises de autoridade. Porém, há elementos que dependem da interpretação que os próprios agentes fazem do exercício do poder. Tipicamente, nas democracias existe separação e interdependência de poderes. Nos regimes autocráticos, não é assim, mas existem formas de controlo do exercício do poder.

As crises de autoridade existem no seio do sistema político e são resolvidas de formas diversas, com recurso a uma via constitucional ou extraconstitucional. Vejamos alguns exemplos da realidade constitucional portuguesa, tanto em democracia como em ditadura.

O Estado Novo (1933-1974) era um regime autoritário subordinado à Constituição de 1933, que previa para o Presidente da República um mandato de sete anos, renovável. Entre 1951 e 1958, foi Presidente da República o general Craveiro Lopes, que poderia recandidatar-se a um novo mandato. Porém, tendo este perdido autoridade aos olhos do chefe do regime, que era o Presidente do Conselho (Oliveira Salazar), este, contra a prática existente, escolheu outro candidato. Tratou-se de uma crise de autoridade que teve uma solução constitucional no seio de um regime não democrático.

Em 1974, militares descontentes com o Estado Novo derrubaram o regime com vista a instaurar uma nova ordem constitucional. A crise de autoridade teve uma solução fora do quadro constitucional vigente.

Em 2005, havia em Portugal um governo que era apoiado por uma maioria parlamentar. Todavia, o então Presidente da República, Jorge Sampaio, julgando que o primeiro-ministro, Pedro Santana Lopes, perdera legitimidade em face da opinião pública, decidiu dissolver o parlamento e convocar eleições gerais antecipadas. Estamos perante uma crise de autoridade que emergiu da relação entre o Presidente da República e o primeiro-ministro, que teve uma solução constitucional no âmbito de um regime democrático.

Assim como o Estado Novo caiu não apenas pela força militar, mas porque a autoridade das suas principais instituições e agentes estava esgotada, também nos outros casos houve a perceção da existência de crises de autoridade, que conduziram, num caso, à escolha de um novo Presidente, e, no outro caso, à escolha de um novo parlamento de onde emergiu um novo governo. Os exemplos retratam crises de autoridade ao mais alto nível do Estado, mas há outros casos de perda de autoridade como, por exemplo, a perda de confiança política do primeiro-ministro num ministro ou secretário de Estado e a sua substituição nos termos da Constituição.

A retirada de confiança política e a substituição dos agentes decorre de ações ou omissões consideradas relevantes por quem tem o poder de decisão, muitas vezes com exposição pública.

Embora haja dois níveis de identificação da perda de autoridade, em última instância, ela refere-se a uma perda de confiança dos cidadãos nos agentes políticos. Isso é evidente no caso da revolução que merece de imediato o acolhimento popular, mas também na dissolução do parlamento pelo Presidente da República que leva à constituição de uma nova maioria parlamentar. Quando os eleitores confirmam a maioria anterior, é o Presidente que passa a sofrer de uma crise de autoridade. É por isso que, na ordem constitucional portuguesa, os Presidentes da República são muito cautelosos na dissolução do parlamento.

É frequente a substituição de um membro do governo na sequência de uma situação (decisão, omissão, facto externo) que fragiliza a sua posição em face da opinião pública. A crise de autoridade só existe como tal se tiver uma expressão pública, seja por via das reações ou do conhecimento da comunidade política. O exercício da autoridade não é exclusivo da política, verificando-se em outros tipos de atividade humana, razão pela qual se torna necessário o desenvolvimento de estudos científicos transversais sobre a autoridade. *[J.R.C.]*

Crise económica e crise financeira

A crise económica designa uma recessão económica muito pronunciada (isto é, com forte queda do produto interno bruto) e prolongada no tempo. O desenvolvimento do capitalismo industrial fez-se com ruturas marcadas por crises. No ↗Antigo Regime, as crises eram geralmente breves, brutais, tumultuosas – crises de subsistência. A partir da segunda metade do século XVIII, as crises passam a ser mistas, atingindo não só o setor agrícola, mas também o setor industrial, urbano e rural. Nos anos de 1860, aparecem as crises modernas ou crises de superprodução, atingindo fundamentalmente a atividade industrial.

Já a crise financeira, inerente às economias capitalistas, traduz a desvalorização de ativos financeiros, como resultado de fortes movimentos especulativos. Esta desvalorização pode ocorrer de diversas formas: levantamentos em massa das poupanças dos bancos, descapitalizando as instituições bancárias (risco sistémico); quebras no mercado acionista, quando se descobre que o valor das ações (capital das empresas) não corresponde ao preço de compra, ou seja, é inferior ao que se supunha no momento da compra do título; e desvalorizações monetárias, decorrentes da descredibilização da moeda de um país (crise argentina), fazendo-a perder continuamente valor relativamente às demais moedas.

A crise financeira de 2013-2014 teve a sua origem no mercado imobiliário dos EUA. A forte concorrência na concessão de crédito por parte das instituições bancárias fê-las incorrer em operações arriscadas onde o montante concedido (a título de crédito) para compra de casa superava largamente o valor real destas (garantia real). Para concederem estes avultados empréstimos, os bancos americanos tiverem de solicitar, eles próprios, empréstimos junto de bancos estrangeiros. Quando os americanos deixaram de pagar as suas hipotecas, os bancos viram-se com bens reais (casas) que não valiam o valor em dívida e, como tal, impossibilitados de honrar os seus débitos com os seus credores estrangeiros. Este efeito de "bola de neve" ou de contágio justifica as falências em série de instituições financeiras ocorridas um pouco por todo o mundo. A crise financeira desembocou numa crise de confiança à escala mundial. *[C.G. / F.Co.]*

Critérios de convergência

Com a criação da ↗União Económica e Monetária (UEM) (Tratado de Maastricht, novembro de 1993), colocavam-se importantes questões técnicas sobre a sua sustentabilidade. Uma das questões discutida era a transição para a UEM. A visão prevalecente recolheu ensinamentos na teoria das zonas monetárias ótimas, que aconselhava uma transição gradual se, à partida, as economias nacionais fossem caracterizadas pela heterogeneidade. Os negociadores do Tratado de Maastricht estabeleceram três etapas que correspondiam ao processo de transição para a substituição das moedas nacionais pela moeda única (a meta da UEM). Durante a segunda etapa (1 de janeiro de 1994 a 31 de dezembro de 1997), os Estados-membros teriam de cumprir os critérios de convergência nominal como condição de elegibilidade para a última etapa da UEM. O propósito dos critérios de convergência nominal era diminuir as assimetrias macroeconómicas entre as economias nacionais. Se essas diferenças se mantivessem, podiam atuar como um obstáculo à UEM.

Foram cinco os critérios de convergências nominal estabelecidos. O primeiro impunha uma meta sobre a inflação: o Estado-membro candidato não podia ter (no ano de observação, em 1997) um diferencial de inflação superior a 1,5 pontos percentuais à taxa de inflação média dos três países com inflação mais baixa. O segundo critério versava sobre o défice orçamental, que não podia ultrapassar 3% do produto interno bruto (PIB). O terceiro critério proibia os Estados-membros candidatos de terem uma dívida pública superior a 60% do PIB. O quarto critério impunha um diferencial máximo de dois pontos percentuais entre a taxa de juro de longo prazo do país candidato e a média das taxas de juro nos três Estados-membros com menor inflação. O quinto critério determinava a obrigatoriedade de os Estados-membros não precederem a desvalorizações cambiais nos dois anos anteriores à adesão à UEM. Estes critérios continuam válidos para os Estados-membros da União Europeia que não pertencem à Zona Euro e que a ela pretendem aderir. *[P.V.M.]*

Cultura

Sob o ponto de vista histórico, aplicado às sociedades humanas, a palavra "cultura" apareceu na segunda metade do século XVIII, em língua alemã, e universalizou-se na segunda metade do século XIX. Tal como o conceito de sociedade, a noção de cultura é usada com muita frequência em Sociologia e por muitas outras Ciências Sociais (em especial pela Antropologia), para designar as normas, valores e bens materiais característicos de determinado grupo. Mas outras definições são utilizadas: "sistema de significação correntemente partilhado pelos indivíduos membros de uma mesma coletividade" (Clifford Geertz); "conceito opaco que balança entre o sentido humanista dos valores que formam o ideal de todos os homens civilizados e o sentido sociológico das tradições próprias a uma sociedade" (Antoine Compagnon); simplesmente aquilo que torna a vida digna de ser vivida (T. S. Eliot); ou a totalidade em que se combinam as relações sociais, económicas, políticas e religiosas de uma sociedade ou de uma comunidade. A cultura, sob influência alemã (*kultur*) é o espírito, a alma enraizada que integra todas as manifestações vitais de um povo. Sob influência inglesa e americana, os antropólogos utilizam o termo para significar o conjunto dos valores e representações de uma sociedade, as suas formas de pensar e viver, afastando-se assim da alma coletiva da *kultur* (Antoine Compagnon). O ↗Conselho da Europa define cultura como "tudo o que permite ao indivíduo situar-se em relação ao mundo e também em relação ao seu património natal; é tudo o que contribui para que o homem compreenda melhor a sua situação, tendo em vista a eventual mudança desta". Um dos problemas que se coloca no mundo globalizado do nosso tempo é o de saber até que ponto as culturas nacionais ou locais poderão resistir à implantação de uma cultura global.

No sentido amplo do termo, a cultura inclui os sistemas, valores e símbolos que servem de mediação às interações sociais: tradições culturais, humanidades, mitos, literatura, representações religiosas, formas artísticas, crenças, modos de divertimento, sistema de valores éticos, formas de *design*, etc. (Yves Michaud). A cultura encontra-se ligada à própria noção de identidade, influenciando de forma determinante a construção identitária e concorrendo de forma determinante para a sua mobilização – mesma língua, religião ou ↗etnia. Ainda que não criando identidades perenes, "a cultura organiza o comportamento do ator mobilizável, mas também o ator detentor do poder" (Bertrand Badie).

Em ↗Política Internacional, a cultura, com um peso relativo considerável na economia, passou a ser um instrumento da negociação diplomática, um elemento simbólico da política externa e um fator de apaziguamento e compreensão nas relações interculturais, podendo contribuir para a prevenção ou solução dos conflitos. *[F.S. / R.R.]*

Darwinismo social

Expressão fundada na teoria da "descendência por modificação", em geral, dita evolução das espécies por seleção natural, desenvolvida pelo naturalista Charles Darwin (1809-1882), com a publicação das suas obras *A Origem das Espécies* (1859) e *A Origem do Homem e a Seleção Sexual* (1871), onde afirma o princípio de que todas as espécies têm um antepassado comum, mas que a diversidade biológica se faz por seleção natural, sem intervenção divina, e de que as características particulares das espécies determinam a atração do parceiro para a reprodução e o seu sucesso sexual e evolutivo, respetivamente. Em suma, o seu princípio explicava a evolução da vida por sucessão biológica com modificação, observada em vários contextos territoriais de "insularidade" para, anos depois, G. J. Mendel (1822-1884) descobrir os fatores hereditários (os genes) e suas mutações e, consequentemente, anular a ideia prévia da hereditariedade diluída.

Estes princípios da teoria darwinista, de uma "guerra da natureza" a comandar a sua evolução, são relativos na aplicação à sociedade do *homo sapiens sapiens* e sua evolução social, somente aceitáveis em contexto real dos seus próprios conflitos, lutas e guerras entre comunidades humanas e grupos sociais, contexto esse que fomenta/suporta o pensamento da sua própria mudança e desenvolvimento – de progresso social –, através da primazia do indivíduo, dos mais aptos e mais competitivos nessa batalha pela vida e, assim, da "guerra das classes/sociedades humanas", em que a humanização progride, vence e se sucede. O fundador da corrente do *darwinismo social* foi H. Spencer (1820-1903), com a sua obra *Sistema de Filosofia Sintética*, cujo pensamento favorece o liberalismo do indivíduo na sociedade e na economia, em detrimento da intervenção pública e estatal como quadro de governança das suas comunidades. Posteriormente, o positivismo é seu aliado e reforça este processo de desenvolvimento e transformação social, por analogia de princípios.

Conjugando as atuais variáveis de uma população humana crescente, uma escassez de capital natural/recursos biogenéticos e uma perda da qualidade do quadro ambiental do nosso planeta, por dinâmica da pressão do consumo humano e das alterações climáticas, e as tendências em curso da desigualdade e injustiça social, emergem casos de conflitualidade entre comunidades nacionais e grupos de países em tensão, que dão evidência da teorização do *darwinismo social* como pensamento analítico dessas realidades políticas e situações-caso, de contexto e interesse crítico em relações internacionais. *[J.C.Lo.]*

Debate

A capacidade de argumentar é essencial para o bom funcionamento, em ↗democracia, das sociedades, o que pressupõe a existência, com regras, de debate: democracia e debate são realidades inseparáveis que se potenciam ou anulam mutuamente. A articulação dos argumentos não coincidentes e, quase sempre, opostos conduz a processos de construção de empatia e de compreensão mútua, a exposição e apreciação de posições e de espaços de intervenção possíveis e, no limite, a edificação de mecanismos de defesa. O debate tem inerente a condição em que se encontram os atores que o sustentam e que, em si, transportam conceitos e valores que lhes conferem inteligibilidade e, consubstanciando opções e posições concorrentes, muitas vezes adversas, criam lados do confronto oponentes e defensores, cruciais para o alcance de posições prevalecentes e para, idealmente, a construção de sociedades progressistas. A sua operacionalização acarreta a existência de partes que socialmente interagem por "configurações sociais". Os inúmeros envolvimentos que os indivíduos, em diversos contextos, estabelecem fixam grupos que integram a sociedade global, em si diversa, que, por diatética, encontra no debate a forma comum de expressão e de viabilização.

Segundo Norbert Elias, na sua obra *A sociedade dos indivíduos*, "se quatro pessoas se sentarem à volta de uma mesa e jogarem às cartas, formam uma configuração. As suas ações são interdependentes. A interdependência dos jogadores, que é uma condição para que formem uma configuração, pode ser uma interdependência de aliados ou de adversários. Mas os habitantes de uma aldeia, da cidade ou de uma nação, também formam configurações, embora, neste caso, as configurações não se possam percecionar diretamente, porque as cadeias de interdependência que os ligam são maiores e mais diferenciadas".

A aceitação ou rejeição de posições emanadas do debate tem uma base social promotora do que, a cada momento, é o entendimento do conjunto social que maior força tem para impor uma posição diferente da que existe. O debate tem sustentação, não assenta apenas naquele que o promove: depende de fatores políticos, económicos e sociais interligados que, em determinado momento, criam condições favoráveis ou desfavoráveis e é ampliado pelos meios de comunicação social que o fazem chegar ao todo.

As sociedades sempre conheceram o debate bem para além da dimensão política, estando a sua concretização marcada por formas ideológicas de pensar, interpretar, sentir a realidade, numa base que, em essência, é informal e que, com o tempo, ganha adeptos e dimensão tal que conduz a mudanças. As sociedades modernas, instituídas com as revoluções liberais, trouxeram amplitude e legitimidade ao debate. Em qualquer circunstância, se não raramente, o debate não gera consensos. Pode ocorrer no imediato ou pode prolongar-se indefinidamente no tempo, arrastando consigo extensivos adeptos, de um lado e do outro, sem conduzir a conclusões e daí decorrendo flutuações de entendimento e de tomadas de posição em função de "modas", de visões do mundo, da organização política, económica e social que, sendo dinâmicas, se alimentam de estados agregadores ou desagregadores de adeptos.

O debate, por fim, independentemente da sua eficácia, deve ser capaz de esclarecer, levando a que, no desconhecimento ou perante a superficialidade, os interessados modifiquem ou tomem posições. *[R.L.M.]*

Debate agente-estrutura

O debate agente-estrutura em Relações Internacionais é uma derivação do debate ontológico sobre a primazia dos agentes ou das estruturas na formação e transformação do comportamento humano, a primeira advogando que a agência humana é a única força motriz que guia as ações, eventos e resultados do mundo social, e a segunda afirmando que a agência humana está fortemente condicionada por circunstâncias históricas específicas, as estruturas, que definem as possibilidades de ação. Implícito na discussão das Relações Internacionais desde a sua génese, este debate foi assumido pela disciplina através dos escritos de Alexander Wendt. Para o autor, o debate agente-estrutura em Relações Internacionais refere-se não só à relação entre os comportamentos dos agentes e os constrangimentos originários das estruturas em que estes se inserem, mas também ao processo de formação e evolução das comunidades humanas que são os próprios agentes dos sistemas ou estruturas internacionais.

As respostas para este debate situam-se num *continuum* onde se podem inserir todas as teorias das Relações Internacionais. Num extremo deste *continuum*, encontram-se abordagens como o Individualismo Metodológico, que considera o indivíduo como unidade fundamental da realidade social e atribui primazia ontológica aos agentes em detrimento das estruturas. Nesta perspetiva, as estruturas são sempre e tão só derivações do comportamento das unidades e não exercem sobre elas efeitos causais. No outro extremo, encontramos as abordagens estruturalistas, como o ↗Neorrealismo, o ↗Neoliberalismo e o ↗Marxismo, que atribuem maior peso causal à estrutura do sistema como determinante das ações e interações entre agentes. Assim, os agentes humanos estão encapsulados em estruturas sociais que os precedem ontologicamente e sobre as quais não têm qualquer controlo, pelo que a agência humana possui pouca ou nenhuma capacidade de alterar a trajetória evolutiva do sistema.

Contudo, estas perspetivas não são exclusivas no debate agente-estrutura em Relações Internacionais, existindo uma posição intermédia, ocupada por abordagens como o ↗Construtivismo, que parte do princípio de que os agentes humanos são atores com objetivos definidos, cujas ações ajudam a reproduzir ou transformar a sociedade em que vivem, e que esta mesma sociedade é permeada por relações sociais que estruturam as interações entre estes atores. Daqui resulta a ideia de que agentes e estruturas são interdependentes, muito embora o grau de influência mútua varie consoante as diferentes abordagens se situem neste *continuum*. *[V.A.D.]*

Decisão

Termo utilizado para identificar um tipo específico de ato jurídico unilateral de uma organização internacional, nomeadamente aquele que é obrigatório para os seus destinatários. A decisão pode ainda consistir em atos individuais ou atos normativos (como acontece por exemplo com o regulamento e a diretiva comunitários), através dos quais se materializam verdadeiras competências legislativas internacionais. *[R.M.]*

Declaração

Termo utilizado para designar atos juridicamente muitos distintos entre si. Desde logo, é acolhido em convenções internacionais. Tal foi o caso da Declaração de Paris de 1856, relativa à guerra marítima, da Declaração de Haia de 1859, sobre o uso de gases asfixiantes, ou da Declaração de Argel de 1981, que pôs fim ao conflito americano-iraniano dos reféns, ou ainda a Declaração conjunta de 1984 sobre a questão de Hong-Kong, feita pelo Reino Unido e pela China. Ainda no plano convencional, o termo é também utilizado nas declarações interpretativas, que são atos não autónomos que visam explicar o alcance e sentido dados por uma ou mais partes às cláusulas da convenção.

Em alguns casos, o termo é utilizado para referir acordos oficiosos relativos a questões de menor relevância que não justificam, portanto, a celebração de uma convenção. É também utilizado para identificar o ato jurídico unilateral (autónomo) pelo qual um Estado dá conhecimento da sua posição ou manifesta a sua intenção e eventualmente se compromete. Trata-se, aliás, da designação abrangente dos atos unilaterais. Por vezes na doutrina utiliza-se, no mesmo sentido, ou pelo menos em sentidos muito próximos, o conceito de notificação. Finalmente, o termo é escolhido para identificar atos concertados não convencionais (salientando a vontade das partes em não imporem obrigações jurídicas). Tal foi o caso da Declaração do Rio de 1972.

Perante tal diversidade de utilizações, poderá ser difícil aferir qual a intenção das partes, até porque, em alguns casos, se evoluiu por via consuetudinária de atos não vinculativos para atos obrigatórios, tal como aconteceu com a ↗Declaração Universal dos Direitos do Homem de 1948. *[R.M.]*

Declaração de compatibilidade

Refere-se a uma cláusula convencional nos termos da qual a interpretação da mesma deve assegurar a sua compatibilidade com outra convenção ou texto legal, assim se fixando, portanto, uma sujeição ou hierarquia para efeitos de conflito. *[R.M.]*

Declaração interpretativa

É uma declaração unilateral, qualquer que seja o seu enunciado ou designação, feita por um Estado ou por uma organização internacional, através da qual esse Estado ou essa organização internacional visa precisar ou clarificar o sentido ou alcance que o declarante atribui a um tratado ou a algumas das suas disposições. Trata-se de um ato jurídico unilateral não autónomo, na medida em que o seu regime decorre do regime das convenções internacionais, já que é no âmbito destas que o ato surge.

Toda a declaração interpretativa visa esclarecer o sentido e alcance que uma parte dá a uma ou mais disposições de uma convenção (ou de outro ato) e nessa medida enquadra a vontade da parte, que é fonte material das obrigações. Ou seja, ao esclarecer de forma mais precisa a vontade real de uma ou mais partes, a declaração interpretativa especifica também em termos mais desenvolvidos o conteúdo das obrigações assumidas. É assim que deve entender-se a regra segundo a qual a aceitação de uma declaração interpretativa pelas outras partes tem sempre como efeito tornar-se numa interpretação autêntica, já que implica uma adesão destas ao entendimento dado e, portanto, ao desenho específico do quadro obrigacional referido.

Na prática, a questão mais frequente é a da distinção entre as declarações interpretativas e as reservas. A regra é a de que a qualificação de uma declaração unilateral como reserva ou como declaração interpretativa é determinada pelo efeito jurídico que esta visa produzir, sendo que para se distinguir se deve interpretar a declaração em causa de boa-fé, segundo o sentido comum atribuído aos termos e à luz do tratado a que ela se refere. Deve ser tida em conta também a intenção do Estado ou da organização internacional em causa no momento em que a declaração é formulada.

No âmbito do regime assumem particular relevância as chamadas declarações interpretativas condicionais, que consistem em declarações unilaterais formuladas por um sujeito de Direito Internacional no momento da vinculação a uma convenção, declaração através da qual este condiciona o seu consentimento a ficar vinculado por essa convenção a uma interpretação específica desta ou de algumas disposições da mesma. Tendo em conta os efeitos das mesmas (que as aproximam das reservas), surgem exigências particulares: apenas podem ser formuladas antes da vinculação e têm de ser comunicadas por escrito às partes. O regime relativo às declarações interpretativas foi objeto de análise pela Comissão de Direito Internacional, estando atualmente especificado no *Guia da Prática das Reservas* adotado em 2011. *[R.M.]*

Declaração de política geral

Declaração unilateral formulada por um ↗Estado ou por uma ↗organização internacional, através da qual este ator exprime os seus pontos de vista em relação a um assunto ou matéria – ainda que objeto de um tratado ou outro ato internacional –, sem visar a produção de efeitos jurídicos. *[P.A.]*

Declaração Universal dos Direitos Humanos

A Declaração Universal dos Direitos Humanos foi aprovada a 10 de dezembro de 1948 pela Assembleia Geral das Nações Unidas através da Resolução n.º 217-A (III), com 48 votos a favor, nenhum voto contra e oito abstenções. Este célebre texto, composto por 30 artigos, foi influenciado pelas tradições francesa e anglo-saxónica de consagração dos ↗Direitos Humanos. De inspiração universalista, a Declaração refere-se à filosofia do Direito Natural ("Todos os seres humanos nascem livres e iguais em dignidade e em direitos") e aos princípios democráticos. Inscrevendo-se na tradição liberal, manifesta um certo individualismo, apesar de exprimir preocupações sociais. No elenco dos direitos que proclama, consagra mais os direitos cívicos e políticos do que os direitos económicos e sociais.

Enquanto Resolução da Assembleia Geral, o texto não tem, por si só, valor jurídico (não é vinculativo), tratando-se apenas de uma declaração de intenções. Não obstante, na prática, tem exercido uma grande influência: fazem-se-lhe muitas referências, numerosas ordens jurídicas nacionais incorporaram-na a nível constitucional e, pela primeira vez, a comunidade internacional estabeleceu um código de conduta para a proteção dos Direitos Humanos básicos e das liberdades fundamentais de que devem beneficiar todos os indivíduos, em qualquer parte do mundo, sem discriminação. Apesar de não ter criado uma obrigação jurídica no sentido estrito do termo, pela grandeza da sua aplicação conseguiu, gradualmente, obter um estatuto de fonte de Direito, mais importante do que o da maior parte das resoluções e declarações emanadas da ↗ONU. *[J.G.F.]*

Defesa

O conceito de defesa remete sempre para um ato de resistência e proteção contra a ameaça, mas que acaba por abranger todo o espectro da estratégia, dificultando a sua exata localização. O conceito de defesa, como modo de ação estratégica, recobre tão-somente a funcionalidade de interdição desta, isto é, garante a preservação de um mínimo de liberdade de ação e de decisão, que permite criar expectativas positivas quanto à realização do projeto de uma entidade política em ambiente agónico, sem o qual não seria possível falar em capacidade política, nem em decisão soberana. Segundo António Horta Fernandes e Paulo Duarte (1999), o que aconteceu foi que a ocupação pelo conceito de defesa nacional do espectro da estratégia integral respondeu a objetivos do pós-Segunda Guerra, "visando reforçar no campo das intenções a postura de não-agressividade proclamada em tal conjuntura. O dealbar da ↗Guerra Fria e os processos de descolonização apenas forçaram ainda mais a necessidade de uma tal postura, no sentido de deixar ideologicamente ao *Outro* o lugar do agressor e de procurar ganhar, ou pelo menos não perder, as simpatias dos novos Estados-nação. Não obstante, nunca a grande manobra estratégica de um Estado se coibiu de fazer cumprir objetivos ofensivos, apesar das intenções proclamadas [estratégias declaratórias] em contrário". *[J.A.E.]*

Democracia

Etimologicamente significa *governo do povo*. Sistema político que permite aos cidadãos participar nas decisões políticas ou eleger representantes nos órgãos governamentais. O presidente norte-americano Abraham Lincoln alargou o conceito e referiu-se à democracia como o governo ou o *poder do povo, pelo povo, para o povo*. Podemos também apresentá-la como o governo da maioria, associando esta definição ao grupo que decide a escolha dos representantes ou dos governantes.

Atualmente, há quem entenda que a democracia continua a ser o governo da maioria, mas daqueles que decidem votar, sendo que estes representam em muitos atos eleitorais a minoria dos cidadãos eleitores. A democracia será assim, para alguns, o governo da maioria dos que votam, o que em algumas situações pode consubstanciar uma maioria de um grupo minoritário da comunidade política. Seja qual for o sentido que se queira dar ao termo, uma coisa é certa: a democracia é o regime político em que o poder se encontra limitado, em que a alternância no governo está eleitoralmente assegurada, em que os governados mantêm todos os seus ↗direitos cívicos perante os governantes e em que a liberdade e a competitividade políticas estão presentes.

Samuel Huntington, no quadro das chamadas "vagas de democratização", no âmbito do Estado constitucional moderno, chamou a atenção para a "terceira vaga de democratização" iniciada em 1974, com Portugal, e que, segundo o autor, conduziu ao fim de numerosos regimes autoritários na Europa do Sul, e depois na Europa de Leste, América Latina e parte da Ásia. *[J.G.F.]*

Democracia liberal

Sistema de democracia com base no parlamentarismo, aliado ao sistema de mercado livre na área da produção económica. A democracia liberal é uma forma de governo democrática que equilibra o princípio de governo limitado com a ideia de consentimento popular. As suas características liberais refletem-se num conjunto de mecanismos de verificação internos e externos ao governo (*checks and balances*), com vista a garantir a liberdade e a oferecer aos cidadãos proteção contra o Estado. O seu caráter democrático baseia-se num sistema de eleições regulares e competitivas, conduzidas com base no sufrágio universal e na igualdade política.

Apesar de geralmente designar um princípio político, o termo democracia liberal é geralmente usado para descrever um tipo de regime. Assim, a democracia liberal é uma forma indireta e representativa de democracia baseada em eleições regulares, que opera através do pluralismo partidário e da escolha eleitoral (pluralismo político, tolerância de diferentes perspetivas e partidos políticos rivais com filosofias sociais diferentes), e que distingue o Estado e a sociedade civil, permitindo a existência de grupos autónomos e da propriedade privada. Fruto de longa evolução histórica, a democracia liberal ocidental fundamenta-se na separação dos poderes, no governo representativo, no sufrágio universal, no pluralismo partidário e na liberdade de expressão. *[F.S. / R.R.]*

Democracia participativa ou direta

Sistema de democracia em que todos os membros de um grupo ou comunidade participam coletivamente na tomada das decisões importantes. Esta forma de democracia pretende apagar a distinção entre governo e governados, e entre Estado e sociedade civil; é um sistema de autogoverno popular. Na sua forma clássica, encontrava-se nas sociedades da antiga Grécia, onde todas as grandes decisões eram tomadas pela assembleia de cidadãos. O que tornou a democracia ateniense singular foi o nível de atividade política dos cidadãos, que, além de participarem nas reuniões da assembleia, revelavam uma preparação capaz para assumir cargos oficiais de representação (geralmente de curta duração, para que todos pudessem neles participar). Contudo, a participação política restringia-se aos cidadãos, que, na altura, eram um grupo restrito da população: homens com mais de 20 anos, uma vez que os escravos, mulheres e estrangeiros não gozavam de ↗direitos políticos.

Na atualidade, existem ainda assembleias comuns de decisão nos cantões suíços mais pequenos. Na sua forma moderna, este tipo de democracia manifesta-se no uso do referendo. *[F.S. / R.R.]*

Democracia popular

Conceito atribuído aos regimes comunistas, com base no modelo soviético, após a Segunda Guerra Mundial. Os marxistas criticavam a democracia liberal ou parlamentar como uma forma burguesa ou capitalista de democracia. Contudo, aderiram ao conceito ou ideal de democracia, devido às suas implicações de igualdade, tendo como objetivo a igualdade social. Marx acreditava que a queda do capitalismo seria o empurrão que levaria ao florescimento da verdadeira "democracia do proletariado" e da sociedade sem classes. Com Lenine, e apesar do *slogan* "todo o poder para os sovietes" (conselhos de trabalhadores, soldados e marinheiros), na realidade, o poder concentrava-se nas mãos do Partido Comunista. Este argumentava ser capaz de entender os interesses genuínos do proletariado e conduzi-lo para o seu potencial revolucionário. Esta teoria tornou-se o cerne da democracia leninista. Contudo, a ausência de mecanismos de controlo e supervisão que assegurassem que o partido se manteria sensível e responsável perante a classe proletária terá contribuído para o seu fracasso. *[F.S. / R.R.]*

Democracia representativa e semirrepresentativa

A democracia representativa é o sistema democrático baseado na existência de dois ou mais partidos políticos, onde os votantes elegem líderes políticos para os representar. Forma limitada e indireta de democracia. É limitada, pois a participação popular no Governo é geralmente traduzida no direito de voto periódico. E indireta, no sentido em que não é o próprio povo a exercer o poder; apenas elege os que governarão em seu nome. A forma mais comum de participação democrática é a votação; daí também se designar este sistema como sistema democrático representativo multipartidário, pois é baseado na existência de dois ou mais partidos políticos, onde os votantes elegem líderes políticos para os representar. Existe um laço fundamental entre a democracia representativa moderna e o pluralismo de valores.

A democracia semidireta ou semirrepresentativa consiste em introduzir elementos da democracia direta num regime representativo. O povo intervém diretamente em algumas decisões, em particular através da iniciativa popular e do referendo. Trata-se de um regime misto com uma forte componente representativa. *[F.S. / R.R.]*

Democratização

A literatura não é consensual quanto ao estabelecimento de limites conceptuais, nos estudos da democracia, ao termo "democratização", uma vez que este se refere à representação abstrata de uma realidade muito complexa e delicada que inclui um processo moroso e não linear de avanços e recuos ao nível da implementação e manutenção de um regime político democrático num Estado. Contudo, uma das versões com alargado apoio académico considera a democratização como um conceito-chapéu (*umbrella concept*) que abrange todos os momentos relacionados com a mudança de regime político. Assim, a democratização inclui pré-transição democrática (ou liberalização), transição democrática e consolidação.

Esta proposta combina as abordagens funcionalista e genética, pois tem em consideração não apenas o macroambiente do contexto estrutural mais amplo que desencadeia a mudança de regime (pré-transição), mas também as decisões, ações e estratégias de curto prazo que constituem o que é referido como o momento de transição, aqui entendido como o hiato entre o colapso do regime anterior (como golpes de Estado, revoluções populares, renúncias de líderes políticos, etc.) e o estabelecimento de um governo democraticamente eleito e a aprovação de uma nova (e democrática) constituição – o processo de transição.

Após estas fases, o sistema entra num período de consolidação democrática, um processo lento e profundo que implica a internalização e institucionalização dos valores e normas democráticos. Esta terceira e última fase não tem necessariamente que representar uma evolução sistemática e constante no sentido do aprofundamento do sistema político democrático e do incremento da qualidade desse mesmo sistema; pode, inversamente, ser constituída por momentos de retrocesso democrático, desde que o sistema se mantenha dentro dos intervalos da democracia liberal ou, no limite, da democracia eleitoral. *[A.P.M.]*

Demografia

Ciência da população, procurando dar resposta a um conjunto de questões relacionadas com a população humana, nomeadamente das suas características e evolução. O desenvolvimento da estatística foi determinante para a sua afirmação metodológica e científica.

A importância da Demografia e do seu estudo e aplicação no plano político é cada vez mais evidente. No plano nacional, assumem relevância as políticas demográficas visando o controlo ou promoção da natalidade, procurando antever a sua evolução futura (prospetiva) no sentido ascendente ou descendente e assim equilibrar o número de indivíduos face aos recursos disponíveis e previsíveis, sem deixar de ter em conta a relação próxima entre Economia e Demografia (relevando fatores como mão de obra disponível, número de consumidores ou sustentabilidade do sistema de segurança social).

Entre as medidas políticas de promoção do crescimento demográfico avultam o apoio financeiro direto e indireto a grávidas, licenças de maternidade e paternidade, abonos de família, bem como subsídios, descontos e vantagens fiscais concedidos a famílias numerosas. A este respeito, refira-se que Portugal atravessa atualmente um "Inverno demográfico", antecipando-se uma acentuada diminuição da população nas próximas décadas, devido à baixa taxa de fecundidade, de 1,4 filhos por mulher em idade fértil, quando o valor para assegurar a manutenção da população ronda os 2,1 filhos. No sentido oposto, de diminuição ou controlo demográfico, encontram-se políticas demográficas de caráter repressivo, como o estabelecimento de um número máximo de filhos por casal, cujo exemplo mais impressivo é a "política do filho único" promovida na China a partir de finais da década de 1970, e que só seria abolida em 2015, por força do acentuado envelhecimento da população resultante desta mesma política, passando o governo daquele país a permitir até dois filhos por agregado – estima-se que no espaço de aproximadamente 35 anos terão sido evitados cerca de 400 milhões de nascimentos.

A nível internacional, a Demografia tem a preocupar-se sobretudo com o crescimento acelerado da população mundial, uma verdadeira explosão demográfica que se iniciou com a revolução industrial e que desde 1975 tem vindo a aumentar a um ritmo de mil milhões de pessoas a cada 12 anos, embora tal cadência pareça estar a abrandar, prevendo-se que a população humana, atualmente superior a 7,8 mil milhões, estabilize nos 10 mil milhões de pessoas no ano 2100, o que, a concretizar-se, poderá constituir uma catástrofe, uma vez que a Terra não dispõe dos recursos necessários – à luz dos atuais limites da ciência e da tecnologia – para alimentar e prover às necessidades básicas de tal número de efetivos. Porém, sendo a Demografia também um exercício de prospetiva, tal previsão pode ser em boa medida afetada por uma multiplicidade de fatores capazes de interferir em graus variáveis no ritmo de crescimento demográfico, inclusive no sentido de um decréscimo. Além de medidas de caráter político-jurídico (de caráter nacional ou de âmbito mais alargado), não são despiciendos elementos como a evolução da economia, a melhoria da qualidade de vida (aumentando a esperança média de vida e diminuindo a mortalidade infantil), a emergência de pandemias ou de situações de guerra ou conflito que elevem a mortalidade, a evolução tecnológica (novos métodos anticoncecionais ou, inversamente, de procriação assistida) e a emancipação feminina em territórios onde esta é ainda nula ou muito limitada, tendo escasso controlo sobre os seus direitos reprodutivos. Também os fluxos internacionais de indivíduos têm vindo a assumir uma importante crescente e com impacto direto na evolução demográfica dos países emissores e recetores (↗migração internacional). *[R.R.]*

Denúncia

Ato jurídico unilateral (não autónomo) visando a cessação da vigência de uma convenção. Em regra, a denúncia restringe-se às convenções bilaterais, praticando-se alternativamente nas convenções multilaterais o recesso ou retirada. A diferença de regime resulta do facto de este não implicar a cessação (geral) da vigência da convenção, mas tão-só o termo do vínculo do Estado que o pratica. A Convenção de Viena de 1969 prevê, no entanto, a denúncia de convenções multilaterais, presumivelmente para os casos em que o recesso de uma parte põe fim (faz cessar a vigência) à convenção em relação a todas as partes. Em termos gerais, a denúncia apenas se admite nos termos previstos na convenção (explícita ou implicitamente, já que pode deduzir-se da natureza da própria convenção), ou que venham a ser acordados pelas partes. *[R.M.]*

Depositário

A instituição do depositário constitui uma das particularidades das convenções multilaterais. Na verdade, se nas convenções bilaterais os textos originários são normalmente elaborados e assinados em duplicado, permitindo a cada uma das partes guardar um exemplar, tal procedimento mostrou-se impossível (ou muito difícil) de manter nas convenções multilaterais, as quais podem atualmente contar com mais de duas centenas de partes. Assim, a instituição do depositário permite, desde logo, definir o Estado ou organização internacional ao qual os documentos ficarão à guarda e que deverá fornecer cópias autenticadas dos mesmos. O depositário guarda também os documentos relativos a reservas e declarações, assim como dos pedidos de adesão, dos instrumentos de ratificação, etc. Deve, assim, ser informado – e por sua vez informar as partes – de qualquer elemento relevante na vida da convenção. A prática tem consagrado, para além da nomeação do Estado no qual a assinatura é realizada, a nomeação do secretário-geral das Nações Unidas, cuja prática tem sido coligida no *Sumário da Prática do Secretário-Geral enquanto Depositário de Tratados Multilaterais* – documento de referência, disponibilizado pelos serviços das Nações Unidas. *[R.M.]*

Desanuviamento

↗*Détente*.

Desarmamento

O desarmamento consiste no processo de redução, remoção ou eliminação de sistemas de armamento, como reação ao desenvolvimento tecnológico bélico, à proliferação de armas de destruição maciça e à crescente proporção de vítimas civis nas guerras modernas. Perante a ameaça que as armas apresentam à segurança internacional, convenções internacionais e outros documentos de aplicação obrigatória definem e criam etapas para um processo que tem por objetivo o estabelecimento de um mundo sem armas e a prevenção de ações de rearmamento, sendo deste modo um conceito central para os movimentos pacifistas. O desarmamento pode ocorrer de forma unilateral ou em reciprocidade (bi ou multilateral).

Entre as vantagens deste processo, pode encontrar-se o risco que a existência de ↗Armas de Destruição Maciça (ADM) representa num contexto de ↗terrorismo, de Estados frágeis e falhados. Contudo, o movimento não é consensual e há argumentos contra um desarmamento não global, tal como o potencial perigo de poucos Estados serem detentores de ADM, criando um desequilíbrio no sistema internacional. Em 1952, por Resolução da Assembleia Geral das Nações Unidas, foi criada a Comissão de Desarmamento das Nações Unidas, sob tutela do Conselho de Segurança, com mandato para preparar propostas de tratado para regulamentação, limitação e redução equilibrada de todas as ↗forças armadas e todos os armamentos. *[A.P.M.]*

Descentralização/Desconcentração

Descentralização e ↗centralização são os polos opostos na cartografia das competências do nível infranacional e do nível nacional de decisão, respetivamente. Fora das funções tradicionalmente atribuídas ao nível nacional, as demais estão potencialmente expostas à descentralização. A extensão da descentralização depende da natureza do sistema político vigente, da especificidade do país, do momento político, de fatores ideológicos e da vontade política dominante em cada momento. A fundamentação teórica da descentralização encontra-se no princípio da subsidiariedade: os poderes devem ser atribuídos ao nível de decisão mais próximo dos cidadãos, pois é o nível mais capacitado para conhecer as suas necessidades. A descentralização justifica-se quanto mais heterogéneas forem as preferências dos cidadãos das unidades que se aglomeram no todo nacional. A heterogeneidade de preferências e a diversidade de necessidades sentidas ao nível local justificam a exclusão da centralização, sob pena de o Estado central não conseguir satisfazer as necessidades de um número significativo de comunidades locais.

A descentralização impede o congestionamento de funções no nível nacional, hipótese que pode ditar elevados padrões de ineficácia na satisfação das necessidades dos cidadãos. Todavia, a descentralização exige um estudo aturado das condições em que se formaliza. Ela tanto pode resultar de um ato unilateral do nível central, como pode ser negociada com o nível infranacional. O resultado deste processo é a consagração dos poderes descentralizados (num momento constituinte) e/ou a atribuição de competências através da delegação do nível nacional para o nível local (em revisões constitucionais). A descentralização implica a transferência de competências orçamentais, condição imprescindível para a assunção de responsabilidades pelo nível local e pela eficácia do exercício das suas competências. *[P. V.M.]*

Descolonização

O processo de descolonização tem a ver com as próprias implicações do sistema colonial, o qual, assente na exploração económica, na destruição dos valores tradicionais e na desigualdade entre colonos e populações locais, suscitou movimentos nacionalistas, cujos quadros, oriundos, muitas vezes, das elites coloniais ou ocidentalizadas, confrontaram as metrópoles com os seus próprios valores.

O fenómeno de descolonização à escala mundial iniciou-se com a independência dos EUA (1776-1783), antigas colónias inglesas, a qual deu origem à primeira grande vaga de descolonização que se abateu sobre o continente americano nas primeiras décadas do século XIX, afetando as colónias espanholas e portuguesas. A ↗Carta das Nações Unidas, em 1945, ao proclamar o direito dos povos a disporem de si próprios, assim como a hostilidade dos EUA e da União Soviética para com a preservação dos impérios coloniais, que tinham sido reforçados e alargados nos finais do século XIX e princípios do século XX, vão acelerar o processo histórico da descolonização, traduzindo os movimentos pacíficos ou armado que acabaram por levar à independência das colónias que integravam os velhos impérios coloniais europeus. A descolonização, a partir de então, efetuou-se em três etapas fundamentais: a de 1945-1955, que diz respeito à Ásia e Próximo-Oriente; a de 1954-1962, relativa a África; e finalmente, a de 1975-1980, que afetou a África Austral. *[F.S. / R.R.]*

Desenvolvimento

Diferentes definições, interpretações e teorias são atribuídas ao conceito de desenvolvimento. Em termos gerais, desenvolvimento é definido como um processo multidimensional, o qual inclui mudanças substanciais das estruturas sociais, institucionais, comportamentais, assim como crescimento económico, redução da desigualdade e erradicação da pobreza absoluta. No que respeita às teorias que intentam explicar esse conceito, as da Modernização, Dependência, Sistema-Mundo e ↗Globalização estão entre as de maior destaque. Cada qual com os seus contributos e suas debilidades, essas teorias formam a base daquilo que é globalmente aceite nos dias de hoje como o paradigma do ↗desenvolvimento sustentável ou da sustentabilidade. Nuances à parte, esse paradigma dá relevo à importância do uso não predatório ou exaustivo dos recursos disponíveis. Enfatiza, ainda, que a fim de satisfazer as necessidades humanas, as sociedades devem ter em conta a questão temporal ou, por outras palavras, as necessidades de gerações futuras. Neste âmbito, pode-se afirmar que a lógica motriz de desenvolvimento sustentável se centra no equilíbrio entre três pilares: desenvolvimento económico, preservação do meio-ambiente e bem-estar social.

Outro elemento indissociável do conceito de desenvolvimento é a noção de liberdade. Na vanguarda desse pensamento, Amartya Sen, na sua obra *Development as Freedom*, definiu desenvolvimento como "um processo de expansão das liberdades reais de que as pessoas gozam". A partir desse enquadramento, desenvolvimento também é visto como a satisfação das condições necessárias para a realização do potencial humano. Nessa linha, o ↗Programa das Nações Unidas para o Desenvolvimento (PNUD) defende um entendimento de desenvolvimento humano que busca promover não apenas o bem-estar material, mas também a liberdade e a dignidade humana.

Por fim, desenvolvimento também pode ser lido em termos políticos. De forma ampla, engloba o desenvolvimento de instituições, valores e atitudes que compõem o sistema de poder político de uma dada sociedade. *[N.B.]*

Desenvolvimento do Direito Internacional

Trata-se de uma competência cuja iniciativa cabe à Assembleia Geral das Nações Unidas – nos termos da própria Carta –, que consiste na preparação de projetos de convenções em matérias que não estejam regulamentadas pelo Direito Internacional ou em relação às quais não exista uma prática estatal suficientemente desenvolvida. O desenvolvimento tem vindo a correr a par da codificação, podendo ser acompanhado no labor da Comissão de Direito Internacional, cujos relatórios anuais à Assembleia Geral espelham as evoluções conseguidas. *[R.M.]*

Desenvolvimento Humano

O Desenvolvimento Humano é um conceito qualificado que reforça a substância do próprio termo "desenvolvimento" como significante de libertação de algo fechado, no caso o ser humano e nas suas três dimensões: da sua individualidade própria, como pessoa; da ligação identitária ou comunal, o (des)encontro com outras pessoas humanas; e da ambiental inter-relação dos humanos com os outros seres vivos não-humanos.

O Desenvolvimento Humano conecta-se também com o valor contemporâneo do bem-estar do ser humano, quer como indivíduo, quer como grupo social, e o seu conceito instituiu-se nos finais da década de 1980, ao contrapor-se ao comum índice do ↗Produto Interno Bruto (PIB) como referência principal dos níveis ou estados de desenvolvimento das sociedades, no quadro das relações internacionais. O Desenvolvimento Humano compreende três dimensões básicas e simples da vida humana traduzidas em equação, no caso: a esperança média de vida estimada oficialmente pelo país/Estado; a taxa de escolarização e/ou formação da sua população; o nível de rendimento económico *per capita* auferido, em numerador; e o universo populacional da área/país em análise, em denominador. Trata-se, assim, de um indicador compósito adotado pelas Nações Unidas (IDH-PNUD), desde 1993, em que o seu cálculo e resultado final está organizado e convencionado em três classes de valores, a saber: acima de 0,8 é um Índice de Desenvolvimento Humano (IDH) elevado – nesta classe, se o IDH for superior a 0,9 pode-se classificar em muito elevado; entre 0,5 e 0,79 é um IDH médio; e igual e inferior a 0,49 é um IDH baixo. Este IDH foi proposto e aplicado por dois economistas, o paquistanês Mahbub ul Haq e o indiano Amartya Sen, em 1990.

No panorama geral do Desenvolvimento Humano dos países, em 1998, e pela primeira vez, aprofundou-se a aplicação deste conceito, agora focalizado na sua antítese, pelo que foi inscrito em relatório internacional o Indicador de Pobreza Humana (IPH) como conceito e medida de análise da privação ou negação das oportunidades e escolhas mais básicas que uma população revela, incluindo a dos próprios países desenvolvidos. Em contraponto ao IDH, este novo indicador revela estatisticamente a proporção da população que é deixada fora do chamado progresso ou não acessível ao limiar mínimo de bem-estar humano, realidade essa que é também evidenciada no grupo das nações mais ricas ou desenvolvidas do nosso Mundo (cerca de 177 países com valor de DH validado por estatísticas oficiais, para o universo de 188 países que integram a ONU). As Nações Unidas também aprofundaram esta realidade do DH, ao estabelecerem o Índice de Desenvolvimento Humano Ajustado pela Desigualdade (IDHAD), a partir de 2010. Desta forma, o PNUD recalcula o IDH a partir de um cálculo de desigualdade definido pelo economista britânico Anthony B. Atkinson.

O Desenvolvimento Humano tem revelado no século XXI um mundo plural e fragmentado, quer de sistemas contraditórios de governo, quer de estratégias diferenciadas de economia e gestão dos seus próprios recursos nacionais (materiais e humanos), traduzindo assim, e desde 2002, disparidades tendencialmente crescentes, no ciclo virtuoso da globalização, da integração das economias, da democratização das instituições e de responsabilização social dos seus próprios atores, e de equidade e participação das pessoas nos diferentes níveis organizacionais de tomada de decisão, as quais moldam o quadro presente e futuro das suas vidas.

Para as pessoas e pelas pessoas é, em última instância, o maior desígnio do sistema democrático e onde aí pode conviver a ideia de Y.N. Harari (2018), de que "a narrativa liberal louva o mérito e o poder da liberdade". No âmbito da ação política e das relações internacionais, assume-se que o Desenvolvimento Humano requer uma governação democrática, quer na forma, quer no conteúdo, porque só ela dá processos de construção e poder aos cidadãos, de livre escolha de representação na governação e também de promoção do seu desenvolvimento pessoal, da equidade territorial e da justiça social.

Em 2015, desenvolveu-se um novo ciclo virtuoso com esta questão de governação social e nacional de *per si*, e a definição de 17 ↗Objetivos de Desenvolvimento Sustentável (ODS), numa cimeira das Nações Unidas em Nova Iorque que aprovou uma agenda global para a erradicação da pobreza e o incremento de metas de desenvolvimento económico, social e ambiental à escala global até 2030, conhecida como *Agenda 2030 para o Desenvolvimento Sustentável. [J.C.Lo.]*

Desenvolvimento sustentável

São clássicos os antecedentes entre conceitos substantivos de desenvolvimento e crescimento porque vários autores relevam que o "desenvolvimento engloba e sustém o crescimento", em particular quando o grupo "Clube de Roma" defendeu o conceito de "crescimento zero" para conciliar o desenvolvimento económico e demográfico com a manutenção dos equilíbrios ecológicos e de gestão dos recursos naturais finitos, materializando uma taxa de crescimento nula que não contrarie as mudanças estruturais. A mudança para esse crescimento zero propiciaria um conjunto de atividades não poluentes, que teriam de expandir-se em oposição às consequentes realidades poluidoras geradas, as quais devem evoluir negativamente.

A expressão em título é hodierna, de finais do século XX, mas tem contínuo sentido de processo e de resultado, no quadro internacional do Direito Público e do sistema das Nações Unidas, pelo conjunto de transformações duráveis e cumulativas que uma geração herda e se compromete a transmitir às gerações vindouras, em estado qualitativo de vida ambientalmente durável e equilibrada na relação fundamental entre capital natural (*Estratégia Mundial da Conservação*, 1980; *Carta Mundial da Natureza*, 1982) e sistema económico-social (*Relatório Brundtland e Comissão Mundial para o Ambiente e Desenvolvimento*, 1987; *Declaração(es) do Rio*, 1992). É no preâmbulo desta última declaração que se enuncia, conjugado com o 1.º princípio do Rio (1992), que o *desenvolvimento sustentável* é o corolário do consciente progresso dos seres humanos ao "direito a uma vida saudável e produtiva em harmonia com a natureza" e que esse direito é conciliável com a qualidade e a gestão da paisagem global – natural e cultural –, ao prover às presentes e futuras populações as suas necessidades básicas (de alimentos, água e habitação condigna), em condições modernas e justas e que estas são identificadas e modeladas por um sistema de dados/indicadores compósitos e suportados nas quatro componentes sistémicas que enformam o próprio conceito oficial definido em 1987: o Ambiente; a Economia; o Social; e o Institucional. Esse compromisso de desenvolvimento "que satisfaz as necessidades do presente sem comprometer a possibilidade de as gerações futuras satisfazerem as suas próprias necessidades" requer uma conciliação de interesses intergeracional e também de gestão equilibrada e durável entre essas componentes de desenvolvimento, mesmo quando os interesses de âmbito económico, social e ambiental sejam contraditórios ou não conciliáveis.

Como resultado da sua apropriação e veiculação nos *media*, da sua passagem para as áreas da governação da sociedade e consequente uso discursivo e massificação pública, no final do século XX o Desenvolvimento Sustentável está ancorado à equação conhecida por IPAT (Impacto = População x Abastança/Riqueza x Tecnologia), de Paul e Anne Ehrlich (1991), já que esta fórmula potencia que cada sociedade ou país implemente melhoramentos nas suas componentes e onde as oportunidades sejam identificadas e realizáveis. Por conseguinte, é este o quadro vinculado e de aplicação na ação política e nas estratégias setoriais nacionais e mesmo da sua própria projeção na cooperação bilateral.

Este conceito-chave tem relação dinâmica e conotação substantiva com a capacidade de suporte dos ecossistemas e seus serviços geradores da própria "sustentabilidade". O caso do orçamento de Estado de Timor-Leste para 2009 foi objeto de contestação jurídica e na sentença proferida, em acórdão do seu Tribunal de Recurso, nele se consubstanciou esta noção/conceito em causa, nestes termos: "os recursos naturais de Timor-Leste, em particular os petrolíferos, devem se utilizados por forma a garantir um desenvolvimento sustentável onde seja garantido um crescimento económico amigo do ambiente e das pessoas, onde sejam incrementados fatores de coesão social e equidade baseados na solidariedade entre gerações". É o exemplo mais conhecido de internalidade deste princípio na governação de um Estado-nação e de uma boa prática de aplicação no instrumento financeiro que gere uma comunidade nacional no panorama internacional no século XXI. *[J.C.Lo.]*

Desmilitarização

A desmilitarização é um processo de finalização de um conflito que busca normalizar a vida social. O fim dos combates ou a assinatura de um tratado de paz não configuram, sozinhos, um processo de desmilitarização. Desmilitarização compreende os procedimentos DDR – Desmobilização, ↗Desarmamento e Reintegração, apesar de incluir mudanças ainda maiores que esses. Tradicionalmente, a desmilitarização é focada em ex-combatentes e sua transição à vida civil; novas interpretações do conceito incluem, também, a mudança em valores, cultura e ideologias que levaram ao conflito, a fim de gerar uma pacificação duradoura. A desmilitarização ocorre com o auxílio de organismos internacionais governamentais e terceiros sem envolvimento no conflito. Pode valer-se de meios mais contundentes, como o emprego de forças de paz para a efetivação e/ou manutenção da paz. Também pode utilizar meios políticos, como a chamada de novas eleições; ou sociais, como a criação de oportunidades económicas; ou de segurança, estipulando os campos onde os militares podem atuar e os meios legítimos para isso.

O grau de desmilitarização também difere. O processo de desmilitarização pode compreender desde a saída do exército de cargos governamentais, a deposição de armas de grupos rebeldes, ou a redução da capacidade estatal em termos de exército e armamento, e culmina na extinção completa do exército – caso observado na Costa Rica. A componente social abrange não apenas a tomada de controlo civil do governo, mas também a transição à vida social democrática, com instituições capazes de manter a estabilidade. É possível que o acompanhamento realizado por organismos internacionais perdure por alguns anos, com o objetivo de garantir a harmonização da sociedade. *[H.V.]*

Destruição mútua assegurada

Ideia estratégica da ↗Guerra Fria que se baseava na capacidade de qualquer uma das superpotências nucleares (EUA/URSS) poder infligir danos inaceitáveis na outra, mesmo depois de terem sofrido um primeiro ataque nuclear. Este conceito é a base para o equilíbrio do terror ou para o que Raymond Aron designou de "paz de impotência" ou "paz de terror" que caracterizou o período da Guerra Fria. *[P.E.M.]*

Détente

Em português, distensão, relaxamento ou diminuição da tensão. Foi uma ideia e prática política da ↗Guerra Fria, nomeadamente da década de 1970, caracterizada pela ascensão e queda da *détente*. O seu auge situa-se nos anos de 1972 e 1973 e a sua queda aparece em 1979, com a invasão soviética do Afeganistão. A *détente* veio desanuviar ou distender as relações entre os dois *pivots* dos blocos geopolíticos da Guerra Fria. Significou uma crescente racionalização das relações entre as duas superpotências rivais. Sendo também resultado de uma relativa paridade estratégica nuclear, a *détente* fundamenta-se na necessidade mútua de extrair vantagens de uma política de dissipação de confrontos e redução da tensão entre atores que reconhecem a existência da ↗Destruição Mútua Assegurada.

Kissinger observou que "a *détente* não se fundamenta num acordo sobre valores; torna-se absolutamente necessária porque cada lado reconhece que o outro é um adversário potencial numa guerra nuclear". E prossegue: "para nós, a *détente* é um processo de administrar relações com um país potencialmente hostil a fim de preservar a paz, mantendo ao mesmo tempo os nossos interesses vitais". Por seu turno, o líder soviético Leonid Brejnev explicitou os pressupostos soviéticos relativos à *détente* da seguinte forma: "a *détente* significa um certo grau de confiança e a capacidade de levar em conta os interesses de cada uma das partes". *[P.E.M.]*

Diáspora

Atualmente, seguindo Brubaker (2005), é consensual assumir que a diáspora é um fenómeno de dispersão geoespacial de determinada população que assume e constrói um sentido histórico e identitário comum de ligação à pátria original. Neste quadro, para ser considerada uma diáspora, um determinado grupo populacional tem de ter três características básicas: dispersão no espaço extranacional; orientação e ligação histórico-cultural face à pátria (Estado de origem); e manutenção de relações internacionais entre as fronteiras nacionais do Estado de origem e o(s) Estado(s) de destino ao longo de um período histórico consolidado, nomeadamente através de gerações sucessivas de emigrantes (Teixeira; Mendes, 2020). *[P.E.M.]*

Diáspora (políticas)

Mais do que o conceito tradicional de Diáspora, ligado originalmente às diásporas de povos disseminados por vários Estados e territórios que não possuem um Estado-território de base, como os casos históricos paradigmáticos dos Judeus e Arménios, as políticas da diáspora integram três fenómenos interrelacionados que atualizam e adaptam o conceito. Em primeiro lugar, as políticas da diáspora incorporam os novos e crescentes movimentos migratórios transnacionais, onde os fluxos origem/destino são cada vez mais intensos, dinâmicos e importantes, quer ao nível social, quer ao nível económico. Em segundo lugar, as políticas da diáspora refletem a aceleração das lógicas de cidadania transnacional provocada pela crescente globalização e multiculturalismo. Finalmente, as políticas da diáspora representam um movimento adaptativo das políticas externas dos Estados com tradições migrantes, com o objetivo de continuar, aprofundar, valorizar e capacitar a relação entre o Estado de origem e os seus cidadãos residentes em territórios estrangeiros. Aqui, o destaque vai para as políticas de cativação dos emigrantes de terceira e quarta gerações, isto é, os emigrantes de dupla nacionalidade, bem como, para a continuidade de relacionamento e retorno dos novos emigrantes qualificados do século XXI.

Portanto, as políticas da diáspora são as ideias e práticas dos governos, muitas vezes interligadas com iniciativas da sociedade civil, dirigidas aos emigrantes e, em especial, aos seus descendentes nos territórios de destino. Esta distinção geracional é decisiva para compreendermos a diferença qualitativa de políticas de emigração e políticas da diáspora. Apesar das políticas da diáspora se dirigirem, em geral, para todos os que partem (emigrantes) e se encontram num território diferente do original, estas políticas caracterizam-se por dar especial atenção à *continuidade* da relação entre os cidadãos emigrantes e seus descendentes com a sua pátria e Estado de origem.

Embora relacionadas, convém enfatizar que as políticas da diáspora têm um foco relativamente distinto das políticas da emigração. Enquanto estas estão tradicionalmente ligadas aos fluxos de mobilidade migratória extranacionais e se centram na população que deixa o território nacional, independentemente do período de tempo em que estão ausentes da pátria, as políticas da diáspora caracterizam-se por se dirigirem aos emigrantes que permanecem e se integram nas sociedades de destino por longos períodos e de forma relativamente permanente.

Em síntese, as políticas externas da diáspora são as iniciativas governamentais que os Estados de origem implementam para mobilizar as diásporas em defesa de agendas e interesses nacionais. O desenvolvimento e sofisticação de políticas da Diáspora e consequente criação de normas, estratégias e organismos institucionais para as diásporas, está a tornar-se um fenómeno cada vez mais normal e global (Teixeira; Mendes, 2020). *[P.E.M.]*

Dilema de segurança

Security dilemma

Inicialmente cunhada por John Herz (1950), esta teoria foi desenvolvida por Robert Jervis (1978). Argumenta que quando os Estados aumentam as suas capacidades de poder militar para se defenderem, estão automaticamente a diminuir a sua segurança por via do efeito, não intencional, de aumentarem a insegurança dos outros Estados, uma vez que estes são levados a reagir, aumentando também o seu armamento. Devido ao dilema de segurança, os Estados que aumentam as suas capacidades de segurança despoletam uma espiral de desconfiança e rivalidade militar nos outros Estados. Ao procurar inicialmente reforçar a sua segurança, o Estado dá origem a um processo no qual ele acabará por sentir ainda mais insegurança. *[P.E.M.]*

Diplomacia

Atividade formal de um Estado frente a outros Estados. Sendo uma das instituições fundamentais do sistema internacional, constitui um dos instrumentos da política externa utilizado para o estabelecimento e desenvolvimento de contactos plurilaterais de caráter pacífico entre diferentes Estados através do emprego de intermediários mutuamente reconhecidos entre as partes (Calvet de Magalhães). As suas principais funções são: de representação externa, reforçando a existência de um sistema de Estados e as suas regras; de informação, através da recolha e transmissão da informação entre diferentes Estados, promovendo a comunicação entre os detentores do poder político; de negociação, nomeadamente de acordos internacionais, minimizando os efeitos de fricções nas relações internacionais; de promoção e proteção dos interesses do Estado acreditante junto do Estado recetor e extensão do serviço público, assegurando o acesso a estes serviços, no Estado recetor, aos nacionais do Estado acreditante.

Com origens na Antiguidade Clássica (Grécia antiga), a diplomacia desenvolveu-se com o aparecimento do Estado Moderno, a partir do século XVI, e viu a sua atividade regulamentada pela primeira vez com o Congresso de Viena (1814-1815). Constituindo um dos instrumentos essenciais das relações internacionais, a sua evolução, no século XX, caracterizou-se pelo declínio do papel das chancelarias, pela importância crescente da diplomacia multilateral face à diplomacia bilateral, pela complexidade crescente das funções diplomáticas e pela personificação da política externa (Maurice Vaisse), que, em última instância, é assegurada, diretamente, pelo próprio chefe de Governo. As fronteiras entre a diplomacia e a força são fluidas – a diplomacia pode recorrer à violência e o uso da força não exclui as ações diplomáticas. *[P.A.]*

Diplomacia cultural

Por diplomacia cultural entende-se o domínio da diplomacia de um Estado que procura projetar, para os povos dos demais Estados, a sua cultura, a sua arte e a sua educação, com o objetivo de conquistar corações e mentes. A diplomacia cultural é uma política pública da responsabilidade do Estado, que concebe programas de cooperação e de intercâmbio e recorre aos mais diversos atores sociais para executá-los, como instituições artísticas e de ensino, orquestras, cinema, cantores, músicos, pintores, escultores e escritores, entre tantos outros. A diplomacia cultural desempenha um papel fundamental de apresentação da "alma" de uma sociedade, estabelecendo um relacionamento de confiança diretamente com outros povos, independentemente das mudanças de governo. Ao mobilizar atores – os mais diversos – na execução de programas de cooperação e intercâmbio, a diplomacia cultural abre também grandes expectativas para o setor privado negociar bens culturais, contribuindo igualmente para o melhor desempenho da economia. *[P.A.]*

Diplomacia do dólar (ou imperialismo do dólar)

Conceito particularmente associado à política externa do presidente norte-americano Taft (1909-1913) e hoje frequentemente usado para descrever os esforços dos EUA para assegurar os seus objetivos através de instrumentos de controlo financeiros e económicos. Inicialmente, a área alvo era a América Latina, mas esta política foi alargada à China e Extremo-Oriente, bem como à Europa no pós-Segunda Guerra Mundial (Plano Marshall). Insere-se no contexto do denominado neocolonialismo, um fenómeno essencialmente económico, baseado na exportação de capital de um país avançado para um menos desenvolvido, e exemplificado na atuação dos Estados Unidos relativamente à América Latina. Proclamava que investimentos norte-americanos promoveriam o progresso económico e a estabilidade política em áreas consideradas estrategicamente importantes para os Estados Unidos. A diplomacia do dólar não invalida a opção militar ou de intervenção política. De facto, o estabelecimento de compromissos financeiros no estrangeiro torna-as até mais prováveis em períodos de instabilidade. Isto é especialmente verdade relativamente ao Canal do Panamá, cuja conclusão, em 1914, coincidiu com a generalização do uso da expressão. *[P.A.]*

Diplomacia económica

Forma de diplomacia que, sob a influência da ↗economia, ganhou importância crescente no âmbito da ↗globalização económica. Não sendo um fenómeno novo, a verdade é que se tornou essencial devido ao alargamento e importância crescente da economia e à diminuição dos poderes do ↗Estado quanto ao funcionamento dos mercados, à liberdade das trocas e às atividades das empresas ↗multinacionais e globais. As sucessivas e crescentes vagas de liberalização e desregulamentação, com a perda progressiva pelos Estados dos seus meios de ação tradicionais – direitos alfandegários, medidas preferenciais, disposições não tarifárias, etc. –, passaram a exigir novas formas e métodos de ação diplomática que tenham em consideração que a economia internacional deixou de ser um aspeto secundário da diplomacia política, para se tornar num objeto próprio (*Mondialisation*, Relinter). *[P.A.]*

Diplomacia preventiva

Termo originalmente usado pelo antigo secretário-geral da ONU, Hammarskjöld, para descrever os esforços de mediação e manutenção da paz, com o objetivo de prevenir conflitos regionais que poderiam escalar para o confronto entre as duas superpotências – os EUA e a União Soviética. Nos anos de 1990, e refletindo a nova situação internacional resultante do fim da ↗Guerra Fria, o secretário-geral das Nações Unidas, Boutros-Ghali, propôs uma interpretação mais ampla do termo na Agenda para a Paz. Para além de tentar evitar o alastramento de conflitos existentes, a diplomacia preventiva abarca também esforços direcionados para a diminuição de instabilidade e prevenção de hostilidades armadas, através de missões de inquérito e averiguação, do alerta antecipado e de medidas de consolidação de confiança entre as partes envolvidas. *[P.A.]*

Direita/Esquerda

Origem histórica

É importante identificar a origem histórica da distinção Direita/Esquerda, pois ajuda-nos a perceber algumas das características distintivas desta importante dicotomia.

Por outro lado, também nos ajuda a compreender a importância das circunstâncias históricas na construção sociológica e política dos conceitos. A distinção surge na sequência da Revolução Francesa. Está ligada à divisão dos representantes que ocupavam a Assembleia Política que, no dia 11 de setembro de 1789, se agruparam à esquerda e à direita do presidente da Assembleia. Os que se colocaram à direita representavam os tradicionalistas, conservadores e contrarrevolucionários, que se identificavam com princípios monárquicos, católicos e defendiam a conservação das ideias dominantes da época anterior, como a autoridade, a família e a religião. Os que se colocaram à esquerda representavam o "terceiro estado" (povo), eram progressistas, revolucionários e identificavam-se com princípios republicanos, anticlericais, defendendo ideias de mudança ligadas à igualdade, à razão e à liberdade.

Na sua origem histórica especificamente franceses, estas ideias e conceitos tornaram-se ao longo dos 150 anos seguintes em dados relativamente universais. Neste sentido, a distinção esquerda/direita foi admitida para todas as sociedades políticas e marcou decisivamente a história do século XX e, embora com contornos diferentes, continua a marcar uma divisão política e de valores no século XXI.

Características distintivas essenciais

Apesar de existir uma grande diversidade de esquerdas e de direitas, num esforço de síntese, podemos considerar que existem algumas características essenciais que são definidoras da direita e da esquerda. Deste modo, podemos dizer que a direita defende um certo pessimismo antropológico, ou seja, o homem tem uma série de defeitos naturais, que nunca irão ser eliminados. O ser humano tem uma natureza de onde sobressai o interesse egoísta individual. Em linguagem básica, os humanos são, por definição, maus, interesseiros, egoístas e mesquinhos; sempre foi assim e sempre assim será. Neste sentido, a direita é antiutópica e rejeita a possibilidade da construção teórica e predeterminada de uma sociedade ideal. Por outro lado, a direita é elitista, na medida em que acentua a perspetiva hierárquica de qualquer sociedade, considerando que as sociedades são naturalmente desiguais. A direita é também mais nacionalista. Por último e fundamentalmente, a direita é conservadora, ou seja, tem uma tendência natural para resistir à mudança, quer porque defende a manutenção de uma posição de privilégio, quer porque pensa que a mudança não significa forçosamente uma alteração para melhor. Neste sentido, por norma, a direita está ligada à tradição e a valores de conservação do passado, não acreditando nos valores progressistas futuros e no risco da mudança.

Por sua vez, a esquerda defende um otimismo antropológico, segundo o qual os seres humanos são intrinsecamente bons. A natureza humana é boa e são os vícios das sociedades – a forma como está organizada e as suas regras – que tornam os seres humanos maus. De qualquer modo, mesmo quando aceita os defeitos humanos, como em Immanuel Kant, a esquerda pensa que é possível eliminá-los através da razão e da construção de uma sociedade progressivamente melhor, ou até perfeita, como idealizaram autores mais utópicos, como Moore ou Proudhon, ou mais revolucionários, como Marx. Neste sentido, a esquerda acredita na utilidade das utopias, pois acha que elas também contribuem para a possibilidade de se construir uma sociedade melhor e, em última análise, ideal. A esquerda é igualitarista e contrária à ideia hierárquica e elitista baseada em privilégios de alguns em detrimento de prejuízo dos direitos da maioria. Defende a eliminação destes privilégios através da criação de condições de igualdade originais para todos os indivíduos. Em geral, e por definição histórica, a esquerda não é nacionalista, mas sim universalista e cosmopolita. Por fim, a esquerda é progressista e acredita na mudança como fator fundamental para a evolução; está sempre voltada para o futuro e para as possibilidades de reforma e renovação de ideias e práticas políticas que permitam melhorar as sociedades.

Diferenças político-programáticas

Podemos dizer que a esquerda pretende adotar políticas que diminuam as desigualdades sociais através de uma distribuição mais justa dos rendimentos. Para tal, defende o papel do Estado como elemento essencial. Acredita no ↗Estado-Providência e defende que este deve controlar a educação, a saúde e os recursos estratégicos da economia de um país, bem como reforçar as políticas sociais e de solidariedade.

A direita, por sua vez, acredita na livre iniciativa como a melhor forma de criar desenvolvimento. Não acredita no papel do Estado, defendendo a sua não intervenção na economia. Acredita na propriedade privada e na privatização dos serviços públicos, bem como no reforço das políticas de desenvolvimento de uma economia de mercado competitiva. Estas seriam as características tradicionalmente distintivas, que foram evoluindo desde a Revolução Francesa e que marcaram de forma decisiva grande parte do século XX.

Atualidade da dicotomia

No século XXI, período marcado por uma vertigem de acontecimentos extraordinários característicos de uma transição estrutural, a questão que se pode colocar é: será que ainda faz sentido falarmos em esquerda e direita? Em nossa opinião, os partidos de direita e de esquerda tradicionais e as suas lutas típicas dos séculos XIX e XX já não têm a mesma validade política atual. Contudo, mesmo com novos problemas, atores e circunstâncias, é possível continuar e verificar fraturas políticas que se relacionam com a distinção direita/esquerda. Embora muitas vezes se possa dizer que a dicotomia maniqueísta de esquerda/direita não tem a relevância dos séculos passados, a História vem demonstrando que esta relevância tem ciclos e ondas históricas, com os seus eternos ciclos e ondas políticas, o seu ressurgimento, ainda que por vezes com novos contextos e agendas.

Por um lado, num mundo com sociedades cada vez mais complexas, com várias direitas e esquerdas, as múltiplas razões de ↗oposição política já não se limitam a uma tradicional oposição unívoca entre *uma* direita e *uma* esquerda. Por outro lado, com a queda do Muro de Berlim, constatou-se a perversidade da construção de sociedades idealmente igualitárias, o que transmitiu a cidadãos e políticos uma lição fundamental sobre o que não se deve fazer em política – organizar uma sociedade através da imposição de regras emanadas do topo, pelo uso de meios autoritários. Neste sentido, se a direita tinha tido com os fascismos e sobretudo com o Nazismo o seu exemplo *horribilis*, a esquerda teve com vários regimes "comunistas" e sobretudo com o Estalinismo o seu. Isto produziu um desprezo pelos extremismos autoritários e totalitários, que, juntamente com a crise das narrativas ideológicas tradicionais, levou a um período de abrandamento das dicotomias ideológicas, abrindo espaço para partidos do centro, partidos "*catch all*" e "terceiras vias", tornando os partidos menos ideológicos e mais tecnocráticos.

Entre as décadas de 1990 e os inícios do século XXI, viveu-se um período onde se acreditou no "fim da história" e na vitória irreversível da democracia. Isto aproximou os moderados, diminuiu o apelo ideológico da dicotomia tradicional esquerda/direita e, sobretudo, proporcionou o abandono de projetos políticos radicais. Neste período, a política tornou-se relativamente menos ideológica e mais pragmática, onde aparentemente era a economia e pragmatismo tecnocrático que fundamentava o jogo político. Nas sociedades democráticas consolidadas dos países desenvolvidos, os partidos políticos começaram a convergir para o centro moderado e pragmático, reconhecendo que a Economia, enquanto ciência dos recursos escassos, impõe opções que atravessam a direita e a esquerda, fazendo com que em todos os governos coabitem políticas de direita e de esquerda (fomento da economia de mercado e empresarialização de serviços com políticas de ação social e de combate à desigualdade e precaridade, claro que, mesmo aqui, com graus e preferências distintas face à dicotomia esquerda/direita).

Contudo, como é habitual, a História nunca chega ao fim e hoje vivemos um novo ciclo onde as ideologias radicais e os extremismos, tradicionais inimigos da democracia e das sociedades abertas, parecem regressar em força com os neopopulismos conservadores de direita, mas também de esquerda, que questionam valores importantes, como a representatividade, a tolerância, a diversidade, o valor da ciência, a liberdade e igualdade (de género, de raça, de religião, etc.). Neste quadro, em rigor, podemos considerar que os contextos históricos se desenvolvem proporcionando ciclos históricos onde a dicotomia esquerda/direita pode ser mais atenuada ou acentuada. O que não é o mesmo que, como alguns pensaram, já não existirem valores e políticas que se possam classificar de esquerda ou de direita.

Como argumenta Bobbio (1994), a diferença fundamental entre a esquerda e a direita em sociedades demoliberais reside na "estrela polar" do ideal da igualdade defendida pela esquerda. Ao contrário da direita, que tem a raiz histórica da conservação do *status quo* dos privilégios e que consente a desigualdade como um mal menor, a esquerda nasce e desenvolve-se através de uma pulsão igualitária assente no objetivo de tornar o mundo menos desigual e menos discriminatório. Claro que, como sublinha Isaiah Berlin, é fundamental não ter visões monistas sobre valores que podem não ser sempre conciliáveis. A igualdade pode conflituar com a liberdade, e isso é por vezes complexo e inelutável no mundo real, podendo introduzir opções dilemáticas. Contudo, como exemplificou Mário Soares em Portugal, mesmo num posicionamento de esquerda, quando estes valores conflituam, tem de se dar primazia à liberdade.

Em última análise, podemos considerar que, embora a tradicional distinção esquerda/direita já não seja tão operacional no jogo político do século XXI como no século XX, ela encerra em si uma dicotomia definidora de toda a ação política. Portanto, esta distinção é indestrutível na sua origem antropológica e a qualquer momento revela-se nos constantes debates políticos que encerram em si uma inelutável tensão política entre a conservação (conservadorismo não liberal) e a emancipação. Isto é, entre a tradição e manutenção de hierarquias e privilégios e a mudança no sentido de diminuir as desigualdades e discriminações. *[P.E.M.]*

Direito Internacional

A expressão Direito Internacional é relativamente recente, tendo sido introduzida no século XVIII por Jeremy Bentham (*An Introduction to the Principles of Moral and Legislation*, 1780), vindo depois a ser progressivamente acolhida na doutrina. Até então, utilizava-se comummente a designação "Direito das Gentes", correspondente à tradução literal de *ius inter gentes* (utilizada nos séculos XVI e XVII), que por sua vez derivava do *ius gentium* romano.

Uma parte importante da doutrina não avança sequer com uma definição de Direito Internacional nos manuais ou obras introdutórias, dada a complexidade da tarefa e a imperfeição dos resultados obtidos até ao momento.

Num trabalho de 1960, Eric Suy ensinava que a definição, ou melhor, as diversas definições de Direito Internacional, podem classificar-se segundo alguns critérios-base.

Assim, teremos fundamentalmente três tipos de definições de Direito Internacional: aquelas que assentam no critério dos sujeitos, as que se baseiam no critério do objeto e, finalmente, as que partem do critério da forma da produção da norma.

As definições que assentam no critério dos sujeitos são todas as que veem o Direito Internacional como o conjunto das normas reguladoras das relações entre Estados ou entre sujeitos de Direito Internacional Público. Embora se trate de uma perspetiva clássica (o próprio termo internacional aponta nesse sentido) e com importantes ecos na doutrina, a verdade é que não escapa a críticas importantes. Assim, a primeira variante (que aponta para as relações entre Estados) mostra-se demasiadamente estreita, sendo incapaz de integrar as relações que envolvam outros sujeitos (*maxime* as organizações internacionais), cuja importância atual é incontornável. A segunda variante (que se dirige às relações entre sujeitos de Direito Internacional) padece da deficiência inversa, por incluir todo um conjunto de relações que claramente exorbitam do âmbito do Direito Internacional. A perspetiva mostra-se, assim, sempre descentrada: desde logo, porque num setor das relações entre Estados (ou sujeitos de Direito Internacional), estes surgem despidos da sua qualidade, agindo, portanto, como entes privados (por exemplo, na realização de determinados contratos). Haverá ainda a salientar que as definições que partem do critério dos sujeitos assentam necessariamente num círculo vicioso: para chegarmos à noção de Direito Internacional precisamos de saber quem são os sujeitos de Direito Internacional. O objeto da definição está contido na resposta.

As definições que partem do critério do objeto serão todas as que veem o Direito Internacional como o conjunto de regras que regula as matérias cuja natureza é internacional. A resposta presume ser possível traçar e manter visível a linha de fronteira entre o que são matérias internacionais e matérias internas. Ora, acontece que não só essa linha não é clara, como varia com o tempo, tornando-se por isso o critério pouco operacional. Daí também que o eco na doutrina não seja importante.

Finalmente, para as definições que assentam no critério da forma de produção das normas, o Direito Internacional será o conjunto das normas criadas segundo os processos de produção jurídica da comunidade internacional e que transcendem o âmbito estadual. Este tipo de definições é o mais acolhido na atualidade, apesar de a doutrina reconhecer o facto de também ela assentar num círculo vicioso, uma vez que a determinação do processo decorre das próprias regras cujo âmbito se pretende identificar. Há, no entanto, nesta uma inquestionável virtualidade prática, na medida em que, nada esclarecendo conceptualmente, constitui uma aproximação que permite um entendimento operacional do âmbito do Direito Internacional.

Alguma doutrina mais esclarecida – entre a qual se salientaria a da britânica Rosalynn Higgins, que foi juiz do Tribunal Internacional de Justiça – aproveita para sublinhar que em todas as definições acabadas de referir subsiste uma deficiência endémica: a do hábito de assentar a definição dos ramos do Direito em conjuntos de regras. Esta perspetiva tradicional, muito reforçada pelo positivismo jurídico, funda-se numa dicotomia clássica: a oposição entre autoridade e poder. O Direito (e dentro deste, o Direito Internacional) respeitaria à autoridade (consubstanciada na regra jurídica a aplicar pelo juiz), à qual se oporia o poder de facto, resultante da exibição e uso da força que origina situações injustas porque não assentes em critérios abstratos predeterminados. Cabe, no entanto, questionarmo-nos até que ponto será legítima a equivalência entre a realização da justiça e a mera aplicação de regras jurídicas. Na medida em que sempre existem regras injustas (regras cuja aplicação cria injustiças), essa equivalência parece ter de recusar-se, muito embora se deva admitir como tendência, já que não se vislumbra a realização da justiça sem a aplicação de regras. Mas estas são apenas um dos mecanismos que não devem confundir-se com a própria justiça.

O erro fatal da dicotomia tradicional parece residir, no entanto, na perspetivação do Direito como sendo inteiramente alheio a mecanismos de poder efetivo (opondo-se mesmo a esse poder). Ao contrário do que aquela perspetiva pretende, a articulação com o poder mostra-se essencial para garantir níveis aceitáveis de cumprimento e controlo das regras, aspeto que no plano internacional é particularmente delicado. Donde, tentando superar essa falsa dicotomia, dever-se-á antes procurar situar o Direito na interconexão da autoridade e do poder (o que implica, por exemplo, uma ponderação política sistemática e aberta), entendendo-o como um processo, um sistema decisório (autoritário) que, por funcionar num meio descentralizado, assenta numa diversidade de decisores legítimos. *[R.M.]*

Direito Internacional Privado

Ramo do Direito que trata das situações em que haja regras de mais de uma ordem jurídica (nacional) que concorram para regular uma mesma situação. Nestes casos, não havendo uma hierarquia entre tais regras, a solução resulta da aplicação de regras de conflitos, ou seja, regras nacionais existentes nas diferentes ordens jurídicas que (fundamentalmente por via das técnicas de qualificação e do reenvio) devem determinar por qual dessas ordens deverá regular-se a situação. Assim, o Direito Internacional Privado não contempla regras materiais que se dirigem à determinação da solução de problemas, mas, diversamente, visa resolver uma questão prévia: a de saber qual das ordens jurídicas deve efetivamente regular a matéria. Nestes termos, as regras de Direito Internacional Privado são sempre regras internas (eventualmente completadas por regras convencionais): trata-se de regras de conflitos determinadas em cada ordem jurídica pelo respetivo legislador nacional, as quais deverão articular-se entre si, com vista à determinação do ordenamento competente para regular as situações em que surja uma concorrência. *[R.M.]*

Direito Internacional Público

Tradicionalmente, o Direito Internacional Público é entendido como um corpo de regras produzido pelos Estados para reger as suas relações. Este limite, porém, não é pertinente, uma vez que não só o Direito Internacional Público se aplica a atores não estatais – organizações internacionais, indivíduos, etc. –, como é também cada vez mais negociado e até controlado, com a participação de intervenientes não governamentais que reivindicam a defesa de interesses gerais ou coletivos. A junção do vocábulo "público" ao Direito Internacional visa evitar a confusão com aquilo que frequentemente se designa por Direito Internacional Privado, ou seja, em regra, todo o Direito Internacional será público, já que aquilo que se designa por Direito Internacional Privado é composto por regras internas de conflitos.

O Direito Internacional, que cobre presentemente todos os domínios das Relações Internacionais, é de uma natureza particular, uma vez que a sociedade internacional não se encontra organizada como uma sociedade civil ou política, não é hierarquizada, sendo, portanto, os Estados que fundamentam e devem respeitar o Direito. Os Estados permanecem soberanos, e quando a soberania se conjuga ao poder, os Estados impõem mais o Direito do que o Direito se impõe a eles. Esta "imperfeição" ou limitação está na génese de toda a análise das Relações Internacionais. *[R.M.]*

Direito do Mar

Ramo do ↗Direito Internacional que incide sobre os espaços marítimos. Apesar da tendência intemporal do Homem se apropriar dos recursos existentes no espaço imediatamente adjacente ao seu território terrestre, tem-se apontado o Tratado de Tordesilhas como o marco que lhe atribui relevância. O apresamento da carraca Madre de Deus e a defesa de Hugo Grotius ao princípio da liberdade dos mares marca o início das bases do atual regime. A apropriação do solo e subsolo submarinos iniciada por Harry S. Truman com a Proclamação sobre a Plataforma Continental, rapidamente alargada ao Mar Epicontinental que alguns Estados se apressaram a efetuar, veio limitar este princípio.

Os espaços marítimos mais relevantes são o Mar Territorial, a ↗Zona Económica Exclusiva (ZEE), a ↗Plataforma Continental, o Alto Mar e a Área. Os três primeiros são espaços sobre soberania ou jurisdição nacional, os dois últimos são espaços internacionais. A soberania que o Estado costeiro detém sobre o seu território terrestre estende-se até às 12 milhas no espaço designado Mar Territorial, e engloba o espaço aéreo subjacente, assim como a coluna de água, e o solo e subsolo submarinos. O Estado detém direitos de soberania sobre a sua ZEE e Plataforma Continental. A ZEE é constituída pela coluna de água e pode estender-se até às 200 milhas. A Plataforma Continental é constituída pelo solo e subsolo submarinos e pode estender-se além desta distância, casos em que coincidirá com o Alto Mar. O Alto Mar é a coluna de água existente além da ZEE dos Estados costeiros, e nele vigora o princípio da liberdade introduzida por Grotius, de que são exemplos as liberdades de navegação e de investigação científica marinha. Para lá da Plataforma Continental dos Estados, encontra-se a Área, que corresponde aos fundos marinhos além da jurisdição nacional dos Estados, e que é considerada Património Comum da Humanidade. O seu aproveitamento económico é gerido por uma organização internacional criada por um Tratado, a Autoridade Internacional dos Fundos Marinhos. *[F.C.M.]*

Direito natural

Conceito do âmbito da filosofia política. A ideia de direito natural teve origem entre os filósofos gregos. Estes ditavam o direito natural enquanto as normas e ideias não--escritas do mundo ideal. Para os romanos, correspondia à ordem natural das coisas, determinada pelas leis da natureza. Na Idade Média, por influência da Igreja, a conceção de direito natural identificava-se com as leis de Deus, imutáveis, constantes e intemporais. Para Tomás de Aquino (1225-1274), o direito natural traduz a natureza humana, tal qual ela foi concebida por Deus. A realização humana dá-se pela obediência às leis naturais (o ser das coisas). O direito natural é realidade imanente e universal, capaz de ser cognoscível pelos humanos.

A teoria do direito natural evolui, posteriormente, sobretudo durante o Iluminismo, como doutrina do *jusnaturalismo*, teoria que fundamenta o direito no bom-senso, na razão e no pragmatismo. As caraterísticas do direito natural são a estabilidade e a imutabilidade e os princípios têm como fundamento agir de modo razoável e bom. O direito natural precede todas as outras teorias de Direito, incluindo o direito positivo. No entanto, existe, desde há muito tempo, uma relação entre direito natural e direito positivo. O primeiro respeita ao conjunto de normas estabelecidas pela razão, atendendo ao que é justo, de modo universal. Por conseguinte, é anterior e superior a todas as outras teorias do Direito. O direito positivo é o conjunto de leis instituídas por um chefe político ou um Estado, atendendo às mudanças da vida social. O direito positivo é o conjunto de leis criadas pelo homem (positivismo jurídico), se bem que estas não podem contrariar os princípios do direito natural. A mais recente corrente do direito natural, defendida por John Finnis, Robert P. George, Germain Grisez *inter alia*, ao defender o princípio da razoabilidade prática – conjunto de valores básicos humanos não morais, o bem e o justo é condição de inteligibilidade de toda a ação – veio combater o *juspositivismo* novecentista. *[J.G.F.]*

Direito da União Europeia

O direito da União Europeia é composto, por um lado, por um núcleo central, o direito originário, e, por outro lado, pelas normas adotadas em aplicação do direito originário, ou seja, o direito derivado.

O direito originário, criado pelos Estados-membros através de tratados internacionais, compreende os três tratados institutivos das Comunidades Europeias (o Tratado que instituiu a ↗Comunidade Europeia do Carvão e do Aço, o Tratado que instituiu a ↗Comunidade Económica Europeia e o Tratado que instituiu a ↗Comunidade Europeia da Energia Atómica – Euratom) e o tratado que instituiu a União Europeia (↗Tratado da União Europeia). Compreende, também, todos os tratados posteriores que os vieram modificar, completar e adaptar (o Ato Único Europeu, o já referido ↗Tratado da União Europeia, o Tratado de Amesterdão, o Tratado de Nice e o ↗Tratado de Lisboa). São, igualmente, considerados direito originário os tratados de adesão da Dinamarca, Irlanda e Reino Unido, de 1973; da Grécia, de 1979; da Espanha e Portugal, de 1985; da Áustria, Finlândia e Suécia, de 1994; da República Checa, Chipre, Estónia, Hungria, Letónia, Lituânia, Malta, Polónia, Eslováquia e Eslovénia, de 2003; da Roménia e Bulgária, de 2005; e da Croácia, de 2012. Da mesma forma, o tratado de fusão das instituições executivas, de 1965; o tratado que altera algumas disposições orçamentais dos tratados comunitários, de 1970; o Tratado de Bruxelas, que altera algumas disposições financeiras dos tratados comunitários e institui um Tribunal de Contas, de 1975; e o ato relativo à eleição dos representantes ao Parlamento Europeu por sufrágio universal direto, de 1976. Por fim, são ainda considerados direito originário a Carta dos Direitos Fundamentais, desde 2009, e os princípios gerais estabelecidos pelo ↗Tribunal de Justiça da União Europeia (TJUE).

Por seu turno, o direito derivado é constituído pelos atos unilaterais adotados pelas instituições da União Europeia. O artigo 288.º do Tratado do Funcionamento da União Europeia prevê que, para exercerem as competências da União, as instituições adotem regulamentos e diretivas, decisões, recomendações e pareceres. Estes atos jurídicos são publicados no *Jornal Oficial da União Europeia*. É ainda possível encontrar em normas dispersas de direito originário ou derivado outros atos, habitualmente designados por atos atípicos, como por exemplo as comunicações, as resoluções, os programas, os livros brancos e os livros verdes. A jurisprudência da União Europeia ocupa um lugar importante entre as fontes de direito. As decisões do Tribunal de Justiça e do Tribunal Geral não podem ser ignoradas devido à própria natureza do direito da União Europeia.

Os acordos internacionais com países não pertencentes à UE ou com outras organizações internacionais também são parte integrante do direito da UE. Estes acordos são distintos do direito originário ou do direito derivado e formam uma categoria *sui generis*. De acordo com alguns pareceres do TJUE, podem ter efeito direto e o seu alcance jurídico é superior ao do direito derivado, que deve, por conseguinte, respeitar e cumprir estes acordos. *[C.A.S.]*

Direito de voto

O direito de voto foi resultado de um longo processo de conquista por direitos políticos. Inicialmente limitado a condições de propriedade, capital ou *status*, resultava numa representação de grupo e não individual. A partir da Revolução Francesa, o voto individual foi instituído, mas, ainda assim, limitado a determinados princípios. O alargamento do direito de voto, concretizado pelo sufrágio universal, assim como os direitos civis, políticos e sociais, permitiram a evolução das democracias representativas e o reconhecimento de pertença a uma mesma comunidade política. A realização de eleições livres, competitivas e recorrentes em que a escolha de representantes resulta da vontade dos cidadãos eleitores torna-se, assim, uma condição dos regimes democráticos.

A evolução para uma sociedade mais transnacional e com um crescente efeito na circulação de pessoas levou à necessidade de promover a sua integração no Estado de residência. Neste sentido, assistiu-se a uma maior abertura na concessão do direito de voto a cidadãos estrangeiros, em condições de reciprocidade. O direito de voto aplica-se, portanto, aos atos eleitorais que constam dos acordos bilaterais previamente estabelecidos com outros Estados e previstos nas respetivas leis eleitorais. No contexto da integração europeia, a ↗cidadania da União Europeia foi igualmente instituída, de forma automática e complementar à cidadania nacional (dos Estados-membros). Este estatuto político passou a permitir o direito eleitoral ativo e passivo exercido pelos cidadãos da UE nas eleições municipais e europeias dos Estados de residência, nas mesmas condições que os seus nacionais. *[I.C.L.]*

Direitos aduaneiros

Imposto aplicado a um bem no momento da sua entrada num determinado país. Quando um determinado bem atravessa a fronteira de um país, através de uma alfândega, é-lhe aplicado uma tarifa ou imposto. Tem, essencialmente, dois objetivos principais: o de obter receitas fiscais para o Estado e o de procurar defender as economias nacionais da concorrência externa, especialmente no âmbito de uma política de substituição de importações. *[A.Q.M.]*

Direitos cívicos

Os direitos cívicos são concedidos pela Nação a todos os que vivem de acordo com as suas leis (são direitos universais). De acordo com a perspetiva histórico-jurídica de Karel Vasak (1979), das três gerações de direitos, os direitos cívicos pertencem à categoria de direitos e garantias de primeira geração (liberdade individual). Os direitos de segunda geração estão ligados à igualdade, e, finalmente, os de terceira geração à fraternidade. A primeira geração de direitos assenta na ideia clássica de liberdade individual, concentrada nos direitos cívicos e políticos, conotados às liberdades de expressão (faculdade de qualquer um manifestar, livremente, opiniões, ideias e pensamentos pessoais sem medo de retaliação ou censura).

Inicialmente, o conceito está associado à participação na coisa pública. Entende-se por isso como direitos cívicos o conjunto das liberdades de acesso a funções públicas, proteção da vida privada, liberdade de circulação, de associação, de expressão política e de reunião. Estes direitos conquistavam-se mediante a abstenção de controlo do Estado, tanto mais que a sua atuação pode colidir com a liberdade do indivíduo. A liberdade de direitos cívicos pode fazer parte de uma condenação penal. *[J.G.F.]*

Direitos das Crianças

A Convenção sobre os Direitos das Crianças foi adotada pela Assembleia Geral das Nações Unidas, através da sua resolução 44/25, de 20 de novembro de 1989. A adoção da Convenção encerrou um processo que tinha principiado com os trabalhos preparatórios para o Ano Internacional da Criança, tendo sido no ano de 1979 iniciado o debate sobre um projeto de Convenção submetido pelo governo polaco. Não era, contudo, a primeira vez que a comunidade internacional se preocupava com as crianças, já que em 1924 a ↗Sociedade das Nações e em 1959 a ↗Organização das Nações Unidas adotaram declarações sobre os direitos da criança. Foram ainda incorporadas disposições visando expressamente as crianças em diversos instrumentos em matéria de ↗Direitos Humanos ou de Direito Humanitário. No entanto, vários Estados preconizavam a elaboração de um texto autónomo, no qual fossem enunciados detalhadamente os direitos da criança – texto esse que deveria ter força obrigatória à luz do Direito Internacional. Esta ideia justificava-se, dadas as graves injustiças de que as crianças eram vítimas, a saber, elevadas taxas de mortalidade infantil, cuidados de saúde deficientes e reduzidas hipóteses de acesso a uma instrução elementar. A estas injustiças foram acrescentadas situações alarmantes, tais como os casos de crianças maltratadas e exploradas para fins de prostituição ou para a prática de trabalhos perigosos, de crianças presas ou colocadas em situações difíceis e de crianças refugiadas ou vítimas de conflitos armados.

A elaboração da Convenção teve lugar no seio de um Grupo de Trabalho criado pela Comissão dos Direitos Humanos das Nações Unidas, cujo núcleo duro era constituído por representantes governamentais. Contudo, participaram igualmente nas deliberações representantes de organismos e instituições especializadas das Nações Unidas, entre os quais o Alto Comissariado para os Refugiados (ACNUR), a ↗Organização Internacional do Trabalho (OIT), o ↗Fundo das Nações Unidas para a Infância (UNICEF) e a ↗Organização Mundial de Saúde (OMS), bem como um certo número de organizações não governamentais. O projeto inicial, submetido pelo governo polaco, foi amplamente modificado e fortalecido no decurso das longas discussões a que deu origem.

A adoção da Convenção por unanimidade pela Assembleia Geral das Nações Unidas abriu as portas para a etapa seguinte: a da sua ratificação pelos Estados e a criação de um comité para o seu acompanhamento. Em menos de um ano, isto é, em setembro de 1990, 20 Estados tinham já ratificado a Convenção, a qual entrou então em vigor. No mesmo mês, e por iniciativa da UNICEF e de seis países (Canadá, Egito, Mali, México, Paquistão e Suécia), realizou-se em Nova Iorque a Cimeira Mundial para a Infância, a qual encorajou todos os Estados a ratificarem a Convenção. Em finais de 1990, 57 Estados já o tinham feito, tornando-se desta forma partes na Convenção. Em 1993, a Conferência Mundial sobre Direitos Humanos, realizada em Viena, declarou que o objetivo a atingir consistia em obter em 1995 uma ratificação da Convenção por todos os Estados. Com efeito, a 31 de dezembro de 1995, 185 países tinham efetivamente ratificado a Convenção, um número sem precedentes para um instrumento em matéria de Direitos Humanos e de princípios universais e progressistas.

A Convenção sobre os Direitos da Criança reveste-se do mesmo significado para todos os habitantes do planeta, já que enuncia normas comuns, tendo simultaneamente em consideração as diferentes realidades culturais, sociais, económicas e políticas dos Estados individualmente considerados, por forma a que cada Estado possa aplicar, de acordo com os seus próprios meios, os direitos comuns a todos. A Convenção consagra quatro grandes princípios que visam facilitar a interpretação da Convenção no seu conjunto e orientar os programas nacionais de aplicação. Estes grandes princípios encontram-se formulados especialmente nos artigos 2.°, 3.°, 6.° e 12.° da Convenção.

O primeiro princípio diz respeito à "não discriminação" (artigo 2.º), de acordo com o qual os Estados partes devem assegurar que as crianças sob a sua jurisdição gozam todos os seus direitos, não devendo nenhuma criança ser vítima de discriminação. Este enunciado aplica-se a todas as crianças, "independentemente de qualquer consideração de raça, cor, sexo, língua, religião, opinião política ou outra da criança, de seus pais ou representantes legais, ou da sua origem nacional, étnica ou social, fortuna, incapacidade, nascimento ou de qualquer outra situação". A mensagem principal que a Convenção pretende transmitir prende-se com a igualdade de oportunidades, devendo as raparigas poder beneficiar das mesmas oportunidades que os rapazes. As crianças refugiadas, de origem estrangeira, pertencentes a grupos autóctones ou minoritários devem ter os mesmos direitos que todas as outras. As crianças com deficiência devem ter as mesmas possibilidades de beneficiar de um nível de vida suficiente.

O segundo princípio salvaguarda o "interesse superior da criança" (artigo 3.º), que deve ser uma consideração primordial sempre que as autoridades de um Estado tomem decisões que as afetem. Este princípio aplica-se às decisões dos tribunais, das autoridades administrativas, dos órgãos legislativos e das instituições públicas ou privadas de solidariedade social. A aplicação desta ideia fundamental da Convenção representa, pois, um enorme desafio.

O terceiro princípio consagra o "direito à vida, à sobrevivência e ao desenvolvimento" (artigo 6.º), sendo que o direito à vida é expressamente estendido ao direito à sobrevivência e ao desenvolvimento, os quais devem ser assegurados "na máxima medida possível". O termo "desenvolvimento", que tem uma conotação qualitativa, deve ser interpretado de forma lata quando empregue neste contexto, já que é aqui visada não unicamente a saúde física, mas também o desenvolvimento mental, emocional, cognitivo, social e cultural da criança.

O quarto princípio defende a "opinião da criança" (artigo 12.º), devendo a criança ser livre de ter opiniões sobre todas as questões que lhe digam respeito, opinião essa que deve ser devidamente tomada em consideração "de acordo com a sua idade e maturidade". Este princípio assenta na ideia de que as crianças têm o direito a ser ouvidas e a as suas opiniões tidas seriamente em consideração, incluindo em qualquer processo judiciário ou administrativo que as afete. *[P.A.]*

Direitos Humanos

Numa primeira aproximação, deliberadamente imprecisa, poderíamos definir os Direitos Humanos como um conjunto de faculdades ou prerrogativas inalienáveis compartilhadas por todos os seres humanos e, portanto, de prescritiva exigibilidade universal, para além do sistema social, político ou jurídico vigente em cada país, apesar de a multiplicidade de fundamentações, versões e documentos gerados ao longo do tempo sobre tal tipo de faculdades, tanto do ponto de vista formal ou temático como espacial e temporal, dificultarem o estabelecimento de um conceito único e perfeitamente delimitado do sintagma "Direitos Humanos". A anterior denominação, mais obsoleta e equívoca, de Direitos do Homem – que no passado esteve conciliada com a exclusão das mulheres –, arrasta desde o seu nascimento a "síndrome da Torre de Babel", uma polissemia que gera confusão e que precisa ser esclarecida para conferir conteúdos isentos de equívoco à sua reivindicação, apelação ou formulação concreta, salvo que possamos recorrer à sua aproximação ostensiva. Esta aproximação pode ser prática e provavelmente é necessária para que nos entendamos, mas não é plenamente satisfatória, pois se utilizamos os repertórios disponíveis nos diversos instrumentos jurídicos vigentes para compreender "o que são os Direitos Humanos", os ditos repertórios nos remeterão apenas a "quais são estes direitos" (reconhecidos hoje), e não "o que são".

Por outro lado, a definição proposta deixa muitas lacunas. Não explicita, entre outras coisas, se os "direitos" que agora nos ocupam são, como afirmam os jusnaturalistas, faculdades morais inerentes à condição humana (atemporais ou a-históricos "direitos naturais"), ou, como querem os juspositivistas, se são direitos outorgados pela lei (normas jurídicas, direito positivo, com data constatável de nascimento), ou talvez, como sustentam os "dualistas", num exercício de equilíbrio difícil e que não se livra de críticas, se é que cabe pensar que sejam as duas coisas. Tampouco determina a definição pela qual optamos se as prerrogativas apontadas pertencem à humanidade no seu conjunto ou a cada indivíduo da nossa espécie, ou seja, se são direitos individuais da pessoa ou coletivos, nem determina nem explica como determinar que direitos concretos devem ser considerados entre aqueles que não podem ser negados, qual é a lista dos que merecem ser considerados como tais e em que se poderia fundamentar a sua inclusão na lista dos reconhecidos, questões que dividem profundamente as pessoas que acreditam nos Direitos Humanos e os defendem.

As diferentes classes e escolas do juspositivismo, muito estendido entre os operadores do Direito a partir do século XIX, e muito reforçado a partir do trabalho realizado por Hans Kelsen nos anos de 1930, sustentam que o fundamento dos Direitos Humanos, de natureza histórica, está no ordenamento jurídico (Direito Público Internacional dos Direitos Humanos), que os constituem e garantem como tais, não existindo "direitos pré-jurídicos" ou "direitos morais". Os assim denominados não seriam mais que "princípios" ou "valores", sendo impróprio, e puramente voluntarista, denominar "direitos" a demandas ou aspirações que não cabe impor de forma coercitiva pelo Estado nem ao particular reclamar pela via jurídica. Os "realistas" entendem que empiricamente é possível demonstrar que os Direitos Humanos "existem", pois são reconhecidos pelos Estados e aplicados pelos juízes, integrando o ordenamento jurídico internacional ou os sistemas jurídicos nacionais, alcançando a sua transposição, e que tal vigência lhes proporciona suficiente justificativa. Os "racionalistas instrumentais" estimam que para legitimar os Direitos Humanos basta argumentar que os que foram estabelecidos como tal servem como úteis instrumentos de convivência. Já a escola dualista, liderada pelo professor espanhol Peces Barba, sustenta que, ainda que os Direitos Humanos apenas alcancem a sua plenitude quando são positivados – ou seja, a origem ontológica dos mesmos é o seu caráter jurídico –, eles têm a sua origem (presumivelmente deontológica) na moral.

Tampouco há consenso sobre a natureza ou o momento de nascimento dos Direitos Humanos. Para os jusnaturalistas, os Direitos Humanos, como inerentes pela natureza ao homem, aparecem com ele, são a-históricos. Alguns esforçam-se para provar que "existiram desde sempre", interpretando de forma voluntarista certos textos muito antigos como manifestações do discurso dos Direitos Humanos. A maior parte dos académicos especializados na matéria coincidem em assinalar que, embora existindo contribuições teóricas remotas diversas das que se nutriam setorialmente os primeiros discursos propriamente ditos sobre os Direitos Humanos, ao princípio jusnaturalista, estes aparecem na Idade Moderna e não antes, admitindo que é na modernidade racionalista que são produzidas as suas iniciais cristalizações discursivas.

É obrigatório assinalar a entidade e importância do discurso pioneiro sobre os Direitos Humanos articulado pelo Padre Vitoria (1483-1546), representante principal da *Escola de Salamanca*. O seu discurso neoescolástico católico, avançado para a época, não isento de contradições e encobertas concessões à realidade política da colonização da América Hispânica, foi mais tarde substituído pelo discurso anglo-saxão dos Direitos Humanos naturais, articulados inicialmente por John Locke (1632-1704), no final do século XVII, notoriamente mais restrito e centrado sobre a naturalização do direito privado à propriedade (que para Vitoria, celebrando a sua utilidade, não era um direito natural, mas sim produto do direito positivo), ao qual é acrescentado um pequeno corpo de direitos civis individuais: liberdade pessoal e de pensamento, vida e segurança penal e processual, e um só direito coletivo: o direito do povo a resistir à opressão (direitos que Locke formula no *Ensaio acerca do Entendimento Humano* e no *Tratado sobre o Governo Civil*).

Os ilustrados franceses do século XVIII receberam, entre outras influências, a do citado pensador britânico e acrescentaram contribuições próprias e externas, gerando uma amálgama internacional de princípios que foram apropriados e reelaborados pelos partidos patriotas norte-americanos durante a Guerra da Independência (1775-1783). Surgiram, no curso da mesma, textos tão influentes como a *Declaração da Independência* (1776), na qual, para romper com a Grã-Bretanha, se apela ao direito natural e aos Direitos Humanos do povo e da pessoa, reiterados e enfatizados na *Declaração do Bom Povo da Virgínia* de 12 de junho de 1776 e outras similares. Uma lista de Direitos Humanos individuais civis, extraídos desses textos, foram constitucionalizados ou positivados na América do Norte nas primeiras dez emendas, acrescentadas a 15 de novembro de 1791 à *Constituição Norte-Americana de 1787* como *Carta de Direitos*.

Os franceses, atentos a este processo independentista, que respaldaram com os seus exércitos, e imersos desde maio de 1789 na Revolução Francesa, tomaram em boa parte como modelo a *Declaração da Virgínia* para a elaboração da *Declaração dos Direitos do Homem e do Cidadão* (aprovada em 26 de agosto de 1789), a de mais longo impacto interno e internacional, constitucionalizando os ditos direitos antes ainda dos EUA, ao incluir a referida Declaração, promulgada em 3 de setembro de 1789 pela Assembleia Nacional Constituinte, como preâmbulo da *Constituição de 1791*. Os franceses ainda elaborariam uma segunda *Declaração de Direitos*, mais ampla, incluída na *Constituição de 1793*, e uma terceira, mais restritiva, de 1795. Naquele agitado fim de século, os norte-americanos, apesar de terem tomado a dianteira na articulação dos textos que popularizaram os Direitos Humanos, e do êxito obtido na sua oferta de assessoramento aos revolucionários franceses nesta matéria, só constitucionalizaram direitos individuais civis. Foi a França a acrescentar à lista mais ou menos preestabelecida de tais direitos os direitos políticos de participação, voto e representação (para os homens) e certos direitos sociais individuais: à educação, ao trabalho e à assistência, reconhecidos como obrigações do Estado no preâmbulo da *Constituição de 1791* e como direitos subjetivos na *Carta de Direitos* incluída na *Constituição de 1793*. Muitas das componentes do mutante discurso dos Direitos Humanos foram estabelecidas assim no curso das revoluções liberais, que se serviram do mesmo para se legitimar, fazendo-se presente durante elas, explicitando de modo muito expressivo a sua vocação universalizante; mas ainda que a produção doutrinal pudesse ultrapassar os marcos fronteiriços, as criações jurídicas e políticas de primeira hora foram inevitavelmente nacionais.

No Ocidente, o reformismo socialdemocrata, que avançou na transição do século XIX para o século XX, e a emergência do liberalismo social e do cristianismo social tornavam possível repensar o discurso dos Direitos Humanos, aumentar o potencial e o *corpus* dos direitos sociais para torná-lo atrativo para as classes trabalhadoras e ampliar a sua clientela, incluindo nela também as mulheres, muito mobilizadas pelo sufrágio, mas até esse momento excluídas dos Direitos "do Homem". Mas seriam os horrores da Segunda Guerra Mundial (1939-1945) a impulsionar a criação da ↗ONU, firmando o seu compromisso com os Direitos Humanos, que já constam na ↗Carta de São Francisco, assinada em 26 de junho de 1945, a qual encomenda à ONU, no seu capítulo IX, a promoção do "respeito universal dos Direitos Humanos e das liberdades fundamentais de todos, sem distinção por motivos de raça, sexo, idioma ou religião, e a efetividade de tais direitos e liberdades" e encarrega ao seu Conselho Económico e Social a tarefa de formular convénios e de os apresentar à Assembleia Geral para sua aprovação.

O mandato foi assumido com determinação pela ONU, mas às vezes com um possibilismo no limite da inconsequência. A magnitude das dificuldades pode ser verificada logo na sua primeira tentativa de pactuar uma lista de Direitos Humanos aceites como juridicamente vinculativos por todos os países que então tomavam parte da Organização: 57 em 1947, 58 em 1948. Neste ano, a ONU renunciou à imediata elaboração de um Convénio de Direitos Humanos e, deixando-o para um melhor momento, conformou-se com a elaboração da *Declaração Universal dos Direitos Humanos*, em princípio não vinculativa (ainda que desde 1968 a ONU tentasse que a mesma fosse considerada direito consuetudinário vigente), aprovada em 10 de dezembro de 1948, como um "ideal" comum dos povos. Nela foram inseridos, após muitas e difíceis negociações, os direitos civis e políticos da pessoa pré-estabelecidos nos Estados liberais de Direito (não discriminação, liberdade pessoal e de casamento, de consciência, pensamento e religião, de expressão, reunião e associação, de movimento e asilo, direito à segurança penal e processual, nacionalidade e personalidade jurídica, privacidade e honra, igualdade legal, propriedade privada e coletiva e participação política). Também estavam incluídos, apesar da oposição dos países anglo-saxões, direitos económicos, sociais e culturais (segurança social, trabalho, salário equitativo, sindicalização, descanso, limitação do horário de trabalho e férias periódicas pagas, nível de vida adequado para assegurar a saúde e o bem-estar de toda a pessoa e sua família, como mães e crianças, dando especial atenção à alimentação, vestuário, moradia, assistência médica e serviços sociais).

Para os países islâmicos, sobrava na Declaração a liberdade religiosa e a liberdade de matrimónio, ainda que alguns deles, como mais tarde o muito reticente Paquistão, tenham votado naquele momento a favor do texto. Para a União Soviética e os países do Leste na sua órbita de influência, faltava o direito coletivo à autodeterminação dos povos, e sobrava a propriedade privada e o direito à liberdade de movimento e ainda a formulação liberal dos direitos da pessoa, incluindo os sociais. Ainda assim, o texto foi aprovado sem nenhum voto contrário e com 48 votos a favor (dos 58 Estados da ONU em 1948), oito abstenções (União Soviética, Bielorrússia, Checoslováquia, Polónia, Ucrânia, Jugoslávia, Arábia Saudita e África do Sul) e a ausência de dois Estados (Honduras e Iémen).

A partir deste primeiro núcleo de direitos proclamados, que a ONU foi desenvolvendo e completando, apelando ao consenso internacional e somando a ação de instâncias internas e agências especializadas externas – com o complemento dos sistemas de proteção regionais paralelos (americano, europeu, africano e árabe, este então em construção) –, um complexo conglomerado de direitos, que diluem a matriz visivelmente liberal dos proclamados, foi formado até aos anos de 1960. Foram acrescentados aos direitos individuais, direitos coletivos dos povos e direitos especiais de certos grupos (migrantes, crianças, mulheres, pessoas com deficiência, indígenas, LGBT, etc.), que permitem incluir as demandas dos novos movimentos sociais ou amparar coletivos vulneráveis e minorias, protegidos pelo sistema global de promoção e proteção dos Direitos Humanos e apoiados numa multiplicidade de ferramentas e discursos de desigual imperativo. Alguns destes discursos são orientadores e podem ser considerados obrigatórios moral ou politicamente, mas não são vinculativos juridicamente (como as declarações de Direitos Humanos, as recomendações, certos pactos de natureza política em torno do desenvolvimento de direitos específicos ou dirigidos ao cumprimento voluntário de objetivos baseados nos Direitos Humanos, como os ↗Objetivos de Desenvolvimento Sustentável).

Os mais sólidos instrumentos ou discursos de Direitos Humanos articulados pela ONU são os normativos, vinculativos juridicamente, como os numerosos Convénios de Direitos Humanos que constituem o Direito Público Internacional dos Direitos Humanos, alguns muito específicos, e outros muito amplos, como o *Pacto Internacional de Direitos Civis e Políticos* (PIDCP) e o *Pacto Internacional de Direitos Económicos, Sociais e Culturais* (PIDESC), aprovados em 1966 e em vigor desde 1976, que desenvolvem a DUDH, adicionando o direito coletivo dos povos, a sua autodeterminação e desenvolvimento, e que com ela formam a *Carta Internacional de Direitos Humanos* da ONU.

Apesar dos esforços para promover a cultura de Direitos Humanos realizados pela ONU ou pelos sistemas regionais de proteção dos mesmos, estes continuam a enfrentar as críticas dos movimentos soberanistas, identitários, religiosos, comunitaristas, multiculturalistas, etc., que não podem ser desconsideradas, e também transgressões massivas. A oposição neoliberal em reconhecer os direitos sociais (menos protegidos pela ONU do que os civis e políticos) como verdadeiros direitos e as reticências dos comunistas asiáticos e dos marxistas ortodoxos face à primazia dos direitos individuais sobre os coletivos, apesar de tais reticências serem hoje menores do que no passado, são fatores de desprestígio ou erosão que não podem ser minimizados. Por outro lado, foram geradas novas adesões ao discurso global dos Direitos Humanos, mas também rejeições radicais por parte das religiões e teocracias patriarcais e dos movimentos neoconservadores a diversas questões. Desde logo, a introdução da perspectiva de género da ONU (recomendada pela *Conferência de Nairóbi* em 1985 para estabelecer a igualdade de género) foi instada aos Estados, organizações da ONU e atores da sociedade civil envolvidos em programas de desenvolvimento pela *Declaração e Plataforma de Ação de Beijing* em 1995, e, sobretudo, instaurada a partir das *Resoluções e Decisões do Conselho Económico e Social* da ONU (ECOSOC). Em 1996, foi confiada à *Comissão Jurídica e Social da Mulher* a tarefa de monitorizar a implantação da *Plataforma de Ação de Beijing* e a aplicação da perspetiva de género às atividades da ONU (resolução 1996/6), seguida por outras resoluções e decisões do Conselho Económico e Social da ONU (ECOSOC), tomadas desde 1997 para incorporar a dita perspetiva em todas as políticas e programas do sistema da Organização.

A estes foram sendo acrescentados compromissos adicionais, assumidos por diferentes agências especializadas e seus órgãos, assim como um cauteloso, mas decidido avanço rumo à proclamação dos direitos e liberdades sexuais e reprodutivas, incluindo os direitos LGBT ou de livre orientação e identidade de género, antecipados em 2006 pelos *Princípios de Yogyakarta* (não vinculativos) e reforçados pela *Declaração de condenação dos atos de violência e discriminação em qualquer lugar do mundo por razão de orientação sexual e identidade de género*", primeira resolução da ONU sobre orientação sexual e identidade de género. A partir daqui, houve quem considerasse que os direitos LGTB eram para ONU Direitos Humanos, mesmo que faltasse um acordo vinculativo.

É certo que há avanços inegáveis no reconhecimento obtido pelo discurso dos Direitos Humanos no mundo, mas a possibilidade de que cada país escolha *à la carte* que convénios, pactos ou protocolos facultativos deste género deseja ratificar e a possibilidade de introduzir reservas em muitos deles, abusivamente utilizadas, ou, em certos casos, a ausência de vontade política de efetivar tais direitos pelos mesmos Estados que, por razões de imagem ou estratégia, os ratificaram, permite que o êxito quantitativo alcançado com o número elevado de países membros dos Convénios de Direitos Humanos, facto alegado pela ONU como prova desse êxito, ainda que implique uma certa esperança, seja menos eficaz do que parece. *[M.E.Q.]*

Direitos políticos

São todos os direitos que asseguram a participação popular na vida pública e na administração do Estado. São direitos possuídos pelos cidadãos de uma dada comunidade nacional de participação política (direito de votar em eleições locais e nacionais). O âmago destes direitos envolve o direito ao voto, direito a ser votado, direito a ocupar cargos ou funções políticas, e, por fim, o direito a permanecer nesses cargos. *[J.G.F.]*

Direitos sociais

Direitos fundamentais, ditos de segunda geração, que não surgem como qualidades inatas preexistentes como os direitos de liberdade, mas antes se criam e efetivam através de prestações sociais, representando um *poder de exigir* ao Estado providências concretas. O reconhecimento dos direitos sociais surge já na Constituição francesa de 1791, que previa os *secours publics* para aliviar situações específicas de maior carência, mas adquirem relevância histórica apenas quando passam a integrar os textos constitucionais de forma sistemática, o que ocorre a partir da Constituição dos Estados Mexicanos de 1917, com particular influência dos textos da Declaração dos Direitos do Povo Trabalhador e Explorado (Congresso Pan-Russo dos Sovietes, 1918) e da Constituição de Weimar de 1919. Na sequência da Segunda Guerra Mundial, a ↗Organização Internacional do Trabalho aprova a Declaração de Filadélfia, com enfoque em amplos direitos e políticas sociais; e a Declaração Universal dos Direitos Humanos das Nações Unidas (1948) sedimenta os direitos sociais e a dignidade da pessoa humana como esteio da solidariedade. A positivação dos direitos sociais torna-se uma constante na cultura constitucional desde então.

O Tratado sobre o Funcionamento da União Europeia estabelece que "a União e os Estados-membros, tendo presentes os direitos sociais fundamentais, tal como os enunciam a Carta Social Europeia, assinada em Turim, em 18 de outubro de 1961, e a Carta Comunitária dos Direitos Sociais Fundamentais dos Trabalhadores, de 1989, terão por objetivos a promoção do emprego, a melhoria das condições de vida e de trabalho, de modo a permitir a sua harmonização, assegurando simultaneamente essa melhoria, uma proteção social adequada, o diálogo entre parceiros sociais, o desenvolvimento dos recursos humanos, tendo em vista um nível de emprego elevado e duradouro, e a luta contra a exclusão".

Em 2017, a União Europeia proclamou o Pilar Europeu dos Direitos Sociais, estabelecendo 20 princípios fundamentais destinados a melhorar a aplicação dos direitos dos cidadãos. E, em 2021, a Comissão Europeia apresentou um plano de ação para a sua aplicação, fixando três objetivos, a atingir até 2030: uma taxa de emprego de, pelo menos, 78% na União Europeia; pelos menos 60% de participação de adultos em cursos de formação todos os anos; e uma redução do número de pessoas em risco de exclusão social ou de pobreza de, pelo menos, 15 milhões de pessoas, incluindo cinco milhões de crianças. *[M.L.V. / F.S.]*

Discriminação

Forma de tratar certos indivíduos ou um grupo humano inteiro de forma distinta em relação ao resto de uma coletividade. Esse tratamento distinto pode basear-se em características extrínsecas (como a educação ou a riqueza) ou intrínsecas (como a ↗etnia, o género ou a orientação sexual). A discriminação é dita negativa por duas razões: primeiro, se o tratamento distinto é contrário às normas jurídicas vigentes; segundo, se o tratamento distinto tem por efeito a diminuição das oportunidades de acesso a certas funções ou bens sociais. Nas democracias contemporâneas, a proteção contra a discriminação negativa é assegurada pela lei e pela afirmação do princípio de igualdade de tratamento. A discriminação é dita positiva quando o facto de tratar certos indivíduos ou um grupo humano inteiro de forma distinta em relação ao resto de uma coletividade visa restaurar a igualdade de tratamento, através de uma intervenção sobre as características extrínsecas. As discriminações positivas passam por medidas de acompanhamento social (apoio social, educação) ou por medidas de ação positiva ou medidas preferenciais (quotas de acesso a certas funções ou bens sociais, por exemplo). *[J.C.C.]*

Discurso político

Nos seus discursos políticos, o líder tem de ter consciência de que as suas palavras devem atingir dois objetivos básicos. Primeiro, conseguir estabelecer uma empatia motivadora com a sua audiência. Segundo, o seu discurso tem de parecer credível. Embora o discurso possa conter ilusões e ↗verdades arredondadas, o seu discurso tem de parecer credivelmente autêntico. Isto é, um bom discurso político deve convencer quem o ouve de que é um discurso politicamente verdadeiro, o que não é sinónimo de ser factual ou cientificamente verdadeiro. Este é outro ponto essencial. A função do discurso político não é a de apresentar verdades factuais ou científicas. Em geral, um político não discursa para apresentar a verdade, embora em certas circunstâncias possa e deva fazê-lo. O discurso político é, sobretudo, o meio utilizado pelo político para comunicar eficazmente as suas ideias e convencer a sua audiência de que as suas ideias são as melhores para o bem comum e que ele é a pessoa ideal para as concretizar (Mendes, 2019c). *[P.E.M.]*

Discursos percecionais

Conceito introduzido por Mendes (2012b; 2013) para demonstrar as pereções extraídas dos discursos oficiais e das comunicações e intervenções políticas e diplomáticas dos decisores, líderes políticos e agentes diplomáticos. É uma abordagem teórico-metodológica importante para a Análise da Política Externa e as Relações Internacionais que se baseia numa análise do discurso qualitativa, interpretativa e reflexiva, onde se tenta identificar as imagens, nacionais e internacionais, dos agentes políticos e diplomáticos e que se relaciona com a compreensão reflexiva das visões do mundo e *imagens culturais* dos atores. *[P.E.M.]*

Dissuasão

A estratégia de dissuasão é entendida como o modo de gerar, organizar e preparar o emprego da força, com a finalidade de impedir o adversário de, usando certos meios e/ou adotando certos comportamentos, concretizar certas ameaças. Com uma estratégia de dissuasão num determinado nível, coincide, frequentemente, uma estratégia de ação a outro nível mais favorável. Este facto tem importantes implicações, pois é sempre útil, tendo como referência a guerra, que o fim negativo relacionado com a dissuasão seja compensado pelo fim positivo inerente à ação. Se a dissuasão é um objetivo político, o seu resultado é de natureza psicológica. Se tem êxito, a dissuasão atinge também o adversário no seu âmago psicológico, submetendo-se à nossa vontade, retirando-lhe a liberdade de agir. Tal resultado psicológico deriva da combinação de um cálculo desfavorável em termos de perdas e ganhos e de incertezas.

A dissuasão pode assumir dois tipos gerais: o tipo defensivo e o tipo ofensivo ou punitivo. A dissuasão defensiva é a que se baseia no levantamento e acionamento de sistemas que conduzam o adversário a pensar que não é gratificante atacar, pois conclui pela impossibilidade de ganhar ou, caso o faça, apenas à custa de um preço demasiado elevado. É este tipo de dissuasão que explica as grandes linhas fortificadas (como a linha *Maginot*), os mecanismos de apelo à resistência armada, etc. A dissuasão punitiva (ou ofensiva) é aquela que se baseia no levantamento de sistemas que permitam infligir uma punição ao adversário, caso ele tome determinada atitude. Fundamenta-se, portanto, na capacidade de exercer represálias. Em função dos meios utilizados, pode haver dissuasão ofensiva: económica (caso da ameaça de bloquear certas ou todas as exportações ou importações); psicológica (ameaçando com represálias morais, banimento, denúncia, etc.); diplomática (corte de relações); militar (através de contra-ataques).

No que respeita aos meios nucleares, a dissuasão, em teoria, poderá ser defensiva, com base, por exemplo, nos sistemas ↗ABM (*Anti-Ballistic Missile*), ou ofensiva, com base em bombardeamentos nucleares de resposta. No tipo de dissuasão nuclear existente durante a Guerra Fria, ao nível das duas superpotências, a capacidade de dissuadir residiu na possibilidade de ter meios de resposta suscetíveis de infligir danos inaceitáveis a quem desencadeasse o primeiro ataque (equilíbrio de terror). Ou seja, tal capacidade resultou da possibilidade de levar a efeito um segundo ataque esmagador.

Toda a estratégia de dissuasão, para ser credível, deve obedecer a três condições: capacidade de resposta que permita a sobrevivência a um ataque inimigo; dispositivo de proteção suficiente; e reputação de firmeza, isto é, a convicção por parte do agressor que se vai deparar com um adversário determinado. *[J.A.E.]*

Ditadura

Regime político caracterizado pela ausência de quaisquer limites ao exercício do poder. Este tipo de regime pode assumir caráter autoritário ou totalitário e ser de origem conservadora ou revolucionária. A rutura com a ordem vigente, na maior parte dos casos de forma violenta, está na base de todas as ditaduras, pelo que a manutenção no poder da nova classe dirigente se alicerça no uso da força e no recurso à repressão. A ditadura é uma forma de governo onde uma única pessoa ou grupo detém o poder político. No mundo atual, muitos ditadores chegaram ao poder como líderes de movimentos ou de partidos políticos que adquiriram o monopólio do poder. Os ditadores também surgem das forças armadas, quando, por exemplo, uma junta militar toma o poder através de um golpe de Estado.

Em 2021, segundo o mais recente relatório da Freedom House, baseando-se em critérios assentes sobretudo na amplitude dos direitos políticos – como o processo eleitoral e o pluralismo político – e das liberdades civis – como a liberdade de expressão e de crença –, existiam ainda 49 ditaduras em todo o mundo (aproximadamente um em cada quatro Estados), das quais 18 na África Subsaariana, 12 no Médio Oriente e Norte de África, oito na Ásia e Pacífico (avultando a China), sete na Eurásia (incluindo a Rússia e a Turquia), três nas Américas e apenas uma na Europa (Bielorrússia). *[F.S. / R.R.]*

Divisibilidade das convenções internacionais

O problema da divisibilidade das convenções internacionais prende-se com a questão de saber em que medida podem circunscrever-se os efeitos de um vício ou de uma causa de cessação da vigência a uma parte da convenção. A regra geral na matéria – que consiste aliás num dos efeitos típicos de ambos os regimes – é a da indivisibilidade, ou seja, a existência de um vício ou de uma causa de cessação da vigência apenas poderá ser invocada em relação a toda a convenção. Essa regra é absoluta no tocante às nulidades absolutas (ou seja, nos casos de coação e de violação de uma regra de ↗*ius cogens*), mas são admitidas exceções no âmbito das nulidades relativas.

O regime da Convenção de Viena de 1969 impõe ainda a divisibilidade, sempre que a nulidade afete apenas uma parte da convenção, essa parte seja destacável, não seja essencial e não seja injusto continuar a cumprir a convenção nessas circunstâncias. Introduz-se ainda uma outra especificidade: nos casos de dolo e corrupção, o Estado cujo consentimento foi viciado pode optar por invocar a nulidade em relação à totalidade da convenção ou apenas em relação a uma parte especialmente afetada (designando-se estas situações como de divisibilidade facultativa). *[R.M.]*

Dolo

Causa de nulidade relativa das convenções internacionais que decorre de uma conduta fraudulenta (de um Estado que tenha participado na negociação), que tenha conduzido um Estado a vincular-se. A situação – consagrada na prática e reconhecida no regime vigente – não tem sido invocada na atualidade, sendo de referir apenas situações no século XIX, em que algumas tribos africanas a invocaram em relação a tratados celebrados com Estados europeus. *[R.M.]*

Dominação (tipos de)

A teoria weberiana (Max Weber) define três tipos ideais de autoridade, de acordo com as bases da sociedade em questão, ou seja, os elementos que lhe conferem legitimidade. A dominação é, segundo Weber, a possibilidade de um determinado grupo se submeter a um domínio específico. Trata-se de um tipo de relação social fundada na autoridade de um indivíduo sobre outros. Weber define três tipos de dominação que se distinguem pelo seu caráter (pessoal ou impessoal) e, principalmente, pela diferença nos fundamentos da legitimidade. São elas: tradicional, legal e carismática.

A dominação tradicional indica que a ordem e a autoridade são fixadas pela tradição que legitima a autoridade. Assim, a autoridade patriarcal do senhor exerce-se sobre os súbditos que obedecem, em conformidade com o ordenamento social, do mesmo modo que os servidores são totalmente dependentes do senhor que os protege detendo o livre arbítrio.

A dominação legal fundamenta-se na ordem jurídica. A ideia da dominação legal é a da existência de um estatuto que cria a norma e a modifica de forma legal. Neste quadro, o dominado obedece à norma e ao dominante, que possui autoridade conferida pelo quadro legal previamente estabelecido. Deste modo, o poder é garantidamente impessoal, obedece-se à norma e não à administração pessoal do rei ou do senhor. A norma também estabelece o quadro administrativo de pessoal representado pela ↗burocracia. Para Max Weber, o exemplo de uso da dominação legal é o Estado Moderno, uma empresa capitalista ou qualquer outra organização que tenha uma hierarquia organizada e devidamente regulamentada. A forma mais pura de dominação legal é a burocracia.

Por último, na dominação carismática, os dominadores impõem-se aos dominados pelo seu carisma, ou seja, por qualidades excecionais que lhe conferem um estatuto distinto e um poder de comando. Etimologicamente, a palavra carisma é de origem religiosa, reportando aos dons especiais. A interpretação weberiana do conceito alargou-o a dons especiais conferidos ao indivíduo que detém o poder (líder). O reconhecimento desses dons pelos dominados, sendo volúvel, faz com que este tipo de dominação tenda para a tradicional ou legal.

Weber procura demonstrar que o exercício do poder radica na necessidade de legitimação da ordem política e a institucionalização pela via administrativa (burocrática). Com isto, Max Weber fundou a Sociologia Política Contemporânea. *[J.G.F.]*

Doutrina

Fonte auxiliar de ↗Direito Internacional, que consiste, em termos gerais, nos ensinamentos dos mais consagrados juristas. A doutrina tem um papel incontornável na individualização, deteção, precisão e determinação do âmbito de regras não escritas e na formulação de regras em domínios novos ou em rápida evolução. O seu papel no Direito Internacional é tradicional, vindo desde os esforços de codificação de Grotius, no século XVII, e passando pelos de Vattel, no século XVIII. O seu caráter independente e abrangente, que tende a gerar consensos, justifica uma influência decisiva. Por outro lado, essa influência é determinante no sistema de ensino, através do qual são preparados os quadros políticos e os principais responsáveis administrativos nos Estados e organizações internacionais. No plano estritamente internacional, devem ainda ter-se presentes os contributos de organizações internacionais (que frequentemente são chamadas a pronunciar-se – sem caráter vinculativo – sobre determinadas matérias), de alguns institutos internacionais (como o *International Law Institute*, de Londres) e de organizações não governamentais. Nas Relações Internacionais, o termo é também utilizado para referir princípios ou conceções políticas (posições de determinados atores internacionais sobre problemas importantes, como aconteceu com a ↗doutrina Monroe, ↗doutrina Brejnev, etc.). *[R.M.]*

Doutrina Brejnev

Também denominada doutrina de soberania limitada, resultou de um discurso de Leonid Brejnev (1906-1982), onde o líder soviético proclamou que a União Soviética e outros países comunistas tinham o direito de intervir contra qualquer ameaça ao ↗Comunismo, de modo a preservar o poder do Partido Comunista em qualquer Estado que integrasse o bloco soviético. A doutrina reservava à União Soviética o direito de evitar o afastamento do bloco ou a queda do Comunismo em qualquer um destes Estados. A aceitação, com Mikhail Gorbatchev, do desmantelamento do bloco soviético, em 1990-1991, significou o repúdio da doutrina. *[P.E.M.]*

Doutrina Carter

Política anunciada pelo presidente norte-americano Jimmy Carter no seu discurso sobre o estado da nação, perante o Congresso norte-americano, em 23 de janeiro de 1980, declarando a disponibilidade dos EUA para usarem a força militar, se necessário, contra qualquer força externa que ameaçasse os interesses norte-americanos no Golfo Pérsico, nomeadamente qualquer tentativa de controlo da região. Na sequência deste anúncio, foi criada a Força de Reação Rápida, entre outras iniciativas. *[D.F.]*

Doutrina Dominó

Ideia e prática da política internacional da ↗Guerra Fria ligada à contenção da expansão do Comunismo. Inicialmente defendida pelo presidente norte-americano Eisenhower em abril de 1954, o seu objetivo consistia em eliminar o perigo de contágio comunista no Sudoeste Asiático. A ideia era evitar que, após o Vietname cair em mãos comunistas, surgisse um efeito de dominó que levasse o comunismo aos vizinhos Laos e Camboja e daí fosse exportado para a Tailândia e depois para a Malásia, Indonésia e Filipinas. Foi esta ideia que legitimou a prática do envolvimento direto dos americanos no Vietname, nas décadas de 1960 e 1970. *[P.E.M.]*

Doutrina Monroe

Originariamente destinada a avisar os Estados europeus a não se envolverem no Novo Mundo, tornou-se a base conceptual da política dos Estados Unidos da América na América Central e Latina. A partir de 1823 e por um período considerável, não foi mais do que o anúncio de uma boa intenção, uma vez que os Estados Unidos da América não possuíam poder militar para a sua implementação. Ao longo do século XIX, foi a convergência de interesses anglo-americanos na região, e em particular o poder naval do Reino Unido, que permitiram uma América Latina "liberta" da intervenção política e militar dos poderes imperiais europeus. A primeira violação desta doutrina não intervencionista foi perpetrada pelo Reino Unido, quando as suas tropas ocuparam as ilhas Falkland/Malvinas em 1833, apesar dos protestos da Argentina.

Só em finais do século XIX é que os Estados Unidos adquiriram poder militar, diplomático e económico para agirem como os guardiões da metade sul do seu hemisfério. Em 1904, Roosevelt avançou com esta doutrina no sentido do imperialismo, declarando que a má governação nas repúblicas da América Latina levaria à intervenção armada do Estados Unidos. Após a Segunda Guerra Mundial, adotou um caráter multilateral, com a formação da ↗Organização dos Estados Americanos e o Tratado do Rio.

Fora dos Estados Unidos da América, a doutrina não foi popular, dando origem a tentativas para contornar o seu caráter hegemónico óbvio. A projeção unilateral do poder dos Estados Unidos na América Latina foi usada para justificar o bloqueio de Cuba em 1962, de modo a forçar a retirada dos mísseis soviéticos e, apesar de Khrushchev negar a sua validade, a maioria dos americanos continuou a acreditar que ela era parte do corpo legal internacional para a região.

Quando inicialmente proclamada pelo presidente James Monroe (1817-1825), era uma doutrina de caráter isolacionista e oferecia um *quid pro quo* para que os europeus se mantivessem afastados da América Latina. Após a formação da ↗Organização do Tratado do Atlântico Norte, os Estados Unidos da América têm estado ativamente envolvidos na Europa; logo, muitos creem que, aparte o seu poder, não há justificação legal ou moral para uma exclusão continuada. De acordo com estas alterações, Perkins

(1955) apelou para que a doutrina fosse esquecida, uma vez que as suas palavras deixavam a impressão de hegemonia, arrogância e interferência. É extremamente improvável que isso venha a acontecer, uma vez que os Estados Unidos continuam a demonstrar que o hemisfério ocidental se inclui na sua área de influência. *[P.A.]*

Doutrina Nixon

Com origem em vários discursos de Richard Nixon, em julho de 1969, nas Filipinas, o presidente norte-americano reafirma a primazia dos compromissos globais norte-americanos, claramente evitando qualquer novo envolvimento dos Estados Unidos em conflitos no Terceiro Mundo, em particular devido ao insucesso da guerra do Vietname. Pretendia restaurar a flexibilidade operacional da política externa norte-americana após o desastroso envolvimento no Vietname, redistribuindo a responsabilidade de manutenção da segurança internacional. Assim, a doutrina Nixon visava a afirmação dos compromissos internacionais dos Estados Unidos da América em termos de tratados, incluindo a oferta de proteção aos seus aliados em caso de ameaça nuclear. Face a ameaças ou agressão de natureza não-nuclear, Nixon oferecia assistência económica e militar, ressalvando, no entanto, que o Estado ameaçado teria a responsabilidade primária em termos de mobilização de homens. O presidente norte-americano visava assim conter os seus inimigos ao promover os interesses norte-americanos à escala mundial. *[D.F.]*

Doutrina Truman

Doutrina que resulta de um discurso do presidente norte-americano Harry Truman, numa sessão do Congresso, em março de 1947, e que comprometia os EUA a uma política global, com o objetivo de prevenir os avanços do comunismo e apoiar os povos livres que resistissem ao domínio de minorias armadas ou de pressões externas. Esta doutrina opunha uma conceção de vida – a norte-americana –, baseada na vontade da maioria, e distinguindo-se pelas instituições democráticas (governo representativo, eleições livres, garantias de liberdade individual, de expressão, religião e de opinião política), a outra conceção de vida – a da União Soviética –, baseada na vontade de uma minoria imposta pela força sobre a maioria, assente no terror da opressão, numa imprensa e rádio controladas e na supressão das liberdades individuais. A forma de derrotar a estratégia soviética exigia, pois, uma política de firme contenção, delineada para confrontar os russos com um constante poder em todos os pontos em que se dessem sinais de invasão dos interesses de um mundo estável e pacífico.

A doutrina Truman marcou um corte com a tradição isolacionista e abriu um precedente aos programas de ajuda económica e militar norte-americana no mundo. Apesar de não incluir uma referência direta à União Soviética, a expressão "povos livres" significava "anticomunistas". Assim, os Estados Unidos da América assumiam o compromisso de agirem à escala global, em oposição aos avanços do comunismo, e de intervirem, pela força das armas se necessário, em defesa de uma área ameaçada, como veio a acontecer, por exemplo, em relação à Coreia e ao Vietname. A dimensão económica da doutrina Truman consubstanciou-se no Plano Marshall. *[P.M.S.]*

Dualismo

O dualismo (ou corrente dualista) surge no âmbito da questão relativa às relações entre o Direito Internacional e o Direito Interno dos Estados, defendendo (por oposição ao monismo) a independência entre as ordens internacional e interna. Segundo esta perspetiva – que hoje em dia tem uma pequena expressão na doutrina –, as normas de Direito Internacional não se aplicam na ordem interna (e vice-versa), tendo de ser transformadas em atos internos para que os respetivos conteúdos vigorem. O dualismo admite e defende, portanto, a possibilidade de as autoridades nacionais acolherem apenas e só as regras internacionais cujos conteúdos materiais lhes aprouverem (através da consagração constitucional de uma cláusula de transformação no regime que regula as relações entre o Direito Internacional e o Direito Interno). Não há, portanto, no dualismo, qualquer possibilidade de conflito de regras (internacionais e internas), já que a vigência ou aplicação das respetivas regras nunca é simultânea.

Em todo o caso, a querela monismo-dualismo, que tradicionalmente merecia no âmbito do Direito Internacional uma atenção importante, tem, hoje em dia, tendência para perder essa posição, já que, na doutrina e jurisprudência internacionais, se chegou a um regime de convergência que, por um lado, afirma a obrigação dos Estados de adequarem a sua ordem interna ao cumprimento das suas obrigações internacionais (no que se aproxima do monismo com primado do Direito Internacional), admitindo, todavia, que o incumprimento dessas obrigações não implica a nulidade dos atos que consubstanciem esse incumprimento, mas tão-só a responsabilização internacional pelos danos daí resultantes. *[R.M.]*

Duplo poder

Uma situação de duplo poder ocorre quando a unidade do poder estatal – condição da estabilidade do regime sociopolítico que a classe ou grupo social dominante consegue impor ao conjunto da sociedade – é revolucionariamente ameaçada por uma classe ou grupo social capaz de disputar a hegemonia aos governantes, o que a leva a criar órgãos próprios de poder alternativo e a concentrar em si as aspirações dos restantes setores descontentes e/ou oprimidos da sociedade. A solução da crise implica o fim do duplo poder, através da vitória ou da derrota dos revoltosos.

Presente na Revolução Inglesa de 1640-1648, que opôs com sucesso o Parlamento e, mais tarde, o partido/exército burguês puritano de Cromwell ao rei Carlos I (e à alta nobreza e clero anglicano), assim como na Revolução Francesa de 1789, no confronto entre a Assembleia Nacional/Assembleia Constituinte – emergida da representação do Terceiro Estado (burguesia) nos Estados Gerais – e a Monarquia absoluta (radicalizando-se no afrontamento da Comuna de Paris, dominada pelas suas secções plebeias desde agosto de 1792, com a Assembleia legislativa e a Convenção, determinando a queda de Luis XVI e da monarquia), ressurgiria na Revolução de fevereiro/março de 1917, que levou à derrocada do poder czarista na Rússia, quando, a par do governo provisório, emergiram os concelhos (sovietes) de deputados operários, camponeses e soldados, antes da conquista do poder pelo partido bolchevique em outubro/novembro de 1917. *[J.M.G.]*

Dumping

Tal como foi originalmente definido no artigo VI do Acordo Geral Sobre Tarifas Aduaneiras e Comércio 1947, o qual integra o acervo de tratados da atual ↗Organização Mundial do Comércio (OMC), o *dumping* é, na sua formulação mais geral, uma prática desleal de comércio assente numa discriminação internacional de preços. Normalmente, visa forçar a obtenção de uma quota mais elevada num mercado de exportação, ou até eliminar a generalidade da concorrência neste. É uma prática anticoncorrencial que pode ser esporádica ou persistente e de tipo predatório, consoante a dimensão e período temporal em que ocorre.

Em termos técnicos, existe *dumping* quando o preço de um produto vendido no país importador é menor do que o preço pelo qual o produto é vendido no mercado do país exportador. Na hipótese mais simples, o *dumping* é assim determinado apenas pela comparação de preços em dois mercados, o do país exportador e do país importador. Na prática, são raros os casos onde a situação é tão simples. Na grande maioria das situações, é necessário realizar uma série de análises complexas sobre o preço do bem em causa nos dois mercados, o de importação e o de exportação. Estas visam determinar o preço de mercado no país exportador (o chamado "valor normal" do bem), sendo, em seguida, necessário determinar o preço apropriado no mercado do país importador (no que é designado como "preço de exportação"). Só desta forma é possível fazer uma comparação adequada para apurar a eventual prática de *dumping*. O país alvo da prática de *dumping* num determinado setor ou produto(s) poderá, nos termos do Acordo Anti-Dumping da OMC, impor direitos anti-*dumping*, desde que não exceda a margem de *dumping* relativa ao(s) produto(s) em questão. *[J.P.T.F.]*

Ecocídio

O século XX será referenciado (e lembrado) pelo contexto formal e social do fenómeno moderno do ↗*genocídio*, na Europa, na Indochina, na África Central, na América Latina, mas o século XXI viverá a evidência de um novo fenómeno, emergente e global, o *ecocídio*. Este último termo reúne várias nuances e escalas do seu próprio conceito, desde 1977, porque conjuga sempre um ato ou dano criminoso praticado por uma entidade humana superior que "mata" ou destrói intencionalmente um bem/valor da biodiversidade contida nos biomas do nosso mundo ou em parte continental ou mesmo nacional, se vinculado a interesse comum classificado para o país e a Humanidade do presente. No quadro das Relações Internacionais, deve-se à jurista escocesa P. Higgins a redescoberta do seu valor/menção legal, na medida em que tinha sido já proposto como o quinto crime contra a paz e a segurança da Humanidade (mas retirado em 1996, por pressão de três Estados) nos vários documentos de trabalho conducentes ao texto fundamental da criação do ↗Tribunal Penal Internacional – o Estatuto de Roma (julho de 1998). Em 2010, esta jurista apresentou uma emenda formal à Comissão de Direito da ONU, de inclusão do ecocídio a esta lei internacional, conhecida por Lei do Ecocídio.

Na Europa (www.ecocide.eu) significa legalmente a danificação extensa, destruição ou perda de ecossistema(s) de um território causada por responsável superior, em grau muito desfavorável ou severo do seu usufruto humano e da qualidade ambiental que esse território e cultura social encerra. No âmbito penal e foro jurídico internacional, complementar à jurisdição penal nacional, a sua assunção como crime de ecocídio, a coberto do artigo 7.º do Estatuto de Roma (1998), reveste-se de ato doloso grave contra o ambiente biofísico/natural sustentável da vida da Terra, através da morte de espécies animais e vegetais ameaçadas ou da degradação persistente ou acentuada da qualidade do (sub)solo natural, das águas aí depositadas ou em trânsito e do próprio ar troposférico, praticado por governação (privada ou pública) que inviabiliza a fruição plena da vida humana tal qual a reconhecemos como direito natural fundamental, quer em tratados/declarações das Nações Unidas, quer em legislação constitucional e doméstica dos países ditos mais civilizados.

Os casos mais evidentes de ecocídio, no passado próximo, são a extinção de comunidades indígenas e culturas ancestrais, em paisagens e zonas naturais específicas (de floresta tropical, de desertos, de grande montanha, de ambientes boreais) e o desaparecimento do Mar Aral. Nos tempos recentes há um elenco de casos associados, quer a acidentes de origem natural, quer a ignições de origem antrópica, nomeadamente os efeitos do furacão Katrina (EUA), a exploração mineira industrial intensiva e de grande escala (Canadá), a fraturação hidráulica em rochas xistosas (EUA), a morte de abelhas e de outros insetos úteis aos agrossistemas (Europa), a mudança climática global, os acidentes graves nas centrais nucleares (EUA, Ucrânia e Japão), desastres em depósitos de resíduos perigosos provenientes de grandes minas industriais (Hungria, Brasil), desflorestação da Amazónia (Brasil e Peru) e do Sudoeste do Pacífico (Bornéu, Indochina e Indonésia), acidentes tecnológicos em plataformas petrolíferas *offshore* (Golfo do México, Mar do Norte), derrames de nafta dos grandes petroleiros em trânsito comercial (França, Espanha), a criação de "ilhas" de plásticos e de lixo urbano no Pacífico, a redução drástica de água doce do ecossistema Lago do Chade e a destruição da paisagem milenar e dos ecossistemas do vale Yang-Tsé, derivada da barragem das Três Gargantas (China). *[J.C.Lo.]*

Ecologia Humana Internacional

No contexto das Relações Internacionais, a Ecologia Humana é o conhecimento holístico e instrumental que tem por interesse a relação funcional da governança das sociedades com o seu ambiente de recursos naturais e de estratégias de gestão e de organização dos territórios, como bem comum endógeno do seu desenvolvimento e sob o quadro do direito público internacional, da promoção da paz e da segurança global entre povos e sua respetiva diversidade político-social e étnica.

Não se deve confundir o fenómeno social do Ecologismo com a Ecologia Humana, na medida em que a Ecologia Humana é o estudo multidimensional das populações humanas e suas dinâmicas com o estado do ambiente (biofísico e cultural), em vários domínios ou escalas, em que se integram ou se encerram. A Ecologia Humana é um conhecimento universal, de integração das interfaces da diversidade da ação da humanidade com a governança estratégica dos ecossistemas da Terra, em especial dos mais frágeis e dos valores em risco de extinção. Essa Ecologia Humana é de ordem/escala internacional porque os seus contributos ultrapassam as fronteiras políticas, não são a realidade da soma dos Estados e das suas dinâmicas nacionais, nem do saber fragmentado por essas partes, mas antes o seu todo interativo e unitário, de sistema eco e de cultura de governo da casa-comum. O seu interesse maior e último são os progressos reais e sistémicos que essa governança da humanidade alcança na preservação cultural dos ambientes e da sua biodiversidade, de tendência sadia e qualitativa, sob os valores da paz e progresso global para a sustentabilidade das gerações presentes e futuras.

A Ecologia Humana internacional tende a ser aplicada, em particular, no campo da definição e concretização de medidas globais para a governação de recursos naturais finitos. Descobre-se, primeiro, desde o surgimento orgânico da cidade-jardim (1899) até à cidade moderna inscrita na Carta de Atenas (1933), com as preocupações sistémicas do ordenamento, planeamento e governança dos ambientes/ecossistemas urbano-metropolitanos e nos países desenvolvidos da Europa e da América do Norte. Décadas mais tarde, passa a centrar-se nas questões demográficas mundiais ditadas pela pressão demográfica e também pela relação crescente da poluição industrial sobre os recursos da paisagem natural e a própria saúde humana. Em finais do século XX, relevam-se as paisagens ainda pouco (ou não) artificializadas e qualificadas pela sua singularidade da sua biodiversidade, da fruição cultural das suas amenidades ambientais e de estética consagrada pela relação permanente da natureza com as populações humanas aí residentes. Odum exprime objetivamente que "o ordenamento dos ecossistemas e a ecologia humana aplicada tornaram-se assim novos empreendimentos que requerem a conjugação de um conjunto de áreas disciplinares e de missões".

Neste principal domínio, entre os progressos internacionais alcançados desde 1989, destaca-se o incremento de áreas classificadas para conservação da biodiversidade mundial, em especial a qualificação de espaços/ambientes e de recursos naturais, até então vinculados a equipamentos militares e de segurança nacional, em geral contíguos ou na vizinhança de zonas transfronteiriços, tanto na Europa como na Ásia, ao passarem a ser reconfigurados em territórios de paz, vocacionados para habitats protegidos/classificados e de convivência crescente de espécies migratórias e de comunidades humanas deles dependentes, com novos quadros de vida e de alavancagem do seu próprio desenvolvimento local e nacional. Em 2016, segundo as organizações internacionais IUCN e UNEP, 15% da superfície da Terra estava sob medidas de conservação e proteção da sua biodiversidade e ecossistemas (terrestres e marinhos), não estando nesse valor contabilizado os sítios classificados como reservas naturais da Biosfera (↗UNESCO).

A humanidade do século XXI terá necessidade de evoluir para mais e melhores áreas protegidas/classificadas e a meta ambiciosa de um quarto desse total.

Hoje, o paradigma da Ecologia Humana Internacional é a "bioglobalização", para "projetar" ou preparar a mudança de vida – a regulação da (bio)produção e o (eco) consumo de recursos naturais –, e também para esta conceber novos conjuntos de relacionamentos internacionais para deliberar, positiva e responsavelmente, sobre os bens comuns e próximos que a humanidade detém, protege e prescreve, no sentido de gerir interesses contraditórios e, por precaução, os riscos mundiais possíveis e os emergentes conflitos geopolíticos, de modo a continuar a sua "viagem" de herança diversa e pacífica até agora edificada, entre territórios naturais classificados e povos de vida social harmoniosa, que são a sua própria memória coletiva e de cultura da paz mundial. *[J.C.Lo.]*

Ecologismo/Ecologistas (movimentos)

Ideologia política contemporânea cujo postulado central é o da reposição do equilíbrio na relação entre a humanidade e a natureza. O termo ambientalismo também é usado, mas é uma visão antropocêntrica (a conservação da natureza para e em função dos humanos), enquanto o ecologismo subsume o humano à natureza, de que é parte. O discurso ecologista abre, por isso, caminho a um radicalismo que não se encontra do mesmo modo no ambientalismo. A ideologia surge pelos anos de 1960, como contestação à ordem económica, social e política estabelecida com a industrialização, assente numa rutura entre humanidade e natureza, pretendendo repor esse equilíbrio entre população e usos dos territórios e dos recursos naturais.

Se, na versão ambientalista, uma abordagem reformista e gradual poderá ser bastante para a mudança progressiva, a crítica ecologista advoga a subversão da ordem estabelecida, criticando a organização da economia centrada no mercado, no capitalismo e no crescimento económico e entendendo o Estado como quadro político insuficiente para a dimensão transnacional dos problemas ecológicos. Por vezes, é advogada a agricultura familiar como solução mais interessante para estancar a fome; ou a economia social, como equilibrador entre necessidades e recursos.

A ação social e política ecologista é normalmente associada aos movimentos pós-materialistas. Gerou também partidos políticos, vulgarmente conhecidos como Verdes. Estes passaram gradualmente, por via eleitoral, da linguagem antissistema para lugares no aparelho de poder (parlamentos e governos), em vários países industrializados. O conceito de sustentabilidade, com a sua dimensão intergeracional, é um marco fundamental na convergência entre o discurso teórico-ideológico e a prática política do consenso global. *[C.T.R.]*

Economia

Não existe uma única definição para o que se entende por economia. Numa primeira grande distinção, a palavra designa tanto as atividades de produção de bens e serviços, de consumo, de investimento, de intermediação financeira, de comércio externo e outras, para definir o conjunto dessas atividades dentro das fronteiras de um país (economia nacional) – e mesmo dentro deste nas regiões que o componham – e no mundo (economia mundial). Depois existe a ciência social designada de ciência económica, que estuda os fenómenos relacionados com essas atividades e, aqui, as definições são diversas, não havendo um consenso entre todas correntes do pensamento económico e, mesmo, entre os seus praticantes tomados individualmente, devido a diferentes entendimentos quanto aos pressupostos em que a definição assenta.

A definição que, apesar das diferenças existentes, consta da generalidade dos manuais introdutórios de economia é a de que economia é a ciência que estuda o comportamento humano como uma relação entre fins e meios escassos que têm usos alternativos. A definição assenta, pois, na escolha entre fins e meios alternativos e também na racionalidade dos agentes na realização dessa escolha, entendida esta como racionalidade não limitada, ou seja, que os agentes, de acordo com a informação de que dispõem, são totalmente racionais, escolhem sempre a alternativa que melhor serve os seus interesses.

É esta questão da racionalidade, entre outras, que acaba por separar algumas escolas do pensamento económico de outras. Subjacente ao pressuposto da racionalidade está a noção de os agentes serem perfeitamente racionais – são capazes de determinar os melhores meios possíveis –, ignorando que um agente, querendo ser racional, pode não dispor de capacidade para o ser e o facto de nem toda a ação humana ser racional. Algumas escolas do pensamento económico consideram que a racionalidade pressuposta é limitada pelas capacidades cognitivas dos agentes – seres humanos.

O termo Economia Nacional descreve os fenómenos relativos aos níveis de emprego, produção e consumo de bens e serviços, e preços, num determinado país. A Economia de Empresa define-se como a ciência da administração empresarial e a Economia Informal diz respeito às transações económicas ocorridas fora da esfera normal dos empregos remunerados. A ciência económica engloba outros ramos, como a Economia Internacional – estudo das relações económicas, especialmente do comércio, entre diferentes países, ou a Economia Financeira que estuda as atividades financeiras em todos os seus aspetos e, designadamente, o funcionamento do sistema bancário e financeiro.

Com o recrudescimento da globalização, a Economia Mundial tornou-se ainda mais importante, afetando e determinando a parte mais importante das relações internacionais, nomeadamente através do ↗Fundo Monetário Internacional, das reuniões do ↗G7 e dos mais diversos fóruns internacionais, sobrepondo-se à autoridade dos Estados, com dificuldades para sozinhos controlarem o funcionamento dos mercados, os movimentos dos capitais e dos investimentos e a atividade das empresas multinacionais e globais. A globalização das economias tornou os Estados mais permeáveis às crises económicas e monetárias a nível mundial, às disparidades do desenvolvimento e às políticas económicas desenvolvidas por outros Estados ou entidades regionais. *[A.Q.M.]*

Economia circular

Enquanto conceito económico, a Economia Circular (EC) apresenta-se como estratégia de resposta que promove formas inovadoras de conceção e transformação de produtos e materiais, e implica o abandono do atual sistema de consumo linear: extrair-produzir-descartar (Singh e Ordoñez, 2016), substituindo-o por um sistema circular de produção e reutilização, representado pela expressão *cradle to cradle*, utilizada pela primeira vez por McDonough e Braungart (2002).

A EC tem, recentemente, sido objeto de um discurso utilizado pelos governos, organismos da ↗União Europeia e empresas, como um desafio socioeconómico na transição para um futuro mais sustentável e resiliente em termos de preservação de recursos naturais do planeta. Esta transição permanece ainda pouco clara, inconsistente e contestada. Enquanto resposta alternativa às fragilidades do modelo económico linear atual, incompatível com a sustentabilidade do planeta e a preservação dos seus recursos naturais, a EC surge como um conceito promissor na transição para uma economia restaurativa e regenerativa de produção e consumo, que, simultaneamente não coloque em causa o crescimento económico, constituindo, assim, uma oportunidade de mudança económica e sistémica, assente, segundo Stahel (1982) numa visão de economia fechada. As premissas básicas relativas aos valores económicos, às visões políticas e sociais, e ao potencial da EC enquanto mudança de paradigma económico permanecem, contudo, pouco exploradas (Moraga et al., 2019; Pauliuk, 2018).

Constituindo um tópico ascendente na economia ocidental, a EC tem vindo a crescer rapidamente noutros países, como a China, que foi o primeiro país do mundo a desenvolver uma lei, em 2008, nos termos da qual, "qualquer nova política industrial criada pelo governo deve atender aos critérios de promoção de uma economia circular. As empresas, quer do setor industrial, quer da prestação de serviços, devem implementar sistemas de gestão que reduzam o uso de recursos naturais e a produção de resíduos a depositar em aterro, melhorando a recuperação e reciclagem de recursos" (art.º 9º da *Circular Economy Promotion Law*).

Dada a sua natureza transversal e multidisciplinar, a EC, tem sido definida de distintas formas, consoante os diferentes públicos e contextos (Morgan e Fullbrock, 2019). Entendida como um termo genérico, a EC abrange todas as atividades que reduzem, reutilizam e reciclam materiais no processo de produção, distribuição e consumo (Kirchherr, Reike & Hekkert, 2017). Outros autores (Mann & Brockopp, 2019) concebem a EC como um sistema de produção e consumo com perdas mínimas de materiais e energia por meio de reutilização, reciclagem e recuperação extensas. Os resultados da análise de 114 definições (Kirchherr et al., 2017) indicam que a EC é mais frequentemente representada como uma combinação de redução, reutilização e atividades de reciclagem. Na mesma pesquisa, estes autores definem a EC como um sistema económico baseado em modelos de negócios que substituem o conceito de fim de vida de produtos, por alternativas de redução e reutilização, reciclagem e recuperação de materiais nos processos de produção/distribuição e consumo, operando, assim, a um nível micro e macro, com o objetivo de alcançar o desenvolvimento sustentável.

Embora a sustentabilidade seja baseada em três dimensões, de uma perspetiva holística – qualidade ambiental, prosperidade económica e equidade –, a maior parte da literatura afirma que a EC se concentra principalmente na qualidade ambiental (Schröder e Störm, 2018). Nesse mesmo sentido, Spangerberg (2016) afirma que a EC constitui uma abordagem de combate a desafios ambientais e de promoção do desenvolvimento sustentável, que recentemente, têm recebido uma atenção crescente.

Enquanto mudança de paradigma económico, a EC enfrenta, de uma forma simplificada, três desafios: reduzir de forma constante as emissões de CO2 até ao final deste século, dar resposta às necessidades económicas da população mundial, que continua a crescer, e reduzir a dependência de exploração dos recursos naturais do planeta. No fundo, o objetivo resume-se a diminuir o consumo de recursos naturais do planeta sem pôr em causa o crescimento económico, apresentando-se como um dilema entre o lucro e o fim público. As questões associadas à transição para a EC constituem-se, assim, como um importante desafio que assenta sobre o triângulo economia, sociedade e ambiente. *[A.Al.]*

Economia dirigida (ou economia planificada)

Traduz-se num sistema económico no qual a produção e a distribuição da riqueza de um país são geridas, fundamentalmente, pelo seu governo. Este modelo é, tipicamente, proposto pelo ↗socialismo, distinguindo-se das economias comunistas na medida em que as empresas podem ser independentes, assim como as propriedades e os negócios podem ser privados. Consequentemente, é um sistema no qual todas as decisões sobre quais bens ou serviços devem ser produzidos, em que quantidade, com que matérias-primas e a que preço, são tomadas pelo governo de um país. Para tal, é necessário que predominem as empresas públicas, que não haja concorrência nem inovação, negando assim o modelo económico de ↗economia de mercado, deixando de obedecer à lei da oferta e da procura.

A economia dirigida é mais aplicável a países com um padrão de vida mais baixo. Esta é a forma de os governos controlarem e regularem certas atividades económicas, definindo o quê, como, quanto, para quem, por quem e os preços a aplicar. Este modelo surge na antiga União das Repúblicas Socialistas Soviéticas (URSS) em 1928, com o nome de "Planos Quinquenais", de Estaline, tendo sido aplicado durante mais de 70 anos. Atualmente, a Coreia do Norte, Cuba, Vietname e Mianmar adotam este sistema económico, sendo que também a China o implementou até 1978. As vantagens deste plano económico feito pelo Estado surgem na redução do desemprego e na garantia da satisfação das necessidades básicas da população. Como desvantagens, podem surgir ineficiências, escassez de produtos, mercados paralelos, excesso de ↗burocracia, ↗corrupção e a formação de uma classe dominante que concentra privilégios sociais. *[F.C.B.]*

Economia de mercado

Corresponde a uma organização socioeconómica onde a iniciativa privada é dominante, dando primazia à produção de empresas privadas e ao escoamento da produção para mercados que se organizam com base na interação entre oferta e procura. O papel do ↗Estado é residual. Por um lado, reserva para si um lugar subsidiário na produção, limitando-se a abastecer a economia com produtos e serviços que, por causas relacionadas com as peculiaridades destes bens (não exclusividade do consumo; bens propensos a externalidades negativas, que atuam como um desincentivo à sua produção por empresas privadas; bens e serviços que configuram funções de soberania), não são fornecidos pelo mercado. Por outro lado, o papel do Estado situa-se na organização do mercado, através da atividade regulatória que disciplina a produção e acautela as condições que sejam favoráveis ao consumo.

Quando as autoridades políticas aceitam que a economia de mercado é o modelo socioeconómico vigente, a sua atividade regulatória é mínima. Atuam, na maior parte das vezes, para garantir que o mercado é concorrencial, opondo-se a práticas monopolistas ou oligopolistas que limitem ou distorçam a concorrência no mercado, ou para corrigir as imperfeições do mercado que o próprio mercado não consegue prevenir ou emendar. A atividade regulatória que acautela o funcionamento do mercado também versa sobre padrões de qualidade e medidas fitossanitárias, concorrendo para o aumento da qualidade dos bens e serviços colocados no mercado. Uma tendência recente procura harmonizar o funcionamento da economia de mercado com exigências de sustentabilidade ambiental, procurando sensibilizar produtores e consumidores para a preservação dos recursos naturais como medida instrumental à própria sobrevivência da economia de mercado. *[P.V.M.]*

Economia Política Internacional (EPI)

A Economia Política Internacional (EPI) é uma subdisciplina relativamente jovem dentro do quadro das Relações Internacionais. O seu primeiro manual é de finais da década de 1970 e os seus programas e cursos universitários só começaram a ser usuais a partir de meados de 1980.

Atualmente, a EPI é um dos principais campos de estudo das Relações Internacionais. O seu principal foco é a análise do impacto, causas e consequências dos fatores económicos internacionais no contexto de interação interno/internacional.

Embora exista uma EPI realista e uma EPI marxista, originalmente a delimitação desta subdisciplina esteve ligada às correntes pluralistas-liberais que contestaram a visão realista tradicional e estiveram na origem da afirmação do paradigma neoliberal institucionalista e de trabalhos importantes sobre os regimes e as políticas comerciais dos Estados, publicados na revista *International Organization*. Deste modo, a afirmação da EPI está muito ligada à ascensão da interdependência complexa entre economia e política e aos trabalhos inovadores de Keohane a partir da década de 1960.

Todavia, a EPI tem uma tradição histórica anterior e está ligada aos aspetos económicos e do desenvolvimento dos Estados e das suas ligações na definição da ordem e política internacional. Se, em termos básicos, a ↗Economia é o campo de estudo que procura explicar a riqueza das nações e a ↗Ciência Política procura explicar o poder, a EPI procura explicar a interligação entre busca da ↗riqueza e busca de poder, de forma a combinar os fatores económicos e de poder no interrelacionamento dos contextos nacional e internacional. Deste modo, a EPI centra-se no estudo da complexa ligação entre economia e política, Estados e mercados no âmbito da conexão interno-internacional. Trabalhos clássicos da EPI dizem respeito à análise da influência dos fatores domésticos na definição das políticas comerciais e de tarifas internacionais, na análise dos fatores políticos e de disputa de interesses na ↗Organização Mundial de Comércio, ou do impacto do fluxo internacional de bens e capitais nas políticas internas e externas dos Estados. *[P.E.M.]*

Economia social de mercado

A economia social de mercado é uma variante da ↗economia de mercado. É produto da evolução da economia de mercado, que se mostra sensível a questões de ordem social e ao objetivo da justiça social. É semelhante à economia de mercado, na medida em que a primazia do setor privado na produção e consumo não é hipotecada. Tal como na economia de mercado, na economia social de mercado há um conjunto de bens e serviços que, pelas suas características inatas, não favorece o abastecimento pelo mercado, sendo a sua produção da responsabilidade do ↗Estado.

As diferenças entre a economia de mercado e a economia social de mercado prendem-se com o grau da intervenção do Estado na economia, que é mais acentuada nesta. Por um lado, o Estado não se coíbe de chamar a si a produção de bens e serviços habitualmente fornecidos pelo mercado, entrando em concorrência com as empresas privadas que os produzem ou prestam, ou chamando-os a si em regime de monopólio estatal. Por outro lado, a intervenção reguladora é mais nítida e presente na economia social de mercado. O Estado eleva as exigências fiscalização do mercado, não tolerando comportamentos que considera distorções do mercado ou que possam conduzir a resultados socialmente iníquos. Daí que a regulação estatal extravase a lógica de mínimos, que é típica da economia de mercado, para contemplar intervenções que corrijam distorções do mercado que possam gerar resultados socialmente injustos. Na economia social de mercado, o Estado atua como intermediário entre as forças de mercado e os objetivos sociais que norteiam a sua conduta, procurando alcançar uma síntese que os harmonize. *[P.V.M.]*

Ecopolítica e Ecodesenvolvimento

No contexto recente das tendências transformadoras da paisagem global e suas implicações na governança e nas estratégias de política internacional, a ecopolítica entrou na agenda mediática mundial, nos anos de 1980, através das propostas de ação de uma ecologia política então emergente e promovidas por organizações ambientais. Um documento internacional é pioneiro e referencial, a *Estratégia Mundial da Conservação*. Este documento tem, depois, uma conjugação com o sistema da ONU, sendo que uma das suas principais orientações, a Resolução da Assembleia Geral 41/128-Declaração sobre o Direito ao Desenvolvimento, de 4 dezembro, dá-lhe confirmação e propósitos de governança para as sociedades no seu todo.

Em décadas anteriores já se problematizava sobre as crescentes taxas de crescimento económico, em escalas regionais e globais, em confronto com os ideais de desenvolvimento e do progresso social das nações, por exemplo Mahatma Gandhi (1869-1948) e o padre Louis-Joseph Lebret (1897-1966), que conscientemente afirmavam que o Mundo gerava e produzia os recursos naturais suficientes para a população mundial; e este sentido ético combatia, então, as desiguais apropriações e condições de pobreza de partes do mundo, por insuficiente acesso aos bens essenciais para a vida humana. Ambos propunham um compromisso mesológico e internacionalmente conciliável entre as necessidades fundamentais de todos e, consequentemente, a garantia de um bem-estar individual e coletivo digno, através de uma lógica de governação distributiva da riqueza económica gerada e socialmente justa para o cidadão.

Outro percursor alternativo foi o biologista René Jules Dubos (1901-1982), que advogava as ideias igualitárias entre o ser humano e a natureza – em 1969, retomava o seu quadro dos *diseases of civilization* (1965), na sua lição proferida em Assembleia da ↗Organização Mundial de Saúde (OMS) perante ministros da saúde de vários países –, promovendo uma vida sã com o valor da terra e da economia ambiental, de simbiose e de gestão prudente para o futuro.

A Ecopolítica e o Ecodesenvolvimento são conceitos interligados e não inconciliáveis porque ambos concorrem para o mesmo fim, o direito individual ao desenvolvimento de uma vida sadia e digna numa sociedade livre e justa. Na sociedade e cultura ocidental, foi o economista polaco Ignacy Sachs (1927-) quem mais protagonizou este ideal social, em especial, quando interveio, a convite de Maurice Strong (1929-2015), na fundação do Programa das Nações Unidas para o Meio Ambiente (PNUA) e na Conferência de Estocolmo (1972), para, anos mais tarde, conciliar, a montante, o direito ao ambiente nas políticas públicas com a economia e o consumo social e, assim, fundamentar, a jusante, o conceito de *ecodesenvolvimento*. Foi então um pensamento alternativo, da terceira via, e emergente entre o confronto de correntes políticas e económicas, do crescimento económico a todo o custo ou do desenvolvimento humano ditado pelo crescimento zero – estratégia *Zero Economic Growth/ZEG*.

De certa forma, essa alternativa consistia na tendência de "mudar o crescimento da economia para criar uma economia do desenvolvimento social", através de um quadro conceptual e programático de governança integrada e de alianças entre a produtividade natural dos ecossistemas e as necessidades humanas básicas e coletivas. No caso europeu, esta alternativa está agora relativamente consagrada, sendo de relevar o seu paradigma de integração dos direitos ambientais em todas as políticas dos seus Estados-membros, através do artigo constituinte da Carta dos Direitos Fundamentais da União Europeia (Declaração de Nice, 7 de dezembro de 2000).

Finalmente, a Ecopolítica e o Ecodesenvolvimento estão em marcha numa grande parte dos países, em evolução pragmática e concorrencial com as abordagens clássicas à Socioeconomia. Torna-se necessário reconstruir novos caminhos de governança comum, revisitando heranças de cultura assentes nas tendências para a consolidação crescente de produção(es) biológica(s) e regulada(s) ecologicamente, de valorização de marcas regionais ou nacionais qualificadas e genuínas e também de uma rede de ecomercados certificados e de consumidores mais informados e exigentes, apostados em gerar uma outra sociedade e economia durável e percursora dos ideais inscritos no próprio desenvolvimento humano contemporâneo. *[J.C.Lo.]*

Ecossistema digital nacional

Expressão nova de aplicação à info-comunidade nacional decorrente da Agenda Digital Europeia (ADE) lançada pela União Europeia em 2010-2014 e visando consubstanciar uma economia e um mercado único digital (de serviços eletrónicos/digitais sustentados) para 2020. Esta meta estava em linha com o incremento estratégico da "sociedade do conhecimento", do projeto de um *#ContinenteConectado* e da realidade programada de um mercado único das (tele)comunicações, bem como no facto de se registar uma utilização diária da Internet, de banda larga e progressivamente aberta, por mais de 250 milhões de europeus e se verificar na União Europeia mais assinaturas de telemóvel do que de pessoas neste espaço europeu de livre circulação de pessoas e bens e de cidadania europeia cada vez mais exigente.

Nesse quadro-programa estimava-se criar cerca de 16 milhões de empregos até 2020, associados a competências digitais de trabalho na área dos sistemas informáticos e tecnologias da informação e da comunicação. No quadro das relações internacionais, cada país ou Estado é uma unidade-chave, um sistema/território de "fronteiras cibernéticas", e, por analogia, relacional e formal com a "ecologia" e a "internet das coisas", um ecossistema qualificado e estruturado de recursos de entrada (*inputs*) e de saída (*outputs*) e de conteúdos internos ciberfísicos e humanos em interação (metabolismo), por exemplo de fibras físicas, de fotónica e eletrónica de sensores, de operadores humanos/técnicos especializados. É, portanto, uma realidade de ecossistema artificializado, de bem público e de matriz digital, suportado no domínio humano das novas tecnologias de informação e/ou comunicação (de fibra ótica), em que cada comunidade nacional detém, gere ou partilha, em termos de propriedade científica nacional ou de *reserva tecnológica* de soberania(s).

Um tal ecossistema *lato sensu* exige também um campo de ação ou ambiente funcional, no caso, é o próprio contexto económico e sociolaboral associado ao campo das empresas tecnológicas, que apostam cada mais em desenvolvimento de redes de banda larga/alta velocidade – de transição da tecnologia 4G para 5G – para aplicação em serviços eletrónicos inovadores (ex: prestação e aplicação de cuidados de saúde, urbanismo e cidades inteligentes, comércio/faturação eletrónica, produção industrial induzida pela programação de (meta)dados, *big data*, nas tecnologias da robótica e inteligência artificial). A produção e disseminação de tecnologias digitais inteligentes, georreferenciada, de produtos e serviços cada vez mais avançados e sofisticados no próximo futuro pela capacitação da chamada "inteligência artificial", mas também mais inclusivos e utilitários na vida quotidiano do cidadão, quer europeu quer mundial, farão com que este ecossistema digital seja a alavanca do *setor quaternário* (de I&DT) e a base de sustentação da economia e da sociedade do século XXI. *[J.C.Lo.]*

Efeito direto

Característica de determinadas normas ou diplomas internacionais, segundo a qual, excecionalmente, estas produzem efeitos na esfera jurídica dos particulares e, por isso, são suscetíveis de serem invocadas por estes perante os tribunais nacionais para aplicação. A questão é, pois, a da oponibilidade das regras internacionais às autoridades pelos particulares. Segundo o Direito Internacional clássico, as regras internacionais apenas tinham como destinatários os Estados, pelo que o efeito direto era recusado. No entanto, o Tribunal Permanente de Justiça Internacional admitiu no início do século XX o efeito direto dos acordos internacionais, desde que essa tenha sido a intenção das partes. Esta doutrina será posteriormente assimilada no Direito Comunitário, que a desenvolveu, reconhecendo-a já não apenas em relação aos tratados, mas também em relação ao direito derivado. *[R.M.]*

Efeito Tingsten

O efeito Tingsten reporta-se ao debate jurídico em torno do estado de exceção e as leis de plenos poderes do executivo. Herbert Tingsten (1896-1973), cientista político, em *Les pleins pouvoirs: L'Expansion des Pouvoirs Gouvernamentaux Pendant et Après la Grande Guerre* (1934), estuda as leis que estabeleceram a progressiva expansão dos poderes do executivo em períodos de exceção, designadamente económica, em variados países da Europa após a Primeira Guerra Mundial, com consequências ao nível da transformação dos regimes democráticos.

Tingsten analisa a evolução de regimes parlamentares modernos, em que se atribui, a princípio a título provisório e em resposta a emergências nacionais, uma dilatada extensão de poderes ao executivo através de decretos e disposições – as ditas leis de plenos poderes. Trata-se de uma transferência de poderes excecionalmente ampla, designadamente ao nível da competência para modificar e anular, através de decretos, as leis em vigor, o que inverte a hierarquia das leis e delega ao governo um poder legislativo da competência exclusiva do Parlamento. A adoção de plenos poderes pelo executivo, fundamentada, limitada e provisória, apenas demonstra a existência de uma crise ou emergência, podendo inclusive constituir prova de vigor democrático. Tornando-se recorrente, regular, sistemática ou permanente, a adoção de plenos poderes pode implicar a aniquilação da democracia, na medida em que as leis de plenos poderes pretendam legalizar atos de natureza autoritária e mascarar uma ditadura, embora aparentemente preservando os órgãos democráticos.

O efeito Tingsten traduz, assim, a transformação do que deveria constituir uma medida de exceção, provisória e limitada, e nesses estritos termos compatível com a democracia, num exercício sistemático daquele instituto, de tal forma que o eleva a técnica de governo, erode os poderes legislativos do Parlamento, faz surgir um novo paradigma constitutivo de ordem jurídica e liquida a democracia. Contudo, relembra-se, quando desta forma regular e sistemática o poder executivo é transformado em poder legislativo, a legalidade e legitimidade dos atos institucionais resulta perdida. *[M.L.V.]*

Eleição

Processo oficial que concede aos membros de uma comunidade o direito de escolher, por meio de votação, os titulares de funções políticas, como seus representantes. A eleição assume um duplo sentido, como forma de governo e como técnica ou processo eleitoral. Como forma de governo, constitui a substância da democracia representativa, pressupondo o sufrágio universal (direito pleno de voto), exercício que legitima o desempenho da função. O direito de sufrágio, para uma maioria dos atuais países, respeita as condições de nacionalidade (excluindo do voto os cidadãos estrangeiros) e a idade mínima de exercício do direito de voto (cada direito eleitoral especifica a idade mínima de acesso ao sufrágio). É relevante diferenciar a forma e o conteúdo das eleições. Em alguns casos, as formas eleitorais estão garantidas, mas não a sua substância, quando os eleitores não dispõem de livre escolha entre pelo menos duas alternativas ou a situação eleitoral se encontra, de algum modo, comprometida. A eleição sem escolha é típica de regimes autoritários. Por contraste, a eleição com escolha é a base da legitimidade democrática. *[J.G.F.]*

Eleições primárias

Eleições realizadas nos Estados Unidos, pelos Partidos Democrata e Republicano, para a escolha dos seus concorrentes aos cargos federais e estaduais. As eleições presidenciais iniciam-se nos primeiros meses do ano da eleição presidencial, com a realização de Primárias e "Caucus" (Sistema de Assembleias) nos dois partidos, que decorrem durante meses nos Estados da União: os candidatos disputam as preferências dos eleitores e quem eleger o maior número de delegados será nomeado o candidato à Presidência numa Convenção que decorrerá nesse verão; as Convenções aprovam ainda o *ticket* presidencial (candidatos à presidência e à vice-presidência). Os dois partidos também dispõem de um conjunto de "superdelegados", com assento nas Convenções. As eleições presidenciais gerais realizam-se sempre numa terça-feira do mês de novembro (na terça-feira seguinte à primeira segunda-feira desse mês). As eleições primárias podem ser abertas (não é exigido estar inscrito no partido para participar no sufrágio), fechadas (só votam os militantes dos partidos), ou primárias não partidárias (todos os nomes dos candidatos às nomeações dos partidos inscritos no mesmo boletim).

Este processo já foi também utilizado por alguns partidos na Europa para a escolha dos seus candidatos a eleições presidenciais e gerais (o Partido Socialista Português utilizou este método, em 2014, para a designação do seu Secretário-Geral, com primárias abertas a simpatizantes). *[M.O.R.]*

Elites (teoria das)

A Teoria da Elites não é consensual, finalizada e demonstrada, sendo um repositório de estudos e hipóteses. As elites são grupos privilegiados, restritos, exclusivos e fechados, competindo entre si, sejam económicos, estatutários, políticos, que conduzem a mudança social: Kerr, Dunlop, Harbison, Myers – elites industrializantes; Eisenstadt – elites inovadoras; Mills – elite do poder; Weber – dominação carismática; Pareto – circulação das elites; Mosca – elites dirigentes.

Pareto (1848-1923), Mosca (1858-1941) e Michels (1876-1936), que construíram uma alternativa intelectual, quer ao funcionalismo, quer ao ↗marxismo, rompendo a fé no progresso dos sistemas humanos, alinharam com Maquiavel ao separar política e moral e evidenciaram a existência de elites e massas, como constante social natural e universal, no tempo e no espaço. Pareto simplificou a definição de elites, considerando-as objetivamente como o grupo que atinge as melhores posições na sociedade, os melhores lugares das carreiras, independentemente da forma como lá chegam ou porque chegaram. Pareto desenvolveu um conceito orgânico de elite, composta em qualquer sociedade por 20% dos indivíduos com 80% da riqueza. Mosca estudou a classe política dirigente, mais alta, rica e poderosa da sociedade política, fenómeno comum a todas as sociedades, que dominaria as sociedades civis não esclarecidas. Preconizou uma cidadania forte, um conjunto de instituições civis, organizadas, esclarecidas e ativas para lutar pelos interesses comuns das nações.

Guy Rocher considerou a grande diferenciação estrutural e heterogeneidade de valores, cristalizados em conflitos entre os vários líderes porta-vozes de grupos de interesses contraditórios. Dahrendorf, Bottomore e Mills consolidaram a aproximação entre os conceitos de elite e classe. Mills estudou o complexo militar-político-industrial, tipo social cuja unidade resultava da semelhança de posições. Michels, estudando os partidos socialistas italiano e alemão, conclui pela impossibilidade da verdadeira ↗democracia, pois as elites partidárias transformar-se-iam em oligarquias, em luta pela sua perpetuação no poder (↗lei de ferro da oligarquia). Mannheim sublinhou a virtualidade da democracia representativa como forma legítima de competição entre elites. Schumpeter e Aron também valorizaram o elitismo democrático e a representatividade do sufrágio universal. Scott desenvolveu a teoria da constelação de interesses, mostrando os grupos que efetivamente controlam as empresas despersonalizadas pelo capitalismo financeiro e as estruturas acionistas onde diferentes interesses se articulam nos setores bancário e empresarial. *[A.P.]*

Embaixada

↗Missão diplomática.

Embargo

Sanção através da qual um Estado, um grupo de Estados ou a comunidade internacional procura constranger e submeter outro Estado, normalmente considerado agressor ou violador de normas internacionais ou de uma obrigação internacional, através do seu condicionamento económico e financeiro, podendo este revestir várias formas, como a proibição de exportações e importações de certas mercadorias, incluindo alimentos ou medicamentos; impedimento da realização de investimentos ou prestação de certos serviços; congelamento de contas, investimentos, títulos e empréstimos; imposição de regras austeras (ou simples proibição) no acesso a crédito e respetivo pagamento; e a venda ou troca de equipamentos militares. Variando muito na dimensão dos seus fins e das sanções aplicadas, o embargo tem-se revelado ineficaz quando os seus objetivos visam mudanças de regime (Cuba) ou de política (↗*apartheid*).

O embargo a Cuba por parte dos EUA será talvez o mais paradigmático dessa ineficácia. Sendo indiscutivelmente o mais prolongado no tempo – dura desde o triunfo da revolução cubana, em 1962, verificando-se um notório abrandamento das sanções durante o mandato de Barack Obama, mas recrudescendo com Donald Trump –, é também o mais polémico, sendo condenado formalmente pela ONU desde os finais do século XX, por se terem alterado radicalmente as condições que levaram à sua imposição. Acresce que o regime (comunista) que o embargo pretendia combater e derrubar acabaria por sair reforçado, fortalecendo a figura de Fidel Castro, que encontrou assim o bode expiatório ideal para os múltiplos problemas internos, prejudicando as relações dos EUA com outros países latinos e reforçando os laços do governo cubano com vários Estados ideologicamente situados à esquerda, sobretudo na América Central e do Sul.

De resto, a natureza económica do embargo está na base de críticas à sua utilização, nomeadamente, quanto aos reais objetivos que por vezes persegue, com acusações de deturpação do livre comércio internacional e das regras concorrenciais. Veja-se, a título de exemplo, o caso recente (2016-2018) do embargo, por parte da União Europeia, da importação de carne de frango vinda do Brasil, alegadamente por razões sanitárias, levando o governo brasileiro a entrar com uma ação na ↗Organização Mundial do Comércio, por considerar que se tratava, não de um embargo sanitário, mas de uma "guerra comercial".

Apesar das críticas quanto às suas motivações e eficácia, o embargo continua a ser um instrumento muito utilizado nas relações internacionais. Em 2019, eram mais de duas dezenas os Estados objeto de embargo pelo *Office of Foreign Asset Control*, a entidade norte-americana responsável pela administração de sanções económicas a países, grupos e indivíduos: Bielorrússia, Burundi, Congo, Coreia do Norte, Cuba, Irão, Iémen, Líbano, Líbia, República Centro-Africana, Rússia, Síria, Somália, Sudão, Sudão do Sul, Ucrânia (região da Crimeia), Venezuela, Zimbabué e vários Estados dos Balcãs Ocidentais. Entre as motivações por detrás de tais embargos avultam, segundo a mesma agência, o negócio ilegal de diamantes, cibercriminalidade, interferência externa em eleições, desrespeito pelos Direitos Humanos, narcotráfico, terrorismo e proliferação de armas de destruição em massa. *[R.R.]*

Emenda

Modificação introduzida nas disposições das convenções, implicando uma alteração parcial do regime. E essa parcialidade que distingue a emenda da ↗revisão, a qual incide sobre a totalidade das disposições convencionais. A distinção é clara na ↗Carta das Nações Unidas, mas, todavia, não resulta do texto da Convenção de Viena de 1969, que faz referência aos processos de revisão e modificação. As emendas são admitidas, em regra, nos termos previstos na convenção ou com o consentimento das partes. *[R.M.]*

Enclave

Em termos físicos/geográficos, enclave é uma região rodeada por um território com jurisdição distinta da primeira. Existem enclaves que pertencem a outros países, como os enclaves no Norte de África de Ceuta e Mellila, pertencentes a Espanha, ou o enclave de Kaliningrado, região entre a Polónia e a Lituânia, mas que faz parte da Rússia. Noutros casos, existem enclaves que são territórios independentes. Tomemos como exemplos a República de São Marino ou o Estado da Cidade do Vaticano, ambos enclaves rodeados pelo território italiano.

Embora a definição não seja consensual, na medida em que, tecnicamente, é possível observar distintas situações – região rodeada apenas por um território (enclave) ou vários territórios (exclave), ou região com ligação marítima ao território a que pertence –, ao nível das relações internacionais, a questão passa sobretudo pela soberania e pela extensão da mesma para além das suas fronteiras tradicionais. A título exemplificativo, veja-se o enclave britânico de Gibraltar no sul na Península Ibérica.

Seguindo o pensamento de Kenneth L. Wilson e Alexandro Portes, mais do que uma mera distinção político-geográfica, a definição de enclave passa, em boa medida, pela diferenciação social, cultural e/ou étnica de uma determinada região ou até um de um bairro específico dentro de uma cidade. Assim, enclave poderá ser também constituído por um grupo de indivíduos (minoria) diferente do conjunto de pessoas (maioria) que coabita na área circundante, seja por questões de religião, de ↗etnia ou outros. Esta espécie de bolsa ou *ghetto* foi surgindo, inúmeras vezes, na sequência dos muitos processos migratórios ao longo dos tempos e que se materializaram na formação de enclaves dentro e/ou nos limites das próprias cidades. Exemplos paradigmáticos percorrem toda a História, seja através das judiarias e mourarias medievais, seja nas incontáveis *Chinatowns* (bairros chineses) espalhadas hoje um pouco por todo o mundo. A questão de enclave social é paradigmática no caso da criação de ruas/zonas comerciais que derivam dos ofícios aí implantados, como a Rua do Ouro, Rua dos Correeiros, Rua dos Mercadores ou Rua dos Sapateiros, entre tantas outras. No caso da diáspora portuguesa, sobressaem os enclaves apelidados de *Little Portugal* (pequeno Portugal), em Toronto, Newark ou Stockwell (Londres). *[P.C.]*

Entente

Termo diplomático que se refere a um entendimento entre dois ou mais Estados e que é distinto de um tratado ou aliança formal. Geralmente, as *ententes* são compromissos pouco detalhados. Como exemplos célebres deste tipo de entendimento, avultam a *Entente Cordiale* (1904), entre o Reino Unido e a França, que incidiu sobre os respetivos territórios coloniais, sanando um conflito de longa data dos dois Estados, e a *Tríplice Entente* (1907), aliança militar entre o Reino Unido, a França e Rússia, de dissuasão da Tríplice Aliança (Alemanha, Áustria-Hungria e Itália). Pela conjuntura internacional em que estes acordos foram celebrados e pelos eventos que se sucederam nos anos imediatos, o termo *Entente* acabaria por ser informalmente aplicado aos Aliados da Primeira Guerra Mundial (1914-1918), por oposição aos Impérios Centrais. *[D.F.]*

Entrada em vigor das convenções internacionais

As convenções entram em vigor na data que elas próprias determinarem (o que constitui a prática mais geral). As convenções bilaterais são normalmente precisas nesse ponto, indicando uma data ou fazendo referência ao dia da assinatura, troca de instrumentos de vinculação, etc. Nas convenções multilaterais, a dificuldade de precisar datas concretas levou à adoção de critérios mais ou menos flexíveis, como seja a partir do depósito do instrumento de vinculação de um determinado número de Estados. Não tendo sido especificada a data, presume-se ser vontade das partes que a entrada em vigor coincida com o depósito do último instrumento de vinculação. Admite-se também, dentro de determinadas exigências, a entrada em vigor provisória. *[R.M.]*

Epirocracias

Termo que designa as civilizações continentais, normalmente por oposição às civilizações marítimas. Segundo Jacques Pirenne, em *Les grands courants de l'histoire universelle* (obra publicada em sete volumes, entre 1944 e 1956), estas civilizações são introvertidas, vivendo voltadas para dentro, para os seus próprios valores, que sublinham e estimulam. Cultivam a ideia de superioridade sobre as outras civilizações, evitando e recusando as aculturações. São sociedades constituídas por grupos sociais fechados com uma estrutura coesa, exclusivamente nacional e de pendor nacionalista. Neste tipo de civilização, os indivíduos submetem-se ao grupo, que pratica uma intolerância e uma disciplina fanáticas. O poder é centralizado e autocrático, tendendo para o despotismo. A sua riqueza reside na terra, na posse de bens de raiz, transmitidos de forma rígida e, por isso, criando clãs dominantes. A sua expansão é feita por conquista, dando azo a territórios e povos satélites que tendem a ser incorporados. A sua relação com outros povos faz-se de forma rígida e próxima, provocando escassas mudanças culturais.

No plano do saber científico, é usual opor-se as epirocracias às ↗talassocracias, ou seja, as civilizações marítimas. O tema foi estudado, entre outros, por Políbio de Almeida, numa obra de 1990 intitulada *Do Poder do Pequeno Estado. Enquadramento geopolítico da hierarquia das potências*. Esta obra é também citada por António Horta Fernandes no artigo "A Dicotomia Marítimo *versus* Continental: uma Aporia Epistemológica da Geopolítica" publicado na revista *Nação e Defesa* em 2019, na qual discute a relevância epistemológica da distinção. *[J.R.C.]*

Epistemologia (Relações Internacionais)

Campo de estudo da filosofia da ciência que se dedica a explicar como é que podemos conhecer o mundo, o que pode ser conhecido, e quais as melhores formas de validarmos esse conhecimento. Em Relações Internacionais, existe uma divisão clássica entre uma epistemologia positivista, que defende que o mundo pode ser explicado pelo seu exterior, de forma nomotética, através de métodos científicos que constroem modelos e realizam testes rigorosos no sentido de se avançar com proposições explicativas empíricas – visão dominante nos EUA, ligada às teorias racionalistas –, e uma posição epistemológica que defende que o mundo só pode ser compreendido e interpretado pelo seu interior, através da análise histórica e filosófica (Holis, 1991).

Esta divisão é também conhecida pela divisão entre cientistas e artistas e reflete uma diferença geral entre visões e paradigmas sobre a melhor forma de estudar as Relações Internacionais. Esta divisão teve o seu grande debate na década de 1960, mas continua hoje a ser um dos principais debates da disciplina e uma das características que, em geral, distingue os académicos norte-americanos dos europeus, os primeiros mais positivistas, os segundos menos. O que não impede que existam positivistas e pós-positivistas de ambos os lados do Atlântico. *[P.E.M.]*

Equidade

No direito britânico, a equidade consistia num mecanismo que permitia corrigir excessos ou a inflexibilidade da *common law*, a qual, por exemplo, não reconhecia o instituto da proibição do enriquecimento sem causa. A *equity* constituiu, pois, um sistema jurídico autónomo, o qual em algumas situações prevalecia sobre a *common law* e assentava em princípios de correção (*fairness*) suscetíveis de reconduzir a atividade judiciária à da efetiva realização da Justiça. No direito romano-germânico a ideia de equidade decorre fundamentalmente da *equitas*, que consistia num modo de interpretação das regras jurídicas.

A equidade é acolhida entre as fontes de Direito Internacional (por via da referência no artigo 38.º do Estatuto do Tribunal Internacional de Justiça à apreciação *ex aequo et bono* pelo julgador), numa perspetiva que acolhe de alguma forma influência de ambas as visões. Quando aprecia segundo a equidade, o julgador tem maior margem de manobra, podendo afastar regras de direito positivo que não se afigurem equitativas, podendo integrar lacunas enunciando regras, e podendo ainda decidir segundo critérios não exclusivamente jurídicos, nomeadamente segundo critérios de oportunidade que contribuam para uma solução equitativa. O julgador deixa, pois, de limitar a sua apreciação à mera aplicação da lei, devendo entrar em consideração com outros critérios que assegurem a correção (*fairness*) e a justiça. É esta considerável margem de manobra que justifica a necessidade do consentimento das partes para que o Tribunal Internacional de Justiça aprecie nestes termos. Nem o Tribunal Permanente de Justiça Internacional nem o Tribunal Internacional de Justiça apreciaram qualquer das questões que lhes foram submetidas segundo critérios de equidade (*ex aequo et bono*); não obstante, esta foi e é usada noutras instâncias judiciais e arbitrais. *[R.M.]*

Erdoğanização

A etimologia do conceito remete ao apelido do 12.° Presidente da República da Turquia, Recep Tayyip Erdoğan, um líder político carismático, com sólidos resultados eleitorais desde os inícios dos anos 2000, e muito popular junto das massas que compõem o seu eleitorado. Depois de um primeiro mandato popular e orientado para a Europa, notaram-se modificações na política de Erdoğan, que começou a revelar um posicionamento de matriz islâmica conservadora mais explícito: tornou-se mais assertivo contra a União Europeia, redirecionou a política externa para uma postura mais agressiva, hostilizou as elites kemalistas, adoptou posições polémicas quanto ao uso do véu, ordenou detenções de opositores, bloqueou redes sociais e acesso à internet, respondeu com violência às manifestações de Gezi e comandou uma purga como reação ao golpe de Estado falhado de 2016, promovendo, posteriormente, emendas constitucionais de reforço do poder executivo presidencial.

Com base neste contexto, e parafraseando Radaelli sobre europeização, a *Erdoganização* refere-se ao "processo de construção e institucionalização de regras, procedimentos, estilos e modos de atuar propostos ou desencadeados por Erdoğan que orientam a Turquia em direção a um maior conservadorismo, menor liberdade e menor democraticidade, em linha com a identidade política, a identidade e as crenças de Erdoğan, numa lógica de reforço e concentração de poder no indivíduo". Por outras palavras, a Erdoganização da Turquia representa um processo contínuo através do qual Erdoğan tem concentrado o poder em si mesmo, obscurecendo as estruturas democráticas responsáveis e representativas, dificultando o Estado de direito e o princípio da ↗separação de poderes. Além do domínio político, implica também um movimento que transforma a Turquia num país mais conservador, baseado nos valores islâmicos e no enfraquecimento das estruturas e dinâmicas secularistas.

Este processo é reconhecido através dos discursos e comentários, atitudes, escolhas políticas e regras propostas. Erdoğan está, assim, a moldar a política e a sociedade turcas de um modo que representa um revés no processo de democratização do Estado. Através de um carisma trabalhado tanto a nível nacional como internacional, um *marketing* político forte, uma retórica dura e uma propaganda eficaz, Erdoğan conseguiu concretizar em larga medida os seus objetivos para a reorientação da Turquia em três pilares: conservadorismo (perceptível em vários discursos); restrições aos direitos fundamentais e liberdades (com evidências claras nas decisões do ↗Tribunal Europeu dos Direitos Humanos, principalmente ao nível da liberdade de expressão); e redefinição do sistema político, o que representa um retrocesso na qualidade da democracia turca, com indícios claros nos esforços de concentração de poder que prejudicam o desempenho do Estado de direito nesta República. *[A.P.M.]*

Erro

Causa de nulidade relativa das convenções internacionais. Consiste numa prefiguração incorreta da realidade, sendo que apenas releva o erro que incida sobre um elemento essencial (a base do negócio), e nessa medida insuscetível de obrigar a(s) parte(s) à luz dos princípios da boa-fé. É nesse sentido que o regime vigente recusa a invocabilidade quando o Estado tenha contribuído para o erro, ou sempre que se devesse ter apercebido dele. Acresce que o erro não releva se o Estado estava em posição de o evitar. O erro apenas é causa de nulidade de uma convenção internacional enquanto for desculpável, situação a caracterizar em termos estritos, já que não releva, por exemplo, uma eventual inexperiência diplomática. O erro essencial será em princípio o erro que incide sobre factos. Não obstante, a jurisprudência internacional parece inclinada a aceitar também a relevância do erro de direito. *[R.M.]*

Escola de Frankfurt

A expressão "Escola de Frankfurt" identifica um movimento de crítica social de intelectuais de esquerda associado ao *Institut für Sozialforschung* (Instituto para a Investigação Social), abrangendo fundamentalmente o período marcado pelos seus diretores Max Horkheimer (dir. 1930-1959) e Theodor Adorno (dir. 1959-1969), em que se incluem também os nomes de Herbert Marcuse, Walter Benjamin, Erich Fromm e Friedrich Pollock, e que tiveram enorme influência no pensamento sobre a sociedade. O Instituto, fundado em 1923 e inaugurado em 1924, sob o impulso de Felix Weil, pretendia abordar a teoria e a história do socialismo e dos movimentos do proletariado a partir da perspetiva económica. Quando Horkheimer assume a direção do Instituto, privilegia antes a perspetiva das Ciências Sociais. Trata-se, contudo, de uma abordagem mais filosófico-política, levando em consideração outras ciências e adotando um método dialético orientado para a análise social, que veio a ser designada como Teoria Crítica (1936) por Horkheimer. O impacto da Escola de Frankfurt foi, precisamente, encorajar o desenvolvimento das possibilidades de alteração social pela *praxis*, a partir de uma abordagem holística, não obstante o pessimismo patente nas suas mais relevantes obras (por exemplo, em *Dialektik der Aufklärung* ou *Minima Moralia*). No legado da Escola de Frankfurt pode identificar-se a crítica da propensão de conformidade da sociedade hodierna capitalista em detrimento de uma mais acentuada individualidade e empatia. *[I.F.G.]*

Escola Inglesa

No seu sentido mais estrito, a Escola Inglesa (EI) diz respeito a um conjunto de teóricos e praticantes que fundaram o *British Committee on the Theory of International Politics* em janeiro de 1959 e que, paralelamente, desenvolveram o seu trabalho pedagógico e científico em torno do Departamento de Relações Internacionais da *London School of Economics and Political Science* (LSE). A EI significa, por um lado, o *locus* de formação e de construção de uma cultura académica rica e peculiar, o Reino Unido, designadamente das melhores e mais antigas universidades a estudar os fenómenos políticos – Oxford, Cambridge, LSE – e, por outro, uma abordagem teórica ao estudo das relações internacionais que, embora anglo-saxónica, é distinta da escola dominante norte-americana e, contudo, também diferente, porque mais evoluída e sofisticada, das escolas europeias continentais que originalmente pensaram o Estado, o poder e as relações internacionais com base na *realpolitik*.

De acordo com Dunne (1998), existem dois períodos da EI. O primeiro (1950-1980) é o da sua criação e produção dos seus trabalhos clássicos, com destaque para Charles Manning, Herbert Butterfield, Martin Wight, Hedley Bull, Adam Watson e RJ Vincent. O segundo (1990-) é o período pós-clássico e os seus autores principais são Barry

Buzan, Andrew Hurrell, Robert Jackson, Edward Keene, Andrew Linklater, Richard Little, James Mayall, Hidemi Suganami e Nicholas Wheeler.

Embora com origem em autores com uma significativa variedade epistemológica e metodológica entre si, *a maneira inglesa* de pensar e investigar as relações internacionais foi sobrevivendo aos seus fundadores e resistindo à americanização progressiva da disciplina. Recentemente, temos assistido a um ressurgimento da sua importância e identidade teórica, a tal ponto que, no século XXI, não existe nenhum manual de teorias das Relações Internacionais que não a identifique como uma das teorias principais da disciplina.

Em síntese, podemos dizer que os conceitos fundamentais para a Escola Inglesa são a *Ordem*, a *Sociedade Internacional*, e a relação entre *normas* e *anarquia*. De um ponto de vista teórico-paradigmático, a EI dá particular ênfase à importância da *interpretação histórica* da evolução da sociedade internacional, à sua caracterização e construção *jurídico-normativa* e, finalmente, à interrogação *filosófica* sobre o equilíbrio entre poder nacional e ética cosmopolita nas relações internacionais. Um dos melhores exemplos desta interrogação é o trabalho de Nicholas Wheeler (2003) sobre a intervenção humanitária.

Seguindo a análise proposta por Linklater e Suganami (2006), a EI pode ser definida através de três orientações básicas e inter-relacionadas, a saber: a sua orientação *estrutural*, ou seja, a sua preocupação em estudar a estrutura das relações internacionais; a sua orientação *funcional*, isto é, a sua preocupação em estudar as funções das principais instituições da sociedade internacional; a sua orientação *histórica*, que significa a sua preocupação em estudar a evolução histórica das estruturas e instituições das relações internacionais.

De um ponto de vista meta-teórico, a EI ocupa um lugar que se pode situar num espaço intermédio entre uma posição racionalista/positivista e uma posição reflexivista/pós-positivista. Atualmente, importantes académicos ingleses sublinham a necessidade da EI desenvolver uma maior coerência teórica, sobretudo ao nível da sua epistemologia e ontologia, para se poder afirmar como uma teoria principal e uma verdadeira via média entre as teorias reflexivistas e racionalistas. Os principais argumentos que são apresentados para este potencial de afirmação teórica residem na importância dos conceitos centrais desenvolvidos pela EI. Em primeiro lugar, a ideia apontada por Martin Wight relativa às três tradições teóricas sobre a interpretação das relações internacionais – realismo, racionalismo, revolucionarismo – permite uma abordagem que engloba várias perspetivas sobre as relações internacionais, o que acentua o caráter holístico e integrador da EI. Em segundo lugar, apesar do debate entre as correntes *pluralista conservadora* e a *solidarista progressista*, a assunção ontológica da existência de uma *Sociedade Internacional* – e da natureza neogrociana das relações internacionais – foi, e permanece, uma das mais interessantes formas de pensar as relações internacionais. Assim, ao contrário do Realismo, para a EI não existe um sistema internacional, mas antes uma *sociedade internacional*. Depois, o seu caráter não positivista e contestatário da visão dominante racionalista/positivista americana sempre permitiu à Escola Inglesa desenvolver uma abordagem mais interpretativa e criar pontes de diálogo com as abordagens (realistas) clássicas, normativas, construtivistas e críticas.

Todavia, a grande contribuição da EI para o progresso da disciplina foi o desenvolvimento de uma visão teórica capaz de integrar a História e a Filosofia numa *teoria política da sociedade internacional*. Esta originalidade levou Brown (2000) a recordar que se as Relações Internacionais são uma ciência social americana, então a *Teoria Política Internacional* é uma ciência social inglesa (Mendes, 2019b). *[P.E.M.]*

Escola Tradicional

A Escola Tradicional, por oposição ao ↗Behaviorismo, não assume a prioridade de análise científico-positivista em Relações Internacionais, com a sua consequente construção de modelos e de lógicas explicativas de causalidade; mas antes uma perspetiva interpretativa menos positivista de base qualitativa-humanística e com base nas metodologias filosóficas e históricas, defendendo a utilidade e importância da Sociologia Histórica, da Teoria Política e da História como métodos essenciais na análise das Relações Internacionais. *[P.E.M.]*

Espaço Económico Europeu (EEE)

O Espaço Económico Europeu (EEE) é um acordo de associação, assinado no Porto em 2 de maio de 1992, entre os Estados-membros da então Comunidade Europeia (atual ↗União Europeia) e os países da ↗EFTA. Entrou em vigor em janeiro de 1994, não se aplicando à Suíça, que o rejeitou em referendo. Visa alargar o mercado interno da União Europeia aos países da EFTA que não pretendem aderir àquela. O EEE inclui as quatro liberdades do mercado interno (livre circulação de mercadorias, pessoas, serviços e capitais) e as políticas conexas (concorrência, transportes, energia e cooperação económica e monetária). Integra ainda as políticas horizontais ligadas às referidas liberdades: políticas sociais (designadamente a saúde e a segurança no local de trabalho, a legislação laboral e a igualdade de tratamento entre homens e mulheres), políticas em matéria de proteção dos consumidores, ambiente, estatísticas e direito das sociedades, assim como uma série de políticas de acompanhamento, tais como as relativas à investigação e ao desenvolvimento tecnológico.

As disposições vinculativas do EEE não abrangem a política agrícola, a política das pescas (embora o acordo estipule disposições em matéria de trocas comerciais de produtos agrícolas e de produtos da pesca), a união aduaneira, a política comercial, a política externa e de segurança comum, o domínio do espaço de liberdade, segurança e justiça (embora os países da EFTA façam parte do espaço Schengen) ou a união económica e monetária.

Com a sua saída da União Europeia, o Reino Unido saiu igualmente do EEE, a 1 de janeiro de 2021. Se quiser permanecer no mercado interno, poderá optar por voltar a aderir à EFTA e tornar-se membro do EEE através da EFTA. Esta opção é, porém, considerada improvável, dado que o Reino Unido teria de aceitar a legislação europeia, os pagamentos à UE e a jurisdição do ↗Tribunal de Justiça da União Europeia. *[C.A.S.]*

Espaço público

O conceito de espaço público é uma noção operatória da investigação sociológica, assumindo, contudo, diversas utilizações. O público é, antes de mais, o que é comum, portanto o oposto do privado, oposição esta que remonta à cidade grega. Na modernidade, a noção de espaço público assume, contudo, outras aceções. Com as Luzes, e especificamente com Kant, a noção de vida pública passa a estar ligada à noção de publicidade e de uso público da razão. Esta aceção liga público a tornar público. O princípio da publicidade, formulado por Kant, consiste em tornar públicas as suas opiniões, submetendo-as à apreciação do juízo tanto estético como político, ou seja, à prova do exame público da razão. A publicidade é, neste sentido, o princípio que estrutura o espaço público moderno, remetendo para o uso livre e público da razão. A emergência do público como instância superior do juízo está, assim, na origem da noção de opinião pública: "opinião verdadeira [...] regenerada pela discussão crítica na esfera pública", como adverte Jürgen Habermas, na sua obra *L'Espace Public*, de 1978. O princípio da publicidade, que veio opor-se à prática de segredo do Estado absoluto e que é um princípio normativo, é, juntamente com a opinião pública, o princípio do espaço público moderno.

A partir da segunda metade do século XX, Habermas distingue duas formas de publicidade em concorrência no espaço público: a publicidade crítica (de acordo com o modelo do princípio da publicidade) e a publicidade de demonstração e de manipulação, que se impôs sobretudo através dos meios de comunicação de massa. Para Habermas, o espaço público designa o lugar de formação das opiniões e da discussão política que garante a legitimidade do poder. É o lugar do debate e do uso público da razão argumentativa, onde são discutidas as questões práticas e políticas. Esta aceção remete para o modelo normativo da esfera pública liberal. O espaço público é um espaço de discussão e, simultaneamente, um conceito normativo, cujos domínios de utilização são: a teoria da democracia (o espaço público é o quadro no qual se discutem as questões prático-morais e políticas, e no qual se formam a opinião e a vontade coletivas); a análise político-administrativa e a teoria do Estado social (o espaço público é a instância mediadora entre a sociedade civil e o Estado, entre os cidadãos e o poder político-administrativo); e a abordagem dos meios de comunicação social (o espaço público é o lugar de uma comunicação democrática, em que os meios de comunicação desempenham um lugar central).

Enquanto para Habermas a conceção do espaço público gira em torno do uso crítico de uma racionalidade comunicativa em vista de uma intercompreensão, que será a base de um consenso alargado, Étienne Tassin privilegia a fenomenalidade do aparecer e a visibilidade da cena pública. Aceção esta que aproxima a noção de espaço público à noção de cena pública, entendida como cena de visibilidade na qual as coisas aparecem, de acordo com o caráter fenomenal do domínio público exposto por Hannah Arendt. Com efeito, Tassin liga a dimensão da formação da opinião e do juízo à dimensão de visibilidade do espaço público. Como Hannah Arendt, considera o domínio público como espaço de visibilidade e lugar de formação do juízo: o público é menos o estar-em-comum da comunidade do que um espaço de visibilidade (a dimensão do visível da *polis*) e o lugar de formação do juízo. Como nos revela no seu artigo "Espace commun ou espace public? L'antagonisme de la communauté et de la publicité", publicado em 1992, "o espaço público não está do lado das convicções, está do lado do que se apresenta à pluralidade dos juízos públicos. A *polis* exige um espaço público e a instituição do cidadão como juiz, como exige uma cena pública e a instituição do cidadão como ator. Do mesmo modo, a visibilidade é o único critério da ação política". É assim que no domínio político o critério é a avaliação e o julgamento das ações, e a ação política é aquela que é visível e se liga a princípios (à virtude, liberdade, igualdade, honra, solidariedade, etc.). Isto significa que a dimensão cénica da vida social é indissociável de uma receção por parte de um público, ou seja, do julgamento do público. Nesta aceção, que liga público a visível, remetendo para o modelo histórico da esfera pública representativa, o espaço público respeita os lugares públicos em que, segundo o modelo teatral, os atores representam o seu papel de homens públicos, segundo as convenções que orientam a vida em público ou as relações em público. Pode considerar-se que, tratando-se de uma conceção cénica e dramatúrgica, a utilização do conceito de espaço público reenvia para o estudo socioantropológico da vida pública e das relações em público.

Atualmente, pode falar-se de uma multiplicidade de espaços públicos, que institucionalizam os processos de formação da opinião. As novas tecnologias da comunicação difundem diferentes discursos em diversos contextos e ajudam à criação de uma rede diferenciada de espaços públicos locais e inter-regionais, literários, científicos e políticos, internos aos partidos ou às associações, mediáticos ou subculturais. Estes espaços públicos plurais e inacabados, como considera Habermas, e de fronteiras permeáveis, cruzam-se entre si e remetem para um espaço público global. Estamos por isso face a um modelo pluralista de espaços públicos, a ter em conta numa teoria da democracia. *[I.B.]*

Espaços regionais

Expressão qualificada e derivada das diferentes ordens de grandeza do espaço, este conceito conjuga duas dimensões, a geofísica e o social, podendo corresponder a um território de terceira ou quarta ordem, já que a primeira é o espaço-mundo, a segunda é o espaço-continente e a terceira é o conjunto de espaços-nação ou o próprio país.

O espaço é um conceito abstrato, mas materializado na dimensão diversa e dividida da superfície terrestre e a sua própria configuração é ditada por poderes e pelas suas entidades políticas. Desde 1957 (lançamento do Sputnik) até aos dias de hoje, esse espaço releva uma outra dimensão – o espaço aéreo –, como entidade que é também política e tecnicamente disputada pelas grandes potências mundiais (em 2018, os EUA criaram uma força militar espacial), com uma geometria dinâmica e variável, tanto na superfície terrestre como no próprio espaço acima dela.

Os espaços regionais são aqui entendidos como realidades geopolíticas supranacionais e contemporâneas e também a partir do conceito de "espaço vital", criado pelo pensamento geopolítico alemão de meados do século XX, no sentido de evidenciar que os povos (com soberanias e poder, por exemplo de império), têm necessidade de um certo território para viver e expandir-se. Ora, cada vez mais assistimos ao revisitar desta ideia e à emergência do papel do Homem e da tecnologia na nova divisão do mundo no século XXI, pois a tecnologia moderna está já a dobrar as regras de ferro da geografia, como afirma Tim Marshall na sua obra de 2016, intitulada *Prisioners of Geography*.

Para Y. Lacoste, a divisão regional dos conjuntos geopolíticos vigentes são: o Ocidente rico, países da Europa Ocidental e América do Norte; a Europa pós-comunista, a leste e além dos Urais; o Japão; o eixo asiático China-Índia; o Mundo Islâmico; a África do subdesenvolvimento (grupo de países da zona subsariana até à África oriental); as nações do Ocidente pós-colonial (da América Central e do Sul); e os países principais da Oceânia (espaço continental rico e isolado).

No quadro do sistema das relações internacionais, quer do âmbito das Nações Unidas, quer fora dele, têm existência outros conjuntos/espaços regionais configurados em organizações de cooperação política e económica, como por exemplo a OCDE (1961), o MERCOSUL (1991), o CARICO/AECaribe (1986; 1994), a NAFTA (1994), a ASEAN (1967), a EFTA-EEE (1960-1994) e a CEE-UE (1957-1991), sendo esta última organização uma referência supranacional como realidade de entidade política, económica e sociocultural que melhor desenvolveu, não só a sua formal composição, cooperação e organização funcional, como os próprios processos internos de integração e aprofundamento de políticas comuns entre estados europeus, com um Mercado Único/Comum (criado em 1987 e concluído em 1993) e um espaço Schengen (iniciado em 1985, de livre circulação de pessoas e bens), através da harmonização de normas jurídicas e alfandegárias entre diferentes realidades de governação política, de práticas culturais e de identidades distintas.

Os espaços regionais supranacionais são casos de entidades multidimensionais e estratégicas para dar sentido e progresso à cooperação política, à mediação de conflitos graves e à atenuação das desigualdades de desenvolvimento inter-regional ou continental. Cada país ou sociedade nacional só tem influência geopolítica e poder externo se integrar (macro)espaços ou entidade(s) político-económica(s) supranacional(is) neste século XXI. *[J.C.Lo.]*

Estado

↗Estado Soberano.

Estado acreditador e Estado acreditante

Estado acreditador é aquele que exerce o direito de legação passivo, ou seja, aquele em cujo território se estabelece uma missão diplomática. Estado acreditante é aquele que exerce o direito de legação ativo, ou seja, aquele que estabelece no território de outro Estado uma missão diplomática sua.

O Estado no qual é instalado um posto consular designa-se por Estado recetor, que corresponde ao inverso do Estado que envia (aquele que é representado), equivalendo, no direito diplomático, ao Estado acreditador. O ato pelo qual o Estado recetor admite ou dá o seu acordo em relação à pessoa indicada pelo Estado que envia para chefe do posto consular designa-se por *Exequatur*. *[R.M.]*

Estado antecessor e Estado sucessor

Ocorrendo uma sucessão sempre que um Estado é substituído por outro na responsabilidade das Relações Internacionais de um território, o Estado antecessor é aquele que é substituído, ou seja, aquele que assumia as obrigações antes de ocorrer a sucessão. O Estado sucessor é aquele que substitui o antecessor, ou seja, aquele que assume as obrigações após a sucessão. *[R.M.]*

Estado confederado

Estado-membro de uma confederação (ou de um Estado confederal). Normalmente, os Estados confederados mantêm a personalidade jurídica internacional (consistindo a confederação numa mera associação), transferindo ou não para o nível confederado parte das suas competências internacionais. Se assim acontece, o Estado confederado considera-se semissoberano (na medida em que não exerce a plenitude das funções soberanas). É, no entanto, corrente que o Estado confederado mantenha a totalidade das prerrogativas soberanas. Sendo as confederações formadas por via convencional, a aferição da personalidade jurídica e das qualidades das partes deve fazer-se por verificação dos termos da convenção. *[R.M.]*

Estado confederal

Designação equivalente à de confederação, correspondendo, portanto, à agregação de Estados (designados como confederados). A confederação refere-se a um grau de integração inferior à federação, na qual as partes mantêm o essencial das competências internacionais. Enquanto modelo, a confederação apresenta uma limitação importante, na medida em que nenhuma subsistiu historicamente por períodos importantes, sendo que as mais conhecidas – as confederações americana e suíça – vieram a evoluir para federações (este último Estado mantém, todavia, a designação original de Confederação Helvética). *[R.M.]*

Estado de Direito

Rule of Law

Ainda que sobre ele existam diferentes conceções políticas, o Estado de Direito surgiu no desenvolvimento do Estado moderno ocidental e democrático e assenta num conjunto de princípios de ordem jurídica que têm por objetivo limitar a ação e a arbitrariedade do poder público. A Constituição, enquanto norma fundamental, define as condições de criação e aplicação do direito pelos órgãos de soberania. A ↗separação de poderes (legislativo, executivo e jurisdicional) e o funcionamento de instituições democráticas constituem condições indispensáveis à existência do Estado de Direito e ao respeito pelo princípio da legalidade. A partir do século XX, passou a ser considerado pelos organismos internacionais como um critério a ter em conta na avaliação dos regimes democráticos, assim como da proteção dos direitos e liberdades fundamentais dos cidadãos. O Estado de Direito garante a salvaguarda da lei e da justiça e tem evoluído no sentido de assumir novas funções de caráter social (Estado de bem-estar ou Estado social). *[I.C.L.]*

Estado de exceção/emergência

O termo "estado de exceção" ou "estado de emergência" refere-se à situação em que um Estado se encontra na presença de um grave perigo, só podendo defender-se desconsiderando as regras legais que normalmente regem a sua atividade. A organização do Estado, em tempos normais, é projetada para encontrar um equilíbrio entre as exigências do poder e as da liberdade; não é a mais adequada para lidar com perigos excecionais e a necessidade de eficiência e velocidade de decisão. A questão do estado de exceção surge com particular acuidade para o Estado democrático, pela suspensão "temporária" dos princípios deste confinados que ficam pelo vazio jurídico. Para Giorgio Agamben, a suspensão de toda a ordem jurídica (*iustitium*) não pode confundir-se com a ditadura, pois não deriva de um poder absoluto e ilimitado, mas da suspensão das leis que regulam a respetiva ação. Geralmente, a figura do Estado de exceção surge em conjunturas de crise (política, económica, sanitária, militar...) – em situações prementes de resolução –, momentos em que a diferenciação entre o tempo normal e tempo de crise tendem a desaparecer. *[J.G.F.]*

Estado exíguo

Uma das figuras típicas de Estado semissoberano, caracterizada pela reduzida dimensão do seu território e população, que tornam particularmente difícil a assunção da totalidade das suas funções soberanas internacionais, pelo que, parte destas (normalmente as relativas à defesa e eventualmente também no plano diplomático) são transferidas, por acordo, para o Estado limítrofe que as exerce em sua representação ou assegura esse exercício. É frequente que, para além das funções internacionais, o Estado limítrofe possa também desenvolver no Estado exíguo alguns serviços públicos, tais como correios e telecomunicações, transportes ferroviários, etc. Os casos mais conhecidos são os do Principado do Mónaco (cujo Estado limítrofe é a França) ou a República de São Marino (tendo a Itália como Estado limítrofe). Não deve confundir-se o Estado exíguo com outros Estados que, padecendo da mesma exiguidade, não transferem o exercício de quaisquer competências internacionais para outro Estado, pelo que permanecem soberanos. Estes são normalmente designados por ↗micro ou mini-Estados, situando-se uma boa parte destes nas Caraíbas e no Pacífico, podendo também ser referido, na Europa, o caso de Andorra. *[R.M.]*

Estado falhado

Por Estado falhado entende-se aquele que não consegue assegurar o exercício da soberania, a sua governação política sobre o seu território. Os indicadores de instabilidade que caracterizam os Estados falhados são as pressões demográficas, o movimento maciço de refugiados e deslocados, a violência entre grupos étnicos, o acentuado declínio económico, a desigualdade económica entre diferentes grupos ou etnias, a criminalização ou deslegitimação do Estado, a ascensão ao poder de elites que representam fações, o acolhimento de grupos terroristas, etc.

Segundo alguns autores, a maior ameaça global no século XXI consiste nos Estados falhados que afetam a segurança global, a promoção dos Direitos Humanos, a boa governação, o Estado de Direito, a tolerância religiosa, a preservação ambiental e o crescimento económico, e promovem o narcotráfico e a pirataria. São exemplos de Estados falhados o Sudão, a Somália, o Afeganistão, a Guiné-Bissau, o Bangladesh e a Nigéria. *[D.F.]*

Estado federado

Estado-membro de uma federação (ou de um Estado federal). Normalmente, os Estados federados perdem a personalidade jurídica internacional (o nível federal assume por via constitucional o conjunto das competências internacionais). Todavia, são assinaláveis historicamente situações em que os Estados-membros de uma federação mantêm parte das competências soberanas (caso em que deverão ser considerados Estados semissoberanos) e, por vezes, até se arrogam à qualidade soberana. Em concreto, a questão apenas pode aferir-se por verificação do regime constitucional. *[R.M.]*

Estado federal

Designação equivalente à de federação, correspondendo, portanto, à agregação de Estados (designados como federados), normalmente por via constitucional. Na federação pretende-se uma divisão equilibrada de competências entre os níveis federado e federal, sendo que este normalmente assume a totalidade das competências internacionais (assinalem-se algumas exceções importantes, de entre as quais avulta o caso de algumas repúblicas da ex-União Soviética, como a Ucrânia ou a Bielorrússia, que sempre tiveram representação na Assembleia Geral da ONU). As federações surgem quer em processos de agregação – em que Estados independentes se integram, transferindo as necessárias competências (como nos casos americano, suíço ou soviético) –, quer de desagregação – em que um Estado centralizado, normalmente pretendendo enquadrar tendências fragmentárias, reconhece por via constitucional um elevado grau de autonomia às partes (é o caso mais corrente, podendo referir-se o Brasil, a Indonésia, a Índia, a Austrália, etc.). A concreta distribuição de competências entre os níveis federal e federado (e nomeadamente das competências internacionais) deve ser verificada segundo os termos constitucionais. *[R.M.]*

Estado frágil

O Estado, enquanto instituição, deve ter recursos para assumir funções de proteção e salvaguarda do bem-estar da sociedade, sendo que o Estado frágil se depara com a ausência ou limitação dos meios que lhe permitam exercer as suas funções e responsabilidades. Entre estas, encontram-se a segurança interna e externa, a justiça e a satisfação das necessidades materiais e espirituais dos seus cidadãos. O Estado frágil mostra-se vulnerável a crises económicas, humanitárias e a conflitos internos e define-se por baixos indicadores políticos, sociais, económicos e ambientais. Os processos de ↗descolonização, nas décadas de 1950-1970, resultaram em múltiplos casos de ausência ou fragilização do poder político capaz de assegurar a governação dos novos Estados independentes. O seu acompanhamento, no sentido da transição democrática, económica e social, é assumido sempre que necessário por organismos internacionais. Dependentes de apoio técnico e financeiro, verifica-se, na generalidade dos Estados frágeis, o insucesso na capacidade de resposta às diversas ameaças e na sua própria reconstrução. A organização intergovernamental G7+ foi criada em 2010, com sede em Timor-Leste e uma delegação europeia em Lisboa, contando com 20 Estados-membros em situação de conflito ou fragilidade que procuram promover o seu desenvolvimento através de novas dinâmicas e partilha de experiências. *[I.C.L.]*

Estado limítrofe

↗Estado exíguo.

Estado minúsculo

↗Potência.

Estado-Nação

O conceito de Estado-Nação deve ser compreendido a partir das individualizadas noções de Estado e de Nação, porque só a partir dessa prévia compreensão poderemos perceber a que nos referimos quando nos deparamos com este conceito. Nestes termos, sem nunca deixarmos de ter presente que "Estado" e "Nação" não se confundem, podemos falar de Estado-Nação quando há coincidência entre ambos, ou seja, quando ao Estado corresponde uma só Nação, aqui entendida como o conjunto de cidadãos ligados entre si pela mesma história, pela mesma língua, pela mesma cultura e na maior parte dos casos pela mesma religião. Têm um passado comum, partilham o mesmo presente e têm, como é referido por Matos Correia e Ricardo Leite Pinto, "os mesmos ideais de vida coletiva".

É certo que estes ideais podem ser partilhados por todos os cidadãos de um Estado independentemente da sua comunidade de origem, mas enquanto estes possuem um presente em conjunto e aspiram a um futuro comum, aqueles, os que se podem identificar como cidadãos do Estado-Nação, têm também um passado histórico e cultural que os liga. Há assim uma linha de continuidade entre gerações, que não depende apenas de critérios jurídicos, já que se funda em pressupostos anteriores, e porque não dizê-lo superiores, à definição jurídico-estadual de pertença a uma comunidade politicamente organizada. Exemplo claro de um Estado-Nação é, tem sido, Portugal, que neste particular aspeto apresenta uma realidade distinta de outros Estados, como é o caso de Espanha, em que coexistem diferentes realidades nacionais, ainda que a Constituição deste Estado fale no seu preâmbulo da "Nação espanhola" e identifique as suas múltiplas comunidades históricas como "Comunidades Autónomas".

Questão que está relacionada com o que até aqui escrevemos é a de saber quem deu origem a quem. Foi a Nação que criou o Estado ou o Estado que criou a Nação? No primeiro caso, o Estado surge por vontade própria de uma comunidade que, nas palavras de Van Minh, foi historicamente constituída e nasceu tendo por base uma língua e um determinado território; já no segundo caso, será o Estado que, após ter sido fundado, vai, pela sua própria ação política e, principalmente, pela sua ação jurídica, criar os alicerces para a edificação de uma futura comunidade nacional. *[M.M.]*

Estado natural

Oposto a "Estado Civil" em John Locke, Jean-Jacques Rousseau e Thomas Hobbes, o Estado Natural é anterior à ordem social (sociedade). Em rigor, o Estado Natural é uma categoria utilizada para efeitos de dedução das caraterísticas necessárias ao Estado Social, mormente o estabelecimento do contrato social. *[J.G.F.]*

Estado neutral

A neutralidade do Estado neutral é específica, referindo-se a um conflito determinado, em relação ao qual esse Estado pretende abster-se. Nada impede o Estado que se pretende neutral num dado conflito de participar num outro conflito, até simultaneamente. Nessa medida, a neutralidade não implica qualquer limitação das competências soberanas, pelo que o Estado neutral enquanto tal é plenamente soberano. *[R.M.]*

Estado neutralizado

Estado semissoberano cujo estatuto internacional – decorrente de uma opção constitucional própria (Áustria, Laos), de um tratado internacional (Bélgica e Luxemburgo) ou de um regime consuetudinário (Suíça) – implica a proibição de participação em qualquer conflito armado, à exceção dos casos de legítima defesa. A limitação das prerrogativas internacionais incide aqui essencialmente no ↗*ius belli* e marginalmente no ↗*ius tractuum* (não podendo celebrar convenções em matéria de defesa nem participar em organizações internacionais com esse escopo). *[R.M.]*

Estado Pivô

Conceito introduzido por Chase, Hill e Kennedy (1999) para explicar a importância de determinado Estados nas suas áreas geopolíticas e na sua importância como potências regionais com capacidade de liderança estabilizadora regional e com influência na política internacional. Um Estado-pivot é crucial para o sucesso da sua região, mas tem também tem a capacidade de afetar a estabilidade internacional. Na ótica destes autores, existem nove Estados-pivot: Índia, Paquistão, Turquia, Egito, África do Sul, Brasil, Argélia, México e Indonésia. *[P.E.M.]*

Estado Pivô Ecuménico (Portugal)

Conceito introduzido por Mendes (2020d) para explicar o movimento adaptativo do padrão histórico da política externa portuguesa no século XXI. Este movimento surge no enquadramento da crescente europeização da política externa de Portugal. Apesar disso, Portugal não deixou de pensar a sua política externa para além da Europa e de sofisticar o seu padrão histórico ecuménico. Deste modo, Portugal procurou conjugar as suas várias dimensões de inserção internacional, nomeadamente a europeia e a extraeuropeia. Partindo da sua posição geopolítica europeia e da sua forte aposta no processo de construção europeia, Portugal começou a pensar-se como um Estado pivô da Europa com o objetivo de desenvolver uma articulação de interesses através das suas relações especiais extraeuropeias. Isto significa que, apesar da sua condição internacional europeia – Estado eurocomunitário –, Portugal procurou conjugar esta europeização com a possibilidade de reforçar e potenciar os outros eixos tradicionais, não europeus, da sua política externa.

Neste sentido, os decisores portugueses vão potenciar o Portugal democrático, europeu e desenvolvido (DED), fortemente europeizado, para conseguirem projetar os seus interesses – quer intra, quer extra-Europa – de uma forma mais eficaz do que anteriormente a 1986. Isto significa que a afirmação do Portugal DED conjuga a dimensão europeia de forma cumulativa e interdependente com a dimensão extraeuropeia, designadamente, atlântica, latino-americana, africana, mediterrânica e asiática. Assim, Portugal passou a formular uma política externa que desenvolve uma ligação potenciadora da sua qualidade de *Estado europeu* com a sua qualidade de *Estado ecuménico*, com uma presença em várias regiões geopolíticas extraeuropeias.

Portugal começou a pôr em prática a ideia essencial relativa à possibilidade de adaptar a sua tradição universalista para capacitar e reforçar a sua multilateralização num quadro de interligação com a Europa, tornando-se um *Estado Pivô ecuménico* da ↗UE. Com esta ideia, Portugal construiu uma visão valiosa de Estado pivô que, simultaneamente, providencia relações de *saída* para espaços extraeuropeus para os seus parceiros europeus, bem como de *entrada* na Europa para os seus parceiros extraeuropeus. Deste modo, Portugal começou a consolidar uma aposta no seu papel de pivô diplomático, que possibilita a construção de pontes de cooperação internacional, nomeadamente entre África e a Europa e entre a América Latina e a Europa, bem como entre a Europa e a Ásia. Isto significa que várias das relações bilaterais especiais de Portugal no contexto extraeuropeu começam a ser potenciadas no quadro do relacionamento multilateral, passando Portugal a ser um Estado-pivô desse relacionamento. Por exemplo, as relações entre Portugal e o Brasil, para além da relação bilateral, começam a enquadrar-se numa estratégia de cooperação multilateral inter-regional entre UE e o ↗Mercosul, o mesmo acontecendo com a Africa lusófona e até com a Índia e com a China, e que se refletem na liderança de Portugal na organização das cimeiras internacionais da UE (Mendes, 2020d). *[P.E.M.]*

Estado protegido e Estado protetor

O Estado protegido ou Protetorado consiste num Estado que, reconhecendo dificuldades em garantir a sua defesa contra ameaças externas, obtém da parte de uma potência, por via convencional, uma garantia de proteção. O Estado protegido torna-se, assim, num Estado semissoberano, na medida em que as suas competências soberanas (em especial no âmbito do ↗*ius belli*) são convencionalmente limitadas.

O Estado protetor é aquele que, nos termos de uma convenção, está obrigado a defender o Estado protegido de qualquer ameaça ou agressão externa. Nas experiências históricas de protetorados, tais como as de Marrocos ou da Tunísia pela França, o Estado protetor exercia também algumas funções no plano interno, sendo representado por um residente geral. *[R.M.]*

Estado-providência (Estado social)

Welfare State

De acordo com A. F. de Sousa, "o Estado tem por tarefa fundamental a promoção e a realização dos direitos económicos, sociais e culturais. O Estado social obriga o legislador e os demais órgãos do Estado (nos limites das suas competências) a esforçarem-se, permanentemente e na medida do possível, por assegurar um equilíbrio justo dos interesses em conflito, com vista a criar as melhores condições de vida humana (no mínimo, suportáveis) para todos". Por sua vez, C. C. Santos revela que o Estado-Providência fornece "todos os serviços sociais de bem-estar social de forma universal a todos os cidadãos. O clientelismo discursivo do Estado-providência só é possível se os processos de acumulação e distribuição dos bens sociais tiverem um saldo positivo em termos de balança social. A solidariedade e a segurança social de todos os cidadãos assentam em práticas protetoras e de algum assistencialismo onde está ausente o reconhecimento do capital de mudança dos indivíduos". *[F.Ca.]*

Estado recetor

↗Estado acreditador/acreditante.

Estado regulador

O Estado regulador (ER) pode ser instruído como uma das formas de ação dos poderes públicos no exercício das suas prerrogativas de controlo social do indivíduo. Recorre à criação, aplicação e monitorização de regras através de uma armação administrativa própria, compartilhada ou delegada que não incide diretamente sobre os comportamentos individuais, mas sobre a organização do espaço das suas interações.

Inspirada, pelo seu caráter voluntariamente abstrato de contributos de especialistas como David Levi Faur (2011), esta definição não aponta o ER como uma nova forma de Estado. Trata-se, antes, de uma evolução de caráter operativo no espectro burocrático do Estado moderno, sendo que o desígnio do Estado permanece. O seu objetivo fundamental continua a ser garantir, da forma mais absoluta possível, os equilíbrios civis que permitem afastar a coexistência social do Estado de Natureza hobbesiano. O que difere é o método utilizado para assegurar este objetivo: ao invés de efetivar o controlo social dos indivíduos de forma direta, o ER elege o Mercado como objeto preferencial de controlo político num ambiente socioeconómico de cariz eminentemente liberal.

Neste sentido, o ER acaba por ser um conceito aberto porque, se indica transformações de fundo ocorridas dentro do espaço político e geográfico dos Estados, também é referido para designar o modo de operacionalizar a política ao nível transnacional. O exemplo da ↗União Europeia é quase paradigmático.

O ER prefigura-se como uma das últimas evoluções normativas, políticas e funcionais do Estado moderno, na esteira do que G. Majone (1997) indicou, seminalmente, como a necessidade de uma alteração da estrutura em função da estratégia. Um dos aspetos relevantes desta alteração inspira-se no que o mesmo autor designa como um novo modo de operacionalização política em estruturas incapazes de integrar, de forma robusta, a função redistributiva e a função de estabilização económica (2010). Tais funções exigem necessidades de financiamento pesadas que não são assumidas pela lógica política reguladora.

O ER tem uma dimensão histórica com tempos e geografias diversos. A sua *praxis* política surge nos EUA em pleno século XIX, não por um efeito de teorização e constitucionalização, como foi o caso da maioria dos sistemas políticos democrato-liberais do Ocidente, mas pela necessidade prática de se encontrarem equilíbrios entre uma opção coletiva que incensava um liberalismo de cariz lockeano e a exigência de mínimos de justiça vistos como incomprimíveis.

Na Europa, existe um quase consenso para indicar que o ER se propagou nos anos 1980 como alternativa ao designado Estado Positivo do bem-estar social (Majone, 1997), numa dinâmica fortemente influenciada pelo projeto europeu de integração e em equilíbrios desenhados por opções políticas de inspiração ordoliberal (Fèvre, 2017). Ao nível estatal propriamente dito, o objetivo também integrou uma tentativa de harmonização política entre uma dinâmica de profunda liberalização económica e a necessária garantia de que os equilíbrios sociais não ficariam ameaçados. Em ambos os casos, trata-se de um equilíbrio social de cariz liberal que, por isso mesmo, não evacua o papel da política na gestão da tensão entre interesses individuais e exigências coletivas, só transforma o seu escopo: o ER passa a integrar de forma visível a ideia de um mercado institucionalizado (Rueff, 1958) com uma pilotagem que consiste, na linguagem de Levi Faur e Jacint Jordana (2004), no estabelecimento da concorrência – *regulation-for-competition* – e na organização da concorrência – *regulation-of-competition.* O estabelecimento da concorrência inscreve, precisamente, o desiderato da liberalização enquanto a organização da concorrência alude à exigência de conformidade dos comportamentos individuais com um certo ideal de justiça socioeconómica. Observado sob este prisma, o mercado ganha o valor estratégico de objeto político, na medida em que se torna um veículo de mediação preferencial entre as escolhas coletivas e a multiplicidade dos interesses individuais.

A estratégia política inerente ao ER determina a metamorfose da estrutura e das funções dos poderes públicos. A estrutura subjacente ao ER perceciona-se ao nível da emergência no seu seio das chamadas "agências reguladoras" com um caráter político quase independente e com uma panóplia de competências técnicas bastante alargadas. Na perspetiva de Levi-Faur (2011), trata-se de "cidadelas com "regulocratas", cuja influência no processo político é notória.

Na perspetiva dos atributos funcionais do ER, verifica-se a introdução nos processos políticos de caráter burocrático de uma transformação plausível ao nível da definição e implementação das escolhas públicas. Desde logo, o processo tornou-se poli-centralizado (Levi-Faur, 2011) contrastando nitidamente com a tradição do *comand and control* verticalizado: a transferência de competências de execução política para agências especializadas corresponde a uma racionalização que pretende tirar vantagens da especialização técnica setorial, quando comparada com o modelo de produção de decisões verticalizado; a pretensão fixa-se na ideia de uma diminuição dos riscos de desvios burocráticos, na medida em que a ação das agências é normalmente coberta por avaliações *ex ante* e *ex post* no processo de decisão, que limitam os potenciais desvios de eficácia na execução dos objetivos políticos. Independentemente dos eventuais riscos ligados à chamada captura do regulador, o que se espera, numa situação de ausência de desvios institucionais, é um incremento muito credível da eficácia política, por um lado, e, por outro, um aumento da credibilidade dos compromissos assumidos porque, por definição, se distanciam da instabilidade própria dos debates políticos de caráter ideológico ou de caráter político-partidário.

O ER pode ser perspetivado como uma resposta que procura utilizar o objeto político do mercado com o intuito de contornar algumas das vicissitudes dos sistemas burocráticos tradicionais. Ainda assim, é abusivo perspetivar esta evolução como uma panaceia. Os debates prosseguem para avaliar se o suposto grau de eficácia política das práticas reguladoras consegue compensar alguns problemas que carregam quando se trata de debater problemáticas como o controlo democrático. *[S.N.R.]*

Estado sem Nação

Estados em que os conflitos existentes entre os diferentes grupos étnicos que nele coexistem tornam ineficaz a ação dos governos, os quais em vão apelam à unidade da nação. É o caso de alguns Estados da África negra, delimitados por fronteiras artificiais, como por exemplo o Ruanda ou o Burundi, em que a feroz rivalidade entre tribos torna impossível o desenvolvimento de um sentimento nacional. *[D.F.]*

Estado semissoberano

O Estado semissoberano é um sujeito de Direito Internacional, sob a forma estadual, que muito embora mantendo personalidade e capacidade jurídica internacional, admite, por alguma via, uma limitação nesta. Assim, as competências soberanas típicas (*ius belli*, *ius tractuum*, *ius legationis* e eventualmente também o direito de reclamação internacional) conhecem limitações. São identificados como principais figuras de Estados semissoberanos o ↗Estado protegido ou protetorado, o ↗Estado federado, o ↗Estado confederado, o ↗Estado neutralizado e o ↗Estado exíguo. *[R.M.]*

Estado soberano

A figura do Estado é central na análise política e jurídica. Na perspetiva política, salienta-se frequentemente tratar-se da nação politicamente organizada, muito embora a ideia de o Estado corresponder à nação seja muito mais um pressuposto do que uma realidade, já que são raros os casos em que se pode confirmar tal situação; pelo contrário, a maioria dos Estados – particularmente os europeus – são plurinacionais.

O aparecimento do atual modelo Estado, embora com origens remotas nas cidades-Estado gregas, data do século XVI, com o advento da soberania, sendo que esta, que inicialmente surge como uma prerrogativa pessoal do monarca, evolui, a partir da Revolução francesa, para uma prerrogativa da comunidade nacional.

Até ao século XIX o Estado soberano era o único sujeito de Direito Internacional, admitindo-se, contudo, figuras que lhe eram equiparadas ou que constituíam variantes com limitações. Esta situação só é definitivamente ultrapassada no século XX, quando a existência de outros sujeitos (organizações internacionais, beligerantes, movimentos de libertação nacional, etc.) é admitida pacificamente. Não obstante, o Estado soberano permanece o principal ator das relações internacionais, sendo de salientar que, a partir do último quartel do século XX, são cada vez mais raras as intervenções sem enquadramento em organizações internacionais.

Juridicamente o Estado é constituído por três elementos (ou seja, decorre da reunião destes): o povo, o território e o poder político soberano.

O povo corresponde à comunidade (humana) que constitui o substrato básico da formação estadual. Subsistem outras noções concorrentes para designar essa comunidade, *maxime* a de nação e a de população. Todavia, enquanto aquela tende a valorizar excessivamente a identificação histórica, étnica ou cultural, no que dá origem a fenómenos de exacerbamento pouco consentâneas com a perspetiva atual, a população tende a ficar aquém dessa noção comunitária, assentando essencialmente no critério da residência, o qual não é claramente suficiente. O problema da determinação do povo (ou seja, da comunidade humana) apenas se torna complexo antes de formação do Estado, e normalmente para efeitos dessa mesma formação, já que o direito à autodeterminação dos povos se encontra definitivamente consagrado no Direito Internacional. Após a afirmação do Estado, a determinação dessa comunidade faz-se por via do vínculo da nacionalidade, isto é, reverte para a questão jurídica desse regime. Ou seja, a comunidade nacional correspondente àqueles que detêm a cidadania.

A noção de território remete para a dimensão espacial na qual se desenvolvem comunidades humanas de forma estável desde a sedentarização. Abrange o território terrestre, as vias aquáticas, o mar territorial e, bem assim, o espaço aéreo. Constitui um elemento central na determinação dos outros elementos, já que os critérios mais importantes de determinação do povo derivam das relações com o território, por força da referida sedentarização, e o poder político soberano é exercido fundamentalmente numa base territorial, supostamente, de forma homogénea dentro dos limites que esse território assuma. O território não tem, todavia, de assumir um caráter absolutamente estável, já que para a criação e manutenção dos Estados se admitem situações de disputa territorial, que são, aliás, muito frequentes em quase todos os Estados.

O poder político soberano implica um grau de organização social em que desde logo seja possível distinguir, por força da autonomização, entre a comunidade e as partes que a compõem, ou seja, deverá subsistir um corpo de representantes capazes não apenas de representar a comunidade nacional, mas também de garantir o cumprimento das obrigações assumidas em nome desta. Implícito está, por isso, um mínimo de efetividade e a capacidade de manter a ordem e a segurança no território.

A qualidade estadual tecnicamente não depende do reconhecimento, mas apenas da reunião dos elementos referidos; todavia, este surge como uma condição de integração na Comunidade Internacional. Não sendo imaginável que, nos nossos dias, um Estado possa subsistir sem estabelecer relações com outros Estados, percebe-se que a total ausência de reconhecimento afete gravemente a qualidade estadual.

Em termos internacionais, tradicionalmente consideram-se como manifestações do poder soberano o direito de fazer a guerra (↗*ius belli*), o direito de celebrar tratados ou convenções (↗*ius tractuum*) e o direito de enviar e receber representações diplomáticas (↗*ius legationis*), podendo ainda referir-se o direito de reclamar internacionalmente (considerada por alguma doutrina – nomeadamente por Wengler – a capacidade mínima de qualquer sujeito).

Na atualidade, dessas manifestações, apenas o *ius belli* parece permanecer uma competência exclusivamente estadual, já que só aos Estados é permitido manter forças armadas (mesmo assim, num quadro de proibição genérica do recurso à força resultante da ↗Carta das Nações Unidas). Tanto o *ius legationis* como o *ius tractuum* são hoje em dia exercidos de forma mais ou menos extensa por todos os sujeitos de Direito Internacional. *[R.M.]*

Estado-tampão

Termo geopolítico que se refere a Estados pequenos ou fracos, situados nas fronteiras de Estados mais poderosos, e que, do ponto de vista destes últimos, funcionam como elementos de segurança intermédia. Antes do advento do poder aéreo, os Estados-tampão eram vistos como uma barreira de segurança contra a hostilidade direta ou ataques surpresa entre grandes potências. Apesar de não serem Estados-satélite, a sua liberdade de ação variava em função direta das necessidades de segurança dos seus vizinhos poderosos. Por exemplo, os Estados da Europa Central, e especialmente a Polónia, eram vistos no período entre guerras como Estados-tampão entre a Alemanha e a União Soviética. Historicamente, os Estados-tampão acabaram por contribuir para a manutenção da balança de poder, ao reduzirem as possibilidades de conflito. *[D.F.]*

Estagflação

Estagflação é um fenómeno económico caracterizado pela ocorrência simultânea de elevada taxa de inflação e de elevada taxa de desemprego. Foi registada pela primeira vez após o primeiro choque petrolífero (1973), que esteve na origem da primeira crise económica mundial no pós-Segunda Guerra Mundial. Até então, a conjuntura económica correspondia a um ciclo de prosperidade que se sucedia a um ciclo de recessão, notando-se uma correlação inversa de duas variáveis: a um período de elevada taxa de inflação correspondia uma reduzida taxa de desemprego e vice-versa. A correlação inversa, estatisticamente observada na generalidade dos países, deu origem à curva de Phillips, alicerçando a visão keynesiana da economia. Servia, ao mesmo tempo, de ementa de política económica dos decisores. Sabendo da correlação inversa, tinham a possibilidade de afinar a política económica de acordo com as prioridades políticas.

Com a ocorrência de estagflação, esta lógica de pensar a economia (e a própria política económica) estilhaçou-se. Em consequência da recessão nos anos 1970, os países começaram a ser afetados por um sobreaquecimento da inflação, verificando-se, ao mesmo tempo, o crescimento significativo do desemprego. Ao contrário do que sucedia antes dessa crise, em que ciclos de inflação – desde que moderada – eram associados a prosperidade, a estagflação corporizou a subida de preços sem trazer consigo crescimento económico, pois o aumento do desemprego sinalizava a não utilização de parte significativa dos recursos da economia. A estagflação ficou conhecida como "inflação de estagnação". A emergência da estagflação determinou, ainda, uma mudança de paradigma na política económica. Como a política económica inspirada na escola keynesiana não conseguiu superar os efeitos da crise, os países converteram-se gradualmente ao paradigma da escola monetarista. *[P.V.M.]*

Estalinismo

O conceito de estalinismo tanto se aplica à descrição do período histórico em que Josef Estaline dirigiu a União das Repúblicas Socialistas Soviéticas (URSS), como pode designar uma forma especialmente autocrática e violenta de concretização prática do marxismo-leninismo. Uma coisa está associada à outra. Josef Estaline nasceu em 1878 numa pequena localidade da Geórgia e após alguns anos de estudos num seminário de Tiblissi aderiu aos movimentos revolucionários, tornando-se membro do Partido Operário Social Democrata Russo. No seio desta organização optou pela corrente bolchevique e participou, ao lado de Lenine, nos acontecimentos revolucionários de Outubro de 1917. De seguida, desempenhou um papel relevante na fase inaugural da URSS, o que lhe permitiu integrar o triunvirato que assegurou a sucessão de Lenine. Em 1922, com Trotsky já claramente isolado e derrotado, Estaline alcandorou-se ao poder supremo, de que só a morte o afastaria em 1953.

No decorrer das três décadas em que exerceu o poder, sem nunca se afastar do legado teórico do marxismo-leninismo, instaurou um sistema totalitário assente na anulação de qualquer manifestação de pluralismo político, na coletivização quase integral da economia, na desvalorização dos Direitos Humanos e na promoção do dirigismo cultural. Instaurou-se um clima de terror que não poupou muitos dos mais altos dignatários do regime. O facto de a URSS ter assumido um papel fulcral na derrota do nazismo concedeu a Estaline, durante algum tempo, um prestígio que eclipsou parcialmente a sua dimensão autocrática e sanguinária. Só alguns anos após a sua morte é que se iniciou o processo de desestalinização que, aliás, não foi bem acolhido noutros países de orientação comunista. O estalinismo entrou no léxico político contemporâneo como expressão de um delírio egocrático fundado no pensamento marxista-leninista. *[F.A.]*

Estratégia

A evolução do conceito de Estratégia, enquanto disciplina moderna, aparece muito ligada à obra de Clausewitz, que retém a experiência das campanhas napoleónicas e a ideia revolucionária da "nação em armas". Só há "estratégia" quando o aparelho que conduz a luta, no caso a luta militar, está integrado na estrutura do Estado. Só aí se pode falar historicamente de estratégia. Com o final da Segunda Guerra Mundial, a estratégia veio a colocar-se num conceito mais amplo. Deixaria de estar dentro da guerra, que passaria para o interior da estratégia. À estratégia passam a interessar todos os meios de coação, que não apenas os violentos. Esta nova fase lê-se nas definições de três autores nossos contemporâneos – André Beaufre, Jean Paul Charnay e Edward Mead Earle. Verifica-se em todos que a coação já não se restringe à força militar (Beaufre), mas sim à totalidade das forças (Charnay), recursos de uma nação ou coligação, dos quais as forças armadas são apenas uma parte (Earle). Em todas cabe o pressuposto da existência de um "Outro", oponente ativo, "vontades opostas" (Beaufre), "negações recíprocas" (Charnay), inimigos (Earle). Em todos, o "Outro" e a "negação" são constantes, que em Charney se pode considerar um paradigma: "A estratégia é, na sua essência mais profunda, negação".

Fruto das modificações da natureza da guerra e da estratégia, é consensual distingui-las, não apenas porque a estratégia é uma "função contínua" que antecede a guerra, prepara-a e continua depois das hostilidades, mas, sobretudo, porque o seu campo ôntico, o seu modo de ser, não é o mesmo. Apesar de a luta armada dar o sentido último à guerra, a estratégia não tem que se aferir por esse facto, mas pela capacidade de armar uma paz suficiente. A estratégia é dirigida pela política, mas também a influência ao colocar limites à concretização de alguns dos seus objetivos, quando os mesmos não são razoáveis em termos de conflito e de uma paz possível. Esse é o "exercício prudencial da estratégia". Ou seja, a estratégia responde diretamente à política, mas tem um espectro mais alargado do que a guerra, por outras palavras, "a estratégia tanto faz a guerra como arma a paz".

A estratégia, na sua formulação, enquanto sintetizadora da "grande manobra geral do Estado", não é apenas "estratégia integral", como refere André Beaufre. Abaixo, integra "estratégias gerais", que correspondem às formas de coação a empregar (estratégia económica, diplomática, cultural, informacional e outras). E, do mesmo modo, as estratégias gerais subdividem-se em estratégias particulares, de que a estratégia militar (terrestre, marítima e aérea) é um exemplo. Na charneira entre "conceção e determinação geral" da conduta e a sua concretização pelas estratégias gerais, situam-se os "modos de ação estratégica": estratégia operacional, nascida no século XIX, no pensamento militar alemão; a estratégia genética e a estratégia estrutural, estas mais recentes. Esta via baseia-se num "critério horizontal" de ordenamento da estratégia em relação à tática e, dessa forma, torna estratégicas operações que podem não o ser. É que o edifício político-estratégico tem também propriedades verticais. Enquanto a distinção estratégia/tática, baseada num "critério horizontal", assenta na "diferença social das ações e protagonistas" (escalões mais elevados/volume de meios), no "critério vertical" a delimitação assenta em critérios de distinção que se prendem com a "consequência das ações" e a "relação com o poder político diretor". Assim, é o critério vertical que constitui o elo genético na destrinça entre estratégia e tática. Se a estratégia se refere mais à exploração intensiva-durativa de um processo, a tática é pontualizável em sequências precisas. Ao critério horizontal resta hoje a função de articular funcionalmente os níveis, porque mesmo as ações com consequências estratégicas são tecnicamente táticas no seu procedimento, volume de forças e escalão.

Em síntese, percebe-se que o "critério vertical" distingue política/estratégia/tática, no edifício conceptual que preside à defesa. A política dita os fins e os objetivos, a estratégia responde a esses objetivos através de fins intermédios, em ambiente hostil, e a tática concretiza e pontualiza esses objetivos em expressão reificada. *[J.A.E.]*

Estratégia Global da União Europeia (EGUE)

A Estratégia Europeia de Segurança (EES) foi adotada em dezembro de 2003, tornando--se um marco no desenvolvimento da ↗Política Externa e de Segurança Comum (PESC). A União Europeia chegou pela primeira vez a acordo quanto a uma avaliação comum da ameaça e estabeleceu objetivos claros para promover os seus interesses, em matéria de segurança, com base nos seus valores fundamentais. *Uma Europa segura num mundo melhor* é o documento de Javier Solana, então secretário-geral do Conselho e alto-representante da União Europeia para a PESC. Cinco anos mais tarde, em dezembro de 2008, foi apresentado ao Conselho, em cumprimento de um mandato dos chefes de Estado e de Governo, um relatório, elaborado em associação com a Comissão Europeia, sobre a execução da EES, intitulado *Garantir a segurança num mundo em mudança*. Esse relatório visa analisar o modo de funcionamento da estratégia aplicada e as medidas a adotar para melhorar a sua execução. A análise concluía que, embora muito tivesse sido conseguido em pouco tempo, pela frente deparavam-se numerosos e complexos desafios, num mundo em rápida mutação, às quais a Europa teria de responder.

A Estratégia Global da União Europeia (EGUE) foi iniciada em 2013, quando o Conselho solicitou à alta representante, Catherine Ashton, uma avaliação sobre o impacto que as mudanças no sistema internacional teriam sobre a União Europeia, entretanto, assumida pela sua sucessora Federica Mogherini, em 2014, que, por seu lado, apresentaria as conclusões ao Conselho de junho de 2015. Foi com base no documento *The European Union in a changing global environment. A more connected, contested and complex world*, que o Conselho solicitou à alta representante, em conjunto com os Estados-membros, a elaboração de uma reflexão estratégica, que acabaria por dar origem à EGUE, formalmente apresentada ao Conselho de 28 de junho de 2016. Trata-se de um documento mais orientado para a ação, com identificação das políticas a desenvolver face aos desafios assumidos e formula um guião organizado em três partes: interesses, princípios e prioridades.

Apresentando alguns pontos fortes e positivos, poder-se-ia afirmar que se constitui num novo impulso da ↗Política Comum de Segurança e Defesa (PCSD), face à crescente deterioração da segurança, no ambiente regional europeu, na qual se incluem a reorientação do ex-presidente norte-americano Donald Trump sobre a relação transatlântica e o ↗*Brexit*. É possível que algumas iniciativas e propostas, em relação ao reforço dos meios da PESC, se venham a concretizar, concedendo à EGUE um estatuto doutrinal para a sua concretização. Mas, em síntese, não reúne o apoio político necessário, nem define um "pensamento estratégico europeu" com clareza e decisão necessárias. A sua fundamentação em conceitos imprecisos como "resiliência" ou "pragmatismo", importantes na visão operativa, não ajudam muito a União Europeia a fazer uma reflexão sobre a sua natureza, enquanto ator internacional, e sobre a política externa que deve adotar. *[J.A.E.]*

Estrutura económica

É o termo que descreve a forma organizada como um Estado faz a afetação dos seus recursos e distribui os bens e serviços pela comunidade nacional. A estrutura económica consiste no conjunto das relações duráveis, num certo território, entre diversos elementos – população, economia, ou sociedade – e que evolui lentamente. As perspetivas/ teorias mais recentes consideram que é a estrutura económica de um país que mais condiciona sua performance económica. *[C.G. / F.Co.]*

Ética e Relações Internacionais

Etimologicamente, o termo "ética" vem do grego *ethos* e "moral" do latim *mos* ou *mores*, ambos significando costumes, maneiras de viver e agir, e os códigos destinados a reger as condutas humanas. Os gregos usavam o termo ética para definir o costume bom e o caráter bom. O conceito de ética seria, então, o conjunto de costumes de um grupo social que vale como valor e obrigação para a vida prática em sociedade. É assim que, com Aristóteles (384-322 a.C.), na sua obra *Ética a Nicómaco*, a ética se inscreve na filosofia prática (a qual, por sua vez, se dividiu em *ética* e *política*) e do mesmo modo que se ocupa com a ação do homem no mundo, também se liga à *polis*, ou seja, à organização da cidade.

A ética representa, em sentido estrito, um tratado das virtudes, devendo permitir aos homens conduzir uma vida feliz no seio da sociedade. Que a ética se liga à vida da *polis* e à ordem social será reafirmado por São Tomás de Aquino (1225-1274). A cidade supõe "a existência de um bem comum", que dá sentido ao corpo social e, por seu intermédio, ao homem enquanto indivíduo, sendo condição da liberdade individual. Assim, todos os homens devem contribuir para o bem comum da sociedade e, ao mesmo tempo, ver nele a sua própria realização. O ↗bem comum, como defendeu São Tomás de Aquino, deve ter primazia sobre o bem particular, pressupondo adquirir e praticar as virtudes morais, assim como participar direta ou indiretamente na vida pública, cumprindo os deveres cívicos e fomentando a união na vida social. Daí decorre que a ordem política está fundamentalmente submetida ao princípio ético do bem comum, ideia esta que, remontando em parte à cidade grega, preside à conceção ocidental de sociedade. É assim que, posteriormente, na moderna conceção do ↗Estado de Direito, o conceito ético de bem comum encontrará o seu equivalente jurídico no conceito de interesse público (ou interesse comum).

Com o Século das Luzes, dá-se a diferenciação entre ética e moral, graças sobretudo a Espinosa (1632-1677), que é o grande filósofo da ética, e a Kant (1724-1804), que é o filósofo da moral. Com o decorrer do tempo, os termos foram-se dissociando e tomando significações diferentes entre si; o termo "moral" é utilizado no sentido de costumes coletivos que geram valores e obrigações morais, enquanto o termo "ética" passou a significar a filosofia da moral, sendo individual na medida em que é a regra de vida do Homem, e universal porque pressupõe um consenso sobre os valores essenciais que fundam as morais.

O Iluminismo europeu defendeu a ideia da universalidade dos valores e dos princípios éticos, a par do conceito de individualidade e do respeito que lhe é devido.

Em Kant, a autonomia moral do homem torna-se o princípio da moralidade (moralidade subjetiva), residindo aí o fundamento do princípio da dignidade da pessoa. A pessoa moral – ou seja, não o homem empírico, mas "a humanidade presente no homem" – é um fim em si e não um meio em vista de outros fins. Por isso, Kant, em *Os fundamentos da metafísica dos costumes*, define o imperativo categórico: "Age unicamente segundo a máxima que faz com que tu possas querer ao mesmo tempo que ela se torne uma lei universal" ou "age de tal modo que trates a humanidade tanto na tua pessoa como na pessoa de qualquer outro, sempre como um fim, e nunca simplesmente como um meio". Argumentação esta de Kant que concorreu à justificação filosófica dos direitos do homem, na medida em que o imperativo categórico se impõe sempre que se trata de definir uma norma ética fundamental de aplicação universal.

Ora, os ↗Direitos Humanos, o reconhecimento da dignidade da pessoa e a solidariedade da comunidade humana são hoje o alicerce das relações entre Estados e entre comunidades. Também o fundamento do dever da paz, tal como se apresenta hoje, de aplicação universal e impondo-se a toda a humanidade, se encontra no princípio kantiano do imperativo categórico e, principalmente, nas suas incidências sobre as ações que tendem a fazer da dignidade humana uma realidade sem reservas, tendo por finalidade a *paz perpétua* ou *eterna*.

A incorporação da ética nas relações internacionais encontra-se explicitamente nos direitos universais inscritos na ↗Declaração Universal dos Direitos Humanos, de 1948, embora a ligação da ética à política descenda já de Aristóteles. Na Declaração Universal dos Direitos do Homem, tal como na ética moderna, o humano reenvia ao universal. Os direitos públicos e privados, a ordem e a cultura públicas, os princípios ético-jurídicos do Estado de Direito ou os direitos universais tendem a impor-se como horizonte não somente possível, mas alcançável na organização das sociedades, nas relações entre sociedades e nas relações entre Estados.

É também por isso que a ética integra hoje uma noção dinâmica que a moral não possui. Enquanto a moral aparece como estabelecida e absoluta, a ética inscreve-se num movimento de sociedade, englobando uma discussão e implicando uma reflexão de ordem crítica, uma reavaliação permanente. A ética pressupõe que nos interroguemos permanentemente sobre os princípios e as ações. Enquanto em Kant se tratava de impor uma norma com validade de lei universal, na atualidade, na "ética da discussão" (Apel, Habermas) trata-se de examinar, através da discussão, a pretensão de uma máxima ou de uma norma à universalidade. Surge deste modo um procedimento que passa pela linguagem, pela discussão, pela racionalidade crítica, pela liberdade e igualdade. A ética da discussão, tal como é entendida por Habermas, pressupõe uma razão comunicacional, em que a decisão deve decorrer de um diálogo ou discussão pública entre os interessados ("o 'princípio D' enuncia-se assim: só podem pretender à validade as normas suscetíveis de reunir o assentimento de todos os interessados enquanto participantes de uma discussão prática").

Como modernos que ainda somos, e herdeiros do Iluminismo, a ética da discussão liga-se à ética universalista. Como propõe Apel, no quadro de uma ética universalista, o modo moral de uso da razão prática baseia-se no "princípio U": princípio da universalização, que permite a ligação do particular para o geral. Aplicando-se este princípio, não se pode defender um interesse se ele não for válido para todos. Seja como for, a ↗ordem internacional é incompreensível sem referência aos valores: supõe um juízo de valor sobre finalidades políticas como a segurança, a justiça, o direito; e, por outro lado, toda a atividade política orientada para um fim mobiliza meios que exigem uma hierarquia de valores. O estudo das relações internacionais levanta sempre problemas éticos decorrentes das normas superiores que permitem avaliar a moral dos atores e os discursos críticos sobre a sua prática moral.

Hoje, a ↗globalização, que constitui um processo de alargamento das fronteiras morais e políticas, coloca o imperativo de uma ética global ou de uma macroética para tratar as novas questões éticas (Singer). Como afirma Russ, "é doravante à escala planetária que se põem, na sua urgência, os problemas éticos, vinculados a uma responsabilidade coletiva". Problemas ecológicos de caráter global, problemas macroeconómicos, problemas legais e jurídicos que ultrapassam fronteiras, problemas comunitários globais, o terrorismo, o problema dos refugiados, a fome no mundo, a corrupção, problemas da bioética, da ética empresarial, da ética da comunicação e das novas tecnologias de comunicação e informação, etc., impõem novas respostas e novas fundamentações éticas, que se jogam não unicamente ao nível das éticas aplicadas (que atualmente tendem a diversificar-se), mas também ao nível das discussões, das práticas e dos discursos das relações internacionais e da comunidade humana. Se uma economia global requer uma ética global, como defende Peter Singer, é preciso, como ele declara, saber enfrentar a globalização de modo a produzir o máximo de bem-estar e desenvolvimento para todos. *[F.S. / R.R.]*

Etnia

A palavra etnia (do étimo grego *ethnos*, povo), difundida em França desde finais do século XIX, designava originariamente as comunidades humanas culturalmente distintas das demais, com língua e cultura material e espiritual próprias, mas a que faltavam os requisitos indispensáveis à sua inclusão na categoria de ↗nação, sobretudo instituições políticas que lhes permitissem governar-se a si mesmas, como então defendiam as diversas visões europocêntricas, certamente não desinteressadas. De onde decorreria que, sempre que as nacionalidades oprimidas pelos impérios reivindicavam a satisfação das suas aspirações autonómicas ou mesmo independentistas, os poderes centrais dos estados que as governavam contrapunham-lhes leituras e políticas redutoramente étnicas dessas reivindicações (como aconteceu com os impérios Austro-Húngaro e Russo, na Europa). Isto induziria os críticos das concepções europocêntricas a desconfiar do conceito de etnia, que encarariam como oposição à nação e consequente rejeição do direito dos povos oprimidos a lutar pela autodeterminação e independência das respetivas nações, considerando que o seu uso acabaria por legitimar as situações de opressão nacional e colonial resultantes da expansão imperialista europeia, assim como genocídios e deportações massivas de populações após a independência de diversas ex-colónias, nomeadamente no Ruanda e no vizinho Burundi.

No caso paradigmático do Ruanda, a Bélgica assegurou mais de 40 anos de dominação (1920-1962) sobre esta antiga colónia da Alemanha derrotada na Primeira Guerra Mundial, apoiando-se na intervenção etnocidária de missões católicas, mas também na invenção de etnias que não se diferenciavam pela língua, pela cultura, pela história, nem pelo território que ocupavam, assim como na sua hierarquização com base em critérios racistas de branqueamento, procurando promover socialmente e transformar os minoritários Tutsis (criadores de gado baptizados de Hamitas) em correia de transmissão da sua dominação colonial e instrumento adicional de opressão sobre os maioritários Hutus (agricultores bantos) e Twas (pigmeus autóctones do país). Esta política abriu o caminho à expulsão de dezenas de milhares de Tutsis para o Uganda após o derrube da sua monarquia em 1959, antes de serem massacrados em massa pelo poder Hutu em 1963 e, sobretudo, em 1994, perante o silêncio cúmplice da generalidade dos governos dos países de África (e do mundo) – quantas vezes assolados por trágicos conflitos étnicos no interior dos seus territórios herdados da época colonial – e a impotência da força militar da ONU.

Etnização da opressão que a história da humanidade revelou não ser exclusiva das situações de dominação colonial e das suas heranças pós-independência, como o demonstraram, no século XX, a perseguição e o genocídio da esmagadora maioria dos judeus e dos ciganos europeus pelo nazismo antes e durante a Segunda Guerra Mundial e, por outro lado, as deportações massivas de populações de diversas nacionalidades não russas da antiga União Soviética (Alemães do Volga, Tártaros da Crimeia, Gregos, Búlgaros e Arménios, entre outros) para áreas remotas do Casaquistão, do Uzbequistão, da Quirguízia e da Sibéria, entre 1937 e 1945, arbitrariamente acusadas pela oligarquia estalinista governante de colaboração com o inimigo, nomeadamente o invasor nazi, a partir de junho de 1941, precedidas pelo desterro de sucessivas vagas de opositores políticos e de camponeses resistentes à colectivização forçada, quantas vezes abusivamente identificados com grandes proprietários rurais restauracionistas (Kulaks) aniquilados pelo governo entre 1929 e 1933.

Não é, por conseguinte, de estranhar que a memória das transferências forçadas de milhões de pessoas de dezenas de nacionalidades acabasse por dificultar extraordinariamente as relações interétnicas na União Soviética e na Federação Russa que sucedeu à sua implosão, devido ao clima de desconfiança nelas instalado, sequela comum a todas as sociedades flageladas por conflitos desta natureza, como viria a acontecer com os países que resultaram da sangrenta guerra civil e da consequente desintegração da antiga Jugoslávia, entre 1991 e 2001. O que demonstra que nem a Europa pôde escapar à violência interétnica, sempre latente em países cujo desenvolvimento histórico não conseguiu assegurar a homogeneização da sua população através da construção de uma nação identificada com um Estado capaz de a enquadrar politicamente, como acontece com a Espanha face às aspirações independentistas da Catalunha e do País Basco; com a Bélgica, marcada pela instabilidade governamental decorrente do conflito entre a Valónia e a Flandres; e até com o Reino Unido, face às aspirações reunificadoras da Irlanda do Norte com a República da Irlanda, crescentemente reforçadas pela decadência do unionismo no contexto do Brexit.

Fora da Europa, importa destacar o interminável conflito entre Israel e o povo árabe da Palestina, expulso das suas terras de origem e privado de um Estado próprio, em resultado da política de limpeza étnica e de colonização de antigas áreas palestinianas levada a cabo pelo estado sionista desde a sua fundação em 1948. Limpeza étnica que continua a flagelar muitos Estados, gerando vagas sucessivas de refugiados que procuram desesperadamente alcançar a Europa e os Estados Unidos – apesar das barreiras políticas e raciais à sua integração – para escapar à guerra, à repressão e à destruição das condições de vida nos seus países de origem de África, da Ásia e da América Latina. *[J.M.G.]*

Etnocídio

Para Robert Jaulin, etnólogo que estudou este fenómeno em África e na América do Sul, o etnocídio é o ato de destruição de uma civilização (descivilização). De acordo com os étimos greco-latinos *génos* (raça), *homicida* (assassino) e *homicidum* (assassinato), o genocídio é o extermínio físico de um grupo humano, enquanto o etnocídio define o extermínio cultural de um povo resultante da expansão da civilização ocidental, que, segundo Jaulin, em nome do mito do desenvolvimento destruiu e destrói sociedades tradicionais através da economia de mercado. Em seu entender, o povo, enquanto população dotada de uma cultura específica (do étimo grego *ethnos*), é um corpo coletivo, com as suas indissociáveis ainda que desigualmente desenvolvidas vertentes económicas, religiosas e políticas, entre outras, de tal maneira imbricadas que a interferência externa sobre qualquer delas pode ameaçar e destruir a cultura/civilização em apreço.

Em 1947-1948, após o extermínio da maioria dos judeus da Europa pelo nazismo, procurando prevenir o risco de novos massacres com base na peculiaridade étnica das vítimas através da elaboração de uma declaração dos direitos do homem, a ↗Organização das Nações Unidas apreciou e adotou o termo *genocídio* (criado por Raphael Lemkin, conselheiro do governo dos Estados Unidos durante a Segunda Guerra Mundial), tendo rejeitado a sugestão de adoção da expressão genocídio cultural – a palavra etnocídio ainda não fora inventada – por recear a perversão do seu sentido original. *[J.M.G.]*

Etnonacionalismo

O termo etnonacionalismo, ou nacionalismo étnico, caracteriza uma forma de ↗nacionalismo em que a nação se define em termos de pertença a um grupo étnico, e em que esse último é tido como o modelo de referência cultural dessa mesma nação. Como o nacionalismo em seu sentido geral, o etnonacionalismo funda-se em dois pilares: primeiro, num apelo à consciência das ligações sociais e culturais entre os cidadãos, de forma a alcançar uma união num mesmo coletivo político; segundo, na revindicação do direito do coletivo político assim unido a um território nacional autónomo. Para além dessas características clássicas, o etnonacionalismo promove a exaltação dos valores culturais (a língua, por exemplo) do coletivo político, conduzindo frequentemente à rejeição de outras culturas, bem como a fenómenos de ↗xenofobia ou de ↗racismo. *[J.C.C.]*

Euro

Antes de a ↗União Económica e Monetária (UEM) ter sido aprovada na segunda revisão dos tratados europeus (Tratado de Maastricht, em vigor em 1 de novembro de 1993), um comité de peritos, presidido pelo então presidente da ↗Comissão Europeia, Jacques Delors, apresentou um relatório com ideias sobre a viabilidade técnica de uma união monetária. Uma das questões em aberto era o objetivo final da UEM. Duas hipóteses foram equacionadas: a substituição das moedas nacionais por uma moeda única; e a manutenção das moedas nacionais, sujeitando-se as autoridades nacionais a um compromisso de irrevogabilidade das paridades cambiais. O Relatório Delors aconselhou a versão mais ambiciosa de união monetária, preconizando a criação da moeda única. Os peritos do Comité Delors foram categóricos quanto à rutura com o passado. Por um lado, as moedas nacionais eram um símbolo de pertença nacional e permitiam aos governos a utilização de um instrumento de política económica (a política cambial). Por outro lado, supunha um corte com hábitos consolidados, ditando um importante impacto psicológico nos cidadãos. Neste sentido, a moeda única foi associada a um objetivo político, transcendendo a mera realidade económica.

De início, os negociadores do Tratado de Maastricht desejavam que a nova moeda desse continuidade à unidade monetária (sem existência física) que era o Ecu – o alicerce do Sistema Monetário Europeu –, devendo ser essa a designação da moeda única. Todavia, o governo alemão manifestou oposição devido à semelhança fonética entre a palavra "Ecu" e "kuh" ("vaca", em alemão). Em alternativa, acordou-se na designação "Euro". A moeda única passou a ter existência legal em simultaneidade com a terceira etapa da UEM, em 1 de janeiro de 1999. Todavia, as dificuldades técnicas associadas à criação da nova moeda e à retirada das moedas nacionais estiveram na origem de um novo período de transição. A moeda única, como realidade física e tangível, foi criada em 1 de janeiro de 2002. *[P.V.M.]*

Eurocorps

O Eurocorps é um corpo militar intergovernamental, criado na 59.ª cimeira franco-alemã (maio de 1992), tendo por base a Brigada Franco-Alemã que tinha sido estabelecida em 1989, registando-se, entretanto, a adesão de três outros Estados: Bélgica (1993), Espanha (1994) e Luxemburgo (1996). Embora esteja operacional desde novembro de 1995, seria o Tratado de Estrasburgo, de 22 de novembro de 2004 e que entrou em vigor em 2009 (*Tratado relativo ao Eurocorps e ao Estatuto do seu Quartel-General*), a fixar a sua base legal.

Atualmente, conta com cerca de 1000 soldados estacionados no seu quartel-general, em Estrasburgo, além dos 6 000 soldados da Brigada Franco-Alemã, embora o número total de operacionais possa variar em função das operações militares em que estiverem envolvidos, até um total de 60 mil soldados. Além dos referidos Estados participantes, o Eurocorps conta na atualidade com seis Estados associados – Áustria, Grécia, Itália, Polónia, Roménia e Turquia –, os quais contribuem com os seus próprios efetivos para as forças do Eurocorps. Qualquer Estado da União Europeia pode integrar o Eurocorps (sujeito à aprovação dos atuais membros), na condição de participante ou associado.

Originalmente inscrita no âmbito das forças que dependiam da ↗União da Europa Ocidental (UEO) – a mobilização do Eurocorps sob o controlo político da UEO chegou a ser objeto de um acordo concluído em setembro de 1993 –, desde a extinção formal da UEO, em 2011, o Eurocorps não se encontra subordinado a qualquer outra organização militar, embora possa atuar em colaboração com organizações internacionais como a ↗ONU, a ↗OTAN ou a ↗OSCE, e sob a autoridade das mesmas, no âmbito de missões humanitárias, missões de evacuação de cidadãos e operações de restabelecimento ou de manutenção da paz. Releva neste âmbito o acordo de cooperação com a União Europeia, celebrado em 2016. Esta força já esteve em missões na Bósnia Herzegovina (1998-2000), Kosovo (2000) e Afeganistão (2004-2005 e 2012), todas elas em parceria com a OTAN, e encontra-se neste momento no Mali e na República Centro-Africana, em colaboração com a União Europeia. *[R.R.]*

Europa 2020

Designação atribuída à estratégia apresentada em 2010 pela ↗Comissão Europeia para delinear as prioridades e resultados da ↗União Europeia (UE) até 2020. Atendendo ao cenário geral da crise de 2008 e de todos os desafios que o mundo enfrentava no período em que a agenda foi desenhada, a União Europeia definiu como prioritários os objetivos de crescimento inteligente, sustentável e inclusivo, melhoria da competitividade e a produtividade da Europa e promoção de uma economia social de mercado sustentável. Para atingir esses objetivos, a UE adotou metas em cinco áreas: emprego; investigação e desenvolvimento; mudança climática e energia; educação; e pobreza e exclusão social. Para estas dimensões, foram identificados vários indicadores e expectativas de resultados. Concretamente, o documento da Comissão estabeleceu os seguintes objetivos: 75% da população de 20 a 64 anos empregada; 3% do PIB da UE investido em I&D; objetivos climáticos e energéticos cumpridos (incluindo um aumento para 30% de redução de emissões); percentagem de abandono escolar precoce inferior a 10%, pelo menos 40% dos jovens com grau superior; e menos 20 milhões de pessoas em risco de pobreza.

Após este período, e numa reflexão sobre a sua concretização, a União reconheceu que, apesar de todo o progresso realizado, continuava a ser necessário estimular todas as áreas identificadas. De acordo com um relatório de 2019, intitulado *Smarter, greener, more inclusive? Indicators to support the Europe 2020 Strategy*, os resultados não foram uniformes, mas "foi alcançado progresso significativo nas áreas de emprego e educação, onde a União Europeia já atingiu a meta para a frequência do ensino superior e está perto de cumprir a meta de abandono escolar precoce. No entanto, os objetivos sobre investimento em I&D e de redução da pobreza ainda estão distantes; e o progresso nas mudanças climáticas e de energia não foram consistentes". *[A.P.M. / L.P.]*

Europeização

Processo através do qual a União Europeia, enquanto poder normativo, promove junto de países terceiros as suas regras, valores e crenças. A definição clássica deste termo proposta por Laderch (1994) considera a Europeização "um processo incremental que reorienta a direção e a forma da política até ao ponto em que a dinâmica política e económica da CE se torna parte da lógica organizacional da política nacional e da formulação de políticas nacionais". Claudio Radaelli, num artigo publicado em 2000, "*Whither Europeanization? Concept stretching and substantive change*", considera como parte deste processo a "construção, difusão e institucionalização de regras formais e informais, procedimentos, paradigmas políticos, estilos, 'modos de fazer as coisas', crenças e normas compartilhadas". Como pode inferir-se, este é um processo muito amplo, onde se encontram elementos mais concretos como os próprios Tratados institutivos e atos normativos, os critérios de Copenhaga, o acervo comunitário (*acquis communautaire*) e programas de assistência, assim como diferentes políticas públicas da União. O cumprimento das exigências impostas pela condicionalidade política traz benefícios aos Estados, mas requer destes grandes mudanças que envolvem apoio financeiro considerável por parte da União Europeia. Por conseguinte, a União acaba por ter um papel determinante na definição das agendas nacionais e a europeização é, assim, uma forma de disseminação dos interesses desta organização internacional.

Contudo, a europeização não inclui apenas a adoção de regras formais e a sua transposição material, mas também a internalização de práticas e outros aspetos ideacionais, numa dimensão direcionada para a aprendizagem social das novas realidades e perspetivas que subjazem à adoção dessas regras formais. Conceptualmente, europeização distingue-se de convergência (que é consequência da primeira) e de harmonização – que não é necessariamente prioridade para a União Europeia, uma vez que esta dá amplitude de manobra aos Estados para a sua concretização. Há, no processo, uma preocupação acrescida na fase pós-ontológica, o que significa que a europeização está mais focada no que acontece quando as instituições são estabelecidas e produzem efeito do que na fase anterior. Deve, por fim, distinguir-se europeização de *policy-making*, pois esta última consiste no processo que origina uma determinada política, enquanto a europeização constitui uma consequência dessa política a nível interno e na dimensão de uma maior proximidade à prática europeia. *[A.P.M.]*

Fascismo

Movimento político que tem a sua génese em Itália com a fundação dos Fáscios Italianos de Combate após a Primeira Guerra Mundial. Assume densidade ideológica quando Benito Mussolini cria o Partido Nacional Fascista em 1921 e dota o fascismo dos seus três traços principais: preocupação com questões sociais, defesa de um Estado forte que coincide com o partido e espírito de luta permanente. Esses três elementos resultam das contingências históricas do início do século XX, combinando a reação às injustiças sociais e ao estado de *laissez-faire* do século XIX com o espírito marcial dos jovens milicianos que participaram na Grande Guerra. Contra o ↗comunismo, afasta o princípio de luta de classes, defendendo um sistema corporativista como forma de dissolver os diferendos sociais e estabelecer um terreno comum em torno de um projeto coletivo, nessa reunião entre ↗socialismo e ↗nacionalismo.

Mas é, sobretudo, contra a ideia de modernidade que melhor se compreende o fascismo: contra o individualismo, o universalismo, o igualitarismo e as liberdades do espírito liberal burguês, o movimento fascista bate-se pelas ideias de ordem e autoridade (simbolizadas na figura do *Duce*) e defende a autenticidade do espírito revolucionário capaz de criar um homem novo, que corporize as virtudes da coragem e do amor à pátria, num movimento perpétuo de luta para o qual são decisivas a propaganda e a estética fascistas. É entendido, nesse sentido, como movimento anti-iluminista: há, por um lado, uma desvalorização do conhecimento e da intelectualidade; há, por outro lado, uma recusa do pluralismo e do dissenso políticos; há, por fim, a defesa de um espírito totalitário: no movimento fascista não há esfera pública e esfera privada – tudo é esfera pública e comprometimento com a causa nacional.

Na guerra civil espanhola generalizou-se o termo "antifascista" como identidade de oposição, e com a derrota dos países do Eixo na Segunda Guerra Mundial, o termo "fascista" passou a ser usado como insulto genérico – mas um uso rigoroso do termo deve permitir distinguir o movimento fascista italiano de outros regimes autoritários e totalitários que marcaram a primeira metade do século XX. *[P.F.]*

Fatores das Relações Internacionais

O comportamento dos atores no ↗Sistema Internacional está condicionado por um conjunto de elementos ou "forças profundas", segundo Renouvin, que são os fatores das Relações Internacionais. Por fatores das Relações Internacionais entendemos, pois, os elementos de poder ao serviço dos ↗atores no jogo da ↗política internacional. Para compreender a sociedade internacional contemporânea é necessário, por um lado, tomar em consideração os fatores que influenciam o seu funcionamento, e, por outro lado, analisar a sua estrutura. Os principais fatores que influenciam o funcionamento da sociedade internacional, na medida em que podem determinar o comportamento dos atores das relações internacionais, são os fatores geográfico, demográfico, económico, militar, científico e tecnológico, governamental, ideológico, cultural e espiritual, mediático e a liderança. Não é possível determinar uma hierarquia de importância entre os vários fatores das Relações Internacionais, variando tal importância, isoladamente ou em conjunto, com outros fatores, no tempo e no espaço.

O *quadro geográfico* de um Estado constitui um importante fator explicativo das relações internacionais. Os Estados dividem entre si a maior parte do espaço terrestre. Assim, a ocupação de territórios foi sempre uma ambição dos governantes, a causa da maior parte dos conflitos, sendo a sua conquista a consagração da vitória. Apesar de o clima, o relevo e a qualidade do solo não serem determinantes na definição da política externa dos Estados, mas apenas condicionantes, a localização de um Estado no globo (acesso ao mar, posição insular, controlo das vias de comunicação) permite aumentar ou diminuir as opções da política externa, cabendo aos governantes e aos povos determinar as escolhas que marcarão o destino do Estado. Pelas suas características, este é igualmente um dos fatores condicionantes do poder de um Estado, sendo o mais estável. Os Estados são naturalmente condicionados pela geografia do seu território, que desempenha também um papel importante na evolução da sociedade.

Tal como o fator geográfico, o *fator demográfico* influencia as relações internacionais. Tem repercussões quer a nível das políticas nacionais, quer na política mundial: a nível militar, económico, ecológico, social e científico. Essas repercussões são a nível quantitativo e qualitativo. A nível quantitativo, as relações internacionais, no século XX, foram marcadas pela rapidez do crescimento da *população mundial* (queda da taxa de mortalidade, consequência da difusão de hábitos de higiene e dos avanços na medicina) e pelo aumento das ↗migrações internacionais, fenómenos que vieram a ter profundas repercussões na política internacional. Presentemente, verifica-se que o hemisfério norte, industrializado, é caracterizado por uma fecundidade baixa e por um fraco crescimento demográfico, e que o hemisfério sul, subdesenvolvido, é caracterizado por um forte crescimento demográfico. Mas o fenómeno da urbanização passou a ser universal, pela concentração das populações nas cidades, tanto nos países desenvolvidos como nos países não desenvolvidos. A nível qualitativo, a estrutura da população de um país ou de um grupo de países é também importante, determinando a predominância de jovens ou de idosos, de homens ou de mulheres, com todas as consequências que essa desigual distribuição implica. Por outro lado, o grau de homogeneidade da população de um Estado, do ponto de vista étnico, religioso, social ou político, é um fator não negligenciável para a governabilidade e estabilidade de um Estado, podendo ter repercussões a nível internacional. Finalmente, não negligenciemos a importância dos movimentos migratórios, como o turismo, as migrações e os refugiados que, não raras vezes, se constituem em elementos de desacordo entre os Estados e de perturbação das relações internacionais.

O *fator económico* tem um papel determinante na vida internacional. A desigualdade económica entre os países e o subdesenvolvimento constituem problemas fundamentais das relações internacionais. A história fornece numerosos exemplos de conflitos motivados por rivalidades económicas, pelas lutas e controlo de matérias-primas, alargamento de mercados, etc. A "arma" alimentar e a "arma" monetária fazem parte da "guerra económica" (tal como as "armas" petrolífera, tecnológica, científica), sem esquecer o embargo. A ação da ↗OPEP, a existência da ↗ASEAN, o papel do ↗GATT (entretanto substituído pela ↗OMC), a criação do ↗Mercado Comum/UE, o crescente poder das empresas ↗multinacionais, as reivindicações dos países em desenvolvimento no sentido da instauração de uma Nova Ordem Internacional, etc., demonstram a importância das trocas comerciais internacionais para os Estados. A interdependência entre os Estados é, regra geral, económica, antes de ser política.

O *fator militar*, quer no plano das armas clássicas, quer no plano das armas de destruição maciça, desempenha também um papel incontestável nas relações internacionais. Os meios militares de um Estado são utilizados para garantir a sua defesa.

Contudo, as políticas de força, os atos de agressão e a intenção de anexação fazem do fator militar, muitas vezes, um instrumento de desestabilização das relações internacionais. Existe, no entanto, uma tomada de consciência internacional do excesso de armamento, quer pela opinião pública, quer mesmo pelos governantes, levando a um esforço coletivo no sentido da limitação dos armamentos ou mesmo do desarmamento.

O mesmo acontece com o *fator científico e tecnológico*, elemento de transformação social, económica, militar e cultural, quer agravando a desigualdade entre os Estados desenvolvidos e os Estados em vias de desenvolvimento, quer produzindo um maior desgaste dos recursos naturais e criando ameaças globais (ameaça ambiental), quer tornando o mundo mais interdependente. O fator científico e tecnológico está interligado com o fator militar, permitindo aos Estados o desenvolvimento e aperfeiçoamento dos seus arsenais de armamento, bem como das estratégias e táticas militares. A transferência de tecnologia, a proteção do ambiente, as catástrofes ecológicas e a cooperação científica internacional constituem novos e importantes problemas das relações internacionais.

O *fator governamental*, associado ou não ao fator de liderança, diz respeito à influência que os governos exercem quer no desenvolvimento dos seus Estados, quer nas relações internacionais, pela definição das diretrizes da política externa dos seus Estados e pelas iniciativas que visam reforçar a cooperação internacional. Temos, assim, uma classificação entre bons e maus governos, governos democráticos (tese da "paz democrática") e governos autoritários e ditatoriais.

Quanto ao *fator de liderança*, podemos afirmar que o caráter e a personalidade dos governantes podem ser considerados como um dos elementos das relações internacionais, na medida em que aos governantes cabe, sobretudo, a iniciativa de decisão, apesar de ser em nome do Estado. Procura-se, assim, uma inter-relação entre o caráter e a personalidade do governante e a qualidade de estadista.

A influência do *fator ideológico, cultural e espiritual* manifesta-se na fragilização dos Estados pluriculturais – as minorias culturais exigem o reconhecimento da sua especificidade através de uma maior autonomia; no debate sobre a preferência a dar à modernidade ou aos valores tradicionais; e, quando utilizado pelos governantes, para justificar políticas expansionistas e de conquista. A ideologia constitui um sistema coerente e global de explicação da evolução do mundo e das sociedades mundiais, produzido e difundido por um grupo restrito. A função principal das ideologias é de legitimar ou criticar uma sociedade, com base num sistema de valores de referência considerado universal. Regra geral, contém um discurso de ocultação de certos factos históricos, de acordo com o interesse do grupo defensor da ideologia.

Finalmente, temos o *fator mediático*, resultado da revolução técnica e política das últimas cinco décadas e cuja influência na opinião pública nacional e internacional é presentemente muito forte. O aumento da sua influência é, simultaneamente, causa e efeito da erosão da soberania dos Estados. A mediatização dada a um facto pode determinar, simultaneamente, o impacto e a importância desse facto para a opinião pública internacional. Na análise do fator mediático devemos, também, ter em atenção os fenómenos de subinformação (países em desenvolvimento); sobreinformação (países desenvolvidos); e desinformação (manipulação da informação para fins políticos, ideológicos ou económicos). Em suma, o fator mediático pode ter o efeito de acelerar um processo de desestabilização interna de um país; reforçar o poder de um governante ou grupo social (↗lóbi); permeabilizar fronteiras; internacionalizar um conflito ou um facto de caráter nacional; reforçar a solidariedade internacional; isolar um regime político (África do Sul); pressionar a democratização/respeito pelos ↗Direitos do Homem, etc. *[F.S. / R.R.]*

Fátua

Opinião legal emitida por uma autoridade religiosa muçulmana sobre uma determinada questão que lhe foi colocada a título individual. Visa clarificar o sentido e aplicação da ↗Xariá (*Sharia*), a lei islâmica, a situações concretas da vida prática, a qual abrange, tendencialmente, todas as esferas da vida humana. Em princípio, a sua força é a do prestígio e autoridade do teólogo-jurista (*mufti*) que a emite. *[J.P.T.F.]*

Federação

A federação é um modelo de organização política de uma comunidade (federalismo) caracterizada por alguma heterogeneidade (cultural, religiosa, linguística, étnica, geográfica) entre as partes componentes. À federação corresponde o nível superior na teia de relações com os Estados federados. O sistema federalista rege as relações entre a unidade central (federação) e as unidades inferiores (↗Estado federal; em alguns casos inclui os governos locais). Um dos atributos do federalismo é o estabelecimento de um modelo claro de distribuição de competências entre a federação e os Estados federados. Outro elemento característico é a consagração de um mínimo de autonomia política, orçamental e de decisão às unidades políticas abaixo da federação.

Existem vários modelos de federalismo. O federalismo centralizado distingue-se pela elevada concentração de competências e recursos financeiros na federação. No federalismo descentralizado verifica-se a atribuição de competências significativas e a autonomia política e orçamental dos Estados federados, limitando-se a federação a assumir poderes que se enquadram nas funções de soberania e em funções económicas afetadas por externalidades transnacionais. Independentemente do modelo de federalismo, o essencial da soberania reside na federação, muito embora seja garantida (em graus variáveis) autonomia institucional, orçamental e política aos Estados federados. Estes dispõem de parlamentos próprios (estaduais), exercem poderes próprios, atribuídos pelo modelo constitucional vigente, e poderes delegados pela federação, e usufruem de autonomia orçamental, com a possibilidade de arrecadar receita independentemente de autorização federal, e da correspondente liberdade de realizar despesa pública em conformidade com o exercício das suas competências. *[P.V.M.]*

Feminismo

Defesa dos direitos da mulher e exigência de igualdade em relação aos homens, em todas as esferas da vida social. O feminismo, que data do fim do século XVIII na Europa, reforçou-se consideravelmente a partir de finais do século XIX, de tal modo que hoje existem movimentos feministas na maior parte dos países. As perspetivas feministas das relações internacionais, essencialmente a partir de finais da década de 1980, introduziram o "género" como categoria empírica e instrumento teórico relevante na análise das relações de poder global, bem como um ponto de partida normativo para a construção de ordens mundiais alternativas. Juntamente com um conjunto de novas perspetivas sobre as políticas mundiais, como o pós-modernismo, o construtivismo e a teoria crítica, as teorias feministas têm contestado o poder e o conhecimento das teorias tradicionais das Relações Internacionais. Acima de tudo, estas novas perspetivas procuram mover o estudo das Relações Internacionais do seu foco singular nas relações interestatais para uma análise mais abrangente dos atores e estruturas transnacionais, e das possibilidades de transformação na ordem mundial.

O feminismo defende que as visões tradicionais das relações internacionais distorcem o nosso conhecimento quer sobre as "relações", quer sobre as "transformações" internacionais. Estas têm levado a argumentos simplistas que reproduzem as dicotomias que têm marcado as Relações Internacionais, com influência clara do género. Definem o poder como poder sobre "outros", a autonomia como reativa e não relacional, e a política internacional com base na ausência da mulher e na negação das políticas domésticas. Isto torna as mulheres e o género invisíveis, porque falha em perceber o significado político de divisões fundamentais baseadas no género, institucionalizadas a nível público e privado no Estado e no sistema de Estados. Também ignoram as atividades políticas e o ativismo das mulheres, quer se estejam a mobilizar para a guerra, quer protestem ou organizem campanhas de reconhecimento dos seus direitos fundamentais.

Em suma, as perspetivas das relações internacionais que não tomam em consideração questões de género acabam por não dar atenção a aspetos essenciais da ordem mundial. As perspetivas feministas demonstram que, em muitas circunstâncias, o poder global e as transformações não pertencem apenas ao domínio das elites políticas e económicas, mas também a outras áreas mais recatadas das sociedades; procuram assim ajudar no reconhecimento de mudanças de poder no seio dos Estados com ramificações na ordem mundial, considerando que a observação e interpretação destas mudanças, à medida que surgem numa variedade de contextos globais e locais, constituem uma função central do estudo das Relações Internacionais. *[F.S. / D.F.]*

Feudalismo

Sistema de organização social e política que teve o seu principal desenvolvimento a partir do século X e sobreviveu até ao século XV, em alguns países do Ocidente medievo. Segundo Ganshof, o feudalismo é "um conjunto de instituições que criam e regulam obrigações de obediência e de serviço – sobretudo militar – da parte de um homem livre, chamado vassalo, para um outro homem livre, chamado senhor, e obrigações de proteção e sustento da parte do senhor para com o vassalo". A sociedade feudal é piramidal, com o rei no topo, seguido dos privilegiados (os senhores feudais e o alto clero), da baixa nobreza e do clero paroquial, sendo a base constituída pelos camponeses livres e servos. O alto clero e as hierarquias monásticas são autênticos senhores feudais, estabelecendo-se também relações de vassalagem entre eles e os outros senhores. Contudo, as relações deste tipo são enfraquecidas pela reforma gregoriana do século XI. Para Georges Duby (1994), o feudalismo, mais do que um sistema de organização política, representa uma mentalidade enraizada na população. *[J.G.F.]*

Finanças públicas

As finanças públicas enquadram a atividade financeira do ↗Estado, agregando o setor público administrativo, o setor empresarial do Estado e as autarquias locais. Compreendem um componente central: o ↗orçamento de Estado. Não se esgotam nesta componente, todavia, pois as finanças públicas incluem a gestão do património do Estado e da dívida pública e as opções de política orçamental. A partir da última década do século XX, em resultado da integração europeia e do modelo político-económico dominante e, sobretudo, como corolário da ↗União Económica e Monetária (UEM), as finanças públicas equilibradas passaram a ser o paradigma. Os Estados-membros da UEM passaram a respeitar parâmetros definidos pelo Pacto de Estabilidade e Crescimento (regra orçamental da UEM): défice orçamental nominal não superior a 3%

do PIB e dívida pública não superior a 60% do PIB. A lógica da disciplina orçamental limitou a margem de manobra das autoridades competentes em matéria de política orçamental, deixando de ser possível défices orçamentais excessivos e sobreendividamento público – tanto mais que, no contexto da zona euro, com a convergência das taxas de inflação, deixou de ser possível tirar partido da inflação mais elevada para diminuir o *stock* da dívida pública.

Segundo os críticos das finanças públicas equilibradas, as regras orçamentais têm o inconveniente de constrangerem o funcionamento dos estabilizadores automáticos, limitando a possibilidade de as finanças públicas estarem ao serviço de objetivos de política económica (em geral) e das políticas públicas (em particular). A política orçamental deixou de ter o protagonismo que era reservado pela lógica keynesiana, nomeadamente como amortecedor das flutuações cíclicas da economia. *[P.V.M.]*

Fontes de Direito Internacional

O elenco das fontes de Direito Internacional é normalmente retirado do artigo 38.º do Estatuto do Tribunal Internacional de Justiça (ETIJ), já que, sendo característica dos tribunais, o facto de estes realizarem a Justiça por via da aplicação (exclusiva) das fontes de Direito, essa é a norma que identifica tais instrumentos.

A norma refere as convenções, o costume, os princípios gerais de Direito, a jurisprudência, a doutrina e a equidade. Foi, no entanto, elaborada pelo chamado Comité dos Dez, nos anos 1920, quando se decidiu criar o primeiro tribunal permanente, o Tribunal Permanente de Justiça Internacional, no quadro da ↗Sociedade das Nações, merecendo na atualidade algumas críticas que são, todavia, enquadráveis no momento histórico da discussão e aprovação do dispositivo. Assim, ao referir o costume, entendia-se este "como prova de uma prática geral aceite como direito", sendo que ao presente este é claramente admitido como fonte autónoma e já não num plano probatório. Por outro lado, a referência aos Princípios Gerais de Direito vem circunscrita aos que são "reconhecidos pelas nações civilizadas", o que numa leitura contemporânea parece fazer surgir um caráter discriminatório inaceitável, apesar de poder ser explicado em termos diferentes no momento da sua adoção. A terceira crítica que se coloca ao elenco do artigo 38.º do ETIJ refere-se ao seu caráter incompleto ou, se se preferir, ao seu caráter não expressamente enunciativo que durante algum tempo alimentou uma discussão, já que alguns autores defendiam um suposto caráter taxativo.

Ao presente, está claramente reconhecido que para além do referido elenco haverá de aceitar-se como fonte autónoma os atos jurídicos unilaterais e parece que também os atos concertados não convencionais, subsistindo aqui algumas divergências doutrinais; há mesmo uma parte da doutrina que continua a não os considerar por não terem efeitos obrigatórios, e, também, quem prefira entendê-los dentro da teoria das convenções, não os autonomizando.

As fontes de Direito Internacional não conhecem entre si qualquer hierarquia de princípio, situando-se todas no mesmo plano, o que implica que as normas de qualquer uma delas podem alterar ou revogar regras surgidas no quadro de outra. Apesar disso, tem-se afirmado e desenvolvido uma hierarquia de normas, ou seja, determinadas normas (independentemente da fonte) são afirmadas como tendo primazia sobre as outras. Isso acontece com as regras de ↗*ius cogens*, com determinadas convenções, como a ↗Carta das Nações Unidas, etc. *[R.M.]*

Forças Armadas

A identificação do termo Forças Armadas (FA) deve assentar num quadro delimitador formado por parâmetros que, de uma forma rigorosa e mais abrangente, permita que a sua definição não se torne demasiado redutora ao traduzir o alcance do seu conceito. A sua elaboração conceptual deve envolver correntes de pensamento, tendências e teorias, que permita a sua caraterização. Por critério, vamos convocar saberes de áreas científicas afins, desde logo, da ↗Ciência Política, a propósito do ↗poder político que, no âmbito do seu significado, distingue três patamares – o patamar da soberania, do Estado e da defesa nacional; da Estratégia, enquanto "ciência e arte de desenvolver e utilizar as forças de uma unidade política, funcionando como instrumento de coação e fim para a obtenção dos objetivos políticos"; a ↗Polemologia, sobre o estudo dos conflitos, da crises, da paz e da guerra (violência entre Estados), e sobre a sua evolução ao longo dos tempos e da sua condução (assunto das Ciências Militares); e de forma mais integrada e transversal, os contributos da História e Filosofia, da Sociologia e do Direito, entre outras.

Deste quadro ressalta a necessidade dessa elaboração teórica que procura interpretar a génese e o enquadramento histórico, político e social das FA. Assim, partindo do conceito de violência, que pode incluir a guerra, seu atributo central, ressaltam questões como a razão da relação entre um Nós e o Outro e do elemento da legitimidade do monopólio da violência, instalado num poder institucional, de caráter estrutural e socializante, que procede de uma arqueologia inseparável do processo de complexificação da sociedade na História. É neste contexto que, com a criação do Estado moderno, se institucionaliza, através da centralização e burocratização do poder, a estabilidade, assente em estruturas e instituições servidas por apoio jurídico e por técnicas administrativas e militares que acabam com o poder herdado da administração feudal. É o período em que se assiste à passagem da fase guerreira à fase militar. E é neste sentido que o oficial militar não difere do funcionário civil. A Administração é um processo, é o modo de planear, organizar, liderar e controlar o uso de recursos para alcançar os objetivos estabelecidos. Os postos da Administração e dos militares tornam-se, nesta perspetiva, públicos e submetidos ao poder central. Esta dimensão normativa e coerciva conduz-nos ao conceito de *instituição*, como um sistema que encerra um conjunto de papéis, de normas específicas, de valores fundamentais que determinam, globalmente, os comportamentos.

As FA podem representar, desse modo, uma instituição militar, mais como uma noção do que como um conceito. Os seus objetivos e as suas finalidades determinam formas que não se confundem com qualquer outra organização, por assumirem o conceito de "instituição total". Daí poder-se concluir que a caracterização sociológica da instituição militar não permite analogias simplistas nem outras designações. A sua natureza e organização militar estão ligadas por cadeias de comando, por uma hierarquia e disciplina que garante a operacionalidade, a eficácia e a coesão global (espírito de corpo). Os seus saberes técnicos e os valores são reproduzidos em estabelecimentos de ensino especializados por quadros de oficiais profissionalizados. A administração da disciplina e justiça envolve prémios e condecorações e também punições que, ao longo dos tempos, assumiram formas físicas, prisão ou até a pena capital. A "condição militar" atribuída ao corpo de oficiais e às tropas regulares promove a sua inserção no Estado, na sua relação com a sociedade e confere-lhe uma categoria social e de grupo profissional. Esta autonomia advém do imperativo funcional, o que determina que as FA de outras sociedades, mesmo com níveis dissemelhantes, se identifiquem com as funções que conduzem a soluções estruturais, métodos e práticas similares. Os contactos, mesmo se inimigos, o intercâmbio, as transferências de técnicas de saberes, de valores, de mentalidades e comportamentos levam a que a instituição militar se torne um espaço de inovação e um fator de modernização.

Em Portugal, dada a natureza das instituições e da análise extensiva de todo o processo histórico e político ao longo de séculos, as relações sociais foram fortemente marcadas por fatores estruturais e culturais de natureza conservadora, tendo o papel da instituição militar sido decisivo na mediação de antagonismos e na determinação das formas de Estado e de exercício do poder. O processo de modernização e de construção da contemporaneidade não é possível, neste sentido, sem a sua participação, enquanto fator de inovação e de desenvolvimento, no estudo da especificidade das questões nacionais, atento o contexto da realidade social global. No quadro atual, a consagração jurídico-legal das FA decorre da Constituição da República Portuguesa, art.º 275.º. e ainda dos art.º 273.º e 276.º, a propósito da "Defesa Nacional" e da "Defesa da Pátria, serviço militar e serviço cívico", respetivamente, bem como da Lei da Defesa Nacional e das Forças Armadas (LDNFA).

Quanto à sua organização, as FA são compostas por três ramos, envolvendo uma componente naval, a Marinha Portuguesa, cuja história remonta aos primórdios da Nação, com caráter militar permanente, desde a criação em 1307 (reinado de D. Dinis) do cargo de almirante-maior; uma componente terrestre, o Exército Português, que possui uma organização permanente desde 1640 (com a criação do Conselho de Guerra), sendo, porém, uma instituição cujas origens se confundem com a fundação da nacionalidade, recuando a D. Afonso Henriques, que em 1140 assume o título de rei e a definitiva independência de Portugal; e uma componente aérea, a Força Aérea Portuguesa, mais recente, criada em 1 de julho de 1952, integrando todos os meios aéreos. A "Estrutura Superior" das FA compreende os órgãos do Estado diretamente responsáveis pelas FA e pela Defesa Nacional, entre outros, o Presidente da República, Comandante Supremo das FA; a Assembleia da República, com competência, para além de outras, de legislar sobre matérias de reserva absoluta, como a Defesa Nacional; o Governo, através do primeiro-ministro e do Ministério da Defesa Nacional; e o Conselho Superior de Defesa Nacional, o Conselho Superior Militar e as entidades diretamente responsáveis pelas FA e pela componente militar da defesa.

Deste modo, a atuação das FA desenvolve-se no respeito pela Constituição e pelas leis em vigor, em execução da política de defesa nacional e do ↗conceito estratégico de defesa nacional, e por forma a corresponder a normas e orientações estabelecidas nos seguintes níveis: Conceito estratégico militar; Missões das FA; Sistemas de forças; Dispositivo.

Finalmente, a importância das FA releva ainda do facto histórico e militar, ao longo dos tempos, na luta pela independência contra leoneses e muçulmanos no século XII, contra os invasores castelhanos no século XIV, contra os ocupantes espanhóis no século XVII, na participação nas Campanhas do Ultramar e exterior, desde o século XV. No século XX, a sua participação na Primeira Guerra Mundial. Nos anos de 1961 a 1975, nas ex-colónias. Recentemente, salienta-se, no âmbito do apoio à ↗política externa, a participação das FA em Operações de Resposta a Crises, nas suas variantes de Operações de Apoio à Paz, Operações Humanitárias e Operações de Busca e Salvamento, em vários pontos do mundo. *[J.A.E.]*

Fordismo

Conjunto de inovações desenvolvidas por Henry Ford (1863-1947) caracterizado pelo trabalho em série, pela introdução da linha de montagem, pela estandardização e pelo discriminatório *five dollars a day*, a que só tinham acesso os bons operários, pagos ao dia e não à hora ou à peça. O desgaste do modelo taylorista/fordista, que pressupunha a existência de um consumo de massas, constituiu a razão principal da baixa de produtividade das economias industriais capitalistas, a partir dos finais da década de 1960. Na década de 1980, o fordismo entrou em declínio com o surgimento de um novo sistema de produção mais eficiente. O *Toyotismo*, surgido no Japão, seguia um sistema flexível de produção, aumentando a produção, reduzindo custos e garantindo melhor qualidade e eficiência no sistema produtivo. *[M.O.B.G.]*

Fórum das Ilhas do Pacífico (FIP)

Pacific Islands Forum (PIF)

É uma organização intergovernamental que visa reforçar e aprofundar a cooperação entre os Estados insulares do Oceano Pacífico e Austrália, melhorando o bem-estar económico e social dos seus povos. Fundada em 1971 com a designação de *Fórum do Pacífico Sul*, em 2000, o nome foi alterado para *Fórum das Ilhas do Pacífico*, por se considerar uma denominação mais abrangente. Os Estados-membros do Fórum são: Austrália, Estados Federados da Micronésia, Fiji, Ilhas Cook, Ilhas Marshall, Ilhas Salomão, Kiribati, Nauru, Nova Caledónia, Nova Zelândia, Niue, Palau, Papua-Nova Guiné, Polinésia Francesa, Samoa, Tonga, Tuvalu e Vanuatu. Os observadores são: Guam, Ilhas Marianas do Norte, Samoa Americana, Timor-Leste, Toquelau, e Wallis e Futuna. Tem sede em Suva, nas Ilhas Fiji.

As decisões do Fórum das Ilhas do Pacífico são implementadas pelo Secretariado. Além do seu papel na concertação de posições regionais em várias questões políticas e de diplomacia, o Secretariado do Fórum tem programas em desenvolvimento económico, transportes e comércio. O Secretário-Geral do Fórum das Ilhas do Pacífico é o presidente permanente do Conselho de Organizações Regionais do Pacífico (CROP).

Existe uma grande discrepância em termos de riqueza e de desenvolvimento entre os vários Estados que integram o Fórum. A Nova Zelândia e a Austrália são muito maiores em população e muito mais ricos do que as empobrecidas nações insulares que compõem o resto do Fórum. Nas Ilhas Salomão (desde 2003) e Nauru (2004-2009), forças militares e policiais, principalmente da Austrália e Nova Zelândia, fizeram parte da manutenção da paz regional e de operações de estabilização. Tais esforços regionais estão mandatados pela Declaração de Biketawa, que foi adotada na Cúpula de 31 Líderes do Fórum das Ilhas do Pacífico, realizada em Kiribati, em outubro de 2000.

Em 2018, foi assinado um acordo de segurança, onde todos os Estados concordaram que as alterações climáticas "representam a maior ameaça à segurança no Pacífico". Comprometeram-se por isso a cumprir as metas definidas pelo Acordo de Paris assinado em 2015. Este acordo aborda ainda o cibercrime e as preocupações com a saúde, como doenças transmissíveis e pandemias.

Em fevereiro de 2021, cinco nações – Micronésia, Nauru, Kiribati, Ilhas Marshall e Palau – iniciaram o processo de saída do Fórum das Ilhas do Pacífico, alegando que não foi respeitado o acordo informal segundo o qual o novo secretário-geral deveria ser um candidato da Micronésia. *[R.R.]*

Fórum Social Mundial (FSM)

O Fórum Social Mundial nasceu em 2001 por inicativa de organizações e movimentos sociais. É um espaço aberto de encontro para o aprofundamento da reflexão, o debate democrático de ideias, a formulação de propostas, a troca livre de experiências e a articulação para ações eficazes de entidades e movimentos da sociedade civil que se opõem ao neoliberalismo e ao domínio do mundo pelo capital e por qualquer forma de imperialismo, e estão empenhadas na construção de uma sociedade planetária orientada no sentido de uma relação fecunda entre os seres humanos e destes com a Terra. Reúne e articula entidades e movimentos da sociedade civil de todos os países do mundo, mas não pretende ser uma instância representativa da sociedade civil mundial. Constitui um "espaço plural e diversificado, não confessional, não governamental e não partidário", que articula de "forma descentralizada, em rede, entidades e movimentos, do nível local ao internacional, pela construção de um outro mundo".

Os fóruns são realizados anualmente. Os três primeiros foram em Porto Alegre, no Rio Grande do Sul (Brasil). A partir de então decidiu-se que seria itinerante, devendo ser sediado em cidades diferentes a cada ano, o que veio a acontecer. Assim, em 2004, realizou-se em Bombaim, na Índia; em 2005, voltou a Porto Alegre; em 2006, foi policêntrico (Caracas, Karachi e Bamako); em 2007, teve lugar no continente africano, em Nairobi (Quénia); em 2008 foi descentralizado; e em 2009, aconteceu em Belém do Pará. Na última década, regressou por várias vezes a Porto Alegre, mas outras cidades acolheram o evento, como Dakar, Tunes e Montreal.

Em 2018, no encontro realizado na cidade de Salvador, no Brasil, os temas com maior número de atividades inscritas e realizadas foram: "desenvolvimento, justiça social e ambiental", "Direitos Humanos", "vidas negras importam" e "um mundo sem racismo, xenofobia e intolerância". *[B.R.]*

Francofonia (Comunidade Francófona)

Conceito utilizado em 1880 pelo geógrafo Reclus, que procurava classificar as populações segundo critérios linguísticos. Por Francofonia, entende-se o conjunto de Estados ou regiões que têm em comum o uso da língua francesa. Trata-se, pois, de uma comunidade mais linguística e cultural do que política. O espaço francófono representa, assim, os países que têm em comum a utilização do francês. O seu organismo mais importante é a Agência de Cooperação Cultural e Técnica (ACCT), criada pela Convenção de Niamey de 20 de março de 1970, que agrupa 21 membros e foi até 1986 a peça mestra da Francofonia.

A instância suprema de decisão no seio da Francofonia é, desde 1986, a cimeira dos chefes de Estado e de governo que tenham em comum o uso do francês. A continuidade das cimeiras é assegurada pela Conferência Ministerial da Francofonia (CMF), composta pelos ministros dos Negócios Estrangeiros de todos os Estados-membros. Existe ainda uma instância permanente, o Conselho Permanente da Francofonia (CPF), instituído pela Cimeira de Paris de novembro de 1991. Trata-se de uma instância política de decisão composta por 15 representantes pessoais dos chefes de Estado ou de governo, nomeados em cada cimeira. Encarregado de preparar a cimeira, toma todas as medidas que visam a aplicação prática das decisões adotadas pelos chefes de Estado, no respeito pelo quadro orçamental fixado. O Conselho Permanente é também o gabinete da ACCT, o operador principal da Francofonia.

As realizações da Francofonia situam-se ao nível cultural, com a criação de centros de leitura e de animação cultural; linguístico, com a aplicação prática de programas de cooperação destinados a promover a modernização das línguas africanas e crioulas, e a promoção do francês científico e técnico; audiovisual, com o desenvolvimento da televisão francófona por satélite e a criação de um centro de trocas multilaterais de atividades francófonas, bem como de um centro internacional de rádios e televisão de língua francesa, que ajuda à promoção do intercâmbio e formação de jornalistas e técnicos; educativo, com a produção de instrumentos de comunicação pedagógicos; agrícola, com a criação de centros regionais de especialização agrícola e de ajuda aos países do Sul para produzirem respeitando o ambiente; e por fim, político, com a vontade dos Estados mais ricos reforçarem a solidariedade para com os mais pobres, sem impor condições, dando origem ao programa específico de solidariedade e ao programa especial de desenvolvimento da ACCT, que lhe permitiu agir eficazmente na ajuda a Estados em dificuldade.

Compreendendo 51 países, a Comunidade Francófona, que ambiciona ser uma organização internacional plena e representa hoje cerca de 2,5% da população mundial, depara-se com dois grandes desafios: a língua francesa encontra-se ameaçada pela utilização generalizada do inglês e a maioria dos países francófonos são Estados em desenvolvimento que necessitam de ajuda. *[F.S. / R.R.]*

Fronteira

O termo provém de "linha de frente", de delimitação natural ou artificial de uma entidade soberana com outra e que em ↗Política Internacional é uma convencionada demarcação de limites entre Estados ou países, em geral, representada em documentos cartográficos (de grande e pequena escala) e resultante de acordos bilaterais ou de um instrumento negociado e designado por "tratado de limites". A realidade da fronteira expõe sempre o exercício concreto de direitos, de soberania jurídica e de poder regulatório de um ↗Estado-nação sobre um território e seus recursos naturais e culturais aí existentes, com o significado de traduzir uma vizinhança identitária e uma expressão plena de uso/fruição desses mesmos recursos, segundo o domínio próprio e de interesse da *res* e da aplicação do *jus gentium*.

No caso particular dos países costeiros, com uma significativa ↗Plataforma Continental, essa fronteira e a sua relação de soberania tem duas configurações de natureza espacial e de representação de traçado: uma, é a linha de costa, essa fronteira de interface terra/água, o *finis terrae*; a outra, a fronteira marítima, a linha convencionada até às 12 milhas náuticas – 22 224 quilómetros –, que se consubstancia por direito público e por integrar o chamado "Mar Territorial", no quadro regulatório do Direito Marítimo Internacional (artigo 3.° da Convenção Montego Bay, de 1982).

No mundo, o traçado de fronteiras é uma questão relativamente recente, polissémica e com qualificativos vários associados aos interesses dos povos e Estados-nação, de valor político ou histórico-cultural porque na sua grande maioria simplifica uma realidade mais complexa, no caso, as dimensões espaciais e diversas que aí ocorrem ou se encerram, como por exemplo as condições naturais e os fatores humanos, ambos *per si* com potencial interesse no jogo geopolítico bilateral ou multilateral. Esse traçado constitui uma marca sinalizadora da relação de forças e de interesses acordados (ou não) no passado entre governos nacionais e soberanos, que conferem ou qualificam o respeito e a cooperação mútua, conducente à estabilidade política, à coesão social e convivência pacífica entre povos e nações.

O caso comum de reivindicação de "fronteiras históricas" e mesmo de "fronteiras naturais" por uma comunidade social, país ou Estado, em geral, fundadas em pressupostos de heranças vinculadas a uma anterior administração (e antiga fronteira), e também de ordem étnico-linguística ou de cultura religiosa, evidenciam hoje riscos para a paz e a cooperação internacional, com situações de tensão e de ameaça potencial para a emergência de áreas de confronto geopolítico e de eventual conflito armado, no panorama vigente da ordem internacional e de equilíbrio nas relações entre potências militares regionais ou globais. Tome-se como exemplo mundial a realidade geopolítica da África Oriental e as fronteiras marítimas novas ou em configuração no Mar da China. Isto para não citar outros locais de fronteiras políticas (e diplomáticas) surgidas por antigos acordos de países com colónias, quer amigos quer rivais, em África (1884-1914), no Médio-Oriente (1920) e na própria Europa, com o desaparecimento da Federação Jugoslava (1992).

Com a vigente ↗globalização em rede e após o final da ↗Guerra Fria (1989), o conceito funcional de fronteira nacional tende a ser dinâmico e diluiu-se em muitas regiões continentais, mas noutras áreas, e neste século XXI, passou a constituir uma realidade material e identitária mais presente e substantiva. A formação de espaços político-económicos pautados por níveis de integração e harmonização da cooperação intersetorial priorizaram a fronteira nacional, segundo estratégias de rede infoterritorial de espaços *indoor* e *outdoor*. No caso da União Europeia e com a existência do Espaço Schengen (22 países comunitários, mais quatro países terceiros – Islândia, Liechtenstein, Noruega e Suíça) releva-se e classifica-se este conjunto regional de territórios nacionais por conter dois casos específicos de fronteira de valor distinto, as internas (livres) e a externa (protegida). No primeiro caso, o paradigma de fronteira nacional, linear e convencional, mudou e molda-se para se assumir em nova realidade ao constituir-se agora em faixa ou orla permeável, de cooperação bilateral proativa, através da "penetração" relativa e controlo da circulação e segurança intraestadual, segundo dispõe o próprio dispositivo de implementação do Acordo e o seu negociado "Sistema de Informação Schengen"; no segundo caso, essas fronteiras são periferias-tampão, de eixos constituintes do polígono fronteiriço Schengen (42 673 quilómetros de fronteira marítima e 7 721 quilómetros de fronteira terrestre), de reconhecida segurança e valor comum e que exige, por parte dos países que a(s) detém, controlos efetivos e acrescida responsabilidade de procedimentos de controlo policial na entrada ou saída de pessoas e bens, por razões legais de cooperação multifuncional, de segurança reforçada e de práticas de política aduaneira ou fiscal. *[J.C.Lo.]*

Funções estratégicas

Apesar de a ↗Estratégia ser una quanto ao seu objeto, na aplicação divide-se em estratégias especializadas. As estratégias gerais (militar, económica, psicológica, diplomática e de política interna), que são simultaneamente distintas e interdependentes, devem contribuir para uma mesma finalidade, a *Estratégia Integral*. Na ação estratégica são normalmente distintos os aspetos operacionais (ligados ao emprego dos meios) dos aspetos genéticos (relacionados com a geração de novos meios) e dos aspetos estruturais (correspondentes à composição, organização ou articulação dos meios). Quer ao nível da estratégia integral, quer ao nível das estratégias gerais (o quadro mais próximo da Segurança e Defesa), podem ser consideradas tarefas que obedeçam aos grandes objetivos estratégicos. Estas tarefas operativas são denominadas pela escola francesa de *Funções Estratégicas*.

Ao nível da estratégia integral, que não esquece a perspetiva europeia e internacional, as funções estratégicas incluíam, tradicionalmente, a Proteção, a ↗Dissuasão e a Afirmação, individualizáveis, mas interligáveis. Após a implosão da União Soviética, e desta com o final da velha Ordem dos Pactos Militares, assistiu-se ao aparecimento ou ao acordar das Funções Estratégicas, Prevenção e Projeção, finalidades a montante das operações militares no exterior (operações de resposta a crises ou outras) ou do maior protagonismo de outros atores nas relações internacionais para além do Estado.

Estas funções estratégicas podem ser também matrizes de planeamento de ação estratégica ao nível das estratégias gerais (muito particularmente da estratégia militar, como no caso francês), por sua vez divisíveis ao nível das estratégias operacional, estrutural e genética. A sua interligação é inevitável, como no caso da própria Dissuasão, que pode constituir uma forma de prevenir a "Proteção". Por outro lado, a "Afirmação", não considerada pela escola francesa, pode ser considerada como uma consequência da "Projeção", embora nem sempre signifique "Afirmação" (que pode ser conseguida por uma "Proteção", uma "Prevenção" de grande eficácia e consequente prestígio). *[J.A.E.]*

Fundamentalismo

O termo fundamentalismo procura descrever as ideias e os grupos religiosos-sociais-políticos que se caracterizam por uma visão dogmática e radical de uma crença religiosa, ancorada no significado literal dos textos sagrados de uma religião, normalmente recusando quaisquer outras leituras ou possíveis interpretações. Nas sociedades seculares e liberais ocidentais, a designação "fundamentalismo" e "fundamentalista" está imbuída de uma carga negativa, pois designa algo ou alguém que está em rota de colisão com os princípios e valores destas.

Originalmente, o termo terá surgido nos anos 1920 nos Estados Unidos da América, ou seja, num contexto cristão protestante. Designava os princípios expostos em *The Fundamentals: A Testimony to the Truth* (1910-1915) (*Os Fundamentos: Um Testemunho para a Verdade*), uma série de panfletos que rejeitavam a exegese bíblica e reafirmavam a autoridade da Bíblia nos moldes literalistas tradicionais. Nessa visão religiosa do mundo há uma verdade absoluta e imutável, de origem divina, que deve ser posta em prática a nível individual e em toda a comunidade social e política.

Nas últimas décadas do século XX, com o ressurgimento do fenómeno religioso em múltiplas partes do mundo – especialmente no mundo árabe e islâmico –, associado a uma contestação, por vezes radical, à secularização das sociedades, o termo adquiriu um uso mais amplo. O seu traço mais transversal é a referida aversão ao secularismo liberal de tipo ocidental e o acentuar da importância da religiosidade tradicional e de uma adesão estrita aos textos sagrados e aos códigos morais construídos a partir destes. Como notado, a principal e mais radical contestação ao secularismo não surgiu num contexto cristão, mas islâmico. Provavelmente devido à falta de uma terminologia mais precisa para designar esse fenómeno fora da cultura ocidental, surgiu uma tendência para transpor os termos fundamentalismo/fundamentalista do Ocidente cristão para designar esses grupos e movimentos noutras partes do mundo.

Assim, com maior ou menor rigor, os termos fundamentalismo e fundamentalista entraram na linguagem comum e são hoje amplamente usados. Mas a miríade de grupos que assim podem ser designados é muito ampla e heterogénea — cristãos (católicos ou protestantes), judeus, muçulmanos (sunitas ou xiitas), hindus, budistas, etc. Por isso, em qualquer análise rigorosa, é necessário ter em conta que um fundamentalismo é sempre algo específico, só sendo compreendido na sua plenitude no contexto histórico e cultural onde surgiu e se movimenta. *[J.P.T.F.]*

Fundamentalismo islâmico

Termo usualmente utilizado no Ocidente para descrever grupos islâmicos radicais, bem como os sistemas políticos de alguns Estados muçulmanos, os quais fundam a sua legitimidade e atividades numa leitura literalista dos textos sagrados do Islão. O objetivo é recriar uma sociedade islâmica pura governada por Estado islâmico, ou seja, um Estado regulada pela ↗Xariá, entendida como a vontade da Alá, a qual todos os crentes muçulmanos, mas também os que professam outras religiões do Livro (cristãos, judeus e zoroastrianos), se devem submeter.

Assim, o Islão não é entendido apenas como uma religião — no sentido ocidental e secular da palavra, que a separa do político do religioso e transforma a religião fundamentalmente numa crença pessoal —, mas como uma abrangente ideologia religioso-social-política que deve configurar todos os aspetos da vida humana e social, incluindo, por exemplo, a justiça social, a economia e a política interna e externa do Estado. Para designar esta realidade, um termo provavelmente mais adequado do que fundamentalismo islâmico, e que tende a impor-se no âmbito dos estudos políticos, é o de islamismo (radical).

No âmbito do Islão sunita, as suas origens podem traçar-se à Irmandade Muçulmana do Egipto, nascida em finais dos anos 1920, num contexto onde se misturava com a luta contra a presença colonial europeia. Nas últimas décadas do século XX e inícios do século XXI, o fundamentalismo islâmico, ou islamismo radical, (re)surgiu em força. No caso do Islão xiita, a grande ascensão ocorreu com a Revolução Iraniana de 1978-1979 do Ayatollah Khomeini, que depôs o governo autoritário, modernista e secular do Xá Reza Pahlavi. A Revolução Iraniana teve também um grande impacto no Islão sunita, especialmente no mundo árabe e entre os grupos que lutavam contra o domínio político e material do Ocidente. Mostrou ser possível a alternativa de um regresso ao Islão dos primórdios, dos tempos do Profeta Maomé e dos seus companheiros. Tal como no Islão xiita, no Islão sunita, o fundamentalismo islâmico, ou islamismo radical, pode levar, em casos extremos, à passagem do radicalismo religioso-social-político para a violência armada. O fenómeno é visível em grupos como a Al-Qaeda de Osama bin Laden e outros nele inspirados. Esta forma de ação violenta pode ser designada como ↗jihadismo — numa linguagem secular é mais uma forma de ↗terrorismo. Ultrapassa largamente as fronteiras nacionais, como se pode observar, entre outros casos, nas guerras do Afeganistão nos anos 1980 e na guerra da Síria na atualidade. *[J.P.T.F.]*

Fundo Monetário Internacional (FMI)

International Monetary Fund (IMF)

Organização internacional criada em 1945, na sequência da Conferência de Bretton Woods, realizada em 1944, na qual participaram 44 países, cujos delegados se reuniram nesta pequena cidade do estado norte-americano de New Hampshire, com o objetivo de reconstituir o capitalismo mundial, afetado pela Segunda Guerra Mundial.

Os seus estatutos conferem-lhe a promoção da cooperação internacional em assuntos monetários, o aumento do emprego e do rendimento real através da expansão e do equilíbrio do comércio internacional, da estabilidade cambial, da multilateralização do sistema de pagamentos (para transações correntes), o seu financiamento temporário e o contributo para a correção dos desajustes da balança de pagamentos. Tais objetivos não mudaram, embora as funções do Fundo se tenham alterado profundamente. Originalmente, o Fundo limitava-se a trocar as moedas dos países membros por moedas internacionalmente aceites. Depois da primeira emenda dos estatutos, o FMI deixou de ser um mero posto de câmbio para se tornar num verdadeiro banco, criando créditos sem contrapartida – os direitos de saque especiais. Também no início, o Fundo fazia respeitar o compromisso de estabilidade cambial assumido por cada país membro, ao comunicar-lhe a paridade central da sua moeda face ao ouro ou ao dólar. Depois da segunda emenda dos estatutos, as atividades de "vigilância" do Fundo alargaram-se a toda a política cambial dos Estados-membros e às opções da política económica com implicações no valor da moeda: de árbitro de um sistema de câmbios estáveis passou a árbitro de um sistema estável de câmbios.

Após os choques petrolíferos na década de 1970 e da crise da dívida na década de 1980, a sua intervenção tornou-se mais estrutural, alargando os mecanismos de financiamento e a sua ação a longo prazo. Com 189 países membros ao presente, tem sede em Washington. *[P.A.]*

Fundo das Nações Unidas para a Infância (UNICEF)

United Nations Children's Fund (UNICEF)

O Fundo Internacional de Socorro à Infância (FISE) foi criado pela Resolução 57 da Assembleia Geral das Nações Unidas, a 11 de dezembro de 1946, como órgão temporário para fornecer socorro de urgência às crianças de países em guerra. Sob o nome de Fundo das Nações Unidas para a Infância, mais conhecido pelo acrónimo UNICEF (do original inglês *United Nations International Children's Emergency Fund*), tornou-se um órgão permanente das Nações Unidas através da Resolução 802, da Assembleia Geral de 9 de outubro de 1953. A UNICEF está encarregada de defender os direitos das crianças, ajudar a responder às suas necessidades essenciais e melhorar a saúde das crianças em geral. Trabalha em 190 países e territórios por meio de programas de país e de 34 Comités Nacionais. *[P.A.]*

Fundo das Nações Unidas para a População (FNUAP)

United Nations Population Fund (UNFPA)

É um órgão subsidiário da Assembleia Geral da ONU, sediado em Nova Iorque. Foi criado pelo secretário-geral em julho de 1967, enquanto fundo de afetação especial, tendo sido originalmente designado de Fundo das Nações Unidas para as Atividades em Matéria de População. Pela Resolução 3 019, de 18 de dezembro de 1972, a Assembleia Geral decidiu colocar o fundo sob sua autoridade. O FNUAP visa favorecer a cooperação no domínio demográfico, como o estudo da evolução da população e o serviço de planificação familiar, e desenvolver atividades de informação e de comunicação nestes domínios. As suas atividades alargaram-se, entre outros, aos aspetos educativos e de prevenção da sida. Em 2018, anunciou três objetivos abrangentes e transformativos a alcançar num futuro próximo: garantir o acesso universal a medidas de planeamento familiar, terminar com todas as formas evitáveis de mortalidade materna e impedir a violência de género e outras práticas prejudiciais às mulheres. *[P.A.]*

Gabinete ministerial

O gabinete é uma estrutura de apoio direto à atividade política do membro do Governo e tem como função coadjuvá-lo no exercício das suas funções. Para a concretização desse apoio, o gabinete é dotado de pessoal de perfil mais político – o chefe de gabinete e os adjuntos –, bem como de pessoal mais técnico, como os especialistas e os secretários pessoais.

Em Portugal, a natureza, composição, orgânica e regime jurídico a que estão sujeitos os gabinetes dos membros do Governo constam de diploma próprio (Decreto-Lei n.º 11/2012, de 20 de janeiro). A lei define as funções de cada um e as respetivas dotações, as incompatibilidades e impedimentos, além de exigir um regime de exclusividade com a renúncia a outras atividades, salvo aquelas que a lei autoriza. As funções são desempenhadas de acordo com as orientações e instruções do respetivo membro do Governo e estão sujeitas aos deveres de diligência e sigilo sobre quaisquer assuntos.

Os gabinetes ministeriais são uma das formas de politização estrutural que tem vindo a assumir um papel central nos governos de origem monopartidária ou de coligação. O recurso aos gabinetes ministeriais tem vindo progressivamente, em toda a Europa, a substituir, muitas vezes, a administração pública de carreira como um modo de compensar partidariamente a militância e a preparar as futuras elites para governar. *[A.T.]*

Gabinete sombra

O "Gabinete Sombra" ou "Governo Sombra", de origem anglo-saxónica, revela a maneira como a oposição se prepara para ser governo. Esta prática, assumida no Reino Unido, não tem, em Portugal, idêntica tradição. Entre 1880 e o final da Primeira Guerra Mundial, a prática de Gabinete Sombra foi-se desenvolvendo de uma forma progressiva, mas será graças às eleições de novembro de 1922 que esta ideia se vai implementar de uma forma definitiva, quando o Partido Trabalhista destronou o Partido Liberal como "Oposição Leal de Sua Majestade". O chamado "Shadow Government System" assume também o "princípio da responsabilidade coletiva" na oposição, adotando mesmo um sistema de espelho com o governo, onde cada ministro-sombra tem a mesma área de governação do respetivo ministro titular. Através do *Ministers of the Crown Act*, de 1937, foi possível consagrar dignidade institucional ao líder da oposição, ao atribuir-lhe um salário, ainda que inferior ao de ministro, mas superior ao de secretário de Estado.

Existe, contudo, uma diferença entre Governo Sombra e Gabinete Sombra, assente no facto de o primeiro poder também incluir porta-vozes que não fazem parte do segundo. O "sistema de Governo Sombra" raramente é utilizado em Portugal, já que geralmente os parlamentares que defendem as políticas do maior partido da oposição nem sempre integram o governo quando chegam ao poder. Vários autores consideram que só o "sistema de Governo Sombra" se aproxima do conceito de "governo alternativo", já que traduz uma replicação da estrutura governativa e com a apresentação de candidatos a pastas concretas. Em Portugal, os modelos escolhidos, por norma, geram as chamadas "oposições tribunícias", que nem sempre se encontram preparadas para governar. *[A.T.]*

Gaullismo

Expressão que se refere ao pensamento, à prática e ao legado do general Charles de Gaulle (1890-1970) na política francesa. De Gaulle destacou-se no segundo e terceiro quartéis do século XX pelo papel que desempenhou na liderança da Resistência francesa ao nazismo e porque inaugurou um novo regime político – a V República – em 1958, que ainda se mantém em vigor. É um dos políticos do século XX mais estudados e admirados, mesmo pelos seus opositores, sobretudo por aqueles que o conheceram. Tanto em vida como depois da morte de De Gaulle, muitos se reclamaram seus herdeiros políticos e seguidores, embora provavelmente o seu maior discípulo tenha sido um opositor, como veremos adiante.

René Rémond, que conheceu pessoalmente De Gaulle e foi um dos autores que mais escreveu sobre ele (destacando-se o ensaio *De Gaulle et les forces politiques françaises*, de 1985), adverte que não é fácil caracterizar o gaullismo, desde logo porque não há uma identificação precisa que o permita enquadrar na tradicional tipologia direita/esquerda. De Gaulle, ao recusar ele próprio esta tipologia, que considerava "artificial e ruinosa para a França", contribuiu para uma definição muito própria da ação política por si empreendida. Não sendo considerada uma ideologia, qualificação também recusada, quer por De Gaulle, quer pelos seus seguidores, o gaullismo traduz ao mesmo tempo um estilo de liderança e uma particular forma de conceber e de fazer política. Distante dos partidos, descrente dos políticos, podemos afirmar, seguindo ainda René Rémond, que existiram vários gaullismos: por um lado, um "gaullismo eleitoral", que se traduziu na atração de eleitores provenientes de todas as classes sociais, e, por outro lado, um "gaullismo parlamentar", consubstanciado numa coligação de ideias e propostas unidas em torno de um mesmo chefe, Charles de Gaulle.

Charles de Gaulle é talvez o exemplo mais marcante do político do pós-guerra no Ocidente, impregnando toda a ação da sua própria presença. Foi assim enquanto líder da Resistência e enquanto dirigente político, como é notório nas instituições que criou com a finalidade de servirem a sua própria conceção de política, em que as dimensões interna e externa estão em permanente dialética. É o caso do sistema constitucional que criou, corporizado pela Constituição de 1958, feita à sua imagem. Um dos traços essenciais da Constituição é a liderança política do Presidente da República, que é também o principal agente da política externa francesa. Precisamente enquanto Presidente da República de França, Charles De Gaulle suscitou fortes controvérsias tanto nas Comunidades Europeias como na ↗OTAN, ao defender a diferença do seu país em ambas as organizações. Ele foi a personificação institucional de França, numa aura única de herói e de chefe. O Direito da União Europeia contempla a singularidade francesa ao prever as reuniões dos chefes de Estado e de Governo da União Europeia, quando, na verdade, o único país que se faz representar no ↗Conselho Europeu pelo chefe de Estado é a França.

A Constituição da V República Francesa ou simplesmente Constituição da França está em vigor desde 4 de outubro de 1958, altura em que substituiu a Constituição da IV República, aprovada em 1946. A nova Constituição foi idealizada por De Gaulle e Michel Debré, que é considerado o "pai" da Constituição. Consagra um sistema semipresidencialista, que, com De Gaulle, assumiu na prática um pendor presidencialista, razão pela qual se julga por vezes que o sistema francês é presidencialista. O sistema de governo instaurado pela Constituição da República Portuguesa de 1976 tem elementos similares ao sistema francês, com a diferença de que em Portugal a prática dos Presidentes assumiu uma feição mais parlamentar. Esta distinção realça o papel de Charles de Gaulle na conformação do sistema político francês com implicações até ao presente, ao mesmo tempo que denota a importância do elemento pessoal na política.

Em termos gerais, o gaullismo, enquanto prática constitucional e política, traduz-se na ideia de um Presidente, uma maioria e um governo, ou seja, na ideia de que o Presidente da República está na base de uma maioria parlamentar e exerce uma função de supremacia relativamente ao primeiro-ministro, que é escolha sua. Durante muito tempo, a exceção no sistema constitucional francês foram os governos de coabitação, em que o primeiro-ministro provinha de uma família política diferente da do Presidente. Essa situação aconteceu quando Mitterrand e Chirac foram presidentes. Ainda assim, o Presidente tem poderes constitucionais significativos, como seja presidir ao Conselho de Ministros e representar externamente a França.

No passado, o Presidente exerceu ainda outros poderes constitucionais como o de rejeitar nomes propostos pelo primeiro-ministro indigitado para fazerem parte do governo. No quadro do sistema semipresidencial, esta situação foi corrigida na revisão constitucional de 2004, que estabeleceu a equivalência da duração dos mandatos do Presidente e dos parlamentares em eleições marcadas para o mesmo dia, o que, na prática, favorece a constituição de maiorias presidenciais no parlamento. As alterações de 2004, apesar de terem implicado uma diminuição do mandato presidencial de sete para cinco anos, foram um aprimoramento da ideia gaullista de um Presidente com funções de direção política.

Mesmo depois do seu afastamento voluntário da política ativa, em 1969, De Gaulle continuou a ser uma referência da política francesa, com a existência de um partido que se reclamava de gaullista. Pompidou, que sucedeu a De Gaulle na presidência, era um gaullista. A Pompidou sucedeu Giscard d'Estaing, que, não sendo do partido gaullista, escolheu Jacques Chirac, um gaullista, para primeiro-ministro, o qual, em 1995, seria eleito Presidente da República, com o apoio do partido gaullista. Nas eleições presidenciais de 2017, o candidato gaullista (Fillon) era o favorito a suceder ao Presidente socialista em funções (Hollande), que não se recandidatou. Por causa de um escândalo de corrupção, Fillon veio a desistir e, pela primeira vez na história da V República francesa, foi eleito um candidato que constituiu uma maioria alternativa aos partidos de direita e de esquerda tradicionais. Referimo-nos a Emmanuel Macron, um político centrista, que, no plano da interpretação dos poderes do Presidente da República, é um herdeiro do general De Gaulle, o que desde logo se tornou evidente na liturgia da tomada de posse e, posteriormente, na designação do primeiro-ministro.

Um estadista francês que expressou de forma plena o modo de fazer política de Charles de Gaulle foi François Mitterrand, um opositor político que chegou a ser derrotado nas eleições presidenciais de 1965 por Charles de Gaulle. Num artigo publicado em 15 de agosto de 1982, no *New York Times Magazine*, Mitterrand, eleito Presidente de França no ano anterior, tornou muito claro o que considerava ser o legado de Charles de Gaulle. Afirmando as suas divergências políticas com o general, afirmou também ser seu admirador, pelo facto de ter instaurado uma nova República com princípios sólidos. Curiosamente, Mitterrand não se considerava gaullista nem antigaullista, pela razão de que rejeitava a existência de gaullistas, o que é uma forma muito inteligente de se equiparar a De Gaulle no imaginário das pessoas. De facto, as sondagens mostram que De Gaulle continua a ser reconhecido como o político mais marcante da V República, seguido por Mitterrand, Chirac e Pompidou (embora nem sempre por esta ordem).

A maior prova da existência atual do gaullismo é o sistema político em vigor em França, que ainda é defendido pela maioria das forças políticas. A própria Frente Nacional, um partido de extrema-direita que cedo se incompatibilizou com o partido gaullista, afirma-se herdeira dos valores e do regime político instaurado pelo general De Gaulle. Somente à esquerda do espectro político se combate o regime em vigor, com fundamento na concentração de poderes no Presidente da República. Seja como for, o regime mantém-se em vigor, prova de que a influência do seu principal impulsionador se mantém viva. *[J.R.C.]*

Genocídio

O termo genocídio resulta da combinação do grego *genos* (pertença ao mesmo grupo social) e do termo latim *cida* (matar), e foi concebido e publicado por Raphael Lemkin no fim da Segunda Guerra Mundial. Após a criação da ↗Organização das Nações Unidas, as iniciativas de Lemkin deram origem à Convenção Internacional para a Prevenção e Repressão do Crime de Genocídio, aprovada pela Assembleia Geral das Nações Unidas no dia 9 dezembro 1948, que entrou em vigor na ordem jurídica internacional em 1951. Esta convenção internacional foi ratificada por Portugal em 1999.

O genocídio é um crime muito grave, praticado em tempo de paz ou de guerra, contra a integridade física e moral de uma pessoa enquanto membro de um grupo (real ou presumido) nacional, étnico, racial ou religioso. O artigo 2.º da referida Convenção indica uma lista não exaustiva de atos qualificados como genocídio, nomeadamente: assassinato de membros do grupo; atentado grave à integridade física ou mental de membros do grupo; submissão deliberada do grupo a condições de existência que terão como consequência a sua destruição física, total ou parcial; medidas destinadas a impedir os nascimentos no seio do grupo; transferência forçada das crianças do grupo para outro grupo.

O genocídio é universalmente considerado como uma violação do *jus gentium*, ou seja, dos fundamentos ou princípios basilares do Direito Internacional Público, enquanto rege as relações entre Estados e entre povos. Não está, enquanto crime (quer no contexto internacional, quer no contexto nacional), sujeito a qualquer prescrição processual (é possível iniciar uma ação judicial contra o seu autor sem que haja prazo temporal máximo). Para além disso, o genocídio configura uma exceção à proibição internacional de extraditar pessoas por crimes cometidos enquanto decisores políticos. *[J.C.C.]*

Geografia Política

Desde as suas origens, a Geografia veio também a ocupar-se do estudo da dimensão política, sendo reconhecida como "Geografia Política" por Kant em 1765. No momento da sistematização da Geografia – Friedrich Ratzel foi o iniciador académico da subdisciplina com um tratado em 1897 –, nela passam a integrar-se o estudo dos Estados, seus especiais atributos e inter-relações em tempo de paz e de guerra. Posteriormente, virá a entender-se que o político e o geográfico se fundem na realidade, alcançando um enfoque autónomo de análise do espaço político e da problemática política em diferentes escalas. No decurso do século XX, esta área disciplinar desenvolve-se, primeiramente em estreita relação com a geografia colonial e o nacionalismo expansionista da *Geopolitik* alemã, levando a uma certa desconfiança generalizada sobre a mesma, a seguir a 1945. Vem depois a alcançar um certo nível de desenvolvimento, a partir de 1960, coincidindo com a "nova Geografia" anglo-saxónica e a sua difusão no contexto das escolas geográficas nacionais, de modo a que, na atualidade, haja plena autonomia da Geografia Política no âmbito das Ciências Sociais. Simultaneamente, alargou-se o seu âmbito de estudo a novos temas relacionados com a dimensão espacial do fenómeno político (relações internacionais, fronteiras, identidade territorial e nacional, conflitos, etc.).

Deste processo de formação disciplinar e renovação da análise derivou um debate quase permanente, em conexão com a ↗Geopolítica, sobre o seu campo de estudos e objetivos, como se demonstra analisando os manuais universitários de várias escolas, sobretudo na anglo-saxónica. Os conteúdos mais amplamente tratados nos manuais são aqueles que abordam o Estado e a sua organização territorial, as unidades políticas e a ordem do mapa político mundial, a territorialidade e identidade nacional, as fronteiras, os conflitos internacionais, os recursos e impacto ambiental das decisões políticas ou o comportamento eleitoral. Deste modo, consolida-se uma aproximação espacial e sistémica dos fenómenos políticos e valoriza-se como disciplina de interesse para a Ciência Política.

Assim, o seu objeto consiste, essencialmente, e na expressão de destacados autores, "em esclarecer o que, sob a forma e a vida do Estado, existe de geográfico", "estudar a interação entre o comportamento político do homem e a organização do espaço". Nos últimos anos, a disciplina acolheu, de forma recetiva, novas visões e contributos inovadores às alterações científicas e ideológicas contemporâneas, como consequência das influências teóricas, nomeadamente da Economia Política, da Teoria de Sistemas e da Ecologia Política, que reexamina o determinismo ambiental, na perspetiva pós-estruturalista. Veio também dar ênfase às relações sociais e introduzir a perspetiva feminista e as relações do género na explicação dos fenómenos políticos. *[L.L.T.]*

Geopolítica

Termo usado pela primeira vez por Kjellén em 1899 como estudo realista da história e do crescimento dos Estados, enquanto ciência cujo objeto seria analisar o Estado como organismo geográfico tal como se traduz no espaço, e tratar o impacto dos fatores geográficos (distribuição de terras e recursos) na ↗política internacional. Na sua fase inicial, constituiu uma variante do determinismo a partir de noções de território e de situação geográfica. Posteriormente, veio a orientar-se para a ação e a estratégia ao serviço do Estado nacional (à semelhança do desenvolvimento da *Geopolitik* alemã entre as guerras, e as suas versões na Itália e Japão, entre outras), até que o seu estudo, a sua própria linguagem e terminologia geopolítica entraram em declínio com o fim da Segunda Guerra Mundial, para renascer, junto à Geografia Política, a partir dos anos 1970, nos Estados Unidos, depois de décadas de escasso interesse em geral.

Atualmente, e ao invés, é muito utilizada a sua "visão do mundo" no debate internacional, se bem que, com frequência, se confunda o termo "Geopolítica" com as Relações Internacionais, a Geoestratégia e a própria Geografia Política, o que se explica quer pela polivalência da Geografia Política, quer pelo desejo de encontrar um sentido na esfera internacional, através de uma visão multipolar, apesar de vulgarmente se questionar o seu estatuto científico e se tentar justificar o apelativo "geopolítico". É por esta razão, e pela associação anterior à defesa do poder nacional-socialista alemão, que a Geopolítica, ao estudar as relações entre o espaço e a política, inclui também aspetos das Ciências Sociais, debatidos, basicamente, pela Politologia ou pelo Direito Internacional, tendo por essa razão recebido múltiplas definições, como demonstraram, por exemplo, estudiosos franceses: uma filosofia e um método sobre "o domínio das ideologias relativas aos territórios", dotada de conceitos e de um vocabulário específico (Montbrial); uma prática do poder, "na qual os governantes são os primeiros praticantes da geopolítica e ainda certos geopolíticos serviram de guia para ação" (Lasserre); "o estudo das diferentes rivalidades dos poderes sobre os territórios a nível internacional ou entre os cidadãos de um Estado-nação" (Lacoste); e cujo objeto é "a compreensão da organização do espaço pelo poder, em todas as suas dimensões" (Dussouy). Lacoste defende que a sua área de análise atende não só aos conflitos territoriais, às fronteiras e ao seu impacto nas relações internacionais (*geopolítica externa*), mas também às rivalidades e reivindicações dos poderes no âmbito das circunscrições de um mesmo Estado, alcançando as mesmas políticas territoriais, locais e urbanas de escala, originando o conflitos étnico-culturais das minorias (*geopolítica interna*).

Na escola anglo-saxónica, a Geopolítica destaca-se com um significado particular a partir dos anos 1980 (*critical geopolitics*), refletindo "o exame dos pressupostos e explicações geográficas que intervêm no panorama da política mundial" (O'Tuathail), entendido como uma dimensão espacial da relação entre os Estados, ou como um conjunto de discursos, associando conhecimentos geográficos e ação política, posicionando-se como se tivesse produzido cada fenómeno em questão, tal como com os discursos argumentativos do sistema-mundo (Taylor), ou desde a aproximação humanística. Da mesma forma, têm interesse os diferentes tipos de Geopolítica de que tratam os geopolíticos críticos: *geopolítica formal*, que parte do pensamento e tradição geopolítica; *geopolítica prática*, da prática e da razão geopolítica; *geopolítica popular*, que provém da cultura e dos meios de comunicação de massas; e *geopolítica estrutural*, que deriva da condição geopolítica dos processos globais e suas contradições. Nos últimos anos, assistiu-se a uma renovação da Geopolítica, nomeadamente com Ives Lacoste, o qual rejeita a herança empírica e profética da antiga Geopolítica, mas não abdica de uma perceção ou compreensão global dos conflitos, à luz das características territoriais dos Estados e sua territorialidade. *[L.L.T.]*

Geopolítica (métodos)

Existe uma tradição clássica na Geopolítica, defendida, por exemplo, por Owens, no artigo intitulado "In Defense of Classical Geopolitics", publicado na *Naval War College Review*, vol. 52, n.º 4 (1999), segundo a qual aquela é "a relação do poder político internacional com a geografia". Ainda segundo este autor, a Geopolítica está ao serviço da estratégia do Estado, sendo influenciada por uma grande variedade de fatores tais como a História pátria, a natureza do regime político, a ideologia, a religião, a cultura, elementos económicos, incluindo a tecnologia, e as instituições de governo e militares. Por outras palavras, a Geopolítica é a ciência que estuda a relação entre a política e a geografia, na perspetiva dos interesses do Estado.

Por vezes, também se define a geopolítica como o exercício da política explicado pela geografia, o que significa que a geografia está ao serviço da política. Esta geopolítica realista, como também é chamada, foi pensada para os Estados soberanos, embora possa servir a outros territórios. Não faltam exemplos, no século XXI, de espaços de âmbito infranacional que pretendem tornar-se independentes ou ganhar maior autonomia no seio de Estados já existentes, alegando, para tal, razões de natureza geográfica, tanto física como humana (p. ex., Catalunha e Escócia). Por outro lado, há Estados que estabelecem alianças e outras relações de proximidade com outros Estados, na defesa dos seus interesses.

Os métodos utilizados pelos estudos geopolíticos englobam as teorias geopolíticas, as quais condicionam tanto a escolha dos métodos como a sua expressão. Saul Bernard Cohen, na obra *Geopolitics. The Geography of International Relations* (2015), refere seis métodos utilizados no estudo das relações entre os processos políticos e os ambientes geográficos, que são aplicados quer na Geografia Política quer na Geopolítica. Segundo Cohen, esses métodos são os quatro enunciados por Hartshorne (1899-1992), um dos principais teorizadores da moderna Geografia Política, mais dois que ele próprio propõe. Os quatro métodos reconhecidos por Hartshorne são: o *método da análise do poder*, que se centra no levantamento e estudo dos fatores de poder, perspetivados em função do espaço territorial, que é fundamental para entender as relações entre os Estados; o *método histórico*, que se centra no estudo da História (em particular da política) em função da geografia; o *método morfológico*, que se centra no estudo das formas e características estruturais (associações de Estados, blocos, alianças, divisões administrativas, nas respetivas posições, dimensões e configurações, bem como na situação relativa de núcleos económicos e demográficos, traçados de fronteiras, etc.); e o *método funcional*, que se centra no estudo de zonas ou regiões como conjuntos funcionais politicamente homogéneos ou coordenados, procurando forças de convergência e de dissociação no seu relacionamento com o espaço. Os dois métodos acrescentados por Cohen são: o *método de comportamento*, segundo o qual no estudo da política internacional deve partir do estudo das perceções e valorizações das diversas situações e relações espaciais, perceções e valorizações essas analisadas através dos comportamentos; e o *método sistémico*, segundo o qual o processo político (relações políticas, estruturas e forças sociais) e o espaço geográfico (lugar, região e ambiente) são estudados como um sistema em que o processo político e o espaço geográfico interatuam globalmente, definindo-se diversas zonas de ação política e ideológica caracterizadas por diferentes perceções.

A perspetiva clássica de Geopolítica, de natureza positivista e determinista, foi muito influenciada pela Geopolitik alemã de Karl Haushofer. A este professor da Universidade de Munique se deve, em grande parte, o desenvolvimento da disciplina. Apoiando-se nas obras de Friedrich Ratzel e Rudolf Kjellén, Haushofer defendeu que os Estados não eram entidades estáticas, limitadas por uma determinada geografia, mas, pelo contrário, organismos vivos cujo crescimento ou diminuição dependia da forma como fossem capazes de exercer uma "dinâmica espacial de poder" (Herwig, 2016: 126). A Geopolítica incidiria sobre uma matéria dinâmica que deveria ser objeto de estudos interdisciplinares que incluíssem a Biologia, a Geografia, a História, o Direito e a Zoologia. Nas suas palavras, "a Geopolítica é a ciência das relações terrestres dos processos políticos. Baseia-se nos amplos fundamentos da Geografia, especialmente na Geografia Política, que é a ciência dos organismos políticos no espaço e sua estrutura. A Geopolítica deverá fornecer as ferramentas para a ação política e as diretrizes para a vida política como um todo. A Geopolítica torna-se, assim, uma arte; a saber, a arte de orientar a política prática. Geopolítica é a ciência geográfica do Estado" (citado por Herwig, 2016: 123). Não ficou claro o estatuto epistemológico ou prático da Geopolítica para Haushofer, embora o autor não tenha escapado da crítica certeira de que inspirou a teoria do "Espaço vital" (*Lebensraum*) de Hitler.

Esta "politização" do termo é uma das razões para que existam outras interpretações sobre qual é o objeto da Geopolítica. O próprio Cowen, atrás citado, reconhece que o conceito clássico de Geopolítica é controverso, ainda que essa perspetiva se tenha tornado maioritária. A questão é relevante porque condiciona os métodos usados pela disciplina.

A perspetiva clássica é fortemente criticada por Pedro Pezarat Correia (2012), com o argumento de que se confunde Geopolítica com Geoestratégia, que são disciplinas diferentes. Trata-se, afinal, de uma deriva promovida pela escola realista americana das Relações Internacionais, que ignora o significado original de Geopolítica. Pezarat Correia (2012) cita Josué de Castro, para quem a Geopolítica "nada tem a ver com a *Geopolitik* germânica, pseudociência de Karl Haushofer, que não passava de uma nebulosa mistura de princípios contraditórios, concebida com a finalidade única de justificar as aspirações expansionistas do Terceiro Reich". Acrescenta que aquilo a que "chamamos Geopolítica não é uma arte de ação política na luta entre os Estados (...). É apenas um método de interpretação da dinâmica dos fenómenos políticos na sua realidade espacial". Outra forma de dizer que a Geopolítica é "uma disciplina que assenta na combinação da Geografia e da Política", mas em que esta aparece "como instrumento colocado ao serviço da Geografia".

Pezarat Correia defende uma Nova Geopolítica. Na apresentação do seu *Manual de Geopolítica e Geoestratégia* (2018), pode ler-se que "a Geopolítica é estudada numa perspetiva de inovação discursiva e analítica". À Geopolítica clássica, "assente em doutrinas sobre o poder nacional, sobre o poder mundial ou sobre a especificidade do poder nuclear", Pezarat Correia contrapõe uma nova Geopolítica com outras abordagens, como as da ecopolítica, da demopolítica, da geoeconomia ou da biopolítica. Significativamente, debruça-se sobre aquela que, em sua opinião, é a única razão de ser da disciplina de Relações Internacionais: a Paz. O autor deixa um desafio à sociedade portuguesa ao escrever um manual no qual se dão a conhecer conceitos e formas de pensar as relações internacionais até aí ignorados pelas instituições. Trata-se de uma perspetiva pós-moderna de rutura com a conceção positivista e determinista clássica, pela introdução de novos métodos e temas de estudo. *[J.R.C.]*

Geoestratégia

A Geoestratégia começou por ser uma extensão da geografia militar. Com a evolução da ↗Estratégia, a Geografia Militar foi relegada para o estudo das áreas de operações e a Geoestratégia ascendeu a outro patamar. Ao contrário da ↗Geopolítica, que estuda as questões políticas e de poder, tendo em conta a condicionante espacial, a Geoestratégia não se separou da Geografia ou da Estratégia para criar uma disciplina autónoma de fronteira. A Geoestratégia não é mais a área da estratégia que trata do condicionamento geográfico do espaço sobre a ação estratégica. É, sobretudo, uma área de aplicação cujo ponto nevrálgico recai no estudo espacial que pode condicionar a manobra da estratégia integral, das estratégias gerais e das estratégias particulares. Certamente que pode também ter algo de muito importante a dizer no âmbito da estratégia estrutural, talvez um pouco menos em relação à estratégia genética, isto para além da estratégia operacional, que foi historicamente o seu fio condutor primário. Porém, a dimensão espacial de que trata a Geoestratégia, mesmo considerando o nível genético e estrutural, nunca se desprende de uma leitura que visa muito diretamente os condicionamentos à ação concreta, à organização e criação na sua realização fática *tout court*.

O nível mais definitório da estratégia é atravessado por três vetores essenciais: o *outro*, o *tempo* e o *atrito*. Nenhum deles é direta ou primacialmente esmiuçado pela geoestratégia. O que não quer dizer que o espaço, nomeadamente para determinados teóricos, não seja também um elemento essencial para a definição de estratégia, como o são muitos outros, seja a causalidade, o acaso, a finalidade do agir, a linguagem, os valores, etc. Ainda assim, aparentemente, não é essa dimensão conceptual do espaço que a geoestratégia foca.

Resta saber como se pode distinguir o espaço geopolítico do espaço geoestratégico, uma vez que nem sempre se sobrepõem, e já que a geopolítica tem sempre no seu seio uma eventual dimensão conflitual, dada a relação existente entre entidades soberanas. Assim, nem todos os espaços geopolíticos serão espaços geoestratégicos, em que a dimensão conflitual hostil se pode omitir. A União Europeia, em princípio, e em termos ideais, pode bem configurar no seu interior um espaço geopolítico que não de disputa geoestratégica, se bem que, no atual estado de coisas, existam interesses estratégicos divergentes e naturalmente lutas estratégicas insidiosas e subtis. *[J.A.E.]*

Gestão de conflito

Por conflito designa-se a situação de antagonismo de interesses (territoriais, económicos ou ideológicos) ou de valores, que se pode traduzir ou não no emprego da força armada (confrontação armada). A gestão de conflito, através de práticas de mediação entre as partes envolvidas, procura limitar ou anular os efeitos do confronto. Uma das práticas de mediação, o cessar-fogo, também denominado de trégua, consiste numa paragem, por tempo determinado, de uma guerra em que ambos os lados envolvidos estão de acordo em suspender as ações ofensivas. O cessar-fogo pode ocorrer entre atores estatais ou envolver atores não-estatais e locais. Podem ser formais (geralmente escritos) ou informais. As suas condições podem ser públicas ou secretas. O cessar-fogo pode ocorrer, por meio de mediação, como parte de um processo de paz, ou, ser imposto por resoluções do Conselho de Segurança das Nações Unidas, órgão com responsabilidade, tal como consta na Carta das Nações Unidas, para a manutenção da paz e segurança internacionais. O cessar-fogo pode falhar se usado pelas partes como cobertura para rearmar ou reposicionar forças. A um cessar-fogo bem-sucedido pode seguir-se o ↗armistício, um acordo formal para encerrar os combates. *[M.O.B.G.]*

Gestão pública

Termo que designa um campo do conhecimento e do trabalho com interesse ou impacto na dimensão pública. Teve origem nos séculos XVIII e XIX, época em que dominava o Estado absolutista e a centralização do poder. O conceito tem vindo a ser melhorado, consoante a evolução das necessidades da sociedade e abrange áreas como os Recursos Humanos, ↗Finanças Públicas e ↗Políticas Públicas. Neste contexto, o benefício social é o foco principal e deve estar no topo das prioridades, pois "cria valor público para o cidadão, não descuidando o foco nos resultados". Para tal, é necessário eficiência e eficácia na prestação de serviços à população, através do planeamento, organização, execução e controlo.

Existem três modelos de gestão pública: o patrimonial, o burocrático e o administrativo. Este último permite uma nova forma de administração pública, focada no planeamento estratégico, na eficácia e eficiência, de um modo transparente, democrático e participativo, dando voz às vontades e opiniões da sociedade.

Na gestão pública é essencial respeitar alguns princípios, começando pelo âmbito legal, impessoal, moral, público e eficiente; garantindo também a supremacia do interesse público e do respeito pela lei. Uma organização pode ser privada ou pública, mas com interesses que afetam toda a comunidade. Assim, pode-se observar gestão pública em organizações públicas e privadas. Um exemplo prático é encontrado nas ↗Organizações não Governamentais (ONGs), visto serem juridicamente privadas, mas terem como objetivo o bem público, e nas instituições privadas que se dedicam à área social. Assim, em todos os países, qualquer que seja a sua forma de governo ou organização política, existe uma gestão pública, permitindo aos governantes cumprir as funções básicas do governo, de forma a tratar o bem público da melhor forma possível. *[F.C.B.]*

Glasnost

Termo avançado pelo secretário-geral do partido comunista Mikhail Gorbatchev no XXVII Congresso do Partido Comunista da União Soviética, em fevereiro de 1986, como parte do processo de transformação visado pela ↗*perestroika*, e que pretendia criar um ambiente de maior transparência e abertura na discussão de políticas públicas. *Glasnost* significa abertura e demonstra a crença de Gorbatchev na necessidade de implementar reformas profundas, incluindo maior espaço para crítica e uma imprensa livre para comentar a ineficiência das iniciativas estatais, de modo a impulsionar a reestruturação da sociedade. Acabou por salientar mais os falhanços iniciais do processo de reestruturação do que persuadir o povo para apoiar a causa.

Em 1985-1986, a elite soviética no poder entendeu que o estatuto de superpotência e a hegemonia ideológica e política que este implicava tinham custos económicos pesados face ao benefício limitado daí resultante. A nova política de Gorbatchev levou à modernização da política económica, resultando numa transferência alargada de recursos do setor militar para o setor civil. Isto conduziu a um novo espírito de ↗*détente*, que se manifestou claramente na Guerra do Golfo com o apoio tácito soviético às políticas dos aliados. Permitiu também uma redução no poder do Partido Comunista, incluindo através da realização de eleições com participação de vários candidatos.

Muitos analistas têm argumentado que a liberalização da Europa de Leste em 1989 foi uma consequência direta da doutrina Gorbatchev. Enquanto a nova orientação foi saudada internacionalmente, no plano interno as suas repercussões incluíram uma elevada preocupação não só quanto ao futuro político de Gorbatchev, mas também quanto à continuação da coerência da URSS e do papel dominante do Partido Comunista. A crescente instabilidade nacionalista, rivalidades étnicas e insatisfação económica – exacerbadas pela *glasnost* e *perestroika* – produziram movimentos de secessão que levaram à desintegração da União Soviética. Em finais de 1989, as Repúblicas do Báltico (Estónia, Letónia e Lituânia) já haviam demonstrado o seu desejo de desenvolvimento de uma nova relação com Moscovo. Cedo as outras repúblicas autónomas lhes seguiram os passos: Ucrânia, Bielorrússia, Moldávia, Arménia, Azerbaijão, Geórgia, e as repúblicas muçulmanas do Cazaquistão, Quirguistão, Tajiquistão, Turquemenistão e Usbequistão.

A 19 de agosto de 1991, numa tentativa de inverter os efeitos liberais da *perestroika* e *glasnost*, quer dentro quer fora da União Soviética, os conservadores lançaram um golpe de Estado contra a administração Gorbatchev, que se revelou um fracasso. O seu falhanço acelerou a dissolução da União Soviética e, a 25 de dezembro, Gorbatchev demitiu-se formalmente da Presidência, sucedendo-lhe Boris Ieltsin. Desta forma, no início de 1992, a União Soviética deixou formalmente de existir como entidade geopolítica e sujeito do Direito Internacional. *[M.R.F.]*

Globalização

Este conceito, de origem anglo-saxónica, forjado nas escolas de gestão americanas, e sinónimo, em França, de *mundialização*, traduz o extraordinário desenvolvimento das relações económicas, sociais, culturais e políticas a nível mundial, a partir dos anos 1980. Serve para designar um movimento complexo de abertura de fronteiras económicas e de desregulamentação, que permitiu às atividades económicas capitalistas estender o seu campo de ação ao conjunto do planeta. O desmoronamento do bloco soviético e o aparente triunfo planetário do modelo liberal no início dos anos 1990, acompanhados do desenvolvimento das telecomunicações, deram a esta noção uma validade histórica.

A globalização constitui, assim, uma nova etapa na evolução do capitalismo industrial, sucedendo à internacionalização das firmas e capitais.

Sob o ponto de vista económico, a noção de globalização integra três fenómenos diferentes: o primeiro fenómeno é o do desenvolvimento rápido dos mercados financeiros mundiais nos finais dos anos 1970, estimulados pela desregulamentação dos mercados financeiros e pelo aparecimento de novas tecnologias de informação; o segundo fenómeno é o da mundialização das atividades das empresas, tanto do setor manufatureiro como dos serviços; e o terceiro fenómeno, que é de natureza ecológica, traduzindo uma inquietude geral que se desenvolveu a partir de finais dos anos 1980 (↗comércio internacional). Estes três fenómenos estão na origem do sentimento de que os poderes públicos não podem controlar o funcionamento dos mercados num mundo onde reina a incerteza e a instabilidade real ou latente.

Segundo a ↗OCDE, a mundialização desenvolveu-se em várias fases, a última das quais, a da globalização (anos 1980), corresponde à instalação de verdadeiras redes planetárias, graças aos progressos da tecnologia e dos serviços. Os Estados tornaram-se cada vez mais interdependentes, prisioneiros do "sistema-mundo".

Falar de globalização é evocar a dominação do sistema capitalista sobre o espaço mundial. Este fenómeno inscreve-se numa tendência de submissão progressiva de todos os espaços físicos e sociais à lei do capital, à lei da acumulação contínua que é a finalidade suprema do sistema capitalista. Hoje em dia, muitos aspetos da vida das pessoas são influenciados por organizações e redes sociais localizadas a larga distância da sociedade onde vivem.

Entendida nos países em vias de desenvolvimento, e nos muçulmanos em particular, como uma espécie de neocolonialismo – "globalização é o que nós no Terceiro Mundo, durante séculos, chamámos colonização", segundo Martin Khor – e como o domínio do Ocidente sobre o resto do mundo na perspetiva de Anthony Giddens, a globalização não é sinónimo de americanização, nem de homogeneização, quer sob o ponto de vista social, quer sob a perspetiva económica ou cultural. Torna-se evidente que os EUA são determinantes na globalização económica – o maior mercado de capitais –, militar – é a única potência capaz de intervir em qualquer parte do mundo –, social – é o centro da "cultura popular" –, e ambiental – é o país mais poluente do mundo, e sem a sua concordância as decisões em política ambiental obterão sempre resultados limitados.

Sendo um dos principais impulsionadores e beneficiários da globalização contemporânea, os EUA não são capazes, porém, e sê-lo-ão cada vez menos, de a controlar. O "Grande Satã" dos fundamentalistas islâmicos nem é Satã e menos ainda é grande – a intervenção da Reserva Federal de Nova Iorque, em 1997, para evitar o colapso de um fundo de investimento; as destruições levadas a cabo em 2001 nas cidades de Nova Iorque e Washington; a proliferação de drogas duras e a lavagem de dinheiro no seu território; ou o furacão Katrina (2005), que devastou parte do território americano com uma violência que teve tanto de inaudita quanto de inoperacional se revelou a resposta da administração americana, demonstram que os EUA não estão imunes às crises financeiras mundiais, ao terrorismo internacional, ao narcotráfico e ao aquecimento global do planeta, para o qual contribuem determinantemente, nem estão preparados para dar uma resposta adequada e unilateral a tais fenómenos. A globalização é americanocêntrica, uma vez que grande parte da revolução da informação e boa parte do conteúdo das redes de informação global são provenientes do EUA, aumentando o seu ↗*soft power*, o poder suave, tal como defende Joseph Nye. Mas nenhum Estado, incluindo os EUA, está imune aos efeitos da globalização, a qual, a longo prazo, irá reduzir a intensidade do domínio americano. Em suma, nada no mundo pode ser feito sem os EUA, mas, seguindo Dominique Moisi, há muito pouco que os EUA possam fazer sozinhos. A ↗interdependência constitui, efetivamente, uma variável determinante e crescente do mundo globalizado.

Um aspeto crucial no estudo da globalização é a emergência de um sistema mundial – ou seja, há razões para se olhar o mundo como uma única ordem social. A globalização, acusada por certos políticos de tornar os países pobres ainda mais pobres, contribuiu para que numerosos países do mundo conhecessem um significativo crescimento económico – China, Índia, Brasil, Rússia, Indonésia e Turquia, por exemplo. Torna-se evidente a necessidade de regular a globalização e de democratizá-la, mas o mundo global em que vivemos é, apesar de tudo, mais justo e mais próspero do que o mundo do século XX. *[F.S. / R.R.]*

Globalização e Democracia

A ↗globalização, enquanto fenómeno ancorado na profunda interdependência dos Estados e dos povos, no plano mundial, lança desafios de governação global e, consequentemente, coloca a questão dos fundamentos e modelos de poder, convencionalmente abordada no debate sobre ↗regimes políticos. A ↗democracia, no plano global, deverá ser discutida no plano da teoria e da prática da democratização e bem assim da evolução das democracias já existentes; e no âmbito dos modelos multinível de governação global. No primeiro caso, o foco é essencialmente o da democracia e democratização dos Estados, enquanto no segundo se analisam os procedimentos democráticos nos diferentes níveis e suas imbricações.

A teoria da democratização analisa os processos e vagas de democratização dos Estados, sendo que o número das democracias se tem alargado, passado-presente, embora haja também refluxos autoritários a registar. A ideologia da democratização corresponde a uma abordagem normativa, adotada por Estados e organizações internacionais governamentais (ex: EUA; ONU) que pretendem propiciar e reforçar a democratização de outros Estados, procurando, nesse processo, uma padronização de valores e práticas políticas consentânea com o modelo dito "ocidental". A gestação de uma democracia "nacional" é, todavia, complexa, particularmente em processos acionados do exterior, já que a democracia, para lá do limiar eleitoral, ou mesmo do enraizamento do ↗Estado de Direito, pressupõe equidade, uma cultura política democrática enraizada e políticas de qualidade que operem, no conjunto, a simbiose entre o Estado-aparelho e a sociedade, de tal modo que o regime seja amplamente aceite e por isso estável (*the only game in town*). Já nas democracias consolidadas, há que analisar o impacto dos processos de globalização na coesão interna (ex: deslocalização e erosão do mercado de trabalho; fenómenos migratórios de entrada e de saída-fuga de cérebros; TIC's); no grau de autonomia política, nomeadamente para a gestão de crises; na distribuição de recursos, materiais e simbólicos.

O cruzamento da ideia democrática com os modelos multinível coloca outras questões: se nos planos nacional e infranacional o problema remete à ordem constitucional de cada Estado e respetiva descentralização interna, no plano regional supranacional e no plano global, outros debates emergem. Salienta-se o da legitimidade democrática das organizações internacionais governamentais (OIG). Nestas, a legitimidade formal está acautelada, já que se sustentam na representação dos governos nacionais, mas, tendo em conta a extensão e profundidade das matérias que hoje regulam (ex: ↗OMC), parece haver necessidade de reforço da legitimidade substantiva, isto é, da relação direta entre as OIG e os cidadãos. Tal debate está maximizado no caso da ↗União Europeia, no mínimo uma organização internacional atípica, no âmbito da qual decorrem processos profundos de integração política. A existência de um parlamento supranacional diretamente eleito pelos cidadãos é uma resposta ao quesito de democraticidade, não esgotando, todavia, o debate. Finalmente, o nível transnacional da sociedade civil materializa um modelo de participação e ativismo político que não se confina às fronteiras nacionais, antes as ignora e as supera. Ainda assim, o debate do ↗cosmopolitismo sobre uma cidadania global segue sendo um horizonte teórico, se não utópico. *[C.T.R.]*

Golpe de Estado

O golpe de Estado pode ser entendido como a tomada ou conquista do ↗poder através da força militar. Distingue-se da ↗Revolução essencialmente por dois motivos: por um lado, e de forma generalizada, o golpe de Estado não tem em vista a alteração do regime instituído (Arendt diz que "só podemos falar de revolução quando ocorre mudança no sentido de um novo começo"); por outro, a iniciativa resulta de um pequeno grupo sem a envolvência de movimentos políticos e sociais. Estamos diante uma ação desencadeada e desenvolvida dentro dos próprios órgãos do Estado, sem o respeito pelas normas legais vigentes quanto à sucessão ou substituição dos titulares do poder político. Pode suceder que de um golpe de Estado se evolua para uma Revolução, algo aliás, como salientou César Oliveira, que sucedeu logo após o bem-sucedido golpe militar ocorrido de 24 para 25 de abril de 1974, em Portugal, mas esta particular situação não é suficiente para caracterizar e definir a natureza de um golpe de Estado. *[M.M.]*

Governação global

A ordem clássica do ↗sistema internacional baseada na ideia da ↗anarquia claramente não quadra com a evolução do dito sistema, no seio da globalização. O espaço intersticial entre os Estados não pode ser um vazio político, já que muitos dos processos económicos, sociais e culturais decorrem hoje através das fronteiras dos Estados e sobre elas. Por outro lado, na ausência de um regulador global, coloca-se a questão do modelo de governação a implementar. Em 1992, Rosenau propôs o conceito de "governação sem governo", querendo por tal significar a adoção de padrões tendencialmente comuns que produzem ordem política, mas que se não confinam à estrutura rígida e formal de um aparelho de poder mundial, de resto inexistente e porventura inviável. A ideia do autor reproduz, conceptualmente, a construção internacional posterior à Segunda Guerra Mundial, na qual os processos económicos, sociais e culturais superaram fronteiras, tendo gerado a necessidade de interação crescente entre os atores e mesmo o surgimento de algumas instituições formais.

É o caso das organizações internacionais governamentais regionais e globais; no nível da sociedade civil organizada, é o caso das ↗organizações não governamentais (ONG); ou ainda, tal é o caso das ↗multinacionais, no que respeita à esfera da produção. Entre todos estes atores geraram-se dinâmicas, umas de competição, outras de colaboração, mas que partem de quadros de valores pelo menos parcialmente partilhados e de interesses potencialmente comuns. O conceito de "regime", desenvolvido no âmbito da teoria das Relações Internacionais, retrata este processo, remetendo à existência de valores, normas e regras, progressivamente consensualizados, em torno dos quais convergem os comportamentos dos atores. A título de exemplo, refiram-se os regimes internacionais dos ↗Direitos Humanos, o regime liberal do comércio internacional e o regime do ambiente.

Há, no entanto, que conceder que esta ordem política assim constituída é menos densa que a convencional dos Estados, pela ausência de constitucionalização efetiva, pela ausência de hierarquia una e clara, pelas descontinuidades, pela relação por vezes difusa entre os níveis de autoridade governamental e não governamental (ex: parcerias público-privadas), pela multiplicidade dos atores e pela brandura dos meios de ação política (↗*soft power*). Os modelos multinível de governação pretendem explicar esta lógica da governação global, seccionando-a em camadas, articuladas entre si por processos de interação de interesses e constituição de identidades.

No plano global, a estrutura mais institucionalizada é a das ↗Nações Unidas e sua nuvem associada de agências, mas, mesmo aqui, o reduto de ↗*hard power* é curto, estando essencialmente confinado ao papel securitário do Conselho de Segurança. No plano regional, atuam variadas organizações governamentais regionais, cujo papel de estabilizadores regionais e promotores de integração supranacional é visível. Por sua vez, o nível nacional tornou-se profundamente imbricado com os níveis regional e global, sendo o isolacionismo geopolítico hoje uma opção remota e arriscada. Internamente, os Estados, à sombra da ideia democrática, conhecem também impulsos no sentido da descentralização e devolução de poderes. Através das paredes dos Estados, a tessitura transnacional das ONG e das multinacionais opera profundas mutações à realidade socioeconómica e sociocultural, enquanto gera as suas próprias regras de funcionamento, difíceis de subsumir à autoridade convencional dos Estados.

Em suma, enquanto a ideia de vazio político, inerente à anarquia clássica, foi superada pela globalização, é certo também que a nova ordem política gerada não tem o grau de consistência da ordem estatal clássica. O mundo, certamente "encolhido", na dimensão subjetiva da sua extensão, pela globalização, conhece processos globais, mas assimétricos, de governação, que as teorias da dependência global tenderão a explicar pelas ↗hegemonias, mas que decorrem também da incipiência do modelo, que se ajusta, passo a passo, a uma realidade profundamente movente. Numa abordagem normativa, as leituras antiglobalização tendem a conotar a ordem política estabelecida com o predomínio do capitalismo e da democracia liberal, identificando um papel de difusão impositiva nas agências internacionais governamentais de padrão ocidental. A este, contrapõem uma "outra globalização", menos capitalista e mais solidária. *[C.T.R.]*

Governação multinível

A governação multinível é uma prática da governação contemporânea que se caracteriza por interligar vários níveis de governação: local, nacional, regional e internacional. Várias entidades políticas utilizam esta governação, desde logo os Estados ou entidades com cariz federal ou neofederal. A ↗União Europeia é a entidade política que utiliza esta governação multinível de forma mais óbvia e sofisticada.

De um ponto de vista académico, o conceito de governação multinível foi desenvolvido originalmente por Gary Marks (1993), que sublinhou que as políticas comunitárias, em particular as da de coesão, obrigaram a abrir canais diretos entre a Comissão Europeia e os poderes subnacionais. Estes canais circunscreveram o controlo feito a partir do nível nacional, de que resultou a erosão da visão tradicional da soberania estatal. De acordo com Marks, a governação multinível é um sistema de contínua negociação entre governos existentes em vários níveis territoriais – supranacional, nacional, regional e local. Na União Europeia, a governação multinível surge como o resultado de um amplo processo de criação institucional e de realocação decisional que deslocou algumas funções anteriormente centralizadas no Estado para o nível supranacional e outras para o nível local/regional.

A visão de Marks rejeita a perspetiva defendida pelo intergovernamentalismo liberal, na medida em que entende ter ocorrido uma transformação tripartida da autoridade: para cima, para baixo (dimensão vertical) e para os lados (dimensão horizontal). A primeira tem a ver com a tendência crescente de mudança do processo de decisão do nível nacional para o nível supranacional, ilustrado pelas reformas institucionais do Ato Único Europeu e pelo Tratado de Maastricht. Quer num momento, quer no outro, o alargamento das matérias que passaram a poder ser aprovadas com recurso ao voto por maioria qualificada significou uma perda de poder para os Estados-membros e o reforço do poder da Comissão e do Parlamento Europeu (Marks, Hooghe; Blank, 1996). A governação multinível europeia relaciona-se com o princípio da subsidiariedade introduzido no Tratado de Maastricht e confirmado no ↗Tratado de Lisboa, que no seu artigo 5.º, n.º 3, estabelece que a "União intervém apenas se e na medida em que os objetivos da ação considerada não possam ser suficientemente alcançados pelos Estados-membros, tanto ao nível central como ao nível regional e local, podendo contudo, devido às dimensões ou aos efeitos da ação considerada, ser mais bem alcançados ao nível da União".

Outro exemplo institucional importante da governação multinível foi a criação do Comité das Regiões, que significou mais um canal direto entre o nível regional e o supranacional. Com esta decisão, reforçou-se a independência das regiões em relação aos Estados-membros. Verificou-se uma descentralização do processo de decisão para os níveis subnacionais, bem como uma centralização de novos poderes no nível supranacional. Marks (1993) sublinhou que, sob o princípio da parceria, a Comissão estabeleceu um canal direto de comunicação com os governos regionais. Assim, a dispersão horizontal da autoridade mencionada na sua definição de governação multinível está também patente no conceito de "governance" em detrimento de "government". Hooghe e Marks (2003) definem "governance" com uma fórmula ampla: "tomada de decisão vinculativa na esfera pública". Esta definição aponta para uma governação europeia multinível e multi-ator: governos e atores não-governamentais participando no processo de decisão (Bache; Flinders, 2004). Ou seja, trata-se de um conceito que aponta para o trabalho político em rede, que inclui uma gama muito vasta de atores nacionais, regionais, locais, públicos e privados, e onde a Comissão Europeia opera como um mediador entre eles. Estas redes são definidas como "forma particular de governação [que envolve] modos não hierárquicos de coordenação constituídos por dependências mútuas de recursos e/ou normas informais de igualdade entre os atores envolvidos" (Borzel; Heard-Lauréote, 2009). *[J.L.C.]*

Governamentalidade

O conceito de governamentalidade tem origem nos cursos teóricos ministrados por Michel Foucault, no Collège de France, que originaram as suas obras *Segurança, Território, População* (1977-1978) e *Nascimento da Biopolítica* (1978-1979). Nestas obras, o autor vai utilizar este conceito para examinar a racionalidade política desenvolvida no Ocidente. Na definição de Foucault, governamentalidade significa um "conjunto constituído pelas instituições, os procedimentos, análises e reflexões, os cálculos e as táticas que permitem exercer essa forma bem específica, embora muito complexa, de poder, que tem por alvo principal a população, por principal forma de saber a economia política e por instrumento técnico essencial os dispositivos de segurança". Enfim, por governamentalidade deveria entender-se "o processo, ou antes, o resultado do processo pelo qual o Estado de justiça da idade Média, que nos séculos XV e XVI se tornou o Estado administrativo, viu-se, pouco a pouco, governamentalizado".

Governamentalidade aparece como um conceito que se projeta no regime de poder e às técnicas de governo subjacentes à formação do Estado Moderno, bem como à conduta dos homens que o desenvolvem. Foucault alarga, ainda, este conceito de governamentalidade à ideia de biopoder. Está plasmada como um "conjunto dos mecanismos pelos quais aquilo que, na espécie humana, constitui as suas características biológicas vai poder entrar numa política, numa estratégia geral de poder". Prevendo certas formas futuras de ↗populismo, o autor não deixava de antever que, na governamentalidade, se podia evoluir de uma cultura política de ideologia para uma cultura política de demagogia. *[A.T.]*

Governança/Governação

Governança ou governação (do inglês *governance*). O termo designa o ato de governar, mas não se confina à governação efetuada por governos formais, embora também a abranja. O conceito é adjetivado de múltiplas formas, cobrindo um campo muito amplo da atividade humana: governação pública *versus* privada; corporativa; de mercado; participativa; deliberativa; em rede, etc. Refere-se, pois, aos processos de organização e coordenação social em geral. O termo vulgarizou-se a partir dos anos 1980 e reflete uma mudança nas conceções sociológicas da organização social e políticas da ordem política, fruto da própria evolução da rede de relações globais.

Ao contrário dos modelos formais de governo público, a governação é concebida como um processo de menor grau de formalização, menos hierárquico e mais aberto a processos horizontais, transnacionais, colaborativos e em rede. A governação acarreta ainda a entrada em cena de uma diversidade substancial de atores, erodindo as barreiras clássicas entre público e privado, através de parcerias ou mesmo de regulação privada. A todo este processo não é alheia a evolução tecnológica recente, que cunhou o termo *e-governance*. No plano normativo, a governação é normalmente apresentada como "boa governação", entendendo-se por tal uma governação democrática, participada. *[C.T.R.]*

Governança dos mares

A governança dos mares ou governança global dos oceanos constitui uma política marítima integrada que engloba todas as atividades marítimas relativas aos oceanos, e tem por objeto a proteção do meio ambiente marinho e o aproveitamento sustentável dos seus recursos, a par da conservação da sua biodiversidade. A governação internacional dos oceanos consiste, assim, em gerir e utilizar os oceanos e os seus recursos de forma a que os mesmos se mantenham saudáveis, produtivos, seguros e resilientes. A mesma deve ser desenvolvida em conformidade com a denominada *Constituição dos Oceanos*, a *Convenção das Nações Unidas sobre Direito do Mar*.

A Agenda 2030 das Nações Unidas para o Desenvolvimento Sustentável faz uma especial referência a esta temática no objetivo 14. Também a ↗União Europeia tem vindo a defender uma ação concertada nesta matéria. Assim, adotou a política marítima integrada da União Europeia, uma abordagem holística que aplica a todos os assuntos marítimos e marinhos. Estabeleceu um conjunto sólido de regras ambientais vinculativas, elaborou uma estratégia ao nível do seu território como forma de impulsionar o crescimento azul inclusivo e sustentável, dividiu o seu espaço marítimo em regiões (Mar Báltico, Mar Negro, Mar Mediterrâneo, Mar do Norte, Atlântico e Ártico) e definiu estratégias regionais adequadas às mesmas, afetando elevados recursos financeiros para a investigação marítima e participando em fóruns internacionais e intersectoriais. Com o objetivo de identificar, prevenir e dar resposta a desafios de segurança, adotou também a estratégia marítima. *[F.C.M.]*

Governo

O Governo é, nas palavras de Paulo Otero, um "órgão colegial, constituído por diversos órgãos", surgindo neste contexto como "um órgão complexo", ao qual cabe, na definição da Constituição portuguesa de 1976, a "condução da política geral do país", sendo ainda "o órgão superior da administração pública". No seu sentido mais moderno, e tendo por base a ↗separação de poderes defendida num primeiro momento por Aristóteles quando falou das "magistraturas deliberativas, executivas e judiciais", depois por Locke e, principalmente, por Montesquieu, o Governo surge associado à ideia de órgão a quem cabe o poder executivo, distinto por isso mesmo do poder legislativo.

Hoje, porém, tendo presente uma crescente interdependência de poderes, o Governo é também um órgão a quem cabe legislar, nomeadamente no domínio das suas competências próprias e daquelas que lhe tenham sido delegadas pelo Parlamento. Já no plano da condução política propriamente dita, a maior ou menor liberdade de ação do Governo está sempre dependente quer do sistema de governo instituído, quer do próprio sistema eleitoral que define as regras de designação dos deputados. Não é nunca indiferente saber se o Governo, e em particular quem o lidera, responde de facto, e não apenas no plano formal, perante os deputados eleitos ou se, pelo contrário, nomeadamente em situação de maioria parlamentar, são estes que seguem sistematicamente as orientações do Governo. *[M.M.]*

Governo de gestão (Portugal)

Os governos de gestão estão sujeitos ao princípio da limitação da competência, desde o momento da queda de um governo até à apreciação parlamentar do programa do governo seguinte, nos termos do artigo 186.º, n.º 5 da Constituição da República Portuguesa, "à prática dos atos estritamente necessários para assegurar a gestão dos negócios públicos", ou seja, reduzidos ao despacho dos assuntos correntes, abstendo-se de quaisquer atos que possam comprometer o governo seguinte. Aos governos de gestão é lícito praticar todos os atos julgados necessários, com duas exceções: os atos políticos que resultem em inovação fundamental e os que comportem uma limitação significativa dos poderes de decisão política do futuro governo.

Para Diogo Freitas do Amaral, o interesse do tema governos de gestão situa-se, desde logo, no "cerne da problemática do Direito público moderno – a dificuldade de conciliar em cada norma, em cada instituto, em cada problema, as exigências de ação do Estado, reclamadas pela necessidade de prosseguir o interesse público, com as limitações que devem rodear a atuação do Poder, para garantia dos cidadãos e dos valores fundamentais da ordem jurídica ou do regime democrático".

São três as espécies de governos de gestão. Os governos demitidos, na sequência da dissolução da Assembleia da República, pelo Presidente da República, de acordo com o artigo 133.º, alínea g) da Constituição da República Portuguesa; os governos sem programa apreciado, que só adquirem a sua *plenitudo potestatis* com a apreciação parlamentar do mesmo; e os governos demissionários, como no caso previsto no artigo 186.º, n.º 4 da Constituição. *[A.T.]*

Governo local

É o aparelho de poder infranacional, que corporiza o poder local, com delimitação territorial. Os modelos variam de Estado para Estado, em função de circunstâncias históricas e de opções de maior ou menor ↗descentralização. Em regimes democráticos, os políticos locais são tendencialmente eleitos; inversamente, em modelos de pendor autoritário poderão ser de nomeação central. O leque de poderes também varia (educação, urbanismo, saúde, ambiente, etc..) e, do mesmo modo, os recursos financeiros e o grau de autonomia, na sua captação e utilização. A questão da relação com o nível do Estado central é, pois, crucial, no desenho do modelo. Em Portugal, a tradição do poder local anda fortemente associada ao municipalismo, não tendo o nível regional uma expressão significativa. *[C.T.R.]*

Governo militar

Governação chefiada por líderes militares e não por funcionários eleitos. Os governos militares proliferaram no século XX, em muitas partes do mundo. Há vários tipos de governos militares, desde aqueles em que os militares tendem a governar de forma direta, até outros em que a governação é conduzida por funcionários nomeados ou diretamente responsabilizados pelas chefias militares. Em 2021, existiam cinco governos militares no mundo – Chade, Guiné, Mianmar, Mali e Sudão –, todos eles de natureza ditatorial e nascidos de golpes de Estado, com exceção do Chade, que resultou de uma ofensiva militar rebelde a partir do norte do país, que resultou na morte do chefe de governo, sendo instalado um governo militar de transição, até à realização de eleições e consequente normalização constitucional. *[D.F.]*

Governo mundial

Conceito que traduz a ideia de uma instituição global supranacional, que centralizaria em si a autoridade para tratar dos assuntos da comunidade mundial, possuindo capacidade executiva e legislativa e detendo o monopólio do uso da força. Implica que os Estados prescindam da sua soberania, submetendo-se a um sistema único de lei mundial. Em virtude de ter como objetivo último a manutenção da paz e ordem internacionais, o conceito de governo mundial é frequentemente conotado com o ↗pacifismo. *[D.F.]*

Grande Espaço

A noção de Grande Espaço (*Grossraum*) foi introduzida por Carl Schmitt nos debates sobre o Direito Internacional, em 1939. Porém, já era objeto de estudo da economia (*Grossraumwirtschaft*) desde a Primeira Guerra Mundial, entendida como a ampliação da escala industrial no contexto da evolução das formas do capitalismo industrial. Face à crise do Estado, cuja delimitação territorial não pode continuar a ser o eixo da delimitação espacial do mundo, e a tendência para o universalismo político (*One world*), o Grande Espaço passa a ser considerado, no âmbito da planificação e organização das atividades humanas, produto da tendência evolutiva contemporânea que se sobrepõe aos pequenos espaços estatais.

Neste sentido, o Grande Espaço constitui o conceito ordenador de um regionalismo orgânico internacional, gerador, por sua vez, de um novo Direito Internacional. O antecedente imediato do Grande Espaço encontra-se na ↗Doutrina Monroe, uma vez que esta se transformou num instrumento ao serviço da hegemonia política dos Estados Unidos no hemisfério ocidental. O seu conteúdo primordial consistia na proibição de toda intervenção no continente americano de qualquer potência externa a esse espaço. O aparecimento e consolidação de diversos espaços regionais depois da Segunda Guerra Mundial, ao incorporar novos atores na cena internacional, contribuíram para o fim do bipolarismo da ↗Guerra Fria. *[J.M.]*

Grande Potência

↗Potência.

Grandes debates teóricos nas Relações Internacionais

Ao longo dos mais de cem anos como disciplina académica, as Relações Internacionais têm sido marcadas por intensos debates científicos e académico-institucionais. Debates sobre a sua identidade como disciplina, sobre o seu projeto científico e político e, sobretudo, debates teórico-paradigmáticos que discutem sobre quais as teorias que melhor compreendem e explicam os processos das relações internacionais. Estas discussões, por um lado, são normais na construção do conhecimento científico, que está sempre marcado por debates sobre quais os fenómenos preferenciais a estudar e quais as melhores metodologias a aplicar. Neste contexto, a evolução da disciplina das Relações Internacionais pode ser compreendida em função da evolução dos seus grandes *debates*. Embora seja possível afirmar que a historiografia da disciplina é mais complexa do que a que resulta dos grandes debates e que, portanto, a história dos grandes debates é sempre uma narrativa que é simplificadora e resulta de uma visão euro-ocidental (anglo-americana) dominante, é importante conhecê-los.

O primeiro grande debate é o debate inicial relativo a própria invenção da disciplina que nasce num ambiente idealista-liberal e grociano, e que vai ser contestado pela visão realista. Assim, o primeiro grande debate é entre os idealistas e realistas, nos anos 1920 e 1930. O segundo grande debate é entre os tradicionalistas e os cientistas, nos anos 1950 e 1960. O terceiro grande debate é entre os positivistas e os pós-positivistas, a partir dos anos 1980. Aqui, convém precisar que o terceiro debate pode ser visto como um conjunto de debates. Assim, podemos dizer que a década de 1980 foi caracterizada pelos seguintes debates: um debate interparadigmático entre realistas, pluralistas e estruturalistas; um debate entre o neorrealismo e o neoliberalismo; um debate entre o positivismo e o pós-positivismo, o qual, de um ponto de vista da filosofia da ciência das Relações Internacionais, nos parece o mais importante.

Finalmente, tivemos o surgimento de um quarto grande debate que emergiu na viragem do século (1990-2000), inicialmente conhecido por contrapor os racionalistas (realistas, neorrealistas e neoliberais institucionalistas) e os reflexivistas (pós-modernistas, pós-estruturalistas, teorias críticas, feministas e social-construtivistas), mas, finalmente, foi centrado em torno do debate entre o racionalismo e o ↗construtivismo. Novamente, este debate contrapões duas visões ancoradas em tradições teórico-paradigmáticas sobre quais os principais problemas a estudar em Relações Internacionais e quais as melhores formas para os estudar. Todavia, este quarto grande debate introduziu alguma comunicação interparadigmática, que veio mitigar o não diálogo das guerras interparadigmáticas que caraterizaram os debates anteriores.

Isto significa que provavelmente o quarto debate terá sido o último grande debate-batalha interparadigmático. Atualmente, a teoria das Relações Internacionais, precisamente devido ao papel dialogante do construtivismo, não assume a necessidade de grandes debates dicotómicos. Isto não significa que tenham acabado os debates teóricos na disciplina, ou que o construtivismo e o racionalismo se possam ou devam fundir. Significa é que passou a existir uma cultura de respeito e diálogo na diferença ontológica e epistemológica, e uma procura eclética pragmática e sintética de encontro metodológico face à investigação científica. Na verdade, apesar de ser possível perceber uma distinção clara entre duas culturas académicas que suportam diferentes visões do mundo científicas e políticas – uma mais racionalista/positivista e politicamente mais conservadora e outra mais social/interpretativista e politicamente mais reformista –, não existem fronteiras fixas e barreiras inamovíveis entre elas. Com efeito, estas duas culturas teóricas tendem a tocar-se ao longo das suas margens e, ao nível da investigação, muito do trabalho mais interessante está a ser realizado nos seus espaços de fronteira de uma forma transteórica, onde os processos de comunicação e aprendizagem entre académicos de ambas as culturas acontecem frequentemente.

Deste modo, é completamente distinto assumir as diferenças entre culturas teóricas numa base de diálogo, ao invés de, como no passado, assumi-las numa base conflitual de jogo de soma nula. Ter uma visão sofisticada sobre estas diferenças e assumir a conexão entre a adesão a uma grande teoria e a assunção de preferências ontológicas, normativo-científicas e normativo-políticas, com todos os riscos e benefícios associados, é mais saudável do que estar permanentemente a gastar energias a tentar encontrar as falhas na teoria contestada e a glorificar a nossa teoria. Esta é, em nossa opinião, a derradeira prova do progresso científico da disciplina de RI (Mendes, 2012). *[P.E.M.]*

Greenpeace

Organização internacional não-governamental de defesa do ambiente, fundada em 1971 por um grupo de jovens ativistas canadianos e americanos, em torno de uma campanha pública contra os vários ensaios nucleares realizados pelos EUA e pela França no Oceano Pacífico, na ilha de Amchitka (Costa do Alasca) e no atol de Mururoa, no Pacífico Sul (Polinésia Francesa). O grupo fundador era então conhecido por "*Don't Make a Wave Committee*" ("Comité Não Faça Onda"), baseado em Vancouver (Canadá) e com um antigo barco de pesca adaptado, a que deram o nome que tem hoje: *The Green Peace* ("Paz Verde").

A organização privilegia o respeito pelo ambiente natural global, pela paz e incentiva ações de não-violência para enfrentar os problemas mais graves e degradantes da ecologia da Terra. Por isso, cresceu em ecologistas voluntários e em vários países, para se assumir em fundação internacional, em 1979, e passar a sua sede para a cidade europeia de Amesterdão. A *Greenpeace* tem combatido os maiores poluidores e exploradores de outros seres vivos. Diversificou as suas ações e campanhas ainda nos anos de 1970 para combater a caça industrial aos cetáceos, a pesca moderna e intensiva em alto mar e alertar para os problemas ecológicos derivados dos derrames petrolíferos e dos resíduos tóxicos produzidos pelas grandes indústrias químicas mundiais.

São conhecidos por "Guerreiros do Arco-Íris" e, desde a sua fundação, angariaram apoios da sociedade civil e mesmo de algumas entidades públicas, face à sua prossecução de estratégias proativas de atuação e de especial independência perante as forças económicas das empresas e das políticas dos governos, em particular das potências mundiais. Este modo de atuação teve sempre uma larga aceitação dos *media* e da opinião pública internacional, mas também a oposição de governos com poder global e incomodados com a sua ação em prol da proteção dos sistemas naturais do planeta, sendo conhecida a responsabilidade do caso do afundamento da sua embarcação e "arma de combate", o *Rainbow Warrior*, em 1985, que vitimou o tripulante-fotógrafo português Fernando Pereira.

Atualmente, a *Greenpeace* está representada em cerca de 40 países, possui um contingente de mais de três milhões de associados e emprega cerca de 2 500 colaboradores. Ao longo de mais de quatro décadas de luta em prol de um ambiente mundial mais promissor, um dos seus diretores internacionais afirma que "não temos inimigos permanentes ou amigos permanentes", convocando sempre a sociedade civil para trabalhar nas suas campanhas ambientais mediatizadas e na internet, quer de combate aos atentados contra a natureza viva, quer de elogio aos casos de boas práticas ambientais. *[J.C.Lo.]*

Grupo dos Dez (G10)

O Grupo dos Dez (G10) designa o grupo de países que concordaram em participar no *General Arrangements to Borrow* (GAB), um acordo de empréstimo suplementar que pode ser invocado sempre que os recursos do ↗Fundo Monetário Internacional (FMI) sejam considerados inferiores às necessidades de um membro. O GAB foi estabelecido em 1962, quando os governos de oito membros do FMI – Bélgica, Canadá, França, Itália, Japão, Holanda, Reino Unido e Estados Unidos – e os bancos centrais de outros dois membros, Alemanha e Suécia, concordaram em disponibilizar recursos ao FMI para empréstimos a participantes e, em determinadas circunstâncias, a não participantes do acordo. O G10 foi reforçado em 1964 com a adesão da Suíça – embora, à data, o país não fosse membro do FMI –, ampliando o seu quadro de membros para 11, mas mantendo a designação original. São observadores oficiais das atividades do G10 o Banco de Pagamentos Internacionais (BIS), a ↗Comissão Europeia, o ↗FMI e a ↗OCDE.

Após a sua criação, o G10 ampliou o envolvimento com o FMI, incluindo a emissão de relatórios que culminaram na criação do chamado Direito Especial de Saque, em 1969, instrumento monetário internacional que permite completar as reservas oficiais dos países membros, composto, desde a última revisão (2015), por cinco moedas: dólar americano (41,73%); euro (30,93%), libra esterlina (8,09%), iene japonês (8,33%) e yuan chinês (10,92%). O G10 também foi o fórum para discussões que levaram ao Acordo Smithsonian de dezembro de 1971, após o colapso do sistema de ↗Bretton Woods.

O Comité de Supervisão Bancária de Basileia, instituído pelos governadores dos Bancos Centrais do Grupo em 1974 para reforçar a cooperação entre os bancos, instituiu um secretariado para facilitar a gestão do G10. *[R.R.]*

Grupo minoritário

Grupo de pessoas de determinada sociedade que partilha um conjunto de interesses e crenças comuns num leque variado de assuntos, levando a que necessitem ou desejem um tratamento especial face à maioria. Geralmente, no grupo minoritário é possível identificar uma identidade comum, não existindo apenas em oposição à maioria. Os grupos minoritários mais importantes em termos políticos são as minorias raciais, religiosas e étnicas, que enfrentam um conjunto alargado de desvantagens/dificuldades na sociedade onde se inserem. Muitas vezes, estes grupos são afastados ou subordinados aos interesses dominantes, face aos quais necessitam de proteção.

Para podermos falar de um grupo minoritário, enquanto ator secundário das relações internacionais e sujeito de Direito Internacional, exige-se a existência dos seguintes elementos comuns: elemento comunitário (todos os membros partilham características comuns e próprias que os unem e distinguem da maioria da população); elemento quantitativo (a dimensão do grupo é significativa em relação ao resto da população de um determinado país e/ou região); elemento psicológico (é essencial que exista a consciência comum de pertença a uma minoria); e existência de opressão (discriminação ou segregação), sem a qual esse grupo é apenas um grupo autónomo no seio de um Estado. *[P.M.S.]*

Grupo de pertença

As Ciências Sociais têm dedicado, ao longo da sua história, uma atenção conceptual muito particular às estruturas, funções e ações dos grupos sociais. O estudo das coletividades sociais tem considerado várias dimensões analíticas, como a territorialidade (Weber), participação ecológica (Park), conformidade cultural (Merton) ou grupo de pertença (Durkheim, Weber, Simmel, Parsons, Mead, Elias). Grupo de pertença diz unicamente respeito à dimensão simbólica da interação entre indivíduos. A pertença – e por antinomia, a exclusão – é definida por fronteiras simbólicas, como narrativas, crenças, ou práticas sociais.

Para Simmel, um dos pilares da modernidade é a diferenciação social entre grupos de pertença. À medida que o mundo se tornou mais complexo, os indivíduos passaram a pertencer a um número maior de grupos distintos, não sobrepostos. Em resultado disto, torna-se mais difícil que um grupo absorva por completo um indivíduo, já que cada indivíduo entrega apenas uma pequena parte do seu *self* a cada um dos grupos. A diferenciação e a individualização aumentam a liberdade, uma vez que cada pessoa pode selecionar as configurações de pertença a cada um dos grupos.

A identidade de grupo é um processo contínuo de produção e reconstrução das fronteiras simbólicas, das suas formas e normas de pertença, bem como das regras de exclusão. A pertença a um grupo é tão marcada pelas configurações que o integram como por aquelas que o distinguem de outros grupos e indivíduos que ficam de fora. Os estudos de Summer, Coser e Dahrendorf validam a tese de que a pressão exercida externamente sobre os grupos aumenta a coerência interna entre os seus membros.

Os mecanismos contemporâneos de pressão externa sobre os diversos grupos de pertença têm promovido um tipo de discursividade que assume uma particular incidência sobre o conceito de identidade. O debate em torno das "políticas de identidade" remete para a reconfiguração de grupos de pertença, o reforço de fronteiras simbólicas, reivindicações de diferenciação social e identitária, contribuindo para uma maior polarização de discursos políticos e narrativas sociais. *[B.C.R. / N.A.J.]*

Grupo dos Quinze (G15)

Constituído em 1989 por 15 países em desenvolvimento da América Latina, Ásia e África – o único país europeu que então aderiu foi a ex-Jugoslávia –, em Belgrado, aquando da nona Cimeira dos Países Não Alinhados, com o objetivo de coordenar as posições dos países em desenvolvimento, face ao ↗Grupo dos Sete, formado pelos países mais industrializados. Atualmente, privilegia áreas como o investimento, comércio e tecnologia.

Os seus objetivos passam por aproveitar o potencial de maior cooperação entre os países em desenvolvimento; proceder a revisões regulares do impacto da situação mundial e do estado das relações económicas internacionais nos países em desenvolvimento; servir como um fórum para consultas regulares entre estes países, com vista a coordenar políticas e ações; identificar e implementar novos esquemas para a cooperação Sul-Sul e mobilizar um apoio mais amplo para os mesmos; promover um diálogo Norte-Sul mais positivo e produtivo e encontrar novas formas de lidar com os problemas de maneira cooperativa, construtiva e solidária.

O G15 dispõe de um Gabinete de Suporte Técnico, localizado em Genebra (Suíça), que providencia o apoio necessário para o desenvolvimento das atividades do G15 e que funciona sob a direção de um presidente, com mandato anual. Outros órgãos e funções do G15 incluem a Cúpula de chefes de Estado e governo, organizada bienalmente, realizada em local alternado entre as três regiões de origem dos membros dos seus membros; reuniões anuais de ministros dos Negócios Estrangeiros/Relações Exteriores, de periodicidade anual, para coordenar as atividades do grupo e preparar a reunião da Cúpula; um Comité de Direção, composto por três ministros dos Negócios Estrangeiros (do país anfitrião da Cúpula anterior, do país anfitrião atual e do próximo país anfitrião), responsável pela supervisão e coordenação. Efetuam-se ainda reuniões regulares dos representantes de chefes de Estado e de governo dos países membros, em Genebra.

O Grupo dos Quinze, não obstante manter a designação original, tem atualmente 17 Estados-membros: Argélia, Argentina, Brasil, Chile, Egito, Índia, Indonésia, Irão, Jamaica, Malásia, México, Nigéria, Quénia, Senegal, Sri Lanka, Venezuela e Zimbabué. *[R.R. / B.R.]*

Grupo do Rio

Trata-se da expressão determinada pelo evento *Conferência das Nações Unidas sobre Ambiente e Desenvolvimento (CNUAD)* – a Cimeira da Terra ou ECO-92 –, e pelos seus principais líderes políticos, provenientes de 178 países e, paralelamente, de organizações não-governamentais de ambiente, realizado no Rio de Janeiro, de 3 a 14 junho de 1992, que teve lugar 20 anos depois da importante reunião internacional também promovida pela ↗ONU para debater as questões mundiais sobre o Ambiente e Desenvolvimento Humano, a Conferência de Estocolmo (5-16 junho de 1972), com 113 países. Esta Cimeira foi bem interpretada por J. Lovelock ao afirmar: "Hoje em dia, somos todos gestores. Até falamos em 'gerir' o planeta inteiro, tornando-nos todos guardadores da Terra".

Em 1992, ficou internacionalmente reconhecida e consolidada a relação inseparável entre "ambiente e desenvolvimento", através da declaração final aí proclamada, com um preâmbulo e 27 princípios de ação da CNUAD – a Declaração do Rio. Corresponde também à expressão *Rio Cluster*, por associação com outros documentos específicos internacionais aí produzidos e aprovados, no caso, três importantes convenções e um acordo jurídico: a Convenção-Quadro para as Alterações Climáticas; a Convenção-Quadro para a Diversidade Biológica; a Convenção sobre Combate à Desertificação; e o Acordo para a Proteção das Florestas Tropicais.

Cinco anos mais tarde, ocorre uma sessão especial – *Rio+5* –, que, no caso da primeira convenção, determinou a implementação do conhecido Protocolo de Quioto

(1997, que entrou em vigor em fevereiro 2005, expirando em 2012) e também o compromisso reforçado do desenvolvimento sustentável (Declaração do Rio), agora impulsionado e mais comprometido pela chamada AGENDA 21, a qual se consubstancia hoje nos planos europeus de implementação, a sete anos, das Estratégias Nacionais de Desenvolvimento Sustentável (ENDS).

Em 2012, o Rio de Janeiro voltou a protagonizar um novo evento, a Conferência da ONU sobre Desenvolvimento Sustentável (RIO+20), com a participação de 188 países e uma declaração final intitulada *O Futuro que Queremos*, que enuncia novas áreas de interesse multilateral e renova grande parte dos compromissos anteriores, por exemplo a agenda dos 17 Objetivos de Desenvolvimento Sustentável, que substituem anteriores metas e estratégias de ação, no caso, o documento aprovado em 2000 – a Declaração do Milénio –, onde se formularam os oito Objetivos do Desenvolvimento do Milénio, gerados pelo tema do "desenvolvimento e erradicação da pobreza no mundo", visando promover parcerias ativas e programas de cooperação entre os países desenvolvidos e países subdesenvolvidos, a fim de combater as desigualdades sociais e alavancar medidas para resolver os problemas do desenvolvimento económico e cultural das nações mais pobres.

No presente, os Objetivos de Desenvolvimento Sustentável constituem um novo quadro global de metas e de desafios geracionais, a médio-prazo, para obtenção de compromissos estratégicos e de implementação de ações internacionais concertadas e relações de intercâmbio internacional para alcançar progressos domésticos de desenvolvimento multidimensional e de bem-estar humano, em geral vivido pelo acesso aos bens básicos e de qualidade ambientalmente justa. *[J.C.Lo.]*

Grupo dos Sete (G7)

Trata-se de uma organização informal que reuniu pela primeira vez em 1975, por iniciativa do presidente francês, Giscard d'Estaing – em grande medida motivado pela crise petrolífera que então se fazia sentir –, juntando os representantes (chefes de Estado ou de governo) das seis principais economias mundiais à época – Alemanha, EUA, França, Itália, Japão e Reino Unido –, constituindo-se assim, originalmente, como G6, com o objetivo de estabelecer uma concertação sobre questões económicas, diplomáticas, estratégicas e transversais (ambiente, terrorismo, crime organizado, narcotráfico, armas nucleares, entre outras) e de promover a cooperação internacional.

Em 1976, o Canadá foi admitido como membro do Grupo, transformado assim em G7, e em junho de 1997, o G7 acolheu oficialmente a Rússia, salvo para as questões económicas e financeiras, transformando-se em G8. Todavia, em 2014, a Rússia foi suspensa e afastada do Grupo, na sequência da anexação da Crimeia. A ↗União Europeia é membro observador nas reuniões do G7, estando representada pelo presidente da Comissão e pelo chefe do Governo do país que ocupe a presidência do Conselho Europeu.

O país que recebe a cimeira anual do G7 assegura o secretariado da reunião, que tem uma duração máxima de três dias e decorre, normalmente, a meio do ano. Além disso, desde 1987, os ministros das Finanças do G7 e os governadores dos respetivos bancos centrais reúnem-se pelo menos semestralmente para monitorizar a evolução da economia mundial e avaliar as políticas económicas, normalmente com a presença, por convite, do diretor-gerente do ↗Fundo Monetário Internacional (FMI).

Apesar da importância que reúne no cenário internacional, o Grupo funciona essencialmente como um fórum informal e não se constitui como uma organização com estatuto, critérios de admissão e poder legítimo para colocar as suas decisões em prática, podendo sim serem definidas algumas metas e políticas que, no entanto, não podem implementar-se sem o consenso do Banco Mundial e do FMI.

Representando os seus membros quase dois terços da riqueza líquida global e mais de 40% do PIB mundial, uma das principais críticas apontadas ao G7 reside na ausência da China, segunda maior economia do mundo. *[B.R. / R.R.]*

Grupo dos Setenta e Sete (G77)

Grupo criado em 1964, no quadro da primeira ↗Conferência das Nações Unidas para o Comércio e Desenvolvimento (CNUCED), visando estabelecer uma posição comum dos países em vias de desenvolvimento nas Nações Unidas, face aos países industrializados. Trata-se da maior organização intergovernamental de países em desenvolvimento no quadro das Nações Unidas, e visa promover os interesses económicos coletivos dos seus membros, fomentar a cooperação entre os mesmos e criar uma maior capacidade de negociação conjunta na ONU. O seu nome deve-se ao facto de terem sido 77 os seus Estados fundadores, embora o bloco tenha crescido e sejam hoje mais de 130 os seus membros.

Quanto à sua estrutura e funcionamento, ao Presidente do G77, que atua como porta-voz, cabe coordenar a ação do Grupo. A Presidência, o órgão político máximo dentro da estrutura organizacional do Grupo dos 77, sediada em Nova Iorque, é rotativa numa base regional (África, Ásia-Pacífico e América Latina e Caraíbas) e tem a duração de um ano. A Cúpula do Sul é o órgão executivo superior do Grupo dos 77. A Reunião Anual dos Ministros dos Negócios Estrangeiros (ou equivalente) do Grupo dos 77 é convocada no início da sessão ordinária da Assembleia Geral das Nações Unidas em Nova Iorque. Periodicamente, são realizadas reuniões ministeriais setoriais em preparação para as sessões da CNUCED e as conferências gerais da Organização das Nações Unidas para o Desenvolvimento Industrial (UNIDO) e da ↗UNESCO. Reuniões ministeriais especiais também são convocadas quando necessário. São ainda convocadas outras reuniões ministeriais setoriais em diversos campos de cooperação de interesse do Grupo, com o objetivo de promover a cooperação Sul-Sul, tendo já sido abordados temas como a energia, alimentação e agricultura, investimento e finanças, cooperação sub-regional e regional, ciência e tecnologia e recursos hídricos, entre outros. *[R.R. / B.R.]*

Grupo dos Vinte (G20)

Criado em setembro de 1999, como resposta à crise financeira de 1997 e 1998, o G20 constitui um fórum de consulta sobre as questões relativas ao sistema financeiro internacional, que agrupa os países do ↗G7, 12 países com economias relevantes no quadro internacional – África do Sul, Arábia Saudita, Argentina, Austrália, Brasil, China, Coreia do Sul, Índia, Indonésia, México, Rússia e Turquia – e a União Europeia, representada pelo presidente do ↗Conselho Europeu e o chefe do ↗Banco Central Europeu. Estão ainda presentes nas reuniões o diretor-geral do ↗FMI e o presidente do ↗Banco Mundial.

O G20 tem por objetivo garantir que as reformas e o reforço do sistema monetário e financeiro internacional sejam coerentes, de forma a estabilizar a economia global e contribuir para o desenvolvimento mundial. Procura ainda promover o crescimento sustentável e desenvolver meios que evitem crises económicas e favoreçam a modernização da economia mundial. Reunindo inicialmente os ministros das Finanças e os governadores dos bancos centrais de 19 países e ainda a União Europeia, nos seus fóruns têm também participado os chefes de Estado e do Governo.

Quando comparado com o ↗G7, o G20, como se compreende, apresenta um mais elevado grau de representatividade e legitimidade devido à sua composição geográfica – membros de todos os continentes –, à sua população – dois terços da população mundial –, ao produto mundial que soma (90%) e ao comércio mundial que garante (80 %). Detém ainda 84% das reservas de combustíveis fósseis do mundo e representa 80% dos investimentos mundiais. Porém, o G20 não é uma organização internacional. A sua presidência é anual e rotativa entre os seus membros. Cabe ao país-presidente estabelecer um secretariado provisório durante a sua gestão. *[B.R.]*

Grupo dos Vinte e Quatro (G24)

Oficialmente designado Grupo Intergovernamental dos Vinte e Quatro para Assuntos Monetários Internacionais e Desenvolvimento, agrupa os ministros das Finanças e governadores dos bancos centrais de países em desenvolvimento, membros do ↗Fundo Monetário Internacional (FMI). O Grupo foi criado em 1971 pelo ↗Grupo dos 77, como seu capítulo, para contrabalançar o peso do ↗Grupo dos 10 no seio do FMI e defender os interesses dos países do Sul. As reuniões deste Grupo realizam-se, geralmente, duas vezes por ano, antecedendo as reuniões do FMI. Constituído por 24 países da Ásia, Américas e África, qualquer país do G77 pode também participar nas discussões do G24, como acontece com a China que, por diversas vezes, já foi convidada para tais encontros.

Mantendo a designação original, por conta da sua composição inicial, o G24 atualmente reúne 28 membros: África do Sul, Argélia, Argentina, Brasil, Colômbia, Costa do Marfim, Egito, Equador, Etiópia, Filipinas, Gabão, Gana, Guatemala, Haiti, Índia, Irão, Líbano, Marrocos, México, Nigéria, Paquistão, Peru, Quénia, República Democrática do Congo, Síria, Sri Lanka, Trindade e Tobago, Venezuela. A China participa na condição de "convidado especial" desde 1981. Tem como Estados observadores Angola, Arábia Saudita, Emiratos Árabes Unidos e Indonésia. O seu secretariado encontra-se instalado na sede do FMI, em Washington D. C., embora não seja um órgão desta instituição. *[B.R. / R.R.]*

Grupos de interesse

↗Lóbi.

Guarda-chuva nuclear

O termo guarda-chuva nuclear refere-se a um sistema em que um Estado com armas nucleares defende Estados seus aliados sem acesso a esse tipo de armas. É um conceito emergente no período da ↗Guerra Fria e que se aplica em particular aos Estados Unidos que, enquanto potência nuclear, colocaram as suas armas ao serviço dos seus aliados em vários continentes. Foi assim com os seus aliados europeus no âmbito da ↗Organização do Tratado do Atlântico Norte, visando a sua defesa em relação ao Bloco de Leste liderado pela União Soviética. A implantação dos mísseis de médio alcance Pershing II na Alemanha, em 1983, foi uma resposta aos mísseis SS-20 que a União Soviética tinha apontados à Europa Ocidental.

Com o Japão, os Estados Unidos celebraram o Tratado de Cooperação e Segurança Mútua e implantaram o Sistema de Defesa de Mísseis Balísticos Aegis, visando controlar a ameaça nuclear norte-coreana. O acordo foi celebrado no pressuposto de que o Japão não desenvolveria armas nucleares, como procurou fazer durante a Segunda Guerra Mundial. A União Soviética agiu diferentemente dos Estados Unidos, protegendo os seus aliados com armas colocadas predominantemente no seu próprio território.

A defesa antimísseis desenvolvida por iniciativa do presidente norte-americano Ronald Reagan na década de 1980 forneceria um "guarda-chuva" de outro tipo contra potenciais ataques nucleares da União Soviética. Não se tratava de um guarda-chuva nuclear convencional, mas de um sistema que promovia uma defesa ativa por via da dissuasão nuclear, da qual dependia o guarda-chuva nuclear convencional. O sistema do guarda--chuva nuclear funcionou como uma alternativa à aquisição de armas nucleares pelos países. Outras alternativas passam pela criação de zonas livres de armas nucleares ou pela partilha de armas nucleares. *[J.R.C.]*

Guerra

Gaston Bouthoul, no seu *Traité de Polémologie*, onde considera a guerra como um fenómeno patológico, "uma espécie de epidemia mental", define-a como "uma luta armada e sangrenta entre grupos organizados", um conflito em que a violência é aberta e as armas são efetivamente utilizadas. Para Ortega y Gasset, a guerra "é uma invenção dos homens para resolverem determinados conflitos". Raymond Aron, na *Paz e Guerra entre as Nações*, define-a como "conflito armado entre unidades políticas", o que se integra na mesma linha de pensamento de Bouthoul. Aron precisa o conceito ao delimitar o âmbito, considerando que não se trata de qualquer conflito armado entre grupos organizados, mas apenas entre unidades políticas. Por sua vez, Claude Rousseau considera-a um fenómeno de violência política, mas introduz uma referência ao Direito, afirmando que "é uma luta armada entre Estados, utilizando meios e formas regulamentados pelo Direito Internacional, com o fim de impor um ponto de vista político". Quincy Wright entende que se trata de um "conflito entre grupos políticos, especialmente entre Estados soberanos, conduzido por importantes contingentes de forças armadas durante um período de tempo considerável"; mantém para o conceito as características de conflito armado entre unidades políticas, omite qualquer referência ao Direito, não o limita ao âmbito internacional, mas acrescenta referências ao tempo (duração) e ao volume das forças utilizadas, o que permite incluir os conflitos armados entre rebeldes e governos, bem como aqueles em que não chega a existir declaração de guerra, e, por outro lado, excluir simples incidentes de fronteira ou ações de força rápidas.

Alguns autores contemporâneos, como o general Beaufre, preconizam um conceito de guerra alargado, abrangendo situações em que a luta armada não chega a ocorrer, nem houve sequer declaração de guerra, situações essas que englobam o seu conceito de ↗Guerra Fria. Assim sendo, o conceito clássico de guerra como conflito armado entre unidades políticas, adequado à guerra praticada até 1945, já não corresponde inteiramente às realidades do mundo atual. É alargado às situações em que, sem chegar a haver luta armada, mas mantendo-se esta como possibilidade, as unidades políticas pratiquem sistemática e continuamente, umas em relação às outras, atos diplomáticos, económicos, políticos e de propaganda, apoios a movimentos de dissidentes ou de insurretos, infiltração de agentes, organização de alianças, movimentação de forças militares, estabelecimento de bases militares no estrangeiro, etc., destinados a enfraquecer ou de qualquer forma prejudicar os governos adversos e os respetivos interesses.

A guerra surge-nos como uma luta armada, fundamentalmente entre Estados, não englobando outras formas de violência que não a militar enquanto irreconciliável com a paz, sendo a paz e a guerra duas noções que se excluem mutuamente; submetida a convenções que marcam o seu começo (declaração de guerra) e o seu termo (armistício ou tratado de paz); respeitando, no seu desenrolar, regras de direito e de honra; e mesmo como *ultima ratio regum*, seria uma rutura temporária do equilíbrio de forças que, tendo sido capaz de estabelecer a paz, não é suficiente para a manter.

No conceito de guerra há que considerar três elementos essenciais. O primeiro é o da guerra ser concebida como uma manifestação da violência coletiva. Este é o seu meio, e para muitos autores, desde Clausewitz a Raymond Aron, passando por todos os marxistas, é mesmo a sua característica fundamental, não se devendo designar por guerra um conflito em que a violência coletiva, física e armada, entre as partes, não ocorra efetivamente. Um segundo aspeto diz respeito à natureza tanto dos agentes como dos objetivos. Todos os autores concordam que se trata de grupos organizados, prosseguindo objetivos que podem colocar-se em diversos domínios, mas, embora a linguagem comum fale, por exemplo, de guerras entre grupos organizados de criminosos, na linguagem técnica é consensual reservar-se o conceito para a luta entre grupos politicamente definidos, procurando atingir fins que, embora de uma grande diversidade, são formulados por órgãos políticos, visando configurar uma futura situação de paz politicamente diferente da anterior. Num terceiro elemento, põe-se o problema dos aspetos formais, como o da existência ou não de uma declaração de guerra, o da duração das hostilidades, o da dimensão das forças envolvidas e o número de mortes diretamente causadas pelas ações de guerra.

Estes aspetos formais são indispensáveis para distinguir as guerras dos incidentes de fronteira, das ações relativamente rápidas, das ações isoladas de represália ou das atividades terroristas. De resto, vários autores afirmam ser errado falar-se em guerras a propósito de atividades terroristas quando estas constituem a única forma de luta, como na Irlanda do Norte, País Basco ou Palestina, por duas razões: as atividades terroristas não incluem combates, pelo contrário, é próprio das ações terroristas evitarem cuidadosamente todo o contacto com ↗forças armadas, orientando-se sempre para alvos indefesos ou mal defendidos; e, por outro lado, os terroristas não podem ser considerados combatentes, não só pelos motivos atrás invocados, mas também porque não cumprem, e deliberadamente se recusam a cumprir, qualquer das normas do Direito Internacional, quer relativamente a prisioneiros, quer a procedimentos bélicos (proibição do uso de determinados meios de morte e destruição, salvaguarda de determinados locais, etc.), quer ainda à discriminação entre combatentes, procurando mesmo, intencionalmente, atingir civis indefesos e neutros.

Abordando com maior pormenor o pensamento de Clausewitz quanto ao fenómeno da guerra, que o autor examina na sua complexidade social e política, assim como ao nível da sua natureza militar, o conceito expresso em toda a sua obra, da qual se destaca o livro *Da guerra*, pode sintetizar-se no seguinte: a guerra é um fenómeno político complexo com origem no Estado. A primeira definição que Clausewitz apresenta da guerra é uma definição racional, deduzida, substantiva e polarizada: "ato de violência destinado a forçar o adversário a submeter-se à nossa vontade". De acordo com esta definição, a guerra é um duelo no qual a violência é o meio para obter um fim – impor a vontade. Daqui resulta que, em teoria, desde que necessário para atingir o fim, é legítimo o uso ilimitado da força.

Do conceito de guerra ideal, Clausewitz deduziu a "lei da ascensão aos extremos", através do princípio de reciprocidade, a que chamou "lei do outro". Na guerra reduzida à sua essência – ato de violência para mútua imposição de vontades –, inevitavelmente cada ação de um dos adversários contra o outro obriga este a responder com ação da mesma natureza, a fim de não ser submetido ("lei do outro", isto é, nenhum dos lutadores é inteiramente livre de decidir o seu comportamento), devendo porém acrescentar na resposta um pouco mais de violência do que a recebida, para por sua vez tentar submetê-lo, do que resulta uma espiral de violências crescentes, que só deverá terminar quando uma das partes atingir o limite das suas forças ("ascensão aos extremos").

Segundo a essência da guerra, esta deveria logicamente conduzir sempre à "aniquilação" (no sentido de pô-las fora de combate, não necessariamente no de exterminá-las) das forças armadas do inimigo, e ao derrube do respetivo governo. No conceito de "guerra ideal", os adversários são imaginados em situação de oposição absoluta, excluindo-se totalmente todas as circunstâncias exteriores à própria luta, num jogo de soma nula, em que tudo o que um ganha o outro perde. Já no conceito de "guerra real", Clausewitz contempla as contingências que no mundo dos factos sempre se verificam. As guerras concretas não são instantâneas, nem desligadas do espaço, e, por isso, enquanto decorrem, as forças e a vontade dos adversários vão sofrendo inevitável desgaste, tanto maior quanto maior for a duração das hostilidades, desgaste esse que se designa por "atrito" ou "atrição", e que é também proporcional às distâncias percorridas, à intensidade dos combates e consequente consumo de recursos, e à natureza e dificuldade dos obstáculos opostos à progressão das forças, pelo que resulta desigual para cada uma das partes em luta.

A afirmação de Clausewitz que condensa, na sua opinião, as relações da guerra com a política, é conhecida pelo nome de "fórmula": "A guerra não é somente um ato político, mas um verdadeiro instrumento político, uma continuação das relações políticas, uma realização destas por outros meios". Esta fórmula permite entender a distinção feita por Clausewitz entre os fins da guerra (objetivo da guerra) e os fins na guerra (objetivo na guerra). A guerra tem por objetivo a paz; o objetivo na guerra é destruir as forças militares, o que significa que estas têm de ser colocadas em tais condições que se tornem incapazes de prosseguir o combate.

Entre os vários tipos de guerra, avultam a ↗guerra fria; a guerra clássica ou convencional, que comporta essencialmente o emprego de meios militares, com exceção de meios nucleares, combinado com ações de guerra fria e, eventualmente (caso de potências nucleares), a guerra nuclear (caracterizada pela ameaça de emprego ou pela própria utilização de armas nucleares); e, finalmente, as guerras internas (no âmbito das quais se podem considerar quatro formas principais de ações violentas, visando a conquista do poder pela força: as ↗revoluções, os ↗golpes de Estado, as revoltas militares e as guerras subversivas). *[F.S. / R.R.]*

Guerra Fria

Expressão de Bernard Baruch, conselheiro de Roosevelt, para qualificar o período compreendido entre os finais da Segunda Guerra Mundial (1945) e a queda do Muro de Berlim (1989), período também qualificado por Raymond Aron de "guerra improvável, paz impossível", uma vez que a dissuasão nuclear impediu as duas superpotências rivais, EUA e URSS, de desencadearem uma guerra, mas sendo os dois atores em causa irredutíveis adversários.

Segundo Immanuel Wallerstein, este período apresenta quatro características essenciais: os EUA constituíam a potência hegemónica num sistema mundial unipolar, com o seu poder baseado na vantagem esmagadora da sua produtividade económica a partir de 1945 e num sistema de alianças com a Europa Ocidental e o Japão, atingindo o apogeu entre 1967 e 1973; os EUA e a URSS envolveram-se num conflito formal (mas não real), no qual a URSS agia como agente subimperialista dos EUA; o Terceiro Mundo impôs a sua presença aos EUA, à URSS e à Europa Ocidental, reivindicando direitos que os países do Norte não previam nem desejavam; os anos de 1970 e 1980 foram períodos de estagnação económica global, de resistência dos EUA à sua decadência e de desencanto do Terceiro Mundo, desiludido com a sua própria estratégia.

Embora não implicando conflito armado entre soviéticos e americanos, a Guerra Fria conheceu várias crises e conflitos: o bloqueio de Berlim (1948-1949); a guerra da Coreia (1950-1953); a crise do Suez (1956); a construção do muro de Berlim (1961); a crise de Cuba (1962); a guerra do Vietname (1964-1975); e a crise do Afeganistão (1979).

A causa fundamental da Guerra Fria foi a séria convicção, tanto por parte da URSS como por parte dos EUA, de que a confrontação, imposta pela incompatibilidade ideológica, era inevitável. O capitalismo e o comunismo eram mutuamente repelentes. Os líderes soviéticos acreditavam que o comunismo triunfaria no mundo e que a União Soviética era a vanguarda de um Estado socialista no caminho da era comunista global. Acreditavam também que os poderes "imperialistas ocidentais" estavam destinados historicamente a tentar evitar o triunfo do comunismo e, por isso, a prosseguirem uma política agressiva contra eles. Por seu lado, os americanos e outros líderes ocidentais assumiam como certo que a União Soviética estava determinada a fortalecer o seu poder político e económico para prosseguir a sua expansão sem olhar a meios para atingir o seu fim – um mundo comunista liderado pelos soviéticos. Os dois blocos eram compelidos, pela simples existência do bloco oposto, a prosseguir uma zero-sum competition e cada um dos dois blocos via na incompatibilidade ideológica uma inevitabilidade de confronto histórico que se confirmava na Guerra Fria. Os líderes soviéticos caracterizavam o sistema ocidental como "imperialista decadente"; por seu lado, os líderes americanos retratavam os regimes comunistas como terríveis autocracias. "*We will bury you*" – declarou o líder soviético Kruschev, acreditando na superioridade do sistema comunista. Um quarto de século depois, o presidente norte-americano Ronald Reagan chamava à União Soviética o "império do mal".

A Guerra Fria foi, portanto, não somente uma rivalidade política no sentido tradicional – como entre Roma e Cartago no século III a.C. ou como entre a França e a Grã-Bretanha no século XVIII. Ela conteve um elemento de intensificação: a ideologia. Evidentemente que outras motivações, interesses e objetivos tiveram o seu papel, incluindo o interesse nacional, interesses institucionais, e considerações psicológicas pessoais. Mas, todos estes fatores tenderam a fortalecer o elemento ideológico e não a enfraquecê-lo. A Guerra Fria foi uma luta entre duas visões filosóficas e sociopolíticas da vida humana – dois projetos de sociedade – que se serviram da ideologia, pois só esta consegue exprimir essas visões, quer integrando uma comunidade ao redor destas, quer legitimando o seu regime político de autoridade. Assim, num esforço de síntese – obviamente simplificador – podemos dizer que de um lado estava o comunismo, com um sistema não democrático, com uma economia centralizada e regulada por valores materialistas. Do outro lado estava o sistema de democracia liberal, com uma economia de mercado, por vezes regulado por valores cristãos. *[P.E.M.]*

Guerra justa

A noção de guerra justa remonta à antiguidade greco-romana, mais especificamente ao século V a.C., em que Tucídides é apontado como exemplo, ao relatar a violenta guerra entre Atenas e Esparta, e às reflexões de Santo Agostinho. A discussão sobre os limites morais da conduta da guerra continuou a ser desenvolvida durante séculos pela tradição cristã. Mais perto da era moderna, o teólogo espanhol Francisco de Vitória, no início do século XVI, o filósofo Francisco Suarez, um pouco mais tarde, e Hugo Grotius, aquando da eclosão da Guerra dos Trinta Anos, que dilacerou a Europa no século XVII, enunciaram os fundamentos da teoria da "guerra justa", que condenava o uso abusivo da força e limitava o seu exercício.

No início do século XXI, herdámos um conjunto de critérios relacionados com a tradição da "guerra justa", pelos quais podemos aferir a legitimidade da guerra. A teoria da "guerra justa", em si, apresenta-se como uma teoria política autónoma e leva-nos a repensar as questões fundamentais da ética da violência. Os critérios da "guerra justa" são princípios limitadores, ou seja, impõem constrangimentos e restrições que não devem confinar-se ao mundo ocidental, uma vez que também se encontram nas tradições muçulmanas e oriental. Os seus critérios prendem-se com as razões da guerra, o *jus ad bellum* e relacionam-se com a conduta de guerra, o *jus in bello*.

Relativamente ao *jus ad bellum*, os princípios de uma guerra justa definem constrangimentos impostos à entidade que declara a guerra e estabelecem limites para as razões da guerra, que deve ocorrer por justa causa. Esses critérios aplicam-se, também, à modalidade da guerra, que deve ser declarada em termos próprios e ser usada como último recurso. No século XXI, alguns destes critérios perderam a sua pertinência moral, já que as guerras modernas deixaram de ser declaradas, e outros critérios tornaram-se bastante obscuros, como a justificação das intenções ou a ponderação equilibrada dos motivos. Todavia, há critérios que continuam válidos, especialmente os de justa causa, como a autodefesa e a obrigação moral de evitar a perpetração de atrocidades, os de autoridade legítima e do uso da guerra como último recurso. No que concerne ao *jus in bello*, existem dois critérios decisivos: a discriminação entre "combatentes" e "não combatentes" e a norma da proporcionalidade nos meios. Estes dois princípios ainda hoje são relevantes e têm um papel fundamental na avaliação moral do terrorismo e da justiça numa guerra. *[J.A.E.]*

Guerrilha

Do espanhol *guerrilla*, significa "pequena guerra", designando ao mesmo tempo uma técnica e uma forma de guerra historicamente real, marcada pelas características peculiares dos combatentes, pelo uso de meios não convencionais e pelo seu âmbito de atuação reduzido, ocorrendo em territórios delimitados. A não convencionalidade decorre das diferenças relativamente à forma de organização dos exércitos modernos, com base numa nova técnica de guerra que se apoia na atuação em pequenos núcleos, na mobilidade dos combatentes, na flexibilidade das estruturas organizativas e logísticas, no uso de armamento leve e diversificado, e ainda, e não menos importante, no recurso sistemático a meios inovadores de combate, como a guerra psicológica. A peculiaridade dos guerrilheiros decorre de uma ideia nova de "pragmatismo marcial", que pode incluir a não exibição de sinais distintivos, a ocultação de armas, a movimentação clandestina e a não subordinação ao poder político organizado. A forma de luta consiste basicamente em ações de surpresa, por meio de emboscadas, com rápida incursão no local de combate e fácil retirada.

O atual conceito de guerrilha surgiu durante a guerra da independência espanhola (1808-1814). Posteriormente, desempenhou um papel relevante na independência dos países da América Latina e, já no século XX, converteu-se no principal instrumento das lutas anticolonialistas e de resistência perante forças dominadoras ou invasoras. Com a independência das colónias nos séculos XIX e XX, a guerrilha, integrada essencialmente por camponeses, passou a ser também urbana, como forma de apoio às ações iniciadas nas zonas rurais e visando a criação de zonas libertadas controladas pelos guerrilheiros.

A guerrilha tem como objetivo promover a distração das forças do inimigo, que se vê forçado a proteger os seus próprios centros de decisão política. A guerrilha revolucionária deu origem ao aparecimento de teóricos da ação guerrilheira, entre os quais se destacam Mao Tsé-Tung, na China, Ho Chi Minh e Vo Nguyen Giap, no Vietname, e Che Guevara, na América Latina. A guerrilha distingue-se do ↗terrorismo uma vez que, ao contrário deste, pretende conquistar o poder e não apenas desestabilizar a ordem política vigente, porque apresenta efetivos mais numerosos do que os grupos terroristas e ainda porque se desenvolve mais no mundo rural do que o terrorismo, que tem como zona de atuação preferencial a cidade. *[J.R.C.]*

Haitianismo

Espectro da revolta de escravos, o haitianismo tem a sua origem no terror que se apoderou dos escravocratas perante a insurreição dos escravos da colónia francesa de São Domingos, nas Antilhas, em 1791, de que resultaria a sua independência e a fundação do Haiti, primeira república negra do mundo, em 1804. O impacto desta revolução, pela ameaça que representou para o poder dos escravocratas, abalou de tal forma os diversos setores envolvidos na exploração das colónias que, no Brasil, foi durante muito tempo urdida, pela maioria dos autores, uma conspiração de silêncio sobre a Conjuração Baiana de 1798, movimento nativista independentista e anti-esclavagista protagonizado por forte percentagem de artesãos (alfaiates) mestiços e negros, forros ou escravos, fortemente influenciados pela insurreição de São Domingos e pelas ideias libertadoras da Revolução Francesa de 1789. O que explica a condenação inequívoca de ambos os movimentos pelo historiador brasileiro Francisco Adolfo de Varnhagen, na sua *História Geral do Brasil,* dada a sua perigosa semelhança e a ameaça que representaram para a sobrevivência da escravocracia, o que o levaria a afirmar que se numa "província com tanta escravatura a sua generosidade lograsse triunfo, libertando todos os escravos como prometiam, depressa, como se viu no Haiti, seriam vítimas destes, desenfreados e em muitíssimo maior número". *[J.M.G.]*

Hard Power

Considerando que o poder é a capacidade de atingirmos os nossos objetivos ou fins, o seu conceito é difícil de definir ou medir. No sistema internacional, o equilíbrio de poder entre os Estados depende e é determinado pelo grau de recursos, capacidades e influência nos assuntos internacionais. No sentido de prosseguirem os seus interesses e objetivos, os sujeitos de Direito Internacional podem utilizar diferentes mecanismos. Neste contexto, por *Hard Power*, entende-se o uso de recursos como a população, território, recursos naturais, força económica e militar para influenciar o comportamento de outras entidades, levando-as a alterar esse comportamento através de um método direto ou dominador de exercer o poder. O conceito surge por oposição ao ↗*Soft Power*, que é a capacidade de uma entidade política como o Estado atuar indiretamente sobre o comportamento ou interesses de outras entidades políticas através de meios culturais ou ideológicos, como o respeito pelos Direitos Humanos e promoção da igualdade de género, de forma a influenciar as suas escolhas em matéria de cultura, ideologia e instituições. *[I.C.L.]*

Heartland

Na geopolítica clássica, o conceito, formulado por H. Mackinder (1861-1947), geógrafo e historiador britânico, em 1904 (posteriormente adaptado), toma como raiz do poder mundial a capacidade de controlar vastas zonas geográficas territoriais e, sobre elas, população e recursos. A sua teoria foi construída em particular a partir de uma reflexão geohistórica acerca do domínio político sobre a Eurásia, extenso território continental que corresponderia às características de uma *heartland,* tendo mais tarde mencionado uma outra a sul, a África interior, do Sara ao Cabo. *[C.T.R.]*

Hegemonia

O termo, aplicado às Relações Internacionais, significa, na teoria realista, o predomínio de um Estado ou Estados no ↗sistema internacional, pelo seu poderio militar, mas também económico e cultural. Numa leitura de raiz gramsciana, a hegemonia alicerça-se numa ordem socioeconómica e político-cultural subjacente, cuja base é a subjugação pela classe dominante. Este modelo está inscrito nas teorias da dependência global (↗Teoria da Estabilidade Hegemónica). *[C.T.R.]*

High politics/Low politics

As *high politics* são as políticas respeitantes à lei e ordem e à guerra e paz. São tradicionalmente as políticas de segurança e defesa ligadas aos interesses estratégicos dos Estados. Por contraponto, as chamadas *low politics* são as políticas relativas às vertentes socioeconómicas. Esta divisão entre *high* e *low politics* é tradicionalmente defendida pelos realistas clássicos e parte do pressuposto de que as primeiras são mais importantes do que as segundas e que os estadistas tendem a ter menos interesse pelas *low politics* do que pelas *high politics.*

Com o final da Guerra Fria e a crescente internacionalização das relações entre os Estados, e face a um conjunto alargado de novos desafios de índole económica, social, cultural, religiosa, política, etc., as *low politics* têm assumido cada vez maior relevância na cena internacional, onde os fatores socioeconómicos são cada vez mais preponderantes, afetando o quadro onde se desenvolvem as relações internacionais atuais. *[P.E.M.]*

Hipótese

Como componente do chamado método hipotético-dedutivo, a hipótese é uma formulação genérica de uma conjetura que responde a um problema de pesquisa enunciando uma relação causal entre variáveis, de acordo com uma teoria, da qual se deduz uma afirmação particular que será verificada ou testada por observações ou experiências controladas. Caso o resultado da observação ou da experiência controlada sugira que a afirmação particular não se segue da formulação genérica ou hipótese, esta poderá ter de ser abandonada. Mas, dependendo do caso, poderá ser mais razoável manter a hipótese e explicar os resultados obtidos de alguma outra maneira.

Na investigação em Ciência Política ou em Relações Internacionais, as hipóteses causais são muitas vezes avaliadas por referência a situações contrafactuais, nas quais se supõe que o factor ou variável identificado como tendo papel causal está ausente. O que teria acontecido se, por exemplo, o Tratado de Versalhes contivesse diferentes condições de contenção e compensação por parte dos Alemães quando se pretende compreender os factores que conduziram à Segunda Guerra Mundial, ou se a ausência de interferência dos EUA nos países da América Latina na segunda metade do século XX implicaria o sucesso de experiências políticas entretanto falhadas, são ilustrações deste procedimento contrafactual, compreensivelmente problemático.

O cientista político Nuno Monteiro empregou a formulação de hipóteses de modo diferente, dirigindo a sua atenção para factores ou variáveis presentes quando propôs explicar o aumento da violência política desde o final da Segunda Guerra Mundial, mostrando que as políticas públicas efectivas e a especulação académica se equivocaram ao enfatizar o desenvolvimento de estratégias de desenvolvimento de paz e estabilidade quando, de facto, não é possível encontrar vencedores nos conflitos domésticos de cada país, tendo o Estado de preparar-se para uma violência política interminável dentro das suas próprias fronteiras, sob a forma da ameaça terrorista, da desobediência e da guerra civil. *[A.A.]*

História

Disciplina que estuda o passado humano, ele também definido como História. O termo tanto designa, assim, o que é passado como a análise ou descrição do que se passou. É o estudo do Homem no tempo, tendo em atenção que este se pode decompor em passado, presente e futuro. Ainda que não seja só o Homem a ter uma História (existe também uma História dos factos físicos da natureza, do universo), a verdade é que quando nos referimos tão-só à História, estamos a falar da história humana, que faz parte das Ciências Sociais e Humanas.

Segundo alguns autores, a História dispõe de um estatuto científico. Outros, contudo, entendem que a História se opõe à Ciência em sentido restrito: a História é o conhecimento de acontecimentos, de factos, enquanto a Ciência é o conhecimento das leis que regem os factos. De acordo com Paul Veyne, o conhecimento histórico será um corpo de factos enquanto a ciência é um corpo de leis. É certo que a História estuda os factos humanos. Mas à História não interessam apenas estes, mas também as conjunturas e as estruturas a média e longa duração, para utilizarmos a linguagem de Fernand Braudel. O tempo histórico é o tempo dos acontecimentos, mas é também o tempo das épocas, o tempo das civilizações.

Dotada de um corpo sistemático de regras, designado como método crítico desde a segunda metade do século XIX; alargando e renovando continuamente o seu campo de estudo, a sua problemática, metodologia e modos de análise (conjuntural e estrutural, sociológica, linguística, quantitativa, dialética, totalizante, etc.), abandonando a função patriótica, comemorativa e legitimadora das posições políticas por uma nova função portadora da compreensão da realidade social e económica, a História, enquanto ciência, foi posta em questão por outras ciências com objetivos imperialistas – Sociologia, Psicologia –, de forma a retirar-lhe o seu estatuto e objeto específico. Apesar de tal contestação, o estatuto científico da História permanece indiscutível, não sendo possível compreender e até justificar o presente sem o passado, ganhando particular relevo, nesta perspetiva, a História Contemporânea. Tal como diz Braudel, "não há civilização atual compreensível" sem um conhecimento dos itinerários já percorridos, dos valores antigos, das experiências vividas. Uma civilização é sempre um passado, "um certo passado vivido". Para compreendermos as sociedades, as instituições, precisamos sempre de saber alguma coisa do seu passado. *[F.S.]*

História das Relações Internacionais

A História das Relações Internacionais é uma disciplina científica que tem como objetivo, segundo Pereira Castañares, analisar, compreender e explicar a evolução histórica das relações entre Estados, povos e grupos organizados no âmbito da ↗sociedade internacional; por outras palavras, é o estudo das relações históricas que se desenvolveram entre os homens, os Estados e as coletividades supranacionais no seio da sociedade internacional.

As Relações Internacionais, no passado, foram objeto de estudo pelo ↗Direito Internacional, historicamente a primeira disciplina que antecede as Relações Internacionais, e pela História Diplomática. No século XX, as duas guerras mundiais e a emergência das Ciências Sociais levaram ao aparecimento das Relações Internacionais propriamente ditas como disciplina científica autónoma, transformando os seus métodos e campos de aplicação e libertando-se, assim, da tradicional História Diplomática. Acompanhando a renovação da própria ↗História, quer no plano metodológico, quer no plano problemático, e o desenvolvimento das teorias das Relações Internacionais, a História das Relações Internacionais, agora na charneira destas duas áreas científicas, procurou ampliar o seu campo de investigação, mas mantendo-se fiel ao princípio de que os Estados continuavam a ser os atores principais, se não exclusivos, das Relações Internacionais.

Criticada pela Escola dos *Annales* por ignorar a "longa duração", a importância da conjuntura, os constrangimentos sociais e os modos culturais, na década de 1950 os trabalhos de Pierre Renouvin e Jean-Baptiste Duroselle, a partir da noção das "forças profundas", contribuíram de forma determinante para a definição da História das Relações Internacionais como nova disciplina histórica. De acordo com Pierre Renouvin, a investigação histórica das Relações Internacionais renovou-se graças à influência da História Diplomática, da História Material e Espiritual da Sociedades, da História Estrutural e dos movimentos profundos, e da Psicologia Coletiva. O desenvolvimento e consolidação da História da Relações Internacionais operou-se também em Inglaterra – Universidades de Cambridge e Oxford e London School of Economics and Political Science –, em Itália (sob a influência da escola francesa) e na Alemanha.

A partir da década de 1980, a História das Relações Internacionais aproxima-se da História Económica e Social, abre-se aos contributos metodológicos e técnicos de outras Ciências Humanas, abandona o paradigma predominantemente estatocêntrico que a dominava, alargando o seu campo de estudo a novos temas – o papel das pequenas potências no sistema internacional, o processo de integração face à globalização, etc. – e a novos atores, e adapta-se às novas realidades da sociedade internacional contemporânea. Tal como defende René Girault, o campo de investigação alarga-se, diversifica-se, abrangendo preocupações de natureza política, económica, geográfica, sociológica, psicológica, etc. A História das Relações Internacionais tem agora em consideração os principais fatores que a influenciam e determinam, as condições geográficas, demográficas, económicas e financeiras; as mentalidades coletivas, as correntes ideológicas e sentimentais, os nacionalismos, o pacifismo e as personalidades dos homens de Estado. Severiano Teixeira considera que a História das Relações Internacionais, no cruzamento entre a História e as Relações Internacionais propriamente ditas, se caracteriza, ao presente, pelo alargamento do seu campo de análise; pela renovação dos pressupostos teóricos relativamente às Teorias das Relações Internacionais; pelo alargamento da noção de fontes/documentos, como aconteceu com a História; e pela utilização, no campo histórico dos métodos e técnicas das Ciências Sociais.

O processo da construção europeia, considerado em toda a sua dimensão, veio permitir o reforço da investigação e a afirmação de uma História Europeia das Relações Internacionais. O alargamento da área de estudo, a utilização de novas fontes documentais, a renovação da sua problemática e a utilização de novos métodos e técnicas vieram contribuir para que a História das Relações Internacionais ganhasse, recentemente, um verdadeiro estatuto científico. Como revela René Girault, se há um domínio em que a História só pode ser total, é o campo da História das Relações Internacionais, o qual se situa necessariamente no cruzamento de um bom número de Ciências Sociais. *[F.S.]*

Iceberg da biodiversidade

É uma expressão holística que encerra todo o capital natural e biológico da Terra e a forma como o organizamos e classificamos esses conteúdos de fruição da vida vegetal e animal, em termos de ordem de grandeza dos ecossistemas e diferentes programas aplicados a essa "natureza domesticada" e estratégias de conservação que eles encerram, segundo vários especialistas/ecólogos e organismos (inter)governamentais.

O seu primeiro autor é F. Ramade que, no final do século XX, na sua obra *Le grand massacre. Lávenir des espèces vivantes*, configura essa biodiversidade (conhecida) em três secções de (ecos)sistemas ambientais: uma superior (a sua parte emersa) e que encerra todas as heranças da biodiversidade constituída pelos conteúdos biológicos que o conjunto mundial de jardins botânicos e zoos encerram, como importantes centros genéticos e patrimoniais de conservação (*ex situ*) de espécies ameaçadas, raras ou em risco de extinção no seu *habitat* natural; as outras duas, ambas imersas, uma intermédia e outra inferior dizem respeito ao universo dos espaços ecossistémicos e áreas de paisagem protegida/classificada por instrumentos normativos (inter) nacionais de proteção/conservação da natureza *in situ* e que espelham o progresso de qualificação ambiental e desenvolvimento cultural dos territórios e suas comunidades humanas; e, finalmente, a biodiversidade restante, em geral, os espaços (não protegidos) e *habitats* naturais de reação/interface com as atividades económicas dos povos, de modelação cultural e suporte à subsistência da própria humanidade, respetivamente.

Este conceito de *iceberg* dessa biodiversidade total é um excelente contributo para entender o seu papel hodierno e a fruição humana diversa e também para projetar a sua gestão e estratégia de sustentação futura. No seu todo, dependemos dessa biodiversidade porque qualquer ser humano é frágil e dela interdependente; e só pode sobreviver com a Regra dos Três, como defende Edward O. Wilson. Ora isso determina uma natural ética/estética de priorização de áreas ou conteúdos de biodiversidade a conservar e a não os colocar em risco. Neste sentido, poderemos respeitar uma herança "antiga" e fundada pelo naturalista e pioneiro da ecologia moderna, A. von Humbolt (1769-1859), criador da expressão "monumento natural", aplicada a realidades de paisagem ou *habitat* de interesse biológico excecional.

A biodiversidade da Terra é um dilema, apresentando-se com o paradoxo de, ao mesmo tempo que acrescentamos novas espécies às que até hoje conhecemos, existir ainda uma biodiversidade a descobrir, portanto, desconhecida neste nosso planeta. A maioria dos naturalistas-biólogos apontam para cerca de um quarto (20-25%) da biodiversidade conhecida, a que correspondem hoje mais de dois milhões de espécies conhecidas. A estimativa do número de espécies biológicas (conhecidas e ainda não descobertas) rondam valores entre os 7,7 e os 8,7 milhões.

O desafio da humanidade, no presente, é não perder tempo nem *habitats* onde o estudo científico é mais urgente para revelar novos valores de biodiversidade global e reduzir ao mínimo os riscos de destruição de *habitats* naturais onde essa biodiversidade vive e existe, o que significa combater a extinção de possíveis espécies biológicas ainda desconhecidas. *[J.C.Lo.]*

Idealismo internacionalista liberal

O idealismo internacionalista liberal foi a primeira corrente de pensamento da disciplina das Relações Internacionais. Teoria das Relações Internacionais que põe a tónica na importância das normas morais e legais, e na importância das organizações internacionais, em oposição à teoria realista (↗Realismo), que enfatiza o poder, o interesse nacional e a soberana independência do Estado. O conceito surgiu nos anos 1920, no contexto do Wilsonianismo – doutrina de Woodrow Wilson (presidente dos EUA entre 1912 e 1920) – preconizando que os americanos só podiam defender envolvimentos internacionais justificados pelos seus valores morais. Os pressupostos do Idealismo encontram-se expressos nos chamados Catorze Pontos de Wilson, anexos ao Tratado de Paz de Versalhes. Wilson pediu às nações europeias que empreendessem algo para que não estavam filosófica nem historicamente preparadas, precisamente depois de a Guerra de 1914-1918 lhes ter esgotado os recursos. *[P.E.M.]*

Ideias (em Relações Internacionais)

Na esteira de Max Weber, Robert Keohane e Judith Goldstein (1993) defendem que as ideias, como os interesses, têm uma carga causal na explicação da ação humana. O seu principal argumento é que as ideias influenciam as políticas, pois providenciam *road maps* que conduzem os decisores a definir o universo de possibilidades de ação. Deste modo, perceber o impacto das ideias torna-se essencial para se conseguir compreender as opções de política externa. De acordo com Goldstein e Keohane (1993), as ideias têm três tipos de impacto na formulação da política externa. Atuam como *road maps*, servem como *focal points* na definição de soluções cooperativas, e são decisivas nos processos de institucionalização de normas, práticas e doutrinas.

Desenvolvendo esta visão, podemos definir três aspetos-chave das ideias em Relações Internacionais e na Análise da Política Externa em geral, na explicação de fenómenos sociais e políticos. Primeiro, as ideias atuam como guias na formação das preferências dos decisores. Ao selecionarem uma ideia, os decisores estão a definir as suas preferências e a excluir outras interpretações da realidade. Através das ideias, os decisores elaboram o nexo causal entre os objetivos e as alternativas existentes relativas às estratégias políticas para os alcançar. Segundo, as ideias afetam as interações estratégicas e negociais. Numa situação de decisão institucional, as ideias atuam como o cimento que consegue unir vários pontos de vista e facilitar a coesão de grupo numa determinada direção. Finalmente, as ideias são decisivas na criação e solidificação de organizações políticas e burocráticas e, sobretudo, nos processos adaptativos e de mudança institucional que se refletem nos ciclos de política interna e política externa (Mendes, 2016a; 2017b; 2018; 2020a). *[P.E.M.]*

Identidade (em Relações Internacionais)

A política externa de um Estado é, antes de tudo, uma política de identidade. É esta identidade que vai fundamentar o seu posicionamento hierárquico e normativo na sociedade internacional, as suas alianças, amigos e inimigos, e os seus interesses e aspirações essenciais. As assunções básicas sobre a identidade de um Estado estão embebidas na história, tradição, cultura e mitos nacionais (Mendes, 2016a). O que significa que, normalmente, mudam lentamente. Todavia, a identidade não é imune à mudança. De facto, a identidade de um Estado sofre mudanças à medida que os seus líderes e elites a reinterpretam e, sobretudo, quando importantes acontecimentos externos e internos provocam alterações que a afetam e reconstroem.

Deste modo, para uma boa compreensão da política externa, devemos prestar atenção não só aos tradicionais elementos de poder material dos estados (recursos económicos, demográficos, geográficos, tecnológicos, etc.), mas também aos seus elementos identitários e culturais. Assim, é imperioso compreender as ideias, costumes, instituições, mitos e rituais que identificam a especificidade cultural e identitária dos Estados. Estas expressões da identidade nacional influenciam a forma como os decisores veem o passado e o presente da política externa e são indicativas das suas escolhas e ações políticas futuras. Por outro lado, quando suficientemente internalizados, estes fatores ideacionais (culturais, identitários, ideológicos e normativos) passam a fazer parte da cultura política e do estilo nacional da política externa do Estado (Mendes, 2016b). *[P.E.M.]*

Identidade cultural

Conceito oriundo da psicologia social, onde designa a pertença afetiva individual a uma coletividade. Daí transitou para a resistência anticolonialista ao imperialismo e ao etnocentrismo ocidental. Os Estados emergentes reivindicaram-na para reforçar o poder integrador da identidade nacional, e o mesmo fizeram as minorias étnicas para sobreviverem e se afirmarem no interior dos espaços nacionais. Os antigos países colonizadores não tardaram a adotar o conceito e a própria Europa o recuperou para proteger a sua identidade face à ↗globalização, constituindo a palavra-chave do projeto da Carta Cultural Europeia elaborada pelo ↗Conselho da Europa em 1978. Enquanto nos EUA a reflexão sobre a identidade cultural tomou a forma de multiculturalismo, como exigência da coexistência de diferentes comunidades no seu território, na Europa, que conheceu nos anos 1990 uma imigração multicultural, o debate centrou-se na manutenção da identidade maioritária. Hoje, contudo, a diversidade cultural conforme ao multiculturalismo e à política identitária constitui a doutrina atual da União Europeia em matéria de ↗cultura. *[F.S.]*

Ideologia

O uso mais antigo da palavra "ideologia" proveio de uma escola de pensamento da Filosofia francesa setecentista, de um grupo de pessoas defensoras de uma teoria das ideias que consideravam que a Filosofia não tem a ver com coisas, com a realidade, mas apenas com ideias. Se esta escola de pensamento tem ainda algum interesse, é talvez porque o uso pejorativo da palavra "ideologia" começa precisamente por referência a ela. Como opositores do Império Francês sob Napoleão, os membros desta escola eram displicentemente tratados por *ideologues*. Por consequência, a conotação negativa do termo remonta a Napoleão e foi aplicada pela primeira vez a este grupo de filósofos.

É provável que tenha sido o filósofo francês Destutt de Tracy quem, em 1795, usou pela primeira vez a palavra ideologia. Divulgou-se com a intervenção retórica da Revolução Francesa, depois com a análise marxista, e assim ganhou vários sentidos, que Roger Scruton reduz a dois principais: uma doutrina que pretende fornecer uma completa visão do homem e da sociedade, derivando dessa premissa um programa de ação política – neste sentido, compreende todos os aspetos da condição política do homem e pretende influenciar a mudança dessa condição; no sentido marxista, corrente ortodoxa, a ideologia refere o conjunto de ideias e valores com a função social de consolidar e justificar uma ordem económica, representando, como sendo da natureza humana, as condições sociais que persistem. Trata-se, enfim, de alcançar a hegemonia de classe dominante persuadindo os oprimidos de que a sua situação é natural e justificada: como foi dito, mistifica, legitima e consola.

Foi por isso que Norberto Bobbio introduziu a distinção entre significado fraco e significado forte da palavra ideologia: no primeiro caso, trata-se de referir um conjunto de valores e de ideias-guia do comportamento político; no segundo caso, o conceito de Marx da falsa consciência das relações de domínio entre classes é fundamental, servindo a ideologia para manter a obediência e a estrutura. Por seu turno, Raymond Aron chamou às ideologias o "ópio dos intelectuais".

Cabe perguntar como as diferentes soluções ou aplicações da palavra ideologia se relacionam com a polissemia – diversidade de contextos semânticos e históricos, ou significados culturais – do conceito ideologia, o qual, por sua vez, estaria relacionado com a tensão entre a ênfase dos temas da emancipação e da liberdade, em diferentes contextos da história da modernidade, e um correspondente deslocamento do seu conteúdo utópico. A ideologia tem como função básica preencher, através da legitimação, o hiato que existe sempre entre a pretensão do sistema de poder e a crença do cidadão na legitimidade dessa pretensão. Assim, a ideologia tem uma relação de homologia com o tipo de regime, de sistema de poder. Por outras palavras, a ideologia que legitima um sistema de poder existe em relação reflexa com esse sistema de poder. Se este é liberal, as ideologias florescem plenamente e enriquecem-se com o confronto; se é autoritário, refugiam-se no seio de sociedades secretas e a estreiteza necessária da sua base social reforça o seu dogmatismo e a sua intransigente "pureza". Conforme o regime político professe ou não pluralismo, permita ou não que as correntes de ideias se exprimam, tal ideologia será próspera ou esquelética, aberta ou esclerosada.

Neste sentido, a grande distinção entre ideologias situa-se ao nível das ideologias totais *versus* ideologias parciais. Esta diferença baseia-se nos regimes políticos em que estas se inserem e pretendem legitimar. Deste modo, quando falamos em ideologia total estamos a referir-nos a ideologia de um regime totalitário, que pretende a explicação global do papel do homem nesse mesmo sistema, não lhe deixando espaço alternativo. Foi mesmo o sistema totalitário quem melhor usou a ideologia para legitimar o seu poder. De facto, nos regimes totalitários ela era fundamental, pois aqui o sistema funcionava para e com a ideologia. Contudo, em regimes democráticos as ideologias são igualmente importantes, pois o jogo político traduz, invariavelmente, um conjunto de ideias e valores que traduzem preferências políticas e as suas respetivas agendas. Os seres humanos são animais políticos e ideológicos por natureza. Isto significa que as suas preferências e valores podem ter, muitas vezes, interpretações subjetivas, mas refletem sempre princípios de esquerda e direita que estão permanentemente a formatar e a influenciar as suas ideias e práticas políticas, quer como cidadãos, quer como decisores políticos. *[P.E.M.]*

Igreja

Etimologicamente, ἐκκλησία (Ekklēsía), de ἐκ-καλεῖν, significa "chamar". No uso secular, refere-se a uma reunião de cidadãos convocados por um arauto. O termo ἐκκλησία foi retido pela igreja cristã, tanto para a igreja como um todo, como também para as igrejas locais.

No decurso da história da Igreja, assistimos ao estabelecimento da primazia do Bispo de Roma (Papa), exercendo poder de facto sobre as nações. Desde o século VIII que a Igreja Católica Romana possuía um vasto território no centro de Itália, conhecido como os "Estados Pontifícios", onde o Papa exercia verdadeiro poder temporal. A existência destes Estados Pontifícios terminou quando, em 1870, o rei Vítor Emanuel II incorporou no Reino de Itália esta parte do território. A questão religiosa que se seguiu só foi resolvida a 11 de fevereiro de 1929, com a assinatura do Tratado de Latrão. A Itália reconhecia, assim, a soberania da Santa Sé sobre o Vaticano, declarado Estado soberano, neutro e inviolável. Desde então, o Papa é duplamente o líder espiritual da mais numerosa comunidade cristã universal, através da ↗Santa Sé, e o chefe de Estado da Cidade do Vaticano. O ↗Estado do Vaticano mantém o estatuto de observador nas Nações Unidas. No Estado da Cidade do Vaticano situa-se a Santa Sé, que assina tratados internacionais, designados *Concordata*.

O termo "Igreja" engloba, ainda, inúmeras outras confissões religiosas. Em 1054, aconteceu o primeiro grande momento de divisão na Igreja Cristã, com a rutura entre o Papa de Roma e o Patriarca de Constantinopla. Nos tempos atuais, o Patriarcado Ecuménico de Constantinopla é uma das quinze Igrejas Ortodoxas Autocéfalas, cujo líder, como *primus inter pares*, é reconhecido como líder espiritual dos Ortodoxos a nível mundial.

Entretanto, no século XVI, deu-se o segundo momento de separação, este apenas na igreja ocidental. Iniciada em 1517, através do monge alemão Martinho Lutero, a Reforma Protestante, como ficaria conhecida, esteve na origem do aparecimento de diversas tradições cristãs, que deixaram de reconhecer o Papa de Roma como seu líder. Na atualidade, encontramos esses ramos reunidos separadamente em comunhões mundiais, sendo as duas numericamente mais significativas a Federação Luterana Mundial, fundada em Lund, na Suécia, em 1947; e a Comunhão Anglicana, que reúne os anglicanos de todo o mundo que estão em plena comunhão com a Sé de Cantuária. O Arcebispo de Cantuária é o seu líder espiritual. *[A.V.]*

Igualdade

A igualdade é um ideal e um princípio que, no seu sentido lato e formal, reenvia à dupla relação de isonomia entre cada indivíduo e a lei, por um lado, e entre os próprios indivíduos, pelo outro. Em virtude do princípio de igualdade, cada indivíduo (por exemplo, um membro de uma comunidade política) deve ser tratado de forma idêntica a um outro indivíduo, pelo facto de todos os indivíduos terem os mesmos atributos perante a lei. Para além disso, a relação entre os indivíduos deve ser pautada, segundo o princípio de igualdade, pela vocação de cada indivíduo a ser igual a qualquer outro em direitos, sem distinção (ou pelo menos sem distinção não prevista na lei e por isso considerada como legítima). Num sentido mais restrito, a noção de igualdade substancial, que contrasta com a noção de igualdade no sentido lato e formal, remete para o ideal de igualdade efetiva, através do qual as normas e instituições devem atenuar progressivamente as desigualdades de facto entre indivíduos que impedem a concretização da igualdade formal. *[J.C.C.]*

Igualitarismo

Termo que reenvia ao conjunto das doutrinas morais e políticas que conferem à igualdade um lugar cimeiro, à luz da qual todas as opções políticas e éticas são validadas. Todas as formas de manutenção de desigualdades são sistematicamente rejeitadas pelo igualitarismo. O igualitarismo tem uma vertente comparativa: a finalidade última é o bem-estar respetivamente igual entre indivíduos, e essa finalidade implica planos de ação para contrabalançar as desigualdades observadas. O igualitarismo desenvolveu-se no século XIX como doutrina política, em seguimento da iniciativa de Gracchus Babeuf que, ainda no período da Revolução Francesa, propõe estabelecer uma administração comum dos bens, suprimir a propriedade privada e repartir os frutos do trabalho de forma escrupulosamente igual. Assim, o igualitarismo, na sua forma mais radical, promove medidas de igualdade absoluta entre os indivíduos, quer em termos morais (de valores), quer em termos políticos (de direitos e deveres). *[J.C.C.]*

Imagem

Conceito utilizado com dois sentidos básicos. Um relativo a uma perspetiva geral das relações internacionais e da política mundial, que consiste na assunção de determinados pressupostos acerca dos atores e dos processos das Relações Internacionais. O outro relativo ao ponto de vista de um indivíduo acerca do mundo, o qual tende a ter uma interpretação subjetiva da realidade.

Como conceito analítico das Relações Internacionais introduzido por Kenneth Boulding, uma imagem é uma construção subjetiva feita por um indivíduo ou grupo acerca do seu meio físico e social. É uma construção psicológica que resulta da amálgama de fatores cognitivos e afetivos que contêm elementos do passado, presente e futuro. Deste modo, existe sempre uma diferença entre a imagem e a realidade. A imagem mais básica na ↗política internacional é a imagem que os povos têm de si mesmos, expressa através do conceito de nacionalidade e das ideias de ↗nacionalismo. De acordo com Boulding, as decisões tomadas pelos atores de política externa não respondem aos factos "objetivos" da situação, mas, essencialmente, à imagem que estes têm da situação. O que determina o comportamento dos atores não é exatamente o mundo real, mas sim o que estes pensam ser o mundo. Deste modo, é a imagem que os decisores têm do mundo – mais otimista ou mais pessimista; mais materialista ou menos materialista; mais conservadora ou mais reformista; verde ou vermelha – que determina o comportamento dos decisores.

Outra das formas mais comuns de operacionalizar o conceito em Relações Internacionais é através das imagens de amigo/inimigo, de amizade ou de hostilidade que os atores da política internacional têm dos seus interlocutores, conhecida como *mirror image*. *[P.E.M.]*

Imagem cultural

Conceito introduzido por Mendes (2018) para operacionalizar a ligação entre identidade, ideias e comportamentos na ↗análise da política externa e no estudo da agência em Relações Internacionais. Por um lado, as imagens culturais são ideias e crenças que formatam a perceção do decisor e constroem a sua visão sobre o consequente comportamento expectável. Por outro lado, (re)produzem hábitos, práticas e discursos que balizam as linhas de orientação e ação dos decisores sobre determinado problema em política externa. As imagens culturais refletem a identidade e cultura política dos Estados e funcionam como guias comportamentais que os decisores utilizam para interpretarem a realidade e legitimarem as suas opções (Mendes, 2018; 2020a). *[P.E.M.]*

Impeachment

Processo político-legislativo consagrado na Constituição norte-americana que outorga ao poder legislativo (Congresso) a competência para iniciar um processo de afastamento do presidente, vice-presidente e outros funcionários públicos federais por eventuais crimes de "traição, suborno ou outros crimes e delitos graves" (artigo II, secção IV): a Câmara dos Representantes (Câmara Baixa) avança, por maioria simples, com os artigos de acusação; depois, o *impeachment* transita para o Senado Federal (Câmara Alta), iniciando-se o julgamento, exigindo-se a aprovação de uma maioria qualificada de dois terços de um desses artigos. Se o alvo da acusação for o presidente, o *Chief of Justice* do Supremo Tribunal presidirá ao julgamento, de modo a garantir a imparcialidade do processo. O início da destituição do presidente norte-americano não implica a suspensão do seu mandato; só a sua aprovação o afasta definitivamente do exercício das suas funções. O *impeachment* pode ocorrer a nível federal e estadual.

Já no sistema presidencialista brasileiro, o presidente pode ser julgado pelo Senado Federal (crimes de responsabilidade) e também pelo Supremo Tribunal (infrações comuns penais), ficando suspenso do cargo após a aprovação das acusações por maioria de dois terços da Câmara dos Deputados e a acusação/denúncia transitar para o Senado Federal ou Supremo Tribunal (artigo 86.º da Constituição), sendo definitivamente afastado das suas funções se estas forem aprovadas por essa mesma maioria no Senado; no entanto, se a destituição não estiver concluída em 180 dias, o presidente reassume o seu cargo, "sem prejuízo do regular prosseguimento do processo" (artigo 86.º). Tais processos estão previstos, com modulações diferenciadas, noutras Constituições. *[M.O.R.]*

Imperialismo

Por imperialismo entende-se, genericamente, a política de extensão do poder de um Estado para além das suas fronteiras. Numa fase inicial, o imperialismo era uma ideologia que apoiava a expansão militar e aquisições imperiais, geralmente com base em doutrinas nacionalistas e racistas. Atualmente, o termo é mais usado para descrever o sistema de domínio político ou exploração económica que a prossecução de tais objetivos ajudou a estabelecer. Refere-se, então, à relação entre um Estado hegemónico e Estados, nações ou povos subordinados ao seu controlo. A política imperial geralmente significa uma projeção deliberada do poder de um Estado para além da sua área original de jurisdição, com o intuito de formar uma unidade política e administrativamente coerente sob o controlo da potência hegemónica. Este domínio está associado ao ↗colonialismo. Um império poderá resultar da completa integração económica e política dos subordinados sob a forma de entidade supranacional, enquanto as colónias estão separadas e subordinadas por definição. No entanto, na prática, os dois conceitos coincidem.

A expansão territorial é um fenómeno antigo, mas no mundo moderno e contemporâneo identificam-se duas fases distintas: imperialismo mercantilista ou dinástico, aproximadamente entre 1492 e 1763, que testemunhou o controlo europeu do hemisfério ocidental e de grande parte da Ásia; e o "novo" imperialismo, de 1870 a 1914, que revelou a subjugação de grande parte da África e de parte do Extremo-Oriente ao domínio europeu. No período entre estas duas formas de imperialismo, o livre comércio, o nacionalismo e a Revolução Industrial ocuparam as agendas dos Estados europeus. O século XX viu desaparecer três tipos de impérios: os grandes impérios autoritários (alemão, austro-húngaro, russo e otomano), com a Primeira Guerra Mundial; os impérios dos vários Estados europeus com o processo da descolonização, após 1945; e o império da União Soviética após a sua implosão em 1991.

Relativamente ao desenvolvimento das teorias do imperialismo, a segunda fase atraiu maior atenção. O primeiro esforço nessa direção foi de Hobson, que ligava o fenómeno a exigências do capitalismo maduro, aos mercados, oportunidades de investimento, matérias-primas e mão-de-obra barata. A tese defendida por Hobson foi retomada por Lenine em *Imperialism: The Highest State of Capitalism* (1916), que posteriormente constituiu a base da visão comunista das relações internacionais e das causas da guerra. O movimento competitivo gerado pelo capitalismo resultaria invariavelmente em guerras imperialistas generalizadas, que, por sua vez, destruiriam o próprio capitalismo, dessa forma abrindo caminho ao socialismo. Na tradição marxista, o imperialismo é entendido, então, como um fenómeno económico que tipicamente resulta da pressão para a exportação de capital.

A equação "capitalismo = imperialismo = guerra" teve enorme influência no mundo do século XX, embora o seu poder explicativo seja limitado. Vários analistas, entre eles Schumpeter, questionam a conexão entre capitalismo e imperialismo e apontam a frequência de guerras e conquistas imperiais muito antes do desenvolvimento do capitalismo moderno. Além do mais, é difícil explicar o registo expansionista da ex-União Soviética sob esta fórmula (imperialismo socialista) e, por outro lado, a aparente ausência de desejos imperialistas em sociedades capitalistas avançadas como a Suécia.

Explicações alternativas, questionando a insistência marxista/leninista na ligação entre capitalismo e imperialismo, abundam na literatura. As exigências das políticas de poder, os imperativos estratégicos, as manobras diplomáticas, a procura de prestígio, o espírito de cruzada, o surgimento de nacionalismos agressivos, as mudanças na tecnologia militar e naval, o desenvolvimento das comunicações, o aumento do poder dos *media*, a extensão do sistema ferroviário, a invenção do telégrafo, são fatores que têm sido identificados como relevantes no surgimento do imperialismo moderno.

Claramente, o fenómeno não é suscetível de uma explicação monocausal ou determinística; é mais provável que resulte da combinação de um número de diferentes elementos que existiam em alguns imperialismos e não noutros. À parte a visão marxista/leninista, outra que enfatiza a natureza determinística do imperialismo é a escola realista, onde o imperialismo é entendido como uma consequência inevitável de um sistema internacional multiestatal anárquico.

De acordo com os teóricos realistas, o imperialismo é um fenómeno político, traduzido na procura de poder e vantagens estratégicas através da expansão e conquista. No seu uso corrente, o termo foi "politizado" e refere-se a qualquer forma de dominação de um grupo sobre outro. Imperialismos "económico" ou "cultural" são expressões frequentemente usadas para descrever formas de relacionamento subtis que não envolvem controlo político claro. Os neomarxistas chamam a atenção para esta forma mais subtil de imperialismo, o denominado neocolonialismo, através do qual as potências industrializadas dominam economicamente territórios estrangeiros, ainda que respeitando a sua independência política formal.

As noções de neoimperialismo, neocolonialismo e dependência ajudaram no processo de transformação do sentido do termo face ao seu significado tradicional, de tal modo que, para alguns, o termo corresponde a um *slogan* político tão vago e abrangente que perdeu utilidade prática ou teórica no estudo dos assuntos internacionais, como defende Graham Evans, apresentando-se, segundo Pascal Boniface, como um ator poderoso mas frágil, uma vez que suscita críticas e resistências que põem em causa a sua validade. Contudo, outros politólogos chamam a atenção para a permanência do império e até para o renascimento do modelo imperial que pode anunciar uma "era imperial", na medida em que certos Estados, as grandes potências, são efetivamente verdadeiros impérios, exercendo um poder de influência, dissuasão e de ameaça ou uso da força sem equivalente na cena internacional, como os EUA sob o ponto de vista estratégico, ou a União Europeia, considerada como um império em formação, cujas origens, segundo alguns autores, remontam ao Império Romano ou ao Império de Carlos Magno. Se é inegável que o império se transformou em relação ao modelo clássico de que Roma continua a ser uma referência, também é verdade que a ideia de império permanece enquanto alternativa à fragmentação do espaço mundial, suscetível de responder ao declínio do Estado-nação e ao crescimento de forças transnacionais. Reminiscência do passado ou elemento a ter em conta na evolução do ↗Sistema Internacional? *[F.S. / R.R.]*

Imposição da paz

Instrumento de coerção e uso de força militar num conflito por um ator externo que pretende fazer cumprir determinadas resoluções ou sanções, obrigando à reposição da paz e segurança internacional. Impõe um cessar-fogo ou nova situação de paz, por norma contra a vontade das partes envolvidas.

O pós-Guerra Fria revelou alterações na própria natureza dos conflitos mundiais, culminando no aparecimento de uma nova geração de operações de paz. Assim, a ↗Organização das Nações Unidas (ONU) criou mecanismos coercivos em resposta a conflitos que ameaçassem a segurança internacional, participando ativamente em divergências intraestatais por meio de força militar e imposição de tréguas. Indo além das missões de paz (peacekeeping) anteriores, a imposição da paz requer, então, a utilização de forças militares altamente treinadas e em grau bastante superior a essas. A possibilidade do uso das ações supracitadas já se encontrava presente no Capítulo VII da ↗Carta das Nações Unidas (1945), pelo qual o Conselho de Segurança da ONU pode autorizar quaisquer medidas para o restabelecimento da paz, vendo-se no direito de utilizar a força militar e ações coercivas no caso de outras mais pacíficas se apresentarem inadequadas. Não existe a necessidade de consentimento das partes em conflito, desde que este coloque uma ameaça à segurança internacional; no entanto, o Conselho de Segurança da ONU tem de autorizar explicitamente tais operações militares. Perante as limitações da ONU quanto ao empenho de forças militares próprias, o seu Conselho de Segurança pode recorrer a coligações com organizações regionais e intergovernamentais como a ↗União Europeia ou a ↗OTAN. *[C.M. / P.P.S.]*

Impossibilidade superveniente

Causa de cessação da vigência (ou de suspensão da dita vigência) das convenções internacionais, nos termos da qual o desaparecimento ou destruição permanente de um objeto indispensável à execução da convenção autoriza uma parte a impor esse efeito. Se esta impossibilidade for temporária, apenas pode ser invocada como motivo de suspensão da aplicação do tratado. *[R.M.]*

Imunidade jurisdicional

Privilégio de que beneficiam os agentes diplomáticos no Estado acreditador e que consiste na impossibilidade de ser imposto a este a presença perante as autoridades jurisdicionais para apreciação da sua conduta. Ela é absoluta em termos penais e conhece algumas exceções em termos civis e administrativos. Implica ainda que o agente não seja obrigado a prestar depoimento como testemunha. A imunidade jurisdicional no ↗Estado acreditador não isenta o agente diplomático da jurisdição do ↗Estado acreditante, o qual pode, por isso, renunciar à imunidade dos seus agentes diplomáticos e restante pessoal. *[R.M.]*

Inconfidência

Também denominada *conjuração*, consiste na conspiração de um grupo de pessoas contra o Soberano (rei/outro) e o Estado visando a conquista do poder político. Prevista como "Crime de Lesa-Majestade", no Título 6 do Livro V das *Ordenações Filipinas,* era punida com a pena de morte e o confisco dos bens dos seus autores e cúmplices (incluindo os que, podendo fazê-lo, não a denunciassem). Na marcha do Brasil para a independência, graças à maturação política do nativismo a partir de finais do século XVIII (quando o sentimento lusófobo que o caracterizava fez emergir projetos políticos independentistas), tiveram lugar várias inconfidências destinadas a libertar a colónia sul-americana do domínio português. Entre elas cumpre destacar a Inconfidência Mineira de 1789, projeto republicano promovido pelas elites intelectuais e mineradoras de Minas Gerais, fortemente influenciado pela independência dos EUA, em que se evidenciaria Joaquim José da Silva Xavier, o "Tiradentes"; e, em 1798, a Conjuração Baiana – também conhecida como Revolta dos Alfaiates ou Revolta dos Búzios –, largamente protagonizada por mestiços e negros defensores da implantação de uma república e da abolição da escravatura, contagiados como foram pela revolta de escravos na colónia francesa de São Domingos, nas Antilhas (deflagrada em 1791 e de que viria a resultar a independência do Haiti em 1804, primeira república negra do mundo) e pelos princípios libertadores da Revolução Francesa de 1789. *[J.M.G.]*

Independência (dos Estados)

Exercício exclusivo da autoridade de um Estado sobre uma determinada área territorial, autoridade essa reconhecida pelos outros atores no sistema internacional. Neste sentido, o termo independência está diretamente relacionado com o conceito de soberania.

A independência pode ser absoluta, quando o Estado possui o pleno governo dos seus atos no plano interno, ou relativa, quando o Estado se encontra sob intervenção internacional. É exemplo da segunda forma o Haiti, que entre 1995-1996, na sequência de uma intervenção militar multinacional autorizada pela ONU e liderada pelo Estados Unidos, que afastou o ditador Raoul Cédras e restaurou a democracia, viu o seu governo transitoriamente sob a alçada de uma Missão das Nações Unidas criada para o efeito e dotada de poder executivo, que seria restabelecida em 2004, ali permanecendo até à atualidade.

A comprovar a importância simbólica do ato de independência na criação e afirmação de um Estado, a maioria dos países celebra feriado nacional precisamente no dia em que aquela foi formal ou informalmente declarada – sendo o exemplo mais reconhecido o 4 de julho [de 1776] nos EUA –, no dia em que a mesma foi restaurada, como acontece em Portugal a 1 de dezembro [de 1640], ou na data de outro ato simbólico que tenha conduzido ao processo de independência, como o início de uma revolução ou a ascensão ao poder de um líder independentista.

Na época moderna e contemporânea, registam-se quatro grandes vagas independentistas, a primeira das quais se inicia em 1775, com a Revolução Americana (1775-1783) – não sendo despicienda a influência da Revolução Francesa (1789) e os acontecimentos que se lhe seguiram – e termina por volta de 1830, com o colapso do império espanhol nas Américas, período durante o qual sobressai a independência dos EUA (1776), do Brasil (1822) e da esmagadora maioria das possessões espanholas na América Central e do Sul (1810-1830).

A segunda vaga, geograficamente localizada sobretudo na Europa Central e de Leste e no Próximo Oriente, decorre da Primeira Guerra Mundial (1914-1918), estendendo-se até aos primeiros anos da década de 1920, e resulta na sua maioria da desintegração dos impérios otomano, russo, austro-húngaro e alemão, embora se registem independências noutros pontos geográficos, casos da Islândia e da Irlanda, por exemplo.

A terceira vaga sucede ao término da Segunda Guerra Mundial (1939-1945) e consequente desagregação dos impérios coloniais europeus, pelo reconhecimento internacional generalizado do direito dos povos à autodeterminação, dando origem, até finais da década de 1970, a cerca de 70 novos Estados, com especial incidência nos continentes africano e asiático – Portugal seria o derradeiro bastião do colonialismo, com as suas possessões ultramarinas a alcançarem a independência somente após a Revolução de 1974.

A quarta e última grande vaga independentista ocorre no início da década de 1990, no seguimento da desagregação da União Soviética (que deu origem a 15 Estados independentes), Checoslováquia (República Checa e Eslováquia) e Jugoslávia (Croácia, Bósnia e Herzegovina, Eslovénia, Macedónia, Montenegro, Sérvia e, mais tardio e com reconhecimento ainda limitado, Kosovo).

Refira-se, finalmente, que a declaração de independência é um ato unilateral que não prescinde do necessário reconhecimento internacional, que pode tardar, ser limitado ou, em último caso, não chegar a efetivar-se. O exemplo presente mais significativo de não reconhecimento é o da Somalilândia, situada no chamado "corno de África", que declarou unilateralmente a sua independência em 1991, está dotada de corpos executivos, legislativos e judiciais próprios, divisão administrativa, hino e moeda nacionais e uma existência político--económica relativamente estável, constituindo um Estado *de facto*, mas não reconhecido por qualquer outro Estado ou entidade internacional. *[R.R.]*

Índice de Desenvolvimento Humano (IDH)

Indicador compósito, desenvolvido em 1990 por Amartya Sen e Mahbub ul Haq, constituído pela média ponderada das estatísticas respeitantes à esperança de vida à nascença, nível de escolaridade e PIB *per capita*. O IDH assume valores compreendidos entre 0 e 1 e mede a capacidade que um país apresenta em repassar o crescimento económico para o bem-estar da sua população. Este indicador é usado pelo ↗Programa das Nações Unidades para o Desenvolvimento (PNUD) que procede à categorização dos países em desenvolvidos (IDH > 0.8), em desenvolvimento (IDH < 0.8) e subdesenvolvidos (IDH < 0.5). É, no entanto, objeto de críticas, uma vez que é demasiado simplista e apenas considera uma pequena parte do que o abrangente e multidimensional conceito de desenvolvimento humano implica, não refletindo, por exemplo, desigualdades socioeconómicas e de género, pobreza, segurança, empoderamento, etc.

O Relatório de Desenvolvimento Humano de 2020 (referente a 2019) colocava no topo da lista a Noruega (0.957), a Irlanda e a Suíça (ambas com 0.955). No extremo oposto, os únicos três países com um IDH inferior a 4 eram o Chade (0.398), a República Centro-Africana (0.397) e o Níger (0.394). No mesmo ano, o IDH médio dos países da OCDE era de 0.900 e o da África subsariana era de 0.538. O IDH de Portugal era de 0.864, ocupando o 38.º lugar entre todos os Estados do mundo, apresentando um crescimento anual médio de 0,46% desde 2010. Apesar das disparidades observadas, para o mesmo período, apenas sete países registam um crescimento negativo do seu IDH, entre os quais, Timor-Leste (-0,4%). *[F.S. / D.F.]*

Indigenato

Condição de inferioridade social a que os colonizadores reduziram a maioria dos colonizados, invocando a sua inferioridade racial e privando-os dos seus direitos de cidadania, para assegurar o seu domínio e exploração, apoiando-se no imposto e no trabalho forçado. Abrangendo a maioria da população africana de Angola, Moçambique e Guiné, através da regulamentação do Estatuto do Indigenato durante a ditadura que sucedeu à Primeira República em 1926, tal não obstou à banalização do termo *indígena* desde a Monarquia, para designar o colonizado reificado. Já em 1901, na senda de Oliveira Martins e de António Enes, o major Eduardo da Costa defenderia a aplicação de estatutos civis e políticos distintos para europeus e indígenas nas colónias.

A recusa do ↗colonialismo português "civilizar" os indígenas e libertá-los do seu alegado "primitivismo" tornar-se-ia evidente perante os resultados calamitosos da assimilação. Em 1950, Angola contaria com 30 mil negros assimilados para 4 milhões de habitantes (0,75%) e Moçambique registaria 4 300 assimilados numa população de 5,7 milhões (0,075%). Por sua vez, as elevadíssimas taxas de analfabetismo então registadas em Angola (96,97%) e em Moçambique (97,86%) acabariam de demolir o mito da missão civilizadora da colonização portuguesa através da assimilação dos indígenas. O Estatuto do Indigenato viria a ser revogado em setembro de 1961, sob o impacto da deflagração da guerra de libertação nacional em Angola no início desse ano. *[J.M.G.]*

Indivíduo

↗Atores das Relações Internacionais.

Informação georreferenciada

Esta expressão correlaciona-se com o conceito comum de "informação geográfica", mas obedece a uma relação e organização dessa informação através da aplicação de tecnologias e sistemas de geolocalização rigorosa e específica e segundo um sistema de geodesia e projeção geográfica. A tecnologia de geolocalização mais conhecida e utilizada é processada por uma rede de satélites geoestacionários do Departamento de Defesa dos EUA, que emitem sinais eletromagnéticos para dispositivos (recetores) na superfície terrestre, constituindo este conjunto o *Global Positioning System* (GPS, 1973-1995). O GPS é, hoje, um sistema georeferenciado disponibilizado para a sociedade civil, de acesso livre e sem custos, com particular utilização na navegação aérea e terrestre e nas áreas da produção de cartografia e na geodesia e topografia da superfície da Terra. Para além deste GPS americano, com 31 satélites operacionais, existem ainda outros casos de rede de geolocalização, como por exemplo a rede controlada pelo sistema militar russo (GLONASS, 1982-...), com 24 satélites operacionais; a rede controlada pelo governo presidencial da China (BEIDOU, 2012-2020), com 38 satélites; e a rede de geolocalização europeia (GALILEU 2005-...), com 18 satélites operacionais, controlado por entidades não-militares, como o projeto da União Europeia, desde 1999 e a finalizar em 2020, com a possibilidade de indicar a localização de qualquer objeto na Terra com um desvio máximo de um metro.

Priorizando o caso europeu de geolocalização, no quadro do sistema global de referência denominado por *International Terrestrial Reference System* (ITRS), este foi fixado à zona estável da Placa Euro-Asiática e coincidente com o utilizado em 1989, passando a ser recomendado pela subcomissão da Associação Internacional de

Geodesia para a Europa, a EUREF, e a designar-se por *European Terrestrial Reference System* – ETRS89, o qual é o subconjunto europeu das estações do ITRS89. Para os trabalhos geodésicos foi adotado em 1979, pela União Internacional de Geodésia e Geofísica (IUGG), o GRS80-*Geodesic Reference System*, que incluiu toda a massa da Terra e da Atmosfera e que representa esta realidade nas suas valências geométricas e dinâmicas e próprias para aplicação nas áreas da geodesia, geofísica e hidrografia. Também o conjunto de coordenadas espaciais foram integradas numa rede comum europeia, com um ponto de origem em Potsdam, Alemanha, o *European Datum*, que já teve várias versões (1954 e 1979), sendo a última de 1987 (ED87). O organismo europeu *EuroGeographics* recomenda também a utilização das projeções cartográficas "Transversa de Mercator" para as escalas cartográficas acima de 1:500 000 e a projeção "cónica de Lambert" (com dois paralelos de escala conservada), para escalas inferiores a 1:500 000.

Essa informação georreferenciada é integrada nos chamados sistemas de informação geográfica (SIG/GIS), sendo essencialmente constituída por objetos bem delimitados e definidos graficamente (as *entidades*) e por dados alfanuméricos, textos e dados quantificados/estatísticos (os *atributos*), tendo por configuração ou representação espacial uma linguagem informativa diversa e um "alfabeto das entidades" por ponto, linha e polígono, como nos revela João Reis Machado.

Em Portugal, publicitam-se três sistemas de informação nacionais veiculados pela respetiva autoridade técnica (Direção-Geral do Território, a coberto da *Diretiva INSPIRE*, Diretiva 2007/2/EC do Parlamento Europeu e do Conselho) e organizados em plataformas digitais, o SNIG, o SNIT e o SNIC, sendo cada um deles uma parte da infraestrutura oficial e pública de dados (ou metadados) espaciais, quer de ordem geográfica, de ordem territorial e de ordem cadastral, respetivamente. *[J.C.Lo.]*

Iniciativa para as Américas

Enterprise for the Americas Initiative

Em junho de 1990, os EUA apresentaram a proposta *Iniciativa para as Américas*, dentro de um quadro de apoio aos governos da América Latina e Caraíbas, para enveredarem no trilho das reformas. Neste programa foram focados três aspetos essenciais: as trocas, os investimentos e a dívida externa. O comércio intracontinental representa a peça fundamental, tendo em vista a etapa final da criação de uma zona de comércio livre para todo o espaço americano. Foi nesta perspetiva que os EUA começaram, a partir de 1991, a negociar acordos-quadro sobre trocas e investimentos, de caráter bilateral, com a maior parte dos países da região.

Tendo em vista a implantação de um regime aberto em matéria de investimentos, tornando a América Latina um polo de atração de capitais, a *Iniciativa para as Américas* criou dois novos programas administrados pelo ↗Banco Interamericano de Desenvolvimento. O primeiro consubstancia-se em empréstimos setoriais para apoiar os esforços de privatização e liberalização de investimentos. O segundo caracteriza-se pela criação de um Fundo de Investimento Multilateral. No que se refere à dívida externa, foi criado um organismo gerido pelo secretário de Estado do Tesouro norte-americano, a fim de tratar dos planos de redução das dívidas externas dos países latino-americanos. *[D.F.]*

Iniciativa de Defesa Estratégica (IDE)

Strategic Defence Initiative (SDI)

Sistema constituído por equipamento e armas não nucleares colocados principalmente no espaço, e capaz de detetar, identificar, seguir, intercetar e destruir mísseis balísticos durante a sua trajetória. Conhecido pela expressão "Guerra das Estrelas", por referência à célebre saga cinematográfica, foi proposto pelo presidente dos EUA, Ronald Reagan, em março de 1983. O sistema reparte-se por quatro camadas correspondentes às quatro fases consideradas na trajetória dos mísseis: fase inicial, de lançamento ou de ignição; fase de separação individual das ogivas transportadas pelo míssil; fase intermédia, espacial ou balística; e fase terminal de reentrada na atmosfera em direção aos alvos. No espaço, localizam-se sensores e satélites que controlam as trajetórias dos mísseis e ogivas, bem como estações de raios laser e de feixes de partículas, os quais vão atingir e destruir os mísseis ou ogivas, diretamente ou por intermédio de espelhos refletores. Em terra, existem sistemas de comando, controlo e comunicação para tratar toda a corrente de informação, que se processa a ritmo extremamente alto e em tempo muito curto, virtualmente fora da capacidade de decisão humana. O sistema pode dispor ainda de submarinos, aviões e estações como bases emissoras de raios laser e feixes de partículas.

O objetivo principal do projeto de defesa estratégica é evitar a guerra nuclear, na convicção de que levará ao abandono dos mísseis nucleares, por "impotentes e obsoletos". Esta doutrina é revolucionária, visto substituir a ameaça de retaliação nuclear, em que se baseia a "paz nuclear", pela dissuasão fundamentada num sistema de defesa não nuclear. *[P.A.]*

Inquérito

↗Resolução pacífica de conflitos.

Instalações consulares

↗Posto consular.

Institucionalismo (Neoliberalismo)

O Institucionalismo, também designado por Institucionalismo Liberal ou Neoliberalismo, defende que, apesar da existência da anarquia e da competição egoísta entre atores, a cooperação é possível. Partindo da Teoria Microeconómica e da Teoria dos Jogos, os institucionalistas sublinham que a cooperação entre atores pode ser um comportamento racional e a melhor estratégia para a defesa dos interesses dos Estados. Para os institucionalistas, de acordo com determinadas circunstâncias, o comportamento cooperativo de atores com interesses próprios pode ser o mais natural e racional comportamento, precisamente para maximizarem os seus interesses.

Os institucionalistas argumentam que através das instituições – definidas como um conjunto de regras, normas, práticas e procedimentos decisórios que influenciam e formatam as expectativas dos atores – é possível ultrapassar a incerteza e os obstáculos decorrentes da anarquia que, normalmente, impossibilitam a cooperação. Aqui, reside uma diferença importante entre o ↗Realismo e o Institucionalismo. Enquanto os primeiros não consideram as instituições atores essenciais, os segundos olham para as instituições como atores decisivos e acreditam que a institucionalização crescente das relações internacionais é um fenómeno determinante para a sua compreensão.

O Institucionalismo foca-se na explicação das razões da cooperação entre Estados, bem como nas razões que levam as instituições a conseguirem desenvolver capacidades próprias e a forçarem os Estados a agirem em determinadas direções. Isto leva-nos a consequente questão: mas, então, como é que as instituições promovem a cooperação? Sintetizando as respostas de um grande número de estudos empíricos, podemos dizer que existem três argumentos fundamentais.

Em primeiro lugar, as instituições estendem o horizonte temporal das interações entre os atores, criando um jogo reiterado de movimentos, jogadas e encontros, ao invés de uma rodada de jogadas única. Devido à existência de um quadro institucional de negociação relativamente permanente, os atores sabem que mesmo que num determinado encontro tenham perdas relativas, podem sempre ter a expectativa de que no próximo encontro conseguirão recuperar e obter melhores resultados. Por outro lado, enquanto num quadro negocial único a tendência é maximizar os lucros e minimizar as perdas, mesmo que para tal se tente tirar vantagens das fraquezas momentâneas do ator concorrente, num quadro de negociação institucional permanente os Estados têm consciência que terão que interagir e negociar de forma reiterada com os seus concorrentes. Isto incentiva-os a cumprirem com as suas obrigações contratuais de curto prazo para que possam continuar a beneficiar dos lucros da cooperação a médio e longo prazo. A lógica institucional promove a utilidade e a eficácia do relacionamento cooperativo dos atores. Os Estados são incentivados a trabalhar dentro das instituições para conseguirem obter uma boa reputação no cumprimento das suas obrigações contratuais, o que também torna as hipotéticas sanções mais credíveis.

Em segundo lugar, os institucionalistas sublinham que as instituições aumentam consideravelmente o conjunto de informações sobre os comportamentos dos Estados. Se nos recordarmos que a incerteza comportamental dos Estados é uma das mais significativas razões para que os realistas duvidem que a cooperação possa ser sustentável no tempo, então, é razoável dar razão à ideia institucionalista que defende que as instituições são os melhores instrumentos possíveis para a obtenção de informação sobre o comportamento dos Estados. Cumulativamente, as instituições desenvolvem regras e práticas normativas que permitem bons indicadores de avaliação relativamente ao cumprimento ou incumprimento das normas institucionais por parte dos Estados.

Em terceiro lugar, os Institucionalistas constatam que as instituições contribuem para um aumento significativo da eficiência nas relações entre atores. Ao contrário dos custos significativos de uma negociação *ad hoc* entre Estados, as instituições reduzem o custo das transações e negociações ao providenciarem um fórum centralizado de coordenação onde os Estados se podem encontrar e negociar. As instituições providenciam *focal points* – normas e regras instituídas – que permitem aos Estados de uma forma rápida enquadrar e resolver um determinado problema ou política.

Em síntese, o Institucionalismo identificou compreensivamente o desenvolvimento progressivo da institucionalização internacional desde o pós-Guerra até à atualidade. Desenvolveu estudos inovadores e cumulativos sobre o papel das ↗organizações internacionais, com especial destaque para a integração regional. Posteriormente, introduziu a importante teoria sobre os *regimes internacionais* para, finalmente, se centrar na cooperação e no papel que as instituições podem ter como soluções para os dilemas relativos aos interesses próprios e egoístas dos Estados apontados pelos realistas. Como refere Arthur Stein, para os institucionalistas a solução institucional é semelhante aos argumentos dos teóricos do contrato social para a criação do Estado. Da mesma forma que o surgimento do Estado foi, historicamente, a solução institucional encontrada para o problema da autonomia no *estado de natureza* – e os indivíduos cederam parte da sua liberdade para atingir objetivos comuns de ordem e segurança, que de outra forma não seriam possíveis –, as organizações internacionais são a *solução institucional* para o egoísmo anárquico das relações internacionais (Mendes, 2019b). *[P.E.M.]*

Institucionalismo histórico

Na década de 1980, a Ciência Política, principalmente na Europa, passou a eleger as instituições como fatores estruturantes do comportamento humano. Este facto resultou da expansão do liberalismo político, económico e social que, ao adquirir uma nova configuração, projetou a importância das instituições na dinâmica da vida coletiva, em que o centro de gravidade das decisões se deslocou para a influência social e retirou, de certa forma, o protagonismo às preferências individuais. Foi neste cenário que emergiu uma corrente vulgarmente designada por novo ou neo-institucionalismo. O institucionalismo histórico surge como uma dimensão deste novo institucionalismo, que recorre à importância das instituições e do contexto histórico para explicar o comportamento coletivo.

Foi, de certa forma, o estrutural-funcionalismo da década de 1970 que motivou o aparecimento do institucionalismo histórico como abordagem teórica que perceciona o Estado como um emaranhado complexo de instituições, onde os fatores sociais, psicológicos e culturais estruturam o funcionamento sistémico e a ação política. Esta perspetiva foi criticada devido à natureza rígida das suas proposições, à pouca relevância atribuída ao processo político e à desconsideração da influência histórica na explicação da tomada de decisão política. O institucionalismo histórico não desvaloriza esta perspetiva, mas afirma que os fatores estruturadores do comportamento coletivo são a organização institucional da comunidade política ou a economia política.

Através de uma análise diacrónica às ações sociais, dentro do contexto histórico em que ocorrem, incorporam-se elementos dedutivos e indutivos em condições contextuais específicas, dando-se prioridade à estrutura de relações entre instituições e a outros atores, independentemente da sua natureza. Dito de outro modo, o institucionalismo histórico é uma espécie de realismo relacional que toma como variável independente as instituições, que influenciam o processo político e a elaboração de políticas públicas, enquanto fatores que medeiam as redes entre os governos e as organizações e entre o Estado e a sociedade, não se podendo dissociar deste processo os constrangimentos de base histórica.

De acordo com P. A. Hall e R. C. Taylor, a abordagem institucional histórica sustenta que o principal estruturador do comportamento coletivo é a dimensão institucional da política e da economia, em que a solidez da política depende da proatividade, da iniciativa, do empreendedorismo e da ação institucional e é influenciada pelo contexto histórico. Neste sentido, nos anos 1980, o institucionalismo histórico afirma-se em definitivo como corrente analítica em Ciência Política, ao considerar as instituições como organizações que promulgam regras ou convenções, através de procedimentos formais ou informais. São as instituições que influenciam a ação política e por esta razão, os acordos, as convenções e outras ações sociais são de complexa construção, porque é a configuração institucional, como um todo, que estrutura o funcionamento das ações e das interações políticas. A importância das instituições e do legado histórico elege a multilateralidade como um fator necessário à compreensão da (nova) ordem internacional e permite a expressão dos regimes internacionais, entendidos como um conjunto de princípios, normas, regras e procedimentos implícitos ou explícitos de tomada de decisão, em torno dos quais se observa a convergência de expectativas dos atores.

De acordo com a obra *After Hegemony: Cooperation and discordy in the world political economy* (1984), da autoria de R. Keohane, os regimes internacionais reduzem os efeitos da ↗anarquia no ↗sistema internacional e fornecem informações sobre o comportamento dos Estados ou de outros atores com interesses no fenómeno político, nomeadamente sobre as suas tendências para a cooperação e para a aceitação de regras. Preconiza-se uma conceção mais alargada de instituição que engloba, além de constrangimentos e restrições formais, os valores e as normas, assente numa lógica integrada que explique os mecanismos que, por tendência, perpetuam as estruturas institucionais, a sua evolução e o seu desenvolvimento.

P. Pierson, na obra *Politics in Time: History, Institutions, and Social Analysis* (2004), refere que as entidades individuais e coletivas agem dentro de configurações institucionais, cuja estrutura e funcionamento atuais serão mais bem compreendidos se a análise estiver integrada numa perspetiva histórica. De acordo com o autor, existem dois conceitos das instituições mobilizados por esta abordagem, *path dependency* e *lock-in*, relevantes para a sua compreensão e que poderão influenciar a orientação estratégica dos processos políticos.

O conceito de *path dependency* traduz a ideia de que as decisões iniciais constituirão incentivos para os atores perpetuarem as escolhas políticas herdadas do passado, mesmo quando os resultados políticos não correspondem ao esperado. Em tese, este conceito sugere que as escolhas políticas passadas definem a adoção de determinadas estratégias e influenciam as possíveis tomadas de decisão futuras.

As escolhas políticas multiplicam-se ao longo do tempo, na criação de regras e de estruturas, na mobilização de recursos e no envolvimento de atores sociais. Este facto, para além de conferir um caráter institucional ao processo político, promove e facilita a sua continuidade, reduzindo as possibilidades de alteração dos seus princípios orientadores, em especial devido aos custos financeiros, políticos e sociais da mudança. Os institucionalistas, que conceptualizam o impacto das instituições no processo político com base no conceito de *path dependency,* conduzem investigações diacrónicas através do tempo e do espaço e procuram explicar como é que acontecimentos idênticos e certos processos comuns conduzem a diferentes resultados, em diferentes países ou regiões.

O conceito de *lock-in* das instituições significa rigidez estrutural, ou seja, a resistência a alterações, que representa a ideia de que as instituições têm tendência a resistir à mudança e não alteram o rumo inicialmente traçado em acordos ou programas. As políticas, quando caracterizadas por *feedbacks* positivos, levam os atores envolvidos a fidelizarem-se às estruturas existentes, mudando-as apenas quando sentem necessidade de se adaptarem às transformações ocorridas no ambiente político. Os Estados e as instituições mudam, adaptam-se ao longo do tempo; porém, sofrem influências do contexto histórico e, neste sentido, são as instituições que se ajustam quando as pressões se tornam insustentáveis. A conjugação destes dois conceitos centrais confere prioridade à ordem e à estabilidade por via da história, em que o legado do passado tem tendência a condicionar a ação humana. Em síntese, o institucionalismo histórico projeta a sua força nas ideias e nas estruturas formais, que, orientadas pela contingência histórica, fornecem modelos de pensamento e informações estratégicas, que condicionam a identidade, a interpretação, os interesses, as preferências e as ações políticas presentes e futuras. *[M.R.P.S.]*

Instituição

Para Marcel Mauss, a noção de instituição remete para as maneiras de pensar e de agir de que não somos os autores porque legadas historicamente, e que funcionam como modelo ou regra de comportamento.

O mundo institucional é por isso experimentado como realidade objetiva, tratando-se, no entanto, de acordo com a perspetiva da construção social da realidade, de uma objetividade produzida e construída pelos atores sociais. As instituições são produções sociais e históricas, resultantes de práticas sociais partilhadas e tipificadas. É por isso que, como consideram Berger e Luckmann, as instituições são tipificações recíprocas de ações habituais por tipos de atores, tipificações estas que são produzidas e construídas pelos atores no decurso de uma história partilhada. O mundo institucional é transmitido pelo conhecimento, que define os papéis e os atores nas instituições, fornecendo as regras de conduta institucionalmente adequadas. Podemos, nessa medida, considerar que, enquanto sistemas de regras, as instituições organizam deveres, obrigações e direitos, e ordenam conjuntos de papéis. Consistem, no entanto, não só em sistemas de regras, mas também nas significações normativas que lhes dão sentido. É por isso que à noção de Mauss, Descombes, em 1996, acrescenta as significações comuns. As instituições, tal como as regras ou as normas, são da ordem do sentido.

As instituições constituem, assim, uma realidade histórica objetiva e convencional, que detêm mecanismos de controlo social e de legitimação. Ao nível do controlo, as instituições estabelecem padrões e normas de conduta que regem e controlam os comportamentos; ao nível da legitimação, trata-se dos modos pelos quais o universo institucional pode ser explicado e justificado.

Por último, e seguindo ainda Berger e Luckmann, as instituições apresentam os seguintes aspetos: objetividade – são exteriores aos atores, constituindo uma realidade objetiva; historicidade – as tipificações recíprocas das ações e dos atores são construídas no decorrer de uma história partilhada; e sedimentação – as instituições surgem como uma realidade quase inalterável, dada a sua dimensão histórica, comportando uma tradição. *[I.B.]*

Instrumentalismo

Escola de pensamento que considera as teorias científicas como meros instrumentos que possibilitam transformar a experiência através da ação, na medida em que possibilitam a ligação de diferentes situações observadas e apesar da sua incapacidade em retratar os fenómenos reais que envolvam conceitos teóricos. Na perspetiva dos instrumentalistas, de um lado temos os fenómenos observados (o movimento de um planeta) e de outro as teorias científicas (translação) e os elementos que permitem chegar às suas equações (força atrativa); não sendo possível observar diretamente a existência da força atrativa, os instrumentalistas consideram-na um mero instrumento para descrever o fenómeno observado.

Esta doutrina foi defendida por John Dewey (1859-1952), filósofo-pedagogo que considera as teorias filosóficas tradicionais como instrumentos para apresentar hipóteses para serem testadas através da investigação. Enquanto instrumentos, por si só, as teorias têm pouco valor, que apenas emergirá através da forma como sejam utilizados. Dewey argumenta que as teorias formuladas a partir de observações específicas não podem ser interpretadas como retratando o mundo real, servindo tão-só como instrumento para produzir consequências, estas últimas sendo prova necessária da validade das suas proposições. Para Dewey, instrumentalismo e pragmatismo não precisam de ser separados, pois ambos observam as teorias como ferramentas.

Karl Popper (1902-1994) considera que o instrumentalismo traduz a ideia de que não existem ciências puras; toda a ciência é aplicada pois todas as teorias são testadas através de tentativas de refutação, e apenas se dirá corroborada pela experiência e nos limites da sua aplicabilidade se a tentativa de refutação da teoria não vingar; mesmo quando refutada, uma teoria pode continuar a ser usada dentro dos limites em que seja válida. Assim, porque as teorias são refutadas somente dentro de certos limites, apenas no âmbito dos quais se tornam "não aplicáveis", o instrumentalismo não permite explicar o progresso científico. *[M.L.V.]*

Instrumento de Assistência de Pré-Adesão (União Europeia)

O Instrumento de Assistência de Pré-Adesão (IPA) é o conjunto de fundos alocados pela União Europeia com o propósito de promover as reformas necessárias à adesão dos Estados candidatos e potenciais candidatos. Este quadro de financiamento plurianual consolidou uma diversidade de outros mecanismos com objetivos semelhantes, tais como o PHARE, PHARE CBC, ISPA e SAPARD. O IPA I, com um orçamento de 11,5 mil milhões de euros, abrangeu o período entre 2007 e 2013, e o IPA II substituiu o primeiro, com um montante de 11,7 mil milhões de euros, e prolongou-se de 2014 a 2020.

Atendendo aos custos elevados que o cumprimento do acervo comunitário implica, a União Europeia disponibiliza este Instrumento como forma de ajudar os beneficiários a conduzirem as reformas políticas e económicas necessárias à adesão plena e à execução dos direitos e obrigações que tal adesão implica para os futuros Estados-membros. Por outro lado, este investimento garante à União uma maior harmonização entre Estados e a prossecução dos seus objetivos em matérias de sustentabilidade económica, segurança energética, transportes, meio ambiente, Estado de Direito, desenvolvimento rural e outras previstas no acervo.

O IPA II foi desenhado com a participação dos beneficiários, o que lhe permitiu ultrapassar algumas das fragilidades do quadro plurianual anterior; assim, o planeamento estratégico dos sete anos que abrangeu foi especificamente elaborado de acordo com as agendas de reforma e de desenvolvimento dos Estados candidatos. Adicionalmente, visou reformas em áreas diretamente ligadas à estratégia de alargamento, como a democracia e a governança, o crescimento económico e a competitividade. Essa abordagem setorial promoveu uma assistência mais direcionada, procurando maior eficiência, sustentabilidade e foco nos resultados – houve, por exemplo, a inclusão de indicadores de avaliação de desempenho e de resultados para uma monitorização mais eficaz.

O quadro jurídico e a assistência financeira do IPA II são da responsabilidade da Direção-Geral da Política Europeia de Vizinhança e Negociações de Alargamento, com exceção da cooperação transfronteiriça entre os Estados-membros e os países do IPA. Excecionalmente, outros países podem beneficiar de ações financiadas pelo IPA, na condição de tais ações se inscreverem num quadro regional, transfronteiriço, transnacional ou mundial e de não haver duplicação com outros programas relativos aos instrumentos comunitários de ajuda externa. Assim, os países candidatos preparam-se para a aplicação integral do acervo comunitário no momento da adesão e os candidatos potenciais beneficiam de apoio com vista a um alinhamento gradual com o acervo comunitário. *[J.C.G. / A.P.M.]*

Insurgente

↗Insurreto.

Insurreto

Grupo armado que surge numa situação de rebelião, no território de um ↗Estado, pondo em causa a sua unidade e integridade territorial. O seu reconhecimento visa sujeitá-lo ao Direito Internacional humanitário, não implicando outra capacidade que não neste quadro preciso. Por isso, parte da doutrina não lhe reconhece sequer personalidade internacional, o que parece excessivo, já que, no entendimento contemporâneo segundo o qual a diferenciação se deve fazer segundo a capacidade e já não em termos de atribuição (ou não) da personalidade, pode bem admitir-se essa personalidade ao insurreto, reconhecendo-se, todavia, o caráter muito limitado da sua capacidade, nos termos referidos. *[R.M.]*

Integração

O ↗sistema internacional criado pela Paz de Vestefália (1648) deu origem a um conjunto de princípios que passaram a reger as relações interestaduais, entre os quais se encontram o de soberania e igualdade jurídica. Esse reconhecimento reforçou a independência e a individualidade de cada um dos Estados do sistema. Contudo, atendendo ao volume crescente de interações e interdependências que delas decorreram, a aproximação entre os diferentes sistemas políticos tornou-se mais comum e, para alguns autores, até imprescindível à sobrevivência de alguns Estados.

O processo de integração consiste no estreitamento de relações entre esses agentes através de uma partilha crescente de elementos de sistemas diferentes, que, desta forma, se aproximam, diminuindo o hiato e a discriminação entre eles. Esta aproximação pode decorrer em vários domínios e em diferentes graus. As razões que motivam os agentes no sentido da integração são quase tão distintas quanto as teorias que as procuram explicar. Com um forte enquadramento teórico liberal, assume-se que este processo, quando promovido de forma livre pelos mercados, aumenta a eficiência de ambos os sistemas quando congregados, a probabilidade de sobrevivência e o poder relativo das partes. Por outro lado, existe ainda uma visão institucionalista sobre este processo, segundo a qual se defende a necessidade da intervenção política através de um conjunto de medidas administrativas e legislativas. Sem rejeitar a economia de mercado, esta proposta atribui ao Estado a responsabilidade de corrigir falhas dos mercados e de facilitar o processo de aproximação das várias entidades. Adicionalmente, é ainda promotor de paz e estabilidade, pois a interdependência que dele decorre contribui para o aumento do custo da guerra e, consequentemente, diminui a probabilidade da sua ocorrência.

As correntes mais críticas da integração – política e económica – identificam a fragilização das economias mais vulneráveis, a homogeneização cultural e a assimilação como potenciais riscos deste processo. *[A.P.M. / J.C.G.]*

Integração Europeia

↗Tratado de Lisboa.

Integração regional/Regionalismo

A integração regional corresponde à tendência, visível no pós-Segunda Guerra Mundial, de países geograficamente contíguos se agruparem em zonas de integração económica. Esta tendência é contemporânea da intensificação do processo de globalização, com expressão no fortalecimento da interdependência económica, ditando a erosão da autonomia política dos países. Desde a criação das Comunidades Europeias (década de 1950), a tendência ganhou terreno, tendo sido criadas zonas de integração regional por todo o mundo. Reconhecendo a natureza da globalização, os países aceitam agrupar-se em zonas de integração económica (algumas delas contendo já alguns rudimentos de integração política), partilhando parcialmente a sua soberania, nomeadamente nas políticas transferidas para a esfera de decisão das zonas de integração de que fazem parte. A integração regional é o produto da reação dos Estados à deterioração da sua autonomia política. Através das zonas de integração, os países procuram recuperar alguma influência política que perderam para os mercados, em geral, e como resultado da intensificação da interdependência política e económica, em particular. Às zonas de integração regional corresponde um novo nível de decisão: o nível supranacional.

Do ponto de vista da organização política, surgiu uma nova tipologia de organizações: as organizações supranacionais, um subtipo de organizações internacionais que delas se diferencia por outorgar autonomia à organização, com a possibilidade de adotar decisões com efeitos vinculativos para os Estados participantes. Em sentido contrário ao da supranacionalização, verifica-se, em alguns Estados, o reforço dos poderes atribuídos a níveis de decisão infranacionais (Estados federados, regiões administrativas, órgãos de poder local), correspondendo a uma tendência de ↗descentralização que quadra com o fenómeno da globalização. *[P.V.M.]*

Interdependência

A interdependência significa dependência mútua. É referente a situações nas quais os atores ou acontecimentos em diferentes partes do sistema se afetam mutuamente. Podemos defini-la melhor através de quatro características: origens, benefícios, custos e simetria. Quanto às origens, a interdependência pode ter origem em fenómenos físicos (na natureza) ou sociais (económicos, políticos e percetivos). Deste modo, a interdependência é ecológica, económica e político-militar (↗Teoria da Interdependência Complexa).

Enquanto as relações de interação são acompanhadas muitas vezes por efeitos de competição, as relações de interdependência produzem, sobretudo, efeitos de agregação: neste caso, os atores operam escolhas que individualmente são marginais, mas que, somadas, são de natureza a modificar o conjunto das relações. Por exemplo, o crescimento de toda a espécie de fluxos transfronteiriços (comerciais, migratórios, etc.) provocou efeitos emergentes ou perversos não explicitamente pretendidos pelos atores, mas que resultam da sua situação de interdependência. O conjunto das relações de interação e interdependência aplicado ao mundo é que nos leva a falar de ↗sistema internacional. *[P.E.M.]*

Interesse

Em Ciência Política, o interesse é um elemento explicativo dinâmico que confere inteligibilidade ao comportamento dos cidadãos e das organizações no espaço público. Motivada por interesse próprio ou pelo interesse da comunidade, impelida por sentimentos egoístas ou altruístas, a conduta dos atores no espaço público seria determinada pela tentativa de alcançar resultados conformes à perceção que têm dos seus interesses próprios. O interesse enquanto precursor da ação não é, no entanto, um dado objetivo. Admitindo que os atores agem de acordo com os seus interesses, o interesse de um ator concreto ou a perceção que esse ator tem do seu interesse podem ser realidades distintas. A alienação, entre outros fatores, pode contribuir para explicar o alheamento dos atores em relação aos seus interesses.

A tentativa de fazer vingar os interesses individuais no espaço público, de utilizar em benefício próprio recursos disponíveis na comunidade, faz-se em inter-relação com outros indivíduos e organizações, mediante processos de cooperação e de conflito. Este processo é designado ↗participação política. Acresce que os interesses têm tendência a organizar-se. Os ↗grupos de interesse são organizações da sociedade civil que reúnem cidadãos ou entidades que partilham perspetivas de natureza económica, social, política ou cultural, constituídos para agir junto dos decisores políticos e da administração pública, com vista a influenciar, por vezes utilizando meios ilegítimos ou até ilegais, o desenho ou a execução de políticas públicas, moldando-as aos interesses dos seus membros. *[L.F.M.]*

Interesse nacional

De acordo com Charles Beard (1934), o primeiro académico a produzir um estudo científico sobre o conceito, o termo interesse nacional (IN) foi introduzido no léxico político a partir do século XVI, com o desenvolvimento do ↗Estado-nação e do ↗nacionalismo, substituindo a noção de "razão de Estado". Em Relações Internacionais, o conceito de IN é usado com um duplo sentido: como um instrumento analítico identificador de objetivos e metas da ↗política externa de um Estado e como um conceito abrangente, usado no discurso político, para justificar opções políticas. Em ambos os casos, diz respeito a diretrizes fundamentais que regem a política do Estado relativamente ao seu ambiente externo. É aplicado, sobretudo, ao nível da política externa de um Estado, embora também possa ser usada na política interna, onde, normalmente, é utilizada de forma sinónima com a de interesse público.

De acordo com a visão tradicional e elitista da política externa de *realpolitik* europeia, o IN refletiria não os interesses particulares dos decisores políticos, mas sim os interesses da sociedade como um todo. Esta visão tradicional está ligada aos conceitos de soberania e legitimidade do Estado e ao seu processo de solidificação dos séculos XVIII e XIX. No século XX, estas ideias foram adaptadas pela escola realista, sobretudo para explicar que os decisores agem de forma racional e de acordo com princípios de defesa dos interesses básicos e legítimos de representação do Estado, desde logo, da sua sobrevivência.

Enquanto instrumento de análise política, solidificou-se com a tentativa de vários autores construírem uma ↗teoria realista das relações internacionais, cujo principal protagonista foi Hans Morgenthau (1948, 1951). De acordo com este autor, o IN deveria ser a bússola intelectual que influenciaria e conduziria toda a decisão em política externa. Na ótica de Morgenthau, a sobrevivência e independência política do Estado através da aquisição e uso do poder constituem o primacial IN. Deste modo, o interesse nacional nas relações internacionais, antes de tudo, deveria ser definido em termos de poder, numa lógica de maximização dos ganhos e minimização dos custos ou perdas. Deste modo, em regra, todos os Estados agiriam, ou deveriam agir, em defesa do seu interesse nacional nesta lógica de *max-min*.

Contudo, a ênfase excessiva de Morgenthau e, sobretudo, de outros realistas, de considerar o IN como sinónimo de conquista de poder, colocou sérias críticas à utilidade analítica do conceito. Isto significa que esta visão realista e tradicional, segundo a qual o IN seria o elemento-chave na análise da política externa começou a ser contestada ou reformulada. Primeiro com os modelos decisonais da Análise da Política

Externa (APE) e depois com a Linkage Theory, os modelos burocráticos de Allison e a perspetiva comparada da APE, que demonstraram as grandes limitações analíticas do conceito de IN. Com efeito, a solidificação da APE veio demonstrar que em vez de um interesse nacional objetivo, universal e racional, o que determina a política externa é um conjunto de diversas e subjetivas condições contextuais e agenciais que moldam as preferências dos decisores, as quais mudam periodicamente, em função, quer do processo político interno, quer do ambiente externo. O interesse nacional é, assim, sobretudo, aquilo que em determinado momento os decisores políticos entendem que é, o que não significa exatamente uma visão apenas subjetiva individual e que o decisor também não seja influenciado pela sua imagem cultural sobre o que pensa que é o interesse geral do Estado.

Isto significa que para explicarmos o interesse nacional dos Estados, devemos ultrapassar a visão tradicional mítica do IN, mas também não o podemos isolar numa visão puramente subjetiva individual e casuística. Assim, o IN apresenta princípios abstratos essenciais que foram sendo identificados ao longo do tempo: princípio de inclusividade, isto é, o interesse deve poder ser imputado a toda a nação ou pelo menos a grande parte dela, de modo a superar os interesses de fação ou de grupo; princípio de exclusividade, ou seja, a definição do IN não leva em linha de conta os interesses de outras coletividades políticas exteriores ao país e só lhes presta atenção na medida em que podem vir a ter efeito nos interesses domésticos; princípio de relevância externa, segundo o qual os interesses que compõem o IN devem poder ser afetados significativamente pela conjuntura internacional e, consequentemente, pela direção da política externa do Estado.

Por outro lado, o seu valor operacional na análise das Relações Internacionais tem sofrido uma erosão significativa com a perda do monopólio do Estado enquanto ator único das relações internacionais e consequente emergência da interdependência e globalização da sociedade mundial. De qualquer modo, embora, no mundo académico, o conceito tradicional de IN ligado ao realismo seja muito criticado, no mundo prático e político dos decisores, o conceito continua a ser utilizado, nomeadamente nas questões ligadas à segurança e defesa, ou seja, à sobrevivência do Estado independente na comunidade internacional, à capacidade de manter a integridade do território nacional e a população intacta, bem como à autonomia da economia e à manutenção de características culturais próprias. Neste sentido tradicional e político, a ideia de IN continua a estar ligada aos princípios de segurança nacional e sobrevivência e, como sublinham os realistas, todas as outras opções políticas lhe estão subordinadas. Contudo, mesmo as abordagens liberais e institucionalistas consideram a existência de um IN ligado aos interesses básicos do Estado, mas introduzem, para além da segurança, outros elementos fundamentais como o bem-estar económico e a promoção de princípios ideológicos e práticas políticas no estabelecimento de uma ordem mundial estável e liberal.

Num mundo em profunda e rápida mudança, onde as políticas externas dos Estados têm vindo a assumir um caráter cada vez mais multilateral e transnacional, o conceito de IN, de um ponto de vista académico e analítico, tem sido alvo de muitas críticas, que têm resultado na menorização da sua relevância científica. Mais recentemente, Mendes (2018; 2020a) argumenta que, embora os Estados tenham interesses nacionais contínuos em abstrato – Poder, Segurança, Riqueza –, os interesses nacionais são sempre subjetivos e refletem as ideias e preferências dos líderes e decisores, isto é, as suas *imagens culturais*. Na visão construtivista do autor, é possível demonstrar que decisões sobre os interesses nacionais são sempre intersubjetivas e refletem a identidade e a cultura política e institucional em que estão embebidos. Ao contrário da visão tradicional, segundo a qual os decisores agem racionalmente em defesa do IN, importa pensar criticamente sobre a problemática de quem define, e porquê, os interesses nacionais. Deste modo, Mendes sublinha que os interesses e preferências que definem a política externa dos Estados são construções sociais, dinâmicas e contingentes, que resultam de contextos políticos e ideacionais particulares e característicos de determinado período histórico. Não elimina a argumentação tradicional, onde, na teoria e prática da política externa, os analistas e decisores assumem visões racionalistas otimizadoras de um IN abstrato, neofuncional, ligado a um conjunto de princípios básicos relativos aos objetivos de sobrevivência, adaptação e obtenção de poder dos Estados. Este IN abstrato existe, e resulta da identidade corporativa do Estado. Contudo, o autor defende que assumir esta ideia objetivista, segundo a qual todos os Estados têm alguns interesses nacionais básicos objetivos – sobrevivência, autonomia, bem-estar económico, autoestima coletiva –, não significa deixar de perceber que para perseguir estes interesses objetivos, na prática, os Estados definem políticas que são determinadas por interesses subjetivos.

Ainda que seja possível identificar um universal IN mínimo na política externa dos Estados, a realidade é que mesmo este não pode ser desligado das perceções e construções identitárias particulares e históricas de cada Estado. Em abstrato, existem alguns interesses nacionais relativamente estáveis; na prática, todos os interesses dos Estados são construídos socialmente e resultado de um processo histórico e contingencial, em que o ambiente cultural, institucional e ideacional dos decisores políticos são decisivos na definição do IN. *[P.E.M.]*

Internet

Aquilo a que chamamos "rede Internet", e que teve origem no Departamento de Defesa dos Estados Unidos da América, no final da década de 1960, é na realidade um conjunto de computadores ligados por um protocolo standard (TCP/IP – *Transfer Central Protocol/Internet Protocol*), o qual permite partilhar os recursos à escala mundial, utilizando principalmente os cerca de 900 milhões de linhas da rede telefónica existentes. A força da Internet reside na partilha dos recursos entre computadores múltiplos. Três conceitos reforçam este potencial: a intercomutabilidade, a interoperabilidade e a intercriatividade. A intercomutabilidade favorece as relações entre os aparelhos pertencentes a plataformas diferentes, tais como telefones, computadores portáteis ou servidores. A interoperabilidade permite as conexões entre redes diferentes, de baixos ou médios débitos, redes de cabos, de satélites ou hertzianas. E pela primeira vez na história, uma pessoa pode comutar um sinal que chega ao seu *site* para um outro *site* que se pode encontrar num país longínquo, capacidade, até há poucos anos, reservada a organizações nacionais ou transnacionais de comunicação.

O número de utilizadores cresceu exponencialmente, em particular desde a introdução do conceito *World Wide Web* (WWW) – designação que significa uma teia (*Web*) estendida (*Wide*) ao mundo inteiro (*World*) – pelo centro de física de partículas (CERN), na Suíça, no início da década de 1990, que veio simplificar muito a utilização da Internet. Em 2021, existiam, de acordo com diferentes fontes, entre 4,6 mil milhões e 5 mil milhões de utilizadores em todo o mundo, mais de metade da população mundial (cerca de 86,6% da população dos Estados desenvolvidos e de 47% da população dos países em desenvolvimento).

As principais razões do sucesso da Internet são a multiplicidade das informações que aí se podem encontrar, o seu baixo custo de acesso e a possibilidade de navegar facilmente de um *site* para outro. As suas diferentes funções transformaram a Internet num novo espaço de trocas e de comércio, num "ciberespaço" local de batalhas industriais, comerciais, e mesmo políticas e culturais. Este ciberespaço não é somente um ambiente que favorece o comércio eletrónico. Tornou-se o ponto de passagem obrigatório de todo o comércio e de toda a indústria no sentido mais amplo do termo.

Hoje em dia, todas as atividades industriais e comerciais encontram-se ligadas, direta ou indiretamente, à rede das atividades económicas. Por outro lado, as grandes administrações utilizam a *Web* para entrarem em contacto com os seus administrados. Os países adotam a *Web* para melhor fazerem conhecer as suas vantagens turísticas, industriais e comerciais. Mesmo os homens políticos escolhem, agora, a Internet para constituírem novas relações com os eleitores. E os departamentos oficiais do Estado não ignoram, longe disso, a importância deste poderoso instrumento na sua afirmação e divulgação internacional, todos eles possuindo *sites* que desenvolvem um importante papel numa nova cultura política e na repartição dos poderes.

Os sítios, *sites* ou *websites*, que dizem respeito a endereços na *Internet*, identificando locais, contendo páginas de informação correspondentes a pessoas ou organizações, constituem um instrumento fundamental para o estudo das Relações Internacionais, permitindo-nos dispor de informação atualizada (uma vez que os factos relativos a este domínio se alteram continuamente), universal (abrange todas as regiões do mundo) e qualificada (dá-nos a conhecer os centros, publicações e trabalhos de investigação realizados nesta área científica, assim como as resoluções tomadas diariamente pelos principais atores do ↗sistema internacional).

A Internet tem sido um importante instrumento para disseminar no Mundo os valores sociopolíticos ocidentais, inclusive nos países em que a sociedade é objeto de repressão política ou religião, para os ativistas dos Direitos Humanos chamarem a atenção para as regiões ou Estados em que os mesmos não são respeitados, mas também é usada por organizações terroristas e criminosas para comunicar e planear as suas ações e até para divulgar informação suficiente que permite, por exemplo, a criação de armas tóxicas e químicas (nomeadamente, através da *Dark Web*).

A disseminação da Internet tem ainda um impacto direto nas relações internacionais, ao multiplicar e amplificar o número de vozes e interesses envolvidos na formulação de políticas internacionais, complexificando a tomada de decisões internacionais e reduzindo o controlo exclusivo dos Estados no processo; ao libertar ou acelerar a divulgação de informações (verdadeiras ou não) sobre qualquer questão ou evento que possa agir sobre as suas consequências e tratamento; e ao permitir que os serviços diplomáticos tradicionais sejam prestados de forma mais rápida e económica, tanto para os próprios cidadãos e governo, quanto para os de outros países.

Muitas outras questões diretamente relacionadas com a Internet e o mundo digital se levantam no plano das relações internacionais e da política nacional e internacional, entre as quais o "*digital divide*", isto é, a desigualdade no acesso à Internet e aos instrumentos e plataformas digitais, com um impacto direto no grau de participação e influência em processos de decisão política, muitas vezes acentuando desigualdades preexistentes; a iliteracia digital e, em direta relação, a manipulação de informação (*fake news*) através de meios de comunicação gratuitos, imediatos e em grande escala baseados na Internet e sem qualquer mediação isenta (por exemplo, através do *Whatsapp* e aplicações similares); o ciberterrorismo, com a possibilidade de ataques anónimos e à distância a instalações e serviços em rede, desativando ou manipulando equipamentos críticos, ou roubando dados e informação vital; e a criação de moedas digitais, que escapam à supervisão e controlo dos Estados e favorecem a realização de transações internacionais ilícitas e difíceis ou mesmo impossíveis de detetar. *[R.R.]*

Intervenção

Intervenção é comumente associada à questão militar, ou seja, quando há o uso da força militar de um país para intervir em assuntos domésticos de um outro. Num nível mais alargado, intervenção refere-se também a atos coercitivos ou impositivos entre Estados que envolvem a esfera económica, política e, até mesmo, cultural. De entre estas, encontramos, por exemplo, as sanções económicas.

Tema de suma importância no que tange às relações entre atores internacionais, a intervenção, ou melhor, o princípio de não-intervenção foi e continua a ser objeto de diferentes convenções internacionais. De acordo com o artigo 2.°, n.° 4 da Carta da ONU, os seus membros devem evitar "a ameaça ou o uso da força contra a integridade territorial ou a dependência política de qualquer Estado". Longínquas, as raízes do princípio de não-intervenção remetem à assinatura dos ↗Tratados de Vestefália (1648), um marco na história das relações internacionais ao legitimar, entre outras, a noção de Estados soberanos.

Apesar de tais determinações, as intervenções nunca deixaram de existir, tornando-se, pelo contrário, quase sistemáticas no período pós-Segunda Guerra Mundial e diretamente ligadas às dinâmicas da Guerra Fria. Historicamente entendidas como ações com vistas à preservação de assimetrias de poder e riqueza, uma nova lógica emerge principalmente com o fim da ↗Guerra Fria e o processo de ↗globalização. Muito simplesmente, a ideia de que a internacionalização das sociedades põe limites à noção de soberania nacional enquanto legitima as chamadas Intervenções Humanitárias. Enquadram-se nessa lógica as operações de paz e de ação humanitária realizadas sob a égide da ONU e outras organizações multilaterais nas últimas décadas. Nota-se, no entanto, a falta de consenso em torno de tais intervenções. Enquanto alguns defendem tais medidas com base nos ↗Direitos Humanos, outros questionam não só a forma, mas também a finalidade dessas medidas, classificando-as como novas expressões de Colonialismo. *[N.B.]*

Intervenção humanitária

Intrusão coerciva nos assuntos internos de um Estado devido a violações dos Direitos Humanos. Envolve ação militar da parte de um Estado ou grupo de Estados, como ou sem o consentimento do Conselho de Segurança da Organização das Nações Unidas, ou ainda por parte de uma organização internacional, com o objetivo específico de prevenir ou pôr termo a violações dos Direitos Humanos em larga escala. Apesar de não existirem regras de procedimento definidas para essas intervenções, as intervenções humanitárias visam, em geral, alcançar um ambiente favorável e seguro para uma ação humanitária eficaz. *[J.C.C.]*

Intervencionismo de Estado

Deve considerar-se o intervencionismo como uma doutrina económica e não como uma doutrina eminentemente política. Quando referido nesta última asserção, ela tem em vista as Relações Internacionais, onde trata das questões relacionadas com a ingerência de Estados na soberania dos outros, relacionando-se com temas como o ↗imperialismo e a guerra ofensiva. Todavia, foi na Economia Política que o conceito ganhou substância e aplicabilidade, desde, pelo menos, os primórdios do século XX, graças às teorias keynesianas, ao *crash* de 1929 da Bolsa de Valores de Nova Iorque e às políticas do *New Deal* postas em marcha por Franklin Delano Roosevelt.

O intervencionismo é, então, uma "terceira via" entre o capitalismo e a economia planificada, que pressupõe a insuficiência do mercado e a necessidade de medidas de intervenção estatais para equilibrar o ciclo económico quando este ameaça entrar em recessão, nomeadamente as que têm por finalidade aumentar o consumo, que tende a estagnar nos períodos mais críticos da economia. Entre essas medidas, John Maynard Keynes (1883-1946), o verdadeiro artífice do intervencionismo económico moderno, propunha o aumento do crédito e da massa monetária em circulação num país, o controlo administrativo dos preços e o investimento público em obras de grande dimensão. O objetivo último dessas políticas consistia não só em suster a crise, mas no pleno emprego dos fatores de produção, entre eles o trabalho como o mais importante de todos, transformando-se, por isso, numa política estrutural e não meramente anticíclica.

A reação contrária ao intervencionismo foi imediata. Em 1929, Ludwig von Mises, um dos economistas mais influentes da Escola Austríaca de Economia, publicaria um estudo com o título *Kritik des Interventionismus* (*O Intervencionismo*, traduzido, em Portugal, pelo Professor Teixeira Ribeiro, para publicação no *Boletim da Faculdade de Direito de Coimbra*, em 1944), considerando essa "terceira via" como inviável num sistema de economia capitalista, porque, segundo ele, entre outras consequências negativas, a intervenção económica é "uma disposição particular ditada de forma autoritária pelo poder social, mediante a qual se obriga os proprietários dos meios de produção e os empresários a empregar esses meios de maneira diferente àquela que fariam". Essas medidas conduziriam à quebra do investimento privado e provocariam fenómenos nocivos para a economia, como a inflação, para além de distorcerem o cálculo económico, fundamental para a análise económica. Outros autores da mesma Escola, como Friedrich A. von Hayek, ou de outras, como Milton Friedman, monetarista da Escola de Chicago, seguiriam o mesmo caminho crítico do pensamento de Keynes.

A verdade, porém, é que nenhum Estado abdica, nos nossos dias, de uma dose maior ou menor de ingerência na economia nacional, sendo que as tendências mais intervencionistas ou liberais têm vindo a alternar-se no tempo, como sucedeu na Europa do pós-Segunda Guerra Mundial, até ao final da década de 1970, que recebeu uma considerável influência do pensamento keynesiano nos países escandinavos e noutros, e, depois disso, nos EUA e no Reino Unido, com os governos de Ronald Reagan e de Margaret Thatcher, mais próximos do liberalismo económico. Contudo, essa ingerência é hoje feita principalmente através de mecanismos tributários de redistribuição de rendimentos e menos pelas políticas públicas clássicas de controlo de preços e de aumento direto da massa monetária em circulação, o que permite manter a ideia de que o intervencionismo é compatível com a economia de mercado. *[R.A.]*

Investimento Direto Estrangeiro (IDE)

Verifica-se quando um agente económico investe em ativos – tais como capital físico, capital financeiro ou tecnologia – num país diferente do seu, com um interesse de longo prazo e a capacidade de influenciar a sua gestão. As principais motivações subjacentes ao IDE incluem a procura de recursos, mercados, eficiência e ativos estratégicos. A procura de recursos visa a obtenção de recursos, como matérias-primas ou mão-de-obra, mais baratos ou indisponíveis no mercado doméstico. A procura de mercados visa abastecer novos mercados, acompanhar a expansão internacional de clientes e fornecedores e ultrapassar barreiras às exportações. A procura de eficiência visa o aproveitamento de economias de escala e de gama, bem como a diversificação do risco.

Finalmente, a procura de ativos estratégicos visa a aquisição de recursos avançados e intangíveis (conhecimento, patentes) que reforcem a competitividade da organização.

A empresa que detém ativos localizados no exterior denomina-se ↗multinacional, caso haja controlo ou influência na gestão desses ativos, normalmente associado à detenção de pelo menos 10% do capital. A sede da empresa é denominada de empresa-mãe (*headquarters*) e as empresas por si controladas no exterior são apelidadas de empresas afiliadas. Entre estas, distinguem-se as empresas subsidiárias – aquelas detidas em mais de 50% pela empresa-mãe ou, em todo o caso, totalmente controladas por esta – das empresas associadas – caso em que a empresa-mãe detém entre 10% e 50% do capital, não tendo maioria para definir a gestão de topo da afiliada.

O IDE compreende várias formas, nomeadamente o investimento em capital de empresas, que inclui a aquisição de empresas, bem como investimentos de raiz (*greenfield*). Neste contexto, é possível optar por uma *sole venture* – se 100% do capital for detido pela empresa-mãe – ou por uma *joint venture* – no caso de o capital da empresa afiliada ser detido por várias empresas-mãe. Além do investimento em capital de empresas, também os lucros não distribuídos e reinvestidos, bem como os empréstimos entre empresas afiliadas e entre estas e a empresa-mãe são incluídos no volume de IDE. A ↗UNCTAD publica anualmente um *World Investment Report* com informação atualizada sobre IDE e empresas multinacionais. *[D.L. / J.C.S.]*

Inviolabilidade diplomática

A inviolabilidade diplomática verifica-se a três níveis: locais de missão, dos arquivos e documentos, e dos agentes diplomáticos. A inviolabilidade dos locais de missão implica que os agentes do Estado acreditador não possam penetrar nos locais de missão sem o consentimento do chefe de missão; que o Estado acreditador tenha a obrigação de tomar as medidas necessárias para proteger os locais contra qualquer intrusão, perturbação ou ofensa; e ainda que os locais da missão e respetivo mobiliário não possam ser objeto de busca, requisição, embargo ou medida de execução. A inviolabilidade dos arquivos e documentos diplomáticos é absoluta, onde quer que estes se encontrem. Finalmente, a inviolabilidade dos agentes diplomáticos implica que estes não podem ser objeto de detenção ou prisão, devendo ainda ser tratados com o devido respeito. Além disso, o Estado acreditador deve tomar as medidas necessárias para impedir qualquer ofensa à sua pessoa, liberdade ou dignidade. A residência dos agentes diplomáticos e os seus documentos e correspondência são também invioláveis, beneficiando de um regime idêntico ao dos locais de missão. *[R.M.]*

Irenologia

A Irenologia é uma ciência social que tem por objeto o estudo da paz (Sociologia da Paz). Apesar da paternidade da designação ser atribuída ao general Werner, na realidade foi uma invenção do jornalista belga Paul M. G. Lévy. A Irenologia, também conhecida por outros nomes (*Peace research*, *Friedenforschung*), parte de um postulado ético ("evitar a guerra e construir a paz"), podendo transformar-se num ativismo pela paz, pondo em causa a objetividade científica, aproximando-se do *engagement*. Desde muito cedo, a perspetiva irenológica se opôs à da ↗Polemologia fundada por Gaston Bouthoul. Um dos primeiros institutos de Irenologia, o *International Peace Research Institute*, foi fundado em Estocolmo, financiado pelo governo e sob impulso intelectual de Johan Galtung. A este se deve precisamente um dos postulados essenciais desta Sociologia especial: a distinção entre a violência direta ou efetiva e a denominada violência "estrutural", ou seja, a que é promovida indiretamente por uma ordem social injusta. Na atualidade, os numerosos institutos de Irenologia que existem no mundo integram a *International Peace Research Association* (IPRA), fundada em 1964. A Irenologia, apoiada por instituições internacionais como a ↗UNESCO, tem permitido novos campos de estudo: investigação para a paz, educação para a paz, estudos sobre cultura de paz, *peacemaking*, etc. *[J.M.]*

Islamismo

No âmbito da Ciência Política e Relações Internacionais, o conceito de islamismo não coincide com o conceito de ↗Islão. O islamismo pretende identificar aqueles que, embora em termos religiosos ou seculares sejam muçulmanos, fazem uma leitura e interpretação do Islão particularmente seletiva, politizada e radicalizada. Assim, o sentido do termo é aproximadamente o mesmo de outras designações por vezes também usadas para designar o mesmo fenómeno sociológico-político, com mais ou menos rigor, tais como Islão político, ↗fundamentalismo ou integrismo islâmico. O islamismo é, pela sua própria visão do mundo, uma ideologia totalizante, radicalmente antissecular e oposta aos valores ocidentais, os quais vê como corruptos. Os seus adeptos são designados por islamistas, ainda que estes, normalmente, rejeitem tal qualificação. Usualmente qualificam-se, a si próprios, como verdadeiros muçulmanos. Os islamistas opõem-se, naturalmente também, aos muçulmanos que pretendem fazer uma exegese compatibilizadora do Alcorão com a modernidade secular. Num ambiente de Islão sunita, uma influência precursora do atual islamismo foi a Irmandade Muçulmana, fundada no Egito, nos anos 1920. Hoje a Irmandade tem ramificações na generalidade do Médio--Oriente, na Europa e Ocidente. Uma outra influência precursora foi o Hizb ut-Tahir, fundado nos anos 1950, o qual se propõe restaurar o califado, abolido em 1923 por Mustafá Kemal Atatürk. É influente no Médio-Oriente, no Sudeste da Ásia e também na Europa, particularmente no Reino Unido.

Num ambiente de Islão xiita, o qual tem várias especificidades e muitas rivalidades com o Islão sunita, o *Ayatollah* Ruhollah Musavi Khomeini, do Irão, com a teoria do *wilayat al-faqih*, constitui a sua maior influência. Sustenta a supremacia governativa dos clérigos muçulmanos xiitas, uma vez que estes dispõem de "conhecimento sagrado para adivinhar o significado oculto do Alcorão". O Estado islâmico sob a supervisão do *wali al-faqih*, o "guia supremo", é o seu modelo ideal. Em qualquer das suas versões, sunita ou xiita, trata-se de construir uma ideologia totalizante, radicalmente antissecular e oposta aos valores ocidentais vistos como corruptos, como já foi notado.

De maneira simplificada, podem-se sintetizar as principais características do islamismo como ideologia política da forma que a seguir se apresenta. Uma primeira característica é a recusa de separação entre o político e o religioso, vistos como um todo holístico e perfeito superior à "hedionda esquizofrenia" das sociedades cristãs e do secularismo a que estas deram origem, sendo a própria ideia de secularismo contra a natureza do Islão. A segunda é que os atores não são necessariamente os partidos políticos, tal como os conhecemos habitualmente, mas grupos e movimentos, formais ou informais, aparentemente apenas com missões religiosas e/ou sociais, mas que, na prática, prosseguem objetivos políticos (por exemplo, o *Hamas* na Palestina, o *Hezbollah* no Líbano, o *Jamaat-i-Islami* no Paquistão, etc.). A terceira é a forma *sui generis* de fazer política, em rota de colisão com a ideia de política do mundo ocidental, a qual pode ser designada como teopolítica, devido à intrincada e deliberada mistura entre o religioso e o político que lhe está subjacente. A quarta é que o horizonte ideal é o Estado islâmico regido pela ↗Xariá (*Sharia*), o que, na linguagem política ocidental, corresponde à ideia de teocracia e a uma espécie de "fascismo arcaico", na qualificação de Maxime Rodinson. Uma quinta característica é o uso e apropriação dos textos religiosos do Islão — desde logo o Alcorão — como manifesto político. Um exemplo desta apropriação encontra-se na Carta do movimento palestiniano *Hamas* (1988), uma ramificação da Irmandade Muçulmana na Palestina, onde se estabelece que "Alá é o objetivo, o Profeta o seu modelo e o Alcorão a sua Constituição".

O apoio frequente de avultados meios financeiros, com origem, normalmente, em países do Médio-Oriente ou do Sudeste Asiático (ou em circuitos informais ligados à recolha do *zakat*, o imposto de caridade islâmico), tem ajudado à expansão do islamismo e a uma crescente islamização do social e do político, dentro e fora dos países árabes e islâmicos. Nas sociedades europeias e ocidentais, sobretudo nas mais imbuídas por políticas multiculturais, o terreno tem-se mostrado particularmente favorável à sua expansão. Frequentemente, os islamistas controlam a representação da "comunidade muçulmana" junto das autoridades estaduais, que se mostram incapazes de lhe barrar a influência. Afastam, assim, do espaço comunitário os muçulmanos modernizadores e secularistas, os quais seriam os que melhor poderiam contribuir para uma integração em respeito dos valores europeus e ocidentais. *[J.P.T.F.]*

Islão

A palavra Islão, que significa etimologicamente "submissão a Deus", tem essencialmente dois grandes sentidos: a) uma cultura ou civilização muçulmana, abrangendo um conjunto de países alargado, fundamentalmente localizado no Médio-Oriente, África e Ásia, os quais tipicamente são membros da ↗Organização da Conferência Islâmica (OIC); b) a religião dos muçulmanos pregada por Maomé na Península Arábica do século VII d.C. e cujos preceitos estão contidos no Alcorão, visto pelos muçulmanos como a palavra incriada de Deus. Assenta em cinco deveres ou pilares da fé: a profissão de fé; a oração cinco vezes ao dia; o jejum durante o Ramadão; a esmola (*zakat*); e a peregrinação a Meca, uma vez na vida.

Se o Alcorão é bem conhecido na Europa e Ocidente como o livro sagrado dos muçulmanos, já os *ahadith* (plural de *hadith*) — que ocupam um lugar importante no Islão, sendo constituídos pelas ações e palavras atribuídas a Maomé e aos seus companheiros (a *sunnah*) — são mal conhecidos do público europeu e ocidental. Existem seis compilações ou coleções próprias do Islão sunita e há outras próprias do Islão xiita. Estes últimos, os xiitas, adicionam às ações e ditos de Maomé as tradições reportadas pelos doze *imans* (ou *imames*) que sucederam a Ali. Isto no xiismo duodecimal ou duodecimano, que é o seu o ramo maioritário. Já no Islão sunita os ritos e a interpretação do Alcorão e dos *ahadith* são tradicionalmente feitos através de quatro escolas jurídicas ortodoxas (*madhaib*) no Islão sunita: a hanafita, a xafeita, a hambalita e a malaquita. No Islão xiita a principal escola jurídica é a jafarita.

Para além dos ramos sunita e xiita, existem, ainda, inúmeros grupos heterodoxos considerados pelo Islão sunita dominante (85% a 90% do total dos muçulmanos), como "seitas heréticas" (druzos do Líbano, alevis da Turquia, alauitas da Síria, ahmadi no Paquistão, etc.). *[J.P.T.F.]*

Isolacionismo

Princípio de política externa de um Estado que evita o estabelecimento de alianças permanentes ou a tomada de posição sobre determinadas matérias. Este princípio, que influenciou durante muito tempo, embora com intensidade diversa, a política americana, foi abandonado definitivamente pelos EUA a partir da Segunda Guerra Mundial e dos inícios da ↗Guerra Fria, encontrando-se, no tempo presente, completamente abandonado pela potência mais poderosa do ↗sistema internacional. Todavia, a política externa dos países oscila em função das lideranças e das circunstâncias. Por exemplo, durante a presidência Trump (2016-2020), houve um recrudescimento do isolacionismo estadunidense, que se traduziu no desinvestimento nas relações transatlânticas e especificamente na ↗OTAN, que foi quebrado com a eleição do presidente Biden (2021).

O historiador político francês Maurice Vaisse, especialista em história da defesa, sustentou esta ideia relativamente aos Estados Unidos num artigo que publicou em 2000 na revista *Politique étrangère* (65-3-4), intitulado "1945, le tournant du XXe siècle?", em que evidencia as razões para o isolacionismo e para o seu fim. Em 2013, o mesmo autor publicou na *Revue internationale et stratégique* (91-3) o artigo "Le tournant de 1973", no qual se refere à mudança da política externa francesa, no sentido de uma maior intervenção nas relações externas, na sequência do diagnóstico do então presidente francês, Georges Pompidou, de que se vivia numa época de incerteza, que forçava à cooperação. Serve isto para dizer que dificilmente um país pode ser isolacionista, se quer desempenhar um papel de relevo na arena internacional, sobretudo se for uma grande potência. Esta ideia é tanto mais verdadeira quanto o processo de globalização avança e se complexifica. *[J.R.C.]*

Ius belli

Direito de fazer a guerra, ou, em termos gerais, de usar a força. A proibição do uso da força nas relações internacionais, introduzida pela Carta das Nações Unidas, parecia pôr fim a esta prerrogativa estatal (já que integra o elenco tradicional das manifestações internacionais da soberania); no entanto, importa ter presente que essa proibição não é absoluta, sendo a própria Carta a admitir exceções. Mais importante parece ainda o facto de os Estados permanecerem os únicos detentores legítimos de armamento militar, pelo que esta matéria permanece uma das características fundamentais da estadualidade (tenha-se presente que não apenas o direito de reclamação internacional ou o ↗*ius tractuum*, mas também o ↗*ius legationis*, são atualmente reconhecidos a outros sujeitos de Direito Internacional). *[R.M.]*

Ius cogens

Regras ou princípios de Direito Internacional cuja importância universalmente reconhecida faz com que se imponham a todos os Estados e os impede de os excecionarem ou alterarem (exceto através de regra com valor equivalente). Inclui a proibição do ↗genocídio, da ↗pirataria, etc.

A figura é recente no Direito Internacional. Scelle procurou determiná-lo materialmente (em termos segundo os quais o *ius cogens* consistiria nas regras de âmbitos especiais como o direito à vida, à liberdade de circulação, às garantias de liberdade coletiva, etc.), mas essa tarefa mostrou-se impossível ou pelo menos impraticável. Foi o artigo 53.º da Convenção de Viena de 1969 que definitiva, mas não pacificamente, introduziu a definição que hoje em dia está generalizada: o *ius cogens* (ou normas de direito imperativo) será então o conjunto de normas aceites e reconhecidas pela comunidade internacional como normas às quais nenhuma derrogação é permitida e que só podem ser modificadas por uma nova norma de Direito Internacional geral com a mesma natureza. Trata-se, no essencial, de normas cuja primazia se justifica pelo facto de protegerem interesses da comunidade internacional no seu conjunto e já não apenas interesses das partes e que por isso impõem obrigações *erga omnes*.

Subsiste, todavia, a questão da sua determinação, ou seja, saber como é que esse reconhecimento se processa. A solução – indireta – surge também na Convenção de Viena quando, em situações de conflito, se possibilita aos Estados o recurso unilateral ao Tribunal Internacional de Justiça, a fim de que este confirme a natureza imperativa da norma. Esta instância jurisdicional assume, portanto, um papel central na determinação da matéria, tendo confirmado já a natureza imperativa da proibição dos atos de agressão, do genocídio ou dos atentados aos direitos fundamentais, da inviolabilidade diplomática, do direito de autodeterminação dos povos, dos direitos da pessoa, dos povos e das minorias, etc.

A matéria está atualmente a ser analisada pela Comissão de Direito Internacional, tendo em vista a elaboração de um conjunto compreensivo de conclusões. *[R.M.]*

Ius legationis

O direito de legação corresponde à suscetibilidade de receber e enviar missões diplomáticas. Tradicionalmente exclusiva dos Estados soberanos, esta prerrogativa conhece hoje em dia variantes muito próximas em relação a todos os sujeitos de Direito Internacional. Assim, desenvolveu-se fundamentalmente a partir da segunda metade do século XX um regime relativo à representação nas e das organizações internacionais (no qual se procura articular os interesses e necessidade da própria organização internacional, dos Estados nela representados e do Estado anfitrião), e, em simultâneo, a crescente importância dos movimentos de libertação nacional e dos beligerantes fez surgir práticas de legação (normalmente designadas por escritórios de representação) que partem da prática diplomática para fixarem regimes bilaterais mais simplificados mas que claramente integram o *ius legationis*. *[R.M.]*

Ius tractuum

O direito de celebrar convenções internacionais era uma competência tradicionalmente exclusiva dos Estados soberanos, mas ao presente vê-se alargada a todos os sujeitos de Direito Internacional, sendo que apenas o Estado soberano mantém a capacidade plena (não conhecendo por isso limitações), ao passo que os restantes sujeitos veem limitada a sua capacidade convencional ao seu estrito âmbito de atividade. *[R.M.]*

Jacobinismo

O termo tem origem na Revolução Francesa, e mais especificamente no nome de uma sociedade política designada como *Club des Amis de la Constitution*, criada em outubro 1789, que se reunia no refeitório do convento dominicano localizado em Paris, rua Saint Jacques (daí o seu nome de jacobino, Jacques sendo traduzido como *jacobus*, em latim). Esta sociedade política cindiu-se em dois, após junho de 1791 (no momento da tentativa falhada de fuga do Rei Louis XVI), e criou-se (a par com o *Club des Feuillants*) o *Club des Jacobins*. Depois da execução de Louis XVI, os jacobinos tornaram-se o principal instrumento da *Terreur*, uma política de depuração política levada a cabo pelo *Comité de Salut Public* liderado por Marat, Danton e Robespierre. Muito bem organizados, intransigentes e igualitaristas, os jacobinos e o jacobinismo tornaram-se o sinónimo da afirmação de um Estado forte, estrito e centralizador, negando as diferenças regionais ou os particularismos federais. O Clube dos Jacobinos seria fechado em novembro de 1894. *[J.C.C.]*

Jihad

É um conceito polissémico e complexo no contexto do Islão. De uma forma simplificada, podem-lhe ser apontados dois grandes significados: a luta interior do ser humano à procura de pureza espiritual (também designada por grande *jihad*), o qual parece ser um significado relativamente recente e usado, predominantemente, em contextos não muçulmanos; e a luta contra os inimigos físicos do Islão (a pequena *jihad*), que apresenta as características de uma "guerra santa", algo que, como explica Rudolph Peters, está teorizado desde os primórdios do Islão nos tratados dos juristas islâmicos clássicos. Em certas circunstâncias, como, por exemplo a defesa da *dar-al-Islam* (terra do Islão) ou a instauração do Estado islâmico, a *jihad* é obrigatória para toda a *umma*, a comunidade dos crentes muçulmanos. É também neste segundo sentido, jurídico e bélico, que a *jihad* é invocada pelos muitos grupos, da Palestina a Caxemira, de Marrocos à Indonésia, passando pelo Egito e Chechénia, na sua luta por meios armados e não armados, contra os que consideram inimigos do Islão. É, por isso, este segundo sentido o mais relevante no âmbito dos estudos políticos e de relações internacionais. *[J.P.T.F.]*

Jihadismo

Termo criado a partir da palavra *jihad*, o qual terá surgido, pela primeira vez, na imprensa do subcontinente indiano. Designava a ação de certos grupos combatentes em Caxemira, com ações de guerrilha e atos terroristas, reclamando o território à Índia em nome do Islão. Estes grupos e combatentes foram designados por jihadistas. Após os atentados terroristas de 11 de setembro de 2001 nos EUA, o termo *jihadismo* generalizou-se. Hoje tende a designar o extremo violento do islamismo que recorre à ação armada e ao terror, contra não muçulmanos e muçulmanos, para atingir os seus objetivos político-religiosos em qualquer parte do mundo. Os seus objetivos são essencialmente dois: a instituição do Estado islâmico regido pela ↗Xariá (*Sharia*) dentro das fronteiras dos atuais Estados muçulmanos, reconhecidas pelo atual Direito

Internacional, que os jihadistas consideram muçulmanos só de nome; ou, numa reivindicação ainda mais extremada, a abolição das fronteiras da *umma* (a comunidade dos crentes) e a sua substituição por um califado islâmico (a qual inclui a recuperação de territórios que, num dado momento histórico, pertenceram ou foram governados pelo Islão, como a Chechénia, Caxemira, a Bósnia, a Palestina e o Al-Andalus, ou seja, a Península Ibérica muçulmana medieval). Abrange uma nebulosa de grupos a nível mundial mais ou menos inspirados (ou ligados) ao modelo e ações violentas da Al-Qaeda e do Daesh. *[J.P.T.F.]*

Jurisprudência

Doutrina dos tribunais estabelecida nas suas decisões, a qual é reconhecida como fonte de Direito Internacional, muito embora com uma função auxiliar. A influência do positivismo jurídico tem conseguido impor uma fragilização da jurisprudência no plano das fontes (abandonando-se assim o seu acolhimento neste elenco, no plano interno), mas a realidade nem sempre acompanhou esta tendência. Não deve, por isso, ceder-se à tentação da desvalorização da jurisprudência, já que, conforme refere Rosalynn Higgins, o Direito Internacional é aquilo que o Tribunal Internacional de Justiça provavelmente reconheça como tal. Por outro lado, são os próprios Estados – principais atores internacionais – quem acaba por reconhecer essa prerrogativa ao conferir à jurisprudência a função de determinação do *ius cogens*, ao atribuir-lhe amplas margens de intervenção, etc.

A principal jurisprudência internacional é naturalmente a do Tribunal Internacional de Justiça (resultante não apenas das suas sentenças ou acórdãos, mas também dos pareceres). Não obstante, é igualmente relevante a de um número crescente de tribunais internacionais em domínios especializados (Direitos Humanos, Direito do Mar, etc.) e dos tribunais arbitrais, cuja contribuição é assinalável na determinação de regras não escritas e princípios gerais. Cabe ainda, nesta fonte, a jurisprudência de tribunais nacionais em matérias internacionais, muito embora o seu papel seja naturalmente marginal, realçando-se os efeitos probatórios para demonstração de práticas em matéria convencional e de princípios gerais de direito, mas não se devendo esquecer impulsos por vezes relevantes destas instâncias, por exemplo em matéria de proteção de Direitos Humanos, como foi o caso relativamente recente dos pedidos de extradição do general Pinochet. *[R.M.]*

Jusnaturalismo

Corrente filosófica tradicional relativa à conceção do Direito, que reúne contributos desde Aristóteles até à atualidade, conhecendo importantes figuras como São Tomás de Aquino, Francisco de Vitória e Francisco Suárez, ou, mais recentemente, Le Fur, e que faz radicar o Direito na própria natureza humana. Assim, se todo o homem tem uma noção de justiça (e da necessidade de realização da justiça, por oposição ao mero domínio da força), também dispõe da razão que lhe permite descortinar a ordem natural (segundo a tradição aristotélica, tratar-se-á de cumprir a essência das coisas, o que equivalerá à realização da sua função), ou seja, o conjunto de princípios e regras segundo os quais essa justiça pode ser atingida. Trata-se de uma posição filosófica cuja principal riqueza decorrerá da capacidade de manter um acento importante no conteúdo material (e ontológico) das normas, limitando assim a margem de arbítrio do poder político, mesmo quando expresso por via legislativa. Não deixa, no entanto, de merecer uma crítica importante, dirigida aos contornos necessariamente vagos (por se tratar sempre de conteúdos) a que o direito natural se refere, o que abre caminho a doses importantes de subjetivismo na respetiva interpretação. *[R.M.]*

Justiça

Termo polissémico, a justiça remete a uma virtude, a um ideal, a um princípio, e – usado com maiúscula (a Justiça) – a uma instituição. Enquanto virtude, o termo reenvia a retitude das intenções e das ações humanas, em todos domínios (inclusive na ação política), e em geral ao respeito escrupuloso pelos deveres morais para com os outros indivíduos. Como ideal, a justiça promove a mesma virtude no âmbito das instituições sociais, do Estado e das normas políticas, económicas e sociais. Como princípio, a justiça significa o facto de respeitar escrupulosamente a lei, quer na sua letra, quer no seu espírito, indo para além da sua aplicação meramente formal, de forma a abarcar a equidade e a razoabilidade (em especial nas decisões políticas ou jurídicas). Por fim, a Justiça refere-se a uma das funções soberanas do Estado, encarnada nas instituições judiciais (por exemplo, a Justiça penal ou a Justiça cível) e ao exercício do poder que as mesmas instituições detêm, como vetor de interpretação das normas jurídicas e meio essencial de aplicação da lei através da resolução dos litígios. *[J.C.C.]*

Justiça penal internacional

No século XX, surgiram tribunais internacionais específicos com o objetivo de julgar e condenar os indivíduos responsáveis por violações graves do Direito Internacional. Neste âmbito, importa referir a criação dos Tribunais de Nuremberga e de Tóquio, em 1945 e 1946, para o julgamento dos crimes de guerra e dos crimes contra a humanidade; os Tribunais Internacionais para a ex-Jugoslávia (1993) e para o Ruanda (1994), por iniciativa do Conselho de Segurança da Organização das Nações Unidas; o Tribunal Especial para a Serra Leoa (2002), com características próprias, fundamentadas numa resolução do Conselho de Segurança das Nações Unidas. Por fim, em 1998, foi criado o ↗Tribunal Penal Internacional, com base numa convenção internacional assinada em Roma, que torna o mesmo uma jurisdição internacional permanente e de cariz universal, que colabora estreitamente com a Organização das Nações Unidas, embora não seja um novo órgão da mesma organização.

Associado à criação de uma justiça penal internacional, é discutido se o princípio da aplicação da justiça universal põe em causa a soberania do Estado, dando assim lugar a duas correntes opostas, o poder por um lado, e a consciência social pelo outro. *[J.C.C.]*

Laicidade

A laicidade tem como característica principal a não associação do Estado a nenhuma religião existente, não existindo uma religião de Estado, o que não configura impedimento à liberdade religiosa, havendo sim uma clara separação entre o poder temporal e o poder espiritual. Tal como revela M. F. Falcão na *Enciclopédia Católica Popular* (2004), é uma "expressão entrada na linguagem da Igreja para significar o caráter temporal e autónomo do Estado relativamente às religiões ou forças religiosas (Conc. Vat.II, GS 74; 76)". *[F.Ca.]*

Legislatura

A legislatura corresponde ao mandato temporal dos deputados eleitos para o Parlamento. Define assim o período que vai desde a sua tomada de posse até ao fim das suas funções. Em Portugal, e de acordo com o que se encontra estatuído no artigo 171.º da atual Constituição portuguesa, a legislatura tem a duração de quatro anos e está repartida por igual número de ↗sessões legislativas. No entanto, no caso português, na eventualidade da dissolução da Assembleia da República, a nova legislatura será acrescida do tempo que seja necessário para completar a sessão legislativa que estava em curso até à data da eleição. *[M.M.]*

Legítima defesa (dos Estados)

O termo indica o direito que assiste aos atores nas relações internacionais, em particular os Estados, de tomarem as medidas necessárias para se protegerem contra ataques concretos ou ameaças sérias à sua integridade ou aos seus interesses perpetrados por terceiros. É um conceito aplicado nas relações internacionais, que beneficia da reflexão produzida em particular no direito civil e no direito criminal, como causa justificativa da reação pela força ao uso indevido da força.

Os primeiros afloramentos do instituto da legítima defesa ocorreram na Antiguidade Clássica, com aplicação, desde então, tanto às relações entre privados como às relações políticas. O tópico mereceu particular atenção aos cultores do ↗Direito Internacional Público, sobretudo a partir da modernidade, no âmbito do debate permanente sobre os pressupostos e as condições para a segurança internacional dos Estados, em que se admite o uso da força apenas em circunstâncias limitadas, designadamente em legítima defesa. Por outro lado, há sempre o direito de legítima defesa quando a segurança do Estado é posta em causa de forma ilegítima segundo o Direito Internacional Público, por não estarem preenchidos os requisitos para o uso da força. Tendo em conta, porém, que a ordem jurídica internacional não goza de coercibilidade nos mesmos termos das ordens jurídicas nacionais, em particular dos Estados historicamente consolidados, que dispõem de forças de segurança organizadas e apetrechadas, e porque há situações do uso da força à margem da autorização das Nações Unidas, o direito de legítima defesa tende a ser livremente definido pelos Estados, sempre que sofram um ataque ou, na sua perspetiva, os seus interesses vitais estejam a ser postos em causa.

Como se referiu, o Direito Internacional proíbe o uso da força, salvo em condições excecionais, previstas no artigo 51.º da Carta das Nações Unidas, que autoriza o uso da força sempre que o Estado sofra um ataque armado. Só nesse contexto a chamada legítima defesa preemptiva pode ter lugar, embora, na prática, ela seja alegada noutras situações que, ainda que violem a ordem jurídica internacional, normalmente não são sancionadas pelas Nações Unidas, por falta de capacidade política e militar. *[J.R.C.]*

Lei

A palavra "lei", não obstante poder ser usada em diversos sentidos, refletindo por isso mesmo conceções e princípios que não se confundem, expressa, como bem salientou Mário Bigotte Chorão, "um dever ser ou um ter de ser". E, neste contexto, a lei, assumindo um sentido amplo, tal como é apresentado pelo mesmo autor, traduz "a prescrição que impõe ao homem a necessidade de agir de certa maneira para a consecução de determinados fins". Ainda neste sentido, e seguindo os ensinamentos de São Tomás de Aquino, a lei "ordena-se sempre ao bem comum", na exata medida de que, apesar das ações serem praticadas a título particular, não podem deixar de ter em linha de conta esse mesmo bem comum. Quer isto dizer que a lei provinda da vontade do legislador não pode ignorar o seu fundamento de legitimidade, não lhe bastando por isso basear-se na vontade legalista do legislador.

Noutro contexto, situando-nos apenas na perspetiva do direito, a lei, como refere A. Santos Justo, pode ser entendida "como uma declaração solene com valor normativo, ditada pela autoridade que detém a *potestas normandi* [poder de criação de normas] do Estado com a observância da forma estabelecida". Ainda neste contexto, recordando o que ensinava Castro Mendes, a palavra "lei" tanto pode significar "o mesmo que direito, ou que norma", a "norma jurídica criada por decisão e imposição de uma autoridade com poder para tal", ou pode simplesmente querer "designar os diplomas emanados da Assembleia da República e só esses, por oposição aos decretos-leis do Governo". *[M.M.]*

Lei de ferro da oligarquia

A "lei de ferro da oligarquia" foi concebida por Robert Michels (1876-1936) para descrever o que considerava ser a tendência de as estruturas político-partidárias serem dominadas por uma minoria que sobrepõe os seus próprios objetivos e interesses aos da maioria dos membros dessas organizações. Inspirando-se em Gaetano Mosca (1858-1941), um dos primeiros proponentes da teoria das elites, o autor germano-italiano orientou o seu foco analítico para a distribuição do poder. Após observar o funcionamento de sindicatos e partidos políticos europeus, nomeadamente o Partido Social Democrata alemão do qual fez parte, Robert Michels chegou à conclusão que era visível a ineficácia da "soberania das massas", alegando a impossibilidade de uma assembleia numerosa deliberar e tomar decisões. Essa vulnerabilidade técnica era germinadora de uma assimetria na distribuição e exercício do poder, ao promover a constituição de uma minoria dominadora da maioria. Aparte alguma trivialidade dessa constatação, o autor sugere a ausência de democracia mesmo nas estruturas formalmente democráticas. Na sua obra publicada em 1911, *La Sociologia del Partito Politico*, Robert Michels declarou que "quem diz organizações, diz oligarquia" e afirmou o seu descrédito na ideia de igualdade nas complexas organizações com prolíficas funções e órgãos distintos, que exigiam dedicação, compromisso e especialização técnica apenas ao alcance de alguns. A férrea oligarquização nas estruturas organizativas e a perpetuação das suas lideranças seriam asseguradas por um processo de cooptação dos dirigentes.

As dificuldades na aplicação empírica desta proposta teórica de Michels constituem a sua principal fonte de críticas. *[M.L.R.]*

Liberalismo (História)

Termo formado a partir do latim *liber* (livre), deu nome à filosofia política e social assente no princípio da liberdade inerente às doutrinas contratualistas de conceção do Estado que evidenciam o consentimento dos governados e a igualdade perante a lei, além da proteção de direitos civis e humanos dos cidadãos. O filósofo inglês John Locke é apontado como o fundador do liberalismo (*The Second Treatise of Government*, 1690), baseado no contrato social que reconhecia ao Homem o direito natural à vida, liberdade e propriedade, os quais, quando violados, lhe conferiam o direito à rebelião. A difusão do liberalismo clássico situa-se no movimento das Luzes, que questionou as monarquias absolutas e o direito divino dos reis, contrapondo-lhe a necessidade de separação dos poderes, de submissão do desempenho governativo a uma lei fundamental da Nação, visando o estabelecimento de um sistema representativo, isto é, parlamentar, e de um Estado de direito.

Estas ideias estiveram na origem da Revolução Gloriosa (Grã-Bretanha, 1688), da Revolução Americana (1776) e da Revolução Francesa (1789), que suscitaram uma cadeia de revoluções liberais na primeira metade de Oitocentos, na Europa e na América, impulsionando neste continente a emancipação colonial e a formação de novos Estados. Em Portugal, a Revolução de 1820 inaugurou a ordem liberal, todavia apenas triunfante em 1834, após a guerra civil entre absolutistas e liberais. Indissociável do constitucionalismo, do individualismo e da ascensão da burguesia, o liberalismo tornou-se um largo caudal doutrinário, embora contrariado por frequentes reações e assumindo um vasto leque de configurações entre o conservadorismo e o progressismo, muitas vezes em disputa. Constituiu a base da teoria e prática da democracia, ameaçada no período de entre guerras pelas ideologias totalitárias, e a sua crise manifestou, posteriormente, reelaborações nos domínios político e económico. *[C.M.P.]*

Liberalismo (teorias liberais em Relações Internacionais)

O Liberalismo tem origem na teoria política idealista-liberal e esteve ligado a várias ilhas teóricas das Relações Internacionais que em determinados momentos se afirmaram contra a teoria dominante do Realismo, a começar pelo ↗Idealismo Internacionalista Liberal entre guerras. Mesmo o ↗Institucionalismo é usualmente considerado como fazendo parte do Liberalismo. Na verdade, o Institucionalismo teve uma importante fase neoliberal antes de se declarar especificamente como Teoria Institucionalista. Isto significa que o Liberalismo sempre teve dois pilares básicos, um mais normativo, outro mais empírico. O primeiro diz respeito à teoria política iluminista de raiz kantiana e a uma visão do mundo progressista e otimista da natureza humana. O segundo diz respeito à sua ligação e influência a várias teorias parciais que, tanto na análise da política externa (APE), como na política comparada, como nos estudos sobre a integração funcional dos Estados e sobre as comunidades de segurança, sempre tiveram um enfoque explicativo crítico e alternativo ao Realismo.

A principal preposição teórica do Liberalismo, que percorre todas as suas variantes, é que as características nacionais individuais dos Estados importam e são decisivas para explicar os motivos e razões dos fenómenos internacionais. Esta ênfase explicativa nas características domésticas dos Estados contrasta com as visões realista e institucionalista que, basicamente, defendem que todos os Estados, independentemente das suas características nacionais particulares, têm, na sua essência, os mesmos objetivos e comportamentos nas relações internacionais. Ou seja, todos os atores são jogadores com interesses nacionais de busca da sobrevivência e de acumulação de poder e riqueza, numa lógica universal de *billiard-ball model*.

Claro que a visão liberal sobre a importância das características internas – ideacionais, societárias e institucionais – não significa que os defensores do Liberalismo pura e simplesmente rejeitem que os Estados buscam a sobrevivência, o poder e a riqueza. O que o Liberalismo enfatiza é que a cultura política e institucional interna dos Estados influencia decisivamente as suas preferências e interesses. Neste quadro, o Liberalismo especializou-se em analisar as variantes e invariantes do comportamento dos Estados relativamente ao tipo de regime adotado, nomeadamente ao estudo das preferências e do comportamento de um tipo particular de Estado: o Estado demoliberal.

Um dos mais importantes desenvolvimentos teóricos do Liberalismo diz respeito ao fenómeno designado por paz democrática. Originalmente inspirada na paz perpétua de Kant, a paz democrática significa a ausência de guerra entre Estados democráticos, no sentido demoliberal consolidado. Vários estudos quantitativos e qualitativos descreveram este fenómeno.

Após o fim da ↗Guerra Fria, com a crise relativa dos paradigmas teóricos dominantes (↗Neorrealismo, ↗Neoliberalismo Institucional), o Liberalismo saiu reforçado e houve um esforço de refundar a teoria. O principal autor da tentativa de redesenhar uma grande teoria liberal nas Relações Internacionais foi Andrew Moravcsik (2003; 2008). Este professor de Princeton, ex-aluno de Kheone, assume, sinteticamente, que os três principais pressupostos teóricos da Teoria Liberal das Relações Internacionais são os seguintes:

1. *A primazia dos atores societários*. Os atores fundamentais nas relações internacionais são os indivíduos e os grupos privados que vivem e decidem embebidos em sociedades nacionais e que se movem transnacionalmente.

2. *As preferências e a representação dos Estados*. Os Estados – e outras instituições políticas – representam determinados segmentos das sociedades domésticas à volta dos quais se formam interesses. É com base nestes interesses que os decisores e funcionários governamentais vão definir as preferências e opções das políticas públicas dos Estados.

3. *O sistema internacional é caracterizado pela interdependência*. É fundamental perceber a influência dos constrangimentos e configurações dos processos de interdependência internacional na formatação das preferências nacionais e na determinação do comportamento dos Estados e de outros atores não estatais nas relações internacionais.

Numa tentativa de integrar as várias tradições e correntes do Liberalismo, Moravcsik defende que existem três variantes da Teoria Liberal: o *Liberalismo Ideacional*, que estuda o papel das ideias, das identidades e da legitimidade nas ordens sociais; o *Liberalismo Comercial*, que estuda o papel dos bens e das transações económicas transnacionais; e o *Liberalismo Republicano*, que estuda a representação e a definição das políticas públicas, nomeadamente o tipo e natureza da representação política dos Estados e a sua relação com a definição das preferências e interesses que capturam ou dominam as políticas públicas.

O Liberalismo também é uma teoria sistémica que se preocupa em explicar os fatores estruturais da ordem internacional. Neste quadro, sobretudo Ikenberry (2001; 2011) tem produzido interessantes interpretações sobre a ordem internacional pós-Guerra Fria, designadamente sobre o papel dos EUA na construção de uma ordem internacional liberal. Mais uma vez, é visível a dialética entre teoria e história na obra de Ikenberry.

A influência do contexto histórico pós-bipolar e a natureza da liderança dos EUA são óbvias nos argumentos de Ikenberry. A sua análise pode ser lida como uma resposta aos perigos da erosão da ordem liberal provocados pela política externa da presidência George W. Bush, embora se possa aplicar, ainda que por razões diferentes, à presidência Trump. O seu argumento principal é que o multilateralismo e as normas internacionais são essenciais e as únicas vias para os EUA defenderem os seus interesses. No longo prazo, o interesse nacional norte-americano é sinónimo de uma ordem internacional liberal e pacífica. Independentemente do tipo de potencial hegemónico que os EUA detenham, unipolar ou multipolar, a sua maior preocupação deve ser a de consolidar uma ordem liberal e institucionalista, isto é, normativamente internacionalista e multilateral. Mesmo na possibilidade de os EUA perderem o monopólio da hegemonia, será esta ordem normativa – liberal, internacionalista e multilateral – que melhor protegerá os seus interesses contra a imposição de regras unilaterais que não tenham em conta princípios normativos liberais, mas apenas interesses de poder económico ou demográfico (Mendes, 2019b). *[P.E.M.]*

Liberdade

A liberdade é o valor supremo da condição humana. Ser livre é poder realizar por vontade própria em sociedade e sentir-se realizado(a). Esta noção de liberdade só é possível em regimes democráticos. Só assim se pode realizar em pleno a cidadania. Ao longo da história, em particular, a partir do século XVIII, vários documentos foram produzidos sobre a necessidade de pôr em prática e respeitar este valor basilar da condição humana. Destaca-se a Declaração dos Direitos do Homem e do Cidadão (1789) e a Declaração Universal dos Direitos do Homem (1948). Quanto ao primeiro documento, refira-se o artigo 1.º, que diz que "os homens nascem e são livres e iguais em direitos. As distinções sociais só podem fundar-se na utilidade comum"; enquanto no segundo documento, atente-se igualmente o seu artigo 1.º, segundo o qual "todos os seres humanos nascem livres e iguais em dignidade e em direitos. Dotados de razão e de consciência, devem agir uns para com os outros em espírito de fraternidade". A aspiração de uma Humanidade livre tem sido o sonho de gerações e gerações, custando a vida a muitas pessoas. Sem liberdade, o conceito de Humanidade fica adulterado. *[F.Ca.]*

Liberdades públicas

Conceito trazido pela doutrina publicista do século XIX, na senda do constitucionalismo francês e da Declaração dos Direitos do Homem e do Cidadão de 1789, que comporta ↗direitos civis compostos por ↗direitos políticos e por liberdades tradicionalmente ligadas à defesa do cidadão face ao Estado. A noção de liberdades públicas e de direitos do homem são próximas, mas não se equivalem: os direitos fundamentais são protegidos contra o poder executivo e legislativo, as liberdades públicas são-no sobretudo contra o poder executivo; aquelas são Direitos Humanos, mas estes não são necessariamente liberdades públicas (veja-se o direito ao trabalho ou à instrução). As liberdades públicas representam *poderes de agir* e são entendidas como prerrogativas mínimas do indivíduo face ao Estado Constitucional e Estado de Direito, capaz de garantir o respeito pela sua efetividade, designadamente no âmbito dos direitos fundamentais e independentemente do seu objeto. No direito constitucional positivo, a latitude do conceito abrange grandes grupos, que se sumariam em liberdades relacionadas com o pensamento, a expressão, a profissão e a ação económica e social. *[M.L.V.]*

Líder carismático

Com base em vários estudos sobre o tema, é possível avançarmos com uma tipologia sintética de líderes políticos carismáticos. Assim, podemos dizer que, em primeiro lugar, existe o chamado Líder Heroico, que constrói um discurso altamente simbólico e emocional com base em valores patrióticos e de defesa dos interesses de salvação nacional. Este líder produz um discurso político que apela à coesão e à honra nacional face a situações de crise grave que o Estado atravessa, como uma guerra ou período de transição/crise de regime particularmente difícil. Exemplos clássicos deste tipo de liderança carismática e discurso político são os casos de Gaulle e Churchill.

O Líder Heroico tem uma liderança muito forte e marcante e, por isso, quando é sucedido por outro líder, é comum este não ter as mesmas características carismáticas. Podemos assim dizer que, nestas circunstâncias, existe aquilo que podemos designar como um Líder Brando. A liderança branda é comum nos líderes que chegam ao poder após uma liderança forte. O que, por exemplo, se pode dizer de Pompidou em França. No Portugal contemporâneo, também por vezes se interpreta o consulado de Marcelo Caetano como uma liderança branda, por contraponto à liderança de Salazar. Como já sublinhámos, essa interpretação não é inteiramente rigorosa, uma vez que os contextos de afirmação do "triângulo carismático" (Pinto; Larsen, 2006) para Salazar e Caetano foram bastante diferenciados. O que é mais rigoroso afirmar é que, em comparação com Oliveira Salazar, Marcelo Caetano não teve um carisma hegemónico. Ao contrário de Salazar, a sua liderança não foi aceite de forma hegemónica (Mendes, 2012b; 2013).

Outro tipo de liderança política carismática tradicional é o que podemos designar de Líder Patriarcal. O Líder Patriarcal caracteriza a sua liderança através da construção de um discurso político onde o líder se assume como o pai da pátria. Esta liderança está tradicionalmente ligada à fundação de regimes políticos autoritários com mais ou menos características totalitárias, ditatoriais e populistas. Esta liderança caracteriza-se, sobretudo, pela construção de uma imagem mítica do Chefe e consequentes doutrinas, onde o novo regime se solidifica a volta da sua liderança. Exemplos clássicos deste tipo de liderança são os casos de António Oliveira de Salazar, de Franco, de Mussolini ou de Mao Tse-Tung. Contudo, em regimes monárquicos também podemos considerar que os monarcas tendem a adotar igualmente um discurso de Líder Patriarcal. Mesmo em contextos não autoritários, os monarcas assumem nos seus discursos algumas características de Líder Patriarcal. Nos sistemas monárquicos constitucionais contemporâneos – Espanha, Suécia, Dinamarca, Reino Unido –, o discurso de Líder Patriarcal assume um caráter mais benigno do que nos regimes autoritários. Deste modo, tradicionalmente, os monarcas e os seus discursos desempenham o papel patriarcal benigno focado na estabilização de possíveis fraturas políticas e identitárias.

Os Líderes Heroico e Patriarcal estão mais relacionados com situações de crises excecionais ou com processos de transição/construção de regimes políticos. Nas democracias demoliberais consolidadas, embora também seja possível identificar alguns traços circunstanciais deste tipo de liderança e discurso político, a regra é que os líderes tendem a estar mais alinhados com uma liderança de tipo Homem Comum. Este tipo de liderança resulta da profissionalização da vida política e da necessidade de uma maior identificação dos eleitores com as suas elites. Neste quadro, a liderança do tipo Homem/Mulher Comum é uma liderança de normalização carismática. Apesar de continuar a ser importante o líder possuir características pessoais que o distingam e preparem para a liderança, já não se assume que o líder-candidato tenha que ter uma qualidade carismática excecional. Isto é muitas vezes percecionado como uma crise de liderança ao nível global, e vários académicos e líderes de opinião vêm afirmando que estamos a viver uma crise de lideranças carismáticas no mundo (Mendes, 2019c) (↗Liderança carismática). *[P.E.M.]*

Liderança

De acordo com o dicionário etimológico da língua portuguesa, a palavra líder, do inglês *leader*, remete para alguém, pessoa ou entidade, que guia, que orienta e que exerce influência. É neste enquadramento que entendemos a liderança como um processo do exercício da influência convergente, conduzido com um propósito. A sua complexidade processual encontra ruído na divergência e noutros fatores da esfera conativa. Sendo a liderança um exercício de influência processual momentâneo, autêntico e contingente, que confere eficácia à divergência, ela encontra no esforço permanente de convergência o seu principal desafio.

Os valores, os interesses, as motivações, os sentimentos, os pensamentos e os comportamentos, ao serem condicionados pela cultura e pela educação, influenciam os ambientes onde operam as lideranças, que necessitam de consciência, de autenticidade, de tolerância e de comunicação, como fatores associados à convergência.

A liderança autêntica de F. Luthans e B. J. Avolio, abordada no artigo "Authentic leadership development" (2003), promove culturas e climas organizacionais positivos. O líder é um construtor de climas, um maestro de comportamentos e um regente de emoções, que representa e promove a unidade do coletivo. Os líderes autênticos, conhecedores das aptidões e das capacidades dos seus colaboradores, sabem unir estes dois fatores para obter a harmonia e a eficácia das competências. A tolerância, como resultado da compreensão de outras realidades e perspetivas, transporta o líder e os liderados para níveis mais elevados de consciência. Uma das dificuldades relacionadas com a tolerância é a rapidez das respostas aos estímulos. Os sentidos, porque treinados e aperfeiçoados para garantir a sobrevivência, tornam-se mecânicos, automáticos, encurtam tempos de resposta, subtraem margem à consciência, gerando no dia-a-dia respostas imediatas e não refletidas aos estímulos que nos rodeiam.

A liderança é um movimento de alinhamento, um processo de convergência da individualidade no grupo, assimétrico e orientado por uma pessoa ou por uma entidade, que confere unidade interpretativa à divergência, em que o líder, ao coordenar e dirigir as atividades, une para transformar e transforma para unir. Embora possa, por vezes, ser partilhada, existirá sempre uma individualidade, nem que seja do domínio do simbólico, que exerce influência no conjunto. A liderança nunca se alimenta do poder, apesar de o integrar no processo. O poder que lhe é inerente é discreto, diluído no exercício da influência e se ganhar força enfraquece o processo da liderança. A liderança produz um movimento natural e espontâneo de gestão do difuso, de nitidez, gerador de transparência, que facilita a construção de redes e de relações baseadas na confiança. Fundada na confiança, aproxima os colaboradores e o líder e fornece códigos de atuação que facilitam a interiorização de modelos comuns partilhados.

A liderança é um espetro de polaridade positiva, podendo também polarizar no negativo. Quando a liderança agrega fatores negativos torna-se uma ameaça à sua própria sobrevivência. O antídoto das lideranças tóxicas é a ética que, em nome de um bem maior, produz um conjunto de forças que geram uma atmosfera positiva de desenvolvimento e de evolução sistémica. O processo da liderança, adaptativo e flexível, gera respostas adequadas às exigências contingenciais e situacionais que permitem a sobrevivência e a evolução dos sistemas, aumentando, pela integração de elementos não previstos, a sua diferenciação e competência.

Em suma, a liderança é um processo permanente e universal de influência convergente ou, no limite, um movimento de divergência contingente, controlada no tempo e no espaço, que, através da comunicação evita e/ou corrige disfuncionalidades que impeçam desvios ao caudal de fatores necessário ao cumprimento dos objetivos estabelecidos. A autenticidade e a consciência, como propriedades intrínsecas da liderança, remetem para a ideia de verdade, sendo que é a natureza dos líderes que confere ao processo da liderança a sua própria natureza. *[M.R.P.S.]*

Liderança carismática

Para além de uma boa capacidade de produzir discursos e comunicar empaticamente, é decisivo o líder ter ↗carisma, conceito bíblico que na sua origem significa que uma determinada pessoa possui qualidades excecionais; até de fazer acontecer 'milagres' e ter seguidores fiéis, como foi o caso do importante líder carismático Jesus de Nazaré, figura central e originária do Cristianismo.

A abordagem moderna do carisma e a sua relação com a liderança política foi trabalhada por vários académicos. O que originalmente se destacou no estudo da liderança carismática, na sua matriz política, foi Max Weber. Ao estudar o fenómeno da autoridade e da dominação, designadamente da autoridade legítima que é necessária para que se estabeleça uma relação de reconhecimento da autoridade do povo face aos governantes e ao Estado, Weber trabalhou a ideia da liderança carismática (Weber, 2014). Seguindo Weber, é possível descortinar a existência de aspetos igualmente negativos na liderança carismática, nomeadamente o surgimento de líderes populistas e autoritários, ou ainda das lideranças carismáticas poderem proporcionar entraves ao fortalecimento de regimes demoliberais parlamentares. Contudo, existe um aspeto indiscutível: um líder político que busque o sucesso deve ter carisma e qualidades excecionais, nomeadamente de comunicação política para com as pessoas que quer liderar (Mendes, 2019c).

Existem vários tipos de liderança carismática, mas importa sublinhar que em todas as lideranças carismáticas é necessário construir uma relação de reconhecimento. Ser um líder carismático implica que a opinião pública e os eleitores o reconheçam como tal. Muitas vezes, líderes com qualidades pessoais e intelectuais extraordinárias não conseguem construir essa relação de reconhecimento carismático. Ao contrário, por vezes, indivíduos relativamente normais e com qualidades intelectuais medianas conseguem construir rapidamente uma relação de reconhecimento carismático. Isto acontece porque o reconhecimento carismático não depende exclusivamente das qualidades do líder. Existem fatores históricos e contextuais que influenciam a criação de *momentuns políticos* que propiciam a construção de rápidas relações de reconhecimento carismático. Por vezes, a forma como os líderes reagem a episódios políticos imprevistos e a situações de crise grave de diversa natureza, mostrando uma especial coragem e determinação, concorre decisivamente para a capacidade de o líder adquirir o estatuto carismático. Inversamente, líderes com estatuto carismático podem sofrer danos irreparáveis na sua imagem política ao não conseguirem lidar ou resolver episódios imprevistos ou situações de crise.

Como argumenta Mendes (2019c), nos dias de hoje, a compreensão da liderança carismática e das suas implicações torna-se fundamental na comunicação política. Numa altura de crescente profissionalização e personalização da vida política, a lógica tradicional dos partidos de massas e das suas ideologias clássicas vê-se desafiada pela ascensão de lideranças carismáticas com ideologias difusas de pendor populista e nacionalista. Isto revela a extrema importância dos líderes e parece apontar para o retorno das lideranças carismáticas fortes. Contudo, importa igualmente ter em consideração a importância dos contextos onde os líderes evoluem. *[P.E.M.]*

Liderança de Homem/Mulher Comum

A tipologia de liderança de Homem/Mulher Comum está ligada à crescente desmitificação das lideranças políticas e à consequente normalização carismática imposta pela crescente democratização dos sistemas políticos (Mendes, 2019c). Cada vez mais, as lideranças políticas são menos escolhidas por círculos elitistas fechados e mais por eleições relativamente diretas e democráticas, pelo menos em termos formais, uma vez que não podemos esquecer que, invariavelmente, mesmo antes de se chegar a ser candidato e ir a votos, existe sempre um processo de escolha num círculo restrito, fechado e elitista. Contudo, é claro que, apesar de todas deficiências e limitações, a democratização da escolha das lideranças é positiva. É esta deliberação e votação democrática e republicana que, em última análise, superioriza o seu tipo de escolha das lideranças face aos regimes autoritários ou monarquias tradicionais. Ao contrário das visões autoritárias e monárquicas tradicionalistas, onde existe uma mitificação extraordinária da liderança política, nas democracias demoliberais consolidadas a liderança está ao alcance do homem/mulher comum.

Em regra, e mediante os necessários requisitos legais, todo o cidadão comum pode participar na vida política e candidatar-se a ser um eventual líder. Este princípio, em abstrato positivo, pode revelar-se, na prática, problemático. Basta recordarmo-nos que foi este princípio que, na Alemanha de Weimar, levou ao poder líderes totalitários que de imediato eliminaram as regras democráticas. Mesmo hoje é preocupante ver líderes que, embora distantes dos contextos e práticas fascistas, não têm uma cultura democrática madura e quando chegam ao poder contribuem para o retrocesso democrático com práticas e ideias que erodem o Estado demoliberal, nomeadamente o desrespeito pela diferença e igualdade de tratamento das minorias e a desproteção dos sistemas democráticos de divisão e equilíbrios de poder.

Apesar de a degradação da qualidade das lideranças não poder ser desligada do empobrecimento democrático, até recentemente, a banal normalização carismática produzia líderes normais e comuns que não representavam um risco para a democracia. Embora muitas vezes se discutisse a qualidade das lideranças, mais ou menos carismáticas, em regra, os líderes comuns mais frágeis acabavam por perder eleições e desaparecer da cena política. Atualmente, contudo, existem mais riscos para a qualidade da democracia relacionados com a evolução das lideranças comuns, nomeadamente, da crescente ascensão dos fenómenos de lideranças neonacionalistas ligados às distorções populistas do tipo de líder comum popular.

No quadro das lideranças comuns, tradicionalmente, existia alguma variedade específica de tipos de liderança e de discurso político. Podemos considerar a existência de três tipos principais de liderança comum: o Líder Popular; o Líder Tecnocrático; e o Líder de Encanto.

O Líder Popular comum baseia a sua liderança num discurso de identificação com as camadas populares e maioritárias dos eleitores e seus seguidores. Neste contexto, o Líder Popular constrói a sua comunicação política através da capacidade de criar uma especial empatia e mimetismo social com os seus eleitores. O seu discurso assenta na seguinte mensagem: 'Eu sou como vocês, eu também sou um homem comum, eu entendo-vos, eu quero fazer aquilo que vocês querem ver; penso como vocês, sou aquele que vos posso representar melhor, pois também venho daí, como vocês...'

O Líder Tecnocrático assenta a sua liderança nos seus conhecimentos e experiência científica e técnica. Normalmente, não tem uma carreira inicial dedicada à política e é escolhido para desempenhar a liderança em momentos onde é necessária uma especial demonstração pública, interna e internacional, de conhecimentos e capacidade intelectual técnica. Isto acontece, por exemplo, quando os Estados vivem crises económicas. Aqui, a tendência é escolher um economista. Também acontece quando se vivem graves crises políticas que atingem o conflito armado e exigem complexos processo de negociação. Aqui, a tendência é escolher um líder ligado às Relações Internacionais ou à Ciência Política e com experiência diplomática internacional.

Finalmente, existe o Líder de Encanto, aquele que, em termos relativos, exibe maiores capacidades carismáticas, designadamente de motivação e entusiasmo face aos seus seguidores. O Líder de Encanto tem uma excecional capacidade oratória para produzir discursos empáticos, uma imagem apelativa e uma excelente relação fotogénica e de encenação com as câmaras. Este tipo de liderança consegue construir boas narrativas visionárias e avança com ideias e metáforas simbólicas fortes nos seus discursos. O exemplo clássico deste tipo de liderança é JF Kennedy. Mais recentemente, podemos enquadrar Barack Obama nesta categoria. No caso português, Mário Soares é aquele que melhor se ajusta a esta categoria. No momento presente, Marcelo Rebelo de Sousa também se pode enquadrar numa espécie de líder de encanto com traços populares. Para além do discurso e imagem pública, os Líderes de Encanto conseguem estabelecer excelentes relações de empatia emocional ao nível pessoal e ativar rapidamente um sentimento de admiração com a sua mera presença e cumprimentos pessoais (Mendes, 2019c). *[P.E.M.]*

Liderança política

Nos sistemas políticos contemporâneos, as lideranças políticas e as suas características pessoais desempenharam um papel crescente ao longo do século XX. Apesar da atual preocupante vaga de retrocesso democrático, nos sistemas demoliberais ocidentais, a importância dos líderes tem-se tornado, para o bem e para o mal, ainda mais decisiva. Para além das tradicionais características carismáticas pessoais do líder, hoje destaca-se a capacidade dos líderes ao nível da emocionalidade, isto é, da sua empatia social no estabelecimento de uma relação emocional com os seus seguidores/eleitores.

Neste quadro, no século XXI, a liderança política está intimamente ligada à crescente personalização dos partidos políticos e à tentativa de humanizar a comunicação política. Embora não exista unanimidade nas suas abordagens e conclusões, vários estudos demonstram que a atual crescente personalização da vida política veio para ficar. Atualmente, o líder assume um papel comparativamente mais importante do que no passado, quer por razões institucionais e internacionais, quer por razões comunicacionais e emocionais. Deste modo, é óbvia a crescente individualização dos partidos políticos e dos executivos governamentais. Por isso, as campanhas, os discursos e os debates políticos são cada vez mais centrados nos candidatos-líderes.

É sobretudo através dos líderes que se comunica politicamente e, deste modo, se tenta diminuir a distância entre as elites decisoras e o povo, e se aposta na construção de uma relação político-emocional entre quem governa e quem é governado. Neste contexto, o líder carismático cumpre a importante função de intermediar e humanizar a relação entre as entidades abstratas do Estado, da administração pública, do partido, da doutrina, da ideologia, e as pessoas individuais. Estas entidades ou ideias abstratas, embora importantes, são cada vez mais percecionadas de forma distanciada pela opinião pública e pelas pessoas eleitoras, que antes de tudo estabelecem relações de empatia com personalidades políticas identificáveis, isto é, com pessoas reais que conseguem despertar uma adesão emocional às suas ideias e programas políticos. Isto significa que, muitas vezes, acima das ideias e programas políticos que defendem, o que vai ser decisivo na capacidade de o líder ter seguidores e eleitores vai ser a sua personalidade e as suas características idiossincráticas de liderança.

Neste quadro, as qualidades pessoais do líder funcionam como um elemento humanizante e humanizador das relações entre o seu partido/programa político e as pessoas que vão votar. É através das qualidades pessoais de liderança que se constrói uma relação de empatia emocional entre líder e seguidores. São estas qualidades pessoais que tornam mais fácil a criação de sentimentos de legitimidade para com o líder e, simultaneamente, fazem com que as pessoas e os eleitores transfiram os seus sentimentos de apoio ao líder carismático (Mendes, 2019c). *[P.E.M.]*

Líder de opinião

Os líderes de opinião são cidadãos prestigiados dentro de uma sociedade, os quais, pela sua qualidade intelectual e conformidade social, transmitem os anseios e as necessidades dos restantes concidadãos. Os líderes de opinião servem de agentes de mudança, alterando o paradigma de comportamento político e social na relação de uma sociedade com o Estado. Para as teorias das influências seletivas do sociólogo de origem austríaca, emigrado nos Estados Unidos nos anos 30 do século XX, Paul Lazerfeld, os líderes de opinião são pessoas capazes de influenciar as outras pessoas, como refere na obra coletiva *The people's choice*, na hora da sua tomada de decisão.

O líder de opinião de Lazerfeld, contudo, encontrava-se numa sociedade pouco avançada tecnologicamente, onde só existiam os livros, jornais e a rádio. Além da rádio e dos jornais, como meios de comunicação social, utilizam os líderes de opinião, agora, a televisão e as redes sociais *Facebook*, *Instagram* ou *Twitter* como poderosos meios de divulgação para transmitirem as suas ideias. O novo líder de opinião atua, assim, tanto através dos *media* tradicionais como das redes sociais ou afirmando-se nas suas comunidades de referência. Para isso, tem a *internet* como um meio privilegiado de divulgação, onde pode, ainda, recorrer aos *blogs* ou a outros meios não convencionais de comunicação. No século XXI, o líder de opinião descentralizou o discurso, pois é o produtor do conteúdo e passou a interagir diretamente com o público, o qual pretende atingir dispensando o mediador. *[A.T. / J.T.]*

Liga dos Estados Árabes

Arab League (AL)

A Liga de Estados Árabes (LEA) é uma organização de Estados árabes fundada em 1945 no Cairo, com o objetivo de "reforçar e coordenar os laços económicos, sociais, políticos e culturais entre os seus membros, assim como mediar disputas entre eles". Atualmente, a Liga Árabe compreende 22 Estados, que possuem, no total, uma população superior a 400 milhões de habitantes. Com a guerra civil na Síria, a participação deste país na Liga ficou suspensa.

Como solução para o conflito israelo-palestino, a Liga Árabe continua a sustentar a Iniciativa Árabe para a Paz, lançada na Cúpula de Beirute, em 2002, e renovada em 2007. A Iniciativa, que oferece a Israel a normalização das relações com o mundo árabe em troca da devolução dos territórios ocupados aos palestinos, constitui a principal proposta da Liga para o processo de paz. A Liga acompanha, também, os esforços de intermediação do Egito no sentido da obtenção de tréguas entre o Movimento Islâmico e Israel. Quanto à cisão interna palestiniana, a Liga Árabe apoiou a recente proposta do Iémen para a reconciliação entre Fatah e Hamas.

O Conselho é o "órgão supremo da Liga, sendo composto por representantes dos Estados-membros. Esses representantes são, em geral, os ministros dos Negócios Estrangeiros, os seus representantes ou delegados permanentes. Cada Estado tem direito a um voto no Conselho, independentemente do seu tamanho ou número de habitantes". As decisões adotadas por maioria vinculam apenas os Estados que as aceitem. Cabe ao Conselho decidir sobre a adesão de novos membros e a introdução de emendas à Carta. Serve também de mediador em caso de conflito entre Estados-membros. O Conselho realiza duas reuniões anuais, uma em maio e outra em setembro. Encontra-se prevista a possibilidade de uma reunião extraordinária a pedido de dois Estados-membros.

O Secretariado-Geral é o órgão administrativo e executivo da Liga. Entre as suas funções encontra-se a preparação do orçamento da organização, que envia ao Conselho para aprovação. Tem também como responsabilidade agendar as reuniões do Conselho. O Secretário-Geral é eleito para um mandato de cinco anos, renovável. *[P.A.]*

Linkage theory

↗Modelos de Análise da Política Externa dos Estados.

Liturgia política

A palavra "Liturgia" é oriunda do grego, constituída por *leit* (de "laós", que significa povo) e *urgía* (trabalho, ofício), o mesmo que serviço ou trabalho público. Por extensão de sentido, na Antiga Grécia, veio a assumir o significado de ofício religioso, dado que a religião no mundo antigo tinha um caráter público. Mais tarde, na Idade Média, a liturgia constitui parte integrante do sistema de comunicação política. A iconografia e os rituais régios, tal como foram estudados por Ernest Kantorowicz e Marc Bloch, ao analisarem a importância dos cerimoniais da realeza medieva, remetem para o atributo de autoridade divina do serviço régio. Em paralelo, Erik Peterson (teólogo) e Carl Schmitt (jurista) também estudaram as implicações entre política e liturgia nos alvores do século XX, situando-as no âmbito da Filosofia da História: para o primeiro, a liturgia cristã não se realiza como política, mas como *oikonomia* (economia) da salvação (toda a política é cristã); e para o segundo, o cristianismo proclama uma teologia política, na qual a *stasis* (guerra) é o motor principal. De igual modo, Andreas Alföldi e Percy Schramann vieram chamar a atenção para os rituais do poder como forma de consagração, mas são sobretudo os estudos de Giorgio Agamben que, hodiernamente, têm colocado a tónica nas manifestações de representação do poder como forma litúrgica de legitimação e glorificação. Para este autor, a genealogia do poder assenta em meios de governo, mas também nas formas rituais de apresentação do poder, tão ou mais importantes que as primeiras. G. Agamben coloca a questão da relação do poder com a glória, no sentido de grandeza, magnificência, exaltação, obtidas por características intrínsecas excecionais e únicas. Neste contexto, a glória é a mais importante característica do poder, pois todo o poder necessita de um caráter aclamativo que o certifique. Ou seja, é a liturgia – a glorificação – que realiza o verdadeiro ser da política. Neste último sentido, o poder assume uma dúplice expressão ideal e material. *[J.G.F.]*

Lóbi

O conceito de lóbi pode ser entendido tanto como as atividades realizadas pelos grupos de interesse para tentar influenciar a política, como os arranjos institucionais nos quais essas atividades ocorrem. No primeiro caso, a ênfase está na prática dos lobistas envolverem-se diretamente com os decisores políticos, a fim de convencê-los a adotar as políticas desejadas. O segundo caso refere-se às instituições políticas específicas em cada país e que determinam quem é o objeto das atividades de lóbi e por quem. Por exemplo, enquanto nas democracias parlamentares europeias os lobistas tendem a concentrar as suas atividades em ministros e funcionários públicos, nos EUA, o sistema partidário fragmentado leva os lobistas a concentrar os seus contactos junto dos legisladores individuais.

Embora a prática de lóbi tenha um legado que remonta a vários séculos, podemos remontar a sua institucionalização moderna aos meados do século XIX, nos EUA e no Reino Unido, com o advento dos processos de industrialização, urbanização e imigração associados à revolução industrial. Uma segunda onda de crescimento das atividades de lóbi ocorreu no dealbar do século XX, com a formalização e profissionalização das atividades de lóbi e que assistiu ao surgimento de entidades de lóbi profissionais. A terceira e mais recente onda de expansão dos lóbis seguiu as reformas políticas e económicas da década de 1980. O aumento das privatizações e da desregulamentação dos setores económicos associados ao neoliberalismo criou novas oportunidades e incentivos para os grupos de interesse se envolverem com os decisores políticos e tentarem promover políticas favoráveis ao mercado.

Ao longo dos anos, os lobistas empregaram uma série de atividades para tentar influenciar os decisores políticos. Embora possam variar de acordo com as estruturas institucionais e legais específicas de cada país, as estratégias mais comuns adotadas pelos lobistas são o apoio direto, o fornecimento de conhecimento e informações sobre políticas, a organização de campanhas de base, o fornecimento de recursos materiais para financiar campanhas políticas e a monitorização das atividades políticas e governamentais. *[L. V.]*

Lusofobia

Aversão aos portugueses por parte dos brasileiros dominados pelo sentimento nativista, que sobreviveu à conquista da independência pelo Brasil, em 1822. Tal resultou da continuidade da presença portuguesa na antiga colónia, reforçada com a fixação da corte de Lisboa no Rio de Janeiro e com o enraizamento de novos interesses coloniais. A neutralização da influência portuguesa (dominante na corte) com a vitória do "partido brasileiro", encabeçando uma poderosa mobilização nativista que determinaria a abdicação do imperador em 1831, a par do combate feroz contra o domínio luso do comércio retalhista, exporia os portugueses à fúria incontida dos brasileiros revoltados contra a prosperidade dos antigos colonizadores. Identificados como causadores de todos os infortúnios dos autóctones, os comerciantes portugueses eram frequentemente transformados em alvo preferencial das múltiplas explosões nativistas brasileiras (Mata-Galego, no Rio de Janeiro, Mata-Maroto, na Baía, e Mata-Marinheiro, no Recife). Estas seriam particularmente violentas em Goiana devido à reação dos brasileiros contra as afrontas ao imperador D. Pedro II, publicadas por Eça de Queiroz nas *Farpas* (1872). A exaltação da brasilidade contra os portugueses atingiria os píncaros durante a celebração do primeiro centenário da independência, em 1922, apesar de diluída entre os clamores da Semana de Arte Moderna de São Paulo pelos meios brasileiros apostados em preservar a importante colónia portuguesa. *[J.M.G.]*

Magna Carta

Diploma outorgado, a 15 de junho de 1215, pelo rei de Inglaterra, João Sem Terra (1199-1216), filho do fundador da dinastia dos Plantagenetas, Ricardo Coração de Leão (r. 1189-1199), e os barões ingleses revoltados contra a realeza. O documento estabelece a supremacia da lei sobre o poder régio e de outras autoridades, impedindo o exercício de todo o poder arbitrário e discricionário do monarca, fixa regras sobre pagamento de dívidas, garante liberdade de circulação e de comércio, estabelece normas do direito de família e garante a correção das injustiças praticadas. No reinado de Eduardo I (1272-1307), o diploma é reconhecido como um regimento, sendo objeto de estudo pelos estudantes de direito civil nas universidades no século XIII e seguintes. Considera-se a Magna Carta ou a Grande Carta, como também é designada, o primeiro pilar da governança constitucional moderna, um símbolo da liberdade, sustentado no princípio de que ninguém está acima da lei; há quem nela veja o princípio do *rule of law* (↗Estado de Direito). *[J.G.F.]*

Mala diplomática e mala consular

Volumes exclusivamente dedicados ao transporte de documentos diplomáticos e consulares, respetivamente: no caso da mala diplomática, entre uma missão diplomática e o Estado acreditante; no caso da mala consular, entre um posto consular e o Estado que envia, ou seja, o Estado representado por esse serviço. Devem estar devidamente assinaladas, não podendo ser objeto de qualquer verificação ou abertura, exceto (só e apenas no caso da mala consular) quando existam fundadas suspeitas da sua utilização indevida, regime por isso menos protetor do que o da mala diplomática, o que resulta da menor sensibilidade dos documentos consulares, que têm mera natureza administrativa ou comercial e não política.

A mala diplomática consiste tradicionalmente na manifestação mais importante da liberdade de comunicações entre as missões diplomáticas e os respetivos Estados. Na atualidade, o desenvolvimento das comunicações imateriais veio a desvalorizar este mecanismo, que em todo o caso continua a ter consagração e acolhimento universal.

O funcionário ou agente diplomático que acompanha a mala diplomática, garantindo a sua inviolabilidade e beneficiando assim ele próprio de inviolabilidade, designa-se por correio diplomático. *[R.M.]*

Malthusianismo

Doutrina acerca da dinâmica populacional, desenvolvida por Thomas Malthus (1766-1834), segundo a qual o poder da população é maior do que o poder da terra em produzir subsistência para o Homem. Daí identificar o crescimento incessante (geométrico) da população como um obstáculo ao progresso humano, pela incapacidade de aumento da produção de subsistências ao mesmo ritmo (crescimento aritmético). Mais tarde, numa edição revista do seu trabalho (1803), adiciona os constrangimentos morais (o casamento tardio e a abstinência) como fatores limitativos do crescimento populacional. Já em meados do século XIX, o neomalthusianismo veio defender princípios como o do controlo da natalidade nos meios mais pobres.

O malthusianismo rapidamente se tornou obsoleto, uma vez que o autor se prendia nas circunstâncias do seu próprio tempo, sem contemplar, por exemplo, o desenvolvimento tecnológico ao nível da capacidade de produção de subsistências e da mobilidade/relocalização de indivíduos à escala global, o impacto da melhoria das condições socioeconómicas e culturais na redução da natalidade (educação sexual, métodos anticoncetivos), e outros fenómenos como a emergência de guerras e pandemias em grande escala com influência no agravamento da mortalidade. *[F.S. / B.R.]*

Manutenção da paz

Peacekeeping

Como expressão genérica, a manutenção da paz visa a cessação de um conflito armado, ou pelo menos a eliminação do fator violência da relação entre as partes, através da definição, por exemplo, de acordos de cessar-fogo. É uma atividade empreendida por atores militares e civis de forma neutra e imparcial, com o consentimento das partes e recorrendo à força apenas em autodefesa. Recentemente, o termo tem sido usado de forma mais específica para descrever a política das Nações Unidas de enviar forças internacionais, os capacetes azuis, para áreas politicamente conturbadas. As missões de paz têm-se tornado crescentemente mais complexas. Apesar de não estarem previstas na Carta das Nações Unidas, as missões de manutenção da paz foram formalizadas na altura da crise do Suez, em 1956. Ainda antes, em 1948, forças armadas internacionais foram enviadas para monitorizar os acordos de cessar-fogo em Caxemira e na Palestina. Estas operações têm assumido diferentes formatos, sob mandato do Conselho de Segurança, incidindo em disputas persistentes, como no Camboja; em situações de crise resultantes do final da Guerra Fria, como na ex-Jugoslávia; e em casos de Estados com sérias dificuldades em alcançar estabilidade, onde o apoio se tem traduzido na condução de eleições, administração civil e repatriação de refugiados, entre outros, como nas antigas repúblicas soviéticas. Os capacetes azuis das Nações Unidas receberam o Prémio Nobel da Paz em 1988. *[M.R.F.]*

Maquiavelismo

O maquiavelismo traduz a teoria política fundada por Nicolau Maquiavel que, nas palavras de Martim de Albuquerque, "formulou o divórcio entre a política e a moral", assumindo, para utilizarmos a feliz expressão de Pedro Ferro, "o sucesso como o metro da virtude política". Baseada numa conceção profundamente negativa do homem (um pessimismo antropológico), aquilo que José Adelino Maltez designa como "uma espécie de imutabilidade da natureza humana", o maquiavelismo simboliza a ideia de que os fins justificam sempre os meios utilizados e de que as ações políticas serão sempre julgadas pelo êxito e não pela conduta dos atores políticos para o alcançar. É, na própria versão de Maquiavel, uma teoria política amoral, não sujeita a qualquer tipo de valoração por critérios cristãos, que tem em vista a conquista e a manutenção do Poder. Este, uma vez alcançado, deve ser exercido tendo em vista a conservação do estatuto do *conquistador*.

Esta posição, associada a uma perspetiva intrinsecamente realista do Poder, logo da política, é justificada pela necessidade de erguer e posteriormente fortalecer a existência do Estado, pelo que tudo o que venha a ser feito em seu nome deverá ser sempre considerado como válido. Esta teoria, ainda que diabolizada por uns e combatida por outros, viria a inspirar correntes de pensamento que colocaram ao longo dos tempos a razão de Estado (*raison d'état*) como fim primeiro e último a preservar. Para os seus cultores, o motivo que tinha conduzido Maquiavel a defender o que defendeu em nome do "príncipe" encontrava agora reforçado fundamento em nome da realidade que o próprio Maquiavel tinha ajudado a fundar – o Estado moderno.

Hoje, não obstante o tempo passado e a formal consagração de regras que visam limitar o exercício do poder político, será difícil ignorar a predominância que o maquiavelismo continua a possuir, quer na opinião coletiva, quer na ação política por muitos desenvolvida. Com efeito, como assinala António Bento, "os termos 'maquiavelismo' e 'maquiavélico' impuseram-se no imaginário político moderno europeu como sinónimos de uma ação política baseada na fraude, na violência e na impiedade". De tal modo, que o "Príncipe" e o "Estado" de então, são no presente equiparados por muitos a "governo", "partido", "grupo político", "grupo formal ou informal de pressão", pretendendo-se, com maior ou menor razão, associar a sua atividade e prática a uma atividade e a uma prática maquiavélica, ou seja, de continuidade com os ensinamentos de Maquiavel. Por outro lado, uma análise mais criteriosa de muitos acontecimentos e factos políticos, nacionais e internacionais, demonstram que agora, como no passado, a luta política se continua muitas vezes a desenvolver entre os que acreditam que há princípios que não toleram quaisquer meios e os que entendem que os meios são simples instrumento ao serviço de um fim considerado útil. *[M.M.]*

Marginalidade política

A condução da ação política à margem da lei é uma realidade muito abrangente que inclui tanto os crimes cometidos com móbeis egoístas como altruístas. Aqui, limitar-nos-emos a abordar a criminalidade política emancipatória, a conduta ilegal que, contrariamente à de direito comum, é motivada pela ambição de conservar ou de alterar as estruturas sociais, económicas ou políticas vigentes e é praticada com a esperança de melhorar a vida da comunidade.

O crime político tanto pode ser praticado por governantes como por governados. Os cidadãos que cometem delitos políticos, na jurisprudência europeia, tradicionalmente, têm um tratamento mais favorável do que o acordado a crimes similares de direito comum. No entanto, um crime só pode ser qualificado de político se reunir certas caraterísticas. Um crime político apenas seleciona alvos políticos e evita danos colaterais; tem um nexo obrigatório entre o ato criminoso e a situação que pretende combater; visa o combate à exploração, à desigualdade ou à opressão; é praticado em nome de valores utópicos, com vista a acelerar o processo histórico; respeita a proporcionalidade entre o ato e o mal que pretende combater; e sendo apenas pertinente quando todas as vias legais foram exploradas sem sucesso, causando o menor dano possível.

A natureza política de um crime é uma circunstância atenuante e o seu perpetrador não deve ser condenado à pena de morte, extraditado para o país de origem, obrigado a usar uniforme prisional, isolado do mundo exterior e tem o direito de ser tratado pelo sistema penal com especial dignidade. *[L.F.M.]*

Marxismo

O marxismo surge como resultado de três tradições: a tradição política do socialismo francófono, a economia inglesa (Adam Smith e David Ricardo) e a filosofia alemã (Hegel, essencialmente). A unidade do pensamento de Marx assenta nestas três fontes. Por marxismo, modernamente, entende-se a teoria de análise socioeconómica sobre as relações de classe e conflito social sustentada nos escritos de Karl Marx (1818-1883) e Friedrich Engels (1820-1895). Karl Marx, enquanto membro da Liga dos Comunistas, fundada em 1847, é incumbido de redigir, juntamente com Engels, o *Manifesto do Partido Comunista* (1848). Neste livro, tendo por base uma análise da sociedade e da história, sustentada na luta de classes, pois para Marx a luta de classes foi sempre o motor da história, afirma a necessidade de promover uma revolução socialista. Neste sentido, o antagonismo que opõe a burguesia ao proletariado é a forma industrial e liberal burguesa da luta de classes. As restantes obras políticas de Marx foram, sobretudo, dedicadas à análise das condições políticas da revolução; e é nestas que o autor desenvolve a ideia de ditadura do proletariado, uma transição para a consagração revolucionária.

A teoria marxista privilegia a análise do sistema económico e das condições materiais da sociedade, das quais inferiu, quer direta quer indiretamente, a origem e natureza do poder político. O ↗materialismo histórico busca a explicação das causas de mudança e desenvolvimento da sociedade humana, sustentando-as numa base económica que, do seu ponto de vista, condicionam o sistema político. Assim, as estruturas políticas e as relações sociais de classe são definidas pela atividade económica que constitui a base infraestrutural ou estrutural da organização da sociedade, sobre a qual se edifica a superestrutura política e jurídica.

É, por isso, indispensável proceder à distinção entre a revolução social como processo e a revolução política como momento decisivo. A revolução social que transcorre a história constitui o processo de transição de um modo de produção para outro, caracterizado quer pela passagem das forças produtivas do nível anterior a um novo nível, quer pela correspondente alteração das relações materiais de produção. A revolução política, pelo contrário, é o momento do apogeu revolucionário em que se altera o poder do Estado e se realiza a mudança da forma jurídica da propriedade, estabelecendo novas relações materiais de produção. Por conseguinte, a revolução política consagra a divisão do processo da revolução social em duas fases, qualitativamente distintas, uma anterior e outra posterior a ela.

Antes que a revolução política seja possível, as forças produtivas devem desenvolver-se plenamente até ao limite do modo de produção. As forças produtivas desempenham um papel determinante na evolução social, expressando-se como luta entre a classe proprietária vigente e a nova classe em processo de constituição, em antagonismo político-jurídico. Subsequentemente, abre-se um período de crescente tensão social e de luta de classes, que conflui na revolução política. Finalmente, a nova classe social assume a propriedade dos meios de produção e o poder de Estado em lugar da classe até então dominante. Após a revolução política e consagração do novo modelo de sociedade proletário, o político e o Estado perdem a sua razão de ser. *[J.G.F.]*

Masculinidade(s)

O conceito de masculinidade(s) refere-se ao conjunto de atitudes convencionalmente associadas a ser, expressar e comportar-se "como homem". Não é, por isso, um conceito uniforme e estático, mas antes decorrente do que em cada contexto e geografia se privilegia. Essencial para a compreensão de masculinidades é o conceito de patriarcado e os diferentes lugares de poder, subalternidade e sobreposição que cada uma dessas conceções ocupa. Daí que o conceito de masculinidade(s) e as suas múltiplas declinações – hegemónicas, subalternas, tóxicas, híbridas, etc. – bem como o que cada uma significa, implique que estejam em permanente (re)negociação.

As análises iniciais sobre masculinidade tiveram como objeto central a crítica a estruturas rígidas do poder patriarcal, problematizando esta construção social enquanto fonte da opressão, obstáculo à liberdade de escolha e emancipação das mulheres. No entanto, à medida que este conceito foi sendo desenvolvido, deixou de se centrar exclusivamente na opressão e violência contra as mulheres para passar a reconhecer os efeitos negativos que a construção social da masculinidade hegemónica tem também nos homens.

Pensar as masculinidades a partir das Relações Internacionais e Ciência Política implica, por exemplo, analisar atos e construções discursivas por parte de lideranças e (correspondentes) imaginários político-identitários de mobilização, seja em contextos eleitorais, contextos militarizados, securitários ou quotidianos. Casos como os imaginários de masculinidade(s) por parte de figuras como Donald Trump ou Jair Bolsonaro e o seu impacto na atuação política; a militarização e/ou sexualização de identidades em operações de paz; ou mesmo o movimento *#metoo* mostram a relevância de incluir o tema nos estudos da Ciência Política e das Relações Internacionais. *[T.M. / A.S.C.]*

Massas (sociedade de)

A massa é extensa, homogénea e manipulável, e quando dominada renuncia ao poder. Um cúmulo de factos desde a Revolução Industrial, a democracia representativa, a revolução tecnológica, o urbanismo, o *Welfare State*, o fordismo e a globalização, entre outros fatores, criaram a sociedade de massas.

Toqueville caracterizou a massa como "enorme e semelhante em matéria de religião, história, ciências, economia política, legislação e governação" própria dos regimes democráticos, após o desaparecimento de privilégios de tipo estamental. A massa surgiu uniformizada pela lei e pelos costumes, resultante da "paixão do homem democrático pela igualdade". Sujeitos idênticos, indiferentes e individualistas, sem motivação social e política, democratas e liberais delegando acriticamente o poder político para se entregarem aos negócios e interesses da vida privada, simultaneamente sujeitos à sua vontade e à das maiorias e propiciando o despotismo democrático, constituiriam a massa social.

Na obra *A Divisão do Trabalho Social*, Durkheim fala de um "protoplasma social", com semelhanças entre indivíduos rudimentares, não articulados nem organizados, um tipo coletivo, caracterizado pela ausência completa de toda a centralização. Nessa massa, ao contrário de Toqueville, em que o individualismo, resultante da paixão pela igualdade, arrisca o surgimento do poder despótico democrático, é o poder despótico que gera o individualismo.

Em Max Weber, na obra *Économie et Societé/I Les Categories de la Sociologie*, a *burocracia*, como a forma mais racional dos tipos de dominação, destrói os laços sociais e propicia o atomismo e o individualismo próprios das massas. Em Mosca, Pareto e Michels, elites e massas são uma constante social universal, no tempo e no espaço. Às elites caberia conduzir as massas indiferenciadas e sem coesão. Para G. Gurvith, a *massa* não é uma unidade coletiva real, mas uma "manifestação de sociabilidade", que só afeta manifestações superficiais do Eu e dos Outros, podendo ocorrer e em qualquer agrupamento. Horkheimer e Adorno, em *La Dialectique de la Raison*, evidenciam com o conceito de *indústria cultural*, a negatividade da racionalização: a técnica padronizando gostos, gerando a cultura estandardizada e a criação de estereótipos e simulacros para consumo efémero das massas, serviria a classe dominante.

Após 1945, uma *classe média* consumidora, pouco diversificada, que procura a contínua melhoria da qualidade de vida, "constituída por empregados, docentes, profissionais liberais, burocratas, pequenos empresários e artífices, correspondeu ao industrialismo e à produção em massa. Tal classe operou o "milagre económico do pós-guerra" comprando, utilizando e exibindo os produtos da industrialização. Politicamente reformista e eleitoralmente maioritária, a *middle classe* sustentou, com os seus valores, os regimes democráticos; com a sua capacidade contributiva, o *Welfare state*; e com o seu consumo, o constante crescimento empresarial. O *status* social médio tornou-se a ideologia dominante, homogeneizando comportamentos e valores, como previu Toqueville.

Atualmente, uma nova massa social, tão vasta que só exclui trabalhadores não especializados e estratos elevados enriquecidos pelo conhecimento criador, a massa low cost suporta a economia imaterial, globalizada, relativista, que alimenta o turismo intercontinental e o consumo semelhante em todo o mundo: IKEA, Ryanair, Zara, McDonalds, H&M, etc. Segundo Richard Wilkinson e Kate Pickett, o homem atual, atomizado, egoísta e irresponsável, é emocionalmente insatisfeito, constitui um "magma social", flexível, descontratualizado, "subideologizado", procura consumir o máximo e afastar-se de instituições tradicionais como a família, sendo religiosamente aberto e ligado em tempo real a canais de comunicação e interação. *[A.P.]*

Materialismo histórico

O conceito de materialismo histórico, associado aos trabalhos de Karl Marx, resulta da conjugação da dialética, que entende o progresso com base num princípio de contradição, com o materialismo, que afirma a superioridade da matéria sobre o espírito. Deste modo, o materialismo histórico explica a evolução da sociedade humana com base na constante oposição entre as relações sociais e as forças de produção, sendo que as primeiras dependem das últimas. "A história de qualquer sociedade até aos nossos dias não é mais do que a história da luta de classes" (Karl Marx).

A posição de Marx acerca da sociedade é demarcada pela singular importância atribuída à problemática das classes sociais. Para ele o traço essencial caracterizador da sociedade, sua contemporânea, é o capitalismo. Este último é definido pela separação dos trabalhadores juridicamente livres relativamente aos meios de produção e pelo salariato generalizado. Assim sendo, a estrutura de classes da sociedade capitalista tendia para a simplificação em torno de uma bipolaridade: capitalistas, isto é, detentores dos meios de produção e proletários, trabalhadores produtivos assalariados. Segundo Marx, o capitalismo tornar-se-ia no próprio obstáculo ao desenvolvimento das forças produtivas e deveria, por isso, ser historicamente superado, dado a sua tendência para a autodestruição, devido à baixa tendencial da taxa de lucro, a acumulação anárquica do capital e consequentes e sucessivas crises de sobreprodução.

Estes processos económicos seriam, naturalmente, acompanhados de um agravamento tendencial das lutas de classes entre capitalistas e proletários. Essas lutas terminariam apenas com a vitória destes últimos, o desaparecimento da propriedade privada dos meios de produção e a reorganização planeada e consciente da produção pelo conjunto da sociedade, isto é, por processos políticos. Na sociedade teriam, entretanto, deixado de existir classes diferenciadas. Trata-se, resumindo, da substituição do capitalismo pelo socialismo, com a apologia de uma era de revolução social, onde se verificaria a modificação nos alicerces económicos.

Marx defende a necessidade de superação do Estado e a sua reivindicação política central é a dos direitos políticos plenos: o sufrágio universal e a república democrática unitária, baseada numa ditadura da maioria (o proletariado), na abolição da propriedade privada dos meios de produção e a reorganização radical da sociedade.

Na luta de classes, o Estado foi sempre o instrumento de dominação de uma classe sobre outras, trate-se de dominação material, física (exércitos, polícias, etc.), ou de dominação espiritual ("superstruturas" religiosas e "ideológicas" em geral). Além disso, a classe que tem o poder material dominante numa dada sociedade é também a potência dominante espiritual e intelectual. A existência de ideias revolucionárias numa época determinada pressupõe já a existência de uma classe revolucionária que traduz a diferença de categorias dentro da classe dominante e a consequente hostilidade entre as partes coexistentes. *[P.M.S.]*

Mediação

↗Resolução pacífica de conflitos.

Mediterrâneo Mundial

Esta expressão é própria e classificada pela geografia zonal. Provém da realidade de um ambiente determinado pelo regime térmico-pluviométrico do clima temperado mediterrânico e da sua própria inscrição na ecologia territorial, em fronteira zonal e dinâmica ditada pelo posicionamento e ação dos denominados anticiclones subtropicais, os quais provocam a divergência de ventos zonais para áreas de ambientes tropicais secos e os ambientes das latitudes médias. Esta situação ocorre nos quatro continentes e com ambientes bioclimáticos típicos da região mediterrânica – o litoral e bordadura euroafricana do Mar Mediterrâneo, qualificado como o "primeiro éden" da humanidade pelo naturalista D. Attemborough. O Mediterrâneo Mundial engloba também e tem correspondência hoje com um dos importantes casos e ambientes de *hotspot* da biodiversidade mundial.

Acresce a esta área original, que é matriz e centralidade de conceito, outras regiões com similar ambiente de vida e paisagem de valências mediterrânicas, casos do extremo sul da África do Sul, da Califórnia, do Chile central e do sul da Austrália. Estas cinco áreas ambientais mediterrânicas são um sistema cultural, em rede e globalizante, quer pelos recursos bioculturais que encerram, quer pelo contexto de identidade de vida que desenvolve, sempre sustentado no seu ecossistema esclerofilo – do montado e das hortas – e gerando a paisagem humanizada pela tradição secular do pastoreio livre, associado a culturas de cereais, árvores de fruto e de plantas herbáceas gomosas para a medicina e a culinária, a tal ponto que os especialistas lhe reconhecem qualidades nutricionais e de saúde humana condizentes com a conhecida prática da dieta mediterrânica. É hoje assumida como importante paisagem de compromisso, mesológica e de valor específico como um bem cultural da nossa biosfera a conservar. Por conseguinte, esta expressão biogeográfica não deve ser associada nem confundida com a expressão de "mediterrâneo ocidental", de génese diferenciada, de conotação geopolítica e de grandeza ou escala mais pontual e reduzida. *[J.C.Lo.]*

Megalópole

Megalopolis

A "cidade das cidades" na Grécia antiga. Conceito usado no mundo contemporâneo, relativo às grandes conurbações, isto é, a regiões formadas por várias grandes cidades interligadas entre si através de uma rede estrutural. Com este sentido, foi cunhado por Jean Gottmann (*Megalopolis: The Urbanized Northeastern Seaboard of the United States*, 1961), para designar a região urbanizada entre Boston e Washington, compreendendo, além destas duas cidades, Nova Iorque, Filadélfia e Baltimore, numa extensão de cerca de 800 km por 100 a 150 km de largura, então com cerca de 38 milhões de pessoas, representando perto de 10% da atividade comercial mundial, e cuja principal característica distintiva e delimitadora era (e é) precisamente a urbanização, que se configura multinuclear e multifuncional. *[R.R.]*

Melting Pot

A origem do termo estará na peça de teatro de Israel Zangwill (1908), através da qual o autor procurou explicar sociologicamente a sociedade norte-americana. Desde então, o conceito do "caldeirão cultural" tem sido normalmente usado para descrever a assimilação de imigrantes nos Estados Unidos, embora possa ser usado em qualquer outro contexto em que uma nova cultura venha a coexistir com outra. A título de exemplo, observemos os vários "caldeirões culturais" dentro da própria Europa, agudizados/disseminados com a recente crise dos refugiados.

Na Sociologia, o "caldeirão" é um conceito que se refere a uma sociedade heterogénea, tornando-se mais homogénea com os diferentes elementos e "fundindo-se" num todo harmonioso e com uma cultura comum. Embora este termo seja frequentemente desafiado por alguns teóricos, seja porque nem sempre observamos uma fusão/miscigenação cultural, seja porque em algumas sociedades, como o Canadá, observamos sobretudo um "mosaico cultural" em que os imigrantes mantêm as suas próprias características nacionais enquanto se integram numa nova sociedade, a verdade é que a expressão *Melting Pot* ganhou raízes profundas.

Em suma, é uma metáfora que defende que as diferenças étnicas podem ser combinadas de modo a criar novos padrões de comportamento, influenciados por várias fontes culturais, ou seja, uma sociedade onde diferentes raças, culturas, etnias e indivíduos se misturam/fundem como um todo, uno, coeso e, porventura, passível de promover um revigoramento social. *[P.C.]*

Membros do pessoal diplomático

↗Missão diplomática.

Memorando de entendimento

Instrumento internacional de caráter menos formal do que as convenções internacionais, utilizado frequentemente para indicar regras relativas à aplicação de uma convenção-quadro. Serve também para regulamentar questões técnicas ou de detalhe. Normalmente apresenta-se como acordo em forma simplificada, sendo celebrado tanto por Estados como por organizações internacionais. A ↗ONU, por exemplo, conclui habitualmente memorandos de entendimento com os Estados-membros para organizar as operações de manutenção de paz ou preparar conferências que se reúnam sob a sua égide. Conclui ainda estes memorandos de entendimento para regular a cooperação com outras organizações internacionais. *[R.M.]*

Mercado Comum

Na hierarquia dos estádios de integração económica, o Mercado Comum (MC) segue-se à ↗Zona de Comércio Livre e à ↗União Aduaneira. Distingue-se deles, fundamentalmente, por incluir todas as liberdades de circulação, enquanto os dois estádios de integração que a antecedem apenas possibilitam a liberdade de circulação de mercadorias. No Mercado Comum, para além desta liberdade de circulação, está previsto o esbatimento das fronteiras dos Estados-membros para outros fatores de produção: capitais, pessoas, prestação de serviços e estabelecimento de empresas. De acordo com registos históricos, o primeiro Mercado Comum de que há conhecimento foi a Liga Hanseática, no século XIII. Na época contemporânea, foi na ↗Comunidade Económica Europeia (CEE) que se estabeleceu, pela primeira vez, um Mercado Comum. A sua criação foi prevista na primeira revisão dos tratados europeus (Ato Único Europeu, que entrou em vigor em 1 de julho de 1987). Como as adaptações legislativas necessárias ao funcionamento do Mercado Comum (que, na terminologia do Ato Único Europeu, ficou conhecido como Mercado Interno) exigiam algum tempo aos legisladores nacionais, estabeleceu-se um período de transição até 31 de dezembro de 1992.

O Mercado Comum começou em 1 de janeiro de 1993. As transações de capitais, os movimentos de pessoas, as prestações de serviços (de trabalhadores por conta própria, na sua maioria) e estabelecimentos secundários de empresas passaram a ser possíveis no interior do Mercado Comum, aplicando-se os princípios da reciprocidade e do tratamento nacional. As autoridades nacionais aprovaram legislação que eliminou direitos aduaneiros ou medidas de efeito equivalente que impediam as mencionadas liberdades de circulação. As economias dos Estados-membros do Mercado Comum tornam-se mais integradas. A extensão das liberdades de circulação era consequência lógica da liberdade de circulação de mercadorias, pois sem elas podiam persistir obstáculos que impediam a concretização daquela liberdade de circulação. *[P. V.M.]*

Mercado Comum da África Oriental e Austral (COMESA)

Common Market for Eastern and Southern Africa

Criado em dezembro de 1994 pelo Tratado de Kampala, o COMESA tem como missão contribuir para o progresso económico e social de todos os Estados-membros através de uma maior cooperação e integração em todas as áreas de desenvolvimento (particularmente nos assuntos relacionados com o comércio, questões monetárias, transportes, comunicação e informação, tecnologia, indústria, energia agricultura, ambiente e recursos naturais), sendo o seu objetivo final a constituição de uma comunidade económica africana.

Na última cimeira da Organização, em maio de 2007, os chefes de Estado ratificaram a criação duma União Aduaneira Regional para a África Oriental e Austral, por etapas. São Estados-membros: Burundi, Comores, Congo, Djibouti, Egito, Eritreia, Etiópia, Líbia, Quénia, Madagáscar, Malawi, Maurícia, Ruanda, Seicheles, Somália, Sudão, Tunísia, Suazilândia (Eswatini), Uganda, Zâmbia e Zimbabué. Tem sede em Lusaca (Zâmbia). *[P.A.]*

Mercado Comum Centro-Americano (MCCA)

Central American Common Market

O Tratado de Manágua, que estabeleceu o Mercado Comum Centro Americano, entrou em vigor a 4 de junho de 1961, abrangendo a Costa Rica, El Salvador, a Guatemala, as Honduras e a Nicarágua. O processo de integração desta sub-região tem-se mostrado difícil face a vantagens desiguais no mercado, com efeitos negativos no crescimento económico, no comércio e na industrialização. Daí a razão de uma emenda ao Tratado em março de 1975, que determinou o estabelecimento da Comunidade Económica e Social da América Central e onde se indicaram as seguintes medidas: eliminação de obstáculos à circulação de pessoas, mercadorias e capitais; coordenação e harmonização das áreas económica, social, fiscal e captação de capitais estrangeiros; e estabelecimento de um sistema corretor de balanças de pagamentos entre os Estados-membros e entre a Comunidade e o resto do mundo.

O MCCA adotou uma pauta aduaneira comum relativamente a países terceiros e pratica a taxa zero de direitos aduaneiros no que respeita a produtos originários, com exceção das mercadorias constantes de uma lista anexa ao Tratado que estão submetidas a regimes especiais. A pauta aduaneira comum representa um instrumento de proteção às atividades produtivas da sub-região, tratando favoravelmente as matérias-primas e bens de equipamento necessários ao desenvolvimento económico. O principal parceiro comercial do MCCA são os Estados Unidos. O MCCA foi relançado em 1991, quando os problemas regionais diminuíram, com o propósito de promover a paz, o desenvolvimento da América Central e melhorar as condições de vida das populações. Em 1993, no Protocolo de Guatemala, os Estados-membros comprometeram-se com o estabelecimento de uma união aduaneira, no sentido de alcançar uma união económica centro-americana. Tem sede na cidade de Guatemala. *[P.A.]*

Mercado Comum do Sul (MERCOSUL)

O Mercado Comum do Sul, organização de integração regional, surgiu de um contexto em que haviam terminado as ditaduras latino-americanas, ao longo da década de 1980. A transição democrática, a vontade política demonstrada pelos presidentes do Brasil, José Sarney, e da Argentina, Raul Alfonsín, no sentido de uma aproximação bilateral, através de diversos acordos de cooperação económica, e o final da Guerra Fria em 1989, conduziram, em 26 de março de 1991, à assinatura do Tratado de Assunção, a que se juntaram o Uruguai e o Paraguai. Com entrada em vigor no dia 2 de dezembro de 1991, aquele tratado foi aprofundado pelos protocolos de Brasília, no mesmo mês, e de Ouro Preto, em dezembro de 1994, com a finalidade de dotar a organização de um sistema de resolução de conflitos e de personalidade jurídica internacional.

Em 1996, o Conselho do Mercado Comum estabeleceu que o funcionamento das instituições democráticas constitui uma condição para que os Estados-membros permaneçam neste bloco regional. O Protocolo de Ushuaia, em 1998, permitiu integrar o compromisso democrático no Tratado de Assunção, aplicando-se igualmente à Bolívia e ao Chile, e posteriormente à Colômbia em 2005 e ao Equador e Peru em 2007, tendo-se tornado Estados associados. A Bolívia assinou em julho de 2019 o tratado de adesão, encontrando-se em processo de adoção gradual do acervo normativo do MERCOSUL. A adesão da Venezuela encontra-se suspensa desde 2016, por incumprimento do referido Protocolo de Ushaia, até que se verifique "o pleno restabelecimento da ordem democrática" naquele país.

A estrutura institucional do Mercosul é constituída pelo Conselho do Mercado Comum, o Grupo do Mercado Comum, a Secretaria Administrativa, a Comissão Parlamentar Conjunta, a Comissão de Comércio do Mercosul, o Fórum Consultivo Económico-Social e pelo Tribunal Permanente de Revisão, criado mais recentemente para a resolução de conflitos. *[I.C.L.]*

Meritocracia

Sistema que promove a seleção e hierarquia nas organizações dos agentes mais qualificados, especialmente no que respeita à nomeação ou ascensão a um cargo ou função. O oposto do nepotismo (favorecimento de parentes ou amigos) e clientelismo (troca de cargos, bens ou serviços por apoio político). Geralmente, a meritocracia desenvolve-se em sociedades individualistas, na medida em que as pessoas ocupam lugares com base no mérito e no esforço individuais (elitismo). Para Max Weber, a meritocracia encontra-se associada ao sistema legal-racional, em que a administração pública promove a implementação de critérios de meritocracia na seleção, avaliação e trabalho dos servidores, critérios previamente estabelecidos de forma objetiva. Assim, do seu ponto de vista, o serviço público será mais eficiente, impessoal, transparente e justo.

Na atualidade, nas sociedades democráticas, a implementação de um sistema meritocrático implica uma democratização do ensino, motor da mobilidade social, de modo a que a seleção seja feita de forma mais genérica. Na prática, a meritocracia é uma utopia, pela impossibilidade de eliminar as desigualdades sociais e os meios de transferência pessoal de cargos. O projeto meritocrático surgiu em França, na III República, procurando sobretudo limitar o controlo político de cargos por um partido ou grupo social. De igual modo, Mark Chou, Benjamin Moffitt e Octavia Bryant, na obra Political Meritocracy and Populism: Cure or Curse? (Routledge Studies in Anti-Politics and Democratic Crisis), ao efetuarem uma análise aprofundada da relação entre meritocracia política e ↗populismo, questionam se a meritocracia política é imune ao populismo, concluindo que ela é simultaneamente imune e permeável. *[J.G.F.]*

Método D'Hondt

Os sistemas de representação proporcional, tendentes ao multipartidarismo, definem-se pelo facto de o número de eleitos por cada candidatura concorrente a uma determinada eleição dever ser proporcional ao número de eleitores que escolheram votar nessa mesma candidatura. Os sistemas eleitorais de representação proporcional podem optar por várias fórmulas matemáticas para transformar votos em mandatos, sendo o método D' Hondt um deles. Também conhecido como método dos quocientes, é um modelo matemático utilizado para converter votos em mandatos com vista à composição de órgãos de natureza colegial. Deve o seu nome ao advogado belga e professor de direito civil, Victor D'Hondt (1841-1901) e pretende assegurar o sistema de representação no sentido de manter uma boa proporcionalidade entre votos e mandatos.

O método D'Hondt integra a categoria dos métodos divisores, por contraposição à categoria dos métodos de maiores restos, e procura solucionar o problema da distribuição de mandatos causado pelo método de Thomas Hare, no qual sobram restos, o que obrigaria a duas operações para a atribuição da totalidade dos mandatos. Dentro da mesma categoria do método D'Hondt, existem outros métodos que utilizam divisores diferentes, como o método Santie-Lagué (1,3,5...), método Santie-Langué modificado (1,4,3,5...), método dinamarquês (1,4,7,10...), método Huntington-Hill (1,2, 2,3,3, 4, ...) ou o método imperial (2,3,4,5...).

Em Portugal, as eleições à Assembleia da República, Assembleias Legislativas das Regiões Autónomas, autarquias locais e Parlamento Europeu obedecem a este método, o qual goza de resguardo constitucional – de acordo com o art. 149.º, n.º 1, da Constituição Portuguesa, no sentido de assegurar a eficácia do sistema de representação proporcional, recorre-se ao "método da média mais alta de D'Hondt na conversão dos votos em número de mandatos".

Ao método D'Hondt atribuem-se algumas vantagens, como o facto de assegurar uma boa proporcionalidade (relação votos/mandatos), a simplicidade de aplicação em comparação com outros (precisa de só uma operação para atribuir os mandatos), os seus efeitos previsíveis e a sua ampla e testada utilização em muitos países democráticos no mundo – além de Portugal, também a Argentina, Áustria, Bélgica, Dinamarca, Espanha, Finlândia, Israel, Países Baixos e Uruguai, entre outros.

Embora os seus críticos afirmem que favorece principalmente os partidos maiores, tal nem sempre se verifica, podendo esse efeito ser mitigado através da introdução de alguns mecanismos. Em Portugal, por exemplo, está prevista uma correção ao método D'Hondt puro, na medida em que, na atribuição do último mandato, existindo uma igualdade de quociente igual entre partidos, tal mandato será atribuído à lista que, em termos de resultados totais, tenha obtido o menor número de votos.

Os seus efeitos dependem sempre da forma do próprio sistema eleitoral, desde logo, da dimensão dos círculos eleitorais, quer no seu perfil territorial, quer no número de representantes a eleger. Seja como for, o principal benefício do recurso ao método D'Hondt assenta na possibilidade de integrar diferentes correntes de opinião que coexistam dentro de uma determinada sociedade assumindo a pluralidade das mesmas, de modo a assegurar condições de governabilidade e a criar condições para o desenvolvimento económico, social, político e cultural da comunidade. *[A.T. / J.T.]*

Métodos nas Ciências Sociais

Em vista dos objetivos a que se propõem, dos pontos de vista que perfilham e dos problemas que levantam, as ↗Ciências Sociais utilizam uma metodologia própria, assente em dados quantitativos e qualitativos. Os métodos e as técnicas de pesquisa são variados, com utilização do inquérito, entrevista, questionário, análise de documentos, observação direta, observação participante e estatística. Investigações matemáticas, tais como as sondagens, que se tornaram um instrumento insubstituível em Ciências Sociais, são, muitas vezes, completadas por investigações e análises qualitativas, fundadas sobre a observação ou a entrevista.

Em termos históricos, porém, podemos assinalar duas tradições metodológicas e epistemológicas que predominaram nas Ciências Sociais em geral e, em particular, na Sociologia: a explicativa e a compreensiva. Com Durkheim, o facto social é exterior ao espírito e deve ser estudado por métodos científicos; ou seja, a regra segundo a qual "é preciso tratar os factos sociais como coisas" é acompanhada dos utensílios e dos métodos para os estudar. É por isso que o autor defende a aplicação da explicação causal ao estudo dos factos sociais, aproximando os métodos sociológicos dos métodos objetivos das Ciências Naturais. Determinar a especificidade da sociedade, pôr à prova os métodos de observação e de análise certificando a objetividade do conhecimento sociológico é o programa que caracteriza a afirmação da Sociologia como "ciência" e a sua autonomia.

Já Max Weber, sem invalidar a explicação, defende sobretudo a compreensão e a interpretação: compreender o sentido da ação. Na medida em que o fenómeno social é produto da ação dos indivíduos que dão um sentido ao seu comportamento, a dimensão subjetiva dos fenómenos sociais, relativa às significações atribuídas pelos atores, deve ser tida em conta. Hoje, a compreensão e a explicação associam-se nas Ciências Sociais, de modo a abordar e a analisar a realidade humana e social. *[F.S. / D.F.]*

Métodos das Relações Internacionais

O estudo das ↗Relações Internacionais levanta problemas metodológicos gerais que a ↗Ciência Política conhece no seu conjunto. Os seus métodos são ecléticos, múltiplos e relativos. Ecléticos, porque dizem respeito a várias ciências – Ciência Política, História, Direito, Geografia, Economia, Ciências Exatas, etc.; múltiplos e diversificados, tanto em função do objeto de estudo como das doutrinas de referência. A descrição anda a par com a sistematização, a análise com a síntese, o universal com o regional ou local; a pesquisa pura com a ajuda à decisão ou a justificação de uma política. Os métodos das Relações Internacionais são, pois, os ↗métodos das Ciências Sociais em geral, adaptados aos seus próprios problemas de investigação. Utilizam, assim, o método sociológico, o método histórico, a análise crítica e comparativa e mesmo os métodos matemáticos.

Nas Relações Internacionais como na Ciência Política, enquanto ↗Ciências Sociais, boa parte dos investigadores segue as regras do método sociológico, como foram formuladas pela escola sociológica francesa, de Émile Durkheim e Lucien Lévy-Bruhl. O essencial deste método reside na transposição dos métodos das Ciências da Natureza para o estudo das sociedades humanas, de tal modo que o percurso metodológico a seguir respeita certas etapas que passam sequencialmente pela observação-constatação, pela notação e comparação dos factos, pela sistematização das ligações lógicas dos mesmos e, finalmente, pela verificação, operação que permite testar a pertinência das observações.

Influenciados pelo desenvolvimento da matemática, numerosos especialistas das Relações Internacionais procuram utilizar técnicas e métodos matemáticos. A tradicional quantificação dos dados, a utilização de gráficos, a construção de modelos, a ↗teoria dos jogos e a teoria da decisão, são alguns dos métodos, técnicas e teorias da Matemática aplicados às Relações Internacionais que procuram dar a fenómenos fecundos mas, por vezes, confusos, uma formulação mais precisa e rigorosa, estabelecer representações esquemáticas e relações de interdependência – mesmo sabendo nós que a quantificação e a utilização das técnicas e métodos matemáticos não conferem por si só à investigação em Relações Internacionais o rigor científico exigido. *[F.S. / D.F.]*

Microestado

Estado que, apesar de uma reduzida expressão populacional e territorial, mantém a pretensão ao pleno exercício das suas capacidades soberanas (no que se distingue, por exemplo, do Estado exíguo, que transfere para o Estado limítrofe o exercício parcial de competências estaduais, assumindo assim a qualidade de Estado semissoberano), embora não exista consenso quanto às variáveis ou balizas quantitativas ou qualitativas para a definição ou inscrição de um Estado nesta categoria. São exemplos consensuais de microestados Andorra, as Ilhas Marshall e Palau. *[R.M.]*

Migrações internacionais

Mobilidade espacial de efetivos da população que transpõem fronteiras de um país de origem para outro de destino, e que se revela de formas distintas, tendo em conta a temporalidade, o tipo de atividade no destino, a presença de fatores de expulsão e de atração, assim como as consequências registadas no território e na sociedade. É também uma resposta social aos desequilíbrios económicos e políticos e um revelador espacial destes desequilíbrios. Das diversas formas de *mobilidade espacial* (de tipo pendular, temporal, residencial, intralocal e residencial extralocal), é esta última a que cobre todos os requisitos, para além de manter uma grande influência nas alterações sociais e demográficas através do indicador do saldo migratório ou diferencial entre imigração e emigração.

A dimensão de tão complexo fenómeno (tal como havia sido analisada por autores clássicos como Ravenstein em 1876, Stouffer em 1940, Wolpert em 1965, Bogue em 1969 e Zelinsky em 1971) obedece a determinadas regras e princípios de tipo geográfico (mudança espacial de residência) e temporal (de relevante duração no intervalo entre a partida e o regresso ou termo da deslocação), sendo o seu panorama de estudo necessariamente multidisciplinar, assim como, no caso dos geógrafos, analisada a partir da localização espacial dos recursos humanos, considerando as regiões de origem, a intensidade de fluxos e as regiões de destino. Entre os fatores que influenciam na decisão individual ou familiar para a mobilidade internacional, estão principalmente a distância a percorrer e o diferencial socioeconómico (salário ou rendimento, cultura e língua), assim como um particular projeto de vida em cada caso.

Na esfera internacional encontramos uma situação paradoxal, traduzida na sua valoração para uns Estados e na sua recusa para outros, isto é, por um lado as migrações estão submetidas a controlos cada vez mais apertados na circulação transfronteiriça, atraídas por uma vida melhor ou devido a crises políticas ou ambientais, e por outro lado, numerosas regiões de acolhimento enfrentam o envelhecimento demográfico e a falta de mão de obra em certos subsetores laborais não deslocalizáveis, pelo que encontramos *políticas migratórias* de repressão e impedimento, ou de regulação de fluxos, onde se entrecruzam posições diferentes na hora de aceitar trabalhadores estrangeiros ou de repelir imigrantes ilegais, associadas a diferentes políticas migratórias como a *regularização* de imigrantes e o *efeito chamada* na chegada massiva de novos imigrantes no período imediato. Uma situação especial é aquela que se observa entre os migrantes refugiados e asilados, perseguidos por razões de raça, religião, nacionalidade e ideologia política no seu próprio país e, como tal, demandantes de acolhimento ou asilo.

Na atualidade, quase todos os países e regiões do mundo são afetados, em maior ou menor grau, pela circulação, saída ou acolhimento do movimento migratório, e em particular, os de símbolo internacional na fase atual de globalização, o que afeta os modelos sociais e a qualidade de vida das populações no seu nível de integração socioespacial e de direitos da cidadania. Por um lado, os Estados mais desenvolvidos estão cada vez mais determinados a atuar neste processo, com políticas de ajuda ao desenvolvimento dos países de origem da migração, e por outro, os Estados *de origem* colocam-no como fator de desenvolvimento pelas transferências dos emigrantes, o que conduz a que certos países obtenham assim a sua principal fonte de entrada de capital (Cabo Verde, Senegal).

Perfila-se, na atualidade, uma tendência para uma governação mundial das migrações, tendo em conta os avanços na coordenação de políticas no âmbito internacional a partir de *fora* mundiais de migração e desenvolvimento, nos quais estejam representados agentes com interesses divergentes, que vão desde os próprios Estados às associações de migrantes, ONG's, organizações sindicais e empresas.

A Ásia, África e América Latina são regiões de emigração por excelência, enquanto a América do Norte, Europa e Austrália se assumem, cada vez mais, como regiões de imigração.

Os fenómenos migratórios revelam-se de uma complexidade crescente, mas é doutrina assente que, no futuro, as migrações não deixarão de crescer, tendo em atenção o desequilíbrio demográfico do mundo – o envelhecimento da população do Norte, que estagna face ao crescimento e juventude do Sul – e o desequilíbrio económico – os países desenvolvidos concentram perto de 90% do rendimento mundial.

As migrações internacionais constituem um dos principais fatores de transformação e desenvolvimento do mundo contemporâneo, quer pelo volume de efetivos mobilizados (180 milhões de pessoas, 3% da população mundial em 2001, mais de 200 milhões em 2006, cerca de 272 milhões em 2020), quer pela dimensão global que atingiram, quer ainda pelas repercussões que estão a provocar, tanto nos países de acolhimento como nos países de origem. Mais de 70 países no mundo acolhem comunidades de imigrantes que constituem mais de 10% da sua população. *[L.L.T.]*

Migrações e União Europeia

Até ao século XX, as grandes migrações internacionais, alimentadas fundamentalmente pela Europa, foram responsáveis pela colonização e povoamento de vastas partes do mundo, nomeadamente a América, a Austrália e regiões setentrional e meridional da África. Graças a um excecional crescimento demográfico, a partir de meados do século XVIII, a Europa vai contribuir poderosamente para a ocupação dos espaços vazios ou escassamente povoados do mundo e assumir uma importância excecional, já no século XIX, na construção dos EUA, Brasil, Argentina, Canadá, África do Sul, etc. Entre 1846-1930, 52 milhões de europeus saíram do Velho Continente: 72% para os EUA; 21% para a América Latina; 1% para a Austrália. Esta vaga migratória foi responsável por significativos aumentos populacionais em vários países do mundo: 40% na Argentina, 30% nos EUA, 15% no Canadá e Brasil.

No século XX, a diminuição do crescimento da população nos países desenvolvidos, acompanhada da aceleração do crescimento demográfico dos países subdesenvolvidos, vai alterar profundamente a geografia das migrações, orientando-as no sentido dos segundos para os primeiros. Após a Segunda Guerra Mundial (1939-1945), a Europa, de exportadora de gentes das mais diversas nações, vai tornar-se importadora da mão-de-obra necessária para a sua reconstrução e desenvolvimento. Numa primeira fase, apelando para os países mediterrânicos da própria Europa, ainda pouco afetados pela recessão demográfica – Espanha, Itália, Portugal, Turquia –, de tal forma que, nos finais dos anos 1970, dos 11 milhões de imigrantes registados na CEE, sete milhões, isto é, 64%, eram provenientes dos países mediterrânicos. Logo a seguir, aliciando imigrantes de outros países mediterrânicos do Magrebe e da África Negra. Este movimento, após o afundamento da ordem bipolar (1989-1991), foi engrossado com os movimentos de população vindos da Europa Central e de Leste para a Europa Ocidental.

Com a crise petrolífera de 1973-1974 e o aumento significativo do desemprego, os países europeus fecharam-se à imigração, partilhando a ideia de que a era das grandes migrações terminara, assente num conjunto de pressupostos errados que tinham a ver com a nova divisão internacional do trabalho – a substituição da mão-de-obra estrangeira pela nacional; as políticas de regresso e reinserção dos não-europeus nos seus países de origem; a reduzida mobilidade interna dos europeus num espaço sem fronteiras internas (1,5% apenas); e o codesenvolvimento como alternativa à migração, ou seja, a definição de políticas que levassem ao crescimento económico dos países que alimentavam a emigração para a Europa.

Contudo, as previsões foram totalmente desmentidas, tanto pelos factos como pelas políticas dos Estados e da própria UE, que passaram a concentrar os seus objetivos no controlo das fronteiras, na visão securitária e nos desafios colocados pela integração, sem terem em conta sequer a sedentarização lógica dos migrantes. A Europa procurou fechar-se à imigração, mas os fluxos migratórios continuaram a intensificar-se nas três últimas décadas, obrigando a UE a rever as políticas que implementou para conter este fenómeno, tanto mais que o contínuo declínio do seu crescimento demográfico criou as condições necessárias para o apelo a novos recursos humanos além-fronteiras. Assim, entre 1990-2000, a imigração representou 89% do seu crescimento populacional. Só em 2002, entraram na UE 2,5 milhões de imigrantes (mais de 600 mil na Alemanha, 440 mil em Espanha, 420 mil no Reino Unido, 390 mil na Itália) e, nesse mesmo ano, recensearam-se 21 milhões de imigrantes na União Europeia – 5,5% da população dos 15 Estados-membros de então. De acordo com o Eurostat, 21,8 milhões de pessoas dos 446,8 milhões de pessoas que viviam na UE-27 em 1 de janeiro de 2019 (isto é, 4,9%) eram cidadãos de países terceiros, tendo os Estados-membros, só em 2018, concedido a nacionalidade a 672 000 pessoas. Ainda em 2018, segundo a mesma fonte, entraram na UE 2,4 milhões de imigrantes.

Face a esta realidade incontornável, várias questões se levantam: quais os fatores que ajudam a explicar tais migrações para a União Europeia? Qual o perfil do migrante? Qual o impacto deste fenómeno na Europa e nos países de origem? Que políticas tem desenvolvido a União Europeia de forma a obter uma integração harmoniosa destes novos europeus?

Fatores explicativos das migrações para a União Europeia

Os fenómenos migratórios contemporâneos apresentam uma grande complexidade, já pela sua dimensão e natureza, já pela diversidade das motivações que lhes estão subjacentes. A direção dos movimentos da população tem em consideração fatores de natureza histórica (imigração proveniente das ex-colónias europeias), sociológica (constituição de redes legais e ilegais de imigrantes, de grupos de acolhimento, etc.), política (legislação dos países de acolhimento, instabilidade, guerras civis e terrorismo nos países de origem dos migrantes), geográfica (proximidade das regiões ou países de emigração, como, no caso da UE, o Norte de África e o Próximo e Médio Oriente), ecológica (degradação do meio ambiente, seca, desertificação), etc. A pressão demográfica, a pobreza, a evolução dos modos de produção, a perseguição ou repressão política nos países de origem, acompanhados de garantia ou perspetiva de emprego e de um ambiente de liberdades nos países de acolhimento, e a rápida abolição das distâncias graças à globalização dos transportes e comunicações – eis os motivos que explicam os elevados fluxos migratórios com destino à Europa. A saída para a Europa constitui, em geral, uma fuga à miséria, ao desemprego e à perseguição.

Este crescimento espetacular das migrações para a Europa é fruto da conjugação dos mais diversos fatores, endógenos e exógenos, como sintetiza Catherine Wihtol de Wenden: o envelhecimento progressivo da população europeia, a exigir cada vez mais mão-de-obra abundante e barata; a passagem da condição de país de emigração à de país de imigração, dos Estados da Europa do Sul e do Leste; a extinção da União Soviética em 1991, que deu origem a um importante fluxo de populações que viviam sob regimes comunistas para os países da União Europeia; a concessão e generalização progressiva dos passaportes; a explosão da procura de asilo à escala mundial, não mais limitada a certas "regiões quentes" (África dos Grandes Lagos, Ásia do Sudoeste, Balcãs, Próximo e Médio Oriente, etc.); a multiplicação de redes transnacionais familiares, económicas, mafiosas, ativamente empenhadas no fomento das migrações em cadeia (China, Nepal, Balcãs, África Ocidental, etc.), e contra as quais o controlo das fronteiras se revela impotente; o desenvolvimento das migrações pendulares, de curta duração, no sentido este-oeste (queda do muro de Berlim), mas também sul-norte;

a proximidade geográfica de regiões não desenvolvidas ou pobres com um elevado crescimento demográfico, acentuada pela baixa generalizada dos custos de transporte e pela imagem, através dos *media*, de uma Europa "rica" (*Ramses*, 2004). A pressão migratória sobre a UE assenta, pois, nos desequilíbrios demográficos, económicos, culturais e políticos existentes para lá das suas fronteiras – Estados do Leste europeu; Norte de África, região onde 55% da população regista menos de 25 anos e os regimes políticos e económicos se revelam pouco atrativos.

Quem emigra?

No passado, como no presente, não emigra quem quer, mas sim quem pode, isto é, não são os mais pobres dos mais pobres que abandonam os seus países de origem, mas os que dispõem de uma rede transnacional, legal ou ilegal, ou de uma família instalada no estrangeiro e de um rendimento ou uma pequena poupança que lhes permita sair e cobrir as despesas de deslocação, e o pagamento à rede clandestina ou ao intermediário que lhe garante a passagem das fronteiras. A única exceção a esta regra é a emigração forçada dos refugiados, se bem que, neste caso, seja o Terceiro Mundo, e não a ↗União Europeia, que continua a ser o maior produtor e acolhedor destes fluxos.

Contrariamente ao que aconteceu no passado, são menos a pressão demográfica (em queda) e a pobreza a contribuir para a emigração, assumindo papel fundamental o imaginário migratório constituído pelos *media*, a informação pessoal, a visibilidade da sociedade de consumo e a liberdade de expressão. Muitos dos emigrantes inscrevem-se numa estratégia de "copresença" (vida apoiada em dois países), ainda que esta aspiração seja contrariada pela política dos vistos – quanto mais as fronteiras se fecham, mais as pessoas se instalam por não poderem ir e voltar; quanto mais abertas, mais circulam. A existência de diásporas (50 milhões de chineses no mundo) revela a procura de bem-estar económico, cultural e político. Não há alternativa à emigração, a não ser a aposta, por parte dos países ricos, no desenvolvimento dos países pobres de onde os imigrantes são originários, política seguida nos últimos anos pela UE, se bem que com limitado sucesso.

Perfil dos migrantes

Não é fácil estabelecer um tipo de migrante para todos aqueles que rumam com destino à União Europeia. A diversidade de motivações é múltipla, o que explica a pluralidade de situações. De qualquer modo, segundo Wihtol de Wenden (2016) e Jean-Claude Chesnais (2003), nestas correntes migratórias é possível destacar a prevalência de alguns perfis: mão-de-obra pouco qualificada, pronta a trabalhar em qualquer setor de atividade, definitiva ou temporariamente (construção civil, agricultura, indústria têxtil, emprego doméstico, etc.); jovens diplomados, saídos das classes médias urbanas, aspirando à modernidade ocidental; mulheres isoladas e escolarizadas, desejando independência económica e pessoal e liberdade de expressão política; elites qualificadas à procura de realização profissional de acordo com as suas competências e talentos; grupos inteiros vocacionados para a mobilidade em certas regiões; refugiados de zonas de conflito ou de repressão.

Que políticas migratórias para a Europa?

Face ao desenvolvimento dos fluxos migratórios nas últimas décadas, sob a forma de movimentos clandestinos, de refugiados políticos e económicos, colocou-se um dilema crucial à União Europeia quanto à política a adotar: interdição ou controlo? A partir da década de 1980, podemos detetar dois movimentos de sentido diferente na Europa quanto às migrações: por um lado, uma tentativa de europeização das políticas; por outro lado, a resistência dos diferentes países da União Europeia, que procuram garantir a sua própria política quanto a esta questão, em função das influências e constrangimentos estabelecidos pela opinião pública, e que entram, por vezes, em contradição com as tentativas de harmonização das políticas europeias. A construção do espaço migratório europeu tem sido feita em sucessivas etapas tendentes à harmonização das políticas migratórias nacionais, destinadas a garantir um certo equilíbrio à política dos diferentes países, sobretudo na luta contra a imigração clandestina e os pedidos de asilo indevidos.

No âmbito de tais políticas, importa referir as mais importantes: a assinatura dos acordos de ↗Schengen (1985), seguida da convenção de Schengen (1990), que reforçou o controlo das fronteiras externas da União e a coordenação das polícias na luta contra a imigração clandestina, ao permitir a livre-circulação no interior do espaço europeu dos cidadãos não comunitários portadores de um visto Schengen; a assinatura dos acordos de Dublin, que definiram para os 15 uma política de asilo comum (1990); a definição de regras comuns à escala europeia para lutar contra a estadia ilegal de estrangeiros e harmonizar as regras do reagrupamento familiar; o tratado de Maastricht (1992), que coloca o controlo das fronteiras e a política de asilo no domínio das decisões intergovernamentais; o tratado de Amesterdão (1997), preconizando a passagem do ↗asilo e da imigração do nível intergovernamental para o plano comunitário; a cimeira de Tempere (1999), definindo uma política de imigração comum a partir de uma avaliação das necessidades económicas e demográficas da União, abandonando o objetivo da "emigração zero"; a criação de um fundo europeu para os refugiados (2000); o tratado de Nice (2000), definindo que a partir de 2004 as decisões relativas à imigração e asilo passariam a necessitar apenas da maioria qualificada; a cimeira de Laeken (2001), onde se propõe, quanto ao asilo, um equilíbrio entre a proteção dos refugiados, a legítima aspiração a uma vida melhor e a capacidade de acolhimento dos Estados-membros; a cimeira de Sevilha (2002), reforçando a luta contra a imigração clandestina e os abusos em matéria de asilo; o programa de Haia (2005), definindo, entre as dez prioridades estabelecidas até 2010, quatro relativas às migrações – asilo, impacto positivo da imigração e gestão integrada do controlo das fronteiras externas; a criação da Rede Europeia das Migrações (2008), constituída por peritos em matéria de migração e asilo de todos os Estados-membros, que trabalham em conjunto para fornecer informações objetivas, comparáveis e relevantes para as políticas; a publicação da Agenda Europeia da Migração (2015), propondo medidas imediatas para fazer face à situação de crise no Mediterrâneo, bem como ações a empreender nos próximos anos com vista a assegurar uma melhor gestão dos fluxos migratórios em todos os seus aspetos; e o novo Pacto em Matéria de Migração e Asilo (2020), que visa integrar o procedimento de asilo na gestão global da migração, associando-o ao controlo prévio e ao regresso, abrangendo simultaneamente a gestão das fronteiras externas, uma maior previsão, preparação e resposta a situações de crise, juntamente com mecanismos de solidariedade, e as relações externas com os principais países terceiros de origem e de trânsito.

Em suma, embora os Estados-membros resistam à ideia de abandonarem a sua soberania em favor de um controlo europeu das fronteiras e da integração dos imigrantes, a verdade é que a União Europeia tem dado, na última década, alguns passos na definição de uma política global em matéria de migrações, integrando a responsabilidade comum das fronteiras, a proteção dos imigrantes e o combate à imigração ilegal e ao tráfico humano, se bem que com resultados práticos pouco convincentes.

As migrações e o desenvolvimento da Europa

Ao presente, a imigração na UE, que constituiu, no passado, o reflexo do seu desenvolvimento económico, afirma-se como uma das condições da sua sustentabilidade. Estas migrações não têm apenas efeitos positivos nas comunidades de origem, através das remessas ou do retorno qualificado, afirmando-se, deste modo, como um dos mecanismos mais importantes da solidariedade que importa estabelecer entre países ricos e pobres – as remessas globais dos imigrantes passaram de 2 mil milhões de dólares em 1970 para 70 mil milhões de dólares em 1995 e atingiram os 230 mil milhões de dólares em 2005.

Têm igualmente e sobretudo um impacto muito significativo nas condições de vida dos que emigraram para a Europa e nos próprios países de acolhimento, dando um contributo determinante ao desenvolvimento e prosperidade dos países europeus: efeitos positivos na economia, contribuindo para a riqueza das nações, já através das elevadas taxas de poupança que revelam, já pelo trabalho que desenvolvem, já pelos negócios que estabeleceram; efeitos positivos na demografia – rejuvenescimento das populações e impacto positivo na Segurança Social (em Portugal, só em 2019, os imigrantes contribuíram com 884 milhões de euros, revelando uma maior capacidade contributiva face aos nacionais, ao mesmo tempo que beneficiaram menos de prestações sociais); efeitos positivos nas finanças públicas – os imigrantes legalizados dão um contributo importante para as contas públicas, através dos impostos e taxas (presentemente, 81% da população imigrante em Portugal é ativa), sendo contribuintes líquidos para a sociedade em que se inserem; efeitos positivos na cultura, garantindo a diversidade cultural da sociedade de acolhimento – o multiculturalismo, a tolerância e a compreensão do outro –, e difundindo, por outro lado, nos países de origem dos imigrantes o modelo de vida ocidental.

Migrações e coesão social na União Europeia

A coesão social representa uma prioridade europeia já consubstanciada na Agenda Comum para a Integração, que a Comissão Europeia (CE) elaborou em 2005 e aprofundou em 2015 e 2020, visando o enquadramento da integração de nacionais de países terceiros na UE, assente nos seguintes princípios e mecanismos básicos comuns: o emprego; o conhecimento básico da língua, da história e das instituições da sociedade de acolhimento; os esforços na educação; o acesso às instituições, aos bens e aos serviços públicos e privados por parte dos imigrantes, numa base de igualdade face aos cidadãos nacionais; a interação frequente entre imigrantes e cidadãos dos Estados-membros; a salvaguarda das práticas culturais e religiosas, salvo em caso de incompatibilidade com os direitos europeus ou com a legislação nacional; a participação de imigrantes no processo democrático; e a inclusão de políticas e de medidas de integração em todos os domínios e níveis de Governo e de serviços públicos.

A sua história, como já vimos, e o envelhecimento acelerado da sua população, não lhe permitem fechar as portas aos imigrantes, colocando-se assim à Europa desafios de natureza política, sociológica e cultural a que tem de dar respostas positivas. Mas, por outro lado, a finitude do seu território e da sua economia também não autorizam uma política de portas abertas, sob pena de fazer dos imigrantes proletários desenraizados, deambulando nos subúrbios das grandes cidades, sem emprego nem esperança.

Seja como for, a imigração continua a desempenhar um importante papel na construção da realidade coletiva europeia, cultural e simbolicamente, constituindo um projeto inacabado e em perpétua recomposição, que tem contribuído para a redefinição da cidadania e da sua identidade, uma e outra em busca do seu conteúdo, e para a renovação das mentalidades coletivas; introdução de novos valores (multiculturalismo, cidadania plural, multiplicidade de fidelidades); novas aproximações aos direitos individuais (dissociando a cidadania da nacionalidade); luta contra as discriminações; direitos das minorias (incluindo os nómadas e apátridas); e reinvenção da laicidade e da imagem do "outro". Mas também tem dado origem a lamentáveis manifestações de rejeição e hostilidade, hoje bem patentes em vários países, como a Hungria e a Polónia. *[F.S. / R.R.]*

Militantismo

Militantismo é uma modalidade de envolvimento na ação coletiva que, sendo sustentada no tempo, se materializa na defesa ou na promoção de causas. O militantismo clássico, produto do encontro entre um cidadão, uma organização e uma causa, pode ser de natureza moral, trabalhista, partidária ou radical. O militantismo moral, também designado altruísta, muito popular na atualidade, está ligado a questões de civilização, como a proteção do ambiente, o alter-mundialismo ou as ações humanitárias. O trabalhista, constitutivo do cooperativismo, do mutualismo e do sindicalismo, é um fenómeno histórico que perdeu o fulgor que o animou, desde o início do século XIX, por mais de um século. O partidário, nas sociedades afluentes, na era de partido cartel, está em declínio, vítima do afastamento entre o Estado e a sociedade. O militantismo radical, por fim, pratica-se em organizações partidárias ou não partidárias que recorrem a meios ilegais, nomeadamente à violência, para atingir objetivos políticos.

Em crise nas democracias ditas avançadas, o militantismo tem adotado novas abordagens de natureza comunitária ou personalista. O militantismo comunitário afirma-se em comunidades reais ou imaginadas com preocupações tão diversas quanto o ambientalismo local, o integracionismo afrodescendente, os direitos LGBTI ou o antirracismo. O militantismo personalista pressupõe a independência do militante em relação a organizações sociais ou políticas clássicas, apenas é praticado com sucesso relativo por quadros muito qualificados e repousa na utilização intensiva dos novos meios de comunicação de massa. *[L.F.M.]*

Ministros

De acordo com Guy Thuillier, a exigência de gabinetes ministeriais resulta, a partir do final do século XIX, de juntar a capacidade de decisão política a uma cada vez maior necessidade técnica, devido ao consequente recurso e alargamento das funções desempenhadas pelos Estado, desde as de soberania, sociais até às empresariais.

Nos Estados Unidos da América, cujo modelo de governo é presidencial, aos membros do governo chama-se secretários, que são o equivalente aos ministros nos mais variados sistemas. A sua integração no governo obedece a um princípio de escrutínio à sua capacidade política e técnica e só se torna efetiva após a sua aprovação, por maioria simples, pelo Senado. Depois do Presidente e do Vice-Presidente, o Secretário de Estado, o equivalente ao ministro dos Negócios Estrangeiros, é o elemento mais importante do governo.

No Reino Unido, no chamado sistema de Westminster, o ↗Conselho de Ministros é constituído pelo primeiro-ministro e por outros vinte e dois ministros, denominados ministros da Coroa (ministers of the Crown), designação formal estendida aos restantes países da Commonwealth. No Reino Unido os ministros precisam de ser eleitos para o Parlamento para poderem aceder ao lugar governamental. Atualmente alguns dos títulos honoríficos ainda continuam a ser utilizados para denominar o Ministério ou funções neste realizadas, como é o caso do Lorde do Almirantado, que integra o Ministério da Defesa desde 1964, ou o Chanceler do Tesouro, o equivalente ao ministro das Finanças.

Em Portugal, os ministros são membros do Governo que fazem parte do Conselho de Ministros e exercem funções políticas e administrativas (Freitas do Amaral). A designação dos ministros não depende, em caso algum, conforme o artigo 187.º n.º 2 da Constituição, ainda que *a contrario*, dos resultados eleitorais antes da vontade política do primeiro-ministro. Em Portugal, ser ministro não exige a respetiva eleição como deputado à Assembleia da República. O ministro responde, nos termos do artigo 191.º n.º 2, perante o primeiro-ministro, e desse modo assume a integralidade dos atos praticados no seu Ministério, incluindo as respetivas Secretarias de Estado e, igualmente, pelos atos praticados pelo segmento da Administração Pública que dirige. Não existe responsabilidade ministerial face ao Presidente da República e perante a Assembleia da República, mesma fica cingida à área que o ministro controla administrativamente. Dessa forma, aprofunda-se a ligação direta ao primeiro-ministro, estabelecendo com este a respetiva relação de confiança necessária para o exercício da função. A "secundariedade jurídica dos Ministros revela-se tanto mais evidente quanto a sua substituição ou até, no limite, a substituição da totalidade, não acarreta nem a demissão do Governo, nem necessidade de reapreciação do seu Programa" (Luís Barbosa Rodrigues).

Ainda no caso português, o artigo 201.º da Constituição consagra o princípio da autonomia, quer perante o primeiro-ministro, quer perante o próprio Conselho de Ministros, competindo-lhe a essencialidade das funções administrativas de direção e controlo do Estado. Como consagrado no mesmo artigo, além da função constitucional de direção e da função política de direção, existe ainda uma função administrativa de direção, fazendo com que o ministro seja, simultaneamente, uma entidade política e administrativa.

Os Ministros gozam de uma ampla intervenção nos atos da Administração, através do uso dos seus poderes de inspeção, de supervisão ou de decisão de recursos, assumindo, muitas vezes, natureza vinculativa, bem como no exercício do poder disciplinar que permite a imposição de sanções. Na sua relação governamental e hierárquica, estão sujeitos ao princípio da solidariedade institucional. *[A.T.]*

Minoria

↗Atores das Relações Internacionais.

Missão diplomática

Serviço público de representação instalado no território de outro Estado (missão permanente), ou de representação eventual junto de outros sujeitos de Direito Internacional (missão especial ou *ad hoc*). Os membros do pessoal da missão que tiverem a qualidade de diplomata, em regra, devem ter a nacionalidade do Estado acreditante. Tendo a nacionalidade do Estado acreditador (ainda que em simultâneo com a do Estado acreditante), têm de ter o consentimento deste, o qual poderá retirar esse consentimento a todo o tempo. Tanto a sua nomeação (pelo Estado acreditante) como expulsão (pelo Estado acreditador) são livres, fazendo-se esta através da declaração de *persona non grata*. *[R.M.]*

Mito político

O conceito de "mito político" encerra a ambivalência das duas palavras. O *mythos* propõe uma narrativa sobre a realidade sem invocar factos históricos reais, construindo uma racionalidade fora da história, mas relacionada com a história. Ao colocar fora da história e da prova científica os conteúdos e personagens invocados, dá-lhes a dimensão de perenidade e força mágica, cerne do poder de motivação e ação que pretende comunicar. A *polis*, por sua vez, traz o espaço público da discussão, "lugar" privilegiado da negociação de uma "verdade" motivadora da ação. A *polis* precisa de conteúdos, objetivos e propósitos que motivem a vida pública, sendo que os sentidos da prática da *polis* vivem tanto do valor da realidade que pretendem cumprir, como do grau de adesão e motivação dos seus membros. Assim sendo, o "mito político" não se estabelece no campo da mentira, da falsidade ou engano, mas de uma narrativa, conceito ou personagem (real ou fictícia) que congrega em si, de forma articulada ou não, uma ordem ou visão da "realidade" e, através dela, interpreta e age no espaço público com um sentido que ultrapassa essa realidade social.

É a capacidade de estar para além da verdade factual ou dos sentidos da racionalidade científica que dá ao "mito político" a força e o espaço para um consenso e adesão acrítica. Aceita-se a narrativa, os objetivos e a personagem, na medida em que essa narrativa, objetivos e personagem transportem os membros de uma sociedade ou grupo social para a expectativa da realização de algo que se impõe pela "evidência" do poder da origem e não pela "evidência" dos conteúdos e propósitos que comunica. A permanência da crença no "mito político" dá-se na razão de que ela está mais centrada no processo político e naquilo que as pessoas estão dispostas a fazer, acreditando nos conteúdos veiculados.

O espaço público, pela dificuldade expressa de entender e decidir dentro da complexidade e conflituosidade da ação política, aceita entusiasmado os "mitos políticos", dado eles não apelarem a um escrutínio das propostas ou validade da ação da personagem, mas à crença de um futuro já em parte realizado, só porque existe a narrativa ou a personagem que o anuncia. O não cumprimento deste futuro em nada tira poder à narrativa e à personagem, pois o desfasamento entre o enunciado e a "realidade" é colmatado pela crença na narrativa ou na personagem. E por mais paradoxal que pareça, este desfasamento não impede a ação sobre a realidade. O desejo motivado pela crença promove a ação, pois os atores sociais não são passivos na adesão ao "mito político". O "mito político", perante uma situação de medo e incapacidade de enfrentar a realidade, transforma o espaço público em lugar de expressão do desejo. É na abertura proporcionada pelo desejo que age a narrativa mítica, satisfazendo a resolução das contradições percebidas, mas não necessariamente solucionando os problemas vividos.

Pensar o "mito político" fora das abordagens da mentira e das falsidades das narrativas e personagens é a melhor estratégia para compreender o poder de motivação e transformação política por ele promovidas. O "mito político" não expressa a realidade, mas cria a realidade. Esse é o poder da narrativa do "mito político". Não supõe a discussão ou a opção entre duas propostas políticas, entre áreas ideológicas ou pragmáticas diferentes. O "mito político" vive de si mesmo, da sua força motivadora, da crença de que o discurso que propõe não está sujeito à validade da aprovação ou da verificação de ser mais justo do que o antagónico. Ele é a verdade, não uma proposta de verdade; ele afirma e cria a "realidade", não a polemiza; ele é convincente, não tem por objetivo elucidar.

Por estas razões, quando no espaço público um mito político motiva a adesão de muitos membros de uma sociedade, é muito difícil discutir a validade das suas propostas, polemizar as razões invocadas ou elucidar os seus crentes das contradições existentes. Qualquer uma destas pretensões da polemologia política é vista como uma rutura da estabilidade social, um ato inimigo da realidade desejada. Daí que narrativas políticas ou personagens políticos que se transformem em "mitos políticos" sejam eventos históricos que instauram uma época excecional de vivência social, como se fosse um "parêntesis" no exercício normal da política, baseado no confronto de ideias e propostas, seja ele ditatorial ou democrático.

Ao contrário dos mitos primitivos, celebrados e ritualizados para o homem se relacionar com o mundo, os mitos modernos, segundo E. Cassier, são construídos intencionalmente como "armas técnicas" ao serviço da dominação dos políticos, como foi o caso do nazismo. Outros autores reforçam esta manipulação através da desmoralização e demonização do inimigo, ao proporem uma era dourada, ao mesmo tempo milenarista e messiânica, porque instaurada por um líder providencial. Raoul Girardet dá um roteiro para a resolução de problemas quando um povo vive uma crise: a autoridade pública denuncia uma conspiração maléfica e forja os elementos (causas, personagens) que estão na sua origem; propõe um meio e objetivo, a revolução e uma idade de ouro; e apela a um herói salvador (regresso do velho herói; jovem audacioso e providencial; profeta escolhido por Deus). Contudo, esta explicação do "mito político" recai na tentação de o ver como produto da intencionalidade e de estratégias políticas e não a partir de uma abordagem antropológica da crença, no poder dessa crença no devir histórico, criando realidades e motivações de ação. Olhar para o "mito político" apenas dentro da manipulação e da falsidade é deixar escapar grande parte do seu papel na história política das nossas sociedades. *[A.Ca.]*

Moção de censura e de confiança

Instrumentos do controlo político parlamentar sobre o poder executivo, logo, de inspiração parlamentarista. A moção de censura consiste normalmente no poder de propor e de votar uma moção no Parlamento, que "censura" (expressa a "não confiança") o Governo. Quando aprovada, implica a demissão do Governo. Se existir a figura da "moção de censura construtiva", o Parlamento assume a obrigação de apresentar uma outra solução de governo com apoio parlamentar, alternativa ao rejeitado. De outro modo, a demissão do Governo pode levar à convocação de eleições antecipadas (consequência que não ocorre em sistemas presidencialistas, em que tais moções, a existirem, terão um papel apenas simbólico). Há variações de Estado para Estado, conforme a Constituição e as leis próprias. No caso português, a moção de censura está prevista no artigo 194.º da Constituição da República Portuguesa e a subsequente demissão do Governo no artigo 195.º. Uma ideia similar corre na figura da ↗moção de confiança.

A moção de confiança difere da moção de censura na medida em que é o próprio Governo que solicita ao Parlamento a votação da moção, sobre determinada matéria ou sobre a sua atuação geral, com intuito de reforço político da sua posição. A não aprovação de uma moção de confiança leva normalmente à demissão do Executivo. No caso português, a moção de confiança está prevista no artigo 193.º da Constituição da República Portuguesa e a subsequente demissão do Governo no seu artigo 195.º. *[C.T.R.]*

Modelo

O modelo é um esquema sintético e abstrato que, através de uma construção rigorosa, ordena os elementos da realidade. Um modelo consiste, portanto, numa representação formal de ideias ou conhecimentos relativos a um fenómeno. Todo o modelo é um compromisso entre, por um lado, a tentativa de simplificação e, por outro, a tentativa de refletir a complexidade do real. A construção de um modelo parte de uma série de observações concretas ou experimentais. A partir destas observações estabelece-se a existência de relações entre determinados elementos significativos (fatores variáveis), das quais podemos deduzir um esquema explicativo que, posteriormente, pode ser aplicado a situações comparáveis, permitindo assim verificar as constantes e as variáveis próprias de cada caso de estudo.

Em Ciência Política e Relações Internacionais, é usual a construção de modelos para explicar melhor determinado fenómeno. Os modelos podem ser mais positivistas e formalizados com recurso a técnicas quantitativas, ou podem ser mais qualitativos e interpretativos, recorrendo a conceitos e a tipos-ideais na tradição weberiana. Para Max Weber, o tipo-ideal é um modelo construído, que se centra na identificação dos aspetos fundamentais do fenómeno em análise. Deste modo, na aceção de tipo-ideal, os modelos, são conceitos ou construções intelectuais, que remetem para os traços mais pertinentes do objeto ou da realidade que representam, constituindo uma representação ideal, servindo como instrumento privilegiado para sintetizar ideias e conhecimentos científicos. *[P.E.M.]*

Modelo de acumulação de capital social

Modelo introduzido por Mendes (2021b) para explicar a importância de acumulação de ↗capital social nas lideranças políticas. Partindo das ideias de Bourdieu (1980; 1986) sobre as formas de capital, apresenta um modelo de análise interpretativo que utiliza o capital social como hipótese intelectual para explicar a ascensão social e política de atores políticos que, inicialmente, não fazem parte da elite e do campo político e social dominante. Este modelo demonstra a importância de acumulação de capital social para explicar o percurso progressivo dos líderes, em particular desses momentos especiais e decisivos de transição ideacional e de entrada nos círculos de poder. O modelo sublinha a importância da conversão de capital cultural e social em capital político e poder simbólico e demonstra como essas categorias analíticas ajudam a explicar os percursos políticos, nomeadamente o de Marcelo Caetano no campo político autoritário português.

O autor sublinha que a acumulação de capital social é decisiva para a ultrapassagem das barreiras sociais e políticas, e consequente afirmação dos líderes. Para um ator conseguir entrar e ter sucesso no campo político é importante demonstrar uma progressão social e cultural, acumulando capital social. Basicamente, segundo este modelo, o capital social é a capacidade de construir e solidificar de forma cumulativa uma rede de relações interpessoais: familiares, amigos, seguidores, colegas e atores da sociedade civil, (quer institucionais, quer individuais), que reconhecem e reforçam esse capital social, que depois é passível de ser convertido em capital político. *[P.E.M.]*

Modelo de acumulação de poder simbólico

Modelo introduzido por Mendes (2021c) para explicar a importância da acumulação de ↗poder simbólico dos atores políticos na sua progressão política e possibilidade de ascensão à liderança. Este modelo parte de uma visão sociológica e construtivista e reinterpreta de forma inovadora as ideias clássicas de Bourdieu relativas ao "capital político" e ao "poder simbólico", bem como a ideia de "ambição progressiva" (Schlesinger,

1966) dos atores políticos. De acordo com Mendes, os líderes políticos devem procurar acumular poder simbólico (capital político e capital social) para afirmarem a sua ambição progressiva e atingirem a liderança de forma mais eficaz. *[P.E.M.]*

Modelo comunicacional (Karl Deutsch)

Um dos modelos encontrados pela escola behaviorista, e que teve um grande impacto na disciplina das Relações Internacionais. Elaborado por Karl Deutsch no seu estudo sobre o ↗nacionalismo e a comunicação, mais do que procurar definir o nacionalismo através de critérios ideológicos, Deutsch tenta estabelecer uma correlação entre a coesão de uma comunidade política e o nível de comunicações – intensidade, rapidez, frequência das comunicações de todos os tipos – que se estabelece entre os seus membros.

A sociedade, como uma comunidade, desenvolve-se através de uma aprendizagem social. Neste sentido, uma comunidade compreende as pessoas que aprenderam a comunicar entre si. Assim, uma comunidade política baseia-se numa comunidade de hábitos complementares e de facilidades de comunicação que permitem a construção de uma história comum. Partindo desta hipótese, Deutsch estuda vários tipos de sociedades, onde se encontra uma diversidade racial, cultural e linguística, demonstrando a existência de uma correlação entre o grau de coesão nacional e a densidade de comunicações entre as diferentes categorias e os diferentes estratos dessas sociedades heterogéneas. Em síntese, quando mais comunicações existirem no seio de uma comunidade, mais fortalecida fica o seu sentido de coesão e pacificação política. *[P.E.M.]*

Modelos de Análise da Política Externa dos Estados (APE)

Campo de estudo das Relações Internacionais que tem por objetivo analisar e explicar as políticas externas dos Estados, refletindo os debates teórico-metodológicos globais das Relações Internacionais e propondo vários modelos de análise que, mais do que rivais, devem ser complementares e que, por razões de sistematização, reduzimos aqui a quatro modelos fundamentais.

Modelo de análise tradicional

A abordagem tradicional assume apriorística e implicitamente dois pressupostos teóricos fundamentais: as atitudes adotadas pelos Estados no sistema internacional são unânimes, ou seja, os Estados são unitários e monolíticos na formulação e execução das suas políticas externas; e a existência de uma dicotomia entre a política externa e a política interna. Nesta ótica, a política interna é encarada como uma esfera distinta e independente da política externa. A perspetiva tradicional estabelece como principal problema de análise a necessidade governamental de manter a autonomia e a integridade do Estado face à possibilidade de agressões exteriores. Assume que os propósitos de ação do Estado são essencialmente determinados pelos fatores externos. Deste modo, são os fatores externos e não os internos que são considerados como determinantes do comportamento dos Estados. Em suma, a perspetiva tradicional assume que a política externa é formulada de uma forma homogénea e unitária, em conformidade com os elementos de poder e com base na definição do ↗interesse nacional.

Modelo decisional de Snyder

Esta perspetiva apresenta quarto pressupostos inovadores, a saber: a assunção que a política externa consiste em decisões tomadas por decisores políticos identificáveis e que, portanto, é esta atividade comportamental que requer explicação; a importância da perceção dos decisores relativamente à "definição da situação"; a ênfase dada às origens domésticas e societárias da política externa; a assunção que o próprio processo de decisão pode ser uma fonte importante e independente de decisões. Assim, com Snyder, os fatores externos deixam de ser os fatores primordiais e quase absolutos na explicação do comportamento externo do Estado. Os fatores externos passam a fazer parte de um conjunto mais vasto de fatores que, de uma forma geral, condicionam uma situação específica, a qual, por sua vez, é definida de acordo com a perceção dos decisores políticos. Em síntese, a perspetiva de Snyder introduz um modelo de análise onde os fatores internos, os externos e o próprio processo de decisão são as variáveis-chave para a explicação dos fenómenos de política externa.

Linkage theory de James Rosenau

Baseado num modelo sistémico de *input/output*, a *linkage theory* insere-se na dinâmica originada pela teoria sistémica, no sentido de ampliar o horizonte de estudo das Relações Internacionais. O seu pressuposto fundamental é o da mútua interpenetração e interdependência entre o meio interno e o meio internacional (sistema/ambiente). Rosenau afirma que o investigador de política externa deve preocupar-se em analisar os processos de *linkage* que ocorrem entre os sistemas nacional e o sistema internacional. Rosenau salienta que o processo caracterizado pelas mudanças ocorridas nos Estados – resultado da crescente modernização social –, combinadas com o crescente desenvolvimento dos níveis de interdependência no ↗sistema internacional, produziu alterações nas exigências do Estado que, por sua vez, se refletiram na natureza das suas políticas externas. Em primeiro lugar, tornou-se cada vez mais difícil separar a política interna da política externa. Em segundo lugar, a distinção entre as *high politics* – que estão associadas com a sobrevivência e a segurança do Estado – e as *low politics* – que dizem respeito à riqueza e bem-estar dos cidadãos – tornou-se menos importante, pois as segundas têm vindo a assumir um papel cada vez mais importante. Em terceiro lugar, a capacidade de controlo por parte dos governantes relativamente à sua política externa, e mesmo em relação à política interna, tem vindo a diminuir com o crescimento da interdependência.

Modelo de análise burocrática de Allison

Allison demonstra a existência de uma relação estreita entre a utilização de um determinado "esquema conceptual" e a explicação encontrada na análise de um caso específico. Deste modo, sistematiza as diferentes abordagens relativas à análise da política externa, através de três "modelos conceptuais", a saber: modelo do ator racional; modelo de processo organizacional e modelo de política burocrática. Segundo o *modelo do ator racional ou tradicional*, os Estados são retratados como entidades monolíticas e unificadas, onde os decisores agem de acordo com a lógica da maximização do interesse nacional. No *modelo de processo organizacional*, a política externa não é entendida como o produto de escolhas deliberadas por um ator governamental unificado, mas antes como resultante de *outputs* de grandes organizações, que funcionam segundo comportamentos-padrão. A capacidade explicativa deste modelo reside na localização dos atores organizacionais intervenientes, na identificação dos seus procedimentos e rotinas processuais. O *modelo de política burocrática* não considera nenhum ator unitário, mas antes numerosos atores vistos como jogadores que não se concentram numa só questão estratégica, mas em muitos e diversificados problemas internacionais. Estes diversos atores agem, não em função de um conjunto coerente de objetivos estratégicos, mas de acordo com diversas conceções dos objetivos nacionais, organizacionais e pessoais. Em síntese, no modelo do ator racional, a política externa é concebida como produto da escolha governamental. No modelo de processo organizacional, a política externa é concebida como produto de *outputs* organizacionais. No modelo de política burocrática, a política externa é concebida como resultado de um jogo negocial disputado entre os principais atores governamentais. *[P.E.M.]*

Modelo sociocultural de política externa

Modelo introduzido por Mendes que conjuga a importância dos efeitos constitutivos e dinâmicos das ideias, das normas e práticas nas "imagens culturais" dos atores, e na consequente definição dos seus interesses e preferências. Com esta abordagem, incorpora a análise da identidade nacional numa perspetiva sociocultural holística da política externa que permite integrar os aspetos ideacionais individuais, a cultura e os contextos políticos, bem como as estruturas sociais e normativas, nacionais e internacionais.

Este modelo sociocultural assume quatro pressupostos teóricos básicos. Primeiro, os agentes fundamentais na política externa são os decisores, indivíduos que atuam num determinado contexto social: governo nacional; sociedade nacional e internacional e instituições internacionais. Segundo, os interesses e as preferências dos governos têm de ser compreendidos não só como resultado de pressões das estruturas domésticas e dos seus respetivos processos de construção de coligações em resposta a exigências internas, mas também tendo em conta o seu contexto identitário e os fatores internacionais, nomeadamente a estrutura de poder e a estrutura normativa da ordem internacional. Terceiro, as ideias – valores, ideologias, imagens culturais, conhecimento, identidade, normas – são fatores consequenciais de causalidade nas relações internacionais, designadamente na definição dos interesses, preferências e escolhas dos Estados, e estão sempre presentes na formação das preferências e interesses dos decisores. Quarto, a estrutura da ordem internacional, embora condicionada por fatores materiais, é social e intersubjetiva, encontra-se em permanente possibilidade de construção através das instituições internacionais que a compõem, apresentando, de uma forma dinâmica e continua, sucessivos constrangimentos e oportunidades aos seus atores.

Neste quadro, a construção da política externa dos Estados é sempre o resultado de um complexo processo interativo entre a sociedade internacional e a sociedade nacional, onde o papel da identidade, das ideias e das normas influenciam decisivamente a conceção dos atores sobre os seus interesses e preferências e, consequentemente, as decisões que têm de tomar em política externa (Mendes, 2017, 2018). *[P.E.M.]*

Modernidade

A modernidade é a configuração cultural que se forma na Europa a partir do século XVI, e cujos primórdios se iniciaram nos finais do século XIV, situando-se num espaço e num tempo próprios: o Ocidente e o Renascimento. Pode considerar-se que o paradigma cultural da modernidade se constituiu, principalmente, entre o século XVI e finais do século XVIII, embora, em termos sociológicos, se use a noção de sociedades modernas para se referir, principalmente, ao aparecimento e desenvolvimento da industrialização, da urbanização, da evolução acelerada das forças produtivas e do capitalismo moderno enquanto modo de produção dominante nos países da Europa.

A partir de finais do século XVIII e, sobretudo, durante o século XIX, o desenvolvimento da modernidade opera-se em torno de determinados eixos que são a criação dos Estados modernos centralizados, o desenvolvimento científico-tecnológico, a industrialização, o desenvolvimento do capitalismo industrial associado à economia de mercado, a criação de grandes centros urbanos como centros económicos do capitalismo moderno, com classes novas constituídas pelos trabalhadores urbanos, e ainda a vigilância e o poder militar. Estas mudanças nos domínios cultural, religioso (a Reforma), demográfico (crescimento demográfico), económico, social e político, especificamente do século XVIII em diante, determinam a modernidade que viu nascer a conceção unitária do Estado-Nação, assente na edificação política do Estado moderno, com centralização da administração civil e judicial.

A modernidade caracteriza-se, assim e antes de mais, por aquilo que opera, que é da ordem da rutura com o passado ou com a tradição, passando esta a significar aquilo que a precede. Moderno designa o que pertence ao nosso tempo ou a uma época recente (*Dicionário da Língua Portuguesa Contemporânea*), opondo-se a antigo. Ora, desde a Querela dos Antigos e dos Modernos, séculos XVII e XVIII, que este termo detém uma conotação positiva, ligando-se à ideia do progresso da humanidade, graças ao desenvolvimento das ciências e das técnicas.

Com efeito, os fundamentos filosóficos da modernidade são as noções de progresso, história e superação, com referência axial aos valores do humanismo e da razão. O Homem moderno passa a estar centrado em si mesmo, assumindo a sua racionalidade – a Razão torna-se princípio e meio de emancipação – e os tempos modernos submetem-se à lógica da racionalidade e à afirmação da igualdade, que se consubstanciará na igualdade de todos perante a lei no Estado de Direito, uma vez eliminadas as diferenças de nascimento.

Habermas considera que há dois princípios gerais da Modernidade: a Regulação e a Emancipação. O pilar da regulação é constituído pelos princípios do Estado (formulado por Hobbes), do mercado (desenvolvido por Locke) e da comunidade (presente na obra de Rousseau). O pilar da emancipação é constituído por três lógicas de racionalidade: a racionalidade estético-expressiva da arte e da literatura; a racionalidade moral-prática da ética e do direito; e a racionalidade cognitivo-instrumental da ciência e da técnica. Isto na sequência de Max Weber (1922), que havia considerado que, na modernidade europeia, com a ciência, a moral e a arte, as esferas de valores se diferenciaram — a ciência ou o conhecimento cognitivo, a ética ou o juízo moral, a estética ou o juízo de gosto — e passaram a estar ligadas a diferentes domínios do agir quotidiano institucionalizado. É assim que a orientação das ações que, outrora, era determinada pela tradição, a partir da modernidade, como observa Habermas, está sujeita às pressões da racionalização cognitivo-instrumental do mundo objetivo, da racionalização prático-moral do mundo da comunidade social e à esfera estético-expressiva do mundo subjetivo. O mundo da comunidade social e o mundo subjetivo são os domínios dos juízos de valor, enquanto o mundo objetivo está sujeito às "verdades de facto" e não ao juízo de valor.

Assim, a racionalidade cognitivo-instrumental corresponde ao princípio do mercado, mediante a conversão da ciência no desenvolvimento da técnica e desta em força produtiva. A racionalidade prático-moral liga-se ao princípio do Estado. A racionalidade estético-expressiva articula-se com o princípio da comunidade. A articulação destes princípios entre si permitiu a constituição do projeto da modernidade assente na fé na ciência e na técnica aplicadas à produção, nas relações liberais de mercado como capazes de implementar um Estado justo e próspero, na ideia do progresso e na sua constante renovação e superação. *[I.B.]*

Modificação das convenções internacionais

O termo modificação tem diversas aceções, mesmo no plano estritamente jurídico. Por um lado, é utilizado em termos gerais para englobar revisão e emendas e, por outro, para referir alterações introduzidas a uma convenção por algumas das partes e que são aplicáveis apenas às relações entre estas. Não dispondo a convenção diferentemente, estas são admitidas, enquanto não afetem os direitos e obrigações das outras partes nem contrariem o objeto ou fim da convenção. *[R.M.]*

Modus vivendi

Instrumento convencional temporário ou provisório, visando a sua substituição por uma convenção mais desenvolvida e permanente. Pode também surgir como mero ato concertado não convencional, acordado de forma oficiosa. *[R.M.]*

Monarquia constitucional

Conforme originalmente concebido, um monarca constitucional era o chefe do poder executivo e uma figura bastante poderosa, embora o seu poder fosse limitado pela constituição e pelo parlamento ou assembleia de cortes eleitos. No conceito atual, a monarquia constitucional, com origem no Reino Unido, compreende parlamentos eleitos democraticamente e governos onde o primeiro-ministro exerce o poder executivo. Neste sentido, corresponde a uma forma de governo em que um monarca, enquanto soberano, exerce a função de chefe de Estado de acordo com uma constituição escrita ou não escrita, enquanto o poder legislativo é exercido pelas Cortes (Portugal e Espanha), a Assembleia Nacional (França) ou o Parlamento (Inglaterra).

No Ocidente Europeu, o período áureo desta forma de governo foi o século XIX. As Revoluções Liberais de finais do século XVIII e princípios do século XIX promoveram a queda das monarquias absolutas de Antigo Regime e consagraram um sistema segundo o qual o monarca está obrigado a exercer os seus poderes e autoridade dentro dos limites prescritos pela constituição.

Nos nossos dias, as monarquias constitucionais variam de país para país. Assim, temos casos como Marrocos, Jordânia, Liechtenstein, Mónaco, Kuwait e Bahrein, em que a Constituição concede poderes discricionários substanciais ao soberano, e países como o Reino Unido, a Espanha, a Holanda, o Japão, a Dinamarca ou a Suécia, onde o monarca detém poderes limitados no exercício da sua autoridade. *[J.G.F.]*

Monismo

O monismo (ou corrente monista) surge no âmbito da questão relativa às relações entre o Direito Internacional e o Direito Interno dos Estados, defendendo a unidade do sistema jurídico, por oposição ao dualismo, que defende a independência entre as ordens internacional e interna.

Segundo esta perspetiva – que hoje em dia é praticamente unânime na doutrina –, as normas de Direito Internacional têm, *per se*, aplicação na ordem interna (*maxime* pelos tribunais) sem qualquer receção material, admitindo-se apenas uma eventual exigência pela ordem interna de atos de receção formal.

Esta posição de princípio conduz, todavia, à aceitação da aplicação simultânea de regras provenientes de diferentes ordens jurídicas (internacional e interna), pelo que subsiste a questão do critério a aplicar em caso de conflito. Duas são as respostas possíveis: a do reconhecimento da primazia ou primado do Direito Internacional (normalmente apelidada de monismo com primado do Direito Internacional) e a inversa, ou seja, a da primazia do Direito Interno (monismo com primado do Direito Interno). Esta última acaba por conduzir à negação do Direito Internacional – na medida em que permite aos Estados afastarem quaisquer obrigações internacionais através da adoção de um ato interno contrário a essas obrigações – pelo que o seu acolhimento é hoje em dia pouco significativo na doutrina. Esta tende, assim, a reunir-se em volta do monismo com primado do Direito Internacional, que constitui a única posição de princípio que permite enquadrar este ramo do Direito nessa qualidade.

Em todo o caso, a querela monismo-dualismo, que tradicionalmente merecia nos programas de Direito Internacional uma atenção importante, tem hoje em dia tendência para perder essa posição, já que, na doutrina e jurisprudência internacionais, se tem obtido um regime de convergência que por um lado afirma a obrigação dos Estados adequarem a sua ordem interna ao cumprimento das suas obrigações internacionais (no que se aproxima do monismo com primado do Direito Internacional), mas admitindo todavia que o incumprimento dessas obrigações não implica a nulidade dos atos que consubstanciem esse incumprimento, mas tão-só a responsabilização internacional pelos danos daí resultantes. *[R.M.]*

Movimento de libertação nacional

Sujeito de Direito Internacional que consiste numa entidade à qual é reconhecida a representação de um povo que aspira à autodeterminação, sendo considerado como ator secundário das relações internacionais. Juridicamente, o movimento de libertação surge como sujeito a partir do seu reconhecimento, sendo que a sua capacidade jurídica se encontra limitada aos atos que integrem o referido escopo (a autodeterminação do povo, libertando-os de tutela ou de ocupação ilegítima). Ao longo da História, podemos identificar diferentes tipos de movimentos de libertação nacional: os movimentos de libertação nacional, representantes de povos sob dominação colonial, estrangeira ou racial (baseados no princípio do direito à autodeterminação dos povos, instituído pela Carta das Nações Unidas); os movimentos de libertação nacional representantes de outros povos, onde encontramos situações de um povo oprimido no seio de um Estado soberano (com um governo tirânico), um povo oprimido no seio de um Estado soberano por uma elite despótica com apoio económico/diplomático/militar de outro Estado, e alguns movimentos separatistas, entre outros. Estes atores são, por isso, entidades que não exercem autoridade legal sobre um território específico, pretendendo ser reconhecidos pelo sistema internacional para poderem formar um Estado independente. *[P.M.S.]*

Movimento dos Não Alinhados

O ponto de partida deste movimento deu-se na ↗Conferência de Bandung, em 1955, por iniciativa da Jugoslávia (liderada por Tito), do Egito (liderado por Nasser) e da Índia (liderada por Nehru), onde se reuniram 29 Estados dos continentes africano e asiático. O acordo vai estabelecer-se em torno dos designados princípios da coexistência e no respeito pelos direitos fundamentais, de acordo com a Carta das Nações Unidas: respeito pelos Direitos Humanos, soberania e integridade territorial, igualdade de todas as raças, não intervenção e não ingerência, recusa de exercício de pressão de um Estado sobre outro e respeito pela justiça.

A primeira reunião oficial dos Estados Não Alinhados deu-se em setembro de 1961, na Conferência de Belgrado, que reuniu 25 Estados, isto é, onze Estados asiáticos, onze Estados africanos, Cuba e dois Estados europeus (Chipre e Jugoslávia). A declaração final adotada pelos chefes de Estado e de governo, no dia 6 de dezembro de 1961, define a Carta do não-alinhamento. Depois de condenar o colonialismo, o racismo e as bases militares estrangeiras, depois de ter expresso o seu desejo de participar na resolução dos conflitos internacionais, o movimento propunha uma terceira opção face à divisão Leste-Oeste, recusando o alinhamento, quer pela URSS quer pelos EUA.

Numa conferência preparatória com lugar no Cairo, em junho de 1962, 19 delegações afro-asiáticas – às quais se juntaram as da Jugoslávia e Cuba – tentaram definir o não-alinhamento com base em cinco critérios: seguir uma política independente baseada na existência pacífica e no não-alinhamento ou adotar uma atitude favorável a esta política; apoiar sempre os movimentos de libertação nacional; não pertencer a nenhuma aliança bilateral com uma grande potência; não aceitar de bom grado o estabelecimento no seu território de bases militares pertencentes a uma potência estrangeira. O não-alinhamento, afirmando-se como uma recusa dos blocos, foi de certa forma uma afirmação da identidade e da especificidade cultural dos novos Estados recém-descolonizados: o arabismo, o africanismo e o asiatismo. O movimento inclui dois aspetos, um de cariz negativo – a recusa de todo e qualquer alinhamento ideológico ou político – e outro de conteúdo positivo – a procura de uma terceira via entre as políticas das grandes potências baseada no anti-imperialismo.

Na década de 1970, o movimento vai entrar numa fase de crise ligada à diversidade cada vez maior dos regimes e das políticas seguidas pelos Estados do Terceiro Mundo. O grau de unidade registado no interior do movimento era cimentado pela luta anticolonial, que deu lugar a interesses divergentes a partir do momento em que os Estados do Terceiro Mundo desenvolveram progressivamente estratégias nacionais. Isto explica-se pelo facto destes países não terem identidade comum em matéria de história, de cultura e de desenvolvimento económico, e por existirem numerosas rivalidades de interesse político a dividi-los. Com a desagregação do Bloco de Leste, o movimento perdeu muita da sua influência internacional. *[P.M.S.]*

Multiculturalismo

É um conceito polissémico que tende a ser usado essencialmente em dois sentidos que, embora relacionados entre si, são também substancialmente diferentes no seu significado e implicações: num sentido neutral e descritivo, para exprimir um facto da vida, ou seja, a diversidade cultural observável, por exemplo, na população de uma determinada cidade, num país, etc.; num sentido prescritivo, constituindo uma forma de ação política que promove a diversidade cultural através das chamadas políticas de identidade (por vezes designadas também por políticas da diferença), tendo como principais destinatários grupos minoritários e/ou considerados "subalternos".

Este segundo sentido do conceito é o mais relevante para a Ciência Política e as Relações Internacionais. Para além da dimensão descritiva, o multiculturalismo assume, assim, contornos que o aproximam de uma ideologia política e de uma utopia: a criação de uma sociedade muito diversa culturalmente e também harmoniosa. Está na origem de um conjunto de prescrições políticas específicas, normalmente conhecidas, como já referido, pelo nome de políticas de identidade. Essas políticas multiculturais começaram a surgir em finais dos anos 1960 e princípios dos anos 1970, no Reino Unido, Holanda, Suécia, Canadá e Austrália, entre outros.

O multiculturalismo ideológico opõe-se à ideia de uma nação homogénea, de uma cidadania igualitária construída a partir do modelo da *citoyenneté* herdado da Revolução Francesa. Rejeita a assimilação cultural, ou até mesmo a integração, quando baseada numa ideia de aculturação aos valores e práticas da sociedade de acolhimento. Desta forma, a ideologia e as políticas do multiculturalismo, elaboradas dentro da academia no âmbito da Antropologia Cultural, dos Estudos Culturais, da Sociologia do Desenvolvimento e da Transformação Social, deslocaram, no final do século XX, a luta pela igualdade de direitos para a luta pela diferença e pelo reconhecimento público da identidade. Ao contrário do modelo liberal e igualitário de cidadania conhecido da Filosofia Política clássica — que abstrai do grupo ao qual pertence o indivíduo e da diferença cultural e religiosa —, o multiculturalismo (ou comunitarismo, como tende a ser designado em França), trata o indivíduo como membro de um grupo.

Assim, o grupo ou comunidade a que o indivíduo pertence, ou que foi rotulado como pertencendo pela burocracia multicultural e pelos organismos comunitários que pretendem representá-lo, funciona como mediador e interlocutor na sua relação pública. Isto independentemente da sua vontade individual coincidir, ou não, com a deste. Nesta ótica, o grupo deverá ser também objeto de direitos específicos criados por via legislativa e suportados por financiamento público (para edifícios religiosos, escolas confessionais, canais de rádio e televisão, festivais de cultura, publicações, quotas de admissão, etc.).

Nas últimas duas décadas, a ideologia e políticas do multiculturalismo foram objeto de diversas críticas provenientes de ensaístas como Neil Bissoondath (Canadá), politólogos como Brian Barry (EUA) e Giovanni Sartori (Itália), ou sociólogos como Paul Scheffer (Holanda). Ao mesmo tempo, diversos Estados que tinham optado por políticas multiculturais estão, de alguma forma, a reverter o modelo e a voltar à ideia de uma cidadania liberal clássica (por exemplo, a Austrália, a Holanda e, em parte, também o Reino Unido).

No cerne desta mudança estão os resultados, muitas vezes frágeis, na integração de populações cada vez mais heterogéneas. Surgiram, não invulgarmente, fraturas internas originando sociedades paralelas, em vez do todo harmonioso que o multiculturalismo pretendia criar. O problema tornou-se particularmente sensível, por razões políticas e de segurança, devido ao ambiente internacional conturbado do pós-11 de Setembro de 2001. A emergência de movimentos nacionalistas e populistas nos últimos anos intensificou, ainda mais, a contestação às políticas multiculturais um pouco por toda a Europa e EUA. *[J.P.T.F.]*

Multilateralismo

Sistema de coordenação de relações entre três ou mais Estados de acordo com determinados princípios de conduta e objetivos definidos, muitas vezes, embora não necessariamente, através de ↗tratados internacionais. Traduz o reconhecimento de que problemas à escala regional ou global, como crises ambientais ou o controlo internacional do tráfico de estupefacientes e o terrorismo, não podem ser resolvidos de forma individual por cada um dos Estados, antes exigem políticas e esforços coordenados, desenvolvidos de forma coletiva por vários Estados.

O multilateralismo nas relações internacionais teve origem no Congresso de Viena (1815), desenvolveu-se com as organizações internacionais de âmbito universal (↗Sociedade das Nações e ↗Organização das Nações Unidas, na primeira metade do século XX), e constituiu, após 1945, um eixo da política externa dos Estados Unidos da América e de vários outros países.

O multilateralismo, que hoje constitui o quadro normal das relações internacionais, expandiu-se particularmente na esfera política, económica, social e cultural, dando origem a novos métodos diplomáticos fortemente influenciados por novos procedimentos, pela dinâmica das organizações e das reuniões, visando a defesa de múltiplos interesses. As Nações Unidas são a organização de Direito Internacional, por excelência, de caráter multilateral no campo político, sendo que as suas agências e órgãos especializados alargam o campo da cooperação multilateral a diversos domínios de atividade. As Nações Unidas contavam em 2021 com 15 agências especializadas, dedicadas à defesa dos Direitos Humanos, entre outros objetivos, como são os casos da ↗Organização Mundial de Saúde (OMS), da ↗Organização Internacional do Trabalho (OIT), da ↗Organização das Nações Unidas para a Alimentação e Agricultura (FAO) e da ↗Organização das Nações Unidas para a Educação, Ciência e Cultura (UNESCO). Do rol fazem ainda parte o Banco Mundial (GBM), o ↗Fundo Monetário Internacional (FMI), o ↗Fundo Internacional de Desenvolvimento Agrícola (FIDA), a Organização Marítima Internacional (OMI), a Organização Meteorológica Mundial (OMM), a Organização Mundial da Propriedade Intelectual (OMPI), a Organização Internacional da Aviação Civil (OIAC), a União Internacional das Telecomunicações (UIT), a Organização das Nações Unidas para o Desenvolvimento Industrial (UNIDO), a União Postal Universal (UPU) e a Organização Mundial do Turismo (OMT).

Outros exemplos de organizações internacionais multilaterais são o ↗Conselho da Europa, a ↗Organização para a Cooperação e Desenvolvimento Económico (OCDE), a ↗União para o Mediterrâneo (UpM) e a Conferência Ibero-Americana, para falar de organizações de que Portugal faz parte. A verdade é que a realidade mundial é muito diversa, existindo múltiplas organizações de caráter regional como, por exemplo, o ↗Banco Asiático de Desenvolvimento (AsDB) e o ↗Banco Africano de Desenvolvimento (AfDB).

Outra organização multilateral de caráter regional, mas de atuação global, de grande importância, é a ↗União Europeia (UE), que aglutina formas de cooperação e de integração de largo espectro, com vastas competências próprias e partilhadas com os Estados-membros. Já a ↗Comunidade dos Países de Língua Portuguesa (CPLP) é um exemplo de uma organização internacional de cooperação multilateral nos domínios político, económico e cultural, tendo como base a existência de uma língua comum aos Estados-membros, de vários continentes. Por sua vez, a ↗Organização do Tratado do Atlântico Norte (OTAN), fundada em 1949, é uma aliança de caráter multilateral no campo político e militar agregando 30 países da Europa e da América do Norte. Tanto a ONU como a UE, a CPLP e a OTAN constituíram-se através de tratados internacionais, como é usual na cooperação multilateral, embora esta possa ancorar-se em instrumentos de Direito Internacional mais flexíveis, visando a concertação de posições em domínios gerais e específicos, como são os casos dos vários grupos de Estados (G5, G7, G20, etc.) e das conferências temáticas criados nas primeiras décadas do século XXI para decidirem sobre questões económicas, ambientais e outras de importância extrema.

A complexidade do mundo, após o fim da Guerra Fria, tornou-se muito evidente na multiplicidade de organizações, agências, grupos e ações de cooperação multilateral que foram criados, embora isso não signifique que o multilateralismo tenha produzido sempre resultados satisfatórios. Pode, aliás, dizer-se que, no tempo que leva o século XXI, os esforços multilaterais têm sido acompanhados de momentos de entusiasmo e de ceticismo, às vezes sobre os mesmos temas, em virtude da evolução da conjuntura internacional. *[J.R.C.]*

Multipolaridade

Nas Ciências Humanas e na Geopolítica, a questão da *Polaridade* aplica-se essencialmente às concentrações de poder, nas relações entre os vários campos de influência (polos) e nas consequências que daí resultaram para a ordem internacional.

A expressão polaridade começa a ser sobretudo utilizada quando estudamos o mundo bipolar emergente da Guerra Fria e da oposição entre os EUA e a União Soviética. Com a queda do Muro de Berlim a partir de novembro de 1989 e a implosão da União Soviética em dezembro de 1991, assistimos ao surgimento de uma nova ordem mundial. Num primeiro momento, observamos uma concentração do poder nos EUA (*unipolaridade*). Mais tarde, a ascensão de mais centros de poder reconhecidos como predominantes veio dar substância à expressão *multipolaridade*, podendo estes polos ser Estados, blocos e/ou coligações.

Um exemplo clássico deste sistema multipolar é o da *balança de poder*, que passa pela distribuição de poder no sistema internacional, evitando uma situação de hegemonia. Em todo o caso, nas relações internacionais é possível coexistirem mais do que uma forma de correlação de forças, nomeadamente quando (também) observamos a dimensão regional. Exemplo paradigmático é o dos EUA: potência hegemónica na América do Norte, mas que, em termos globais, divide o seu poder/influência (político, económico ou outro) com a China, a Rússia e a União Europeia. *[P.C.]*

Multinacional (empresa)

Firma ou corporação de grandes dimensões, cuja organização e gestão estão a maior parte das vezes centralizadas, desenvolvendo a sua atividade produtiva graças a filiais implantadas em vários países. Segundo a ONU, empresas originárias de um país, com atividades estáveis e controlando filiais em, pelo menos, dois países estrangeiros, onde realiza mais de 10% do seu volume de negócios. As firmas multinacionais, mais recentemente designadas por supranacionais, globais ou transnacionais, segundo Elie Cohen, são conjuntos com forte presença mundial, cuja vulnerabilidade aumenta à medida da sua visibilidade universal e da amplitude do património material ou imaterial que acumulam, desempenhando um papel fundamental na globalização. Nas multinacionais, mais do que a sua dimensão, conta a sua organização e valor, como no caso das Pequenas e Médias Empresas (PME) de alta tecnologia.

Este tipo de empresa é caracterizado por ter um estatuto nacional, uma implantação de filiais no estrangeiro, uma internacionalização das atividades de produção e um estado-maior que a controla e dirige a partir de um centro de decisão único. O seu papel nas relações internacionais ultrapassa a simples dimensão económica, uma vez que a sua estratégia de deslocalização, assim como a globalização/desregulamentação das suas atividades transnacionais, passou a colidir, a partir dos anos 1980, com a soberania dos Estados. Assim, este ator das relações internacionais desempenha um papel ao nível económico, pelo desenvolvimento da área de implantação da multinacional, bem como de uma série de empresas nacionais que lhe garantem vários serviços (distribuição, apoio logístico, etc.); ao nível social, pela promoção da formação profissional, bem como pela melhoria das condições socioeconómicas dos seus colaboradores; e ao nível político, quer pela possível pressão (ou mesmo corrupção) junto dos dirigentes políticos dos países de acolhimento, quer pela pressão junto das autoridades no sentido de serem tomadas medidas administrativas favoráveis à empresa. *[P.M.S. / M.S.C.]*

Nação

Escreveu Stuart Mill que há ↗nacionalidade quando "um certo número de homens se encontram unidos por simpatias comuns que não existem entre eles e outro grupo qualquer", acrescentando que este "sentimento de nacionalidade" se deve à "identidade de raça e descendência", à "comunidade de língua e da religião", aos "limites geográficos onde se situa" e, principalmente, à "posse de história nacional e consequente comunidade de recordações". Mas estas características não eram para Ernest Renan causa suficiente de identificação de uma Nação, sendo necessário defini-la ainda como "uma alma, um princípio espiritual", acrescentando que essa alma e esse princípio espiritual traduzem uma unidade refletida num passado e num presente. O passado revela "a posse comum de um rico legado de memórias", o presente transmite "o consentimento atual, o desejo de viver juntos, a vontade de continuar a afirmar o legado que recebemos indiviso". Esta perspetiva de Nação, se por um lado realça a dimensão cultural e um sentido imaterial, realça por outro a ideia de consentimento, um consentimento permanente, um consentimento ainda, como salienta Guy Hermet, que Ernest Renan entende estar sujeito a plebiscito diário.

Mas a esta ideia de pertença a uma Nação, pelo passado e pelo presente, pode ser contraposta uma outra alicerçada na convicção de que as Nações resultam tão somente do reconhecimento que os homens fazem dessa pertença. Nestes termos, como evidencia Ernest Gellner, são os homens que fazem as nações e que as fazem por uma adesão voluntária consolidada na solidariedade e na lealdade entre si próprios. Significaria isto que, à semelhança dos Estados, que mais não são do que criações humanas, também as nações estão dependentes dessa mesma criação.

Seja qual for a perspetiva seguida, certo é que ambas as ideias expostas nos testemunham uma dimensão cultural de Nação, bem distinta do sentido jurídico para que muitos apontam quando a pretendem caracterizar e definir (a este propósito, ver ↗Povo). *[M.M.]*

Nacionalidade

Vínculo político e jurídico de pertença a um dado Estado. Para Stuart Mill, falar de nacionalidade é falar de "homens unidos por simpatias comuns, que os levam a desejar viver sob o mesmo governo e a desejar que este mesmo governo seja exercido exclusivamente por eles próprios ou por uma parte deles". Este vínculo é determinante nas relações de poder, dentro do Estado a que os indivíduos se encontram ligados. Embora comporte hoje variadas exceções, certo é que continua nele a residir a parte mais importante do exercício pleno do poder político. Veja-se por exemplo o que determina a Constituição da República Portuguesa, no artigo 122.º, que a propósito da eleição do Presidente da República define só serem elegíveis "os cidadãos eleitores, portugueses de origem, maiores de 35 anos". A nacionalidade adquire-se, regra geral, pelo nascimento ou pela naturalização, processo através do qual um indivíduo adquire uma outra nacionalidade. O oposto de nacionalidade é a apatridia, que significa a ausência de qualquer nacionalidade. *[F.S. / R.R.]*

Nacionalismo

Conjunto de crenças e símbolos que expressam identificação com uma determinada comunidade nacional. É a defesa intransigente dos valores nacionais, correspondendo esta defesa, quase sempre, à exaltação do Estado, entidade que assume, nestes casos, uma dimensão transcendente. As posições nacionalistas costumam ser antagónicas de todas as formas de integração supranacional, ou, se se preferir, supraestadual, surgindo assim como contraponto, no plano das ideologias políticas, do internacionalismo, resvalando também por isso, no plano doméstico, para a adoção de posturas com mais ou menos pontos de contacto com a ↗xenofobia e o ↗racismo.

Este tipo de manifestação política pode assumir duas formas de expressão: num caso, ser nacionalista pode significar isolamento a nível internacional; noutro caso, pode querer dizer alargamento do espaço interno e aumento do território nacional. A ideia de "espaço vital", para a chamada defesa dos interesses nacionais, esteve muitas vezes na origem de nacionalismos fanáticos. *[F.S. / R.R.]*

Nacional-socialismo

Designação que deriva do Partido Nacional Socialista Alemão dos Trabalhadores, ativo na Alemanha entre 1920 e 1945. O termo *Nazismo*, de origem alemã, decorre do *Nationalsozialist*, como era então designado o referido partido. A expressão corresponde à ideologia de cariz nacionalista desenvolvida durante a chefia do regime totalitário (supremacia do Estado sobre o indivíduo) liderado por Adolf Hitler, entre 1933 e 1945. O Estado nacional-socialista assentava no culto do chefe, na exaltação dos poderes do Estado, no desprezo pela social-democracia e na defesa do uso da violência. Muitos teóricos de tendência marxista defendem a ideia de que o nazismo consuma um poder político que manifesta grande autonomia em relação à burguesia, sustentando a tese, segundo a qual, o regime nazi colocou a economia ao serviço da política.

Com efeito, o autoritarismo nacional-socialista aboliu inúmeros vestígios do passado liberal, que tinham por função impedir o exercício impiedoso do poder económico. Para estes autores, o nazismo surge como uma forma de destruição do Estado anterior e alta função pública prussiana que, na sua maioria, se afastava dos valores tradicionais alemães da etnia e da língua germânicas. O regime chefiado por Hitler foi responsável pelo despoletar da II Grande Guerra Mundial e pelo extermínio de milhões de judeus e ciganos, que teve por base a ideologia racial e comunitária. Para outros autores, entre os quais Hans Mommsen, Hitler não passou de um "ditador fraco", com traços de personalidade específicos e, de algum modo, patológicos. Este quadro é propenso ao revisionismo da história, tão em voga nos nossos dias. *[J.G.F.]*

Nativismo

Sentimento de aversão aos estrangeiros encarados como ameaça aos interesses dos naturais de um país, que estes acompanham com a exaltação de si próprios devido à sua qualidade de autóctones. No espaço colonial português, foi no Brasil que, para além das resistências ameríndias e africanas à conquista e à escravatura, o nativismo teve as suas primeiras manifestações durante a guerra vitoriosa contra os holandeses de meados do século XVII – quando os pernambucanos recusaram sacrificar a sua capitania a uma aliança precária da corte de Lisboa com a Holanda contra a ameaça de Espanha, de que Portugal acabara de libertar-se (1640). Depois do que, o desenvolvimento do processo de diferenciação de interesses entre portugueses metropolitanos (reinóis) e "brasileiros" (exclusivamente identificados com a colónia, ao ponto de esquecerem a sua origem europeia) faria recrudescer as manifestações nativistas lusófobas, que não cessariam com a independência do Brasil em 1822, continuando a defender os interesses dos autóctones contra os imigrantes portugueses. Este sentimento não se circunscreveria ao Brasil, uma vez que, no contexto do tráfico transatlântico de escravos, as fortes ligações das elites económicas e culturais brasileiras com as suas homólogas das colónias portuguesas de África contribuiriam para a difusão do nativismo nestes territórios, viabilizando a emergência de movimentos separatistas/independentistas antiportugueses desde o início do século XIX. *[J.M.G.]*

Negociação (em Relações Internacionais)

A negociação internacional entre Estados e entre outros atores é um dos processos constitutivos das relações internacionais. A negociação foi, e permanece, uma atividade central nas relações internacionais. Tradicionalmente levada a cabo pelos diplomatas e líderes de política externa, a negociação internacional no mundo global é uma atividade constante nas relações internacionais. A negociação internacional multiplica-se exponencialmente no século XXI devido à crescente multilaterização e institucionalização internacional de acordos e regimes nas diversas áreas das relações internacionais, com destaque para as áreas comerciais, da segurança e resolução de conflitos, e da regulação dos bens comuns da humanidade.

Num sentido estrito e abstrato, a negociação é uma sequência de ações onde duas ou mais partes apresentam exigências, argumentos e propostas recíprocas com o objetivo de alcançarem um acordo. Num sentido das práticas sociais quotidianas, a negociação está igualmente presente e todos os indivíduos, a todo o momento, são embebidos em práticas e em exercícios negociais. Isto porque a vida humana é constituída por incessantes processos sociais liderados por agentes que têm interesses e expectativas divergentes. Isto gera inelutáveis conflitos de interesses que têm de ser geridos através da negociação. Os conflitos são evitados e terminados através da arte e da ciência da negociação. Todos os dias, inúmeras questões de política externa são resolvidas através da negociação. Os acordos de segurança, os direitos da água, os certificados ambientais, os acordos comerciais, o nascimento de novas organizações internacionais, os esforços de manutenção da paz, a definição e distribuição de fundos e políticas da ↗União Europeia, etc.

A negociação é utilizada pelos Estados para desenvolverem relações externas com o intuito de atingirem acordos comerciais e técnicos vantajosos; para evitar que um conflito se agrave ou se torne violento; para gerir relações conflituosas através de meios políticos, ou seja, para desanuviar o ambiente de conflito e atenuar, ou eliminar, a escalada da violência; e, como objetivo mais ambicioso, a negociação pode ser o meio para resolver efetivamente as incompatibilidades básicas das posições ou para as transformar em relações de cooperação. O conflito não significa apenas a violência, mas sim qualquer tipo de incompatibilidade ativa de posições sobre uma questão ou problema (Zartman, 2016).

No senso comum ou conhecimento popular, muitas vezes assistimos a comentadores nos *media* a analisarem os processos negociais através de metáforas desportivas simplistas ou das analogias militares binárias básicas de vitória e derrota. Contudo, importa sublinhar que a negociação não se limita ao comportamento manipulativo para derrotar o opositor. A analogia tradicional da guerra e da imposição de poder material da parte mais forte à parte mais fraca não capta a lógica da negociação, sendo mesmo contraproducente pensar e compreender a negociação com base nesta lógica simplista de imposição de poder.

A negociação internacional compreende-se melhor através da perspetiva que a identifica como um processo de interação dinâmico onde os atores desenvolvem e comunicam estratégias para a resolução de diferenças através de uma lógica de dar e receber. Nesta lógica, os atores vão acomodando, consentindo ou contestando propostas e contrapropostas, até chegarem a um acordo que implique vantagens mútuas e que signifique uma melhor situação para ambos face à situação anterior ao início da negociação. Claro que isto não significa, igualmente, que a negociação se limite à acomodação e a acordos *win-win* (FISHER; URY, 2011). Num processo negocial, as partes não negoceiam sempre e necessariamente com base na boa-fé e de acordo com o objetivo de chegar a um acordo que seja mutuamente benéfico para as duas partes.

A coerção e a ameaça de imposição de poder não são eliminadas num processo de negociação. Pelo contrário, muitas vezes, a coerção e a imposição de poder são utilizadas, sobretudo quando existe um processo de ↗negociação internacional assimétrica (Mendes, 2020e). *[P.E.M.]*

Negociação (princípios da)

De acordo com Fisher Ury, na obra *Getting to Yes: Negotiating an Agreement Without Giving ln* (1981), a negociação rege-se por quatro princípios fundamentais que a seguir se explicitam.

Separar as pessoas dos problemas. Dado que são as pessoas que negoceiam, é fácil que as emoções possam interferir, levando os negociadores a centrarem-se mais no confronto de personalidades do que nos problemas reais que os opõem. Isso pode levar a uma deterioração das negociações. As emoções devem ser abertamente discutidas e reconhecidas como legítimas, já que isso ajuda a manter a negociação sob controlo. Para além disso, deve estimular-se uma boa comunicação entre os negociadores, sabendo ouvir de uma forma ativa, isto é, centrando-se nos problemas e não nas insuficiências do interlocutor.

Centrar-se nos interesses e não nas posições. A posição é algo sobre o qual se decide; os interesses são os motivos subjacentes a uma tomada de posição. Como os interesses podem ser satisfeitos através de diferentes posições, é preferível negociar sobre os interesses. Os negociadores devem ter ideias claras e firmes quanto aos seus interesses, mas devem ser flexíveis quanto às suas posições.

Investir em opções conducentes a ganhos conjuntos. Este princípio refere-se ao esforço que os negociadores devem desenvolver no sentido de encontrarem entendimentos e benefícios comuns. Isto requer capacidade imaginativa e inovadora, para além do recurso a técnicas como o *brainstorming*.

E, finalmente, *insistir em critérios objetivos*. Quando a outra parte se revelar intransigente e argumentar mais a partir da sua posição do que dos seus interesses, uma boa estratégia consiste em insistir para que o acordo reflita um critério objetivo e justo, independentemente das posições de cada uma das partes. Esta estratégia ajuda a chegar a soluções baseadas em princípios e não determinadas pela pressão exercida pelos negociadores. Quando o debate se centra em critérios objetivos, ambas as partes cedem a uma solução justa.

Para outros autores, a preparação da negociação exige cinco princípios: definição de objetivos inequívocos e realistas; informação profunda quanto à outra parte; contextualização adequada; estratégia e táticas adequadas ao acordo que se pretende; e previsão das reações da outra parte e das respostas possíveis. *[F.S. / B.R.]*

Negociação das convenções internacionais

A negociação consiste na primeira fase da conclusão das convenções internacionais. É levada a cabo pelos plenipotenciários e visa a elaboração e adoção do texto da convenção. Nestes termos, a negociação conclui-se com a adoção do texto, a qual ocorre com o consentimento de todos os participantes, exceto se as partes tiverem acordado diferentemente ou ainda quando ocorre numa Conferência Internacional, caso em que a adoção se fará por maioria de dois terços. Esta fase releva simultaneamente no plano internacional (que regula de forma relativamente desenvolvida alguns dos aspetos essenciais) e no plano interno, na medida em que cabe às diferentes ordens jurídicas nacionais determinar a competência para efetuar a negociação (normalmente o executivo, mas podendo surgir especificidades diversas), os termos em que ela é executada e os poderes de que dispõem os intervenientes. Alguns autores designam esta fase como a da elaboração do texto (o que é sensivelmente equivalente).

Em Portugal, a competência para a negociação cabe ao governo. Trata-se de uma competência política exclusiva. As regiões autónomas podem participar na negociação de convenções que diretamente lhes digam respeito permanecendo, todavia, a competência no âmbito do executivo, que a leva a cabo através do Ministério dos Negócios Estrangeiros, departamento responsável pela formulação, coordenação e execução da política externa portuguesa. Mesmo no caso de negociações de caráter interdepartamental, é o Ministério dos Negócios Estrangeiros que assegura a necessária globalização, pelo que não pode a negociação ocorrer sem o prévio enquadramento político a prestar por este, que deverá ainda ser informado e pronunciar-se acerca das fases mais determinantes da referida negociação. *[R.M.]*

Negociação diplomática

↗Resolução pacífica de conflitos.

Negociação internacional

Para a existência de negociação é necessário que existam duas ou mais partes envolvidas, as quais têm interesses divergentes ou convergentes, mas com diferentes perspetivas ou possibilidades de cedência ou de aproveitamento do negócio diferentes.

A negociação como processo que precede a possível realização de um negócio ou concertação de interesses pode ser efetuada de forma verbal, escrita e, em determinadas situações, tácita. A proposta ou aceitação tácitas sucedem quando a iniciativa e/ou a anuência durante a negociação podem depreender-se de comportamentos que, devido a determinadas circunstâncias, permitem ao outro negociador legitimamente considerar esse comportamento como aprovação.

A negociação deve ser efetuada de acordo com o princípio da boa-fé, pois de outra forma o rompimento de negociações sem fundamento e que provoque prejuízos no outro negociador pode consubstanciar responsabilidade civil pré-contratual. Contudo existem determinadas negociações que, por força da lei, devido a questões deontológicas ou por acordo anteriormente estabelecido, devem ser obrigatoriamente escritas.

A negociação internacional traduz-se pelos contactos entre Estados, no sentido de concertarem entre si a realização de interesses comuns ou recíprocos. Em sentido mais restrito, a negociação internacional consiste na concertação entre Estados para se chegar a um acordo, geralmente em forma escrita, sobre qualquer questão específica.

O autor norte-americano Charles Iklé define a negociação internacional de caráter formal como "o processo pelo qual propostas explícitas são apresentadas ostensivamente com o objetivo de alcançar um acordo pela troca ou pela realização de um interesse comum onde existem interesses opostos ou em conflito". Segundo este autor, não existe, assim, negociação sem a presença de um conflito de interesses, que é resolvido pela criação de um interesse comum.

Por seu turno, o autor francês Alain Plantey adota a definição de outro autor, também francês, Constantin, na sua obra sobre a negociação internacional concebida essencialmente para a negociação no setor privado, segundo a qual "a negociação é o conjunto de práticas que permitem compor pacificamente os interesses antagónicos ou divergentes de grupos ou entidades sociais autónomas". *[M.S.C. / P.M.S.]*

Negociação internacional assimétrica

O processo negocial é assimétrico quando se carateriza pela existência de uma grande desigualdade entre as partes, onde uma parte detém uma clara vantagem negocial. Esta assimetria negocial pode resultar da existência de um grande *gap* de poder estrutural entre as partes. Contudo, num processo negocial específico, esta assimetria resulta, sobretudo, do facto de uma das partes ter uma muito melhor alternativa ao acordo. Como sublinham Fisher e Ury (2011), é esta "*best alternative to the negotiated agreement*" (BATNA), ou seja, a melhor alternativa ao acordo negociado, que irá definir o poder específico de cada parte no processo negocial. Quando uma das partes tem uma BATNA muito melhor, essa parte vai fazer uso dessa vantagem comparativa e pressionar a outra parte.

Não raras vezes, a parte em desvantagem aceita um acordo que a deixa em piores condições do que antes do acordo porque, face às circunstâncias, recusar o acordo resultaria em maiores prejuízos, piorando ainda mais a sua posição negocial. Isto significa que, apesar de o objetivo fundamental da negociação ser a obtenção de um acordo que ambas as partes reconheçam como mutuamente benéfico, isso não acontece sempre, nem muito menos de forma consequencial e determinista. Assim, não é incomum nos processos negociais existirem momentos de pressão que refletem as relações de poder negocial entre as partes. Estes momentos de pressão muitas vezes incluem um alto nível de coerção da parte mais poderosa face à parte mais fraca. A coerção pura e dura raramente é a melhor estratégia negocial e o mais comum é a utilização da ameaça de coerção, ou mesmo algum grau de coerção interligado com os tradicionais mecanismos de influência e persuasão.

Por outro lado, convém introduzir na equação da negociação assimétrica a lógica do "poder dos mais fracos". Ou seja, numa negociação assimétrica nem sempre é a parte mais forte que consegue mais ganhos num acordo. Vários estudos demonstram que existe um paradoxo do poder nas negociações assimétricas, que contraria a visão realista estrutural defensora de que é a concentração e hierarquia de poder material que determina os resultados numa disputa negocial. Por exemplo, os atores mais fracos da negociação tendem a utilizar táticas manipulativas e a utilizar expedientes administrativos e logísticos para minar a assimetria negocial. Um Estado mais fraco pode recusar concessões ou exigir propostas irrazoáveis, até estar convencido que a parte mais forte está disponível para fazer concessões. Pode ainda usar estratégias de agregação e interligação de outros assuntos, ou jogar na construção de coligações com outros Estados para aumentar o seu poder e equilibrar a assimetria.

Outro exemplo é a capacidade de os Estados mais fracos em negociações comerciais bilaterais com os EUA explorarem a política interna e a pluralidade de grupos de interesses dos EUA em seu benefício. Na União Europeia, também é comum surgirem bloqueios de Estados mais fracos para poderem explorar vantagens relativas *a posteriori*. Estudos demonstram que muitas vezes são os Estados mais fracos que, devido a terem menos a perder em não se chegar a um acordo – normalmente multilateral –, tendem a ser mais exigentes e influentes na redação final do acordo. Por exemplo, no processo negocial europeu, muitas vezes os pequenos Estados dificultam o acordo e podem até jogar com o seu bloqueio, pois têm pouco a perder com a não obtenção do acordo, relativamente a Estados mais poderosos, ou ao impacto do acordo no conjunto global da questão a acordar.

Tudo isto concorre para a ideia de que no mundo complexo e interdependente do século XXI, o sucesso negocial não depende apenas da imposição e da coerção, podendo mesmo ser um elemento contraproducente que origine resistências e leve ao impasse negocial. Aliás, como demonstram os estudos de *tit for tat*, num processo negocial as partes tendem a reagir reciprocamente às atitudes e movimentos negociais. Portanto, face a um movimento de retaliação de uma parte, a outra parte tende a reagir replicando reciprocamente a retaliação. Este movimento de *tit for tat* relativo a uma "retaliação equivalente" é, aliás, replicado no caso de um movimento cooperativo. Isto significa que, em abstrato e idealmente, a negociação implica um processo de resolução de conflitos, onde a lógica da cooperação impera sobre a lógica da coerção. Com efeito, a negociação eficaz e duradoura implica chegar a um acordo onde ambas as partes reconhecem o esforço conjunto de conseguirem ganhos e vantagens para ambas as partes, isto é, acordos *win-win*.

Outra questão decisiva na eficácia negocial é a assunção positiva por parte de todos os atores da negociação relativamente à legitimidade do acordo. Isto é crucial para se chegar a um acordo, bem como para a sua posterior implementação eficaz. A legitimidade do acordo implica o reconhecimento de que a solução encontrada não é percecionada como abusiva e desigual por nenhuma das partes (Mendes, 2020e). *[P.E.M.]*

Negócio internacional

Negócio é um facto jurídico (acontecimento da vida real com relevância para o direito), voluntário (porque pressupõe a vontade de um sujeito de direito), lícito (porque deve estar de acordo com a lei), bilateral (porque pressupõe duas ou mais vontades) e sinalagmático (porque cria obrigações para ambos as partes que celebraram o negócio). Os negócios podem ser verbais ou escritos, contudo, por força da lei, devido a questões deontológicas ou por acordo anteriormente estabelecido, podem ter de ser obrigatoriamente escritos. Ainda, se o negócio tiver como objeto a transferência definitiva (onerosa ou gratuita) ou a oneração de bens imóveis, o negócio terá de ser celebrado por pública forma designada de escritura pública. Existem ainda negócios que, apesar da proposta e aceitação de ambos os negociantes, só se consideram realizados e produzem todos os seus efeitos se forem realizados outros atos subsequentes, nomeadamente, a entrega efetiva do bem objeto do negócio ou o registo do próprio negócio quando este é escrito.

Para considerar um negócio como internacional, a nacionalidade dos negociantes, a moeda que pode ser utilizada ou a língua empregue não são relevantes. O aspeto relevante é que o negócio tenha implicações em mais do que um sistema jurídico. Assim, por negócio internacional entende-se todo o conjunto de operações, isto é, toda e qualquer transação, acordo ou contrato de comércio internacional e investimento externo, incluindo os riscos e instrumentos financeiros ligados à internacionalização da economia. Enquadram-se também de uma forma mais técnica, em negócio internacional, os contratos de compra e venda de mercadorias, acordos de franquia, acordos de distribuição e acordos de transferência de tecnologia, entre outros. Nesse sentido, importa conhecer os fatores de mudança nos mercados internacionais, as perspetivas internacionais de contabilidade, política e estratégia empresariais, sistemas de informação e tecnologias, *marketing*, gestão, finanças e comércio, o papel das empresas multinacionais e transnacionais, as alterações ocorridas ao nível da competitividade, enfim, as grandes tendências da economia internacional. *[M.S.C. / P.M.S.]*

Negritude

Movimento literário e cultural de defesa da identidade negra de matriz africana, desenvolvido sobretudo pelo poeta senegalês Léopold Senghor e pelo escritor martinicano Aimé Césaire, a partir da década de 1930, cujas linhas de orientação viriam a ser sistematizadas por Jean-Paul Sartre no seu célebre prefácio ("Orfeu Negro") à *Antologia da nova poesia negra e malgaxe*, organizada por Senghor em 1948, nele escrevendo a propósito da especificidade da opressão sofrida pelos negros encurralados na autenticidade da sua cor: "o Negro, tal como o trabalhador branco, é vítima da estrutura capitalista da nossa sociedade; esta situação revela-lhe a sua íntima solidariedade, para além das diferenças de cor da pele, com algumas classes de europeus oprimidos como ele (...). Mas, se a opressão é só uma (...) o Negro é vítima como negro, a título de indígena colonizado ou de africano deportado. E, uma vez que é oprimido na sua raça e por causa dela, é primeiramente da sua raça que ele tem de tomar consciência. Àqueles que, durante séculos, tentaram em vão, pelo facto de ele ser negro, reduzi-lo ao estado de animal, ele tem de os obrigar a reconhecê-lo como um homem". E concluiria, defendendo que a unificação da luta dos oprimidos deveria ser precedida pelo racismo antirracista dos negros, ou seja, pela luta contra o racismo dos brancos (beneficiários da colonização mesmo quando trabalhadores explorados), único caminho capaz de conduzir à abolição das diferenças de raça. *[J.M.G.]*

Neofuncionalismo

Representando a evolução intelectual do funcionalismo, tenta desenvolver, modificar e testar as hipóteses do funcionalismo. O seu principal autor original é Ernest Haas, que assume que a integração é um processo que resulta da consciência e trabalho das elites dos setores governamentais e privados que apoiam a integração funcional por razões pragmáticas e numa lógica de *spill-over* técnico, económico e social de soma positiva. Contudo, os neofuncionalistas atenuam o efeito de *spill-over* determinista, otimista e sem crises relativas à diluição de competências dos Estados, como pensavam os funcionalistas originais. Neste quadro, apesar de concordarem com o princípio da necessidade de alargamento sucessivo e cumulativo de diferentes áreas de governação comunitária, estão mais conscientes dos atritos possíveis no processo de integração funcional.

Deste modo, os neofuncionalistas explicam que o processo de integração europeu dá origem a um centro de poder burocrático centralizado responsável pela governação das políticas comuns, mas neste processo existem crises periódicas entre os interesses dos Estados nacionais e a lógica de interesse comum funcional europeu. Estas crises serão relativamente normais e poderão ser resolvidas por duas vias principais: pela negociação política entre os Estados e o poder institucional das instituições europeias e as suas elites; e com o aprofundamento e alargamento das áreas funcionais de integração, leia-se mais e melhores políticas europeias comuns. *[P.E.M.]*

Neoimperialismo

Termo derivado do conceito de "Imperialismo", cunhado por Lenine na obra *Imperialism, the Highest Stage of Capitalism*, dentro da tradição marxista. Segundo este autor russo, que escrevia em 1917, "se fosse necessário dar a mais breve definição possível de imperialismo, teríamos de dizer que o imperialismo é a fase de monopólio do capitalismo", com cinco características básicas: "a concentração da produção e do capital desenvolveram-se de tal forma que levaram à criação de monopólios que desempenham um papel decisivo na vida económica; a fusão do capital bancário com o capital industrial, e a criação, na base deste 'capital financeiro', de uma oligarquia financeira; a exportação de capital, distinta da exportação de mercadorias, assume importância excecional; a formação de associações capitalistas monopolistas internacionais que partilham o mundo entre si; e a divisão territorial de todo o mundo entre as potências capitalistas ficou completa" (tradução nossa). Em dezembro do mesmo ano, Lenine acrescentou, num artigo dedicado ao tema, que "o imperialismo é uma etapa histórica específica do capitalismo. O seu caráter específico é triplo: o imperialismo é capitalismo monopolista; capitalismo parasitário ou decadente; capitalismo moribundo".

Esta é a base do conceito de neoimperalismo, que Enfu e Baolin (2021) definem como "a fase do imperialismo tardio que surgiu no mundo contemporâneo, no contexto da globalização económica e da financeirização". Os autores utilizam a teoria do imperialismo de Lenine para explicar o capitalismo no século XXI, com as suas particulares instituições de suporte, e a ordem internacional. Por outras palavras, é o domínio de algumas nações sobre outras através de condições desiguais de trocas económicas. O neoimperialismo, ao contrário dos antigos impérios, não se baseia na imposição direta de poder político de uma sociedade sobre outra, mas no controlo económico e financeiro. O contexto global mais importante no qual se estabelecem relações neoimperialistas é entre sociedades industrializadas e países do Terceiro Mundo. *[J.R.C.]*

Neoliberalismo

↗Institucionalismo (Neoliberalismo).

Neopatrimonialismo

É um modo de governação híbrida onde – seguindo o esquema weberiano das três fontes de legitimidade da autoridade política de um líder, tradição, lei e carisma – se fundem a autoridade tradicional e a autoridade legal. O neopatrimonialismo esbate as fronteiras entre a autoridade tradicional e legal, criando um sistema legal-institucional de base clientelar, gerido de modo personalista. O neopatrimonialismo pressupõe ainda uma difícil, ou porosa, distinção entre os bens pessoais do líder e os recursos públicos do Estado.

Em regimes de tipo neopatrimonial, a renovação permanente da legitimidade política do líder (patrão) depende da sua capacidade de distribuir os recursos do Estado por entre os seus seguidores (clientes). Pela parte dos seguidores, a aquisição de bens, sejam estes materiais ou simbólicos, é o estímulo que garante a manutenção do esquisso político-institucional e de uma contínua lealdade, de estilo dogmático ou politicamente passiva, para com o líder.

A presença de neopatrimonialismo num Estado não implica a inexistência de uma burocracia nesse mesmo Estado; a burocracia, concebida de acordo com o princípio da hierarquização dos sistemas e práticas político-institucionais, é essencial à sobrevivência do neopatrimonialismo. O que desaparece é o princípio da gestão racional e meritocrática dos processos burocráticos, substituindo-se talento e mérito por lealdade política e submissão.

Outro princípio da burocracia weberiana que se esbate em regimes de tipo neopatrimonial é o da igualdade de tratamento. Num regime neopatrimonial assistimos à coexistência de dois patamares: num primeiro patamar estão os favoritos do líder, que devem esse favoritismo mais à sua lealdade do que à sua capacidade instrumental; num segundo patamar estão os demais cidadãos/nacionais do Estado, que serão tratados de modo igual desde que a sua atividade político-social não colida com os interesses do líder neopatrimonial e das elites clientelares.

Em regimes neopatrimoniais, o primado da lei, que serve de base aos estados democráticos e com boas práticas de governação, é relegado para um papel secundário, dando-se primazia às redes informais e ao privilégio arbitrário. O líder não ignora, em absoluto, a dimensão normativa do Estado, mas apenas fará uso desta quando lhe for útil. A resiliência do neopatrimonialismo deve-se, de resto, a esta lógica de permanente incerteza, flutuação e fusão entre o uso de mecanismos legais, formais, racionais e burocráticos e o uso de mecanismos informais, a-racionais, arbitrários e de estilo clientelar. *[T.A.L.]*

Neorrealismo

Evolução das teorias realistas em Relações Internacionais, nomeadamente do Realismo Clássico inicial protagonizado por Morgenthau, Niebuhr e Carr. O Neorrealismo é o resultado da obra fundamental de Kenneth Waltz (1979), onde apresenta uma teoria da política internacional estrutural e parcimoniosa. Também designado por Realismo Estrutural, Waltz tenta introduzir um maior rigor na lógica explicativa da distribuição de poder no ↗sistema internacional, através de uma definição mais rigorosa de estrutura e da distinção e interação entre os níveis de análise estatal (unidade) e internacional (sistema internacional). O Neorrealismo desvia-se do determinismo da lógica explicativa da política internacional definida em termos da busca pelo poder (*power politics*) resultante da natureza humana para uma explicação estrutural com base no tipo de estrutura e dos jogos de distribuição de poder do sistema internacional.

De forma elegante, mas simples, Waltz avança com uma teoria sistémica segundo a qual a estrutura internacional (anárquica e hierárquica) é o fator determinante para explicar a ↗política internacional. O foco da análise neorrealista continua a ser o estudo da segurança, mas agora centrado nas suas causas estruturais. O conceito de estrutura significa o ordenamento hierárquico e político dos atores dentro de um determinado sistema internacional. Assim, mais do que os atributos das suas unidades particulares, são os constrangimentos estruturais do próprio sistema internacional que explicam o comportamento dos ↗atores das relações internacionais. *[P.E.M.]*

Neutralismo

Política de não envolvimento nos conflitos entre Estados ou blocos de poder, tendo como principais protagonistas os Estados do ↗Terceiro Mundo, durante a ↗Guerra Fria, mas que sempre demonstraram uma atitude mais favorável para com a URSS. Por vezes também chamada política de não-alinhamento ou de não-comprometimento dos Estados, em matéria de relações internacionais.

O neutralismo, como atitude política geral, segundo Adriano Moreira, deve muito à doutrinação de líderes do Terceiro Mundo, como Nasser, Kenyatta, Amílcar Cabral e Tito "e, sobretudo, à intervenção dos países interessados nos debates da Assembleia Geral da ↗ONU, na qual se foram perfilando os alinhamentos e as ideologias". Significa ainda a renúncia ou a posição formal de não tomada de partido em assuntos internacionais.

O neutralismo é uma dimensão da política externa dos Estados, que não tem sempre o mesmo significado. Tipicamente, o neutralismo aparece ligado ao objetivo de defesa da independência nacional, em contextos diversos. Historicamente não há apenas um neutralismo, mas neutralismos, dependentes do juízo das autoridades nacionais em relação à política internacional.

O neutralismo não pode ser confundido com neutralidade – direito de um Estado se manter à margem de um conflito, assente nos princípios da abstenção e da imparcialidade –, nem com neutralização – atitude imposta por uma ou mais potências distintas. A neutralidade permanente constitui um estatuto adotado por vários Estados, como a Suíça, Áustria, Irlanda, Finlândia e Suécia. *[J.R.C.]*

Níveis de análise

Um dos principais debates teórico-metodológicos nas Relações Internacionais diz respeito aos níveis de análise a estudar. Originalmente desenvolvidos por Waltz (1959), os níveis de análise estão ligados às formas de explicar a causalidade dos fenómenos das relações internacionais. São unidades de análise organizadas segundo um princípio de escala espacial (do pequeno ao grande; do individual ao internacional) e que se utilizam em Relações Internacionais para localizar as melhores fontes de explicação de determinado acontecimento.

Deste modo, o investigador/analista de Relações Internacionais deve escolher qual o nível de análise em que se vai focar para explicar os factos das relações internacionais. Tradicionalmente, existem três níveis de análise principais. O individual, o estatal e o internacional. No primeiro nível, também designado por "primeira imagem", o centro da análise é a natureza humana do líder, ou seja, as ideias, valores e doutrinas dos indivíduos. O segundo nível, a "segunda imagem", diz respeito às características e natureza do Estado, o seu sistema social, político e económico, e os seus jogos políticos internos. O terceiro nível, também conhecido por nível de análise estrutural, incide sobre as características do ↗sistema internacional, a sua ordem e estrutura, e sobre os processos e contextos políticos internacionais que envolvem e influenciam determinado acontecimento das relações internacionais. *[P.E.M.]*

Nomenclatura das Unidades Territoriais para Fins Estatísticos (NUTS)

As NUTS são um instrumento europeu de harmonização das delimitações do território nacional e de nível regional dos Estados constituintes da comunidade europeia (CE/UE), desde 1986 e impulsionadas pelas direções comunitárias de política regional e de planeamento intersetorial, com o intuito de definir um sistema de matrizes-padrão de inserção territorial agregada e/ou (sub)divisão territorial compatível com normas e procedimentos comuns para recolha, tratamento, armazenamento e difusão da informação estatística europeia, pautada por princípios técnicos de comparabilidade regionalizada e de interesse para a tomada de decisão em políticas e programas de desenvolvimento dos espaços (da escala nacional à escala local).

Foram, assim, fixados três níveis espaciais hierarquizados (I, II e III), associados a limiares demográficos, em que o nível I corresponde ao conjunto de unidades territoriais constituintes do próprio país/Estado, entre 3 a 7 milhões de pessoas; o nível II corresponde à sua divisão regional (as (macro)regiões desse conjunto), entre 800 mil a 3 milhões; e o nível III à divisão sub-regional (do nível II) em unidades territoriais mais desagregadas e de menor dimensão espacial, entre 150 mil e 800 mil indivíduos. Acima da NUTS I há sempre a correspondência com a escala nacional e com o universo territorial do próprio país ou estado-membro.

Para este sistema das NUTS, dois critérios-base foram concebidos e estão consagrados: a definição de designações de ordem geográfica com identidade reconhecida e comum consenso dos seus habitantes, sem qualquer risco de conflitualidade social; e a "elasticidade" espacial *versus* o seu potencial demográfico, ou seja, o ajustamento da dimensão espacial das regiões e sub-regiões aos casos de limiares de população definidos. Daí uma harmonização identitária qualificada destas entidades territoriais e uma convencionada diversidade de dimensão das próprias unidades das NUTS II e III, as quais têm apresentado condições dinâmicas de adaptação às mudanças económico-sociais e demográficas que essas regiões encerram, desde o seu surgimento nos anos de 1980 até hoje.

O Regulamento (CE) n.º 1059/2003 do Parlamento Europeu e do Conselho, de 26 de maio de 2003, confere ao sistema NUTS estatuto jurídico e aplicação técnica, vindo a sofrer várias alterações e adaptações decorrentes da adesão de novos países e Estados (2005, 2008, 2013 e 2017) e também do seu próprio reforço funcional para o sistema estatístico europeu (Eurostat), em especial, no quadro da implementação das políticas de coesão territorial e desenvolvimento regional, já que a partir de 1 de janeiro de 2018 passou a ser obrigatório aplicar esta nomenclatura no fluxo comunicacional e de transmissão de dados aos organismos comunitários e à própria Comissão.

Em Portugal, não se deve confundir o sistema das NUTS com a nossa vigente divisão administrativa oficial, herdada do século XIX, e correspondente organização espacial dessas unidades administrativas (freguesia – concelho – distrito – região administrativa ou autónoma), consubstanciada no sistema cartográfico nacional e anualmente atualizado – a CAOP. Na CE/UE a 27 Estados, regista-se o seguinte universo de casos: 97 entidades territoriais de nível I; 270 unidades/regiões de nível II; e 1294 unidades territoriais e sub-regionais de nível III. *[J.C.Lo.]*

Nomenklatura

Termo russo de origem latina, que designava a elite soviética que ocupava todos os cargos com importância política, económica e cultural, pertencentes ao Partido Comunista da União Soviética e que gozavam de direitos e privilégios especiais. Inicialmente, a "Nomenklatura" pressupunha listas dos cargos mais importantes, quer no partido, quer no Estado, a serem preenchidos por pessoas que, além de merecerem a total confiança política, detinham as competências necessárias para o exercício dos mesmos. No entanto, o termo passou, rapidamente, a designar o conjunto complexo de procedimentos relacionados com a seleção e recrutamento de funcionários para todos os níveis da administração, sendo criado um departamento partidário (que foi tendo diversas designações) que verificava as condições políticas de todos os candidatos aos vários cargos, quer os de nomeação, quer os de eleição. As listas constitutivas da "Nomenklatura" foram frequentemente alteradas, quer devido a alterações das circunstâncias políticas, quer por força de pressões exercidas pelas múltiplas agências estatais. Ainda assim, foram sempre o principal instrumento de nomeação de quadros de todo o sistema soviético. *[M.N.N.]*

Normas internacionais

As normas dizem respeito às ideias e expectativas coletivas sobre o comportamento apropriado dos atores dentro de uma determinada identidade (Katzenstein, 1996; Finnemore e Sikkink, 1998), definem os padrões do comportamento legítimo e refletem não só o que os Estados fazem, mas também o que devem fazer. Independente da sua maior ou menor eficácia, as normas influenciam o conjunto de valores, regras, leis e práticas que estruturam a ↗política internacional e ajudam a explicar a natureza e o modo de funcionamento da sociedade internacional. Como elementos não materiais da estrutura internacional, estas refletem a evolução das ideias e princípios legítimos sobre o comportamento adequado.

Embora existam vários tipos de normas, em geral desempenham duas funções essenciais: funções constitutivas e funções regulativas. Podendo desempenhar estas duas funções de forma simultânea, em primeiro lugar, as normas operam como regras que definem e constituem a identidade dos atores. Têm efeitos constitutivos na invenção das próprias regras do jogo. Noutras situações, operam como especificadoras do comportamento legítimo, determinando o que se pode ou não fazer num determinado jogo. Finalmente, têm efeitos regulativos, pois definem e regulam padrões de comportamento adequado (Mendes, 2018). *[P.E.M.]*

Normas Perentórias de Direito Internacional Geral

↗*Ius cogens.*

Normativismo

Corrente de pensamento jurídico oriunda da Escola de Viena e tendo como figura principal Hans Kelsen. Embora se pretenda distinta do voluntarismo (reclamando-se objetivista), o seu formalismo recondu-la, de alguma forma, a esse mesmo voluntarismo. Esse formalismo é patente na questão tradicional do fundamento da obrigatoriedade do Direito Internacional, o qual, segundo o normativismo, resultará, para cada norma, de normas que lhe são imediatamente superiores e assim sucessivamente (formando uma pirâmide do direito) até à *Grundnorm*, que será constituída pelo ↗*pacta sunt servanda.* Apesar de se tratar de uma perspetiva que encaixa com facilidade na visão romanista, o facto é que no formalismo subsiste um desprezo pelo conteúdo material da norma em favor de uma adequação formal face a regras hierarquicamente superiores. *[R.M.]*

Norte/Sul

Conceito que tanto pode ser utilizado no sentido das relações políticas, económicas, sociais e culturais entre os países industrializados e os países menos desenvolvidos ou em vias de desenvolvimento, como no sentido de confronto – oposição ou divergência – entre os países ricos do hemisfério norte e os países pobres do hemisfério sul. Esta expressão, fundamental nas relações internacionais entre os anos 1970-1990, é menos utilizada no século XXI, por causa do fim da ↗Guerra Fria. Tal não invalida que o aumento dos desequilíbrios mundiais gerados com a globalização justifique o reforço da cooperação financeira, económica, técnica e política Norte/Sul. A cooperação e a solidariedade internacionais continuam no cerne de tais relações, exigindo ao Norte e ao Sul um novo modelo de desenvolvimento comum, que tenha em atenção as questões da ↗pobreza, do ↗ambiente e das ↗migrações internacionais.

A chamada cooperação para o desenvolvimento – nome dado ao apoio pelos países desenvolvidos do Norte aos países pobres ou em vias de desenvolvimento do Sul – assume grande relevância na política externa dos Estados e dos blocos regionais de Estados no século XXI, comportando avultados (e sempre insuficientes) investimentos. Destacam-se nesse esforço a ↗União Europeia, os Estados Unidos, a China, entre outros, com propósitos estratégicos que, para além da assistência e apoio a catástrofes e a projetos de desenvolvimento local nos países beneficiários, passam pelo reforço da sua capacidade de influência nesses países. *[J.R.C.]*

Notáveis

A expressão "notáveis" ganhou especial sentido, na política portuguesa, por referência a um conjunto de militantes ditos prestigiados do Partido Social Democrata (PSD), cuja atividade militante podia produzir a realização de factos políticos e conduzir à instabilidade em relação à liderança do mesmo. A sua origem etimológica pode, por semelhança, ser encontrada na Assembleia dos Notáveis francesa, cujo papel era meramente consultivo, composta por nobres de títulos elevados e funcionários governamentais com funções importantes que eram convocados pelo Rei. Teve a sua atividade balizada entre 1583 e 1787, momento da sua última reunião que, por ser inconclusiva, levou à convocação da Assembleia dos Estados Gerais, cujo impasse terminou na Revolução Francesa. Associada a esta ideia de "notáveis" aparecia, também, a imagem dos "barões do partido", cuja inspiração se encontrava, por semelhança, quando a 15 de junho de 1215, o Rei inglês João Sem-Terra assinou a ↗Magna Carta, na qual se comprometeu a respeitar os direitos adquiridos pelos barões ingleses. Esta imposição dos barões ingleses servia para ilustrar como esses militantes conseguiam impor, no momento que consideravam oportuno, outra direção política.

Na Ciência Política. serve para significar a capacidade, no interior de um partido político, que um conjunto de militantes poderá ter no sentido de influenciar todo o coletivo servindo de pressão para alterar, modificar ou substituir o comportamento político da sua liderança. Em Portugal, no PSD, tem sido, desde o momento da sua fundação em 1974, uma constante, cujos maiores exemplos foram as presidências de Francisco Sá Carneiro, Francisco Pinto Balsemão ou Pedro Santana Lopes. *[A.T.]*

Notificação (Direito Internacional)

Ato jurídico unilateral, através do qual um Estado dá conhecimento de uma posição ou da existência de factos ou atos jurídicos. A doutrina utiliza o conceito de declaração e de notificação de forma praticamente equivalente. Trata-se, em ambos os casos, do ato de base (abrangente) dos atos jurídicos unilaterais, na medida em que em todos há sempre uma declaração, que é a comunicação (notificação) que condiciona a validade dos outros atos – uma vez que a publicidade é uma exigência destes. *[R.M.]*

Nova Geopolítica

A "Nova Geopolítica", ao procurar o seu espaço, tentou distanciar-se das críticas feitas às teorias da "Geopolítica clássica", por alguns referida como "estudo em situação" ao serviço dos interesses políticos, afastando-se assim da gestão da conflitualidade, terreno que deixou para a geoestratégia, tentando assim assumir a sua própria autonomia. Mas não terá sido apenas a preocupação de limpar vícios; outros fatores, como o progresso tecnológico, deram o seu impulso decisivo. É o caso da emergência do patamar nuclear que fez despertar algumas consciências para a necessidade de colocar o planeta Terra acima do Homem, como centro e objeto da decisão política, até então exclusivamente centrada no poder. Por seu lado, o fenómeno da globalização deu origem a uma acentuação das desigualdades e dependências e, ao mesmo tempo, à constituição, como reação, de espaços alargados de cooperação, que determinaram uma nova perspetiva espacial, centrada em sentimentos de partilha e solidariedade.

São estes sinais que coincidem com os chamados "valores de terceira geração", que se impõem com o fim da Guerra Fria. A nova trilogia, "paz, solidariedade e ambiente", sobrepõe-se aos valores do final da Segunda Guerra Mundial (direitos cívicos, justiça social e anticolonialismo) e da primeira trilogia, da Revolução Francesa (liberdade, igualdade e fraternidade).

Elisée Reclus, um geopolítico da escola francesa, antideterminista, em oposição à escola de Munique, é, justamente, o precursor da Nova Geopolítica e Josué de Castro o seu pioneiro. Apesar de ser um sociólogo marxista, quis recuperar o termo "geopolítica", não para reforço de uma das partes do binómio bipolar, mas, de outro modo, tentando situá-la no domínio das relações internacionais. O seu pioneirismo ressalta, com muita nitidez, através da sua invocação da "imagem de Keyserling": "Não é a Terra que pertence ao Homem, mas o Homem que pertence à Terra". A Terra, a geografia e o espaço passam a ser considerados como o objetivo e não mais como instrumento. É a recusa de uma perspetiva antropocêntrica face a uma opção biocêntrica, perspetiva polémica, perante atitudes mais conservadoras e outras mais radicais. Ou seja, se a Geopolítica clássica assenta na gestão do poder a duas dimensões, o espaço e o tempo, na "Nova Geopolítica" podemos distinguir quatro dimensões: a ecopolítica, centrada no problema ambiental e ecológico; a demopolítica, cujo objeto é o fenómeno demográfico, análise do poder ao serviço da geografia humana; a geoeconomia, em teoria, a análise da gestão do poder em benefício da geografia económica; e a biopolítica, entendida como a gestão pública da vida humana, nos seus diversos biopoderes.

Esta nova forma de encarar a Geopolítica tem a ver, em primeiro lugar, com o conceito atual da Nova Ordem Mundial (NOM), nas suas quatro dimensões, de "nova ordem na Terra", de uma nova relação ↗Norte-Sul, de ↗nova ordem económica internacional e do *bios* em proveito da política. Por outro lado, a Geopolítica assim encarada tem correspondência com o novo "conceito de segurança", em que se assume o aspeto mais geral dos "riscos" e não exclusivamente as "ameaças", ou seja, a "segurança" já não é apenas a "segurança estatal", mas também a segurança do meio humano e ambiental. *[J.A.E.]*

Nova Ordem Económica Internacional (NOEI)

Sobretudo a partir da década de 1960, com o acesso à comunidade internacional de numerosos novos Estados, como consequência dos processos de descolonização, o problema de adaptação do Direito Internacional Económico às relações entre países desigualmente desenvolvidos foi levantado com insistência. Os Estados em vias de desenvolvimento, na maioria recém-independentes, concentraram as suas reivindicações sobre as regras aplicáveis às relações económicas internacionais, buscando o estabelecimento de uma "nova ordem económica internacional".

Em termos gerais, a nova ordem deveria ser mais equitativa do que a então existente. Para esse fim, as reivindicações oscilaram entre dois polos: a defesa da ideia de uma independência efetiva dos Estados e o apelo a uma interdependência operante entre eles. A primeira reivindicação apoiou-se no princípio tradicional da igualdade soberana dos Estados, que os países em vias de desenvolvimento pretendiam concretizar pondo a tónica nas suas implicações económicas. O apelo a uma maior solidariedade deveria traduzir-se em regras novas que corrigissem a desigualdade de facto entre os Estados.

Assim, pelas resoluções 3201 e 3202 (S-VI) de 1 de maio de 1974, no decurso da sua sexta sessão extraordinária, a Assembleia Geral das Nações Unidas adotou uma declaração e um programa de ação relativos à instauração de "uma nova ordem económica internacional". Esta expressão traduziu as aspirações de mudança da maioria de Estados da organização, sobretudo dos Estados do Terceiro Mundo, sendo o seu significado tático maior do que o seu conteúdo material. O cerne da questão era a pretensão a um desenvolvimento económico internacional mais justo, com implicações, por exemplo, na redefinição das regras de acesso aos mercados económicos internacionais. Poder-se-ia dizer que essa preocupação era partilhada por todos os Estados, mas havia perspetivas diferentes, sendo que o processo por vezes foi dominado por uma ala radical no quadro das ↗Nações Unidas, como reflexo do confronto ideológico internacional então existente. Apesar de tudo, o debate comportou avanços com a aprovação, por exemplo, da Carta de Direitos e Deveres Económicos dos Estados, através da Resolução 3281, de 12 de dezembro de 1974. A Carta definiu os princípios orientadores das relações económicas e políticas entre os Estados – princípios da soberania, da não agressão, da solução pacífica de conflitos e do respeito pelos ↗Direitos Humanos –, assim como os deveres económicos dos Estados e as suas responsabilidades perante a comunidade internacional.

De um ponto de vista jurídico, "ordem económica" define-se como o conjunto de instituições e normas que regulam os comportamentos e as atividades dos agentes e operadores económicos, correspondendo a princípios dirigentes e padrões julgados complementares por um modelo económico. A ordem económica mundial então existente, objeto de críticas do ↗Terceiro Mundo, provinha do esforço de reconstrução do pós-guerra. Nessa época, os Estados industrializados de economia de mercado, sob a liderança dos EUA, dominavam económica e politicamente o planeta. A sua preocupação passou por estabelecer o mais depressa possível regras de uma economia de mercado concorrencial em que se apoiassem as suas relações mútuas, construindo organizações internacionais aptas para esse fim.

Com efeito, as instituições económicas internacionais vigentes após a Segunda Guerra Mundial destinavam-se a garantir e a expandir os princípios liberais nas relações económicas internacionais, em linha com o que vinha de antes do conflito e deveria ser assegurado pelo ↗FMI e pelo ↗GATT, criados, respetivamente, em 1944 e 1947, no âmbito das Nações Unidas. Apesar das críticas políticas crescentes de vários países, até meados da década de 1970, as grandes potências mantiveram a doutrina da época precedente. Nos setores onde as instituições liberais podiam parecer ameaçadas (no respeitante ao investimento estrangeiro, por exemplo), novas vias foram exploradas, à margem das instituições existentes, sendo de destacar o crescimento do euromercado, espaço que se tornou decisivo nas relações financeiras internacionais e que deu ao liberalismo económico um vigor que não podia já ser mantido no seio do FMI e do ↗Banco Mundial, como agências que eram das Nações Unidas. A internacionalização das atividades económicas, pela multiplicação das empresas multinacionais, forçou indiretamente a maior parte dos Estados a participar na mesma lógica económica.

As movimentações das décadas de 1960 e de 1970 visaram contestar a ordem liberal (ou neoliberal, como passou a ser chamada, de forma crítica), estabelecendo os princípios de uma nova ordem alternativa. A declaração de 1974 indicou os novos objetivos prosseguidos pelas Nações Unidas nos seguintes termos: deverá constituir-se uma ordem económica "fundada na equidade, na igualdade soberana, na interdependência, no interesse mútuo e na cooperação entre todos os Estados, independentemente do seu sistema económico e social, que corrigirá as desigualdades e retificará as injustiças atuais, permitirá eliminar o fosso crescente entre os países desenvolvidos e os países em vias de desenvolvimento, e assegurará na paz e na justiça às gerações presentes e futuras um desenvolvimento económico e social que se irá acelerando".

A aplicação das Declarações de 1974 foi apenas parcial, não tendo atingido os efeitos pretendidos. As reivindicações expressas nos documentos referidos permitiram concretizar melhor as regras do Direito do desenvolvimento e trouxeram modificações sensíveis às relações económicas Norte-Sul. Mas estas realizações parciais constituem o reconhecimento do insucesso da ambição principal. São sempre as grandes potências económicas que fixam não só as regras do comércio entre elas próprias, mas também o quadro geral das relações económicas internacionais. *[J.R.C.]*

Nova Parceria para o Desenvolvimento de África (NEPAD)

New Partnership for Africa's Development (NEPAD)

Adotada em outubro de 2001, em Abuja, Nigéria, a Nova Parceria para o Desenvolvimento de África (NEPAD) é o resultado de uma iniciativa política de cinco chefes de Estado africanos: Thabo Mbéki (África do Sul), Abdelaziz Bouteflika (Argélia), Hosni Mubarak (Egito), Olusegun Obasanjo (Nigéria) e Abdulaye Wade (Senegal). Tratou-se de uma iniciativa da maior importância por duas razões principais: a relevância dos chefes de Estado que se juntaram para lançar esta iniciativa e a sua originalidade relativamente às iniciativas anteriores promovidas no continente africano, com vista ao renascimento daquele território.

Reconhecida pela ↗União Africana (UA) como fazendo parte do seu programa operacional de desenvolvimento socioeconómico e não se tendo constituído como uma instituição independente, a NEPAD assenta em quatro pilares fundamentais: o princípio da apropriação do desenvolvimento; a paz e segurança mediante a prevenção e a resolução dos conflitos; o primado dos direitos do Homem, da democracia e da boa governança; e a necessidade de acelerar a integração regional. As Nações Unidas aprovaram a diligência da NEPAD e reconheceram a sua validade, em decisão adotada em setembro de 2002, de basear o desenvolvimento das políticas africanas da ONU nas orientações da NEPAD.

Como consequência da integração da NEPAD nas estruturas e processos da UA, a Agência de Planeamento e Coordenação da NEPAD (NPCA) foi estabelecida pela decisão da 14.ª Assembleia da UA de fevereiro de 2010 como o órgão técnico da UA, em substituição do Secretariado da NEPAD, que funcionava desde a apresentação desta iniciativa. Em julho de 2018, na 31.ª sessão ordinária da Assembleia dos Chefes de Estado e de Governo da UA, com vista a racionalizar e melhorar a eficácia e eficiência na implementação das decisões, políticas e programas da UA em todos os seus órgãos e instituições, a Agência NEPAD transformou-se na Agência de Desenvolvimento da União Africana (AUDA-NEPAD). *[D.F.]*

Novas tecnologias e conflitos

Tecnologia e conflito andam historicamente a par e par. Não sendo a sua relação uma novidade, o que torna a temática premente nos dias de hoje é a natureza disruptiva da tecnologia de ponta que suporta o que é comumente rotulado de novas tecnologias e as transformações que estas introduzem na maneira como as sociedades previnem, abordam e recuperam de conflitos violentos. No essencial, podemos considerar novas tecnologias como *softwares* e dispositivos de informação e comunicação que, através da internet, podem produzir, reunir, armazenar, analisar e/ou compartilhar informações, podendo também atuar autonomamente. Na génese da novidade que o termo *novas* encerra está a Internet e a *Web*, bem como três elementos e dinâmicas-chave que estas despoletam: a Internet das Coisas, datificação da atividade humana e geração de *Big Data*. Combinados, estes elementos melhoraram a eficiência de dinâmicas fundamentais dos conflitos, como a recolha e a disseminação de informação e narrativas, a antecipação e condução de ataques e o registo de danos sofridos.

O caso de sistemas *crowdsourced* de alerta rápido como o *Ushahidi*, o uso de *drones* ou sistemas de armas letais autónomos assentes em inteligência artificial, o recurso a redes sociais para produzir e disseminar narrativas em tempo real ou a recuperação de imagens de satélite para sustentar testemunhos de alegados crimes de guerra e/ou contra a humanidade perante tribunais internacionais, são alguns dos exemplos das novidades que estas tecnologias encerram. Se abrem caminho para dinâmicas distributivas e descentralizadas potencialmente emancipatórias, as novas tecnologias também podem provocar disrupções ao nível do Direito (doméstico, internacional, humanitário) e contratos sociais vigentes. Apesar de serem alimentadas por dados percecionados como objetivos, o uso destas tecnologias em conflitos violentos – tanto em contextos de guerra como de paz formal – é sempre político e(re)produtor de relações de poder. *[S.J.S. / A.S.C.]*

Nucleares (armas)

Julius Robert Oppenheimer (1904-1967), físico norte-americano, de origem judia, liderou o “Projeto Manhattan”, que veio dar origem à bomba atómica, assim designada por resultar de reações nucleares de fissão ou de uma combinação de fissão e fusão que, neste último caso, deu origem à bomba termonuclear ou de hidrogénio. Na sua última variante, foi desenvolvido o conceito da bomba de neutrões, em 1958, que é creditada a Samuel Theodore Cohen (1921-2010). Trata-se de um pequeno dispositivo termonuclear, de reação de fusão, que tem ação destrutiva apenas sobre organismos vivos, mantendo intactas as infraestruturas, por exemplo, de uma cidade.

A efetiva utilização da bomba atómica teve lugar no final da Segunda Guerra Mundial, em 6 de agosto de 1945, sobre a cidade de Hiroxima, a *Little Boy* e, três dias depois, em 9 de agosto, a *Fat Man*, sobre Nagasaki, causando, ao todo, a morte a mais de 200 mil pessoas, com os efeitos de explosão e radiação, o que, em consequência, deu origem à rendição do Japão. Em 1949, foi a vez da União Soviética fazer explodir a sua bomba atómica, deixando os EUA de ter o seu monopólio.

A utilização da arma atómica continua ainda a ser objeto de discussão, apontando-se hoje para a existência de 14 000 ogivas nucleares no mundo, das quais quase 4 000 estarão prontas a ser usadas. São conhecidas outras fontes, uma das quais refere que só a Rússia, mesmo depois da implosão da União Soviética, possui ainda cerca de 16 000 ogivas, cuja maioria estará tecnologicamente ultrapassada. Seja como for, os patamares mínimos visados pelo ↗Tratado de Não Proliferação de Armas Nucleares (1968) são capazes de destruir, várias vezes, toda a vida do planeta.

A este propósito é de concluir que o conflito direto entre potências nucleares é improvável, suscitando, em simultâneo, duas modalidades estratégicas – a "estratégia indireta" e a "estratégia de dissuasão". A primeira, através de agentes indiretos, a segunda, que sempre existiu, assume maior visibilidade, dado os seus efeitos paroxísmicos de destruição. A dissuasão consiste no não-emprego, mas associado à ameaça de emprego, em que o fim é o não-emprego e o meio é a ameaça de emprego. Nesta abordagem, convém realçar que esta é uma situação que normalmente se passa entre dois atores nucleares antagónicos, em três situações nucleares possíveis: estabilidade absoluta (predomínio da lógica de dissuasão); instabilidade absoluta (a dissuasão em risco e a guerra nuclear uma possibilidade); superioridade absoluta (a dissuasão não funciona, mas não há risco de guerra nuclear).

Para o século XXI, pode dizer-se que existem boas razões para que esta modalidade estratégica continue a ser uma resposta válida para a prevenção de grandes conflitos e da proliferação e uso de ↗Armas de Destruição Maciça (ADM), dado que ferramentas alternativas não são credíveis. Daí que as potências nucleares reconhecidas pelo Tratado de Não Proliferação Nuclear (P5) têm investido na modernização do seu arsenal, nomeadamente na substituição de plataformas nucleares e na operacionalização de novos sistemas militares, como o escudo antimíssil ou sistemas hipersónicos. Mas também por motivações geopolíticas, face à modernização dos arsenais da Rússia e da China ou do "dilema da desconfiança sobre o programa nuclear do Irão", perante a ausência de considerações sérias por motivações não-militares. É a conhecida questão da disputa pela liderança entre o Irão e Israel, na "Zona de Tensão e Conflito" (ZTC) do Médio-Oriente. E o mesmo se pode dizer em relação ao "Dilema de Segurança no Sul da Ásia", entre a Índia, a China e o Paquistão, onde uma competição estratégica e tecnológica fazem aumentar os riscos de instabilidade. O investimento indiano é alimentado pela rivalidade com a China, que ao criar desequilíbrio com o Paquistão, faz com que este, ao sentir insuficiência em lidar com as contingências das forças convencionais, se vire para a China para reduzir o nível de disparidade. Neste dilema de segurança, onde a competição e a desconfiança mútuas se intensificam, o potencial para a emergência de uma crise militar no Sul da Ásia aumenta. Acresce, nesta zona do globo, a resiliência de armas nucleares de Pyongyang, devido à ausência de promessas e ameaças credíveis por parte da Coreia do Norte, o que faz com que, em termos da sua sobrevivência política, mantenha e desenvolva o seu armamento nuclear.

Um elemento novo é o facto de o avanço tecnológico, nomeadamente a "miniaturização" da arma, embora as torne menos potentes, reduzir os seus custos, facilitar o seu transporte e poder banalizar o seu uso, levando a que a dissuasão deixe de ser a tal garantia. É esta situação que resulta dos projetos norte-americanos do "sistema de defesa antimíssil" que levou o Pentágono a planear medidas de contingência com recurso a armas nucleares em determinadas situações, como consta do *Nuclear Posture Review* (*NPR*), medidas que outras potências nucleares não deixarão de acompanhar. Deste modo, a lógica da estratégia do poder nuclear é a escalada, no sentido de negar ao "outro" a sua supremacia. Qualquer avanço nuclear de uma das partes determina o avanço da outra, uma das razões pela qual o Tratado de Não-Proliferação de Armas Nucleares (*NPT*), de 1968, atualizado em 1995, se tenha transformado em letra morta, talvez de forma irrecuperável. *[J.A.E.]*

Nulidade das convenções internacionais

São causas de nulidade das convenções a violação de regras de *ius cogens* a irregularidade formal do consentimento e as irregularidades substanciais do consentimento (erro, dolo, corrupção, coação do Estado ou do representante). Neste conjunto, distinguem-se normalmente as nulidades relativas (irregularidade formal do consentimento, erro, dolo e corrupção) das nulidades absolutas (coação do Estado ou do representante e violação de regras de *ius cogens*). A diferenciação decorre do facto de apenas as primeiras – as nulidades relativas – admitirem a sua confirmação, poderem ser expurgadas por via do mecanismo da divisibilidade e serem exclusivamente invocáveis pelos Estados cujo consentimento foi afetado. Inversamente, as nulidades absolutas não admitem confirmação ou sanação (afetando, portanto, a totalidade da convenção em termos irremediáveis) e podem ser invocadas por qualquer interessado.

A questão do procedimento a que os sujeitos de Direito Internacional estão vinculados para declararem uma nulidade é particularmente sensível no âmbito internacional. Na verdade, não existindo um mecanismo judicial com competência geral que possa regular as situações de litígio, receava-se naturalmente que o caráter unilateral da declaração pudesse conduzir a abusos. Daí que, dentro das limitações próprias do meio internacional, se tenha instituído um procedimento relativamente desenvolvido que sumariamente consiste no seguinte: inicia-se por uma declaração de nulidade, que tem de ser feita a todas a partes, por escrito, e na qual se deverá conceder um prazo não inferior a três meses para que estas se possam pronunciar, também por escrito. Decorrido este prazo, se não houver objeções, poderá ser posto termo ao tratado. Caso contrário, surgindo alguma objeção de algum dos outros Estados parte, dever-se-á procurar uma solução por meios pacíficos.

Não surgindo solução no prazo de um ano a contar da objeção, dar-se-á início a um procedimento de conciliação que pode ser desencadeado por qualquer uma das partes, que dirige o pedido ao secretário-geral da Nações Unidas, o qual submete o pedido à apreciação de uma comissão de conciliação composta por dois conciliadores nomeados por cada uma das partes (podendo apenas um deles ser da nacionalidade destas), a partir da lista de juristas qualificados previamente enviada para o efeito ao secretariado-geral. Os quatro conciliadores cooptarão o quinto. A comissão de conciliação estabelece o seu processo, podendo convidar as partes a submeterem-lhe os seus pontos de vista e chamá-las à atenção para qualquer medida suscetível de facilitar a solução. Decorrido um ano, a comissão deverá apresentar um relatório não vinculativo para as partes, do qual resultem recomendações com vista a facilitar uma solução negociada do diferendo.

Declarada a nulidade de uma convenção, essa declaração implica dois efeitos jurídicos específicos: a retroatividade e a indivisibilidade. A retroatividade resulta do facto de não se reconhecer força jurídica às disposições de um tratado declarado nulo, pelo que a declaração de nulidade tem de retroagir os seus efeitos ao momento em que se produziu o vício. Esta regra é, todavia, suavizada, já que se a nulidade foi provocada pela atuação da outra parte (como é o caso do dolo, corrupção e coação), essa parte não pode exigir tal efeito. Simultaneamente, os atos praticados de boa-fé não são afetados pela invalidade. A indivisibilidade significa que a nulidade afeta em princípio todo o tratado. Também neste caso subsiste um regime excecional (para as nulidades relativas), nos termos do qual, tratando-se de dolo ou corrupção, o Estado pode optar entre alegar essa nulidade em relação a todo o tratado ou apenas em relação às cláusulas afetadas (regime da divisibilidade facultativa). Por outro lado, se o vício afeta apenas determinadas cláusulas que sejam separáveis do tratado no tocante à sua resolução, e bem assim não se trate de cláusulas essenciais nem for injusto continuar a executar a parte subsistente do tratado, dever-se-á solicitar a divisão, expurgando-se apenas as cláusulas viciadas (regime da divisibilidade obrigatória). A indivisibilidade é absoluta no que toca às nulidades absolutas. *[R.M.]*

Objeção (Direito Internacional)

Em termos gerais, objetar implica a oposição de um sujeito (de Direito Internacional) a um pedido ou pretensão. No plano convencional, as objeções mais importantes são as que surgem em relação a reservas. Qualquer signatário de uma convenção tem, em princípio, direito a objetar a uma reserva, desde logo que se considera que a mesma é incompatível com o objeto e fim da convenção. Nas convenções multilaterais restritas, a aceitação da reserva implica o acordo de todos os Estados signatários, pelo que a objeção acaba por obstar à vinculação do Estado que formulou a reserva, na medida em que esta surge sempre como uma condição dessa vinculação. Nas convenções multilaterais gerais, basta a aceitação por um dos Estados signatários para que o Estado que a formulou passe a fazer parte da convenção, sendo que uma eventual objeção de um Estado signatário permitirá ao Estado que a formulou declarar que a convenção não entra em vigor nas relações entre ambos. *[R.M.]*

Objetivos de Desenvolvimento Sustentável (ODS)

Sustainable Development Goals (SDGs)

A universalidade do Desenvolvimento Sustentável é um dado adquirido na vigente década e advém da aplicação de dois instrumentos que a ↗Organização das Nações Unidas (ONU) promoveu, no caso, a agenda da Declaração do Milénio e dos Objetivos de Desenvolvimento do Milénio, no período de 2000-2015, e, após 2015 e na sua continuidade, a Agenda 2030, que contempla as atuais temáticas dos 17 Objetivos do Desenvolvimento Sustentável (ODS), decompostos em 169 metas e segundo uma visão de integração, participação, inclusão e ambição geracional para um horizonte de multidimensionalidade de atos de governança das sociedades e de quadro estratégico de políticas centradas nas aspirações das comunidades sociais mais desfavorecidas. Este desiderato impõe-se nos países como reforço das suas obrigações internacionais e é conducente com dinâmicas bidirecionais – do global para o local e vice-versa – e orientações e procedimentos harmonizados que devem enformar a implementação dos ODS e seus indicadores de resultados e monitorização.

"Transformando o nosso mundo e que nada fique para trás" é o mote sinalizador que se extrai dos documentos que suportam esta deliberação e desígnio para a década 20-30, apelando a mesma ao envolvimento ativo e comprometido de uma trilogia de atores e instituições: os líderes mais influentes e as organizações de influência global; os dirigentes governamentais e responsáveis dos serviços públicos intermédios e (inter) regionais; e os empreendedores sociais e locais, de natureza transversal e indiferenciada, mas geradores de ações e dinâmicas transformadoras do seu quadro de vida sócio-laboral. Trata-se, assim, de uma agenda (170 acções) pautada por funções ou iniciativas diárias e pelo exercício universal do primado do ↗Estado de Direito, dos ↗Direitos Humanos e do respeito pela dignidade humana, da justiça social, do reconhecimento da igualdade dos seres humanos em qualquer lugar e estado, para, em última instância, gerar comunidades inclusivas face às questões de raça, etnia, género e diversidade de cultura e seus valores de desenvolvimento económico-social e de identidade política.

Duas realidades marcam este programa de universal alavancagem e acção qualificada do desenvolvimento, de matriz durável, inclusivo e tendencialmente equitativo:

uma, é o papel atribuído aos Coordenadores Residentes no país e vinculados às equipas nacionais do Grupo de Desenvolvimento Sustentável da ONU; outra, é o quadro de acompanhamento e consecução dos progressos alcançados, através de um sistema de indicadores dos ODS implementados pela UE/EU (102 variáveis, cf. *5.º relatório EUROSTAT*, ed. 2021), no intuito de registo estatístico de tendências e de avaliação comparativa, fiável e estruturada ao seu âmbito, de cinco em cinco anos. *[J.C.Lo.]*

Objetivos estratégicos e políticos

Objetivos estratégicos são todos aqueles que desarticulam a estrutura do poder dos adversários ou inimigos, pressupondo a redução das vulnerabilidades, o reforço das potencialidades ou o contrariar das ameaças. Alguns objetivos, aparentemente fora do campo da estratégia, podem ser ditados por esta no seu papel de informadora da política. Nesse sentido, são considerados objetivos estratégicos, por exemplo, a obtenção da autossuficiência em determinados recursos (alimentares, energéticos, etc.) ou a fixação de populações numa determinada região.

Objetivos políticos são os objetivos nacionais que expressam mais claramente aquilo que o Estado programa atingir. Baseiam-se em considerações de ordem subjetiva (a tradição histórica e os valores) e objetiva (os argumentos ou razões), sendo frequente a sua classificação de acordo com os seguintes critérios: grau de importância (vitais, importantes e secundários); prazo de consecução (últimos; longínquos; intermédios; atuais); grau de permanência (permanentes e conjunturais; variáveis; atuais); e âmbito (gerais; setoriais). A título de exemplo, garantir a independência nacional ou assegurar a integridade do território nacional são objetivos vitais, atuais, permanentes e gerais de qualquer Estado. São ainda exemplos de objetivos políticos permanentes, a garantir pela Defesa Nacional: salvaguardar a liberdade e a segurança das populações, bem como a proteção dos seus bens e do património nacional; garantir a liberdade de ação dos órgãos de soberania, o regular funcionamento das instituições democráticas e a possibilidade de realização das tarefas fundamentais do Estado; contribuir para o desenvolvimento das capacidades morais e materiais da comunidade nacional, de modo que possa prevenir ou reagir pelos meios adequados a qualquer agressão ou ameaça externa; assegurar a manutenção ou o restabelecimento da paz em condições que correspondam aos interesses nacionais. Podem ser objetivos atuais ou conjunturais: participar no processo de aprofundamento da integração europeia ou desenvolver e consolidar as relações com Estados a que Portugal está associado por laços históricos e culturais, com especial ênfase para a Comunidade de Países de Língua Portuguesa (CPLP). *[J.A.E.]*

Obrigação internacional

A obrigação de um Estado corresponde a um dever reconhecido por uma fonte de Direito Internacional vinculativa, e consiste na necessidade de adotar um determinado comportamento que pode consistir numa ação ou omissão. Quando um facto de um Estado não está em conformidade com a obrigação que lhe é exigida pelo Direito Internacional, seja qual for a origem ou natureza desta, existe violação de uma obrigação internacional que, sendo atribuível ao Estado, dará lugar à responsabilidade deste.

O regime subjacente à responsabilidade internacional do Estado instituiu um determinado número de regras para que esta violação possa ocorrer. Desde logo, a violação só existe se o Estado estiver vinculado pela obrigação em causa no momento em que o facto ocorre. Se o facto tiver caráter contínuo, a violação de uma obrigação internacional estende-se por todo o período durante o qual o facto se mantenha e permaneça desconforme com aquela obrigação, se o facto não tiver caráter contínuo a violação ocorre no momento em que o facto é praticado, mesmo que os seus efeitos se prolonguem no tempo. Já nos casos em que a violação de uma obrigação exija do Estado a prevenção de um determinado evento, esta tem lugar no momento em que o evento ocorre e prolonga-se por todo o período durante o qual o evento se mantém e permanece em desconformidade com aquela obrigação.

Finalmente, se a violação decorrer devido a uma série de ações ou omissões, definida no seu conjunto como ilícita, produz-se quando a ação ou omissão em causa, conjugada com as outras ações ou omissões for suficiente para constituir o facto ilícito. Neste caso, a violação estende-se por todo o período que se inicia com a primeira das ações ou omissões da série e mantém-se enquanto as mesmas se repetirem e permanecerem em desacordo com a obrigação internacional em causa. *[F.C.M.]*

Oposição política

"A maioria torna-se antidemocrática e perigosa, sendo necessário encontrar formas de moderar esses ímpetos através de mecanismos de partilha de poder entre a maioria e as minorias, de dispersão, justa distribuição, delegação e limitação do poder formal" (Lijphart, 1999).

A oposição parlamentar é um fenómeno moderno. As suas origens remontam à Inglaterra do século XVIII, com a mudança do poder governante do monarca para o parlamento. Esta transição determinou mudanças significativas na morfologia dos parlamentos: a configuração de dois blocos políticos, as forças políticas detentoras do poder político e as forças políticas que se lhe opõem.

A perspetiva clássica de cariz normativa e prescritiva refere a oposição política como o instrumento de limitação e equilíbrio dos poderes. Oposição é definida *tout court* como o conjunto de partidos políticos representados no parlamento, mas que não integram o aparelho de poder, tendo como principal desígnio a vontade de ser alternativa de poder e substituir a elite governante. Apresenta-se como o contrapeso e limite do poder da maioria.

Foi no parlamento que a Oposição ganhou estatuto, através do processo de "constitucionalização da política" (Benjamin Constant) iniciado no século XIX, espoletado pela institucionalização dos conflitos sociais através dos partidos políticos, em concomitância com o surgimento da democracia moderna.

A perspetiva institucionalista apresenta a Oposição no quadro dos regimes democráticos, aduzida como uma das características distintivas da própria democracia. Operacionaliza o postulado da competição política, concretizando a oportunidade de governar e promover a substituição dos incumbentes.

É no parlamento que são configuradas as condições institucionais (estrutura de oportunidades) para o cumprimento das principais funções da Oposição. Entre elas, destacam-se o controlo e a fiscalização da atividade do executivo, bem como o desenvolvimento e apresentação de propostas legislativas e políticas alternativas, oferecendo a possibilidade de ↗alternância política.

A Oposição deve opor-se, mas não obstruir; deve ser construtiva, mas não perturbadora da estabilidade e funcionamento do sistema político. *[T.R.]*

Orçamento de Estado

O Orçamento de Estado (OE) exterioriza as opções de políticas públicas do governo. É, ao mesmo tempo, um instrumento de política económica, num duplo sentido: exterioriza o sentido da política económica escolhida num determinado momento e contempla as decisões que vão ao encontro daquelas escolhas. Na definição de Sousa Franco, o orçamento "é uma previsão, em regra anual, das despesas a realizar pelo Estado e dos processos de as cobrir, incorporando a autorização concedida à Administração Financeira para cobrar receitas e realizar despesas e limitando os poderes financeiros da Administração em cada período anual".

O OE assume um importante papel político ao envolver dois órgãos de soberania no processo que conduz à sua aprovação: o governo, que apresenta uma proposta de orçamento e (depois de aprovado) o executa; e o parlamento, onde a proposta é discutida e submetida a votação, podendo incorporar medidas que resultam de alterações aprovadas pela assembleia parlamentar. O envolvimento do parlamento é determinante para conferir elevada carga política ao OE. Sendo o parlamento o órgão de soberania onde os cidadãos encontram o expoente máximo da representação, e a sede de aprovação do OE, a aprovação parlamentar serve de caução dos direitos dos cidadãos. Oferece a garantia legal dos limites da intervenção financeira do Estado, que não pode ultrapassar as previsões de despesas e de receitas que integram o orçamento (sob pena de ilegalidade orçamental). O OE tem duas rubricas principais: as receitas (as várias categorias de impostos, receitas patrimoniais, taxas, crédito público e as receitas extraordinárias, por exemplo, resultantes de privatizações ou da concessão de licenças públicas); e as despesas (correntes, ou de funcionamento, e de investimento). *[P.V.M.]*

Ordem internacional

A ordem internacional é o resultado da estrutura – material e ideacional –, processos e agentes que num determinado tempo e espaço constituem e definem as relações internacionais. Numa metáfora, a ordem internacional é a fotografia que revela quais os poderes, as ideias, os processos, as normas e as práticas políticas que caracterizam um determinado período histórico das relações internacionais. Num esforço de síntese, podemos que a ordem internacional é caracterizada por duas dimensões básicas, aqui designadas de perspetivas. Como as duas faces de uma moeda, cada ordem internacional é definida por duas perspetivas: a empírica e a normativa.

Na perspetiva empírica ou hierárquica, que tem por base a teoria realista, a ordem internacional significa a distribuição de poder que num determinado tempo e espaço compõe a estrutura do ↗sistema internacional. Neste sentido, existe uma ordem internacional que reflete a hierarquia de poder das diferentes potências do sistema internacional, nomeadamente dos Estados mais poderosos, a qual, ao longo da história, se vai modificando. Assim, podemos falar de uma ordem pós-Primeira Guerra Mundial, ou de uma ordem pós-Segunda Guerra Mundial, ou de uma ordem tendencialmente bipolar como foi a da ↗Guerra Fria, de uma ordem unipolar (pós-Guerra Fria) e numa atual ordem internacional multipolar ou, ainda, uma ordem internacional híbrida.

Na perspetiva normativa, que tem por base as teorias mais sociológicas, e até críticas (Robert Cox) e as teorias do liberalismo, a ordem internacional reflete um conjunto de normas internacionais que constituem e constroem práticas e princípios políticos, jurídicos e económicos sobre o comportamento adequado dos atores da sociedade internacional. Deste modo, cada ordem internacional é caracterizada por um conjunto de estruturas e ideias que arquitetam e legitimam as regras do jogo internacional. É esta moldura normativa que, por um lado, regula as ações dos Estados e, por outro, permite a possibilidade de uma melhor e mais organizada sociedade internacional. Aqui, a atual ordem internacional (liberal) relaciona-se com a justiça, com a regulação internacional através do ↗Direito Internacional e, fundamentalmente, com a assunção da validade e universalidade dos valores da democracia e dos ↗Direitos Humanos.

Numa ótica mais crítica, as relações internacionais devem ser pensadas de forma histórico-sociológica dinâmica, nomeadamente através de uma análise reflexiva sobre as possibilidades de progressão emancipatória da ordem internacional. Neste sentido, importaria compreender os processos pelos quais, ao longo do processo histórico, tem sido possível, ou não, ultrapassar os obstáculos à construção de uma maior justiça e igualdade global. Neste quadro, numa visão otimista, atualmente, estaríamos em condições de instaurar uma nova ordem internacional mais justa e mais regulada com base numa governabilidade democrática mundial. *[P.E.M.]*

Ordem mundial de informação

Ordem mundial de informação – também designada *ordem mundial de informação e comunicação*, *nova ordem mundial de informação e comunicação* ou apenas *ordem de informação* – é um termo adotado pelas ↗Nações Unidas, em finais da década de 1970 e princípios da década de 1980, por referência às novas representações mediáticas do mundo em desenvolvimento. Pela primeira vez, assumiu-se, numa organização internacional, que os fluxos de informação e comunicação moldam o mundo e, por isso, devem ser regulados internacionalmente.

Foi o primeiro-ministro da Tunísia Hedi Amara Nouira que usou o termo orginalmente, em 1974. O termo foi abundantemente utilizado pela Comissão MacBride da ↗UNESCO, liderada pelo irlandês Seán Macbride, que foi prémio Nobel da Paz nesse ano, visando criar as condições para o acesso e a partilha da informação de forma mais equitativa no mundo. Essa discussão teve lugar nas Nações Unidas em paralelo com a discussão dos planos para a instituição de uma nova ordem económica internacional, movida principalmente pelos países do Terceiro Mundo. Em causa estavam questões diversas como, por exemplo, o acesso e a utilização dos meios de comunicação social e das redes de comunicação de largo espectro, como os satélites ou as nascentes redes computacionais, digladiando-se perspetivas ideológicas opostas sobre, por exemplo, a liberdade de informação.

A Comissão MacBride foi sujeita a muitas pressões, da parte de representantes dos diferentes blocos políticos e militares, tendo produzido um relatório em 1980 no qual destacava a centralidade do direito de informar e de ser informado nas sociedades contemporâneas, para as quais a informação era um recurso fundamental. O relatório enunciou cinco prioridades de ação: definir, no plano jurídico, a comunicação como um direito fundamental; reduzir desequilíbrios na estrutura de notícias nos órgãos de comunicação social, contemplando todo o mundo e não apenas os países desenvolvidos; fortalecer uma estratégia global de comunicação, respeitando as identidades culturais dos povos e os direitos individuais; promover a formulação de políticas nacionais de comunicação coerentes e duradouras, no âmbito de processos de desenvolvimento; e explorar as possibilidades da política definida ao serviço da então chamada nova ordem económica internacional.

Em dezembro de 1980, o Relatório MacBride foi aprovado pelas Nações Unidas, através de uma resolução não vinculativa que aconselhava os Estados a tomarem medidas adequadas na área. Em 1983, a UNESCO definiu um plano de concretização das medidas do relatório para a segunda metade da década, com amplo apoio na organização, mas também com vozes críticas sobre o posicionamento da UNESCO, supostamente ao serviço dos interesses do bloco socialista.

A Convenção da UNESCO sobre Diversidade Cultural de 2005 destacou alguns dos objetivos da nova ordem mundial de informação, procurando garantir fluxos de informação mais equilibrados, mas não mereceu, porém, o apoio dos Estados Unidos, principal beneficiário do comércio global em matéria de indústrias de comunicação e informação, que garantiram a definição de regras mais favoráveis aos seus interesses no âmbito da Organização Mundial do Comércio.

O conceito de ordem de informação mundial pode ser visto também como o conjunto de acordos internacionais e regras, tanto jurídicas como técnicas, que enquadram o acesso, utilização e partilha da informação pelas administrações públicas, empresas e cidadãos à escala global para finalidades muito diversas. O direito da informação é parte de um direito económico não apenas nacional, mas internacional, dada a existência de um sistema global de comunicações que opera através das redes de satélites, rádio, televisão, telefone e das redes de computadores, com o potencial de ligar todo o mundo. Historicamente, as Nações Unidas prestaram atenção ao assunto através da criação de agências especializadas na área da informação, de que são exemplos a União Internacional de Telecomunicações (UIT) e a União Postal Universal (UPU), responsáveis por garantir a prestação de serviços de qualidade e a interoperabilidade entre sistemas em todo o mundo.

A rápida evolução tecnológica potenciou a aglutinação de serviços que tradicionalmente eram fornecidos de forma separada, como é o caso das comunicações por voz. O desenvolvimento das comunicações à escala global comporta desafios de vária ordem, nomeadamente na área da segurança e proteção dos direitos fundamentais, existindo um intenso debate sobre quem tem competência para criar sistemas de segurança e normativos internacionais eficientes e justos. A ordem mundial de informação é, por definição, uma ordem evolutiva, que acompanha os avanços tecnológicos e os novos serviços prestados pelas empresas à escala global, apoiados na produção ou partilha de informação, que precisam de ser regulados. Esta é uma tarefa partilhada por múltiplas instituições internacionais, com destaque para as Nações Unidas e a União Europeia. *[J.R.C.]*

Ordem política

A ordem política é o resultado da conquista de algum equilíbrio entre as forças contundentes dentro de uma sociedade. Segundo Fukuyama, a ordem política moderna e democrática baseia-se em três forças: um Estado forte e capaz, a subordinação do Estado à lei – o império da lei – e a prestação de contas (*accountability*) do governo a todos os cidadãos. Aquilo a que Fukuyama designa como *milagre da política moderna* consiste em alcançar um equilíbrio entre estas forças. A sua conquista é, muitas vezes, acidental e não deliberada. Schmitt considera que a ordem política é um alinhamento correto entre amigos e inimigos. Rousseau e Locke são críticos a qualquer ordem política que não seja construída sobre os princípios de consentimento e confiança e, portanto, potencialmente revolucionária.

A passagem do tempo traz a mudança, que ocorre interna e externamente: os atores que estabeleceram o equilíbrio original evoluem ou desaparecem; novos atores emergem; condições económicas e sociais alteram-se; a sociedade é invadida ou enfrenta novos termos de trocas comerciais ou ideias importadas. Como resultado, o equilíbrio anterior não se mantém, ocorrendo uma decadência política até que os atores presentes criem um novo conjunto de regras e instituições para restaurar a ordem.

Uma ordem política ideal, para Fukuyama, forma-se ao convergir para um equilíbrio institucional, que apoie os valores democráticos liberais, e ao conceder ao Estado poder suficiente para responder, com eficiência, às necessidades legítimas de uma sociedade e às crises periódicas. Rousseau advoga que o guia que deve orientar os homens rumo à boa ordem política é o legislador. *[C.B.]*

Ordoliberalismo

Após a Primeira Guerra Mundial, submetidas que estavam a uma grande transformação as estruturas económicas e políticas europeias e mundiais desde o final do século XIX, o liberalismo clássico caminhava para o desaparecimento, ofuscado pelo planeamento económico, pelo antiparlamentarismo e pelo surgimento das ditaduras na década de 1920. O socialismo, com todas as suas variantes, tornava-se quase omnipresente, tendo como modelo o aparente sucesso da revolução soviética. O liberalismo recuava, face à ascensão dos movimentos totalitários (nacional-socialismo, marxismo-leninismo) e da democracia de massas. Na Alemanha, às dificuldades políticas somavam-se as consequências do monopólio quase total da Escola Histórica, um aríete contra a economia política liberal.

Neste contexto, em agosto de 1938, o "Colóquio Lippmann" reuniu-se em Paris, com o objetivo de se tornar o ponto de inflexão para um liberalismo renovado, contando com a participação de filósofos, escritores políticos e economistas de várias nacionalidades, principalmente franceses (R. Aron, J. Rueff ou L. Rougier) e alemães e austríacos (W. Röpke, F. Hayek e L. von Mises). Nessas sessões, foram discutidas as razões da crise do liberalismo e se o seu declínio era inevitável. Diante dos argumentos clássicos da Escola Austríaca, prevaleceu a agenda de um "liberalismo positivo", "liberalismo social" ou "neoliberalismo". O germe desse liberalismo renovado, antecipando a Sociedade Mont-Pèlerin, sobreviverá à Segunda Guerra Mundial. Nele se observam as duas principais linhas do liberalismo contemporâneo, até certo ponto divergentes: a Escola Austríaca (*Austrian Economics*), adversária de toda a interferência política no mercado, considerada uma instituição natural, e a Escola Ordoliberal (*Ordoliberalismus*), também conhecida como Escola de Freiburg, que reconhece o papel regulador da política, atividade subordinadora da economia.

O Ordoliberalismo deve o seu nome à revista *Ordo*, fundada em 1948 por Walter Eucken. A doutrina ordoliberal desenvolveu-se desde o início dos anos de 1930 como uma reação às consequências do paleoliberalismo ou do liberalismo ingénuo e apolítico (*Laissez-faire*). Os ordoliberais atuam como economistas anticapitalistas e antimonopolistas, favoráveis ao enquadramento do mercado – uma criação do direito – num sistema de regras gerais, no qual apenas "intervenções conformes" a um ordenamento adequado da concorrência, que impeçam posições de concorrência dominante, são toleradas. Ao contrário da Escola Austríaca, o ordoliberalismo não exclui a política social, instrumento de uma "Terceira Via" (*Dirter Weg*) teorizada por Wilhelm Röpke. Outros autores ordoliberais relevantes foram Alfred Müller-Armack e Alexander Rüstow. A política económica ordoliberal constitui um dos pilares do "Milagre Alemão", mas também do "Milagre Económico Espanhol" e da construção da União Europeia. *[J.M.]*

Organização da Conferência Islâmica (OCI)

Organization of the Islamic Conference (OIC)

Criada em 1969, em Rabat, a Organização da Conferência Islâmica (OCI) tem como objetivo principal reforçar a solidariedade islâmica entre os Estados-membros, promover a cooperação nos domínios económico, social, cultural e científico, assim como apoiar a luta dos povos muçulmanos pela independência e direitos nacionais. Em 1974, a Conferência criou o Banco Islâmico de Desenvolvimento, destinado a promover um sistema de financiamento próprio.

A Organização da Conferência Islâmica (OCI) é a segunda maior organização intergovernamental a seguir às Nações Unidas. Reúne 57 Estados-membros de África, Médio-Oriente, Ásia e Europa, além de cinco Estados observadores. A sua sede situa-se em Jiddah (Arábia Saudita). A Organização foi criada durante a Conferência de Chefes de Estado e de Governo de setembro de 1969, em Marrocos, e passou a atuar a partir de 1974. A sede provisória do secretariado encontra-se em Gidá, na Arábia Saudita. É intenção da OCI instalar, oportunamente, a sede definitiva em Jerusalém.

Entre os objetivos da OCI, encontram-se a promoção da solidariedade islâmica entre os Estados-membros, a cooperação nos campos económico, social, científico, e procurar o fim da segregação racial e de todas as formas de discriminação contra os muçulmanos. A OCI apresenta também, entre as suas metas, a coordenação de esforços para a proteção dos lugares sagrados e o apoio à luta do povo palestiniano.

A Carta da OCI define os seus principais órgãos: a Conferência dos Chefes de Estado e de Governo; a Conferência de Ministros das Relações Exteriores; a Secretaria-Geral; e órgãos subsidiários. A Conferência dos Chefes de Estado e de Governo (ou Reunião de Cúpula) é a instância máxima da OCI, definindo as diretrizes da organização. Reúne-se periodicamente, a cada três anos, ou em caráter extraordinário. A Conferência de Ministros das Relações Exteriores reúne-se anualmente, tendo a função de examinar os desdobramentos das diretrizes estabelecidas pela Conferência dos Chefes de Estado e de Governo. A Secretaria-Geral, órgão executivo da OCI, é responsável pela implementação das decisões tomadas pelos órgãos mencionados. O secretário-geral é designado pela Conferência de Ministros das Relações Exteriores, para mandatos de quatro anos, renováveis.

A 3.ª Reunião Extraordinária da OCI (2005) aprovou dois documentos: a Declaração de Meca, que abordou os assuntos atinentes à identidade do mundo muçulmano e aos desafios da agenda internacional, em especial, o combate ao terrorismo; e o Plano de Ação de Dez Anos para Superar os Desafios do Século XXI, que trata de temas relacionados com os aspetos económicos e a reestruturação da OCI. Já o programa OIC-2025 tem por base as normas definidas na carta da OIC e foca 18 áreas prioritárias, entre elas, assuntos de paz e segurança, Palestina, pobreza, segurança alimentar, mudança climática e sustentabilidade, Direitos Humanos e boa governação. *[P.A.]*

Organização de Cooperação Económica (OCE)

Economic Cooperation Organization (ECO)

Foi criada em 1985 pela Turquia, Irão e Paquistão. Tem por objetivo promover a cooperação económica, técnica e cultural. Tendo na sua origem a Organização de Cooperação Regional para o Desenvolvimento, criada em 1964 pelos mesmos países, ficou paralisada com a instauração de uma República Islâmica no Irão em 1979. Após a desagregação da União Soviética em 1991, a organização abriu-se a seis repúblicas ex-soviéticas: Azerbaijão, Cazaquistão, Quirguistão, Tajiquistão, Turquemenistão e Usbequistão. A estas seis repúblicas da Ásia Central juntou-se o Afeganistão em 1992, passando, deste modo, a ser constituída por 10 Estados-membros. Após este alargamento, foram revigoradas as seguintes áreas de ação: comércio e direitos aduaneiros, indústria, transportes e comunicações, energia, turismo, crescimento económico, bem-estar social e ambiente. Os seus princípios centrais são a sustentabilidade, a integração e a criação de um ambiente económico que promova a cooperação intrarregional e a integração na economia global. Tem sede em Teerão. *[P.A.]*

Organização da Cooperação Económica do Mar Negro (OCEMN)

Organization of the Black Sea Economic Cooperation (BSEC)

Criada em Istambul, por iniciativa turca, em junho de 1992, reúne 13 países do Leste e do Ocidente europeu, e tem como objetivo a cooperação económica. Destina-se a fomentar o diálogo, a interação e harmonia entre os Estados-membros, bem como assegurar a paz, estabilidade e prosperidade promovendo as relações de boa-vizinhança na região do Mar Negro. Procura ainda desenvolver e diversificar a cooperação bilateral e multilateral, promovendo um clima propício à ação das empresas diretamente envolvidas no processo de cooperação económica. As áreas de cooperação são, entre outras, a agricultura, banca e finanças, combate ao crime organizado, assuntos aduaneiros, energia, transporte, proteção ambiental, educação e cultura.

A carta constitutiva desta organização económica regional entrou em vigor em maio de 1999. O Secretariado Internacional Permanente da Organização de Cooperação Económica do Mar Negro foi criado em março de 1994, em Istambul. Com as adesões da Bulgária e da Roménia à União Europeia e o consequente alargamento da UE ao Mar Negro, no âmbito da Política Europeia de Vizinhança (PEV), a Comissão Europeia lançou em abril de 2007 o programa Sinergia do Mar Negro. São Estados-membros: Albânia, Arménia, Azerbaijão, Bulgária, Geórgia, Grécia, Macedónia do Norte, Moldávia, Roménia, Rússia, Turquia, Ucrânia e Sérvia.

A OCEMN está relacionada com o Banco Comercial e de Desenvolvimento do Mar Negro, uma instituição financeira internacional sediada em Salónica, que apoia o desenvolvimento económico e a cooperação regional através do financiamento de projetos de empresas públicas e privadas dos Estados-membros. *[P.A.]*

Organização de Cooperação de Xangai (OCX)

Shanghai Cooperation Organization (SCO)

Tem a sua origem no Grupo de Xangai, estrutura informal criada em 1996 para regular os problemas fronteiriços e de segurança, e para promover as relações económicas entre os seus membros, passando a designar-se deste modo em junho de 2001. Em 2002, foi adotada a Carta constitutiva da organização, que entrou em vigor em setembro de 2003.

Na 5.ª cimeira da organização, realizada na China em 2006, foram assinados uma série de acordos que aproximaram mais os seus membros no campo da segurança e da economia. Tal foi considerado um passo para a consolidação de uma poderosa organização regional sem a participação de países ocidentais, onde a China e a Rússia surgem como potências centrais e aglutinadoras do multilateralismo na Ásia Central.

Na cimeira realizada no Quirguistão em 2007, a "Declaração de Bishkek" faz referência ao "estrito respeito do Direito Internacional" e da Carta das Nações Unidas, repudia o "unilateralismo" e a prática de "dois pesos e duas medidas" e propõe a elaboração de um acordo para impedir a colocação de armas no espaço. O comunicado final defende um maior envolvimento da OCX no Afeganistão. É de destacar o papel cimeiro da China na OCX e o aprofundamento das relações China-Rússia em múltiplas esferas, incluindo a energética e militar, que provoca uma certa inquietação aos EUA.

São Estados-membros a China, Cazaquistão, Índia, Paquistão, Quirguistão, Rússia, Tajiquistão Uzbequistão e, desde setembro de 2021, o Irão. Tem como Estados observadores o Afeganistão, a Bielorrússia e a Mongólia. Tem sede em Beijing, China.

A Organização para a Cooperação de Xangai (OCX) forma o maior sistema do mundo de cooperação económica regional, quer do ponto de vista geográfico, quer demográfico. Tem como objetivos "o reforço da confiança mútua e boa vizinhança entre os Estados-membros; promover uma cooperação efetiva a nível político, comercial, económico, tecnológico e cultural, assim como, na educação, energia, transporte, turismo e proteção ambiental; fazer esforços conjuntos para manter e salvaguardar a paz, segurança e estabilidade na região; e apoiar o estabelecimento de uma nova ordem política e económica internacional democrática, justa e racional".

Os Estados-membros da OCX possuem importantes recursos, de que se destacam a mão-de-obra chinesa e as reservas mundiais de petróleo e gás, metais e elementos raros da Rússia e dos países da Ásia Central. Em geral, a OCX constitui um bom exemplo de como a desigualdade e diversidade de níveis de desenvolvimento, credo religioso e comportamentos culturais podem cooperar em conjunto em prol de interesses comuns. *[P.A.]*

Organização para a Democracia e Desenvolvimento Económico (GUAM)

Organização regional criada em outubro de 1997 entre quatro ex-repúblicas soviéticas, a Geórgia, a Ucrânia, o Azerbaijão e a Moldávia, com o objetivo de reforçar a cooperação política, económica e estratégica entre os Estados-membros e lutar contra o extremismo religioso, o terrorismo e o tráfico de droga na região. Entre abril de 1999 e maio de 2005, período no qual o Uzbequistão fez parte desta associação, a denominação da organização passou a ser temporariamente GUUAM. Em maio de 2006, a Ucrânia e o Azerbaijão anunciaram planos para aumentar as relações entre os Estados-membros e criar uma força de manutenção de paz. Tem sede em Kiev, Ucrânia. *[P.A.]*

Organização dos Estados da África, Caraíbas e Pacífico (OEACP)

Criada em abril de 2020, a OEACP sucedeu ao grupo de países de África, Caraíbas e Pacífico (ACP). Pelo Acordo de Georgetown, assinado em 1975, 46 países da África subsariana, das Caraíbas e do Pacífico instituíram o grupo dos países ACP com o propósito de promover e acelerar o crescimento dos Estados-membros, reduzir os índices de pobreza e fomentar a integração das economias na economia mundial. Ainda em 1975, os países ACP assinaram a Convenção de Lomé com a ↗Comunidade Económica Europeia (CEE). O Tratado de Roma de 1957, que instituíra a CEE, constituiu inicialmente a base jurídica da cooperação com este grupo de países que, nessa época, eram, na sua grande maioria, colónias de vários Estados-membros, mas foram as Convenções de Yaoundé I e II entre os Estados Africanos e Malgache Associados (EAMA) e a CEE, assinadas respetivamente em 1963 e 1969, que proporcionaram a criação da parceria. Em 1975, as relações entre os países ACP e a CEE passaram a regular-se pela Convenção de Lomé, que estabeleceu uma parceria estreita, profunda e complexa. A cooperação centra-se em volta de dois polos principais: a cooperação económica e comercial e a cooperação para o desenvolvimento.

A última Convenção de Lomé – Lomé IV – foi assinada em 1989, com uma duração de dez anos, introduzindo inovações importantes. A promoção dos Direitos do Homem e o respeito pela democracia tornaram-se elementos determinantes da parceria e foram introduzidos, no âmbito da cooperação, novos objetivos, tais como o reforço da posição das mulheres e a proteção do ambiente. A cooperação descentralizada, isto é, a implicação no processo de desenvolvimento de outros intervenientes, tais como a sociedade civil, representa igualmente uma inovação importante.

A chegada do novo milénio registou uma alteração significativa nas relações ACP-UE. A Convenção de Lomé IV expirou em fevereiro de 2000, tendo sido assinado um novo acordo de parceria em Cotonou, Benim, em junho do mesmo ano, por um período de 20 anos. Este acordo instituiu uma nova abordagem e representou mais uma etapa na parceria, conservando os seus instrumentos principais (instituições, instrumentos financeiros, entre outros). Com o objetivo de reforçar a dimensão política da parceria, assegurar uma nova flexibilidade e conceder mais responsabilidades aos Estados ACP, o acordo introduziu grandes alterações no âmbito comercial. Ao abrigo do Acordo de Cotonou seriam negociados novos acordos comerciais compatíveis com as normas da ↗OMC. Os intercâmbios comerciais entre ambas as partes foram, por conseguinte, liberalizados, pondo fim ao regime de preferências comerciais não recíprocas e permitindo aos países ACP participar plenamente no comércio internacional.

Ao longo dos anos, numerosos Estados ACP aderiram à parceria, totalizando atualmente 79. Ao abrigo do Acordo de Cotonou é feita a distinção dos Estados ACP menos desenvolvidos, que beneficiam, em determinados casos, de um tratamento especial. É de realçar que, em dezembro de 2000, Cuba se tornou o 78.º membro do grupo ACP. No entanto, este país ainda não participa no novo acordo de parceria, devido a divergências políticas, por a União Europeia exigir reformas democráticas ao executivo de Havana. Timor-Leste faz igualmente parte do grupo desde maio de 2003.

Em 3 de dezembro de 2020, a União Europeia (UE) e a OEACP chegaram a um acordo político sobre um novo acordo que sucedeu ao Acordo de Parceria de Cotonou. No final das negociações, o acordo "pós-Cotonou" foi rubricado em 15 de abril de 2021. Este acordo constitui o novo quadro jurídico para as relações da UE com os 79 países da organização, estabelecendo princípios comuns e abrangendo os seguintes domínios prioritários: a democracia e os ↗Direitos Humanos; o desenvolvimento e crescimento económico sustentável; as alterações climáticas; o desenvolvimento humano e social; a paz e a segurança; e a migração e a mobilidade. O Conselho de Ministros ACP-UE é a instituição superior da parceria UE-ACP; reúne-se uma vez por ano, em Bruxelas e num país ACP, alternadamente, e é composto por membros do Conselho da UE; um membro da Comissão; e um membro do governo de cada Estado ACP. Tem sede em Bruxelas. *[D.F.]*

Organização dos Estados Americanos (OEA)

Organization of American States (OAS)

A OEA foi criada em abril de 1948, na Conferência de Bogotá, e entrou em vigor em dezembro de 1951. Contudo, a sua origem remonta à primeira conferência internacional americana realizada em 1889 em Washington e que criou a União Internacional das Repúblicas Americanas. É por isso considerada a mais antiga organização internacional regional do mundo. Conta com 35 Estados-membros (a totalidade dos Estados das Américas) e 60 Estados com estatuto de observador permanente. Qualquer Estado do continente americano e membro das Nações Unidas pode fazer parte desta organização.

A Carta constitutiva da OEA já sofreu várias emendas: Protocolo de Buenos Aires (assinado em 1967 e em vigor desde fevereiro de 1970), Protocolo de Cartagena das Índias (assinado em 1985 e em vigor a partir 1988), Protocolo de Manágua (assinado em 1993 e em vigor a partir de 1996) e o Protocolo de Washington (assinado em 1992 e em vigor a partir de setembro de 1997).

O artigo 1.º da Carta da OEA estipula que a organização foi criada para alcançar entre os Estados-membros "uma ordem de paz e de justiça, para promover a solidariedade, intensificar sua colaboração e defender a sua soberania, a sua integridade territorial e a sua independência". Constitui o principal fórum político, jurídico e social do continente americano

Os princípios subjacentes à OEA são: o respeito pela igualdade, soberania, independência dos Estados e do Direito Internacional; o exercício efetivo da democracia representativa; a condenação da guerra de agressão (a agressão contra um Estado do continente americano constitui uma agressão contra todos os outros); a regulação pacífica dos conflitos; o respeito pelos direitos fundamentais da pessoa humana; a unidade espiritual do continente baseada no respeito pela diversidade cultural e, depois da reforma introduzida em 1985, o princípio pelo respeito da pluralidade das ideologias e da livre determinação política.

Tem como objetivos garantir a paz e a segurança no continente; prevenir as possíveis causas de conflito e assegurar a solução pacífica dos diferendos que surjam entre os Estados-membros; organizar a ação solidária em caso de agressão; procurar a solução dos problemas políticos, jurídicos e económicos surgidos entre os seus membros; promover, através da cooperação, o desenvolvimento económico, social e cultural do continente americano.

A OEA tem uma estrutura complexa. É constituída pela assembleia-geral, órgão supremo e plenário que se reúne anualmente e que decide a política geral da OEA, a reunião de consulta dos ministros dos negócios estrangeiros, convocada a pedido do Conselho Permanente quando se produz num Estado-membro factos que comprometem o exercício legal da democracia; três conselhos (o Conselho Permanente, o Conselho Económico e Social Interamericano e o Conselho Interamericano para a Educação, Ciência e Cultura) que dependem diretamente da Assembleia Geral e contam com um representante de cada Estado-membro nomeado pelo seu governo; o Comité Jurídico Interamericano (Rio de Janeiro), órgão consultivo encarregado de examinar as questões relativas ao Direito Internacional interamericano público e privado; a Comissão Interamericana dos Direitos do Homem, criada em 1959, que com a adoção da Convenção Interamericana dos Direitos do Homem (Pacto de São José) se tornou num dos órgãos principais da OEA; o Tribunal Interamericano dos Direitos do Homem, igualmente criado pelo Pacto de São José, instituição judiciária autónoma da OEA, composta por sete juízes; e o secretariado-geral, órgão executivo da OEA, responsável pelo bom funcionamento da organização.

A OEA conheceu uma certa renovação política a partir de 1990-1991. Os acontecimentos no Leste europeu e as orientações da administração americana permitiram-lhe ter um papel mais ativo na regulação das crises políticas continentais. Atualmente, a OEA enfrenta dois desafios: o regresso de Cuba como membro de pleno direito e a reforma administrativa da organização, considerada burocrática e ineficaz. É no quadro de uma cooperação interamericana renovada que deverá situar-se a ação futura da OEA, orientada para a luta pela democracia e contra o tráfico de droga, a proteção do ambiente e a defesa dos Direitos Humanos. *[P.A.]*

Organização internacional

Instituição multilateral criada por Estados de forma a alcançar objetivos comuns que, regra geral, não podem ser atingidos facilmente a título individual. Constituem, assim, organizações intergovernamentais que não põem em causa a soberania e a independência dos Estados, mas que são sujeitos autónomos de Direito Internacional público, uma vez que agem independentemente dos Estados.

Segundo Sereni, uma organização internacional é uma associação voluntária de sujeitos de Direito Internacional, que se concretiza numa entidade de caráter estável, dotada de um ordenamento jurídico interno e de órgãos e instituições próprias, através das quais se prosseguem fins comuns aos membros da organização, mediante a realização de certas funções e do exercício dos poderes que lhe tenham sido conferidos no âmbito do seu tratado constitutivo. As organizações internacionais dividem-se em intergovernamentais, compostas apenas por Estados, e não governamentais, compostas por associações da sociedade civil.

A organização internacional exprime a tentativa de imprimir uma certa ordem às relações internacionais pelo estabelecimento, para além das fronteiras de cada Estado, de vínculos duradouros entre governos ou grupos sociais desejosos de defenderem interesses comuns, no quadro de órgãos permanentes, com personalidade própria, distintos das instituições nacionais, capazes de exprimir uma vontade própria e tendo por objetivo desempenhar certas funções de interesse internacional. O elemento organização implica permanência e vontade própria. O elemento internacional resulta de os membros da organização serem sujeitos de Direito Internacional e serem criados através de um instrumento de Direito Internacional, o tratado internacional. As organizações internacionais assumem particular relevo nas relações internacionais pelo papel que desempenham enquanto fóruns privilegiados de diálogo e de partilha de experiências, e instrumentos de aproximação pacífica e de cooperação entre os Estados. *[P.A.]*

Organização Internacional Governamental

Sujeito de Direito Internacional criado por uma convenção ou tratado. Este pode, no entanto, não lhe atribuir a personalidade internacional, caso em que o funcionamento da organização internacional juridicamente se reporta aos seus Estados-membros. Estrutura institucional formal que transcende as fronteiras nacionais, criada por acordo multilateral entre Estados. Traduz vontade política de cooperação e é dotada de organismos permanentes encarregados da concretização dos objetivos da organização. É estabelecida por tratado, embora seja possível a expansão das suas competências para fazer face a novas situações. Deste modo, embora os Estados retenham a autoridade em última instância, as organizações internacionais constituem um meio para atividades de cooperação e oferecem múltiplos canais de comunicação que, em diferentes níveis, ultrapassam as estruturas diplomáticas tradicionais. Podem ser universais ou regionais, de acordo com os Estados que delas fazem parte; podem ser gerais ou especializadas, de acordo com o tipo de competências definidas; e podem ser de cooperação ou de integração, de acordo com as suas modalidades de funcionamento e a natureza dos seus poderes. *[P.A.]*

Organização Internacional Não Governamental (OING)

Movimento, associação ou corrente de solidariedade de origem privada, com caráter transnacional, sem fins lucrativos, que tem como missão a resolução de algum problema da sociedade, reivindicar direitos ou defender uma determinada causa no sistema internacional.

A sua origem remonta ao século XVIII, com as organizações religiosas transnacionais que combatiam a escravatura. O século XIX assistiu à fundação, entre outras, da Cruz Vermelha, da Internacional Socialista, e de movimentos pacifistas e organizações feministas.

Nas vésperas da Primeira Guerra Mundial existiam mais de 170 organizações internacionais não governamentais. Totalizando quase um milhar em 1956 e dois milhares em 1970, o seu número aumentou extraordinariamente nas últimas décadas, para atingirem as 27 000 no final da década de 1990. Atualmente, de acordo com o Programa das Nações Unidas para o Desenvolvimento, existirão cerca de 40 000 ONG's de caráter internacional, embora pouco mais de 4 000 estejam registadas no sistema da ONU.

As suas áreas de ação, no presente, são bastante diversificadas, incluindo aspetos ecológicos (Greenpeace), humanitários (Comité Internacional da Cruz Vermelha), desportivos (Comité Olímpico Internacional) e educativos, entre outros. O aumento significativo destas organizações resulta de vários fatores, destacando-se a globalização, a afirmação do papel do indivíduo nas relações internacionais e a importância crescente dos meios de comunicação na vida internacional. Através da ONG, a sociedade civil tem adquirido um papel crescente no processo de tomada de decisão com dimensão internacional, pressionando os governos a alterar políticas, introduzindo ou reforçando a importância de temas muitas vezes ignorados ou secundarizados pelos Estados – nomeadamente no que diz respeito aos Direitos Humanos, à ecologia, à doença e à fome – e atraindo a atenção dos meios de comunicação social para a sua ação. As ONG constituem um instrumento de mobilização social, ajudam a despertar o civismo e a cooperação social dos seus membros. *[P.A.]*

Organização Internacional do Trabalho (OIT)

International Labor Organization (ILO)

Foi criada a 28 de junho de 1919 como uma agência da Liga das Nações, após a assinatura do Tratado de Versalhes. A sua constituição corresponde à Parte III do Tratado. A primeira Conferência Internacional do Trabalho, realizada em Washington DC, adotou seis Convenções Internacionais do Trabalho que lidaram com questões cruciais, incluindo horas de trabalho na indústria, desemprego, proteção à maternidade, trabalho noturno para mulheres, idade mínima e trabalho noturno para jovens na indústria. Em 1942, foi elaborada a revisão da sua Constituição pela "Declaração de Filadélfia", e em 1946, por força de um Acordo concluído com a Organização das Nações Unidas, a OIT assumiu o estatuto de instituição especializada da ONU.

No preâmbulo da Constituição da OIT referiu-se que se considerava urgente melhorar as condições do trabalho, tendo em vista alcançar a paz e a harmonia universais. A Declaração de Filadélfia reafirma os princípios enformadores da organização, repensados em função da evolução da sociedade internacional em geral e do mundo laboral em particular.

Tais princípios, em função dos quais devem ser avaliados os programas de ação e as medidas a adotar, quer no quadro nacional, quer na ordem internacional – tanto no plano social como nos domínios económico e financeiro – são os seguintes: o trabalho não é uma mercadoria; a liberdade de expressão e de associação, nomeadamente a liberdade sindical, é condição irrecusável do progresso; a pobreza, onde quer que exista, constitui um perigo para a prosperidade geral, por isso, a luta contra ela deve ser conduzida com toda a energia no quadro nacional e mediante um esforço internacional concertado e contínuo, com vista à promoção do bem comum; todos os seres humanos, qualquer que seja a sua raça, o seu credo ou o seu sexo, têm o direito de buscar o progresso material e o desenvolvimento espiritual em liberdade, dignidade, segurança económica e beneficiando de iguais oportunidades; a finalidade central de qualquer política nacional ou internacional deve ser orientada para a realização de condições que permitam alcançar os objetivos da organização.

Em 1969, a OIT ganhou o Prémio Nobel da Paz, e em 1998 foi adotada a Declaração sobre os Princípios e Direitos Fundamentais no Trabalho. A Declaração estabelece quatro princípios fundamentais: liberdade sindical e reconhecimento efetivo do direito de negociação coletiva; eliminação de todas as formas de trabalho forçado; abolição efetiva do trabalho infantil; eliminação de todas as formas de discriminação no emprego ou na ocupação.

Em 1999, o conceito de trabalho decente foi formalizado pela OIT. Este tornou-se o objetivo central de todas as políticas e programas da OIT. Abrange a "promoção de oportunidades para mulheres e homens do mundo para conseguir um trabalho produtivo, adequadamente remunerado, exercido em condições de liberdade, equidade e segurança e capaz de garantir uma vida digna, condição fundamental para a superação da pobreza, redução das desigualdades sociais, garantia da governabilidade democrática e desenvolvimento sustentável". O trabalho decente é o eixo central dos quatro objetivos estratégicos da OIT: respeito pelas normas internacionais do trabalho, em especial pelos princípios e direitos fundamentais do trabalho; promoção do emprego de qualidade; extensão da proteção social; fortalecimento do diálogo social. Para pôr em prática esse conceito, a OIT oferece assistência técnica aos Estados-membros e parceiros na implementação das normas internacionais do trabalho, bem como desenvolve programas e projetos nas áreas de emprego, proteção e diálogo social. A OIT também desenvolve pesquisa e estudos e edita publicações sobre os mais diversos temas do mundo do trabalho.

Em junho de 2008, foi adotada a Declaração sobre Justiça Social para uma Globalização Equitativa. A aprovação deste documento resulta da visão da OIT sobre o processo de globalização, que considera injusto e desigual. A OIT exerce um papel operacional de grande relevância prática que se traduz numa estreita cooperação com os Estados-membros, aos quais presta adequada assistência técnica – em particular, na correta aplicação das regulamentações internacionais em matéria de trabalho. Cabe-lhe exercer a competência normativa relativamente à adoção das regras a observar no domínio laboral e proceder ao controlo da aplicação das normas adotadas no seu seio. A OIT tem uma composição tripartida, contando com representantes dos governos, dos empregadores e dos trabalhadores dos Estados-membros.

Atualmente, tem 187 Estados-membros, incluindo a esmagadora maioria dos membros da ONU (com exceção de Andorra, Butão, Coreia do Norte, Liechtenstein, Micronésia, Mónaco e Nauru) e ainda as Ilhas Cook. Tem sede em Genebra, Suíça. *[P.A.]*

Organização Mundial do Comércio (OMC)

World Trade Organization (WTO)

Criada em 1994, aquando da assinatura da Ata Final das negociações comerciais multilaterais conhecidas por Ronda do Uruguai (*Uruguay Round*), e em vigor desde inícios de 1995. Portugal é Estado-membro desde a sua criação. Tem sede em Genebra. O acordo instituidor da Organização Mundial de Comércio (OMC) lançou as bases do novo sistema comercial internacional, englobando o Acordo Geral sobre Pautas Aduaneiras e Comércio (GATT), os resultados das sucessivas conferências, e todo o acervo obtido nas negociações comerciais multilaterais do *Uruguay Round*, representado por 28 acordos.

Ao nível da estrutura, a OMC é composta pela Conferência Ministerial (autoridade suprema), o Conselho Geral, o Conselho do Comércio de Mercadorias, o Conselho do Comércio de Serviços, o Conselho dos Aspetos dos Direitos de Propriedade Intelectual Relacionados com o Comércio, o Comité do Comércio e Desenvolvimento, o Comité das Restrições Relacionadas com a Balança de Pagamentos e o Comité do Orçamento, Finanças e Administração. Tem também um Secretariado dirigido por um diretor-geral, que é nomeado pela Conferência Ministerial.

A OMC tem como funções facilitar a aplicação, gestão e funcionamento dos acordos comerciais multilaterais e promover a realização dos seus objetivos, fornecendo igualmente o enquadramento para a aplicação, gestão e funcionamento dos acordos comerciais multilaterais. A OMC constitui, assim, um fórum para as negociações entre os seus membros, no que respeita às suas relações comerciais multilaterais, em questões abrangidas pelos acordos. A OMC assegura a gestão do Memorando de Entendimento sobre as regras e processos que regem a resolução de litígios, designado por *Memorando de Entendimento sobre Resolução de Litígios* (MERL); e do Mecanismo de Exame das Políticas Comerciais (MEPC).

O *Uruguay Round* permitiu implantar um sistema comercial internacional baseado numa maior liberalização do comércio de produtos manufaturados, através da redução e consolidação de direitos aduaneiros; numa maior abrangência da disciplina multilateral na área do comércio de produtos agrícolas; em novas regras de resolução de diferendos; na sistematização do comércio internacional de serviços; e na maior acessibilidade de mercado por parte dos países em vias de desenvolvimento e sobretudo dos países mais pobres.

A instituição de um sistema e órgão de resolução de diferendos de comércio pela OMC foi uma inovação significativa. Aqui a tarefa fundamental cabe ao Órgão de Resolução de Litígios (ORL), que corresponde ao Conselho Geral da OMC, reunido para efeitos específicos de examinar os litígios comerciais entre os membros. É composto por representantes de todos os Estados que integram a organização. O Órgão de Resolução de Litígios tem o poder de estabelecer painéis especiais para a apreciação dos litígios, submetê-los a arbitragem e adotar os relatórios dos painéis e do Órgão de Apelação, bem como os relatórios de arbitragem. Cabe-lhe, ainda, acompanhar a implementação das recomendações e resoluções contidas nesses relatórios e autorizar a suspensão de concessões em caso de não cumprimento das suas recomendações e resoluções. Quanto às decisões propostas pelo Órgão de Resolução de Litígios, há, também, comparativamente aos tempos do ↗GATT, menos possibilidades de obstrução das mesmas. Isso só poderá ocorrer quando todas as partes rejeitem a sua proposta de decisão, ou seja, só com um “consenso negativo”. Anteriormente, a regra era a inversa, o que dificultava muito mais a decisão.

Apesar dos avanços introduzidos pela instituição da OMC, entre os quais se encontra o já referido sistema de resolução de diferendos, esta enfrenta agora sérias dificuldades. A ronda de Doha, iniciada em 2001, que deveria dar um novo impulso multilateral ao comércio internacional, foi um fracasso. A crise financeira e económica internacional, que teve o seu impacto mais intenso entre 2008 e 2015, afetou negativamente a vontade de abertura comercial de muitos países, assistindo-se ao regresso de um certo grau de protecionismo, aberto ou disfarçado. Ao mesmo tempo, a conflitualidade comercial entre as duas maiores potências económicas mundiais, os EUA e a China, surgida nos anos 2017 e 2018, colocou a OMC na delicada posição de guardiã de um sistema comercial multilateral cheio de tensões políticas. *[J.P.T.F.]*

Organização Mundial de Saúde (OMS)

World Health Organization

Criada em 22 de junho de 1946, entrou em vigor a 7 de abril de 1948, quando 26 Estados-membros das Nações Unidas ratificaram a sua constituição. É uma das instituições especializadas da ONU. Visa a aquisição, por todos os povos, de um bom nível de saúde. A estratégia da OMS envolve os seguintes elementos essenciais: educação no que respeita a questões relacionadas com a saúde, dieta alimentar e nutrição; água para consumo e saneamento; saúde materna e infantil, incluindo planeamento familiar; imunização contra doenças infeciosas; prevenção e controlo de doenças locais; tratamento apropriado de doenças comuns e ferimentos; provimento de medicamentos essenciais. A OMS também promove a investigação para desenvolver tecnologias relacionadas com todos os aspetos da saúde, incluindo nutrição, cuidados maternos e infantis, ambiente seguro, saúde mental, controlo de doenças específicas, prevenção de acidentes, cuidados médicos e reabilitação.

Tem como órgãos a Assembleia Mundial da Saúde, um Conselho Executivo e um Secretariado. Todos os Estados-membros das Nações Unidas podem tornar-se membros da OMS. Tem sede em Genebra, Suíça. *[P.A.]*

Organização para a Cooperação e Desenvolvimento Económico (OCDE)

Organization for Economic Cooperation and Development (OECD)

Foi criada pela Convenção de Paris em dezembro de 1960 e entrou em vigor em setembro de 1961. Foi constituída entre os 18 Estados-membros da então Organização Europeia de Cooperação Económica, mais os EUA e o Canadá. Atualmente integra 38 Estados-membros. Esta organização internacional, com sede em Paris, contém cerca de 280 entidades, entre as quais diversos Comités, Grupos de Trabalho e Grupos de Peritos. A União Europeia possui estatuto de observador.

A OCDE tem como finalidade promover políticas visando "realizar a mais ampla expansão possível da economia e do emprego e a melhoria do nível de vida dos países-membros, sem prejuízo da estabilidade financeira, e contribuir assim para o desenvolvimento da economia mundial; contribuir para uma expansão económica sã, tanto nos países-membros como não membros em vias de desenvolvimento económico; e contribuir para a expansão do comércio mundial numa base multilateral e não discriminatória, na conformidade das obrigações internacionais". Tem ainda como grande objetivo promover a boa governação dos setores público e privado. Em conjunto com os governos, decisores políticos e cidadãos, a OCDE procura "estabelecer normas internacionais e encontrar soluções para um conjunto de desafios sociais, económicos e ambientais".

Entre o trabalho desenvolvido pela organização, destaca-se a recolha de dados e as análises com base em diversos indicadores socioeconómicos dos Estados. *[P.A.]*

Organização das Nações Unidas (ONU)

United Nations (UN)

Estabelecida como sucedânea à ↗Sociedade das Nações pela Carta de São Francisco de 26 de junho de 1945, como uma associação voluntária de Estados soberanos, a ONU formalmente emergiu em outubro desse ano. Criada com o fim de preservar as gerações futuras do flagelo da guerra, representa uma tentativa de assegurar a paz mundial e estabelecer as fundações económicas, sociais e políticas através das quais esse objetivo possa ser concretizado. Ocupando-se a sua estrutura central das questões internacionais – manutenção da paz e gestão da força legítima –, compreende seis órgãos principais: Assembleia Geral, Conselho de Segurança, Secretário-Geral, Tribunal Internacional de Justiça, Conselho Económico e Social e Conselho de Tutela. À exceção do Tribunal Internacional de Justiça, sediado em Haia, Holanda, todos os outros organismos têm sede em Nova Iorque.

A Assembleia Geral é o órgão de deliberação da Organização, ou seja, o local onde os Estados discutem as matérias políticas, económicas e sociais e adotam resoluções. É composta por todos os Estados-membros e reúne-se em sessão anual entre setembro e dezembro, e, por vezes, em sessão extraordinária. As resoluções adotadas na Assembleia Geral, diferentemente das adotadas no seio do Conselho de Segurança, não são vinculativas.

O Conselho de Segurança é o órgão decisório encarnado pelas principais potências. Composto por cinco Estados permanentes (Estados Unidos da América, Rússia, China, França e Reino Unido) e dez membros não-permanentes (eleitos pela Assembleia Geral por dois anos), tem por responsabilidade principal a manutenção da paz e da segurança internacionais, devendo as suas resoluções, neste capítulo, ser aplicadas por todos os Estados-membros. Os cinco membros permanentes gozam de direito de veto, significando que nenhuma resolução pode ser aprovada sem o seu aval.

O Secretário-Geral é o órgão executivo da Organização. É dirigido pelo mais alto funcionário da Organização, eleito por um período de cinco anos. O Secretário-Geral é o representante da ONU junto dos Estados, tendo competências abrangentes que incluem uma função conciliadora, de acordo com as orientações do Conselho de Segurança. Considerado como um mediador planetário, encarregado de alertar os Estados quanto a qualquer risco de crise ou conflito, embora só possa agir de acordo com as instruções do Conselho de Segurança, dispõe de uma influência considerável, sendo reconhecido como uma instância moral, apesar da vigilância permanente das grandes potências. Desde janeiro de 2017 (e previsivelmente até finais de 2026), é Secretário-Geral da ONU o político português António Guterres.

O Tribunal Internacional de Justiça é o órgão judiciário da ONU, composto por quinze magistrados independentes eleitos por um período de nove anos. É competente para tratar qualquer questão jurídica submetida pelos Estados, e pode fornecer pareceres aos principais organismos e agências especializadas da ONU.

O Conselho Económico e Social trata das dimensões económicas e sociais da paz, mas o seu papel permanece marginal. O Conselho de Tutela foi concebido para vigiar a evolução dos territórios sob tutela, mas perdeu toda a sua razão de ser.

A Organização conta ainda com uma série de agências especializadas cuja tarefa consiste em desenvolver e pôr em prática os programas e decisões adotados pelos organismos principais. Paralelamente, os Estados criaram organizações internacionais especializadas ligadas à ONU por acordos especiais, como a ↗Organização para a Educação, Ciência e Cultura (UNESCO). O conjunto dos organismos principais, organismos subsidiários e instituições especializadas forma o que denominamos de sistema das Nações Unidas.

Constituindo um fórum planetário sem poder político, apesar de já ter cumprido mais de sete décadas de existência, a sua legitimidade continua mal fundamentada, o que não impede a Organização de permanecer incontornável enquanto o lugar central do debate mundial. Para os realistas, a ONU não é mais do que uma imensa e por vezes corrupta burocracia, incapaz de regular os conflitos. Para os países em desenvolvimento, a Organização não passa de um projeto bem-intencionado usurpado pelos cinco membros permanentes do Conselho de Segurança. Quanto aos liberais, aqueles que acreditam na paz através do Direito, a ONU dececiona, uma vez que o Conselho de Segurança não consegue disciplinar os jogos de poder, como ficou demonstrado, por exemplo, na crise iraquiana de 2003, quando não foi capaz de travar uma grande potência determinada a utilizar unilateralmente os meios militares.

A ONU combina três características que simultaneamente se completam e se contradizem: constitui uma instância de legitimação; é um instrumento de intervenção; e forma uma burocracia pesada e por vezes irresponsável e até mesmo corrupta. Presentemente, a ONU – segundo Philippe Moreau Defarges, que estamos a seguir – vive dois paradoxos: o alargamento da noção de manutenção da paz, embora os Estados não renunciem ao direito de usar a força militar; o Conselho de Segurança já não é representativo do Sistema Internacional, mas nenhuma outra fórmula alternativa se impõe. Face a tais questões, a ONU depara-se com três desafios importantes: o alargamento da manutenção da paz; a incapacidade de retirar às grandes potências o direito de fazerem a guerra; a contestação da legitimidade do Conselho de Segurança. Atualmente, a ONU é constituída por 193 Estados-membros. *[F.S. / R.R.]*

Organização das Nações Unidas para a Educação, a Ciência e a Cultura (UNESCO)

Foi criada em 1945, com o intuito de promover a paz, através da cooperação internacional nas áreas temáticas que abrange. Tem sede em Paris, sendo governada por uma Conferência Geral dos representantes dos seus Estados-membros, por um Conselho Executivo de 58 membros e por um Secretariado liderado pelo Diretor-Geral, este nomeado pela Conferência Geral a cada quatro anos. Dispõe de uma rede de escritórios regionais espalhados pelo mundo e de comissões nacionais, nos Estados-membros. A sua missão, ontem como hoje, é a de generalizar e reforçar a educação de qualidade para todos; promover a igual dignidade de todas e cada cultura, protegendo a diversidade cultural e promovendo a tolerância; e fomentar a cooperação na investigação científica. A UNESCO adota e promove a liberdade de expressão como direito fundamental e a democracia e o desenvolvimento sustentável como horizontes desejáveis. Por todas estas razões, é considerada uma das agências da ONU com um caráter mais vincadamente político e a sua atuação tem que ser lida nesse contexto. *[C.T.R.]*

Organização das Nações Unidas para a Alimentação e a Agricultura (FAO)

Food and Agriculture Organization of the United Nations (FAO)

É uma instituição especializada das ↗Nações Unidas. Foi instituída em 16 de outubro de 1945, no Quebeque, por 44 países, aquando de uma conferência realizada sob a égide das Nações Unidas. A FAO absorveu o Instituto Internacional da Agricultura, que existia desde 1905, e o Conselho Internacional de Socorro Alimentar, criado em 1946. Tem por objetivo elaborar e difundir normas de informação agrícola mundiais, mobilizar os sistemas de investigação e de assistência técnica, servir de alerta e de informação sobre a segurança alimentar e organizar o desenvolvimento mundial dos recursos agrícolas, de modo a elevar o nível de nutrição e as condições de vida das populações rurais, com o objetivo último de erradicar duravelmente a fome. É composta, hoje em dia, por 194 Estados-membros mais a União Europeia, estando presente em mais de uma centena de países. Tem sede em Roma. *[F.S. / R.R.]*

Organização dos Países Exportadores de Petróleo (OPEP)

Organization of the Petroleum Exporting Countries (OPEC)

As origens do cartel da OPEP remontam à organização do mercado do petróleo antes da descolonização, mas foi em setembro de 1960 que, face à redução do preço do petróleo provocada pelas companhias petrolíferas, um grupo de países exportadores de tal produto, nomeadamente a Arábia Saudita, o Irão, o Iraque, o Kuwait e a Venezuela, se reuniram em Bagdad, criando a Organização dos Países Exportadores de Petróleo, com vista a coordenar as suas políticas petrolíferas e a defender os seus interesses económicos.

Nesse mesmo ano, o Qatar aderiu à organização e em 1962 seguiram-se a Líbia e a Indonésia. Nesse ano, o tratado da formação da OPEP foi oficializado junto das Nações Unidas. Aderiram posteriormente os Emirados Árabes Unidos (1967), Argélia (1969), Nigéria (1971), Equador (1973), Gabão (1975), Angola (2007), Guiné Equatorial (2017) e o Congo (2018). Em 2016, a Indonésia saiu da organização e em 2019 saiu o Qatar. Comporta atualmente 13 Estados-membros e tem a sua sede em Viena, Áustria.

Os órgãos da OPEP são: a Conferência, autoridade suprema da organização, composta por representantes dos Estados-membros, que reúne duas vezes por ano; o Conselho de Administração, que gere a organização e executa as resoluções da Conferência, com um administrador por cada Estado-membro nomeado por dois anos, e reunindo, pelo menos, duas vezes por ano; o Secretariado, chefiado por um secretário-geral, é composto por vários departamentos; e a Comissão Económica, um órgão especializado permanente, no âmbito do Secretariado, que visa dar assistência à organização na promoção da estabilidade dos preços internacionais.

Desde a sua fundação que a OPEP tem vindo a desenvolver um papel fundamental na coordenação e uniformização das políticas petrolíferas dos países-membros e na redefinição dos meios destinados a salvaguardar os seus interesses; na regularização da produção, para evitar excessos; na estabilização dos preços internacionais; no ajustamento da produção, por forma a assegurar um rendimento estável aos países produtores e um abastecimento regular dos consumidores; na elaboração de planos de uniformização da legislação relativa ao petróleo, nos vários países-membros; na formação do pessoal técnico ligado à indústria e à economia do petróleo em geral; no aconselhamento quanto ao uso a dar aos rendimentos do petróleo em programas de desenvolvimento; e na coordenação das várias atividades das companhias petrolíferas nacionais dos países-membros. *[P.A.]*

Organização para a Segurança e Cooperação na Europa (OSCE)

O fim da Guerra Fria foi oficializado na Cimeira de Paris da Conferência de Segurança e Cooperação na Europa (CSCE), em 1990. Paris foi palco da primeira Cimeira da CSCE desde Helsínquia (1975) e tornou-se, de acordo com a *Carta de Paris para uma Nova Europa*, o documento resultante dos trabalhos, o símbolo do início de uma nova era construída sobre princípios democráticos. Apesar de todas as indefinições, Paris traçou um novo rumo para a CSCE através da formulação de novos princípios e da criação de instituições permanentes. A CSCE integrou todas as repúblicas da ex-União Soviética, bem como os Estados da Europa Central e de Leste até então sob domínio soviético, e os novos Estados da ex-Jugoslávia, alargando-se a 57 membros.

A CSCE tornou-se Organização para a Segurança e Cooperação na Europa após a Cimeira de Budapeste de novembro de 1994, com efeitos a partir de 1 de janeiro de 1995. Na altura, foi afirmado que a mudança de nome não alterava o caráter dos compromissos ou o estatuto da CSCE e das suas instituições. Deste modo, no seu desenvolvimento organizacional, a OSCE permaneceu flexível e dinâmica. Dotada de organismos de decisão e de estruturas operacionais permanentes, institucionalizando a prática regular de reuniões e assumindo as novas tarefas de diplomacia preventiva, gestão de conflitos e reabilitação pós-conflito, a OSCE consolidou a sua presença na estrutura institucional de segurança europeia.

As cimeiras da OSCE reúnem os chefes de Estado e de governo, fornecendo as linhas mestras para o funcionamento da organização. As cimeiras são precedidas de reuniões de preparação em Viena que se concentram na revisão dos compromissos adotados anteriormente.

Após Paris, realizaram-se as cimeiras de Helsínquia (julho de 1992); Budapeste (dezembro de 1994); Lisboa (dezembro de 1996); Istambul (novembro de 1999); e Astana (dezembro de 2010). Mais frequentemente, os Estados-membros reúnem-se ao nível de representantes permanentes para discutir as políticas gerais da organização. Os ministros dos Negócios Estrangeiros reúnem-se anualmente no Conselho Ministerial, o organismo decisório central da OSCE.

Para assistir o Conselho na preparação das reuniões e fazer seguir as suas decisões, o Conselho Permanente foi estabelecido e responsabilizado pela política e linhas mestras do orçamento da OSCE, alargando as possibilidades de diálogo e decisão da organização, reunindo-se semanalmente, em Viena, na sede da Organização. É formado pelos representantes permanentes dos Estados-membros e pode ser convocado por razões de emergência. O presidente em exercício é responsável pela coordenação das atividades da OSCE e pela comunicação e aconselhamento das instituições da organização quanto às decisões a nível ministerial. É assistido pela *Troika* (formada pelo presidente em exercício anterior, o atual e o seu sucessor) e pode solicitar assistência de grupos *ad hoc* ou nomear representantes pessoais, particularmente nas áreas de prevenção e gestão de conflitos.

O secretário-geral atua como representante do presidente em exercício e responde perante este último e o Conselho Ministerial quanto ao desempenho do pessoal da OSCE. Prepara reuniões e monitoriza a implementação de decisões. Também assiste o presidente em exercício na divulgação internacional das políticas da organização, na manutenção de contactos com organizações internacionais e no aconselhamento financeiro. *[M.R.F.]*

Organização do Tratado da Ásia do Sudeste (OTAS)

Southeast Asia Treaty Organization (SEATO)

Aliança de segurança coletiva criada pelo Tratado de Manila, de 8 de setembro de 1954, constituída pela Austrália, EUA, Filipinas, França, Nova Zelândia, Paquistão, Reino Unido e Tailândia. Estabelecida em Banguecoque, Tailândia, e tendo como objetivo travar a expansão comunista na região, a SEATO, ao contrário da OTAN, nunca contou com forças próprias, sendo fundamentalmente um órgão consultivo. Foi invocando este acordo que os EUA procuraram justificar o emprego das suas forças armadas no Vietname do Sul. A derrota no Vietname veio pôr fim à cooperação militar, sendo a SEATO extinta em 1977. *[P.A.]*

Organização do Tratado do Atlântico Norte (OTAN)

North Atlantic Treaty Organization (NATO)

Organização militar de defesa, criada em 4 de abril de 1949 pela Bélgica, Canadá, Dinamarca, EUA, França, Holanda, Islândia, Itália, Luxemburgo, Noruega, Portugal e Reino Unido, a OTAN entrou em vigor em agosto desse ano. Foi concebida como uma aliança entre Estados livres que se associaram para preservar a sua segurança através de garantias mútuas e de legítima defesa coletiva, de acordo com as disposições da Carta das Nações Unidas. A criação da OTAN resultou da necessidade de preservar o direito à existência de uma tradicional escala de valores e de impedir que ela fosse destruída por conceções valorativas opostas ou muito diferentes – registe-se que surge num contexto histórico onde a divisão ideológica entre o bloco ocidental, de cariz liberal, e o bloco soviético, de orientação comunista, é já patente. Por isso, no preâmbulo do tratado se diz que os Estados-membros "estão decididos a salvaguardar a liberdade, herança comum e civilização dos seus povos, fundados nos princípios da democracia, das liberdades individuais e do respeito pelo Direito".

A esta organização aderiram, posteriormente, a Grécia e a Turquia (1952), a República Federal Alemã (1954) e a Espanha (1982), após a ratificação do protocolo de adesão de dezembro de 1981. A Hungria, Polónia e República Checa tornaram-se membros efetivos em 1999. Em 2004, sete novos Estados aderiram à OTAN – Bulgária, Eslováquia, Eslovénia, Estónia, Letónia, Lituânia e Roménia –, o que permitiu alargar a OTAN até às fronteiras da Rússia. Em 2009, a Albânia e a Croácia também aderiram. Em 2017, foi a vez do Montenegro, sendo o mais recente Estado-membro, desde 2020, a Macedónia do Norte. Tem sede em Bruxelas.

Os objetivos da OTAN estão expressos no preâmbulo e no artigo 2.° do Tratado e traduzem-se fundamentalmente na preservação da paz e da segurança; na promoção da estabilidade e do bem-estar na área do Atlântico Norte; na salvaguarda da liberdade e dos valores culturais da civilização ocidental; na implementação de relações internacionais pacíficas e amigáveis; na eliminação de quaisquer antagonismos de política económica externa; e no incremento da cooperação económica entre os membros da Aliança Atlântica.

A OTAN, ao longo das seis décadas da sua existência, procurou definir e atualizar a sua estratégia em função da política internacional, através de sucessivos "conceitos estratégicos", isto é, de documentos oficiais que, embora mantendo o objetivo e a natureza permanente da Organização do Tratado do Atlântico Norte – OTAN (*North Atlantic Treaty Organization* – NATO), bem como as suas tarefas de segurança fundamentais, identificam as características básicas dos novos ambientes de segurança, especificando os elementos de abordagem da Aliança quanto à mesma, e fornecendo orientações em ordem à permanente adaptação das suas forças militares às diferentes conjunturas internacionais.

A OTAN conheceu três conceitos estratégicos durante o período da ↗Guerra Fria (1949-1989) e definiu três novos conceitos estratégicos após a implosão da União Soviética (1991-2010). O primeiro conceito estratégico (1950) remonta à origem da OTAN e começou logo a ser preparado em 1949. O segundo conceito estratégico (1952) é contemporâneo da Guerra da Coreia (1950-1953). O terceiro conceito estratégico (1957) foi definido na sequência da crise do Suez e da revolta da Hungria (1956). O quarto conceito estratégico (1968) foi elaborado após a retirada da França da sua estrutura militar integrada. Com a queda da União Soviética e o fim da Guerra Fria, foi preparado o quinto conceito estratégico (1991). Em 1999, foi criado o sexto conceito estratégico – primeiro conceito estratégico não confidencial, identificando os novos riscos pós-Guerra Fria, como terrorismo, conflitos étnicos, armas nucleares, biológicas e químicas.

Finalmente, em 2010, foi aprovado, na Cimeira de Lisboa, o mais recente conceito estratégico da OTAN, sob o lema "Participação ativa, defesa moderna", em que se assume uma posição muito clara e firme das tarefas e princípios fundamentais da Organização, reafirmando os objetivos estratégicos da Aliança para a década seguinte. Depois de caracterizar a OTAN como "uma comunidade única de valores comprometidos com os princípios da liberdade individual, da democracia, dos Direitos Humanos e do Estado de Direito", o atual Conceito Estratégico apresenta três funções essenciais da Organização – a defesa coletiva, a gestão de crises e a segurança cooperativa. Também enfatiza a solidariedade da Aliança, a importância da consulta transatlântica e a necessidade de se envolver num contínuo processo de reforma. O documento descreve o ambiente de segurança à época e identifica os recursos e as políticas a pôr em prática para garantir que a defesa e a sua capacidade de dissuasão de gestão sejam adequadas para enfrentar ameaças como a proliferação de mísseis balísticos e armas nucleares, o terrorismo, os ataques cibernéticos e os problemas ambientais.

A fim de garantir a sua segurança, a Aliança continuaria a cumprir eficazmente três tarefas essenciais, destinadas a salvaguardar os seus membros, no respeito pelo Direito Internacional. A primeira tarefa está relacionada com a defesa coletiva: os membros da OTAN assistem-se mutuamente contra qualquer ataque, compromisso que se mantém firme e vinculativo; a OTAN procura dissuadir e defender-se contra qualquer ameaça de agressão e contra novos desafios de segurança, quer ameacem a segurança fundamental dos Aliados a título individual, quer ameacem a própria Aliança como um todo.

A segunda tarefa diz respeito à gestão de crises: a OTAN tem um conjunto único e robusto de capacidades políticas e instrumentos militares para lidar com todo o espectro de crises – antes, durante e após os conflitos; ou seja, em qualquer circunstância, a OTAN emprega uma combinação adequada dos instrumentos políticos e militares de que dispõe para ajudar a gerir crises que possam afetar a sua segurança, antes de se transformarem em verdadeiras ameaças; para travar os conflitos que afetem a segurança da Aliança; e para ajudar a consolidar a estabilidade político-militar em situações de pós-conflito que contribuam para a segurança euro-atlântica.

Por fim, no domínio da segurança cooperativa, tendo em atenção que esta é afetada por acontecimentos políticos e militares que se desenvolvem para além das suas fronteiras, a Aliança participa ativamente no sentido de melhorar a segurança internacional, através da parceria com países relevantes e outras organizações internacionais, contribuindo ativamente para o controlo de armas de destruição maciça, para a sua não-proliferação e para o desarmamento; e mantendo, por outro lado, a porta aberta a todas as democracias europeias que se identifiquem com os padrões da OTAN. A parte final do Conceito Estratégico de 2010 centra-se, pois, na promoção da segurança internacional através da cooperação, com base no princípio da procura de tal objetivo "através do menor nível possível de forças", e na reafirmação da ideia de que o alargamento da OTAN é a melhor forma de se alcançar "uma Europa unida e livre", partilhando "valores comuns".

No âmbito desta abordagem cooperativa para a segurança, a OTAN procura estabelecer parcerias com países terceiros, bem como com outras organizações e atores internacionais, nomeadamente através do estreitamento das relações de cooperação com as Nações Unidas e a União Europeia, e da instituição de uma verdadeira parceria estratégica com a Rússia, comprometendo-se, ainda, a desenvolver relações próximas com os países do Mediterrâneo e da região do Golfo.

Finalmente, o Conceito Estratégico descreve os meios que a OTAN utiliza para maximizar a sua eficácia, melhorar os métodos de trabalho e gastar os seus recursos de forma mais ponderada, tendo em vista as prioridades identificadas no conceito.

Sublinhe-se como novidade do Conceito Estratégico de 2010 a importância dada à metodologia de produção do documento, obtido através de uma reflexão alargada a todos os parceiros e de numerosas consultas entendidas como uma oportunidade para se conseguir um largo consenso entre todas as partes interessadas, no sentido de voltar a envolver e comprometer os aliados da OTAN com os princípios fundamentais de sempre e com as novas funções e políticas da Aliança. O debate que esteve na base deste Conceito Estratégico foi, aliás, aberto a especialistas e aos públicos interessados nesta problemática.

Em suma, as principais linhas do Conceito Estratégico da OTAN ainda em vigor – em 2021, preparava-se o novo Conceito Estratégico para a próxima década – são quatro: o princípio de defesa coletiva, a qual permanece a primeira e maior responsabilidade da OTAN; o seu compromisso com a prevenção de crises, a gestão de conflitos e a estabilização após conflitos, trabalhando mais de perto com a ONU e a UE; a abertura para colaborar com parceiros em todo o mundo; e o objetivo de se criarem condições para um mundo livre de armas nucleares (enquanto tal não acontecer, a OTAN permanecerá "uma aliança nuclear"). O documento refere ainda que a Organização mantém a sua política de porta aberta a futuros membros, dá relevo às novas parcerias, sobretudo com a Rússia, e compromete-se a reestruturar-se, a tornar-se mais eficaz e flexível, de forma a que os contribuintes dos seus países membros obtenham um ambiente de segurança máxima como contrapartida pelo dinheiro que investem na Aliança. *[F.S. / R.R.]*

Organização do Tratado de Segurança Coletiva (OTSC)

Collective Security Treaty Organization (CSTO)

Organização de segurança coletiva de Estados pós-soviéticos, assumindo-se a Rússia como membro dominante. Embora relegada para segundo plano face a outras organizações que operam total ou parcialmente no espaço pós-soviético, como a ↗Organização de Cooperação de Xangai ou a ↗União Económica Eurasiática, a OTSC já demonstrou ser um veículo importante, ainda que limitado, para a política externa e de segurança russa. As suas origens assentam nos diversos acordos multilaterais celebrados para administrar o colapso da União Soviética, o que acabou por se refletir nas suas características principais e nos desafios que enfrenta. De facto, o Tratado de Segurança Coletiva, assinado em maio de 1992 pela Arménia, Azerbaijão, Bielorrússia, Cazaquistão, Geórgia, Quirguistão, Rússia, Tajiquistão e Uzbequistão, visava manter um grau significativo de cooperação militar entre a maioria dos Estados da antiga União Soviética (excluindo os Estados Bálticos), uma vez que as tentativas iniciais de estabelecer forças armadas unificadas tinham todas elas fracassado. Nesse sentido, o Tratado comprometeu os Estados signatários a coordenarem as suas políticas de segurança, proibiu-os de aderirem a alianças hostis a outros signatários e estabeleceu que um ataque a um signatário seria considerado um ataque a todos.

Porém, o caráter vago de várias declarações do Tratado e a possibilidade que abria à eventual intervenção nos assuntos internos dos signatários por outros signatários, principalmente pela Rússia, levantou questões sobre as suas reais intenções e gerou oposição de alguns Estados pós-soviéticos, com destaque para a Ucrânia. Por essa razão e pela ineficácia da sua ação concreta em prol dos objetivos propostos, a OTSC, formalmente estabelecida em 2002, em Tashkent, uma década após a assinatura do Tratado, nunca foi capaz de se expandir para lá dos signatários originais. Pelo contrário, Azebaijão, Geórgia e Uzbequistão abandonaram o Tratado em 1999, antes ainda da formalização da OTSC (o Usbequistão ainda readeriu, em 2006, mas acabou por abandonar definitivamente em 2012), ficando a Organização reduzida, desde então, a seis Estados-membros: Arménia, Bielorrússia, Cazaquistão, Quirguistão, Rússia e Tajiquistão

Efetivamente, o desenvolvimento da OTSC desde meados dos anos 2000 tem vindo a refletir a predominância política e militar russa dentro da Organização, ainda que revele também o crescimento das preocupações partilhadas pelos Estados-membros quanto à dupla ameaça à segurança regional e dos próprios regimes que representa a situação no Afeganistão e os omnipresentes desafios por parte do Ocidente, sob a liderança dos EUA. Ao mesmo tempo, os problemas que envolvem o desenvolvimento da OTSC e a adesão limitada de Estados traduzem os limites das capacidades materiais e ideacionais russas, quando confrontadas com a dinâmica complexa da região. Nesta perspetiva, a OTSC espelha simultaneamente a capacidade e os limites da hegemonia regional russa, constituindo sobretudo um instrumento politicamente útil, mas na prática muito limitado, do poder russo na Ásia Central e no Cáucaso, com os próprios Estados-membros a encararem como mais eficaz o desenvolvimento de relações bilaterais com a Rússia do que através do multilateralismo oferecido por esta Organização.

Relativamente à sua estrutura, alterada desde a sua criação, em ordem a refletir a evolução das as prioridades políticas e militares dos seus Estados-membros, a OTSC tem no seu topo o Conselho de Segurança Coletiva, que reúne os respetivos chefes de Governo e é responsável pela coordenação geral da instituição; o Conselho Permanente, responsável por assegurar a interação dos Estados-membros na implementação das decisões da organização; a Assembleia Parlamentar, que reúne duas vezes por ano para examinar e discutir as atividades desenvolvidas e a desenvolver; e o Conselho de Ministros da Defesa, o Conselho de Ministros dos Negócios Estrangeiros, o Comité Militar e o Comité de Secretários de Conselhos de Defesa. Paralelamente a estes conselhos e comités, o Secretário-Geral é responsável pelo Secretariado da Organização, que lida com toda a componente burocrática, e o Estado-Maior conjunto, órgão permanente que supervisiona a componente militar da OTSC, incluindo a preparação de exercícios militares conjuntos, talvez a face mais visível da operacionalização da instituição. Desde a sua criação, a OTSC dispõe ainda de uma Força Coletiva de Intervenção Rápida, destinada a atuar em situações de ameaças de terrorismo e agressão externa. Tem sede em Moscovo. *[R.R.]*

Órgãos de soberania

Os órgãos de soberania, ou no dizer de Marcello Caetano, órgãos governativos, são aqueles cujo poder e atribuições estão dependentes da Constituição, sendo a sua decisão e ação apenas por esta determinada. Podem também ser identificados, tal como fazem Matos Correia e Ricardo Leite Pinto, como "aqueles que estão ligados de forma direta à soberania do Estado, que dispõem de poder de auto-organização e que são imediata e fundamentalmente constituídos pela Constituição". O art. 110.º da atual Constituição portuguesa indica como órgãos de soberania o Presidente da República, a Assembleia da República, o Governo e os Tribunais. Estes órgãos, com poderes constitucionalmente definidos, atuam em nome do Povo enquanto primeiro titular do poder soberano, o que significa que a sua legitimidade dele deriva e que a validade dos seus atos se encontra conformada na Constituição e na legalidade democrática. *[M.M.]*

Ostpolitik

O termo significa "política virada a Leste", isto é, a política externa que foi ligada à visão política de Willy Brandt, chanceler da República Federal Alemã (Alemanha Ocidental) entre 1969 e 1974. A *Ostpolitik* baseou-se numa análise concreta da situação criada pela Guerra Fria e pela divisão da Alemanha em dois Estados, a República Federal Alemã (RFA), com a capital em Bona, e a República Democrática Alemã (RDA), com sede em Berlim, o que veio a acontecer em 1949. A Alemanha Federal tinha interesse em normalizar as suas relações com o Leste, por razões de segurança, mas também de natureza política e económica. A ameaça de guerra, a existir, colocava a Alemanha na primeira linha do campo de batalha, pelo que o interesse primordial dos alemães era o de evitar o eclodir de um conflito na Europa. Para isso, tornava-se necessário normalizar as relações com o bloco de Leste, nomeadamente com a União Soviética. Finalmente, e sobretudo, a *Ostpolitik* vai permitir à Alemanha Federal normalizar as suas relações com a Alemanha de Leste, porque só esta normalização permitiria uma interpenetração entre as duas Alemanhas.

Três tratados vão nascer da *Ostpolitik*: o tratado germano-soviético, assinado em Moscovo (agosto de 1970); o tratado germano-polaco, concluído em Varsóvia (dezembro de 1970); e o tratado entre as duas Alemanhas, assinado em dezembro de 1972. Este último constitui a pedra angular da *Ostpolitik*. Neste tratado, as duas Alemanhas reconhecem-se sem se reconhecer e constatam a existência de entidades territoriais, mas não aceitam formalmente a existência de dois Estados. São estabelecidas relações diplomáticas mediante a troca de representantes permanentes e, em 1973, as duas Alemanhas entram simultaneamente na Organização das Nações Unidas. *[M.R.F.]*

Pacifismo

É uma doutrina que postula a rejeição da guerra e a não-violência como forma de solucionar conflitos; é oposta à ↗Teoria da Guerra Justa e corresponde, nas relações internacionais, à rejeição da centralidade da guerra, na arquitetura clássica do sistema internacional. Tem uma tradição ancestral no pensamento e prática políticas; na época contemporânea, foi postulada, nomeadamente, por Mahatma Gandhi e por Martin Luther King. Pode corresponder a um posicionamento individual (presente na objeção de consciência à participação em atos de violência) ou coletivo (por ex., movimento dos direitos civis e algum ecologismo). Pode ser postulado de forma absoluta (rejeição de toda a violência) ou de forma particularística. *[C.T.R.]*

Pacta sunt servanda

Designação latina do princípio da obrigação do cumprimento pontual das obrigações decorrentes de acordos livremente firmados. A importância do princípio no plano jurídico-internacional é tal que autores de primeiro plano, como Kelsen, afirmaram constituir este a *Grundnorm*, ou seja, a primeira norma que fundamenta as restantes (embora a fundamentação desta ocorra sucessivamente). *[R.M.]*

Pacto

Designação utilizada normalmente para convenções nas quais se pretende sublinhar o caráter contratual do regime instituído. É também utilizada – a par de outros termos como Carta ou Constituição – para designar convenções que criam organizações internacionais (por exemplo, o Pacto das Nações, que criou a ↗Sociedade das Nações). *[R.M.]*

Pacto Andino

↗Comunidade Andina.

Pacto Ecológico Europeu (PEE)

European Green Deal (EGD)

Entre dezembro de 2019 e julho de 2021, uma nova "carta de rumo" foi preparada pela União Europeia – o Pacto Ecológico Europeu (PEE) –, que estrutura e imprime um roteiro estratégico para as suas políticas e quadros de actuação centrados na vida hodierna e futura dos cidadãos e também de metas de acção para as suas organizações funcionais e de governança concreta, os Estados-membros e as suas comunidades nacionais. Esse programa de rumo e roteiro pode ser sintetizado nesta simples ideia e consideração: ecologizar o território, a economia e a sociedade da Europa dos cidadãos para que essa mesma Europa seja em 2050 o continente dotado do melhor e maior "capital natural" e uma sociedade com "impacto neutro no clima". Para a sua implementação está estimado um financiamento proveniente do plano de recuperação do *NextGenerationEU* e do próprio orçamento europeu, um investimento de cerca de seis biliões de euros, para o período de sete anos.

O PEE passou a incluir, no presente, um outro pacto em vigor desde dezembro de 2020, o Pacto Europeu para o Clima, e o desafio-quadro de gerar acções para uma economia moderna, eficiente pelo uso estratégico dos recursos e também competitiva no sistema global. Também o PEE contribui e visa melhorar a saúde e o bem-estar dos cidadãos e das gerações futuras, através da definição de oito eixos temáticos e que priorizam e dão resposta a essa finalidade com efeitos positivos, no caso: i) ambientes de ar fresco, água limpa, solo saudável e biodiversidade; ii) edifícios renovados e energeticamente eficientes; iii) alimentos saudáveis e a preços acessíveis; iv) mais transportes públicos; v) sistemas energéticos e inovações tecnológicas de ponta menos poluentes; vi) produtos com maior durabilidade e que sejam reutilizados, reparados e reciclados; vii) empregos duradouros e formação profissional exigente para a transição; viii) uma indústria competitiva e resiliente a nível global.

Para uma melhor concretização e abrangência do PEE as instituições comunitárias conceberam uma via inovadora de conexão com a população europeia, ao possibilitarem uma intervenção ativa dos seus cidadãos e organizações, através da iniciativa denominada "Novo Bauhaus Europeu", a qual acolhe e integra uma dimensão cultural e criativa da sociedade europeia para dotar o PEE, no seu conjunto, de articulação e proximidade efetiva com os novos projectos construtores de um outro quadro de vida europeia e também de "guarda-chuva" de comunhão e compromisso dos cidadãos com as suas ideias inovadoras e com iniciativas de parceria (em co-*design*) pragmáticas e duradouras.

O PEE é um instrumento estratégico e geracional para as regiões comunitárias da Europa, que conjuga as dimensões institucional e informal da própria realidade e sociedade europeia, de (geo)política para a acção nesta década, em forma de programa social, pautado pela tecnicidade no diálogo e (inter)mediação com o cidadão, pela prospetiva de efeitos e resultados esperados e pela conjugação intencional de atos, vontades e recursos disponíveis e nele integrados. *[J.C.Lo.]*

Pacto de Estabilidade e Crescimento (PEC)

O Pacto de Estabilidade e Crescimento (PEC) é um acordo que surgiu no contexto da terceira fase da ↗União Económica e Monetária, com início em janeiro de 1999, tendo por objetivo garantir o prosseguimento do esforço de disciplina orçamental dos Estados-membros após o lançamento da moeda única. Inicialmente constituído por três elementos juridicamente vinculativos – uma resolução e dois regulamentos –, o Pacto viu o seu enquadramento legal reforçado posteriormente.

A resolução do Conselho Europeu, adotada em Amesterdão a 17 de junho de 1997, consagra o compromisso dos Estados-membros, da Comissão e do Conselho de pôr em prática o Pacto de Estabilidade e Crescimento. Os Estados-membros comprometem-se também com o objetivo a médio prazo de conseguir orçamentos equilibrados, ou mesmo excedentários. O regulamento 1466/97 do Conselho, relativo ao reforço do controlo da situação orçamental e do controlo e coordenação das políticas económicas, implica que os Estados-membros participantes transmitirão à Comissão os respetivos planos de estabilização, com objetivos orçamentais nacionais a médio prazo e outras informações pertinentes. O aspeto essencial desses planos será a consagração do objetivo nacional de conseguir a médio prazo um orçamento equilibrado ou excedentário. Isto permitirá que os países participantes tenham políticas fiscais anticíclicas, não podendo o défice ultrapassar o limite de 3% do PIB. Finalmente, o regulamento 1467/97 do Conselho refere-se à aceleração e clarificação da aplicação do procedimento, no caso de défices excessivos. Segundo este regulamento, se o défice for considerado excessivo, não havendo circunstâncias excecionais que o justifiquem, o Conselho endereçará imediatamente uma recomendação ao Estado-membro em causa, que disporá então de quatro meses para adotar as medidas necessárias para a correção da situação.

Em 2005, foram introduzidas alterações aos regulamentos, que, com a crise de 2008, se revelaram insuficientes do ponto de vista das regras de governação económica da UE e que acabaram por ser reforçadas através de oito regulamentos da UE e de um tratado internacional: o "6-pack" (para a monitorização das políticas económicas em sentido amplo, focado em potenciais problemas como os do mercado imobiliário ou a queda precoce da competitividade); o "2-pack" (um novo ciclo de monitorização para a área do euro); e o Tratado sobre Estabilidade, Coordenação e Governação (Pacto Orçamental), que entrou em vigor em 2012 e introduziu disposições de natureza orçamental mais rigorosas do que o PEC. Todas estas medidas passaram a integrar o mecanismo de coordenação das políticas económicas da União Europeia, conhecido por "Semestre Europeu".

Em 2015, as orientações da Comissão Europeia do PEC foram reforçadas, com o objetivo de consolidar estas matérias com as necessárias reformas estruturais, os investimentos e a preocupação com o emprego e o crescimento. *[A.P.M. / L.P.]*

Pacto de Estabilidade para a Europa do Sudeste

O Pacto de Estabilidade para a Europa do Sudeste constitui um quadro de política regional, criado em 2000, e cujo principal objetivo é o da reconstrução da região dos Balcãs. Coordenado pela União Europeia, é composto pelos Estados-membros da UE, países do G8 e Estados da região, assim como mais de 20 organizações internacionais.

A sua missão inclui a promoção dos valores da União na reunião, incluindo a paz, a democracia, o respeito pelos Direitos Humanos e a prosperidade económica, tendo em vista a estabilidade em toda a região e a unidade da Europa. Pragmaticamente, a presença faz-se sentir na região através de apoios financeiros a projetos de desenvolvimento e de socialização, procurando afastar práticas comuns na região, como a corrupção e o crime organizado. Alguns críticos identificaram a morosidade no processo de prestação de auxílios, por questões burocráticas, como a maior fragilidade desta ajuda, vista por alguns atores da região como o "plano Marshall para os Balcãs". Tendo em conta os seus objetivos, e do ponto de vista teórico, este Pacto representa um avanço significativo na retórica da manutenção da paz e prevenção de conflitos, uma vez que instituiu uma alternativa à mais tradicional reação militarizada, com efeitos práticos de melhoria tanto na aproximação da região à restante Europa, como no contributo para a estabilização económica e a criação de oportunidades de aprendizagem institucional, numa lógica de consolidação democrática. *[A.P.M.]*

Pacto de Não-Agressão

Convenção temporal entre dois ou mais Estados em que cada parte pactuante se obriga a não recorrer às armas para a resolução de conflitos mútuos. Os atores envolvidos geralmente partilham uma fronteira ou estão a disputar assuntos que podem envolver o uso da força armada na sua resolução. Contudo, essas questões não são resolvidas por via do acordo. Vários são os exemplos que vão neste sentido. Talvez pela sua importância, pelo seu significado e amplitude, se deva aqui referir o Pacto Briand-Kellog, entre Paris e Washington (1928). Foi o Pacto de Renúncia à Guerra, assinado no final da Primeira Guerra Mundial, a que se acabariam por juntar 57 países, na sequência do Pacto da ↗Sociedade das Nações (SdN), de junho de 1919, considerados o 2.º e 1.º Pilares da "segurança coletiva'" respetivamente. O pacto obedecia a dois princípios fundamentais: a condenação do recurso à guerra para resolução dos diferendos internacionais e a preconização da utilização de meios pacíficos na resolução de diferendos e conflitos mútuos, contendo, porém, algumas condições como, a não exclusão da legítima defesa e as obrigações decorrentes do Pacto da SdN e dos Acordos de Locarno.

Com base nos seus princípios, vei ocorrer, em 1934, a celebração do Pacto Germano-Polaco de Não-Agressão, válido por dez anos, que não modificava tratados concluídos anteriormente e que não abordava questões fronteiriças e o reconhecimento das fronteiras de 1919, condições impostas pela Alemanha. Ainda neste contexto, apesar de as circunstâncias se terem alterado com a chegada de Hitler ao poder, a diplomacia europeia continuou a desenvolver a "pactomania" herdada da década de 1920, com sucessos ilusórios e essencialmente precários – o Pacto a Quatro, concerto das potências/diretório proposto por Mussolini (junho de 1933), o Pacto Balcânico (fevereiro de 1934), o Pacto Franco-Soviético (maio de 1935), o Pacto Soviético-Checoslovaco (maio de 1935), o Pacto de Aço, de amizade e aliança entre a Alemanha e a Itália (maio de 1939) ou o Pacto Ribbentrop-Molotov (agosto de 1939), entre a Alemanha e a URSS, acrescentado de um protocolo secreto mais importante que o próprio pacto – que não evitaram a eclosão da Segunda Guerra Mundial.

Assim, os pactos de não-agressão são geralmente entendidos como meios de redução de tensão internacional e têm sido usados como forma de induzir os Estados mais pequenos e mais fracos a observarem os objetivos de uma potência hegemónica regional. Por exemplo, em 1970, a África do Sul, procurando combater a ameaça comunista regional, concedeu pactos de não-agressão a países vizinhos que, em troca, negassem apoios aos insurgentes em operações contra si. No início dos anos 1980, o Presidente Botha renovou a oferta, como parte do seu esforço em criar uma constelação de Estados em torno da África do Sul. O acordo Nkomati, de 1984, com Moçambique, pela eliminação da presença militar do Congresso Nacional Africano (ANC) no seu território, como contrapartida da cessação do apoio à África do Sul à Renamo, bem como de um similar, assinado com a Suazilândia em 1982, consistia numa estratégia que, juntamente com a *pax* pretoriana, contribuiriam para a melhoria dos problemas da segurança interna do governo sul-africano.

Note-se, que os pactos de não-agressão não obrigam, como vimos, os signatários a uma defesa ativa do outro. O único compromisso é retirar a opção militar como forma de resolução de conflitos. *[J.A.E.]*

Pacto de Varsóvia

O Pacto de Varsóvia, estabelecido em maio de 1955, instituiu o grupo de oposição à OTAN liderado pela União Soviética, teoricamente iniciado como resposta à adesão da República Federal Alemã a esta organização nesse mesmo ano. A estrutura militar era conhecida como Organização do Tratado de Varsóvia, tendo por membros a União Soviética, a Albânia, a Alemanha de Leste, a Bulgária, a Checoslováquia, a Hungria, a Polónia e a Roménia. A Albânia retirou-se do Pacto em 1968 e a Alemanha de Leste em 1990.

O Pacto de Varsóvia instituía uma estrutura unificada de comando militar sob o controlo de Moscovo, sendo na prática uma extensão das forças militares soviéticas, pois a União Soviética detinha o monopólio como fornecedora de equipamento militar.

Isto conferiu às forças do Pacto um elevado grau de interoperabilidade, mas significava a inexistência de competitividade em termos de representação militar dos seus membros, legitimando simultaneamente a presença de tropas soviéticas nos territórios dos Estados-membros do Pacto. O final da Guerra Fria levou à dissolução do Pacto em julho de 1991, embora tenha efetivamente perdido a sua operacionalidade aquando das revoluções na Europa de Leste em 1989. *[M.R.F.]*

Padrão histórico da política externa dos Estados

Os padrões históricos das políticas externas dos Extados são formados ao longo da história pela contínua reação dos Estados aos estímulos do ambiente internacional (Mendes, 2017). Partem das condicionantes tangíveis e intangíveis dos Estados, das suas posições geopolíticas e, sobretudo, dos processos históricos e identitários relativos à construção e imaginação das suas comunidades enquanto Estados. Por norma, baseiam-se num equilíbrio positivo entre as aspirações do ambiente interno e os estímulos do ambiente externo. Este equilíbrio exige um consenso face aos objetivos estratégicos partilhados pelas elites, bem como uma aceitação generalizada das formas e dos meios para os pôr em prática. Apesar da sua relativa continuidade, os padrões históricos das políticas externas dos Estados sofrem alterações devido a fatores externos e internos, originando dilemas e desafios ao equilíbrio interno/externo que caracteriza a política externa. *[P.E.M.]*

Padrão-ouro clássico

Regime de taxas de câmbio fixas que vigorou como padrão monetário internacional entre 1880 e 1914. Cada moeda tinha o seu valor fixado em termos de onças de ouro, transformando este metal precioso no principal ativo de reserva dos bancos centrais. Enquanto regime monetário internacional, o padrão-ouro clássico emergiu com a falência do bimetalismo e entrou em colapso com o eclodir da Primeira Guerra Mundial, não obstante o princípio da livre convertibilidade ouro das moedas a um preço fixo, no qual se baseou, ter sido mantido pelos regimes monetários que prevaleceram até ao terceiro quartel do século XX.

Durante esse período, forneceu um mecanismo de compromisso credível que permitiu às autoridades monetárias a prossecução de políticas económicas coerentes no tempo. O período excecional de paz na Europa facilitou a cooperação internacional que salvaguardou a manutenção da convertibilidade ouro das moedas quando esta foi ameaçada. O padrão-ouro permitiu, assim, assegurar uma grande estabilidade cambial, não obstante os bancos centrais terem violado temporariamente as designadas "regras do jogo", sem que isso tivesse reduzido a liberdade de circulação dos bens e das moedas, ao mesmo tempo que favoreceu a expansão do comércio internacional e fez desaparecer as especulações monetárias, tão frequentes ao tempo do bimetalismo.

Tratou-se, todavia, de um regime de taxas de câmbio administrado pelos britânicos que acabou por funcionar de forma assimétrica. A posição económica singular da Inglaterra fez com que a libra esterlina assumisse o papel de âncora nominal do sistema, ao mesmo tempo que os restantes países aceitaram as exigências das paridades fixas e permitiram que as suas ofertas de moeda respondessem de forma passiva. A estabilidade cambial do padrão-ouro clássico limitou-se, assim, aos ditos países do centro. Os países da designada periferia não conheceram essa estabilidade, sendo frequentemente forçados a suspender a convertibilidade ouro e a deixar desvalorizar as suas moedas.

Já no século XX, uma crescente consciência do desemprego fez com que os objetivos de política interna deixassem de estar subordinados à manutenção da estabilidade das taxas de câmbio. Os países passaram a estar menos inclinados em aceitar a disciplina do padrão-ouro, tendo este regime monetário entrado em colapso nos termos já referidos. *[A.P.D.]*

Painel (técnica)

A técnica do painel constitui um importante instrumento metodológico, por promover a recolha repetida de informações com o mesmo grupo, constituído ou não por especialistas, para que se perceba se, num determinado lapso temporal, se operaram mudanças de comportamento ou de atitude (Godet, 1997). A análise pela técnica de painel – assumindo a unidade tipicamente os indivíduos, embora podendo abranger também famílias, países, leis, jornais, artigos, empresas, residências ou quaisquer outras em função do que se pretende observar, medir e descrever – é de natureza longitudinal, o que implica a recolha de dados específicos da mesma população ou amostra, representativa ou não, em diferentes momentos, para, em exemplos, monitorizar, no curto prazo ou no longo prazo, nas dimensões macro ou micro, fenómenos como a pobreza, o mercado de trabalho, o comportamento do eleitorado, a estrutura e a dinâmica das famílias em relação a consumos, a reprodução ou a religiosidade, entre muitas outras.

O tempo assume um papel preponderante, ao permitir a mudança de observação da realidade de modelos estáticos para modelos dinâmicos, sendo a técnica de painel um dos seus instrumentos, muito usado para estudar e caracterizar comportamentos ou atitudes do eleitorado em face de variáveis que, no período, mais ou menos longo, surjam ou se modifiquem. A técnica do painel pode ter aplicação distinta ao longo do tempo: no curto prazo, como, por exemplo, auscultações realizadas em torno das eleições, ou no longo prazo, como as apreciações do eleitorado sobre conceitos estruturantes de "direita" e "esquerda".

A utilização de modelos dinâmicos de dados de um painel permite evidenciar, face ao modelo estático, novas relações entre variáveis e, por isso, explicar, com realismo e abrangência, comportamentos sociais (Stoetzel e Girard, 1979: 157-158). A exploração das informações é de natureza distinta se feita transversalmente ou longitudinalmente: a corrupção, por exemplo, na primeira aceção, pode ser medida, num tempo específico, entre países ou, ao longo do tempo, na segunda aceção, para o mesmo país. A técnica do painel permite, contudo, captar em simultâneo as duas dimensões e não enjeita a caracterização do fenómeno em estudo pela via qualitativa: quando existem dificuldades em medir a frequência de determinados atos, procura, pela recorrência discursiva de públicos com distintos perfis, explicações para comportamentos (Barakso *et al.*, 2014).

A técnica do painel comporta, apesar das virtudes, algumas incertezas, com destaque para o designado "efeito painel", decorrente de, entre tempos, se alterar a composição dos membros que o constituem, embora tal efeito possa ser mitigado com o uso, de forma autónoma ou em complemento, de técnicas similares, como a análise de tendências ou inquéritos de alcance retrospetivo. *[R.L.M.]*

Países de África, Caraíbas e Pacífico (ACP)

Countries of Africa, the Caribbean and the Pacific (ACP)

↗Organização dos Estados da África, Caraíbas e Pacífico (OEACP).

Países da periferia e da semiperiferia

Países da periferia são aqueles que desempenham um papel marginal na economia mundial e que se encontram dependentes das sociedades produtoras no que diz respeito às trocas comerciais. Espaços dominados ou mesmo explorados pelo Centro. Em regra, detêm instituições estatais fracas, governos instáveis, indicadores socioeconómicos (saúde, educação, tecnologia, indústria, etc.) muito fracos, comprovados, desde logo, pela sua posição nos últimos lugares do ↗Índice de Desenvolvimento Humano, e recebendo uma quota-parte da riqueza mundial desproporcionalmente baixa. Economicamente frágeis, são sobretudo exportadores de matérias-primas e importadores de bens transformados, com indústrias pouco ou nada diversificadas e mão-de-obra barata. Cumulativamente, estes fatores promovem e reforçam a sua dependência face aos países do Centro, contribuindo para a manutenção do *status quo* (↗Teorias da Dependência). Na ausência de indicadores quantitativos preestabelecidos e consensuais, os especialistas baseiam-se, sobretudo, na apreciação qualitativa dos elementos referidos para a respetiva categorização.

Países da semiperiferia são os que fornecem mão-de-obra e recursos materiais às principais indústrias dos países industrializados e à economia mundial, mas que não são totalmente industrializados. Encontram-se, como tal, a meio caminho entre os países do Centro e os países da Periferia, reunindo, em diferentes proporções, características de uns e de outros, constituindo um elemento estrutural na economia mundial, como fornecedores de matérias-primas, mas também como produtores/exportadores e consumidores. É também relevante o seu potencial na intermediação entre o Centro e a Periferia, inclusive enquanto "zona-tampão", aliviando tensões económicas e políticas, favorecendo o diálogo e desempenhando um papel vital na possibilidade de mudança/promoção dos países periféricos (↗Centro-Periferia). *[R.R.]*

Paixões políticas

Não se encontra experiência política sem paixões, de diferentes intensidades, da elevação à cólera, à serenidade ou à indiferença. De partida, pela palavra, veículo primeiro da mensagem, escrita ou difundida pelos *mídia* audiovisuais, o homem político busca a persuasão emocional do eleitor, veiculando intuitos, apelos, indignações, de forma aparentemente espontânea e desorganizada. A dimensão afetiva que transportam não cabe, contudo, em avaliações racionalizadas simplistas, antes exigindo um juízo psicológico sobre a emoção que transporta e que espoleta, de forma por vezes inevitável, intimamente incrustada em contingências, crenças, ódios ou afetos, que o homem político manuseia, *quiçá* com impactos inescapáveis nas sociedades. Estas paixões políticas preenchem a história do pensamento político nas mais diferentes obras, embora tenham deixado de fazer parte dos grandes debates a partir da segunda metade do século XX.

Desde logo, o tema das paixões na observação dos diferentes regimes políticos e correspetivos temperamentos (Platão), a conceção das paixões num contexto social e político (Aristóteles), o afastamento delas o mais possível (os Estoicos), o uso estratégico da polémica como retórica persuasiva (Cícero). Ou, da Antiguidade Clássica para a Idade Média e desta para a Idade Moderna e Contemporânea, o temor como paixão especial entre as onze reguladas pela razão e abordadas no contexto social (São Tomás de Aquino); as paixões da religião e do apelo à fogueira das vaidades (Savonarola); do conflito, ordem e poder (Maquiavel); do medo e dos conflitos sociais servindo para sustentar uma subordinação do indivíduo ao corpo social (Hobbes); do domínio das paixões (Espinosa); do que faz mover a estrutura formal do governo, seja a virtude, honra falsa ou medo (Montesquieu); da deturpação do estado de natureza, do poder e da vaidade (Rousseau); do amor, probidade, glória e verdade (Robespierre); das paixões dóceis e indóceis na explicação para a ordem social (Tocqueville). Pensar as paixões políticas não é simplista, nem emocional, antes procura ampliar as indagações do racional para outros territórios em que a política extravasa o mero governo das coisas e investe sobre o capítulo da representação. *[M.L.V.]*

Pan-africanismo

Nascido na Conferência Africana de Londres de 1900, promovida pelo advogado trinadino Henry Silvester Williams para organizar a resistência contra o expansionismo imperialista britânico, o pan-africanismo seria encarado como manifestação de solidariedade fraterna entre africanos e povos afrodescendentes. Após a Primeira Guerra Mundial, o pan-africanismo beneficiou da intervenção de William Edward Burghardt du Bois – fundador do Movimento do Niágara e da Associação Nacional para o Progresso das Pessoas de Cor (NAACP), defensores dos direitos dos negros contra o racismo nos EUA – que dirigiu a organização dos seus cinco congressos internacionais e a elaboração dos respetivos programas e tática, entre 1919 e 1945. Contribuindo decisivamente para transformar o pan-africanismo numa corrente incontornável do nacionalismo africano e da luta pela autodeterminação dos colonizados, Du Bois recusou, no entanto, a ação revolucionária violenta como meio do seu desenvolvimento, limitando a sua eficácia. Colapsado o desacreditado projeto de regresso dos negros americanos a África, da Associação Universal para o Progresso dos Negros (UNIA) de Marcus Garvey, e apesar do descalabro dos seus financiadores na crise financeira mundial de 1929, o pan-africanismo atingiu o apogeu no seu V Congresso de Manchester, em 1945, com a presença de numerosas delegações sindicais que nesse ano participaram no congresso de fundação da Federação Sindical Mundial, em Paris. *[J.M.G.]*

Paradigma de Michigan

O paradigma de Michigan explica o comportamento eleitoral através de fatores psicossociológicos, criadores de uma ligação eminentemente psicológica e bastante estável entre os eleitores e os partidos. Trata-se de um modelo desenvolvido nos finais da década de 1950 e apresenta como principal referência a obra *The American Voter* (Campbell *et al.*, 1960).

Para a análise do comportamento dos eleitores é considerada central a identificação partidária dos votantes, concebida como uma ligação psicológica a um partido, estável e não racional, sem necessária conexão com a inscrição ou a militância. O estudo conclui que indivíduos com processos de socialização em contextos semelhantes tendem a votar no mesmo sentido. A condição social não constitui influência significativa sobre o seu comportamento político, mas é identificada uma influência decisiva da interação que o eleitor estabelece com as atitudes de outros indivíduos no decurso da sua experiência social. Em última instância, o comportamento político estará dependente do sistema atitudinal dos indivíduos com quem o cidadão interagiu no seu contexto de socialização. Porque este sistema é relativamente estável no tempo, na medida em que seja conhecido o campo de atitudes do indivíduo e a respetiva resposta, então é possível uma predição de comportamentos políticos.

A explicação para o comportamento eleitoral do indivíduo, designada por funil de causalidade, congrega múltiplos fatores que contribuem para o seu voto ou abstenção.

Quanto ao voto, à saída do funil, o modelo destaca dois fatores endógenos – grau de identificação partidária e grau de envolvimento político –, e um fator exógeno – elementos de curto prazo que ocorrem durante o período eleitoral. A identificação partidária tem um papel crucial, mobilizador, mas não motiva a escolha do voto, limitando-se a possibilitar a identificação daqueles temas relevantes à orientação do seu partido, arredando os demais. Ao servir de filtro cognitivo condutor da leitura de propostas eleitorais, torna-se central na vivência política das sociedades democráticas, mas não permite concluir direta ou inequivocamente sobre a opção de voto do eleitor.

O paradigma de Michigan dominou a análise do comportamento eleitoral durante cerca de 20 anos, embora tenha sido contestado desde a sua formulação por não se adequar a sistemas não tipicamente bipartidários e em face do afastamento progressivo dos eleitores face aos partidos políticos, o que colocava em questão a estabilidade da identificação partidária. Progressivamente, foi sendo substituído por um modelo de explicação sociológica, assente em fatores de racionalidade do eleitorado e do sistema político e eleitoral. *[M.L.V.]*

Paradoxo de Condorcet

O Marquês de Condorcet (matemático e filósofo francês, 1743-1794) escreveu, em 1785, o *Essai sur l'application de l'analyse à la probabilité des décisions rendues à la pluralité des voix*, onde estabeleceu a ocorrência de um paradoxo entre as preferências individuais e as preferências de grupo, de outro modo, que as preferências coletivas podem ser cíclicas, mesmo que as preferências individuais não o sejam. Em concreto, e em termos eleitorais, tal pode significar que a maioria pode preferir o candidato *A* sobre o *B*, o *B* sobre o *C* e o *C* sobre o *A*. Tal acontece dado que as maiorias conflituantes são compostas por diferentes grupos de indivíduos, o que leva à falácia de composição quanto à expectativa de semelhança de transitividade de preferências individuais para preferências sociais.

O paradoxo de Condorcet – particularmente relevante em eleições com três ou mais candidatos – constitui uma das primeiras aplicações sistemáticas da matemática às Ciências Sociais. Como método de eleição, o paradoxo implica que que nenhum dos candidatos conseguirá ganhar uma eleição frente a frente contra outro candidato – não havendo um vencedor Condorcet –, dado não ser evidente uma clara preferência de grupo. Ou seja, não obstante as preferências individuais poderem ser claras, não se afirma uma clara preferência de grupo. *[I.F.G.]*

Paradoxo da verdade

Conceito introduzido por Mendes (2019c) para explicar a especificidade do discurso político e a sua relação ambivalente com a verdade factual ou científica. Segundo este investigador, existe um clássico *paradoxo da verdade* na comunicação política do líder político. Por um lado, existe uma permanente necessidade de o líder político ter um discurso político simbólico que, acima de tudo, seja motivador e apelativo; por outro, esta necessidade de empatia motivadora dos discursos dos líderes políticos traduz-se, invariavelmente, numa difícil relação com a verdade factual.

Com efeito, todos querem um político que fale a verdade, mas ninguém gosta de ouvir os incómodos da verdade. Esta verdade shakespeariana é a base de um importante princípio político prático, a capacidade, ou incapacidade, do líder gerir politicamente o paradoxo da verdade. Esta capacidade é uma arte que se relaciona com a virtude carismática do líder, que ou se tem ou dificilmente se consegue adquirir, embora o treino de uma carreira política longa normalmente ajude. A capacidade de gerir politicamente o paradoxo da verdade conduz-nos aos famosos princípios da ilusão política e da construção de uma ↗*verdade arredondada* no discurso e comunicação dos líderes políticos.

Isto significa que, nos seus discursos, os líderes políticos têm de conseguir um difícil equilíbrio entre a verdade e a ilusão. No limite, como muitas vezes acontece, quando o político está coibido de dizer toda a verdade aos cidadãos, ele vai tentar, não mentindo ostensivamente, produzir uma verdade arredondada, de maneira a que as arestas da verdade não firam suscetibilidades e, sobretudo, não causem danos na sua imagem pública e aceitação popular. Claro que, pior do que construir uma verdade arredondada, é o político ser apanhado a mentir de forma descarada. Também por isso, o líder político tem de ter um cuidado redobrado com o que diz e comunica publicamente, pois não deve entrar em contradição com o que defende ou afirma ter feito. *[P.E.M.]*

Parceria Euro-Mediterrânica (EUROMED)

A Parceria Euro-Mediterrânica teve origem na Declaração de Barcelona em 1995, durante a presidência espanhola da União Europeia. Os objetivos da Declaração de Barcelona previam "criar uma área de diálogo, intercâmbio e cooperação, garantindo a paz, estabilidade e prosperidade", o que "exige o reforço da democracia e respeito pelos Direitos Humanos", através de diversas parcerias: Parceria Política e de Segurança; Parceria Económica e Financeira; Parceria em Assuntos Sociais, Culturais e Humanos, prosseguindo tanto mecanismos de Cooperação Multilateral e Regional como Bilateral (Acordos de Associação).

A Euromed é constituída pelos Estados-membros da UE, a Turquia e nove países do Sul do Mediterrâneo (Argélia, Egito, Israel, Jordânia, Líbano, Marrocos, Tunísia, Síria e Autoridade Palestiniana – o que não implica o seu reconhecimento enquanto Estado), tendo a Líbia como observador. A cooperação com a Síria encontra-se suspensa.

Na base deste compromisso encontra-se o respeito pela Carta das Nações Unidas e a Declaração Universal dos Direitos Humanos: implementação do Estado de Direito e Democracia, respeito pelos Direitos Humanos e liberdades fundamentais, promoção dos Direitos das Mulheres, reconhecimento do importante papel da sociedade civil, respeito pelos direitos sociais fundamentais, apoio às instituições democráticas e ao reforço do Estado de direito e sociedade civil. Esta parceria deu lugar à Política Europeia de Vizinhança, criada pela União Europeia, em 2003. Em 2008, a Parceria Euro-Mediterrânica evoluiu para a ↗União para o Mediterrâneo. *[I.C.L.]*

Paridade do poder de compra

Método que permite comparar o poder de compra de dois países com moedas distintas. A Paridade do Poder de Compra (PPC) é uma teoria económica que mede e compara as moedas de diferentes países em termos de poder de compra. A abordagem desta medida leva em consideração um mesmo conjunto de produtos e serviços e a quantidade em moeda para que se possa adquiri-los. A PPC pode ser analisada utilizando taxas de câmbio, que representa o preço de troca das moedas, mas também o Produto Interno Bruto (PIB), o rendimento e a inflação dos países.

A Teoria da Paridade dos Poderes de Compra que envolve a PPC considera que existe uma taxa de câmbio de equilíbrio, para a economia de cada país, que pode ser analisada a longo prazo. De acordo com a teoria, duas moedas estão em equilíbrio quando um conjunto de bens e serviços tem o mesmo valor nos dois países, considerando a taxa de câmbio entre eles.

O princípio que envolve esta paridade é conhecido como Lei do Preço Único, que diz que o preço de mercadorias idênticas deve ser o mesmo se considerado um comércio totalmente livre entre os países. A paridade do poder de compra avalia a quantidade de bens e serviços que podem ser adquiridos com uma unidade de moeda (geralmente um dólar) noutro qualquer país. Se dois países apresentarem o mesmo rendimento nominal então a paridade dos seus poderes de compra (rendimento real) será conseguida através da paridade dos seus preços. *[A.Q.M.]*

Parlamentarismo

Sistema de controlo governamental representado por uma distribuição clara das funções legislativas e executivas, de forma que o órgão legislativo (o parlamento) detenha uma posição privilegiada em relação a todos os outros órgãos do governo. No sistema de governo parlamentar (soberania parlamentar), o poder executivo baseia a sua legitimidade a partir do poder legislativo (representado pelo parlamento nacional). Os poderes executivo e legislativo são, portanto, interligados nesta forma de governo.

Formalmente, o termo "parlamentarismo" radica na posição de liderança ocupada na máquina do poder pelo parlamento. O sistema parlamentarista moderno teve origem na Inglaterra do século XIII com a redação da ↗Magna Carta (1215), documento que consagra a existência de duas câmaras (lordes e comuns). Paralelamente, em França, a expressão só pode aplicar-se antes da Revolução de 1789 aos parlamentos provinciais e de Paris, com poderes crescentes a partir do século XVII. Contudo, o parlamentarismo afirmou-se mais claramente na época do capitalismo pré-monopolista, quando a classe burguesa era um agregado relativamente homogéneo de proprietários, numa época em que os antagonismos de classe próprios do capitalismo ainda não se faziam sentir. Consequentemente, foi possível à burguesia atingir o domínio político por meio do corpo eleito – o parlamento –, o órgão representativo da classe dominante.

Posteriormente, o parlamentarismo atingiu o seu auge no século XIX, quando a burguesia vitoriosa procurou governar por meio de órgãos representativos. No entanto, à medida que o capital industrial se desenvolveu em capital monopolista, o papel dos órgãos executivos tornou-se mais importante, enquanto o papel e a jurisdição do parlamento declinaram. Cada vez mais, a democracia parlamentar deu lugar a métodos autoritários e oligárquicos de governo. Subjacente a este processo estava o agravamento das contradições de classe e o fortalecimento da independência política da classe trabalhadora. Com efeito, os órgãos executivos foram muito mais eficazes do que o parlamento na luta contra a classe trabalhadora e na defesa dos interesses da burguesia.

O parlamentarismo pode ser bicameral (Inglaterra, França, Itália) ou unicameral (Dinamarca, Suécia, Portugal). Por influência francófona, a câmara baixa ou dos deputados é eleita por sufrágio universal (soberania popular), impondo a sua vontade em matéria de lei, enquanto expressão da vontade geral (Jean-Jacques Rousseau). Importa salientar que não existe um único sistema de parlamentarismo, havendo variações de país para país. A característica comum a todos os parlamentarismos é a secundarização do poder presidencial relativamente ao parlamento. Como exemplos temos o sistema de governo de gabinete inglês, em que o Primeiro-Ministro assume uma posição de topo; o sistema alemão, em que o chefe de governo, o chanceler, é eleito, de forma direta pelos deputados; ou o sistema de governo de assembleia da IV República francesa. *[J.G.F.]*

Parlamento

A instituição parlamentar tem origem no Estado medieval e a sua estrutura e funções assumiram diversas formas ao longo do tempo. Define-se como uma assembleia representativa, igualitária e pluralista. Atualmente, nas democracias representativas, o Parlamento é um órgão de soberania do Estado e é constituído por representantes eleitos diretamente pelos cidadãos eleitores, por sufrágio universal, e é a instituição que detém legitimidade democrática. No âmbito dos seus poderes, compete-lhe exercer o poder legislativo, controlar o governo (poder executivo) por meio de apoio parlamentar (confiança) ou censura, aprovar o orçamento do Estado e, ainda, poder eletivo (titulares de outros órgãos). Entre as diferentes tipologias de Parlamentos, encontramos os que têm apenas uma câmara e os que têm duas câmaras, com funções de representação diferentes; os que dependem de um maior ou menor papel das comissões parlamentares; e os que são constituídos em função do número e tipo de partidos políticos. *[I.C.L.]*

Parlamento Europeu

O Parlamento Europeu é uma das instituições originárias das Comunidades, cuja intervenção e relevância foram aumentando com as sucessivas revisões dos Tratados. Desde 1979, os eurodeputados são diretamente eleitos pelos cidadãos europeus, para um mandato de cinco anos. Cada Estado-Membro elege um número fixo de deputados, de acordo com critérios demográficos, sendo estes, após a eleição, organizados por famílias políticas e não por nacionalidades.

O Presidente do Parlamento é eleito pelos seus pares, coadjuvado por 14 Vice-Presidentes e por questores – deputados eleitos para mandatos de dois anos e meio que desempenham funções de consultores da Mesa (constituída pelo Presidente e Vice-Presidentes).

De acordo com o Protocolo n.º 6, a) do Tratado sobre o Funcionamento da União Europeia, "o Parlamento Europeu tem sede em Estrasburgo, onde se realizam as doze sessões plenárias mensais, incluindo a sessão orçamental. As sessões plenárias suplementares realizam-se em Bruxelas. As comissões do Parlamento Europeu reúnem-se em Bruxelas". Esta instituição delibera por maioria absoluta dos votos expressos e as suas atas são publicadas no *Jornal Oficial*.

Quanto às competências, que têm vindo a aumentar, destacam-se a sua intervenção no processo legislativo ordinário, partilhado com o Conselho; participa na elaboração dos atos normativos do Conselho e da Comissão, através de consulta obrigatória ou facultativa; emite pareceres; exerce poder de controlo político sobre a Comissão; e intervém em codecisão na aprovação final do Orçamento da União. Adicionalmente, são ainda da responsabilidade do Parlamento Europeu a eleição do presidente da Comissão (Art.º 17.º, n.º 7 TUE), constituição de comissões de inquérito, recebimento de petições e nomeação do Provedor de Justiça Europeu.

Essencialmente, no desempenho das suas funções, o Parlamento faz uso de moções de censura (dirigida à Comissão), interpelações, perguntas orais e escritas, declarações escritas e resoluções.

O papel que o Parlamento Europeu tem desempenhado, ainda que não formalmente assumido como uma responsabilidade específica desta instituição, de promoção e defesa da democracia e dos Direitos Humanos tem sido amplamente reconhecido. Sendo o único órgão diretamente eleito pelos cidadãos europeus, o Parlamento é garantia de uma maior democraticidade da União Europeia, devido ao vínculo mais direto existente entre eleitores e eleitos. *[A.P.M.]*

Partição ou partilha

Prática utilizada para dividir politicamente os territórios e as populações de Estados soberanos reconhecidos pela comunidade internacional, aquando do desaparecimento ou transformação profunda destes. A partição é diferente de outras formas de controlo e divisão territorial porque implica a dissolução ou transformação de uma entidade soberana e o surgimento de novas entidades soberanas no seu lugar. A necessidade imperiosa da dimensão soberana distingue a partição de dinâmicas de gestão territorial como sejam a autonomização, regionalização, federalização e anexação. As partições mais paradigmáticas foram a do Império Otomano em 1920-1921; partição da Índia Britânica em 1947 e 1971; partição da península da Coreia em 1953; partição da Jugoslávia em 1990; partição da Checoslováquia em 1992; partição da Etiópia em 1993; e partição do Sudão em 2011.

A maioria das partições antecede períodos de grande violência interna e/ou guerra civil, sendo exceção o caso do *Revolução de Veludo* que levou à partição da Checoslováquia. A partição da Índia Britânica é considerada uma das mais violentas e a partição da Palestina uma realidade inacabada, já que a Palestina não ganhou soberania plena no plano internacional. *[T.A.L.]*

Participação política

A participação política é por "excelência" uma manifestação dos princípios de cidadania, que acontece apenas, quando estamos perante um regime democrático. De acordo com L. Demartis, "os cidadãos, por meio das eleições, em medida talvez mais manifesta nos sistemas proporcionais, mas na realidade também nas várias formas do maioritário, não escolhem primeiro uma certa pessoa, mas o candidato de um certo partido. Dominam os mecanismos da participação política nos países democráticos hoje, quase sempre, os sistemas de partido, a tal ponto que é difícil imaginar uma democracia sem partidos". *[F.Ca.]*

Partido político

Max Weber classificou os partidos políticos como "associações livremente constituídas que têm como fim obter o poder para os seus dirigentes e oportunidades – ideais ou materiais – para os seus militantes" e Raymond Aron falou deles para identificar os "grupos voluntários, mais ou menos organizados, cuja atividade é mais ou menos permanente, que pretendem, em nome de uma determinada conceção do interesse comum e da sociedade, assumir, sozinho ou em coligação, as funções do governo".

Pela primeira definição, ficamos com a ideia de que os partidos se constituem tendo essencialmente em vista a obtenção de vantagens para quem os lidera e integra, já pela segunda definição, os partidos têm em vista alcançar o poder em nome de ideais que querem colocar ao serviço do bem comum. Ainda pela primeira definição, os partidos tenderão a constituir-se de forma permanente e, atendendo aos fins, a possuírem uma organização interna estável, enquanto pela segunda, a organização partidária, apesar da sua importância, cede terreno diante a perspetiva mais voluntarista de quem a eles adere em nome de uma causa, causa essa que é superior aos interesses individuais dos aderentes.

Diante destas duas ideias, será seguramente avisado seguir William R. Schonfeld que, de uma forma que diríamos conciliadora, identifica os partidos como associações ou grupos "unificadores de interesses, transmissores de ideologia, doutrina e atitudes políticas, modeladores de políticas públicas, criadores e promotores de ligações entre cidadãos e governo". Esta noção, que consideramos integradora, tem a vantagem de reunir os "interesses" de quem forma o partido, a "ideologia" ou a "doutrina" que o sustenta, as "atitudes políticas" manifestadas na sua ação e ainda, não menos importante, a ligação entre "cidadãos e governo", ou seja, a relação entre governantes e governados, entre representantes e representados, que um partido político nunca pode descurar.

Mas, independentemente da definição que possamos dar ou a que possamos aderir, a identificação da realidade "partido", a realidade de que fala Paolo Pombeni para assinalar "uma instituição normativa e permanente, um Estado dentro do Estado", ficará sempre limitada sem a compreensão da sua própria natureza. E esta compreensão implica não só entender a origem dos partidos (Maurice Duverger, no seu livro *Les partis politiques*, foi um dos que mais se dedicou a esta análise, a partir da qual ensaiou uma classificação de vários tipos de partidos), como conhecer a sua estrutura e modo de funcionamento. Dito de outro modo, será objetivamente escasso conhecer a Declaração de Princípios, o Programa, os Estatutos ou os fins anunciados de um qualquer partido político, se ignorarmos o seu real funcionamento.

Também neste caso, como ensinam Adriano Moreira e Paulo Otero, a forma pode valer pouco sem o conhecimento da realidade, porque o que é "oficial" pode não corresponder ao que é "não oficial". Essa análise, mais do que qualquer definição, e principalmente em tempos em que a tática política se sobrepõe à estratégia, em que a estratégia pode não traduzir um projeto e em que o projeto se pode alimentar apenas do objetivo do poder, é uma análise realisticamente necessária. Trata-se afinal de perceber, como salienta Michel Offerlé, que analisar um partido é antes de tudo analisar "um *campo de forças*, ou seja, um conjunto de relações objetivas que se impõem a todos aqueles que entram no campo". E de igualmente perceber, continuando a seguir o pensamento deste autor, que "nesse campo desenvolvem-se lutas, relações concorrenciais entre os agentes interessados no direito de utilização dos recursos coletivos existentes no órgão coletivo que é o partido".

Ora foi precisamente a esta análise que, no início do século passado, se dedicaram Moisei Ostrogorski e Robert Michels, para de forma transparente e elucidativa nos chamarem a atenção para a importância quer do processo de seleção dos candidatos que os partidos apresentam ao eleitorado, quer da organização partidária. Em relação ao primeiro aspeto, Ostrogorski realça a relevância de uma nova realidade em partidos cuja formação não estava dependente dos tradicionais clubes de notáveis, o *Caucus*, que mais não é do que uma associação local de apoiantes que indica ao partido os nomes que quer para candidatos e lhes transmite as suas opiniões políticas; em relação ao segundo, Michels enuncia a "lei de ferro" existente nos partidos, determinada por uma organização hierarquizada e cuja vontade é determinante em toda a ação política desenvolvida.

Em ambas as perspetivas é notória a indicação de que um partido é, acima de tudo, aquilo que quem dirige a organização quer que ele seja. Mais do que os militantes, muito mais do que os aderentes e ainda mais do que os eleitores, a organização do partido, o que muitos na lógica leninista designam de "aparelho", é a chave para o seu conhecimento.

Falar do partido é, assim, falar da sua organização e dos elementos que a compõem e lhe dão vida. Nestes termos, quem diz partido diz organização e quem diz organização diz partido, o que significa que sendo ele, como refere André Freire, a possuir "um papel chave na função de representação política, designadamente na ligação entre o eleitorado e as instituições políticas", será ele a determinar o grau de autonomia de quem externamente o representa, mesmo que o lugar de representante tenha sido obtido pelo voto popular. Assim, tão importante quanto o conceito, será sempre a real perceção do que ele de facto traduz. *[M.M.]*

Patrimonialismo

Conceito originário de Max Weber, concebido para designar um tipo de dominação tradicional, pela qual a administração e a autoridade pertencem ao detentor do poder. Neste tipo de dominação, a autoridade é suportada pela existência de uma fidelidade tradicional, pela qual, sendo o governante o senhor, os dominados são os súbditos e os oficiais são os servidores. Ao chefe político é devida obediência por respeito, em virtude da tradição de uma dignidade pessoal que se julga sagrada. A autoridade do chefe repousa no recurso a normas tradicionais (não legais) que impedem a criação de um novo direito, pela solidez e estabilidade com que são acolhidas no meio social e na consciência coletiva. O patrimonialismo assenta num sistema político em que quem está próximo do poder goza de favoritismo, proteção, honras do chefe, como por exemplo as monarquias patrimoniais modernas dos séculos XVI-XVIII. Por seu lado, o neopatrimonialismo remete para formas de governo e de Estado em construção, que ainda não atingiram o patamar de consolidação, por se encontrarem numa fase de transição, entre a génese e a consagração, pautando-se por uma fraca estruturação da sociedade civil, dificuldades de distinção entre público e privado, confusão entre o chefe e a respetiva função. Por isso se diz que ele personifica um tipo de poder característico das sociedades em vias de desenvolvimento. *[J.G.F.]*

Patriotismo

Amor à pátria. Orgulho nacional e apego a uma pátria partilhada com os concidadãos. O sentimento de necessidade de entreajuda e apoio no seio do seu país. O patriotismo não se identifica com os outros conceitos como ↗chauvinismo (patriotismo exclusivo e agressivo), ↗nacionalismo (exaltação dos valores nacionais e do Estado nacional como forma de organização política, frequentemente associado a um sentimento de superioridade face a outras nações) ou ↗xenofobia (ódio pelos estrangeiros). *[J.J.R.]*

Paz

A paz, que numa leitura linear poderá ser considerada o estado de ausência de guerra, é, todavia, um conceito complexo das Relações Internacionais.

No plano teórico, corresponde ao paradigma idealista ou kantiano da disciplina, que radica na ideia, defendida pelo filósofo, da "paz perpétua", isto é, da paz duradoura porque intrínseca às sociedades humanas, debate este estruturante da filosofia política. O sistema internacional clássico confinou a ideia de paz à ausência de guerra interestatal, mas, verdadeiramente, a análise das causas estruturais da guerra e do conflito em geral pressupõe a identificação das suas raízes no nível societal. Por exemplo, nas décadas recentes, fruto de uma lógica mais colaborativa que competitiva, no sistema internacional (que a ONU protagoniza) o número de conflitos interestatais diminuiu, mas a conflitualidade interna é, em muitas sociedades, avassaladora.

A partir dos meados do século XX, na academia e na advocacia política a ela associada, a transição do discurso da guerra para o discurso da ↗segurança internacional corporizou essa evolução. Ainda assim, por essa época, teóricos como J. Galtung, a quem se deve o conceito, hoje corrente, de "construção da paz" (*peacebuilding*) estavam claramente fora do *mainstreaming* da disciplina. A prática política dos Estados no âmbito securitário, particularmente dos mais fortes, viu-se perante a necessidade de adotar estratégias de contenção e de dissuasão, evitando o conflito aberto, dada a evidência da capacidade destrutiva atingida. Tal não significa que os Estados tenham incorporado lógicas pacifistas ou adotado massivamente posições de neutralidade permanente, continuando a ser atributo da soberania a capacidade de fazer a guerra.

As Nações Unidas, institucionalizadas como mediador político-diplomático e indiretamente militar dos processos de prevenção e mediação de conflitos, chamaram a si a "tecnologia" da paz, tendo incorporado, nas suas práticas, a mediação da paz (*peacemaking*), a manutenção da paz (*peacekeeping*), a imposição da paz (*peace enforcement*) e a construção da paz (*peacebuilding*). A mediação é diplomática e visa prevenir conflitos ou mediar o cessar-fogo. Serve-se das estruturas político-diplomáticas das Nações Unidas e dos bons ofícios de outros agentes bem colocados para a mediação. Já a manutenção da paz é militar e implica criação de corpos armados (os capacetes azuis), cuja função é, pela presença no território, impedirem a deflagração ou a continuidade dos conflitos. As forças militares reunidas para o efeito são provenientes dos Estados que voluntariamente assumem esse papel, sob o mandato das Nações Unidas, não dispondo estas de exército próprio. A imposição da paz ocorre em circunstâncias limite em que, à luz do mandato do Conselho de Segurança, se entende não haver alternativa para cessar o conflito que não a imposição da paz por meios bélicos agressivos. Este conceito tem-se desenvolvido em articulação com o de responsabilidade de proteger, na sequência do debate sobre o direito de intervenção humanitária dos finais do século XX.

Finalmente, a construção da paz verte a doutrina de Galtung numa prática que pretende a identificação das causas seminais do conflito e sua superação, no sentido da construção de paz duradoura. Aqui, a construção da paz ancora-se com conceitos como o de segurança humana, identificando na pobreza ou na mudança climática ameaças permanentes à segurança. A construção da paz conduzida sob a égide da ONU tem-se suportado num modelo de suporte ao desenvolvimento (hoje dito sustentável) e, concomitantemente, à democratização. Em relação a esta última, converge, pois, com a análise decorrente da teoria da paz liberal, que postula a constituição mútua da paz e da democracia, por vezes sendo acrescentado ao binómio o comércio internacional multilateral. *[C.T.R.]*

Perestroika

Juntamente com a ↗*glasnost*, a *perestroika* também fazia parte dos planos de Mikhail Gorbatchev de reforma alargada na então União Soviética. *Perestroika* significa reestruturação, mas cedo o termo recebeu também uma conotação ideológica. A proposta de implementação da *perestroika* surgiu em janeiro de 1987, num Congresso do Comité Central do Partido Comunista da União Soviética, combinando reorganização económica e democratização limitada, em particular ao nível dos governos locais. Inicialmente, a *perestroika* tinha por objetivo reformar o sistema económico de controlo estatal em vigor, e não substituí-lo, de forma a que o sistema existente funcionasse de forma mais eficiente. O objetivo era o de alcançar paridade económica com países capitalistas, como os EUA ou o Japão. O processo acabou por ter um desfecho diferente do inicialmente previsto devido à oposição, em particular da elite económica, que temia perda de poder, e ao processo de democratização do sistema político que originou e que acabou por conduzir à desintegração da União Soviética. *[M.R.F.]*

Perito (*expert*) e política

Com a crescente complexidade da governação, que resulta do incremento das áreas cobertas pela governação e das crescentes exigências técnicas das políticas públicas, os órgãos políticos têm-se socorrido de peritos. Estes tanto podem atuar numa fase de aconselhamento técnico, fornecendo aos governantes um lastro técnico que os habilita a tomar decisões, como podem ser investidos de poderes autónomos, na sequência da delegação de poderes decidida por órgãos políticos. O empoderamento de técnicos (ou peritos) é a resposta aos desafios da modernização da política, obedecendo a uma matriz diferente do processo político. Aos políticos compete a definição das linhas motrizes das políticas, deixando para os técnicos a sua concretização detalhada, pois estes dominam os *dossiers* e possuem competência técnica para discernir as boas opções de política e de como podem gerar resultados eficientes.

As duas hipóteses de "tecnocratização" da política diferem nas suas características. Por um lado, a assessoria técnica dos políticos não prejudica a sede do poder, que continua (pelo menos formalmente) a residir nos órgãos políticos. Os estudos técnicos encomendados aos peritos são determinantes para a decisão política. Os políticos têm a última palavra na definição das políticas, muito embora elas possam ser fortemente condicionadas pelos estudos prévios conduzidos pelos peritos. Nesse sentido, os peritos exercem influência factual na configuração das políticas. Por outro lado, quando o processo envolve a delegação formal de competências em comités de peritos ou em agências especializadas, intensifica-se o grau de "tecnocratização". A decisão é delegada nos peritos, que se emancipam da tutela dos órgãos políticos onde se encontra a sede da delegação de competências. Neste caso suscitam-se importantes questões de legitimidade democrática, sobretudo se não forem contemplados mecanismos que obriguem os peritos a responder, com uma periodicidade preestabelecida, perante a sede da delegação de poderes. *[P.V.M.]*

Persona non grata

Declaração efetuada pelo Estado acreditador em relação a um membro do pessoal diplomático de uma missão situada no seu território (que poderá ocorrer mesmo ainda antes deste ter iniciado funções) e que impõe ao Estado acreditante que o retire ou dê por terminadas as suas funções. Na prática, equivale à expulsão de diplomatas em razão do comportamento dos mesmos ou de outras, independentes desse comportamento, já que a declaração não tem de ser justificada. Na verdade, o mecanismo é frequentemente utilizado como expressão formal do agravamento das relações bilaterais. *[R.M.]*

Personalidade internacional

Tradicionalmente, reconhecia-se apenas a personalidade internacional dos Estados soberanos. Esta situação conheceu, todavia, uma inversão profunda depois da Segunda Guerra Mundial, passando então a admitir-se a personalidade de diversas entidades (que assim se assumiam como sujeitos), distinguindo-se nelas a capacidade que conhece variações importantes (desde o Estado soberano que mantém uma capacidade plena até, por exemplo, o ↗insurreto, cuja capacidade se enquadra no âmbito do direito humanitário). A personalidade pode decorrer do cumprimento de exigências previstas em regras jurídicas (como acontece com o Estado soberano e as ↗organizações internacionais), ou pode decorrer do reconhecimento (como acontece com a generalidade dos outros sujeitos). *[R.M.]*

Pilares da União Europeia

O Tratado da União Europeia (Maastricht, 1993) criou uma estrutura que passou a ser metaforicamente conhecida como a dos três pilares da União Europeia, uma vez que assumia uma tripartição das competências e dimensões da UE.

O primeiro pilar abrangia as Comunidades e, portanto, abarcava as disposições do Tratado que instituía a Comunidade Europeia, a Comunidade Europeia do Carvão e do Aço (CECA) e a Comunidade Europeia da Energia Atómica (EURATOM), como a cidadania da União, políticas comunitárias ou União Económica e Monetária. Neste âmbito, ficavam abrangidos os aspetos políticos e económicos da integração, que, desde a sua fundação, constituíram a base histórica para o desenvolvimento da UE. No segundo pilar, figurava a Política Externa e de Segurança Comum; e, no terceiro pilar, estava prevista a cooperação policial e judiciária. O Tratado de Amesterdão, em 1999, transferiu uma parte dos domínios contidos no terceiro para o primeiro pilar, tal como a livre circulação de pessoas.

Esta estrutura foi resultado de um compromisso entre os Estados-membros que procuravam aprofundar a integração (em áreas como a política externa e a cooperação judiciária) e outros Estados que levantavam objeções à inclusão, com caráter supranacional, dessas matérias. Dessa forma, foi possível criar diferentes processos de tomada de decisão e acolher as várias exigências: no primeiro pilar, reforçou-se o número de votações por maioria no Conselho da União Europeia; o segundo e terceiro pilares mantinham um funcionamento na base da cooperação intergovernamental, normalmente exigindo unanimidade e diminuindo a intervenção da Comissão.

Aquando das negociações para a elaboração do Tratado de Lisboa, tornou-se preferencial uma via que pretendeu simplificar o sistema, mantendo as três categorias de ação da União, mas sem a metafórica, muito criticada e pouco exequível estrutura em pilares: a competência exclusiva, a competência partilhada e as ações para apoiar, coordenar ou complementar os Estados-membros, sem harmonizar as suas regras nacionais.

A abolição da estrutura em pilares, em 2009, permitiu melhorar a eficiência institucional e reforçar a democraticidade da União, assentando-a em dois tratados fundamentais: o Tratado da União Europeia (TUE) e o Tratado sobre o Funcionamento da União Europeia (TFUE). Esta organização internacional viu, assim, reconhecida a sua personalidade jurídica internacional, o que constituiu um passo fundamental para a assunção de uma posição mais coesa no plano internacional, nomeadamente quanto à adesão a convenção internacionais. *[J.C.G. / A.P.M.]*

Pirataria (marítima)

Assaltos praticados a barcos, no mar. A pirataria marítima, realizada desde a Antiguidade, ganhou no século XXI um novo fôlego com a intensificação dos ataques no golfo de Áden e na Costa da Somália, por onde passa a principal rota comercial entre a Europa (via canal de Suez) e a Ásia, frequentada anualmente por mais de 30 000 navios.

Embora os números sejam difíceis de contabilizar, até porque não se pode conhecer com rigor os valores pagos aos piratas através dos inúmeros resgates, estima-se que os prejuízos anuais causados por esta prática ultrapassem os 10 mil milhões de euros.

Esta questão tem sido minimizada com o envio de forças navais internacionais para a região, por parte da ↗OTAN, ↗União Europeia, China, Japão e Rússia, com o objetivo de protegerem os navios mercantes e assim dissuadirem a pirataria, de origem principalmente somali. Não obstante os esforços internacionais, o fenómeno não parece ter fim à vista, sendo que as situações de pobreza extrema e corrupção instalada a todos os níveis na Somália tem tornado toda a região nordeste africana em terreno fértil, não só para a propagação da pirataria marítima, como para toda uma série de crimes a ela associados, quer a montante quer a jusante, e que vão desde o tráfico de armas à lavagem de dinheiro, passando pelo financiamento de redes mafiosas e até de grupos extremistas, entre outros.

O Direito Internacional confere legitimidade para a intervenção dos navios de guerra em tais circunstâncias, mas levanta-se o problema de o crime de pirataria não estar previsto no ordenamento jurídico-penal de numerosos países, o que impede o julgamento dos piratas. Uma das soluções defendidas para ultrapassar esta situação consiste na criação de um tribunal internacional *ad hoc* para julgar os piratas. *[P.C.]*

Pivot geográfico da História

Teoria organizada e contextualizada no princípio espacial do "centro *versus* periferia" aplicado à realidade geográfica da Terra, nas suas duas grandezas de território e de projeção do poder que as mesmas representam, no caso, a terra continental e a água marinha/oceânica, e que dão qualificação intrínseca aos fatores ambientais da continentalidade e da oceanicidade. Trata-se, então, das premissas relacionais da ideia-conceito proferida pelo político britânico Halford J. Mackinder, em 1904, o qual projetou para o centro da Euroásia uma centralidade do poder inerente à sua massa terrestre, com condições naturais e geográficas de relativa inacessibilidade, conjugada com quadros naturais e paisagens diversas (da Sibéria ártica gelada, a norte, ao Gobi desértico, a sul e nos contrafortes dos Himalaias), território vasto com capacitação interna de controlo e relativamente intransponível por forças convencionais exteriores.

Com esta teoria de geocentro e projeção de poder se articulam todas as "velhas" ideias geopolíticas da humanidade com a história e a moderna Ciência Política, porque não se ignora essa relação de grandeza mar-terra em toda as etapas de conquista do próprio conhecimento geográfico e suas realidades de cultura/expansão territorial e de influência na forma de governar essas comunidades ou grupos da *polis*.

Mais tarde, outras ideias são, então, suportadas e adaptadas a essa teoria, em particular, a teoria da terra-coração e "sem acesso" à navegação, a *Heartland* de J. Fairgrieve (1915) e depois articulada para oeste, por expansão e pela contiguidade geográfica do Médio Oriente/Península Arábica dessa *Heartland* com o continente africano. Essa "aliança" bicontinental gerou a teoria da "Ilha-Mundial", consubstanciada em 1919, na obra geopolítica de Mackinder, *Democratic Ideals and Reality*, no quadro geopolítico do Tratado de Versailles, que dá fundamento e prolongamento a estas conceções e à sua configuração teórica; mais tarde, no contexto final da Segunda Guerra Mundial (1939-1944), estas conceções são revisitadas e valorizadas na partilha territorial de influências e poder geopolítico que deu à origem a nova ordem mundial, a que chamamos de Guerra Fria e que perdurou até à *Perestroika*, na antiga União Soviética, e à queda do Muro de Berlim (1989, na ex-Alemanha de Leste). O *Rimland* é o oposto e foi gerado nas ideias de uma geografia neutra e pacífica, por Spyhman (1944), para denominar o poder influenciador das periferias marítimas e sua projeção mundial e o controlo de "equilíbrio geoestratégico", da emergente doutrina *Pax Americana*.

Para Tim Marshall, a geografia de um território "aprisiona os seus líderes, deixando-lhes poucas alternativas e uma margem de manobra mais reduzida", mas o autor também nos revela que essa tendência pesada do passado recente está hoje em confronto, em provável perda e em equação constante perante outra evidência e tendência. Porque "a tecnologia moderna está a dobrar as regras da geografia", ontem era a competição e a supremacia territorial e marítima, hoje, assistimos ao nascimento de forças militares aeroespaciais propensas a conquistar o espaço extraterrestre.

Por isso, essa geografia tem outra escala e acompanha essa grandeza espacial, ao comportar outro tipo de fronteiras do poder e dimensão, de influenciar o espaço sideral. A questão é a emergência de novas redes e centralidades de sede, forma e ideologia desse poder e também de exercício ou domínio do *mainstream* da geopolítica neste século em que vivemos. Esse mesmo autor emite o aviso de que é nesse novo espaço que se colocarão outras bandeiras, se irá reivindicar "terras" e conquistar novas geografias e poder(es), ultrapassadas as barreiras que esse mesmo espaço ditar.

Existem mais de mil e cem satélites operacionais no espaço e cerca de dois mil "perdidos"; estes e outros equipamentos similares propiciam marcações e incursões ao espaço longínquo, com máquinas-sonda para lá de Marte e Júpiter, e com isso também garantem novas áreas de soberania (partilhada?) porque existem aí estações espaciais (semi)permanentes, onde vivem e trabalham pessoas, livres da gravidade terrestre e cooperantes ao serviço de várias nações. Neste quadro não se deve descurar as novas realidades de "encruzilhada estratégica" das atuais potências à conquista desse espaço sideral e o revisitar da denominada "armadilha de Tucídides", em especial, o conflito de interesses pelo poder colonizador e de segurança avançada das comunicações de nova geração. Estão em marcha e a configurar-se novos "teatros de poder" e o *player* é essa geografia da humanidade e as suas futuras gerações governadas sempre pela casa-comum, a *Geia*, a deusa da Terra na Antiguidade Clássica. *[J.C.Lo.]*

Plataforma continental

Conceito oriundo das ciências geomorfológicas para as ciências jurídicas, que representa o solo e subsolo submarinos adjacentes ao território terrestre que se estendem do mesmo para o mar.

Também apelidada de plataforma continental jurídica, assenta no princípio do prolongamento natural do território introduzido por Harry S. Truman, e desenvolvido pelo Tribunal Internacional de Justiça. A Convenção de Montego Bay reconheceu a possibilidade de o Estado deter uma plataforma continental até às 200 milhas mesmo que não exista este prolongamento natural. Os limites deste prolongamento natural encontram-se pela aplicação de fórmulas positivas e de fórmulas restritivas. As fórmulas positivas permitem encontrar os limites da margem continental e partem da base do talude continental. As fórmulas restritivas limitam a extensão da plataforma continental às 350 milhas ou às 100 milhas contadas de uma linha imaginária (a isóbata), que une profundidades de 2500 metros.

Os direitos que o Estado detém sobre a sua plataforma continental são soberanos, exclusivos e inerentes e atribuem ao Estado as espécies sedentárias e os recursos não vivos da plataforma continental. São soberanos na medida em que o Estado dispõe de todos os poderes necessários para o seu aproveitamento económico. Exclusivos porque apenas o respetivo Estado ou alguém por este expressamente autorizado pode explorar a sua plataforma continental. E inerentes porque residem nos direitos que o Estado detém sobre o seu próprio território.

Os Estados que pretendam impor aos outros Estados da Convenção de Montego Bay os seus limites além das 200 milhas deverão passar por um processo científico-jurídico pacífico que implica a submissão de informações sobre os seus limites exteriores à Comissão de Limites da Plataforma Continental. Se esta emitir recomendações favoráveis sobre os mesmos e os Estados depositarem os mapas e informações pertinentes junto do Secretário-Geral das Nações Unidas, estes limites tornam-se definitivos para os respetivos Estados e obrigatórios para os demais.

Pelo aproveitamento económico dos recursos não vivos da plataforma continental além das 200 milhas são devidos *royalties* sobre a produção bruta do Estado, que poderão atingir os sete por cento. *[F.C.M.]*

Plebiscito

Consulta feita direitamente ao povo, que não pode ser confundida com o ↗referendo. Efetivamente, referendo e plebiscito distinguem-se pelo critério a que obedece a formulação da questão colocada aos eleitores e pelo contexto que os enquadra. Em regra, o referendo corresponde a uma consulta à vontade popular no contexto de democracias consolidadas, no respeito pela diversidade de opiniões e pela tolerância de pontos de vista, concedendo igualdade de oportunidades a quem faz campanha em sentidos contrários, sendo a pergunta formulada com a precaução de não induzir um viés no eleitor. Já o plebiscito coincide com democracias pouco maduras, ou com regimes ditatoriais que são simulacros de democracia. A interrogação formulada é capciosa, induzindo o eleitor num sentido de voto predeterminado que coincide com a vontade do poder político. Por exemplo, em 1933, foi organizado um plebiscito, de voto obrigatório, à Constituição portuguesa aprovada nesse ano, tendo as abstenções sido contadas como votos favoráveis.

O plebiscito pode ser organizado quando o poder político procura obter legitimação popular de uma decisão estruturante. Pode dizer respeito ao sistema político (por exemplo, alterações constitucionais que estendem o mandato do detentor do poder político), ou a atos legislativos com especial sensibilidade política. Como a formulação da pergunta causa um enviesamento do eleitorado, o plebiscito autoanuncia o seu resultado. Com esta configuração, não cumpre uma das funções associadas a uma consulta eleitoral imparcial; sendo um mero instrumento de legitimação do detentor do poder por via plebiscitária, ou um instrumento de legitimação de uma decisão política preanunciada, não só a liberdade de escolha dos cidadãos fica cerceada, como o resultado do plebiscito é uma entorse dos direitos dos cidadãos, o que contribui para limitar a liberdade de que usufruem. *[P.V.M.]*

Plenipotenciário

↗Plenos poderes.

Plenos poderes

Documento proveniente da autoridade competente de um Estado ou de uma ↗organização internacional que indica uma ou várias pessoas (os plenipotenciários) para representar o Estado na negociação, adoção ou autenticação do texto de um ↗tratado, para manifestar o consentimento do Estado a ficar vinculado por um tratado ou para praticar qualquer outro ato que se refira ao tratado. Corresponde, em termos gerais, ao documento que titula o mandato de representação, para efeitos de ↗negociação e/ou a prática de outros atos integrados no processo de conclusão de convenções internacionais.

A qualidade de representante para a adoção ou a autenticação do texto de uma convenção ou para exprimir o consentimento do Estado a ficar vinculado por uma convenção decorre da apresentação da carta de plenos poderes, podendo ainda resultar da prática corrente ou ainda presumir-se em relação a determinados titulares de cargos, em razão das funções exercidas. O regime das Convenções de Viena não exclui a possibilidade de participação da negociação e/ou a prática de atos sem mandato (gestão de negócios), exigindo apenas a sua confirmação posterior, que poderá ser tácita. *[R.M.]*

Pluralismo político

O pluralismo político pode ser entendido como uma das expressões dos regimes democráticos representativos. Tal como Vieira de Andrade assinala, ele "é hoje um elemento definidor do regime político adotado pelas democracias ocidentais", democracias essas, seguindo ainda o autor, que se alicerçam nos "princípios da *heterogeneidade*, da *autonomia* e da *tolerância*". Podemos assim dizer que se não há pluralismo sem democracia, também não há democracia sem pluralismo. Se a essência da democracia, para citarmos Raymond Aron, é a aceitação da concorrência política, fácil é perceber que não há lugar à concorrência em regimes ditatoriais que se encontram por natureza assentes no monolitismo. Mas se essa concorrência, enquanto tradução efetiva do pluralismo político, pressupõe e exige a existência de partidos livremente constituídos, ela também pressuporá a presença de outras instituições, associações e movimentos não forçosamente partidários que, em conjunto, contribuem para a densificação de um regime verdadeiramente plural. Sendo o pluralismo político uma evidência da liberdade de pensamento e da liberdade de expressão desse mesmo pensamento, a sua vitalidade também dependerá da ausência de quaisquer constrangimentos, quer no acesso aos principais lugares de representação política (nomeadamente pela possibilidade de candidaturas de listas independentes à Assembleia da República), quer na real capacidade de intervenção junto dos órgãos de representação política.

É ainda de salientar a relevância dada ao "pluralismo político" logo no artigo 2.º da atual Constituição portuguesa. Uma relevância, tal como assinalam Gomes Canotilho e Vital Moreira, que não só se manifesta na "liberdade de *expressão*" e na "liberdade de *organização* política", como na proteção que lhe é dada "contra a revisão constitucional". Uma proteção, desde logo, garantida pela inclusão do "pluralismo de expressão e de organização política", no catálogo dos limites materiais de revisão (artigo 288.º, alínea i). *[M.M.]*

Pobreza

Entendemos por pobreza a privação de determinadas possibilidades de funcionamento (Amartya Sen fala de "privação de capacidade"), que se espelha numa redução da liberdade, tocando, em maior ou menor medida, no acesso a um conjunto de bens, materiais e imateriais, necessários ao "florescimento humano", podendo ser económica ou não, absoluta ou relativa, individual ou familiar. É uma questão sociopolítica e não um dado natural (sem prejuízo da existência de um conjunto de condicionamentos deste tipo), associada a problemas de (des)igualdade e, em regra, com tradução em situações de exclusão social.

Do ponto de vista das relações internacionais, o agravamento da pobreza e das desigualdades tem contribuído para acelerar o processo de migrações. A privação de acesso a bens básicos da socialidade – saúde, segurança social, educação, mas também de água e alimentação, por exemplo –, é fator gerador de violência. Na esfera do Direito Internacional, para além da Declaração Universal dos Direitos do Homem (agora rebatizada de Direitos Humanos), assumem especial relevância o Pacto Internacional de Direitos Económicos, Sociais e Culturais e um conjunto de instrumentos internacionais que consagram direitos categoriais (como, por exemplo, a Convenção sobre os Direitos da Criança).

A erradicação da pobreza é o primeiro dos ↗Objetivos de Desenvolvimento Sustentável, sendo que outros ODS densificam essa tarefa. É um elemento importante também na ação externa da União Europeia, que no Tratado sobre o Funcionamento da União Europeia, relativamente à cooperação para o desenvolvimento, define como "objetivo principal da política da União neste domínio (...) a redução e, a prazo, a erradicação da pobreza" (art. 208.º).

A palavra pobreza não figura na Constituição da República Portuguesa (CRP), sem prejuízo da relevância de uma série de normas, nomeadamente em sede de direitos económicos, sociais e culturais. No direito da segurança social, assume particular pertinência o Sistema de Proteção Social de Cidadania, especialmente o subsistema de solidariedade (*v.g.*, o rendimento social de inserção). De acordo com os indicadores do Eurostat (2018), 21,6% da população residente em Portugal está em risco de pobreza, o que corresponde à média da UE, valor que baixa para 17,3% depois de transferências sociais. *[J.C.L.]*

Poder empático das teorias

Conceito introduzido por Mendes (2018) para explicar o efeito de difusão e apreensão mais rápida de tradições teórico-paradigmáticas e respetivas teorias principais em Relações Internacionais. Devido ao seu poder empático, existem teorias em Relações Internacionais que são mais conhecidas, difundidas e, no final, mais relevantes no discurso dominante, quer ao nível do ensino académico, quer ao nível das ideias e imagens culturais dos praticantes e líderes políticos. Deste modo, uma das razões fundamentais para justificar a relevância da teoria realista reside no seu poder empático. Esta capacidade resulta da especial empatia que podem provocar as teorias parcimoniosas ao explicarem de forma sintética e elegante fenómenos sociais. Este poder empático da teoria pode ter um impacto tão importante no mundo prático que os seus pressupostos passam a ser assumidos como naturais e verdadeiros. Este fenómeno foi evidente com o nascimento e ascensão do ↗Realismo durante a ↗Guerra Fria. Neste caso, como noutros, muitas vezes as explicações realistas foram tão empaticamente poderosas que se tornaram constitutivas das práticas e das identidades dos atores. O que comprova que as próprias teorias, quando assumidas pelos atores e decisores, têm a capacidade de mudar a realidade, podendo mesmo, no limite, tornar-se profecias autorrealizáveis. *[P.E.M.]*

Poder e ideias (fatores materiais e ideacionais do poder)

Partindo de uma dualidade clássica relativa ao poder e às ideias em Relações Internacionais, que resulta da distinção entre fatores de poder material e fatores ideacionais, podemos dizer que os fatores de poder material dizem respeito aos tradicionais aspetos relativos à distribuição de capacidades materiais (militares, económicas, tecnológicas, geográficas) e às respetivas hierarquias de poder estrutural na política internacional, e são diretamente inspirados pelas teorias realistas. Os fatores ideacionais dizem respeito ao conjunto de estruturas sociais e normativas internas e internacionais, e às ideias, perceções e visões do mundo defendidas pelos atores, e são diretamente inspirados pelas teorias construtivistas. O poder é um elemento teórico central tanto para as abordagens racionalistas como para as abordagens construtivistas. Todavia, as suas respetivas conceptualizações sobre o fenómeno do poder podem ser bastante diversas.

De uma forma sintética, sobretudo para o ↗Realismo, mas também para algumas versões do ↗Neoliberalismo e Estruturalismo neomarxista, o poder é assumido, essencialmente, como *material*. Ou seja, para estas abordagens, o poder material – militar, económico, tecnológico – é, por si só, a mais importante fonte de influência e autoridade na ↗política internacional. O que, como é natural, não significa que não existam aspetos ou interpretações realistas e neomarxistas que sejam discordantes desta visão geral.

Por sua vez, o ↗Construtivismo argumenta que o *poder material* não pode ser compreendido isoladamente do *poder ideacional*. Deste modo, o *poder* e as *ideias* são ambos fundamentais e necessários para a compreensão das relações internacionais. O construtivismo acredita que o poder do conhecimento, das ideias, da cultura, da ideologia e da linguagem, ou seja, o *poder ideacional e discursivo*, é tão ou mais importante que o simples poder material. Para o Construtivismo, o poder é muito mais do que a simples materialidade da força bruta. Os construtivistas acreditam que as ideias e as normas são uma forma de poder, e que o poder material e o poder ideacional estão intimamente relacionados (Mendes, 2018). *[P.E.M.]*

Poder e identidade (construção dos interesses)

O poder nas relações internacionais é conexo com as práticas sociais que constantemente constroem, solidificam e reproduzem as identidades dos atores na política internacional. Assim, diferentes atores reproduzem diferentes identidades no jogo da política internacional e nas respetivas políticas externas. Desde logo, identidades como: a grande potência; o inimigo; o aliado; o infrator das normas internacionais, o defensor dos Direitos Humanos, etc. Isto significa que a forma como os Estados se autodefinem e definem os outros tem consequências comportamentais. As identidades que os Estados assumem têm implicações importantes na forma como os Estados agem e reagem na ↗política internacional.

Neste sentido, todo o comportamento dos atores internacionais só é possível e inteligível no âmbito de um contexto social e cultural intersubjetivo. Os diversos atores do ↗sistema internacional desenvolvem as suas relações com outros atores através da construção de identidades e das consequentes normas e práticas que vão mediar os seus comportamentos. Isto significa que mesmo uma visão mais centrada sobre o poder material da hierarquia estrutural anárquica do sistema internacional não pode ser inteligível sem as normas e as práticas sociais que constroem e institucionalizam *este* sistema internacional egoísta e de autoajuda.

Ao contrário do ↗Realismo, que pressupõe que todos os atores da política internacional têm um único poderoso e imutável fator identitário – o interesse próprio e egoísta dos Estados –, o ↗Construtivismo olha para a problemática identitária como um problema empírico não estático, que pode e deve ser teorizado em função da evolução dos contextos históricos. O que não significa que o construtivismo negue que os interesses dos Estados partem de expectativas autocentradas e, essencialmente, egoístas, ou que os interesses não são constrangidos por fatores materiais e pelo interesse básico de autopreservação. O que o Construtivismo afirma é que mais do que os puros fatores materiais de poder estrutural, o que conta é a sua interpretação intersubjetiva e a sua respetiva assunção partilhada (Mendes, 2018). *[P.E.M.]*

Poder institucional

Conceito introduzido por Barnett e Duvall (2005) para explicar a importância do poder indireto que as instituições podem ter na definição das formas, meios e agendas da ação dos atores. Este conceito sublinha que não podemos ignorar a influência que as burocracias e elites institucionais desempenham na formatação das opções e decisões dos Estados. Esta visão argumenta que as ideias, institucionalizadas através do ↗Direito Internacional, organizações e regimes internacionais, são importantes na formatação das políticas externas dos Estados e na consequente legitimação de determinadas decisões e políticas (nacionais e internacionais). Na ↗União Europeia é evidente o poder institucional detido pelos seus altos funcionários, o qual, embora interligado com o poder dos líderes políticos dos Estados, é muitas vezes decisivo. *[P.E.M.]*

Poder político

O poder, na sua definição clássica, é a faculdade de impor aos outros um determinado comportamento. Essa imposição, seguindo Max Weber, pode ser determinada pela força, pode decorrer de uma relação de domínio ou resultar da obediência a ordens que surgem num quadro regulador de relações de interdependência e no qual se estabelecem posições hierarquizadas. Força, dominação e disciplina, continuando a seguir a tese de Weber, traduzem deste modo a referida imposição aos outros de um determinado comportamento.

Mas esta tradução, podendo apontar para manifestações do chamado "poder social", não esgota a perceção que devemos ter quando falamos de "poder político", mesmo que neste se possam incluir e contemplar as noções de força, de dominação e de disciplina. Com efeito, o poder político tanto pode ser um poder que se impõe pela força, uma força que se justifica a si própria pela lei que ela autocriou para a servir, como pode ser um poder baseado no domínio em que a obediência se justifica pela "crença", pela "confiança" ou pelo "crédito". A crença, a confiança e o crédito são, assim, tal como afirmou Jouvenel no seu estudo sobre o Poder, razões determinantes para se compreender a razão da obediência, ou seja, a resposta para aquilo que ele designou de "mistério da obediência civil". A esta obediência corresponderá então, como salientou António Teixeira Fernandes, "um assentimento de vontade", o que implica perceber que o poder exercido pela dominação (e não apenas pela força) é um poder consentido e cuja manifestação mais explícita se dá através do Estado.

Esta diferença entre "poder pela força" e "poder pelo domínio", diferença muito enfatizada por Weber, irá permitir uma melhor compreensão entre o poder do Estado defendido por Hobbes e o poder atribuído à sociedade de acordo com as teses de John Locke. Para o primeiro, o "maior dos poderes humanos é aquele que é composto pelos poderes de vários homens, unidos por consentimento numa só pessoa, natural ou civil, que tem o uso de todos os seus poderes na dependência da sua vontade, é o caso do poder do Estado". Já para o segundo, o poder dos homens é atribuído ao Governo da sociedade, não para que este imponha a sua individual vontade, mas para preservar a vida, a liberdade e a propriedade dos membros da própria sociedade. Nestes termos, se para Hobbes a vontade do Estado pode ser razão suficiente para o exercício do poder, para Locke, o domínio que o Governo exerce encontrará obediência pela aceitação e "consentimento mútuo daqueles que compõem a comunidade".

É esta aceitação que conduzirá autores como Reinhold Zippelius a considerarem que "todo o domínio exercido sobre os seres humanos tem no fundo o seu correlativo na obediência". Uma obediência que ajuda a compreender o poder político, como a relação salientada por Hans Morgenthau "entre os que o exercitam e aqueles sobre os quais ele é exercido".

Ainda a respeito do poder político, aquele que autores como Lasswell consideravam a base distintiva da política, importa sumariamente referenciar que a sua cabal compreensão deve não só contemplar a *forma* como se apresenta, ou seja, o quadro normativo definido ao nível das Constituições dos Estados, mas ainda a sua real *sede*, bem como a *ideologia* que o sustenta. É este o sentido do ensinamento de Adriano Moreira, que persistentemente alerta para a necessária distinção entre a *constituição formal* e a *constituição real*, salientando que o conhecimento apenas da primeira quase sempre limita a visão que podemos ter do poder, pelo que este "deve ser examinado numa perspetiva tridimensional". Trata-se, afinal, indo também ao encontro do que disse Hannah Arendt na sua análise às origens do totalitarismo, de perceber que em muitas circunstâncias (quando não mesmo sempre) existe "um poder real ao lado de um poder aparente".

Significa isto que, não obstante o modelo democrático do poder, aquele que precisamente por ser democrático é legítimo e que por ser legítimo é aceite e consentido, se movimentam na sociedade grupos de forma mais ou menos visível cuja persistente e até poderosa influência condiciona quer o processo decisório, quer a própria decisão. E ao fazê-lo sem que a sua ação esteja de algum modo conformada por preceitos constitucionais, contribuindo desse modo para a institucionalização de um poder não previsto pela Constituição (e ajudando assim à consolidação do que Paulo Otero designa de Constituição "não oficial"), conduzem a uma reflexão deturpada da realidade do poder. O estudo da sede do poder revela-se deste modo, no âmbito da Ciência Política, como algo cada vez mais essencial para o entendimento da governação democrática. *[M.M.]*

Poder em Relações Internacionais

Apesar de ser um conceito altamente controverso e contestado, podemos afirmar que o poder tem várias dimensões, também conhecidas como faces do poder (Bachrach e Baratz, 1962; Lukes, 2005 [1974]; Boulding, 1990). Na disciplina das Relações Internacionais, o ↗Realismo adotou o poder como tema central. Aqui, as relações internacionais eram sinónimo de *power politics*. Gradualmente, a disciplina das Relações Internacionais foi integrando conceções de poder mais sofisticadas e multidimensionais. Barnett e Duvaall (2005a) adaptam estas dimensões, introduzindo uma tipologia que engloba quatro formas de poder: o compulsório; o institucional; o estrutural e o produtivo.

Por sua vez, Baldwin (2013) aponta duas abordagens básicas sobre o poder em Relações Internacionais: a abordagem do poder como recursos ou capacidades; e a abordagem relacional do poder. A primeira assume o poder como uma propriedade dos Estados – o poder são os recursos materiais, também conhecidos como os elementos nacionais do poder –, e está ligada às visões racionalistas de maximização de poder material. A segunda apresenta o poder como uma relação que é multidimensional e está ligada a visões mais sociológicas das Relações Internacionais, ainda que também incorpore princípios racionalistas. *[P.E.M.]*

Poder simbólico

De acordo com Bourdieu (1989), no âmago do poder simbólico está o "poder invisível" que reflete o reconhecimento cúmplice dos governados. O poder simbólico baseia-se no reconhecimento da legitimidade dos que detêm e exercem o poder, na crença por parte dos governados de que quem os governa tem capacidades extraordinárias e especiais para os governar. Assenta na capacidade de alcançar o respeito e a obediência dos governados através do reconhecimento das qualidades do líder político para conduzir os destinos do Estado.

De acordo com Mendes (2021c), o poder simbólico é constituído de forma simultânea e conjugada por duas vertentes principais de capital: o capital social e o capital político. O autor argumenta que o poder simbólico é a mais alta expressão de poder, pois integra o capital social e político. Por um lado, é um poder constitutivo da própria realidade social. Por outro, influencia a formação dos próprios sistemas práticos e institucionais de obtenção de poder político, como os partidos, as doutrinas e normas, bem como as instituições governativas.

O poder simbólico assenta na capacidade de produzir ideias e fazer com que estas construam a realidade. Através de uma socialização ideacional e da assunção de entendimentos partilhados pelas elites, o poder simbólico formata ideias e perceções dominantes – quer acerca do campo político, quer acerca da sociedade em geral –, fazendo com que essas ideias e essa realidade seja aquela que faz sentido. Deste modo, é o poder simbólico que, de forma decisiva, ajuda a construir socialmente a realidade política (Mendes, 2018; 2020a). *[P.E.M.]*

Polarização

O conceito de "polarização", visto sob o prisma da competição política, remete para a criação de uma estrutura ou debate dividido em dois extremos opostos. Cada polo representa uma determinada visão sobre a sociedade ou sobre a causa em debate, existindo uma aglomeração de interesses em torno de cada uma destas visões.

A divisão da sociedade a nível político está associada a diferentes atitudes ou posicionamentos ideológicos, característicos do debate político, sendo esse debate caracterizado por visões antagónicas e dificilmente conciliáveis.

No contexto específico do enquadramento do conceito na esfera da Ciência Política, a polarização assenta na distinção e afirmação dos partidos políticos (e das respetivas linhas programáticas) e dos diferentes sistemas de governo existentes, sendo essa polarização mais visível em sistemas bipartidários.

A polarização, *per si*, não pode ser entendida como negativa ou prejudicial ao funcionamento do sistema. De facto, pode produzir efeitos importantes para a estabilização do sistema e para a melhor clarificação das alternativas; no entanto, pode produzir efeitos negativos a longo termo, nomeadamente condicionando a existência e a emergência de consensos.

Podemos identificar a polarização em dois eixos estruturais da sociedade: o eixo das elites, onde a divisão se assume entre partidos e organizações políticas, bem como entre representantes políticos; e o eixo das massas, onde a polarização se faz da divisão do eleitorado. Exemplos recorrentes da dicotomia e polarização da sociedade podem ser encontrados para além da tradicional divisão "esquerda/direita", nomeadamente com os polos entre a religião e o secularismo, a defesa do nacionalismo face à globalização, a tradição contra a modernidade ou o rural frente ao urbano. *[B.F.C.]*

Polemologia

O fracasso do espírito pacifista do período entre guerras e o "descomunal choque afetivo de 1940" determinou ao demógrafo e sociólogo francês Gaston Bouthoul o desenvolvimento de um ramo específico da Sociologia dinâmica, a que chamou, com um neologismo inventado por si, "polemologia". O seu objeto de estudo é a guerra a partir de uma perspetiva sociológica, portanto, diferente da que adotam os juristas e os Estados-maiores dos exércitos.

Face à precariedade da paz e da irracional crença no efeito terapêutico do Direito Internacional, Bouthoul abordou o estudo da guerra como um facto social total que escapa ao controlo dos homens. A polemologia ensina que a guerra não é, em última instância, o meio para um fim político (a "ilusão de Clausewitz"), mas sim "um fim autónomo que se disfarça de meio". A polemologia, nos seus primeiros estudos, pretendia demonstrar que a guerra tem uma funcionalidade sociológica aterradora: a eliminação do excedente demográfico. Por isso, dizia Bouthoul que as políticas natalistas são o antecedente das guerras.

Atualmente, além das causas demográficas da guerra, a polemologia ensina que há outras causas estruturais, como as de índole económica ou psicológica, e outras causas mais circunstanciais que podem estudar-se e prognosticar-se com o recurso a uma técnica especial – os "barómetros polemológicos". Se a guerra tem uma determinada funcionalidade biológica, o desafio para a Sociologia não é, na realidade, eliminá-la, mas apenas aprender a limitá-la e, talvez, descobrir "substitutivos válidos" que permitam refrear de maneira menos destrutiva as suas manifestações espasmódicas e aniquilantes.

A polemologia, aspirando a dessacralizar a guerra e despolitizar a paz, sob o lema *si tu veux la paix, connais la guerre*, constitui a expressão de um "pacifismo científico", muito diferente do pacifismo moralista que caracteriza as investigações para a paz da irenologia e da *Friedensforschung*. O *Traité de polémologie* (1951) de Bouthoul é a obra que resume todas as proposições científicas e metodológicas da Polemologia, que têm vindo a ser ampliadas dentro de um círculo intelectual relativamente isolado que se agrupou em torno das revistas *Guerres et Paix* (1966-1970) e *Études polémologiques* (1971-1990) no Instituto Francês de Polemologia, fundado por Bouthoul em 1945.

Esta visão do fenómeno-guerra (homicídio formal e luta armada e sangrenta entre grupos organizados) e esta conceção da polemologia não são exclusivas nem únicas. O sociólogo Julien Freund, na sua obra *Sociologie du conflit* (1981), ampliou o horizonte polemológico. A polemologia converte-se, assim, nos seus trabalhos, numa Sociologia geral do conflito que se fundamenta na grande tradição sociológica de Georg Simmel e de outros precursores do estudo dos conflitos. *[J.M.]*

Poliarquia

O termo foi introduzido na Ciência Política por R. Dahl (1971) e sucessivamente usado e adaptado pelo próprio e por outros autores. Significa, literalmente, o "governo de vários" e insere-se na discussão sobre os limites da democracia representativa. Contrapondo-o às teorias sobre o caráter elitista desse regime, o autor pretendeu introduzir um conceito que caracterizasse o que afasta as democracias reais dos autoritarismos, embora não as fazendo equivaler a um tipo-ideal de democracia de soberania popular. Segundo o autor, as democracias existentes, verificadas certas condições institucionais (como o sufrágio universal inclusivo, as eleições livre e competitivas, a liberdade de expressão e de associação, a pluralidade da informação, entre outros), produzem um modelo de governo em que há competição ampla pelo poder, rotatividade no exercício dos cargos públicos, livre formação e livre expressão de uma pluralidade de grupos de interesses na sociedade, com possibilidade de representação no aparelho de poder. *[C.T.R.]*

Policy communities (comunidades de políticas)

O termo vem sendo usado na literatura sobre políticas públicas, no âmbito do estudo das "redes de políticas" (*policy networks*), a partir dos anos de 1970 e foi introduzido por J. L. Walker (1974). Refere-se ao conjunto dos agentes do desenho e implementação de políticas, também para lá do quadro estrito das instituições políticas formais, mas articulando-se regularmente com elas, nomeadamente: os decisores; a administração pública que lhes subjaz; os especialistas, tecnocratas e outros que intervêm na preparação das políticas; os vários grupos de interesses e sua representação junto do aparelho de poder, que interagem entre si, durante o processo.

Estas "comunidades" caracterizam-se por uma relativa estabilidade e eram, na literatura originária, normalmente opostas às "redes temáticas" (*issue networks*), estas últimas consistindo na agregação de atores em torno de uma área de políticas específica; do mesmo modo, o conceito é por vezes cotejado com o de "comunidades epistémicas" (*epistemic communities*), ou seja, de especialistas numa dada área de políticas. A mesma literatura salienta o grau de tecnicidade de muitos destes processos e o seu particularismo, por oposição a um conceito abstrato de vontade popular; mas também a sua relativa distância e especificidade face aos decisores finais. Atualmente, o estudo das redes de políticas é ainda mais complexo, dados, nomeadamente, os desafios internacionais e globais à governação e inerente diversidade de atores. *[C.T.R.]*

Politeia

Na Antiga Grécia, corresponde à constituição da cidade e condição de cidadania. Para Platão, significa o mesmo que República, sistema de leis e práticas de uma comunidade política que serve e educa as pessoas para o exercício da cidadania. Para a Aristóteles, é a "forma de vida na *polis*" (cidade); organização dos ofícios e profissões numa cidade (Estado). Neste sentido descritivo e amplo da palavra, todo o Estado tem uma constituição, independentemente de ser bem ou mal governado, ou seja, constitui uma politeia. *[J.G.F.]*

Política

A expressão "Política", tal como a de "Ciência Política", pode ter dois sentidos muito distintos. E também neste caso há um antes e um depois de Maquiavel. Antes imperava a definição dada por Aristóteles, para quem a política devia ser entendida como a "autoridade que governa os que têm a mesma origem e os que são livres", estando "toda a atividade do político (...) obviamente relacionada com a cidade". Depois, como salientou Sartori, surgiria a conceção *autonómica* da política. Ora, esta conceção autonómica da política, na análise de Marques Bessa e Jaime Nogueira Pinto, conduziria a que a palavra *política* passasse apenas a "indicar todo o tipo de atividade humana relacionada com o poder".

Se, com Aristóteles, a Política, logo o poder exercido, não poderia nunca desligar-se da Cidade e dos fundamentos primeiros e últimos para a sua existência e preservação – a "vida boa" –, já com Maquiavel, a política tem um único desígnio – o "poder" pelo poder. É certo que estas conceções não podem ser desligadas de outros conceitos que têm uma direta relação com o significado de Política, tais como "sociedade política" e "sociedade civil", o que implica, mesmo em estudo que nunca pode ser descontextualizado, uma compreensão ampla do que estava subjacente num e noutro pensamento.

Se na antiga Grécia, como sublinhou Marcel Prélot, "Política" tinha direta relação com a *polis*, ou seja, a Cidade; a *politeia*, ou seja, a Constituição, o regime político;

a *politika*, ou seja, as coisas políticas e cívicas, a soberania; a *politikè*, ou seja, a arte política; na realidade era em torno da *polis*, da Cidade, que toda a atenção se concentrava. E era assim, pela simples razão de que falar de Cidade significava falar, como anotou Bobbio, de tudo "o que é urbano, civil, público e até mesmo sociável e social". Nada parecia ficar fora do seu âmbito, e a sua organização, ao prever e prevenir todas as situações da vida individual ou coletiva dos seus membros, conduzia a que nenhuma distinção existisse, ou pudesse existir, entre aquilo que hoje chamamos de "sociedade política" e "sociedade civil".

Significa isto que a Cidade compreendia duas realidades que viviam em uníssono – a política e a civil –, algo que Maquiavel vai cuidar de separar, separação que outros, com particular destaque para Hegel, vão de forma plena aprofundar. Essa separação, tendo como corolário a criação e posterior exaltação do Estado moderno, dotado de um corpo de servidores próprio e conduzido por um grupo preferencialmente dedicado à coisa política, iria assim determinar que a palavra política passasse a significar, nas palavras de Marcello Caetano, "a atividade desenvolvida para a conquista e a manutenção do poder". A atividade, de acordo com Freitas do Amaral, "desenvolvida pelos *políticos*, com vista à aquisição, conservação ou exercício do Poder".

É uma conceção – mesmo que isso nem sempre seja admitido – tributária do pensamento de Maquiavel, o mesmo que situou o poder e a luta pela sua conquista num território próprio *frequentado* apenas por alguns. Nestes termos, se a atividade política é uma atividade direcionada para a luta pelo poder, pelo poder político, e se o poder político tem a sua expressão no Estado, a "política" será então a atividade desenvolvida ao nível da organização do Estado, do seu "aparelho", e não da sociedade civil que o integra. Perante esta perspetiva, há, assim, uma autonomia do "político" face ao "social" e face ao "económico", tese que quer o pensamento liberal, quer o pensamento marxista (ainda que com pressupostos totalmente distintos), sempre sustentaram.

Sucede, porém, que opor a sociedade à Política, caminhando no sentido da sua total autonomização, é, como oportunamente afirmou Marcel Prélot, "romper a intimidade de que é feita a vida do Estado; é atingi-la no seu próprio ser; é não só destruir o seu caráter e alterar a sua essência, como até comprometer a sua existência". Aceitar essa oposição é considerar que o Estado ou a *sociedade política* se equipara ao filho que corta as raízes que o ligam aos seus progenitores e deles se torna totalmente estranho. É no fundo admitir que aquilo que foi criado e existe para servir os homens na sua vida em sociedade, se transforma num corpo que lhes é marginal, mesmo quando a sua ação é apresentada e justificada em nome do interesse geral.

Recordando Julien Freund, "não se pode dissociar a política da continuidade de uma coletividade, da sua unidade" e não se pode dissociar, mesmo que admitamos que o "jogo" específico travado no âmbito político é um "jogo" com uma conceptualização própria, através da qual as relações de conflito resultantes da luta pelo poder até se podem diferenciar, conduzindo-nos, no limite (citando Carl Schmitt), para a distinção entre "*amigo* e *inimigo*". Mas uma coisa será a autonomização específica, própria, da luta pelo poder, outra será a redução da ideia de Política a essa luta.

Assim, e no sentido que entendemos dar, a Política compreende também todo o conflito que resulta da luta política, mas, como dissemos, não se resume nem fica limitada por essa luta. E não fica pela simples razão de que o poder não pode ser visto como um fim em si próprio. Razão que nos leva a considerar a Política, como *a ideia que conduz à promoção da justiça, da liberdade, da segurança e do bem-estar da comunidade e em nome da qual se promove a atividade conducente à conquista e ao exercício do poder político*. A noção sugerida procura, no seguimento das reflexões feitas por Arendt, não perder a perspetiva de que a Política deve ter um significado, um sentido, e que esse significado nos incentiva sempre a ver o poder como um meio e nunca como um fim. *[M.M.]*

Política comparada

Disciplina da ↗Ciência Política que estuda as diferenças e as semelhanças entre a política nacional, as instituições políticas e os conflitos dos países, por meio da análise empírica de informações. A comparação política visa o estabelecimento de conexões empíricas entre as características de cada unidade de análise. Isto implica a execução de comparações entre países ao longo do tempo ou num momento determinado, salientando as unidades padrão de diferença e de semelhança entre eles. Arend Lijphart argumenta que a política comparada não tem um objeto específico, assenta sobretudo numa perspetiva metodológica, dado que evidencia "o como", mas não especifica "o quê" da análise política, ou seja, a comparação política não é definida pelo objeto de estudo, mas pelo método utilizado no estudo dos fenómenos políticos. Por seu turno, Peter Mairand e Richard Rose defendem uma tese diferente, argumentando que a política comparada se carateriza pela combinação de um objeto específico, que é o estudo dos sistemas políticos dos países e um método para identificar e explicar as semelhanças e as diferenças entre esses países usando conceitos comuns.

Quando aplicada a campos específicos de estudo, a comparação política pode ser definida por outros nomes, como por exemplo *governo comparado* (o estudo comparativo das formas de governo) ou *política externa comparada* (comparando as políticas externas de diferentes Estados, a fim de estabelecer unidades padrão). Contudo, segundo a maioria dos especialistas, a comparação política não tem como objetivo a explicação, sendo sobretudo usada para descrever e identificar realidades históricas concretas comparáveis. A comparação pode ser binária (comparação entre dois objetos ou dois sistemas políticos) ou múltipla (comparar vários objetos oriundos de uma pluralidade de contextos ou de diferentes sistemas políticos). No primeiro caso é um estudo mais intensivo, no segundo existe um maior número de casos das variáveis comparáveis.

O maior prémio da disciplina de Política Comparada é o *Prémio Karl Deutsch*, atribuído pela *International Political Science Association*. Até hoje, foi concedido a Gabriel Almond (1997), Jean Laponce (2000), Juan Linz (2003), Charles Tilly (2006), Giovanni Sartori (2009), Alfred Stepan (2012), Pippa Norris (2014), Rein Taagepera (2016) e Robert D. Putnam (2018). *[J.G.F.]*

Política Comum de Segurança e Defesa (PCSD)

O Tratado de Maastricht, assinado em 1992, estabelece a Política Europeia de Segurança Comum (PESC) entendendo que esta "compreende o conjunto das questões relativas à segurança da UE, incluindo a definição a prazo de uma política de defesa comum" (art. J.4). O Conselho Europeu de Colónia, em junho de 1999, dando seguimento às decisões da Cimeira de Saint-Malo de dezembro de 1998, adotou uma declaração sobre o reforço da política europeia em matéria de segurança e defesa (PESD), confirmando a intenção de a União Europeia desempenhar integralmente o seu papel na cena internacional e "de a dotar dos necessários meios e capacidades que lhe permitam assumir as suas responsabilidades relativamente a uma política europeia comum de segurança e defesa". A criação de um Comité Militar, de um Estado-Maior e de um Comité Político de Segurança (COPS) vão materializar o desenvolvimento da política de segurança e defesa. A Criação da Agência Europeia de Defesa, em julho de 2004, visou melhorar as capacidades de defesa europeias na área da gestão de crises e apoiar a política de segurança e defesa.

Em dezembro de 2009, o Tratado de Lisboa entrou em vigor e a PESD deu lugar à Política Comum de Segurança e Defesa (PCSD), que se mantém uma política intergovernamental, sob o chapéu mais amplo da PESC. A PCSD permite um papel ativo à União em matéria de "operações de manutenção da paz, prevenção de conflitos e fortalecimento da segurança internacional, sendo parte integrante da abordagem compreensiva da UE à gestão de crises, com base em meios civis e militares". O Tratado de Lisboa "configura uma PCSD integrada na PESC, em que se destacam quatro dimensões fundamentais: a previsão de uma cláusula de assistência mútua (art. 42.° n.° 7 TUE) e de uma cláusula de solidariedade (art. 222.° TFUE); a expansão das Missões de Petersberg (art. 43.° n.° 1 TUE); a criação do quadro da Cooperação Estruturada Permanente (art. 42.° n.° 6 TUE); e a estruturação do Serviço Europeu de Ação Externa (SEAE) sob a autoridade do Alto Representante para a Ação Externa e a Política de Segurança (art. 27.° n.° 3 TUE)".

No Conselho Europeu de Bruxelas, em dezembro de 2013, e pela primeira vez desde a entrada em vigor do Tratado de Lisboa, foram definidas prioridades de ação que incluem "aumentar a eficácia, visibilidade e impacto da PCSD, promover o desenvolvimento de capacidades e fortalecer a indústria de defesa europeia". Em junho de 2016, foi apresentada a Estratégia Global da EU, intitulada "Visão partilhada, ação comum: uma Europa mais forte. Estratégia global para a política externa e de segurança da União Europeia", que pretende refletir uma visão estratégica para uma Europa global num mundo em mudança.

No mês seguinte, foi assinada a Declaração Conjunta UE-OTAN, na Cimeira da Aliança Atlântica em Varsóvia (julho), onde foi reafirmada a necessidade de reforço de cooperação entre ambas as organizações em matéria de segurança e defesa face aos desafios complexos a sul e leste. Em julho de 2018, foi assinada uma nova Declaração Conjunta que apresenta uma visão partilhada sobre como responder a ameaças comuns. As relações entre a UE e a OTAN têm-se mantido centrais aos debates sobre segurança e defesa europeia, onde as opiniões têm divergido quanto a uma política de maior autonomia por parte da UE nestas matérias. Genericamente, os desenvolvimentos no quadro da União, incluindo novos organismos e competências na área da segurança e defesa, têm mantido a cooperação e coordenação de atividades com a OTAN como fundamentais. De qualquer modo, têm sido várias as iniciativas de reforço desta dimensão no quadro da UE, como ilustrado por exemplo pela apresentação pela Comissão Europeia do Plano de Ação de Defesa Europeia, em novembro de 2016. Este inclui um Fundo Europeu de Defesa com vista a "melhorar a eficiência nos gastos com capacidades de defesa conjuntas, fortalecer a segurança dos cidadãos europeus e promover uma base industrial competitiva e inovadora".

No Conselho Europeu de junho de 2017, foi lançada a cooperação estruturada permanente (no acrónimo em inglês, PESCO) com o objetivo de fortalecer a segurança e defesa europeia, que se pretende inclusiva e capaz de avançar com a integração em matéria de defesa. A PESCO foi oficializada seis meses depois, no Conselho Europeu de dezembro de 2017, envolvendo todos os Estados-membros à exceção de três: Dinamarca, Malta e Reino Unido (que entretanto abandonou a UE). Os projetos acordados neste âmbito focam-se em atividades de treino, desenvolvimento de capacidades e preparação operacional de resposta em matéria de defesa. Ainda numa fase inicial de desenvolvimento, é uma iniciativa a acompanhar no quadro da PCSD. *[M.R.F.]*

Política Europeia de Vizinhança (PEV)

Em 2003 e 2004, a Comissão propôs uma nova política externa para a UE – a "Política Europeia de Vizinhança" –, uma política quadro para as relações com os seus vizinhos a leste e a sul. Na origem desta proposta está o interesse da UE em ter à sua volta países estáveis e prósperos. Na perspetiva da UE, apoiar o desenvolvimento político e económico dos seus vizinhos constitui a melhor forma de garantir a paz, a segurança e a prosperidade a longo prazo.

Através da PEV, a UE pretende contribuir, de forma decisiva, para a reforma política e económica, oferecendo-lhes a oportunidade de tirarem partido das vantagens de uma relação mais profunda. Os países vizinhos, por sua vez, têm todo o interesse em tirarem o máximo partido do que a UE lhes pode oferecer – estabilidade económica e mercados mais vastos, experiência em matéria de reformas, conhecimentos técnicos e contactos culturais e de outro tipo entre as populações.

A PEV proporciona um enquadramento específico para a relação da UE com os seus vizinhos mais próximos, países que não têm (pelo menos neste momento) perspetivas de virem a aderir à UE: Argélia, Arménia, Azerbaijão, Bielorrússia, Egito, Geórgia, Israel, Jordânia, Líbano, Líbia, Moldova, Marrocos, Autoridade Palestiniana, Síria, Tunísia e Ucrânia.

A PEV pretende instaurar um círculo virtuoso, promovendo a boa governação, a prosperidade, a estabilidade e a segurança; a democracia, os Direitos Humanos e o Estado de Direito; a economia de mercado, o desenvolvimento sustentável e a reforma dos principais setores.

Graças à sua integração económica com a UE, os países vizinhos poderão obter melhores resultados no que respeita à aplicação dos seus programas de reforma e políticas de desenvolvimento económico. A construção de uma vizinhança estável e próspera passa pelo desenvolvimento de sistemas políticos e económicos válidos e pelo estabelecimento de bases sólidas, tanto em termos de desenvolvimento económico e social como de conexões físicas.

As reformas estão interligadas, o que significa que, para promover o comércio e os investimentos, ambas as partes terão de reforçar os respetivos serviços de transporte e as ligações a nível de infraestruturas. A consolidação dos sistemas judiciais e regulamentares contribuirá, por sua vez, para criar um contexto mais propício às empresas e aos investimentos.

Um dos objetivos da PEV é garantir a segurança e a eficácia das fronteiras, promovendo o intercâmbio económico, social e cultural sem transformar a Europa numa "fortaleza" nem criar novas linhas divisórias. A PEV abrange igualmente questões de interesse estratégico como a energia, uma vez que os países da PEV e os seus respetivos vizinhos são já ou virão futuramente a ser países fornecedores ou de trânsito.

A PEV assenta num regime de parceria e apropriação conjunta do processo de reforma, com base em prioridades acordadas em matéria de reforma que correspondem às necessidades e aos esforços realizados pelos diferentes países. Graças a parcerias para a reforma adotadas de comum acordo – os Planos de Ação da PEV –, foi possível identificar objetivos prioritários de reforma, a curto e a médio prazo, numa vasta gama de setores, que incluem: o diálogo político e a reforma; a cooperação e o desenvolvimento económico e social; as questões ligadas ao comércio, ao mercado e à reforma do quadro regulamentar; a cooperação em matéria de justiça, liberdade e segurança; as questões setoriais (como os transportes, a energia, a sociedade da informação, o ambiente e a investigação e desenvolvimento); a dimensão humana, designadamente os contactos interpessoais, a sociedade civil, a educação e a saúde pública.

Se bem que todos os Planos de Ação da PEV apresentem a mesma estrutura de base, o facto de serem negociados com os diferentes parceiros significa que o conteúdo de cada um deles é completamente diferente, ou seja, adaptado à situação política, económica e social e às necessidades específicas de cada país e à sua relação com a UE. Os Planos de Ação dão forma concreta aos objetivos definidos nos Acordos de Parceria e Cooperação e nos Acordos de Associação assinados entre a UE e estes países.

A PEV foi revista em 2011, no contexto dos desafios da designada *Primavera Árabe*, tendo então sido introduzido um princípio de diferenciação conhecido como "mais por mais", significando que maiores avanços em termos de reformas significariam um incremento no investimento da UE em termos financeiros, políticos e outros. Em novembro de 2015, a PEV foi novamente revista, mantendo como objetivo o "desenvolvimento de parcerias efetivas com os países da vizinhança para promover uma área alargada de estabilidade em termos políticos, socioeconómicos e de segurança". O desenvolvimento de resiliência societal foi definido como objetivo prioritário, por forma a melhor responder a desafios como a migração e mobilidade. Além do mais, o princípio da diferenciação foi reforçado, através de uma política que se pretende transmita "flexibilidade, apropriação conjunta, maior envolvimento dos Estados-membros da União e responsabilidade partilhada". Esta revisão foi feita em paralelo com o lançamento da Estratégia Global da UE, de modo a refletir uma abordagem mais coerente, uma vez que a última também foca a questão da estabilização da vizinhança e da construção de sociedades mais resilientes. De notar ainda que a PEV inclui uma dimensão regional que se traduz na Parceria Oriental (leste) e na União para o Mediterrâneo (sul). *[M.R.F.]*

Política Externa e Relações Internacionais

As Relações Internacionais (RI) como disciplina científica centram-se na análise das relações internacionais (ri), isto, é no estudo dos fenómenos empíricos que resultam das interações políticas, sociais e económicas dos atores da sociedade internacional. Aqui, ganham relevo os Estados, os atores tradicionais e, ainda hoje, os principais atores da política internacional. Todavia, não podemos menosprezar a influência crescente de outros atores não estatais. Atores importantes como as organizações internacionais e as organizações não governamentais; atores transnacionais como as grandes corporações empresariais globais e as comunidades epistémicas; ou, ainda, as redes de ativistas internacionais e os meios de comunicação global. As relações internacionais incluem um alargado leque de interações e comportamentos que vão desde a cooperação pacífica, a competição e a gestão dos conflitos políticos, até à guerra. O que intriga os académicos de RI é que estas interações, ainda que num quadro geral de anarquia internacional mais ou menos madura, tanto podem ser constituídas com base numa ideia de regulação e governança, como podem ser anómicas e desafiadoras de qualquer padrão no qual se possam enquadrar.

Estes constantes desafios das relações internacionais exigem a construção de hipóteses e cenários que não estejam limitados a um paradigma Estadocêntrico tradicional. A crescente complexidade internacional onde atores não-estatais podem desencadear ações com o impacto do 11 de Setembro ou fenómenos como a formação do Daesh originam a necessidade de uma constante inovação e adaptação analítica das RI. O que não é sinónimo de que isso seja possível, ou que aconteça naturalmente, como se comprova pela (in)capacidade das RI preverem ou anteciparem fenómenos de mudança tão importantes como os do fim da ↗Guerra Fria ou do início do ↗terrorismo pós-moderno.

Apesar da sua ambição prospetiva, as RI continuam a ser essencialmente retrospetivas e historicistas, como é comum nas Ciências Sociais em geral. As interações das relações internacionais que definem a ↗política internacional envolvem a criação, proteção e distribuição, consentida ou contestada, de interesses – materiais e ideacionais – tão variados e importantes como a segurança, o desenvolvimento, a sustentabilidade ecológica, a identidade nacional ou os ↗Direitos Humanos. Todavia, as RI não são apenas sobre a *política internacional*. As RI são igualmente, e de forma crucial, sobre a *política externa*. Mas, então, o que distingue a política internacional da política externa? Clarifiquemos: a política internacional resulta do jogo, mais ou menos estruturado e mais ou menos competitivo entre os diversos atores internacionais. Por sua vez, o que caracteriza a política externa é ela ser predicado de um ator particular e específico. A política externa é a política de um ator que tem o objetivo de proteger os seus interesses e promover os seus valores *vis-à-vis* outros atores para além das suas fronteiras. Tradicionalmente, a política externa é a política pública que envolve a diplomacia de um Estado ou, menos usualmente, de uma união de Estados ou, ainda, de movimentos de resistência e libertação nacional (Mendes, 2012c; 2020b).

Isto não significa que a política externa seja uma atividade separada da política internacional. Pensar assim seria paradoxal, uma vez que a política internacional é composta pelas políticas externas dos atores internacionais. Se fosse possível, por hipótese académica, os atores não ativarem as suas políticas externas, deixaria de existir política internacional. A política externa tem um *autor* que defende a sua perspetiva particular. Por isso falamos da política externa de Portugal, da Índia, dos EUA, etc.

De um ponto de vista analítico, o estudo da política externa, designado de ↗Análise da Política Externa (APE), é uma subdisciplina científica extraordinária. Embora nenhum campo de estudo em ↗Ciência Política seja analiticamente estanque, a APE é particularmente eclética, pois envolve simultaneamente o ambiente interno e o ambiente internacional e abrange todos os níveis de análise. O seu objetivo último é o desenvolvimento de estudos que integrem estas dimensões num todo coerente e explícito. Por estas razões, Rosenau designou a política externa de "bridging discipline" (Rosenau, 1987). Podemos mesmo afirmar que de todos os subcampos de estudo das RI, a APE é o campo de estudo que exige maiores capacidades teóricas de integração analítica multinível. Isto significa que a política externa diz respeito à ação política intranacional e transnacional – como é que surge, como é que está relacionada com a ação de outros – e não apenas à simples interação internacional.

De um ponto de vista da sua agência e propósitos, podemos dizer que a política externa é o conjunto de relações oficiais externas conduzidas por um ator independente, normalmente um Estado, nas relações internacionais. Neste quadro, a política externa consiste nas ações, expressas sob a forma de objetivos, compromissos e/ou diretivas explicitamente enunciados, e prosseguidas por representantes governamentais agindo em nome das suas comunidades soberanas, dirigidas para situações e atores para além da sua legitimidade territorial – tanto governamentais como não governamentais – com o objetivo de os influenciar no sentido de atingir os objetivos e interesses desejados e definidos pelos decisores, por vezes também designados de *defesa do interesse nacional*.

A Análise da Política Externa (APE) é um dos campos de estudo centrais das Relações Internacionais, cujo objetivo principal é o de desenvolver instrumentos teórico-metodológicas que ajudem a explicar os motivos que levam os decisores a tomarem determinadas decisões de política externa num particular momento histórico. Assim, a APE centra-se no estudo das *razões*, *motivos* e *interesses* (RMI) dos atores da política externa, as quais não podem ser desligadas das respetivas identidades e culturas políticas, bem como das visões do mundo dos seus líderes e decisores. Por isso, a APE tem vindo a concentrar-se na importância da cultura política interna dos Estados, no impacto dos fatores ideacionais (ideias, cultura, normas e identidade), bem como no estudo da interligação entre os fatores materiais e ideacionais presentes nos contextos, internos e externos, que definem as situações em política externa (Mendes 2017, 2018; 2020a; 2020b). *[P.E.M.]*

Política Externa e de Segurança Comum (PESC)

A Política Externa e de Segurança Comum é um dos instrumentos das relações externas da União Europeia. No contexto geopolítico do início dos anos de 1990, que assinala o fim da Guerra Fria, a reunificação da Alemanha e o colapso da ex-Jugoslávia, os Estados-membros da UE tomaram a decisão de se munir de um novo instrumento quanto às relações externas, a Política Externa e de Segurança Comum (PESC).

No quadro do Tratado de Maastricht (1992), a PESC constitui o segundo pilar da União Europeia, tratando-se de uma cooperação intergovernamental entre Estados-membros em torno de cinco objetivos principais: a salvaguarda dos valores comuns, dos interesses fundamentais da União; o reforço da segurança da União, a manutenção da paz e o reforço da segurança internacional; o fomento da cooperação internacional; o reforço da democracia e do Estado de Direito; e o respeito pelos Direitos Humanos.

A União prossegue esses objetivos, por um lado, através de uma cooperação sistemática entre os Estados-membros e, por outro, da execução de ações comuns nos domínios em que os Estados têm interesses importantes. Os Estados-membros permanecem soberanos na conduta da sua política externa e de segurança respetiva, já que a PESC não é uma competência exclusiva da União Europeia. Contudo, o Conselho Europeu assegura que os Estados-membros se abstenham de qualquer ação contrária aos interesses da União ou suscetível de prejudicar a sua eficácia enquanto força coerente nas relações internacionais. Segundo o Tratado referido, a PESC "abrange todas as questões relativas à segurança da União, incluindo a definição gradual de uma política de defesa comum".

No Tratado de Amesterdão (1997), a reforma da PESC revestiu-se de especial urgência, devido ao colapso da ex-Jugoslávia, cujas circunstâncias dramáticas evidenciaram a necessidade de a União estar dotada de meios que lhe permitissem agir e prevenir e não meramente reagir. O Tratado de Amesterdão introduziu um novo instrumento de política externa, que veio juntar-se à ação comum e a posição comum: a estratégia comum. O Conselho Europeu decide por consenso as estratégias comuns dos Estados-membros, especificando os respetivos objetivos e duração, bem como os meios a facultar pela União e pelos Estados-membros. Neste sentido, as estratégias comuns constituem o quadro geral para as ações dos três pilares da União, o que assegura a coerência das relações externas e permite ao Conselho adotar uma estratégia através de ações e posições comuns votadas por maioria qualificada.

A regra geral para a aprovação de decisões da PESC é a unanimidade. Todavia, os Estados-membros têm a possibilidade de recorrer à abstenção construtiva, o que significa que a abstenção de um Estado-membro não impede a aprovação de uma decisão. Este mecanismo aplica-se enquanto a abstenção não representar mais de um terço dos votos ponderados do Conselho. Se um Estado-membro acompanhar a sua abstenção de uma declaração formal, não é obrigado a aplicar essa decisão, devendo, contudo, aceitar, num espírito de solidariedade mútua, que a mesma vincula a União no seu conjunto. Por conseguinte, o Estado-membro em causa deve abster-se de qualquer ação suscetível de colidir com a ação da União.

O Tratado de Amesterdão introduziu a função de Alto-Representante para a PESC, exercida pelo Secretário-Geral do Conselho. Nessa qualidade, assiste o Conselho em matérias relacionadas com a PESC, contribuindo nomeadamente para a formulação, elaboração e execução das decisões. A pedido da Presidência, atua em nome do Conselho, conduzindo o diálogo político com terceiros e procurando simultaneamente garantir uma maior visibilidade e coerência da PESC. A representação externa e a execução da PESC são ainda reforçadas pelo trabalho da Troika, que inclui o ministro dos Negócios Estrangeiros do país que ocupa a presidência da UE, o Alto Representante da PESC, o comissário responsável pelas Relações Externas e, se necessário, um representante do país que exercerá a presidência seguinte da UE.

Sob a autoridade do Alto Representante para a PESC, foi criada a unidade de planeamento e de alerta rápido, que tem por objetivo contribuir para uma reação mais eficaz e menos dispersa da União. Trata-se da principal inovação do Tratado de Amesterdão e visa permitir que os Estados-membros atuem em conjunto no plano logístico, obtendo deste modo um papel mais proeminente na cena internacional.

Com o Tratado de Nice (2003), a cooperação reforçada tornou-se possível pela execução de uma ação ou de uma posição comum, se incidir em questões sem repercussões no âmbito militar ou da defesa. Se nenhum Estado-membro se opuser ou se não for exigida uma decisão unânime do Conselho Europeu (o "travão de emergência"), a cooperação reforçada será decidida a nível do Conselho, por maioria qualificada, com o apoio de, no mínimo, oito Estados-membros.

A nível institucional, o Tratado de Nice reforça o papel do Comité Político e de Segurança (COPS), nova designação do Comité Político pelo Tratado, estrutura política e militar permanente consagrada à política de defesa autónoma e operacional da União.

O Tratado de Lisboa deu continuidade ao reforço progressivo desta Política, nomeadamente ao dotar a UE de personalidade jurídica e ao criar um serviço diplomático, o ↗Serviço Europeu para a Ação Externa, que atua sob a autoridade da Alta Representante da União para os Negócios Estrangeiros e a Política de Segurança. Alguns autores, todavia, reconhecem que, apesar dos avanços, as modificações trazidas pelo referido Tratado, pelo seu teor vago e pela manutenção da intergovernamentalidade, originaram sobreposições em algumas competências, assim como uma consequente tensão interinstitucional, nomeadamente com o Conselho Europeu. *[J.C.G. / A.P.M.]*

Política internacional

O termo é usado para identificar as interações entre Estados além-fronteiras. Estas interações são geridas diretamente pelos governos ou por representantes destes acreditados e reconhecidos. É usado o termo internacional em vez de interestadual, uma vez que o último apresenta conotações confusas com federalismo e federação.

A relação entre política internacional e política externa é próxima. Se a primeira lida com interações, a segunda lida com ações e reações. Na perspetiva da política externa, as relações de política internacional resultam do envolvimento dos Estados em atividades de formulação política. Segundo Holsti, a distinção entre a política externa e a política internacional pode ser mais académica do que real, mas traduz sumariamente a diferença entre os objetivos e as ações (decisões e políticas) de um Estado ou Estados e as interações entre dois ou mais Estados. O especialista que analisa as ações de um Estado relativamente ao ambiente externo e às condições – geralmente domésticas – sob as quais essas ações são formuladas, preocupa-se essencialmente com a política externa; quem entende essas ações como apenas uma parte do conjunto de ações de um Estado e reações ou respostas de outros está a olhar para a política internacional, ou para os processos de interação entre dois ou mais Estados.

Diferentemente de política internacional e política externa, o termo relações internacionais refere-se a todas as formas de interação políticas e não políticas entre membros de diferentes sociedades, que poderão ou não ser de cariz governamental. O estudo das relações internacionais inclui a análise das políticas externas ou processos políticos entre os Estados. Contudo, dado o seu interesse por todas as facetas do relacionamento entre sociedades, inclui também estudos relativos aos sindicatos internacionais, à Cruz Vermelha Internacional, turismo, comércio internacional, transportes, comunicações, e o desenvolvimento de valores e da ética internacionais.

O especialista de política internacional não se preocupa com este tipo de relações ou fenómenos, exceto onde estes tocam objetivos governamentais oficiais ou onde são empregados pelos governos como instrumentos para alcançar objetivos militares ou políticos. Um torneio internacional de hóquei no gelo constitui uma relação internacional ou transnacional. O mesmo acontece com um congresso mundial da Associação Internacional de Ciência Política. Mas o especialista de política internacional apenas se interessa por estes acontecimentos se eles tiverem um impacto imediato nas relações intergovernamentais. Onde traçar os limites não é inteiramente claro; a "diplomacia pingue-pongue" interessa-nos como uma nova forma usada pelo governo chinês para estabelecer laços diplomáticos mais estreitos com os Estados Unidos da América, enquanto um jogo de ténis de mesa entre a Austrália e a Nova Zelândia não seria relevante. Do mesmo modo, o especialista de Relações Internacionais interessa-se por todos os aspetos do comércio internacional. Na política internacional, o comércio internacional constitui uma preocupação só até ao ponto em que os governos podem recorrer a ameaças económicas, recompensas ou punições com fins políticos, como quando prometem baixar as tarifas ao comércio em troca do direito de estabelecer uma base militar nesse país.

Como escreveu Adriano Moreira, tentando delimitar as fronteiras entre Relações Internacionais e Política Internacional, esta última expressão não coincide com a anterior, uma vez que das Relações Internacionais a Política Internacional só compreende "o estudo da dinâmica do conjunto das relações decorrentes entre poderes políticos". Mas como as relações internacionais, mesmo quando não decorrem entre poderes políticos, «sempre são condicionadas, direta ou indiretamente, por aquelas relações, no âmbito da política internacional cabe o estudo da dinâmica de todas as relações internacionais".

A política internacional é um tipo particular de política. A sua preocupação principal não vai para a exercitação, ou o ganho do controlo, ou a influência do mecanismo de controlo e coerção, pois no sistema global tal mecanismo opera apenas de forma casual e limitada. Preocupa-se primordialmente, como refere Quincy Wright, com a arte de alcançar os objetivos do grupo contra a oposição de outros grupos. Mas os grupos estão "não-constrangidos" nesta competição, a não ser pelos limites do seu poder e pelas perdas que os seus controladores supõem que venham a sofrer por tomarem certas ações. Noutras palavras, os grupos são soberanos (isto não quer dizer que sejam independentes).

Há uma grande diferença entre a atividade política num grupo que tem um governo e a atividade política num grupo (o sistema global) que é anárquico – na verdade, de acordo com certas definições, não há em tal grupo nenhuma atividade descrita como sendo política.

A política internacional implica que os Estados são os atores dominantes. Se outros atores são identificados, a sua capacidade de agir autonomamente será seriamente questionada. A partir do momento em que a primazia do Estado deixa de ser possível, então o termo "internacional" assume limitações e é necessária uma nova designação do tipo "mundial" ou "global". Alguma confusão tem surgido nas últimas décadas devido à não observância das exigências de terminologia e ao facto de os autores continuarem a usar o termo política internacional quando se referem a política mundial.

Finalmente, importa referir que todos os Estados encontram a sua origem na política internacional, uma vez que a guerra ou a diplomacia presidiram à sua formação, determinaram as suas fronteiras, influenciaram a evolução dos seus regimes. Nenhum país pode viver em autarcia. Todos, de formas diversas, são forçados a assegurar a sua proteção militar ou a planear o desenvolvimento da sua economia, efetuando alianças, estabelecendo acordos comerciais e relações monetárias e financeiras com o resto do mundo. Nenhum Estado pode assumir, sozinho, a defesa da sua segurança e da sua independência. Todos os países integram uma rede densa e complexa de interações aos mais diversos níveis. A política internacional influencia a repartição das riquezas do planeta, cria mecanismos de cooperação que permitem o crescimento económico ou favorecem o subdesenvolvimento. A evolução dos Estados e das sociedades não é inteligível sem a referência à política internacional (Pierre de Senarclens).

A agenda política internacional, após a implosão da União Soviética (1991), deslocou-se da rivalidade ideológica e militar entre os dois blocos para outras questões como a nova ordem internacional, o fundamentalismo islâmico, as tensões financeiras, o terrorismo, as desigualdades económicas entre países desenvolvidos e países em desenvolvimento, os problemas ambientais, os recursos energéticos, a redistribuição do poder, as migrações intercontinentais, etc. *[M.R.F.]*

Política social

O impacto da revolução industrial na civilização rural europeia está intimamente ligado àquilo a que os historiadores designam por "questão social". Os tremendos desequilíbrios que gerou entre capital e trabalho (marxismo), entre liberdades formais e materiais (liberalismo da viragem do século) ou entre trabalhadores assalariados e propriedade (doutrina social católica), fraturaram a sociedade europeia, que é atravessada ao longo de todo o século XIX, mas especialmente entre as Revolução de 1848, a primeira revolução socialista da história, e a Comuna de Paris, devido a uma guerra civil social crónica. A expressão mais visível da questão social, agravada pelo crescimento demográfico, foi a proletarização das classes populares, recrutadas de forma desordenada nas suas pequenas comunidades locais e amontoadas nas cidades industriais, que a partir das décadas de 1820 e 1830 começaram a pontuar o mapa da Europa. Mas o sofrimento das classes populares não é apenas um problema económico ou espiritual e cultural, mas também político, pois assim que essa massa é capturada pelo socialismo, a ordem do regime liberal, em todas as suas variantes, é posta em questão.

A Política Social, ação reformadora e neutral do Estado, foi desenvolvida de forma sistemática na Alemanha Wilhelminiana, promovida por Otto von Bismarck e a sua famosa legislação que institui o seguro social, mas também pelos estudos e intenso trabalho pedagógico da Verein für Socialpolitik (literalmente, Associação para uma Política Social), fundada em 1872 por Gustav von Schmoller. Além de Schmoller, líder da jovem escola histórica alemã e defensor de uma revisão ética da economia política liberal, vários economistas, juristas e líderes políticos e religiosos também são tidos como precursores da Política Social: Sismonde de Sismondi, patrono, segundo Schumpeter, do Estado Social contemporâneo; Louis Blanc, inventor das "Oficinas Sociais"; Anton Menger, antecipador da socialização do direito civil e defensor da limitação; Lorenz von Stein, doutrinário da monarquia da reforma social; e Leão XIII, o pontífice que inaugurou o catolicismo social com a encíclica *Rerum Novarum* (1891).

O sucesso da Política Social baseou-se na superação da questão social e na consolidação dos Estados do Bem-Estar Social até ao início da crise fiscal da década de 1970. Desde o fim da Segunda Guerra Mundial, o modelo germânico de política social passou a ser complementado pelo modelo anglo-saxão de previdência (*Social Welfare*), que por sua vez está na origem, principalmente nos países do sul da Europa, do modelo da "política social latina".

A Política Social entendida como política de trabalho, reguladora do contrato de trabalho e da negociação coletiva, foi ampliada na década de 1930, com o desenvolvimento dos sistemas de segurança social e, a partir de 1945, com uma política social que aspira a uma reorganização integral da sociedade, em que a política económica é mais um ingrediente da política social (*Gesellschaftspolitik*). Atualmente, a política social apresenta-se como um conjunto de "políticas públicas" concomitantes em diversos setores sociais (habitação, saúde, educação, etc.). *[J.M.]*

Políticas públicas

Quando se fala de políticas públicas, deve ter-se em conta que as mesmas têm sido objeto dos vários territórios de conhecimento, entre as quais, a Ciência Política. O que a área das políticas públicas produz a nível do conhecimento têm sido palco da investigação por parte de pesquisadores que tratam de problemas públicos, sendo que, em qualquer caso, uma política pública aponta um caminho para ajudar a resolver um problema público.

Neste sentido, de acordo com Leonardo Secchi, "uma política pública é uma diretriz elaborada para enfrentar um problema público. Vejamos esta definição em detalhe: uma política pública é uma orientação à atividade ou à passividade de alguém; as atividades ou passividades decorrentes dessa orientação também fazem parte da política pública; uma política pública possui dois elementos fundamentais: intencionalidade pública e resposta a um problema público; em outras palavras, a razão para o estabelecimento de uma política pública é o tratamento ou a resolução de um problema entendido como coletivamente relevante"(Secchi, 2010: 2).

Contudo, existe a possibilidade de existirem várias conceções de políticas públicas, que, embora possam ter diferentes abordagens, têm pontos de intercessão, como afirma Gianfranco Pasquino: "Se bem que existam diversas definições de política pública, mais ou menos aceitáveis e úteis, há convergência suficiente relativamente a um aspeto fulcral: as políticas são consideradas públicas quando emanam de autoridades governativas em sentido lato" (Pasquino, 2010: 290). Gianfranco Pasquino vai mais longe, remetendo para as "autoridades governativas" (Estado) a responsabilidade de criar e aplicar políticas que visam resolver problemas públicos.

As políticas públicas podem ser analisadas sobre quatro perspetivas: distributivas; reguladoras; redistributivas e constitutivas (Pasquino, 2010: 311). As políticas distributivas, habitualmente produzidas pelas assembleias eletivas e pelas suas comissões e postas em prática por organismos dependentes do governo, dizem respeito em geral a serviços diversos, normalmente ligados à previdência e à assistência. Distribuem recursos e são financiados através de receitas fiscais. As políticas reguladoras "dizem respeito à produção de normas que disciplinam os comportamentos, muitas vezes beneficiando alguns indivíduos e grupos em detrimento de outros. São produzidas pelas assembleias eletivas e postas em prática por organismos relativamente descentralizados".

As políticas redistributivas "retiram expressamente recursos a alguns grupos para os dar a outros. São, portanto, políticas que podem gerar conflitos, exigindo uma intervenção acentuada do Governo e uma execução centralizada". Finalmente, as políticas constitutivas ou constituintes respeitam à "formulação de normas que regulam a criação e o funcionamento das estruturas de autoridade e das próprias autoridades. São, portanto, políticas relativamente raras, particularmente em contextos político-institucionais estabilizados, como é o caso dos regimes democráticos em funcionamento normal". *[F.Ca.]*

Politização

Por politização entende-se genericamente a intenção ou o ato de trazer para a esfera política uma instituição ou assunto até então considerado não político. Significa, pois, que tal assunto ou instituição ganha um lugar de destaque no espaço público, entrando na esfera da escolha pública, marcada, normalmente, pelo debate e pela polarização de opiniões sobre a decisão a tomar. A politização pode ocorrer em diferentes níveis (desde o doméstico ao internacional), ainda que, inicialmente, o conceito de politização fosse utilizado sobretudo no estudo da política nacional. Neste nível, os autores procuraram explicar quer o processo de *despolitização* (caracterizado por tendências como o declínio da participação eleitoral, da filiação partidária e da mobilização política tradicional, bem como a transformação de alguns partidos em "catch all"), quer o oposto processo de *repolitização* impulsionado, por exemplo, pelo (res)surgimento de partidos populistas, especialmente de extrema-direita, que centram a sua atenção em temas socioculturais facilmente fraturantes e geradores de conflito (no que poderia ser descrito como uma politização "negativa").

O conceito de politização é também usado na literatura sobre instituições e organizações internacionais, tendo-se tornado central, por exemplo, no estudo da União Europeia, à medida que esta se foi transformando num sistema político por direito próprio. Um exemplo de politização neste contexto é o fim do chamado "consenso permissivo" (isto é, a aceitação tácita por parte dos cidadãos europeus da transferência de competências para o nível supranacional e da consequente tomada de decisão neste nível), substituído pela crescente discussão e/ou contestação na esfera pública das políticas públicas decididas no nível da UE. *[I.C.]*

População

Conjunto de pessoas que habitam num determinado território. O termo abrange assim não apenas os nacionais desse território, mas os estrangeiros que nele vivem. Há quem inclua nesta classificação os turistas, considerando-os como parte integrante da população de uma certa região, aspeto que deverá ser tido em conta pelos responsáveis políticos na definição e planeamento das mais diversas políticas públicas. Compreendendo a pertinência da observação, entendemos não ser de confundir a população residente no território (nacionais e estrangeiros), da população que transita ou permanece apenas por períodos curtos nesse mesmo território (os turistas). *[D.F.]*

População e Relações Internacionais

O fator demográfico desempenha um importante papel nas relações internacionais, uma vez que as transformações demográficas que se operam em todo o planeta alteram, e irão alterar cada vez mais, de modo inexorável, os equilíbrios de um passado recente. A população mundial, no século XX, cresceu a um ritmo sem precedentes na história da humanidade – 2,5 mil milhões em 1900, cinco mil milhões em 1990, seis mil milhões em 2000, 7,9 mil milhões em 2021 – e continua a crescer à ordem de 100 milhões de pessoas ao ano, de tal modo que, segundo algumas projeções demográficas, atingirá os nove mil milhões em 2070. Esta explosão demográfica, herdeira do forte crescimento demográfico que se fez sentir no mundo desde o século XVIII, sobretudo nos países industrializados, graças à melhoria da alimentação, aos progressos da higiene e da medicina, e à revolução industrial, é consequência da forte redução da taxa de mortalidade e contribuiu para aumentar a duração média de vida.

Segundo o modelo de transição demográfica, de uma ↗demografia de Antigo Regime, caracterizada por altas taxas de mortalidade e natalidade, isto é, de um equilíbrio populacional em alta, passou-se para reduzidas taxas de mortalidade e de natalidade, isto é, para um equilíbrio em baixa. Enquanto os países industrializados já concluíram a transição demográfica, registando, ao presente, uma população envelhecida e estagnada, de crescimento zero, nos países em vias de desenvolvimento, que ainda não concluíram a transição demográfica, a população continua a crescer a um forte ritmo (1,4% de crescimento anual médio), de tal modo que 90% do crescimento demográfico mundial é hoje garantido por tais países. Este desigual crescimento provoca novos equilíbrios demográficos, com o peso relativo da Europa e do Ocidente em geral a declinar rapidamente e a Ásia a representar 60% da população mundial, com a China a registar 1,4 mil milhões de habitantes e a India 1,38 mil milhões (dados de 2021).

Não falando já nos problemas que se levantam quanto à relação população/desenvolvimento económico e população/ambiente, nem quanto às grandes migrações dos países não desenvolvidos para os países desenvolvidos, uma das questões que se coloca hoje, no plano das relações internacionais, é a da redistribuição do papel que os países mais populosos devem desempenhar nos organismos internacionais. Como é o que os centros de poder da comunidade internacional poderão continuar nas mãos dos ocidentais? Como é que, dos cinco membros permanentes do Conselho de Segurança das Nações Unidas, só um, a China, não pertence ao Ocidente? Como é que a Índia, que além do seu peso demográfico também é uma potência nuclear, pode continuar numa posição subalterna? E o Brasil ou a Indonésia? Como é que o ↗FMI ou o ↗Banco Mundial poderão continuar a ser controlados exclusivamente pelos países desenvolvidos? É evidente que o poder não se traduz, apenas, pelo número e, que uma população excessiva, em certos casos, pode constituir um fator prejudicial ao desenvolvimento. Mas até quando se poderá ignorar o peso dos números e secundarizar os países mais populosos? *[F.S. / R.R.]*

Popularidade

A popularidade, do ponto de vista político, está associada a fatores como o estado e a evolução da economia, a capacidade de afirmação das lideranças, o tempo de exercício no poder dos que são apreciados, as referências ideológicas e os partidarismos. Está também muito vinculada aos efeitos, positivos e negativos, que sobre ela exercem os meios de comunicação social. Não se pode apartar, na análise da popularidade, a dimensão individual da dimensão grupal, social, porque, nomeadamente, a primeira interfere, positiva ou negativamente, na segunda e esta é, por sua vez, demarcadora de valores máximos e mínimos com os quais o coletivo e o singular podem contar. Os estudos sobre popularidade beneficiam amplamente de fontes de informação que, nomeadamente, patrocinam a análise por medição.

A popularidade, pela dimensão coletiva, tende a ser relativamente estável, ou seja, a perdurar, entre máximos e mínimos, no tempo, podendo, porém, haver ruturas pela introdução de irreversíveis mudanças históricas: durante séculos, no Reino Unido, coabitaram o Whig Party, que reunia as tendências liberais, e o Tory Party, de linha conservadora, tendo esse cenário sofrido alterações na sequência da Revolução Industrial e da afirmação organizada das Trade Unions que haveriam de, politicamente, dar lugar, no início do século XX, ao Labour Party, de base trabalhista, centrado, ideologicamente, na social-democracia de centro-esquerda, e a assumir, embora num quadro de multipartidarismo, posição preponderante. A persistência da popularidade coletiva, partidária, ideológica, é observável pelas séries temporais, explicável, nomeadamente, pela lealdade política e pela fixação de espaços clientelares que funcionam como mecanismos de comprometimento que se reproduzem socialmente.

A popularidade tem ainda, e cada vez mais, uma dimensão de análise pelos efeitos que os *outsiders* exercem nos protagonistas, com visibilidade a partir do que, em abundante e constante informação, está disponível nas redes sociais: os seus utilizadores "hiperativos" assumem importância significativa no discurso político e são, no limite, líderes de opinião que, de certa forma, influenciam agendas e criam imagens alternativas na opinião pública. Não existe, por isso, uma popularidade isolada, podendo antes afirmar-se que as lideranças são sempre socialmente suportadas, veiculadas ou desmobilizadas, com intrusão das redes sociais: fazem-se, obtém-se, trabalham-se com relativa celeridade, tal e qual também é veiculada a informação. *[R.L.M.]*

Populismo

O populismo como ideal de afirmação política tem vindo a afirmar-se, no século XXI, na Europa, nos Estados Unidos da América e, paulatinamente, por todo o mundo. Concebido como um "tipo de linguagem", tem como objetivos latentes ser mobilizador e catalisador da opinião pública, principalmente sobre eventuais eleitores. O populismo é normalmente utilizado por políticos, dirigentes, ou membros de partidos políticos, que tentam através dos discursos políticos galvanizar o máximo de pessoas para a(s) causa(as) que defendem, apresentando soluções "messiânicas" para os problemas do mundo, como tendo a solução para esses mesmos problemas, ainda que as propostas de solução apresentadas possam estar vazias de conteúdo. Assim sendo, segundo Jan-Werner Muller, "o populismo nem é a parte autêntica da política democrática moderna nem uma espécie de patologia causada por cidadãos irracionais. É a sombra permanente da política representativa. Há sempre a possibilidade de que um dos seus atores fale em nome do 'verdadeiro' povo como maneira de contestar as elites presentemente poderosas".

Poder-se-á dizer que as ideias populistas se reacenderam no tempo presente na Europa e nos Estados Unidos da América. Estas ideias populistas não apareceram como se de uma nova criação se tratasse. Estamos sim diante de uma reformulação das ideias populistas anteriores quer no seio da Europa, quer dos Estados Unidos da América. No caso europeu, de acordo com as vozes que se ouvem, os populistas europeus tendem a desestruturar aquilo que tradicionalmente caracteriza a União Europeia.

Quando se fala em populismo, este assume-se de esquerda e de direita. "O populismo em geral, tanto o de esquerda, quanto o de direita, não se caracteriza apenas, no entanto, por restabelecer a conflitualidade política diante do *statu quo* demo liberal. Ambos os populismos se destacam igualmente por transformar esta conflitualidade num sentido peculiar". As ideias populistas estão a assumir-se atualmente, de um modo particular na Europa, nos Estados Unidos da América e na América Latina, como resposta ao cansaço das populações com a ↗alternância política entre esquerda/direita, que não dando resposta às necessidades das populações, encontram nas ideias "messiânicas" dos populistas essa resposta. De acordo com Federico Finchelstein, "na Europa, este novo populismo representa um regresso à nação, uma ideia vertical da democracia e o ressurgimento de antigas, e supostamente ultrapassadas, tradições continentais xenófobas. Na verdade, estas não desapareceram, mas tinham sido apenas ignoradas e recalcadas nas memórias de um continente que, depois de 1945, se restabeleceu com base na rejeição antifascista dessas ideias. Ocorrências coincidentes nos Estados Unidos evidenciam-se no ataque do Tea Party". *[F.Ca.]*

Portugal AIA (Autoritário, Imperial e Autárcico)

Conceito introduzido por Mendes (2018) para explicar as características dominantes do Estado Novo em Portugal e consequente inserção internacional. Deste modo, neste período histórico (1933-1974), Portugal caraterizava-se por ser um Estado Autoritário, Imperial e Autárcico (AIA). O Portugal AIA definiu uma política externa especial que se explica através da consolidação de ideias e práticas que construíram social e politicamente um *triângulo identitário*. Por sua vez, este triângulo identitário foi, simultaneamente, um fator de legitimação da identidade e da cultura política autoritária, imperial e autárcica de Portugal neste período. *[P.E.M.]*

Pós-colonialismo

Inspirado nos trabalhos de Frantz Fanon e de Jean Paul Sartre, o pós-colonialismo aplicado às Relações Internacionais é uma abordagem crítica do eurocentrismo político e intelectual gerador de divisões e assimetrias à escala global, que analisa questões relacionadas com a identidade, a cultura e o poder. De forma geral, a agenda de investigação do pós-colonialismo está orientada para a análise de como os governos e as sociedades na periferia do sistema mundial experienciam as relações internacionais, e de que forma esta experiência é afetada pelo seu passado colonial. A perspetiva dominante é que o legado colonial e imperial afetou de forma incontornável a forma de pensar o mundo e que o conhecimento e poder ocidental continuam a marginalizar o espaço não-ocidental. Daqui resulta uma hierarquização que privilegia os Estados do ↗centro, que por sua vez adotam práticas que visam a concentração de poder e que constituem um impedimento a uma distribuição mais equitativa dos recursos por todo o globo.

Para além desta dimensão de denúncia, a agenda pós-colonial tem uma forte componente normativa, procurando discernir formas de transformar o mundo e erigir um sistema internacional mais justo e igualitário. Neste processo, os pós-colonialistas privilegiam metodologicamente a análise de discursos. Um importante argumento é que os discursos hegemónicos retratam o espaço pós-colonial como sendo diferente e inferior, facilitando e justificando práticas de dominação por parte do ocidente que surgem sob uma pretensa missão civilizadora. Estes discursos são de tal forma enraizados nos processos políticos e sociais, que passam a ser vistos como dados adquiridos e imutáveis, dificultando a sua transformação e contestação. Ao analisar estes discursos e ao revelar as relações de poder que eles sustentam, os pós-colonialistas ambicionam desconstruir estas perceções normalizadas da divisão de poder internacional para empoderar as periferias, reduzir assimetrias de poder e construir soluções sustentáveis para os grandes problemas internacionais. *[V.A.D.]*

Pós-modernismo

De acordo com a definição oitocentista de Jeremy Bentham, o Direito Internacional ocupar-se-ia das relações entre Estados soberanos. Já as Relações Internacionais seriam o estudo das relações históricas, concretas e contingentes entre Estados. Até finais da Primeira Guerra Mundial, os estudos jurídicos e políticos internacionais fizeram uso de metodologias interpretativistas, desse modo estabelecendo o conteúdo das relações entre Estados soberanos.

O paradigma positivista que, entretanto, se impôs nas Ciências Sociais, e também nas Relações Internacionais, passou a considerar estas áreas do conhecimento como disciplinas científicas, cujos métodos seriam os das Ciências Naturais. De acordo com a nova orientação epistemológica, às Relações Internacionais, como disciplina científica, caberia determinar, através de investigação empírica, as leis universais que governam o comportamento social dos Estados e das suas organizações. Julgou-se então que tais investigações científicas seriam suscetíveis de resolver disputas filosóficas de longa data. Se antes se procurava estudar, com metodologias da História Diplomática, a guerra x ou o tratado y celebrado entre Estados, a partir de então procurou-se investigar as causas de fenómenos universais empiricamente observáveis, como a guerra ou a paz. Esta linha de pensamento acompanhou a maior parte do século XX e contribuiu, por exemplo, para o estudo das instituições internacionais saídas das duas guerras mundiais e as suas políticas.

As teorias realistas/neorrealistas e liberais/neoliberais das Relações Internacionais, durante muito tempo dominantes, beberam desse chão positivista, produzindo específicas formas de pensar e atuar internacionalmente. O impacto do Pós-Modernismo nas Ciências Sociais e, em particular, nas Relações Internacionais tornou-se evidente a partir do final da Segunda Guerra Mundial, mas, sobretudo, a partir da década de 1960, na análise de situações novas, algumas delas nacionais, mas com forte impacto internacional, como a revolta estudantil ligada ao maio de 68 e a Guerra do Vietname.

Os autores pós-modernos trouxeram para o estudo das Relações Internacionais uma nova linguagem e novos métodos, assim como novos temas. Embora não se possa falar de um regresso ao passado oitocentista, o Pós-Modernismo nas Relações Internacionais mostra a resistência a uma unicidade metodológica positivista. A preocupação pelo mundo, característica das Relações Internacionais, embate em diferentes perspetivas sobre o mesmo, o que torna o estudo das Relações Internacionais fragmentado. Essa fragmentação revela-se mais evidente quando não existe um quadro conceptual uniforme. Para os autores pós-modernos, as Relações Internacionais, mais do que um ramo das Ciências Sociais ou uma disciplina, são 'discurso'. Nas palavras de Rengger e Hoffman (1992, p. 127), as Relações Internacionais, de acordo com a nova perspetiva, são "um discurso preocupado com a relação entre poder/conhecimento e as relações sociais e com as tensões entre a busca visando a sobrevivência e a articulação dos valores: ordem *versus* justiça; os interesses do Estado *versus* os interesses da humanidade". Trata-se, assim, de "um discurso preocupado com os limites do particularismo e os limites do universalismo", o qual, acrescentam os mesmos autores, beneficia das preocupações intelectuais dos autores traduzidas nas suas perspetivas críticas.

Ainda assim, é difícil definir o Pós-Modernismo como corrente filosófica e teórica, porque não existe um Pós-Modernismo, mas vários, e nem sempre concordes. Alfonso López Quintás (*in* Guardini, 2000) considerou o teólogo alemão Romano Guardini, resistente ao nazismo, como autor pós-moderno, porque aceitou o melhor da modernidade (os avanços económicos e tecnológicos) e rejeitou o seu pior (a guerra e as injustiças associadas), propondo "um novo tipo de homem [com] um novo sentido da liberdade e da intimidade, uma nova conformação e poder de configuração".

A partir da década de 1960, porém, o Pós-Modernismo assumiu uma feição diferente, com o seu ideário pós-estruturalista: ao mesmo tempo que pôs em causa os métodos positivistas, procurou desconstruir os princípios estruturantes da compreensão do mundo, nomeadamente o papel dos Estados na definição da política internacional. Tipicamente, o Pós-Modernismo nas Relações Internacionais procurou expor a conexão íntima entre questões de conhecimento e questões de poder político e autoridade, privilegiando tópicos de debate até aí não estudados ou deliberadamente ignorados. Entendeu que o Estado soberano, enquanto elemento primário de subjetividade nas Relações Internacionais, deveria ser examinado cuidadosamente, de modo a evidenciar as suas práticas de inclusão e exclusão. Além do mais, numa descrição mais abrangente da política mundial contemporânea, passou a incluir a análise dos atores e movimentos transversais que operavam no exterior e através das fronteiras estatais. Em adição, o Pós-Modernismo repensou o conceito do político sem invocar assunções de soberania e reterritorialização. Ao desafiar a ideia de que o caráter e a localização do político são determinados pelo Estado de raízes modernas ou coincidem com ele, o Pós-Modernismo procura alargar a imaginação política e o leque de possibilidades políticas de transformação das Relações Internacionais.

O ponto central desta perspetiva é a crítica à soberania do Estado. Exigências transversais de justiça têm sido feitas, quer acima quer abaixo do nível do Estado, e em desafio direto à sua capacidade de as acomodar. Confinar as éticas às fronteiras espaciais do Estado soberano seria subjugar a pluralidade de vozes ao desejo de ordem e unidade. Isto implica repensar as noções de subjetividade e de identidade e o conceito do político para além do paradigma da soberania. De modo mais positivo, o Pós-Modernismo nas Relações Internacionais significa a afirmação da desterritorialização da responsabilidade e a pluralização de possibilidades políticas para além do Estado, embora incluindo-o. *[J.R.C.]*

Pós-nacionalismo

Conceito que surge a partir da década de 1980, vaticinando o fim do Estado-nação, enquanto comunidade política identitária e soberana estabelecida na sequência das revoluções liberais de finais do século XVIII e primeiro quartel do século XIX. O pós-nacionalismo surge assim como crítica ao conceito de nação enquanto reunião de pessoas num determinado território pertencente a um grupo étnico que partilha uma língua e uma cultura comuns. Historicamente as raízes do termo recuam ao período do pós-guerra e da separação do Estado alemão, tendo sido especialmente enfatizado pelo filósofo Jünger Habermas num artigo intitulado *Historical Consciousness and Post-Traditional Identity: The Federal Republic's Orientation to the West* (1988), através do qual intenta romper com o passado racial nazi. Neste texto, Habermas analisa as condições de rutura com a história e o Estado-nação (patriotismo cultural), defendendo que as formas de organização política hodiernas se encontram conetadas com a ideia de cidadania comum, experimentada por sujeitos etnicamente neutros e desnacionalizados, garantidas pelo Estado de Direito e a democracia transnacional. Reconhece assim o Estado como resultado de um processo de construção eminentemente político e constitucional, sem fundamentos culturais identitários.

Em 1988, Habermas não estava a teorizar "a respeito da transformação do Estado sob a pressão globalizante, mas sim tomando uma posição no debate dos historiadores em face do que ele entendeu como esforços para historicizar e, desse modo, normalizar o Holocausto; então podemos inferir que ele estava motivado por um desejo de remover a identidade alemã ocidental de sua tradição cultural, que a conecta tanto à não-democrática RDA quanto aos elementos perturbadores do passado alemão" (Resina, 2004:175). A proposta do autor é a da criação de uma identidade pós-nacional sustentada no Estado de Direito e na universalização da democracia, que, desde então, tem feito escola. *[J.G.F.]*

Pós-verdade

Em 2016, a "pós-verdade" foi eleita a palavra do ano pelo dicionário de Oxford. A pós-verdade é um adjetivo "que se relaciona ou denota circunstâncias nas quais factos objetivos têm menos influência em moldar a opinião pública do que apelos à emoção e crenças pessoais" (*Oxford Dictionaries*, 2016). Numa tentativa de explicitar melhor o conceito, importa sublinhar que o composto do prefixo *pós* não se refere apenas ao tempo seguinte a alguma situação ou evento, como por exemplo acontece na palavra pós-guerra. Aqui, o prefixo não significa após, mas sim o período histórico em que o conceito de verdade deixou de ter a relevância que tinha anteriormente. Isto significa que o atual momento de disseminação da pós-verdade se refere ao tempo histórico do século XXI, em que a verdade já não tem a importância que teve outrora. Tendo em conta esta definição, podemos afirmar que o mundo de pós-verdade onde vivemos atualmente é um mundo em que existe uma tendência geral, que se acelerou com a expansão e difusão das redes digitais sociais, em que as crenças pessoais, a fé e a vontade de acreditar e de pertencer a algo parecem ser mais importantes do que os factos científicos e do que a própria verdade factual. *[P.E.M.]*

Positivismo (Filosofia)

Doutrina filosófica impulsionada pelos progressos científicos que enformou a cultura ocidental ao longo da segunda metade do século XIX, tendo em vista a superação da interpretação teológica do mundo. Frente às especulações e apriorismo da filosofia romântica, reivindica a validade das ciências e importância do experimentalismo, pois independentemente do objeto de estudo considera a experiência como o campo de verificação de toda e qualquer hipótese. O seu fundador foi Auguste Comte (*Curso de filosofia positiva*, 1830-1842) que atribuía à ciência um espírito filosófico e à filosofia um espírito científico, mas acabou por submeter a filosofia à ciência, aplicando princípios científicos fora dos seus limites. Estudando o desenvolvimento do espírito humano, formulou a lei dos três estados: teológico, metafísico e positivo; depois das fases de explicação da realidade por meio de entidades supranaturais e abstratas, o estádio positivo, etapa final assente no raciocínio e na observação, aspira à determinação de leis invariáveis com vista ao estabelecimento de relações constantes entre os fenómenos. Comte advogou ainda a religião positiva, o culto ao Grande Ser como personificação da Humanidade.

Houve diferentes escolas positivistas (francesa, inglesa, alemã, italiana, etc.), todas com pendor determinista. Assim, a ciência é entendida como a revelação da verdade, realização progressiva do progresso e da perfeição, até instauradora de uma nova ordem social – messianismo científico. O cientificismo positivista dominou numerosas áreas do saber, da Biologia à Medicina, da História à Literatura, da Antropologia à Psiquiatria, da Arte à Sociologia, da Economia ao Direito, da Ética à Política. *[C.M.P.]*

Positivismo/Pós-positivismo (explicação *vs* compreensão)

A célebre dicotomia entre a explicação e a compreensão de que nos falam Smith e Hollis (1991), também serve ao debate positivismo/pós-positivismo. Em termos sintéticos, importa explicitar que o positivismo em Relações Internacionais está ligado às abordagens que defendem o método científico baseado nos modelos cumulativos e refutáveis da investigação científica da explicação do mundo existente (logicismo e naturalismo), na distinção entre valores e factos (objetivismo) e na importância da observação (empiricismo).

A dissidência crítica e o terceiro e quarto grande(s) debate(s) retomam a discussão eterna entre abordagens mais positivistas – explicativas e inferenciais do tipo: *se verificada a variável (fator/condição) Y, o resultado será X* – e abordagens pós-positivistas ligadas à crítica da visão sobre a possibilidade de em Ciências Sociais e Humanas se utilizar o mesmo tipo de inferências explicativas causais que usualmente se utilizam nas Ciências Naturais. As abordagens críticas do positivismo sublinham que, sobretudo nas Humanidades, mas também em muitas outras áreas, a produção de conhecimento é, essencialmente, compreensiva, qualitativa e reflexiva dos interesses dos investigadores e dos seus contextos e ambientes ideacionais. *[P.E.M.]*

Posto consular

Designação abrangente de qualquer serviço consular, incluindo, portanto, as diversas figuras tipificadas na matéria: o consulado-geral, o consulado, o vice-consulado ou a agência consular. São consideradas instalações consulares os edifícios, parte dos edifícios e terrenos anexos que, qualquer que seja o seu proprietário, sejam utilizados exclusivamente para as finalidades do posto consular. *[R.M.]*

Potência

Estado que define as regras da política internacional ou mundial, dispondo dos recursos necessários para defender tais regras. As potências podem ser definidas a partir da dimensão dos seus recursos ou tendo em atenção o papel estruturador que assume em relação aos outros Estados. Existem vários tipos de potências: a superpotência, a potência hegemónica, a grande potência a potência média e a potência regional – sem esquecermos que a maior parte dos Estados, enquanto pequenos Estados ou Estados minúsculos, estão fora do conceito de potência (Esther Barbé, Carsten Holbraad e Paul Kennedy).

A *superpotência* é assim designada devido ao seu poder de dissuasão militar e nuclear, que constitui a base da sua influência mundial e se traduz pela criação de vastas zonas de influência ou autoridade política (e.g. EUA e União Soviética durante a vigência do sistema bipolar).

A *potência hegemónica* é o Estado com capacidade para determinar ou influenciar fortemente o sistema internacional aos mais diversos níveis – político, militar, económico, tecnológico, etc. (e.g. EUA, após o afundamento da União Soviética após 1991).

Uma *grande potência* é um Estado com interesses e presença mundial, como a China, França e Grã-Bretanha, influentes sob o ponto de vista político e militar – armas nucleares, forças convencionais significativas, membros permanentes do Conselho de Segurança da ONU – ou ainda importantes economicamente, como a Alemanha ou o Japão. O conceito de grande potência, nos séculos XVIII e XIX, definia os Estados mais poderosos que detinham o poder de coerção e definiam as regras do jogo político-militar ou diplomático.

As *potências médias* são os Estados que dispõem de importantes recursos – territórios vastos, população numerosa, economia dinâmica, etc. – e que, pela sua diplomacia e influência, podem vir a converter-se em grandes potências, como o Brasil, Canadá, Espanha, Índia e Itália.

Finalmente, a *potência regional* é o Estado que, pela sua dimensão económica demográfica ou militar, desempenha o papel de grande potência num determinado âmbito geográfico – Brasil e México na América Latina; Índia e Paquistão na Ásia do Sul; Irão e Egito no Próximo e Médio Oriente; Marrocos e Argélia na África do Norte. *[P.A.]*

Potencial estratégico

De acordo com Abel Cabral Couto, o potencial estratégico, pode ser "o conjunto de forças de qualquer natureza, morais e materiais, que um Estado pode utilizar em apoio da sua Estratégia".

Este conjunto de forças pode ser classificado quanto à sua *natureza* em materiais ou tangíveis e morais ou intangíveis; quanto à *situação*, em imediatamente disponíveis e latentes. As latentes podem, por seu lado, ser divididas em: disponíveis depois de ativação; depois de conversão; depois de desenvolvimento ou exploração; hipoteticamente disponíveis. O *potencial teórico* é o conjunto de forças imediatamente disponíveis e das latentes; e o *potencial efetivo* a parte das forças disponíveis que são empregues com fins estratégicos. A relação entre estes dois potenciais define o *coeficiente de mobilização*, que depende de três fatores: tempo, capacidade e vontade.

A determinação do potencial estratégico resulta do estudo interpretativo dos diversos fatores que o constituem, alguns de caráter subjetivo e moral, por isso nem sempre de fácil avaliação. Os referidos fatores geopolíticos/geoestratégicos podem ser, segundo Carlos Manuel Mendes Dias, "um conjunto de agentes, elementos, condições ou causas de natureza geográfica, suscetíveis de serem operados no levantamento de hipóteses para a construção de modelos dinâmicos de interpretação da realidade, enquanto perspetivação consistente de apoio à Política e à Estratégia".

Não existe unanimidade entre os diversos autores e escolas, quer relativamente aos fatores a considerar, quer relativamente aos modelos. Em Portugal, o Instituto de Altos Estudos Militares (IAEM/IUM) considera como fundamentais os seguintes fatores: de ordem geográfica (meio físico, população, recursos naturais e comunicações); de ordem histórica (fator histórico); de ordem estrutural (fator económico, fator sociocultural, fator científico-tecnológico, fator político-administrativo, fator militar). As conclusões gerais incluem normalmente os fatores de coesão e dissociação, os núcleos de potencial estratégico, as principais potencialidades e vulnerabilidades, as potencialidades a explorar e as vulnerabilidades a corrigir.

Apesar da dificuldade da elaboração de um estudo do potencial estratégico de um país ou de uma região, dada a multiplicidade dos elementos a analisar, da sua multidisciplinaridade e da dificuldade em objetivar as conclusões, tal não invalida a sua importância para o processo de planeamento de ação política/estratégica, pois é importante a análise efetuada sobre as potencialidades e vulnerabilidades exploráveis pelo inimigo ou adversário. *[J.A.E.]*

Povo

Num determinado contexto ideológico, a palavra Povo foi associada à identificação de um grupo ou classe à qual estavam atribuídas as funções de produzir os bens materiais necessários à subsistência da comunidade. Era, na lógica marxista, o grupo dos explorados, aquele a quem Romain Delaune se referiu, em 1881, como a "massa dos homens que, trabalhando com as suas mãos, produzem os seus alimentos", os "homens eternamente sacrificados".

Num contexto distinto, povo significa o conjunto de indivíduos ligados entre si pelo vínculo jurídico da nacionalidade, vínculo esse que é atribuído, garantido e mantido por um Estado. Nesta última aceção, o povo é, de acordo com Jorge Miranda, a "coletividade estadual", sujeita "a uma organização, a um Direito, que não procede de fora e que se torna a fonte objetiva da sua unidade". Ainda na perspetiva de Jorge Miranda, não podemos falar de povo "sem organização política", uma vez que ele "só existe através do Estado".

Ora, nestes termos, como refere Claude Labrosse, "o termo Povo aplica-se a uma realidade, a um dado concreto", uma realidade política e uma realidade jurídica. Ao Povo, enquanto elemento constituinte do Estado, encontra-se associado um território no qual o Estado, em nome do Povo, exerce o seu poder. Constituindo, no dizer de Hans Kelsen, uma unidade jurídica, esse Povo politicamente organizado define objetivos, traça caminhos, protege-se, valoriza-se e constrói de forma permanente um futuro em comum.

Ligado ao conceito de Povo surge em muitas circunstâncias o conceito de ↗Nação. Povo teria desse modo o mesmo significado atribuído a Nação, mas as expressões podem não traduzir a mesma realidade. Isto porque a palavra Nação convoca antes de mais uma dimensão cultural, histórica, linguística, até espiritual; já a palavra Povo tem um alcance jurídico, se preferirmos jurídico-político na aceção mais predominante. Pode dar-se efetivamente o caso de Nação e Povo coincidirem (recordemos ainda hoje Portugal), mas o inverso não deixa de ser comum. Vejamos a situação de Espanha e, recuando no tempo, a situação que conduziu um certo conjunto de pessoas, nas antigas colónias britânicas na América, muitas das quais com passados, origens e nações não coincidentes que, por circunstancialismos próprios decidiram assumir um presente e um futuro em comum. Esse conjunto de pessoas, mais tarde constituído em Povo pode, pela ação continuada do Estado (independentemente da forma que este adota), caminhar para se constituir em Nação, mas esta ainda não existia quando aquele se formou. Devemos, pois, distinguir os conceitos, compreendendo que no mesmo Povo podem coexistir várias Nações. *[M.M.]*

Povos indígenas

Também designados de povos aborígenes ou nativos, não está estabelecida no sistema internacional uma definição legal que os distinga de outros tipos de povos. Não obstante a existência de vários documentos internacionais que visam proteger os seus direitos, entre os que se destaca a Declaração da ONU sobre os Direitos dos Povos Indígenas (Resolução da AG 61/295, de 2007), a identificação de povos indígenas torna-se, então, em grande medida, uma questão de negociação e reconhecimento, caso a caso, no interior dos Estados e nas organizações internacionais. Saber se esta indeterminação jurídica favorece ou prejudica os povos indígenas é matéria de debate teórico.

As definições teóricas e operacionais, genericamente, remetem para o encontro colonial e para a situação de subordinação e opressão que daí resultou e que se estende até aos dias de hoje. Uma atenção especial é dada à relação cultural estreita e ancestral destes povos com a natureza e a terra, bem como à preservação de modos de vida não modernos. O direito aos seus territórios ancestrais e a proteção ambiental são por isso questões cruciais para estes povos, tanto mais que muitos desses territórios abrigam recursos cobiçados, sendo este facto um frequente motivo de conflitos.

A Declaração de 2007 reconhece-lhes direito de autodeterminação, mas apenas em termos de autonomia ou autogoverno e não como independência política sob a forma de Estado. Ainda assim, organizações indígenas têm vindo a reivindicar reconhecimento e participação em organizações transnacionais e internacionais, pretendendo exercer influência em assuntos de política regional e global, sobretudo em matérias de desenvolvimento e proteção ambiental. *[M.J.B.]*

Pragmatismo (Sociologia pragmática)

A Sociologia pragmática, ou Sociologia das provas, consolida-se na década de 1980, em França, surgindo devedora das reflexões operadas num debate multidisciplinar que repensa o agir epistemológico do cientista social na sua *praxis* de descodificação da realidade (em particular desde as abordagens de Latour e Callon). Essa discussão ecoa de forma determinante num coletivo de sociólogos (com Boltanski e Thévenot como figuras de proa), que reexaminam os contributos das sociologias interpretativas nos trabalhos de natureza empírica. Desse exercício meta-metodológico resulta um protocolo sociológico que assenta numa vigilância permanente dos processos de tradução usados pelos cientistas sociais.

O agir pragmático requer um compromisso do investigador para com o registo escrupuloso das démarches empíricas realizadas, operando como caixa negra epistémica que permita manter arquivados e reler todos os procedimentos efetuados. Esta atitude viabiliza o equacionar dos dados como instrumentos analíticos em aberto, conceção que brota da premissa de que existe uma forte indeterminação na ação humana e que esta carece de ser monitorizada recorrendo a provas que testem as regras gerais e os entendimentos aprioristicamente cristalizados. Os fenómenos devem, por isso, ser encarados desde um método retrospetivo, onde não interessa atender aos factos consumados, mas perceber como se foram moldando no transcurso do tempo, por via de um escrutínio das heranças construídas, num diálogo operado entre o trânsito das lógicas micro/macro. Esta leitura dinâmica da sociedade, que inclui uma reflexividade da atividade científica, recapacitou um novo olhar nos estudos empíricos sobre as relações de poder, onde o investigador, desde uma postura de simetria para com as relações confrontacionais, com um compromisso neutro, deve desafiar os quadros formais expectáveis e ensaiar uma possibilidade de pluralidades da ação, se verificadas novas provas e contradições. *[B.C.R. / N.A.J.]*

Preempção (ataque preemptivo)

Tática militar desenvolvida e utilizada pela administração de George W. Bush no início do século XXI, no combate ao terrorismo. Consiste no conceito de ataque antecipado (preemptivo) para aniquilar uma ameaça à segurança nacional iminente, pondo assim fim aos planos e estratégias planeadas pelo inimigo antes da sua concretização. Foi utilizado como motivo para a ocupação do Iraque, recorrendo ao argumento de que protegia a segurança nacional (norte-americana) de um potencial ataque iraquiano utilizando armas de destruição maciça. *[J.J.R.]*

Presidencialismo

O termo presidencialismo identifica o sistema de governo em que o chefe do governo, ou do único órgão executivo constitucional, para seguirmos a expressão de Jorge

Miranda, é o Presidente. Este é, em simultâneo, o Chefe de Estado e o Chefe do Governo e tanto pode ser eleito de forma direta (como no Brasil), como a sua escolha ser feita por um colégio eleitoral especificamente constituído para o efeito (situação dos EUA). Assumindo um papel preponderante na vida política do seu Estado, o Presidente tanto pode concentrar, formal ou realmente, a maioria dos poderes políticos, como, pelo contrário, estar sujeito a um quadro constitucional que, de facto, evita a concentração de poderes. É o caso dos EUA, em que se verifica, como assinala Ricardo Leite Pinto, uma "separação absoluta ou rígida de poderes", separação essa que revela uma estrutura de governo em que os "freios e contrapesos (*checks* and *balances*)" garantem uma correta articulação entre os diversos órgãos constitucionais. Esta correta articulação, visando evitar o poder absoluto seja de quem for, foi desde início realçada e exaltada, sendo disso testemunho os textos contidos em *O Federalista*, em que Hamilton, Madison e John Jay (em particular os dois primeiros) procuraram definir com exatidão os ensinamentos anteriormente apresentados por Montesquieu. *[M.M.]*

Presidente da República

Num Estado que, nos termos da sua Constituição, é uma república, o termo Presidente da República (termo que pode variar, e.g. Presidente da Federação ou, como nos Estados Unidos da América, Presidente dos Estados Unidos) reenvia às funções do chefe do Estado. De um modo geral, e para além das suas funções de representação do Estado, o Presidente da República dispõe de uma série de poderes relacionados de forma transversal com as demais instituições políticas previstas na Constituição de uma república. Por exemplo, o poder de nomeação do primeiro-ministro (como em Portugal); o poder de dissolução do Parlamento (também no caso português); ou o poder de nomeação dos juízes do Supremo Tribunal (como nos EUA). Para além disso, é geralmente o Comandante Supremo das Forças Armadas.

De um modo geral, o Presidente da República é eleito, quer por sufrágio universal e direto, quer por sufrágio indireto (e.g. por um colégio eleitoral). Em muitos Estados, como é o caso de França, de forma paradigmática, a prática alterou o rigor dos limites previstos na Constituição para as funções do Presidente da República, que assume funções próprias do poder executivo, nomeadamente a chefia efetiva do governo ou a iniciativa de propor leis. *[J.C.C.]*

Primado do Direito Internacional sobre o Direito Interno

A afirmação do primado ou primazia do Direito Internacional sobre o Direito Interno dos Estados é hoje em dia relativamente pacífica, não obstante ter sofrido importantes resistências de algumas tendências do positivismo voluntarista (que, ao insistir na vontade do Estado como sendo a única legítima, tende a recusar a sujeição destes à ordem internacional). O princípio foi afirmado pela jurisprudência internacional logo na primeira decisão do Tribunal Permanente de Justiça Internacional, em 1923, no caso *Wimbledon*, sendo posteriormente reafirmado em diversas decisões. Muito embora podendo admitir variações, o princípio conhece hoje em dia um acolhimento generalizado. *[R.M.]*

Primeiro-Ministro

É o Chefe de Governo em regimes em que o cargo é diferenciado do de Chefe de Estado (Presidente ou Monarca), embora as funções do Primeiro-ministro variem segundo o sistema de Governo, que, na ótica de Maurice Duverger, é definido pela Constituição em vigor. O Primeiro-Ministro, indicado formalmente pelo Chefe de Estado, é normalmente o líder de um partido político ou da coligação de partidos políticos que têm o apoio da maioria do Parlamento. Tem como principais responsabilidades elaborar o programa do Governo, recrutar e designar o pessoal ministerial (ele próprio pode deter uma ou mais pastas em acumulação) e coordenar a atividade do executivo, tanto em matéria de política interna como externa.

O termo Primeiro-Ministro enfatiza a sua primazia em relação aos outros ministros do seu gabinete (primeiro entre iguais) mas é relativamente recente. Este título foi pela primeira vez conferido ao Cardeal Richelieu, em França, no século XVII, mas foi na Grã-Bretanha, na centúria seguinte, que ficaram consagradas as principais atribuições do cargo. Em Portugal, o conceito só surgiu no período democrático oficializado pela Constituição de 1976, pois anteriormente o cargo denominou-se Presidente do Conselho (na Monarquia Constitucional após 1834 e no Estado Novo) e Presidente do Ministério (Primeira República).

As designações para Chefe do Governo foram variando ao longo do tempo e em função dos países, sobretudo a partir de Oitocentos, e embora a designação Primeiro-ministro tenha assumido alguma preponderância no século XX, atualmente há Estados que mantêm diferentes denominações para o seu Chefe de Governo (Chanceler, Presidente do Governo, Ministro de Estado, etc.). Nos sistemas semipresidencialistas, há uma grande diversidade na divisão dos poderes entre o Chefe de Estado e o Chefe do Governo. *[C.M.P.]*

Primeiro Mundo

Conceito integrante da chamada Teoria dos Mundos, desenvolvida durante a ↗Guerra Fria, e parte do conceito estratégico ocidental, corporizado, paradigmaticamente, pela ↗Organização do Tratado do Atlântico Norte (OTAN), refere-se aos países capitalistas e aliados dos Estados Unidos. Designa também o grupo de Estados-nação que possuem economias industrializadas desenvolvidas com base na produção capitalista. Segundo esta teoria, o Primeiro Mundo opõe-se ao ↗Segundo Mundo, integrado pela União Soviética e os seus aliados, defensores do ↗socialismo. Já o ↗Terceiro Mundo é composto pelos Países Não Alinhados, defensores do neutralismo em matéria de Relações Internacionais. São países do Primeiro Mundo os países da Europa Ocidental, da América do Norte, assim como a Grécia, Turquia, Japão, Coreia do Sul, Formosa, Austrália e Nova Zelândia.

Não confundir com a definição maoísta de Primeiro Mundo (cf. Teoria dos Três Mundos, de Mao Tsé-Tung), que se refere às superpotências (Estados Unidos e União Soviética). De acordo com esta teoria, o Segundo Mundo é constituído pelos aliados das superpotências e o Terceiro Mundo pelas nações do Movimento dos Países Não Alinhados. *[J.R.C.]*

Princípio da Atribuição

↗Princípio da especialidade das Organizações Internacionais.

Princípio das competências implícitas das Organizações Internacionais

Princípio segundo o qual as ↗organizações internacionais dispõem implicitamente das competências necessárias à realização dos fins para que foram criadas, pelo que, não estando explicitamente prevista a competência para a prática de determinados atos, deve considerar-se, no entanto, a mesma como admitida, desde que se mostre ser necessária para o prosseguimento dos objetivos estabelecidos pelas partes. *[R.M.]*

Princípio da especialidade das Organizações Internacionais

Princípio segundo o qual a atividade das organizações internacionais está limitada (enquadrada) aos fins para que foram criadas. Na verdade, as organizações internacionais são entidades coletivas que os Estados criam por forma a institucionalizarem quadros de negociação permanente em determinadas áreas de atividade, às quais é normalmente concedida a possibilidade de adotarem atos jurídicos unilaterais. Estas não podem, por isso, agir fora do quadro de competências que lhe foram atribuídas e principalmente exorbitarem dos fins para que foram criadas, na medida em que isso implicaria uma afetação dos interesses das partes, ou seja dos Estados que as criaram, ao ser contrariada a vontade instituidora. O mesmo raciocínio que fundamenta o princípio da especialidade vai fundamentar uma variante positiva, que é o ↗princípio das competências implícitas. No regime europeu atual, este princípio é designado como princípio da atribuição (artigo 4.º/1, 5.º/1 e 2 TUE). *[R.M.]*

Princípio maioritário

A aplicabilidade do princípio maioritário está diretamente associada à conceptualização, definição e análise dos processos e sistemas eleitorais, bem como dos respetivos apuramentos eleitorais. O princípio maioritário entronca com a perspetiva de democracia das sociedades contemporâneas; no entanto, para a sua maior afirmação, carece de um devido enquadramento na teoria do direito constitucional.

De um modo global, o princípio maioritário pressupõe a representação da vontade expressa da maioria do eleitorado num modelo de consolidação da soberania popular, identificação do interesse geral da população e efetivação dos instrumentos de ação do poder político, através de mecanismos de legitimação formais e informais decorrentes da vertente normativa e da *praxis* política.

O debate central em torno do conceito prende-se sobre a sua natureza dupla: como um requisito absoluto da democracia ou como um mecanismo de representação da vontade popular, sendo que no primeiro caso o princípio maioritário assenta no princípio da soberania, o que produziria uma aceitação cabal de todo o processo de decisões adjacente. Por sua vez, enquanto mecanismo de representação da vontade popular, o princípio maioritário caracteriza-se por uma vertente instrumental, de aplicabilidade de um determinado programa ou medidas políticas, estando sujeito a princípios e regras mais latas, estipuladas na ordem jurídica do Estado.

Do ponto de vista da orgânica político-eleitoral, o princípio maioritário aplicado à análise dos resultados eleitorais permite obter maiorias relativas ou maiorias absolutas, ambas representativas das opções do eleitorado, permitindo modelos de governação de acordo com o sistema político vigente. *[B.F.C.]*

Princípio da relatividade dos tratados

Princípio segundo o qual uma convenção apenas produz efeitos relativos (e não absolutos ou gerais), ou seja, os efeitos esgotam-se dentro da esfera jurídica das partes. São correntemente admitidas exceções com e sem o consentimento dos terceiros. O consentimento dos terceiros (em relação aos quais a convenção produza efeitos) constitui a regra básica, sendo que esse consentimento tem de ser expresso quando se trate de obrigações. Admite-se a produção de efeitos em relação a terceiros sem o consentimento destes por surgimento de um costume, por criação de situações objetivas, por criação de entidades cuja existência é oponível a terceiros e ainda por emanação de normas com vocação universal. *[R.M.]*

Princípios gerais de Direito

Como é frequentemente salientado pela doutrina jurídica, o sentido do conceito não é preciso, sendo distinguíveis no âmbito do Direito Internacional, pelo menos, cinco das seguintes utilizações. Assim, são entendidos quer como o conjunto de regras de direito que regulam as relações internacionais (ou seja, todo o Direito Internacional), quer como regra fundamental de Direito Internacional sem acolhimento convencional ou consuetudinário, quer ainda como qualificação específica de uma regra de Direito Internacional (sublinhando-se assim a sua generalidade e importância), ou ainda como o conjunto dos princípios jurídicos e políticos que regulam as relações internacionais (como seja o da coexistência pacífica, da não ingerência, etc.), e finalmente, como o conjunto dos princípios comuns aos grandes sistemas de direito contemporâneo e aplicáveis à ordem internacional.

Esta última parece ser a aceção mais relevante na atualidade (nomeadamente, na perceção dos princípios enquanto fonte de Direito Internacional). Assim, os princípios a aplicar pelo juiz internacional seriam os identificáveis por este no Direito Interno dos grandes sistemas de direito contemporâneo e que simultaneamente pudessem ser transpostos para o plano internacional (ou seja, que as diferentes características deste meio não tornem deslocada ou inapropriada a sua aplicação). Através deste procedimento, procurou-se evitar a tentação legislativa do juiz internacional que, face à exiguidade das regras internacionais, poderia sentir-se atraído pela possibilidade de enunciar segundo o seu prudente arbítrio os princípios gerais aplicáveis à situação. Neste regime, o juiz internacional deve, portanto, verificar primeiramente a existência do princípio no plano interno (*in foro domestico*), o seu acolhimento (*opinio iuris*) nos grandes sistemas, e finalmente, a sua transponibilidade.

Impõe-se uma referência à noção de princípio geral de direito propriamente dito. Entende-se serem os princípios gerais as proposições primeiras, descortinadas por indução das regras particulares, ou seja, disposições com um nível de abrangência superior ao das normas (ao contrário destas, os princípios não partem de uma hipótese ou previsão de enquadramento da sua aplicação) e que devem descortinar-se ou verificar-se através da observação dos regimes jurídicos, dos quais os princípios ressaltam a título de estruturas ordenadoras essenciais.

Os princípios gerais vêm sendo aplicados regularmente pelas instâncias internacionais. *[R.M.]*

Privilégios e imunidades diplomáticos

Os privilégios e imunidades diplomáticos referem-se à missão diplomática e aos membros da missão diplomática. Quanto à missão diplomática, esses privilégios consistem desde logo na obrigação de o Estado acreditador facilitar a aquisição dos locais necessários, na possibilidade do uso da bandeira e do escudo na missão e meios de transporte, na inviolabilidade dos locais da missão e dos seus arquivos e documentos, na isenção fiscal geral, na obrigação do Estado acreditador de conceder todas as facilidades para o desempenho das funções da missão e ainda na garantia da liberdade das comunicações oficiais.

Quanto aos membros da missão diplomática, estes beneficiam em regra da liberdade de circulação e trânsito em todo o território do Estado acreditador e da isenção de taxas de segurança social. Os agentes diplomáticos beneficiam ainda de isenção fiscal, aduaneira, de taxas sociais e de qualquer prestação pessoal ou de serviço público, de inviolabilidade pessoal e da sua residência, documentos e correspondência, inviolabilidade da bagagem pessoal e imunidade jurisdicional. Além disso, os agentes diplomáticos beneficiam da inviolabilidade em território de Estados terceiros aquando da passagem por estes a fim de assumir ou reassumir o seu posto ou regressar ao seu país. Estes benefícios são extensíveis às respetivas famílias.

Dada a importância destas imunidades e privilégios, a nomeação, chegada, partida ou termo de funções de qualquer pessoa que beneficie de privilégios diplomáticos tem de ser notificada pelo Estado acreditante ao Estado acreditador. Em caso de deflagração de conflito armado, o Estado acreditador deve conceder todas as facilidades às pessoas que beneficiam de privilégios e imunidades e que não sejam seus nacionais para que possam abandonar o território, colocando à sua disposição os meios de transporte necessários. Em caso de rutura das relações diplomáticas, mantém-se a obrigação de proteção dos locais da missão e o Estado acreditante pode confiar a guarda dos mesmos e/ou a proteção dos seus interesses a um terceiro Estado aceite pelo Estado acreditador. Os privilégios e imunidades não afastam, todavia, a obrigação de respeito pelas leis e regulamentos do Estado acreditador e de não se imiscuírem nos seus assuntos internos. *[R.M.]*

Problemática agência-estrutura (nas Relações Internacionais)

Um dos mais interessantes, e menos acessíveis, debates nas Ciências Sociais nos últimos anos prende-se com a relação entre a estrutura e a agência (A-E). De uma forma simples, podemos dizer que este debate se desenvolve em torno de se saber em que medida os agentes são moldados, constrangidos e determinados pelas estruturas, ou vice-versa. O problema A-E diz respeito à relação entre agentes (atores) que produzem ações e o contexto ambiental (estruturas) no qual as suas ações têm lugar.

Na disciplina das Relações Internacionais (RI) este debate ganhou importância com a ascensão do construtivismo social e a publicação de trabalhos importantes sobre o tema por parte de autores construtivistas. A problemática A-E permitiu às RI em geral e à Análise da Política Externa (APE) em particular aprofundar as questões ontológicas e epistemológicas sobre como explicar melhor os processos de inferência compreensiva ou causal nas relações internacionais e na política externa. Ou seja, contribuiu decisivamente para a discussão sobre como podemos saber quais são os principais elementos constitutivos do mundo e quais as melhores formas de os compreendermos e estudarmos.

A principal e perene questão do debate A-E resulta da tentativa de explicação dos processos de determinação da causalidade na relação estrutura-ator. Esta primeira questão levanta uma segunda questão relativa à liberdade e/ou subordinação da ação do ator relativamente à estrutura. Assim, podemos dizer que a principal preocupação deste debate será a de responder à seguinte pergunta: Qual é o fator dominante, o determinismo da estrutura ou a livre vontade da agência?

Na esteira de Giddens (1984), podemos dizer que a resposta, dada de uma forma simples, é a de que cada um dos fatores influencia o outro. Em síntese, o que o sociólogo britânico diz, seguido e desenvolvido pelo construtivismo de Onuf (1989), é que estrutura e agentes de uma forma ativa e contínua se constituem e modificam mutuamente. Assim, embora com abordagens relativamente diversas, ambos rejeitam quer o puro individualismo ontológico, quer o puro estruturalismo ontológico. Com efeito, parece claro que os processos de causalidade em RI envolvem sempre uma dialética entre os fenómenos da agência e da estrutura. Existe um contínuo processo de interação entre agentes e estruturas que ajuda à sua constituição mútua. Isto significa que a agência e liberdade dos atores é, ao mesmo tempo, livre e constrangida pela situação. Assim, os comportamentos e ações dos decisores são sempre reflexo da situação, bem como reativos à situação.

Convém, contudo, referir que existe uma precedência temporal da estrutura face à agência. Deste modo, inicialmente os indivíduos nascem num contexto social que não ajudaram a construir. Isto significa que não podemos ignorar a circunstância da precedência temporal da estrutura relativamente ao indivíduo. Neste quadro, então, qual a conclusão possível? Na realidade, torna-se difícil chegar a conclusões definitivas sobre os limites da liberdade de escolha do ator, da sua capacidade de impacto na estrutura, ou da imposição da estrutura à vontade do ator. Todavia, tendo em conta os contributos teóricos da Ciência Política, e em particular da APE, podemos avançar com três proposições gerais.

Primeiro, todo o líder e decisor de política externa quando chega ao poder não parte do zero, de uma tábua rasa, mas antes da continuidade da política externa que está no terreno e que lhe coloca naturais pressões e constrangimentos. Segundo, o grau de liberdade e influência do decisor para definir e implementar mudanças é covariável com a sua capacidade de empreendedorismo político. E aqui surge a relevância da ↗liderança política. Ou seja, a diferença que os chamados *grandes líderes* com inovadoras visões do mundo e forte capacidade empreendedora podem fazer na política internacional. Terceiro, apesar destes dois fatores – continuidade estrutural e processual da política externa e capacidade de liderança política –, existe um fator decisivo e inelutável que é o da imprevisibilidade dos acontecimentos, que faz com que numa determinada situação um grande líder fracasse e um pequeno líder tenha sucesso (Mendes, 2016b). *[P.E.M.]*

Problemática metateórica (em Relações Internacionais)

Num esforço de síntese, podemos dizer que a problemática metateórica em Relações Internacionais é relativa à discussão dos pressupostos ontológicos, epistemológicos e metodológicos que implicam a validação da produção do conhecimento e progressos científicos da disciplina. Esta discussão pode resumir-se em três questões fundamentais. A primeira, de caráter ontológico, é: de que é composto o mundo e qual a natureza dos seus objetos? A segunda, de caráter epistemológico, é: o que é que conhecemos deste mundo e quais as melhores formas para o podermos conhecer? A terceira, de caráter metodológico, é: como podemos obter este conhecimento? (Mendes, 2012).

Nas discussões meta-teóricas, colocam-se questões relativas a saber se o mundo é sempre uma interpretação intersubjetiva, ou não; se são mais importantes os fatores materiais ou ideacionais; qual a relações entre as estruturas e a agência na construção do mundo; qual a melhor forma de produzir conhecimento em Relações Internacionais, nomeadamente a relação dicotómica, ou não, entre a explicação e a compreensão, bem como qual a relação entre as teorias dominantes (empírico-explicativas) e teorias críticas (normativo-constitutivas), etc. (↗Grandes Debates Teóricos nas Relações Internacionais; ↗Positivismo/Pós-Positivismo). *[P.E.M.]*

Processo de Cooperação do Danúbio

O Processo de Cooperação do Danúbio foi lançado em maio de 2002 pela Áustria e pela Roménia, e contou com o apoio da ↗Comissão Europeia e do ↗Pacto de Estabilidade para o Sudeste Europeu, visando coordenar várias atividades associadas ao rio Danúbio e à sua bacia, em especial nas áreas dos transportes, proteção ambiental, economia e turismo. Além destes dois países, fazem parte deste projeto a Alemanha, Bósnia-Herzegovina, Bulgária, Croácia, Eslováquia, Eslovénia, Hungria, Moldávia, Montenegro, República Checa, Sérvia e Ucrânia. *[P.A.]*

Processo de liberalização (de regime político)

A liberalização é o processo identificado com medidas tomadas por um regime autoritário no sentido de providenciar maiores garantias de direitos aos indivíduos e aos grupos de uma sociedade (O'Donnell; Schmitter, 1986). A liberalização pode ser vista com um sinal para o início de uma possível transição democrática, mas não deve ser confundida com um processo de transição ou de democratização, uma vez que a transição democrática exige condições de reformulação políticas e constitucionais novas, o que não é exigido na liberalização. O exemplo de uma liberalização foi o que aconteceu em Portugal em 1969 com o Marcelismo e a sua primavera política, mas que no final não conduziu a uma transição democrática. Foi necessário um golpe de libertação militar no dia 25 de Abril para iniciar o processo de transição democrático português (Mendes, 2020c). *[P.E.M.]*

Produto Interno Bruto (PIB)

Fluxo de novos produtos produzidos durante um ano, ou produção realizada num país durante um ano. De acordo com a Contabilidade Nacional, o PIB pode ser medido segundo três óticas possíveis, que, apesar de utilizar métodos diferentes de cálculo, levam ao mesmo resultado (graças às regras daquela Contabilidade), podendo o PIB ser medido em termos reais (o que é normalizado), sendo os seus diversos componentes corrigidos por medidas de variação dos preços designados de deflatores (um para cada componente) ou nominais. Dividido pela população, obtém-se o PIB *per capita*, mais utilizado em comparações internacionais (em termos reais e de acordo com a paridade dos poderes de compra).

Na ótica da despesa, o PIB é o somatório da despesa das famílias em bens de consumo, da despesa das empresas em bens de investimento, da despesa do Estado em gastos públicos e da despesa do resto do mundo em exportações (líquida das importações de bens provenientes do resto do mundo). Na ótica da produção, o PIB é a soma da produção total deduzida dos produtos intermédios utilizados nessa produção, ou seja, a soma do valor acrescentado por todos os setores de atividade. E na ótica do rendimento, o PIB é a soma dos salários, juros, lucros e rendas que remuneram os fatores (trabalho, etc.) utilizados na produção.

De acordo com a OCDE, o produto interno bruto *per capita* dos EUA era, em 2019, de 66 060 dólares. O de Portugal atingia os 23 284 dólares. No mesmo ano, o PIB dos EUA rondava os 21,43 biliões de dólares e o de Portugal, 239,5 mil milhões, isto é, quase cem vezes menos. *[A.Q.M.]*

Produto Nacional Bruto (PNB)

Fluxo de novos produtos produzidos durante um ano, ou produção realizada pelos residentes de um país durante um ano. É constituído pela soma do PIB com os rendimentos líquidos do exterior (remuneração dos fatores produtivos nacionais recebida do resto do mundo menos a remuneração dos fatores produtivos de não residentes paga ao resto do mundo). Enquanto o PIB assenta num critério de territorialidade, o PNB assenta num critério de nacionalidade. Isto é, o PIB mede a produção dentro de um território e o PNB a produção realizada pelos cidadãos desse território, deduzida dos rendimentos pagos como remuneração de fatores estrangeiros. *[A.Q.M.]*

Programa MEDA

O programa MEDA consistiu num instrumento financeiro criado no âmbito da Parceria Euro-Mediterrânica, através do Regulamento adotado em 1996 (MEDA I), com aplicação nos Estados, autoridades locais e regionais e sociedade civil (com apoio dos governos), tendo sido renovado em 2000 (MEDA II) e terminado em 2006. A dotação financeira atribuída à Cooperação Regional (10% do Orçamento) incluiu a cooperação regional e além-fronteiras, reforço da sociedade civil e ONG's (Fórum Civil, Euromesco, Património Euromed, integração das mulheres na vida económica) e à Cooperação Bilateral (90% do orçamento) dirigida à transição económica e ajustamento estrutural, reforço do equilíbrio socioeconómico, desenvolvimento de programas para promover os Direitos Humanos e a democracia.

Em 2006, o MEDA foi substituído pelo Instrumento financeiro de apoio à Política Europeia de Vizinhança, tendo como objetivos a implementação dos planos de ação da parceria, cooperação além-fronteiras e intrarregional, assim como a assistência técnica no funcionamento das instituições. *[I.C.L.]*

Programa das Nações Unidas para o Desenvolvimento (PNUD)

O Programa das Nações Unidas para o Desenvolvimento é a rede global de promoção do desenvolvimento da ONU, focada na erradicação da pobreza global e gerindo-se atualmente pela Agenda 2030 dos Objetivos do Desenvolvimento Sustentável. A agência foi fundada em 1966, tem sede em Nova Iorque e uma estrutura descentralizada em escritórios regionais, estando presente, no terreno, em mais de 160 Estados. É governada por um Conselho Executivo composto de 36 representantes dos Estados-membros, escolhidos de forma rotativa de entre o conjunto dos membros, presidido por uma Direção que assegura o quotidiano da governação.

O PNUD é a agência responsável pela publicação anual do Relatório do Desenvolvimento Humano, instrumento fundamental da monitorização dos progressos na erradicação da pobreza, igualdade e não discriminação. *[C.T.R.]*

Proliferação (armamento)

Processo associado à disseminação de sistemas avançados de armamento, nomeadamente armas nucleares e outras armas de destruição em massa (ADM). Nas relações internacionais, a preocupação concentra-se predominantemente na proliferação horizontal, na qual estados não-nucleares adquirem tecnologia e armas nucleares. Durante décadas, a comunidade internacional tentou impedir a proliferação de armas nucleares, criando um regime de não-proliferação centrado no ↗Tratado de Não Proliferação de Armas Nucleares (TNP) assinado em 1968. O tratado reconheceu cinco estados nucleares – os Estados Unidos, Rússia, Reino Unido, França e China – e estabeleceu a proibição oficial da aquisição de armas nucleares por outros estados. O TNP tem sido relativamente bem-sucedido ao limitar a proliferação de armas nucleares a apenas quatro outros países – Israel, Índia, Paquistão e Coreia do Norte.

A proliferação é o resultado das dinâmicas da oferta e procura de segurança. Estudos revelam que a probabilidade de proliferação é em grande parte determinada pela interação estratégica entre o Estado que procura adquirir armas nucleares e os seus adversários. De acordo com esta lógica, apenas dois tipos de Estados adquirem armas nucleares. O primeiro caso refere-se a Estados que se sentem altamente ameaçados. O segundo caso envolve Estados fracos que estão incertos de manter a proteção de um aliado poderoso a longo prazo.

Nos anos mais recentes, cresceu a preocupação internacional com a proliferação de armas nucleares e outras ADM a atores não-estatais, como grupos terroristas. Desde os ataques terroristas aos Estados Unidos em 2001, teme-se que Estados delinquentes possam vender armas ou tecnologia nucleares a atores não-estatais que podem ameaçar os EUA ou seus aliados. Os EUA e outros Estados têm cada vez mais tentado lidar com esses desafios, implementando uma estratégia de dissuasão por negação ou punição. *[L. V.]*

Promessa

A promessa é um ato pelo qual um Estado cria direitos novos na esfera de terceiros. Estes são, por vezes, referidos como novos direitos num período futuro, mas essa referência pode ser mal interpretada, na medida em que deve assumir-se que a criação de direitos apenas produz efeitos para futuro (sendo esse o sentido a atribuir ao uso do termo 'futuro'). Na verdade, mesmo na promessa que vise direitos cujo exercício apenas possa ocorrer num período futuro, tais direitos existem a partir do momento em que são criados.

A promessa é provavelmente o mais importante dos atos unilaterais. Reconhecida a sua prática desde há séculos, durante muito tempo exigia-se a sua aceitação enquanto condição do caráter obrigatório. A reunião dos dois elementos permitia reconduzir a questão ao âmbito convencional, retirando-se daí o efeito gerador de direitos e obrigações. O Tribunal Internacional de Justiça viria, no entanto, a dispensar a aceitação, assinalando definitivamente o caráter unilateral, numa passagem muito referida na doutrina, quando afirmou que "um compromisso dessa natureza, expresso publicamente e com a intenção de obrigar, mesmo fora do quadro de negociações internacionais, tem um efeito vinculativo. Nestas circunstâncias, não é necessária qualquer contrapartida para que a declaração produza os seus efeitos, seja ela uma aceitação posterior ou uma resposta ou qualquer reação de outros Estados, pois isso seria incompatível com a natureza estritamente unilateral do ato jurídico pelo qual o Estado se pronunciou" (ac. 20.12.1974, *Ensaios nucleares franceses*, § 43).

A doutrina debateu a eventual assimilação da figura do *estoppel* (que corresponde à proibição de *venire contra factum proprium*) pela promessa, vindo, todavia, a salientar que enquanto nesta a obrigação deriva da expressão da vontade do autor, naquele decorre da interpretação que, de boa-fé, o destinatário faz dessa mesma expressão de vontade. *[R.M.]*

Proteção de civis

O conceito de proteção de civis (PdC) abarca todas as atividades que visam promover a segurança, a integridade física e a dignidade da população civil, em especial os grupos mais vulneráveis, em contexto de conflito ou pós-conflito. A PdC é também comummente associada a atividades que visem criar um ambiente conducente ao respeito pelos Direitos Humanos, prevenindo e/ou aliviando os efeitos de um padrão específico de abusos, e promovendo condições de vida dignas a partir de processos de reparação, restituição e reabilitação.

Tradicionalmente, a PdC é vista como uma obrigação primária dos Estados soberanos, sobre os quais recai a responsabilidade de proteger todos os que estão sob sua jurisdição. Contudo, e apesar de o conceito de PdC não estar ainda firmemente cristalizado em termos de Direito Internacional, esta é cada vez mais considerada uma das tarefas mais essenciais desempenhadas no âmbito das missões de paz internacionais e respetivos mandatos. Nesse sentido, a PdC pode implicar o envio e destacamento de forças militares internacionais com mandato de proteção da população civil face à violência perpetrada por forças beligerantes em contexto de violência, com vista à criação de um ambiente pacífico e seguro.

Em contexto de missões de paz, a PdC é frequentemente guiada por um conjunto de princípios que incluem: a autoridade e responsabilidade dos *peacekeepers* para, dentro das suas capacidades, garantir a proteção onde e sempre que os governos não queiram ou não possam proteger a população civil; o mandato de PdC enquanto missão ampla e abrangente e não meramente militar, incluindo o dever de proteger; a PdC garantida em estreita colaboração com outros atores humanitários relevantes no terreno e de acordo com os princípios humanitários; e o respeito pelos princípios subjacentes às operações de manutenção da paz, nomeadamente a atuação com consentimento do Estado anfitrião, neutral e contemplando o uso mínimo da força e apenas para efeitos de legítima defesa. *[D.N.]*

Proteção diplomática

Toda a ação desenvolvida por um Estado contra outro Estado em razão de um prejuízo causado à pessoa ou aos bens de um nacional do primeiro Estado, por um ato ou omissão internacionalmente ilícito e imputável ao segundo Estado. Para que um Estado exerça a proteção diplomática em relação a um particular seu, deverá demonstrar o laço da nacionalidade (que deve ser efetivo e deve ocorrer tanto no momento da ocorrência do facto ilícito como no do desencadeamento do procedimento) e ainda que foram previamente esgotados os meios de recurso interno, ou seja, que foi razoavelmente tentado obter – sem efeito – o ressarcimento do prejuízo segundo os meios disponibilizados pela ordem interna do Estado autor do ilícito. *[R.M.]*

Protecionismo

Política económica de intervenção nas condições do comércio internacional através da qual os Estados favorecem os fatores de produção e bens nacionais em detrimento dos estrangeiros. Tem antecedentes no mercantilismo, quando, para a obtenção de balanças de comércio favoráveis, os Estados adotavam medidas protecionistas de vários tipos. Como doutrina económica, o protecionismo opõe-se ao comércio livre.

As doutrinas protecionistas apareceram nos séculos XVII e XVIII. Em 1841, Friedrich List, economista alemão fundador da Escola Protecionista, introduziu duas ideias novas no pensamento económico: o fim da política comercial não deveria ser apenas o enriquecimento da nação, mas o de criar indústrias; as forças produtivas tinham o "poder de criar riquezas, e tal poder é mais importante do que a própria riqueza". Para List, a indústria era uma força social criadora de capital e de trabalho individual.

Como formas de protecionismo, podemos distinguir o protecionismo ofensivo, que procura constituir polos de crescimento baseados em grandes unidades económicas de produção com forte valor acrescentado, e o protecionismo defensivo, que se destina a permitir a sobrevivência de indústrias pouco competitivas e que, consoante o meio utilizado, se subtraem à pressão da concorrência internacional. Quanto aos objetivos, pode distinguir-se o protecionismo orçamental, quando se utilizam direitos aduaneiros para financiar o orçamento do Estado, face à precariedade do sistema fiscal interno (caso dos países em vias de desenvolvimento); e o protecionismo de recursos, que consiste em incentivar as produções, dentro do vasto leque de recursos naturais dos países em vias de desenvolvimento, utilizando, para além dos direitos aduaneiros, técnicas de incentivo às exportações.

O protecionismo é tipicamente assegurado através de instrumentos como: barreiras alfandegárias, que visam restringir as importações e podem ser de dois tipos – barreiras tarifárias, através da imposição de direitos aduaneiros aos bens importados, por forma a encarecê-los, desse modo favorecendo os bens nacionais; barreiras não tarifárias, por via do estabelecimento de limites (contingentes) ao volume ou quantidade de bens importados; subsídios à exportação, para que as empresas possam reforçar a sua participação nos mercados internacionais; aceitação de práticas de *dumping*, com venda de bens no mercado externo a preços inferiores aos praticados no país; e desvalorização monetária, por forma a aumentar os preços dos bens importados e baixar os preços dos bens exportados. *[J.R.C.]*

Protesto

Ato jurídico unilateral através do qual um Estado reserva os seus próprios direitos face às reivindicações de um outro Estado ou em relação a um costume em formação. Também pode definir-se como a recusa do reconhecimento da legitimidade de uma pretensão de um Estado ou de uma situação de facto ou de direito. Constitui a versão negativa do ↗reconhecimento. *[R.M.]*

Protocolo

Designação frequentemente utilizada para referir diversos tipos de documentos convencionais. Assim, desde logo, os protocolos anexos, que são convenções que desenvolvem autonomamente o regime de outras convenções, surgindo com frequência anexadas a estas ou como meros instrumentos subsidiários que completam uma convenção incidindo sobre questões secundárias (interpretação, aspetos técnicos, etc.). Nestes casos, a vinculação à convenção implica, de forma implícita, a vinculação aos protocolos anexos.

Há também protocolos facultativos, que são instrumentos que estipulam direitos e obrigações extra a um regime convencional. Nesta situação, a vinculação a este regime é facultativa, pelo que não decorre da vinculação à convenção à qual o protocolo se refere. São também frequentes os protocolos no âmbito de convenções-quadro, que designam instrumentos estipulando obrigações que concretizam objetivos gerais de convenções-quadro previamente acordadas. O objetivo é, nesta situação, fundamentalmente o de acelerar o processo de conclusão das convenções. De referir ainda os protocolos de emenda ou modificação, que se referem a instrumentos que contêm disposições modificativas de uma ou mais convenções anteriormente concluídas, e os protocolos suplementares, instrumentos contendo disposições que completam uma convenção anterior.

Existem também atas ou protocolos de acordo, que se referem a instrumentos que registam acordos eventuais a que as partes tenham chegado no âmbito de uma convenção; e os protocolos provisórios, que designam instrumentos ou memorandos formulados e assinados pelos plenipotenciários, consistindo num entendimento sobre os pontos básicos ou essenciais para uma convenção definitiva. *[R.M.]*

Público

O público enquanto substantivo e sujeito gramatical (ativo ou passivo) remete para uma pessoa coletiva que é uma categoria, mas também uma entidade dinâmica. Nos termos em que aqui é tratado, público é um sujeito coletivo detentor de uma opinião, tendo este conceito nascido no século XVI, como esclareceu Gabriel Tarde (1901), com o desenvolvimento da tipografia. Simultaneamente, e com as Luzes, o "princípio da publicidade", formulado por Kant, que veio opor-se à prática de segredo do Estado absoluto, é correlativo ao uso livre e público da razão, consistindo em tornar públicas as suas opiniões, submetendo-as à apreciação do juízo tanto estético como político. O "público" é, assim, uma instância superior do juízo e está na origem da noção de "opinião pública" (*public opinion*, cuja primeira ocorrência é dada em 1871, no *Oxford Dictionary*) que, segundo Habermas, é a "opinião verdadeira regenerada pela discussão crítica na esfera pública". Nessa medida, existe uma relação estreita entre o princípio da publicidade, os *mass media*, os fenómenos de opinião e o público (Habermas, 1986), tanto quanto a expansão do público é devedora de três grandes invenções, que foram a imprensa, o telégrafo e o caminho-de-ferro.

No decurso do século XVIII, segundo G. Tarde (1901), há a especialização dos públicos: filosófico, científico, literário e cria-se um público político. Após a Revolução de 1789 e o progresso do jornalismo, os públicos passam a ter existência para além dos salões, cafés e clubes. É assim que, no âmbito da Sociologia francesa, G. Tarde distingue público de multidão e proclama que se vive na era dos públicos e não na era das multidões, como Le Bon pretendia: "fez-se a psicologia das multidões; resta fazer a psicologia do público, entendido nesse outro sentido, isto é, como uma coletividade puramente espiritual, como uma disseminação de indivíduos fisicamente separados e cuja coesão é inteiramente mental".

J. Dewey, H. Blumer e R. E. Park, eminentes pensadores da Escola de Chicago, usam o termo público para referir aqueles que, confrontados com um assunto ou com um problema, o discutem e lhe reagem. John Dewey (1927) entende que o público respeita um agrupamento político de indivíduos que deve a sua existência ao reconhecimento mútuo da existência de problemas que lhes são comuns e para os quais devem ser encontradas soluções. Para o autor, a constituição do público é indissociável da "lógica da investigação". "Uma investigação (*inquiry*) sistemática e contínua sobre todas as condições que afetam a associação, assim como a disseminação pela imprensa, são uma condição prévia para a criação de um público".

Na teoria dos públicos de Daniel Dayan (1999, 2000, 2002), a noção de público aproxima-se da de Dewey no que respeita à sociabilidade, participação e, sobretudo, à constituição de um público em resposta a um problema. Dayan distingue públicos de gosto, públicos de questões (*issues*), como os ligados à política (como os públicos de Dewey, essencialmente relacionados com questões públicas e políticas) e públicos de identidade, caso dos fãs de música, jogos e desporto. O autor também diferencia a noção de público das noções de espectador, multidão, comunidade e audiência.

Numa perspetiva pragmática dos públicos (Isabel Babo, 2015), interessa averiguar as atividades, condições e situação em que se formam os públicos, as experiências recetivas e espectatoriais destes, os seus processos de atenção comum e de comunicação. O público não constitui uma entidade em si independente e anterior à problematização, à ação política, à experiência estética ou mediática. Ele é constituído por pessoas que se empenham em regimes de ação pública, em resultado de um problema público, de uma ação política, de uma obra teatral, de um programa televisivo. A esfera pública é uma esfera onde existem vários públicos e a formação dos públicos depende da comunicação, da participação, da discussão e dos interesses comuns. *[I.B.]*

Quase-tratado

O termo quase-tratado refere-se aos acordos (contratos) entre Estados e pessoas coletivas privadas estrangeiras que, de alguma forma, são regulados (ou garantidos) pelo Direito Internacional. Tradicionalmente considerava-se que estes contratos estavam abrangidos pelo Direito Interno (equiparando-os, portanto, aos contratos celebrados entre as pessoas coletivas de Direito Público e os nacionais – pessoas individuais ou coletivas). A situação viria a sofrer, todavia, alguma evolução após a Segunda Guerra Mundial. Desde logo, porque a imunidade de soberania (invocada pelos Estados na matéria) começou a ser progressivamente posta em causa. Por outro lado, começaram a ser cada vez mais sentidas como insuficientes as garantias dadas aos privados pelas ordens jurídicas nacionais. A situação que despoletou essa evolução foi a dos contratos de investimento internacional, muito frequentes com o desenvolvimento das relações económicas internacionais no pós-guerra. Estes contratos envolvem normalmente empresas multinacionais que efetuam investimentos avultados e que viram, em muitas situações, os seus interesses ameaçados por atos de nacionalização dos seus bens, sem garantias de uma justa reparação.

Depressa os riscos de nacionalização levaram a que essas empresas se abstivessem de efetuar tais investimentos, com grande prejuízo para os países menos desenvolvidos, cujas economias debilitadas se mostravam necessitadas dos afluxos de capitais e das transferências de tecnologia decorrentes desses investimentos. Daí que tenha surgido, sob os auspícios do ↗Banco Internacional para a Reconstrução e Desenvolvimento, a Convenção de Washington de 1965 ou Convenção para a Resolução dos Diferendos Relativos aos Investimentos. A adesão a esta pela esmagadora maioria dos Estados (mais de 150, atualmente) garante aos investidores um regime de proteção internacional específico que afasta a possibilidade de nacionalização, ou outra medida abusiva levada a cabo pelas autoridades nacionais, já que, em caso de litígio, intervirá uma entidade arbitral (*International Centre for Settlement of Investment Disputes*) que decidirá por aplicação de regras internacionais. Na sequência deste instrumento, outros surgiriam – nomeadamente no quadro atual do ↗GATT/OMC, protegendo, por via convencional internacional, os investimentos internacionais. Nestes termos, estes contratos de investimento – os quase-tratados – já não se situam exclusivamente ao abrigo do Direito Interno, tendo sido objeto de um processo de internacionalização. Não parece, todavia, que devam ou possam considerar-se tratados.

O mesmo acontece com os acordos entre sujeitos de Direito Internacional e as chamadas ↗Organização Não Governamentais ou qualquer outro tipo de associações de direito privado. A valorização internacional destes sujeitos (recorde-se que as ONG, em certas circunstâncias, podem ser registadas junto do Conselho Económico e Social das Nações Unidas), mesmo quando permita a sua eventual qualificação como sujeitos do Direito Internacional (com capacidade derivada, funcional e relativa), não engloba, em termos gerais, a capacidade para celebrarem convenções internacionais. *[R.M.]*

Questões parlamentares

As questões parlamentares são perguntas feitas pelos membros do Parlamento ao Governo. Correspondem ao exercício regular da "prestação de contas horizontal", ou seja, ao controlo político do primeiro sobre o segundo. Podem ser orais, e são colocadas no debate quotidiano, em plenário, ou mesmo em Comissão; podem ser escritas, devendo a resposta ser escrita também. Esta tradição parlamentar, do *Westminster style question time*, está normalmente explicitada, nos seus detalhes, no Regimento do Parlamento em causa.

Os estudos sobre discurso político dedicam-lhe particular atenção, já que nelas se espelham, não só a agenda política e os diferentes posicionamentos do Governo e oposição, mas também a própria construção discursiva da realidade política. As regras da transparência, por sua vez, transformam a difusão pública das perguntas ao governo em momentos importantes da comunicação política. *[C.T.R.]*

Racionalidade

A noção de racionalidade, em sentido cognitivo, pode aplicar-se à produção de saberes, de enunciados explicativos ou de teorias que são coerentes com as construções científicas, com os cânones ou o espírito científico de uma época. A racionalidade, em oposição à irracionalidade, pode constituir um critério para qualificar determinados saberes, crenças, mitos e ideologias das sociedades tradicionais e modernas.

Quando se trata de factos humanos, a racionalidade e a irracionalidade aparecem quer ao nível do comportamento dos atores, quer ao nível das explicações que um observador, seja um sociólogo, um psicólogo ou um historiador, propõe. Pode mesmo explicar-se racionalmente aquilo que ao nível do comportamento é tido como irracional.

A aceção da noção de racionalidade que se aplica à ação foi abordada por Max Weber. Weber propõe uma distinção, tornada clássica, entre a racionalidade por relação a um fim ou racionalidade teleológica e a racionalidade por relação aos valores. Enquanto a primeira se refere à utilização dos meios adequados aos fins em vista, sendo comum na ação económica (os anglo-saxónicos falam de racionalidade utilitária: *rational choice*), a segunda, que consiste na orientação da ação segundo valores, logo numa racionalidade axiológica, supõe que o ator age de acordo com a ideia do que é moralmente aceitável (ética de convicção). Assim sendo, as ações orientadas por normas são, tal como as ações teleológicas ou finalistas, suscetíveis de uma interpretação racional. Em *A Ética Protestante e o Espírito do Capitalismo* (1904-1905), Max Weber defende que o sistema económico capitalista moderno no mundo ocidental está ligado ao avanço do racionalismo (à organização racional do trabalho e da produção). Considerando que a racionalidade constitui o aspeto característico da sociedade moderna (na Economia, no Direito, na Filosofia, na Política, etc.), Weber preocupa-se com a racionalização e a burocratização da sociedade.

A aceção praxeológica da racionalidade torna-se mais complexa com a ↗teoria dos jogos, que contempla, por exemplo, certas situações de decisão sob condições de incerteza. Estudos sociológicos e de teoria política demonstraram igualmente que certas situações de decisão, que não sendo individuais estão sob condições de interação marcadas por oposições nos sistemas de preferências dos atores, tendem a produzir discordâncias entre os objetivos procurados e os resultados obtidos. Em economia, a racionalidade dos agentes económicos significa que, qualquer que seja a situação em que se encontram, procuram ficar sempre melhor. É assim que se fala da maximização da utilidade do consumidor, maximização do lucro do produtor e maximização do bem-estar de uma nação. *[I.B.]*

Racismo

O racismo é um sistema de governação global que se baseia na exploração e opressão de povos classificados dentro da não-Europeidade/não-branquitude por povos identificados com a Europeidade/branquitude. A sua origem remonta ao processo de colonização moderna, eurocentrada que, desde finais do século XV, institucionalizou formas de exploração da força de trabalho (i.e., escravização, trabalho forçado), acumulação de capital e produção de conhecimento baseadas na "raça". Deste modo, o racismo sustenta-se, essencialmente, no exercício da violência e a sua naturalização.

A "raça" é uma tecnologia de classificação e governação de corporalidades, conhecimentos, territórios e culturas que os constitui como contrários aos conceitos modernos/coloniais e eurocêntricos de humanidade e soberania política. Neste sentido, o Estado de direito, as relações internacionais e a acumulação de capital foram e são racialmente constituídos. Raça e racismo têm-se incorporado em outras formas de governação e opressão, configurando padrões semelhantes a nível global (i.e., a antinegritude) e especificidades regionais (e.g. o racismo anti-indígena nas Américas ou o anticiganismo na Europa).

Barnor Hesse tem analisado o estabelecimento de uma conceptualização eurocêntrica de racismo que, a partir da experiência do totalitarismo nazi e a sua política genocida, concebe-o como resultado de ideologias pseudocientíficas, contrárias à tradição ocidental do pensamento liberal e, como tal, à democracia. Não obstante, o pensamento negro radical tem contrariado este entendimento, assinalando que raça/racismo são parte constitutiva do regime democrático e cunhando termos como *racismo institucional* que sublinha a sua reprodução no funcionamento *normal* e *rotineiro* das instituições e nas relações sociais quotidianas. *[S.R.M.]*

Ratificação

Ato internacional através do qual um Estado (normalmente através do chefe de Estado) indica o seu consentimento a ficar vinculado por uma convenção que previamente assinou. A ratificação é sempre um ato livre (não vinculado, resultando, portanto, de uma apreciação política feita pelo seu autor). Quando as partes são organizações internacionais, o ato é normalmente designado por ato formal de confirmação.

O termo ratificação imperfeita é utilizado para designar as irregularidades formais que ocorrem no processo de vinculação dos Estados às convenções internacionais. Trata-se de um termo equívoco, já que a designação com facilidade permite pensar-se que não possa ocorrer nos acordos em forma simplificada (por, nestes, não haver ratificação). Ora, tal conclusão seria incorreta, já que o regime diz respeito a qualquer irregularidade formal em qualquer tipo de convenção. O regime internacional na matéria vai no sentido de não reconhecer as irregularidades formais como sendo suscetíveis de afetar a vinculação (de gerarem uma nulidade, portanto), exceto em circunstâncias extraordinárias (se a irregularidade é manifesta e se diz respeito a uma norma de importância fundamental). *[R.M.]*

Realismo (teorias realistas das Relações Internacionais)

O Realismo é a teoria simultaneamente mais conhecida e contestada na disciplina das Relações Internacionais. Embora atualmente já não exerça, como aconteceu no passado, um domínio hegemónico na disciplina, continua a ser uma teoria importante. Com o fim da ↗Guerra Fria e do bipolarismo, o Realismo sofreu muitas críticas, chegando mesmo a ser considerado um paradigma degenerativo. Apesar das críticas, e de mais uma sentença de morte, o Realismo no pós-Guerra Fria conseguiu desenvolver novos argumentos teóricos e provar a sua resiliência enquanto uma das teorias principais em Relações Internacionais. Esta resiliência deve muito ao que designamos por ↗*capacidade empática da teoria* (Mendes, 2018). Contudo, mesmo dentro do Realismo, foi patente algum desconforto com as limitações do ↗Neorrealismo, o que originou um retorno a algumas ideias do Realismo Clássico e ao surgimento do Neorrealismo Clássico, bem como ao ressurgimento da divisão entre o Realismo ofensivo e o Realismo defensivo.

Para o Realismo, as relações internacionais são definidas pela condição anárquica da política internacional e pela desigual distribuição de poder na estrutura do ↗sistema internacional. Os atores fundamentais do sistema são os detentores do poder, ou seja, os Estados. Devido à ausência de um governo internacional, os Estados vivem numa luta constante pelo poder. Esta busca pelo poder começa, em primeira instância, pela própria sobrevivência dos Estados. Para os realistas, a manutenção da segurança e independência territorial está sob hipótese de ameaça constante, uma vez que a imposição do poder coercivo máximo, a guerra e a invasão territorial, é sempre uma possibilidade. Os realistas tendem a ter uma visão antropológica pessimista sobre as possibilidades de se estabelecerem relações de cooperação estáveis entre as unidades do sistema.

Embora existam várias correntes dentro do Realismo, podemos dizer que todos os realistas partilham quatro ideias básicas sobre o funcionamento das relações internacionais: *o grupismo*; o *egoísmo*; a *anarquia*; e a *política de poder.*

O Realismo pose ser captado por duas lógicas explicativas fundamentais. Em primeiro lugar, é uma teoria estrutural sobre a dinâmica competitiva de distribuição de capacidades materiais de poder dentro de um sistema anárquico. Neste sistema, os Estados agem e reagem de forma contínua numa lógica de concentração e de contra-concentração (balanceamento/guerra) de poder e, deste modo, preservam ou tentam alterar uma determinada ordem internacional que, tradicionalmente, pode ser unipolar, bipolar ou multipolar. Em segundo lugar, é uma teoria-guia para a prática dos decisores políticos e diplomatas. Efetivamente, para além de uma teoria que tenta explicar as relações internacionais, o Realismo refletiu e solidificou uma "linguagem prática" através da qual muitos decisores e praticantes comunicavam e pensavam a política externa, sobretudo no contexto de Guerra Fria. Ainda hoje, conceitos fundamentais para os realistas como o "interesse nacional", a "balança de poder", a "*realpolitik*", a "prudência", as "razões de Estado", ou a "credibilidade nacional", são conceitos profundamente embebidos e socializados no mundo político e diplomático. Isto significa que o Realismo foi profundamente constitutivo da forma como os estudantes e praticantes da política externa compreendiam e interpretavam o mundo.

Contudo, a sua visão relativamente conservadora (política e epistemológica) foi alvo de muitas críticas, nomeadamente a sua excessiva ênfase nos aspetos estáticos e na consequente dificuldade de explicar as dinâmicas globais e pós-vestefalianas das relações internacionais. O principal e persistente problema do Realismo é a sua tendência para a naturalização ontológica do sistema Vestefaliano. O realismo, em regra, assume uma conceção ontológica material-naturalista e associal das relações internacionais. Ao invés de assumir as estruturas materiais e de poder como fenómenos sociais e historicamente construídos, o Realismo olha para os fatores de poder material como fenómenos naturais. O que não invalida a sua particular aptidão para captar a continuidade da lógica abstrata de busca de poder dos Estados contemporâneos e dos seus dilemas de segurança. Mas é necessário ressaltar a dificuldade de muitos dos axiomas do Realismo para explicar os principais fenómenos transnacionais do mundo global (Mendes, 2019 b). *[P.E.M.]*

Realismo Neoclássico

Marco fundamental no Realismo pós-Guerra Fria foi o surgimento do Realismo Neoclássico, com o intuito de ultrapassar a visão excessivamente estrutural do ↗Neorrealismo de Waltz e, assim, contrariar a perspetiva de que a sua teoria política internacional não era uma teoria de política externa. O RN resulta de uma síntese de elementos teóricos do Realismo Clássico e do Neorrealismo. A sua grande inovação é a de também considerar os fatores internos como importantes elementos explicativos. Deste modo, o Realismo Neoclássico não defende uma dicotomia ente política interna e política externa, como no Realismo Clássico, ou que sejam apenas os fatores internacionais (estruturais), como no Neorrealismo, os elementos explicativos decisivos das relações internacionais. *[P.E.M.]*

Realismo Ofensivo *versus* Realismo Defensivo

A divisão entre Realismo Ofensivo (RO) e Realismo Defensivo (RD) ganhou particular importância no contexto do mundo unipolar pós-Guerra Fria e na ilusão/assunção da primazia indiscutível do poder hegemónico norte-americano e consequente questionamento sobre como gerir esse poder unipolar, nomeadamente na gestão das crises internacionais que afetam os EUA. O RO assume que os Estados buscam maximizar o seu poder e que os Estados dominantes devem fazê-lo através da prossecução de políticas expansionistas e de imposição do seu poder e interesses aos Estados mais fracos e inimigos. Contrariamente, o RD defende que mesmos os Estados mais poderosos devem ter uma política relativamente conservadora, evitar políticas agressivas e expansionistas e concentrar os seus esforços na estabilização do sistema através de equilíbrios e alianças de poder.

Um dos marcos do renascimento do Realismo foi a publicação de *Tragedy of Great Power Politics*. Aqui, Mearsheimer (2001) avança uma renovada teoria sobre a política internacional com base no Realismo ofensivo. Mearsheimer coloca duas questões fundamentais para o Realismo: porque é que os Estados querem poder e quanto poder é o suficiente. Na sua ótica, ao contrário do que defendem os realistas defensivos, o balanceamento contra as ameaças e concentrações de poder é normalmente ineficiente.

Recordemos que para o RD o movimento ofensivo não traz vantagens e, em última análise, os Estados preferem *racionalmente* assumir uma posição defensiva *prudente* e conservar a sua posição de poder, do que encetar um movimento ofensivo para adquirir mais poder. Para os realistas defensivos, mesmo quando existe uma oportunidade de conquista relativamente simples, esta conquista não é *racionalmente* compensadora, uma vez que os riscos podem sempre provar ser mais altos do que os potenciais benefícios.

Para os realistas ofensivos, estes argumentos não são válidos, antes defendendo que os Estados poderosos estão constantemente à procura de oportunidades para aumentar o seu poder. Na lógica racional ofensiva, os Estados devem, sempre que possível e exequível, aumentar o seu poder através de conquistas de poder – mesmo através de guerras/invasões territoriais –, uma vez que o seu objetivo último é alcançar a hegemonia no sistema, o que racionalmente é a melhor forma de as grandes potências garantirem a sua segurança. Contrariamente, os realistas defensivos argumentam que é estrategicamente irracional aumentar constantemente o poder de um Estado em busca da hegemonia, uma vez que a procura desmesurada de poder irá conduzir ao balanceamento dos outros Estados, ou provocar uma sobreexpansão de poder e o seu consequente declínio (Mendes, 2019b). *[P.E.M.]*

Realismo Político (tradição histórica)

É a corrente mais antiga de pensamento ou conceção das Relações Internacionais, que procura ter em conta a realidade internacional, a natureza humana, a anarquia do sistema internacional, a procura pelos Estados do poder e a satisfação do interesse nacional. Esta abordagem das Relações Internacionais impôs-se após a Segunda Guerra Mundial, mais próxima dos factos e como reação ao Idealismo, atribuindo a Segunda Guerra Mundial à ingenuidade da diplomacia de apaziguamento que prevaleceu no decurso do período entre as duas Guerras Mundiais.

Para o Realismo, o Estado é o único ator do sistema internacional. É um ator unitário, racional e a segurança nacional ocupa o topo da hierarquia dos assuntos internacionais. O realismo político é a expressão de um modo de pensar a política segundo as suas próprias regularidades ou *regolaritá* (Gianfranco Miglio), a sua própria essência ou *essence* (Julien Freund), o seu próprio critério ou *Begriff* (Carl Schmitt). Trata-se de uma conceção de política que às vezes se confunde com conceitos como maquiavelismo, neomaquiavelismo, realismo (*realism*), no sentido de Hans J. Morgenthau, ou *Realpolitik*, segundo a expressão de Heinrich Treitschke.

Ainda que desde os anos 1940 se tenha tentado fazer do Realismo Político uma ciência objetiva da Política (James Burnham) ou transformá-la num ramo da Ciência Política (Ashley J. Tellis) para compreender a política e as suas manifestações históricas em termos científicos (Alessandro Campi), o certo é que por Realismo Político deve entender-se um "ponto de vista" singular sobre tudo o que afeta a convivência humana: o aparecimento de um grupo mais ou menos amplo, a fundação de uma ordem e a sua manutenção através do direito e, como último fator, a força. Assim, o Realismo Político não é um mero problema epistemológico, nem sequer, como defendia Raymond Aron, a consequência do "primado da observação sobre a ética", mas sim o balanço que opera a inteligência política entre a teoria (política) e a ação (política), entre a metafísica e a história.

A tradição do Realismo Político é antiquíssima. Foram adotadas várias designações ao longo das épocas históricas, por exemplo, a "razão de Estado", refletindo-se também em diversos géneros literários. O Realismo Político tem tanto caminho trilhado como a Filosofia Política, percorrido por analistas políticos, investigadores e estadistas de todas as épocas históricas e de diversas civilizações: desde o historiador grego Tucídides (século V a.C.), o general hindu Kautilya (século IV a.C.), o jurista chinês Han Fei Zi (século III a.C.), o grande vizir persa Nizamulmulk (século XI d.C.), o italiano Maquiavel (séculos XV-XVI), o espanhol Saavedra Fajardo (século XVII) ou os alemães Carl Schmitt, Hans J. Morgenthau e Günter Maschke (século XX). Em todos os autores desta linhagem, a "imaginação do desastre" é a condição do seu conceito da realidade política.

Pressuposto ontológico do Realismo Político é a consideração da natureza do homem como um *factum brutum*, como um dado incontornável da realidade. Nesse sentido, a questão central, sobre a qual gira tudo o resto, não é que o homem seja um animal político, mas sim que tem que o ser, como defendia Javier Conde na sua obra *El hombre, animal político* (1957). Neste sentido, o homem tem o fardo de gerir a sua insociável sociabilidade. A experiência histórica do realismo político pode resumir-se em três princípios e um corolário: que o político usufrui do primado histórico em relação às demais atividades humanas; que é fundamental designar o inimigo, real ou potencial, da comunidade política; e que nem sempre se tem a possibilidade de escolher os meios em política, pois geralmente é o grau da hostilidade do inimigo que compele uma comunidade a escolher entre uns ou outros – pode mesmo forçar a nação a encarar uma eventual "escalada aos extremos", de acordo com a expressão clausewitziana, pois nunca existe uma certeza absoluta sobre a seriedade das pretensões do inimigo. O corolário destes princípios é a regra realista por excelência: *que o governante saiba reconhecer e conheça a verdadeira relação de forças.*

Por outro lado, pela perspetiva do conselheiro dos príncipes, do analista ou historiador da política, este modo de pensar a política é *virtus intellectualis circa postrema socialia* (Rodrigo Fernández-Carvajal). Este saber sobre as consequências sociais assenta sobre os seguintes pressupostos: a determinação do pensamento jurídico-político, pela configuração concreta e histórica das formas políticas; a distinção entre o político (*le politique*) e a política (*la politique*); e a distinção entre o político (*das Politisch*) e o Estado (*der Staat*). Estes pressupostos podem sintetizar-se na fórmula do agnosticismo enquanto forma de governo, pois não existe uma organização ótima da convivência política.

Hans J. Morgenthau, de origem alemã, mas que é considerado o "pai" do realismo político na tradição anglo-saxónica, desenvolveu os seus princípios-chave na obra *Politics Among Nations: the Struggle for Power and Peace* (1948), a saber: a política, tal como a sociedade em geral, é governada por leis objetivas que têm as suas raízes na natureza humana: o conceito de interesse nacional é definido em termos de poder, sendo o poder tudo aquilo que estabelece e mantém o controlo do homem sobre o homem; o interesse nacional definido em termos de poder é uma categoria objetiva e universalmente válida, mas não se lhe atribui um significado fixado definitivamente; os princípios morais universais não podem ser aplicados às ações dos Estados, na sua formulação abstrata e universal, mas devem ser considerados em função das circunstâncias concretas de tempo e de lugar; as aspirações morais de uma dada nação não se identificam com as leis morais que regem o universo; a esfera política é autónoma.

Para Morgenthau, segundo Philippe Braillard, "o realismo é o poder e, mais precisamente, a procura do poder, que é o fundamento de toda a relação política e que constitui, assim, o conceito chave de toda a teoria política. Esta procura do poder está inscrita profundamente na natureza humana onde tem a sua origem, natureza que não é essencialmente boa, já que ela confere a todos os homens um ardente desejo de poder ou *animus dominandi*, e os faz, com frequência, agir como uma ave de rapina". No que respeita particularmente à política internacional, a aspiração ao poder por parte das diversas nações, cada uma procurando manter ou modificar o *status quo*, conduz, necessariamente, a uma configuração que chamamos de balança de poder e a políticas que visam conservar esse equilíbrio. *[J.M.]*

Recessão económica

Período durante o qual a atividade económica de um país se retrai ou diminui, normalmente conduzindo a taxas de desemprego mais elevadas. Assim, a recessão económica supõe a diminuição do PIB durante pelo menos três trimestres consecutivos. Tendo em conta que a atividade económica tem características cíclicas, esta fase de contração da economia é vista como um movimento da produção que ocorre periodicamente em resposta a choques cíclicos na atividade. Entretanto, dada a maior interdependência das economias num contexto de globalização, este caráter cíclico identificado pelos economistas pode não ser a razão de uma recessão. Ela pode antes ser causada por contrações na atividade económica de países parceiros, nomeadamente provocados por perturbações de caráter financeiro. Se a recessão económica for prolongada, é habitualmente designada por depressão económica. A crise económica que principiou no ano de 2008 teve origem numa crise financeira. *[A.Q.M.]*

Recesso

↗Retirada.

Reciprocidade

A base de todas as relações internacionais gira em torno da noção de reciprocidade. O conceito de soberania não tem qualquer significado a não ser que implique uma obrigação recíproca de todos os Estados de respeitarem a soberania e integridade territorial de cada um. Se esta norma fundamental não existisse, a organização do mundo seria bastante diferente. Talvez fosse um império universal ou um mundo composto por inúmeras cidades-Estado. Em qualquer caso, no atual estádio da história, a sociedade internacional organiza-se tendo como base a existência de Estados distintos. Embora atualmente existam outros atores igualmente importantes, para um ↗sistema internacional continuar a subsistir, a noção de reciprocidade é essencial. *[P.E.M.]*

Recomendação

Designação normalmente utilizada para designar os atos jurídicos unilaterais das organizações internacionais sem caráter obrigatório. A ausência deste caráter não deve, todavia, ser assimilada à ausência de efeitos jurídicos. Assim, em regra, a existência de uma recomendação produz alguns efeitos jurídicos, ainda que residuais. Desde logo, são importantes elementos de interpretação de outros atos. Por outro lado, o cumprimento de recomendações nunca acarreta responsabilidade internacional. E, em geral, o respeito por estas constitui um elemento essencial para a realização dos fins convencionais. *[R.M.]*

Reconhecimento

Ato jurídico unilateral através do qual um Estado, ou outro sujeito, constata e aceita a existência de factos ou atos jurídicos (situações de facto, situações novas, regras jurídicas, entidades políticas) e admite que estes lhe são oponíveis. Tem como inverso o ↗protesto. Uma vez que, no plano internacional, os litígios só excecionalmente são resolvidos por intervenção judicial, a solução dos diferendos faz-se através dos sujeitos envolvidos, pelo que a sua determinação (por via do reconhecimento) surge como uma exigência ou condição prévia de resolução das controvérsias. Aqui assenta a importância do reconhecimento no quadro do funcionamento da vida internacional.

O reconhecimento do Estado tem efeitos meramente declarativos, uma vez que o Estado surge com a reunião dos três elementos constitutivos (povo, território, poder político soberano). Apesar disso, o reconhecimento constitui um importante elemento de consolidação da situação de facto em situação jurídica, já que os Estados apenas podem exercer efetiva e plenamente as suas competências através do relacionamento com outros sujeitos (e em especial, outros Estados). A frequente interferência dos Estados no processo, recusando, condicionando ou atrasando o reconhecimento, mesmo após a constatação de facto da reunião dos elementos constitutivos, justifica-se pelo facto de todo o aparecimento, transformação e desaparecimento de Estados constituir uma afetação grave do funcionamento da comunidade internacional. Trata-se, portanto, de um ato discricionário (com tendência para a centralização), tem efeitos retroativos e não está sujeito a formalidades especiais.

Tradicionalmente expresso e bilateral, vem sendo progressivamente substituído pela admissão na Assembleia Geral da ONU. Esta supõe uma recomendação do Conselho de Segurança (que inclui, portanto, o assentimento das potências enquanto membros permanentes) e a aprovação por uma maioria dos Estados na dita Assembleia, pelo que, uma vez obtida, a aceitação pela comunidade internacional se torna evidente, deixando-se para o plano bilateral a determinação do nível de relações (diplomáticas, consulares, comerciais, etc.). O reconhecimento de governo não se dirige propriamente a um sujeito de Direito Internacional, mas apenas à determinação da entidade representativa em termos internacionais do sujeito (o Estado). Apenas se justifica o reconhecimento de governo quando haja quebras constitucionais (por exemplo, golpes de estado) ou quando o governo em funções veja o exercício das suas funções seriamente ameaçado. Nestas situações, perante a existência de dúvidas sobre qual a entidade representativa, os sujeitos de Direito Internacional – *maxime* os Estados – indicam aquela que entendem cumprir os requisitos exigíveis, com exclusão das restantes.

O reconhecimento de governo no exílio é uma figura que ocorre apenas nas situações em que o território do Estado esteja ocupado por uma potência estrangeira, consistindo então em reconhecer que um determinado grupo mantém a representatividade do Estado e deverá reassumir a titularidade dos órgãos de poder assim que o território seja libertado. Nestes termos, o reconhecimento de governo no exílio evita a consolidação da ocupação (já que tem implícita a recusa do reconhecimento da legitimidade da mesma), e principalmente permite minimizar as dificuldades resultantes da ausência de autoridade logo após o abandono do território pelas forças ocupantes.

O reconhecimento de organizações internacionais parece dever considerar-se como sendo meramente declarativo, embora não seja pacífico na doutrina. Na verdade, as organizações internacionais surgem de convenções internacionais, as quais podem atribuir-lhes ou não personalidade internacional. Nestes temos, o reconhecimento limita-se a constatar essa situação. Em todo o caso, o reconhecimento das organizações internacionais tem uma importância menos significativa do que eventualmente qualquer outro sujeito de Direito Internacional, já que, por um lado, a atividade destas tende a dirigir-se às partes, e, por outro, as relações com estas podem sempre – em maior ou menor medida – ser conduzidas através dos seus Estados-membros.

O reconhecimento dos restantes sujeitos tem caráter constitutivo, na medida em que não existem regras de cuja aplicação o mesmo possa retirar-se e bem assim porque, na prática, o reconhecimento implica a disponibilidade de outro(s) sujeito(s) para estabelecer relações no quadro legal internacional. Ora, sem esta disponibilidade, de nada valeria a personalidade internacional, ao mesmo tempo que quaisquer relações que venham a ser estabelecidas devem enquadrar-se no Direito Internacional. *[R.M.]*

Recursos políticos

Meios que permitem um indivíduo condicionar o comportamento político de outro. Constituem as bases do poder político, já que a capacidade individual de influenciar as decisões coletivas decorre da detenção de fatores diferenciadores amplamente valorizados pela comunidade política. Assim, o dinheiro, a informação, a ocupação de uma posição política, a segurança ou o estatuto constituem exemplos de recursos políticos, pois fornecem aos seus detentores vantagens competitivas na tentativa de condicionar o comportamento de outros atores e os resultados do sistema político. Naturalmente, a importância dos recursos depende do contexto e está sujeita a alterações, mas cada ator político tentará mobilizar todos os meios políticos ao seu dispor que lhe permitam ser mais eficaz nas suas pretensões. Se o exercício do poder acarreta uma atuação concreta, implicando que um agente gere consequências sobre outro (independentemente da vontade deste), são os recursos políticos que permitem ao primeiro obter essa supremacia.

Embora a teoria clássica das elites tenda a enfatizar o seu cariz cumulativo e a teoria pluralista a sua dispersão, ambas assumem que persiste em todas as sociedades uma distribuição desigual de recursos políticos. Para Robert Dahl, é esta desigualdade que inibe a existência de verdadeiras democracias, já que estas teriam de basear-se no princípio fundamental da igualdade política. Ao invés, para este autor, as democracias possíveis deverão ser designadas "poliarquias", regimes com altos níveis de inclusão e liberalização, mas onde os recursos políticos permanecem desiguais. *[P.S.]*

Referendo

O referendo é, na definição dada por Gomes Canotilho, "uma consulta feita aos eleitores sobre um *texto* através de um procedimento formal regulado na lei". É ainda, nas palavras do autor citado, um "mecanismo político-constitucional de *democracia semidireta*". Seguindo num certo sentido esta direção, Luís Barbosa Rodrigues define-o "como um instituto de democracia semidireta, consubstanciado numa votação através da qual os membros de uma comunidade se pronunciam sobre quaisquer atos jurídico-públicos sem imediata incidência pessoal, praticados ou a praticar". Ambas as definições, transmitindo uma identificação essencialmente orientada para a perspetiva jurídica, colocam-nos diante a necessidade de entendermos o referendo, como uma das modalidades de participação ativa dos eleitores na definição (ou decisão) de orientações políticas concretas da comunidade em que se inserem.

O referendo surge, deste modo, para seguirmos o pensamento de Philippe Lauvaux, como uma "combinação entre a democracia direta e o regime representativo". Não é democracia direta, tal como existiu em Atenas e como foi defendida por Rousseau, uma vez que os eleitores não decidem sobre o que vão decidir ou deliberar, não é também democracia representativa porque as decisões não estão a cargo dos representantes eleitos (salvo se o referendo for consultivo), sendo então classificado como "democracia semidireta". É, como dizem Matos Correia e Ricardo Leite Pinto, "um novo conceito, que pretende retratar a articulação entre a (prevalecente) democracia representativa e o recurso limitado e contido a instrumentos de democracia direta". Giovanni Sartori tem, aliás, sobre o referendo, uma expressão curiosa e que de algum modo complementa o que acaba de ser dito. Segundo ele, "este novo animal" (o referendo) retrata um sistema em que o povo já não se junta para decidir sobre questões concretas, decidindo separadamente e em solidão.

Com efeito, nos referendos, ao contrário do que se passava nas democracias diretas e num certo sentido ainda se passa em certas assembleias eleitorais americanas (*caucus*), os eleitores não se juntam para debater e posteriormente decidir. A decisão precedida de uma discussão, de um debate, feito no mesmo local em que se processava a votação era uma característica muito precisa das assembleias em que se praticava a democracia direta e que nenhuma similitude tem com as campanhas eleitorais/referendárias que hoje existem antes da consulta referendária. Não nos revemos assim na ideia de Bobbio quanto se referia ao referendo como "a única instituição de democracia direta concretamente aplicável e concretamente aplicada na maior parte dos estados de democracia avançada", não só pelos argumentos já expostos, mas ainda por um aspeto quanto a nós relevante para a compreensão deste instituto. No referendo, os cidadãos decidem (referendos deliberativos) perante matérias previamente definidas pelos representantes políticos e só no quadro das matérias que podem ser referendadas e que se encontram expressas nas Constituições. Não há nunca a possibilidade de se referendar o que as Constituições excluem das consultas referendárias. A democracia representativa é, neste exato contexto, mais representativa do que democrática. É isso, por exemplo, que constatamos na Constituição portuguesa, que claramente tipifica quer o que pode ser referendado (arts. 115.º, n.º 1, 240.º, 256.º e 295.º), quer o que não pode ser referendado (art. 115.º, n.º 4). *[M.M.]*

Refugiado

O Estatuto do Alto Comissariado das Nações Unidas para os Refugiados (ACNUR) de 1950 e a Convenção de Genebra sobre o Estatuto de Refugiado de 1951 propõem uma definição do conceito de refugiado, hoje em dia clássica na jurisprudência internacional. Convém, todavia, realçar que a elegibilidade do estatuto de refugiado, nos termos da Convenção de Genebra, aplica-se ao Estado contratante e que a elegibilidade, nos termos do Estatuto, pertence ao ACNUR, a quem cabe interpretar o mandato acordado à Organização pela Assembleia Geral.

De acordo com a Convenção de 1951, o termo refugiado aplica-se a qualquer pessoa que, "receando com razão ser perseguida em virtude da sua raça, religião, nacionalidade, filiação em certo grupo social ou das suas opiniões políticas, se encontre fora do país de que tem a nacionalidade e não possa, ou em virtude daquele receio, não queira pedir a proteção daquele país; ou que, se não tiver nacionalidade e estiver fora do país no qual tinha a sua residência habitual após aqueles acontecimentos, não possa, ou, em virtude do dito receio, a ele não queira voltar".

Considera-se, assim, refugiado, todo aquele que preencha os critérios enunciados na respetiva definição, nomeadamente, encontrar-se fora do país de origem e ter um receio fundado de perseguição por razões de raça, religião, nacionalidade, pertença a certo grupo social ou opiniões políticas. Esta situação terá, necessariamente, lugar antes do estatuto de refugiado ser formalmente reconhecido ao interessado. Por conseguinte, a determinação do estatuto de refugiado não tem como efeito atribuir-lhe a qualidade de refugiado, mas constatar essa qualidade. Uma pessoa não se torna refugiado porque é reconhecida como tal, mas é reconhecida como tal porque é um refugiado. Qualquer que seja a gravidade dos motivos invocados pelo requerente de asilo, este não será reconhecido como refugiado, segundo a Convenção de Genebra, caso as circunstâncias que motivem o pedido não estejam em conexão com os critérios enunciados, de forma exaustiva, na definição.

Ainda de acordo com tal Convenção, há dois grupos de refugiados: os refugiados estatutários – as pessoas a quem é concedido o estatuto de refugiado em virtude de um instrumento internacional, anterior à Convenção de Genebra, aos quais se aplica; e os refugiados denominados convencionais – pessoas que se tornam refugiadas nos termos da Convenção de Genebra, por recearem, justificadamente, serem perseguidas por motivos de raça, religião, nacionalidade, pertença a certo grupo social, ou em virtude das suas opiniões políticas. *[B.R.]*

Regime político e Sistema político

Não obstante as expressões "regime político" e "sistema político" serem em muitos casos utilizadas indiferenciadamente, na realidade merecem ser distinguidas, já que traduzem situações distintas. É certo que, ao longo dos tempos, estas expressões estiveram associadas, em sentido lato, a termos como "regime", "formas de constituição do Estado", "forma política", "forma de governo" ou simplesmente "governo". Com efeito, se formos ao encontro de Platão, de Aristóteles, de Maquiavel, de Locke e de Montesquieu, e das suas obras *A República*, *A Política*, *O Príncipe*, *Os Dois Tratados do Governo Civil* e *O Espírito das Leis*, facilmente percebemos que a distinção hoje feita entre "regime político" e "sistema político" ali encontrava, *grosso modo*, tradução.

Todos estes grandes vultos do pensamento político ocidental, quando identificavam, comparativamente, qual seria na sua opinião o melhor governo, não deixavam de abordar nas suas análises e reflexões, direta ou indiretamente, quer a relação dos cidadãos ou dos súbditos com o poder político em geral e com os seus titulares em particular, quer, nalguns casos, da relação que se poderia ou deveria estabelecer entre as diversas "magistraturas". Significa isto que a evolução terminológica e principalmente conceptual das expressões agora em análise, não pode desconhecer, como bem notou Marnoco e Souza, no seu *Direito Político-Poderes do Estado, Sua Organização segundo a Sciencia Politica e o Direito Constitucional Português* (1910), que "as primeiras classificações das formas políticas encontram-se nos escritores gregos".

É, assim, com base na conjugação histórica muito superficialmente assinalada, que podemos perceber o que significa na atualidade "regime político" e "sistema político", não sem antes advertirmos que as expressões devem sempre ser entendidas em função do contexto em que são utilizadas. E isto pela simples razão de que se na terminologia anglo-saxónica "regime" e "sistema" têm equivalência, já por exemplo em França a expressão "regime" significa hoje aquilo que nós identificamos por "sistema de governo", uma vez que enquanto em Portugal falamos de "sistema de governo parlamentar" ou de "sistema de governo presidencial", os franceses falam de "regime parlamentar" ou de "regime presidencial".

Feito este esclarecimento, podemos traduzir "regime político", tal como o fez Marcello Caetano, como o "modo como se estrutura e exerce o poder político, considerando as conceções fundamentais das relações entre o indivíduo e a sociedade política cuja ideologia o poder político tem por missão verter na ordem jurídica". Trata-se, afinal, seguindo a definição de Matos Correia e Ricardo Leite Pinto, de analisar "a relação existente entre os cidadãos e o poder político".

Já no que respeita ao "sistema político", podemos adotar a noção de Armando Marques Guedes, indicando "o arranjo revelado pela congérie de princípios, regras e órgãos que numa sociedade se congregam em torno do exercício do poder", do poder político. O que abrange o "sistema de governo", o "sistema eleitoral" e o próprio "sistema de partidos". Será pela apreciação do sistema político, que é no fundo a apreciação conjunta dos seus três elementos constitutivos, que podemos, de facto, compreender se o regime é efetivamente democrático. Não bastará a este catalogar-se formalmente como tal, se o seu sistema político revelar o contrário. Nestes termos, a relação entre o regime e o sistema é inseparável, sendo a sua ligação imprescindível para uma completa compreensão do quadro político-constitucional em análise. *[M.M.]*

Regimes internacionais

Nas Relações Internacionais, o termo define um conjunto de princípios, normas, regras e procedimentos acordados numa determinada altura, de forma voluntária, e em torno do qual as expetativas dos atores convergem. Os regimes internacionais surgem como complemento necessário à cooperação formal existente no seio das organizações internacionais, traduzindo um compromisso de colaboração nas mais diversas áreas, incluindo as telecomunicações, o controlo do tráfego aéreo ou aspetos monetários e comerciais. *[P.E.M.]*

Regionalização

O termo é conotado, *a priori*, com os casos de Estados-nação, de governação muito centralizada e com a pré-existência de uma identidade espacial diversa constituída por unidades ou entidades de conteúdo relativamente homogéneo – a *região* (geográfica, político-administrativa, económica, urbano-funcional, étnico-cultural...). É um conceito jurídico-funcional ou de ordem estratégica associado a um desígnio ou propósito político de boa governação (democrática) quando concilia o valor supremo da identidade/coesão nacional com a diversidade regional, através das boas práticas do ordenamento do território e de um quadro de políticas públicas para contrariar o centralismo do poder ou de políticas de governo autocrático e sediado num único centro – a capital nacional.

É, portanto, uma ação de política regionalizada, de planeamento e gestão territorial que intencionalmente responde aos desequilíbrios socioeconómicos e regionais de um país ou Estado com disparidades de níveis de (sub)desenvolvimento, porque obedece a uma aspiração da sua comunidade e a um sistema de atuação programática e de gestão de processos (do centro para a periferia), segundo a aplicação dos princípios consagrados de "Descentralização" política e de "Desconcentração" orgânica ou funcional, os quais se traduzem por estes dois processos fundamentais: transferência jurídico-funcional para as regiões (existentes ou a criar) de atribuições e competências de nível intermédio e mais próximas dos cidadãos; e, concomitantemente, por dotar materialmente essas regiões de recursos físicos e humanos, e, acima de tudo, de modalidades de autonomia financeira e de gestão orçamental para o exercício regionalizado dessas funções e poderes até aí centralizados e de nível nacional, respetivamente.

A regionalização pressupõe, a montante, um regionalismo (existente ou emergente) como movimento territorial e socio-identitário, de configuração duma realidade geográfica ou de manifestação sociocultural, tendencialmente conectada para a autonomia regional e de oposição ao centralismo político e orgânico-funcional, por vezes de macrocefalia de funções hierarquizadas e de concentração de serviços públicos numa cidade-capital.

Segundo M. J. Hilhorst, as entidades-região são operativas e definidas com base em dois critérios distintos (*semelhança* e *interdependência*) e com a pretensão de atingir três objetivos principais (*análise*, *planeamento* e *administração*), estruturando-se numa matriz geradora de uma tipologia de seis regiões (formais e/ou funcionais). Assim, quanto à *análise*, a região pode ser *homogénea* ou *polarizada*; no domínio do *planeamento*, consideram-se as *regiões programa* e *regiões plano*; e do ponto de vista administrativo, *região administrativa* ou *orgânico-funcional*.

A Regionalização traduz sempre uma organização do espaço nacional pautada pela coesão territorial e identitária com o Estado-nação, pela racionalidade económica ou financeira, espacialmente estratégica e politicamente articulada entre as regiões (circunscrições administrativas ou não) e os seus centros de influência, através de políticas regionais que promovem um quadro de autonomia das suas comunidades e de gestão responsável e distributiva dos recursos, quer nacionais pelas regiões, quer internos e contidos nas próprias regiões. Em geral, a regionalização é precedida de estudos e decisões baseadas em indicadores-chave que melhor evidenciam e representam os diferentes níveis e estados de relação do espaço central com as periferias, como, por exemplo, a extensão da rede de equipamentos e infraestruturas públicas; a mobilidade e as comunicações do centro com o espaço periférico ou envolvente; a intensidade das ligações e dos fluxos casa-trabalho; e também o caso da acessibilidade às funções urbanas e ao nível de serviços (especializados) prestados pelas principais cidades-região do país. *[J.C.Lo.]*

Regulação pacífica de conflitos

↗Resolução pacífica de conflitos.

Relações internacionais

O termo "internacional" apareceu nos finais do século XVIII, com o filósofo inglês John Bentham, mas as relações internacionais, entendidas como as relações entre Estados ou nações, têm sido estudadas desde a Grécia Antiga, com Tucídides, a que se seguiram Maquiavel, Rousseau, Kant, Marx e muitos outros. De acordo com Max Gounelle, as relações internacionais definem-se como "as relações e os fluxos sociais de toda a natureza, que atravessam as fronteiras, escapando deste modo ao domínio de um único poder estatal". Segundo o autor, é um critério de localização política que permite determinar se, em presença de uma dada relação social, ela pertence ou não ao campo das "Relações Internacionais" enquanto ciência (assim grafada com maiúscula, distinguindo-se das relações internacionais enquanto objeto de estudo dessa mesma ciência). Relativamente à questão do objeto das Relações Internacionais, o referido autor afirma que "todos os domínios da vida social são suscetíveis de depender da ciência das Relações Internacionais". Abrangem, portanto, não só as relações interestaduais, mas também as relações transnacionais, um campo de estudo que se estende ao conjunto dos fenómenos internacionais, às relações entre indivíduos ou grupos, quer sejam comerciais, culturais, científicas e sociais, quer digam respeito a trocas de bens ou à circulação de ideias ou informações.

Durante muito tempo, as relações internacionais, como escreveu Philippe Braillard, foram tradicionalmente consideradas como "um conjunto de ligações, de relações e de contactos que se estabelecem entre os Estados, muito particularmente no âmbito da sua política externa". Esta conceção tinha certamente em consideração as diversas formas e as dimensões que podem assumir aquelas relações – conflito e cooperação, quer seja no plano político, económico, estratégico, cultural, etc. Todavia, apesar de o Estado conservar ainda hoje um papel central na vida internacional, será ilusório reduzir esta última exclusivamente às relações interestatais, muito particularmente numa época onde numerosos processos económicos e culturais escapam, pelo menos em parte, ao controlo dos governos. Consequentemente, impõe-se atualmente uma visão alargada e global das relações internacionais, tendo em conta o conjunto de fenómenos internacionais como campo de investigação, mesmo reconhecendo que é a própria existência dos Estados e, por conseguinte, das fronteiras, que confere a sua especificidade à dimensão internacional das relações sociais, económicas, políticas, culturais, etc.

Deste modo, as relações internacionais podem ser definidas como o conjunto das relações e comunicações que se estabelecem entre os Estados e os mais diversos grupos sociais, para além das fronteiras. Durante muito tempo, as relações internacionais mais não foram que relações de vizinhança. Nessa época, o príncipe, o soldado e o diplomata eram figuras emblemáticas. No entanto, essas relações acabariam por se intensificar e diversificar, passando de meras relações esporádicas a relações com caráter permanente (podendo datar-se o aparecimento das embaixadas permanentes no século XVI). As relações internacionais levadas a cabo pelos príncipes e pelos Estados foram, durante muito tempo, quase exclusivamente motivadas por preocupações de segurança: segurança das fronteiras, dos abastecimentos, dos mercados, dos sujeitos e, mais tarde, dos cidadãos no estrangeiro. Todavia, desde o final do século XIX, as preocupações de segurança deixaram de ser as únicas a constituir a trama das relações internacionais. A ideia de uma solidariedade da comunidade dos homens e dos Estados acabaria por transformar as relações internacionais, levando à invenção de instituições coletivas permanentes (as organizações internacionais), com objetivos de cooperação, e até mesmo de unificação, no seio da sociedade internacional.

O estudo das relações internacionais conheceu, no decorrer das últimas décadas, um rápido desenvolvimento, marcado, por um lado, por um aumento quase exponencial das análises e das pesquisas e, por outro lado, por importantes transformações. Assim, as Relações Internacionais adquiriram uma autonomia enquanto campo de estudo, ainda que, até lá, a sua análise não se tenha desenvolvido mais do que como um objeto subsidiário, à margem da reflexão sobre o Estado e a sociedade. Este processo concretizou-se pela criação, desde o final da Primeira Guerra Mundial, de instituições de ensino e de pesquisa, consagradas às Relações Internacionais, bem como de numerosas publicações periódicas especializadas. Inicialmente limitado aos EUA e à Grã-Bretanha, este fenómeno estendeu-se progressivamente, a seguir à Segunda Guerra Mundial, ao conjunto da Europa Ocidental, à União Soviética e mesmo a alguns países do Terceiro Mundo.

Ao presente, as relações internacionais são objeto de estudo na maior parte dos Estados. Esta evolução é, em parte, a consequência da importância que a ↗política internacional adquiriu ao longo do século XX, especialmente as profundas repercussões que tiveram os dois conflitos mundiais sobre o conjunto da sociedade internacional; mas é também consequência do rápido desenvolvimento das Ciências Sociais, cujo investimento neste campo de estudo conduziu à sua transformação. Enquanto, tradicionalmente, o seu estudo dependia da História, da História Diplomática, da Filosofia Política, do Direito Internacional e da Economia, numerosas outras disciplinas, tais como a Sociologia, a Psicologia, a Antropologia e a Etnologia, entraram neste domínio, conduzindo a uma descentralização e a um enriquecimento das Relações Internacionais, bem como ao recurso a novos métodos e técnicas de análise, e até mesmo à elaboração de numerosos modelos explicativos e teorias. Esta evolução conduziu os estudiosos a reivindicar, para o estudo das Relações Internacionais, um verdadeiro estatuto científico.

Sob a influência combinada das Ciências Sociais e das profundas alterações da vida internacional (multilateralização da diplomacia, desenvolvimento de novos sistemas de armamento, descolonização, universalização do modelo do Estado-nação, mundialização do campo diplomático-estratégico, bem como dos mercados económicos e financeiros, reforço das interdependências, desenvolvimento dos meios de comunicação, globalização dos problemas ecológicos e amplificação dos fluxos migratórios), o estudo das Relações Internacionais abriu-se a novas dimensões, tais como os fenómenos das organizações internacionais, os processos de integração regional, a estratégia nuclear, os problemas do desenvolvimento socioeconómico, as questões da segurança e identidade, etc.

Tudo isto para concluir que as relações internacionais têm contornos multi e pluridisciplinares. Em Portugal, a expressão *relações internacionais*, na aceção que hoje lhe damos, começou a ser utilizada na segunda metade do século XIX, enquanto a ciência das Relações Internacionais teve a sua origem institucional na segunda metade do século XX. *[F.S. / R.R.]*

Relações Internacionais e Ciência Política

A autonomia disciplinar das Relações Internacionais encontra-se profundamente ligada à autonomia disciplinar da ↗Ciência Política. A Ciência Política definiu-se na base de um facto social relevante, que é o poder político soberano – capacidade de obrigar, sem paralelo, no plano interno da sociedade, não reconhecendo qualquer entidade superior no plano externo –, ao passo que as Relações Internacionais ganharam autonomia na base do facto social consequente, isto é, que a pluralidade dos poderes políticos soberanos implica relações de perfil específico, numa outra abordagem científica.

Max Gounelle considera ainda que "os fenómenos do poder são o objeto privilegiado da ciência das Relações Internacionais, bem como da Ciência Política, esta última limitada aos problemas nacionais". Somente o campo geográfico é que é diferente, existindo um estreito laço entre a Ciência Política e as Relações Internacionais, reforçado por uma interação permanente entre os fenómenos políticos nacionais e os fenómenos políticos internacionais.

No que se refere a esta questão do objeto das Relações Internacionais, importará, talvez, retirar o que de essencial nos é transmitido na obra de Pierre de Senarclens, *La Politique Internationale*. A este propósito, o autor assume que a definição de um objeto de estudo é sempre, em parte, arbitrária, e consequentemente suscita controvérsias entre os estudiosos. No entanto, admite, como outros autores, que as relações internacionais designam, em primeiro lugar, a esfera das relações entre os Estados, ou seja, as interações das suas políticas externas. Na aceção do autor, reconhece-se também que elas compreendem, numa perspetiva mais alargada, todas as trocas entre sociedades nacionais que tenham uma dimensão política. De entre as numerosas relações transfronteiriças, escolhem-se, por convenção, as que são de natureza política ou que tenham efeitos políticos. É esta a razão, segundo Pierre de Senarclens, pela qual se pode igualmente definir o objeto das Relações Internacionais utilizando o conceito de política internacional.

Deste modo, será através da Ciência Política que terão de se encontrar os quadros conceptuais e os métodos que permitam compreender as características das Relações Internacionais e que possam fornecer os meios para uma análise sistemática dos principais fenómenos que marcam a sua evolução. Neste seguimento, também Daniel Colard assume que o objeto das Relações Internacionais é o mesmo da Ciência Política. Contudo, segundo Colard, os politólogos dividem-se em duas escolas, ou seja, para uns a Politologia é a ciência do Estado, para outros ela é a ciência do poder. Para este autor, é necessário distinguir Ciência Política interna de Ciência Política externa. A primeira dirá respeito ao estudo dos problemas nacionais, a segunda respeitará aos problemas internacionais. Também para ele, o que se altera é o campo geográfico, uma vez que o objeto e os métodos são idênticos, tanto mais que existe uma interação constante entre os fenómenos internos e os externos.

Em suma, e para simplificar, como assume Daniel Colard, dir-se-á que "o estudo das Relações Internacionais engloba as relações pacíficas ou belicosas entre os Estados, o papel das organizações internacionais, a influência das forças transnacionais, bem como o conjunto das trocas ou atividades que ultrapassam as fronteiras estatais". Na aceção do referido autor, o estudo científico das Relações Internacionais consiste em "examinar positiva e globalmente os fenómenos internacionais, em trazer à luz os laços de causalidade e os fatores determinantes da sua evolução, bem como tentar formular uma teoria inteligível".

À imagem da Ciência Política, as Relações Internacionais são uma ciência encruzilhada. Os fenómenos políticos são os mais complexos que existem, porque tratam ao mesmo tempo da trama das sociedades e do caráter dos indivíduos. Veem entrechocar-se a regularidade dos fenómenos sociais e a singularidade do acaso e da sorte pessoal. Combinam o mecanismo das forças e das paixões, mas também das regras, dos costumes sociais e das culturas. Apelam às convicções, às crenças e às ideologias, mas também às necessidades e ao peso das coisas. Isto equivale a dizer que os fenómenos políticos nunca poderão ser completamente compreendidos, por mais fina que possa ser a sua análise. Que pensar então dos fenómenos internacionais que, por natureza, ultrapassam as fronteiras de todas as sociedades políticas? *[F.S. / D.F.]*

Relações Internacionais e Direito Internacional Público

As relações entre os ↗Estados tomam por vezes a forma de compromissos jurídicos. A sua cooperação deu lugar ao nascimento das ↗organizações intergovernamentais. A natureza e a forma destas obrigações estão codificadas nas normas do ↗Direito Internacional Público, que repousa muito particularmente no princípio ↗*pacta sunt servanda* – os acordos devem ser respeitados.

Os laços contratuais entre os Estados, os deveres e os procedimentos que eles impõem, as instituições que eles criam, constituem a base da ↗Política Internacional, a qual, logicamente, se interessa pelo funcionamento das relações internacionais e a evolução do sistema, a manutenção da paz e segurança internacionais, os jogos planetários e as relações de poder. Os juristas, ao dominarem a linguagem, os códigos e os procedimentos do Direito Internacional, têm por missão elaborar estes compromissos, interpretá-los e fornecer os argumentos para justificar a sua violação. Uma vez que o seu saber e prática profissional se inscrevem no campo normativo, eles devem por vocação resistir às questões relacionadas com os fundamentos sociológicos e políticos do Direito e das instituições. Consequentemente, eles têm a tendência para sobrestimar a sua influência sobre o curso das relações internacionais, negligenciando as forças sociais e políticas que determinam a sua formação e evolução.

No período entre as duas Guerras Mundiais, o estudo do Direito e das instituições internacionais ocupou um lugar central na literatura sobre as relações internacionais, sendo extremamente fortes as aspirações para a paz e a esperança na ↗Sociedade das Nações e no novo Tribunal Permanente de Justiça Internacional. Esta perspetiva legalista, inspirada nos ideais do presidente norte-americano Woodrow Wilson, foi posta em causa pelo aparecimento dos fascismos, pela explosão da Segunda Guerra Mundial e ainda pelas desilusões suscitadas pelas ↗Nações Unidas durante a ↗Guerra Fria.

Todavia, assiste-se hoje em dia a um interesse renovado pelo papel das normas e das instituições na evolução das Relações Internacionais. Sem pretendermos fundamentar qualquer teoria explicativa das Relações Internacionais no Direito, a verdade é que, nestas primeiras décadas do século XXI, em termos de segurança internacional, diplomacia internacional, economia, finanças, ambiente, etc., o ↗Direito está sempre presente (Guilhaudis e Viotte). O Direito rege, assim, cada vez mais, a sociedade internacional, constituindo a relação do Direito com o poder, mais do que nunca, uma problemática essencial do ↗sistema internacional, a chave da ordem internacional. *[F.S. / R.R.]*

Relações Internacionais e Economia Política

As relações internacionais são também constituídas pelas relações económicas entre os Estados e as sociedades, especialmente pelas trocas comerciais e financeiras. Esta dimensão económica da política internacional não cessou de crescer no decorrer da Época Contemporânea. Convirá, por isso, ter em consideração, nas relações internacionais, a natureza dos regimes económicos dominantes, das organizações que os servem e das doutrinas que os inspiram.

A teoria económica define os quadros conceptuais e os instrumentos de análise que permitem apreender a disparidade das taxas de crescimento entre os Estados, contabilizar e até mesmo prever os fluxos monetários e financeiros, bem como a intensidade e direção das transações comerciais, anunciar as recessões e o seu ciclo, explicar o papel e a estratégia das empresas transnacionais e compreender as alterações nos modos de produção e de consumo. Assim, por economia política internacional, também designada por economia política global ou economia política mundial, entendemos o estudo das interações do económico e político no palco mundial. Mas não existe economia política internacional se não se colocarem em evidência as interações entre os factos não integrados e não integráveis no paradigma económico e os factos não integrados e não integráveis no paradigma político. A ↗Economia Política nasce do reconhecimento da irredutibilidade dos dois paradigmas e da necessidade de os utilizar simultaneamente (Jean Coussy). *[F.S. / B.R.]*

Relações Internacionais e História

A História foi durante muito tempo considerada como a via real para o estudo das Relações Internacionais. O seu contributo permanece incontestável, uma vez que não é possível compreender as Relações Internacionais sem conhecer a sua ancoragem histórica. Como escreveu Fernand Braudel, "explicar a atualidade não passa de uma pretensão. Podemos, quando muito, alimentar a ambição de a compreender melhor, por esta ou aquela via".

Confrontado com a análise de um qualquer fenómeno político, todos os investigadores colocam questões que mobilizam o saber histórico, como por exemplo saber qual o encadeamento dos acontecimentos que criam esta ou aquela configuração diplomática; quais as origens e razões de ser das instituições, das normas e das práticas que influenciam o comportamento dos governos; quais as tradições políticas que marcam a política externa dos Estados; qual o meio sociocultural e o horizonte ideológico dos que decidem e assumem a responsabilidade ao nível do Estado.

Estas e outras questões, que estão na origem do estudo das Relações Internacionais, dizem respeito, em primeiro lugar, à História, pois, para se poder determinar as sequências causais entre os factos contemporâneos e explicar a dinâmica de certos processos políticos, é necessário reconstituir os seus fundamentos históricos. Por outro lado, poder-se-á dizer que se o futuro das sociedades humanas se situa por definição numa trajetória histórica, o sentido desta evolução é incerto. O historiador não é um profeta. O seu objeto de estudo é o passado. Ele experimenta, por vezes, a tentação de esboçar uma Filosofia da História, e então empenha-se em chamar a atenção para os fenómenos recorrentes, os ciclos de evolução política, os movimentos de civilização de grande amplitude. Os efeitos deste género historiográfico são mais ou menos perniciosos, como o testemunhou a filosofia alemã do século XIX. A uma escala mais reduzida, no género do historiador inglês Arnold Toynbee, por exemplo, encontram-se numerosos ensaios embelezados de aforismos explicando o nascimento e a decadência dos impérios, ou seja, os movimentos periódicos que marcam a expansão e o declínio das grandes potências. O historiador inglês Paul Kennedy recuperou este tipo de interpretação na sua obra *Ascensão e Queda das Grandes Potências* (1987).

Devemos, porém, ter em conta que as analogias retiradas da experiência histórica são duvidosas e as lições da história têm muitas vezes uma função ideológica: estão geralmente ao serviço de projetos políticos conservadores, uma vez que fazem das experiências passadas o horizonte incontornável do futuro. Em suma, não se podem compreender as relações internacionais sem o recurso à História, ainda que, para se estudar o presente, se tenha que ser seletivo quanto ao conhecimento do passado. *[F.S. / D.F.]*

Relações Internacionais e História Internacional

A história das relações internacionais é, antes de mais, a história das relações diplomáticas. Ela insere-se, contudo, num contexto mais alargado. O historiador francês Pierre Renouvin encara o estudo das relações internacionais através da análise das forças profundas, evocando as mutações económicas e sociais, o movimento das ideias políticas, as transformações demográficas e as mentalidades coletivas, enquanto fatores influenciadores da diplomacia. Infelizmente, os adeptos da história diplomática na França tiveram a tendência de estender a sua ação sobre todos os domínios das Relações Internacionais, e isso numa perspetiva que rejeitava o contributo das Ciências Sociais. Este género historiográfico produziu uma narrativa de acontecimentos desprovida de envergadura analítica, donde emergia, por vezes, a tentação de esclarecer a evolução do mundo contemporâneo pelo recurso às analogias históricas, através da evocação pouco sistemática dos fatores da política internacional. A defesa desta tradição histórica teve, várias vezes, o efeito de limitar o estudo das Relações Internacionais nas universidades francesas.

Com efeito, vale a pena comparar o estudo desenvolvido pela História Diplomática ou Internacional com o estudo das Relações Internacionais. Os historiadores reconhecem que a sua aproximação aos problemas que consideram interessantes, bem como as questões e as evidências que selecionam como sendo significativas, são extremamente influenciadas pelo contexto social no qual estão inseridos e se desenvolvem. No entanto, procuram esforçar-se por apresentar, dentro das suas preocupações, da maneira mais objetiva possível, o curso e a causa dos acontecimentos no período ou problema que estão a estudar. Podem ou não tentar extrair das suas lições o que considerem apropriado, mas normalmente não se esforçam para procurar registos e fontes históricas de modo a apresentar afirmações gerais acerca do comportamento humano, aplicáveis universalmente.

Nalguns sentidos, os acontecimentos históricos são únicos, mas todos têm aspetos que são semelhantes ou comparáveis, pelo que a tarefa é a de identificar as variáveis recorrentes. Continua a ser improvável que uma resposta individual a uma situação particular seja alguma vez previsível; mas, menos provável ainda será tornarem-se prognosticáveis as várias consequências de diferentes cursos de ações, ou o resultado geral de uma série de interações. Utilizando uma analogia usada num diferente contexto: "Eu sei que uma cafeteira de água estará a ferver a 100 graus centígrados. Também sei que dada a quantidade de calor que estou a aplicar na cafeteira ela fará com que as moléculas de água se transformem em moléculas de vapor. Mas, quando vejo as moléculas de água separadas, cada uma a 100°C, não consigo, de maneira alguma, predizer qual será a próxima molécula de água a transformar-se em vapor". De facto, quando o professor Rivett disse, nessa citação, "eu sei", ele pretendia dizer, "inúmeras experiências confirmaram a hipótese de que, devido a certas condições, o emprego de uma determinada quantidade de calor à água irá convertê-la em vapor, estabelecendo-se, deste modo, um alto grau de probabilidade do que acontecerá, o que me permite supor que, de facto, acontecerá e, portanto, em termos de propósitos práticos, posso dizer *eu sei*". Mas nenhuma lei científica oferece mais do que a probabilidade, envolvendo, para tal, algumas aproximações ou excluindo algumas variáveis, e nenhum número de demonstrações, no passado, de duas variáveis interagindo de um certo modo, pode provar que vão ou terão de interagir desse mesmo modo no futuro.

O problema nas Ciências Sociais (que poderá ser insolucionável) é se e como variáveis importantes poderão ser identificadas, e se o forem, como poderão ser especificadas com precisão adequada, bem como testar as relações hipotéticas entre elas, no sentido de se estabelecer o grau suficiente de probabilidade, para a ação ser baseada na hipótese. Deste modo, o trabalho de alguns estudiosos no campo das Relações Internacionais (aqueles que de facto iluminaram esta ciência) não é diferente daquele levado a cabo pelos historiadores. *[F.S. / D.F.]*

Religião

A palavra religião remonta ao latim *relegere* (recolher) e *religare* (ligar), contendo os significados, por um lado, de recolha e prática dos ensinamentos e regras transmitidos por entidades excecionais ou divinas, e, por outro, o de ligação entre os elementos da comunidade. Grande parte das sociedades conhecidas admite a existência de uma ordem invisível, habitada por tais entidades, da qual emanam normas e formas de sentido necessárias à manutenção da ordem social. Assim, pode dizer-se que a religião é transistórica e transcultural. No entanto, o conceito de religião enquanto conjunto de crenças e práticas formando uma dimensão específica da vida social é uma construção relativamente recente do mundo ocidental. Na Europa dos séculos XVII e XVIII, o poder político, o direito e a ciência procuraram autonomizar-se das instituições clericais, delimitando a esfera de atuação das igrejas e definindo como religiosas as crenças e práticas características dessa esfera. Simultaneamente, as religiões cristãs da Europa (Catolicismo e Igrejas Reformadas) procederam a um trabalho de diferenciação entre a "religião verdadeira" e as práticas e crenças entendidas como falsas ou moralmente desviantes, tais como as heresias, a magia, a superstição e práticas rituais e as crenças dos povos colonizados. Nestes séculos, aprofundou-se igualmente a distinção entre religião interior, que evoluiria para o conceito de espiritualidade, e religião exterior, isto é, as práticas rituais do culto religioso. Tendo em conta que o conceito de religião resulta destes processos históricos, a sua aplicação, sobretudo a sociedades do passado e a sociedades não ocidentais e com experiências de colonialismo, deve ser acompanhada de vigilância crítica.

As identidades religiosas e as formas como diferentes sociedades definem religião e o seu lugar na vida social desempenham um importante papel nas relações internacionais, sendo, não raras vezes, um fator de conflitos. Ao mesmo tempo, o desenvolvimento de diálogos inter-religiosos tem permitido, em certos casos, que a partir do campo religioso se encontrem valores comuns e perspetivas de paz. *[T.P.M.]*

Religião política

As revoluções francesa e americana conheceram o desenvolvimento empírico do que Rousseau e Condorcet designaram "religião civil" e "religião política". A mentalidade iluminista registou assim a aceleração da secularização da cultura ativada pelo Cristianismo. A revolução é a causa e efeito do mimetismo da política, cujo clímax foi alcançado quando a Revolução Francesa estabeleceu um efémero Estado-igreja de cidadãos justos governado pelo novo credo da Declaração dos Direitos do Homem e do Cidadão. O mesmo processo, metabolizado pelo romantismo e niilismo, será imitado a partir do final do século XIX pelo nacionalismo e no século XX pelos movimentos totalitários. Na luta contra a religião, forja-se então a ideia de uma religião civil que sustentasse os novos regimes políticos, gerando uma adesão coletiva. As liturgias e símbolos políticos das novas religiões civis ou políticas têm a mesma funcionalidade utilitária ou legitimadora das "religiões estatais" ou "religiões nacionais" da antiguidade.

Gustave Le Bon, em finais do século XIX, referiu-se ao socialismo como uma "nova religião" que sabia como capturar as multidões, em substituição das religiões tradicionais: "graças à esperança que faz brilhar diante de todos os deserdados da vida, [o socialismo] passou a constituir uma crença de forma religiosa". Para Le Bon, o sentimento religioso é inesgotável e premente: simplesmente, alguns deuses são abandonados, passando-se a adorar outros. Vilfredo Pareto, por sua vez, enfatiza que a religião constitui um dos "resíduos" transcendentais que encontra expressão ou acomodação em múltiplas "derivações". A formação de novos ídolos, não apenas políticos ou ideológicos, opera em paralelo com o afastamento geral das religiões tradicionais, particularmente as denominações cristãs.

Mas, já no século XX, esse mesmo fenómeno mimético ganhou novas expressões, uma vez que o religioso passou por um processo de esvaziamento de seu núcleo transcendental, o que permitiu que fosse explorado para conquistar o poder e gerar um novo homem e uma nova sociedade. Assim, a expressão "religião política", ou outras equivalentes, generalizou-se a partir da década de 1930, adquirindo um novo caráter a partir da Segunda Guerra Mundial. Este é um aspeto extremamente importante, pois indica que se trata de um fenómeno generalizado nas sociedades europeias e perfeitamente instalado nas consciências antes ainda de 1914.

Os autores mais díspares, vindos de disciplinas ou contextos culturais muito diferentes, usam espontaneamente termos como "religião política" (Eric Vögelin), "nova religião laica" (Louis Rougier), "nova catolicidade" (Ernesto Giménez Caballero), "catolicismo ateu", expressão de sabor maurrasiano (Hermann Heller), "substituto da religião" (Alfred Müller-Armack) , "religião fóssil" (Gilbert K. Chesterton), "religião naturalizada" (Pio XI), "religião terrena" (Jacques Maritain), "religiosidade mundana" (Eduard Spranger), "religião secular" (Raymond Aron), "política teológica" (Carl Schmitt) ou "mito messiânico" (Romano Guardini). Muitos também mencionam o fenómeno sem se preocupar com o seu nome (Leopold von Wiese, Émile Durkheim, Gaetano Mosca, Robert Michels, Walter Eucken, Mircea Eliade, Antoine de Saint-Éxupery, Gaston Bouthoul, Carl G. Jung, etc.). Com o tempo, o campo semântico dessas religiões ou epifanias intramundanas sem Deus expandiu-se ainda mais: "política de salvação" (Julien Freund), "afastamento da religião" (Marcel Gauchet) ou "ateologia política" (Dalmacio Negro). Uma lista exaustiva seria incomportável.

O Nacional-Socialismo e o Marxismo-Leninismo ocupam um lugar de destaque no catálogo das religiões políticas. Essas ideologias, com ares de teologia secularizada, foram combatidas e analisadas a partir da categoria de "religião de salvação coletiva", após terem sido abordadas por Raymond Aron como variantes do maquiavelismo contemporâneo. Ambos oferecem a redenção histórica de uma classe social ou raça, transmutada numa igreja militante e purgativa que uma elite revolucionária levará à terra prometida (o Reich milenar, o Estado sem classes), da qual os seus fiéis (arianos, bolcheviques) tomarão posse, como uma igreja triunfante. No entanto, a aplicação do conceito de "religião política" não tem sido pacífica: Jules Monnerot usa-o para elaborar a sua Sociologia do Comunismo, um "Islão do século XX", mas Hannah Arendt rejeita-o, considerando que a afirmação de que ideologias são religiões se baseia numa falácia sociológica sobre as respetivas "funções". *[J.M.]*

Renúncia

A renúncia é um ato de disposição de direitos, ou seja, o ato pelo qual um Estado abandona voluntariamente um direito ou pretensão (o que acontece, por exemplo, se um Estado renuncia à imunidade de jurisdição perante tribunais estrangeiros). De facto, da mesma maneira que se admite que um Estado possa assumir obrigações – como acontece com a ↗promessa ou o ↗reconhecimento –, ele pode também renunciar a direitos ou pretensões, conquanto se trate de efetivos direitos subjetivos e o faça expressamente (ac. do Tribunal Internacional de Justiça de 20.12.1974 sobre os *ensaios nucleares*, § 51). O facto de a renúncia não se poder presumir veio a ser reconhecido pela doutrina como um princípio de Direito Internacional reconhecido pelos Estados. *[R.M.]*

Represálias

↗Retorsão.

Representação comum

↗Acreditação.

Representação política

A representação política "constitui um fenómeno simultaneamente simples e complexo. A sua simplicidade é associada ao sentido comum do conceito, quando se evidencia a ideia de que nas sociedades complexas, no essencial, o poder não é exercido diretamente pela comunidade política (povo), mas por intermédio de representantes que recebem, pela via da eleição política, o consentimento necessário ao exercício de funções representativas em diversos órgãos de base eletiva" (M. M. Martins). *[F.Ca.]*

República

Etimologicamente, a *res publica* é a "coisa pública", ou uma forma de governo que pode ser assumida por qualquer indivíduo e escrutinada por qualquer indivíduo membro da comunidade política. Trata-se de uma forma de regime político que assenta na soberania das instituições eleitas. Historicamente, a república nasce na Grécia antiga, onde ainda se combina com regimes aristocráticos. Mas é na Roma antiga que acabará por vingar, como forma de regime alternativo ao poder do Imperador e à cooptação no poder por via aristocrática. Na Idade Média europeia, a república conserva a sua aura de prestígio, embora seja suplantada pelos regimes monárquico-feudais. No século XVI, aquando da Reforma, a república renasce, estreitamente ligada à ideia de soberania exercida pelos povos, cuja afirmação identitária e política se cristalizava. A república é hoje, de longe, a forma de regime político mais difundida no mundo. Contudo, o tipo de regime associado à república pode variar consideravelmente, em particular na articulação entre o poder presidencial e o poder parlamentar. Mesmo assim, todas as repúblicas têm traços comuns, nomeadamente o facto de que o Chefe do Estado não tem um poder hereditário, sendo eleito para mandatos de duração limitada, e não sendo a única figura institucional a ter poderes. *[J.C.C.]*

Reserva

Declaração unilateral, qualquer que seja o seu enunciado ou designação, feita por um Estado ou por uma organização internacional no momento da assinatura, ratificação, ato de confirmação formal, aceitação ou aprovação de um tratado ou de adesão a este, ou ainda quando um Estado efetua uma notificação de sucessão a um tratado, pela qual visa excluir ou modificar o efeito jurídico de certas disposições do tratado na sua aplicação a este Estado ou a essa organização. Trata-se de um ato jurídico unilateral não autónomo, na medida em que o seu regime decorre do regime das convenções internacionais, já que é no âmbito destas que o ato surge.

As reservas devem ser formuladas por escrito e comunicadas às partes e bem assim aos sujeitos que reúnam as condições para se tornarem partes, e ainda à organização internacional ou órgão deliberativo desta quando se trate dos seus tratados institutivos ou de órgão com capacidade para aceitar reservas. Se não for outro o regime instituído pelo tratado, a reserva deve ser comunicada ao depositário (que dela deve dar conhecimento aos interessados no mais breve prazo) ou, na falta deste, às partes e a todos os que estejam em condições de se tornarem parte.

A reserva surge como uma particularidade das convenções multilaterais, flexibilizando a extensão do seu regime a sujeitos que não concordam com o disposto numa ou mais regras (ou com o tratado no seu todo), mas que mantêm o interesse em se vincularem desde que as mesmas lhes não sejam aplicáveis, ou que o sejam em termos distintos daqueles que estão fixados na convenção. A reserva não visa assim a modificação do texto da convenção (no geral) mas a aceitação de um regime especial que se aplicará entre as partes que a formularem e as que a aceitarem (uma modificação do regime no tocante a algumas partes). Com a formulação de uma reserva condiciona-se a vinculação (daí que apenas possa ser formulada aquando da assinatura da convenção ou no ato através do qual se exprime o consentimento em se vincular). O efeito prático da reserva é assim o de enxertar um regime especial dentro de um regime geral (aquilo que na Convenção de Viena de 1969 se designa – impropriamente – por modificar as disposições do tratado sobre as quais incide quanto ao Estado que a formula, nas relações com o Estado que a aceita).

A reserva não faz sentido dentro das convenções bilaterais, uma vez que entre apenas duas partes não é possível que subsista mais do que um regime. Daí que a formulação e aceitação de uma reserva numa convenção bilateral tenha como consequência a alteração do texto da mesma convenção.

A qualificação de uma declaração unilateral como reserva ou declaração interpretativa é determinada pelo efeito jurídico visado, sendo que para se proceder à distinção na prática se deve interpretar a declaração em causa de boa-fé, segundo o sentido comum atribuído aos termos e à luz do tratado a que ela se refere. Deve ser tida em conta também a intenção do Estado ou da organização internacional em causa no momento em que a declaração é formulada.

Os efeitos das reservas podem ainda ser obtidos através de procedimentos alternativos, tais como a inserção no tratado de cláusulas restritivas que limitem o seu âmbito ou a sua aplicação, ou a conclusão de um acordo nos termos de uma disposição expressa de um tratado, através do qual dois ou mais Estados ou organizações internacionais se propõem excluir ou modificar os efeitos jurídicos de certas disposições na aplicação às suas relações mútuas.

A matéria foi objeto de análise pela Comissão de Direito Internacional, dando origem em 2011 a um Guia da Prática que colige em termos coerentes e compreensivos a prática, a jurisprudência e as posições doutrinais convergentes. *[R.M.]*

Resolução

O termo resolução constitui a designação genérica dos atos das organizações internacionais. O uso desta designação advém do facto de na sua origem, esta se referir a um ato emanado de um órgão coletivo, e, nas organizações internacionais, os seus órgãos são normalmente coletivos. O regime das resoluções é o regime genérico dos atos unilaterais das organizações internacionais. Juridicamente a resolução é imputável apenas à organização internacional (enquanto sujeito de Direito Internacional) e não aos seus Estados-membros. Nesse sentido, ela é suscetível de gerar responsabilidade apenas em relação à organização internacional. No plano material, qualquer resolução deverá respeitar o tratado constitutivo e os grandes princípios de Direito Internacional geral. Não existindo mecanismos de controlo dessa validade, o efeito tende para a inoponibilidade (cada Estado-membro confere a validade, considerando-se desobrigado se conclui pela invalidade). *[R.M.]*

Resolução pacífica de conflitos

A resolução pacífica dos conflitos internacionais constitui atualmente um corolário do princípio da proibição do recurso à força, impondo-se assim aos sujeitos de Direito Internacional. Os mais importantes mecanismos de resolução pacífica de conflitos são os previstos no artigo 33.º da Carta das Nações Unidas (cuja enumeração não é, todavia, taxativa), a saber: a negociação diplomática, os bons ofícios, a mediação, o inquérito e a conciliação – sendo normalmente designados estes por mecanismos políticos, por não visarem decisões obrigatórias para as partes.

A negociação diplomática é o primeiro mecanismo político de regulação pacífica de conflitos, previsto expressamente na Carta das Nações Unidas. Consiste na realização de conversações diretas entre as partes envolvidas no conflito. A obrigação de negociar tem consagração consuetudinária, sendo expressa em numerosas convenções, e implica a obrigação não condicionada de iniciar e desenvolver, tanto quanto possível, conversações (o que impede, por exemplo, a insistência inflexível numa única posição), buscando uma solução para o conflito, a qual naturalmente exorbita já da obrigação.

Os bons ofícios consistem na intervenção de um terceiro que oferece os seus serviços (ou é convidado), apenas tendo em vista o estabelecimento ou restabelecimento do diálogo entre as partes, sem que venha a tomar parte nas negociações.

A mediação é um mecanismo político previsto na Carta das Nações Unidas, que consiste na intervenção de um terceiro, tendo em vista aproximar as partes envolvidas num conflito, propondo bases de negociação e intervindo no desenrolar das negociações, tentando aproximar as posições das partes, sem, todavia, propor soluções.

O inquérito, também previsto na ↗Carta das Nações Unidas, consiste na intervenção de um terceiro que investiga os factos que estão na origem de um litígio, tendo em vista a caracterização da sua materialidade, natureza e circunstâncias acessórias. Trata-se, portanto, de um mecanismo acessório, normalmente utilizado em conjugação com outros, no mesmo processo.

A conciliação, mecanismo igualmente previsto na ↗Carta das Nações Unidas, consiste na apreciação da situação por um órgão – existente ou criado para o efeito – que proporá soluções com vista à resolução do diferendo. Trata-se de um procedimento de resolução de conflitos em que há intervenção de terceiros em assistência às partes em conflito, mas que não oferece uma solução. No caso de conciliação, a atividade de uma terceira parte é não-partidária, neutra e mediadora. O objetivo primário da conciliação é restabelecer a comunicação entre as partes e assisti-las no melhor entendimento da posição do outro. Em teoria, as partes poderão entender esta clarificação como confirmação da sua hostilidade e suspeitas originais, e de acordo com essa interpretação, continuar a oposição de interesses e valores. Se um conflito apresenta uma longa história de desconfiança, a conciliação poderá ser iniciada com a recusa das partes em discutir a situação na presença uma da outra. Uma fase de *talking out* poderá ser necessária antes da conciliação tentar qualquer resolução.

Finalmente, existem ainda os mecanismos jurisdicionais (cujas decisões são obrigatórias), que são a arbitragem e as jurisdições internacionais permanentes. A utilização dos mecanismos é livre, não havendo hierarquia ou antecedência obrigatória. *[R.M.]*

Responsabilidade internacional

É o instituto segundo o qual um sujeito de Direito Internacional, ao qual é imputado um ato ou omissão contrário às suas obrigações internacionais, é constituído no dever de reparar o sujeito que foi vítima desse ato – em si ou na pessoa dos seus nacionais (David Ruzié). A responsabilidade internacional surge com a adoção por um sujeito de Direito Internacional de um comportamento ilícito. Subsistem, pois, dois elementos essenciais: a ilicitude do comportamento (elemento objetivo) e a imputabilidade do mesmo a um sujeito de Direito Internacional (elemento subjetivo).

O regime recolhido e desenvolvido pela Comissão de Direito Internacional esclarece desde logo que a ilicitude decorre da mera desconformidade da ação ou omissão com uma obrigação internacional. Por outro lado, em matéria de imputabilidade, o regime consagra os atos dos órgãos dos Estados e bem assim os atos de órgãos de outros Estados (desde que agindo sob o seu comando ou direção), os atos de movimentos insurrecionais e os atos de outras entidades quando ajam na ausência de autoridade pública, quando exerçam funções públicas ou quando a sua atividade seja instigada ou assumida pelo Estado. *[R.M.]*

Resposta flexível

Proclamada pelo Secretário da Defesa dos EUA, James Schlesinger, nos anos 1970, a estratégia de resposta flexível (ou graduada) envolve as seguintes ideias: a cada ação empreendida pelo adversário corresponderá uma resposta adequada e não automaticamente o desencadeamento da resposta máxima, embora possa ser a resposta máxima se for considerada adequada; a incerteza sobre o tipo de resposta, que pode ir desde retaliações diplomáticas a retaliações nucleares, a respostas económicas, políticas (diretas ou indiretas) e militares, convencionais ou não; a aceitação como admissível da guerra limitada, quer no espaço (localizada), quer no tipo de armamento (controlando a escalada, ou seja, o nível de violência); o reconhecimento oficial da inviabilidade da dissuasão nuclear total e a adoção da forma de dissuasão limitada, uma vez que cada capacidade de atuação dissuade certos tipos de atuação que o adversário possa empreender. *[P.A.]*

Retirada

Causa de cessação da vigência das convenções multilaterais produzindo efeitos apenas em relação a uma das partes. A retirada consiste na desvinculação por uma das partes do regime convencional, o que em regra não afetará a manutenção da mesma em relação às outras partes. *[R.M.]*

Retorsão

As reações dos Estados afetados por um ato ilícito de um outro Estado enquadram em geral as contramedidas. Dentro destas, a doutrina distingue frequentemente as medidas de retorsão – que correspondem ao uso de meios lícitos (que, no entanto, são prejudiciais, no sentido de visarem exercer alguma forma de pressão sobre o autor do ato ilícito) – das represálias, que constituem medidas ilícitas, mas que são toleradas enquanto reações a ilícitos. *[R.M.]*

Retrocessão

Retrocessão refere-se ao processo em que um enclave colonial, isto é, um território localizado dentro dos limites geográficos de um Estado, mas ocupado por outro Estado, volta a ser administrado pelo país contíguo. Quando o enclave é considerado parte integrante do Estado a que originalmente pertencia, a retirada da potência colonial não confere aos habitantes o direito à autodeterminação nem pode ser considerado um processo de descolonização no sentido da independência.

A China é o país que mais experienciou casos de retrocessão. Taiwan, ocupada pelos japoneses em 1895, foi recuperada com a capitulação do Japão em 1945; atualmente, Pequim espera recuperar novamente a ilha (refúgio da República da China desde 1949, quando o governo nacionalista perdeu a guerra civil contra as forças comunistas de Mao Tsé-Tung). O Reino Unido foi responsável pela ocupação de vários enclaves chineses: para além da ilha de Hong Kong, cedida em perpetuidade pelo Tratado de Nanquim (1842), na sequência da derrota chinesa na Guerra do Ópio, ocupou os Novos Territórios de Hong Kong e Weihaiwei (arrendados em 1898). Weihaiwei, ocupado com o único intuito de servir como base naval, retrocedeu à China em 1930, para evitar sentimentos antibritânicos no decurso de fortes manifestações nacionalistas chinesas. Já Hong Kong, extremamente importante devido ao seu estatuto como centro financeiro e à sua localização estratégica, apenas retrocedeu à China quando terminou o aluguer por 100 anos dos Novos Territórios.

Deng Xiaoping, opondo-se à continuação da presença britânica proposta por Margaret Thatcher no rescaldo da vitória na guerra das Falklands, anunciou a fórmula "um país, dois sistemas", inicialmente pensada (sem sucesso aparente) para enquadrar a retrocessão de Taiwan no âmbito da política de reunificação nacional. Esta fórmula foi pragmaticamente testada em Hong Kong e Macau. As diferenças existentes entre os enclaves eram evidentes: a presença portuguesa no sul da China, consentida desde 1557 por conveniência de interesses (sobretudo comerciais), não estava salvaguardada do ponto de vista jurídico, devido à ausência de tratados ratificados que cedessem Macau, mas também não estava condicionada por nenhum aluguer que impusesse data de saída; a soberania portuguesa já tinha sido contestada durante a Revolução Cultural, culminando no reconhecimento de Macau como território chinês sob administração portuguesa. Não obstante, a retrocessão dos dois territórios à "mãe-pátria" foi pensada de forma semelhante: a Declaração Conjunta Luso-Chinesa (1987) sobre a transição da administração de Macau para a China (1999) decalcou a Declaração Conjunta Sino-Britânica (1984) que enquadrou a passagem da soberania de Hong Kong (1997); os habitantes dos dois enclaves não tiveram direito à autodeterminação nem foram ouvidos nas negociações bilaterais (Pequim recusou um sistema tripé que incluísse os seus representantes); foram constituídas duas Regiões Administrativas Especiais com autonomia garantida por um governo local, constituindo um "segundo sistema". Em teoria, este modelo de retrocessão permitiria a coexistência de dois sistemas (socialista e capitalista) no mesmo país (China), pelo menos durante 50 anos a partir da transferência.

Hong Kong e Macau são os casos mais complexos de retrocessão, e as diferenças relativas à sua história, ao seu estatuto jurídico e ao tipo de administração colonial que vivenciaram evidenciam a aplicabilidade prática do conceito, não obstante as especificidades de cada enclave. Atualmente, várias disputas territoriais permanecem sem solução à vista, como por exemplo a das Ilhas Falkland, um arquipélago argentino localizado no sul do Oceano Atlântico que passou para a coroa britânica em 1833 e deu origem à guerra de 1982 entre os dois países, que acabaria por confirmar a soberania britânica. Um outro caso é Gibraltar, no extremo sul da Península Ibérica, cedido por Espanha à Grã-Bretanha no Tratado de Utrecht (1713) como pagamento pela sua participação na Guerra da Sucessão espanhola. Na sequência de diversas resoluções emitidas pela Organização das Nações Unidas em meados de 1960, o Reino Unido organizou um referendo (1967) em que mais de 99% dos gibraltinos manifestou a vontade de permanecer sob a soberania britânica. No caso de enclaves como estes, que não estão em posição de enveredar por um processo de descolonização, o conceito de retrocessão pode inspirar a resolução de disputas de difícil solução à luz das abordagens clássicas do Direito Internacional. *[C.A.M.]*

Revolução

Em termos semânticos, conceitos como revolução, rutura e progresso inscrevem-se, historicamente, na modernidade, e nomeadamente no modo histórico particular de experiência temporal. No sentido contemporâneo indicia uma mudança brusca e decisiva da ordem política, económica, social, intelectual, etc. No campo da ação política, corresponde à passagem violenta de um tipo de regime a outro. O que é específico da revolução, por oposição a revolta, reforma, ou rebelião, é a circunstância de instaurar uma ordem nova, de forma definitiva. Ou seja, revolução comporta a ideia de subversão violenta. Para Reinhart Koselleck, o conceito de revolução encontra-se radicado no vocabulário político moderno, exprimindo um novo modelo de experiência histórica. A revolução, ao projetar um futuro outro (novo) desvaloriza o passado. Naturalmente que a rejeição do passado, em contexto revolucionário, é acolitada pela promessa de novas estruturas e relações de poder. Deste modo, nas sociedades modernas, a revolução remete igualmente para transformação social. Desde o século XIX, o conceito implica um processo de mudança no domínio social, económico (industrialização) e transformação técnica, isto para além do seu uso no campo político estrito. A "Grande Revolução" continua a ser a Revolução social e política francesa de 1789, pelas consequências que veio a ter no mundo contemporâneo. No campo económico, o destaque vai para a Revolução Industrial Inglesa. Para além do mais, há toda uma literatura da especialidade que examina os pressupostos, determina movimentos geracionais e vislumbra as respetivas fontes de sentido. *[J.G.F.]*

Rimland

Expressão atribuída pelo professor americano Nicholas Spykman à orla marítima que circunda a Eurásia, desde os confins da Sibéria, continuando pelo Pacífico e pelo Índico até ao Atlântico. O *rimland* corresponde ao "crescente interior" de Mackinder. Segundo o autor, a estratégia americana, quer em tempo de paz, quer em tempo de guerra, tinha como diretriz geográfica o *rimland*. Era aqui que os EUA deviam intervir de forma permanente, por se tratar de um vasto conjunto de Estados com características híbridas, continentais e marítimas, que sempre desempenharam um papel fundamental na definição histórica da força vitoriosa na luta pelo poder mundial. *[P.A.]*

Riqueza

A riqueza económica de um Estado, medida em termos do seu ↗produto interno bruto ou em paridade do poder de compra dos seus cidadãos, constitui um fator decisivo de poder, mais importante do que o território – que, por si só, não garante o poder – e do que a população – China e Índia são países ainda largamente desiguais, no plano interno, em termos de desenvolvimento. Decisivo, na determinação do poder de um Estado, é a conjugação do número de habitantes com o nível de desenvolvimento económico do país ou território.

A economia política das relações internacionais lida com a noção de riqueza, que é um pressuposto do poder dos Estados e das organizações políticas em geral, por exemplo, ao permitir que se equipem bem militarmente. Por sua vez, a dinâmica das relações internacionais está ligada às organizações que produzem riqueza e a consciência com que esta é produzida. Estado e mercado interagem para influenciar a distribuição de poder e a riqueza nas relações internacionais. Essa é a razão pela qual os Estados Unidos se mantêm, nos inícios do século XXI, como a única superpotência global, porque beneficiam de níveis de riqueza e de inovação superiores aos demais Estados. As empresas tecnológicas americanas continuam a liderar a economia mundial e o país dispõe de um poderoso complexo técnico-industrial, com boas e diversificadas fontes de financiamento e parcerias público-privadas.

A literatura sobre Relações Internacionais procura oferecer respostas para a questão de saber em que condições os Estados expandem os seus interesses políticos para o exterior, sendo que tal está fortemente dependente do comportamento dos agentes internos e da riqueza produzida. Não é por acaso que se afirma que a riqueza das nações condiciona a paz liberal, porque a democracia e a economia são interdependentes. Este é, aliás, um dos mais fortes resultados no estudo científico das Relações Internacionais nas últimas décadas. *[J.R.C.]*

Risco

Na estratégia não se planeia para a pior hipótese, mas para ameaça mais provável, assumindo-se desse modo os riscos que podem ser atenuados com medidas cautelares, como a afetação de recursos, o aumento dos estados de prontidão, a escolha de planos de contingência, que permitam a redução da incerteza. A análise do conceito de risco é muito temida em política e estratégia, porquanto é inesperado e é desestruturante, mais do que desafio, devido à não-linearidade dos efeitos das ações. Pode dizer-se que o risco é, num certo sentido, e de acordo com Paulo Duarte e Horta Fernandes, "uma ação não diretamente intencional e eventualmente sem caráter intrinsecamente hostil (contrariamente aos termos que caracterizam a ameaça na estratégia), provinda de um ator interno ou externo não necessariamente estratégico [...] Pode influenciar o caráter estratégico de decisões e ações estratégicas de um qualquer ator estratégico, uma vez que adquire caráter estratégico quando relacionado com esse ator que influencia". *[J.A.E.]*

Rota das sedas

Designação das vias de comunicação marítimas e terrestres, entre a Ásia Oriental, o Médio Oriente e a Europa Ocidental, cunhada pelo alemão Ferdinand von Richtofen (1833-1905), em 1877, ainda que a relevância da "rota das sedas" tenha sido uma constante nos últimos 3 000 anos. Nunca se tratou de uma só via, mas de um conjunto de vias e postos de comércio que tornava possíveis as trocas na Eurásia, fosse de mercadorias e de ideias, fosse de agentes patogénicos. Historicamente, este era um trajeto dispendioso, em virtude da longa distância e da insegurança. Era normalmente utilizado para mercadorias de valor elevado e peso reduzido, tais como a seda, donde o nome.

No tempo de Afonso de Albuquerque, primeiro governador português da Índia, Portugal conseguiu controlar os fluxos de comércio da China à Pérsia, com base no domínio de alguns portos marítimos, verdadeiros gargalos logísticos e militares, como Malaca e Ormuz. Tal como constatou Brzezinski, a Eurásia é o centro do mundo, e quem controla a Eurásia, controla o mundo inteiro. Crente nesta máxima, o Presidente chinês Xi Jinping apoderou-se do termo, ao apresentar, em 2013, o maior projeto de infraestruturas da história da humanidade, designando-o "faixa" e "rota": "Faixa Económica da Rota da Seda", no seu âmbito terrestre, e "Rota Marítima da Seda". Com este projeto, a China lançou-se no domínio das vias de comunicação mundiais, sejam caminhos-de-ferro, portos, aeroportos, centros logísticos, oleodutos ou gasodutos, sejam infraestruturas de telecomunicações. A China visa (voltar a) ser o centro do mundo e planeia fazê-lo numa lógica de círculos concêntricos, sequencialmente prioritizados a partir do Império do Meio.

Os Estados Unidos da América são céticos quanto à nova rota da seda chinesa, que contorna os gargalos marítimos, hoje controlados pela marinha americana. Em 2018, os EUA iniciaram uma guerra comercial com a China, e em 2019 tornaram explícita a sua oposição ao domínio chinês das infraestruturas de comunicação 5G. *[L.S.]*

Sanção

No contexto internacional, a aplicação de sanções é normalmente um primeiro recurso depois do fracasso dos meios relacionais de solução (procedimentos diplomáticos clássicos) e dos meios institucionais (intervenção das organizações internacionais) e constitui um dos principais instrumentos de política internacional usados para fazer respeitar os tratados. A Carta das Nações Unidas prevê medidas restritivas ou coercitivas contra o(s) Estado(s) considerado(s) infrator(es) ou agressor(es), com o objetivo de manutenção da paz e da segurança internacionais. Trata-se de um instrumento político-administrativo muito utilizado nas atuais relações internacionais, podendo ter origem multilateral ou unilateral, e consideram-se, como exemplos, o embargo de armas, limitação de circulação, restrição comercial ou medidas económicas e financeiras. No âmbito do Direito da União Europeia, estão igualmente previstas sanções associadas à aplicação dos regulamentos comunitários. *[I.C.L.]*

Santa Aliança

Acordo vago de assistência e ajuda mútua assinado em 1815 entre a Rússia, a Áustria e a Prússia, e ao qual aderiram mais tarde outros Estados europeus, excetuando-se os Estados papais, o Império Otomano e o Reino Unido. A Aliança era significativa, pois representava um movimento reacionário antiliberal, supostamente cristão, que se pretendia assumir como um instrumento de intervenção multilateral nos assuntos dos novos Estados independentes. Os receios de interferência da Santa Aliança para restabelecer a lei imperial na América Latina deram aos Estados Unidos da América uma contribuição decisiva para a definição da ↗Doutrina Monroe (1823). A Aliança foi enfraquecida pelo desacordo interno quanto à guerra da independência grega (1821-1829). Efetuaram-se várias tentativas, especialmente por Metternich (representante da Áustria), para transformar a Aliança numa força policial coletiva internacional sob os auspícios do ↗Concerto Europeu, mas sem resultado. As diferenças na colaboração entre as grandes potências quanto aos méritos da intervenção coletiva e quanto à orientação ideológica significou que a Aliança nunca foi tão coesa como os seus promotores pretendiam. *[P.A.]*

Santa Sé

↗Atores das Relações Internacionais.

Schengen (acordo e convenção)

O Acordo de Schengen foi assinado a 14 de junho de 1985, em Schengen (Luxemburgo), entre a Alemanha, a Bélgica, a França, o Luxemburgo e os Países Baixos, com o objetivo de suprimir progressivamente os controlos nas fronteiras comuns e instaurar um regime de livre circulação para todas as pessoas que sejam nacionais dos Estados signatários, de outros Estados da Comunidade ou de países terceiros.

A Convenção de Schengen, assinada em 19 de junho de 1990 por estes cinco Estados, define as condições de aplicação e as garantias de realização desta livre circulação. Esta

Convenção, por alterar as leis nacionais, foi sujeita a ratificação parlamentar nos vários Estados signatários. Entretanto, a Itália (1990), a Espanha e Portugal (1991), a Grécia (1992), a Áustria (1995), a Suécia e a Dinamarca (1996) vieram também a assinar a Convenção. A Islândia e a Noruega são igualmente partes contratantes nesta Convenção, tendo aderido a Schengen em 18 de maio de 1999, através de um acordo com a União Europeia, mediante o qual estes são associados à criação e ao desenvolvimento do acervo Schengen, sendo deste modo organizada a sua participação no espaço de livre circulação criado na União Europeia.

O acordo, a convenção, as declarações e decisões adotadas pelo Comité Executivo do espaço Schengen constituem o "acervo de Schengen". Quando o Tratado de Amesterdão foi redigido, decidiu-se integrar este acervo na União Europeia a partir de 1 de maio de 1999, uma vez que corresponde a um dos principais objetivos do mercado único, designadamente ao nível da concretização da livre circulação de pessoas. A integração jurídica de Schengen na União Europeia foi acompanhada por uma integração institucional. Foi assim que o Conselho passou a substituir o Comité Executivo Schengen e o Secretariado-Geral do Conselho o Secretariado de Schengen.

Com o Tratado de Lisboa, a cooperação de Schengen tornou-se ainda mais relevante nesta reforçada dinâmica de liberdade e segurança. O Programa de Estocolmo (2009-2014) incluiu uma gestão europeia integrada de fronteiras, com a entrada em funcionamento da segunda geração do Sistema de Informação de Schengen (SIS II) e a implantação do Sistema de Informação sobre Vistos (VIS). Estas inovações, no âmbito das "fronteiras inteligentes" e geridas pela nova agência da UE para sistemas informáticos de grande escala, implicam ajustes à governação Schengen, que se tem adaptado às necessidades da mobilidade no espaço, mas também potenciado uma acrescida proteção dos cidadãos e dos seus direitos fundamentais. *[J.C.G. / A.P.M.]*

Secularização

A secularização é um processo histórico verificado nas sociedades ocidentais, em particular a partir da modernidade, que determinou a diferenciação da esfera política em relação à esfera religiosa. Curiosamente, foi o próprio Jesus Cristo, fundador da principal religião ocidental, que mandou dar a César o que é de César e a Deus o que é de Deus (Mt, 22, 21), numa clara alusão à conveniência da separação de esferas.

A separação entre o Estado e as Igrejas, também chamada de laicidade, implica, por exemplo, que não haja uma Igreja de Estado ou que este oriente a sua ação em função de preceitos religiosos, mas tal não significa a eliminação do religioso como elemento da sociedade. É nesse sentido que se afirma que o Estado é laico, mas a sociedade não é, pelo que o Estado deve respeitar a liberdade religiosa e relacionar-se com as diferentes confissões religiosas em condições de igualdade, não estando inibido, por exemplo, de se associar ou apoiar iniciativas de confissões religiosas.

Embora todas as sociedades modernas ocidentais tenham sofrido processos de secularização, definir a amplitude desta é uma questão muito complexa. Para além de os Estados ocidentais assumirem de forma diferente o seu relacionamento com as confissões religiosas, dando-lhes maior ou menor destaque institucional (em vários países da Europa do Norte existem religiões oficiais, o que aliás comporta problemas para a esfera de definição e intervenção própria das referidas confissões), a experiência religiosa nas sociedades diverge, o que tem implicações políticas. Os tribunais europeus já se pronunciaram sobre a admissibilidade de interpretações diferentes por parte dos Estados em relação ao alcance do princípio da separação, atendendo à influência social das organizações religiosas ou ao grau de convicção religiosa de determinada população.

Nem todos os Estados experimentaram processos de secularização, como é o caso de muitos países muçulmanos, nos quais vigora a ↗Xariá como lei civil. *[J.R.C.]*

Secessão

É a separação de uma entidade territorialmente distinta de um território soberano maior em que antes se incluía, almejando aquela a independência política. É um processo possível de génese de um novo Estado independente e é inversa da anexação. Teoricamente, ela pode corresponder à autonomia política almejada por nações cuja independência, ou não foi conseguida, ou foi perdida. É, nesse sentido, um processo de desconstrução (*building down* na alusão de Groom e Taylor) de uma entidade política pré-existente e ilustra a contingência histórica da soberania. *[C.T.R.]*

Segundo Mundo

Conceito integrante da chamada Teoria dos Mundos, desenvolvida durante a ↗Guerra Fria, como parte do conceito estratégico ocidental então vigente (↗Primeiro Mundo), designava as sociedades industrializadas do bloco socialista europeu, constituído pela União Soviética e os países da Europa de Leste. Não confundir com a definição maoísta de Segundo Mundo (cf. Teoria dos Três Mundos, de Mao Tsé-Tung), que se refere aos aliados das superpotências. *[J.R.C.]*

Segurança

O conceito de segurança sugere perceções muito complexas e distintas. Encerra um sentimento, não só de defesa, mas, fundamentalmente, de que os objetivos estratégicos estão consolidados, não bastando assegurar apenas a sobrevivência. Se assim não for, o sentimento a que se assiste é de insegurança e, quando a sua perceção é negativamente forte, leva a que alguns, como Ignacio Ramonet (Míguez), questionem se não estaremos a caminho de uma 'civilização do caos'. Daí, a associação de dicotomias como, 'progresso e exclusão', 'confiança e ansiedade', 'segurança e perigo', 'risco e incerteza', conceitos tão íntimos que não faz sentido a sua discussão de forma isolada. Por outro lado, aos conflitos internos acrescem as ameaças e os riscos da comunidade internacional, como a proliferação de redes internacionais de crime organizado, de caráter mafioso. Donde, a insegurança encerra uma vertente objetiva e outra subjetiva.

A qualidade de uma estratégia nacional, num mundo globalizado, é crucial para a sobrevivência de um Estado moderno e de uma sociedade aberta. Uma boa estratégia exige valores e interesses bem definidos, uma vontade sólida de os defender que permita a legitimação de objetivos claros e a sua eficaz prossecução. Em relação aos *interesses nacionais*, é comum considerar que estes comportam três grandes áreas, a *segurança nacional*, o *bem-estar* e a *justiça social*, havendo quem acrescente a *prosperidade*, mas poder-se-á admitir, num sentido mais amplo, que o bem-estar já inclui a justiça social e a prosperidade, donde se poderá concluir apenas por dois grandes interesses nacionais, a segurança e o bem-estar. E daí a identificação de três áreas que afetam a segurança: a economia, o bem-estar e a política (interna e internacional). Assim, a insegurança pode ter origem na falta de políticas do Estado, de definição de prioridades de interesse social, em erros críticos dos decisores políticos e talvez a mais perniciosa, quando o Estado se furta à responsabilidade de fornecer segurança, transferindo-a para outros, tais como o mercado, as famílias, as igrejas ou as organizações.

A Constituição da República Portuguesa insere esta "dimensão" no quadro dos direitos, liberdades e garantias, encostando a segurança à liberdade, na linha de institutos como a Declaração Universal dos Direitos do Homem, cujo art.º 3.º preceitua que "todo o indivíduo tem o direito à vida, à liberdade e à segurança da sua pessoa". E a Lei n.º 53/2008, de 29 de agosto, que aprova a Lei de Segurança Interna, inclui nos "Princípios Gerais" a definição e fins da segurança interna; nos "Princípios Fundamentais", a política de segurança interna, o âmbito territorial, os deveres gerais e especiais de colaboração, a coordenação e cooperação das forças de segurança. Assim, de acordo com a referida lei, a segurança interna significa "a atividade desenvolvida pelo Estado para garantir a ordem, a segurança e a tranquilidade públicas, proteger pessoas e bens, prevenir e reprimir a criminalidade e contribuir para assegurar o normal funcionamento das instituições democráticas, o regular exercício dos direitos e liberdades e garantias fundamentais dos cidadãos e o respeito pela legalidade democrática" (art.º 1.º, n.º 1), atividade exercida "nos termos da Constituição e da lei, designadamente da lei penal e processual penal, da lei quadro da política criminal, das leis sobre política criminal e das leis orgânicas das forças e dos serviços de segurança" (art.º 1.º, n.º 2), não devendo as medidas de polícia previstas na lei "ser utilizadas para além do estritamente necessário" (art.º 2.º, n.º 2).

Restringindo o seu significado ao nível estratégico, a segurança poderá ser definida como um *acontecer-fazer* em que se garante (por oposição a estar garantido) a dialética de liberdades de ação, de vontades e de forças de uma racionalidade social face a uma *ameaça* ou aos *riscos* que o *Outro* e o ambiente estratégico configuram. A segurança não é uma modalidade de ação, nem tão-pouco um estado adquirido ou estático. O estar seguro pressupõe o conceito de defesa, mas vai para além dele, pois refere-se a objetivos a alcançar para além da própria sobrevivência. É assim necessário que uma dada racionalidade social estratégica ponha em prática a grande manobra estratégica prevista politicamente, o que passa pela adoção de ações defensivas e ofensivas, independentemente de se considerar ou não a segurança no mesmo campo semântico da defesa no âmbito das relações internacionais. Não basta que se verifique uma diminuição da carga confrontacional e um aumento da carga cooperativa, pois esta não é válida para todos e a todo o momento, tal como o seu amortecimento é sempre provisório, dada a dimensão conflitual hostil do homem.

Por outro lado, a familiaridade semântica não pode omitir que a defesa é substantiva em relação à estratégia, faz parte dela, enquanto a segurança lhe é adjetival, ou seja, qualifica a ação estratégica em termos da obtenção dos seus objetivos. Na verdade, não existe nenhum modo de ação estratégica designado por segurança. Estar seguro ou não resulta da perceção da ação. Nesta arquitetura conceptual da segurança, o que mais nos interessa é reconsiderar a estratégia no sentido da sua ação *ab initio* face a uma possível interpretação ética. *[J.A.E.]*

Segurança coletiva

A ideia de segurança coletiva, de modo simples, é a de que a agressão pode ser mais bem contida ou limitada perante a ação conjunta de um número de Estados. A teoria da segurança coletiva baseia-se na assunção de que a guerra e os conflitos internacionais estão enraizados na insegurança e incertezas das políticas de poder. Sugere que os Estados, desde que se comprometam a defender-se mutuamente, têm capacidade, quer para prevenir a agressão, quer para punir um transgressor, se a ordem internacional for quebrada. O sucesso da segurança coletiva depende de três condições: os Estados deverão ter uma dimensão semelhante, de forma a não haver um poder preponderante; todos os Estados têm de estar dispostos a assumir os custos e a responsabilidade de defesa mútua; e deverá haver um organismo internacional com autoridade moral e capacidade militar para atuar sempre que necessário.

O conceito de segurança coletiva é uma importante inovação das Relações Internacionais do século XX, uma vez que só com a Primeira Guerra Mundial ganhou relevo. Defende que o dilema de segurança dos Estados poderá ser mais bem ultrapassado não através do isolamento nacional ou da balança de poder, mas através da instituição de procedimentos comuns, de acordo com os quais cada Estado se compromete a prosseguir ações comuns contra aqueles que ameacem a integridade territorial ou a independência política de um Estado.

A ideia de um compromisso universal, permanente e coletivo de oposição à agressão e para garantir a segurança foi codificado na Carta da Sociedade das Nações, reaparecendo de forma modificada na Carta das Nações Unidas. A sua eficácia depende de cada Estado, sem atender a interesses particulares ou imediatos, estar preparado para atuar contra violadores, com base no princípio de que deste modo seria sempre possível organizar uma coligação de Estados preponderante contra um agressor indeterminado. Logo, dissuasão, bem como castigo e reposição da ordem, faziam parte do seu *rationale*. Os falhanços da Sociedade das Nações (Manchúria 1931; Etiópia 1935; Áustria 1938; Checoslováquia 1939; Finlândia 1940) são um sinal da persistência perversa de perspetivas individuais em detrimento de ações comuns na formulação e condução da política externa.

Dado este percurso, poderá parecer surpreendente o facto de as Nações Unidas seguirem as pisadas da Sociedade das Nações na Conferência de 1945. Foi conferido estatuto especial a cinco potências e sob o capítulo sete foi aprovado um conjunto de medidas coercivas a ser aplicado em caso de ameaça à paz. Estes poderes foram ativados em duas ocasiões após 1945: no caso da Guerra da Coreia em 1950, e na Guerra do Golfo em 1990. No primeiro caso, as resoluções foram tomadas pelo Conselho de Segurança graças à ausência da ex-União Soviética e à exclusão da República da China. Nesse período, a Guerra Fria estava no auge e a administração Truman pretendia estender a sua política de contenção ao contexto asiático. Este exercício controverso comprometeu a neutralidade das Nações Unidas.

No segundo caso, o exercício de poder de uma coligação de 28 Estados contra o Iraque em 1990 foi entendido por muitos como evidência de que a segurança coletiva podia ser uma realidade e de que no período pós-Guerra Fria os obstáculos que haviam impedido as Nações Unidas de prosseguir os seus objetivos haviam sido removidos. A solidariedade geral na condenação da anexação do Kuwait pelo Iraque e a rapidez da resposta do Conselho de Segurança das Nações Unidas correspondeu ao cenário pretendido pelos fundadores da organização em 1945. Contudo, este otimismo revelou-se prematuro, uma vez que muitos dos conflitos que as Nações Unidas foram chamadas a resolver eram conflitos internos. A Guerra do Golfo foi um caso único no sentido em que se traduziu na ocupação de um Estado-membro da organização por outro Estado. Além do mais, há dúvidas legítimas quanto ao facto da operação ser um exemplo de ação das Nações Unidas. A guerra não foi conduzida sob alçada das Nações Unidas, foi primariamente uma guerra norte-americana. No seu decurso, a linha de comando levava a Washington e não às Nações Unidas em Nova Iorque.

Analiticamente, os dois casos acima citados referem-se mais a constrangimento do que a dissuasão no uso da força. O perigo inerente à implementação da segurança coletiva torna-se claro: de num sistema sem coesão e unidade cultural, a aplicação da segurança coletiva num momento particular assumir a aparência e o caráter dos Estados. *[J.A.E.]*

Segurança humana (doutrina)

Ao longo dos anos 1990, emergiu um novo conceito de segurança centrada no indivíduo e já não apenas no Estado, visão tradicional. De acordo com o Relatório de Desenvolvimento Humano do Programa das Nações Unidas para o Desenvolvimento (PNUD), lançado em 1994, os diversos atores devem trabalhar de forma transversal no sentido de promover a "segurança humana", através da proteção dos indivíduos contra ameaças que hoje se mostram crescentes. A segurança humana assenta em diversas componentes: a económica (pobreza, desemprego, incapacidade de acesso ao crédito e outras oportunidades económicas); a alimentar (fome, aumento súbito dos preços dos alimentos); a saúde (epidemias, malnutrição, condições sanitárias fracas, falta de acesso a cuidados básicos de saúde); o ambiente (degradação ambiental, escassez de recursos, desastres naturais); a pessoal (violência física em todas as suas formas, tráfico humano, trabalho infantil); a comunidade (tensões interétnicas, religiosas e identitárias, crime, terrorismo); e a política (repressão política, violação dos Direitos Humanos, ausência de Estado de direito e justiça).

A conceção de segurança humana está hoje presente na forma como são definidas e promovidas as ações das Nações Unidas e dos seus parceiros com o propósito de implementar os compromissos da Agenda 2030 e dos Objetivos do Desenvolvimento Sustentável. *[I.C.L.]*

Segurança internacional

No plano académico, segurança internacional é a designação de uma subárea disciplinar das Relações Internacionais. A definição do seu âmbito passa pela própria conceptualização de "segurança", conceito que reúne amplos debates. Ela será a ausência de ameaça à integridade de algo ou alguém que se valoriza e a concomitante ausência de medo. Todavia, o conceito de ↗ameaça é ele próprio elástico, havendo a considerar uma certa dimensão subjetiva na apreciação da segurança. Acresce que o debate sobre segurança internacional, originariamente centrado nas ameaças de caráter militar e na segurança do Estado (ou segurança nacional), se deslocou para a segurança dos indivíduos e passou também a considerar ameaças não militares à segurança. No plano teórico, esta evolução corresponde também à superação da clássica e estadocêntrica teoria realista sobre a segurança (nacional) para a consideração das abordagens sustentadas na teoria crítica e no construtivismo, entre outras. Escritos académicos como o de Barry Buzan, *People, States and Fear* (1983 e 1991), ou a conceptualização da "securitarização" construída por Buzan e Waever, no âmbito da Escola de Copenhaga, ou ainda o conceito de segurança como "emancipação", de K. Booth (1991), no âmbito da teoria crítica, representam marcos fundamentais da reestruturação da disciplina no pós-Guerra Fria. Se, nesse período, o foco nas ameaças militares era crucial à análise e ação política iluminada pela teoria da segurança internacional, o período posterior introduziu novos agentes, novas temáticas e novos debates.

O tema das ameaças militares à segurança continua presente (e.g., proliferação nuclear, armamento e negócio de armas, terrorismo, cibersegurança militar, etc.), mas mesmo aí, o surgimento de novas ameaças (e.g. terrorismo, tráfico e crime organizado,

Estados falhados e suas guerras endémicas, segurança privada) afastou a discussão da dimensão geopolítica clássica e da estratégia militar para problemas mais vastos de estabilização do sistema internacional e de criação de ↗segurança humana. Por sua vez, as ameaças não militares ganharam espaço e questões como a fome, a saúde, os movimentos migratórios, a segurança energética, os problemas ambientais, as catástrofes naturais e humanas passaram a ser consideradas como prementes ameaças à segurança individual e coletiva.

A nova geopolítica, que atende também a estas dimensões estruturais da segurança, bem como ao mapeamento regional e global das estratégias dos Estados e outros atores internacionais, na definição das suas esferas de poder, oferece estudos convergentes com a segurança internacional. Esta faz-se assim um estudo multidisciplinar que frequentes vezes ultrapassa a sua matriz original das Relações Internacionais, entroncando nomeadamente nos estudos de área e do desenvolvimento sustentável.

Os atores também se diversificaram: as noções de superpotência e de hegemonia militar continuam operatórias, mas outras entidades se cruzaram com elas, das potências regionais aos Estados párias, estes últimos, fortes desestabilizadores do sistema internacional. As ↗organizações internacionais vocacionadas para a segurança são também hoje atores fundamentais da segurança internacional e quadro multilateral da mesma, sejam alianças clássicas (como a ↗OTAN) ou estruturas de segurança coletiva, como as Nações Unidas. *[C.T.R.]*

Segurança marítima

O valor geoestratégico e geopolítico dos mares e a necessidade da sua defesa retomaram a agenda internacional com o fim da Guerra Fria. Muito relacionado com o comércio que envolve o transporte marítimo e a sua segurança, tem estado o desenvolvimento de medidas jurídicas, administrativas e processuais que assegurem a máxima segurança para os navios e pessoas e carga a bordo dos mesmos.

As medidas de salvaguarda de segurança marítima abrangem as normas que combatam as tradicionais formas de ↗pirataria no Alto Mar, a prevenção de quaisquer incidentes que envolvam a pirataria, o assalto armado e outros atos ilegais cometidos contra ou a bordo de navios no mar ou em portos. Na sequência do 11 de setembro de 2001, foram introduzidas novas medidas que obrigam os Estados a adotar medidas de segurança para os navios no mar e nos portos, mas que também implicam obrigações significativas para a sua tripulação e para os armadores. A segurança marítima abrange assim todos os atos ilegais e violentos que sejam direcionados contra navios, sejam estes provenientes da tradicional pirataria ou de atos terroristas.

A União Europeia desenvolveu uma estratégia de Segurança Marítima mais abrangente que engloba matérias de natureza interna e externa. Esta define vários interesses fundamentais que devem ser protegidos: a prevenção de conflitos, a manutenção da paz e a aplicação do direito; a proteção dos residentes na UE, suas infraestruturas e atividades; o controlo das fronteiras externas da UE; garantir as rotas, segurança e liberdade de navegação; garantir e prevenir uma pesca sustentável. Também identifica as maiores ameaças transnacionais: os conflitos armados e disputas territoriais no Mar da China; a proliferação de armas químicas; a pirataria e o assalto armado; as mudanças climáticas e os desastres naturais; o impacto ambiental da poluição, principalmente a resultante de plásticos; o terrorismo e outros factos ilícitos internacionais; o crime organizado e o tráfico de seres humanos; o enfraquecimento do potencial de crescimento que resulta dos derramamentos de petróleo.

Para combater estas situações, a União Europeia desenvolveu 130 medidas de ação imediatas, assentes em quatro princípios-chave: uma abordagem intersetorial; uma integridade funcional baseada na cooperação; um multilateralismo marítimo que promova uma melhor cooperação com organizações internacionais, Estados terceiros e agentes privados envolvidos no setor; e o respeito pelas normas e princípios constantes da boa-governança dos mares, da Convenção das Nações Unidas sobre Direito do Mar e dos Direitos Humanos. *[F.C.M.]*

Semipresidencialismo

O semipresidencialismo é, segundo alguns, um dos novos modelos dos sistemas de governo nas democracias representativas. Caracteriza-se, entre outros aspetos, pela eleição por sufrágio universal, quer do Presidente da República, quer do Parlamento, pela possibilidade dada ao Presidente de dissolver a Assembleia, e pela existência de um Governo, liderado por um Primeiro-Ministro que é responsável perante aqueles órgãos. Essa responsabilidade, como observa Blanco de Morais, é dupla e pode manifestar-se ou no plano institucional ou no plano político. Este sistema, que na opinião de Reis Novais foi "descoberto" por Maurice Duverger (a opinião não é consensual, considerando alguns que Duverger apenas lhe conferiu maior visibilidade), recebe do presidencialismo a eleição direta e a possibilidade (caso português) ou o direito (caso francês) de presidir ao Conselho de Ministros, podendo também demitir o Governo, o que significa uma intervenção, aqui pela via da interrupção, no normal desenvolvimento da ação governativa. Já do parlamentarismo, considera-se que o sistema semipresidencial recebe, entre outras, uma das suas características mais relevantes, como é a responsabilidade política do Governo perante o Parlamento e a necessidade de este não o censurar ou lhe garantir a confiança para que ele possa subsistir.

A conjugação destes elementos permitirá assim que o sistema semipresidencial possa ser definido, segundo Reis Novais, como "o sistema de governo de democracia representativa que junta as seguintes características: há um Presidente eleito por sufrágio popular e que pode exercer poderes constitucionais significativos e há um Governo politicamente responsável perante o Parlamento". A definição sugerida, sendo merecedora de análise crítica mais detalhada, não deixa, todavia, de contribuir para o reforço da ideia de quantos, na senda de Duverger, sustentam a autonomia e a identidade própria deste sistema de governo. Importa, no entanto, ter presente que não só se verifica uma profícua diversidade doutrinária quanto à precisa identificação dos elementos caracterizadores deste "possível" sistema (José Melo Alexandrino dá-nos uma síntese esclarecedora dessa mesma diversidade, no que respeita à classificação do sistema de governo português), como ainda se constatam distintas posições quanto à sua existência como sistema autónomo. Por exemplo, para Matos Correia e Ricardo Leite Pinto, "o sistema semipresidencial insere-se nos sistemas de separação flexível ou de colaboração de poderes", sendo os seus "elementos distintivos que permitem caracterizá-lo como um sistema de governo autónomo e distinto das classificações tradicionais". Já Paulo Otero considera que "o semipresidencialismo como sistema de governo autónomo, enquanto realidade apreensível por um conceito passível de agrupar um conjunto de experiências de sistemas de governo, não existe". Seguindo esta posição, não será pelo facto de existir em França um sistema que poderemos classificar de semipresidencialista que isso nos habilita a considerar a sua existência autónoma, mesmo quando existam sistemas de governo com algumas características próximas. *[M.M.]*

Separação de poderes

Numa primeira asserção, a teoria da separação de poderes refere-se à orgânica funcional da soberania (poder político) e, nessa perspetiva, todas as sociedades com alguma complexidade a conheceram. De facto, se atendermos à organização política da Grécia e da Roma antigas, constataremos a existência de magistrados com funções políticas diferenciadas, determinadas pela constituição material de cada uma dessas sociedades. Cada um deles detinha uma esfera de competências próprias e, inclusivamente, podiam vetar as decisões dos outros magistrados, tendo em vista evitar a concentração excessiva de soberania em qualquer um deles (em Roma, no período da República, de 509 a 27 a.C., o *ius intercessionis*).

Contudo, se funcionalmente a separação de poderes sempre existiu nas sociedades humanas politicamente organizadas, esse princípio ganhará uma dimensão estruturante do Estado de Direito Constitucional com o Iluminismo e o Liberalismo, permanecendo, ainda hoje, como pilar fundamental dos regimes políticos democráticos. Se a sua versão tripartida tradicional é devida a Charles-Louis de Secondat, barão de La Brède e de Montesquieu (1689-1755), que a enunciou na célebre obra *O Espírito das Leis* (1748), como poder legislativo, executivo (ou poder executivo do Estado) e judicial (ou poder executivo civil), já antes dele James Harrington (1611-1677) e John Locke (1632-1704) tinham ensaiado teorias semelhantes, que foram precursoras da teoria do autor francês. Harrington fê-lo no livro *Oceania* (1656), separando a propositura, a aprovação e a execução da lei, enquanto Locke o faz no *Segundo Tratado sobre o Governo Civil* (1690), dividindo os poderes legislativo, executivo e federativo (representação externa do Estado), aos quais acrescenta a função judicial, que os tutela, fiscaliza e protege, estando, assim, num plano superior a todos eles.

Deste modo, o princípio da separação de poderes é, no Iluminismo, condição para assegurar a realização da liberdade política e para a criação do novo Estado de Direito Constitucional, lendo-se na Declaração dos Direitos do Homem e do Cidadão, publicada em França, a 26 de agosto de 1789, que a *"sociedade em que não esteja assegurada a garantia dos direitos nem estabelecida a separação dos poderes não tem Constituição"*. No ano anterior a esta carta francesa de direitos fundamentais, do outro lado do Atlântico, James Madison escrevia, no artigo n.º 47 de *O Federalista* (30 de janeiro de 1788), que a "acumulação de todos os poderes, legislativo, executivo e judicial, nas mesmas mãos, quer sejam as de um, de uns poucos, ou de muitos (...) pode ser declarada como a verdadeira noção de tirania". Por esta via, inspirados pelas instituições da velha República Romana, os constituintes norte-americanos, reunidos na Convenção de Filadélfia, desenvolveram a técnica constitucional dos *checks and balances*, que consiste em colocar os vários poderes de soberania numa posição de observação e tutela recíproca, de modo a evitar o despotismo de um deles. Por essa mesma razão, o sistema de governo presidencialista dos EUA, adotado pela Constituição de 1787, é o que consagra a separação de poderes mais rigorosa de todos os sistemas de governo democráticos, concretamente o parlamentar e o semipresidencial, onde o poder legislativo é funcionalmente partilhado com o executivo.

Atualmente, o princípio da separação de poderes permanece como regra estruturante no Estado de Direito, mantendo intacto todo o acervo valorativo que adquiriu desde o Iluminismo, apesar de alguns criticarem o que parece ser a apetência do poder executivo pelo legislativo, que se tem vindo a acentuar nas democracias ocidentais, nas últimas décadas. *[R.A.]*

Serviço Europeu para a Ação Externa

O Serviço Europeu para a Ação Externa tem como base jurídica o n.º 3 do artigo 27.º do Tratado da UE. O seu funcionamento e organização são estabelecidos por decisão do Conselho que delibera sob proposta do Alto Representante. O Conselho aprovou, em outubro de 2009, as diretrizes sobre o papel e o funcionamento deste serviço. Em Bruxelas, é constituído por pessoal especializado transferido do Conselho da UE, da Comissão e dos serviços diplomáticos dos Estados-membros. Conta com seis departamentos geográficos (África, Ásia, Américas, Médio Oriente e países limítrofes orientais e Balcãs Ocidentais, assuntos globais e assuntos multilaterais), e departamentos específicos por temática, que incluem a segurança, o planeamento estratégico, assuntos jurídicos, relações interinstitucionais, informação e diplomacia pública. No resto do mundo, organiza-se em delegações, que são uma espécie de Embaixadas da União.

Em conformidade com as referidas diretrizes, o Serviço Europeu para a Ação Externa fica sob a autoridade do Alto Representante, que recorre a este Serviço para a elaboração das propostas relativas à política externa e de segurança da União e para a implementação das decisões adotadas pelo Conselho nesse domínio. O Serviço Europeu para a Ação Externa pode igualmente ser colocado à disposição do Presidente do Conselho Europeu, do Presidente da Comissão e dos restantes comissários para as questões relacionadas com a política externa da UE; tem ainda colaborado com os serviços diplomáticos dos Estados-membros. O seu objetivo é o de promover a visibilidade e influência da União Europeia a nível global, lidando com as inerentes dificuldades da inexistência de um caráter de supranacionalidade nestas matérias, o que torna o desafio da coerência e eficácia desta dimensão diplomática da União particularmente complexo.

Na sua atuação, procura garantir a paz e estabilidade, garantindo a segurança e a manutenção de boas relações tanto com os países próximos, no contexto da Política Europeia de Vizinhança, como com o resto do mundo, focando-se particularmente em vetores fundamentais da identidade e dos valores europeus, como é o caso da democracia, dos Direitos Humanos ou da luta contra as ↗alterações climáticas.

O Tratado de Lisboa, para além de muitas outras inovações, fez, através deste Serviço, um esforço para dotar a organização das estruturas necessárias – e possíveis – às respostas a desafios contemporâneos crescentemente complexos e para o sucesso das quais a coerência da União é fundamental. Todavia, e enquanto a política externa se mantiver sob controlo exclusivo dos Estados, numa lógica intergovernamental, a condução destas matérias terá que continuar a ser realizada em estreita articulação com os Estados-membros e no respeito pela sua soberania. *[A.P.M.]*

Serviços de informação

Serviço governamental ou agência estatal encarregado da recolha de informação, de forma pública ou secreta, sobre a capacidade ou intenções de outro país ou aliança política ou militar. O objetivo é recolher, analisar e avaliar informação fundamental ao processo de decisão. Embora a sua função primária seja a aquisição de informação confidencial, outras tarefas incluem a contraespionagem (evitar que outros, por excelência o inimigo, obtenham informação), o logro (disseminação de desinformação) e a ação dissimulada (subversão política). Os serviços de informação incluem uma vertente tecnológica, associada, por exemplo, a satélites e meios de transporte, espiões ou escutas telefónicas, e uma vertente humana, relacionada com documentos secretos ou intenções políticas.

Os serviços de informação são muitas vezes referidos como a dimensão em falta da História Diplomática e das Relações Internacionais. Na era pós-Guerra Fria, a atividade dos serviços de informação tem-se concentrado mais na criminalidade relacionada com o terrorismo, o tráfico de drogas e a espionagem industrial, e menos na espionagem militar tradicional. *[J.R.C.]*

Sessão legislativa (Portugal)

Em Portugal, a sessão legislativa corresponde ao período de reunião anual da Assembleia da República. É isso que dispõe o artigo 174.° da Constituição. Traduz, no fundo, tal como assinalam Gomes Canotilho e Vital Moreira, "a divisão temporal da ↗legislatura" e, seguindo ainda os autores, compreende um "período normal de funcionamento da AR", bem como um "período normal de intervalo". Durante este último período, ou seja, fora do chamado período de funcionamento efetivo da AR, funciona uma Comissão Permanente, cuja composição e competência se encontram definidas no art. 179.° da Constituição e nos arts. 40.° e 41.° do Regimento da Assembleia da República. *[M.M.]*

Shatterbelts

Apesar de a expressão *Shatterbelts* (cinturas fragmentadas) ter sido utilizada primeiramente por Derwent Whittlesey (1942) para designar o conjunto de Estados da Europa Oriental e Central entre a Alemanha e a Rússia, foi sobretudo através do seu aluno de Harvard, Saul Bernard Cohen, que o termo ganhou dimensão, especialmente na terminologia geopolítica desde os anos de 1960.

Uma frase sinónima é "zona de esmagamento" e, historicamente, está intimamente relacionada com a emergência de Estados independentes após o colapso dos impérios coloniais, como em África e no Médio Oriente. Estas regiões fragmentadas são paradigmáticas, pois resultam mais de um desordenamento provocado pelos estilhaços do pós-guerra do que da aplicação estruturada e harmonizada do restabelecimento de uma determinada identidade histórica, étnica, cultural, linguística e/ou religiosa. Em bom rigor, estes *shatterbelts* são eles mesmos modelados por grupos hostis entre si e que, sem um país/grupo de países que os possa de alguma forma controlar (política, economicamente ou outra), tornam-se em zonas de enorme instabilidade de toda a ordem (veja-se o exemplo das regiões onde ocorreu a chamada "Primavera Árabe").

Os *shatterbelts* são, por definição, voláteis, resultando, não raras vezes, de guerras/disputas internacionais de grande escala, embora não possamos deixar de compreender a sua dimensão regional, tal como vem enfatizando Cohen. Na prática, resultam em regiões fragmentadas a vários níveis (social, cultural, político, etc.). Geograficamente, estas áreas estilhaçadas poderão ainda ser balizadas e/ou alternadas por montanhas, florestas, desertos ou grandes rios, o que, na prática, dificulta a circulação no seu interior e favorece ainda mais a pulverização cultural e política. Assim, estas condições intrínsecas – geradoras *per si* de múltiplas divisões entre as comunidades humanas que as povoam – tornam extremamente difícil a implantação em tais regiões de qualquer forma de unidade. Do ponto de vista geopolítico, os *shatterbelts* são um "arco de instabilidade geoestratégica", constituindo-se, simultaneamente, como áreas tampão e de competição entre as grandes potências. *[P.C.]*

Simbólica política (ritos políticos)

O rito político é uma atividade repetida e culturalmente padronizada, ligada à esfera política ou/e desempenhada por atores políticos. Como representação simbólica, o rito político, veiculando símbolos como histórias míticas, atos, instrumentos e palavras, permite comunicar sentimentos, preocupações e ideias centrais para a comunidade, e ajuda a ligar os indivíduos aos seus papéis políticos. Para se manifestar, o rito segue esquemas ou guiões de atuação que consistem em técnicas, elementos e formatos.

Embora um indivíduo internalize valores, crenças e tradições sociais – fruto da socialização –, a manutenção da ordem social exige um revigoramento periódico que evoque e reforce a conexão entre passado, presente e futuro. Segundo Durkheim, a representação simbólica é a maneira como a sociedade permeia o indivíduo, enquanto a participação no rito é o resultado da pressão social para se ajustar às atividades coletivas.

Entre diversas funções, o rito político pode construir uma identidade individual e social, reforçando a coesão social; construir poder – Geertz é um dos apologistas de que o rito não é um mero ornamento do poder político; facultar esquemas cognitivos, modelos de desempenho e chaves de interpretação dos comportamentos dos atores políticos; aumentar o prestígio ou a hostilidade; legitimar a autoridade; estabelecer uma hierarquia entre os atores políticos e, como *dramaturgia do poder*, criar uma ordem cosmológica que diferencia um governante. *[C.B.]*

Sindicatos/Sindicalismo

Agrupamento de pessoas que junta membros exercendo uma mesma profissão, profissões afins ou profissões que dependem de um mesmo ramo de atividade. O seu objetivo é a defesa dos direitos e interesses coletivos, quer materiais, quer morais, de cariz económico e social, desta profissão ou ramo de atividade. Mais especificamente, os sindicatos têm competência para agir judicialmente, em defesa dos seus interesses e dos direitos dos seus membros. Para além disso, os sindicatos têm em geral competências específicas para representar os trabalhadores e os patrões nas relações coletivas de trabalho, e mais especificamente na negociação coletiva, de que podem resultar normas de direito do trabalho (convenções e acordos coletivos de trabalho). O sindicalismo desenvolveu-se, na Europa, no final do século XIX (mais especificamente nos anos 1870, na Inglaterra), e expandiu-se através das associações ou sociedades de socorro mútuo. O sindicalismo defende posições que podem ser mais ou menos radicais em relação às estruturas capitalistas de trabalho, e de um modo geral nas suas relações com a sociedade política. *[J.C.C.]*

Síndroma Cartesiano da Política

Conceito introduzido por Mendes (2018), que argumenta que, não raras vezes, os decisores agem e decidem, não de forma objetiva e racional numa lógica de ponderação de maximização de ganhos e minimização de custos, mas sobretudo de forma subjetiva e ideacional, numa lógica sociocultural e identitária. Os decisores decidem não apenas, ou sobretudo, em função dos dados objetivos da situação, mas sim em função das suas ideias e preferências culturais e ideacionais. Na prática, ao contrário das visões racionalistas dominantes, muitas vezes os decisores não agem tendo em conta uma deliberação objetiva e aritmética de maximização de interesses nacionais objetivos como o Poder, Segurança e Riqueza (PSR). Agem sim de acordo com as suas perceções subjetivas sobre o funcionamento do mundo e as suas interpretações socioculturais sobre o significado e a relevância do que é o PSR. Deste modo, os agentes políticos e diplomáticos agem, em última análise, de acordo com as suas ideias sobre o que é o mundo e o modo do seu funcionamento. Assim se explica o dilema cartesiano da política: *penso, logo ajo.* O dilema cartesiano da política ajuda a compreender o porquê de muitos decisores, aparentemente, agirem de forma não racional ou de forma completamente inadequada face às normas internacionais, à ética ou aos avanços da ciência, como, por exemplo, os fundamentalistas de todos os credos religiosos, os líderes totalitários, os líderes autoritários e os líderes populistas da extrema-direita e da extrema-esquerda. *[P.E.M.]*

Sinergia do Mar Negro

O objetivo da "Sinergia do Mar Negro" – uma iniciativa da Comissão Europeia, lançada em 2007 – é promover a cooperação não só entre a região do Mar Negro e a UE, mas também a cooperação dentro da própria região. Desta forma, complementam-se as políticas bilaterais que a UE tem vindo a promover, tais como o processo de pré-adesão da Turquia à UE ou a parceria estratégica firmada com a Rússia. Os países que integram esta iniciativa são a Arménia, o Azerbaijão, a Geórgia, a Moldávia, a Rússia, a Turquia e a Ucrânia.

Gerida pelo ↗Serviço Europeu para a Ação Externa, a Sinergia para o Mar Negro proporciona um fórum de resolução de problemas comuns e promove iniciativas e programas setoriais em áreas como, por exemplo, a circulação de pessoas, energia, segurança, transportes, ambiente, comércio, emprego, assuntos sociais e ciência e tecnologia, mas procurando levar sempre em linha de conta os interesses de cada um dos parceiros envolvidos e o desenvolvimento de atividades de uma forma coerente. Os objetivos da parceria estão relacionados com os princípios gerais da Política Europeia de Vizinhança, de fortalecimento da democracia e da cooperação económica e social, mas também com o facto de a região do Mar Negro ter uma importância estratégica sensível para a segurança energética da União Europeia. O Mar Negro e a região como um todo é considerada pela União Europeia como uma "ponte" entre a Europa e a região do Mar Cáspio, rica em hidrocarbonetos. Trata-se de uma região estratégica relativamente a rotas de transporte, de oleodutos e gasodutos, levando a que qualquer instabilidade nesta região possa afetar os recursos energéticos consumidos pela União Europeia.

No âmbito desta iniciativa, a 8 de maio de 2019 foi elaborada uma Agenda Estratégica de Investigação e Inovação para o Mar Negro e a 21 de maio de 2019 definida uma Agenda Marítima Comum para o Mar Negro que estabelece uma cooperação em torno da bacia marítima em defesa de uma economia azul mais sustentável. Esta cooperação regional no Mar Negro em termos de assuntos marítimos e pescas com enfâse numa economia azul assenta na sustentabilidade ambiental, na construção de portos inteligentes, turismo, investigação e inovação, e apoio às pequenas e médias empresas. Será tarefa da Comissão Europeia continuar a orientar e a apoiar a implementação destas duas agendas nos próximos anos, nomeadamente, ao nível da futura programação da cooperação financeira e técnica, no reforço das sinergias entre os vários instrumentos de financiamento do desenvolvimento regional sustentável e na cooperação com as instituições financeiras, no sentido de estimular o investimento e a combinação de fundos destinados a financiar projetos na região do Mar Negro. *[R.R.]*

Sistema

A noção de sistema, inicialmente formulada no domínio das Ciências da Natureza com o intuito de demonstrar a existência de relações entre elementos particulares dentro de um conjunto complexo, só a partir do século XIX começou a ser transportada, ainda que de forma incipiente e pouco rigorosa, para o estudo das Ciências Sociais. Na realidade, só na segunda metade do século XX, com os trabalhos de Talcott Parsons, vemos emergir uma perspetiva clara e coerente da noção de sistema social.

Segundo Parsons, existem quatro características fundamentais em todo o sistema social, a saber: capacidade de manutenção – todo o sistema deve ter a capacidade de preservar os seus padrões essenciais, reproduzindo-os e assegurando a sua sucessão ao longo do tempo; capacidade de adaptação – qualquer organização e sociedade deve adaptar-se aos constrangimentos e mudanças inerentes ao meio ambiente onde se inserem; capacidade de obter determinados objetivos – toda a organização e sociedade tem um ou vários objetivos que tenta atingir; e capacidade de atingir uma integração social – a integração consiste na capacidade de fazer com que as três primeiras funções se realizem de uma forma compatível e consensual no seio da sociedade.

Partindo desta primeira abordagem global, David Easton elaborou um modelo específico para analisar os sistemas políticos. Assim, Easton, na sua análise sobre o sistema político, põe em relevo dois aspetos: a importância das relações entre o sistema e o seu ambiente, e a importância da regulação do sistema por uma autoridade capaz de gerar uma resposta adequada aos desafios provenientes do ambiente.

A análise sistémica consiste em estudar o conjunto de interações que se produzem entre o sistema e o seu ambiente através de um esquema cibernético. O sistema, constituído por um conjunto determinado de relações, está em comunicação com o seu ambiente através de mecanismos de *inputs* e *outputs*. Os *inputs* são constituídos pelo conjunto de pedidos e apoios que são dirigidos ao sistema. No interior do sistema, estes pedidos e apoios são convertidos pelas reações combinadas de todos os elementos do sistema, provocando finalmente, por parte da autoridade reguladora, uma reação global que exprime a forma como o sistema tentou adaptar-se aos incitamentos e pressões emanados do ambiente. Esta reação global (*output*) constitui a resposta do sistema. No entanto, esta resposta (*output*) vai produzir um novo circuito de reação (*feedback*) que, por sua vez, vai contribuir para alterar o ambiente de onde, seguidamente, partirão novos pedidos e apoios e assim sucessivamente, numa lógica de circulação cibernética.

A abordagem sistémica apresenta uma dupla vantagem. Por um lado, permite elaborar leis de dinâmica social, pois esforça-se por ultrapassar a particularidade das decisões ou acontecimentos, elaborando, portanto, um quadro de análise de aplicabilidade geral. Por outro lado, permite uma avaliação bastante precisa das interações que se manifestam, ao longo de todo o circuito, entre as variáveis internas (aquelas que incluem o sistema) e as variáveis externas (aquelas que incluem o ambiente). A análise sistémica sublinha que o sistema estudado não existe senão em função do seu ambiente e que, portanto, ele só pode ser definido e analisado em face da sua relação com o ambiente. *[P.E.M. / F.S.]*

Sistema eleitoral

O sistema eleitoral, entendido (de forma restrita) como o processo de transformação de votos em mandatos, pode ser do tipo proporcional ou maioritário (a uma ou duas voltas), sendo que ambos podem ser aplicados no mesmo processo eleitoral, que assim adquire a tipologia de misto. A definição de um sistema eleitoral começa com a delimitação dos círculos eleitorais em termos geográficos e nas formas de candidaturas, uninominais ou plurinominais. Neste último caso, as listas podem ser abertas (o eleitor pode escolher candidatos de listas diferentes), ou fechadas, bloqueadas ou não (possibilidade de o eleitor alterar a ordem dos candidatos).

O sistema eleitoral influencia, ainda que de forma não determinística, o sistema de partidos. O sistema maioritário tende a induzir o bipartidismo (caso do Reino Unido e dos Estados Unidos), enquanto o sistema proporcional tende a produzir o multipartidismo. Este pode ser extremo e gerar um parlamento pulverizado de partidos, o que pode provocar situações de ingovernabilidade. Há formas de o limitar, através da criação de barreiras legais, com o estabelecimento de uma percentagem mínima, a nível nacional, para um partido conseguir assentos no parlamento (exemplos de Alemanha, Espanha e Rússia). Consoante a fórmula eleitoral adotada (média mais alta de Hondt, quociente de Hare e Sainte Lagüe modificada estão entre as mais usadas), pode haver benefício para os maiores partidos ou para os intermédios e há ainda o caso em que o partido mais votado é premiado com um acréscimo de deputados (Grécia, desde 2009), com o objetivo de o levar a alcançar uma maioria absoluta e, com isso, favorecer a governabilidade. Sendo o sistema proporcional considerado mais democrático, por expressar melhor a diversidade eleitoral, e o sistema maioritário mais capaz de aproximar o eleitor do eleito (devido aos círculos uninominais) e propiciar maior estabilidade, há países (como a Alemanha) que adotam ambos na mesma eleição (Bundestag), através de um duplo voto. *[J.P.]*

Sistema financeiro

Por sistema financeiro de um país entende-se o conjunto de instituições financeiras que asseguram a canalização de fundos na economia entre os agentes que os possuem em excesso (aforradores) e os agentes que deles necessitam e que disponibilizam os meios de pagamento necessários à realização de transações económicas.

O sistema financeiro internacional respeita ao conjunto de mecanismos, regras e instituições que asseguram a canalização internacional de fundos dos agentes que os possuem em excesso para os agentes que deles necessitam e que disponibilizam os meios de pagamento necessários à realização de transações internacionais. A sua arquitetura inclui a definição de regimes cambiais, de mecanismos de pagamento internacionais, de regras prudenciais e do próprio grau de liberdade dos movimentos de capital entre países. As políticas do sistema financeiro internacional dizem respeito ao conjunto de intervenções públicas ao nível da definição dos regimes cambiais, da intervenção nos mercados cambiais, da criação de regras prudenciais e da negociação do grau de liberdade dos movimentos de capitais. *[C.G. / F.Co.]*

Sistema de governo

Falar de sistema de governo é falar das relações político-institucionais entre os órgãos constitucionalmente indicados para o exercício do poder político num Estado ou, como refere Ricardo Leite Pinto, falar da "posição dos diversos órgãos de soberania nas suas inter-relações". Sendo um dos três elementos constitutivos de um dado sistema político (a par do sistema eleitoral e do sistema de partidos), o sistema de governo revela como se articula o poder entre os principais órgãos políticos nacionais. Nos regimes democráticos, como sublinha Jorge Miranda, os sistemas de governo, independentemente da configuração com que se apresentem, são indissociáveis dos princípios da "separação de poderes", da "dependência, independência ou interdependência dos órgãos" e da "responsabilidade política de um órgão ou dos titulares de um órgão perante outro órgão". No fundo, como referiu Freitas do Amaral, na responsabilidade e nas relações entre "o Chefe do Estado, o Parlamento e o Governo". É precisamente da análise destas relações, ou seja, da análise do sistema de governo, que podemos compreender se estamos diante um sistema presidencial, um sistema parlamentar ou, de acordo com os que defendem a sua existência autónoma, um sistema de governo semipresidencial. *[M.M.]*

Sistema de Integração Centro-Americano (SICA)

Central American Integration System

Após a criação da Organização de Estados Centro-Americanos (ODECA) em 1951, pela Costa Rica, El Salvador, Guatemala, Honduras e Nicarágua, e do consequente desmoronar do processo de integração centro-americano nas décadas de 1970 e 1980, o processo de integração centro-americano ficou marcado a 13 de dezembro de 1991 pela assinatura do Protocolo de Tegucigalpa pelos Estados da Costa Rica, El Salvador, Guatemala, Honduras, Nicarágua e Panamá, e pela entrada em funcionamento, a 10 de fevereiro de 1993, do Sistema de Integração Centro-Americano (SICA). A estes países juntaram-se, em 2000, o Belize, e em 2013, a República Dominicana.

Trata-se de uma organização regional cujos objetivos e princípios estão em conformidade com a realidade política, social, económica, cultural e ecológica dos países centro-americanos, e com as tradições e aspirações mais profundas dos seus povos. Tem como objetivo fundamental a realização da integração centro-americana, enquanto região de paz, liberdade, democracia e desenvolvimento. São seus propósitos consolidar a democracia e fortalecer as suas instituições; concretizar um novo modelo de segurança regional, sustentado num equilíbrio razoável de forças; impulsionar um regime amplo de liberdade, que assegure o desenvolvimento pleno e harmonioso do indivíduo e da sociedade em conjunto; criar um sistema regional de bem-estar e justiça económica e social para os povos centro-americanos; alcançar uma união económica e fortalecer o sistema financeiro centro-americano; e reforçar a região enquanto bloco económico.

O órgão supremo do SICA é a reunião de presidentes centro-americanos, a quem compete decidir regionalmente em matéria de democracia, desenvolvimento, liberdade, paz e segurança. Tem também como órgãos um conselho de ministros, um comité executivo, uma secretaria-geral, um comité consultivo, um parlamento centro-americano, um tribunal de justiça e a reunião de vice-presidentes centro-americanos. Tem sede em São Salvador, El Salvador. *[D.F.]*

Sistema internacional

A noção de sistema internacional, que tem origem na teoria geral dos sistemas, suscitou uma abundante literatura, apesar de a sua definição não estar claramente fixada, nem os seus processos heurísticos se encontrarem firmemente estabelecidos. A noção, contudo, fez sucesso.

Apelar ao sistema internacional é uma forma de se representar as relações entre um certo número de atores para lá das fronteiras nacionais, tendo em atenção simultaneamente o quadro e o resultado dessas relações num momento dado (Guillaume Devin).

Segundo Raymond Aron, o sistema internacional é o conjunto formado pelas unidades políticas que mantêm, entre si, relações regulares e suscetíveis de estarem implicadas numa guerra geral. Para este autor, exprimindo a conceção realista das Relações Internacionais, o que define antes de tudo o sistema internacional é a possibilidade de uma guerra comum entre os atores. O sistema internacional poderá, assim, ser analisado através de três noções-chave: guerra, Estado-nação e organizações internacionais.

Os sistemas políticos nacionais são facilmente identificáveis devido à sua centralização e institucionalização em organizações claramente referenciadas: o governo, o parlamento, os tribunais, o exército e assim por adiante. O sistema internacional não é centralizado e não é tão tangível e claro no que toca às suas instituições definidoras. Todavia, quando em Relações Internacionais nos referimos ao conceito de sistema internacional, estamos a referir-nos a dois aspetos definidores deste, a saber: a estrutura e o processo.

A estrutura diz respeito à forma como se distribui o poder pelas unidades do sistema. O processo diz respeito ao padrão de relacionamento e tipos de interação entre as unidades do sistema. Estas unidades políticas são, no presente sistema vestefaliano, sobretudo os Estados, mas não unicamente. O sistema internacional não abrange apenas os Estados, mas todo o tipo de atores não estatais existentes no sistema. O ponto essencial que importa ressaltar acerca de qualquer tipo de sistema é o de o padrão geral do sistema ser mais importante e influente do que a soma das suas partes. Deste modo, o comportamento das unidades do sistema vai ser influenciado pelo padrão geral de relacionamento do sistema. É o tipo de estrutura e o tipo de processo do sistema que interagindo entre si influenciam atores, fins e instrumentos, construindo um conjunto de princípios e normas de ação que, por sua vez, vão definir e caracterizar o padrão geral de relacionamento entre as unidades do sistema.

O conceito de sistema internacional é usado nas Relações Internacionais como instrumento de análise nos planos descritivo e explicativo. Como ideia descritiva, o sistema internacional constitui uma outra designação para o sistema de Estados. A análise tradicional do sistema de Estados tem tendido a enfatizar os objetivos e orientações das grandes potências como influências fundamentais relativamente a processos e resultados. Em termos sistémicos, uma potência é um ator estatal de tal significado que a sua retirada do sistema alteraria a sua estrutura, por exemplo, de uma situação de multipolaridade para uma de tripolaridade. Há dois processos sistémicos fundamentais geralmente identificados nos sistemas internacionais passados, presentes e futuros – os processos de conflito e os processos de cooperação.

Devido à sua permanência ao nível do sistema, os Estados individuais tomam-nos como dados adquiridos na formulação das suas políticas. Como forma de confrontar estes processos sistémicos, os Estados têm-se envolvido na criação de regimes e na construção institucional. Organizações internacionais como a Sociedade das Nações e as Nações Unidas intervieram no sistema do século XX, contribuindo para alterar a sua natureza, e levando alguns autores a referir a existência de um modelo de atores misto. Relativamente ao seu aspeto explicativo, o sistema internacional determina o comportamento dos atores estatais individuais no seu campo, sendo que a primeira tarefa de análise inclui a descoberta das características legais do sistema que estes atores deverão tomar em conta.

Assim, a ↗segurança é muitas vezes entendida como um objetivo primordial dos Estados devido à natureza anárquica do sistema. Produto e não produtor do Estado, o sistema internacional demonstra "na sua configuração e nas suas capacidades os fracassos e as crises que refletem o modelo estatal". À dependência do Estado deve o sistema internacional o facto de se ter tornado um sistema de Estados-nação.

Contudo, questionado pela sociedade e pelo indivíduo, sujeito ao "efeito corrosivo da multiplicação dos atores", o sistema internacional tem perdido "a sua capacidade de preservar a ordem, de gerir as relações de força e de imprimir um modelo normativo aceitável para todos" (Bertrand Badie). Segundo alguns autores, o sistema internacional transformou-se recentemente devido a três fatores: o poder americano unipolar;

o 11 de setembro de 2001, demonstrando a vulnerabilidade dos EUA; a doutrina Bush e a intervenção americana para defender os seus "interesses vitais". (↗Análise sistémica, ↗Escola Inglesa e ↗Neorrealismo). *[F.S. / D.F.]*

Sistema Monetário Europeu

O Sistema Monetário Europeu (SME) foi criado em março de 1979. Após a falência do ↗Sistema Monetário Internacional (SMI), em 1973, a economia internacional passou a ser regida por um regime de câmbios flutuantes. A incerteza cambial não era compatível com o funcionamento da Comunidade Económica Europeia (CEE). A possibilidade de flutuação irrestrita das moedas dos Estados-membros da CEE acarretava o risco de distorção da liberdade de circulação de mercadorias, com particular acuidade para os produtos agrícolas, na medida em que os governos podiam recorrer a desvalorizações competitivas para obter um ganho comercial a expensas de outros Estados-membros. O mesmo risco estava presente quando as oscilações cambiais eram ditadas por movimentos especulativos dos mercados. O SME foi a resposta da CEE para precaver esta ameaça e para garantir o funcionamento de um dos esteios da CEE. O SME foi dotado de um mecanismo cambial – o Mecanismo das Taxas de Câmbio (MTC) – que previa a flutuação máxima de cada moeda participante: 2,25%, no sentido da desvalorização ou da revalorização, em relação à cotação central face ao ECU (uma moeda compósita, sem existência física). Algumas moedas foram admitidas na banda larga, com oscilação máxima de 6% em ambos os sentidos. O MTC impunha intervenções simultâneas e simétricas das autoridades monetárias do país sujeito à pressão da desvalorização e do país exposto à tensão de revalorização.

Durante a sua existência, o SME sofreu pressões de vária ordem. Em consequência, algumas moedas participantes saíram do MTC (lira italiana e libra esterlina) e, na sequência dos ataques especulativos de agosto de 1992, foi aprovado o alargamento da banda de flutuação cambial para 15%. Com a criação da ↗União Económica e Monetária (UEM) em 1999 e a não adesão de todos os Estados-membros à Zona Euro, o SME foi redefinido. Atualmente, o SME 2 rege as relações cambiais entre a UEM e os Estados-membros da União Europeia que não pertencem à Zona Euro. *[P.V.M.]*

Sistema Monetário Internacional

International Monetary System

Por sistema monetário internacional entendemos o conjunto de sistemas cambiais que permitem aos países realizar transações internacionais que envolvam mais do que uma moeda. Este sistema pode assentar em regimes de câmbios fixos, regimes de câmbios flexíveis ou em regimes de câmbios controlados. O regime de câmbios fixos corresponde a um regime cambial em que a cotação da moeda nacional é definida pelo Banco Central do país que intervém sistematicamente nos mercados cambiais para segurar a taxa fixada. O regime de câmbios flexíveis corresponde a um regime cambial em que a cotação da moeda nacional é determinada pelo livre funcionamento dos mercados cambiais, isto é, pela procura e oferta.

O regime de câmbios controlados corresponde a um regime cambial em que a cotação da moeda nacional é simultaneamente determinada pelas forças do mercado e pela intervenção do Banco Central do país. Existem várias modalidades de câmbios controlados. A primeira respeita ao regime de câmbios ajustáveis, subjacente aos acordos de ↗Bretton Woods, que fixava a cotação da moeda nacional e um intervalo máximo para a sua variação, sendo ainda admitida a possibilidade de ajustamento da taxa de câmbio fixada quando ocorresse um desequilíbrio fundamental da balança de pagamentos. A segunda modalidade respeita ao regime de câmbios deslizantes (*crawling peg*), caracterizado por valorizações ou desvalorizações permanentes e graduais da cotação da moeda nacional relativamente a outra ou a um cabaz de outras moedas. A última respeita ao regime de câmbios de flutuações geridas em que a cotação da moeda nacional é largamente determinada pelo funcionamento dos mercados de câmbios, embora as autoridades monetárias intervenham de forma a amortecer as flutuações de curto prazo.

A política cambial traduz um setor da política económica dos países, da responsabilidade dos Bancos Centrais, que tem por objetivo assegurar o funcionamento do regime cambial que cada país adota. Os principais instrumentos utilizados pela política cambial envolvem a compra e venda de divisas, a manipulação da taxa de juro de referência e as operações de mercado aberto.

Em termos históricos, os sistemas monetários internacionais mais conhecidos foram o sistema padrão-ouro e o sistema de Bretton Woods.

O sistema padrão-ouro, sistema monetário internacional que vigorou entre 1880 e o início da Primeira Guerra Mundial, desenvolveu-se espontaneamente à medida que os países mais ativos nos mercados internacionais começaram a utilizar moedas e notas convertíveis em ouro. Neste sistema, cada moeda era convertível em ouro a uma dada taxa, isto é, os agentes económicos podiam trocar quando quisessem as suas notas e moedas por ouro a uma taxa de conversão fixada pelo governo. O compromisso assumido por cada governo relativamente ao valor da sua moeda gerava uma taxa de câmbio implícita entre as moedas de cada par de países, que era designada por *mint exchange rate*.

O sistema de Bretton-Woods, sistema monetário internacional que vigorou entre 1944 e 1971, consistia essencialmente num regime de taxas de câmbio fixas em que a moeda âncora era o dólar e a instituição central o ↗FMI. No entanto, como este sistema contemplava a possibilidade das taxas fixadas relativamente ao dólar serem alteradas em situações de desequilíbrio fundamental da balança de pagamentos, ele era na realidade um regime de câmbios ajustáveis. *[P.A.]*

Sistema Mundial Capitalista

↗Teoria do Sistema-Mundo.

Sistema de partidos

Um sistema de partidos é, antes de mais, um sistema de relação concorrencial que se estabelece entre os partidos políticos que disputam o poder e que, em função do resultado dessa disputa, ou exercem diretamente esse mesmo poder ou estão em condições de o influenciar. Assim, mais do que o número de partidos que de forma estável integram o Parlamento, o que releva para a caracterização de um sistema de partidos é a capacidade que têm para se alternarem no governo, ou para influenciarem a governação, ou para decidirem a sua manutenção e queda. O critério de qualificação de um sistema de partidos não pode, pois, ter apenas no número de partidos representados a sua base identificativa, já que coexistem outros fatores que podem ajudar a determinar uma classificação. Se o critério fosse apenas o da representação, independentemente do número de eleitos, dificilmente poderíamos falar de sistemas bipartidários, uma vez que existem sempre partidos, mesmo com expressão parlamentar exígua, que conseguem a eleição de representantes.

O que deve ser salientado, insistimos, é, por um lado, o número de partidos com real possibilidade de formar governo; por outro, o número de partidos cuja representatividade é determinante para a aprovação de leis com impacto decisivo na governação; e, por fim, o número de partidos capazes de assegurar uma determinada solução governativa. Se, por exemplo, tivermos presente o sistema de partidos português, a realidade demonstra-nos que entre a formação de governos, a revisão constitucional ou a aprovação de outras leis consideradas essenciais para a estabilidade política, se tem verificado a relevância de praticamente todos os partidos com assento parlamentar. Significa isto que o sistema multipartidário (Freitas do Amaral designava-o como "*sistema pluripartidário desorganizado*"), tem evidenciado ao longo dos tempos que tanto pode ser um sistema multipartidário de partido hegemónico (caso das maiorias absolutas do PSD e do PS), como um sistema em que se realçam as variáveis de que falava Duverger e que foram revelando quer um *bipartidarismo* (mais ou menos perfeito), quer um *tripartidarismo*, quer um *quadripartidarismo*, quer mesmo um *polipartidarismo*.

Questão também associada à definição e classificação do sistema de partidos é a relação que se estabelece entre este e o sistema eleitoral. Pretende-se no fundo dar destaque à circunstância de que os sistemas eleitorais maioritários tendem a favorecer o bipartidarismo (dependendo as suas características do sistema maioritário ser a uma ou a duas voltas), enquanto os sistemas eleitorais proporcionais privilegiam o multipartidarismo ou até um bipartidarismo imperfeito. *[M.M.]*

Sistema vestefaliano

Tipo de organização internacional que define o atual ↗sistema internacional composto por Estados (relativamente) soberanos. Em 1648, a paz de Vestefália pôs fim à Guerra dos Trinta Anos, a última grande guerra religiosa e a primeira guerra dos Estados modernos. Numa análise retrospetiva, podemos dizer que o Tratado (na verdade, foram assinados dois tratados em separado, um pelos líderes protestantes em Osnabrück, e outro pelos católicos em Munique) deu origem à cristalização da instituição dominante na organização internacional, ou seja, o Estado territorial soberano. Assim, nestes documentos foi definido o princípio básico da soberania – segundo o qual o sistema internacional tem vindo a operar há mais de 350 anos – que consiste na exclusividade da autoridade interna do governo. A partir deste momento, definiu-se que, no território pertencente a um Estado, nenhum poder exterior – incluindo o Papa – tem o direito de exercer qualquer tipo de autoridade política ou jurisdição legal. Neste sentido, quando hoje falamos de sistema internacional, usualmente referimo-nos a este sistema territorial estatal e definimos as relações de ↗política internacional como relações onde não existe um poder acima dos Estados.

Nas Relações Internacionais atuais, é comum a referência ao "mito Vestefaliano" e, sobretudo, à erosão do sistema vestefaliano para explicar que o sistema global do século XXI já não tem as mesmas caraterísticas, nem é constituído pelos atores nacionais soberanos equivalentes à formulação pensada e construída no século XVII, que perdurou até ao século XX. Por isso, hoje é possível falar de um sistema internacional pós-vestefaliano onde, por um lado, os Estados já não são os únicos atores com capacidade de influenciar e definir a política internacional, e por outro, porque o próprio Estado vem perdendo capacidade de decisão, quer para atores privados como as empresas multinacionais, quer para organizações supranacionais, ou mesmo para atores infranacionais, como as cidades globais, redes de advogados da sociedade civil, etc. *[P.E.M.]*

Situação colonial

De acordo com a fórmula consagrada por Georges Balandier, a situação colonial corresponde a um contexto histórico e social em que uma minoria estrangeira, em nome da sua alegada superioridade racial (ou étnica) e cultural dogmaticamente afirmada, impõe o seu domínio a uma maioria autóctone, técnica e economicamente mais débil, em proveito dos dominadores.

Por outro lado, encarando o ↗colonialismo como um sistema implantado e rentabilizado entre meados e finais do século XIX, antes do seu declínio após a Primeira Guerra Mundial, Jean-Paul Sartre consideraria que os seus agentes – colonos ligados à metrópole pelo pacto colonial, através do qual auferiam lucros chorudos do comércio das produções coloniais impostas pelo colonizador – se encontravam numa situação dúplice e contraditória, visto possuírem uma "pátria" (metrópole) e, ao mesmo tempo, um "país" (colónia) distintos, nele representando a primeira, mas opondo-se às instituições políticas metropolitanas, sobretudo às democráticas, a fim de salvaguardar a opressão que sustentava a sobreexploração que os alimentava, dada a sua incompatibilidade com a universalidade dos direitos de cidadania passíveis de serem reivindicados pelos colonizados, cujos interesses eram inconciliáveis com os dos colonos. Salvaguarda que só o ↗racismo poderia estribar, contrapondo-se ao universalismo latente do liberalismo burguês. Se todos os homens tinham os mesmos direitos, então transformava-se o colonizado num ser sub-humano. *[J.M.G.]*

Soberania

Deve-se a Bodin, aquele que Gianni Ferrara considera "o primeiro e maior teórico da soberania moderna, o mesmo é dizer do Estado (moderno)", a indicação de que a soberania é "o poder absoluto e perpétuo de uma República", sendo assim "o fundamento de toda a República". Nestes termos, seguindo o pensamento, entre outros, de Burdeau, "a soberania é um atributo do Estado que manifesta a sua superioridade diante qualquer outra entidade interna e que não está submetido a qualquer entidade externa".

Esta ideia de soberania, surgida no século XVI e consolidada a partir de 1648, com a paz de Vestefália, traduzia aquilo que Christopher W. Morris chama de "soberania clássica" e manifesta "um atributo central dos Estados modernos", a "mais alta, final e suprema autoridade de poder político e legal dentro do domínio territorialmente definido de um sistema de governo". De acordo com esta ideia, falar de soberania significava falar do Estado, do Estado moderno, e falar do Estado passava a pressupor falar de soberania.

Esta "soberania clássica", surgindo assim datada e correspondendo a uma época determinada, justifica que muitos hoje considerem a soberania do Estado algo completamente ultrapassado e totalmente contrário à evolução que o Mundo vem registando. Alicerçam essa posição no contexto do desenvolvimento quer do Direito Internacional, quer das novas realidades políticas que se apresentam como organizações internacionais. Aquele direito e estas organizações demonstrariam que a soberania estadual é uma expressão do passado e que apenas como tal merece estudo e análise. Já não é apenas o soberano que surge com outras vestes, como aconteceu quando o Rei foi substituído pela Nação ou pelo Povo, é a própria soberania ligada ao Estado nacional, mesmo que o seu exercício esteja subordinado à lei, que está em causa. Por outro lado, sustentam também que a soberania é não apenas uma ideia do passado, como um valor relativo, não dependente, não estruturado, não fundamentado, em qualquer valor superior, fruto apenas de "um dogma resultante do Estado moderno". Giorgio

Pallieri, que magistralmente abordou a questão, foi mesmo ao ponto de considerar que "tal como o *homo economicus*, a soberania não passa de uma abstração científica, cuja utilidade e cujo significado só podem ser determinados em relação à ciência a que serve", a ciência do direito positivo. Deste modo, a soberania, "como dogma científico", teria as "qualidades e o caráter de todos os dogmas científicos: a relatividade e a fragilidade".

Mas a perspetiva de que a expressão da soberania (não o conceito) apenas surge no século XVI e se consolida a partir da criação do Estado moderno, não é uma ideia unânime ou consensual. São disso exemplo, entre outros, os testemunhos de Marcel David (com o seu *La souveraineté et les limites juridiques du pouvoir monarchique du IXe au XVe siècle)* e, muito mais recentemente, de Roberto de Mattei. A lógica, principalmente para este último, é a de que a própria classificação de Estado "moderno" não deixa de evidenciar que se o Estado é a partir de dado momento rotulado de moderno, então isso significa que ele já existia (mesmo antes de Maquiavel dele ter falado), ainda que com outra designação. Do que se trata então não é de considerar que a soberania sucumbiu, mas de reconhecer a vontade de substituir aquele que a exerce. Do que se trata ainda não é questionar se este poder absoluto, *o tal* que não reconhece concorrência a nível interno e que não deve obediência a nível externo, pode persistir, mas tão só de redefinir o que seja o "nível interno" e como se passará a caracterizar o "nível externo".

Na realidade, tal como assinala o próprio Roberto de Mattei, ao assistirmos à "passagem do modelo "vestefaliano" da comunidade dos Estados para o modelo pós-moderno de uma sociedade mundial "policêntrica", assistimos a uma tentativa de reconfiguração política das comunidades. Mas essa reconfiguração, colocando em causa a presença e a permanência do mencionado Estado moderno, não implica automaticamente que se coloque em causa a ideia de soberania. E por uma razão simples: se a soberania é ou foi a expressão do Estado, este é também fruto de um poder soberano que lhe é anterior. Com efeito, como bem referiu Alain Cambier, "a soberania não é apenas um poder do Estado, ela surge como o poder que faz o próprio Estado", o que significa que a *morte* deste não tem obrigatoriamente de determinar a *morte* daquela. Questão diferente, deslocada do âmbito que aqui nos trouxe, é a de saber quem será o soberano no novo modelo que surja pós-Estado moderno. *[M.M.]*

Socialismo

Conjunto de ideias políticas que destacam a natureza cooperativa da produção industrial moderna, que acentua a necessidade de alcançar, em comunidade, a igualdade social. Sistema político-económico onde o Estado, por via de governos eleitos democraticamente, controla a economia através do planeamento ou de forma mais direta, detendo os fatores de produção. Ao controlar os bens industriais, e mesmo os agrícolas, o objetivo é produzir o que a sociedade necessita sem olhar ao que poderá ser mais vantajoso e lucrativo produzir. O socialismo visa uma sociedade igualitária, onde não haja lugar para a pobreza.

O socialismo toma posse como credo político em inícios do século XIX, como reação à situação económica e social no contexto da Revolução Industrial, criticando os países liberais por gerarem o empobrecimento e as desigualdades sociais, procurando dar resposta à questão social decorrente da industrialização, exigindo uma nova ordem económica e social, mais igualitária e justa, subordinando a análise política à análise económica e defendendo a atribuição ao Estado de extensas funções na economia, de modo a que os benefícios materiais sejam distribuídos com base nas necessidades. O objetivo principal do socialismo é, então, a erradicação das desigualdades económicas e sociais, ou pelo menos a sua redução substancial.

Ao contrário do comunismo, o sistema socialista contempla a propriedade individual, a distribuição de recursos de acordo com a capacidade e contribuição individuais (e não estritamente de acordo com as suas necessidades), a existência de classes sociais com rendimentos diferentes (mas procurando mitigar tais diferenças) e a liberdade religiosa. *[F.S. / R.R.]*

Sociedade

A sociedade é, ao mesmo tempo, o quadro de todos os factos sociais e a totalidade real de todas as práticas sociais e representações. Enquanto totalidade, constitui uma unidade formada pelas práticas individuais e coletivas, pelos grupos e agrupamentos (família, classe, etnia, etc.), e por todos os sistemas de relações (ordem do político, económico, religioso, cultural). Isso significa que a sociedade é entendida simultaneamente como totalidade orgânica ou como um todo coletivo indiviso, dotado de individualidade, e como uma pluralidade que conserva a diversidade própria às entidades coletivas. Ora, enquanto conjunto de indivíduos e de práticas sociais, a sociedade não é uma totalidade real, mas um objeto abstrato. O aspeto coletivo das partes ou a individualidade do todo reporta-se a uma perspetiva: "reencontra-se a lição de Rousseau: perante o estrangeiro, o corpo do povo torna-se um ser simples, um indivíduo" (Descombes), ou seja, é o resultado de um ponto de vista.

Estas duas perspetivas estão presentes, em termos epistemológicos, na análise sociológica. Para uns, a sociedade é uma totalidade abstrata e não uma totalidade concreta, na medida em o que conta são os indivíduos e as relações sociais, e a sociedade é o conjunto dos indivíduos (é o caso do nominalismo e do individualismo metodológico, que poderemos encontrar em Weber). Para outros, a sociedade é uma totalidade real e uma entidade distinta dos indivíduos (é o caso do holismo e do realismo, de que são exemplos Durkheim e Marx). Já o holismo estrutural de Descombes propõe-se ultrapassar a dicotomia entre realistas e nominalistas, na medida em que defende que todo o sistema é composto de partes, e não de membros, cujas relações estruturam a totalidade. Aqui, os dois pontos de vista, o das relações e o dos sistemas que elas compõem, estão presentes.

Para o nominalismo, os termos singulares que se referem a indivíduos são o objeto sociológico por excelência, enquanto os termos gerais abstratos não são senão construções teóricas (modelos abstratos), que descrevem estruturas ou relações entre indivíduos. A questão sociológica central é a da relação entre o indivíduo e a sociedade, e a do estatuto da sociedade por relação aos indivíduos. O nominalismo considera que o que existe são os indivíduos e as suas interações, cujas descrições adequadas se fazem por intermédio dos termos singulares, podendo dispensar-se os termos holistas, como sociedade, já que os coletivos sociais são abstratos. É assim que, na linha do nominalismo, o individualismo metodológico privilegia o ponto de vista das ações individuais. Max Weber, que decompunha a sociedade em ações de indivíduos independentes, foi um representante do nominalismo sociológico. Como observa Elias, "as estruturas sociais tipos, como as administrações burocráticas, os sistemas económicos de tipo capitalista, ou os sistemas de dominação de tipo carismático, eram para ele representações precisas e científicas de qualquer coisa que não tinha nem ordem nem estrutura: eram simplesmente criação dos sociólogos".

Para Weber, que conduz uma reflexão crítica em relação às conceções realistas, as construções teóricas das Ciências Sociais têm um caráter ideal (os tipos-ideais são construções simbólicas e instrumentos que permitem organizar realidades diversas).

O realismo, por seu lado, defende que o mundo social é uma realidade em si mesma factual, e a sociedade uma entidade distinta dos indivíduos. Durkheim, por exemplo, utilizou uma conceção simultaneamente realista e holista de sociedade, concebida como uma entidade indiferenciada, exterior aos indivíduos. De facto, as perspetivas holistas tendem a analisar o social como unidade, enquanto as perspetivas individualistas tomam o social na sua pluralidade. É por isso que Gurvitch fez questão de sublinhar a diversidade do social, desde a pluralidade das formas de sociabilidade à pluridimensionalidade da realidade social e à pluralidade dos métodos para o seu estudo. *[I.B.]*

Sociedade civil

A expressão "sociedade civil" tem, de acordo com as interpretações e análises políticas e filosóficas dos últimos séculos, assumido diferentes significados. Num ambiente de relações sociais em que se cruzam interesses e conflitos de ordem económica, social, ideológica, religiosa ou cultural, a sociedade civil existe pela sua relação com o Estado.

A democracia aumentou a capacidade de os cidadãos se organizarem em função dos seus interesses específicos e assim exercerem pressão sobre as instituições estatais. Diversas formas de representação têm vindo a surgir, desde grupos de maior ou menor dimensão, associações, movimentos, organizações, e nos mais variados setores e causas, tais como a igualdade de género, condições laborais e sociais, direitos políticos, a não discriminação e direitos das minorias, a proteção ambiental, entre outros.

Tem-se verificado que nem sempre a sociedade civil se mostra organizada ou suficientemente interventiva nas questões de decisão pública. As novas tecnologias têm, no entanto, contribuído para uma maior comunicação entre os indivíduos e dinamização de assuntos de interesse coletivo, servindo, assim, para aumentar a pressão da sociedade civil junto à opinião pública e, por sua vez, ao poder público (exemplo das petições *online*). *[I.C.L.]*

Sociedade industrial/pós-industrial

A sociedade industrial tem a sua origem nas Revoluções Industriais dos séculos XVIII e XIX e caracteriza-se por estruturas sociais e organização político-económica moldadas pelos interesses da classe capitalista e pelo modelo de produção industrial, pois o sistema produtivo industrializado era orientado pela geração em massa de bens de consumo e pelo consequente consumo massificado. Portanto, políticas económicas foram postas em prática, a fim de condicionar as atividades laborais e o estilo de vida do trabalhador, constituindo uma sociedade pautada pela padronização. As três principais características da sociedade industrial são: o uso do conhecimento científico na organização do trabalho e na indústria; a crença de que o progresso e o desenvolvimento tecnológico são capazes de responder aos desafios da humanidade e de promover o bem-estar social; e a divisão de classes marcada pela classe empresarial de um lado e pela classe operária do outro.

A sociedade pós-industrial origina-se na Revolução Tecnológica do último quarto do século XX e é orientada pela produção do conhecimento. Contrariamente à Sociedade Industrial, o sistema produtivo pós-industrial não está alicerçado na produção de bens tangíveis nem na padronização, mas na produção e comercialização de produtos intangíveis, tais como serviços, aplicações de tecnologia móvel, etc. Caracteriza-se pela fragmentação da rotina de trabalho e pela diversidade de atividades laborais. *[F.C.]*

Sociedade Internacional (escola/abordagem)

A Sociedade Internacional diz respeito à institucionalização partilhada de ideias, interesses e convicções e é constituída através de regras e instituições comuns que vão mediar o relacionamento entre os Estados. Ligada à ↗Escola Inglesa, esta abordagem parte da perspetiva da existência simultânea de elementos realistas e liberais na sociedade internacional. Ou seja, na sociedade internacional tanto existe a possibilidade de conflito e guerra como de cooperação e paz. Os seus principais atores são os Estados, mas também os indivíduos. Esta abordagem defende que a sociedade internacional é plural e composta por diferentes elementos constitutivos. Por outro lado, esta abordagem defende que não é correto construir teorias das Relações Internacionais com base na excessiva abstração simplificante relativamente a um fator único, como fazem os realistas com o poder. Esta abordagem defende que as relações internacionais são definidas e compostas por vários e simultâneos fatores, onde o poder, mas também as lideranças, o Direito, as instituições e as ideias são importantes. Isto significa que a abordagem da sociedade internacional defendida pela Escola Inglesa assume a importância intersubjetiva e social dos processos de relacionamento entre os atores, bem como dos seus fundamentos normativos e jurídicos. *[P.E.M.]*

Sociedade mundial/Comunidade mundial (distinção)

Segundo a distinção clássica de Tonnies, a sociedade, no sentido de *Gesellschaft*, é uma construção artificial e atomística, uma soma de indivíduos em que continuam a prevalecer os interesses particulares, as rivalidades e os conflitos, não uma comunidade, no sentido de *Gemeinschaft*, fundada sobre uma solidariedade natural e espontânea que une "os que se amam" e "se compreendem", e constituindo, assim, um todo orgânico e harmonioso. A sociedade internacional permanece muito mais próxima da primeira aceção que da segunda, não dispondo de estruturas ou instituições comparáveis às dos Estados. Como escreveu Daniel Colard, o recurso à força, a ausência de um poder centralizado e a violação das regras de direito caracterizam ainda este tipo de sociedade. A solidariedade é mais formal que real. A cooperação interestadual depende da convergência dos interesses nacionais. O meio internacional é heterogéneo.

A originalidade da sociedade internacional reside no facto de ser constituída por Estados juridicamente soberanos e iguais, que detêm o poder político; revelar um caráter imperfeito, inorganizado e pouco estruturado, não existindo no seu seio órgãos políticos centrais capazes de gerirem, em nome da coletividade dos Estados, o conjunto das funções sociais fundamentais – não existe um governo mundial ou um parlamento universal; manifestar um reforço extraordinário da solidariedade e da cooperação interestadual, por força de interdependências complexas que se criaram a todos os níveis e em todos os domínios.

Após a rutura da unidade jurídica e moral que caracterizou a Cristandade na Idade Média, com o aparecimento dos Estados modernos, que deu origem, durante séculos, à sociedade anárquica, ao Estado de natureza, a sociedade internacional está, para muitos teóricos, a caminhar rapidamente para uma comunidade internacional, que anuncia quer um Estado mundial quer uma Federação mundial.

Ao presente, contudo, a sociedade internacional, cada vez mais complexa por força da multiplicação do número de Estados, das tensões ideológicas, económicas, culturais, etc., encontra-se ainda a meio caminho entre a anarquia e a comunidade, revelando uma natureza mista em que as características de ordem e desordem são bem evidentes.

Por outro lado, faltam os quadros conceptuais para construir a nova sociologia de um espaço sem fronteiras. Norbert Elias imaginava para muito breve o dia em que a noção de humanidade seria o quadro de referência dos estudos em Ciências Sociais. Sob muitos aspetos, a sua intuição era justa: o reconhecimento dos indivíduos afirma-se cada vez mais contra o Estado, através dos Direitos Humanos, e assiste-se à progressão espetacular da noção de ingerência humanitária. Em matéria de meio ambiente, a noção de bens comuns da humanidade penetrou as consciências e o discurso diplomático, senão os comportamentos.

No entanto, são muitos os intermediários que se colocam entre o indivíduo e a sociedade mundial para que se possa, de forma definitiva, fazer da humanidade um quadro de referência analítica para as Relações Internacionais. A Filosofia, o Direito e a Moral podem meditar sobre a unidade do género humano. Todavia, a disciplina das Relações Internacionais deve ter em conta a diversidade cultural, a multiplicidade das identidades individuais, bem como a diversificação crescente dos reagrupamentos e das formas de vida coletiva. É isso que torna difícil tomar como unidade de análise os mais de sete mil milhões de indivíduos que vivem, de forma tão díspar, na sociedade mundial. *[D.F.]*

Sociedade das Nações (SDN)

League of Nations

A Sociedade das Nações foi criada em janeiro de 1920 com o objetivo específico de estabelecer procedimentos para a resolução pacífica de disputas e conflitos internacionais. O catalisador para a sua formação foi a Primeira Guerra Mundial e o Tratado de Versalhes, embora as suas origens retrocedam ao descontentamento idealista e liberal com a anarquia internacional e a balança de poder que até então caracterizavam o sistema de Estados.

Pretendia-se que fosse uma organização global, embora desde logo fosse prejudicada por realidades políticas e ideológicas. Os EUA recusaram-se a aderir, a União Soviética foi vítima do ostracismo de outros, a França e o Reino Unido revelaram um apoio "morno", e a Alemanha, Itália e Japão operavam fora dos princípios estabelecidos. Apesar de tudo, a sua breve história, reduzida na prática a menos de duas décadas, testemunha o fim do velho sistema e o desejo quase universal do século XX de estabelecer instituições internacionais no sentido de permitir o estabelecimento de um regime legal para a conduta ordenada dos assuntos internacionais. As Nações Unidas são o seu sucessor, e ambas adicionaram uma nova dimensão à política mundial.

A Sociedade das Nações, sediada em Genebra, era constituída por três órgãos centrais: o Conselho (quinze membros, incluindo a França, o Japão, a Itália, o Reino Unido e a União Soviética como membros permanentes), que se reunia três vezes por ano; a Assembleia (todos os membros), que se reunia anualmente; e um Secretariado. Todas as decisões eram tomadas por unanimidade.

A filosofia inerente à Sociedade baseava-se no princípio da segurança coletiva, o que significa que a comunidade internacional tinha o dever de intervir em conflitos internacionais; também significava que as partes numa disputa deveriam submeter os seus desentendimentos à Sociedade ou à arbitragem. Se estes não chegarem a uma decisão unânime num período de seis meses, as partes em disputa poderiam, após novo período de mais três meses, envolver-se em guerra. O Tribunal Internacional de Justiça Permanente, apesar de separado da Sociedade, atuava em concerto com esta.

O fulcro do Tratado encontrava-se no artigo 16.º, que permitia à Sociedade das Nações o uso de sanções económicas ou militares contra um Estado violador. Em essência, contudo, era deixada a cada membro a decisão quanto à violação do Tratado e à aplicação de sanções, aspeto que tem sido referido como uma grande fraqueza. Apesar da Sociedade ter falhado relativamente à Alemanha, Itália e Japão nos anos 1930, ela foi bem-sucedida na resolução de disputas em casos menores, especialmente nos Balcãs e América do Sul. Para além da resolução de conflitos, a Sociedade das Nações dedicava-se a outros assuntos, para os quais foram constituídos órgãos subsidiários nas áreas dos mandatos, desarmamento e cooperação económica e social.

O argumento de que a Sociedade das Nações fracassou no seu propósito de manutenção da paz deverá ser balançado pelo facto de nunca ter sido levada verdadeiramente em linha de conta pelas grandes potências. Os Estados-membros, especialmente os europeus mais poderosos, estavam a braços com conceções tradicionais de soberania e diplomacia e em assuntos de ↗*high politics* que ultrapassavam a própria SDN. Por muito flexível que fosse a sua organização, a menos que recebesse a cooperação total das maiores potências na implementação de decisões, a SDN estava destinada ao insucesso em termos da procura de soluções para os conflitos internacionais. *[P.A.]*

Sociedade de Informação

A noção de Sociedade de Informação está estreitamente ligada ao nascimento das tecnologias da informação, sendo que este conceito corresponde a uma sociedade cujo funcionamento recorre a redes digitais de informação e assenta num modo de desenvolvimento social e também económico em que a aprendizagem, o processamento e armazenamento da informação, assim como a sua devida transmissão, desempenha um papel crucial na definição da qualidade de vida das pessoas, das atividades económicas e, consequentemente, na criação de riqueza.

A informação gerou, na História da Humanidade, várias revoluções. A primeira foi, sem dúvida, a invenção da escrita na Mesopotâmia, 5000 ou 6000 antes do nascimento de Cristo. A invenção do livro escrito na China em 1300 a.C. terá sido a segunda grande revolução e Gutenberg terá proporcionado a terceira grande revolução com a invenção da impressão. Resultante do incessante avanço das tecnologias da informação e da sua consequente convergência com as tecnologias de comunicação e com os *media*, vemos a grande revolução na informação, aquela que espelha uma mudança de paradigma, a Sociedade da Informação. Diferentes nomes têm sido utilizados por autores de variadas tendências para designarem a nova sociedade e suas mutações socioculturais. Sociedade pós-industrial (Bell, 1973); terceira onda (Toffler, 2000); sociedade da informação (Masuda, 1982); sociedade informática (Schaff, 1990); sociedade digital (Negroponte, 1996); sociedade aprendente (Assman, 2000); sociedade da aprendizagem (Burnham, 2000), sociedade em rede, sociedade informacional, sociedade dos fluxos (Castells, 1996); sociedade de controlo (Deleuze, 2000).

A nossa época marca a transição do paradigma técnico, que caracterizou o período da revolução industrial e que tinha como máximas a eficácia e a rentabilidade, para um paradigma tecnológico marcado pela evolução, expansão e implementação das TIC e transformam, com isso, a época presente numa Sociedade Tecnológica. As mutações verificadas na sociedade, quando atribuídas às reflexões do sociólogo espanhol Manuel Castells, sinalizam "um novo modo de desenvolvimento, cuja fonte de produtividade está centrada na geração de conhecimentos, armazenamento, processamento, uso da informação e comunicação de signos e símbolos".

Graças ao paradigma tecnológico organizado em torno das TIC, apareceu um novo modelo de desenvolvimento que estabelece uma forma de organização social em que as fontes fundamentais de produtividade e de poder são a geração, o processamento e a transmissão da informação. Esta forma de organização social emergente nos países ocidentais mais ricos designa-se por Sociedade da Informação, enfatizando precisamente aquele que é o seu traço mais característico – o facto da informação se constituir na variável chave da geração e distribuição do poder na sociedade.

A construção da Sociedade da Informação e do Conhecimento é um pilar para uma sociedade mais participada e mais coesa e contribui, também, para um desenvolvimento harmonioso das competências dos cidadãos. Para além disso, abre oportunidades para apostar na inovação e disseminação de práticas com valor, enquanto elementos motrizes da produtividade e da qualidade, que proporcionam maior competitividade às pessoas, às organizações e às redes nacionais e europeias que buscam a criação de riqueza e bem-estar social. A aposta na Sociedade da Informação e do Conhecimento é fundamental, sendo que as soluções e dispositivos *online* de acesso à informação e ao conhecimento se revelam estratégicas e muito positivas para quem pretende incorporar inovação, flexibilidade, rapidez e acessibilidade. *[A.F.G. / J.J.J.E.]*

Sociedade de Ordens

A expressão "Sociedade de Ordens" define o modelo de organização societária que vigorou na Europa entre a Idade Média e, grosso modo, o terceiro quartel do século XVIII. O *Tratado das Ordens e Simples Dignidades*, publicado em 1610 por Charles Loyseau, explicita: "Uns dedicam-se particularmente ao serviço de Deus; outros garantem pelas armas a defesa do Estado; outros ainda a alimentá-lo e a mantê-lo pelos exercícios da paz. São estas as três ordens ou estados gerais da França: o Clero, a Nobreza e o Terceiro Estado".

A cosmovisão de base bíblica e filosófica justificava as desiguais posições dos indivíduos que, em paralelismo com a descrição do *Génesis*, eram parte de um todo coerente estabelecido por Deus: "Como existe uma ordem entre as criaturas que cria dívidas recíprocas entre elas, pode dizer-se que as relações estabelecidas nessa ordem constituem deveres. E, logo, que a ordem institui um direito, um direito natural. E como a soma dos deveres das criaturas entre si é também devida à ordem, ou seja, a Deus, o cumprimento dos deveres recíprocos é, em certa medida, um dever para com Deus e, logo, o tal direito natural acaba por ser direito divino". Uma minoria, responsável por "orar" e combater", gozava de amplos privilégios, com destaque para o exercício de altos cargos na administração, o não pagamento de impostos ou a adoção de um sistema judicial próprio.

A visão paradigmática desta milenar organização societária assentou, justamente, na aceitação das desigualdades entre as ordens sociais, na medida em que, tendo cada qual as suas funções, viabilizam o funcionamento do todo: "Uma das ordens reza noite e dia / A outra é a dos trabalhadores / A outra mantém e faz justiça"; "Cada ordem sustém as outras duas / E cada ordem mantém as outras". Ou ainda: "Os clérigos devem por todos orar / Os cavaleiros sem demora / Devem defender e honorar ... / E os camponeses sofrer". Os *oratores* ("aqueles que rezam"), os *bellatores* ("os que lutam") e os *laboratores* ("aqueles que trabalham") sintetizam a simplista divisão da organização societária em dimensão corporativa, ou seja, na qual individualmente as pessoas não têm significado, assim se mantendo até ao eclodir do liberalismo, com exemplo maior na Revolução Francesa.

A Sociedade de Ordens correspondeu a um modelo social estático, onde, excetuando "estados de meio" filiados à burguesia mercantil e letrada, não havia lugar, pela iniciativa individual, para a mobilidade social. A hierarquia estabelecida nas relações sociais decorreu do sistema institucional assente na posse da terra: o feudalismo. Na perspetiva material, a Sociedade de Ordens teve origem, desenvolveu-se e estabilizou-se, secularmente, pelas relações de poder fundadas na posse e no trabalho da terra. *[R.L.M.]*

Sociedade em rede

Segundo Castells, desde finais dos anos 1960, três processos interdependentes estão na origem de uma nova sociedade: a revolução da tecnologia da informação que originou o informacionalismo; a reestruturação da economia (crise económica e reestruturação do capitalismo e do estatismo); a nova cultura, com movimentos socioculturais (Direitos Humanos, ambientalismo, feminismo, etc.). As interações entre estes três processos estão na origem da sociedade em rede, assim como de uma nova economia que é a economia informacional/global e de uma nova cultura, que consiste na virtualidade real.

A "sociedade em rede", expressão lançada por Castells em 1996, na obra *The Rise of the Network Society. The Information Age*, consiste numa sociedade interativa em que as novas tecnologias de comunicação e de informação (NTCI) se tornaram de uso comum. "Em todo o planeta, os núcleos consolidados de direções económica, política e cultural estão integrados na ↗Internet. (...) No essencial, isto significa que a Internet constitui já, e sê-lo-á cada vez mais, o meio de comunicação e de relação fundamental, no qual assenta uma nova forma de sociedade já existente e que denomino de sociedade em rede". Castells considera que a Internet, que é a rede de redes de computadores, é um meio de comunicação, de interação e de organização social. A rede, diferentemente do sistema de distribuição centralizada da informação que preside aos média de massa (imprensa, rádio, televisão), institui a conectividade e uma comunicação horizontal, multinodal, do tipo da Internet. Na rede tudo está ligado, a conexão é feita através da interfacialidade do ecrã, sendo a comunicação em ambiente virtual.

Na sociedade em rede, e com as redes sociais digitais conectadas (internet e dispositivos móveis de conexão), dominam a presença, o número, a velocidade e a comunicação sem mediação. As interconexões comunicacionais são da ordem da circulação de fluxos, a comunicação desterritorializa-se, pela desmaterialização do espaço, e destemporaliza-se, fixando-se num contínuo presente; como Byung-Chul Han enuncia, "o meio digital é um meio de *presença*. A sua temporalidade é o presente imediato".

Do modelo de comunicação reticular e da sociedade em rede resultam, como defendeu Castells, o alargamento das possibilidades de comunicação, a proliferação de diferentes espaços de discussão e troca de informações, o surgimento online de novas formas de sociabilidade, o aparecimento de comunidades virtuais, o desenvolvimento de novas formas de vida urbana adaptadas ao novo ambiente tecnológico, uma transnacionalização da produção da informação e dos conteúdos veiculados, o cosmopolitismo das novas classes profissionais, uma cultura assente numa pluralidade de movimentos socioculturais (Direitos Humanos, ambientalismo, feminismo, etc.) e uma cultura globalizada, a par da mundialização da economia, da política e da justiça. *[I.B.]*

Sociedades plurais

Pode entender-se a noção de sociedades plurais em termos de uma constituição plural de identidades ou em termos políticos. No primeiro caso, considera-se a presença, numa mesma sociedade, de culturas diferenciadas e a existência de identidades nacionais, étnicas ou religiosas distintas. A lógica da afirmação destas sociedades como plurais prende-se tipicamente com aspetos como a anterioridade na chegada a um determinado território (o caso dos Índios da América, por exemplo), a entrada de pessoas diferentes num espaço já habitado (o fenómeno da imigração, que transforma a sociedade de acolhimento), a reprodução social e cultural (o caso das minorias linguísticas ou religiosas ou das etnias diferentes) e a própria produção social (o caso das diferenças ideológicas erigidas em marcos sociais).

As sociedades plurais marcadas pela existência de particularismos culturais debatem-se, na maioria das vezes, com problemas relativos à articulação do reconhecimento público dos particularismos com a resolução das desigualdades. Os problemas sociais das minorias são frequentemente objeto de políticas públicas específicas, sobretudo nos Estados cujas leis fundamentais contemplam o direito dos indivíduos e dos grupos à preservação de culturas próprias, sem prejuízo do direito de cada um se integrar e participar plenamente na vida pública. Sociedades como as da América do Norte (Estados Unidos e Canadá), a australiana, ou, no caso europeu, as sociedades da Sérvia e do Kosovo, debatem-se com problemas concretos de integração social de etnias e de identidades religiosas diferentes.

As sociedades plurais, entendidas em termos políticos, são aquelas que, contrariamente às sociedades totalitárias, dispõem de estruturas políticas com separação de poderes (entre o legislativo, o executivo e o judicial) e diferentes centros de decisão. A democracia, como regime político e sistema social, pode ser definida como "a realidade do múltiplo, do diverso". As democracias pressupõem o pluralismo partidário e o respeito pelos direitos fundamentais das pessoas, com destaque para os direitos, liberdades e garantias, por oposição às sociedades totalitárias de partido único, que não respeitam os direitos fundamentais, mesmo que os consagrem constitucionalmente. *[J.R.C.]*

Sociologia

A Sociologia nasce no século XIX, no contexto da sociedade industrial e das transformações simultâneas das condições de trabalho, da técnica, das relações sociais e dos quadros tradicionais de vida. A Sociologia surge, portanto, como ciência duma sociedade que pretende explicar-se a si mesma. Foi assim que Auguste Comte (1798-1857) defendeu a necessidade de constituir uma ciência positiva dos fenómenos sociais, tendo como objetivo o estabelecimento das leis da evolução social e histórica. É, aliás, esta exigência de fazer da Sociologia uma ciência geral das sociedades que pode ser considerada como o aspeto global que caracteriza a Sociologia nos seus primórdios. O que não invalida que, segundo os autores, sejam diferentes as leis e as regularidades que a Sociologia procura: leis de evolução das sociedades em Comte (a lei dos três estados); em Marx (1818-1883), a humanidade evoluiria por estados, desde o comunismo primitivo até ao comunismo, sendo o desenvolvimento das forças produtivas o motor do devir histórico; em Durkheim (1858-1917), é a evolução da solidariedade mecânica à solidariedade orgânica, com a crescente divisão do trabalho e o individualismo, que marca a passagem das sociedades tradicionais às sociedades modernas; em Spencer (1820-1903), as sociedades evoluiriam dos estados primitivos homogéneos aos estados modernos, pela diferenciação das partes e pela especialização das funções. Em termos epistemológicos, os primeiros sociólogos preocupam-se em afirmar o caráter positivo da Sociologia, distinguindo-a das ideologias.

Objetivismo e positivismo em Durkheim. A Sociologia explicativa

Com Émile Durkheim, a afirmação da objetividade do conhecimento sociológico vai centrar-se no objeto e nos métodos. A fórmula de Durkheim, segundo a qual "devemos considerar os factos sociais como coisas" (*As regras do método sociológico*, 1895), é acompanhada dos utensílios e dos métodos para os estudar. O facto social é exterior ao espírito e deve ser estudado por métodos científicos. Determinar a especificidade da sociedade como "coisa", pôr à prova os métodos de observação e de análise, certificando a objetividade do conhecimento sociológico, é o programa que caracteriza a afirmação da Sociologia como ciência e a sua autonomia. Durkheim defende assim a aplicação da explicação causal ao estudo dos factos sociais, aproximando os métodos sociológicos dos métodos objetivos das Ciências Naturais: "O nosso princípio fundamental é a realidade objetiva dos factos sociais".

A Sociologia compreensiva

Enquanto Durkheim defendia a irredutibilidade do social ao psicológico, segundo o princípio de que os factos sociais devem ser explicados por factos sociais, Max Weber (1864-1920) propôs uma Sociologia compreensiva, que deu lugar aos conteúdos mentais, ao sentido e às significações na compreensão da ação. Colocou a ação como prioridade da análise sociológica e enfatizou a compreensão do sentido subjetivo tal como ele é conferido pelo ator. A dimensão subjetiva dos fenómenos sociais, relativa às significações atribuídas pelos atores, deve ser tida em conta. O fenómeno social é produto da ação dos indivíduos que dão um sentido ao seu comportamento. É assim que, sem recusar a explicação, Weber defende a compreensão e a interpretação: o objetivo central da Sociologia é compreender o sentido da ação. A Sociologia propõe-se compreender, por interpretação, a atividade social e explicar o seu desenvolvimento e os seus efeitos.

A Sociologia descritiva

Se em Durkheim, Weber e outros, há a busca de um critério da objetividade sociológica (o positivismo de Durkheim de que "é preciso tratar os factos sociais como coisas" e romper com as pré-noções, e o princípio de Weber que consiste em separar o facto do valor), que está de acordo com uma perspetiva positivista das Ciências Sociais, a Sociologia americana é, praticamente desde o seu início, orientada pela descrição e pelos trabalhos empíricos. Na sequência de numerosos estudos de caráter microssociológico (como é o caso dos estudos dos sociólogos da Escola de Chicago, dos antropólogos urbanos, do interacionismo simbólico e dos estudos etnometodológicos), alguns autores admitem que existe uma certa continuidade entre a compreensão prática dos atores sociais e o conhecimento científico. Este aspeto foi ressaltado pela abordagem de tipo etnográfico, que apreende de modo indutivo as propriedades concretas dos fenómenos em contexto, segundo o critério fenomenológico de "retorno às próprias coisas". Pretende-se que a descrição respeite a integridade dos fenómenos sociais e a Sociologia descritiva centra-se sobretudo nas práticas sociais e na realidade social concreta e, nesta medida, é menos explicativa. O exemplo de Erving Goffman (1922-1982), que privilegiou a observação dos comportamentos em contexto e a descrição dos procedimentos naturais de organização das interações e da copresença nas cenas públicas, mostra a influência da descrição de tipo etnográfico e a influência dos estudos de etologia, que observam diretamente o comportamento animal em situação de copresença corporal.

Os modelos teóricos e as Sociologias especializadas. As Sociologias formais
Entende-se aqui por Sociologias formais, em sentido amplo, as tentativas de dotar a investigação sociológica de um quadro teórico e de encontrar um sistema de conceitos gerais que possibilitem uma análise dos diferentes sistemas sociais.

O funcionalismo (Radcliffe-Brown, Malinovski, Robert Merton) considera que os fenómenos sociais particulares devem ser explicados pelas funções que exercem em relação à sociedade no seu conjunto, ou em relação a certos segmentos dessa sociedade. Do ponto de vista do funcionalismo, importa dar conta do modo como se combinam as diferentes instituições sociais.

Talcott Parsons (1902-1979), no seguimento do funcionalismo americano, pretendeu criar um sistema de conceitos gerais que permitissem analisar os diferentes níveis dos sistemas sociais. Parsons (*The social system*, 1951) considera a existência de quatro subsistemas interdependentes: o económico, o político, o cultural e o social. Estes subsistemas correspondem respetivamente às funções de adaptação, de definição e de realização dos objetivos coletivos, de socialização e de integração dos indivíduos. Estes sistemas existem graças às relações sociais que os compõem, havendo uma reciprocidade de influências entre as relações e o todo, com reequilíbrios sucessivos em que o novo equilíbrio mantém o sistema global. A sociedade desenvolve-se no sentido de uma diferenciação e complexidade crescentes, o que conduz a uma maior interdependência dos subsistemas que a compõem.

O sociólogo francês Georges Gurvitch estabeleceu um sistema de conceitos gerais, de modo a dotar a Sociologia de um quadro teórico. Propôs uma classificação das manifestações de sociabilidade, dos grupos e das sociedades globais, assim como dos níveis constitutivos da realidade social: os denominados "patamares em profundidade".

O construtivismo
Contrariamente aos grandes modelos teóricos, o construtivismo apresenta uma nova conceção da Sociologia e do seu objeto, consistindo em considerar que a realidade social e o conhecimento dessa realidade são produto de uma construção permanente. A realidade social é fruto de uma construção histórica e quotidiana dos atores individuais e coletivos. Donde a objetividade do mundo institucional é entendida como uma objetividade produzida e construída pelo homem, sendo igualmente a sociedade uma realidade subjetiva que é interiorizada no decurso da socialização. O construtivismo é constituído hoje por abordagens diversas de diferentes autores, tais como L. Boltanski, P. Bourdieu, A. Giddens, Touraine.

Teorias construtivistas. As Sociologias especializadas
Os grandes modelos teóricos (marxismo, estruturalismo, funcionalismo) deram progressivamente lugar, nos anos de 1970-1980, às Sociologias especializadas. A Sociologia é dividida em campos delimitados a partir de objetos concretos, surgindo Sociologias especializadas ligadas a estes campos. Refira-se a Sociologia urbana, rural, política, das religiões, do trabalho, da família, da educação, do desvio, etc., demarcando-se domínios novos tais como as Sociologias da vida quotidiana, das comunicações, da cultura, do desenvolvimento, da sexualidade, da condição feminina, dos lazeres, do desemprego, da imigração, das ciências, etc. *[I.B.]*

Sociologia Histórica

A Sociologia clássica positivista evidenciou a dimensão naturalista e nomotética do social através da pesquisa de leis gerais, da generalidade e não da singularidade ou dimensão histórica particularista e irrepetível dos fenómenos. Ainda assim, Weber considerou-se tanto historiador quanto sociólogo, ao sublinhar o aspeto cultural e histórico da ação humana. Através da utilização mediadora dos conceitos, Weber rejeitou o naturalismo e conciliou lei e História. Também o materialismo histórico de Marx conferiu historicidade aos fenómenos sociais. Veja-se o conceito de "mercadoria" como realidade histórica em que se cruzam ação humana e relações de poder.

A influência de Weber e Marx tornou-se decisiva depois da Segunda Guerra Mundial. A Escola de Frankfurt (1972), com a Sociologia crítica marxista, analisou a sociedade capitalista como o resultado da evolução histórica. Marcuse afirmou a necessidade de "se preocupar com o passado, num grau até agora desconhecido – precisamente na medida em que se preocupa com o futuro". A partir dos anos de 1950, o funcionalismo estrutural, o marxismo e as teorias civilizacionais apoiaram-se sempre em sociologias históricas.

Nos anos 1960, quando as Ciências Sociais começaram a superar a estrita divisão disciplinar e desenvolveram o pensamento interdisciplinar, a Sociologia Histórica atingiu o que se tem chamado a sua *idade do ouro*. Afirmou-se então o conhecimento complexo da mudança social de longa duração, a análise da causalidade histórica dos fenómenos sociais e recusaram-se explicações lineares e enfoques parciais. Autores como Marc Bloch, Fernand Braudel, Immanuel Wallerstein, Michel Foucault, Jurgen Habermas, Norbert Elias, através da Nova História e da Sociologia Histórica, interrogaram as diferentes mentalidades e modos de representação do mundo, articulando-as com enfoques e etiologias de tipo genético e prospetivo relativos à modernidade. Outros autores aplicam e consolidam o método histórico-sociológico nas suas investigações: globalização (Giddens, 2000), nações e nacionalismo (Gellner, 1983), globalização e risco (Beck, 1999, 2000); subdesenvolvimento e capitalismo (Baran, 1973) formação de Estados e civilizações (Braudel, 1981, 1989); coerção, crítica do evolucionismo linear, modernidade e controlo social (Giddens, 2002), Estado (Elias, 1982) ou revoluções políticas (Skocpol, 2004), construção do Estado-nação (Bendix, 1978), coerção, capital e militarismo (Tilly, 1990), poder social (Mann, 1986), nacionalismos (Smith, 1981 Gellner, 1983), processos de institucionalização (Foucault, 1987), globalização e estrutura do mundo como um todo (Robertson e Chirico, 1985) sociedade em rede (Castells, 2002).

Atualmente, a evolução das teorias da globalização, diferenciando-se das teorias das civilizações (Braudel, Elias, Nelson), continuam a acentuar as perspetivas culturais e históricas nas Ciências Sociais. *[A.P.]*

Sociologia das Relações Internacionais

A abordagem sociológica das Relações Internacionais, sem transportar mimeticamente os conceitos e categorias característicos da Sociologia, caracteriza-se por tentar adotar o método compreensivo e comparativo na análise da ↗sociedade internacional. Tenta ultrapassar a perspetiva que circunscreve as Relações Internacionais a uma análise empírico-descritiva inscrita nas análises do realismo da ↗Ciência Política tradicional. Deste modo, a abordagem sociológica tem sido menos utilizada do que a abordagem especificamente politológica do estudo das Relações Internacionais, que se impôs através do paradigma dominante do realismo político do pós-Guerra.

A perspetiva sociológica assume alguns pressupostos básicos, a saber: a crescente interdependência da sociedade internacional contemporânea; a impossibilidade de separar os assuntos internacionais dos assuntos nacionais (*linkage politics*); a importância de analisar as determinantes e regularidades dos fenómenos da relações internacionais e não apenas o estudo do acontecimento único e particular; a noção de que os fenómenos internacionais devem ser apresentados como factos sociais e de que as realidades internacionais devem ser entendidas como realidades sociais, ao nível dos atores, das estruturas e dos processos que condicionam e determinam as relações internacionais; e, finalmente, a necessidade de analisar de forma compreensiva os complexos fatores estáticos e dinâmicos que operam na atual sociedade internacional, designadamente os fatores ideacionais como a cultura, a identidade, as ideias e as normas.

É, sobretudo, ao nível da interpretação compreensiva dos factos que se acentua a especificidade metodológica da Sociologia das Relações Internacionais. Na realidade, não deixa de ser uma ilusão pensar ser suficiente coligir os factos, ainda que de forma rigorosa, para elaborarmos uma explicação científica. Se, como refere Raymond Aron, "a Sociologia é um intermediário entre a teoria e o acontecimento", esta mediação supõe o recurso a uma aparelhagem conceptual apropriada ao objeto de estudo. Assim, podemos dizer que a diferença entre uma interpretação empírica e uma interpretação sociológica das Relações Internacionais é comparável à que existe entre uma fotografia e um retrato pintado: a fotografia mostra tudo o que pode ser visto a olho nu; o retrato não mostra tudo o que pode ser visto a olho nu, mas mostra algo que o olho não vê: a essência humana da pessoa que serve como modelo.

A Sociologia das Relações Internacionais constrói um quadro de análise suficientemente amplo para captar as permanências e as descontinuidades dos modos de ação internacionais na longa duração, mas também suficientemente preciso para detalhar o que faz a sua especificidade e captar o que a distingue ao presente. Serve de fio condutor ao labirinto dos factos e das abordagens múltiplas da ↗Política Internacional, de forma a ordenar a quantidade de informações disponíveis – Bertrand Badie, por exemplo, encontrou o fio condutor das Relações Internacionais a partir de um fenómeno que é a crise do ↗Estado-nação. A abordagem sociológica das Relações Internacionais não significa, todavia, que possamos identificar uma única e idêntica conceção seguida por todos os autores que a reclamam.

O autor mais influente que primeiramente consagrou a aplicação de uma perspetiva sociológica às Relações Internacionais foi George Schwarzenberg na sua obra *Power Politics. A Study of International Society* (1941). De acordo com Schwarzenberg, o "estudo das Relações Internacionais é o ramo da Sociologia que se ocupa da sociedade internacional". Neste sentido, podemos considerar que o objeto de estudo da Sociologia das Relações Internacionais é a sociedade internacional. Ou seja, é a análise da evolução da estrutura da sociedade internacional; a análise do comportamento dos seus atores tradicionais – os Estados; a análise dos atores individuais – os decisores e agentes que ativa ou passivamente agem quer inter, quer transnacionalmente; a análise dos tipos de relacionamento e comportamento existentes no ambiente internacional, bem como das ligações ambiente interno/ambiente internacional; a análise dos fatores, tangíveis e intangíveis, que operam e que caracterizam aquela ligação (ambiente interno/ambiente internacional); e, finalmente, a análise dos modelos e desafios futuros que se colocam à sociedade internacional.

A perspetiva sociológica de Schwarzenberg teve uma forte influência na análise das Relações Internacionais na Europa. Na Inglaterra, Evan Luard (1976) e Ralph Pettman (1979) destacam-se por procurarem aplicar conceitos básicos da análise das sociedades internas à análise da sociedade internacional. De acordo com Luard, ainda que existam diferenças significativas entre a sociedade internacional e as sociedades estudadas pelos sociólogos, é possível aplicar alguns conceitos básicos da Sociologia às Relações Internacionais. Assim, conceitos como a legitimidade, *status*, classe, atitudes, lealdade, socialização e perceção são passíveis de serem aplicados à análise da sociedade internacional. Estes autores também conhecidos por adotarem uma *international society approach*, apresentam uma imagem do mundo em que as relações entre indivíduos são tão ou mais importantes do que as relações entre Estados. Reconhecem a crescente interligação entre os vários atores internacionais provocada pela explosão dos modernos meios de comunicação e rejeitam a obsessiva preocupação analítica com o poder e com as relações de poder adotadas pelos realistas, bem como a imagem mecanicista da sociedade internacional levada a cabo pelos analistas sistémicos.

Em França, Raymond Aron e Marcel Merle são bons exemplos da abordagem sociológica. Para Aron, a Sociologia histórica, através do seu método comparativo, é a abordagem mais eficiente para analisar as Relações Internacionais. Para Aron, a Sociologia das Relações Internacionais, através da análise compreensiva das determinantes e das variáveis que condicionam a política internacional, bem como da determinação das regularidades que se produzem na sociedade internacional, tenta encontrar uma explicação global relativamente às alternativas entre a paz e a guerra. Aron salienta, todavia, que o sociólogo não pode analisar compreensivamente no abstrato. O estudo dos conceitos, das variáveis e determinantes não é eficiente se não se puder aplicar aos factos concretos e históricos. Deste modo, o sociólogo necessita de recorrer à História, pois é sobre ela que poderá estudar e definir os conceitos e as regularidades. Assim, a abordagem sociológica de Aron encontra-se no cruzamento entre a História e a Sociologia, juntando as dimensões diacrónicas e sincrónicas da análise da realidade internacional. Por isso afirma que todo o estudo concreto das Relações Internacionais é um estudo simultaneamente sociológico e histórico.

Marcel Merle, herdeiro da conceção da Sociologia Histórica, consegue fazer uma interessante síntese da abordagem sociológica continental com a abordagem politológica anglo-saxónica. Na sua ótica, a abordagem sociológica contraria a abordagem empírico-descritiva, que se caracteriza pela ausência de uma problemática. Assim, à abordagem sociológica interessa a definição e construção de uma problemática relativamente aos acontecimentos internacionais. Interessa-lhe estudar o fenómeno e não o simples e irrepetível acontecimento. Neste sentido, a abordagem sociológica tem como principal objetivo contribuir para uma clarificação das características essenciais das relações internacionais, tentando, assim, interpretar os fenómenos internacionais de uma forma integrada. Caracteriza-se por uma visão sistemática e compreensiva, com o intuito de fornecer alguma coerência à massa de fenómenos e acontecimentos internacionais, que só podem ser inteligíveis se não os isolarmos uns dos outros. Ou seja, uma perspetiva sociológica visa fornecer ao campo de estudo das Relações Internacionais um conjunto de instrumentos teórico-metodológicos, se quisermos conceptuais, comummente aceites pela comunidade científica, que dote os investigadores e os estudantes em geral de grelhas de interpretação que lhes permitam ultrapassar a visão improvisada e dispersa da realidade internacional transmitida empiricamente pelo paradigma realista tradicional. Aqui, Merle identifica a conceção teórico-metodológica sistémica como a mais apropriada para o estudo das Relações Internacionais.

Do outro lado do Atlântico, a abordagem sociológica não teve tanta especificidade como na Europa. Com efeito, a tradição politológica no universo académico norte-americano – designadamente através do paradigma dominante do realismo/

racionalismo –, foi decisiva para autonomizar as Relações Internacionais como campo de estudo da Ciência Política, originando mesmo que alguns autores glosassem as Relações Internacionais como uma disciplina americana (Stanley Hoffman). Todavia, a reação da escola científica contra a escola tradicional pode ser vista à luz da necessidade de uma problematização e de um maior rigor metodológico e conceptual defendido pela abordagem sociológica de que fala Merle. Podemos, pois, encontrar nos vários paradigmas que contestaram o Realismo Tradicional abordagens que comungam, de alguma forma, com os pressupostos de uma abordagem sociológica das Relações Internacionais. Ou seja, todos os paradigmas que tentam demonstrar que o objeto de análise das Relações Internacionais não é uma sociedade interestadual, mas uma sociedade internacional, onde, para além dos Estados, existem outros atores tão ou mais importantes, e que mesmo as políticas externas dos Estados não podem ser analisadas numa ótica tradicional de pura e simples prossecução racional e utilitária de interesses num sistema anárquico. Assim, autores clássicos como Ernst Hass, Holsti, Karl Deutsch ou James Rosenau poderão ser englobados nesta abordagem.

Foi preciso, no entanto, esperar pela obra de Nicholas Onuf (1989) para efetivamente se detetar uma viragem sociológica no estudo das Relações Internacionais. Esta recente orientação sociológica, designada por construtivismo social, que não tem grandes ligações com o passado (embora possamos ver na Escola Inglesa algumas ideias percursoras), assume-se como o paradigma da atualidade que melhor contraria o *mainstream* analítico do ↗Neorealismo e do ↗Neoliberalismo. O ↗Construtivismo atribui grande importância aos fatores ideológicos e percetivos, à cultura, à identidade, às normas e ideias. Obras como as de John Rugge, Alexander Wendt, Emanuel Adler, Martha Finnemore, Friedrich Kratochwil e Peter Katzenstein vêm estabelecendo um programa de investigação que tem como preocupação fundamental explicar a construção social dos factos, interesses e poderes que influenciam e definem as Relações Internacionais. *[P.E.M.]*

Soft power

Conceito cunhado por Nye (2004) para explicar a importância de outras dimensões do poder diferentes da tradicional visão de *hard power*, ligada aos fatores materiais e militares de poder. Nye desenvolve com grande sucesso o seu argumento sobre a necessidade de os EUA no mundo pós-bipolar desenvolverem a sua liderança da ordem internacional com base neste poder de atração. Desenvolvendo o trabalho de autores clássicos, Nye sublinha que o poder suave será cada vez mais decisivo na política internacional. Seguindo as ideias de autores clássicos, importa recordar que, de forma básica, o poder é a capacidade de afetar outros para obter os resultados que queremos. Neste sentido, existem três formas principais de afetar o comportamento dos outros: pela ameaça de coerção ("pau"); pela oferta de vantagens ou pagamentos ("cenoura"); ou pela capacidade de fazer com que os outros queiram o mesmo que nós.

Em política internacional, tão ou mais importante do que forçar os outros a mudar através da ameaça ou uso da força militar e de sanções económicas é essencial atrair os outros para as nossas causas e ter a capacidade de definir a agenda internacional sem fortes oposições. Isto é o *soft power*, um Estado ter a capacidade de atrair e convencer os outros Estados a adotarem as suas ideias, a sua política e a sua agenda. O *soft power* é sobretudo uma política de atração e de cooptação e não de coerção. O *soft power* reside na capacidade de influenciar, moldar e definir as preferências dos outros e, deste modo, conseguir estabelecer a agenda e determinar os parâmetros do debate. De um ponto de vista comportamental, o *soft power* significa a capacidade de atrair, seduzir e criar laços de cooperação. Nas relações internacionais, os recursos que produzem *soft power* emergem fundamentalmente das ideias e valores que um Estado expressa na sua cultura e identidade política, do exemplo que oferece na sua prática e política interna e na forma normativamente correta como se relaciona com os outros Estados. Assim, e de uma forma sintética, podemos dizer que são três os principais recursos de *soft power* de um Estado: a sua cultura e identidade (a capacidade de serem globalmente atrativas); os seus valores e ideias políticas (capacidade do Estado no seu funcionamento honrar esses princípios ao nível interno e externo); e a sua política externa exemplar (capacidade do Estado ser percecionado como um líder com autoridade moral e legítima). *[P.E.M.]*

Sondagem

Uma sondagem é um processo planeado de recolha e análise de dados com o objetivo de estudar características de uma população a partir da observação de um subconjunto dos seus elementos, a amostra, permitindo assim a extrapolação dos resultados amostrais para o conjunto da população. Poder-se-á dizer que a sondagem é utilizada sempre que se pretende obter uma imagem aproximada de um conjunto de características populacionais a partir de uma observação parcial dessa população.

As técnicas de amostragem agrupam-se em duas categorias: aleatória ou probabilística e não aleatória ou empírica. A decisão quanto ao tipo de método a adotar deverá ser tomada com base nos objetivos e condições particulares do estudo em causa. A utilização de amostras aleatórias é aquela que oferece maiores garantias de controlo e minimização do erro amostral; porém, exige uma base de sondagem completa da população-alvo. A sondagem pode ser utilizada como instrumento de investigação ou como instrumento de ação política. Em política, a sondagem permite a auscultação da opinião pública, possibilitando antecipar e/ou condicionar o comportamento eleitoral da população. *[S.A.]*

START (acordos)

Strategic Arms Reduction Talks

As conversações que levaram aos Acordos START tiveram início em junho de 1982, em Genebra, e culminaram em julho de 1991, com a assinatura de um tratado que previa a redução das forças estratégicas norte-americanas e soviéticas (armamento de longo alcance e elevado potencial de destruição). Inicialmente considerado um sucessor melhorado do processo ↗SALT dos anos de 1960 e 1970, o START obteve considerável progresso com a subida ao poder de Mikhail Gorbatchev em 1985, ultrapassando a interrupção das negociações em 1983, resultante do afastamento da União Soviética das conversações paralelas relativas às Forças Nucleares Intermédias. As negociações foram denominadas de conversações para a redução e não limitação de armas, com o intuito de sublinhar o seu caráter mais radical. O acordo estabelecia uma série de limites aos sistemas de armamento, reduzindo os lançadores de mísseis de longo alcance de cada país para 1 600 e o número de ogivas para 6 000, e prevendo um regime de verificação com base em meios técnicos nacionais e inspeções.

Com o final da ↗Guerra Fria e a desagregação da União Soviética, os sistemas de armas nucleares, até então vistos como parte da solução para a segurança nacional e internacional, tornaram-se parte dos novos problemas. Como resultado, o START II permitiu cortes mais radicais nos armamentos nucleares, vindo a ser assinado entre a Rússia (como Estado sucessor da União Soviética) e os Estados Unidos da América, em janeiro de 1993. Este segundo acordo reduziu para metade do valor inicial o número de ogivas que cada uma das partes poderia manter. Em resultado da assinatura do START II, as duas partes comprometeram-se a prosseguir com a desnuclearização e políticas de não-proliferação. Porém, o START II nunca chegaria a entrar em vigor. O Senado norte-americano só ratificou o tratado em 1996, em boa medida devido à lentidão do processo paralelo na Duma russa. Na verdade, a Rússia defendia uma redução menos acentuada do velho armamento nuclear, por falta dos recursos necessários para o seu desmantelamento e substituição, mas também como forma de pressão e manifestação de desagrado face à intervenção ocidental que então se verificava no Golfo Pérsico e nos Balcãs. Em 2002, a Duma repudiava formalmente o START II, ditando o seu fim.

Ainda antes, em 1997, antecipando o insucesso do acordo, Bill Clinton e Boris Yeltsin haviam já acordado a negociação de um START III, que previa nova redução de armamento estratégico. Apesar do desacordo inicial, em 2002, George W. Bush e Vladimir Putin assinariam o Tratado sobre Reduções de Ofensiva Estratégica (SORT), que determinava a redução de armas nucleares para entre 1 700 e 2 200 ogivas até finais de 2012, com duas importantes modificações relativamente aos acordos anteriores: não exigia a eliminação dos veículos de transporte (mísseis balísticos intercontinentais, mísseis de cruzeiro em submarinos e bombardeiros, etc.) e as ogivas poderiam ser desativadas e armazenadas em vez de destruídas.

Em 2009, ano em que expirava formalmente o Acordo START I, Barack Obama e Dmitry Medvedev retomaram conversações no sentido da redução de armamento estratégico. O novo acordo (New START) seria celebrado em abril de 2010, limitando cada um dos Estados a um máximo de 1550 ogivas nucleares estratégicas ativas e 700 veículos de transporte de misseis balísticos intercontinentais, ao mesmo tempo que reforçou o número de inspeções *in situ* e outros mecanismos de transparência e verificação. O New START seria ratificado pelo Senado norte-americano em dezembro de 2010 e pela Duma em janeiro de 2011. A referida redução deveria ser alcançada no prazo máximo de sete anos, o que se veio a verificar, com ambos os Estados, desde fevereiro de 2018, a manterem o seu arsenal abaixo dos máximos previstos. Entretanto, vencendo o acordo em fevereiro de 2021, EUA e Rússia acordaram na sua prorrogação até fevereiro de 2026. *[R.R.]*

Subdesenvolvimento

Existe uma vasta literatura especializada sobre o tema e em particular as ↗Nações Unidas têm dedicado muita atenção ao problema, porque é de um problema global que se trata. O subdesenvolvimento aparece como o lado negativo do desenvolvimento, que é um conceito em permanente evolução.

Na segunda metade do século XX, o termo subdesenvolvimento foi utilizado para designar a situação dos países cujas economias ainda não tinham realizado o desenvolvimento industrial ou cujo desempenho económico era medíocre. Foi também o termo usado pela ↗Teoria da Dependência para descrever a situação de pobreza e estagnação económica própria dos países do ↗Terceiro Mundo, com isso se querendo dizer que esses países não sofriam apenas da falta de desenvolvimento, mas que não se tinham desenvolvido por terem sido explorados pelos países capitalistas.

O conceito de desenvolvimento é multifacetado e mudou ao longo do tempo. A Agenda para o Desenvolvimento das Nações Unidas (A/RES/51/240, de 15 de outubro de 1997), aprovada na 103.º Sessão Plenária da organização, em 20 de junho do mesmo ano, refere o desenvolvimento como uma das principais prioridades da

ONU, que deverá ser prosseguida através de políticas públicas multidisciplinares destinadas a alcançar uma maior qualidade de vida para todas as pessoas. Entende-se que o desenvolvimento económico, o desenvolvimento social e a proteção ambiental são componentes interdependentes e que se reforçam mutuamente no chamado desenvolvimento sustentável, em particular nos países em desenvolvimento. Segundo o mesmo documento, são índices de subdesenvolvimento a pobreza, a fome, as doenças em larga escala, o analfabetismo, a falta de habitação, a falta de emprego e a degradação do meio ambiente. O subdesenvolvimento é assim apreendido por um conjunto de indicadores económicos e sociais que demonstram o atraso do desenvolvimento e por um conjunto de aspetos que demonstram os bloqueios ao desenvolvimento.

Ainda de acordo com a ONU (2021), os países subdesenvolvidos ou países menos desenvolvidos (LDCs, no acrónimo anglo-saxónico, ou PMD, no acrónimo português) são "países de baixo rendimento que enfrentam graves obstáculos estruturais ao desenvolvimento sustentável". São considerados, por isso, países altamente vulneráveis a choques económicos e ambientais e que dispõem de baixos recursos humanos. Em 2021, existiam 46 países na lista de PMD, que é revista a cada três anos pelo Comité para o Desenvolvimento (CDP) das Nações Unidas. Os PMD beneficiam de medidas de apoio internacional, em particular nas áreas de ajuda ao desenvolvimento e comércio. *[J.R.C.]*

Subsidiariedade (União Europeia)

O princípio jurídico da subsidiariedade está previsto no artigo 5.º do Tratado da União Europeia e procura assegurar que a União intervenha apenas excecionalmente em domínios para os quais não tem atribuições exclusivas. Esse caráter excecional é admitido em situações nas quais se verifique que os objetivos consagrados no Direito da UE não possam ser realizados pelos Estados-membros de forma satisfatória e desde que, pela dimensão ou pelos efeitos envolvidos na ação a empreender, tais objetivos possam ser alcançados a nível comunitário de uma forma mais eficaz ou mais ampla. Este princípio relaciona-se com o princípio da proporcionalidade, uma vez que implica uma restrição à atuação da UE de forma a que esta não exceda as competências para além do considerado necessário para fazer cumprir os Tratados. O princípio da subsidiariedade foi integrado pelo Tratado de Lisboa, revogando a disposição correspondente do Tratado que institui a Comunidade Europeia, apesar de manter a sua redação.

Nos termos do artigo mencionado, existem três requisitos para a intervenção das instituições da UE de acordo com o princípio da subsidiariedade: a) a matéria não ser da competência exclusiva da UE; b) os objetivos da ação não serem suficientemente realizados pelos Estados-membros; c) a ação poder ser executada com mais eficácia pela UE. Adicionalmente, o Tratado de Lisboa substituiu o protocolo de 1997 sobre a aplicação dos princípios da subsidiariedade e da proporcionalidade por um novo protocolo com o mesmo nome (Protocolo n.º 2), sendo a principal diferença o novo papel dos parlamentos nacionais na garantia do cumprimento o princípio da subsidiariedade. Os casos de violação do princípio de subsidiariedade podem ser remetidos pelo Comité das Regiões ou pelos Estados-membros diretamente para o Tribunal de Justiça da União Europeia. *[J.C.G. / A.P.M.]*

Sucessão de Estados

A sucessão de Estados decorre da substituição de um Estado por outro nas responsabilidades internacionais em relação a um território. Este conceito jurídico abarca todas as situações de criação, transformação ou desaparecimento de Estados e é em volta dele que se tem procurado coligir os diversos regimes relativos. Avultam na sucessão de Estados os problemas relativos à atribuição e perda da nacionalidade, as questões dos bens e interesses dos particulares, as relações entre os Estados sucessor e antecessor (em especial no tocante a bens públicos, arquivos e dívidas) e ainda as relações entre o Estado sucessor e a comunidade internacional. *[R.M.]*

Sufrágio

↗Direito de Voto.

Sujeito de Direito Internacional

Em regra, sujeito de Direito Internacional é aquele que é destinatário direto de uma norma internacional. A visão tradicional, que ia no sentido de apenas reconhecer a personalidade internacional aos Estados, deu lugar a um entendimento que facilita o reconhecimento da personalidade a uma pluralidade de entidades (organizações internacionais, movimentos de libertação nacional, beligerantes, etc.), sendo, no entanto, que a distinção assenta agora na diferente capacidade internacional de cada um. Enquanto só ao Estado (soberano) é reconhecida capacidade plena, os restantes sujeitos vão dispor de uma capacidade limitada às respetivas funções. *[R.M.]*

Supranacionalismo

O supranacionalismo é o resultado da criação de uma organização política, ou a teoria interpretativa desse ente. Enquanto realidade ontológica, o supranacionalismo entrou no vocabulário da Ciência Política e das Relações Internacionais com a criação das Comunidades Europeias (hoje, União Europeia). Estas não reproduziam as características de uma organização internacional clássica, ou intergovernamental: dispunham de autonomia dos Estados-membros (reforçando-a ao longo do tempo); os objetivos eram ambiciosos; o sistema institucional era caracterizado pela complexidade; parte das decisões era aprovada por maioria qualificada, reforçando-se a tendência em revisões dos tratados europeus; e, apesar de a soberania dos Estados-membros não ser afetada pela pertença à organização supranacional, esta beneficiou de consideráveis transferências de competências dos Estados-membros.

Enquanto teoria interpretativa, o supranacionalismo é uma das muitas teorias e explicações parciais. Enfatiza a autonomia das instituições da União Europeia (UE), que têm a sua própria agenda e condicionam as decisões das instituições que representam interesses nacionais (Conselho Europeu e Conselho de Ministros). Corporizando a autonomia, a organização supranacional tem margem de manobra para influenciar desenvolvimentos futuros, não só porque a Comissão Europeia dispõe de um quase monopólio de iniciativa legislativa, mas também porque esta instituição e o Parlamento Europeu podem tomar iniciativas políticas que obrigam as instituições representativas de interesses nacionais a discuti-las. A interação entre interesses supranacionais e interesses nacionais é um elemento distintivo da UE como organização supranacional. A UE encontra-se a meio caminho entre um Estado (não o sendo, por não ser titular de soberania) e as organizações internacionais clássicas (ou intergovernamentais). *[P.V.M.]*

Talassocracia

Do termo grego antigo e da tradição clássica, talassocracia é o domínio dos mares, como estratégia geopolítica do poder. Uma potência marítima terá assim amplo domínio dos mares, pela sua força naval, mas também pela sua marinha mercante, pescas e utilização de outros recursos marinhos, investigação científica aplicada, infraestruturas portuárias e afins e domínio sobre posições terrestres estratégicas. Na geopolítica clássica, o seu principal teorizador foi o almirante norte-americano Alfred Mahan (1840-1914). Numa ótica complementar, a historiografia considerou frequentes vezes as talassocracias como civilizações marítimas "extrovertidas", voltadas ao mar e às relações exteriores. *[C.T.R.]*

Talude europeu

É a expressão geopolítica europeia para identificar uma zona política e cultural de novos Estados que, anteriormente à queda do regime soviético (1989), era uma fronteira entre os blocos geopolíticos do Ocidente e da União Soviética e, então, designada por "cortina de ferro". Esta mudança de panorama da realidade político-social, em faixa alinhada de norte para sul e constituída por 11 países, da Finlândia à Grécia, respetivamente, conota-se presentemente com a ideia de zona crítica de "choque de civilizações" e de ser também uma "fronteira civilizacional", ao ter coincidência ou evidências com as teses enunciadas pelo autor do mapa das oito civilizações mundiais e a sua área de poder cultural e influência étnica ou religiosa, Samuel P. Huntington (1927-2008). Uma parte dos países desse "talude político" identifica-se e evolui para uma outra sociedade (liberal e interclassista) e opta pela democracia de tipo ocidental, estando hoje em consolidação/ocidentalização, no caso particular das entidades políticas emancipadas do jogo de poder/interesse de Moscovo, porque escolheram a sua integração na Europa Comunitária e constituem uma fronteira avançada, mais a leste da UE e de contágio geográfico direto com outras realidades étnicas, sociorreligiosas e culturais.

O *Talude Europeu* é hoje um território de diversidades da cultura europeia e asiática, para onde confluem tensões geopolíticas (ex. Ucrânia, caso da Crimeia; Turquia, caso do Curdistão) e, consequentemente, "jogos de poder", no quadro da projeção de interesses entre potências mundiais e também regionais e onde as relações internacionais devem promover e exigir o diálogo político e a convivência intercultural para a construção estratégica da paz, da liberdade dos povos e do seu próprio caminho de autonomia e de desenvolvimento social e destino cultural. *[J.C.Lo.]*

Taxa de câmbio

Relação entre as moedas de dois países que exprime o valor da moeda de um país em termos da moeda do outro. A taxa de câmbio de uma moeda pode ser expressa ao certo (ou de forma direta) ou ao incerto (de forma indireta). A taxa de câmbio ao incerto expressa a quantidade de moeda nacional que é necessária para adquirir uma unidade de moeda estrangeira, por exemplo 0,89€=1USD. A taxa de câmbio ao certo é o oposto da taxa de câmbio ao incerto e mostra o número de unidades de moeda estrangeira necessária para adquirir uma unidade de moeda nacional, por exemplo, 1,12USD=1€.

A taxa de câmbio real é a taxa de câmbio nominal ponderada pelos preços dos dois países e é uma medida da competitividade de um país.

O mercado das taxas de câmbio é um mercado *sui generis*, no sentido em que, dada a existência de diferentes zonas horárias no mundo, está permanentemente em funcionamento. As taxas de câmbio podem ser *spot* (a taxa de câmbio neste momento) ou *forward* (a prazo de uma semana, um mês, seis meses), servindo esta como um indicador do que o mercado de câmbios julga que vai ser o valor de uma moeda no futuro. O mercado cambial é considerado pelos especialistas como o mercado mais próximo de um mercado perfeito. *[A.Q.M.]*

Taylorismo

Também conhecido como Administração Científica, o método desenvolvido por Taylor (1856-1915) foi criado no final do século XIX, e visa aumentar a eficiência operacional nas empresas através de um sistema de organização científica ou racional das tarefas laborais, que aposta na mecanização, na especialização dos trabalhadores, na divisão de tarefas e no controlo do tempo destinado a cada atividade. Critica-se o *taylorismo* pela redução do trabalhador a um mero instrumento de produção, sem direito a colaborar ou a tomar qualquer iniciativa para o bom funcionamento das empresas. *[M.O.B.G.]*

Técnicas e instrumentos das Relações Internacionais

As noções de instrumentos e técnicas de Relações Internacionais, isto é, dos meios que os ↗atores têm à sua disposição, encontram-se tão intimamente ligadas como órgão e função. O instrumento é o objeto utilizado para se praticar uma determinada operação, e a técnica o processo utilizado para a efetivação dessa mesma operação. Instrumento e técnica acham-se, pois, interligados como aspetos estático e dinâmico da mesma realidade, de forma que podemos sistematizar determinados campos de atuação humana com base nas diversas técnicas ou instrumentos utilizados. Como cada uma dessas técnicas se acha ligada a um determinado instrumento, a sistematização pode ser feita indiferentemente com referência aos instrumentos ou às técnicas utilizadas. Assim sendo, não procuramos dissociar instrumento e técnica, antes procedendo à nossa análise como se instrumento e técnica, objeto e processo, formassem um todo.

Na implementação de uma dada ↗política externa deparamos logo de início com uma distinção fundamental entre os tipos de instrumentos e técnicas suscetíveis de serem utilizados: de um lado, os instrumentos e técnicas de caráter pacífico; do outro, os instrumentos e técnicas de tipo violento. No primeiro caso, o Estado que procura desenvolver uma determinada política externa pretende convencer o Estado em relação ao qual quer executar aquela; no segundo caso, o Estado executor dessa política externa pretende constranger o Estado ao qual essa política se dirige. Enquanto o instrumento pacífico mais típico da política externa é a ↗diplomacia, o seu instrumento violento mais característico é a ↗guerra. Entre estes dois extremos situam-se as alianças, os meios jurídicos, a arma económica e as estratégias indiretas, como por exemplo a espionagem, a propaganda, a ação psicológica, a desinformação e a subversão.

As ↗Relações Internacionais são uma ciência recente, o que consequentemente resulta no facto de, na linguagem corrente e até nas obras dos especialistas de assuntos internacionais, persistir uma certa confusão de conceitos, pelo que se torna difícil abordar com clareza qualquer matéria teórica relativa a esta disciplina. No que se refere, em particular, ao conceito de ↗diplomacia, é frequente vê-lo confundido com o conceito de ↗política externa, bem como com o de negociação, para designar o instrumento pacífico e genérico da política externa, isto é, qualquer forma de negociação em oposição aos instrumentos violentos e em particular à guerra. Todavia, no conceito de ↗negociação, que é muitas vezes identificado com o de diplomacia, há que distinguir vários tipos: negociação direta (negociação levada a cabo diretamente pelos detentores do poder político dos Estados); diplomacia (negociação levada a cabo por representantes do Estado especialmente designados pelos seus órgãos de soberania, mas eles próprios destituídos de poder político); mediação (negociação levada a cabo pelos representantes ou pelos detentores do poder político de um terceiro Estado que serve de intermediário entre dois outros Estados).

Sob o ponto de vista formal, as alianças são tratados entre dois ou mais Estados, tendo por objetivo fazer frente a um perigo, a uma ameaça, a um fim, a uma preocupação ou a um interesse que diga respeito a um ou a todos os signatários. A guerra, ou seja, o instrumento violento por excelência, reveste a forma de ataque das forças militares de um Estado contra o território, instalações militares ou populações de outro Estado. A arma ou guerra económica traduz o emprego de sanções de caráter económico por parte de um Estado contra outro Estado, sanções que poderão exigir a utilização de meios militares, como no caso do bloqueio.

Nas estratégias indiretas, devemos ter em consideração: a espionagem, que os anglo-saxónicos designam de *intelligence*, a qual é exercida por meio de agentes secretos de um Estado junto de outro, para a obtenção, por meios não legítimos ou ocultos, de informações úteis à sua política; a ↗propaganda, a que alguns autores preferem chamar informação, e que é a infiltração das ideias favoráveis à política externa de um país junto da população/opinião pública de outro país; a ação psicológica, que se tornou um importante meio de luta, embora secundário em relação às ações militares e ao ↗terrorismo; a desinformação, que tem como origem os serviços de informação de um Estado e como destinatário os serviços de informação de outro Estado e que significa, simplesmente, uma intoxicação dos serviços correspondentes do adversário, através do fornecimento de informações falsas, mas credíveis; a subversão, constituída por um conjunto de práticas que aliam o psicológico, os movimentos de multidões e a ↗revolução, bem como outras técnicas indiretas, tendo como objetivo a desagregação do tecido social e político e a alteração do próprio poder. *[F.S. / R.R.]*

Teocracia

Na sua raiz etimológica grega, significa o governo de Deus, caracterizando-se os regimes políticos teocráticos pelo facto de uma elite religiosa exercer os poderes políticos e jurídicos em nome de uma entidade e de uma lei divinas. Assim, os líderes religiosos acumulam a função política e as leis do Estado, de tal forma que, nas questões essenciais, se confundem aquelas com os princípios da religião dominante. Nas sociedades em que estes regimes vigoram, as liberdades individuais são subordinadas à lei religiosa, sendo os hábitos de vida orientados e condicionados pela classe dirigente, que justifica as suas ações e opções como decorrentes das leis de Deus, dos ensinamentos de mestres espirituais ou de princípios cósmicos.

É possível apontar vários exemplos históricos de sociedades com aspetos teocráticos, desde o Antigo Egipto às tribos judaicas do período dos Juízes, passando pelos impérios chinês, japonês e bizantino, ou ainda pelo califado islâmico. O Cristianismo observou igualmente várias experiências de teocracia, tais como o governo de Florença por Savonarola (final do século XV), o reino teocrático de Münster (século XVI), e, na Suíça do século XVI, Zurique sob Zwingli e Genebra sob Calvino. A Santa Sé e o Monte Atos (região autónoma da Grécia) podem ser considerados teocracias. No universo budista, o Tibete anterior à anexação pela China tem sido, por vezes, descrito como uma teocracia. Atualmente, a República Islâmica do Irão constitui o exemplo mais consensual de teocracia, ainda que o regime contenha também elementos democráticos. *[T.P.M.]*

Teorema de Thomas

O Teorema de Thomas (William Isaac Thomas, sociólogo norte-americano, 1863-1947) afirma que se as pessoas definem certos factos como reais, eles tornam-se verdadeiros para elas quanto às suas consequências, partindo do princípio de que os mesmos não têm uma existência uniforme além das pessoas que os observam e interpretam. Um exemplo bem recente foi a corrida aos supermercados em busca de papel higiénico e aos postos de combustíveis, em contexto de pandemia ou greve dos transportadores/abastecedores, por cidadãos infundadamente convictos de que haveria escassez desses bens, acabando por agir sobre a realidade e provocar eles mesmos a consequência que pretendiam evitar e que sem essa ação não se verificaria, originando uma "profecia autorrealizada". As *fake news*, através da fabricação da realidade tomada como verdadeira por muitos, que passam a agir sobre essa mesma realidade, concretizando-a e transformando-a, deram uma nova atualidade e relevância a este teorema no plano político. *[M.N.N.]*

Teoria da Estabilidade Hegemónica

A Teoria da Estabilidade Hegemónica (TEH) argumenta que a existência de estabilidade no ↗sistema internacional necessita de uma potência hegemónica que defina e garanta a aplicação de regras na interação entre os vários e diferentes atores. Um Estado *hegemon* tem três atributos: a capacidade de inventar e impor as regras do jogo, a vontade de liderar a ordem e fazer cumprir as regras do jogo (normas internacionais) e, finalmente ter uma liderança hegemónica consentida e estabilizadora. Isto significa que o Hégemon assume um compromisso com a ordem internacional do sistema que é percecionado e aceite como mutuamente benéfico para os outros atores principais do sistema internacional.

A TEH assenta na ideia de que, ao longo da história, os Estados mais poderosos tendem a procurar expandir o seu domínio sobre o conjunto global do sistema internacional e tentam desenvolver um qualquer tipo de ordem semi-hierárquica. Nesta lógica, a ordem internacional deve a sua estabilidade à capacidade do Hégemon estabelecer uma hegemonia estabilizadora que concilie uma autoridade legítima com a sua capacidade de poder. A estabilidade hegemónica depende da capacidade do *hegemon* conseguir demonstrar os benefícios da estabilidade e ordem para os outros atores do sistema. Quando tal não acontece, a liderança hegemónica pode inverter-se e tornar-se desestabilizadora para o sistema (Mendes, 2019b). *[P.E.M.]*

Teoria Funcionalista

Teoria sobre a integração internacional, cujos trabalhos desenvolvidos originalmente por David Mitrany se concentraram na análise da criação da CECA e da CEE. Popular na década de 1940, a teoria funcionalista tenta explicar a possibilidade de os laços transnacionais levarem à integração internacional, à redução do nacionalismo e ao estabelecimento de um sistema de paz. Basicamente, o Funcionalismo sugere que através da cooperação económica e social se podem gerar comunidades supranacionais que, atenuando a soberania dos Estados, sobretudo o seu conteúdo hostil e belicista, eliminem a possibilidade da guerra.

O Funcionalismo parte do pressuposto de que o crescimento da complexidade dos aspetos técnicos e não políticos dos governos irá criar a necessidade de cooperação técnico-funcional entre os Estados, e particularmente entre as suas elites técnicas. Como resultado, teremos a necessidade de construir organizações que ultrapassem as fronteiras para resolverem os problemas da cooperação funcional. Central para a teoria funcionalista é a doutrina da ramificação, segundo a qual, o desenvolvimento da colaboração num determinado setor irá alastrar-se (*spill-over*) e ramificar-se num comportamento semelhante, num outro setor técnico. Como resultado final, as organizações criadas para a colaboração funcional poderão ultrapassar, ou tornar supérfluas, as instituições políticas tradicionais ligadas à definição de políticas públicas unicamente nacionais. *[P.E.M.]*

Teoria da Interdependência Complexa

Teoria que surge na década de 1970, liderada por Robert Kheoane e Joseph Nye, que utilizaram o conceito da interdependência para construírem um paradigma analítico que superasse o paradigma realista. A teoria da interdependência complexa veio contrariar as principais assunções analíticas do ↗Realismo. Assim, para a escola da Interdependência Complexa, os Estados não são os únicos atores importantes; os atores transnacionais são igualmente intervenientes importantes nas relações internacionais; a força não é o único instrumento significativo, já que a manipulação económica e o papel das instituições internacionais são instrumentos tão ou mais importantes do que aquela – o bem-estar, e não a segurança, é que constitui o objetivo dominante. A Teoria da Interdependência Complexa pode ser vista como uma síntese de alguns elementos do pensamento realista e liberal. Foi também partindo da interdependência complexa e da sua crítica ao realismo tradicional que se introduziu o conceito de regime como forma de explicar a possibilidade de mitigar a anarquia e facilitar a cooperação.

Importa sublinhar que a Teoria da Interdependência Complexa desenvolvida por estes autores refere-se às várias e complexas relações transnacionais (interdependências) que se estabelecem entre Estados, sociedades e indivíduos. Os teóricos da Interdependência Complexa sublinham que estas relações, particularmente de caráter económico, vêm aumentando de importância, enquanto o uso da força militar e da balança de poder – ainda que continuem presentes – têm vindo a decrescer de importância. Através desta análise, estes teóricos argumentam que o declínio da força militar como instrumento das Relações Internacionais e o aumento da interdependência económica e de outras formas de interdependência transnacional, irão desenvolver a probabilidade de cooperação entre os Estados (↗Institucionalismo liberal). *[P.E.M.]*

Teoria dos Jogos

Trata-se de uma abordagem do processo de decisão baseada na assunção da racionalidade dos atores numa situação de competição. Numa situação de incerteza e de informação incompleta, cada ator tenta decidir no sentido de maximizar os seus ganhos e minimizar os seus prejuízos. Deste modo, cada ator vai organizar as possibilidades de decisão por ordem de preferência, estimar as probabilidades e tentar discernir o que o outro ator irá fazer. A divisão básica é entre os jogos de soma zero, de soma variável ou positiva e os jogos de soma negativa. Numa situação de soma zero, a perda de um ator significa automaticamente o ganho do outro ator. Numa situação de soma variável, ou positiva, os ganhos e custos não são autodeterminantes e é possível existirem ganhos para ambas as partes. Finalmente, numa situação de soma negativa, ambos perdem.

A Teoria dos Jogos contribuiu decisivamente para o desenvolvimento de modelos de dissuasão e controlo da corrida aos armamentos e da espiral de guerra. Foi também muito importante para o desenvolvimento de trabalhos que explicam a possibilidade da cooperação entre atores concorrentes num sistema competitivo e anárquico. A possibilidade da cooperação, ou de jogos de soma positiva, é a principal questão de muitas das abordagens das Relações Internacionais, como são os casos dos trabalhos sobre os regimes internacionais, a integração regional e a resolução de conflitos. *[P.E.M.]*

Teoria da Ofensiva-Defensiva

Teoria que defende que a natureza da ↗política internacional é fortemente influenciada pela facilidade ou dificuldade de avançar com operações ofensivas. Quando, em termos comparativos, as operações ofensivas se apresentam racionalmente mais vantajosas do que as operações defensivas, a teoria sugere que a guerra e o conflito se tornam mais prováveis. Quando são as operações defensivas que têm a vantagem comparativa, a paz e a cooperação são mais prováveis. *[P.E.M.]*

Teoria da Paz Democrática

Teoria que defende que democracias constitucionais consolidadas, partilhando regras de atuação e organização, não se envolvem em guerra entre si. Deste modo, esta teoria de raiz kantiana baseia-se no seguinte pressuposto básico: as relações internacionais entre Estados democráticos são intrinsecamente mais pacíficas que as relações entre Estados com outro tipo de regimes políticos. Para comprovar a realidade desta hipótese da paz democrática, teóricos como Michael Doyle tentaram demonstrar uma relação causal entre a variável independente – estruturas políticas democráticas ao nível estatal – e a variável dependente – confirmada a ausência de guerra entre Estados democráticos. Críticos desta teoria, como Ido Oren, contestam a sua validade determinista, insistindo na existência de uma interpretação elástica do conceito de democracia, o que enfraquece esta teoria.

A Teoria da Paz Democrática não é linear e novos estudos vieram demonstrar várias incongruências relativas, nomeadamente dúvidas sobre se é possível considerá-la uma teoria universal. Vários autores conseguiram demonstrar que os Estados, no seu processo de democratização, são mais propensos a entrar em guerra do que regimes autocráticos, ou ainda, que é necessário ter em conta as guerras coloniais levadas a cabo por Estados democráticos. O que, na verdade, não invalida o argumento principal da teoria – democracias consolidadas não fazem a guerra entre si –, mas chama a atenção para o facto de ser preciso qualificar bem o conceito de democracia e o seu processo histórico (Mendes, 2019b). *[P.E.M.]*

Teoria da Representação Política

A representação política é uma teoria sobre o exercício do poder soberano, que pressupõe que aqueles que o exercem (representantes) o fazem por mandato, expresso ou tácito, dos representados. Exclui, portanto, as formas de exercício direto do poder, que poderão ser encontradas em sociedades mais antigas, como as cidades-Estado gregas e a cidade de Roma dos primórdios da Antiguidade Clássica, e nas teorias políticas da soberania popular de Jean-Jacques Rousseau.

O reconhecimento da impossibilidade de se exercer o poder dessa forma nas sociedades mais complexas e a necessidade historicamente crescente de legitimar a soberania levaram ao desenvolvimento de teorias que, essencialmente, procuram explicar e legitimar o facto de um número reduzido de pessoas exercer autoridade pública sobre as demais. As explicações mais antigas remetem para uma visão religiosa e teocrática do poder, que se pode encontrar nas sociedades tribais e que voltará a renascer na Idade Média, com a influência da Igreja Católica, dos seus mestres e doutores. O poder será, nesta perspetiva, uma faculdade divina (*"Non est potestas nisi* a *Deo"*, segundo São Paulo) e os seus titulares recebem-no direta ou indiretamente, tendo, no segundo caso, o Papa ou, em alternativa, o Povo como intermediários.

A Escolástica reforçará esta última possibilidade, como forma de procurar reduzir o poder dos imperadores do Sacro Império Romano-Germânico e dos reis das novas monarquias do Renascimento em favor do poder do Papa, dando assim início involuntário às modernas teorias democráticas. Estas começarão a percorrer caminho mais firme com os autores jesuítas da Segunda Escolástica (Francisco Vitória, Francisco Suárez, Juan de Mariana ou Luís de Molina), que fundamentaram a origem do poder no *populus* e não no príncipe, e que, mais tarde, inspirarão os filósofos dos iluminismos inglês e francês, como John Locke, Thomas Hobbes e J. J. Rousseau, na sua teorização do contrato social. Será através desse *pactum societatis*, vínculo instituidor da sociedade política, que os indivíduos transmitem voluntariamente o poder que detinham no "estado de natureza" ao *status* e, necessariamente, a quem os governará: a totalidade do poder civil, segundo Hobbes e Rousseau, ou parte dele, conforme a interpretação de Locke.

O desenvolvimento contemporâneo da doutrina da representação política encaminhá-la-á, em alternativa, para as teorias democráticas ou para as voluntaristas. Pelas primeiras, o poder político só será legítimo se expressamente mandatado pelo voto popular através de sufrágio, que evoluiu do censitário-burguês e sexista (século XIX) para o universal (séculos XX e XXI). Emmanuel Joseph Sieyès (1748-1836), o célebre abade Sieyès, estabeleceu, na sua importante obra *Qu'est-ce que le Tiers-État?*, a relação lógica entre a democracia popular e a *volonté générale* de Rousseau e o sufrágio representativo, tornando exequíveis as conceções do genebrino. Nas segundas, o poder é um facto que não carece da legitimação do voto popular, sendo o sufrágio representativo considerado, na doutrina marxista, uma fraude imposta pela classe dominante, e nas teorias fascistas uma rutura liberal-burguesa da unidade da Nação, que só a encarnação do "espírito do Estado" no "chefe carismático" conseguirá superar.

Atualmente, a democracia liberal atravessa, segundo muitos, uma crise de representatividade, em que se constata o progressivo distanciamento entre governantes e governados, dando abertura e ênfase aos diversos populismos que começam a fazer sentir-se nas democracias contemporâneas. *[R.A.]*

Teoria do Sistema-Mundo

A Teoria dos Sistemas Mundiais, também chamada Análise dos Sistemas Mundiais, Perspetiva dos Sistemas Mundiais ou, simplesmente, Teoria do Sistema-Mundo, utiliza o conceito de ↗Sistema Mundial (e não os ↗Estados-Nação) como unidade básica de análise da evolução histórica. Para esta teoria, "sistema mundial" é a divisão inter-regional e transnacional do trabalho, num mundo constituído por países centrais, países semiperiféricos e países periféricos, em função das suas dotações relativas de capital e trabalho. Estamos a falar de um mundo único e fortemente interrelacionado, com países estruturalmente desiguais. Os países centrais são os que dispõem da força de trabalho mais qualificada e produtiva, onde o capital é abundante, por contraste com os países semiperiféricos e periféricos, cuja mão-de-obra tem qualificações comparativamente mais baixas ou que dependem da exportação de matérias-primas.

A forma como o sistema social mundial se estrutura favorece os países centrais em relação aos demais. É um sistema capitalista dinâmico, que muda através de alterações tecnológicas e nos transportes, ao mesmo tempo que reproduz as desigualdades. Com o tempo, as nações podem mudar de posição relativa no sistema-mundo, em função da divisão do trabalho, mas a natureza desigual do sistema capitalista mantém-se. Estamos a falar, portanto, de um sistema capitalista único, com hegemonia mundial de alguns países sobre os demais.

A teoria do sistema-mundo foi desenvolvida pelo sociólogo norte-americano Immanuel Wallerstein, na década de 1970, procurando explicar as desigualdades no mundo com base na divisão internacional do trabalho e na interdependência daí decorrente entre países. Observa as relações internacionais, a economia internacional e a geopolítica com base nos pressupostos marxistas da divisão entre capital e trabalho à escala global, em que o elemento económico aparece como variável explicativa independente. Na elaboração da teoria, Wallerstein inspirou-se em vários autores, especialmente Marx, com a sua visão dialética da História, e no historiador Fernand Braudel, da Escola dos *Annales*, com o seu conceito de economia-mundo. O trabalho de Wallerstein está na linha das pesquisas de Giovanni Arrighi e Samir Amin, embora o seu nome se tenha destacado, com a sua vasta obra teórica pioneira, e influenciado autores de outros países, como Boaventura de Sousa Santos, em Portugal. *[J.R.C.]*

Teoria da Transição do Poder

A Teoria da Transição do Poder (TTP) centra-se em duas ideias fundamentais: a importância das mudanças na distribuição de poder no ↗sistema internacional resultantes do processo de industrialização e os efeitos estabilizadores da concentração de poder. A TTP baseia-se em duas variáveis explicativas principais: a relatividade do poder e o grau de satisfação com o *status quo* da ordem internacional.

Esta teoria sublinha que, desde pelo menos 1500, o sistema político global se desenvolve através de distintos e identificáveis ciclos históricos que demonstram a existência de determinadas regularidades de comportamento dos seus atores, designadamente da presença de uma potência mundial que lidera os respetivos ciclos. Na sua ótica, existem duas variáveis-chave na formação destes ciclos: o desejo de uma potência em criar uma ordem global e o surgimento de fragilidades muito particulares e circunstanciais no sistema global. Os teóricos da transição de poder argumentam que os ciclos históricos da ordem internacional têm um período de ascensão e declínio. A potência dominante irá inevitavelmente ser confrontada com o crescimento de centros de poder rivais que começarão a pôr em causa a sua hegemonia global. Na sua ânsia de continuar o seu domínio à escala global, a potência hegemónica começará a esgotar as suas capacidades e energias nacionais, o que originará o início do seu percurso descendente. Cada ciclo histórico está associado à trajetória de ascensão e queda da sua maior potência.

A TTP aproxima-se da *Teoria da Balança de Poder* (TBP), no sentido em que ambas são teorias sistémicas estruturais sobre a distribuição do poder. Todavia, a TTP considera que o sistema internacional, ainda que estruturalmente anárquico, tem uma determinada ordem hierárquica, designadamente com o Estado mais forte a dominar a ordem, seguido dos outros Estados menos poderosos, que são classificados como Estados que estão satisfeitos ou insatisfeitos. Por outro lado, e ao contrário da TBP, que argumenta que a igualdade de poder origina a estabilidade, a TTP defende que a guerra é mais provável quando existe uma relativa igualdade de poder entre Estados, especialmente quando o diferencial de crescimento económico entre o Estado hegemónico e o Estado desafiante é encurtado. O que, dizem vários realistas, pode estar a acontecer com a China relativamente aos EUA (Mendes, 2019b). *[P.E.M.]*

Teorias Constitutivas

A Teoria Constitutiva procura analisar e explicar quais os processos, estruturas e atores que existem e constroem a natureza das relações internacionais, bem como as melhores abordagens ontológicas e epistemológicas para o seu estudo. Diz respeito à importância da reflexão humana relativamente ao estudo da natureza e caráter das relações internacionais, bem como às abordagens teórico-metodológicas relativas a essa reflexão. Incide sobre o próprio processo de teorização, incluindo, deste modo, no seu objeto de estudo, as questões epistemológicas e ontológicas relativas às Relações Internacionais. A Teoria Constitutiva distingue-se da Teoria Empírica e pode ser caracterizada, assim, como a Filosofia das Relações Internacionais. Finalmente, pode-se dizer que têm forte ligação com as chamadas ↗Teorias Normativas das Relações Internacionais. *[P.E.M.]*

Teorias Críticas (Ciências Sociais e Humanas)

Tradicionalmente, as Teorias Críticas estão ligadas às abordagens marxistas e neomarxistas (Gramsci), sendo que a cunhagem da designação Crítica tem a sua origem na Escola de Frankfurt. Na sua dimensão trans-histórica, podemos dizer que o *espírito crítico* está presente sempre que um indivíduo ou grupo de indivíduos denuncia/contesta uma forma de injustiça, de supressão de direitos ou de negação de autonomia e liberdade humana, e luta pela sua emancipação. Portanto, as raízes das Teorias Críticas das Ciências Sociais e Humanas estão ligadas à capacidade de análise filosófica e de vontade político-prática de estudar e compreender os processos históricos que iluminam e motivam o sentido emancipatório da história da Humanidade. Por isso, é possível dar como exemplos Moisés e Jesus Cristo como pioneiros do espírito crítico.

Autores clássicos, como Kant e Hegel, debruçaram-se sobre a problemática emancipatória. Mas foi Marx (1845) quem, nas suas *Teses sobre Feuerbach*, assumiu a *posição crítica* de que "os filósofos têm apenas interpretado o mundo de maneiras diferentes; a questão, porém, é transformá-lo." Mas foi Horkheimer, diretor da Escola de Frankfurt, quem, em 1937, elaborou a fundamental distinção entre a "teoria tradicional" e a "teoria crítica". A teoria tradicional é inspirada nos modelos empiristas e positivistas das Ciências Naturais. Tem como objetivo explicar os mecanismos causais dos processos sociais numa lógica neutra de valores e preferências subjetivas, no sentido de explicar, prever e controlar melhor o comportamento humano. As teorias tradicionais partem de uma perspetiva não normativa, e tendencialmente conservadora, não questionando os fundamentos ontológicos, epistemológicos e políticos normalizadores da racionalização técnica da sociedade moderna. Ao contrário, a teoria crítica questiona o *simples interesse técnico* do cientista, assumindo que a produção do conhecimento tem sempre um lado de controlo e de expressão de interesses dos poderes do *status quo* que importa denunciar e desconstruir. Por isso, a teoria crítica parte de uma escolha normativa que implica pensar em soluções alternativas e emancipadoras face aos constrangimentos de liberdade e justiça da ordem dominante e que começa na própria produção do conhecimento e das teorias (Mendes, 2019b). *[P.E.M.]*

Teorias Críticas Cosmopolitas em Relações Internacionais

Diversamente do ecletismo de Cox, existe uma corrente que deriva diretamente da Escola de Frankfurt, sobretudo de Habermas, de onde se destaca o teórico Linklater. O seu principal *leitmotiv* é o desenvolvimento de uma teoria crítica global das Relações Internacionais ligada a um projeto emancipatório cosmopolita. Esta visão global baseia-se na reafirmação de uma crítica cosmopolita ao sistema vestefaliano e na necessidade de expandir as fronteiras morais das comunidades políticas atuais (Estados). Esta expansão deve realizar-se através de uma ética cosmopolita que questione o valor moral das fronteiras nacionais, nomeadamente os seus "*deficits* morais" (Linklater, 1998).

A ideia de Linklater consiste na possibilidade transformativa de criar novas comunidades políticas, bem como uma nova conceção de cidadania que, de forma interligada, vincule autoridades intraestatais, estatais e transnacionais. Isto permitirá construir uma lealdade cosmopolita no quadro de uma sociedade internacional pós-Vestefália. Esta transformação cosmopolita pós-estatal terá como resultado uma verdadeira revolução nas formas de relacionamento dos atores na comunidade política. As sociedades deixariam de se organizar numa lógica de rivalidade geopolítica no contexto de anarquia internacional. O mundo pós-Vestefália irá possibilitar inovadoras formas de cooperação que assegurarão o respeito por soluções internacionais pluralistas e solidárias num quadro cosmopolita. Estas novas formas de cooperação institucional têm por base lógicas de diálogo e de consentimento, que substituiriam as do domínio e da força.

Ao contrário da visão a-histórica do ↗Neorrealismo, Linklater não acredita que o ambiente competitivo e conflitual do sistema internacional anárquico seja interminável e reproduzido *ad aeternum*. Linklater refuta a tese neorrealista da imutabilidade anárquica da ordem internacional e defende a possibilidade da criação de uma comunidade política cosmopolita que, com base na universalização de direitos e da comunicação dialógica, elimine a política da exclusão e a sua consequente geração de conflitos e guerra.

Para possibilitar a construção deste projeto emancipatório pós-vestefaliano, Linklater propõem três passos analíticos interligados: o normativo; o sociológico e o praxiológico. O primeiro passo é a reflexão sobre o objetivo da emancipação e a consequente análise crítica das fundações normativas da atual ordem internacional e das possíveis e desejáveis futuras ordens internacionais. A emancipação fundamenta-se na expansão e aprofundamento da liberdade e da igualdade através da universalização do diálogo, do consentimento e da inclusão. Para tal, é necessário seguir três caminhos: aumentar as esferas da vida social e institucional onde os modos de governo sejam motivados e regulados pelo diálogo e consenso em vez de pelo poder e força; dar voz aos excluídos, elevando o número de seres humanos com acesso a um "*speech community*" universal; e criar condições socioeconómicas efetivas, e não apenas nominais, para que todos os membros da comunidade política possam participar, dialogar e deliberar ativa e livremente.

O passo sociológico resulta da necessidade de se estudar a evolução histórica das comunidades políticas produzindo uma Sociologia Histórica dos avanços e recuos da formação das sociedades nacionais e internacionais. É essencial compreender e explicar historicamente como, e de que modo, se constroem e reproduzem as ordens internacionais. Com base no ↗Construtivismo e na Sociologia Histórica devemos estudar os processos históricos relativos à evolução e expansão das ideias e normas emancipatórias humanistas, como os Direitos Humanos.

O passo praxiológico exige que a análise crítica desenvolva conhecimento que esteja ligado ao mundo real e seja relevante para a prática social e política. Aqui, devemos começar por perceber como é que as preocupações éticas emancipatórias se podem aplicar na prática da decisão política. Neste sentido, Linklater (2011) centrou-se no princípio ético-praxiológico de *"não fazer o mal"* e na sua capacidade de influenciar a ativação de políticas externas éticas e normas de direito internacional que se guiem pelo princípio de evitar ou reduzir a capacidade de *fazer mal*. Linklater realiza uma análise da evolução das normas e convenções sobre o *mal* (genocídio, violência contra as mulheres, tortura). Aqui demonstra, por um lado, o progresso moral existente e, por outro, o potencial emancipatório ainda por cumprir relativamente à capacidade de fazer e controlar o *mal* e o *sofrimento* nas relações internacionais. A sua análise centra-se nas justificações sobre a utilização do poder violento e na sua possibilidade de praticar danos na sociedade internacional (*o mal*). O seu principal argumento é que o poder de *fazer o mal* pode e deve ser controlado para que as sociedades possam coexistir com o mínimo de danos violentos (Mendes, 2019b). *[P.E.M.]*

Teorias Críticas Feministas em Relações Internacionais

Embora o pensamento feminista em Relações Internacionais tenha uma história intelectual relativamente autónoma face à Escola de Frankfurt, a abordagem feminista comunga do seu espírito crítico. As abordagens feministas argumentam que as Relações Internacionais são uma disciplina marcada pelo género (masculino). Existe uma masculinização dos seus conceitos e objetos de estudo, bem como das questões que coloca e das respostas que apresenta. Isto não significa que as abordagens feministas sejam apenas sobre o papel da mulher. Em Relações Internacionais, o feminismo é sobre a interdependência entre géneros e, sobretudo, sobre a demonstração crítica de como as Relações Internacionais, e a sua análise das relações internacionais, são uma construção social dominada pelo género masculino. O seu principal objetivo é desnaturalizar as diferenças de género assumidas pelas visões dominantes e desconstruir as diferenças excluidoras presentes na formatação dominante (patriarcal) do papel da mulher nas relações internacionais e no mundo. Para tal, apresentam uma abordagem alternativa que procura demonstrar o papel decisivo das mulheres nas Relações Internacionais/relações internacionais (Mendes, 2019b). *[P.E.M.]*

Teorias Críticas em Relações Internacionais (aspetos meta-teóricos)

Existem várias Teorias Críticas que se centraram nos aspetos mais meta-teóricos. Isto significa que são Teorias Críticas porque não concordam com o positivismo e com o projeto racionalista moderno/progressista/capitalista que circunscreve o modo dominante de teorizar as relações internacionais. Neste quadro, as Teorias Críticas desenvolveram uma importante crítica pós-moderna, pós-estruturalista e pós-positivista às teorias dominantes nas Relações Internacionais. Em síntese, podemos dizer que estas abordagens críticas interligam o pós-modernismo com o pós-positivismo, pois ao invés de abordarem a validade de variáveis específicas, atores, processos, níveis de análise ou metodologias positivistas, a maioria dos teóricos críticos acentuam a reflexividade do conhecimento e desafiam a premissa positivista-modernista de que o mundo social constitui uma realidade objetiva, cognoscível e passível de análise e descrição neutra e sistemática (Mendes, 2019b). *[P.E.M.]*

Teorias Críticas em Relações Internacionais (*critical turn*)

Partindo das ideias de Marx, Horkheimer e Gramsci, Robert Cox (1981) introduz nas Relações Internacionais a distinção entre "*problem-solving theories*" e "*critical theories*", iniciando a cunhagem de uma perspetiva crítica na disciplina. Neste sentido, as Relações Internacionais sofreram um importante *critical/dissident turn* a partir da década de 1980.

Cox sublinhou que as teorias dominantes *mainstream* estão apenas preocupadas com um sentido estrito de "*problem-solving*", ou seja, em encontrar pequenas e particulares soluções, mas sem pôr em causa os fundamentos ontológicos e epistemológicos da narrativa racionalista e vestefaliana da ordem internacional. Estas teorias tendem a naturalizar o mundo (Mendes, 2019b). Olham para a ordem internacional e as suas instituições como se fossem fenómenos da natureza, pré-determinados e sem possibilidade de transformação estrutural. O melhor exemplo desta visão é a forma a-histórica como assumem que os Estados são elementos *naturalmente* – desde sempre e para sempre – constitutivos da ordem internacional. Esta visão não põe em causa os padrões estruturais de funcionamento da ordem internacional, o seu principal objetivo é solucionar pequenos problemas, fazendo com que a ordem dominante, as suas instituições e relações de poder, funcionem da forma mais eficiente possível.

Ao contrário, as teorias críticas não são naturalistas, mas reflexivas e historicistas, olhando de forma holística para os fundamentos da ordem internacional, numa lógica dialética e emergente. Não assumem o mundo presente como *natural* e imutável, mas sim como resultado de um processo histórico dinâmico. Isto significa que as teorias críticas olham para a forma tradicional de explicar o mundo das teorias racionalistas, sobretudo o ↗Neorrealismo, como visões a-históricas, limitadas e limitativas do conhecimento dos processos históricos que explicam as relações internacionais. Na leitura crítica, as visões dominantes assumem que o mundo é *naturalmente* egoísta, desigual e inseguro. Para as teorias críticas, o egoísmo, as desigualdades e inseguranças não são *naturais*, mas produto de um processo histórico que se desenrola e evolui em permanente tensão transformativa entre forças conservadoras defensoras da continuidade e forças progressistas defensoras da mudança.

Mais do que apenas as interações estratégicas da ↗política internacional, devemos pensar as relações internacionais como *ordens internacionais*. As ordens internacionais são socialmente construídas e desenvolvem-se dialeticamente ao longo da história. As ordens internacionais são constituídas por estruturas materiais e ideacionais e comportam fatores estáticos e dinâmicos. São estas estruturas que condicionam os contextos políticos, económicos e sociais da *agência* dos ↗atores das relações internacionais e produzem uma determinada ordem internacional. A ordem internacional não deve ser compreendida e estudada na ótica da sua manutenção e reprodução conservadora, mas sim na ótica crítica de compreender os seus focos de injustiça e conflito, propondo possibilidades alternativas.

Cox olha para a globalização como reflexo de uma ordem internacional hierarquizada em três níveis: os que se integram razoavelmente na economia global, os que a servem de uma forma subordinada e precária e os que simplesmente são excluídos do processo de ↗globalização. O grande desafio da globalização é o de conseguir ativar uma "*common will*" sobre uma visão alternativa que supere as divisões, geográficas, étnicas, religiosas e de género que atravessam a hierarquização social criada pela atual globalização (Cox, 2011). Esta visão deve centrar-se numa nova e mais inclusiva forma de produção global, um modelo alternativo que não se baseie no excesso de consumismo, que minimize os impactos energéticos e poluidores e maximize as oportunidades de participação política e de emancipação dos cidadãos globalmente.

Apesar de não ser um otimista, e ser relativamente cético da visão emancipatória de raiz iluminista, Cox deposita esperanças na sociedade civil transnacional e nos seus movimentos participativos, como os movimentos sociais não violentos. Cox defende a necessidade da criação de um novo multilateralismo, menos elitista e mais democrático, construído de cima para baixo com base numa sociedade civil participativa global (Mendes, 2019b). *[P.E.M.]*

Teorias Críticas em Relações Internacionais (espaço crítico comum)

Existem várias e diferentes Teorias Críticas e seria impossível aqui identificar toda a sua complexidade. Todavia, embora formem um conjunto teórico mais diversificado, faz sentido num quadro de explicação sintética falar em Teorias Críticas como uma teoria principal das Relações Internacionais. O que não significa que exista exatamente *uma* teoria crítica em Relações Internacionais ou um programa de investigação crítico específico. O que existe e é possível identificar é uma abordagem crítica face à análise das relações internacionais, bem como um conjunto de abordagens teóricas que partilham um modo crítico de compreender e agir nas Relações Internacionais.

Apesar da sua diversidade relativa, todas as abordagens críticas partilham um *espaço crítico comum*, nomeadamente face às relações e estruturas de poder dominante que condicionam as formas de fazer a política e a ciência em Relações Internacionais. As abordagens críticas partilham o caráter crítico/normativo/político relativo à *possibilidade* e *vontade* de transformar/mudar o mundo, numa perspetiva emancipatória e inclusiva.

De um ponto de vista do progresso da disciplina, as Teorias Críticas foram importantes, pois abriram novos espaços e ângulos de abordagem e, sobretudo, contestaram a forma seletiva dominante como se problematizavam umas questões e não outras. Em última análise, o que distingue e caracteriza todas as teorias críticas face às teorias principais dominantes reside no *espírito crítico* da afirmação de Robert Cox, "theory is always *for* someone and *for* some purpose", bem como – ainda que existam discussões *críticas* sobre o que isso realmente significa – na assunção de um compromisso com um projeto emancipatório da Humanidade.

Em síntese, as teorias críticas partilham dois pressupostos básicos e interligados. Primeiro, uma atitude crítica e alternativa sobre a forma de estudar e compreender o mundo. Segundo, as teorias críticas assumem uma particular posição ética (crítica) sobre a responsabilidade da disciplina e dos seus académicos se envolverem na possibilidade de mudarem o mundo. Por isso, Cox sublinha que *não basta explicar o mundo, é preciso mudá-lo*. Ao que podemos acrescentar: quanto mais e melhor conhecermos *criticamente* o mundo, menos difícil será mudá-lo (Mendes, 2019b). *[P.E.M.]*

Teorias da Dependência

Abordagem neomarxista estruturalista das relações internacionais que enfatiza a importância da difusão do capitalismo à escala global, nomeadamente do seu modo de funcionamento e de domínio das regiões capitalistas mais desenvolvidas face às menos desenvolvidas. A sua explicação geral assenta na demonstração da dependência das relações económicas do sistema capitalista mundial que se estabelecem entre os Estados do Centro (mais desenvolvidos), da Semiperiferia (medianamente desenvolvidos) e da Periferia (pouco desenvolvidos). Designação da tese que defende que um conjunto de países, especialmente no ↗Terceiro Mundo, não tem capacidade de controlar aspetos importantes da sua vida económica devido ao domínio dos países industrializados sobre a economia mundial.

Traduziu uma crítica radical ao capitalismo ocidental nas suas relações com o Terceiro Mundo, nos anos 1960 e 1970, tendo ainda hoje adeptos. Deriva de uma teoria de imperialismo económico, sendo também usada como crítica aos programas de ajuda estrangeiros. A ideia base é a de que os maiores Estados capitalistas não desistiram verdadeiramente dos seus interesses coloniais, exercendo na realidade um controlo político alargado sobre os países latino-americanos, africanos e asiáticos. Contudo, fazem-no agora através da pressão económica e da exploração da sua superioridade no mercado para obterem vantagens injustas no comércio internacional. Estas teorias defendem que, como a maior parte da ajuda financeira ao Terceiro Mundo para o progresso industrial e agrícola provém dos Estados capitalistas, o desenvolvimento naqueles países está intimamente associado aos interesses económicos do Ocidente. *[P.E.M.]*

Teorias emancipatórias

Com importantes ligações às teorias normativas e às teorias críticas, nomeadamente à ideia emancipatória de raiz kantiana e à sua atualização crítica por parte de Habermas, as teorias emancipatórias em Relações Internacionais pretendem desconstruir as profecias conservadoras do ↗Realismo relativamente ao papel do Estado e do sistema vestefaliano. Parte de várias tendências de pensamento social, político e filosófico ocidental, de modo a erigir um enquadramento teórico capaz de refletir sobre a natureza e objetivos da teoria, e revelando formas óbvias e subtis de injustiça e dominação na sociedade. Com forte ligação às teorias críticas, as teorias emancipatórias desafiam as formas tradicionais de teorização, como também problematizam e procuram desmantelar formas instituídas de vida social que constrangem a vida humana.

As teorias emancipatórias estão associadas à última geração da Escola de Frankfurt, em particular ao trabalho de Jurgen Habermas. Para Habermas, a Teoria Social deve questionar as fundações da ordem social existente, quer em termos epistemológicos (fonte de conhecimento), quer em termos ontológicos (natureza do ser), uma vez que todo o conhecimento tem um enquadramento histórico e político. Habermas questiona as teorias ortodoxas por serem demasiado conservadoras, oferecendo como alternativa uma abordagem emancipatória que critica e expõe os constrangimentos sociais do conhecimento, do poder e dos valores dominantes. Esta sua abordagem influenciou as teorias críticas emancipatórias em Relações Internacionais que, seguindo as suas ideias, tentam apresentar abordagens que ultrapassem a forma dominante como a teoria internacional analisa as injustiças e desigualdades existentes no mundo. Partindo da ideia de emancipação, estes teóricos procuram compreender melhor quais as possibilidades de transformar as relações internacionais, de modo a torná-las mais justas. Deste modo, o estudo das Relações Internacionais deve ser orientado por um projeto emancipador, que ajude a mitigar as várias formas de domínio que promovem a continuidade dos fenómenos de injustiça e desigualdade social no mundo.

As teorias tradicionais dominantes tendem a tomar o Estado como certo, enquanto as teorias emancipatórias analisam os vários modos segundo os quais as fronteiras da comunidade são formadas, mantidas e transformadas. Não só fornecem uma explicação sociológica, mas também uma análise ética sustentada das práticas de inclusão e exclusão. O seu principal objetivo é alcançar uma teoria e prática alternativa nas relações internacionais, que ultrapasse as dinâmicas de exclusão associadas ao moderno sistema de Estados e estabeleça um conjunto de princípios cosmopolitas que promovam a liberdade, a justiça e a igualdade no mundo.

Autores como Booth e Linklater defendem que a disciplina das Relações Internacionais deveria compreender e expor criticamente as formas de condicionamento da liberdade que o sistema atual dominado pelos Estados impõe aos seres humanos. O principal objetivo destas teorias prende-se com a tentativa de encontrar formas de libertação dos indivíduos relativamente ao Estado e a outras estruturas opressivas do progresso e emancipação da Humanidade. O que estas teorias defendem é que as relações internacionais devem ser reconstruídas de acordo com princípios e normas solidárias e universalistas que visem uma progressiva emancipação global da humanidade.

Em síntese, as teorias emancipatórias defendem que as Relações Internacionais devem procurar não ser apenas uma disciplina que desenvolve ↗teorias empíricas para solucionar questões específicas, mas, sobretudo, uma disciplina com ambições normativas e com propostas para a mudança da ↗sociedade internacional. Neste quadro, argumentam que é importante encontrar novas fórmulas políticas que propiciem uma sociedade internacional menos estadista-hegemónica e mais cosmopolita-igualitária. *[P.E.M.]*

Teorias empíricas

As teorias empíricas em Relações Internacionais dizem respeito a todas as teorias racionalistas dominantes que estão preocupadas em resolver as questões/problemas empíricos. São teorias cujo objetivo e produção teórica resultam da tentativa de estudar/aplicar a análise científica das Relações Internacionais a problemáticas específicas. Em contraste com as teorias normativas que se preocupam com o dever ser, as teorias empíricas preocupam-se em estudar o que é, ou seja, os problemas/questões que existem nas relações internacionais, independentemente de juízos normativos, críticos ou emancipatórios (↗Teorias normativas; ↗Teorias críticas; ↗Teorias emancipatórias. *[P.E.M.]*

Teorias da Integração

A integração regional surgiu como área de estudo nos anos 1950 e, no último meio século, não só o processo de integração europeia se consolidou e se tem desenvolvido, como a ↗União Europeia (UE) se tem expandido – em número de membros e de áreas de intervenção –, e as teorias da integração europeia têm servido para explicar esses desenvolvimentos, mas também os fracassos, existindo neste domínio quatro teorias principais: Federalismo, Funcionalismo/Neofuncionalismo, Intergovernamentalismo e Pós-Funcionalismo.

A teoria federalista – tal como advogada por Richard Coudenhove-Kalergi, Altiero Spinelli, Ernesto Rossi e Eugenio Colorni ou por Jean Monnet – faz uma leitura política e supraestadual da construção europeia, quebrando com o paradigma estatocêntrico da tradição realista. Assume-se a necessidade da criação de um centro supraestadual, com poderes constitucionalmente consignados e separados do nível nacional, para as matérias do âmbito regional-supraestadual relevantes. Tal não significa o desaparecimento dos Estados nacionais, mas a reconversão dos seus poderes, no quadro de uma variedade de prescrições constitucionais. A rejeição da Comunidade Europeia de Defesa, em 1954, refreou "o sonho federal" europeu, se bem que o Tratado de Maastricht incorporou provisões com um carácter marcadamente federal, como a União Económica e Monetária, a Política Externa e de Segurança Comum ou a cidadania europeia.

Os teóricos do Funcionalismo, em particular David Mitrany, propõem a transferência de tarefas funcionais (ou técnicas) dos governos para organizações ou agências internacionais. A Doutrina da Ramificação defende que a colaboração funcional num setor pode gerar a necessidade de colaboração funcional noutros setores e que, no limite, a cooperação no campo técnico poderia conduzir à unificação económica que, por sua vez, levaria a uma unificação política entre os Estados, o que traria a paz ao sistema internacional. A comunidade iniciada como "comunidade de interesses" transformar-se-ia subsequentemente numa "comunidade de sentimentos". No caso do Neofuncionalismo e para o seu mais proeminente autor, Ernst B. Haas, esta teoria tem como pressuposto essencial que a integração setorial inicial irá estender-se além do controlo estatal, através do conceito de *spillover*, que é uma consequência inesperada do alastrar da cooperação de uma área para outra, podendo derivar em vários *spillovers*, como o funcional (a integração numa área cria pressão para a integração noutras); o político (a reação dos atores políticos e dos cidadãos à integração inicial pode conduzir ao aumento da procura doméstica da integração); o institucional (as organizações internacionais têm interesse no progresso da integração regional e potenciam-no); e o social (socialização de elites nacionais e dos funcionários). Em geral, o Neofuncionalismo espera um processo de integração dinâmico e progressivo, que escape ao controlo exclusivo dos governos, graças aos *spillovers* e à dependência de trajetória. Mas esta teoria não explica a estagnação ou a integração por via intergovernamental.

A teoria intergovernamentalista, por sua vez, centra a análise no papel e na ação dos Estados. Para Stanley Hoffmann, o processo de integração é explicado com base numa escolha racional dos Estados, que procuram através da integração maximizar os seus ganhos, daí que a integração seja o resultado de uma série de negociações entre Estados soberanos na prossecução dos seus interesses nacionais. Alan Milward defende que os governos dos Estados-membros da UE são os principais atores no processo de integração europeia, e em vez de serem enfraquecidos pelo processo de integração foram antes fortalecidos por este. Ideia corroborada por Andrew Moravcsik, através do Intergovernamentalismo Liberal, ao defender que os desenvolvimentos da integração europeia têm sido conduzidos por um processo gradual de convergência de preferências entre os Estados-membros mais poderosos, com uma delegação mínima de poderes às instituições supraestaduais com o intuito de assegurar a exequibilidade dos compromissos. Para os intergovernamentalistas, as instituições são um meio para a criação de compromissos credíveis para os governos nacionais, mas não consideram a independência institucional (como a do Tribunal de Justiça da UE) nem o impacto de uma Comissão forte (caso da Comissão Delors).

Já o Pós-Funcionalismo, tal como desenvolvido teoricamente por Liesbet Hooghe e Gary Marks, pressupõe um mecanismo de retrocesso na integração, ao considerar que, à medida que a integração regional avança, mina a soberania nacional e a própria comunidade, logo criando lesados económicos e culturais, que são mobilizados por partidos eurocéticos ou anti-integração. A viragem do "consenso permissivo" até 1991 para o "desacordo constrangedor" mudou o contexto da integração europeia e, como resultado, a opinião pública tornou-se crucial para o futuro da integração, na medida em que elites e líderes partidários passaram a prestar mais atenção à opinião pública no âmbito da integração europeia.

Apesar dos recentes avanços no regionalismo comparativo, as teorias da integração permaneceram em grande parte um domínio europeu e, mais precisamente, da UE, pois as motivações, as condicionantes e os resultados que definem a integração europeia permanecem muito diferentes de outras regiões do mundo. *[A.C.]*

Teorias normativas

As teorias normativas dizem respeito aos valores e às preferências éticas no estudo das relações internacionais. Estão ligadas à teoria política internacional e aos seus argumentos normativos e valorativos sobre o que é correto e justo na sociedade internacional. Contrariamente às teorias empíricas, as proposições das teorias normativas não estão sujeitas a testes empíricos como forma de estabelecerem a sua verdade ou falsidade. As teorias normativas não têm como objeto de estudo os domínios da teoria empírica, ou seja, a análise do que existe. Pelo contrário, as teorias normativas têm como objeto de estudo a preocupação de pensarem no que deveria ser, ou seja, a sua preocupação fundamental não se resume à análise descritiva do que existe, mas sim à análise normativa de como o mundo deveria ser ordenado e de quais os valores que deveriam presidir às escolhas dos decisores. *[P.E.M.]*

Teorias pluralistas da Democracia

O pluralismo é um conceito basilar das democracias contemporâneas, já que elas pressupõem a expressão política plural, isto é, diversa e competitiva entre si (nomeadamente no pluralismo partidário). Todavia, a expressão ganha contornos mais específicos no debate teórico sobre modelos de democracia. Autores, com proeminência para R. Dahl (1961), contrapuseram aos modelos individualistas da democracia a ideia de que a sociedade democrática se organiza em grupos, que competem entre si pelo poder e que se alternam no seu exercício, rejeitando também a crítica à democracia assente na linha divisória entre povo e elites, considerando o sistema representativo amplo e rotativo. *[C.T.R.]*

Teorias principais em Relações Internacionais

Apesar de existirem várias correntes dentro de cada grande teoria, muitas vezes de difícil conjugação, e de poderem existir outras categorizações sobre as principais teorias em Relações Internacionais – que podem ser mais sintéticas e identificar apenas três (Snyder 2004) ou quatro (Baylis, Smith 2004), ou podem ser mais desenvolvidas e considerar a existência de nove (Reus-Smit, Snidal 2008 e Burchill *et al.*, 2013) ou doze (Dune, Kurki, Smith 2010) –, podemos considerar que existem seis: o ↗Realismo, o ↗Liberalismo, o ↗Institucionalismo, as ↗Teorias Críticas, a ↗Escola Inglesa e o ↗Construtivismo.

De acordo com Mendes (2019b), para compreendermos a função e papel das teorias principais em Relações Internacionais devemos ter em consideração dois pontos prévios. Primeiro, as teorias não nascem do nada. Neste sentido, a profunda ligação entre os contextos históricos das relações internacionais e o surgimento e desenvolvimento de teorias das Relações Internacionais é o primeiro ponto que temos de assumir para compreendermos melhor os seus conceitos e teorias.

O segundo ponto prende-se com a necessidade de explicar o significado de teorias principais das Relações Internacionais. Como é característico das Ciências Sociais, existem vários tipos e funções de teoria. Em primeiro lugar, e de uma forma didática, temos a distinção geral entre teorias empíricas e teorias normativas. As primeiras preocupam-se essencialmente com a análise e resolução dos *puzzles* das relações internacionais existentes; as segundas preocupam-se com a análise e soluções possíveis para as relações internacionais desejáveis. Claro que a relação entre o "ser" e o "dever ser" não é tão simples como aparentemente a divisão clássica pretende. O que nos deve remeter para a discussão atual relativamente ao problema de saber se existe uma dicotomia inultrapassável entre "*problem-solving theories*" e "*critical theories*" (Cox: 1981), ou se as Relações Internacionais necessitam de desenvolver teorias que, precisamente, se situem num espaço contínuo, e não dicotómico, entre estas duas posições teóricas.

Em segundo lugar, de um ponto de vista mais operatório, e mais uma vez de uma forma simplificada, podemos começar por dizer que existem teorias parciais ou de médio-alcance, que são relativas a uma problemática específica, e depois existem as grandes teorias que são paradigmas teóricos gerais que definem os principais elementos ontológicos, epistemológicos e metodológicos de uma determinada disciplina; estas grandes teorias são também designadas por paradigmas, visões, ou tradições de investigação em Relações Internacionais.

Em terceiro lugar, as teorias das Relações Internacionais podem dividir-se entre as teorias mais racionalistas que tentam oferecer *explicações* relativamente causais sobre as relações internacionais e as teorias mais reflexivas que tentam demonstrar as relações *constitutivas* da realidade das relações internacionais. Ou seja, e em síntese pedagógica, por um lado temos as teorias explicativas-racionalistas, por outro as teorias constitutivas-reflexivas (Mendes, 2019b). *[P.E.M.]*

Terceiro Mundo

Termo criado em 1952 pelo demógrafo, antropólogo e historiador francês Alfred Sauvy, que se inspirou no conceito de Terceiro Estado definido em 1789 pelo padre e político francês Emmanuel Joseph Sieyès, que, num célebre manifesto intitulado *Qu'est-ce que le tiers état?*, defendeu uma transformação das estruturas políticas e sociais em França, por forma a incluir toda a população e não apenas os estratos privilegiados. Simbolicamente reaparecido em 1955, na ↗Conferência de Bandung, o conceito de Terceiro Mundo designou um conjunto de países heterogéneos, cujo traço comum era não terem efetuado a Revolução Industrial no século XIX, com vista à sua plena integração na comunidade internacional.

O conceito integra a Teoria dos Mundos, desenvolvida durante a Guerra Fria, e que é parte do conceito estratégico ocidental então vigente, designando os países não alinhados ou subdesenvolvidos. Neste ponto, existe alguma semelhança com a definição maoísta de Terceiro Mundo (cf. Teoria dos Três Mundos, de Mao Tsé-Tung), que se refere às nações do Movimento dos Países Não Alinhados.

Numerosos países classificados como de Terceiro Mundo nas décadas de 1950 e 1960 deixaram entretanto de o ser, por alteração das suas estruturas de atividades económicas e de outros indicadores económicos e sociais, como o nível de vida da população, a esperança de vida, a educação, etc. Assim aconteceu com os chamados "dragões do Pacífico" – Coreia do Sul, Taiwan, Singapura –, com gigantes económicos, como o Brasil e o México, sem esquecer a China, que se tornou na terceira potência mundial em termos económicos, logo atrás dos EUA e do Japão.

Numerosos autores substituíram o conceito de Terceiro Mundo pela noção mais pragmática de Sul, por oposição ao Norte rico e dominante, mesmo se nem todos os países ricos estão no Norte e os países pobres no Sul. Por vezes, em substituição da designação de países do Terceiro Mundo, utilizam-se as expressões *países subdesenvolvidos*, *países em vias de desenvolvimento* ou *países emergentes*, o que não quer dizer que o problema de fundo, o desnível entre países ricos e países pobres, não permaneça e não se tenha agravado. A questão do desenvolvimento durável e sustentável e a luta contra a pobreza continuam a ser desafios em aberto quanto à preservação do nosso planeta. *[J.R.C.]*

Território

Um território é um espaço geográfico delimitado por fronteiras que circunscrevem uma entidade política e/ou administrativa. É um dos elementos constituintes do Estado moderno (conjuntamente com uma população e um governo), sendo, neste contexto, o espaço físico sobre o qual o Estado exerce a sua soberania de um modo exclusivo e uniforme. Por seu lado, o sistema internacional moderno tende a proteger as fronteiras políticas existentes, através dos princípios da integridade territorial e da não ingerência. Assim, as fronteiras políticas definem com muita clareza territórios de soberania, de pertença e de exclusão.

Outros contextos históricos conheceram outros princípios de organização administrativa e política de territórios, com variadas formas de coexistência, sobreposição e estratificação de lealdades e autoridades. Para além disso, a territorialidade não tem forçosamente que ser fixa. Modos de vida nómadas, por exemplo, desenrolam-se em espaços de movimento, definidos não por fronteiras, mas por rotas e pontos de referência como, por exemplo, poços. Contudo, com a globalização do Estado enquanto modelo de organização política do espaço, estes modos de vida veem-se cada vez mais obstaculizados.

O território é também uma dimensão central de muitas identidades culturais e políticas que se definem justamente na ligação afetiva e histórica a um espaço. Esta dimensão é muito frequente nas identidades nacionais, sobretudo as que se ligam a uma cidadania que se referencia ao território, mais do que ao sangue. *[M.J.B.]*

Terrorismo

Sendo um termo que se localiza na interface das Ciências Sociais e da Política, é praticamente impossível chegar a uma definição pertinente e operacional de terrorismo que não esteja automaticamente ligada a conotações negativas, razão pela qual os atores políticos a utilizam para desqualificar outros atores. De uma certa forma, pode-se sempre vir a ser um terrorista para alguém. Com efeito, em certos contextos políticos ou militares, um ator pode ser um terrorista para uns e um herói ou resistente para outros; ou, num momento, ser considerado terrorista, e noutro momento passar a ser um heroico combatente. Sendo esta qualificação um meio de desqualificação, ela torna-se uma dupla e poderosa arma política: o adversário chamado de terrorista não tem o direito a ser levado em consideração e é relegado para um nível infrapolítico, de onde se excluem todas as regras do jogo político.

Os responsáveis da Organização de Libertação da Palestina (OLP) são considerados pelos israelitas como "assassinos terroristas", esquecendo que líderes israelitas como Menahem Begin também foram considerados terroristas ao lutarem contra os ingleses e árabes na década de 1940, chefiando movimentos secretos pró-independência de Israel. Bin Laden, antes de ser considerado o terrorista primeiro para os EUA e grande parte do mundo, foi o "combatente da liberdade" contra o exército soviético, no Afeganistão. E os curdos, no Iraque, heróis quando combateram Saddam Hussein, passaram a terroristas quando atravessaram a fronteira com a Turquia. Esta lógica, em última instância, justifica qualquer ato de violência legitimado, desde que se invente uma justificação: todos os atos de violência seriam igualmente aceitáveis ou condenáveis; ora, a verdade é que, tais atos, quando bárbaros e insensíveis aos princípios universais de gente civilizada, devem ser classificados de terroristas.

Segundo Raymond Aron, "uma ação violenta é denominada de terrorismo quando os seus efeitos psicológicos ultrapassam em muito os seus resultados puramente físicos". Esta definição não se pode, contudo, separar das circunstâncias históricas, entre as quais o autor refere, por exemplo, a Segunda Guerra Mundial e a Guerra da Argélia, acrescentando que, "neste sentido, os atentados ditos indiscriminados dos revolucionários são terroristas, como o foram alguns bombardeamentos anglo-americanos de determinadas zonas". Para ele, o essencial está nesta dimensão psicológica: o ato cometido impressiona e afeta fortemente os espíritos em condições que variam de acordo com os contextos. Num contexto completamente diferente, Benjamin Netanyahu defende que o terrorismo é a "morte sistemática e deliberada de inocentes para inspirar o medo com fins políticos".

O terrorismo também pode ser definido como "uma intimidação coerciva ou como o uso sistemático do assassínio, violência, destruição ou medo para criar um clima de terror, no sentido de chamar a atenção para uma causa ou coagir um alvo inimigo". Ou como "prática política de recorrer sistematicamente à violência contra pessoas ou coisas, provocando terror".

A definição de Paul Wilkinson é mais precisa, uma vez que, para ele, o terrorismo é o "uso sistemático de uma violência política por pequenos grupos de conspiradores, cujo objetivo é influenciar as posições políticas muito mais do que destruir materialmente o inimigo. A intenção da violência terrorista é psicológica e simbólica".

O Departamento de Defesa dos EUA, entende por terrorismo "o uso ilegal da força ou violência contra indivíduos ou propriedade para coagir ou intimidar governos ou a sociedade com o fim de se atingir objetivos políticos, religiosos ou ideológicos". E o *United Kingdom Terrorism Act* considera terrorismo "a ameaça ou o uso de violência contra pessoas que ponha em perigo a vida ou danifique a propriedade, criando um sério risco para a saúde ou segurança da população ou danos sérios num sistema eletrónico, com o objetivo de influenciar o governo ou intimidar a população em nome de uma causa política, religiosa ou ideológica".

Segundo o Parlamento Europeu (2001), o ato de terrorismo é "todo e qualquer ato cometido por indivíduos ou grupos que recorram à violência ou ameacem utilizá-la contra um país, as suas instituições, a sua população em geral ou indivíduos concretos, e que, alegando aspirações separatistas, por conceções ideológicas extremistas ou pelo fanatismo religioso, ou ainda pela avidez do dinheiro, visam submeter os poderes públicos, determinados indivíduos ou grupos da sociedade ou, de forma geral, a população a um clima de terror". Ainda segundo o Parlamento Europeu, "os atos terroristas no seio da União Europeia devem ser considerados como atos criminosos que visam modificar, em Estados de Direito, as estruturas políticas, económicas, sociais e ambientais, ameaçando concretamente utilizar a violência ou recorrendo a ela, distinguindo-se, desse modo, de atos de resistência praticados em países terceiros contra estruturas estatais que revestem, elas próprias, uma dimensão terrorista".

O terrorismo é, pois, o uso da violência com o propósito de exercer uma extorsão, coação e publicidade para uma causa política. Esta definição sugere que o terrorismo resulta, no mínimo, da combinação de vários elementos, a saber: a ameaça ou o uso real da violência não convencional, desenvolvida tanto para atacar como para obter publicidade ou causar o terror; uma violência motivada politicamente; a natureza quase incidental dos objetivos contra os quais se orienta e executa a violência – as vítimas, sejam pessoas, sejam bens, têm uma relação indireta com os grandes objetivos que orientam tal violência; a tendência de quem exerce o terrorismo ser um ator não estatal, isto é, grupos marginais, a quem se nega um estatuto legítimo e que buscam afetar ou subverter uma certa forma de ordem estabelecida.

Em conclusão, podemos afirmar que o terrorismo assenta no recurso sistemático à violência como forma de intimidação da comunidade no seu todo. No entanto, a prática do terror pode visar finalidades políticas muito distintas: a subversão do sistema político (como sucedeu com as Brigadas Vermelhas em Itália ou com o *Baader Meinhof* na Alemanha); a destruição de movimentos cívicos ou democráticos (como sucedeu com a Aliança Anticomunista da Argentina); o separatismo (como sucedia com a *Euskadi Ta Askatasuna* – ETA); a afirmação de convicções religiosas (como sucede com alguns movimentos fundamentalistas). Importa também chamar a atenção para o facto de estarem a surgir novas formas de atividades terroristas, como seja o terrorismo informático, que visa destruir ou danificar sistemas informáticos, tais como bases de dados civis e militares ou centrais de telecomunicações, no intuito de desestabilizar um determinado Estado ou de fazer pressão sobre os poderes públicos, e o terrorismo ambiental, com idênticos objetivos.

A diversidade de atores suscetíveis de recorrer a atos terroristas é enorme: desde um pequeno grupo de indivíduos ou mesmo um indivíduo isolado, até aos poderosos serviços especiais de um Estado. No entanto, podemos distinguir, pelo menos, três principais tipos de atores: os movimentos de libertação, os Estados e as seitas políticas. Se os movimentos de libertação que deram origem às guerrilhas clássicas quase desapareceram e se o terrorismo de Estado não tem mais a importância que teve no passado, as seitas, pelo contrário, e certos grupos terroristas, têm proliferado ao ponto de aparecerem atualmente como uma ameaça extremamente preocupante, porventura, a ameaça global mais terrível do século XXI, ao lado das ↗alterações climáticas.

O fenómeno não é novo, nem pela sua magnitude, nem pela sua dimensão internacional, nem pelo seu irracionalismo, como se vê, por exemplo, com os atentados desenvolvidos pelos anarquistas, em finais do século XIX, em todo o Ocidente. Novos são os meios utilizados, a constituição de redes terroristas altamente sofisticadas e o cenário do conflito Islão/Ocidente, que serve de pano de fundo ou justificação para grande parte dos ataques terroristas perpetrados.

A lógica de atuação nas ações terroristas repousa sobre alguns princípios simples. Desde logo, o da concentração no tempo: uma ação terrorista surge bruscamente num dado momento e repercutida nos *media* é desmesuradamente amplificada. A concentração no tempo pode resultar não só de uma ação, mas de várias, repartidas sobre um curto período, cuja duração ninguém conhece. Isto leva-nos ao segundo princípio, a maximização do incerto. O ato terrorista é errático (não é fixo, nem regular), aleatório (pode surgir sem se saber onde nem quando) e insólito (é contrário à ordem e produz uma rutura na ordem estabelecida). Provoca inquietude, suscita o medo e alimenta o boato. A simples ameaça pode substituir-se à ação propriamente dita e conduzir a fenómenos de psicose coletiva que os terroristas procurarão explorar da melhor forma.

Nos sistemas democráticos, que construíram caminhos de acesso à política fundados na exclusão da violência, a brutal erupção de atos terroristas, na maior parte das vezes incompreensíveis, é absolutamente inaceitável nos planos ético e político. O ato terrorista constitui sempre um atentado à integridade da vida humana, quer se trate de fazer reféns, desviar aviões ou promover atentados indiscriminados e assassinatos.

Face negra da globalização, desterritorializado ou implantado em zonas inacessíveis, com uma capacidade de mutação elevada, protoplásmico e acéfalo por vezes, o terrorismo constitui hoje uma ameaça e uma realidade que o Estado, por si só, se revela incapaz de afrontar e debelar: a Al-Qaeda, por exemplo, estabeleceu uma rede de núcleos e células à escala mundial a exigir a concertação dos Estados para a sua erradicação. Os atentados de 11 de setembro de 2001 nos EUA deram origem ao terrorismo de massas, causando milhares de vítimas e abrindo as portas à guerra antiterrorista, que seguramente se irá desenvolver ao longo do século XXI. Tais atentados, que marcam um período negro na história contemporânea, consagram, definitivamente, a transnacionalização da (in)segurança e confrontam o mundo com esse fenómeno conhecido por 'guerra em rede', desterritorializada, um novo terrorismo de uma nova cultura, fundada num dogma teocrático que maximiza a capacidade para matar e a predisposição para morrer matando (*terrorismo suicida*). No momento em que os EUA se assumem como primeira potência mundial, revelam-se vulneráveis no seu próprio território, assistindo à destruição dos símbolos do seu poder económico e militar.

Também os europeus verificaram que a ameaça é real, primeiro com o 11 de março de 2004, em Madrid, num momento histórico em que se materializava a ampliação da União Europeia e se tentava aprovar o seu 'tratado constitucional', e que redundou em 193 vítimas mortais e de 2 050 feridos; e com os ataques em Londres, a 7 de julho de 2005, que mataram mais de 50 pessoas e feriram cerca de 700. Daí em diante, não mais os atentados na Europa cessaram, destacando-se, nos últimos anos, pela elevada mortalidade que provocaram, o atentado em Paris em 13 de novembro de 2015, no Bataclan, o mais letal em território francês até à data, provocando 130 mortos e mais de 350 feridos; os ataques simultâneos no aeroporto de Bruxelas e na estação de metro de Maelbeek, Bélgica, a 22 de março de 2016, que fizeram 32 mortos e mais de 340 feridos; ou o atropelamento na Promenade des Anglais, em Nice, que resultou em mais 86 mortos e 450 feridos, ocorrido em 2016, simbolicamente ocorrido no dia nacional de França, 14 de julho. Afinal, antes de assistirmos ao fim da História, entrámos numa nova era caracterizada por novos riscos para a paz e para a segurança. Esta nova ameaça é a que hoje se conhece por 'terrorismo global, hiperterrorismo ou novo terrorismo internacional', caracterizado fundamentalmente pelo seu enorme potencial destrutivo e desestabilizador – sem esquecer as armas químicas, biológicas, radiológicas e nucleares, com que alguns movimentos fundamentalistas sonham, difíceis de obter e que, pelas consequências brutais que provocam, importa neutralizar e prevenir.

Embora a maioria dos grupos terroristas tenha a ver com o fundamentalismo islâmico – talibãs no Afeganistão, Boko-Haram e Al-Shabad em África, ISIS ou Daesh em vários países, etc. –, é preciso não esquecer também que nos últimos anos os ataques terroristas da extrema-direita, extrema-esquerda ou anarquistas têm aumentado no mundo ocidental.

O terrorismo deslocou o centro das tensões mundiais para o Médio e Próximo Oriente e para África; criou novos atores na cena internacional como a Índia, o Paquistão, o Irão; dividiu os Estados-membros da UE; estilhaçou a pretensa "nova ordem mundial";

pôs em causa a soberania do Estado-nação; levantou vários problemas à ordem jurídica internacional (nomeadamente, um novo entendimento do conceito de legítima defesa e a possibilidade de certos atos terroristas passarem a ser considerados crimes contra a Humanidade); e questionou os limites dos direitos fundamentais (↗Contraterrorismo). *[F.S. / J.A.E.]*

Think tank

Conceito com origem anglo-saxónica remetendo para organizações de indivíduos especializados e independentes das estruturas do Estado e partidárias, que fomentam a génese de novas ideias, proporcionadas por pesquisas e discussões sobre assuntos políticos, económicos ou outros, quer no plano nacional quer internacional. As políticas públicas são deste modo influenciadas por estes grupos informais que difundem as suas ideias e propósitos através dos *media. [J.G.F.]*

Totalitarismo

Regime político em que o grupo (ou personalidade) que detém o poder governa totalmente o país. Nestes regimes, a par da existência de todas as características dos regimes autoritários, no que concerne à ausência de qualquer tipo de liberdade, não há lugar para a autonomização de qualquer iniciativa fora do alcance ou controlo do ↗Estado. O todo é um só e as partes que o compõem são dele elementos integrantes sem individualidade ou possibilidade de ação própria. Não há lugar à iniciativa privada e, de um modo geral, a prática religiosa é proibida, já que a ↗Igreja é habitualmente vista como um contrapoder. Os exemplos mais conhecidos de totalitarismo são o fascismo, o nazismo, o estalinismo e o atual regime norte-coreano, tendo todos eles em comum, além das características já enunciadas, o culto do líder. *[F.S. / D.F.]*

Transculturação

A transculturação é o processo pelo qual um fenómeno passa de uma cultura para outra, dizendo por isso respeito aos contactos e cruzamentos de culturas diferentes. Na primeira metade do século XX, antropólogos e sociólogos americanos prestaram especial atenção às relações entre os diferentes grupos de imigrantes através das suas trocas culturais. Em 1936, Redfield, Linton e Herskovits definem a aculturação como o conjunto dos fenómenos que resultam do contacto contínuo entre grupos de culturas diferentes, provocando alterações nos modelos iniciais dos grupos em presença. O termo foi aplicado aos fenómenos exógenos, resultantes das influências exteriores, distinguindo-se da assimilação no que esta tem de interiorização da cultura do grupo dominante.

Quatro anos depois, o etnólogo e musicólogo cubano Ortiz (1940) introduz o conceito de transculturalidade no pensamento antropológico. No prefácio à obra de Ortiz, Malinowski observa: "É um processo no qual se dá sempre qualquer coisa em troca do que se recebe. É um processo no qual as duas partes da equação saem modificadas. Um processo a partir do qual emerge uma nova realidade, composta e complexa, uma realidade que não é nem a aglomeração mecânica dos carateres, nem um mosaico, mas trata- se de um fenómeno novo, original e independente".

A transculturação é um fenómeno que está presente no multiculturalismo, sendo este entendido, em termos sociológicos, como a presença de diferenças culturais numa determinada sociedade, presença que se faz sentir pela existência de afirmações de identidades religiosas, étnicas, nacionais, raciais, etc. O multiculturalismo é também um fenómeno de mestiçagem, termo herdado da colonização a partir do mestiço, que designava aqueles que eram provenientes de uma união entre brancos e índios (o mulato e o crioulo designando os descendentes dos brancos e dos negros). Nestas noções há, contudo, uma ideia de degenerescência e uma conotação pejorativa, na própria medida em que a maior parte das sociedades fundam a sua identidade na recusa da mestiçagem.

Em *Casa-Grande e Senzala* (1933), o sociólogo brasileiro Gilberto Freyre fala de miscigenação para exprimir o encontro cultural e sexual dos índios, dos africanos e dos portugueses, que produziu um povo novo (Freyre fala também de tropicalismo ou de luso-tropicalismo, que é o contrário de diferencialismo étnico). A mestiçagem torna-se então no orgulho de ser brasileiro. A verdade é que no Brasil os cruzamentos raciais, culturais e religiosos originaram formas culturais inéditas ou pelo menos muito particulares: o *candomblé*, que coexiste com o catolicismo, é prova disso.

As categorias de transculturalidade e de miscigenação assentam, porém, num pressuposto subjacente, o de duas matrizes culturais – isto é, raças, conjuntos sociais, culturais e linguísticos – que tendo-se encontrado deram origem a um fenómeno impuro ou heterogéneo – embora no Brasil a mestiçagem seja sobretudo vivida na aceitação da pluralidade como valor constituinte.

Em termos políticos e éticos, a transculturalidade e o multiculturalismo oscilam entre um universalismo que encara os indivíduos como cidadãos com direitos iguais, e os defensores dos particularismos culturais e de identidade. Conciliar as duas posições será conciliar o direito a uma cultura própria, com o direito à cidadania, ou seja, à participação plena na vida pública. *[F.S. / D.F.]*

Transitologia

A transitologia, ou estudo das transições, é uma ferramenta analítica das Relações Internacionais que se ocupa da descodificação dos fenómenos políticos em curso durante a transição entre regimes políticos. A premissa base da transitologia é o domínio da incerteza, uma vez que todas as regras do jogo político se encontram em contestação, todos os resultados são possíveis. A diferença entre transição e crise não é linear, mas enquanto a crise tende a ser específica e contextual, a transição é sistémica e estrutural. A crise quando resolvida pode resultar em reformas, mas a transição implica sempre um redesenho profundo da estrutura institucional e legal do Estado.

A transitologia permite a divisão das transições políticas em quatro componentes analíticos: 1) pré-fatores estruturais e conjunturais de tensão política (como sejam a fraca modernização do Estado ou a ausência de unidade nacional); 2) catalisadores endógenos e exógenos do momento transicional (crise económica, perda de legitimidade, pressão internacional, dilema performativo); 3) guiões/tipos de transição (para Samuel Huntington: Transformação – Reposicionamento – Transposicionamento; para Graeme Gill: Transação – Substituição – Extrusão; para Juan Linz e Alfred Stepan: Reforma pactuada – Rutura – Libertação); 4) resultado das transições (democracia, autocracia [autoritarismo, sultanismo, totalitarismo], regime híbrido).

O momento transicional, por norma, tem uma duração curta que varia entre um mês a menos de dois anos. A estabilização e consolidação do regime, passo seguinte do processo de maturação política de um Estado, é analisada pela *consolidologia* e tem por horizonte temporal o período de uma a duas gerações. *[T.A.L.]*

Tratado

O termo "tratado" é utilizado tanto genericamente (designando o mesmo que convenção internacional), como de modo específico, referindo-se a um ato dotado de características especiais. Assim, por exemplo, na doutrina e na prática nacionais é utilizado para designar uma das variantes das convenções: os tratados solenes (por oposição, portanto, aos acordos em forma simplificada). Essa é a terminologia utilizada pelo legislador constitucional português. *[R.M.]*

Tratado de Amesterdão

↗Tratado de Lisboa (antecedentes).

Tratado sobre Forças Armadas Convencionais na Europa

Conventional Armed Forces in Europe Treaty (CFE)

A assinatura do Tratado sobre Forças Armadas Convencionais na Europa, em 19 de novembro de 1990, como um processo paralelo à Cimeira de Paris da Conferência de Segurança e Cooperação na Europa, tinha por objetivo o estabelecimento do equilíbrio militar entre os países da ↗OTAN e do ↗Pacto de Varsóvia. Visava cortes significativos no armamento convencional e estabelecia tetos relativamente ao número de armas e forças convencionais que os signatários poderiam manter. De acordo com o tratado, todo o equipamento que ultrapassasse os limites estabelecidos teria de ser destruído até quarenta meses após a entrada em vigor do documento. O tratado definia ainda a criação de um grupo consultivo em Viena, em ação a partir de 1990, responsável por questões de cumprimento, interpretação e aspetos técnicos.

O Tratado sobre Forças Armadas Convencionais na Europa estabeleceu a renúncia soviética à sua hegemonia político-militar no continente europeu. Negociações tendo em vista a revisão do acordado em 1990 tiveram início em 1997, com o intuito de adaptar o tratado à nova conjuntura internacional, em particular à desagregação do Pacto de Varsóvia, levando à definição de novos limites, relativamente ao número de tanques, artilharia, veículos blindados, helicópteros e aviões de guerra que cada Estado poderia deter. O documento revisto final foi aprovado na Cimeira de Istambul da ↗Organização para a Segurança e Cooperação na Europa (OSCE), em novembro de 1992. A implementação dos novos tetos implicou um corte de aproximadamente 10% do número total de armas convencionais na Europa.

Em 2007, a Rússia suspendeu a aplicação do tratado em sinal de protesto contra o escudo de proteção anti-mísseis projetado pelos EUA. Por esse motivo, os membros da OTAN deixaram de receber informações sobre as forças armadas convencionais da Rússia desde o final desse ano. O presidente norte-americano Barack Obama congelou definitivamente o projeto do escudo anti-mísseis. Não obstante, a Rússia não revogou a sua suspensão e, em março de 2015, anuncia mesmo o fim da sua participação no tratado. *[D.F.]*

Tratado geral e tratado restrito

São tratados gerais os tratados ou convenções multilaterais que têm uma vocação universal, ou seja, aqueles que pretendem regular as relações à escala planetária. São sempre tratados-lei (este é, aliás, o seu domínio mais importante, como bem se compreende), na medida em que as suas estipulações assumem obrigatoriamente caráter normativo. A referida vocação universal implica, por definição, a sua abertura, ou seja, a possibilidade de a eles se virem a vincular livremente Estados que não participaram na negociação ou não puderam assiná-los, por via da assinatura diferida ou da adesão.

Inversamente, tratados restritos são aqueles cujo regime não apresenta uma vocação universal, no sentido em que não visa regular as relações entre todos os Estados, mas tão-só entre um dado grupo cujas afinidades especiais justificam um regime próprio. Nos tratados restritos é, portanto, a própria natureza que impede o seu alargamento. *[R.M.]*

Tratado de Lisboa

O Tratado de Lisboa foi assinado na capital portuguesa em 13 de dezembro de 2007 e entrou em vigor em 1 de dezembro de 2009. Alterou o Tratado da União Europeia, vulgarmente designado Tratado de Maastricht de 1992, e o Tratado que instituiu a Comunidade Europeia, vulgarmente designado por Tratado de Roma de 1957. Este último passou, desde a entrada em vigor do Tratado de Lisboa, a chamar-se Tratado sobre o Funcionamento da União Europeia. O quadro fundamental do Direito da União Europeia passa, atualmente, por estes três instrumentos: Tratado de Lisboa, Tratado da União Europeia e Tratado sobre o Funcionamento da União Europeia.

As principais alterações introduzidas pelo Tratado de Lisboa ao quadro jurídico fundamental da Comunidade Europeia/União Europeia foram as seguintes:

1. A Comunidade Europeia e a Comunidade Europeia da Energia Atómica deixaram de existir enquanto sujeitos de Direito Internacional. Sucedeu-lhes, enquanto sujeito de Direito Internacional a União Europeia, que adquiriu personalidade jurídica com a entrada em vigor do Tratado de Lisboa e com as versões correspondentes do Tratado da União Europeia e do Tratado sobre o Funcionamento da União Europeia, em 1 de dezembro de 2009. A União Europeia assumiu, a partir desta data, todo o acervo de direitos e obrigações que estavam anteriormente na esfera jurídica das Comunidades Europeias.

2. A Presidência rotativa do Conselho Europeu deixa de existir. Surge o cargo de Presidente do Conselho Europeu, exercido em tempo integral e exclusividade durante um mandato com a duração de dois anos e meio. O Presidente do Conselho Europeu é eleito pelo próprio Conselho por maioria qualificada. O Conselho da União Europeia continua a ser presidido, nas diversas formações existentes, pelo representante do Estado-membro a quem pertence a Presidência rotativa.

3. É reformulado o cargo de Alto Representante da União para os Negócios Estrangeiros. O titular deste cargo é nomeado pelo Conselho Europeu, deliberando por maioria qualificada, com acordo do Presidente da Comissão Europeia, e o seu mandato de cinco anos coincide com o da Comissão Europeia, de que é vice-presidente. O Alto Representante da União para os Negócios Estrangeiros dirige a execução da Política Externa e de Segurança Comum, bem como a Política Comum de Segurança e Defesa. Preside à formação dos Negócios Estrangeiros do Conselho da União Europeia e, enquanto vice-presidente da Comissão Europeia, pertencem-lhe as responsabilidades que esta Instituição detém ao nível das relações exteriores.

4. É criado o Serviço Europeu para a Ação Externa, dirigido pelo Alto Representante da União para os Negócios Estrangeiros e composto por elementos provenientes dos serviços do Secretariado-geral do Conselho e da Comissão, bem como por pessoal destacado dos serviços diplomáticos nacionais.

5. A regra da maioria qualificada nas votações do Conselho é alterada a partir de 2014, passando a ter um duplo significado: a necessidade de um número mínimo

de Estados-membros (15 numa União a 28), representando, no seu conjunto, pelo menos 65% da população da União Europeia. A minoria de bloqueio, ou seja, os votos de Estados-membros representando mais de 35% da população, tem, no entanto, de incluir os votos contra de pelo menos quatro Estados-membros. As sessões do Conselho em que se proceda à discussão e votação de propostas de atos legislativos da União passaram a ser públicas.

6. O procedimento chamado de codecisão entre o Conselho e o Parlamento Europeu na adoção de atos normativos passou a chamar-se Processo Legislativo Ordinário. O âmbito de aplicação deste procedimento passou a abranger cerca de quatro dezenas de áreas mais, incluindo a Justiça e Assuntos Internos. A competência da União no que respeita a questões tributárias, segurança social, política externa, defesa e cooperação policial, entre outras, continuam a exigir o voto unânime no Conselho.

7. O número de membros do Parlamento Europeu foi estabelecido em 751 (após a saída do Reino Unido, em 2020, passou a 705), sendo que nenhum Estado-membro (círculo eleitoral) poderá eleger menos que seis nem mais de 96. Os valores de cada um dos círculos eleitorais são determinados em função da respetiva população.

8. Os parlamentos nacionais passam a ter o poder de pronunciar-se no âmbito do processo legislativo. Assim, as propostas de atos legislativos ser-lhes-ão enviadas para que, no prazo de oito semanas, os parlamentos nacionais se pronunciem. Se um terço (um quarto em matérias de Justiça e Assuntos Internos) se pronunciar contra a proposta de ato nesse prazo, a Comissão deve proceder à revisão da sua proposta. Caso metade dos parlamentos nacionais se opuser a um ato que deva ser adotado segundo o Processo Legislativo Ordinário, o Conselho e o Parlamento Europeu deverão deliberar (por maioria qualificada e simples, respetivamente) sobre a continuação do processo legislativo em causa. Os parlamentos nacionais adquiriram também legitimidade processual ativa limitada, em recurso de anulação perante o Tribunal de Justiça da União Europeia, quando invoquem que um ato legislativo da União viola o princípio da subsidiariedade.

9. É criada a iniciativa legislativa de cidadãos, através da qual um milhão de cidadãos pode dirigir à Comissão Europeia uma petição no sentido de apresentar uma proposta de ato legislativo.

10. A Carta dos Direitos Fundamentais passou a ter um valor jurídico igual ao do Tratado da União Europeia e do Tratado Sobre o Funcionamento da União Europeia. *[J.C.G. / A.P.M.]*

Tratado de Lisboa (antecedentes)

O Tratado de Lisboa é mais uma tentativa na longa saga da resolução de alguns problemas genéticos que afetam a construção europeia desde 1951. Com efeito, a estrutura institucional e os equilíbrios horizontais e verticais estabelecidos nos Tratados originários, foram, no essencial, concebidos para uma integração segundo a técnica das abordagens sucessivas entre um número limitado de Estados. Para além do originário *deficit* de legitimação democrática da ação comunitária, consequência de uma fraca intervenção do Parlamento Europeu no processo de decisão, o sistema institucional comunitário apresenta soluções dificilmente conciliáveis com uma Comunidade alargada: o problema da paridade (inicialmente e por muito tempo inexistente) dos Estados-membros em sede de composição da Comissão Europeia, o pesadelo logístico do número crescente de línguas oficiais, a pluralidade de formações do Conselho, a logística das sessões do Conselho – em que para cada tema em discussão podem existir, em teoria, um mínimo de uma intervenção por cada Estado-membro –, já para não falar da dificuldade para atingir as maiorias exigidas para a adoção dos atos comunitários.

Perante estes factos tornou-se quase um lugar-comum afirmar que a estrutura institucional da ↗União Europeia (EU) seria inoperante numa Comunidade em crescimento, aceitando-se pacificamente a necessidade de reformas profundas no sistema institucional. Por outro lado, também a prática parece ter demonstrado a vantagem, senão mesmo a necessidade, de estender o âmbito das competências comunitárias a áreas de atuação não previstas nos Tratados originários. Tratava-se, no essencial, de preparar as Comunidades Europeias para o duplo desafio do alargamento geopolítico e do aprofundamento da integração. O Tratado de Lisboa é a mais recente etapa nesta tentativa de adequação da estrutura institucional da integração europeia para a realização destes dois objetivos.

A primeira referência oficial à intenção de criar uma União Europeia surgiu na Cimeira de Paris de 1972, tendo-se inclusivamente marcado como objetivo a sua realização até 1980. A União deveria abranger todos os aspetos das relações entre os Estados-membros, quer ao nível comunitário quer ao nível da cooperação intergovernamental. As dificuldades deste processo resultam claras nas iniciativas apresentadas: a proposta da Bélgica em 1975 – Relatório Timmermans – e a Declaração solene do Conselho Europeu de Estugarda de 1983.

O evento marcante da origem longínqua do Tratado de Lisboa encontra-se na deliberação do Parlamento Europeu de 14 de fevereiro de 1984, que aprovou um Projeto de Tratado estabelecendo a União Europeia. Este Projeto correspondeu ao "Plano Spinelli" – em alusão a Altiero Spinelli, antigo comissário e deputado europeu e relator da Comissão parlamentar de Assuntos Institucionais, de cujos trabalhos resultou o plano – que no essencial retomava o antigo projeto da Comunidade Política Europeia dos anos 1950. A aprovação deste Projeto correspondeu então a uma vontade clara de demarcação do Parlamento Europeu, que havia sido eleito por sufrágio direto pela primeira vez havia pouco tempo (em 1979), relativamente aos planos intergovernamentais de reformas institucionais das Comunidades Europeias, explorando, assim, o reforço de legitimidade democrática que havia recentemente adquirido e emprestando esta legitimidade ao esforço da integração europeia.

O Projeto de Tratado estabelecendo a União Europeia foi aprovado por uma larga maioria e previa, a prazo, a criação de uma União Europeia de natureza federal. O modelo institucional proposto seguia o das Comunidades Europeias, atribuía ao princípio da subsidiariedade um papel decisivo e estabelecia a regra geral da maioria simples para as deliberações no Conselho, permitindo apenas excecionalmente a invocação do vital interesse nacional. Ao nível do processo legislativo, introduzia a codecisão do Parlamento e do Conselho.

O Projeto de Tratado estabelecendo a União Europeia não passou disso mesmo: um projeto. Teve, no entanto, o mérito de provocar a discussão sobre as reformas institucionais das Comunidades Europeias, principalmente a partir da intervenção de François Miterrand a 24 de maio de 1984, no Parlamento Europeu. Em consequência, o Conselho Europeu de Fontainebleau de maio de 1984 decidiu a criação de um comité *ad-hoc*, constituído por representantes dos Chefes de Estado e de Governo, para estudar e sugerir formas de aprofundar a integração europeia ao nível comunitário. O Comité Dooge (em alusão ao seu presidente, James Dooge, antigo ministro dos Negócios Estrangeiros e representante do Chefe do Governo da República da Irlanda) foi modelado sobre o exemplo do Comité Spaak que havia produzido, nos anos 1950, a proposta de Tratado instituindo a Comunidade Económica Europeia, que viria a ser assinado em março de 1957.

O relatório final do Comité Dooge recomendava a transformação das Comunidades Europeias numa União Europeia, com a realização de um espaço económico integrado e promovendo uma identidade europeia na cena internacional. Em termos concretos, o Comité Dooge propunha a criação de uma comunidade científico-tecnológica, um espaço jurídico europeu, o fortalecimento do Sistema Monetário Europeu, o desenvolvimento de políticas comuns no ambiente, na cultura e nos assuntos sociais, bem como um enfoque especial de cooperação política nas áreas de segurança e defesa, que implicaria a criação de um secretariado permanente, tendo em vista, entre outros aspetos, a representação conjunta dos Estados-membros nas instâncias internacionais. Em termos de equilíbrios institucionais, as propostas apresentadas apontavam para o reforço dos poderes executivos da Comissão, a limitação do número de Comissários a um por Estado-membro, a instauração da regra da maioria na votação no Conselho e a introdução do processo de codecisão entre o Parlamento Europeu e o Conselho. Para a realização destas transformações, o Comité propôs ao Conselho Europeu de Bruxelas de março de 1985 a convocação de uma Conferência Intergovernamental para revisão dos Tratados, o que não aconteceu, desde logo pela apresentação de mais duas propostas para revisão dos Tratados: uma apresentada relo Reino Unido e outra apresentada pela França e Alemanha.

A Conferência Intergovernamental foi convocada pelo Conselho Europeu de Milão em junho de 1985, após uma votação algo atribulada em que sete Estados-membros (Alemanha, Bélgica, França, Holanda, Irlanda, Itália e Luxemburgo) votaram a favor e três (Dinamarca, Grécia e Reino Unido) votaram contra. Em todo o caso, a Conferência Intergovernamental (CIG) foi convocada com um mandato que incluía três objetivos: preparar os Tratados para a completa realização do Mercado Interno, melhorar o sistema institucional e criar uma Política Externa e de Segurança Comum. Em consequência das propostas apresentadas pela Presidência luxemburguesa e pela França, foi possível apresentar uma declaração conjunta no Conselho Europeu do Luxemburgo em dezembro de 1985, que foi, mais tarde, transformada no Ato Único Europeu (AUE), que entrou em vigor em 1986. Pelo essencial, o AUE apontava para a realização do Mercado Interno até 1992, estendia a votação por maioria qualificada no Conselho a novas matérias, desenvolvia os aspetos da União Económica e Monetária e reorganizava os poderes da Comissão Europeia, do Parlamento Europeu e do Tribunal de Justiça.

O resultado obtido no AUE foi geralmente considerado insatisfatório para o aprofundamento da integração europeia, senão mesmo um fracasso, e essa constatação resulta clara da declaração de Helmut Kohl em 1989, quando afirmou, a propósito da reunificação alemã, que "Germany's house can be built only under a European roof". Os Estados-membros decidiram, em consequência, convocar duas conferências intergovernamentais. A primeira tinha por objetivo desenvolver os planos para o aprofundamento da União Económica e Monetária e a segunda o de preparar o surgimento de uma união política. Estas conferências iniciaram os respetivos trabalhos em dezembro de 1990, tendo produzido um projeto de Tratado que foi assinado em Maastricht em fevereiro de 1992 e que veio a entrar em vigor em 1 de novembro de 1993.

Apesar das inúmeras alterações introduzidas pelo Tratado sobre a União Europeia de 1992, o resultado final continuou sem resolver os maiores problemas e desafios colocados à Comunidade Europeia. Com efeito, a questão institucional, responsável pela ineficiência do sistema institucional, foi, no essencial, agravada. A introdução de novas competências comunitárias sem resolução das questões de fundo apenas agravou as insuficiências há muito detetadas. Em consequência, foi determinada a abertura de nova conferência intergovernamental em 1996 (CIG 96), em cumprimento, aliás, do que estava previsto no próprio Tratado de Maastricht.

Os trabalhos da CIG 96 produziram um projeto de Tratado que veio a ser assinado em Amesterdão em 2 de outubro de 1997. O problema institucional ficou, mais uma vez sem solução e a "grande conquista" deste Tratado parece ter sido a renumeração completa do Tratado sobre a União Europeia e do Tratado instituindo a Comunidade Europeia. O fracasso resulta evidente da simplicidade do processo de ratificação que permitiu a sua entrada em vigor em 1 de maio de 1999. O Tratado de Amesterdão apresenta, apesar de tudo, algum mérito. Foi nele que se aprofundaram as relações entre a Comunidade Europeia e os seus cidadãos, introduzindo referências explícitas aos Direitos Fundamentais, à Liberdade, ao princípio democrático e ao princípio do estado de direito. Estes princípios tornaram-se, aliás, bitolas de aferição da capacidade de Estados candidatos para aderir à Comunidade Europeia, por um lado, e imperativos para os integrantes, por outro.

O fracasso não pode, no entanto, ser escamoteado e determinou que o Conselho Europeu de Colónia, em junho de 1999, ocorrido apenas um mês após a entrada em vigor do Tratado de Amesterdão, convocasse uma nova Conferência Intergovernamental (CIG 2000), com o objetivo de rever os Tratados em aspetos muito específicos: o tamanho e composição da Comissão Europeia, a ponderação dos votos no Conselho e a introdução de um sistema de dupla maioria qualificada que permitisse abandonar, nalgumas matérias, a regra da unanimidade. Os trabalhos da CIG 2000 foram mais um fracasso e a forma que os Estados-membros encontraram para ultrapassar o problema passou pelo Conselho Europeu de Nice de dezembro de 2000, fazendo deste encontro o mais longo de sempre na história da integração europeia.

Em termos de resultados, a reforma institucional decidida pelo Conselho Europeu de Nice passou pela reformulação da jurisdição comunitária para fazer face à crescente litigância que ameaçava a eficiência do sistema, pela reformulação dos poderes do Presidente da Comissão Europeia, pela perda do segundo Comissário pelos grandes e pelo aumento de ocorrências para o processo de codecisão. Ou seja, uma ou outra melhoria pontual que manteve inalteradas as questões de fundo. O resultante Tratado de Nice foi, na perspetiva da resolução dos problemas do sistema institucional, mais um fracasso, largamente confessado pelos próprios Estados-membros.

Escassos meses após a assinatura do Tratado de Nice, em fevereiro de 2001, o Conselho Europeu de Laeken, em dezembro de 2001, convocou a Convenção sobre o Futuro da Europa (presidida por Valéry Giscard d'Estaing), que viria a apresentar à futura Conferência Intergovernamental (CIG 2003/4) um projeto de Constituição para a Europa. Este projeto foi aprovado no Conselho Europeu de Roma de outubro de 2004 e apresentava, ao nível da reforma institucional um conjunto de alterações: nova distribuição de lugares no Parlamento Europeu, feita de modo degressivamente proporcional, institucionalização formal do Conselho Europeu, encabeçado por um Presidente eleito por um mandato de dois anos e meio, e abolição das presidências rotativas, reforma do Conselho de Ministros, que passava a atuar como Conselho Legislativo quando na adoção de atos jurídicos, Comissão Europeia de dimensão reduzida, constituída por um Colégio de quinze membros e por comissários sem direito de voto, com um sistema de rotação igualitária, eleição do Presidente da Comissão pelo Parlamento Europeu e criação do cargo de Ministro dos Negócios Estrangeiros reunindo as funções de Comissário das Relações Externas e de Alto-Representante para a Política Externa e de Segurança Comum, ligado ao Conselho.

Ao nível dos princípios gerais, o projeto previa a atribuição de personalidade jurídica única à União Europeia, a incorporação da Carta Europeia dos Direitos Fundamentais na Constituição Europeia, a criação de uma cláusula de saída voluntária da União, regulamentos e diretivas passavam a designar-se leis europeias e leis-quadro europeias respetivamente e instauração do direito de iniciativa popular. O projeto previa ainda alterações ao nível do processo de decisão: novo sistema de maioria qualificada no Conselho, alargamento da maioria qualificada no Conselho de Ministros para duas dezenas de bases jurídicas relativas às políticas e ações internas da União e criação do processo legislativo ordinário com votação conjunta do Conselho e do Parlamento Europeu, para adoção de leis e leis-quadro.

A Conferência Intergovernamental teve o seu início em outubro de 2003 e o projeto de Constituição foi assinado 29 de outubro de 2004. O processo de ratificação conheceu inúmeras dificuldades, pelo que o Conselho Europeu de 16 e 17 de junho de 2005 entendeu abrir um período de reflexão sobre o futuro da Europa que, em termos práticos, ditou a morte do projeto. O período de reflexão terminou informalmente no Conselho Europeu de junho de 2007, que convocou uma Conferência Intergovernamental que, num prazo recorde, apresentou a proposta de um Tratado reformador (vulgarmente chamado ↗Tratado de Lisboa), assinado em 13 de dezembro seguinte. *[J.C.G. / A.P.M.]*

Tratado de Maastricht

↗Tratado de Lisboa (antecedentes).

Tratado sobre Mísseis Antibalísticos (ABM)

Anti-Ballistic Missile Treaty

No âmbito do processo SALT I, o Tratado sobre Mísseis Antibalísticos, assinado a 26 de maio de 1972 entre os Estados Unidos da América e a União Soviética, restringia severamente o direito de ambas as partes de instalar sistemas de mísseis com o intuito de defender centros populacionais ou a localização dos seus próprios mísseis balísticos intercontinentais (ICBM). Trata-se de um sistema de interceção de mísseis com vista a defender determinados alvos contra mísseis ofensivos, nomeadamente em resultado do desenvolvimento da tecnologia MIRV (*multiple independently targeted re-entry vehicles*). O tratado limitava as superpotências a dois sistemas ABM, não possuindo, cada um, mais do que 100 intercetores. O tratado foi relativamente fácil de negociar, porque apesar de ambas as partes já terem começado a construir e instalar este tipo de sistemas, era claro que qualquer sistema de defesa efetivo contra os mísseis balísticos seria extremamente dispendioso.

Tornou-se um exemplo clássico de um acordo de controlo de armamento proibindo algo que na realidade ninguém pretendia. Quando o presidente norte-americano Ronald Reagan anunciou a Iniciativa de Defesa Estratégica, em 1983, um projeto que ficou conhecido como "Guerra das Estrelas", a União Soviética e outras potências afirmaram que este violava o Tratado ABM. Contudo, a iniciativa parece que teve mais a ver com o desejo norte-americano de pressionar a economia soviética e forçá-la a negociar a redução de armamento estratégico do que com a intenção de construir o que para muitos peritos era impossível. *[J.A.E.]*

Tratado multilateral

Os tratados multilaterais são um fenómeno recente: na perspetiva tradicional, todo o tratado (ou convenção) era necessariamente bilateral, agregando, quando muito, grupos de Estados (por exemplo, nos tratados que punham fim a conflitos, entendia-se a bilateralidade garantida pelo facto de estes constituírem acordos entre duas partes: os vencedores e os vencidos). A admissão da multilateralidade convencional trouxe consigo especificidades importantes (em especial no processo de conclusão, onde avultam as reservas, a adesão e a eventual instituição de um depositário, mas comportando ainda diferenças de regime no tocante à modificação, aos tratados sucessivos, na exceção de incumprimento, etc.). Também o caráter restrito ou geral dos tratados pode trazer consigo diferentes regimes em alguns aspetos (por exemplo, a aceitação das reservas). *[R.M.]*

Tratado de Não-Proliferação de Armas Nucleares

Treaty on the Non-Proliferation of Nuclear Weapons (NPT)

Aberto para assinatura em 1968 e entrando em vigor em 1970, abrangendo 191 países – atualmente, apenas a Índia, Paquistão, Israel e Coreia de Norte não são signatários –, este é, pode dizer-se, o único tratado de desarmamento a visar uma redução significativa, em termos quantitativos, de ogivas nucleares e meios de lançamento estratégicos (intercontinentais), embora, em boa verdade, trate apenas da eliminação de excedentes inúteis, já que os patamares mínimos acordados são capazes de destruir, várias vezes, toda a vida do planeta. O que o tratado trazia de novo era um avanço nas medidas de verificação, na linha do clima de desanuviamento do fim da Guerra Fria, através de comissões técnicas e inspeções nos próprios locais. Aliás, é o que o nome do tratado indica, o mero controlo de armamento.

A sua filosofia e o seu articulado definem uma dupla componente: a *componente horizontal*, em que os Estados subscritores, não possuidores de armas nucleares, se comprometem a renunciar à sua posse, impedindo-se assim o aumento de potências nucleares; e a *componente vertical*, em que os Estados com arsenais nucleares se comprometem a desenvolver medidas para impedir uma proliferação vertical, tanto de engenhos nucleares, como de tecnologias, criando uma dinâmica que assegurasse a desnuclearização total, tendendo alcançar o nível zero.

Assim, a eficácia do tratado, em relação à eliminação completa de armas nucleares está associada ao cumprimento das duas componentes, pois uma acaba por ser condição da outra. É evidente que o desrespeito pela não-proliferação vertical acaba por levar à proliferação horizontal, tendo sido esta argumentação utilizada pela Índia e o Paquistão, que entraram para o clube nuclear e que, de resto, não tinham subscrito o tratado. A acrescentar, estão os Estados não-possuidores e candidatos a possuidores a percorrer o caminho da clandestinidade, o que representa a situação mais grave para a proliferação horizontal, que pode chegar à aquisição por entidades não-estatais, organizações internacionais de crime organizado ou até por redes terroristas internacionais.

Os Estados possuidores têm demonstrado que continuam a investir no aperfeiçoamento tecnológico. É este o caso dos Estados Unidos. Faz parte da sua política de segurança e defesa, cada vez mais, a possibilidade de olhar a arma nuclear como *arma de emprego*, não escondendo o seu desinteresse pela não-proliferação, ao apostar na *contraproliferação*. Esta representa a negação da não-proliferação, pois trata de, unilateralmente, atuar para impedir a proliferação horizontal, sem abdicar do estatuto de potência nuclear. Daí as ameaças e intervenções militares dirigidas a potenciais novos possuidores desafetos, que entram no rol de *rogue states/states of concern* ou "eixo do mal", a par de promessas de ajuda económica em troca do abandono de projetos nucleares e da opção pelo sistema de defesa antimíssil (MD).

Também a Rússia não esconde a sua opção pelo nuclear, expressa no seu conceito de segurança nacional, face à sua atual inferioridade em relação aos países da OTAN, não cumprindo assim o seu papel de "equilibrador estratégico". Também a República Popular da China não esconde o empenhamento na modernização do seu arsenal nuclear estratégico que a retire de um papel secundário face aos seus parceiros membros do Conselho de Segurança. E, finalmente, a Organização do Tratado do Atlântico Norte que, para além dos Estados Unidos, conta com a Grã-Bretanha e a França, duas potências nucleares, cujos conceitos estratégicos, tanto de 1999, como de novembro de 2010, reforçam a imagem de disponibilidade de utilização da arma nuclear como arma de emprego.

Várias foram as iniciativas e tentativas, após 1945, desde o Relatório Franck, seguindo-se o fracassado Plano Baruch, que propunha a criação de uma Agência Internacional para o Desenvolvimento Atómico (IADA); a proposta de McMahon, que reservava apenas aos Estados Unidos a detenção de armas nucleares; o programa Átomos para a Paz de Eisenhower, presidente dos Estados Unidos, todos demasiado unilaterais. Refira-se ainda o programa de desenvolvimento da energia atómica apenas para fins pacíficos, proposta que ainda hoje suscita, nos Estados Unidos, algumas vontades de reposição, por se inscrever no quadro de medidas de contraproliferação. Já depois de a União Soviética se ter tornado potência nuclear, foi criada, em 1957, a Agência Internacional para a Energia Atómica (IAEA), sob os auspícios das Nações Unidas.

Pode dizer-se que, no seu conjunto, a estratégia de desarmamento se tem mostrado ineficaz, pois o desarmamento, pressupondo confiança, deve ser interpretado como servindo a segurança, só que num ambiente de conflito, a segurança exclui a confiança (Claude Delmas, *Le désarmement*). E de acordo com o pensamento de Galtung, o desarmamento inscreve-se numa estratégia de paz que apenas concebe a "paz pela negativa", conceito redutor de paz. Concluindo, o Tratado de Não-Proliferação está moribundo, talvez até irrecuperavelmente morto. *[J.A.E.]*

Tratado de Nice

↗Tratado de Lisboa (antecedentes).

Tratado solene

Termo usado para designar convenções cujo processo de celebração obriga ao cumprimento de um certo número de formalidades, *maxime* impondo a ratificação como ato de vinculação. Na prática, os tratados solenes tendem a impor a intervenção dos vários órgãos de soberania no processo de conclusão (executivo, parlamento, chefe de Estado e eventualmente os tribunais, como acontece em Portugal), pelo que essas exigências são reservadas para convenções em matérias particularmente sensíveis. No caso português, elas estão definidas na Constituição: tratados de participação de Portugal em organizações internacionais, tratados de amizade, de paz, de defesa, de retificação de fronteiras e os respeitantes a assuntos militares. Este elenco obrigatório não impede que noutras matérias o executivo submeta a vinculação ao mesmo procedimento, sempre que entenda que a particular sensibilidade do assunto ou das circunstâncias justifique uma ponderação alargada. *[R.M.]*

Tratado da União Europeia

↗Tratado de Lisboa.

Tratado-constituição

Esta designação (mais modernamente acoplada à distinção tradicional entre tratado-lei e tratado-contrato) refere-se aos tratados institutivos das organizações internacionais, ou seja, às convenções que criam as organizações internacionais, desenvolvendo assim, a partir da determinação das suas finalidades, a estrutura orgânica (institucional) e respetivas competências e fixando os principais princípios e regras de funcionamento. De alguma forma, a criação de uma organização internacional implica sempre a edificação de uma nova ordem jurídica (mais ou menos desenvolvida), que enquadra as relações entre as partes envolvidas no tocante às matérias que integram o seu escopo. Com muita frequência, as convenções internacionais agregam regras de diferentes naturezas. Assim, por exemplo, a Carta das Nações Unidas não apenas cria uma organização internacional (e nessa medida pode considerar-se um tratado-constituição), como também fixa regras de comportamento essenciais à convivência internacional, de entre as quais avulta a proibição do recurso à força (assumindo a natureza de ↗tratado-lei). *[R.M.]*

Tratado-contrato

O tratado-contrato (classificação que surge por oposição à de ↗tratado-lei e ainda de ↗tratado-constituição), como decorre da noção expressa na designação, visa estabelecer (fixar) as prestações e correspondentes contraprestações a que as partes se obrigam mutuamente. Muito embora frequentemente se refira, na doutrina, o facto de esta distinção não envolver nenhum efeito jurídico (trata-se, na verdade, apenas de uma abordagem doutrinal com fins fundamentalmente pedagógicos, procurando-se salientar as diferentes lógicas que podem informar a elaboração de uma convenção, ou melhor ainda, as regras aí incluídas), vale a pena sublinhar o facto de existirem regimes cuja aplicabilidade decorre desta natureza. Assim, por exemplo, na execução de um tratado-lei não parece dever aplicar-se o regime da exceção do incumprimento (*excetio non adimpleti contractus*), porque a possibilidade de uma parte ficar desobrigada do cumprimento de uma convenção face ao incumprimento pela(s) outra(s) apenas faz sentido na medida em que se enquadrem prestações e contraprestações cujo equilíbrio, sendo prejudicado pelo incumprimento, naturalmente desobriga os restantes. Essa é uma regra que tem sentido apenas no plano contratual, o qual desaparece totalmente no plano puramente normativo. *[R.M.]*

Tratado-lei

Esta classificação sublinha a função normativa que as convenções podem assumir (e que, hoje em dia, é cada vez mais importante), referindo-se, portanto, à criação, por via convencional, de regras de comportamento aplicáveis às partes. Nela se inscrevem as principais convenções internacionais, tais como a Convenção de Viena de 1969 sobre direito dos tratados ou a Declaração Universal dos Direitos do Homem, constituindo o objeto do esforço de codificação do costume (na medida em que o próprio costume apenas integra normas de comportamento) que é levado a cabo pela Comissão de Direito Internacional. *[R.M.]*

Tratados de Vestefália

↗Sistema Vestefaliano.

Triângulos de crescimento

Os triângulos de crescimento podem ser definidos como zonas económicas transnacionais, estendendo-se sobre áreas geográficas próximas e bem delimitadas de três ou mais países. O objetivo da constituição de tais triângulos foi o de tirar partido de diferenças estruturais, promover a complementaridade, incentivar o comércio intrazona, desenvolver os recursos naturais e canalizar investimentos nacionais e estrangeiros.

O primeiro triângulo a ser instituído foi demarcado por Hong-Kong, Taiwan e as Províncias de Guangdong e Fujian. A abertura económica da República Popular da China, que criou zonas económicas especiais, propiciou a deslocação de capitais de Taiwan e Hong-Kong para beneficiar as indústrias de trabalho intensivo.

O segundo triângulo de crescimento compreende Singapura – Johore – Riau (SIJORI) e tem como delimitação a ilha de Singapura, a parte sul do Estado malaio de Johore e as ilhas da província de Riau, na Indonésia. Trata-se de combinar terras abundantes e de baixo preço, mão-de-obra indonésia e equipamentos sofisticados de Singapura. Com isto obtêm-se economias de escala e promove-se a integração vertical, base do funcionamento dos oito complexos industriais, incluindo o parque de Batam, responsável por um valor de exportação superior a 600 milhões de dólares/ano.

O terceiro triângulo diz respeito ao Rio Tumen, situado no Nordeste da Ásia, que contorna a província chinesa de Jihiu, a Sibéria russa e a República Popular da Coreia. É uma área vocacionada para receber recursos naturais da Sibéria e da Mongólia com transformação industrial na zona. A própria Coreia do Sul e o Japão estão envolvidos no projeto.

O quarto triângulo de crescimento abarcou quatro Estados da Federação Malaia (Perak, Penang, Kedah e Perlis), e as duas Províncias da Sumatra-Norte e Acheh (Indonésia) e as cinco Províncias do Sul da Tailândia (Songkhla, Saturn, Vala, Narathiwat e Pattani). O seu objetivo é o de promover um crescimento dirigido pelo setor privado, por forma a reforçar os investimentos, promover as exportações e reduzir custos de produção e de distribuição. Esta área está ainda numa fase incipiente, mas já existem projetos de investimento para um período de dez anos.

Um quinto triângulo de crescimento compreende o Brunei, a Indonésia, a Malásia e as Filipinas (ZCEA-BIMP), zona muito rica em recursos naturais (petróleo, gás natural, ouro, diamantes, produtos marinhos e madeira). A inexistência de infraestruturas entrava o seu desenvolvimento, pelo que o ↗Banco Asiático de Desenvolvimento está a promover estudos para a elaboração de políticas, programas e projetos. *[P.A.]*

Triângulo identitário português

Conceito introduzido por Mendes (2020a) para explicar a identidade e as práticas da política externa de resistência do Portugal AIA durante o Estado Novo (1933-1974). De acordo com o autor, a melhor forma de explicar a política externa de Portugal neste período é a de assumir a construção ideacional e intersubjetiva da identidade do Estado Novo, designadamente o triângulo identitário do essencialismo, do ocidentalismo e do especialismo. Com base numa lógica identitária e num modelo sociocultural, Mendes argumenta que as razões e os motivos das ideias, práticas e perceções das elites decisoras da política externa portuguesa se justificam com base neste triângulo identitário.

A imagem *essencialista* significava que as elites do Estado Novo assumiam o império como a essência, missão e finalidade histórica de Portugal no mundo. Construiu-se uma ideologia e cultura política entre as elites do Estado Novo que defendiam que, sem império, Portugal faleceria como entidade histórica. Não é possível compreender a política externa do Estado Novo sem assumir a importância que o império desempenhava na sua construção identitária. Tudo o que implicasse prejuízos à opção imperial era menorizado ou pura e simplesmente rejeitado. A preservação do império dava ao Estado Novo o seu sentido de existência e a sua principal identidade (nacional e internacional), legitimando a sua razão de ser dando sentido ao papel de Portugal no mundo: um Estado, em termos comparativos, importante, e não apenas um pequeno e relativamente irrelevante poder internacional. Perder o império era perder a sua identidade ontológica e a sua relevância internacional. Significava aniquilar a posição de Portugal na ordem internacional. Foi também essa ansiedade, neoedipiana, que limitou a capacidade de adaptação pós-imperial das elites portuguesas do Estado Novo.

A imagem do *ocidentalismo* significava a assunção de uma identidade cultural e civilizacional ocidental e cristã, bem como uma identidade política e geopolítica anticomunista que definiu o posicionamento de Portugal na lógica bipolar da ↗Guerra Fria. A relação de Portugal com a Europa é enquadrada nessa imagem ocidentalista que significava, por um lado, a integração identitária de Portugal no espaço civilizacional da Europa Ocidental e, por outro, a integração geopolítica de Portugal no bloco ocidental, cristão e anticomunista, cuja expressão máxima foi a participação portuguesa na ↗OTAN, mas que também se exprimiu na ↗ONU.

A imagem do *especialismo* português dizia respeito ao conjunto de ideias e práticas políticas que argumentavam que Portugal era um caso especial. O especialismo português teve três dimensões: a histórica, a antropológica e a geopolítica. Historicamente, Portugal era um caso especial de invulgar expansão global que se iniciou com o movimento das Descobertas e de onde surgiram as primeiras tentativas de globalização político-diplomática. Antropologicamente, Portugal era especial devido à sua particular capacidade de diálogo intercultural e de desenvolvimento de uma política de miscigenação, de que resultou uma relativamente específica aptidão para criar sociedades multiculturais e multirraciais. Finalmente, Portugal era especial porque usufruía de uma situação geopolítica particular no Atlântico, especialmente no seu flanco sul, e por conjugar interesses na Europa, África e Ásia.

Foi este triângulo identitário que construiu socialmente as ideias e práticas da política externa do Estado Novo e legitimou a doutrina de resistência imperial. Essa doutrina defendia que Portugal deveria resistir às pressões descolonizadoras e insistir na sua razão imperial-essencialista, legitimada pelo seu especialismo lusotropical e pela luta do ocidentalismo anticomunista que também se travava na África (Mendes, 2020a). *[P.E.M.]*

Tribunal de Contas Europeu

O Tribunal de Contas Europeu (TCE) é uma entidade independente da União Europeia e assume como missão o controlo da gestão orçamental desta organização, auditando as receitas e despesas da União Europeia e verificando se os fundos são devidamente angariados e utilizados. Os membros do Tribunal são nomeados pelo Conselho Europeu, após consulta do Parlamento, por mandatos renováveis de seis anos. Estes elegem, entre os pares, o seu Presidente, que exercerá um mandato de três anos, também renovável.

Tendo em vista o desempenho verdadeiramente autónomo das suas funções, esta entidade decide que matérias auditar, de que forma fazê-lo e como apresentará os seus resultados. Normalmente, o trabalho do TCE materializa-se na forma de relatórios, conclusões e recomendações sobre as auditorias realizadas, que o Tribunal apresenta às instituições europeias e aos governos nacionais. As auditorias podem ser de natureza financeira, de conformidade (com as normas) ou de desempenho (quanto ao alcance dos objetivos de forma eficiente). Adicionalmente, compete-lhe emitir pareceres sobre legislação em preparação ou outras matérias de finanças públicas da UE, desde que estas possam ter impacto na gestão financeira da organização.

O Tribunal está dividido em grupos de auditoria designados por câmaras, que preparam os relatórios e pareceres para os membros do Tribunal apreciarem, tornando-os posteriormente oficiais. Nos casos de suspeitas de atividades ilegais, como fraude ou corrupção, o TCE reporta ao Organismo Europeu de Luta Antifraude. O trabalho do Tribunal, pela natureza executiva da Comissão Europeia, concentra-se especialmente nesta instituição, ainda que também desenvolva uma colaboração próxima com as autoridades nacionais. Os resultados da apreciação do TCE são acolhidos pelas instituições europeias como um auxílio na gestão do orçamento comunitário, numa lógica de introdução de melhorias no processo de utilização dos fundos e na transparência das contas públicas. *[J.C.G. / A.P.M.]*

Tribunal Europeu dos Direitos Humanos

Jurisdição internacional instituída em 1959, no seio do ↗Conselho da Europa, organização internacional pan-europeia sediada em Estrasburgo. O Tribunal Europeu dos Direitos Humanos (TEDH) tem competência para fazer respeitar a Convenção para a Proteção dos Direitos do Homem e das Liberdades Fundamentais (ou Convenção Europeia dos Direitos Humanos), de 1950. Inicialmente com competências reduzidas, fruto do equilíbrio institucional que implicava a intervenção prévia de uma Comissão, o TEDH tornou-se, através do 11.º Protocolo à Convenção Europeia dos Direitos Humanos (em vigor desde 11 de novembro de 1998) uma jurisdição competente para receber petições de qualquer pessoa singular, organização não governamental ou grupo de particulares que se considere vítima de uma violação da Convenção Europeia dos Direitos Humanos por parte de um Estado-membro e já tenha esgotado todas as vias de recurso jurisdicionais disponíveis no plano nacional. Os Estados-membros do Conselho da Europa não podem recusar a competência do TEDH.

Composto por um juiz por cada Estado-membro (atualmente 47), o TEDH divide-se em três formações possíveis: o comité, composto por três juízes; a secção (ou câmara), composta por sete juízes; e o tribunal pleno, composto por 17 juízes. Duas originalidades podem ser sublinhadas: primeiro, o juiz da nacionalidade do Estado-membro contra o qual a petição é dirigida tem sempre assento nas decisões sobre o caso em apreço; segundo, e de forma complementar, existe uma rotatividade dos juízes nas várias secções, permitindo que um caso contra um mesmo Estado-membro não seja decidido sempre pelas mesmas formações.

O Tribunal Europeu dos Direitos Humanos tem um vasto leque de competências, incluindo não só a filtragem das queixas, a procura de uma resolução amigável, o estabelecimento dos factos mencionados na petição, mas ainda a possibilidade de emitir pareceres consultivos se for solicitado por um órgão jurisdicional nacional de um Estado-membro.

As fases do processo perante o Tribunal Europeu dos Direitos Humanos incluem a decisão sobre a admissibilidade da petição e, após a admissão do caso, a decisão quanto ao fundo. No prazo de três meses após uma sentença ter sido proferida, qualquer uma das partes pode solicitar uma reapreciação do caso pelo tribunal pleno do TEDH, solicitação que pode ser aceite ou não. A execução das sentenças do TEDH, que podem condenar um Estado-membro a indemnizar a vítima de violação da Convenção Europeia dos Direitos Humanos, cabe ao Comité de Ministros do Conselho da Europa. *[J.C.C.]*

Tribunal de Justiça da União Europeia

O Tribunal de Justiça da União Europeia (TJUE) é uma instituição da União Europeia. Na prática, é uma jurisdição interna da União Europeia, sendo claramente distinta das jurisdições internacionais. Contrariamente à maioria das jurisdições internacionais, é competente automaticamente, nos casos previstos pelos tratados comunitários. Desde 1989, o TJUE é auxiliado pelo Tribunal de Primeira Instância, renomeado Tribunal Geral pelo Tratado de Lisboa, cujo leque de competências é mais limitado. As principais missões do TJUE são a interpretação e a aplicação do direito da União Europeia, de forma exclusiva, ao mais alto nível de jurisdição, e sem possibilidade de recurso. Sediado na cidade do Luxemburgo, o TJUE integra um número de juízes correspondente ao número de Estados-membros da União Europeia (um por cada Estado-membro), assistidos por advogados-gerais (atualmente onze), cuja função é de apresentar publicamente conclusões motivadas sobre o direito aplicável a cada caso que o TJUE deverá decidir. *[J.C.C.]*

Tribunal Penal Internacional (TPI)

International Criminal Court

Criado pelo Estatuto de Roma, adotado a 17 de julho de 1998 por 120 Estados, trata-se de um tribunal permanente, com competência global para julgar indivíduos acusados de genocídio, crimes contra a humanidade, crimes de guerra e crimes de agressão. Ao contrário dos tribunais *ad hoc* para o Ruanda e ex-Jugoslávia, a sua competência não é limitada, nem temporal nem geograficamente.

O TPI, cuja convenção foi originalmente ratificada por 66 países, entrou em vigor a 1 de julho de 2002, e teve a sua sessão inaugural em março de 2003. Tem sede em Haia e é composto pela Presidência, por Câmaras (de Apelo, de Primeira Instância e Preliminar), pelo Gabinete do Procurador e por um Cartório. Atualmente, 123 Estados são parte do TPI, sendo exceções notáveis os Estados Unidos da América, Rússia, Ucrânia e Israel (assinaram o Estatuto de Roma, mas não o ratificaram), bem como a China, Índia, Paquistão, Turquia e Indonésia (não assinaram o Estatuto).

O Tribunal Penal Internacional (TPI) é uma organização internacional independente. Em aplicação do artigo 2.º do Estatuto de Roma, está ligado às Nações Unidas por um acordo que foi aprovado pela assembleia de Estados, aquando da sua primeira sessão em setembro de 2002.

Também nesta sessão, instaurou-se o fundo de ajuda em favor das vítimas de crimes que são da competência do Tribunal (Resolução 6). Este fundo é controlado por um conselho de administração constituído por cinco membros, cada um dos quais eleito por um período de três anos e de acordo com uma repartição geográfica equitativa: um lugar para o continente africano, um para a Ásia, um para a Europa de Leste, outro para o grupo de Estados da América Latina e Caraíbas e, finalmente, um para a Europa Ocidental e outros Estados.

De acordo com o artigo 8.º do Estatuto, o TPI tem competência a respeito dos *crimes de guerra*, que inclui a maior parte das violações graves do Direito Internacional humanitário mencionadas nas Convenções de Genebra e nos seus Protocolos Adicionais de 1977, cometidas tanto em conflitos armados internacionais como não internacionais. No Estatuto foram definidas várias infrações como crimes de guerra, como por exemplo: atos de agressão sexual, escravidão sexual, prostituição forçada, gravidez à força, esterilização à força ou qualquer outra forma de violência sexual; e utilização de crianças com menos de 15 anos para participar ativamente nas hostilidades.

No Estatuto não se mencionam explicitamente algumas violações graves do Direito Internacional humanitário, tais como a demora injustificável na repatriação de prisioneiros de guerra e os ataques indiscriminados contra a população civil ou seus bens, que estão definidos como infrações graves às Convenções de Genebra de 1949 ou ao seu Protocolo Adicional I de 1977. Poucas disposições referem-se a armas cujo uso está proibido em virtude de tratados vigentes e, a esse respeito, nada está previsto para os conflitos armados não internacionais.

O TPI tem competência para julgar o crime de *genocídio*, nos termos do artigo 6.º do Estatuto, que reitera o disposto na Convenção de 1948 para a Prevenção e a Repressão do Crime do Genocídio. Este crime é definido no Estatuto como qualquer um dos atos que a seguir se enumeram, praticado com intenção de destruir, no todo ou em parte, um grupo nacional, étnico, racial ou religioso enquanto tal: homicídio de membros do grupo; ofensas graves à integridade física ou mental de membros do grupo; sujeição intencional do grupo a condições de vida com vista a provocar a sua destruição física, total ou parcial; imposição de medidas destinadas a impedir nascimentos no seio do grupo; transferência forçada de crianças do grupo para outro grupo.

O TPI também pode exercer a sua competência sobre os *crimes contra a humanidade*. De acordo com o artigo 7.º do Estatuto, esses crimes compreendem qualquer dos seguintes atos, quando cometido no quadro de um ataque generalizado ou sistemático contra qualquer população civil, havendo conhecimento desse ataque: homicídio; extermínio; escravidão; deportação ou transferência forçada de uma população; prisão ou outra forma de privação da liberdade física grave, em violação das normas fundamentais de Direito Internacional; tortura; agressão sexual, escravatura sexual, prostituição forçada, gravidez forçada, esterilização forçada ou qualquer outra forma de violência no campo sexual de gravidade comparável; perseguição de um grupo ou coletividade que possa ser identificado, por motivos políticos, raciais, nacionais, étnicos, culturais, religiosos ou de género, ou em função de outros critérios universalmente reconhecidos como inaceitáveis no Direito Internacional, relacionados com qualquer ato referido neste parágrafo ou com qualquer crime da competência do Tribunal; desaparecimento forçado de pessoas; crime de *apartheid*; outros atos desumanos de caráter semelhante, que causem intencionalmente grande sofrimento ou afetem gravemente a integridade física ou a saúde física ou mental.

Como foi indicado no parágrafo 2.º do artigo 5.º do Estatuto, o TPI poderia exercer a sua competência sobre o *crime de agressão* quando fosse aprovada disposição que definisse esse crime e enunciasse as condições para o exercício dessa competência. A 11 de junho de 2010, a Conferência de Revisão do Estatuto de Roma adotou, por consenso, uma emenda ao Estatuto com uma definição do crime de agressão. A jurisdição do TPI sobre o crime de agressão passou a ter efeito a partir de 17 de julho de 2018.

Quando um Estado passa a ser Parte no Estatuto, ele aceita a competência do TPI sobre os crimes mencionados acima. Em conformidade com o artigo 25.º do Estatuto, o Tribunal exercerá sua competência sobre indivíduos, e não sobre Estados. O TPI pode exercer a sua competência por provocação do procurador ou de um Estado Parte, desde que um dos seguintes Estados esteja obrigado pelo Estatuto: o Estado em cujo território tenha tido lugar a conduta em causa, ou, se o crime tiver sido cometido a bordo de um navio ou de uma aeronave, o Estado de matrícula do navio ou aeronave; o Estado de que seja nacional a pessoa a quem é imputado um crime. Um Estado que não seja Parte no Estatuto pode fazer uma declaração aceitando a competência do Tribunal.

Conforme o sistema de segurança coletiva descrito no Capítulo VII da Carta das Nações Unidas, o Conselho de Segurança pode submeter casos ao Procurador com propósito de início de inquérito; pode igualmente solicitar que não se inicie ou não prossiga inquérito ou procedimento penal durante um período renovável de doze meses. O artigo 124.° do Estatuto de Roma limita a possibilidade de exercício da competência do TPI sobre os crimes de guerra. De acordo com essa disposição, um Estado pode declarar que, durante um período de sete anos, não aceitará a competência do Tribunal para os crimes de guerra presumivelmente cometidos pelos seus nacionais ou em seu território.

De acordo com as Convenções de Genebra de 1949 e o Protocolo Adicional I de 1977, os Estados devem submeter perante os tribunais internos os acusados de terem cometido crimes de guerra ou extraditá-los para serem julgados em outro país. Nada no Estatuto exime os Estados das suas obrigações em razão de instrumentos ou normas consuetudinárias de Direito Internacional Humanitário. Segundo o princípio da complementaridade, a jurisdição do TPI deve ser exercida somente quando um Estado não possa realmente ou não deseje julgar os supostos criminosos de guerra que estejam sob sua jurisdição. Para serem beneficiados com esse princípio, entretanto, os Estados necessitam de uma legislação adequada que lhes permitam julgar esses criminosos. Além disso, os Estados partes em tratados de Direito Internacional Humanitário devem promulgar normas de implementação destes, a fim de dar eficácia às obrigações assumidas ao ratificar tais instrumentos. *[R.R.]*

Trilateralismo

Em 1976, no auge da ↗Guerra Fria, numa altura em que os países democráticos e capitalistas ocidentais procuravam formas de intervenção que permitissem defender os seus interesses num mundo crescentemente global e complexo, Richard Ullman, prestigiado professor de Relações Internacionais e de História Diplomática na Universidade de Princeton, publicou na revista *Foreign Affairs* um artigo intitulado "Trilateralism: "Partnership" for What?", no qual criticava a iniciativa da chamada Comissão Trilateral, composta por personalidades influentes dos Estados Unidos, da Europa Ocidental e do Japão, que pretendia propor um conjunto de soluções para muitos dos principais problemas comuns da sociedade internacional. Na opinião do autor, o trilateralismo era "a última tentativa de descrever e prescrever a relação entre os Estados Unidos e os outros principais Estados democráticos e industrializados de economia de mercado". Última, porque não tinha uma justificação racional, baseando-se em critérios ideológicos contrários ao objetivo de garantia de uma paz duradoura no mundo.

Este "amigo das ideias", nas palavras dos seus antigos estudantes Anthony Lake, David Ochmanek e Scott Vesel, que dedicou a sua vida, como académico, à compreensão do papel dos EUA no mundo, e que ajudou a formar muitos dos altos dignitários dos partidos Democrático e Republicano, considerava que a melhor forma de aconselhar os decisores políticos era produzir conhecimento válido, de acordo com novas e mais justas perspetivas, e não sustentar artificialmente posicionamentos ideológicos ultrapassados.

A revista *Foreign Affairs*, assumida por um conjunto de intelectuais, procurou ser um projeto inovador na forma como perspetivava a política externa americana, a partir de problemas como a Guerra do Vietname e as formas tradicionais de relacionamento durante a Guerra Fria, propondo caminhos diferentes dos tradicionais. Foram muitas as vozes que na revista criticaram fortemente o modelo da Comissão Trilateral pela qual os EUA procuravam partilhar as responsabilidades de governação do mundo da Guerra Fria com os seus aliados tradicionais. É preciso referir que a Comissão Trilateral era composta por políticos influentes dos partidos dominantes e por representantes das indústrias mais significativas dos vários países integrantes, o que suscitou muitas críticas à direita e à esquerda, em particular nos EUA. À direita, a Trilateral era considerada uma organização secreta, obscura e maçónica, origem de toda a sorte de teorias da conspiração, enquanto à esquerda era considerada uma organização comprometida com valores conservadores e do passado. De notar que a *Foreign Affairs* foi considerada, em reação às suas críticas, como perfilhando um ideário iliberal, quando os seus principais autores defendiam ideias avançadas para a época como, por exemplo, os Direitos Humanos e a necessidade de levar a democracia a mais povos por meios pacíficos e consensuais (daí a crítica à guerra e ao unilateralismo defensivo travestido de trilateralismo).

O conceito de Trilateralismo distingue-se do conceito de ↗Tripolaridade, por ter uma natureza essencialmente prescritiva de modelos de ação política internacional e não tanto de descrição da realidade. Por outras palavras, o Trilateralismo é uma forma de análise das Relações Internacionais que entende a Tripolaridade como a característica estrutural mais adequada à prossecução de objetivos económicos de cariz capitalista entre os seus três polos principais, a saber, os Estados Unidos da América, o Japão e a União Europeia. A possibilidade de cooperação hegemónica entre os atores resulta da interdependência das economias implícita no conceito. Como se viu, o conceito não se restringe a atores estatais, incluindo também, como elemento estrutural, as corporações multinacionais, assumidas como ↗atores do sistema internacional. *[J.R.C.]*

Tripolaridade

Uma questão sujeita a permanente estudo é a da estrutura do ↗sistema internacional, porque este funciona de forma diferente consoante haja um, dois ou mais países ou blocos dominantes. A investigação feita permite ainda perceber as razões pelas quais um Estado ou bloco se afirma como dominante. Neste contexto, a Tripolaridade é uma variação do sistema multipolar que considera três atores ou polos como dominantes na ↗política internacional, integrando uma Tríade. Nas Relações Internacionais, tem sido mais identificada com as relações económicas, embora as relações políticas e militares estejam também sempre presentes, envolvendo, consoante os períodos históricos, diferentes grupos de Estados.

Em 1977, Joseph Nogee e John Spanier publicaram na revista *World Affairs* um artigo intitulado "The Politics of Tripolarity", em que sustentavam a predominância dos EUA, União Soviética e China na política internacional, com base em alguns indicadores de natureza política, militar, económica e demográfica. Já Sieglinde Gstöhl, diretora do Departamento de Relações Internacionais da União Europeia e Estudos de Diplomacia, no Colégio da Europa, apontou, em 2019, no artigo "The European Union's trade strategy in the emerging tripolar structure with the United States and

China", os EUA, o Japão e a União Europeia como a tríade dominante nas relações internacionais.

Por seu lado, Arvind Virmani, influente economista indiano, publicou, em 2005, um trabalho intitulado "A Tripolar Century: USA, China and India", no qual projeta um mundo tripolar com os três países referidos, tendo em conta o seu poder potencial, para o segundo quartel do século XXI, ao mesmo tempo que defende reformas do sistema de governação mundial, a constituição de uma aliança indo-americana para a paz e a constituição de uma comunidade asiática com a liderança da China, Índia e Japão, mas aberta a outros países. Na sua análise, não descarta a relevância da ↗União Europeia, mas destaca o poder asiático.

O termo foi também utilizado, no período da Guerra Fria, para designar a trilogia que distinguia entre ↗Primeiro, ↗Segundo e ↗Terceiro Mundos. Em qualquer caso, estamos perante um conceito de interpretação da realidade internacional, a par de outros, segundo o paradigma das forças dos Estados ou blocos de Estados no domínio político, económico e militar, que, por natureza, é evolutivo. *[J.R.C.]*

Troca de instrumentos

A troca de instrumentos surge no âmbito dos atos ou procedimentos através dos quais os Estados exprimem o seu consentimento a ficarem vinculados pelas convenções. Este ato surge em alternativa ao envio de carta ou outro documento, verificando-se aqui uma realização em simultâneo de dois documentos semelhantes que são trocados entre as partes após a aposição da rubrica ou assinatura (ou ato similar). Ocorre normalmente em convenções bilaterais e, por vezes, assinala a conclusão do procedimento interno de vinculação. *[R.M.]*

Troca de notas

A troca de notas consiste num acordo obtido no quadro de relações correntes que se aproxima, pelos seus termos e simplicidade, dos contratos de privados. Assim, como se de um contrato feito em duplicado se tratasse, verifica-se aqui a troca de dois documentos, guardando cada uma das partes um deles, assinado pela outra. São normalmente celebrados entre ministros, diplomatas ou altos funcionários e constituem a prática mais simplificada que existe em matéria convencional. *[R.M.]*

Ultimato

Em geral, é o último aviso e mais extremo de uma série de ações tomadas para produzir um resultado particular. Nas relações internacionais, constitui uma comunicação formal (nota ou memorando) de um governo a outro, exigindo conformidade em determinado assunto ou questão em desacordo, contendo termos finais e categóricos. Esta demanda exige o cumprimento do solicitado num determinado período, exigência reforçada por uma ameaça a ser seguida em caso de não conformidade. O tempo definido é geralmente curto e subentende-se que não são possíveis quaisquer negociações posteriores, podendo ainda definir explicitamente a forma de reação perante uma possível recusa. A sua rejeição poderá levar à quebra de relações diplomáticas ou mesmo a um conflito armado entre dois ou mais Estados. Neste sentido, assume a forma de exigência final e assinala o fim do processo de negociação. É um instrumento diplomático cujo uso é geralmente limitado a condições extremas de crise internacional, envolvendo a ameaça implícita ou explícita do uso de meios (hostilidade militar ou sanções económicas, bloqueios, entre outras) que não a diplomacia tradicional para alcançar determinados objetivos. *[P.M.S.]*

Unanimidade

O princípio ou regra da unanimidade deriva a sua importância do conceito legal de soberania estatal e, em particular, da igualdade soberana entre os Estados. Dado o princípio, pelo menos teórico, de que todos os Estados são iguais, sempre que estes se reúnam em conferências ou encontros diplomáticos, cada Estado participante deve ter igualdade de tratamento. Os procedimentos de voto devem refletir esta igualdade, logo todos os Estados terão o mesmo voto, e nenhum Estado se comprometerá a ação contrária ao seu consentimento. Daqui decorre que todos os Estados terão de votar favoravelmente para que uma resolução possa ser aprovada numa reunião. A adesão estrita ao princípio da unanimidade limita consideravelmente o impacto que uma organização possa ter na política mundial. *[D.F.]*

UNESCO

↗Organização das Nações Unidas para a Educação, a Ciência e a Cultura.

União aduaneira

Modalidade de integração económica em que dois ou mais países abolem as fronteiras económicas, colocando fim às tarifas alfandegárias e fixando uma tarifa externa comum a todos os países do bloco. A União Aduaneira constitui, portanto, um passo adiante à Área de Livre Comércio e é uma das etapas em direção ao Mercado Comum, em que, além da livre circulação de mercadorias, também circulam livremente capital e trabalho. A criação de uma união aduaneira foi o objetivo central da assinatura do Tratado de Roma em 1957, que deu origem à Comunidade Económica Europeia, entrando essa união aduaneira em vigor em 1968, nos seis países que tinham assinado aquele tratado (Bélgica, Luxemburgo, Países Baixos, França, Alemanha e Itália). Outro exemplo é a União Aduaneira da África Austral (Southern Africa Customs Union – SACU), que reúne a África do Sul, Botsuana, Lesoto, Namíbia e Suazilândia. O Mercosul constitui uma união aduaneira imperfeita, uma vez que apresenta diversas exceções ao livre comércio (por exemplo, no setor automóvel e no açúcar) e um elevado número de barreiras não tarifárias. *[W.G.]*

União Africana (UA)

Organização resultante de quatro cimeiras: a Sessão Extraordinária de Sirte (1999), que decidiu a criação da União Africana; a Cimeira de Lomé (2000), que adotou o Ato Constitutivo da União; a Cimeira de Lusaka (2001), que estabeleceu a implementação da organização; e a Cimeira de Durban (2002), que lançou a União Africana. Entrou em vigor em 26 de maio de 2001. Procura, fundamentalmente, acelerar a integração política e socioeconómica do continente africano. Sendo uma organização continental, preocupa-se com a promoção da paz, segurança e estabilidade no continente como pré-requisitos para a implementação do desenvolvimento e integração da agenda da União.

Tem os seguintes órgãos: conferência da União; conselho executivo; parlamento pan-africano; tribunal de justiça; comissão; comité de representantes permanentes; comités técnicos especializados; conselho económico, social e cultural; instituições financeiras.

Esta organização substituiu a Organização de Unidade Africana (OUA), criada em maio de 1963, e que visava promover a unidade e solidariedade entre os Estados africanos. Como fórum, esta organização permitia aos Estados-membros adotar posições coordenadas em assuntos de interesse comum para o continente em debates internacionais e defender efetivamente os seus interesses. A Carta da OUA, aberta à subscrição de todos os Estados africanos continentais, Madagáscar e outras ilhas vizinhas, definia como objetivos, para além da unidade e solidariedade dos Estados africanos, a defesa da sua soberania, integridade territorial e independência, a eliminação do colonialismo de África e a cooperação internacional, tendo em conta a Carta das Nações Unidas e a Declaração Universal dos Direitos Humanos.

Atualmente, a União Africana regista 55 Estados-membros, isto é, agrupa todos os Estados do continente africano, embora dois (Mali e Guiné-Conacri) se encontrem suspensos. Tem sede em Addis Ababa, Etiópia. *[P.A.]*

União económica

De acordo com a análise tradicional das áreas de integração económica, o estádio que se segue ao Mercado Comum é a União Económica e Monetária. Todavia, ela é composta por duas parcelas (União Económica e União Monetária). Acresce que a história recente da União Europeia mostra como pode coexistir uma União Económica e Monetária com uma União Económica (UE). A UE distingue-se do estádio de integração anterior (o Mercado Comum) por contemplar um regime jurídico único que assegura a igualdade de concorrência entre os agentes económicos dos Estados-membros. Este regime jurídico acrescenta-se às cinco liberdades de circulação características do Mercado Comum: mercadorias, capitais, pessoas, prestação de serviços e estabelecimento de empresas.

Ao prever a igualdade de concorrência no espaço da UE, uma empresa sediada num Estado-membro pode fixar-se noutro Estado-membro, aí abrindo uma unidade produtiva, sem que as autoridades deste exijam mais requisitos do que os exigidos a empresas nacionais do mesmo ramo de atividade. Deste modo, a UE reforça a integração económica, tornando possível uma dimensão que estava vedada no Mercado Comum. As empresas com sede num Estado-membro não só podem fixar um estabelecimento secundário noutro Estado da UE (corolário da liberdade de estabelecimento), como podem aí implantar uma unidade produtiva, internacionalizando a sua produção. A UE permite ainda a coordenação das políticas económicas dos Estados-membros, correspondendo às exigências de uma economia crescentemente integrada. Após a criação do Mercado Comum, a história da integração europeia avançou no sentido de uma União Económica e Monetária, possibilitando, contudo, a autoexclusão de alguns Estados-membros da moeda única (uma das características da União Monetária), enquanto outros não reúnem as condições para a ela aderirem, participando apenas na UE. *[P.V.M.]*

União Económica Eurasiática (UEE)

Eurasian Economic Union (EAEU)

A União Económica Eurasiática (UEE) é uma organização internacional que visa a integração económica no espaço pós-soviético. Esta organização tem a sua origem numa união aduaneira estabelecida entre a Bielorrússia, o Cazaquistão e a Rússia, em março de 1996, que posteriormente evoluiu para a Comunidade Económica Eurasiática, em 2000, por iniciativa da Bielorrússia, Cazaquistão, Quirguistão, Rússia e Tajiquistão. Esta última visava a edificação de um Espaço Económico Comum (EEC) de cariz supranacional aberto à participação de todos os países do espaço pós-soviético que contribuísse para a livre circulação de bens, serviços, capitais e pessoas dos seus Estados-membros; a criação de condições favoráveis ao desenvolvimento das estruturas socioeconómicas destes países; a cooperação e coordenação das suas políticas financeiras, económicas e comerciais; e o desenvolvimento de sistemas de transporte, energia e informação comuns.

Em 2012, num esforço para aprofundar a integração entre si, a Bielorrússia, o Cazaquistão e a Rússia concretizam esta ambição com a criação do EEC. No seguimento deste processo, estes mesmos Estados acordaram, em outubro de 2014, criar a UEE. Esta organização começou inicialmente as suas funções em janeiro de 2015, com a entrada em vigor do Tratado da UEE. Atualmente, conta com cinco Estados-membros, com a Arménia e o Quirguistão a juntarem-se aos Estados fundadores. Erigida com base no modelo de integração europeia, a UEE visa aumentar a competitividade dos seus Estados-membros, bem como estimular a cooperação e níveis de vida no espaço pós-soviético. Institucionalmente, a UEE é composta por um Conselho Supremo, ao nível dos Chefes de Estado; um Conselho Intergovernamental, ao nível dos Chefes de Governo; uma Comissão que funciona como o órgão supranacional e regulatório permanente da UEE, responsável pelo desenvolvimento da União e pelo aprofundamento da integração dos seus Estados-membros; e um Tribunal de Justiça, responsável pela observância dos tratados da UEE. A Comissão da UEE tem sede em Moscovo, Rússia, e o Tribunal de Justiça tem sede em Minsk, Bielorússia. *[V.A.D.]*

União Económica e Monetária

A União Económica e Monetária (UEM), prevista pelo Tratado de Maastricht (segunda revisão dos tratados europeus), entrou em vigor em 1 de novembro de 1993, mas apenas começou a funcionar em 1 de janeiro de 1999 para onze dos (então) quinze Estados-membros da União Europeia. A UEM não coincidiu com a entrada em vigor do Tratado de Maastricht devido às assimetrias macroeconómicas entre os Estados-membros. Seguindo as recomendações do Relatório Delors (que analisou as condições técnicas prévias à criação da UEM), os negociadores do Tratado de Maastricht reconheceram que as assimetrias impediam o avanço imediato para a moeda única. Foi preconizada uma transição gradual, em três fases, para permitir o funcionamento coerente da UEM. A fase mais importante foi a segunda, entre 1 de janeiro de 1994 e 31 de dezembro de 1997. Nesta fase, os Estados-membros candidatos à moeda única tinham de cumprir os critérios de convergência nominal.

Ao nível institucional, a UEM contemplou o Banco Central Europeu, que ficou responsável, a título exclusivo, pela política monetária da Zona Euro e pela emissão da moeda única. A Zona Euro assentava na prioridade da estabilidade de preços, na centralidade da política monetária única e na separação de competências ao nível da política económica, que resultava na centralização da política monetária (no Banco Central Europeu) e na descentralização da política orçamental (competência dos governos nacionais). Para impedir a desarticulação entre as duas políticas, desde 1997 a UEM passou a reger-se por regras orçamentais (Pacto de Estabilidade e Crescimento, revisto em 2005 e reforçado em 2013 com a entrada em vigor do Pacto Orçamental). Em resultado das regras orçamentais, os governos nacionais sujeitam-se a limites máximos no défice orçamental e na dívida pública. *[P.V.M.]*

União Económica e Monetária da África Ocidental (UEMAO)

West African Economic and Monetary Union (WAEMU)

Tem a sua origem na União Monetária da África Ocidental (UMOA), criada em 1962. Foi estabelecida pelo tratado assinado em Daca, a 10 de janeiro de 1994, com o objetivo de criar um mercado comum baseado na livre circulação de pessoas, serviços e capitais e no direito de estabelecimento. Tem como banco central o BCEAO (Banco Central dos Estados da África Ocidental). Os Estados-membros fazem parte da ↗Zona Franco e da ↗CEMAC (Comunidade Económica e Monetária da África Central). Partilham uma moeda comum (o franco CFA), defendem uma política económica e monetária comum e estabeleceram uma união aduaneira que se encontra em funcionamento desde janeiro de 2000. Tem oito Estados-membros: Benim, Burkina-Faso, Costa do Marfim, Guiné-Bissau, Mali, Níger, Senegal e Togo. A sede localiza-se em Ouagadougou, Burkina-Faso. *[P.A.]*

União da Europa Ocidental (UEO)

Western European Union (WEU)

Foi criada em 23 de outubro de 1954 e entrou em vigor a 6 de maio de 1955. Tinha sede em Bruxelas. A UEO foi o único organismo exclusivamente europeu competente em matéria de defesa. Resultou da transformação da União Ocidental, fundada em março de 1948, entre a França, a Grã-Bretanha, a Bélgica, os Países Baixos e o Luxemburgo (Tratado de Bruxelas). A Alemanha e a Itália tornaram-se membros após o fracasso da CED (Comunidade Europeia de Defesa), em 30 de agosto de 1954. Seguiram-se a Espanha e Portugal, em novembro de 1988, e finalmente a Grécia, em novembro de 1992.

A UEO era uma aliança defensiva que previa, no artigo 5.º, uma assistência militar automática e mútua na hipótese de um ataque contra um dos seus membros. A UEO era constituída por um Conselho (composto pelos ministros dos Negócios Estrangeiros e da

Defesa); uma Assembleia Consultiva; um Secretariado; uma Agência para o Controlo de Armamentos e uma Comissão de Defesa.

No Tratado de Maastricht, a defesa comum, objetivo fixado a prazo, estava confiada à UEO. Numa declaração anexa ao Tratado de Maastricht, afirma-se que a UEO "será desenvolvida como componente de defesa da União Europeia e como meio de reforçar o pilar europeu da Aliança Atlântica". Nem todos os Estados-membros da UE eram membros efetivos. Alguns deles conservaram o estatuto de neutralidade, como foi o caso da Irlanda, Suécia, Finlândia, Dinamarca e Áustria. As decisões da cimeira de Colónia (1999) reforçaram a política europeia de segurança e defesa no âmbito da União Europeia. Neste sentido, ficou decidida a transferência da sua sede para a UE e a dissolução do Estado-maior militar, integrado agora nas estruturas do ↗Conselho da União Europeia. Os meios militares da UEO eram constituídos pelo Eurocorpo, operacional a partir de 1995, e por outros grupos de forças multinacionais.

A eficácia da UEO continuou muito limitada até à sua extinção formal, em 30 de junho de 2011, devido à supremacia da ↗OTAN, à ausência de um comando integrado das suas forças e às dificuldades da União Europeia de assumir uma política de defesa e segurança comum, como se viu com a crise jugoslava, na década de 1990. *[P.A.]*

União Europeia

A União Europeia, instituída entre os Estados-membros das Comunidades pelo Tratado da União Europeia, assinado em Maastricht a 7 de fevereiro de 1992, é uma organização internacional numa nova fase do processo de integração europeia iniciado com a instituição das Comunidades: a Comunidade Europeia do Carvão e do Aço, instituída pelo Tratado de Paris de 18 de abril de 1951, a Comunidade Económica Europeia e a Comunidade Europeia da Energia Atómica (Euratom) pelos Tratados de Roma de 25 de março de 1957.

A União Europeia é uma realidade distinta das Comunidades Europeias. O Tratado de Maastricht (1992) afirmava, expressamente, no seu artigo 1.º, que a União Europeia "funda-se nas Comunidades Europeias, completadas pelas políticas e formas de cooperação instituídas pelo presente Tratado". Em 2003, a Convenção sobre o Futuro da Europa apresentou um projeto do Tratado sobre uma Constituição Europeia, assinado em Roma, em 2004, pelos Chefes de Estado e de Governo, que veio a ser rejeitada por alguns Estados-membros, em referendo. A UE assume uma nova fase no seu processo de integração a 1 de dezembro de 2009, com a entrada em vigor do Tratado da União Europeia (TUE) na redação que lhe foi dada pelo ↗Tratado de Lisboa de 13 de dezembro de 2001, pois, nos termos do artigo 41.º do TUE, "a União tem personalidade jurídica", ultrapassando a arquitetura anterior assente numa estrutura suportada por três pilares – para além de outras implicações.

A União Europeia funda-se, nos termos do artigo 2.º do TUE, "nos valores do respeito pela dignidade humana, da liberdade, da democracia, da igualdade, do Estado de direito e do respeito pelos direitos do Homem, incluindo os direitos das pessoas pertencentes a minorias", por se tratar de valores comuns aos Estados-membros, "numa sociedade caracterizada pelo pluralismo, a não discriminação, a tolerância, a justiça, a solidariedade e a igualdade entre homens e mulheres". Além disso, existe a cidadania da União, nos termos do artigo 20.º do TFUE e, nos termos do artigo 10.º do TUE o "funcionamento da União baseia-se na democracia representativa", estando os cidadãos da União, "diretamente representados, ao nível da União, no Parlamento Europeu", assistindo-lhes o direito de participar na vida democrática da organização.

Baseada nestes valores, "a União tem por objetivo promover a paz, os seus valores e o bem-estar dos seus povos" (artigo 3.º do TUE), proporcionando "aos seus cidadãos um espaço de liberdade, segurança e justiça sem fronteiras internas, em que seja assegurada a livre circulação de pessoas, em conjugação com medidas adequadas em matéria de controlos na fronteira externa, de asilo e imigração, bem como de prevenção da criminalidade e combate a este fenómeno". Para além destes, a UE tem vindo a promover e divulgar, tanto internamente como junto de países terceiros, muitos outros valores, modelos e padrões. Entre estes, encontram-se a defesa de uma economia de mercado que garanta um crescimento económico sustentável, que proteja os cidadãos e que fomente o desenvolvimento científico e tecnológico do espaço europeu, tendo em vista a diminuição das desigualdades sociais, da discriminação e outras prioridades, como o incentivo à solidariedade entre gerações e o respeito pela diversidade cultural e linguística.

As competências da União são de três tipos: as competências exclusivas (artigo 3.º do TFUE), em que apenas a UE pode legislar e adotar atos vinculativos; as partilhadas (artigo 4.º do TFUE), que são aquelas relativamente às quais a UE e os Estados-membros estão habilitados a adotar atos vinculativos, desde que a UE não tenha exercido a sua competência ou tenha decidido não o fazer; finalmente, as competências de apoio (artigo 6.º do TFUE), em que a UE só pode intervir para apoiar, coordenar ou completar a ação dos Estados-membros. Não dispõe de poder legislativo nestes domínios e não pode interferir no exercício destas competências, reservadas aos Estados-membros.

O exercício das competências da União está sujeito a três princípios fundamentais que figuram no artigo 5.º do Tratado da UE: o princípio de atribuição, nos termos do qual a União dispõe apenas das competências que lhe são atribuídas pelos Tratados; o princípio de proporcionalidade, nos termos do qual o exercício das competências da UE não pode exceder o necessário para alcançar os objetivos dos Tratados; e o princípio de subsidiariedade, nos termos do qual, no que diz respeito às competências partilhadas, a UE só pode intervir se estiver em condições de agir de forma mais eficaz do que os Estados-membros.

Atualmente, a União Europeia, que não constitui um Estado federado nem uma simples organização internacional intergovernamental, após a saída do Reino Unido, é composta por 27 Estados, nos quais vivem cerca de 450 milhões de cidadãos. Os símbolos da União Europeia são a bandeira – 12 estrelas douradas formando um círculo sobre um fundo azul, a demonstrar a união e a solidariedade dos povos da Europa – e o Hino Europeu, melodia retirada da nona sinfonia de Beethoven, inspirado na "Ode à Alegria" de Schiller. O dia da Europa celebra-se a 9 de maio e o seu lema é "Unida na Diversidade". *[J.C.G. / A.P.M.]*

União do Magrebe Árabe (UMA)

Arab Maghreb Union (AMU)

O tratado que instituiu a União Árabe do Magrebe foi assinado em Marraquexe a 17 de fevereiro de 1989, e entrou em vigor a 1 de julho de 1990. São Estados-membros a Argélia, Líbia, Marrocos, Mauritânia e Tunísia. Visa organizar um espaço económico magrebino e uma política comum em todos os domínios. Procura orientar as respetivas sociedades para o progresso e prosperidade e desenvolver políticas comuns para a liberdade de movimentação de pessoas, mercadorias, serviços e capitais, por forma a constituir uma ↗união aduaneira e um ↗mercado comum. A questão do Sara Ocidental (encerramento das fronteiras entre a Argélia e Marrocos desde 1994) e a crise na Argélia provocaram a paralisação da organização. Tem sede em Rabat, Marrocos. *[P.A.]*

União para o Mediterrâneo

Em julho de 2008, na Declaração Conjunta que resultou da Cimeira para o Mediterrâneo, realizada em Paris, os chefes de Estado e de Governo da região euro-mediterrânica lançaram a criação da União para o Mediterrâneo(UpM), sendo esta uma organização intergovernamental constituída pelos 27 Estados-membros da União Europeia e os 15 Estados da região mediterrânica sul e leste, tais como a Albânia, Argélia, Bósnia-Herzegovina, Egito, Israel, Jordânia, Líbano, Mauritânia, Mónaco, Montenegro, Marrocos, Autoridade Palestiniana, Síria, Tunísia e Turquia. A Líbia participa com o estatuto de observador. A Síria pediu a suspensão em 1 de dezembro de 2011. A presidência é partilhada entre as duas regiões, a norte pela União Europeia (UE), e a sul pela Jordânia, desde 2012. As reuniões são regulares ao nível de representantes dos ministros dos Negócios Estrangeiros dos Estados-membros, as instituições da UE e a ↗Liga dos Estados Árabes.

Em 2010, foi estabelecido um Secretariado conjunto com localização em Barcelona. O Secretariado trabalha com todas as estruturas envolvidas nos programas, como as copresidências, preparando documentos de trabalho que apresentam aos altos funcionários e outros órgãos decisores. A sua ligação às estruturas institucionais da UE pretende igualmente que o trabalho desenvolvido seja consistente com as políticas e prioridades da mesma, nomeadamente no que se relaciona com a UpM, a ↗Política Europeia de Vizinhança e a sua própria dimensão externa em áreas como o ambiente, energia, transporte, proteção civil, pequenas e médias empresas, educação superior, investigação e segurança alimentar.

A Assembleia Parlamentar da União para o Mediterrâneo é constituída por 280 membros provenientes dos 27 parlamentos nacionais dos Estados-membros da UE, do Parlamento Europeu e dos países parceiros mediterrânicos. Reúne-se, pelo menos, uma vez por ano e adota resoluções ou recomendações relacionadas com as matérias da cooperação euro-mediterrânica que dizem respeito aos órgãos executivos da UpM, ao Conselho da UE, à Comissão Europeia e aos governos nacionais dos países parceiros. A Assembleia Parlamentar está organizada em cinco comissões: Assuntos Políticos, Segurança e Direitos Humanos; Assuntos Económicos e Financeiros; Qualidade de Vida e Cultura; Direitos das Mulheres e Energia; e Ambiente e Água. *[I.C.L.]*

União monetária

A união monetária (UM) é o último degrau da lógica gradualista da teorização da integração económica transnacional. Para além das características presentes na União Económica – cinco liberdades de circulação e regime jurídico único que garante igualdade de concorrência –, acrescenta-se a moeda única e um banco central supranacional. De acordo com a literatura tradicional, a criação de uma União Económica exige uma UM. Na ausência de moeda única (ou de irrevogabilidade cambial entre os países participantes), as autoridades nacionais podem travar a igualdade de concorrência entre os agentes económicos se operarem uma desvalorização cambial. Os exportadores do país em causa beneficiam de competitividade externa acrescida em virtude de a desvalorização cambial embaratecer as suas exportações (no mercado do país onde se verifica a revalorização cambial de sinal contrário). Como o acréscimo de competitividade externa é artificialmente induzido pela desvalorização cambial, o objetivo da igualdade de concorrência é distorcido por esta via.

A UM pode corresponder a duas modalidades: a pseudo-UM e a UM completa. No primeiro caso, os países participantes conservam as suas moedas, mas comprometem-se a respeitar um princípio de irrevogabilidade cambial que não autoriza desvalorizações competitivas. No segundo caso, e perante a desconfiança sobre o compromisso dos governos nacionais perante a irrevogabilidade cambial, as moedas nacionais são substituídas por uma nova moeda, única em todos os Estados-membros da UM. A União Económica e Monetária criada na União Europeia é paradigma de uma UM completa. Existem vários exemplos de pseudo-UM na história recente, dos quais se salientam as experiências de indexação de uma moeda a outra, que funciona como âncora (por exemplo, os vários casos de "dolarização"). *[P. V.M.]*

União das Nações Sul-Americanas (UNASUL)

A União de Nações Sul-Americanas (UNASUL) é formada pelos 12 países da América do Sul. O tratado constitutivo da organização foi aprovado durante a Reunião Extraordinária de Chefes de Estado e de Governo realizada em Brasília, em 23 de maio de 2008. Assim que nove países depositaram os seus instrumentos de ratificação (Argentina, Bolívia, Chile, Equador, Guiana, Peru, Suriname, Uruguai e Venezuela), ficou completo o número mínimo de ratificações necessárias para a entrada em vigor do Tratado, o que aconteceu a 11 de março de 2011.

A UNASUL tem como objetivo construir, de maneira participativa e consensual, um espaço de articulação no âmbito cultural, social, económico e político entre seus povos. A nível cultural visa a consolidação de uma identidade sul-americana e o reconhecimento das diversidades culturais entre os povos. A nível social, procura favorecer o desenvolvimento social e humano, a erradicação da pobreza, do analfabetismo e das desigualdades e o acesso universal a uma educação de qualidade, à segurança social e aos serviços de saúde. A nível económico, procura incentivar a cooperação económica e comercial, a integração industrial, produtiva e energética e o desenvolvimento de infraestruturas comuns, promover o desenvolvimento económico e a integração financeira entre os países membros. A nível político, procura empreender ações que visem o fortalecimento político e democrático e lutar contra o terrorismo, a corrupção, o tráfico de pessoas, armas e drogas, o crime organizado e a proliferação de armas nucleares. A nível ambiental, visa desenvolver ações que protejam a biodiversidade e a redução dos impactos ambientais na América do Sul. Por fim, a nível científico, promove o desenvolvimento de políticas e projetos comuns de pesquisa, inovação e transferência de conhecimento científico e tecnológico que diminuam a dependência científica dos Estados-membros.

A mais elevada instância política da organização é o Conselho de Chefes de Estado e de Governo, responsável por estabelecer mandatos específicos a serem executados tanto pelos demais órgãos políticos quanto pelos órgãos temáticos, além de aprovar todas as normas e textos jurídicos produzidos pela organização. Conta ainda com um Conselho de Ministros das Relações Exteriores e um Conselho de Delegados, para além de uma Secretaria geral. A UNASUL possui ainda uma Presidência *Pro Tempore*, que alterna a cada ano, seguindo a ordem alfabética dos países membros.

A UNASUL foi útil na solução pacífica de alguns diferendos regionais e no fortalecimento da proteção da democracia na América do Sul. Pouco tempo após a sua criação, a organização desempenhou um importante papel mediador na solução da crise separatista do Pando, na Bolívia, em 2008. Em resposta à crise institucional ocorrida no Equador, em setembro de 2010, os Chefes de Estado da UNASUL decidiram incorporar um Protocolo Adicional ao Tratado Constitutivo, no qual foram estabelecidas medidas concretas a serem adotadas pelos Estados-membros da UNASUL em situações de rutura da ordem constitucional.

O estabelecimento de um mecanismo de Medidas de Fomento da Confiança e da Segurança pelo Conselho de Defesa Sul-Americano foi também um instrumento para o fortalecimento da estabilidade, paz e cooperação na América do Sul. Como resultado de duas reuniões de Ministros das Relações Exteriores e da Defesa, realizadas em setembro e novembro de 2009, no Equador, foi adotado um conjunto de medidas nas áreas de intercâmbio de informação e transparência (sistemas de defesa e gastos de defesa), atividades militares intra e extrarregionais, medidas no âmbito da segurança, garantias, cumprimento e verificação. Os procedimentos a serem adotados na aplicação dessas medidas foram aprovados pelos ministros de Defesa reunidos em Guaiaquil, em maio de 2010, e pelos ministros de Relações Exteriores, em reunião realizada em Georgetown, em novembro do mesmo ano.

Entretanto, o Conselho de Saúde Sul-Americano criou o Instituto Sul-Americano de Governança em Saúde (ISAGS), entidade intergovernamental de caráter público, com o objetivo de apoiar os países da UNASUL no fortalecimento das capacidades nacionais e regionais dos seus sistemas de saúde pública e no desenvolvimento adequado de recursos humanos.

A partir de 2017, a UNASUL caiu num impasse quando não obteve consenso para eleger um novo secretário-geral, no fim do mandato do ex-presidente colombiano Ernesto Samper. Em março, o Equador, sede da UNASUL, anunciou a sua saída da organização e pediu a devolução do edifício ao governo nacional. O Parlamento da UNASUL, sediado na Bolívia, nunca chegou a eleger representantes. Os Estados-membros da UNSAUL entenderam assim que esta perdeu efeitos práticos, porque para além dos custos que representava, disputava decisões sobre temas que já eram tratados noutras instâncias como o Mercosul.

Em abril de 2018, o Brasil, a Argentina, o Chile, a Colômbia, o Paraguai e o Perú decidiram suspender a sua participação na UNASUL. Em sua substituição surgiu o Fórum para o Progresso da América do Sul (PROSUL), formalizado a 22 de março de 2019, em Santiago do Chile. A Declaração de Santiago foi assinada por oito países sul-americanos – Argentina, Brasil, Chile, Colômbia, Equador, Guiana, Paraguai e Perú – e coloca como requisitos essenciais para integrar o fórum: estar em plena vigência da democracia, com respeito à separação dos poderes do Estado, liberdade e Direitos Humanos, assim como o respeito à soberania e integridade territorial. *[P.A.]*

Unilateralismo

O unilateralismo é uma das abordagens clássicas aos problemas internacionais, segundo a qual o ator político faz depender a sua ação apenas da sua vontade. É tipicamente o caso do Estado que declara guerra a outro Estado, à margem ou contra o entendimento de outros atores políticos internacionais. É também o caso do Estado que define a sua política externa apenas em função dos seus interesses, sem compromissos com outros Estados. Pode abranger todos os domínios da política externa (militar, económico, tecnológico, ambiental, cultural, etc.). Opõe-se à cooperação política internacional, seja esta bilateral ou multilateral, na convicção de que a questão em apreço pode ser resolvida mais eficientemente através de uma ação unilateral.

Na sociedade internacional organizada em que vivemos, existem muitos incentivos à resolução bilateral ou multilateral dos problemas, porque muitos deles não podem ser resolvidos pela ação isolada de um Estado (é, tipicamente, o caso dos problemas ambientais ou migratórios, assim como o controlo da proliferação de armas nucleares), mas, considerando que a ordem internacional continua a ser uma ordem de Estados soberanos, nada impede que estes, em defesa dos seus interesses, ajam unilateralmente, desde que não violem o ↗Direito Internacional ou, ainda que violando, dada a porosidade do ↗sistema internacional na aplicação deste, possam não ser sancionados.

O unilateralismo é entendido também como a via pela qual os Estados contam unicamente com os seus recursos próprios para o prosseguimento dos objetivos de política externa. Pode ser expresso de diferentes formas, envolvendo frequentemente algum grau de não participação na política internacional, sendo as mais comuns o ↗isolacionismo, a neutralidade e o não-alinhamento. Porém, pode haver unilateralismo sem isolacionismo, sempre que o ator político aja deliberadamente na arena internacional, ainda que de forma individual.

Na literatura contemporânea, o termo é por vezes utilizado em relação ao desarmamento, em particular quanto à posse de armas nucleares. De acordo com os seus defensores, a renúncia de um Estado singular a armas nucleares poderia constituir um exemplo moral para o resto do sistema e encorajar outros ao mesmo. Os argumentos que sustentam o unilateralismo incluem a consideração de que armas tão poderosas causam destruição massiva e atingem inocentes e que a proliferação do armamento nuclear aumenta a probabilidade de conflito. Estas justificações perderam peso com o fim de qualquer ameaça nuclear séria por parte dos Estados sucessores da antiga União Soviética, embora a ameaça nuclear persista por parte de outros Estados. *[J.R.C.]*

Unipolaridade

Característica do sistema internacional em que existe um único polo dominante, isto é, um ator que tenha a capacidade para determinar ou influenciar decisivamente as condições de funcionamento do ↗sistema internacional. O ator dominante num sistema unipolar não é necessariamente um Estado. De facto, historicamente, muitos sistemas unipolares foram dominados por impérios multinacionais, como, por exemplo, o Império Romano, o Império dos Habsburgos ou o Império Britânico. Mas também há sistemas unipolares de um só Estado dominante, como é tipicamente o caso do sistema internacional pós-Guerra Fria, no qual os EUA assumiram a condição de única superpotência global. A partir de 1989, com o colapso dos regimes comunistas da Europa de Leste e, especialmente, da União Soviética, que durante a ↗Guerra Fria repartiu o domínio do sistema internacional com os EUA, qualquer análise da distribuição das capacidades dos Estados em termos militares, económicos, tecnológicos e geográficos deixava claro o predomínio dos EUA. Alguns Estados poderiam assemelhar-se em aspetos específicos, mas não em todos.

De notar ainda que pode existir unipolaridade com ou sem hegemonia do ator dominante (Wilkinson, 1999). Existe hegemonia quando o ator dominante é capaz de um domínio, se necessário pela força, que leva à imposição de um conjunto de regras de convivência e de comportamentos para todo o sistema. Não existe hegemonia, quando o domínio se exerce em ambiente de pluralidade política e cultural internacional. Esta última situação é característica de uma sociedade internacional organizada em que existe repartição de responsabilidades entre vários atores com capacidade para impedir, pelo menos parcialmente, as pretensões da potência dominante (veja-se, por exemplo, o poder de veto dos membros permanentes do Conselho de Segurança das Nações Unidas).

A questão que se põe em qualquer sistema internacional, independentemente da sua estrutura, é para que serve o poder dos atores. A particularidade dos sistemas unipolares é que o ator dominante tem capacidade e não prescinde do seu papel de definir e impor, seja pela força ou pela persuasão, as regras de funcionamento do sistema internacional. Para que tal sistema ofereça estabilidade, o ator dominante deve ser capaz de definir regras aceitáveis para todo o sistema. Mesmo os sistemas imperiais não podem sobreviver apenas com base na coerção e força, sendo este um aspeto analisado pelos teóricos da estabilidade hegemónica.

A questão de os EUA emergirem como única superpotência após o final da Guerra Fria tem suscitado controvérsia, ora em defesa da unipolaridade liderada pelo gigante americano, ora argumentando o seu declínio e tendência isolacionista, porque não existe domínio se não houver pelo menos a possibilidade prática de o poder ser exercido. *[J.R.C.]*

Uti possidetis iuris

Princípio de Direito Internacional Público relativo à delimitação territorial dos novos Estados, nos termos do qual a fronteira deve ser fixada a partir dos limites territoriais fixados pelas potências coloniais. O princípio afirmou-se no século XIX, aquando das descolonizações sul-americanas e asiáticas, vindo a ser acolhido também na descolonização dos Estados africanos. É um princípio reconhecido na jurisprudência internacional, a qual veio precisar que, na medida em que uma delimitação territorial pode ser modificada por acordo entre as partes, e havendo uma disposição convencional, o princípio *uti possidetis iuris* deixa de se aplicar. *[J.C.C.]*

Utopia

Inscreve-se, desde Platão (*A República* é tida como uma das primeiras conceções utópicas), na tradição cultural do Ocidente e atingiu grande vigor entre os séculos XVI e XIX. É uma forma de reflexão subjacente à revolta contra o presente e desejo de um futuro melhor, que descreve uma sociedade imaginária onde os indivíduos vivem nas condições político-sociais que o autor considera as ideais; compreende-se, pois, que o pensamento utópico assuma especial relevo em épocas de crise. Tem a ver com a ideologia, a escatologia, a mitologia, as profecias, mas distingue-se delas salientando a vontade de rutura com o presente. O seu conteúdo corresponde à necessidade sentida pelo Homem de transformação e criação de um mundo melhor, a nível individual, mas sobretudo coletivo.

No Renascimento, o utopismo expôs a nova dimensão humanista, de que é exemplo a obra de Thomas More, cujo título (*Utopia*, 1516) consagrou o conceito, que quer dizer "lugar inexistente"; já no Iluminismo, veiculou a crença otimista no progresso, bem como na bondade e perfetibilidade humanas; na centúria de Oitocentos, revelou preocupações sociais suscitadas pelo industrialismo, radicando amiúde no pensamento socialista (surgindo nos EUA e na Europa várias comunidades com base no igualitarismo); o século XX assistiu ao seu declínio e formulou mais significativamente conceções distópicas da sociedade, com realce para as utopias negativas de Aldous Huxley ou George Orwell inspiradas em fenómenos ameaçadores da liberdade humana gerados pelo desenvolvimento tecnológico, o totalitarismo, a manipulação psicológica, o controlo e a opressão. *[C.M.P.]*

Validade dos atos jurídicos unilaterais

São normalmente referidas na doutrina a capacidade (do representante estadual que efetua a declaração), a imputabilidade (por essa via, ao Estado, do ato, na medida em que o mesmo representante tenha agido no exercício de funções oficiais) e a publicidade (garantindo-se que a declaração chega ao conhecimento dos eventuais interessados). *[R.M.]*

Validade das convenções internacionais

O regime relativo às condições de validade das convenções internacionais desenvolve-se a partir do regime da teoria geral do negócio jurídico, assentando na grelha de análise tradicional: capacidade dos sujeitos, licitude do objeto e regularidade (formal e substancial) do consentimento.

A capacidade dos sujeitos, enquanto condição de validade das convenções, significa que as partes das convenções têm de ter capacidade jurídica para o fazer, ou seja, têm de dispor do ↗*ius tractuum*. Tradicionalmente, entendia-se esta competência como reservada aos Estados, mas essa conceção tem evoluído no sentido do reconhecimento da capacidade a um número cada vez mais importante de entidades.

Assim, sem prejuízo de outros sujeitos, fundamentalmente são assinaláveis mais três tipos de sujeitos que intervêm correntemente na celebração das convenções: as ↗organizações internacionais (cuja capacidade internacional não oferece atualmente dúvidas, embora se trate de uma capacidade derivada da vontade dos Estados partes, e parcial, já que submetida ao princípio da especialidade dos fins, ou seja, limitada pelos fins que são atribuídos à organização no respetivo tratado constitutivo); os ↗movimentos de libertação nacional, cuja capacidade se afirma a partir da descolonização e que envolve uma limitação especial (funcional), pois estes apenas podem celebrar tratados no âmbito da sua função essencial, que consiste em conduzir o povo à autodeterminação (donde decorre que, em princípio, apenas tem capacidade para celebrar tratados relativos à luta armada, alguns tratados de participação em organizações internacionais e, finalmente, os tratados de independência); e os ↗beligerantes, cujo reconhecimento decorre normalmente da insistência crescente na via negocial para a resolução dos conflitos originados por estes.

A licitude do objeto decorre em termos gerais da não contrariedade das regras vigentes (designadas cláusulas de ordem pública, na teoria geral do negócio jurídico). No plano internacional, não foi pacífico o processo que conduziu à afirmação desse tipo de regras. Inicialmente, equacionou-se a questão por referência aos bons costumes internacionais, noção que, todavia, demonstraria falhas, na medida em que não parece possível evidenciar o conteúdo e limite de tais referências. Recentemente, o problema parece ter sido definitivamente ultrapassado, com a afirmação e desenvolvimento do ↗*ius cogens*. Assim, entende-se que o objeto de uma convenção é ilícito na medida em que contrarie uma regra de direito imperativo.

A regularidade formal do consentimento prende-se com a questão de saber em que medida o incumprimento das formalidades constitucionalmente previstas ou a incompetência das autoridades que exprimiram o consentimento na vinculação afeta a validade de um tratado. A doutrina debateu largamente a questão e, até à Convenção de Viena de 1969, a prática não se mostrava convergente (revelando alguma tendência no sentido de considerar a invalidade resultante das irregularidades formais), vindo a Convenção a consagrar um regime compromissório, nos termos do qual se fixa a regra geral segundo a qual as irregularidades formais não afetam a validade, admitindo-se, todavia, excecionalmente essa situação (de as irregularidades formais conduzirem a uma nulidade relativa), se e na medida em que a violação tenha sido manifesta e diga respeito a uma norma de importância fundamental. O regime em causa é normalmente apelidado de regime das ratificações imperfeitas. Trata-se de uma designação corrente, mas imprópria porquanto, por um lado, o que está em causa não são apenas vícios da ratificação, mas quaisquer vícios que surjam em qualquer fase do processo de vinculação e principalmente porque, por outro lado, essa designação conduz com frequência à ideia de que não se aplicaria aos acordos em forma simplificada, já que nestes não existe ratificação, uma vez que a vinculação decorre da assinatura ou ato equivalente), o que é manifestamente incorreto. O regime aplica-se a quaisquer irregularidades formais no processo de vinculação das convenções, sejam elas tratados solenes ou acordos em forma simplificada.

A última condição de validade das convenções é a da regularidade substancial do consentimento, sendo que depende da inexistência de vícios desse consentimento. Também aqui o paralelo entre o regime geral dos vícios da vontade nos contratos e os vícios do consentimento dos tratados não pode ter-se por direto. Embora tenha sido defendido pelos voluntaristas, a verdade é que há uma diferenciação qualitativa entre contratos e tratados e, por outro lado, a insuficiência de meios judiciais ao nível internacional que controlem a situação poderia conduzir a abusos e contestações. A Convenção de Viena de 1969 tipifica como vícios do consentimento o erro, o dolo, a corrupção, a coação do representante e a coação do Estado. *[R.M.]*

Vaticano (Estado)

Estado soberano, o mais pequeno do mundo, cujo território forma, na cidade de Roma, um enclave de quarenta e quatro hectares, onde vivem pouco mais de 800 pessoas. Os direitos de extraterritorialidade do Estado da Cidade do Vaticano estendem-se igualmente a doze edifícios em Roma, entre os quais as basílicas de São João de Latrão, Santa Maria Maior e São Paulo Extramuros, ao terreno em que assentam as instalações da Rádio Vaticano e à villa de Castel Gandolfo. O Estado do Vaticano, que substituiu simbolicamente os antigos Estados Pontifícios, foi constituído em virtude dos Acordos de Latrão, concluídos entre Mussolini e Pio XI, em fevereiro de 1929.

O Vaticano mantém relações diplomáticas com numerosos países e participa, a título de observador, nos organismos internacionais mais importantes, como a ↗ONU, o ↗Conselho da Europa e a ↗União Europeia. O Vaticano, através do Papa, possui uma autoridade moral e espiritual que lhe permite desenvolver uma influência considerável nas relações internacionais. Releva-se neste domínio a ação do Papa João Paulo II (1978-2005), que, viajando por todo o mundo, conferiu uma importância especial ao diálogo internacional entre os povos e as diversas religiões, exercendo uma influência determinante na abertura dos países comunistas de Leste, nomeadamente na Polónia, seu país natal, e na busca de uma solução de paz para os conflitos do Próximo e Médio Oriente, em particular nos conflitos israelo-palestiniano e do Iraque. *[D.F.]*

Verdade arredondada

Conceito introduzido por Mendes (2019c) para explicar as caraterísticas do discurso político e o seu ↗*paradoxo da verdade*. No discurso e comunicação dos atores políticos, é decisivo compreender que o político, embora não devendo mentir, está permanentemente pressionado para produzir *verdades arredondadas*, de modo a não prejudicar a sua popularidade e ganhar o maior número de votos possíveis que, no final, é o que define o sucesso de um político no jogo democrático. *[P.E.M.]*

Vestefália

↗Sistema Vestefaliano.

Veto

Voto que proíbe ou bloqueia uma tomada de decisão, travando desenvolvimentos indesejáveis. Existe de forma unilateral, apesar de os atores poderem cooperar e exercer um veto combinado. O poder de veto pode ser legitimado em tratados ou convenções internacionais, tornando-se dessa forma um atributo da autoridade. A autorização do poder de veto em organizações de caráter estadual é uma exemplificação da regra da unanimidade, ela própria derivada de noções de soberania, igualdade e consentimento.

O melhor exemplo do poder de veto legítimo pode ser encontrado na Carta das Nações Unidas, apesar do termo propriamente dito não aparecer no documento. De acordo com o capítulo V, artigo 2.º, relativo aos procedimentos de voto no seio do Conselho de Segurança, os cinco membros permanentes (China, Estados Unidos da América, França, Rússia e Reino Unido) têm poder de veto em todas as questões de fundo. O direito de veto foi entendido na altura como um mecanismo vital para manter a paz internacional, uma vez que sem a cooperação ou aval dos Estado mais poderosos, as disputas internacionais seriam mais difíceis de resolver. *[B.R.]*

Violação substancial das convenções internacionais

O regime da violação substancial das convenções internacionais tem origem no regime da exceção do incumprimento (*excetio non adimpleti contractus*), tradicional do direito civil. Introduziram-se, todavia, com a Convenção de Viena de 1969, algumas alterações com vista a melhor adaptá-lo às especificidades do enquadramento internacional. Assim, distinguem-se, desde logo, as situações relativas à violação substancial de convenções bilaterais e multilaterais. Nas primeiras, essa violação autoriza a outra parte a invocar a violação como motivo para pôr fim ao tratado ou para suspender a sua aplicação no todo ou em parte. Nas convenções multilaterais, a violação substancial apenas autoriza a parte, agindo isoladamente, a suspender a sua vigência em relação à parte responsável pela violação substancial, exceto se se tratar das chamadas obrigações integrais (aquelas cujo cumprimento apenas releva na medida em que seja geral). De resto, só quando todas as partes ajam em conjunto poderão fazer cessar a vigência. O regime não se aplica em relação a convenções no âmbito do direito humanitário, no tocante às regras relativas à proteção da pessoa humana. A jurisprudência especificou ainda que se presume a consagração em todos os tratados do direito de fazer cessar um tratado como consequência da sua violação. *[R.M.]*

Violência

"A violência pode ser tudo e nada", afirmam Nancy Scheper-Hughes e Philippe Bourgois na introdução à sua indispensável antologia que percorre diversos conceitos e experiências de violência em períodos de guerra e de paz. Não existe uma definição de violência acabada ou universal. A violência é subjetiva e é determinada por quem a sofre, não por quem a exerce. Pode ser intencional ou não-intencional. Nas suas aceções mais imediatas e correntes, a violência é encarada sobretudo como algo excecional, desviante ou perturbador da ordem, ou ainda como algo necessariamente observável, com implicações físicas, materiais. Nestes casos, a violência corresponde a um ato, agressão física e material, ou seja, é direta, como diria Johan Galtung, ou aberta, em referência a Pierre Bourdieu, sendo a sua expressão máxima a guerra.

No entanto, são diversas as expressões da violência, nem todas elas visíveis, diretamente observáveis, sendo muitas vezes naturalizadas ou normalizadas. Estas são formas de violência subjacentes às ordens sociais, económicas e políticas, tal como nos é lembrado por conceitos como violência estrutural (violência que se expressa em desigualdades e injustiças socioeconómicas e políticas), violência cultural (aspetos da cultura, religião, ideologia, linguagem, arte e ciência empírica usados para justificar ou legitimar a violência direta ou estrutural, segundo J. Galtung) ou violência simbólica (a violência que é exercida sobre um agente social com a sua cumplicidade inconsciente ou involuntária, porque legitimada pelos mecanismos de dominação, segundo P. Bourdieu). *[S.R.]*

Violência política

Uso da força ou a ameaça da sua utilização em favor de finalidades políticas, sejam estas de que tipo forem. A violência política tem sido utilizada por atores muito diferentes com vários propósitos. Isto revela que as motivações, estratégias e a construção do próprio discurso que dá lugar à violência será distinto, o que serve para recordar a ambiguidade moral que em certos momentos rodeia este tipo de ações. Uma manifestação clara de que a valoração do uso da violência depende da perspetiva dos atores implicados pode ser encontrada no momento de definir esses atos. A violência política admite, assim, diferentes leituras e interpretações de acordo com as diferentes formas que assume, devido à pluralidade dos atores implicados e pelos objetivos que se pretendem alcançar com o recurso a este tipo de ação política. Ted Gurr, por exemplo, assinala que "a violência política se refere a todo o ataque coletivo dentro de uma coletividade política contra o regime político, os seus atores ou as suas políticas". Por seu lado, Apter afirma que "a desordem da violência política tem como propósito explícito derrubar um regime tirânico, redefinir e repor a justiça e a igualdade, alcançar a independência ou a autonomia territorial, impor uma religião ou crenças". *[J.A.E.]*

Violência simbólica

A noção de violência simbólica é da autoria do sociólogo Pierre Bourdieu. Também designada de "dominação simbólica", esta noção sociológica define-se como uma forma de coerção, silenciosa e invisível, porém eficaz, que predispõe o comportamento do indivíduo em contexto social. Este entendimento *praxiológico* ou *reflexivo* da realidade social decorre dos recursos (o "capital") que cada um possui em esferas bem delimitadas da ação social, ou seja, nos diferentes campos de interação social. A violência simbólica é exercida pelas representações que os indivíduos assimilam nas suas trajetórias sociais, funcionando como uma matriz de perceções subjetivamente estruturadas e ditando, por reflexo, um comportamento socialmente esperado.

Assim, poder-se-á afirmar que a violência simbólica é exercida com a cumplicidade tácita daqueles que a sofrem e também, frequentemente, daqueles que a exercem, nesta dialética que se opera entre as estruturas objetivas da sociedade e as estruturas mentais subjetivas de cada um. É, pois, neste seguimento, e numa tentativa de conciliar estruturas objetivas e subjetividade que Pierre Bourdieu também elaborou o conceito de *habitus*. Este poderá ser entendido como um sistema de disposições duráveis, estruturas estruturadas predispostas a funcionarem como princípio gerador das práticas objetivamente reguladas, sem que para tal tenha de ser o produto de obediência a regras. *[S.A.]*

Visões do mundo (em Relações Internacionais)

Keohane e Goldstein definem três categorias de ideias que afetam o comportamento político. A primeira, a mais global e abrangente, é definida como *world views* (visões do mundo). Basicamente, as *world views* prendem-se com conceções gerais sobre o sistema internacional – éticas, cosmológicas e ontológicas –, e são fortemente influenciadas por fatores simbólicos e culturais.

A importância da teorização e das visões do mundo em Relações Internacionais

Qualquer investigador de Relações Internacionais tem de se confrontar com a necessidade de tentar entender as relações internacionais como um todo coerente. Ao tentar fazê-lo está a teorizar, está a participar na construção de uma visão do ↗sistema internacional. Efetivamente, qualquer afirmação que tenha como objetivo descrever ou explicar qualquer acontecimento de política internacional é, em última análise, uma afirmação teórica. É perfeitamente ingénuo e superficial tentar discutir as Relações Internacionais somente com base nos factos. Isto porque qualquer seleção de factos é literalmente abstrata, ou seja, esta seleção é feita a partir de uma pluralidade de factos disponíveis. Deste modo, a questão que podemos colocar é: porque é que determinados factos escolhidos são importantes? Ao que respondemos: porque estes se ajustam a um conceito que, por sua vez, se ajusta a uma teoria parcial, inserindo-se a teoria numa imagem, numa visão do mundo. O objetivo aqui não é examinar as várias teorias existentes dentro do campo de estudo das Relações Internacionais. Em vez disso, iremos contrapor duas grandes visões do mundo, demonstrando assim como o desenvolvimento das relações internacionais, e respetivas ordens internacionais, pode ser, de acordo com a imagem adotada, diferentemente interpretado.

Neste sentido, iremos recorrer a dois grandes paradigmas teóricos: o primeiro, que designaremos de liberal (liberalismo institucionalista), e o segundo de tradicional ou realista. Podemos considerar estes dois paradigmas dominantes, o realista e o institucionalista liberal, como herdeiros das primeiras tentativas de teorizar sobre a natureza das relações entre unidades políticas. Neste sentido, os realistas têm a sua raiz histórica no historiador grego Tucídides, bem como no pensamento de Maquiavel e mais tarde no do filósofo britânico Thomas Hobbes.

Hobbes, que escreveu numa Grã-Bretanha dilacerada pela guerra civil, ressaltou na sua obra política a segurança, a força e a sobrevivência. Meio século depois, escrevendo numa menos tormentosa Grã-Bretanha, John Locke argumentou que, apesar do Estado de natureza e da inexistência de uma soberania coletiva, os povos podiam desenvolver laços e fazer contratos entre si, diminuindo assim a violência e a ameaça da anarquia. Mais tarde, Immanuel Kant, no seu *Projecto de Paz Perpétua*, sublinhará a possibilidade

– nunca a inevitabilidade – da sociedade internacional se organizar racionalmente de acordo com uma ordem republicana e cosmopolita.

Estas duas visões são as percursoras filosóficas das duas teorias contemporâneas da política internacional: uma mais pessimista, a realista, e outra mais otimista, a institucionalista liberal. *[P.E.M.]*

Volatilidade eleitoral

A volatilidade eleitoral verifica-se sempre que, de eleição para eleição, os eleitores alteram o comportamento eleitoral, modificando a distribuição relativa de votos entre partidos políticos, podendo conduzir, em casos extremos, a uma fragmentação do sistema partidário. Diferentes métodos quantificam a volatilidade eleitoral. O índice de dissimilaridade de Pederson, por exemplo, mede a volatilidade eleitoral bruta mediante a divisão por dois da soma das diferenças, em percentagem, de votos obtidos pelos partidos concorrentes em duas eleições consecutivas. Os valores de índice de Pederson oscilam entre 0 e 100.

A volatilidade eleitoral é um indicador da institucionalização e da estabilidade de um sistema de partidos. Uma elevada volatilidade eleitoral, uma alteração significativa do nível de participação eleitoral decorrente de uma abstenção intermitente ou da modificação das escolhas dos eleitores no espaço de uma legislatura é o reflexo de uma disfunção política que resulta de uma rejeição massiva das políticas empreendidas pelo governo em exercício, de uma muito fraca competitividade do sistema partidário ou de uma inaptidão dos partidos para comunicar aos cidadãos-eleitores os seus programas e objetivos políticos. A volatilidade eleitoral tende a reforçar-se nas sociedades em que se regista um declínio da identificação partidária dos cidadãos, um enfraquecimento das clivagens ideológicas e um aumento da proficiência eleitoral dos votantes, a qual se traduz, designadamente, na banalização do voto tático. *[L.F.M.]*

Voluntarismo

As correntes voluntaristas fazem derivar a obrigatoriedade do cumprimento do Direito Internacional da vontade dos Estados. Numa outra perspetiva, dir-se-á que, para o voluntarismo, o Direito é sempre a expressão de uma vontade (necessariamente do Estado). A corrente teve acolhimento jurisprudencial, nomeadamente no acórdão do caso *Lotus*, que afirmou expressamente que "o Direito Internacional regula as relações entre Estados independentes. As regras jurídicas que vinculam os Estados decorrem, portanto, da vontade destes, vontade essa manifestada em convenções ou em usos aceites em geral como consagrando princípios jurídicos e estabelecidos tendo em vista a regulação da coexistência de comunidades independentes ou o prosseguimento de objetivos comuns". O Tribunal Permanente de Justiça Internacional tinha entre os seus membros uma das mais emblemáticas figuras do positivismo voluntarista europeu, o italiano Anzilotti.

A importância dada às correntes voluntaristas parece decorrer da afirmação de desenvolvimento do princípio da soberania dos Estados. Esta manifesta-se primariamente através do poder legislativo, pelo que tende a favorecer as visões segundo as quais existirá uma coincidência entre o Direito e o Estado. Nessa medida, o voluntarismo acaba, também ele, por confundir-se com estatismo. E dessa mistura resulta uma formulação específica de positivismo jurídico, em que o Direito se funda na vontade do Estado, que a exprime através de regras positivas emanadas pelos órgãos competentes, segundo os procedimentos determinados. Assim se cai no formalismo jurídico (optando pela forma em detrimento da matéria, já que a apreciação da justeza da norma é remetida para níveis extrajurídicos). A afirmação da vontade soberana dos Estados dificilmente admite o desenvolvimento de uma ordem jurídica a que estes se submetam e esse parece ser o pecado mortal do voluntarismo. *[R.M.]*

Voto

↗Eleição.

Voto em bloco

O voto em bloco, maioritário simples, alternativo, limitado e a duas voltas são modalidades de escrutínio maioritário. O *modus operandi* do voto em bloco e do maioritário simples são similares: o candidato com mais votos é eleito, não sendo exigida a obtenção de uma maioria absoluta, necessariamente. Contrariamente ao escrutínio maioritário simples, que decorre em círculos uninominais, o voto em bloco exige circunscrições plurinominais.

O voto em bloco tem variantes. No voto em bloco individualizado, cada eleitor dispõe de tantos votos quanto o número de mandatos elegíveis no círculo. Dentro desse limite, o eleitor utiliza os votos que desejar e, regra geral, pode votar em candidatos propostos por diferentes partidos. No voto em bloco partidário, o eleitor dispõe de apenas um voto e cada partido concorre com uma lista fechada de candidatos de dimensão idêntica ao número de mandatos elegíveis. A lista mais votada obtém todos os mandatos em disputa no círculo.

A vantagem mais relevante do voto em bloco individualizado consiste na possibilidade de votar em candidatos de diferentes quadrantes políticos ou, no caso do voto em bloco partidário, de permitir a representação de minorias mediante a inclusão, porventura por imposição legal, dos seus candidatos nas listas fechadas. A maior desvantagem de ambas as versões do voto em bloco é a desproporcionalidade, a distorção do voto popular com vista à produção artificial de maiorias. *[L.F.M.]*

Xariá (ou *shariah*)

Reúne as prescrições islâmicas relativas à generalidade das atividades humanas e sociais, fornecendo as bases do credo religioso e do direito penal, civil e comercial que deverá regular a vida em sociedade. As suas principais fontes são o Alcorão e a Suna (as ações e ditos de Maomé vertidos nos *ahadith*), completadas pelo *fiqh* (a jurisprudência). Em teoria, qualquer atividade humana pode e deve ser enquadrada em cinco categorias jurídicas predefinidas, que vão desde o estritamente "proibido" (*haram*), ao "permitido" (*halal*), passando pelo que é "recomendado", "neutro" e o "não proibido, mas desaconselhado". A Xariá islâmica não é um *corpus* homogéneo, pois a sua interpretação e aplicação varia com as quatro escolas jurídicas (*madhaib*) ortodoxas no Islão sunita: a hanafita, a xafeita, a hambalita e a malaquita. No Islão xiita, a principal escola jurídica é a jafarita, que é a seguida no Irão. Em teoria, cada muçulmano pode optar livremente por aderir ao rito de uma delas. Na prática, a adesão faz-se de acordo com a sua influência tradicional nas diferentes áreas do mundo muçulmano (por exemplo, o hanefismo predomina tradicionalmente na Turquia, o malaquismo no Magrebe, etc.). *[J.P.T.F.]*

Xenofobia

Hostilidade manifestada a estrangeiros. Entre os povos primitivos representava uma medida imposta pelas economias domésticas, em resultado dos escassos recursos existentes, que tornavam indesejável a presença de elementos estranhos ao clã. A xenofobia tem sido uma constante ao longo da história das relações internacionais: o Antigo Egito apenas permitia aos estrangeiros a utilização de determinados portos para as suas transações mercantis; Esparta cultivou este sentimento, levando-o a extremos quase inconcebíveis; a China e o Japão recusaram-se obstinadamente, durante séculos, a ter contacto e trato comercial com os ocidentais, tornando necessário o recurso à força para os obrigar à abertura dos seus portos. No passado próximo e no presente ainda se registam, sob a forma de nacionalismos exclusivistas inspirados no mito de pureza ou de superioridade de raça – sendo o caso mais manifesto o da Alemanha nazi – e em alguns credos religiosos, verdadeiras formas de xenofobia.

Uma manifestação atual evidente e mediática de xenofobia é a anti-imigração, bandeira maior de vários partidos emergentes de natureza populista e com crescente expressão em alguns partidos tradicionais, com diferentes graus de sucesso – veja-se, como exemplo eleitoralmente bem-sucedido, o caso de Donald Trump, que fez dos imigrantes mexicanos, enquanto bode expiatório dos problemas socioeconómicos reais e imaginários dos EUA, um dos grandes temas da sua campanha. Não se tratando de uma realidade nova – já na Europa oitocentista, por exemplo, os movimentos pan-nacionalistas e étnico-nacionalistas, clamando a superioridade racial e cultural, conduziram à discriminação, perseguição e/ou expulsão de imigrantes e minorias étnicas –, a verdade é que a crescente globalização e consequente intensificação do fluxo mundial de indivíduos fez recrudescer esta questão, trazendo-a à ordem do dia, inclusive em países onde a imigração é um fenómeno relativamente recente (Itália, Espanha, Portugal) ou mesmo insignificante (África do Sul, Hungria, Índia). Hoje, assiste-se a um verdadeiro confronto entre uma sociedade genericamente cosmopolita, multicultural, inclusiva e antixenófoba, e franjas sociais mais ou menos alargadas que apoiam políticas restritivas, exclusivistas e promotoras de atitudes xenófobas.

Neste contexto, a xenofobia surge muitas vezes associada a questões como o grau (real ou percecionado) de criminalidade, a competição por postos de trabalho ou o receio da perda ou diluição de valores identitários "nacionais" (culturais, religiosos, morais...). Daí que outros fatores, como a situação económica, política e social de um país, bem como o estrato socioecónomico individual, possam estar, embora não necessariamente, correlacionados com o maior ou menor grau de xenofobia (que pode assim afirmar-se conjuntural e não estrutural) e com manifestações concretas, materiais e imateriais, de aversão aos estrangeiros em geral ou a grupos particulares, onde se misturam em diferentes proporções elementos como a proveniência geográfica, etnia, religião ou estrato social, que ajudam a definir o "outro" como "bom" ou "mau" estrangeiro. *[R.R.]*

Xiismo

Etimologicamente deriva de *shî'at 'ali*, que significa o "Partido de Ali". Ali foi primo e genro de Maomé (casou com a sua filha Fátima). Os xiitas consideram-no como sendo o primeiro *iman*. O seu destino trágico (assassinado no ano 661), bem como o do seu filho Hussein (assassinado em 680, às mãos dos omíadas), estão na origem do cisma xiita. É minoritário no conjunto do Islão mundial (10% a 15%). O principal centro religioso e político do xiismo no mundo atual é o Irão, existindo, no entanto, importantes populações xiitas noutros Estados. É esse o caso do Iraque onde os xiitas são a maioria da população, tal como ocorre no Bahrein, governado por um monarca sunita. Por sua vez, no Líbano, estão em forte crescimento demográfico e poderão vir a ser maioria nas próximas décadas. Historicamente, o xiismo tem tido uma relação de rivalidade e inimizade com o Islão sunita. Essa rivalidade é observável no atual Médio Oriente. A Arábia Saudita — um país que se vê, a si próprio, como líder do Islão sunita —, tem uma minoria xiita localizada sobretudo nas regiões petrolíferas mais ricas. A monarquia saudita vê-a como instrumento do rival e inimigo iraniano, na luta pela supremacia no mundo árabe-islâmico. *[J.P.T.F.]*

Zona de comércio livre

A zona de comércio livre (ZCL) corresponde ao estádio de integração económica que menos exige aos países participantes. A ZCL garante a liberdade de circulação de mercadorias entre os seus Estados-membros. Os parceiros da ZCL deixam de poder fixar direitos aduaneiros (ou outras barreiras comerciais) às importações oriundas de outros parceiros. Os Estados-membros conservam a autonomia aduaneira perante o exterior, porquanto a ZCL não tem poderes para aplicar uma pauta aduaneira comum (como acontece numa ↗União Aduaneira). É possível que as taxas de direitos aduaneiros sejam diferentes entre os Estados-membros da ZCL, o que pode causar desvios de comércio a favor dos Estados que sejam mais competitivos do ponto de vista aduaneiro. A consequência deste elemento de autonomia é a titularidade das receitas alfandegárias recair nos Estados por onde entram as importações. A liberdade de circulação de mercadorias no interior de uma ZCL é limitada aos produtos que têm origem num Estado-membro, ficando dela excluídos os produtos legalmente importados (ao contrário do que sucede numa União Aduaneira).

No continente europeu, o exemplo mais conhecido de ZCL é a *European Free Trade Association* (EFTA). A sua criação foi promovida, em larga medida, pelo Reino Unido, conseguindo atrair vários países da Europa Ocidental que preferiam não figurar entre os Estados fundadores das Comunidades Europeias. Com o tempo, e em sucessivos alargamentos das Comunidades Europeias e da União Europeia, verificou-se a transferência de Estados-membros da EFTA para as Comunidades Europeias/União Europeia. Na atualidade, a EFTA está cingida à participação da Noruega, Islândia, Liechtenstein e Suíça. Portugal foi um dos Estados fundadores da EFTA, tendo cessado a sua participação quando foi admitido nas Comunidades Europeias, em 1 de janeiro de 1986. *[P.V.M.]*

Zona Económica Exclusiva (ZEE)

As conferências da ONU sobre o Direito do Mar, em Genebra e em Montego Bay, de 1958 e 1982, respetivamente, referenciam evidências geopolíticas da emergência expansiva e progressiva dos estados marítimos e/ou costeiros ao reclamarem a sua soberania sobre a geografia dos recursos marinhos e fundos da Plataforma Continental (PC), em especial dos seus "bancos de pesca" a eles adjacentes mas exteriores ao chamado Mar Territorial (MT, extensão de 12 milhas náuticas (mn); 22,22 km; Portugal, 50 957 km^2), e que continham importantes recursos geológicos e biológicos marinhos e consequentes direitos e interesses de exploração, fruição e/ou conservação e de gestão nacional.

Foi, então, nos bancos de pesca do Chile e do Canadá que se gerou esta maior evidência e a realidade (unilateral) de restrição crescente e assumida à liberdade de pesca (longínqua) nesses pesqueiros por parte de frotas de países terceiros para, nos anos 1980, se ordenar e instituir uma nova jurisdição marítima e "zona de pesca" que irá ser mais extensa e convencionada pelo limite máximo das 200 milhas náuticas – a *Zona Económica Exclusiva* –, medida a partir das linhas-de-base, conforme dispõe o n.º 2 do artigo 62.º da Convenção das Nações Unidas para o Direito do Mar (CNUDM 1982), mas também conjugados com outros seus artigos, do 55.º ao 75.º. É, portanto, no ordenamento jurídico do espaço marítimo da CNUDM 1982 (320 artigos e 9 anexos) que a ZEE tem nascimento, para vigorar como dispositivo de regime jurídico internacional costumeiro desde novembro de 1994, a que se vinculam 167 Estados, conferindo à ZEE um valor acrescido de soberania e sob tutela governamental das atividades e utilizações dos biorecursos e matérias não vivas (minerais) que este volume e leito marinho gera e contém.

A ZEE comporta duas dimensões, uma geológica e outra jurídica, integrando uma zona do espaço marítimo entre o MT e o Alto Mar e compreendendo a chamada Zona Contígua (dos 12 às 24 mn; 22,22-44,44 km) e a PC (batimétrica-limite entre os 200-300 metros), o que faz depender essa extensão da PC da sua própria (geo)morfologia submarina. Na delimitação da ZEE entre países litorais vizinhos ou opostos e também com ilhas que geram fronteiras dentro deste espaço marítimo é consagrada a regra da meia distância para limitar duas ou mais ZEEs, de modo a que cada Estado exerça a sua soberania plena sobre a sua área da PC e os ambientes vivos e os recursos minerais que esta contém.

Releve-se, também, a aplicação jurídica dos termos da CNUDM 1982 a casos de Estados litorais com uma extensão da sua plataforma continental para além das 200 milhas náuticas e que potenciam uma ZEE mais extensa e revindicada quando esses Estados investem na investigação científica desse meio marinho e consequente partilha do seu respetivo estudo e conhecimento em fóruns internacionais e no seio das organizações especializadas nas Nações Unidas (n.º 4 do artigo 76.º da CNUDM 1982). É, na atualidade, o caso de Portugal – pioneiro na aplicação (unilateral) deste instrumento soberano no seu espaço marinho ao introduzir o conceito na sua legislação democrática, conforme dispõe o artigo 2.º da Lei n.º 33/77, de 28 de maio (revista e atualizada pela Lei n.º 34/2006, de 28 de julho) –, que apresenta uma ZEE com três subáreas, totalizando 1 660 456 km^2 (Continente 287 521 km^2; Açores 930 687 km^2; e Madeira 442 248 km^2), e que internacionalmente submeteu na Comissão de Limites da PC, em 2009, uma demarcação de limites exteriores (c. 2 150 000 km2), propondo uma ZEE mais extensa (de 350 mn; c. 3 810 456 km^2), e considerando três regiões/paisagens marinhas, a saber: região oriental, na zona entre o Continente e a Madeira; região ocidental, no exterior da zona Açores; e a região do Banco da Galiza, uma zona de interesse comum entre Portugal e Espanha e ainda sem acordo bilateral.

No espaço marítimo nacional (artigo 2.º da Lei 17/2014, de 10 de abril), em 2020, só 7% das águas sob jurisdição portuguesa eram classificadas como áreas marinhas protegidas (93 casos; 304 195 km^2). No quadro da União Europeia, a conservação e gestão de georecursos e da biodiversidade marinha é reforçada com a diretiva-quadro sobre a Estratégia Marinha (2008/56, de 7 de outubro), transposta para o direito interno (Decreto-Lei n.º 108/2010) e atualizada pelo Decreto-Lei n.º 136/2013, de 7 de outubro, constituindo-se uma referência maior para Portugal, na medida em que, em 2020, 28% da ZEE comunitária e 46% dos fundos marinhos comunitários eram portugueses. *[J.C.Lo.]*

Zona Franco

Fundada em 1946, as origens da Zona Franco remontam, contudo, ao início do século XX, com a criação, pela França, de divisas próprias nas suas colónias, com paridades cambiais diretas relativamente ao franco francês. Após a Segunda Guerra Mundial, em ordem a proteger aqueles territórios da desvalorização do franco francês, desvalorização essa que por sua vez tinha sido implementada pelo governo francês com o objetivo de estabelecer uma paridade cambial fixa com o dólar dos Estados Unidos e assim fomentar a recuperação económica, as diferentes divisas coloniais foram agregadas numa só, o franco CFA (franco das Colónias Francesas em África), emitido pela *Caisse Centrale de la France d'outre mer* e mantendo a paridade fixa relativamente à moeda francesa. Com a independência das colónias francesas, na década de 1960, o controlo deste sistema passou para as novas nações soberanas, através da criação de dois Bancos Centrais e da separação do franco CFA em duas divisas diferentes (com nomes distintos, mas a mesma designação abreviada) e conservando a paridade fixa com o franco francês.

Assim, atualmente, a Zona Franco abarca, além da França, quatro zonas monetárias: os oito países da ↗União Económica e Monetária da África Ocidental (Benim, Burkina Faso, Costa do Marfim, Guiné Bissau, Mali, Níger, Senegal e Togo), cuja moeda é o franco da Comunidade Financeira de África; os seis países da ↗Comunidade Económica e Monetária da África Central (Camarões, Chade, Congo, Gabão, Guiné Equatorial e República Centro-Africana), tendo por moeda o franco da Cooperação Financeira Africana; as Comores (franco comoriano); e um conjunto de pequenos territórios ultramarinos franceses no Pacífico Sul, nomeadamente, a Nova Caledónia, Polinésia Francesa e Wallis e Futuna (franco pacífico).

Entre as disposições e princípios que enquadram o funcionamento da Zona Franco, praticamente comuns às diferentes zonas monetárias que a integram, sobressaem a paridade fixa da moeda relativamente ao franco francês, reajustável quando necessário e obrigatoriamente precedida de um processo de consulta junto do governo francês; a livre circulação de capitais dentro de cada zona monetária; e a garantia, por parte do Tesouro Francês, da total convertibilidade das moedas de cada uma das áreas monetárias da Zona Franco em francos franceses. Desde janeiro de 1999, o euro substitui o franco francês como referência. *[R.R.]*

Zona de Paz e Cooperação do Atlântico Sul (ZOPACAS)

A Zona de Paz e Cooperação do Atlântico Sul é um fórum de diálogo e cooperação criado em 1986, conforme a Resolução 41/11 da Assembleia Geral das Nações Unidas, por iniciativa do Brasil. O fórum reúne 24 nações banhadas pelas águas do Atlântico Sul: África do Sul, Angola, Argentina, Benim, Brasil, Cabo Verde, Camarões, Congo, Costa do Marfim, Gabão, Gâmbia, Gana, Guiné-Conacri, Guiné-Bissau, Guiné-Equatorial, Libéria, Namíbia, Nigéria, República Democrática do Congo, São Tomé e Príncipe, Senegal, Serra Leoa, Togo e Uruguai.

O objetivo dessas nações da América do Sul, África Ocidental, África Equatorial e África Meridional é promover a cooperação regional e manter a paz e a segurança na região. A cada dois anos, o Comité Permanente da ZOPACAS presta contas de suas atividades à Assembleia Geral da ONU. Essas atividades compreendem o mapeamento e exploração do fundo do mar, cooperação na área ambiental (oceanografia e pesca) e segurança (defesa, segurança marítima e combate a ilícitos transnacionais) e transportes (portos, transportes marítimos e aéreos). Os Estados-membros da ZOPACAS estão comprometidos a não introduzir nem permitir a introdução de armas nucleares na região. *[W.G.]*

Bibliografia de referência

Atlas e Dicionários

AA. VV. 1983-1987. *Polis – Enciclopédia Verbo da Sociedade e do Estado*, 5 volumes. Lisboa/São Paulo: Editorial Verbo.

AA. VV. 1996. *Atlas of the 20th century*. Londres: Times Books.

AA. VV. 2002. *Dicionário de Sociologia*. Porto: Porto Editora.

ANDRADE, John. 1999. *Acção directa: dicionário de terrorismo e activismo político*. Lisboa: Hugin Editores.

ATTALI, Jacques. 1999. *Dicionário do século XXI*. Lisboa: Editorial Notícias.

BADIE, Bertrand; SCHLOSSER, Dirk; MORLINO, Leonardo (eds.). 2011. *International Encyclopaedia of Political Science*. Londres: SAGE

BARROCHS, Graham; BAXTER, R. E.; DAVIS, Evan. 1992. *Dictionary of Economics*, 5.ª edição. Londres: Penguin Books.

BOBBIO, Norberto; *et al.* 1995. *Dicionário de Política*, 8.ª edição. Brasília: Universidade de Brasília.

BONIFACE, Pascal (dir.). 1993. *Atlas des Relations Internationales*. Paris: Iris.

BONIFACE, Pascal. 2010. *Dicionário das Relações Internacionais*. Lisboa: Plátano Editora.

CAPELA, John; HARTMAN, Stephen. 2001. *Dicionário de Termos de Negócios Internacionais*. Lisboa: Plátano Editora.

CAPUL, Jean-Yves; GARNIER, Olivier. 1998. *Dicionário de Economia e de Ciências Sociais*. Lisboa: Plátano Editora.

CHALIAND, Gérard; RAGEAU, Jean-Pierre. 1994. *Atlas stratégique: géopolitique des rapports de force dans le monde: l'apres-guerre froide*. Paris: Complexe.

COELHO, Carlos (coord.). 2006. *Dicionário de Termos Europeus*. Lisboa: Alêtheia Editores.

COELHO, Carlos (coord.). 2017. *Europa de A Z. Dicionário de Termos Europeus*. Lisboa: Alêtheia Editores.

DARITY, William (ed.). 2008. *International Encyclopaedia of Social Sciences*, 2nd edition. Famington Hills: Macmillan Reference USA.

EVANS, Graham; NEWNHAM, Jeffrey. 1992. *The Dictionary of World Politics: a reference guide to concepts, ideas and institutions*. Nova Iorque: Harvester Wheatsheaf.

EVANS, Graham; NEWNHAM, Jeffrey. 1998. *Dictionary of International Relations*. Londres: Penguin Books.

HERMET, Guy; *et al.* 2014. *Dicionário de Ciência Política e das Instituições Políticas*. Lisboa: Escolar Editora.

KINDER, Hermann; HILGEMANN, Werner. 1995. *The Penguin Atlas of World History*. Londres: Penguin.

KRIDON, Michael; SEGAL, Ronald. 1996. *Atlas des désordres du monde*. Paris: Éditions Autrement.

LACOSTE, Yves. 1995. *Dictionnaire de Geopolitique des États*. Paris: Flammarion.

LÓPEZ TRIGAL, Lorenzo. 2013. *Diccionario de Geografía Política y Geopolítica*. León: Universidad de León.

MATHIEX, Jean. 1994. *La civilisation européenne. Dictionnaire cultural, historique et géographique*. Paris: Bordas.

McLEAN, Iain; McMILLAN, Alistair. 2009. *The Concise Oxford Dictionary of Politics*. Oxford: Oxford University Press.

NICHOLS, Larry A.; *et. al.* 2006. *Encyclopedic Dictionary of Cults, Sects, and World Religions* (revised and updated edition). Michigan: Zondervan Academic.

OWEN, Richard. 1996. *Guide to world organisations. Their role & reach in the new world order.* Londres: Times Books.
PEARCE, David W. (ed.). 1992. *Macmillan Dictionary of Modern Economics*, 4.ª edição. Londres: Macmillan.
PEREIRA, Juan Carlos (coord.). 2008. *Diccionario de Relaciones Internacionales y Politica Exterior.* Barcelona: Editorial Ariel.
ROBERTSON, David. 1993. *Dictionary of Politics.* Londres: Penguin Books.
ROBERTSON, David. 2002. *A Dictionary of Modern Politics: Third Edition.* Londres: Europa Publications.
SCRUTON, Roger. 2007. *Dictionary of Political Thought.* New York: Palgrave Macmillan.
SOUSA, Fernando de; MENDES, Pedro Emanuel (coord.). 2014. *Dicionário de Relações Internacionais*, 3.ª edição. Porto: CEPESE/Edições Afrontamento.
TOUSCOZ, Jean. 1988. *Atlas géostratégique: crises, tensions et convergences*, 2.ª ed. Paris: Larousse.
VAISSE, Maurice; *et al.* 2000. *Dictionnaire des relations internationals au 20.ᵉ siécle.* Paris: Armand Colin.
VALLAUD, Pierre. 1995. *Le XXe siècle. Dictionnaire d'histoire culturelle.* Paris: Bordas.
WEIGALL, David. 2002. *International Relations. A concise companion.* Londres: Arnold Publishers.
WENDY, J.; CAPELA, S.; HARTMAN, S. 2004. *Dictionary of International Business Terms.* USA: Barron's.
ZORGBIBE, Charles. 1990. *Dicionário de Política Internacional.* Lisboa: Publicações Dom Quixote.

Bibliografia

AA. VV. 2011. *Portugal e a Europa. Cronologia.* Lisboa: Edições Tinta-da-China.
ABDELMALKI, L.; SANDRETTO, R. 2017. *Le commerce international: Analyses, institutions et politiques des Etats.* Paris: De Boeck Supérieur.
ACHARYA, A.; BUZAN, B. (eds.). 2010. *Non-Western International Relations Theory: Reflections on and Beyond Asia.* Oxford: Routledge.
ACHARYA, Amitav. 2018. *Constructing Global Order: Agency and Change in World Politics.* Cambridge: Cambridge University Press. https://doi.org/10.1017/9781316756768.
ACKERLY, B. A.; TRUE, J. 2010. *Doing Feminist Research in Political and Social Sciences.* London: Palgrave.
ADLER, E.; POULIOT, V. (eds.). 2011. *International Practices.* Cambridge: Cambridge UP.
ADLER, Emanuel. 2013. "Constructivism in International Relations: Sources, Contributions, and Debates". *Handbook of International Relations* (2.ª ed.), edited by W. Carlsnaes, W., T. Risse, e B. A. Simmons, 112-44. Thousand Oaks: SAGE.
ADLER-NISSEN, R. (ed.). 2013. *Bourdieu in International Relations: Rethinking key concepts in IR.* Oxon: Routledge.
AGAMBEN, Giorgio. 2010. *Estado de Excepção.* Lisboa: Edições 70.
AGAMBEN, Giorgio. 2011. *O reino e a glória.* São Paulo: Bomtempo.
AGNIEL, Guy. 1998. *Droit international public.* Paris: Hachette.
ALBARELLO, Luc. 1997. *Práticas e métodos de investigação em Ciências Sociais.* Lisboa: Gradiva.
ALBERT, Mathias; BROCK, Lothar; WOLF, Klaus Dieter (eds.). 2000. *Civilizing world politics: society and comunity beyond the state.* Lanham: Rowman and Littlefield.
ALMEIDA, Pedro Tavares de. 1991. *Eleições e caciquismo no Portugal oitocentista 1868-1890.* Lisboa: Difel.
ALMEIDA, Políbio F. A. Valente de. 1990. *Do poder do pequeno Estado: enquadramento geopolítico da hierarquia das potências.* Lisboa: ISCSP.
ALMOND, Gabriel A. 1998. "Political Science: The history of the discipline", in R. E. Goodwin; H. Klingemann, *The new handbook of Political Science.* Oxford/NY: OUP.
ALMOND, Gabriel A.; *et al.* 2008. *Comparative politics today: a world view*, 9.ª edição. New York: Longman.
ALVIM, Ronaldo G.; BADIRU, Ajibola Isau; MARQUES, Juracy (orgs.). 2014. *Ecologia Humana. Uma visão global.* Feira de Santana-Brasil: UEFS Editora.
AMARAL, Diogo Freitas do. 1999. *História das ideias políticas.* Coimbra: Edições Almedina.
AMARAL, Diogo Freitas do. 2014. *Uma Introdução à Política.* Lisboa: Bertrand Editora.

AMARAL, Diogo Freitas do. 2016. *Curso de Direito Administrativo*, volume I, 4.ª edição. Coimbra: Edições Almedina.
ANDERSON, James E. 2015. *Public policymaking*. Stamford: Cengage Learning.
ANDERSON, Peter J. 1998. *Política global do poder, justiça e morte. Uma introdução às relações internacionais*. Lisboa: Instituto Piaget.
ANIEVAS, A. *Marxism and World Politics*. 2010. London: Routledge.
ANTUNES, Sandrina; LOUGHLIN, John (eds.). 2020. *Europeanization and Territorial Politics in Small European Unitary States*. London: Routledge.
ARADAU C., HUYSMANS J., NEAL A., VOELKNER, N. (eds.). 2014. *Critical Security Methods: New Frameworks for Analysis*. New York: Routledge.
ARBLASTER, Anthony. 1988. *A Democracia*. Lisboa: Editorial Estampa.
ARCHER, Clive. 1993. *International organizations*, 2.ª edição. Londres: Routledge.
ARENAL, Celestino del. 1994. *Introducción a las relaciones internacionales*, 3.ª edição. Madrid: Editorial Temas.
ARENDT, Hannah. 1995. *Qu'est-ce que la politique?*. Paris: Éditions du Seuil.
ARENDT, Hannah. 2001. *Sobre a Revolução*. Lisboa: Relógio D`Água.
ARENDT, Hannah. 2006. *Entre o Passado e o Futuro. Oito Exercícios sobre o Pensamento Político*. Lisboa: Relógio D`Água.
ARENDT, Hannah. 2017. *As origens do totalitarismo*, 7.ª edição. Lisboa: Publicações Dom Quixote.
ARON, R. 1982. "Alternation in Government in the Industrialized Countries". *Government and Opposition*, 17(1), 3-21.
ARÓSTEGUI, Júlio; BUCHRUCKER, Cristian; SABORIDO, Jorge. 2001. *El mundo contemporáneo: historia y problemas*. Buenos Aires: Editorial Biblos.
ASHLEY, R.; WALKER R. B. 1990. "Speaking the Language of Exile: Dissident Thought in International Studies". *International Studies Quarterly*, v. 34, n.º 3, pp. 259-268.
ATKINSON, Anthony B. 2016. *Desigualdade. O que fazer?*. Lisboa: Bertrand Editora.
BABO, Isabel. 2015. *Espectadores e Públicos Activos*. Lisboa: Nova Vega.
BADIE, Bertrand. 1996. *O Fim dos Territórios*. Lisboa: Instituto Piaget.
BADIE, Bertrand. 2000. *Um mundo sem soberania. Os Estados entre o artifício e a responsabilidade*. Lisboa: Instituto Piaget.
BADIE, Bertrand; SMOUTS, Marie-Claude. 1999. *O mundo em viragem. Sociologia da cena internacional*. Lisboa: Instituto Piaget.
BALDWIN, D. A. 2013. "Power and International Relations". *Handbook of International Relations* (2nd ed.), edited by W. Carlsnaes, W., T. Risse, e B. A. Simmons, 273-97. Thousand Oaks: SAGE.
BALDWIN, David, (ed.). 1993. *Neorealism and neoliberalism: The contemporary debate*. New York: Columbia University Press.
BALLA, Steven J.; GORMLEY, William T. 2017. *Bureaucracy and Democracy: Accountability and Performance*. Washington: CQ Press.
BARAKSO, Maryann; SABET, Daniel M.; SCHAFFNER, Brian F. 2014. *Understanding Political Science Research Methods. The Challenge of Inference*. NY/London: Routledge.
BARATA, André; COUTINHO, Luís Pereira; BRITO, Miguel Nogueira de (orgs.). 2021. *Populismo e Democracia*. Lisboa: Edições 70.
BARBÉ, Esther. 2003. *Relaciones Internacionales*, 2.ª edição. Madrid: Editorial Tecnos.
BARNETT, M.; FINNEMORE, M. 2004. *Rules for the World: International Organizations in Global Politics*. Ithaca: Cornell UP.
BARNETT, M.; DUVALL, R. 2005. "Power in International Politics". *International Organization*, 59 (1): 39-75.
BARRETO, Ireneu Cabral. 2015. *A Convenção Europeia dos Direitos do Homem*, 5.ª edição. Coimbra: Edições Almedina.
BARRY, J. 2012. *The Politics of Actually Existing Unsustainability: Human Flourishing in a Climate Changed, Carbon-Constrained World*. Oxford: OUP.
BAUER, Alain; RAUFER, Xavier. 2003. *A globalização do terrorismo*. Lisboa: Prefácio.
BAYLIS, John; SMITH, Steve (eds.). 2004. *The globalization of world politics*. London: Oxford University Press.

BECK, U. 1999. *World risk society*. Cambridge: Polity Press.

BECK, U. 2000. *What is globalization?*. Cambridge: Polity Press.

BELLAMY, Richard; PALUMBO, Antonino. 2010. *Political Accountability*. London: Routledge.

BÉLY, Lucien. 1992. *Les relations internationales en Europe*. Paris: PUF.

BESSA, António Marques; PINTO, Jaime Nogueira. 2009. *Introdução à Política – O Poder na História*. Lisboa/São Paulo: Verbo.

BEST, A.; *et al.* 2004. *International History of the Twentieth Century*. New York: Routledge.

BEVIR, Mark. 2012. *Governance: a Very Short Introduction*. Oxford: OUP.

BEVIR, Mark; PHILLIPS, Ryan. 2019. *Decentring European Governance*. Oxon/New York: Routledge.

BILLETER, Jean François. 2020. *Pourquoi l'Europe. Réflexions d'un sinologue*. Paris: Allia.

BLOCKMANS, Steven; KOUTRAKOS, Panos. 2018. *Research Handbook on the EU's Common Foreign and Security Policy*. Cheltenham/Northampton: Edward Elgar.

BOBBIO, Norberto. 1994. *Direita e Esquerda*. Lisboa: Presença.

BODIN, Jean. 1993. *Les six livres de la République*. Paris: Librairie Générale Française.

BONIFACE, Pascal (dir.). 1995. *Relations internationales*, 12.ª edição. Paris: Dumond.

BONIFACE, Pascal (coord.). 2002. *As lições do 11 de Setembro*. Lisboa: Livros Horizonte.

BONIFACE, Pascal. 2016. *Compreender o Mundo*. Lisboa: Edições Texto & Grafia.

BOOTH, K. (ed.). 1995. *Critical Studies and World Politics*. Boulder: Cambridge UP.

BOOTH, Ken; SMITH, Steve (ed.). 1995. *International relations theory today*. Pennsylvania: Pennsylvania State University Press.

BOULDING, K. 1990. *Three Faces of Power*. Newbury Park: Sage Publications.

BOURDIEU, P. 1980. "Le capital social: notes provisoires". *Actes de la Recherche en Sciences Sociales*, vol. 31, p. 2-3.

BOURDIEU, P. 1985. "The forms of capital", in RICHARDSON, J. G. (org.), *Handbook of theory and research for the sociology of education*. New York: Greenwood, pp. 241-258.

BOURDIEU, P. 1989. *O poder simbólico*. Lisboa: Difel.

BRAILLARD, Philippe. 1990. *Teoria das Relações Internacionais*. Lisboa: Fundação Calouste Gulbenkian.

BRAILLARD, Philippe; DJALILI, Mohammad-Reza. 1994. *Les relations internationales*, 4.ª ed. Paris: PUF.

BRAUD, Philippe. 1997. *Science Politique*. Paris: Éditions du Seuil.

BRAUDEL, Fernand. 1989. *Gramática das civilizações*. Lisboa: Teorema.

BRAUDEL, Fernand (dir.). 1996. *A Europa*. Lisboa: Terramar.

BRETON, Michel; FOLLIOT, Michel G. 1994. *Négociations internationales*. Paris: Pedone.

BRETON, Roland. 1991. Géographie des civilizations, 2.ª edição. Paris: PUF.

BROWN, Chris. 1992. *International Relations theory: new normative approaches*. Londres: Harvester Weathsheaf.

BROWN, Chris. 2000. "International political theory: a British social science?". *British Journal of Politics and International Relations*, v. 2, n.º 1, pp. 114-123.

BROWN, M.; LYNN-JONES, S.; MILLER, S. (eds). 1996. *Debating the Democratic Peace*. Cambridge: MIT Press.

BROWN, M. *et al.* (eds.). 2004. *Offense, Defense, and War*. Cambridge: MIT Press.

BRUBAKER, Rogers. 2005. "The 'diaspora' diaspora." *Ethnic and Racial Studies*, Vol. 28(1): 1-19.

BULMER, Simon; PARKER, Owen; BACHE, Ian; GEORGE, Stephen; BURNS, Charlotte. 2020. *Politics in the European Union*, 5th edition. Oxford: Oxford University Press.

BURCHILL, Scott; *et al.* 2013. *Theories of International Relations*, 5th edition. Basingstoke: Palgrave.

BURDEAU, Georges; HAMON, Francis, TROPER, Michel. 1997. *Droit Constitutionnel*, 25.ª edição [41.ª ed. só de Francis Hamon e Michel Troper. 2020-2021]. Paris: L.G.D.J.

BUZAN, B. 2004. *From International to World Society? The English School Theory and the Social Structure of Globalisation*. Cambridge: Cambridge UP.

CAIRNEY, Paul. 2019. *Understanding public policy*, 2nd Edition. New York: Theory and issues, Red Globe Press.

CAMBIER, Alain. 2012. *Qu'Est-Ce Que L'État?*, 2.ª edição. Paris: J. Vrin.

CAMISÃO, Isabel; BRANDÃO, Ana Paula (coord.). 2020. *O Estado da União Europeia. Da(s) crise(s) à mudança?*. Lisboa: Petrony Editora.

CAMPBELL, A.; CONVERSE, P. E.; MILLER, W. E.; STOKES, D. E. 1960. *The American Voter*. New York: Willey.
CAMPENHOUDT, Luc Van. 2003. *Introdução à análise dos fenómenos sociais*. Lisboa: Gradiva.
CAMPOS, Fernando. 2019. *Na Senda dos Direitos Humanos. Breves Passos*. Lisboa: Edições Universitárias Lusófonas.
CAMPOS, João Mota de (coord.). 1999. *Organizações internacionais*. Lisboa: Fundação Calouste Gulbenkian.
CANOTILHO, José Joaquim Gomes. 2019. *Direito Constitucional e Teoria da Constituição*, 7.ª edição [reimp.). Coimbra: Edições Almedina.
CANOTILHO, José Joaquim Gomes; MOREIRA, Vital. 2014. *Constituição da República Portuguesa, Anotada*, vol. I. Coimbra: Coimbra Editora.
CARDOSO, Carla Pinto; RAMOS, Cláudia; VILA MAIOR, Paulo; CARDOSO, João Casqueira; LEITE, Isabel Costa. 2017. *A União Europeia: História, Instituições e Políticas*, 5.ª edição. Porto: Edições Universidade Fernando Pessoa.
CARLSNAES, Walter; RISSE, Thomas; SIMMONS, Beth, (eds.). 2012. *The Sage Handbook of International Relations*, 2nd edition. London: Sage.
CARPENTIER, Jean. 1993. *Instituitions internationales*, 11.ª edição. Paris: Dalloz.
CARPENTIER, Jean; LEBRUN, François (dir.). 1996. *História da Europa*, 2.ª edição. Lisboa: Editorial Estampa.
CARR, E. H. 1961. *What is History?* Harmondsworth: Penguin Books.
CARREAU, Dominic. 1999. *Droit International*, 6.ª edição. Paris: Pedone.
CARSON, Rachel. 1962. *Silent Spring*. Boston: Houghton Mifflin.
CARVALHO, Manuel Proença. 2008. *Manual de Ciência Política e Sistemas Políticos e Constitucionais*. Lisboa: Quid Juris.
CASTELLS, Manuel. 1989. *The Informational City: Information Technology, Economic Restructuring, and the Urban Regional Process*. Oxford, UK/Cambridge, MA: Blackwell.
CASTELLS, Manuel. 2002-2003. *A era da informação: Economia, Sociedade e cultura*, 3 volumes. Lisboa: Fundação Calouste Gulbenkian.
CE/COMISSÃO EUROPEIA. 2013. *Europa 2020: a estratégia europeia de crescimento*. Luxemburgo: Serviço de Publicações da UE.
CERNA, Lucie. 2013. *The Nature of Policy Change and Implementation: A Review of Different Theoretical Approaches*. Paris: OECD.
CHAGNOLLAUD, Jean-Paul. 1999. *Relations internationales contemporaines: un monde en perte de repères. Deuxième édition revue et augmentée*. Paris: Éditions L'Harmattan.
CHALIAND, Gérard. 2002. *Les stratégies du terrorisme*. Paris: Desclée de Brouwer.
CHALMERS, Damian; ARNULL, Anthony (eds.). 2015. *The Oxford Handbook of European Union Law*. Oxford: Oxford University Press.
CHARTIER, R. 1999. "Les représentations du passé". *In* Ruano-Borbalan, Jean-Claude (org.), *L'Histoire aujourd'hui*. Paris: Éditions Sciences Humaines, pp. 15-19.
CHHOTRAY, Vasudha; STOKER, Gerry. 2009. *Governance Theory and Practice: A Cross-Disciplinary Approach*. Houndmills: Palgrave Macmillan.
CHOMSKY, Noam. 2001. *Nova Iorque 11 de Setembro*, 2.ª edição. Lisboa: Caminho.
COHEN, Saul B. 2015. *Geopolitics. The Geography of International Relations*, 3.ª ed. Lanham/Boulder/New York/London: Rowman & Littlefield.
COLARD, Daniel. 1999. *Les relations internationales: de 1945 à nos jours*, 8.ª ed. Paris: Dalloz.
COLEMAN, Katharina P. 2007. *International Organisations and Peace Enforcement: The Politics of International Legitimacy*. Cambridge: Cambridge University Press.
CONNOR, Walker. 2008. *Ethnonationalism: The Quest for Understanding*. Princeton: Princeton University Press.
CORREIA, A. Ferrer. 2018. *Lições de Direito Internacional Privado I, Manuais Universitários*. Coimbra: Edições Almedina.
CORREIA, José de Matos; PINTO, Ricardo Leite. 2018. *Ciência Política e Direito Constitucional. Eleições, Referendo, Partidos Políticos e Sistemas Constitucionais Comparados*. Lisboa: Universidade Lusíada Editora.

CORREIA, José de Matos; PINTO, Ricardo Leite. 2020. *Ciência Política e Direito Constitucional. Teoria Geral do Estado e Formas Governo*. Lisboa: Universidade Lusíada Editora.
CORREIA, Pedro de Pezarat. 2018. *Manual de Geopolítica e Geoestratégia*. Lisboa: Edições 70.
COSTA, C. G.; *et al*. 2009. *A UE como Actor Global. Dimensões Económicas e Normativas da Política Externa Europeia*. Lisboa: ISCSP.
COURTOIS, Stéphane. 1999. *O livro do comunismo: crimes, terror e repressão*, 4.ª edição. Lisboa: Quetzal.
COUTO, Abel Cabral. 1988. *Elementos de estratégia: apontamentos para um curso*. Lisboa: Instituto de Altos Estudos Militares.
COX, R. 1981. "Social Forces, States and World Orders: Beyond International Relations Theory". Millennium, v. 10, nº. 2, pp. 126-55.
COX, R. 1997. "Introduction", in Cox, R. ed., *The New Realism: Perspectives on Multilateralism and World Order*. New York: St. Martin's/United Nations UP.
COX, R. 2001. "The Way Ahead: Towards a New Ontology of World Order". *In* Wyn Jones, ed., *Critical Theory and World Politics*. Boulder, Lynne Rienner, pp. 45-60.
COX, R. 2008. "The Point Is not Just to Explain the World but to Change It". *In* Reus-Smith, C. e Duncan Snidal, D. (eds.), *Historical Sociology of International Relations*, pp. 84-93.
COX, R.; ALKER, H. 1984. "The Dialectics of World Order: Notes for a Future Archeologist of International Savoir Faire". *International Studies Quarterly*, V, 28, pp. 121-142.
COX, R.; SCHECHTER, M. G. 2002. *The Political Economy of a Plural World: Critical Reflections on Power, Morals and Civilization*. New York: Routledge.
COX, R.; TIMOTHY J. S. 1996. *Approaches to World Order*. Cambridge: Cambridge UP.
DAHL, Robert A. 2000. *Democracia*. Lisboa: Temas e Debates.
DAYAN, D.; KATZ, E. 1999. *A história em directo. Os acontecimentos mediáticos na televisão*. Coimbra: Edições MinervaCoimbra.
DEFARGES, Philippe Moreau. 1994. *Relations internationales*. Paris: Seuil.
DELLA PORTA, Donatella. 2003. *Introdução à Ciência Política*. Lisboa: Editorial Estampa.
DER DERIAN, J.; SHAPIRO M. (eds.). 1989. *International/Intertextual Relations: Postmodern Readings of World Politics*. Lexington: Lexington Books.
DESSLER, D. 1989. "What's at Stake in the Agent-Structure Debate?". *International Organization*, v. 43, n.º 3, p. 441-473.
DEVIN, Guillaume. 2002. *Sociologie des relations internationales*. Paris: La Découverte.
DEWEY, J. 2010 [1927]. *Le public et ses problems*. Paris: Folio, Gallimard.
DINAR, Shlomi. 2007. *International Water Treaties: Negotiation and Cooperation Along Transboundary Rivers*. New York: Routledge.
DINH, Nguyen Quoc; DAILLIER, Patrick; PELLET, Alain. 1999. *Direito Internacional Público*. Lisboa: Fundação Calouste Gulbenkian.
DOSENRODE, Soren. 2016. *The European Union After Lisbon. Polity, Politics and Policy.* London and New York: Routledge.
DOYLE, M. 1997. *Ways of War and Peace: Realism, Liberalism, and Socialism*. New York: Norton.
DUARTE Paulo; FERNANDES, António Horta. 1999. "Da Hostilidade à construção da Paz. Para uma revisão crítica de alguns conceitos estratégicos". *Nação e Defesa*, nº. 91 (Outono). Lisboa: Instituto de Defesa Nacional.
DUBOIS, Vincent. 2014. "L'action de l'État, produit et enjeu des rapports entre espaces sociaux", in *Actes de la recherche en sciences sociales Raison d'État*, 2014/1-2. Paris: Le Seuil.
DUNNE, T. 1998. *Inventing International Society: A History of the English School*. London: Macmillan.
DUNNE, Tim; KURKI, Milja; SMITH, Steve. 2010. *International Relations Theories: Discipline and Diversity*, 2nd edition. Oxford: Oxford University Press.
DUPÂQUIER, Jacques. 2002. *A população mundial no século XX*. Lisboa: Instituto Piaget.
DURKHEIM, Émile. 1987. *As regras do método sociológico*. Lisboa: Presença.
DUROSELLE, Jean-Baptiste. 1992. *Tout empire périra: théorie des relations internationales*. Paris: Armand Colin.
DUROSELLE, Jean-Baptiste. 2013-2014. *História das Relações Internacionais*, 2 tomos. Lisboa: Edições Texto & Grafia.
DUVERGER, Maurice. 1976. *Les partis politiques*. Paris: Armand Colin.

DUVERGER, Maurice. 1985. *Os Grandes Sistemas Políticos*. Coimbra: Almedina.
EINSENSTADT, S. N. 1991. *A dinâmica das civilizações: tradição e modernidade*. Lisboa: Cosmos.
ELIAS, Norbert. 1993. *A sociedade dos indivíduos*. Lisboa: Publicações Dom Quixote.
ELMAN, C.; ELMAN, M. (eds.). 2003. *Progress in International Relations Theory: Appraising the Field*. Cambridge: MIT Press.
ELMAN, C.; ELMAN, M. F. 2008. "The Role of History in International Relations". *Millennium*, 37 (2), pp. 357-364.
ELSHTAIN, J. B. 1995. *Women and War*. New York: Basic Books.
EUROPEAN UNION. 2019. *Smarter, greener, more inclusive? Indicators to support the Europe 2020 Strategy. 2019 Edition*. Luxembourg: Publications Office of the European Union.
FERNANDES, António José. 2015. *Relações Internacionais: Evolução, protagonistas e teorias*. Lisboa: Chiado Editora.
FERNANDES, António Teixeira. 1998. *Fenómenos Políticos – Sociologia do Poder*, 2.ª edição. Porto: Edições Afrontamento.
FERNANDES, José Pedro Teixeira. 2006. *Islamismo e Multiculturalismo. As Ideologias após o fim da História*. Coimbra: Edições Almedina.
FERNANDES, José Pedro Teixeira. 2019. *Geopolítica em Tempo de Paz e Guerra*. Coimbra: Edições Almedina.
FERRIER, Jean-Pierre. 1996. *Les relations internationales*. Paris: Gualino éditeur.
FIALA, Andrew. 2018. *The Routledge Handbook of Pacifism and Nonviolence*. New York: Routledge.
FINCHELSTEIN, Federico. 2019. *Do Fascismo ao Populismo na História*. Lisboa: Edições 70.
FINNEMORE, M.; SIKKINK, K. 1998. "International Norm Dynamics and Political Change". *International Organization*, 52 (4), pp. 887-917.
FOAKES, Joanne. 2014. *The Position of Heads of State and Senior Officials in International Law. Oxford International Law Library*. Oxford: Oxford University Press.
FORTUNATI, Vita; TROUSSON, Raymond (coord.). 2008. *Histoire transnationale de l'utopie littéraire et de l'utopisme*. Paris: Honoré de Champion.
FOSSAERT, Robert. 1996. *O mundo no século XXI. Uma teoria dos sistemas mundiais*. Lisboa: Instituto Piaget.
FRANCO, José Eduardo; CAETANO, João Relvão. 2020. *Globalização como Problema. Temas de Estudos Globais*. Coimbra: Imprensa da Universidade de Coimbra.
FREIRE, André. 2001. *Modelos de comportamento eleitoral*. Oeiras: Celta Editora.
FREIRE, André (org.). 2014. *O Sistema Político Português. Séculos XIX-XXI*. Coimbra: Edições Almedina.
FREIRE, Maria Raquel. 2003. *Conflict and security in the former Soviet Union: the role of OSCE*. Aldershot: Ashgate.
FREIRE, Maria Raquel. 2017. *Política Externa. As Relações Internacionais em Mudança*. Coimbra: Imprensa da Universidade de Coimbra.
FREITAS, Judite Gonçalves de. 2020. *O Conselho de Estado no Antigo Regime e no Liberalismo em Portugal. Portugal, Espanha e França*. Lisboa/Porto: Edições Alêtheia/CEPESE.
FREUND, Julien. 1974. *O que é a Política?* Lisboa: Editorial Futura.
FRIEDMAN, Milton. 2014. *Capitalismo e Liberdade*. Coimbra: Actual Editora.
FUKUYAMA, Francis. 1992. *O fim da história e o último homem*. Lisboa: Gradiva.
FUKUYAMA, Francis. 2000. *A grande ruptura*. Lisboa: Quetzal Editores.
FUKUYAMA, Francis. 2012. *As Origens da Ordem Política. Dos tempos pré-humanos até à Revolução Francesa*. Lisboa: Publicações Dom Quixote.
FUKUYAMA, Francis. 2015. *Ordem Política e Decadência Política. Da Revolução Industrial à Globalização da Democracia*. Lisboa: Publicações Dom Quixote.
FURET, François. 1996. *O passado de uma ilusão. Ensaio sobre a ideia comunista no século XX*. Lisboa: Editorial Presença.
GASPAR, Carlos. 2020. *O Mundo de Amanhã: Geopolítica Contemporânea*. Lisboa: Fundação Francisco Manuel dos Santos.
GELLNER, E. 1983. *Nations and Nationalism*. Oxford: Basil Blackwell.
GIDDENS, A. 2000. *O Mundo na era da Globalização*. Lisboa: Editorial Presença.

GIDDENS, A. 2002. *As consequências da modernidade*. Oeiras: Celta Editora.
GIDDENS, A. 2013. *Sociologia*, 9.ª edição. Lisboa: Gulbenkian.
GILPIN, R. 1981. *War and Change in World Politics*. Cambridge: Cambridge UP.
GODET, M. 1997. *Manual de prospetiva estratégica: Da antecipação à decisão*. Lisboa: Editora Dom Quixote.
GRAWITZ, Madeleine (dir.). 1985. *Traité de science politique*. Paris: PUF.
GRAWITZ, Madeleine. 1993. *Méthodes des sciences sociales*, 9e édition. Paris: Éditions Précis Dalloz.
GUEDES, Armando M. Marques. 1978. *Ideologias e Sistemas Políticos*. Lisboa: Instituto de Altos Estudos Militares.
GUZZINI, S. 2013. "The Ends of International Relations Theory: Stages of Reflexivity and Modes of Theorizing". *European Journal of International Relations*, v. 19, n.º 3, pp. 521-41.
HABERMAS, Jürgen. 1986 [1962]. *L'Espace Public. Archéologie de la Publicité comme dimension constitutive de la société bourgeoise*. Paris: Payot.
HABERMAS, Jürgen. 1987. *Théorie de l'agir communicationnel*. Paris: Fayard.
HABERMAS, Jürgen. 1990. *O discurso filosófico da modernidade*. Lisboa: Publicações Dom Quixote.
HABERMAS, Jürgen. 1995. *Sociologie et théorie du langage*. Paris: Armand Colin.
HABERMAS, Jürgen. 2001. *The Postnational Constellation Political Essays*. Cambridge: MIT Press.
HARARI, Yuval N. 2018. *21 Lições para o Século XXI*. Lisboa: Elsinore/Bertrand Editora.
HARRIS, Phil; BITONTI, Alberto; FLEISHER, Craig; BINDERKRANTZ, Anne Skorkjær (eds.). 2020. *The Palgrave Encyclopedia of Interest Groups, Lobbying and Public Affairs*. Switzerland: Palgrave Macmillan.
HELD, David; MCGREW, Anthony (eds.). 2001. *The global transformations reader*. Cambridge: Polity Press.
HELLMANN, G. (ed.). 2003. "The Forum: Are Dialogue and Synthesis Possible in International Relations?". *International Studies Review*, v. 5, n.º 1, pp. 123-153.
HELMS, Ludger. 2005. *Presidents, Prime Ministers and Chancellors. Executive Leadership in Western Democracies*. Houndmills, Basingstoke, Hampshire/New York: Palmgrave Macmillan.
HERMET, Guy. 1996. *História das Nações e do Nacionalismo na Europa*. Lisboa: Editorial Estampa.
HERRON, E.; PEKKANEN, R.; SHUGART, M. (eds.). 2018. *The Oxford Handbook of Electoral Systems*. Oxford: Oxford University Press.
HERWIG, Holger. 2016. *The Demon of Geopolitics: How Karl Haushofer "Educated" Hitler and Hess*. Lanham/Boulder/New York/London: Rowman & Littlefield.
HESPANHA, António Manuel. 2004. *Guiando a Mão Invisível, Direitos, Estado e Lei no Liberalismo Monárquico Português*. Coimbra: Almedina.
HEYWOOD, Andrew. 2019. *Politics*, 5th edition. London: Red Globe Press.
HIX, Simon. 1999. *The political system of the European Union*. Basingstoke: Palgrave.
HOBSBAWM, E. J. 2000. *O século XXI: reflexões sobre o futuro*. Lisboa: Editorial Presença.
HODSON, Dermot; PETERSON, John (eds.). 2017. *Institutions of the European Union*, 4th edition. Oxford: Oxford University Press.
HOFFMAN, Marcelo. 2019. *Militant Acts: The Role of Investigations in Radical Political Struggles*. Albany: State University of New York Press.
HOLSTI, K. J. 1995. *International politics: A framework for analysis*, 7th edition. New Jersey: Prentice-Hall.
HORKHEIMER, M. 1972. *Critical Theory: Selected Essays*. New York: The Seabury Press.
HOSKING, Geoffrey. 1992. *A history of the Soviet Union: 1917-1991*. London: Fontana.
HOUGH, Peter; MALIK, Shahin; MORAN, Andrew; PILBEAM, Bruce (eds.). 2015. *International Security Studies. Theory and Practice*. London: Routledge.
HUIKURI, Salla. 2019. *The Institutionalization of the International Criminal Court*. Londres: Palgrave Macmillan.
HUNT, Lynn. 2009. *A invenção dos direitos humanos: Uma história*. São Paulo: Companhia das Letras.
HUNTINGTON, Samuel P. 1999. *O choque das civilizações e a mudança na ordem mundial*. Lisboa: Gradiva.
HUNTINGTON, Samuel P. *et al.* 1999. *O choque das civilizações? O debate sobre a tese de Samuel P. Huntington*. Lisboa: Gradiva.

HUNTINGTON, Samuel P. *et al.* 2000. *A invenção democrática*. Lisboa: Instituto de Ciências Sociais.
HURD, I. 2014. *International Organizations: Politics, Law, Practice*. Cambridge UP.
IKENBERRY, J. 2011. *Liberal Leviathan: The Origins, Crisis, and Transformation of the American World Order*. Princeton: Princeton UP.
IKENBERRY, J. 2014. *After Victory: Institutions, Strategic Restraint, and the Rebuilding of Order after Major Wars*. Princeton: Princeton UP.
INGOLD, Tim. 2000. *The perception of the environment: essays on livelihood, dwelling and skill*. London: Routledge.
JACKSON, P. T. 2011. *The Conduct of Inquiry in International Relations: Philosophy of Science and Its Implications for the Study of World Politics*. New York: Routledge.
JACKSON, P. T.; NEXON, D. H. 2013. "International Theory in a Post-Paradigmatic Era: From Substantive Wagers to Scientific Ontologies". *European Journal of International Relations*, v. 19, n.° 3, pp. 543-565.
JAULIN, Robert. 1974. *La paix blanche – Introduction à l'ethnocide*. Paris: Union Gènerale d'Editions.
JENNINGS, R. Y.; KOHEN, Marcelo. 2017. *The acquisition of territory in International Law with a New Introduction by Marcelo G. Kohen*. Manchester: Manchester University Press.
JERVIS, R. 1978. "Cooperation under the Security Dilemma". *World Politics*, v. 30, n.° 2, pp. 167-214.
JONES, E. L. 2002. *O milagre europeu. Contexto, economia e geopolítica da história da Europa e da Ásia*, 2.ª edição. Lisboa: Gradiva.
JUDIS, John B. 2017. *A explosão do populismo. Como a Grande Recessão transformou a política nos Estados Unidos e na Europa*. Barcarena: Editorial Presença.
KAGAN, Robert. 2009. *O Regresso da História e o Fim dos Sonhos*. Alfragide: Casa das Letras.
KATES, Steven. 2017. *Free Market Economics: An Introduction for the General Reader*, 3.ª edição. Cheltenham: Edward Elgar.
KATZENSTEIN, P. (ed.). 1996. *The Culture of National Security: Norms and Identity in World Politics*. New York: Columbia UP.
KEATING, Michael. 1999. *The politics of modern Europe: the state and political authority in the major democracies*, 2.ª edição. Cheltenham: Edward Elgar.
KECK, M.; SIKKINK, K. 1998. *Activists Beyond Borders: Advocacy Networks in International Politics*. Ithaca: Cornell UP.
KELSEN, Hans. 2005. *Teoria geral do Direito e do Estado*, 4.ª edição. Martins Fontes: São Paulo.
KENNEDY, Paul. 1998. *Ascensão e queda das grandes potências*. Mem Martins: Publicações Europa-América.
KEOHANE, R. 1984. *After Hegemony: Cooperation and Discord in the World Political Economy*. Princeton: Princeton UP.
KEOHANE, R. 1989. *International Institutions and State Power*. Boulder: Westview.
KEOHANE, R.; MARTIN, L. 2003. "Institutional Theory as a Research Program". *In* Elman, C. e Elman, Miriam (eds.), *Progress in International Relations Theory: Appraising the Field*. Cambridge: MIT Press, pp. 73-107.
KEOHANE, R.; NYE, J. 1977. *Power and Interdependence: World Politics in Transition*. Boston: Little, Brown.
KISSINGER, Henry. 1996. *Diplomacia*. Lisboa: Gradiva.
KLEINSORGE, Tanja. 2019. *Council of Europe (COE)*, 3rd edition. Alphen aan den Rijn: Wolters Kluver.
KOOPS, Joachim; MACQUEEN, Norrie; TARDY, Thierry; WILLIAMS, Paul (eds.). 2015. *The Oxford Handbook of United Nations Peacekeeping Operations*. Oxford: Oxford University Press.
KOSELLECK, R. 1990. *Le Futur Passé*. Paris: Ed. de l'EHESS.
KRASNER, S. (ed.). 1983. *International Regimes*. Ithaca: Cornell UP.
KRATOCHWIL, F. 2008. "Sociological Approaches", *in* Reus-Smith; Snidal, *Historical Sociology of International Relations*, pp. 444-461.
HOBDEN, S.; HOBSON, J. (eds.). 2002. *Historical Sociology of International Relations*. Cambridge: Cambridge UP.
KRATOCHWIL, F. Rules. 1989. *Norms, and Decisions: On the Conditions of Practical and Legal Reasoning in International Relations and Domestic Affairs*. Cambridge: Cambridge UP.

KUHN, T. 1970. *The Structure of Scientific Revolutions*. Chicago: University of Chicago Press
KURKI, M. 2008. *Causation in International Relations: Reclaiming Causal Analysis*. Cambridge: Cambridge UP.
LACOSTE, Yves. 2005. *Dicionário de Geografia. Da geopolítica às paisagens*. Lisboa: Teorema.
LAKATOS, E. M.; MARCONI, M. de A. 2006. *Sociologia Geral*, 7.ª edição. São Paulo: Editora Atlas.
LAKE, D. 2013. "Theory is dead, long live theory: The end of the Great Debates and the rise of eclecticism in International Relations". *European Journal of International Relations*, v. 19, n.º 3, pp. 567-687.
LANDES, David S. 2001. *A riqueza e a pobreza das nações: Por que algumas são tão ricas e outras tão pobres*. Lisboa: Gradiva.
LAPID, Y.; KRATOCHWIL, F. (eds.). 1996. *The Return of Culture and Identity in IR Theory*. Boulder: Lynne Rienner.
LASSWELL, Harold D.; KAPLAN, Abraham. 2017. *Power and Society*. New York: Routledge.
LAUDAN, L. 1996. *Beyond Positivism and Relativism: Theory, Method, and Evidence*. Boulder: Westview.
LAURENT, Alan. 1998. *Les grands courants du libéralisme*. Paris: Armand Colin.
LAUVAUX, Philippe. 2015. *Les grandes démocraties contemporaines*, 4.ª edição. Paris: PUF.
LAVILLE, J-L. 2018. *A Economia Social e Solidária. Práticas, Teorias e Debates*. Coimbra: Almedina.
LAWSON, G. 2012. "The eternal divide? History and International Relations". *European Journal of International Relations*, 18, 2, pp. 203-226.
LEAL, João Luís R. 2014. *Geopolítica do Ártico no Século XXI*. Coimbra: Edições Almedina/Letras Itinerantes.
LEBOW, R. N. 2010. *Forbidden Fruit. Counterfactuals and International Relations*. New Haven: Princeton UP.
LECHNER, Frank J.; BOLI, John. 2000. *The globalization reader*. Oxford: Blackwell.
LENIN, Vladimir Ilich. 2011. *Imperialism the Highest Stage of Capitalism*. Eastford: Martino Fine Books.
LEVI-FAUR, David. 2011. "The odyssey of the Regulatory State Episode one: the rescue of the Welfare State", Working Paper n.º 39, *Jerusalem Papers in Regulation & Governance*.
LEWIS, Bernard. 2001. *A linguagem política do Islão*. Lisboa: Colibri.
LEYSENS, A. 2008. *The Critical Theory of Robert W. Cox. Fugitive or Guru?* Houndmills: Palgrave Macmillan.
LIJPHART, Arend. 2008. *Thinking about Democracy: Power sharing and Majority Rule in Theory and Practice*. London: Routledge.
LINKLATER, A. 1992. "The question of the next stage in International Relations theory: A critical theoretical point of view". *Millennium*, v. 21, n.º 1, pp. 77-98.
LINKLATER, A. 1998. *The Transformation of Political Community: Ethical Foundations of the Post--Westphalian Era*. Cambridge: Polity.
LINKLATER, A. 2001. "The changing contours of critical international relations theory". *In* Wyn Jones (ed.), *Critical Theory and World Politics*. Boulder: Lynne Rienner, pp. 30-31.
LINKLATER, A. 2001. *International relations. Critical concepts in political science*. Londres: Routledge.
LINKLATER, A. 2006. "The harm principle and global ethics". *Global Society*, 20, pp. 329-343.
LINKLATER, A. 2011. *The Problem of Harm in World Politics: Theoretical Investigations*. Cambridge: Cambridge UP.
LINKLATER, A.; SUGANAMI, H. 2006. *The English School of International Relations: a contemporary reassessment*. Cambridge: Cambridge UP. 2006.
LINZ, Juan José. 2015. *Autoritarismo e Democracia*. Lisboa: Livros Horizonte.
LISI, Marco. 2019. *Eleições. Campanhas eleitorais e decisão de voto em Portugal*. Lisboa: Edições Sílabo.
LOBELL, S. E. *et al*. 2008. *Neoclassical Realism, the State, and Foreign Policy*. New York: Cambridge University Press.
LOBO-FERNANDES, Luís Filipe. 2006. "Da Integração à Governação Europeia: Portugal, Europeização e o Carácter Multi-Sistémico da EU". *Nação e Defesa*, n.º 115, 3.ª série, 143-165 (Outono-Inverno). Lisboa: Instituto de Defesa Nacional.
LOPES, J. J. Almeida. 1998. *Tratados europeus explicados*. Lisboa: VISLIS Editores.

LÓPEZ TRIGAL, Lorenzo; BENITO DEL POZO, Paz. 1999. *Geografía política*. Madrid: Cátedra.
MADDISON, Angus. 1989. *The world economy in the 20th century*. Paris: OCDE.
MAIER, Hans (ed.). 2004. *Totalitarianism and Political Religions: Concepts for the Comparison of Dictatorships*. Nova Iorque: Routledge.
MAJONE, Giandomenico. 1997. "From the Positive to the Regulatory State: Causes and Consequences of Changes in the Mode of Governance". *Journal of Public Policy*, vol. 17, n.º 2, 139-167.
MALCHOW, Howard. 2016. *History and International Relations: From the Ancient World to the 21st century*. London/New York: Bloomsbury Academic.
MALINIAK, D.; PETERSON, S.; TIERNEY, M. J. TRIP. 2012. *Around the World: Teaching, Research, and Policy Views of International Relations Faculty in 20 Countries*. Williamsburg, VA: Teaching, Research, and International Policy Project.
MALTEZ, José Adelino. 2018. *Manual de Ciência Política. Teoria Geral da República*. Lisboa: ISCSP.
MANENT, Pierre. 2015. *História intelectual do liberalismo: dez lições*. Lisboa: Edições 70.
MARSH, S.; MACKENSTEIN, H. 2005. *The International Relations of the European Union*. Essex: Pearson.
MARSHALL, Tim. 2017. *Prisioneiros da Geografia. Dez mapas que lhe revelam tudo o que precisa de saber sobre política internacional*. Porto Salvo: Ed. Saídas de Emergência.
MARTIN, Jean-Pierre. 1991. *Histoire et analyse économique. De la révolution industrielle au systéme de l'économie monde*. Paris: Ellipses/Edition Marketing.
MARTIN, L.; SIMMONS, B. 2001. *International Institutions: An International Organization Reader*. Cambridge: MIT Press.
MARTIN, L.; SIMMONS, B. 2013. "International Organizations and Institutions." *In* Carlsnaes, W.; Risse, T.; Simmons, B. (Eds.), *Handbook of International Relations*, 2nd ed. London: Sage, pp. 326-351.
MARTINS, Manuel Gonçalves. 2003. *Relações e desafios internacionais na era da globalização*. Sintra: Pedro Ferreira.
MATOS, André Pereira. 2015. *EU's Democracy Promotion in Turkey*. Paris: Nota de Rodapé Edições.
MATTEI, Roberto de. 2002. *A Soberania Necessária – Reflexões Sobre a Crise do Estado Moderno*. Porto: Civilização Editora.
MAUSS, Marcel. 2013. *La Nation*. Paris: PUF.
MAXWELL, Daniel; GELSDORF, Kirsten Heidi. 2019. *Understanding the Humanitarian World*. Nova Iorque: Routledge.
MAZZUOLI, Valerio de Oliveira. 2010. *Tratados internacionais de Direitos Humanos e Direito Interno*. São Paulo: Saraiva.
McCORMICK, John. 2021. *Understanding the European Union*, 8th edition. London: Palgrave-Macmillan.
MEARSHEIMER, J. 2001. *The Tragedy of Great Power Politics*. New York: W.W. Norton.
MEARSHEIMER, J.; WALT, S. 2013. "Leaving Theory Behind: Why Hypothesis Testing Has Become Bad for IR." *European Journal of International Relations*, v. 19, n.º 3, pp. 427–57.
MENDES, Carmen Amado. 2016. *As Negociações de Macau. 1986-1999*. Lisboa: Centro Científico e Cultural de Macau e Universidade de Macau.
MENDES, Pedro Emanuel. 2012a. *Portugal e a Europa: Factores de Afastamento e Aproximação da Política Externa Portuguesa (1970-1978)*. Porto: CEPESE.
MENDES, Pedro Emanuel. 2012b. "A (re) invenção das relações internacionais na viragem do século: o desafio do construtivismo". *Relações Internacionais*, 36, pp. 105-118.
MENDES, Pedro Emanuel. 2013. "A questão europeia no marcelismo: o debate geracional". *População e Sociedade*, 21, pp. 107-121.
MENDES, Pedro Emanuel. 2016a. "Identidade e Poder na Política Externa da Indonésia: de Sukarno a Suharto". *Relações Internacionais*, n.º 52, pp. 67-82.
MENDES, Pedro Emanuel. 2016b. "Mudança, Contexto e Liderança na política externa dos EUA: de Bush a Obama". *População e Sociedade*, n.º 26, pp. 170-187.
MENDES, Pedro Emanuel. 2017. "Como compreender e estudar a decisão em política externa: reinterpretando os clássicos". *Brazilian Journal of International Relations*, V6, n.º 1, pp. 8-36.
MENDES, Pedro Emanuel. 2018. "Identidade, ideias e normas na construção dos interesses em política externa: o caso português". *Análise Social*, 227, LIII (2), pp. 458-487.

MENDES, Pedro Emanuel. 2019a. "The birth of International Relations as a social science: a comparative analysis of the Anglo-American world and continental Europe". *Austral: Brazilian Journal of Strategy & International Relations*, v. 8, n.º 16, p. 19-50.
MENDES, Pedro Emanuel. 2019b. "As teorias principais das Relações Internacionais: uma avaliação do progresso da disciplina". *Relações Internacionais*, n.º 61, pp. 95-122.
MENDES, Pedro Emanuel. 2019c. "História, discurso político e liderança em Portugal: um diálogo interpretativo entre presente e passado à luz do *Diário de Governo*". *População e Sociedade*, vol. 32, pp. 182-203.
MENDES, Pedro Emanuel. 2020a. "Perceções e imagens na política externa do Estado Novo: a importância do triângulo identitário". *Revista de Ciências Sociais*, vol. 63(3).
MENDES, Pedro Emanuel. 2020b. "R(r)elações I(i)nternacionais, Realismo e Análise da Política Externa (APE): contextualizando a invenção da APE". *Estudos Internacionais*, vol. 8, n.º 1, pp. 64-88.
MENDES, Pedro Emanuel. 2020c. "Os dilemas da renovação na continuidade e o legado de Marcello Caetano: do outono ao inverno". *Tempo e Argumento*, v. 12, n.º 29, e0205: 1-35.
MENDES, Pedro Emanuel. 2020d. "Portugal como Estado-pivot da União Europeia: as cimeiras internacionais nas presidências portuguesas". *Relações Internacionais*, n.º 68, pp. 59-76.
MENDES, Pedro Emanuel. 2020e. "Teoria e prática da Negociação Internacional: uma visão sociocultural construtivista". *População e Sociedade*, vol. 34, pp. 157-186.
MENDES, Pedro Emanuel. 2021a. "Os choques percecionais do falhado processo de descolonização de Timor (1974-1975)". *Revista Brasileira de História*, n.º 87, v. 42, pp. 255-279.
MENDES, Pedro Emanuel. 2021b. "Marcelo Caetano, do idealismo da juventude à política real (1906-1944): uma teorização histórico-sociológica". *Tempo Social: Revista de Sociologia da USP*, vol. 33, n.º 1, pp. 121-144.
MENDES, Pedro Emanuel. 2021c. "Marcelo Caetano e a sua circunstância rumo à liderança: poder simbólico, ambição e adaptação". *Opinião Pública*, vol. 27, n.º 3, pp. 1024-1057.
MERLE, Marcel. 1986. *Les acteurs dans les relations internationales*. Paris: Economica.
MERLE, Marcel. 1988. *Sociologia de las relaciones internacionales*. Madrid: Alianza.
MERRIMAN, John. 2019. *A History of Modern Europe*, 4.ª edição. Nova Iorque: W.W. Norton & Company.
MICHAUD, Yves (dir.). 2000. *Qu'est-ce que la société?*. Paris: Éditions Odile Jacob.
MICHAUD, Yves. 2001. *Qu'est-ce que la culture?*. Paris: Éditions Odile Jacob.
MICHELS, Robert. 1971. *Les Partis Politiques*. Paris: Flammarion.
MICHELS, Robert. 1982. *Sociologia dos Partidos Políticos*. Brasília: Editora da Universidade de Brasília.
MILL, Stuart. 1967. *O Governo Representativo*. Lisboa: Arcádia.
MILLS, C. 1956. *The Power Elite*. Nova Iorque: Oxford University Press.
MIRANDA, Jorge. 2012. *Curso de Direito Internacional Público*, 5.ª edição. Cascais: Princípia.
MIRANDA, Jorge. 2020. *Curso de Direito Constitucional*, 2 vols., 2.ª edição. Lisboa: Universidade Católica Editora.
MISES, Ludwig von. 2003. *La Bureaucratie*. Paris: Editions Charles Coquelin.
MODELSKI, G.; THOMPSON, W. 1988. *Seapower in Global Politics. 1494-1993*. Seattle: University of Washington Press.
MONTEIRO, Manuel. 2019. *Tópicos sobre as Ideias Políticas no Ocidente e a sua História. Da «Antiga» Grécia ao Pensamento Cristão da Idade Média*. Lisboa: Universidade Lusíada Editora.
MORAIS, Carlos Blanco de. 2018. *O Sistema Político*. Coimbra: Edições Almedina.
MORAVCSIK, A. 1997. "Taking Preferences Seriously: A Liberal Theory of International Politics". *International Organization*, v. 51, n.º 4, pp. 513-553.
MORAVCSIK, A. 2003. "Liberal International Relations Theory: A Scientific Assessment". In Elman, C.; Elman, M. (eds.) *Progress in International Relations Theory: Appraising the Field*. Cambridge: MIT Press, pp. 159-204.
MORAVCSIK, A. 2008. "The New Liberalism". *In* Reus-Smith, C. e Duncan Snidal, D. (eds.), *Historical Sociology of International Relations*, pp. 234-254.
MOREAU, Sophia. 2020. *Faces of Inequality: A Theory of Wrongful Discrimination*. Oxford: Oxford University Press.
MOREIRA, Adriano. 2000. *Estudos da Conjuntura Internacional*. Lisboa: Publicações Dom Quixote.
MOREIRA, Adriano (coord.). 2004. *Terrorismo*. Coimbra: Edições Almedina.

MOREIRA, Adriano. 2014. *Ciência Política*, 6.ª edição. Coimbra: Edições Almedina.
MOREIRA, Adriano. 2016. *Teoria das Relações Internacionais*, 9.ª edição. Coimbra: Edições Almedina.
MORGENTHAU, Hans. 2003. *A Política entre as Nações. A luta pelo poder e pela paz*. Brasília: Universidade Nacional de Brasília.
MORIN, Edgar. 1999. *As grandes questões do nosso tempo*, 6.ª edição. Lisboa: Editorial Notícias.
MORIN, Edgar; BOCCHI, Gianluca; CERUTI, Mauro. 1991. *Os problemas do fim de século*, 3.ª edição. Lisboa: Editorial Notícias.
MORRIS, Christopher W. 2005. *Um Ensaio sobre o Estado Moderno* [trad. de Sylmara Belletti, do título original *An Essay on the Modern State*]. São Paulo: Landy.
MOSCA, G. 1939 [1896]. *The ruling class*. Nova Iorque/Westport: McGraw Hill/Greenwood Press.
MOSCA, G.; BOUTHOUL, G. 1936. *Histoire des Doctrines Politiques depuis l'Antiquité jusqu'à nos jours*. Paris: Payot.
MOUGEL, François-Charles; PACTEAU, Séverine. 2018. *Histoire des relations internationales, de 1815 à nos jours*, 12.ª edição. Paris: Presses Universitaires de France.
MOUSNIER, R. 1974. *As Hierarquias Sociais*. Mem Martins: Publicações Europa-América.
MUDDE, C.; KALTWASSER, C. R. 2017. *Populismo. Uma brevíssima introdução*. Lisboa: Gradiva.
MÜLLER, Jan-Werner. 2017. *O que é o populismo?*. Alfragide: Texto Editores.
NAU, H. 2011. "No Alternative to 'Isms.'" *International Studies Quarterly*, v. 55, n.° 2. pp. 487-92.
NEWMAN, Edward; PARIS, Roland; RICHMOND, Oliver (eds.). 2009. *New Perspectives on Liberal Peacebuilding*. Tokyo: United Nations University Press.
NOGUEIRA, José Manuel Freire (coord.). 2005. *Pensar a Segurança e Defesa*. Lisboa: Edições Cosmos/Instituto de Defesa Nacional.
NONJON, Alain. 1995. *Comprendre l'economie mondiale*. Paris: Ellipses.
NORA, Pierre. 1974. "Le retour de l'événement". *In* Le Goff, Jacques e Nora, Pierre, *Faire de l'histoire*. Paris: Gallimard, pp. 210-228.
NOUSHI, Marc. 1995. *O século XX*. Lisboa: Instituto Piaget.
NOUSHI, Marc. 1996. *Em busca da Europa. Construção europeia e legitimidade nacional*. Lisboa: Instituto Piaget.
NUGENT, Neille. 2003. *The government and politics of the European Union*. Basingstoke: Palgrave.
NUNES, Isabel (coord.). 2013. *Segurança Internacional*. Lisboa: INCM/IDN.
NUSSBERGER, Angelika. 2020. *The European Court of Human Rights*. Oxford: Oxford University Press.
NYE, J. 2004. *Soft Power: The Means to Success in World Politics*. New York: Public Affairs.
NYE, J. 2011. *The Future of Power*. New York: Public Affairs
NYE, J. 2011. *Compreender os Conflitos Internacionais, Uma Introdução à Teoria e à História*, 2.ª edição. Lisboa: Gradiva.
ONUF, N. 1989. *World of Our Making: Rules and Rule in Social Theory and International Relations*. Columbia: University of South Carolina Press.
ONUF, N. 1998. "Constructivism: A user's manual". *In* V. Kubalkova; N. G. Onuf; P. Kowert (Eds.), *International Relations in a constructed world*. London: M.E. Sharpe, pp. 58-78.
ONUF, N. 2002. "Worlds of our own making: The strange career of constructivism". *In* Puchala, D. (Ed.), *Visions of International Relations*. Columbia: University of South Carolina Press, pp. 119-141.
ONU-GRUPO DE PERITOS. 2010. *Relatório sobre os Objectivos de Desenvolvimento do Milénio*. Washington: Nações Unidas. Disponível em: <www.un.org/millenniumgoals>
ORGANSKI, A. F. K.; KUGLER, J. 1980. *The War Ledger*. Chicago: University of Chicago Press.
OSTROGORSKI, Moisei. 1993. *La Démocratie et les Partis Politiques*. Paris: Fayard.
ORTIZ, Fernando. 1991. *Contrapunteo cubano del tabaco y el azucar*. Havana: Editorial de Ciências Sociais.
OTERO, Paulo. 2020. *Direito Constitucional Português*, 2 volumes. Coimbra: Almedina.
OWENS, Mackubin Thomas. 1999. "In Defense of Classical Geopolitics". *Naval War College Review*, vol. 52, no. 4, Article 5.
PARETO, V. 1968. *Traité de sociologie general. Oeuvres complete*s. Genebra: Doz.
PARMENTIER, Guillaume. 1993. *Le retour de l'histoire: stratégie et relations internationales pendant et aprés de la guerre froide*. Bruxelas: Complexe.
PARSONS, Talcott. 1951. *The social system*. New York: The Free Press.
PASQUINO, Gianfranco. 1999. *La classe politica*. Bologna: Il Mulino.

PASQUINO, Gianfranco. 2005. *Sistemas Políticos Comparados*. Lisboa: Principia.

PASQUINO, Gianfranco. 2010. *Curso de Ciência Política*, 2.ª edição. Cascais: Principia.

PATOMÄKI, H.; WIGHT, C. 2000. "After Post-Positivism? The Promises of Critical Realism." *International Studies Quarterly*, v. 44, n.º 2, pp. 213-237.

PAULET, Jean-Pierre. 1998. *La mondialisation*. Paris: Armand Colin.

PEARSON, Frederic; ROCHESTER, J. Martin. 2000. *Relaciones internacionales. Situacion global en el siglo XXI*. Bogota: McGraw-Hill.

PEERS, Steve; WARD, Angela (eds.). 2004. *The European Union Charter of Fundamental Rights*. Oxford: Hart Publishing.

PEREIRA, Juan Carlos (coord.). 2003. *Historia de las Relaciones Internacionales contemporâneas*, 2.ª edição. Barcelona: Editorial Ariel.

PERROX, F. 1961. *L'economie du XX siècle*. Paris: PUF.

PIKETTY, Thomas. 2014. *O capital no século XXI*. Lisboa: Temas e Debates. Círculo de Leitores.

PINTO, C. Mota; MONTEIRO, A. Pinto; PINTO, P. Mota. 2012. *Teoria Geral do Direito Civil*. Coimbra: Coimbra Editora.

PIOVESAN, Flávia. 2019. *Direitos Humanos e Justiça Internacional. Um estudo comparativo dos sistemas regionais europeu, interamericano e africano*. São Paulo: Saraiva Educação.

PIRES, Francisco Lucas. 1998. *Introdução à Ciência Política*. Porto: Universidade Católica Portuguesa.

POLANYI, Karl. 2016. *A Grande Transformação. As origens políticas e económicas do nosso tempo*. Lisboa: Edições 70.

PORTAS, Paulo; VALENTE, Vasco Pulido. 1990. "O primeiro-ministro: estudos sobre o poder executivo em Portugal". *Análise Social*, vol. XXV(107). Lisboa: ICS, pp. 333-349.

PUCHALA, D. 2003. *Theory and History in International Relations*. NY: Routledge.

QUELLEC, Jean. 1994. *Relations internationales. Naissance du troisième millénaire*. Paris: Ed. Marketing.

RA'ANAN, Uri (ed.). 1991. *State and nation in multi-ethic societies: the breakup of multinational states*. Manchester: Manchester University.

RADAELLI, Claudio. 2000. "Whither Europeanization? Concept stretching and sub- stantive change", *European Integration Online Papers*. Disponível em: <http://eiop.or.at/ eiop/texte/2000-008a.htm>

RAIMUNDO, Filipa. 2018. *Ditadura e democracia: legados da memória*. Lisboa: Fundação Francisco Manuel dos Santos.

RAMSES. *Rapport annuel mondial sur le système économique et les stratégies*. 1981-2021. Paris: IFRI. Institut français des relations internationales.

RAWLS, John. 1997. *O liberalismo político*. Lisboa: Editorial Presença.

RAWLS, John. 2000. *A lei dos povos*. Coimbra: Quarteto.

RENAN, Ernest, 1882. *Qu`est-ce qu`une Nation?*, 2.ª edição. Paris: Calmann Lévi.

RENGGER, N.; THIRKELL-WHITE, B. 2007. "Still Critical After All These Years? The Past, Present and Future of Critical Theory in International Relations". *Review of International Studies*, v. 33, n.º 1, pp. 3-24.

RENGGER, N. J. 2000. *International relations, political theory and the problem of order: beyond International Relations theory?*. London: Routledge.

RENOUVIN, Pierre; DUROSELLE, Jean-Baptiste. 1991. *Introduction à l'histoire des relations internationales*, 4.ª edição. Paris: Armand Colin.

REUS-SMIT, C.; SNIDAL, D. (eds.). 2008. *The Oxford Handbook of International Relations*. Oxford: Oxford University Press.

REVEL, Jean-François. 2003. *A obsessão anti-americana*, 2.ª edição. Lisboa: Bertrand Editora.

REYNOLDS, P.A. 1994. *An introduction to international relations*, 3rd edition. London: Longman.

RIALS, Stéphane. 1985. *Le Premier Ministre*. Paris: PUF.

RIBEIRO, Manuel de Almeida. 1998. *A Organização das Nações Unidas*. Coimbra: Edições Almedina.

RISSE, T.; ROPP, S.; SIKKINK, K. (eds.). 2013. *From Commitment to Compliance: The Persistent Power of Human Rights*. Cambridge: Cambridge UP, pp. 145-163.

ROBINSON, James A.; ACEMOGLU, Daron. 2013. *Porque falham as nações*. Lisboa: Temas e Debates.

RODRIGUES, Luís Barbosa. 1994. *O Referendo a Nível Nacional*. Coimbra: Coimbra Editora.

ROKKAN, S.; URWIN, D. W. 1983. *Economy, Territory, Identity. Politics of Western European Peripheries*. Londres: Sage Publications.

ROSAMONDS, Bem. 2000. *Theories of European integration.* Basingstoke: Palgrave.
ROSENAU, James N. 1980. *The study of global interdependency: essays on the transnationalization of world affairs.* London: Frances Printer.
ROSENAU, James N. (ed.). 1992. *Governance without Government: Order and Change in World Politics.* Cambridge: CUP.
ROSENAU, James N.; DURFEE, Mary. 2000. *Thinking theory throughly: coherent approaches to an incoherent world*, 2.ª edição. Oxford: Westview.
RUEFF, Jacques. 1958. "Une mutation des structures politiques: le marché institutionnel des communautés européennes". *Revue d'Economie Politique*, n.° spécial, 1-10.
RUEL, Teresa. 2021. *Political Alternation in the Azores, Madeira and the Canary Islands.* Switzerland: Palgrave Macmillan.
RUMMEL, Reinhardt. 2018. *Toward Political Union. Planning a Common Foreign and Security Policy in the European Community.* New York/Oxton: Routledge.
SÁ, Luís. 1997. *A Crise das Fronteiras: Estado, Administração Pública e União Europeia.* Lisboa: Cosmos.
SACHS, I. 1978. *Ecodevelopment: a paradigm for strategic planning?.* Oxford: Pergamon Press.
SALTER, M. B., MUTLU, C. E. (eds.). 2013. *Research Methods in Critical Security Studies: An Introduction.* New York: Routledge.
SAMUELSON, Paul A.; NORDHAUS, William D. 1991. *Economia.* Lisboa: McGraw-Hill.
SANDE, Paulo. 2000. *O sistema político na União Europeia.* Cascais: Principia.
SANTOS, C. C. 2016. "Políticas de família: uma reflexão crítica e evolutiva das políticas de apoio à família em Portugal". In Albuquerque, C. e da Luz, H. A., *Políticas Sociais em tempos de crise. Perspetivas, tendências e questões críticas.* Lisboa: Pator.
SARTORI, Giovanni. 2000. *Democrazia: Cosa È*, 5.ª ed. Milano: BUR.
SARTORI, Giovanni. 2018. *Ensaios de Política Comparada.* Lisboa: Livros Horizonte.
SCHABAS, William A. 2009. *Genocide in International Law: the Crime of Crimes*, 2.ª edição. Cambridge: Cambridge University Press.
SCHLESINGER, J. A. 1966. *Ambition and politics: political careers in the United States.* Chicago: Rand McNally.
SCHMAHL, Stefanie; BREUER, Marten (eds.). 2017. *The Council of Europe. Its law and policies.* Oxford: Oxford University Press.
SCHMITT, Carl. 2015. *O Conceito do Político.* Lisboa: Edições 70.
SCHRODER, Enno; STORM, Servaas. 2018. *Economic Growth and Carbon Emissions: The Road to 'Hothouse Earth' is Paved with Good Intentions.* SSRN Eletronic Journal.
SCHULZE, Hagen. 1997. *Estado e nação na história da Europa.* Lisboa: Editorial Presença.
SEILER, Daniel-Louis. 1993. *Les partis politiques.* Paris: Armand Colin.
SELINGER, William. 2019. *Parlamentarism. From Burke to Weber.* Cambridge: Cambridge University Press.
SEN, Amartya. 2000. *Development as Freedom.* New York: Anchor Books.
SEN, Amartya. 2012. *A Ideia de Justiça.* Coimbra: Edições Almedina.
SHEPHERD, L. J. (ed.). 2013. *Critical Approaches to Security: An Introduction to Theories and Methods.* New York: Routledge.
SIL, R.; KATZENSTEIN, P. 2010. *Beyond Paradigms: Analytic Eclecticism in the Study of World Politics.* New York: Palgrave Macmillan.
SINGH, J.; ORDOÑEZ, I. 2016. "Resource recovery from post-consumer waste: important lessons for the upcoming circular economy". *Journal of Cleaner Production*, 134, pp. 342-353.
SMITH, Anthony D. 1997. *Identidade nacional.* Lisboa: Gradiva.
SMOUTS, Marie-Claude. 1998. *Les nouvelles relations internationals. Pratiques et theories.* Paris: Presses de Sciences Po.
SNYDER, J. 2004. "One World, Rival Theories". *Foreign Policy*, v. 145, pp. 52-62.
SOROS, George. 1999. *A crise do capitalismo global.* Lisboa: Círculo de Leitores.
SOUSA, Fernando de; PEREIRA, Conceição Meireles (coord.). 2021. *Os Primeiros-Ministros de Portugal (1820-2020).* Lisboa: Imprensa Nacional-Casa da Moeda.
SOUSA, António Francisco de. 2009. *Direito Administrativo.* Lisboa: Prefácio – Edição de Livros e Revistas.

SOUSA, Marcelo Rebelo de. 1983. *Os Partidos Políticos no Direito Constitucional Português*. Braga: Livraria Cruz.

SOUSA, Marcelo Rebelo de. 1989. *Ciência política: conteúdos e métodos*. Coimbra: Coimbra Editora.

SPEGELE, R. D. 2018. *Emancipatory International Relations: Critical Thinking in International Relations*. New York: Routledge.

STEIN, A. 2008. "Neoliberal Institutionalism". In Reus-Smith, C. e Duncan Snidal, D. (eds.), *Historical Sociology of International Relations*, pp. 209.

STIGLITZ, Joseph E. 2002. *Globalização: a grande desilusão*. Lisboa: Terramar.

STOETZEL, Jean; GIRARD, Alain. 1979. *Les sondages d'opinion publique*. Paris: PUF.

STRAUSS, Leo; CROPSEY, Joseph (dir.). 2013. *Histoire de la philosophie politique*, 3.ª edição. Paris: PUF.

STUMP, J. L.; DIXIT, P. 2013. *Critical Terrorism Studies: An Introduction to Research Methods*. New York: Routledge.

SZARY, A.-L. 2015. *Qu'est-ce qu'une frontière aujourd'hui?*. Paris: PUF.

SZUREK, Sandra; EUDES, Marina; RYFMAN, Philippe. 2019. *Droit et pratique de l'action humanitaire*. Paris: LGDJ.

TAYLOR, L. 2012. "Decolonizing International Relations: Perspectives from Latin America". *International Studies Review*, v.14, n.° 3, pp. 386–400.

TEIXEIRA, Nuno Severiano; MENDES, Pedro Emanuel. 2020. *Da Emigração à Diáspora: As Comunidades na Política Externa Portuguesa*. Lisboa: Instituto Diplomático.

TEIXEIRA, Nuno Severiano; RODRIGUES, José Cervantes; NUNES, Isabel Ferreira (coord.). 2000. *O interesse nacional e a globalização*. Lisboa: Cosmos/Instituto da Defesa Nacional.

THOENIG, Jean-Claude. 2005. "Pour une épistémologie des recherches sur l'action publique". *In* Filâtre, Daniel; Terssac Gilbert de, *Les dynamiques intermédiaires au cœur de l'action publique*. Toulouse: Octarès, pp. 285-306.

TICKNER, A. 1992. *Gender in International Relations: Feminist Perspectives on Achieving Global Security*. New York: Columbia UP.

TICKNER, A. 2011. "Dealing with Difference: Problems and Possibilities for Dialogue in International Relations". *Millennium*, v. 39, n.° 3, pp. 607-618.

TICKNER, A.; BLANEY, D. L. (eds.). 2012. *Thinking International Relations Differently*. New York: Routledge.

TICKNER, A.; WAEVER, O. (eds.). 2009. *International Relations Scholarship around the World*. London: Routledge.

TICKNER, A.; TRUE, J. 2018. "A Century of International Relations Feminism: From World War I Women's Peace Pragmatism to the Women, Peace and Security Agenda". *International Studies Quarterly*, v. 62 (2), pp. 221-233.

TILLY, C. 1990. *Coercion, Capital and European States AD 900-1990*. Oxford: Basil Blackwell.

TINGSTEN, Herbert. 1934. *Les pleins pouvoirs: l'expansion des pouvoirs governamentaux pendant et après la Grande Guerre*. Paris: Publications du Fonds Descartes.

TOCQUEVILLE, Alexis. 1993. *L'Ancien Régime et la Révolution*. Paris: Flammarion.

TOCQUEVILLE, Alexis. 2001. *Da democracia na América*. Cascais: Principia.

TOURAINE, Alain. 1973. *Production de la société*. Paris: Seuil.

TOURAINE, Alain. 1996. *O que é a democracia*. Lisboa: Instituto Piaget.

TURNER, Ralph. 2016. *Magna Carta*. Londres: Routledge.

TZU, Sun. 1993. *A arte da guerra*, 2.ª edição. Mem Martins: Publicações Europa-América.

UNITED NATIONS. 1992. *An Agenda For Peace*. Disponível em: <www.un-documents.net/a47-277.htm>.

UNITED NATIONS HUMAN RIGHTS. OFFICE OF THE HIGH COMMISSIONER (OHCHR). 2012. *Nascidos livres e iguais. Orientação Sexual e Identidade de Género no Regime Internacional de Direitos Humanos*. Nova Iorque/Genebra: ONU.

UNITED NATIONS TRUST FUND FOR HUMAN SECURITY. 2016. *Human Security Handbook, An integrated approach for the realization of the Sustainable Development Goals and the priority areas of the international community and the United Nations system*. New York: United Nations.

URWIN, D. W. 1991. *The community of Europe: a history of European integration since 1945*. Nova Iorque: Longman.

URWIN, Dereck W. 1993. *Western Europe since 1945: a political history*, 4.ª edição. London: Longman.

VAÏSSE, Maurice. 1997. *As Relações Internacionais desde 1945*. Lisboa: Edições 70.

VAN MINH, Tran. 1980. *Théorie général de l'État – Recherches sur la notion juridique*. Paris: Cours de droit.

VASQUEZ, J. 1997. "The Realist Paradigm and Degenerative Versus Progressive Research Programs: An Appraisal on Neotraditional Research on Waltz's balancing Proposition". *American Political Science Review*, v. 91, no. 4, pp. 899-912.

VÉRON, Eliseo. 1996. *Population et développement*, 2.ª edição. Paris: PUF.

WALLERSTEIN, Immanuel. 1994. *Geopolitics and geoculture: essays on the changing world-system*. Cambridge: Cambridge University.

WALLERSTEIN, Immanuel. 1998. *O capitalismo histórico: seguido de a civilização capitalista*. Vila Nova de Gaia: Estratégias Criativas.

WALLERSTEIN, Immanuel. 2000. *L'utopistique ou les choix politiques du XXIe siècle*. La Tour d'Aigues: L'Aube.

WALLERSTEIN, Immanuel. 2002. *Após o liberalismo. Em busca da reconstrução do mundo*. Lisboa: Editora Vozes.

WALT, Stephen M. 1987. *Origins of Alliances*. Ithaca: Cornell University Press.

WALTZ, Kenneth. 1959. *Man, the State, and War: A Theoretical Analysis*. Columbia: Columbia University Press.

WALTZ, Kenneth. 2002. *Teoria das Relações Internacionais*. Lisboa: Gradiva.

WALZER, Michael. 1997. *Sphères de justice: une defense du pluralisme et de l'égalité*. Paris: Seuil.

WEBER, Max. 1920. *A ética protestante e o espírito do capitalismo*. Lisboa: Editorial Presença.

WEBER, Max. 1963. *The Sociology of Religion*. Boston: Beacon Press.

WEBER, Max. 1983. *Fundamentos da Sociologia*. Porto: Rés.

WEBER, Max. 1995 [1922]. *Économie et société*. Paris: Pocket.

WEBER, Max. 2014. *From Max Weber: Essays in Sociology*. Edited by H.H. Gerth, C. Wright Mill. London: Routledge.

WELZEL, Christian; INGLEHART, Ronald; HAERPFER, Christian; BEMHAGEN, Patrick (eds.). 2019. *Democratization*, 2nd edition. Oxford: Oxford University Press.

WIEVIORKA, Michel. 1995. *A democracia à prova. Nacionalismo, populismo e etnicidade*. Lisboa: Instituto Piaget.

WILDE, Pieter de; LEUPOLD, Anna; SCHMIDTKE, Henning. 2017. *The differentiated politicisation of European governance*. Oxon/New York: Routledge.

WILKINSON, R.; PICKETT, K. 2010. *O Espírito da Igualdade*. Lisboa: Editorial Presença.

WILSON, Edward O. 2014. *The Meaning of Human Existence*. Nova Iorque: W.W. Norton & Company.

YOFFE, Shira; WOLF, Aaron T.; GIORDANO, Mark. 2003. "Conflict and Cooperation Over International Freshwater Resources: Indicators of Basins at Risk". *Journal of the American Water Resources Association (JAWRA)*, 39(5), 1109-1126.

YOUNG, Alasdair R. 2015. "The Single Market: From Stagnation to Renewal?", in H. Helen Wallace; Mark A. Pollack; Alasdair R. Young (eds.), *Policy-Making in the European Union*, 7th edition. Oxford: Oxford University Press.

ZORGBIBE, Charles. 1997. *Les organisations internationales*, 4.ª edição. Paris: PUF.

ZIPPELIUS, Reinhold. 2016. *Teoria Geral do Estado – Ciência Política*. São Paulo: Editora Saraiva.

ZURN, Michael. 2018. *A Theory of Global Governance: Authority, Legitimacy, and Contestation*. Oxford: Oxford University Press.